禪,
발가숭이
어록

송준영 宋俊永, Song Jun-young

경북 영주 출생. 법명 취현(醉玄). 당호 월조(越祖). 18세 선문(禪門)에 든 후, 동암성수, 탄허택성, 고송종협, 퇴옹성철, 서옹상순, 설악무산 등 제조사를 참문하다. 서옹선사에게 7년간 일곱 차례 서래밀지(西來密旨)를 묻고 수법건당(受法建幢)하다(임신년 8월). 설악선사로부터 전법게를 받다(임진년 2월). 시집『눈 속에 핀 하늘 보았니』, 『습득』, 『조실』, 『물 흐르고 꽃피고』와 수상시집『습득』이 있다. 논저로 『취현반야심경강론』, 『표현방법론으로 본 선시연구』, 『禪의 시각으로 읽는 반야심경』이 있다. 선서, 선문염송 강의록으로『현대언어로 읽는 선시의 세계』, 『禪, 빈거울의 언어』, 선사열전『황금틀 사자의 미미소』, 『禪, 발가숭이 어록』과, 선시론으로『禪, 언어로 읽다』, 『禪, 초기불교와 포스트모더니즘 너머』, 『현대시의 이론과 실제』가 있고, 편저로『'빈 거울' 절간과 세간 사이에 놓기』, 『이승훈의 문학탐색』, 『지혜의 언덕 너머 춤추는 기호』가 있다. 6회 박인환문학상과 17회 현대불교문학상, 16회 유심학술상을 수상했다. 현재 계간『시와세계』와『현대선시』 발행인 및 주간으로 있다. y7276@hanmail.net

송준영의 선시 펼쳐 읽기
禪, 발가숭이 어록

초판인쇄 2018년 7월 4일 **초판발행** 2018년 7월 13일
지은이 송준영 **펴낸이** 박성모 **펴낸곳** 소명출판
출판등록 제13-522호 **주소** 서울시 서초구 서초중앙로6길 15, 1층
전화 02-585-7840 **팩스** 02-585-7848 **전자우편** somyungbooks@daum.net **홈페이지** www.somyong.co.kr

값 79,000원
ISBN 979-11-5905-126-5 93220
ⓒ 송준영, 2018

송 준 영 의
선 시
펼 쳐 읽 기

禪, 발가숭이 어록

송준영 지음

소명출판

이 책을 서옹 스승님과 설악 스승님,
그리고 이승훈 선생님께 바칩니다.

어느덧 내가 우리 문단에 선시를 적극 홍보하고 선시 발흥을 기원한 지가 20여 년이 되었고, 또 『현대시학』에 '송준영 선시 살펴읽기, 발가숭이 어록'을 경산 선생님의 청에 따라 연재를 한 지 햇수로 7년이 되었고, 그 연재를 마친 지가 5년이 된다. 매번 이것을 간추려 첨삭하여 책으로 간행하고자 생각하였으나 세상의 세월에 떠밀려 간 지가 또 5년이 지났다.

啞!	아!
一邊心事兩邊惡	한 마음이 양변으로 갈라져 어찌해
誰得把嘗好味麼	누가 일찍 이 좋은 맛 볼 수 있을까?

소명출판에 기꺼이 출판을 허하는 행운을 얻어 이 책이 문자화됨에 가슴 설렌다.

무술년 초여름

越祖 醉玄 송준영 謹述

책을 펴내며   5
禪, 발가숭이 어록 자서自序   11

禪, 발가숭이 어록
자서自序

사실 발가숭이는 발가숭이고, 어록은 어록이다. 어록과 과연 무슨 관계가 있겠습니까.

저자는 이미 월간 시문예지에 무려 28회나 옛 어른들의 공안을 이러쿵저러쿵 풀어 무간지옥에 갈 티켓을 받아 놓았습니다. 경산 정진규 선생님의 권유로 월간 『현대시학』에 연재를 다시 하게 되었습니다. 이 짓거리가 어언 7년, 세월은 아주 발가숭이로 화탕지옥이 되니 아수라阿修羅 치는 내가 보일 듯합니다. 그렇지만 이 발가숭이赤肉團子는 무색·무성·무향·무미·무촉하여 타지도 녹지도 않으니 대체 무슨 곡절일까요?

선문에는 노주露柱니 노지백우露地白牛란 선어가 있고, 또 표전表詮하기를 '만 리에 풀 한 포기 나지 않는 곳'이라 하는 선구도 있지요. 이곳은 적육단자赤肉團子라 칭하는 발가숭이가 맨발로 다니는 곳입니다. 그렇다 하더라도 '이슬로 된 기둥'인 노주를 누가 버티게 해 주겠습니까. 노주를 존재하게 하는 존재인 '노지의 흰 소'는 무색투명한 땅에 누워 있는 말간 소입니다. '노지의 말간 소'는 만 리에 풀 한 포기 나지 않는 땅에 누워 있는 발가숭이. 아니 노지도 백우도 발가숭이라 하면, 여기에 어록은 무엇 때문에 붙어 있는지 모를 일입니다.

오늘 이렇게 『선, 발가숭이 어록』이라 제題하고 뛰어드는 놈, 역시 천동발가숭이라서 철이라고는 없습니다. 제현들의 질책이 있으면 노주에다 쳐 주십시오.

미친 자가 제 스스로 미쳤다고 하는 것을 본 적이 있습니까? 이제 제 스스로 미쳤음을 보여주고자 합니다.

이 어록의 중심은 게송이며 본칙은 게송을 읽는 데 도움을 주는 선화로, 조연 역할을 할 것이고, 천동발가숭이가 세상모르고 많은 말을 지껄일 것입니다. 그러다가 모든 이가 모든 세상이 발가숭이가 되어 현빈玄牝의 젖꼭지를 빨고 다니게 된다면 얼마나 좋겠습니까?

그러나 이곳에도 실제 주연은 적육단자라 하는 발가숭이가 젖꼭지를 빨고 다님을 명심하시기 바랍니다.

2018년 7월 無風暴雨日

於 鐘路 樂園齊

越祖 醉玄 송준영 謹識

뭘, 보고 계시는지요?

대담 : 김미정(시인, 평론가) · 송준영(『시와세계』 발행인)

일시 : 2016년 8월 18일

장소 : 『시와세계』 낙원재

　새로운 계절의 신음 소리가 들린다. 계절의 변화는 바람 한 조각, 이파리 하나에서 시작된다. 우리네 삶도 그렇듯 찰나의 순간이 모여 인생을 이룬다. 나는 누구인가, 화두로 시작되고 끝나는 생. 누가 우리를 여기까지 오게 했으며 누가 이 시간 온갖 생각들을 일으키고 다시 버리게 하는가. 허공에 손가락으로 원을 그리면 그리는 순간 사라지는 그 점들이 지금 이 순간이다. 결국 우리는 이러한 모순 속에 살고 있다. 여기 모순의 찰나 사이로 몸소 들어가 깨달음의 세계를 펼쳐 보여주는 한 시인이자 선사가 있다. 한국 문단에 큰 획을 그으며 현대선시의 정립과 발전을 위해 독보적 자생 선시론을 펼치고 있는 송준영 시인이다.

김미정 : 선생님 안녕하세요? 많은 저서와 논문 발표를 하시며 선의 수행자이며 시론가로 활발한 문단 활동을 하고 계신데요. 요즘 근황은 어떠신지요?

송준영 : 매일 턱없이 분주한 세월, 그렇고 그렇게 지내고 있지요. 며칠 전 8월 15일에 제2회 설악심포지엄을 남한산성 만해기념관에서 개최하였습니다. 설악이란 말은 설악산에 주석하고 계신 설악무산 대종사님의 원력으로 행해지던 '만해축전'이 동국대학교로 이관하게 되었습니다. 이에 따라 제가 주관하던 『시와세계』가 10년 가까이 축전에 참여하여 선과 선시에 대한 세미나를 발표하게 된 고마움을 입게 되었습니다. 그동안의 큰스님의 노고와 법은을 기리고자 작년 만해마을에서 제1회 고별 세미나를 하였고, 이에 따라 제2회 설악심포지엄 행사를 이어 시행하게 되었습니다.

김미정 : 우선 이번에 선의 사상론과 선장들의 행리行履를 출간함을 축하드립니다. 지금까지 이런 선시 이론이 정립되어 책으로 편찬된 것이 선생님의 저서 외에는 없는 줄 아는데요, 이번에 출간하신 『禪, 초기불교와 포스트모더니즘 너머』와 『禪, 빈거울의 언어』는 그간 선시와 선사상에 대한 문단의 관심을 총결산한 느낌을 줍니다. 이 책에 대해 소개해 주세요.

송준영 : 앞의 책 『禪, 초기불교와 포스트모더니즘 너머』는 통사적 입장에서 선불교가 발전되고 진행되어 온 사상적 전개와 이에 따른 저의 견해를 밝힌 것입니다. 특히 초기불교 경전인 『아함경』에 시원이 보이는 돈오와 점오적인 석가세존의 대기설법에, 훗날 선사와 논사들에 의해 사상적·실천적 논쟁거리로 오늘날까지 전개되고 있습니다. 이것을 밝히고자 애썼고, 또 하

나는 선시와 서구의 포스트모더니즘 시가 수사법이나 문장 구성 등이 흡사한 느낌을 갖게 되는데, 사실 제가 공부한 입장에서는 표전으로는 그렇게 보이나 내적인 속내는 전혀 다르다는 말을 하고 싶었습니다. 서구의 아방가르드 시와 선시의 시원, 표현, 내밀한 부분을 파악하기 위해 두 시들을 비교하여 시설詩說하였습니다. 제가 추구하여 온 선과 선시가 이 세상에 존재하게 된 당연성을 끄집어낸 것이라 말하고 싶습니다.

그리고 『禪, 빈거울의 언어』는 위의 쉽게 푼 이론, 이것은 실행이며, 사실을 바탕으로 보았을 때 한갓 주장일 뿐일 수도 있습니다. 그러나 선과 선시는 이론에 있는 것이 아니라 사실 실천, 즉 행에 있습니다. 이 행이 선의 꽃봉오리입니다. 이 부분을 우리가 계합契合함이 핵심 중의 핵심입니다. 이것이 바로 우리의 삶 자체이니까요. 때문에 우리들에게 흘리고 간 선장禪丈들의 시와 행위의 핵인 에피소드 즉, 염拈을 소개하며 제가 밝힐 수 있는 데까지 드러내고자 애썼습니다.

김미정: 그동안 저술하신 『취현반야심경강론』, 『현대언어로 읽는 선시의 세계』, 『禪, 빈거울의 언어』와 선사열전인 『황금털사자의 미미소』, 선시론 『禪, 초기불교와 포스트모더니즘 너머』, 『禪, 언어로 읽다』, 『이승훈의 문학탐색』, 『'빈 거울'을 절간과 세간 사이에 놓기』 등 선시의 실천 이론서들이 각각 어떤 특징을 가지고 있는지 정리해 주시면 독자들이 이해하는 데 큰 도움이 될 것 같은데요?

송준영: 몇 가지 단계로 구분할 수 있습니다. 『취현반야심경강론』은 불교의 가장 핵심 경전이며 가장 짧은 대승경전입니다. 그리고 붓다의 가르침이

가장 요약된 사상적 요약본일 뿐만 아니라, 그 경전에 나타나는 언어는 다른 경전을 읽는 데 가장 근본적인 언어인 동시에 불교 경전에 전개되는 근본 단어의 집약체입니다. 이를테면 사성제, 십이연기, 불교특유의 삼단논법, 지혜도 깨달음도 없음(무지역무득)의 공도리, 반야바라밀, 아욕다라삼막삼보리 등, 무섭고 가슴 떨리는 법어들이 하늘과 땅을 가득가득 메우고 있습니다. 제가 이 경전을 7년간 필사하고 궁구한 것은 보림補任된 저에겐 생명 말씀이었습니다. 『현대언어로 읽는 선시의 세계』와 이번에 발간하는 『선, 빈거울의 언어』는 선에 계합하고 선사로 한 생을 사시며 몸소 선을 보여주신 선장들의 행리와 선시들을 푼 것들입니다. 그리고 『禪, 언어로 읽다』는 선시에 나타나는 선적 수사법을 간추린 것입니다. 또 그 수사법이 오늘날 서구의 아방가르드 수사법과 같은 점과 다른 점을 간파하여 드러내고 싶었던 거고요. 그리고 『禪, 초기불교와 포스트모더니즘 너머』는 선불교의 가장 핵심적인 논쟁으로 변질된 돈오돈수와 돈오점수의 사상을 파헤쳐 2,500여 년 이어지는 사상적 논쟁거리로 적합한 것인가를 묻고 싶었기에 저의 소견을 쓴 것입니다.

김미정 : 선은 이전보다는 많은 사람들에게 알려져 있고 선에 대한 관심이 보다 확대되고 있는데요, 선시에 대한 명철한 인식이 필요할 것 같아요. 선시의 발생 배경과 개념에 대해서 말씀해 주세요.

송준영 : 지금은 선시라 일반적으로 통칭하지만, 원래 어원은 산스크리트어 'gata'입니다. 이 말이 '가타伽陀' 혹은 '게타偈陀'로 음역되었고 게偈와 송頌을 합쳐서 '게송偈頌'이라 의역된 것입니다. 게송은 불전 가운데 운문으로 된 시

입니다. 물론 불경의 전래로 중국에 유입되었지요. 게송이라 의역하게 된 근거는 『시경』의 「시경 육의」 가운데 가장 흡사한 송에다 산스크리트어 게가 합쳐진 단어입니다. 이것이 오늘날 선시로 굳어진 것이라 할 수 있습니다. 아직 선문에서는 게송이라 부르고 있습니다.

선은 불교의 계戒, 정定, 혜慧 세 가지 배움 가운데 정에 해당합니다. 정은 산스크리트어로 드야나Dhyāna로 선나禪那라 음역되어 약칭 선이라 불리게 됩니다. 곧 정려靜慮 사유수思惟修 정定이라 의역되었습니다. 이 의역에서 보다시피 '생각을 고요에 들게 한다', '생각을 닦는다'라고 말할 수 있지요. 이 '고요에 들게 하여 생각을 닦는 것'에 시詩라는 단어가 합쳐져 선시가 된 것입니다. 고요에 든, 생각을 닦는 혹은 닦은 이런 노래가 게송, 선시입니다.

본래무일물本來無一物이 선시의 기원이 된다는 말은, 오늘날 선시는, 아니 선종의 뿌리는 인도의 불교에 잉태되었다고 하지만, 인도에는 오늘날과 같은 선은 없다고 학자들은 말합니다. 물론 내용상 말입니다. 오늘날 선은 깨달음을 닦는 데 적극 동참하여 견성을 목적으로 하고 있는 수레이며 뗏목입니다. 수레나 뗏목은 그 필요가 다했을 때는 제자리를 지킬 뿐이지요. 선종은 불교가 중국에 뿌린 종자가 발아하여 중국, 우리나라, 일본을 포함한 동북아 땅, 동북아 사람의 손에 의하여 요리된 음식입니다. 물론 종자가 없을 때는 아무것도 없는 것이지만.

이런 의미에서 보면 지구상에 가장 오래되었지만, 오늘날 새로운 사상으로 정신세계를 강타하고 있는 선은, 선종은, 선불교는 육조 혜능六祖慧能(638 ~713)을 중시조로 하는 사상 집단임이 분명합니다. 이 혜능선 곧 조계선의 시원이라 할 수 있는 자성계自性偈의 포인트인 본래무일물을 시원이라 해도 과언이 아닐 것입니다.

김미정 : 선시에 대한 바른 이해가 필요하겠군요. 선시는 일정한 형식적 틀을 가지고 있는 듯 보입니다. 또한 내용면에서도 여타의 시들과는 구분되는 특색을 띠어야만 선시가 되는 것 같습니다. 선시가 갖는 일반적인 특징으로 나타나는 것들이 있다면 어떤 것일까요?

송준영 : 우선 선시를 불교시 범주에 두고 볼 때, 교시와 선시로 크게 나눌 수 있습니다. 교시는 불교의 현상적 교리를 노래하고 교리를 전도하기 위해 지어진 시라고 말할 수 있겠지요. 그러나 이 교시는 다른 종교의 종교시와 마찬가지로 그다지 현금 시단에 논의 대상이 미미한 것은 다 잘 알고 있는 사실입니다. 이것은 선시가 생명 그 자체를 움직이는 그대로 포착하려고 하는 데 비해, 교시는 움직임의 흔적을 지적으로 추상화하여 일반화하려고 하기 때문이라 생각됩니다. 곧 선시는 생명의 최고를 구체적인 것, 실제적인 것 가운데 구현하려고 하고, 교시는 그 움직임으로부터 벗어나 상대적으로 대상화하여 눈앞에 세계를 고착화하고자 애쓰기 때문일 것입니다. 이것은 일반적인 집단화된 종교의 정신세계와 선사상과의 차이에도 해당하는 내용입니다.

　제가 알기로는 선시를 불교적 범주에 두고 논의하느냐 불교 밖에서 논의하느냐에 따라 주제의 흐름이 달라지기 마련입니다. 일체의 삼매가 선적이다 하는 경우, 세상에 존재하는 일체 두두물물頭頭物物이 모두 성불하고 있다는 화엄법계관을 벗어날 때, 그 진리의 세계에서 숨죽인 채로 면목을 드러내는, 선을 우리들이 논의할 대상이 될 수 있는 것입니다. 역사상 불교에서 파생시킨 선종과 그의 제자들이 오랫동안 탐구 발전시키고 계승한 선사들, 기상천외의 상상력을 동원하여도 파악하기 어려운 선화, 죽음의 언저리를 몇 번이고 돌고 돌아 나오는 묵조선; 세계의 근저를 고요로 접근하기보다 활활발발活活潑潑한 적극적인 자세, 행위, 사유와 행동이 일치되므로 화산으로 폭발하는 간화선看話禪; 이 간화선자들이 개발한 말머리話頭인 1,700공안, 이러한 배경의 밑바탕에는 생명의 근원인 자성을 철저히 보겠다는, 인간의 근원 고뇌에서 벗어나겠다는 강한 의지에 의한 의심이, 마침내 그 의심에서 벗어난 선자禪者들이 선시를 형성했다고 봅니다. 이러한 불가분의 관계들이 총체적으로 모여 선시의 배경을 이룬다고 볼 수 있겠습니다.

한 마디로 선시는 내용상으로는 선사상을 시적으로 표현한 언어양식을 말하겠지요. 곧 선수행자들의 선적 체험, 선수행으로 체득된 오도의 경지를 표현한 시입니다.

선시의 수사법으로는 압축, 절연, 기상, 모순, 병치, 사물의 가탁에 의한 형상화 등 현대시의 수사법과 거의 동일하다고 봅니다. 그러나 특히 많이 나타나는 수사법은 적기적賊機的 어법입니다. 선시의 적기어법賊機語法은 스스로 깨친 세계를 문자로 보여주어 미혹한 중생들을 깨닫게 하기 위한 선사들의 간절한 노파심의 발로입니다.

곧 선장禪丈들이 설법을 할 때, 우리의 가슴을 시원하게 하는 활구법문活句法門을 상당적기법문上堂賊機法門이라고 합니다. 그 어법을 적기어법이라 칭할 때, 문학적인 수사법으로는 나타나는 적기수사법賊機修辭法이 되는 것입니다. 이 선시에 나타나는 적기수사법을 세분하여 보면 대체로 다음 세 가지로 집약될 수 있습니다. 선시의 반상합도反常合道, 선시의 초월은유超越隱喩, 선시의 무한실상無限實相이 그것이지요. 이 적기적 어법은 2002년 『현대시』 11월호에 「현대선시의 새로운 기미」란 논제와 '이승훈의 시집 『人生』을 중심으로'라는 부제의 논문으로 밝힌 바 있습니다.

다시 간단히 이해를 돕는다면, 선시의 반상합도란 우리가 정상이라 규정하는 일상을 돌이키고 뒤틀어서 정상과 비정상이 융통하고 회감하여 수승된 다른 세계로 보여주는 것을 말합니다. 즉 서로 다른 것이 상호 합일되어서 고차원의 세계로 합도되는 걸 말하지요. 수많은 선시가 거의 이런 수사법을 자유자재로 쓰고 있습니다. 그중 한 예로는 부대사善慧傳翁(467~569)가 노래한 "빈손에 호미들고"나 "다리는 흘러가고 물은 흐리지 않네"하는 시행과 조선시대의 소요逍遙太能(1562~1649)의 "물위에 진흙소가 달빛을 밭간다 / 구름 속 나무말이 풍광을 밭 간다"라는 시행은 반상합도에 의한 다른 수승된 세계로 우리를 몰아넣기에 충분하지요. 이 세계는 선사들이 우리에게 보여주는 진리의 세계이지요.

다음 선시의 초월은유는 현대시에서 중요한 수사법인 은유를 동일성의 치환은유와 비동일성의 병치은유를 말하지만, 이질적인 두 사물에서 유사성을 발견하는 비유, 곧 비동일성에서 동일성을 발견하게 하는 은유를 말합니다. 그 이유는 A=A, A=B라는 상식적이고 정상적인 논리로서 나타낼 수 없는 선의 도리에 의한 선사상에서 기인하는 것이지요. 이러한 것은 선시의 반상합도에서 나타나듯이 'A는 A가 아니므로 A이다'라는 선시의 적기어법을 바탕으로 선사상을 표현하기 위한 양변의 견해를 융합하면서 동시에 초월하는 비유상태를 말하는 것이지요. 선시의 용례로는 서산대사의 "진흙은 푸른 돌 속의 뼈"나 조선 말 무경선사의 게송인 "일이삼사로 가고 / 사삼이일로 오라"와 같은 시행은 선문답적인 초월은유란 명칭으로 씀이 마땅하다고 생각됩니다.

선시의 무한실상이란, 서구의 상징주의자들은 일체 현상세계가 허구세계이며, 궁극적으로 상징세계로 간주합니다. 선의 입장에서는 이 서구의 상징이란 단어에서 색色이나 가상假相과 비슷한 느낌을 받게 됩니다. 바로 색이나 가상은 현상적으로 나타나는 일체의 만물을 뜻합니다. 곧 공空, 실상實相, 본체本體, 본성本性과는 상대적인 의미를 제시하는 단어입니다. 사실 서구의 상징은 무한한 해석의 가능성을 간직하고 있는 암호의 숲으로 생각하는 경향이 다분하지요. 이 상징이란 말은 불교에서 말하는 색즉시공 공즉시색色卽是空 空卽是色의 사유법인 선적인 사유법과는 근본적으로 다른 것입니다. 선의 도리는 본질과 물질적 현상을 따로 구분하지 않습니다. 선시에서 실상이란, 상징에 남아있는 논리적 고리를 단절시킴으로써 우리와 같은 중생의 분별 간택심을 초월시키려는, 아니 제자리로 환지본처하게 하는 불립문자不立文字의 표징일 뿐이지요. 곧 선시에서는 단어, 시구 혹은 선시 자체가 낱낱이 암시적 상징이 아닌 끝없는 실상으로 형성됩니다. 따라서 선시어의 암시성, 상징성이 일반시보다 연결성 혹은 밀도 면에서 훨씬 복잡다단하다고 생각할지 모르지만 사실 아주 간단명료할 따름입니다. 전후좌우상하가 완전히 끊어진 실상을 몰록 드러내고 있을 따름입니다. 인드라망처럼 연결 고리와 굴레가 복잡하고 그 행간의 의미가 무한 점핑하는 세계, 어디든지 편재해 있고 딱 떨어져 있는 이 세계에 현현하는 상을 무한실상이라 칭할 수밖에 없지요. 이런 무한실상의 양태가 선시적 적기어법과 궤를 같이하므로 A=Ā의 등식으로 표현할 수 있지요. 이런 선시의 예가 부지기수이지만, 우리나라 근래의 선승인 효봉스님의 게송을 들면, "바다 밑 제비집에는 사슴이 알을 품고 / 불속 거미집에 물고기가 차를 끓이네 / 이집안 소식을 뉘라서 알리오 / 구름은 서쪽으로 달은 동쪽을 달리네"라는 게송에서 보듯이 선적인 도리를 비추어보면 무한계, 무작정으로 그린 것 같지만 오직 이 자리를 벗어나지 않고, 오직 이것만이 드러내는 두두물물을 무한실상으로 표현할 수밖에 없습니다. 이것은 선이 그렇고 우리의 본성이 그렇고 일체 만물의 자성이 그렇다는 것이지요. 그렇기 때문에 선에서 무자성無自性을 말합니다. 문제는 앞의 선시가 서구의 쉬르와 같이 자동기술에 의해 무작위로 씌어진 것이 아닌, 무자성을 철저히 깨친 선사들의 명료함에서 흘러나온 노래여서 무한실상을 한량없이 휘두르고 있습니다. 역시 이런 무자성을 도식화하였을 때, 선시적 수사법인 A＝Ā로 쓸 수밖에 없겠지요.

김미정 : 우리가 알고 있는 문학 장르로서의 시, 즉 현대시, 서정시 등과 현대선시와의 차이점은 어느 부분에서 찾을 수 있으며 현재 한국 문단에서 선시는 어떤 위치에 놓여 있나요?

송준영 : 김춘수 시인은 말년에 우리나라 당대 시들을 분류한 실천 비평서인『김춘수사색사화집』을 내었습니다. 그는 한국의 시들을 4가지 유형으로 전개하고 있습니다.

첫째, 전통 서정시의 계열, 둘째, 피지컬한 시의 계열, 셋째, 메시지가 강한 시의 계열, 넷째, 실험성이 강한 시의 계열로 되어 있습니다. 저는 이 책을 읽으면서 신라나 고려 때부터 우리 민족의 정신적 역사가 이어지는 선시 계열은 어디로 갔는가? 혜심의 게송, 태고나 나옹의 선시, 서산과 경허의 우리 체형과 자연에 꼭 맞추어진 선시의 그 맛은 어디로 갔는가? 하는 의아심을 가진 적이 있습니다.

현 우리 문단에서는 그저 선시란 이름만 있고 선시의 문학사적 의의나 선시론은 어디에도 없으며, 수사법은 정리조차 되어 있지 않고, 대략 선시의 수사나 선미는 위의 사색四色의 시들 속에 녹아 있을 뿐, 어떤 위치도 있지 않음을 알았습니다. 이것은 선이나 현대시에 대한 반상합도된 통찰의 시선과 집요한 전문가의 의지가 없었기 때문이라 생각됩니다.

김미정 : 최근 선시에 대한 문단의 관심이 점차 가열되고 있고 새롭게 자리매김해 가고 있습니다. 현 시대에 선시가 갖는 의미나 가치에 대한 의견을 듣고 싶습니다.

송준영 : 우리는 많은 분류 속에, 우리의 삶을 전성전일全性全一하게 살지 못하고 있는 것 같습니다. 저 확암선사의 「십우도」 제8 그림에 '입전수수入廛垂手'란 말이 있습니다. 이와 마찬가지로 선문에서는 '이류동행異類同行'이란 말도 있습니다. 아마 이것은 동사섭의 보살도를 이르는 것이겠지요. 굳이 '선적인 삶/시적인 삶' 이런 양분된 사유 자체가 오늘날 포스트모더니즘적인 사회에서 무너지고 있습니다. 서구의 포스트모더니즘 이론가들에 의해서 이지요. 우리 선문에서는 예전부터 이런 나눔은 없었습니다. 불이不二라 하지 않습니까?

잠시 서구의 형이상학의 이념적인 흐름을 짚어 보면, '플라톤의 이데아idia 나 테카르트의 사유주체Cogito, 루소의 자연의 말Logos, 헤겔의 관념론적 절대인식과 후설의 현상학의 의식주체와 직관 등 이 모든 철학적 체계는 지금의 형이상학의 주체를 형성한 전부입니다.

그러나 근세에 있어 포스트모더니즘 이론가인 라깡이나 데리다 등에 의해 이런 문제가 해체비평되고 있고, 이것은 우리 선적 사유와 유사한 것이 발견되곤 합니다. 곧 형이상학론자들은 자기 동일성을 상정하고 이로부터 두두물물이 존재한다고 보는 이분법적인 사유는 선문에서 말하는 분별간택심의 본향을 이르는 말이라 읽힙니다.

살펴보면 정신/물질, 자아/타자, 긍정/부정, 본질/응용, 적/조, 이 모든 분별을 앞쪽의 정신, 자아, 긍정, 본질, 적寂에 포인트를 두고 상호 차례가 관념적으로 합리화시킨 체계이지요. 그렇지만, 일찍이 육조 혜능은 36대의 상대적 관념을 모두 불이로 말씀하신 가르침의 유훈이 있듯이, 우리 선불교에서는 고요寂가 있는 다음에 되비침照이 있음이 아니라, 적조동시寂照同時라 통견하고 있습니다. 이와 마찬가지로 '선객/시인'이 따로 있음이 아니라, 선객이면서 시인, 이것이 선시적인 불이의 삶일 것입니다.

김미정 : 선생님의 법명인 '취현醉玄'의 이름으로 간행된 『반야심경』은 대단한 역작입니다. 그것을 직접 손으로 쓴 원본까지 목격한 저로서는 그 지적 에너지에 대단히 놀랐습니다. 『반야심경』을 쓴 당시의 상황이 궁금해집니다. 또한 선생님께서는 서옹스님과 설악스님으로부터 전법게를 받은 재가 선객이며, 50년이 넘도록 선 수행을 해오신 분으로 알고 있는데요. 선생님의 수행 이력이 궁금합니다.

송준영 : 부끄러운 일입니다. 그리고 별로 꺼내기 싫은 일이기도 합니다. 어쨌든 충실한 답변자로 최선을 다해 말씀 올리겠습니다.

저는 18살에 발심하여 지금 우리가 살고 있는 이 세계 말고 또 다른 세계가 있다는 것을 알게 되었습니다. 몇 해 선사禪寺에서 흉내나 내는 얼뜨기 선객으로 방황의 시기를 보내었습니다, 이때 만난 스승이 동암 성수東庵性洙(1904~1969) 선사와 탄허 택성呑虛宅成(1913~1983) 선사이고 그 외 많은 운수납자들을 만났고 나는 늘 흉내내는 허수아비에 불과했습니다. 1969년, 춘천에서 이승훈 선생님을 만나서 시를 쓰는 척했지만 이것 역시 미리 나를 점령하고 있는 '도대체 이게 무엇인가?' 하는 의심에 비교하면 심드렁한 별로 재미없는 놀이였습니다. 그래서 나는 시인도 되지 못했습니다. 이때 만난 문우가 최돈선, 이외수, 임동윤 등입니다. 그리고 그 후, 이 근본적인 앎에 점점 깊이 들어선 나는 삶의 틈만 있으면, 모두 '이 뭐꼬?' 하는 근본적인 화두에 침잠하게 되었습니다. 이 시기에 만난 분은 만공 월면滿空月面, 고송 종협古松宗協, 퇴옹 성철退翁性徹, 서옹 상순西翁尙純 등의 제 선사들입니다. 지면 관계상 낱낱이 적을 수는 없지만, 한 분 한 분이 모두 나의 길을 일러주신 선의 스승들입니다. 특히 만공 스님께서는 꿈속에서, 지금도 생생히 기억되는 건 금강산 마하연 선방이었고, 만공조실께서 차고 명징한 눈으로 나의 수선을 지켜보는 무언의 경책이 있었고, 다음부터 공부가 부풀어 갔었습니다. 선연한 눈초리를 지금도 잊을 수 없습니다.

마흔이 들던 음력 설날에 객지로 떠도는 나는 고향에도 가지 못하고 처가집 뒷방에서 울울한 심사에 못 견딜 정도로 풀이 죽어 허탈상태에 빠져있었습니다. 이날도 습관적으로 『전등록』을 넘겼는데, 눈에 들어오는 "어떤 것이 너의 부모가 만나기 전의 너의 참얼굴인가如何是父母未生前眞面目消息麼?"가 보이는가 싶더니, 어디선가 병이 부딪히는 소리, 마음의 길이 끊어지고 잿털이에 타는 담배연기가 마음의 길을 따라가는가 싶더니, 천정엔 오직 형광등만이 있고, 벽면엔 벽이 오래 그 곳에 있고, "이 뭐꼬"가 있고 "부모미생전진면목"이 없고, '조주구자불성'이 뻥 뚫리고, '마삼근'은 깃털로 날아가고, 20여 년 나를 따라다니던 체증이 쑥 둘러빠지는 이 실제상황이 펼쳐졌습니다. 만 이틀을 공허한 웃음으로 보냈지요. 나를 웃게 하는 것은 조사들이 처놓은 화두라는 질긴 올가미에 갇힌 나를 찾아 헤매는 내가 비로소 알몸으로 보였기 때문일 것입니다. 아무런 옷도 걸치지 않은 나, 나는 가볍고 투명한 깃털보다 가볍고 유리보다 투명한, 본래무일물의 나라 해도 한 겹 막힌 표현일 뿐, 정말 기가 막힌 일이었습니다.

이때부터 이 허깨비 같은 사실 아닌 사실을 확인 받기 위해 가야산 백련암 방장스님을 참문했고, 다시 운문암 서옹 스승님을 찾아 참문하게 되었지요. 서옹선사께 7년 동안 꼭 7차례를 참문할 수 있는 그분의 간절노파심절을, 법은法恩을 입었습니다.

이 『반야심경』은 내 나이 40살부터 47살까지 쓰인 나의 수도일지입니다. 서옹 스승님께 올린 나의 심행일지心行日誌이지요. 이후 스님께서는 나를 궁휼히 여기고 월조越祖라는 이름과 진리의 노래 「시 초불월조시진인示 超佛越祖 是眞人」을 내리시고, 『반야심경』 서시序詩까지 내려주신 은혜를 입게 되었습니다.

뭐, 대단한 삶을 산 것 같은 질문은 감당하기 어렵습니다. 그저 욕심이 큰 사람이어서 욕심을 채운 것뿐이지요. 그럼 30여 년 넘게 찾은 것이 무엇인가 하는 질문에 본래 잃은 것이 없으므로 얻은 것조차 없다는 걸 알았을 뿐이지요. 이젠 저 밑에서 올라오는 희미한 의심만이 사라졌다고 말할 수 있을 뿐이지요.

김미정 : 선을 학문으로 탐구하는 것과 깨달음의 세계를 맛본 선사하고는 다른 각도로 선에 접근한다고 생각되어지는데요. 그 부분에 대해 선생님의 의견을 듣고 싶습니다

송준영 : 오늘날 선시, 아니 선의 뿌리는 인도의 불교에서 잉태되었지만,

인도에는 오늘날과 같은 선은 없다고 학자들은 말합니다. 물론 내용상 말입니다. 현금 선은 깨달음을 닦는 데 적극 동참하여 견성見性을 목적으로 하고 있는 수레이며, 체와 같은 역할을 하고 있지요. 선종은 불교가 중국에 뿌린 종자가 발아하여 중국, 우리나라, 일본을 포함한 동북아에 전래되고 전 세계로 퍼져 나간 정신의 세계며 이것이 행行으로 발아한 것입니다.

깨침의 문제와 선학을 닦는 문제에 관해서는 많은 이론과 주장이 있을 것입니다. '이것이다' 하고 통증해야 하겠지만, 두 가지로 나누어 말씀드리겠습니다. 흔히 얘기하는 '기의(의미)/기표(표현)'로 나눌 때, 의미상 완전히 선을 실참실수한 선객이어야 가능하며, 한쪽으로는 동양의 시론과 정통적인 수사법에 밝아야 하며, 또 서구의 시론과 수사법에 의해 작시를 할 수 있는 분이라야 할 것 같습니다.

또 하나는 내적으로 선불교에서 이르는 적조寂照가 동시同時임을 철증한 사람의 몫입니다. 외적으로는 동서양의 수사법으로 시를 작시하며 시론에 밝아야 될 것 같습니다. 그러나 오래전부터 선시의 종류를 선리시禪理詩, 선취시禪趣詩 등으로 분류하여 왔습니다. 선도리에 밝으며, 앞서 얘기한 선의 덕목인 선미, 청량淸凉 명징明徵 단순單純 함이 시에 저절로 우러나오는 시, 사실 깨친 분상에서 씌어진 시 중, 선의 도리를 쓴 오도송, 열반송 등과 선취시 풍으로 크게 나눌 수 있습니다. 그러나 문단에서는 서정시에 선적인 향취가 있으면 선취시로 간주하고 있습니다. 이러한 얼치기 선취시가 오늘날 대다수 선시로 알고 있습니다. 이런 작가들을 광의의 선시인이라 보고 있어 우려되고 있습니다.

김미정: 선생님은 선 수행자, 선시론가이기 이전에 제6회 박인환문학상

과 제17회 현대불교문학상을 수상하셨으며『눈 속에 핀 하늘 보았니』,『습득』,『조실』세 권의 시집을 상재하신 시인이십니다. 선생님의 시세계에 대해 알고 싶습니다.

송준영 : 참 힘이 드는 질문입니다. 그저 이렇게 쓰고 싶고 제 공부가 이렇게 가고 있을 뿐입니다. 우선 고전선시와 현대선시 두어 편을 시설詩說하면서 근래에 쓴 어설픈 저의 시를 소개하여 이 어려운 질문을 피해 가고 싶습니다.

불교의 무아사상이나 공사상은 모두 자성自性이 무자성이라 말합니다. 이러한 일체 두두물물이 고유한 자성이 없는 것으로 규정될 때에는 우리가 보배로 여기는 고전인 성경이나 불경은 반드시 귀중한 정신문화의 자산으로 여길 까닭이 없습니다. 책은 삶과 앎의 지침서인 동시에 불을 만났을 때는 화재의 진원지가 될 수 있기 때문입니다. 만년필 또한 마찬가지입니다. 글을 쓸 때는 반드시 필요한 필기도구이지만 사람의 눈을 찌를 때는 필살의 흉기로 변합니다. 세상의 존재하는 것은 본래 무자성인 무아입니다.

『금강경』에는 이러한 경구가 무수히 나타납니다. '부처가 말씀한 반야바라밀은 곧 반야바라밀이 아니라 그 이름이 반야바라밀이다佛說般若波羅蜜 卽非般若波羅蜜 是名般若波羅蜜(「13, 여법수지분」)와 같은 구절이 「14, 이상적멸분」, 「20, 이색이상분」, 「23, 화무소화분」, 「30, 일합이상분」에도 나타납니다. 이것을 도식으로 표현하면 'A는 A가 아니라 그 이름이 A다'가 됩니다. 곧 A＝Ā가 됩니다. A를 소, 연필, 책 무엇을 넣어도 똑같이 풀이됩니다. '소는 소가 아니라 그 이름이 소다' 저 봄날 밭에서 밭갈이를 하는 소는 도살장에 멀건 눈을 뜨고 죽어 있는 소이고, 또 소라 부르는 우리의 소는 진흙소일 수 있고 바다 밑을 달리는 소일 수도 있다는 표현이 가능해집니다. 이러한 표현은 천지만물이 무아 즉 무자성일 때만 가능해집니다. 저의 시를 소개하기 전에 이런 부분을 잘 드러낸 고전선시와 현대선시 몇 수를 보여주고자 합니다.

水上泥牛耕月色　　　물 위에 진흙소가 달빛을 밭 갈고
雲中木馬挈風光　　　구름 속 나무말이 풍광을 끌고가네
威音古調虛空骨　　　위음의 옛 곡조 허공 속 저 뼈다귀라
孤鶴一聲天外長　　　외로운 학 울음 하늘 밖 길게 가네

― 소요 태능, 「종문곡」

위의 게송 「종문곡宗門曲」은 서산대사의 법자인 소요가 선가의 대의와 이치를 밝힌 노래입니다. 1행과 2행 "물 위에 진흙소가 달빛을 밭 갈고水上泥牛耕月色 / 구름 속 나무말이 풍광을 끌고가네雲中木馬挈風光"는 읽자마자 '꽝' 우리의 오랜 고정된 관념을 산산이 박살을 내고 맙니다. 우리는 '진흙소', '나무말'이란 시어에 황당함을 느끼게 되고 광자狂者의 헛소리로 들릴 뿐 아니라, 이어 '진흙소가 달빛을 밭 간다'나 '나무말이 구름 속 풍광을 끌고 간다'는 이 두 행이 우리를 적기해 버려 멍멍함에 갇히게 합니다. 그러나 이 문제를 앞의 『금강경』에서 본 'Ā는 A가 아니라 그 이름이 A다' 즉 A=Ā를 돌이켜 봄으로 약간의 숨을 고를 수 있음을 느낄 수 있습니다.

1행과 2행은 선가, 아니 선의 내장이며 골수입니다. 곧 무아나 공, 중도 자체의 표전表詮인 것입니다. 3행 위음威音은 위음왕불威音王佛 공겁空劫에 맨처음 깨달은 부처를 말합니다. 바로 이것마저 '허공 속에 뼈일 뿐이라'는 천하를 덮는 기백과 밝고 투명한 눈동자를 만나고 이 안정眼精은 우리에게 실상

을 그대로 보여줍니다. "외로운 학 울음 하늘 밖 길게 가네孤鶴一聲天外長"라 하는 마지막 행은 앞의 1행과 2행의 무아 공은 무엇이냐? 하는 것을 보여주고 있습니다. 비유하자면 바로 '비 쏟아지는 저녁 유기견이 눈 위에서 눈을 묻고 있다'와 다를 것이 없음을 알면 그뿐입니다.

붓다가 설한 "불법은 곧 불법이 아니라 그 이름이 불법이다"라는 즉 'A는 곧 A가 아니고 그 이름이 A다'로 읽히며, A=Ā로 회통되어짐을 살펴봤습니다. 곧 '삶'이란 A와 '죽음'이라 불리는 Ā로 회통되어집니다. A는 A가 아니므로 A가 됨을 이해 돕기 위해 설악의 「무자화」 한 수와 이승훈의 시 「비누」를 읽고자 합니다.

강물도 없는 강물 흘러가게 해놓고
강물도 없는 강물 범람하게 해놓고
강물도 없는 강물에 떠내려가는 뗏목다리

— 설악무산, 「무자화 6 — 부처」

위의 시 '뗏목다리'도 늘 우리가 고정적으로 생각하고 있는 뗏목다리가 아니라 그 이름이 뗏목다리이듯이, 소요의 「종문곡」 1행의 "물 위에 제비집"은 우리의 정상화定相化된 '처마 밑 제비집'이나, '은행나무 위 제비집'만이 아니라 보이지 않는 곧 Ā의 '바다 밑 제비집'이듯이, 동시에 우리가 늘 보고 알고 있는 '뗏목다리'인 것입니다. 일상적인 육식六識으로 만나는 A의 '뗏목다리'인 동시에 '뗏목다리'는 무일물無一物인 무한실상의 뗏목다리여서 앞의 소요의 '달빛에 밭가는 물위에 진흙소' Ā이며 '강물도 없는 강물에 떠내려가는 뗏목다리'인 A=Ā이니, 곧 무한실상의 진풍광일 뿐입니다. 그렇지만 우리가 의식하고 있는 '뗏목다리'는 설악의 떠내려가는 뗏목다리며 시편에서 보이지 않는 '우리를 피안으로 건너가게 하는 뗏목다리'로 나타나기도 합니다. 설악의 「무자화 6-부처」는 무아의 도리를 '뗏목다리'를 주제로 펼쳐 보이는 함축의 극치를 그리고 있습니다. 시 전체를 '흐르게' '범람하게' '떠내려가는' 연기법을 그리고 있습니다. 곧 보이지 않는 A=Ā의 연속은 현상으로 나타나는 보이는 A를 보이지 않는 Ā로 숨기면서 드러나게 하는 '무아'한 소식을 밝히고 있습니다. 시편의 흐름은 문장의 긴장과 부조화를 부채질하고 있습니다. 그리고 3연의 '뗏목다리'는 장마에 떠내려가는 '뗏목다리'일 뿐임을 읊고 있습니다. 『금강경』 사구게四句偈에는

凡所有相	무릇 있는 바의 상은
皆是虛妄	모두 허망한 것
若見諸相非相	만약 모든 상이 상 아님을 봄은
卽見如來	곧 여래를 보는 것이다

제상諸相인 A와 비상非相인 Ā가 회감 회통하는 봄(A=Ā), 곧 여래를 봄이라.

이것을 설악은 "떠내려가는 뗏목다리'를 주제어로 떠내려감은 떠내려가지 않음을 버리지 않음이어서 연기법을 단 3행으로 절대 현재의 이 순간을 드러내고 있습니다.

비누는 가늘게 내리는 가랑비 가랑비 내리던 아침 그대와 길을 떠났지 비누를 가방에 넣고 떠났던가? 오늘도 가랑비 온다 가늘게 내리는 가랑비 밤이면 하얀 눈발 어둠 속에 비누가 반짝인다 비누는 마루에 있고 거실에 있고 화장실 거울 앞

에 있지만 비누는 과연 어디 있는가? 비누는 씨앗도 아니고 열매도 아니다 아마

추운 밤 깊은 산속에 앉아 있으리라

— 이승훈, 「비누」

이승훈의 시 「비누」는 현대선시로 분류되며 또 전위선시로 일컬어도 무방하다는 생각입니다. 전위선시는 한자로 된 고전선시에 주수사법인 적기수사법과 포스트모더니즘 시의 비유법을 활용한 선시를 말합니다. 우선, 앞의 시는 자성이 무자성임을 철저히 인식할 때에만 가능한 A＝Ā의 세계입니다. 이 세계는 불교의 기본 경전인 『반야심경』의 '현상이 본질이고 본질이 바로 현상色即是空 空即是色'의 세계입니다. 그리고 앞에서 살펴본 『금강경』의 주수사법인 "여래가 말씀한 제일진리는 곧 제일진리가 아니라 그 이름이 제일진리이다(「14, 離相寂滅分」)"라는 선시의 적기수사법을 충분히 활용하고 있습니다.

'매끄럽게 흐르는 비누는 가랑비고 하얀 눈발이다. 비누는 마루에 있고 거실에도 있고 어두운 밤 산속에 있'는 이 비누를 우리는 그저 비누라 부를 뿐입니다. 원래 무자성인 기표 비누는 여러 인연과 만나면서 한없이 미끄러져 내림을 읽을 수 있습니다. 그럼 이것을 무엇이라 불러야 할 것인가? 우리는 그저 비누라 부를 뿐입니다. 앞의 『금강경』 「이상적멸분」의 문장에 넣어보면 '비누는 곧 비누가 아니라 그 이름이 비누다'가 됩니다. 비누란 그 이름이 항상恒常하지 않고 인연과 상황에 따라 천변만화千變萬化한다는 것입니다. 시 「비누」는 우리의 존재가 항상 하지 않으므로, 듀카duka, 고苦인 일체개고 一切皆苦이고 제행무상諸行無常하고 제법무아諸法無我함을 체달하므로 열반적정涅槃寂靜에 든다는 불교의 징표인 사법인四法印이 시화詩化되었음을 읽을 수

있습니다.

그리고 이 시는 기본 연기설로 살펴보아도 잘 나타납니다. "이것이 있으므로 저것이 있고 / 이것이 없으면 저것이 없으며 / 이것이 생겨나므로 저것이 생겨나고 / 이것이 없어지므로 저것도 없어진다"의 근본 기의는 '이것'과 '저것'만 있고 '이것'과 '저것'이 없고 또 '이것'과 '저것'에 의해 생겨나고 '이것'과 '저것'은 없어진다는 것입니다. 상의성相依性, 다만 상호의존에 의해 존재와 법계가 운행되고 있음을 말합니다. 그럼 무엇이 있는가? 바로 무아입니다.

이 시의 마지막 구절은 "비누는 씨앗도 아니고 열매도 아니다"이다. 그럼 무엇이냐. 화자는 오직 "아마 추운 밤 깊은 산속에 앉아 있으리라" 한다. 무엇이 앉아 있는가. 적기수사법인 선시의 무한실상입니다. 이제 저의 시 두 편을 가볍게 읽어보시기 바랍니다.

고양이는 지나가는 바람이고 고양이는 떨어지는 꽃이고 고양이는 날아다니는 풀솜이고 고양이는 돌이고 구름이며 짚신이니 고양이는 다시 머리에 인 짚신이고 구름이고 돌이며 풀솜이고 지는 꽃님이어요.

4월 창밖 교동초등학교 정원 복사꽃 살구꽃 만발하여요.
키 낮은 조팝꽃나무 하늘을 막네요, 부끄러워요, 부끄러워요.
　　　　　　　　　　　　　　　　　　　— 송준영, 「투사(透寫) – 남전참묘화를 보다」

돌 하나 놓여 있다

돌 하나 옆에

고개 든

금잔화

한 포기 피어 있다

— 송준영, 「청공(晴空)」

김미정 : 앞으로의 계획은?

송준영 : 계획요? 제가 좋아서 이런 저런 글들을 컴퓨터에 옮겨놓은 것이 있긴 있습니다. 뭐 어림잡아 몇 권이 될 것 같습니다. 『경허의 선과 시』와 『현대시학』에 6년여 정도 연재한 『禪, 발가숭이 어록』과 쓰다가 힘이 모자라 90% 정도 만들어 놓고도 손을 못 대는 A4용지로 1,000장 정도 되는 『십현담 총론』이라 가제를 붙인 글이 있습니다.

어느덧 저도 일흔이 되었습니다. 명이 있어 여든 살까지 살게 된다면 이 것을 세상에 내놓고 싶은 욕망, 인간의 그런 것이 있습니다.

부르지 않아도 계절은 우리 곁에 다가와 그림자처럼 문밖에서 기다린다. 우리의 삶은 순간의 연속이다. 지금 이 순간을 어떻게 살아가느냐에 따라 우리의 삶은 확정된다. 하지만 우리는 늘 먼 곳만을 응시한다. 때론, 너무 손가락 끝만 응시하기도 하지만……. 모든 선적사유는 지금 여기, 이 순간을 딛고 시작된다. 이곳이 없다면 저곳도 없다. 스스로 바로 세우는 삶이 아니라면 우리는 저울눈을 바로 읽지 못하는 어리석은 삶속에 있을 것이다. 깨달음의 순간은 찰나이지만 자신이 쌓아놓은 벽을 깨고 나오는 자만이 그것을 볼 수 있다. 지금까지의 대담을 통해 송준영 시인의 문학적 성취와 저서들을 보며 선시 이론 정립을 위한 각고의 노력과 열정이 이루어낸 결과라는 것에 무릎이 꿇어진다. 송준영 시인의 아직 가지 않은 길들이 궁금해진다. 앞으로 내딛는 발걸음에 존경과 경외의 마음을 보낸다. 오직 빈 하늘로 존재하는 생, 이따금 불어오는 바람이 우리의 마음속 풍경을 가만히 흔들어 깨운다.

제1화

염화시중 미미소

拈花示衆 微微笑

抛他祖父大家筵	부자가 함께 모일 큰 자리를 벌이고
拈出花枝作正傳	꽃가지 든 것을 바른 전법으로 삼았네
帶累兒孫貧到骨	피해 입은 후손들이 몹시도 가난해서
借婆裙去拜婆年	할미 옷 빌려 입고 할미에게 세배하네

— 열재 거사

　선종에서는 선의 기원을 말할 때, 삼처전심三處傳心을 얘기한다. 석가세존으로부터 선의 밀지가 그의 법제자인 가섭에게 부촉한 세 곳의 선화를 삼처전심이라 한다.

　첫째가 다자탑전 분반좌多子塔前 分半座이고 둘째가 영산회상 거염화靈山會上 擧拈花, 셋째가 쌍림수하 곽시쌍부雙林樹下 槨示雙趺라 하여 선종이 석가세존으로부터 전등된 근거로 삼는 이야기다. 이 삼처전심의 첫 번째 이야기인 '분반좌'는 『아함경』 「중본기경」 「대가섭시래품」에 기록되어 있다. '세존이 사위국기수급고독원 야외에 있는 다자탑 앞에서 설법을 할 때, 수많은 대중이 운집하여 있었다. 멀리 두타행을 떠났다가 가섭이 늦게 돌아오자 가섭에게 설법을 하던 법좌를 나누어 앉게 했다'는 내용이다. '곽시쌍부'는 『열반경』「후분기감다비품」에 '세존께서 45년간 중생교화를 마치고 구시라성 사리쌍수 아래서 입적을 하시었는데, 수제자인 가섭이 세존의 열반에 임종을 못하였다. 먼 곳에서 두타행 도중에 부음을 듣고 돌아와서 세존의 관 아래 꿇어앉아 세존께서 평소 말씀하시기를 "나는 무상을 초월하였다" 하시더니 "어찌하여 이렇게 돌아가셨습니까?" 하니 세존께서 두 발을 곽 밖으로 내밀어 보였다'고 기록되어 있다. 그러나 '염화미소'는 대장경에 있는 어떤 경에도 전거가 없다. 다만 『대범천왕문불결의경』에서 나왔다고 하나 이 경전 자체가 근래에 와서 위경僞經으로 밝혀짐으로써 출처가 불확실하다. 『보림전』(801), 『지월록』, 『인천안목』, 『무문관』, 『오등회원』, 『광등록』, 『연등회원』 등은 『보림전』의 내용을 계승하였고, 『전등록』, 『벽암록』, 『전법정종기』에는 실리지 않았다. 내용은 '영산에서 설법을 하려 하던 세존께서 아무 말 없이 연꽃을 드니 일체 대중이 그 뜻을 몰라 어리둥절할 때, 오직 가섭만이 미소를 지었고 이에 세존께서 말씀하기를 "나는 정법안장과 열반에 이르는 말할 수 없는 미묘한 통찰력이 있습니다. 열반은 무형의 모습을 지닌 신비스러운 형상에 대한 관문을 여는 것이며, 문자로써 알 수 있는 것이 아니며, 모든 경전 밖의 묘법으로 전달되는 것입니다. 이 비법을 이제 마하가섭에게 부촉하고자 합니다吾有正法眼藏 涅槃妙心 實相無相 微妙法門 不立文字 敎外別傳 咐囑摩訶迦葉'"라고 세존이 가섭에게 전법함이 구체적으로 기록되어 있어, 『법화경』에 '영산설법 천우사화靈山說法 天雨四花'나, 『열반경』에 '오유정법안장 부촉마가가섭吾有正法眼藏 咐囑摩訶迦葉'과 같은 경문이 있는 것으로 보아, '염화시중'과 같은 구체적인 선화로 차츰 발전된 것으로 보인다.

세존께서 기사굴산(영산, 영축산)에서 설법을 하는데 하늘에서 청 황 적 백 네
가지 연꽃이 내리거늘, 세존께서 그 꽃을 대중에게 들어 보이니 가섭이 빙그레 웃
었다. 세존께서 말씀하시기를 "나에게 정법안장이 있는데 마하가섭에게 전해 주
노라"[1]

—『선문염송』제1권 5칙[2] 「염화미소」

선의 근원은 『선문염송』에 나타나 있듯 석가가 "나에게 정법안장이 있는
데 마하가섭에게 전해 주노라" 하는 이 한마디로 거슬러 올라간다. 그리고
『선문염송』5칙 「염화미소」에 대한 후대 선객의 게송[3]이 무려 23수와 염 9

---

1 "世尊 在靈山說法 天雨四話 世尊 遂拈花示衆 迦葉微笑 世尊云 吾有正法眼藏 付囑摩訶迦葉"

2 칙則은 선화를 선적 술어로 일컫는 말. 고칙 본칙 공안 등으로 표현되어지며, 전형 모범 귀감 등과
같다. 『벽암록』의 구성을 예를 들면, 수시垂示(시중이니 본칙에 대한 서문)·본칙本則·송頌(선
시)·저어著語(선시에 각 구를 나누어 붙인 주註)·평창評唱(본칙과 송頌 혹은 고사를 통틀어 밝힌
평설)의 5강목으로 되었다.

3 게송의 어원은 산스크리트어 gata로서, 불교와 같이 중국으로 들어와서는 가타伽陀, 게타偈陀로 음
역되었고, 게偈, 송頌 두 자를 합쳐서 게송偈頌 혹은 선게禪偈라 의역되었다. 이것은 『시경詩經』의
「시경육의詩經六義」가운데 송에 해당하기 때문이다. 육의六義를 밝히면 다음과 같다.
여興 — 어떤 것을 알리고자 다른 사물이나 상황을 끌어와 비교하게 하여 은연중에 알게 하는 시문
체의 일종.
부賦 — 직설. 뜻하고자 하는 것을 서슴없이 바로 읊는 시문체.
비比 — 상호 비교하면서 시를 전개시키는 시문체.
풍風 — 서로 다른 지방의 풍속이나 민요.
아雅 — 궁중의 아악을 위한 가사체의 시문.
송頌 — 성왕을 칭송하기 위한 운문과 종묘재나 외국의 사신을 영접, 또는 군악대를 위한 가사체의 시문.
위의 여섯 가지 시문체 가운데, gata는 송에 해당하므로 자연 게송偈頌, 송頌이라 불렸다. 그러나 게
송은 형식상으로 는 한시의 엄격한 율격을 나타내고 있으나, 내용면으로는 한시의 송과는 현격한
차이를 보인다. 곧 gata는 언어 를 빌려 언어 밖의 현묘한 이취理趣를 읊고 있다. 바로 불립문자不立
文字 교외별전敎外別傳 직지인심直指人心 견성성불見性成佛의 선문의 종지를 표전表詮하기 때문이다.
따라서 선시는 독특한 선시적 수사법이 오랜 기간 동안 개발 발전되는데, 이 선시의 적기어법賊機語
法을 세분하면 선시의 반상합도, 선시의 초월은유, 선시의 무한실상이 그것이다(송준영, 「선시의

편이 실려 있다. 이 가운데 열재 거사의 게송을 옮겨『禪, 발가숭이 어록』제 1화의 본칙으로 삼는다.

선의 기원은 모호한 전설과 상상의 확연함으로 우리에게 더욱 생생히 다가온다.

『선문염송』5칙은 우리에게 선의 근원, 그 도화선은 한 송이 연꽃과 한 번의 미소에서 탄생되었다고 일러준다. 삼처전심三處傳心 가운데 오직 '염화시중 미소'만이 전거가 분명하지 않다. 그렇지만 우리에게 꿈과 낭만을 준 멋스럽고 아름다운 이 이야기를 접해 본 사람들은 누구나 직감하게 된다. 선의 멋과 생명은 선화가 정말이냐 거짓이냐에 있지 않음을.

'염화시중의 미소'가 우리에게 전수되어지면서 만들어졌다 해도, 이 이야기는 아주 정확하게 선의 정곡을 찔렀다고 본다. 어쨌든 ― 선은 미소 짓는 한 송이 꽃이 피어나는 미소를 머금는다고 보는 아름답고 매혹적인 이야기 ― 이 이야기야말로 선의 핵심이 아닌가.

위의 선시를 음미하기 전에 우리는 선에서 말하고자 하는 사상적 특질로 기인하는 언어 초월에 관하여 명확한 이해가 있어야 선시의 온전한 이해와 감상에 닿을 것이다.

선의 사상적 특질, 곧 선문의 종지를 흔히 불립문자不立文字 교외별전敎外別傳 직지인심直指人心 견성성불見性成佛[4] 로 표현한다. 문자는 언어를 표기하는

수사학과 아방가르드 시」,『시와세계』2006년 봄호 참조). 선사들은 "풍류가 되지 않는 곳에 오히려 풍류가 있다不風流處 也風流"(『벽암록』) 노래하고, "한 말 한 획의 모든 마음이 부처와 조사의 근원에서 흘러 나왔다片言隻字皆流出 佛祖之淵源"(『종용록』)고 말한다.

4 오늘날 전승되는 남종 조사선의 종지라 할 수 있는 이 사구게는 어느 경전에 출처가 있는 것은 아니지만, 근거는『능가경』권3에 "일자불설一字不說"과『대품반야경』권7의 "일자불설" 혹은 "무자무설無字無說" 등에 나타난다. 석가모 니의 처음 가르침으로 돌아가자는 초기 선종의 이슈였다. 곧 불교의 근본정신에 복귀하자는 실천불교로서 황매 현 쌍봉산 일대와 강서, 호남 지방의 산사에서 일어난 대중적인 불교운동이다. 학자들의 연구에 의하면, 혜능 당대에 완성된 말은 아니나 후대에 점차

수단인 만큼 이 선의 특질은 특히 언어 초월을 강조한다. 이것은 초기 선의 소의경이라 할 수 있는『능가경』이나, 남종선의 소의경이라 할『금강경』도처에 천명하고 있다.

　　어느 날 밤에 정각을 이루고

　　어느 날 밤에 열반에 들지만

　　이 두 중간에서

　　나는 아무것도 말한 바가 없다[5]

　석가모니는 정각을 이루고 열반에 들기까지 45년 동안 8만 4천 법문으로 지칭되는 대기설법對機說法을 남겼다. 그러함에도 불구하고 "나는 아무것도 말한 바가 없다"고 자신이 말한 바를 부정하고 있는 이 게송은 분명 언어초월 사상을 역설적으로 강조하고 있다. 또 남종선의 소의경인『금강』에서는 정하여진 정상성定相性을 부정할 뿐 아니라, 모순적 어법인 역설을 사용하여 관습적인 고정관념을 깨뜨리며, 세계가 숨기고 있는 존재를 개시하고 있다. 이러한 언어 초월 사상은 석가모니의 초기 근본경전인『아함경』[6]과『금

　　적으로 혜능의 법손에 의해 제작되었음이 확실시된다.

5　『입능가경』제5권 불심품. 동국역경원, 131쪽.『입능가경』의 일자불설이나『대품반야경』에 무자무설은 선의 사상적 특질이라 할 수 있는 "불립문자 교외별전 직지인심 견성성불" 사구게의 언어초월사상의 근거를 제시한다.

6　선이 왜 언어 초월의 길로 내닫는가. 이 질문에 논리적인 대답을 얻을 수 있는 기반은 불교의 실상설實相說과 연기설緣起說 양대 교리 중 연기설에서 기반을 두고 있으며 연기설에서 실마리를 풀 수 있다. 연기설의 원형은『잡아함경』중「인연경」에서 볼 수 있다. 곧 연기란 '말미암아 일어난다'이다. 이것은 상호의존하는 상의성相依性에 의해 일체 만물이 가유假有에 있음을 말한다. 근본적으로 연기에 의해 가유해 있는데, 그것을 지칭하는 언어기호 역시 잠시 짐짓 흔적으로 있다. 여기에 초점을 맞추면 곧 바깥의 경계인 응용을 근본체로 삼는 것이 된다. 육조 혜능이『단경』에서 말하듯이 우리의 체는 진여자성眞如自性인 참마음일 뿐이다. 자성을 바로 보는 것이 견성見性이고, 견성은 성불成佛이다.

강경』제7「무득무설분」과 제8「의법출생법」 외에 경전 도처에 나타난다.[7]

결정된 내용이 없음을 여래께서 말씀하셨습니다. 왜냐? 여래가 말씀하신 진리
는 취할 수도 없고, 진리도 아니고, 진리 아닌 것도 아니기 때문입니다. 모든 깨달
은 현인과 성인은 상대의 세계를 빼어난 함이 없는 절대법 가운데 차별이 있기 때
문입니다.

　無有定法 如來可說 何以故 如來所說法 皆不可取 不可說 非法 非非法 所以者何
一切聖賢 皆以無爲法 而有差別

　　　　　　　　　　　　　　　　　　　　　　—『금강경』제7「무득무설분(無得無說分)」

이른바 불법이란 불법이 아니고 그 이름이 불법입니다.

　所謂 佛法者 卽非佛法 是名佛法

　　　　　　　　　　　　　　　　　　　　　　　—『금강경』제8 의법출생분(依法出生分)

　고려시대 간행된 선시의 백과사전이라 할 수 있는『선문염송』의 서문에
서 보이듯이 저자 혜심은 선의 특질을 명료하게 천명하고 있다.

　"이것이 있음에 말미암아 저것이 있고/ 이것이 생김에 말미암아 저것이 생긴다/ 이것이 없음에 말
미암아 저것이 없고/ 이것이 멸함에 말미암아 저것이 멸한다."(『雜阿含經』12卷「因緣經」『한글대
장경』, 동국역경원, 344~345쪽)
　나는 이제 인연법과 연생법을 말할까 한다. 무엇이 인연법인가? 이른바 '이것이 있기 때문에 저것
이 있다'는 것이니, 무명無明을 인연하여 행行이 있고, 행을 인연하여 식識이 있으며 내지 이렇게 하
여 큰 괴로움의 무더기가 모이는 것이다. 어떤 것을 연생법이라 하는가? 이른바 무명의 지어 감은
부처님이 세상에 나오시거나 나오지 않으시거나 확정된 법의 세계로 항상 하는 것이다. 그것이 바
로 상의성이다. 나는 이를 깨닫고 이를 완전히 이해하였다. 그래서 이를 가르치고 선포하고 설명하
고 나타내고 명백히하여 드날리는 것이다. 이른바 '무명에 연하여 행이 있고……내지 생을 연하여
노사老死가 있다'.
7　송준영,『표현방법으로 본 선시 연구』, 청송, 2001, 7~8쪽.

세존과 가섭 이후에 대대로 이어받아 등불과 등불이 다함이 없이 차례차례 비밀히 전함으로써 바른 전법을 삼으니, 바르게 전하고 비밀히 준 자리는 말로써 표현치 못할 바는 아니나, 말로는 미치지 못하는 바가 있기 때문에 비록 가리켜 보이는 일이 있어도 문자를 세우지 않고 마음으로써 마음을 전할 뿐이었다.

그렇거늘 일을 좋아하는 이들이 그 행적을 억지로 기억하여 책에 실어서 지금까지 전하니, 그 거친 자취야 소중히 여길 바가 아니나 흐름을 더듬어 근원을 찾고 끝에 의거하여 근본을 아는 것도 무방하리니, 근원을 얻은 이는 비록 만 갈래의 다른 말이라도 맞지 않는 일이 없고, 이를 얻지 못한 이 는 비록 말을 떠나서 간직한다 해도 미혹하지 않는 일이 없으리라.[8]

이상으로 우리는 선의 사상적 특질과 선이 표현하고자 하는 것은 간택심을 초월한, 불립문자不立文字가 아닌 불리문자不離文字로서의 언어 초월사상임을 간략하게나마 읽을 수 있다. 따라서 선문에서는 그 뜻을 드러내기 위하여 문자를 무시하지 않고, 여러 곳의 선원에서는 징徵, 염拈, 대代, 별別, 송頌, 가歌[9] 하여 이치를 드러내어 후대 사람에게 보여주었다. 조사들의 간절 노파심절이 이와 같았고 반면에 이런 언어의 불완전성, 또는 이것으로 인하여 이론적인 선으로 오전됨을 두려워하여 '뭍에 오르면 뗏목을 버리는捨筏登岸' 경구나 '고기를 잡으면 그물을 잊는다得魚忘筌'는 말씀으로 경책하였다.

---

8 설봉 학몽 현토, 『선문염송』, 불서보급사, 1979, 1쪽.
9 징徵－물음. '이 문제를 어떻게 생각하는가?' 등의 논리.
   염拈－들추어냄. 남의 말을 다시 예로 들어 사람들에게 보이는 형식.
   대代－남의 대답을 대신함. 문답에서 대답이 막힐 경우 '나 같으면 이렇게 대답하지' 하는 등의 형식.
   별別－남의 말과 다르게 말하는 형식. 누구는 이렇게 말했지만 나라면 이렇게 하겠다는 논리.
   송頌－게송. 시를 읊는 일.
   가歌－시가 정해진 운문으로 된 데 반하여 불규칙한 긴 노래의 형식.

선은 산스크리트어 드야나Dhyana의 음역이며, 원어의 어미에서 모음을 생략하고 'Dhyan'만 음사한 말이다. 혹은 원어에 충실히 음사하여 선나禪那라고도 하며, 의미는 정려靜慮, 정사유正思惟, 사유수思惟修로 번역된다. 의역하여 정定이고도 부르며 선자를 합하여 선정禪定이라고도 한다. 통불교적인 입장에서는 계契·정定·혜慧, 삼학 가운데 정을 가리킨다. 선은 원래 불교 이전에 인도 고대 각종 고행자인 구도자들이 취하는 명상을 내용으로 하던 것이, 중국으로 전파되면서 선사들에 의하여 본체에 대한 돈오나 자성에 대한 직관적 자각 증득을 본질로 한다. 선사들은 하나같이 제자들에게 명상과 사유로 선의 본질을 파악할 수 없음을 강조해 왔다. 선의 조사인 육조 혜능의 설법에도 잘 드러나 있지만, 이것이 한층 구체화되어 훗날 혜능의 제자들이 형성한 5가 7종 선문의 선화 모두가 이것을 요체로 하고 있음을 보아도 잘 알 수 있다.

이제 열재 거사의 게송을 음미해 보자. 3행과 4행 "피해 입은 후손들이 몹시도 가난해서帶累兒孫貧到骨 / 할미의 옷 빌려 입고 할미에게 세배하네借婆裙去拜婆年"를 어떻게 읽느냐가 이 게송의 감상 포인트다.

이 선구를 온전히 읽기 위해『금강경』제17「구경무아분」경문을 살펴보는 것이 무엇보다 중요하다.

수보리여, 보살도 또한 이와 같습니다. 만일 '네가 마땅히 헤아릴 수 없는 중생을 멸도한다'는 말을 한다면 곧 보살이라 이름할 수 없습니다. 왜냐하면 수보리여, 실로 법이 있지 아니한 것을 이름하여 보살이라 하기 때문입니다. 그런 까닭에 '부처님께서 일체 법은 나도 없고 남도 없고 중생도 없고 수자壽者도 없다고 말씀한 것입니다.[10]

위의 경문의 깊이에 닿자면 『금강경오가해』의 「야보송」을 살펴봄이 중요하다. 게송으로 노래한 야보 도천冶父道川(1127~1130)은 송나라의 선승이다. 『금강경』을 평창하고 송을 달았는데, 후대에 「금강경야보송」이라 하여 선시의 백미로 칭송을 받는다. 모두 열재의 게송 3행, 4행을 같이 노래하고 마지막 행에서는 3행과 4행의 자발광自發光하는 빛을 형상화하고 있다. 그럼 「야보송」을 읽어보자.

喚牛卽牛　　　　　소라고 부르면 곧 소요,

呼馬卽馬　　　　　말이라 부르면 바로 말이다

借婆衫子拜婆門　　노파의 적삼 빌려 노파의 문 앞에 걸어둔다

禮數周旋已十分　　예의의 차림은 이것으로 넘친다

竹影掃階塵不動　　대 그림자 댓돌을 비질해도 먼지 일지 않네

月穿潭底水無痕　　달은 연못을 뚫어도 수면에 흔적 하나 없다

그렇다. 아무리 소라 부르고 말이라 부르고 모든 이름을 부른다 해도 알맞지 않을 뿐, 설사 한 물건이라 해도 곧 맞지 않다. 또 마음이다 진리다 공이다 해도, 마음이 아니고 진리가 아니고 공이 아님이 분명하니 그냥 일물一物이라 해도 일물이 아님이 분명하다.

只許老胡知　　　　노호를 아는 것은 허락하지만

10　함허득통, 『금강경오가해』 제17 「究竟無我分」. "須菩提 菩薩亦如是 若作是言 我當滅度無量衆生 卽不名菩薩 何以故 須菩提 實無有法名爲菩薩 是故 佛說一切法 無我無人無衆生無壽者"

不許老胡會　　　　　　노호와 만나는 것은 허락하지 않는다

『벽암록』에 있는 이 선게는 우리에게 많은 것을 일깨워준다. '진리를 아는 것은 말할 수 있는 차원이지만 진리 당처와 만난다 할 때는 이미 주객이 분리된 이해 차원으로 떨어진다'는 것이다. 곧 진리를 영회領會하는 것은, 진리 당처와 계합하는 것은 이미 안다는 차원이 아니므로 이미 알았다는 생각이 들면 그것은 단지 이해한다는 차원일 뿐, 바로 그것이 되었다는 것이 아니다. 그래서 노호老胡를 아는 것은 허락하지만 노호와 영회함은 허락하지 않는다는 표현을 쓸 수밖에 다른 도리가 없다. 여기서 노호는 진리를 말한다. 노호는 늙은 오랑캐, 곧 달마를 가리키면 달마는 선 전등의 28조이며 중국에 선을 전한 인도의 승려. 그리고 달마는 산스크리트어로 법, 진리로 번역되니 여기에서 달마 노승을 만나든 진리에 닿든 그건 스스로 알아서 할 일이다.

　이런 까닭에 열재 거사의 게송 3·4행과 야보의 게송 2연의 1·2행은 같이 읽어짐을 우리는 이내 간파할 수 있다. 열재가 노래한 『선문염송』5칙 「염화미소」에 대한 게송의 "피해 입은 후손들이 몹시도 가난해서 / 할미의 옷 빌려 입고 할미에게 세배하네"나, 야보 도천이 『금강경』의 경문을 노래한 "노파의 적삼을 빌려서 노파의 문 앞에 걸어둔다借婆杉子拜婆門 / 예의의 차림은 이것으로 넘친다禮數周旋已十分"로, 모두 이렇게 표현할 수밖에 없음을 알 수 있다. 이런 수사법이야말로 선시의 적기어법賊機語法이다. 야보는 2연의 3행과 4행으로 반상합도反常合道된 무한실상無限實相을 그대로 담담하게 드러내고 있다. 그럼 노호와 영회한 실재 풍광을 보고자 하는가? 바로 이것이다.

| 竹影掃階塵不動 | 대 그림자 댓돌을 빗질해도 먼지 일지 않고 |
| 月穿潭底水無痕 | 달이 연못을 뚫어도 수면에 흔적 하나 없네 |

전제前際와 후제後際가 몰록 절단되는 '꽝' 하는 느낌 바로 이것을 벗어나지 않는다.

이제 『선문염송』에 실려 있는 선시 몇 수를 더 읽어보자. 요체는 마음을 놓고 마음 가는대로 대충 건듯, 건들 읽는 것이 좋다.

저자의 착어는 그저 적은 것뿐이다.

拈起一枝花	한 송이의 꽃을 드신 일이여
風流出當家	멋이 제자리에서 흘러 나왔다
若言付心法	만일 마음을 전했다 한다면
天下事如麻	천하의 일이 어지러우리

— 운문고

착어 원래 아무것도 전한 것이 없다 그러나
여기 전한 것이 있다

世尊擧花	세존이 꽃을 들 때에
迦葉微笑	가섭이 미소하니
殃及子孫	재앙이 후손에 미칠 줄을
上祖不了	조상들은 몰랐네

> **착어** 재앙, 그 재미난 일거리여!

世尊迦葉不相知   세존과 가섭이 서로 모르면서
陷虎機關各自施   호랑이 함정을 제각기 벌렸네
正眼妙心眞實相   바른 안목 묘한 마음 진실한 형상
靈山會裡付他誰   영산회상에 누구에게 전했던가

> **착어** 괜히 들었다 놓지 말라
>
> 그래, 원래 있다고도 하지 마라
>
> 천하가 분주해진다.

이것을 간파하면 어디에 가나 어디 있으나 평상심을 이루니 눈 있는 자, 알면 그뿐이다.

알더라도 가능한 한 함구하라. 조사가 그대의 발밑에 한 번 밟힐지라도 당신은 30년 더 참구參究해야 한다.

제2화

달마의 '크고 넓어 범·성이 없다'

達磨廓然無聖

聖諦廓然	성제확연이라
何當辯的	어찌 분명한 뜻이 통하랴
對問者誰	내 앞에 있는 이가 누구요?
還云不識	도리어 모르오, 하네
因玆暗渡江	이로 인해 몰래 양자강을 건너가니
豈免生荊棘	그 어찌 가시밭길을 면할 수 있으리
闔國人追不再來	온 나라 사람 뒤쫓아도 돌아오지 않네
千古萬古空相憶	천고만고에 후회한들 모두 헛일
休相憶	후회랑 하지 말라
清風匝地有何極	청풍은 세상 어딘들 다 불고 있지 않나
師顧侍左右云	(그리고 좌우를 돌아보면서 말한다
這裡還有祖師麼	"여기 조사가 있는가?" 하니

自云	스스로 대답한다
有還來與老僧洗脚	"있다면 이리 와서 내발을 씻어다오")

— 설두현

제2화의 중심인물은 보리달마다. 삼처전심으로 석가세존에게 부촉을 받은 가섭존자에서 28대 보리달마에 이르러 선이 중국으로 건너온다. 선의 전래를 두고 사가들은 '수하물이 먼저 오고 수하물 화주가 뒤따라 온 것'으로 흔히 표현한다. 당시 중국은 남북조시대였는데, 북쪽에는 낙양을 도읍으로 정한 북위가 있고 남쪽에는 양나라가 있었다. 양나라 무제는 불심이 깊어서 불심천자라 불릴 정도였다. 몸에는 늘 가사를 걸치고 『방광반야경』을 강의를 했다고 한다. 그렇지만 불교 본연의 깨달음보다 현세적 이익에 더 관심을 가진 듯하다. 이것은 달마와 양무제와의 대화에도 충분히 짐작이 간다.

달마는 인도 향지국왕의 3자로 27대 반야다라의 법통을 이은 뒤, 130세 때 인도 뱅골만에서 배로 떠나 3년이나 걸려 중국 광동에 이르렀고, 지금 남경인 금릉에 가서 양무제를 만났다고 전한다. 무제는 달마를 만나자 먼저 "짐은 절을 세우고 경을 사경하게 하여 유표하였고 승려됨을 권장하였는데 공덕이 얼마나 되겠소?" 하고 물었다. 말이 떨어지자 바로 달마는 "공덕이 없습니다" 하고 한마디로 잘라버렸다.

『벽암록』의 제1칙 「확연무성」의 본칙은 무제의 두 번째 질문에서부터 보여주고 있다.

　　달마대사에게 양무제가 물었다.
　　"불교의 최고 이상은 무엇입니까?"

"끝없이 크고 넓어서 거기엔 범과 성이 없습니다."

다시 무제가 물었다.

"지금 성인이 짐의 앞에 있지 않소. 그럼, 대체 이 사람은 누구요?"

"모르겠습니다不識."

무제는 끝내 이 말을 알아듣지 못했다. 드디어 달마는 양자강을 건너 위나라로 갔다.(그 후 9년 동안 벽관의 침묵이 시작되었다)

무제가 나중에야 지공에게 달마에 대해 물으니, 지공이 "이제야 폐하께선 달마의 마음을 아셨습니까?" 하고 말했다. "그래도 모르겠소." 무제의 솔직한 말에 "그는 바로 관음대사의 화신이며, 이 땅에 부처님의 심인을 전하려고 온 것입니다." 이에 무제가 후회하며 칙사를 보내 달마를 모시려 했으나, 지공은 "폐하의 칙사뿐 아니라 온 천하의 사람이 다 가더라도 그는 돌아오지 않을 것입니다" 하였다.[1]

——『벽암록』 제1칙 「확연무성」

설두현이 위의 선시에서 보여주고자 하는 깊이에 다가서자면, 우선 우리는 달마에 대한 충분한 이해가 있어야 할 것 같다. 그 외, 위의 선화가 우리에게 보여주고자 하는 본의는 우리 각자의 마음속에서 찾아질 뿐이다. 자가보장自家寶藏이란 말이 바로 그것이다.

달마를 주제로 하고 있는 '어떤 것이 조사가 서쪽에서 온 뜻인가如何是祖師西來意?' 하는 화두는 선종에서 가장 정형화된 공안이다. 물론 달마가 동쪽으

---

1 "達磨大師因梁武帝問 如何是聖諦第一義 日廓然無聖 帝云對朕者誰 祖曰不識 帝不契 祖遂渡江至魏 武帝舉問誌公 誌公云 陛下還識此人否 帝云不識 誌公云 此是觀音大士 傳佛心印 帝悔 當遣使詔之 誌公云 莫道陛下詔 闔國人去 他亦不廻"

로 온 본의는 석가로부터 사자상승해 온 서래밀지를 드러내기 위해서이다. 이렇게 이해한다고 하여도 '조사서래의'의 본래 의미가 드러나지는 않는다. 그렇다면 석가가 그의 법제자 가섭에게 정법안장을 부촉한 말을 다시 한번 읽어보고 살펴보자.

나는 정법안장과 열반에 이르는 말할 수 없는 미묘한 통찰력이 있습니다. 열반은 무형의 모습을 지닌 신비스러운 형상에 대한 관문을 여는 것이며, 문자로써 알 수 있는 것이 아니며, 모든 경전 밖의 묘법으로 전달되는 것입니다. 이 비법을 이제 마하가섭에게 부촉하고자 합니다.

다시 살펴봐도 조사들의 사자상승한 진의를 알 수 있는 것은 아니다. 결국 우리는 조사서래의祖師西來意에 영회領會하는 것만이 우리의 진면목이라 불리는 참나를 보는 것이며 이것은 자기 본래의 성품을 보는 것이다. 이것이야 말로 앞에 석가모니가 말하는 정법안장正法眼藏에 계합하는 것이 분명하다.

그럼 많은 '조사서래의'에 대한 후대의 공안 중, 조주의 정전백수자庭前栢樹子 공안을 하나 참구해 보자.

조주 종심趙州從稔(778~897)은 육조 혜능 - 남악 회양 - 마조 도일 - 남전 보원을 잇는 조주고불趙州古佛이라는 이름으로 존경받는 선문의 1급 선사다. 이야기는 이렇다.

조주에게 한 스님이 물었다.

"달마조사께서 서쪽에서 오신 뜻이 무엇입니까?"

"뜰 앞에 잣나무니라庭前栢樹子."

그 스님이 알아듣지 못하고 다시 물었다.

"스님께서는 경계로써 사람을 대하지 마십시오."

(다른 물건으로 비유하지 말고 바로 대답해주시오)

"나는 경계로써 사람들에게 보이지 않았네."

(나는 다른 물건을 비유한 적이 없다)

그러자 그 스님이 다시 물었다.

"조사께서 서쪽에서 오신 뜻은 무엇입니까?"

"뜰 앞에 있는 잣나무니라."[2]

결국 진리를 물을 때, 우리에게 드러나는 무한실상無限實相, '뜰 앞에 잣나무일 뿐이다'라고 조주는 말한다. 도의 편재성, 즉 '천지는 나와 함께 그 뿌리에 있어서 같고 / 만물은 나와 함께 한 몸이다天地與我同根 萬物與我一體'라는 장자의 말과 같이, 우리의 한눈에 들어온 '뜰 앞의 잣나무'는 단지 불법의 적적한 대의인 '뜰 앞의 잣나무'이다.

庭前栢樹地中生	뜰 앞의 잣나무 땅에서 나오니
不假犁牛嶺上耕	소와 보습, 산마루에 밭 갈 필요 없어라
正是西來千種路	서쪽에서 오신 뜻, 천 가닥 길에
鬱密稠林是眼睛	빽빽히 우거진 숲, 바로 그의 눈알일세

---

2 『선문염송』제12권, 421칙 「백수」, 동국역경원, 421쪽. "趙州因僧問 如何是祖師西來意 師云 庭前栢樹子 僧云 和尙 莫將境示人 師云 我不將境示人 僧云 如何是祖師西來 意 師云 庭前栢樹子"

鐵牛千古臥靑坡　　　무쇠소가 천고의 푸른 언덕에 누웠으니

大地無人奈汝何　　　이 땅 위엔 아무도 그를 어쩌지 못하리

誰把一絲輕捩轉　　　누가 실 한 올 들고 쉬이 실타래 움직이나

黃田村女夜抛梭　　　누런 밭의 시골 아씨, 밤에 북을 던진다

앞, 분양소의 게송, 1행과 2행에서 "뜰 앞에 잣나무 땅에서 나고 / 소와 보습(쟁기)으로 산마루에 밭 갈 필요 없다"고 한 것은 본래 자성의 땅은 바다에 파도가 일었다 스러졌다 하듯, 그렇게 잣나무 소나무 구름 바람 일체 물상들이 인연 따라 모였다 흩어졌다 하니, 쓸데없이 무상을 향상으로 오인하고 힘 쓸 필요가 없다.

3행과 4행은 조사가 서쪽에서 와서 보여준 그 뜻은 원래 자성의 밭에 난만상 만물이니, 어디 '천종로千種路'뿐이겠는가. 무한 수와 무한 상이다. 그렇다면 눈에 보이는 '뜰 앞에 잣나무'가 아니고 무엇이겠는가. 바로 이것이 안정眼睛, 눈알 아닌가. 이쯤에 이르면 아무 염려가 없으니 그저 쉬어가면 그뿐이다.

다음 열재 거사의 게송, 1행과 2행 "무쇠소가 천고의 푸른 언덕에 누웠으니 / 이 땅 위엔 아무도 그를 어쩌지 못하리"에서 무쇠소鐵牛는 혜능의 자성이나 무, 도, 공, 실상, 본체가 형상화된 앞과 뒤가 뚝 끊기는 무한실상無限實相을 표전表詮하는 선어다. 선시에서 석녀石女, 목작木鵲, 니우泥牛, 목인木人 등은 이항대립적인 언어로는 표현되지 않는 진리 당체의 무한한 실상의 표현

이다. 주체이며 바로 그 자리에 만날 때만이 계회契會되는 그것을, 현실로 존재하지 않는 이것을, 이렇게 밖에 나타낼 수 없는 선사들의 곤혹스런 표현인 동시에 우리들을 개안시키기 위한 낙초자비가 흘린 실상이다. 물론 이런 표현들은 결국 이항대립적인 세계를 일원의 세계로 환지본처還至本處 시키고자 하는 선사들이 오랜 세월을 두고 형성시킨 언어 형식들이다.

'천고의 푸른 언덕에 눕는다'는 무엇인가? '푸른 언덕', 역시 환지본처한 그곳을 가리키니, 이 언덕은 어찌 천년의 오랜 언덕일 뿐이겠는가. 천년 뒤의 푸른 언덕이라 해도 무엇이 다르겠는가. 이 언덕은 바로 이 찰나, 절대현재의 참 사람의 또 다른 표현이니, 바로 혜능의 자성이며 임제의 무위진인無位眞人이다. 그래서 1행은 '아무것도 아닌 소가 아무것도 아닌 언덕에 누우니' 2행의 '이 땅의 어떤 것들도 아무것도 아닌 그를 어떻게 할 수 없으니', 이것은 바로 그가 그여서 무얼 어떻게 하는 그런 상대되는 대상이 아니다. 이것은 자성의 편재성과 진리 당체의 계회契會함을 말한다.

3행에 와서 갑자기 시가 한번 꿈틀대며 사유가 점평하니, '어느 사람이 한 생각 한 행위로 이 진리 당체를 어떻게 할 수 있겠는가'를 형상화하고 있다. 여기서 '한 올'은 개개인이 생각하는 진리라는 생각이고, '실타래'는 진리본원인 당체를 말한다.

4행의 "누런 밭의 시골 아씨, 밤에 북을 던진다黃田村女夜抛梭"는 무엇인가? 아무런 분별심이 없는 본연의 순수한 사람이 전후좌우를 분간할 수 없는, 순수 본연지로 환지본처한 이곳, 칠흑의 밤, 단지 이름이 북일 뿐인, 북을 던진다. 이것이, 오직 이것이 우리 삶의 본래 모습이 아닐까? 이것은 주체자가 주체로 행동함이니, 바로 활연계회豁然契會나 당처영회當處領會인 것이다. 바로 '이르는 곳마다 모두 주체가 됨이요, 머무는 곳마다 모두 참되다隨處作主 立

處皆眞'는 임제의 언설과 같다.

그리고 또 4행에서 "누가 있어 마치 한 올의 실을 들고 실타래를 풀듯이 / 순진한 시골 여자가 광활한 본연에 북을 던지는" 구절은 본연의 행위, 분별함이 없는 행위를 아무도 어쩔 수 없는 것이 아니겠느냐?로 읽힌다.

자, 이쯤 되면 눈치를 채었을 것이다. 눈치 채나 눈치 못 채나 마찬가지다. 그래도 생각이 찰나를 벗어나면 텁석부리 달마 노호를 다시 살펴보아야 한다.

오늘날 도처에 텁석부리 수염과 눈알이 부리부리한 달마의 초상화가 여러 모습으로 변형되어 우리 사회에 깊숙이 자리하고 있다. 후세 그의 법손들에 의해 점점 신비와 베일로 가리어진 달마, 달마가 전등사에 있어 차지하는 역사적 종교적 의미를 살펴봄이 모두의 설두 중현의 선시나 『벽암록』 본칙에 더 깊이 다가갈 수 있을 것이다. 달마는 선종이 흥성함에 따라 각 선문의 필요에 의해 그의 모습이 변화되었다. 초기 선종의 동토 초조 달마는 대략 다음 두 가지로 비추어진다.

하나는 6세기 초경 북위의 수도 낙양에 들어온 외국 유행승의 모습이고, 다른 하나는 중국 선종의 발달사에 알맞게 변이된 선종의 초조로서 모습이다.

달마에서 전등된 선의 흐름은 이조 혜가, 삼조 승찬, 사조 도신, 오조 홍인, 그의 제자인 육조 혜능에 와서는 혜능의 남종선과 북종선의 신수로 갈라진다. 깨달음의 방법상 문제로 돈오돈수를 종지로 하는 남종선과 돈오점수를 종지로 하는 북종선으로 나누어진다.

전등사에 나타난 보리달마의 특징적인 모습을 살펴보면 다음과 같다.

우선 북종 신수계의 전등사인 『전법보기』(712)에 의하면 '남인도국왕의 제3자인 보리달마가 중국으로 건너와 숭산에서 단비斷臂의 선화를 남기며

혜가에게 전법하였다. 그 후 독약을 먹고 천화해 보였으며, 무덤에는 빈 관을 남기고 인도로 돌아가던 중 총령에서 귀국하던 동위의 사자 송운을 만나 임금의 죽음을 알려주는 신비한 승려로 묘사되어 있다.[3]

또 모두의 게송에 해당하는 선화 즉 남종의 하택 신회荷澤神會(688~762)가 주장하는 초조 달마는 양무제를 만나 확연무성廓然無聖의 공안을 만든 후, 숭산 소림사로 들어가 9년의 면벽과 눈 속에서 단비구법斷臂求法의 의지를 보인 혜가에게 부법付法하고 가사를 전승하였다 한다.[4] 또는 4인의 제자를 교화하여 피皮·육肉·골骨·수髓의 인가[5]를 내리고 북위의 불교학자인 광통 율사 등에게 독살되자 무덤에 짚신 한 짝만 남기고 인도로 되돌아간 신승으로 전해진다. 또 양무제 536년에 입적하니 소명태자가 제문을 짓고 성주대사란

3   柳田聖山,「전법보기」, 양기봉역,『조기선종사』Ⅱ, 김영사, 1990, 322~324쪽(『전등록』제3권「제28조 보리달마」참조).
    달마와 혜가의 문답과 달마 외짝 신발의 선화는 초기 선의 모델을 보여주는 좋은 예다. "네가 눈 속에서 오래 섰으니 무엇을 구하는가?" "스님께서 자비로운 말씀으로 저를 구제하소서." "부처님들의 깨달음은 한량없는 세월을 정진하여야 하고, 참기 어려운 일을 참아야 하네. 어찌 작은 지혜와 경솔한 마음, 교만한 일시적인 바람으로 진리를 깨칠 수 있겠는가? 헛수고할 뿐이네." 이 때 신광이 칼을 뽑아 왼팔을 끊어서 대사 앞에 놓으니 비로소 대사는 그에게 감동하여서, 혜가란 이름을 지어주고 법을 설했다. 그로부터 9년이 지나, 당시 북위는 불법을 숭상하여 많은 고승대덕이 있었는데, 그 중 광통율사와 보리류지 삼장이 가장 뛰어났다. 그들은 대사가 설법할 때 형상을 배척하고 바로 마음을 지적함을 보고 대사와 토론하여 시비를 일으켰다. 이로 인하여 옹색한 마음이 일어나 대사를 해치고자 자주 독약을 음식에 넣었다. 여섯 차례에 이르러서는 이젠 전법도 하였고 교화할 인연이 다했음을 알고 독을 먹고 좌화하였다. 이때가 536년 10월 5일이었다. 대사가 열반한 3년 뒤, 위의 송운이라는 서역 사신이 귀국 도중 총령에서 손에 신 한 짝을 들고 홀홀히 혼자 가는 대사를 만났다. "스님 어디로 가십니까?" "나는 서역으로 돌아가오. 그런데 그대의 임금이 세상을 뜨셨소" 하였다. 송운이 돌아와 보니 말 그대로 새 임금이 등극하였다. 모두들 놀라서 관을 열어보니, 빈 관 속에 신발 한 짝만 남아 있었다. 후대의 임제종 오조법연이 이 선화를 읊은 아름다운 게송이 있다. "조사가 남긴 한 쪽 신발 / 천만 년 사람들의 귀를 울렸네 / 부질없이 어깨에 메고 맨발로 갔다고 / 하지만 언제 스스로 걸은 바가 있었던가祖師遺下一隻履 千古萬古瀟人耳 空自肩擔跣足行 何曾踏着自家底."
4   신회,『보리달마남종정시비론』,『신회어록』호적교정돈황본사본, 1968, 대북, 261쪽. 단지, 혜가의 단비구법은『전법보기』에 시작된 이야기다.
5   골骨·육肉·수髓의 인가설은 처음『역대전법기』에 처음 기록되었고,『보림전』,『조당집』,『전등록』등 후대 전등사에는 피皮가 첨가되어 기록되어 있다.

시호를 내렸으며, 무제가 친히 달마의 비문을 지었다고 전한다.

이상과 같이 시대의 요청에 의하여 다양하게 중국 선종의 초조로서 명성과 품격이 갖추어진다. 9세기 들어서면서 『낙양가람기』에 이르러 오늘날과 같이 체계 있게 정리되었다.

다른 하나는 중국에 들어 온 외국의 유행승인 보리달마다. 달마의 전기를 처음 정리한 사서로는 당나라 정관 19년에 도의道義(596~667)가 지은 『속고승전』(645)인데, 이 역시 달마 재세 시보다 약 200년 뒤에 기록된 것으로 보아 신뢰하기 어렵다. 또한 동위의 양현지가 지은 『낙양가람기』(547)에 최초로 달마의 기록이 보이나 이 기록은 선종의 전등사와는 관계가 없는, 그 당시 낙양에 있던 절의 시세 풍경을 기록한 책이다.

> 서역사문 보리달마라는 사람이 중화에 와서 유행하던 중, 북위의 수도 낙양의 영녕사에 9층탑의 금반이 태양에 비치어 그 빛이 구름 위에까지 비쳐지고 있는 것을 보고, 또 보배로운 금목탁이 바람에 흔들려서 울리니 그 소리의 여운이 중천에까지 미치는 모습을 보고, 그는 뜻밖에도 입으로 나무南無라고 염불하며 연일 합장하였다.[6]

권1의 「수본사조」에도 보리달마가 방문한 기록이 있다.

또 『속고승전』 권16 「습선편」에 「제업하남천축승보리달마전」과 「제업중

---

6 양현지, 『낙양가람기』, 중화서국, 2006, 13쪽. 양현지의 『낙양가람기』는 당시 북위의 수도 낙양에 있던 유명한 사원의 실태를 기록한 책이다. 영녕사는 516년 건립한 절인데 당시 북위불교를 대표하는 사찰이다. 여기의 9층탑은 신앙의 상징이었다. 권1의 「영녕사조」의 기록을 옮기면 다음과 같다. "時有西域沙門菩提達摩者 波斯國胡人也 起自荒裔 來有中土 見金盤炫日 光照雲表 寶鐸含風 響出天外 歌詠讚嘆 實是神功 自云年一百五十歲 歷涉諸國 靡不周遍 而此寺精麗 閻浮所無也 極物境界 亦未有此 口唱南無 合掌連日"

석승가전」이라는 제목의 전기를 보아 보리달마의 존재가 실증되었다고 볼 수 있다.[7] 그리고 돈황석실에서 발견된 돈황본 자료 중에 달마와 그의 제자들의 가르침과 어록들을 모은 『이입사행론二入四行論』[8]이 있다. 달마의 설법인 『이입사행론』은 면밀하고 심오한 교설이지만, 당송시대에 선학의 황금시대 5가7종의 선가풍이나 현존의 우리나라 조계 선종의 가풍은 보이지 않는다. 선에 대한 원론적인 『이입사행론』이외에 우리에게 선미를 한층 더 느낄 수 있는 것은 그의 전법제자인 혜가二祖慧可(487~593)와의 선문답이다.

달마대사에게 혜가가 물었다.

"부처님의 법인을 들려주십시오."

"부처님의 법인은 남에게 들려줄 수 있는 것이 아니네"

혜가가 다시 물었다.

"제 마음은 편안을 찾지 못했습니다. 제발 제 마음을 진정시켜 주십시오."

"그래, 마음을 가져 오너라, 그러면 내 편안케 해 주지."

"마음을 찾았으나 찾을 길이 없습니다."

달마가 말했다.

"네 마음에 이미 진정한 평화를 주었네."[9]

---

7 『속고승전』 권16 「승가장」에는 '혜가는 나이 40이 되었을 즈음 천축의 사문 보리달마가 낙양에 유행할 때 만났다'고 적혀 있다.

8 입도入道에는 두 가지 문이 있다. 하나는 이입理入 즉 이성에 의한 입문이고 다른 하나는 행위에 의한 입문인 행입行入을 말한다. '이입'이란 경전의 연구를 통한 교리의 이해이다. 이것은 신심에 의하여 일체의 생물이 자성을 공유한다는 것에 대한 이해이다. 거짓을 버리고 참으로 돌아와 전심으로 벽관壁觀하면 자/타가 무너지고 성/범, 시/비가 하나의 본질임을 깨닫는다. 이것이 이입이다. 또 하나는 행위에 의한 행입이다. 행입에는 네 가지 규범이 있다. 첫째 보원행報怨行, 곧 증오를 갚는 규범. 둘째 수연행隨緣行, 곧 삶의 가변적인 여러 조건과 환경에 적응하는 규범. 셋째는 무소구행無所求行, 곧 집착을 버리는 규범. 넷째는 칭법행稱法行, 법에 맞추어 행동하는 규범을 말한다.

9 『선문염송』 제3권 100칙 「법인」, 247쪽. "達摩大師因慧可諸佛法印 可得聞乎 師云諸佛法印 匪從人

이것이 우리의 사유를 끝없이 비상시켜 고독하게 하고 동시에 황홀하게 하는 현재 조사선의 전등, 그 시작이다. 이 선화가 제일조 보리달마 이조 혜가로 이어지는 부정적이며 역설적인 선문답의 전형이 되었다. 혜가가 애써 찾고자 한 마음은 자성인 참마음眞心이 아니라, 수초와 같이 일렁이는 진심의 응용인 마음인 것이다. 바깥 경계에 의해 끊임없이 변화되는 깜박이는 마음을 찾은 것이다. 자성인 진심은 늘 고요하며 어디든지 그대로 있다. 진심의 변화는 없다. 이 참마음은 생각하는 대상이 아니라, 생각 그 자체인 것이다.

다시 말하면 주체 그 자신이다. 그래서 이것을 찾고자 한다든가 어떻게 하고자 하면 이미 주체가 아니라 대상으로 변화하므로 참마음일 수 없다. 따라서 진심이 진체眞體다. 곧 무아無我, 마음은 없다. 그래서 "마음을 찾았으나 찾을 길이 없습니다覓心了不可得"라고 한 대답에서 이미 혜가는 자기도 모르는 순간 마음을 찾는 행위를 하고 있다 할 것이다. 바깥 경계에 흔들리는 마음으로 참 마음인 자성을 찾았음이 아니라, 자성과 영회된 순수진공 상태의 행위로 다음에 이어지는 "네 마음에 이미 진정한 평화를 주었네與汝安心竟" 하는 달마의 말을 듣는 순간, 줄탁동시啐啄同時가 되어 활연돈오豁然頓悟한다.

달마가 혜가에게 이미 마음을 편안케 진정시켰다고 말한 것은 바로 참마음인 자성을 지적한 것이다. 이 참마음은 고요하고 평화로운 것이라서 따로 특별히 진정시킬 필요가 없다. 달마는 혜가에게 마음을 내놓아 보라고 함으로써 혜가의 잘못된 인식, 곧 대상화된 마음이 바깥에 집착함으로써 생기는 한갓 환영임을 스스로 발견하도록 만들었다. 혜가는 스승의 진언에 의하여

得 可曰 我心未寧 乞師與安 師云 將心來 與 汝安 可曰 覓心了不可得 師云 與汝安心竟"

스스로의 직관적 지각을 통해 자기의 참마음을 발견하게 되었다.

　우리는 논리적인『이입사행론』의 가르침보다 보리달마와 이조 혜가의 선화에서 선화의 원형과 선장의 능수능란한 수완을 발견하게 된다. 위의 선화에 대하여 뒷날 한 선장이 읊은 게송을 읽어보자.

二祖當年立小林	이조가 소림에 서 있던 날
滿庭積雪到腰深	뜰에는 눈이 쌓여 허리에 닿았었네
又手當胸無一事	두 손을 가슴에 모으고 아무 일도 없었으니
不求不覓不安心	구하지도 찾지도 않고 마음마저 편치 않았네

— 죽암규

　위의 게송에서 3행은 '아무 일 없었다, 아무 일 없었다'를 연발하고 있다. 무슨 일이 있었으면 어떻게 하나 가슴 졸인다. 특별한 일이란 바로 평상심에서 벗어난 마음의 작용이어서 진짜로는 별로 특별할 것이 없다. 다음 4행 "구하지도 찾지도 않고 마음마저 편치 않았네"는 '반드시 구하였고, 찾았고 드디어 마음이 편하여졌다'의 역설적 반어법이다. 찾아서 마음이 편하여진 것은 본래 그대로 그 자리를 떠나 있지 않은 진여자성을 찾은 것일 뿐이다. 우리의 견해로는 '구하고 찾아야 다소 위안을 얻게 되니 마음이 편하다'로 이해되어지나 사실 '구하려 해도 구할 수 없고 찾으려야 찾을 수 없으며, 마음이 편해지려고 해도 편하지 않다' 함은 바로 자성인 주체와 꼭 맞게 포개어 만난다領會는 뜻이다.

　곧 일체의 진리를 안과 밖을 꿰뚫어 봄이니 이렇게 표현됨이 당연한 것 아닌가. 이 적기어법賊機語法은 선사들이 이원적인 상대세계에서 그들이 보았던 일원적인 불이의 세계관을 표현하는 데 사용한 주된 선시의 수사법이다. 이들은 일상적인 것을 비틀고 돌이키고 융화시켜 다른 수승된 불이의 세계관을 보여준다. 곧 반상합도反常合道[10]의 솜씨를 능수능란하게 사용하는데, 이것은 우리를 더 심원한 세계로 몰아넣기에 족하다.

우리는 본문의 선시를 바로 읽어치워야 함에도 불구하고 많은 언설로 돌고 돌았다. 그렇다고 하더라도 모두에 있는 설두[11]의 게송을 감상하기 전에 염송의 본칙을 다시 한번 살펴봐도 늦을 것이 없다.

앞『선문염송』98칙「성제」에서도 읽히듯이 양무제가 '불교의 최고 진리

---

10 송준영,「선시의 적기수사법」,『禪, 언어로 읽다』, 소명출판, 2010, 45~58쪽 참조. 저자의 견해로는 선시적 수사법인 반상합도는 역설에 의해 표현되어지는 속성을 모두 포함한다. 선시의 적기수사법賊機修辭法은 우리의 이원론적 세계관을 일원론적 불이세계로 귀향시키는데, 일원론적 세계관을 표현해내는 가장 전형적인 언어 형식들이다. 이 어법은 오랫동안 선가에서 다듬고 축적되어 온 어법이라 할 수 있다. 서구에서는 수사학적으로 모순어법을 대립명제, 당착어법이라 한다. 모순어법인 옥시모론은 관습과 고정적인 관념에 길들어진 이항대립, 즉 개념, 상징, 이미지, 가치의 모순을 잡아내어 비틀고 돌이켜 융합시켜 왔듯이, 정신과 물질, 긍정과 부정, 본질과 현상을 반상합도反常合道하므로 선시의 독특한 어법을 선승들은 발전시켜왔다. 이를 선가에서는 적기방편법문賊機方便法門이라 통칭하여 왔다. 이 적기어법은 선문에서 선승들이 대중들의 관습적 정상성定性을 해체하기 위해 휘두르는 적기법문을 이른다. 적기라 함은 청법聽法을 하는 대중들의 슬기를 '빼앗음賊機'을 말하며, 선가에서는 이것을 조사들의 간절노파심법懇切老婆心切이라 한다. 이 적기법문이 적기어법이며, 수사법으로 말할 것 같으면 적기수사법이다. 이 적기수사법을 세분해 보면 선시의 반상합도와 선시의 초월은유超越隱喩, 그리고 선시의 무산실상無限實相으로 나눌 수 있다. 예부터 선의 세계를 표현하는 데 선사들이 줄기차게 개척한 수사법들이다.
"빈손에 호미들고 / 걷다가 물소 탄다 다리 위를 지나는데 / 다리는 흘러가고 물은 흐르지 않네"(부대사 선혜)
"물위에 泥牛가 밭 간다 / 구름 속 木馬가 풍광을 고른다"(소요 태능)
"반야검이여, 佛祖를 쳐 죽이고 / 취모검을 쓰면 곧 갈아라 / 木鵠은 비상하여 하늘 밖 사무치니 / 바로 천봉만악을 뚫고 가도다"(서옹 상순)
예시된 게송들은 시대별로 선시의 적기적 어법을 알맞게 구사한 선시들이다. 부대사(497~569, 중국 제齊), 소요 태능(1562~1649, 조선), 서옹 상순(1912~2003, 5대 조계종정)의 게송으로 보아 시대적으로 면면히 이어오는 수사법을 읽을 수 있다. 이 게송들은 하나 같이 일상을 비틀고 허물어뜨리고 융화하여 수승된 차원의 불이의 세계관을 우리에게 보이고 있다.

11 설두 중현雪竇重顯(980~1052)은 운문종의 중흥조로 추앙받는 선문의 존숙이며,『송고백칙』의 저자이다. 즉 고칙 100개를 뽑아 스스로 게송을 달아 만든 책이『송고백칙』이다. 그 후 원오 극근圜悟克勤(1063~1135)이『송고백칙』에다 수시垂示와 착어着語, 평창評唱을 더해 오늘날과 같은 종문제일서로 칭송받는『벽암록』이 탄생되었다.

는 무엇이냐?' 하는 물음과 '성스러운 진리는 끝없이 넓고 커서 범성凡聖의 구분이 없다'는 대답. 또 무제의 '그렇다면 내 앞에 있는 그대는 대체 누구요?' 하는 정곡을 찌르는 듯한 물음과 달마의 '모르오' 하는 답의 진의.

본칙은 몇 번이고 질의자와 답변자의 솜씨가 행간을 숨기고 비튼다.

첫 번째의 질문은 양무제는 절을 짓고, 경을 써서 널리 유포하고, 승려를 많이 육성하는 일이 불교의 최고 진리를 행하는 길이라 믿고 신심을 내어 해왔는데, 달마에게 한마디로 부정을 당하자, "불교의 최고 진리는 무엇인가如何是聖諦第一意?"라고 묻는다. 이에 달마는 "성스러운 진리는 동서남북 상하로 뺑 뚫려서 성인과 범인의 차별이 없다"[12]고 대답한다. 그곳에 넘나들지 못한 무제는 다시 날카롭게 "멀리 인도에서 최고의 성스러운 진리를 전하려고 온 성인인 당신이 지금 짐 앞에 있지 않소對朕者誰?" 이에 달마는 한마디로 일축해버린다. "모르오不識"라는 이 '불식'이 문제다. 천하에 아는 사람이 하나 없으니 '모르오'이다.

이 '모르오' 하는 대답의 깊이에 만나자면 우리는 제1화에서 인용한 선게를 다시 한번 살펴보아야 한다.

要識末後句麼	노호를 알고자 하는가?
只許老胡知	단지 노호를 아는 것은 허락하지만
不許老胡會	노호와 만남은 허락하지 않는다.

---

12 『사십이장경』에는 '생각은 생각이 없는 생각이고 행은 행을 하지 않는 행이며 말은 말하지 않는 말, 그리고 닦음은 닦지 않는 닦음念無念念 行無行行 言無言言 修無修修'이란 명구가 있다. 즉 무공용無功用의 저절로 상태를 이름이니 이것이 확연무성廓然無聖의 이해라 할 수 있다.

진리를 아는 것은 말할 수 있는 차원이지만 진리 당처와 만난다 할 때는 이미 주객이 분리된 이해 차원으로 떨어진다. 곧 진리를 영회領會하는 것은, 진리 당처와 계합하는 것은 이미 안다는 차원이 아니므로 이미 알았다는 생각이 들면 그것은 단지 이해한다는 차원일 뿐, 바로 그것이 되었다는 것이 아니다. 곧 달마를 이해하고 달마를 안다는 생각은 가능하나 달마를 증득하고 달마가 되었다는 것은 바로 달마를 안다는 차원으로 간주될 수밖에 없다는 것이다. 이것이 불식不識의 속뜻이다.

설두 중현은 스스로 이런 도리를 넘겨보면서, 우리들의 본래 자리를 일깨우기 위해 3행과 4행에서 넌지시 묻고 또 스스로 대답한다.

| 對問者誰 | 내 앞에 있는 이가 누구요? |
| 還云不識 | 도리어 모르오, 하네 |

'모르오'를 모름에 달마는 양자강을 건너 숭산 소림사로 들어가 버렸다. 차라리 면벽 9년으로 대답한다. 뒷날, 달마의 법손인 설두가 "모르오"를 언설로 직설한다.

千古萬古空相憶	천고만고에 후회한들 모두 헛일
休相憶	후회랑 하지 말라
淸風匝地有何極	청풍은 세상 어딘들 다 불고 있지 않나

게송 끝에 붙은 뒷말.

이 자리에 조사가 있다면 나와 보라 한다. 그리고 만약 있으면 '내 발을 씻어라' 한다. 지극한 말씀이다. 이것이 위의 달마의 '불식'과 무엇이 다르고 무엇이 같은지 살필 일이다.

그래도 우리는 꿀 먹은 벙어리가 될 수밖에 없다.

윤7월 삼복, 나무 아래에 앉아 후대 선장들의 게송 몇 수 상량商量하는 수밖에 없다.

착어는 저자의 사족이다.

聖諦廓然 如何辨識　　성제의 확연함을 어떻게 가려 알까?

築着磕着 百千萬億　　척척 들어맞는 일이 백천만억이네

一句謾相傳　　　　　한 구절을 공연히 전한다고

九年空面壁　　　　　구 년 동안 벽을 향해 앉았네

興盡還思舊日遊　　　흥이 다하자 옛날 놀던 시절 생각나나

暗携隻履歸西國　　　몰래 신 한 짝 들고 서쪽 나라 가셨네

繫恦草鞋　　　　　　(짚신은 바짝 동여맸겠지)

— 대홍은

착어　풀릴 짚신은 맨발이네

咄咄西來碧眼胡　　　쯧쯧, 서쪽에서 온 눈 푸른 이방인이여

廓然無聖更多圖　　　확연히 성스러움 없다 하니 속셈 더 수상하네

九年端坐傍籠盡　　　9년 동안 우뚝 앉아 낚시질 다했는가

人有梁王是丈夫　　　세상엔 양무제란 대장부도 있었네

— 운거원

착어 세상엔 무지막지한 장부가 늘 당당해 보인다

南天大士雙眸碧　　　남국의 큰스님은 두 눈이 푸르렀고

梁土賢王隻眼明　　　양나라 어진 임금 한쪽 눈만 밝았네

不識廓然無用處　　　'모르오', '확연하다', 쓸모 없었던가

孤蹤愧惄過西京　　　외로운 부끄러운 발길 서천으로 갔네

— 승천회

착어 불식과 확연,

　　　　원래 어디서 나온 것인가 벽안호승,

　　　　이미 숨 거두어 서천으로 갔네

제3화

선문의 사구게

禪門 四句偈

不立文字	문자를 세우지 않고
敎外別傳	가르침 밖에 따로 전하니
直指人心	사람의 마음을 곧 바로 가리키니
見性成佛	자성을 보고 부처를 이룬다

육조 혜능慧能(638~713)의 단상 말씀을 『법보단경』이라 할 만큼, 선종사에 미친 영향은 절대적이다. 혜능의 가르침은 『단경』 한 권에 집약된다. 그의 가르침을 한마디로 말할 것 같으면 돈오법문이다. 돈오법문을 가장 알맞고 명료하게 요약한 사구게가 바로 위의 게송이다.[1]

---

1   이 사구게는 어느 경전에 출처가 있는 것은 아니지만, 이 사구게의 근거는 『능가경』 권3에 '일불자설一字不說'과 『대품반야경』 권7의 '일자불설' 혹은 '무자무설無字無說' 등에 나타난다. 석가모니의 처음 가르침으로 돌아가자는 초기 선종의 이슈였다. 곧 불교의 근본정신에 복귀하자는 실천불교로서 황매현 쌍봉산 일대와 강서, 호남 지방의 산사에서 일어난 대중적인 불교운동이다. 학자들의 연구에 의하면, 혜능 당대에 완성된 말은 아니나 후대에 점차적으로 혜능의 법손에 의해 제작되었음이 확실시된다.

물론 육조 이후에 정립된 게송이지만 이 사구게는 선종의 특질을 가장 간단명료하게 드러낼 뿐 아니라 혜능의 사상을 가장 극명하게 나타낸 선시다.

위의 사구게를 혜능의『단경』과 하나하나 배대하여 보면, 이후에 나타나는 선종의 일체 가풍[2]이 혜능의 돈오법문에 근거를 두고 있음을 알 수 있다.

1. 문자에 매이지 않는다 不立文字

역사상 불립문자만큼 많은 오독을 일으켜 온 문구는 없을 것이다. 여기서 문제가 되는 '입立'은 세운다, 정립한다는 뜻이다. 불립문자의 전체적 이해는 언어나 문자에 매달리지 않아야 하며, 단지 불립문자란 자구에 집착하여 고지식하게 문자를 사용하지 않는 것에만 매어달리는 편집된 생각의 노예가 되지 말 것을 당부하였다. 이런 의미의 말은『단경』도처에 나타난다. 특히 「법문대시法門對示」제9에 이러함을 우려하여 문인들을 모아놓고 "나 죽은 후에 그대들은 한 곳에 스승이 될 것이니, 그대들은 삼과 법문[3]과 움직이고

---

2 선종의 가풍은 혜능의 후손들에 의해 5가7종으로 번진다. 곧 위앙종, 조동종, 임제종, 운문종, 법안종을 5가라 부르고, 그 후 임제종에서 황룡파와 양기파로 나누어진다.

3 송준영,『취현반야심경강론』, 경서원, 1993, 240~242쪽 참조. 5온蘊, 12처處, 18계界에 관한 설법을 삼과三科법문이라 한다. 삼과라 하며 생멸의 세계를 모두 말한다. 다음 도표는 삼과의 관계표다.

```
        ┌ 五 蘊 - 색 수 상 행 식
        │              ┌ 안 이 비 설 신 의 (6근)
三科 ─── ┤ 十二處 ─────┤
        │              └ 색 성 향 미 촉 법 (6경 혹은 6진)
        └ 十八界 - 안 이 비 설 신 의 (6식)
```

• 오온五蘊 : 다섯 더미, 곧 우리라는 이 몸을 지탱케 하는 육체와 정신을 지칭한다. 색色은 물질, 수受

사용함動用에 36대[4]를 말하고, 또 나아가고 사라짐에 양변을 여의고 일체 법을 설하는데 자성을 여의지 말아야 한다. 그리고 법을 묻는 사람에게 설법은 반드시 쌍으로 하여 대법을 사용하여 오고 감에 서로 원인이 되게끔 하되 마지막에 두 법을 다 제거되어 다시 갈 곳이 없게 해야 한다"고 유촉한다. 이것은 혜능이 말하듯이 '유有를 물으면 무無의 의미로 대답하고 범상한 것을 물으면 성스러운 것을 말하고, 또 성스런 것을 물으면 범상한 것으로 대답한다. 이렇게 두 극단의 상호 관계에서 중도中道의 의미가 드러난다'. 이어서 불립문자에 대한 법문을 말한다. 여기의 중도는 혜능이 말하는 자성으로 읽힌다.

만일 완전히 공에 집착하면 곧 무명을 기르는 것입니다. 공을 집착하는 사람은 경전을 비방하면서 바로 문자를 쓰지 않는다고 말하지만, 이미 문자를 쓰지 않는다 할진대, 사람과 말하는 것도 합당하지 않다고 하겠으나, 이 말, 또한 문자의 형

는 느낌, 상想은 따짐이니 곧 인식작용이고, 행行은 의지적 충동이며, 식識은 버릇 곧 습관적인 내정된 앎을 말한다.
- 육근六根 : 우리의 객관세계를 대하는 뿌리가 되는 기관을 말한다. 그래서 근根이라 하며, 여섯을 합하여 육근이라 한다. 곧 주관세계이다. 눈眼根, 귀耳根, 코鼻根, 혀舌根, 몸身根 그리고 생각의 능력과 그 작용意根을 말한다.
- 육경六境 : 혹은 육진六塵이라 말하며, 육근의 대상이 되는 6가지 객관이다. 이는 6근의 대상이 되며, 6경의 바깥 대경對境이 된다. 또 마음을 가리는 티끌이 되므로, 여섯 가지 티끌六塵이라고도 한다. 곧 그 대상이 되는 현상생멸계의 모든 색깔과 형상色境, 소리聲境, 냄새香境, 맛味境, 닿음觸境과 비감각적인 그 도리法境을 말한다.
- 십팔계十八界 : 계界는 영역, 종류, 능히 지니다能持의 뜻. 곧 눈의 마음眼識, 귀의 마음耳識, 코의 마음鼻識 ~의식意識을 합쳐서 6식이라 한다.
* 6근과 6경과 6식을 통틀어 18계라 한다. 천하의 영웅호걸 미인절색도 18계를 넘나들며 산다, 이것이 인생 만사이다.
4 혜능이 제자들에게 마지막 설법에서 36가지의 상대적 관념을 열거하였다.(『단경』 제9 「법문대시」) 곧 36대는 유有/무無, 색色/공空, 동動/정靜, 청淸/탁濁, 범凡/성聖, 승僧/속俗, 대大/소小, 장長/단短, 정正/사邪, 치痴/혜慧, 번뇌煩惱/보제菩提, 자비慈悲/악의惡意, 항상恒常/무상無常, 허虛/실實, 희喜/노怒, 진進/퇴退, 생生/사死, 화신化身/보신報身 18짝의 이항대립을 말한다.

상입니다.

若全執空 即長無明 執空之人有謗經 直言不用文字 旣云不用文字 人亦不合語言 只此語言 便是文字之相

— 탄허, 『육조단경』 제9 「법문대시」 (영은사, 1959, 219~221쪽)

이어서 글자 그대로 '문자를 세우지 않음不立文字'에 집착하는 사람들에 대하여 다음과 같이 말하였다.

또 말하되 곧은 도는 문자를 세우지 않는다不立文字 하지만, 곧 이 불립不立의 두 글자도 또한 문자의 형상임을 어찌하겠습니까? 이런 사람은 남이 말하는 것을 보고, 곧 비방하면서 문자에 집착했다 합니다. 여러분들은 반드시 알아야 합니다. 스스로 미혹한 것이 오히려 옳은 것이지, 어찌 부처님 경전을 비방할 것이겠습니까

又云直道 不立文字 卽此不立兩字 亦是文字 見人所說 便卽謗他 言着文字 汝等 須知 自迷猶可 又謗佛 經 不要謗經

여기서 우리가 읽을 수 있는 것은 불립문자에 대한 육조의 견해다. 불립문자란 문자를 사용하지 않음이 아니라 문자에 대한 집착이 없어야 함을 말한다. 그럼 어떻게 하여야 문자를 사용하되 집착하지 않고 사용하는 것이 되는가 하는 것이 문제이다. 바로 문자를 쓰되 적합하게 매어 달리지 않고 사용할 수 있을까. 이것은 지혜와 관계가 있다. 반야바라밀다, 곧 지혜의 완성은 중도이고 견성見性이다. 자성自性을 본 사람은 지혜를 완성한 사람이어서 모든 사물에 자연 응답을 하며, 또한 응답을 할 줄 안다. 육조는 『단경』 「전향참회」에서 "스스로 미망을 제거하여 '안과 밖이 밝게 관철內外明徹'되면

자성 가운데 만법이 모두 나타난다. 견성한 사람도 이와 같다自除迷妄 內外明徹 於自性中 萬法皆現 見性之人 亦復如是"고 설한다. 그리고 '남돈북점' 제7에서는 견성한 사람은 자성을 여의지 않고 모든 일을 자성 위에서 행하며 또 정신의 자유로움이 만끽함을 설한다.

견성한 사람은 세워야(立) 할지 세우지 말아야 할지 훤히 안다. 그것은 가고 옴이 자유로워 머뭇거림도 없고 걸림도 없기 때문이다. 그는 사물에 순응하여 움직이며 말에 알맞게 응하여 대답을 하며, 자성을 여의지 않고 모든 상황에 자기 처신을 한다. 이렇게 자재신통을 얻어 유희삼매에 든다. 이것의 이름이 견성이다.

見性之人 立亦得不立亦得 去來自由 無滯無礙 應用隨作 應語隨答 普見化身 不離自性 即得自在神通 遊戲三昧 是名見性

— 탄허, 『육조단경』 제9 「법문대시」(1959, 219~221쪽)

곧 자성을 보지 못하면 결국 미망에 빠지고 견성을 하면 매사에 정신적 자유로움을 얻는다. 이런 사람에게 불립문자不立文字가 무슨 장애가 되겠는가.

2. 가르침 밖에 따로 전한다教外別傳

"가르침 밖에 따로 전한다教外別傳"에서 가르침 밖에 특별히 따로 전할 말이 있느냐가 문제다. 사실 별로 다르게 전할 것이 없다. 바로 '이것'을 전할 뿐이다. 이것을 아는 것이 선을 공부하고 선시를 이해하는 데 절대로 필요한 명제다. 삼조승찬도 그의 「심신명」에서 "지극한 도는 어렵지 않다. 분별하고 선택하는 마음만 꺼릴 뿐이니 단지 미워하고 좋아하는 양변의 견해만 버리면 대낮처럼 뚜렷하고 환해진다至道無難 惟嫌揀擇 但莫憎愛 洞然明白"고 노래하듯이 있는 그대로 평상심을 벗어나지 않고 있을 뿐이다. 그럼 이것을 입증할 수 있는『단경』의 선화를 음미해보자.

오조가 노행자에게 비밀히 의발을 전했다는 것을 듣고 진혜명은 동지 수십 명을 데리고 대유령에 이르러, 혜능을 가장 먼저 발견하였다. 노행자는 혜명이 오는 것을 보고 의발을 돌 위에다 던지면서 말했다.

"이 옷은 믿음을 표시하는 것, 어찌 힘으로 다투겠는가. 마음대로 가져가시오."

"제가 온 것은 법을 구하기 위한 것이오. 옷을 위한 것이 아니니 행자는 저에게 일러 주시오."

"그럼 모든 연緣을 다 버리고 한 생각도 내지 마시오. 내 말하리라. 선도 생각하지 않고 악도 생각 하지 않는 바로 이러할 때, 어떤 것이 상좌의 본래면목인가不思善 不思惡 正與麼時 那箇是明上座 本來面目?"

이 말을 들은 혜명은 바로 크게 깨달았다. 그리고 몇 차례 절하고 물었다.

"그 외에 조사께서 보이신 비밀한 뜻이 있습니까?"

"내가 이제 말한 것은 비밀이 아니다. 스스로의 본래면목을 돌이켜 비쳐보면 비밀함은 도리어 그대 자신에게 있습니다與汝說者 即非密也 汝若返照 密左汝邊."

"저가 비록 오랫동안 황매에 있었으나 사실은 아직도 자신의 본래면목을 살피지 못했습니다. 이제 가르침을 받으니 마치 스스로 물을 마셔 보고 차고 더운 것을 아는 것과 같습니다."

　　흔히 지식을 선가에서는 알음알이라 한다. 머리 하나만 이해되고 통달되
어 아는 기술적 지식과는 달리 선적 체험은 정신적 지혜와 육체적 경험, 머
리와 마음을 모두 통하여 증장增長시킴을 의미한다.

　　이 선화에서 보는 바와 같이 사량분별思量分別하지 않는 평상심 그대로가
조사들의 입각처立脚處다. 이것을 체득하는 것이 중요하고 이전할 것이 없는
것을 전하니 교외별전敎外別傳이라 한다.

　　이 소식을 단하순이 염하였다.

看他先祖爲人終不肯	선조들이 남을 위하던 방법 전혀 수긍할 수 없구나
過這邊來諸人還會麽	이리 오너라, 여러분은 알겠는가?
星前人臥千峯室	별 뜨기 전에 나선 사람 천봉우리 틈에 누었으니
佛祖無因識得渠	불조도 그 사람을 알지 못하는구나, 했다

— 『선문염송』 28칙 「본래면목」

착어　나는 나니까,

　　　　그대는 그대니까 알지 못한다.

　　　　히!

3. 사람의 마음을 곧 바로 가리킨다直指人心

臥輪有技倆	와륜은 뛰어난 기량이 있어
能斷百思想	능히 백 가지 생각을 끊고
對境心不起	경계를 마주해도 마음 일지 않으니
菩提日日長	보리수가 나날이 자란다

— 와륜

慧能沒技倆	혜능은 별 재주 없어
不斷百思想	온갖 생각이 끊이지 않네
對境心數起	경계 마주함에 마음 자주 일어나
菩提作麼長	보리인들 어찌 자랄까

— 혜능

사실 혜능은 마음을 자성의 하수인이라 생각했다. 자성이 본체이고 마음을 응용으로 보았다. 자성과 관계없이 마음이 외경外境에 이끌리어 시시각각 변화하니 마음을 휘어잡는 것보다는 자성을 밝게 꿰뚫어 보는 것이 무엇보다 중요하다고 말한다. 마음이 주인을 배신하고 밖의 유혹에 넘어가 천방지축으로 날뛰면 결국 망하게 된다. 결국 수도 끝에 자아 완성을 실현하는 것도 응용인 마음이고, 패가망신 멸문지화를 당하는 것도 마음에 의해서이다. 마음이 없는데, 마음에 의해 나타나는 천당/지옥, 보리/번뇌, 광명/암흑, 긍정/부정 등등의 이항대립적인 것이 있을 수 없다. 그러나 이런 마음들은 둘이 아니라 일심一心이다. 이 마음은 정태적인 것이 아니라 항상 움직이고 끊임없이 변화하는 동태적인 것이다. 마치 흐르는 시냇물과 같아서 외부의 변화에 따라 맑기도 하고 고요하기도 하며 혼탁하기도 하고 시끄러운 소리도 낸다. 마음은 이렇게 흐르는 것. 혜능의 깨달음은 『금강경』의 "머무는 바 없이 마음이 난다應無所住 而生其心"에 기인한다. 이것이 바로 본원을 통견通見하는 돈오頓悟의 내용이다.

위의 와륜의 게송을 한 승려가 혜능에게 매우 올바른 견해인 것 같다고 읊은 것인데, 혜능이 듣고 단박 견성하지 못하였음을 간파했다. 그래서 혜능은 와륜의 견해가 바르지 못함을 게송으로 답했다. 그의 게송은 4행에서 보리수가 본체이고 마음이 작용이며 3행에서는 경계에 대해 마음이 일지 않으면 죽은 마음이니, 어찌 마음이라 할 수 있는가. 단지 무주無住로서 마음을 사용하는 것이 중요하지 않겠는가로 읽힌다. 그리고 혜능은 "온갖 사물을 생각하지 않음으로써 항상 생각이 끊어지도록 하지 마시오. 이는 곧 법에 묶임이니 변견邊見이라고 합니다"(퇴옹, 『돈황본단경』 제18 「돈오」, 180쪽)라고 말한다. 곧 이것은 어떤 것에 고착됨이 없이 집착하지 않고 만물을 본다는 의미이지 생각을 끊어서 돌이나 나무가 되자는 것이 아님이 명백하다. 이런 경지는 앞에서 보았듯이 견성만이 있을 뿐이다. 와륜의 견해대로 따라가면 결국 자기 속박과 미망으로 이어진다.

"선지식아 마음을 깨끗이 하여 마하반야바라밀을 생각하시오."

잠시 후,

"보리자성은 본래 청정하니 단지 이 마음을 사용하시오. 바로 성불되어질 것입니다."

善知識 總淨心 念摩訶般若波羅密 大師良久 復告衆曰 善知識 菩提自性 本來清
淨 但用此心 直了成佛

— 탄허, 『육조단경』 제1 「오법전의」, 2쪽

　이 말은 혜능이 조계의 보림에 이르렀을 때, 대범사 강당에서 베푼 설법의 첫 마디며, 『단경』 모두의 글귀다. 돈오법문을 간결하게 나타낸 것이다. "마음을 깨끗이 하시오." 여기서 말하는 마음이 바로 선을 아는 요체이다. 선은 앉아서 고요를 지키고 고요를 즐기는 것이 아니라, 마음의 본성 곧 자성을 보아야 하며, 자성을 봄이 견성이며, 견성은 혜능에겐 성불이다. 바로 견성성불이 선의 궁극적인 목표이기 때문에 대중에게 총정심總淨心하라 한 것이다. '염마하반야바라밀念摩訶般若波羅密'을 해석하면 '마하'는 '크다, 많다, 뛰어나다'의 의미를 가진 산스크리트어고 '반야'는 프리즈나prajñā란 산스크리트어를 음사한 말인데, '근원적 지혜'를 말한다. 이를테면 'knowledge'는 경험을 갖지 않고 얻어진다면, 'wisdom'은 삶의 경험을 통하여 얻어진다. 그러나 'prajñā'는 존재 자체의 자발광自發光으로 '본질에서 솟는 근원적인 예지'다. 곧 분별함이 없는 상태에서 솟는 지혜인 무분별지無分別智다. 이제 혜능은 '지혜의 완성만 생각하십시오' 하고 대중에게 조용히 말한다. 그리고 '지혜자성은 본래 맑고 깨끗합니다. 단지 이 자성의 응용인 이 마음만 사용하십시오. 이러면 성불해 마칠 것입니다'.

　혜능은 좌선에 관해서도 앉아서 마음을 쉬고 고요를 즐기는 것이 아니라, 선은 마음을 완전히 자유롭게 하는 열망 그 자체임을 간파하였다. 『단경』 '남돈북점'분에 보면 '지성이라는 승려는 신수의 문도인데, 신수가 혜능에게 가서 가르침을 듣고 돌아와서 나에게 설해 달라는 부탁을 받고 조계로 왔다.

이어 혜능이 지성에게서 신수가 "마음을 머무르고 고요함을 관하여 오랫동안 앉아서 눕지 말라" 한다'는 말을 듣고, 그는 다음과 같이 말하고 게송을 읊었다.

마음을 머물게 하고 고요함을 봄은 병이지 선이 아니다. 오랫동안 앉아 몸을 구속한다는 것이 공부에 무슨 이익이 되겠습니까. 나의 게송을 들으시오.
住心觀靜 是病非禪 長坐拘身 於理何益 聽吾偈 曰

生來坐不臥 　　　　살아서는 앉아 눕지 못하고
死去臥不坐 　　　　죽어서는 누워서 앉지 못하니
一具臭骨頭 　　　　냄새나는 한 구의 뼈일 뿐이니
何爲立功課 　　　　어찌 삶의 기쁨을 얻을 수 있으랴

— 혜능, 『돈황본단경』 제7 「남돈북점」, 184~185쪽

혜능은 좌선을 하되, 그 목표는 견성에 있다는 것을 강조한다. 자칫 방편에 몰입하다 보면 본래의 목적을 잊을 수가 있음을 환기시킨다. 자성을 통견함이 깨달음이고 성불이다. 일체 바깥의 경계에 집착하면 마음에 생멸生滅이 일고, 마음에 생멸이 일어나면 곧 행위로 이어지기 마련인 것이 우리들의 삶이다. 모름지기 자성에 입각하여 마음을 분별없이 냄이 바깥경계에 집착하지 않는 것이고 생멸에서 벗어나는 것이라고 혜능은 말한다.

4. 자성을 보고 부처를 이룬다 見性成佛

　육조의 남종 돈오선은 중국 불교를 넘어 정치, 문화, 예술 전 분야를 뒤덮고 우리나라, 일본, 서구에 미쳐 전세계화되고 있다. 찬란한 당대의 5종(위앙종, 조동종, 임제종, 운문종, 법안종)과 송대에 이르러 다시 임제종이 양기, 황룡 2파로 나뉘어져 드디어 '중국 불교는 선에 있다'는 말이 생기게 된다. 그리고 우리나라 선의 법계는 신라시대에 도의, 범일 등에 의해 전해져온 마조선이 고려의 보조 지눌에 이르러 크게 선풍이 진작되고, 고려 말엽 양기파와 신라로부터 내려오는 법맥을 아우른, 태고 보우와 나옹 혜근에 뿌리를 둔 조계종이 한국 불교의 주종을 이룬다.

　물론 육조 이후에 정립된 게송이지만 이 사구게야말로 육조혜능의 말씀인 『육조단경』을 가장 잘 표현한 것인 동시에 선의 황금시기에 다각도로 전개된 5가 7종의 종지가 되고 우리나라 조계종의 근본이 된다.

　　모든 법은 모두 자신의 마음 가운데 있습니다. 어찌하여 자기 마음의 진여 본성을 단박 나타내지 못할까? 『보살계경』에 '나의 본래 근원은 자성이 맑고 깨끗하다'고 하였습니다. 마음을 알아 성품을 보면識心見性 스스로 부처의 도를 이루는 것입니다. 곧 확연히 깨쳐서 본래 마음을 도로 찾는 것입니다.
　　一切萬法 盡在自身心中 何不從於自心 頓現眞如本性 菩薩戒經 云我本源 自性淸淨 識心見性 自性 佛道 卽時豁然 還得本心

　　　　　　　　　　　　— 퇴옹성철, 『돈황본단경』 제17 「견성」, 장경각, 173쪽

위의 말은 『돈황본단경』 「견성」분이다. 마음을 알아 성품을 보면 부처이고 본래 마음(진심)을 도로 찾는 것이라 명백히 선언한다. 혜능에게는 자성이야말로 절대절명의 것이다. 자성은 시간과 공간의 저쪽에 있으며, 우리의 말과 글이 표현할 수 있는 일체의 속성을 초월한다. 우리의 언어는 단지 현상세계와 사물 대 사물이 끝없이 대립하고 융화하는 사이에 가유해 있을 따름이다. 가유해 있는 흔적을 우리는 자성 위에서 마음대로 사용할 뿐이다. 견성한 사람은 언어로 유희하되 마음에 흔적이 남지 않는다.

우리가 『단경』에서 읽을 수 있는 것은 함이 없는 무위적인 초월 사상이다. 자성을 돈오함으로 오는 자유로움 이것은 노장적老莊的이나, 마지막 고요에 빠지지 말고 고요에서 오는 환희에 안존하지 말고 혜능은 저잣거리로 돌아오라고 소리친다. 이것이야말로 실사구시의 공맹적孔孟的 사상인 인간 중심적 사유의 맛이 한껏 드러나는 대문이다. 일체의 불경과 선어록은 우리를 위하여 설하여졌고 우리의 자성, 곧 불성 위에 건립되었음을 주장한다. 그리고 혜능은 일체만물에 대한 집착이 없어져 무집착에 되었을 때, 이 무집착에 집착하는 위험을 위하여 말한다.

서로 다른 대륙이었던 인도와 중국이 불교에 의해 반상합도된 새로운 수승한 세계로 태어난다. 바로 선이라는 이름에 의한 새로운 세계이다. 명상적인 불교가 현실적인 국민성으로 형성된 중국으로 유입된 후, 한동안 중국은 정신적 회감회통 기간인 격의불교格義佛教를 거쳐, 그 후 정돈된 새로운 세계가 생겨나니 이것이 선종의 탄생이다. 이러한 문화의 창달은 정신적·문화적 사회생활의 풍요로 이어지는 세계제국 당과 송의 제국을 탄생시키고, 이때 우리에게 잘 알려진 이백, 두보, 백거이, 한유, 왕유, 이하, 구양수, 소식, 황정견 등의 시인을 만나게 된다.

혼히 공에 빠지는 것을 8마계魔界[5]에 빠진다고 말한다. 고요와 적적에 싸여 혼자의 환희를 즐기는 것을 말한다. 이 빠져나가기 어려운 문제에 대해, 그 이후 혜능의 후손들은 '백척의 낭떠러지에서 한 발 내디뎌라, 십만 세계가 모두 부처님의 진짜 몸임을 알게 되리라'[6]는 멋진 선어로 경책을 하지만, 그는 더욱 친절하고 인간적인 말로 우리에게 들려주고 있다.

그대들의 마음이 이미 선과 악의에서 벗어났다면, 깎은 듯한 공허에 떨어지지 말도록, 앞과 뒤가 끊기는 고요를 지키며 즐기는 경지에 빠지지 않도록 주의해야 합니다. 그대들은 오로지 학문을 넓히고 많은 견문을 쌓도록 애써야 합니다. 그러면 스스로의 본심을 깨달아, 모든 깨달은 이의 근본 이치를 알게 될 것입니다. 그렇게 되면 다른 사람과의 사귐에 있어서 화합이 자연 이루어지고 나와 남이라는 생각이 없어지게 됩니다. 바로 보리에 이르러, 움직이지 않는 우리의 진심을 깨달을 것입니다.

自心旣無所攀緣善惡 不可沈空守寂 卽須廣學多聞 識自本心 達諸佛理 化光接物

無我無人 直至菩提 眞性不易

— 탄허, 『육조단경』 제5 「전향참회」

---

5 8마계 : 공부가 순숙하여 한 생각도 바깥 경계에 끄달리지 않고 일체의 인연이 끊겨져 마음이 상적상조常寂常照하여 헐떡거림이 없는 기와나 벽돌 같아야만 견성성불에 들어간다고 선문의 제조사들은 한결 같이 말한다. 이럴 때에 '기와나 벽돌'과 같이 무심경계나 숭묘경계勝妙境界에 빠져 홀로 즐기는 것을 8마계라 한다. 성철은 그의 저서 『선문정로』에서 '거친 망상인 제6 의식이 모두 멸한 제8 아뢰야식의 무기無記가 대사大死이니, 이는 숙면에도 일여한 자재 보살의 지위다. 극미한 망상인 제8, 아뢰야식을 이탈하지 못하면 이는 질긴 의식의 뿌리를 끊지 못한 것이다. 그리고 10지의 등각等覺의 대사大死의 늪에서 활연대오豁然大悟하여 아뢰야의 무기까지 멸진해야 진짜로 대사이니, 상사상활常死常活하고 상적상조하여야 선문의 본분종사本分宗師가 된다'(『선문정로』, 125∼126쪽)라고 말한다.
6 백척간두진일보百尺竿頭進一步 十萬世界是眞身. 『오등회원』 권4, 경잠초현의 게송. 선의 정신은 이 게송과 같이 '머물지 않음不住'에 있다. 하루 살면 하루, 한 시간 살면 한 시간만큼 흐른다. 위의 게송은 이와 같은 사상을 단적으로 표현하고 있다.

우리는 혜능의 설법에서 인도의 명상적이고 난해하게만 느껴지던 불교 교리가 매우 현실화되고 보편화되었으며, 또 한편으로는 생활 속으로 성큼 다가옴을 느낄 수 있다. 이와 마찬가지로 혜능의 가르침은 그와 그의 사상을 잇는 선사들에 의하여 더욱 심화되고 실증되어졌으며, 이윽고 실생활, 문화, 문학, 사상, 정치 전반이 막대한 그의 영향 아래 놓이게 되었고, 오늘날에는 전세계의 사상계를 강타하고 있다.

제4화

약산의 푸른 하늘엔 구름 병속엔 물

雲在青天水在瓶

鍊得身形似鶴形	몸은 연마하여 학과 같이 되었으니
千株松下兩函經	천 그루 솔 밑 두어 권경
我來問道無餘說	내가 도를 물으니 아무 말씀 없이
雲在靑天水在瓶	푸른 하늘엔 구름 병 속엔 물

— 이고(李翶)

제4화의 주인공은 약산이다. 약산 유엄藥山惟儼(745~828, 751~834)은 17세에 혜조 율사에게 출가하여 구족계를 받고 계율을 배웠다. 얼마 후 '장부가 어찌 번거로운 계행에 얽매이랴?' 하고 석두문하로 옮겨 수선을 했다. 육조—청원—석두—약산을 잇는 법계다. 육조 아래 청원과 남악이 있고, 남악 밑에는 불세출의 선장인 마조가 출생하여 입실제자 138인을 두어 선문을 융성하게 하였으나, 청원은 단지 석두 한 제자만 두었다. 청원 행사로부터 유일하게 사법된 외로운 형세가 석두대에 이르러 풍성해졌다. 『전등록』에는 석두의 사법제자가 21인이나 기록되었고, 특히 약산 유엄과 천황 도오天皇道悟, 단하 천연丹霞天然 등의 빼어난 제자가 있었다. 오늘날 천하의 선종을 약산의 법손인 조동종과 마조의 법손인 임제종으로 양분하듯이, 당시 중국 선문은 강서의 마조 도일과 호남의 석두 희천石頭希遷(700~790)으로 양분되어 있었다. 여기에서 강호江湖라는 말이 유래되었다.

일찍이 청원 행사는 '비록 뿔난 짐승은 많지만 기린 하나면 족하다衆角雖多一麟足矣'고 말하며 석두 한 사람에게 만족하였고, 석두 역시 스승의 안목을 욕되게 하지 않았다. 그것은 석두의 법손들이 선종 5가 가운데 조동종, 운문종, 법안종, 즉 약산에 의한 조동종, 천황의 법손에 의한 운문종, 법안종을 형성하여, 마조의 법손에 의해 형성된 위앙종이나 임제종과 어깨를 나란히 하고 있는 것만 보아도 알 수 있다.

낭주자사 이고는 약산 덕화를 오래 전부터 듣고 흠모하여 산사로부터 내려오셔서 설법하여 줄 것을 자주 간청했다. 그러나 약산이 끝내 하산하지 않자, 산사에 직접 찾아갔으나 선사가 경을 보면서 돌아보지도 않았다. 시자가 스님께 "태수가 왔다"고 아뢰었다. 약산이 미동도 하지 않자 태수는 성질이 나서 "얼굴을 보는 것이 이름을 듣는 것보다 나을 게 없군" 하며 무안을 쏘아보자, 약산이 "어째서 태수는 귀만 귀히 여기고 직접 보는 눈을 천히 여기시오?" 하니, 이고가 약산에게 "어떤 것이 도냐?"라고 물었다. 약산은 아무 말 없이 손을 들어 하늘과 땅을 가리키면서 "알겠습니까?" 하자 "모르겠습니다" 한다.

선사가 이어서 "구름은 하늘에 있고 물은 병 안에 있네雲在青天水在瓶"[1] 했다.

---

1 『선문염송』 9권 335칙 「운재雲在」·『경덕전등록』 14권 「약산유엄선사」, 『전등록』에는 다음과 같은 선화가 더 이어진다. "무엇이 계율과 선정과 지혜입니까?" "태수 나에겐 그런 잡동사니 가구는 없습

도를 이렇게 기표와 기의가 알맞으며 미적인 시구로 즉시 읊을 수 있다는 것이 놀랍고, 또한 오늘 우리가 이런 선구를 만날 수 있다는 것이 큰 행운이다.

이고는 이 아름다운 선게를 듣고 환희심과 수치심으로 뒤범벅이 된 채, 절을 하고 시를 지어 올렸다.

> 송림 우거진 숲, 아무렇게나 짠 경상 위에 두어 권의 경전
> 그 앞 그림자는 솔가지와 솔잎, 조는 듯 일렁이는 바싹 마른 노스님
> 세속에 찌든 나, 도가 무어냐고 물으니
> 푸른 하늘엔 구름, 병 속엔 맑은 물

착어   그렇다. 누군가 빠뜨린 외짝 버선

중국 천하를 양분한 마조와 석두, 그들은 후학들을 깨치게 하는 데만 열중하였지 산문의 세를 넓힌다든가 인기몰이에 급급하지 않았음이 선종사서 도처에 나타나 있다. 방온거사, 은봉, 단하, 약산, 천황 등 당대의 1급 선사들이 석두와 마조 문하를 드나들면서 깨달음을 얻었다. 후학들을 제접할 때, 그 사람의 근기에 맞추어 서로 오직 **빠르고 옳은 길로만 인도하였다.** 그 적절한 예로는 석두의 법사인 약산 유엄에서 찾을 수 있다.

유엄이 처음 발심하여 석두를 찾아뵙고 아래와 같이 말했다.

니다貪道遮裏無此閑家具." "스님의 깊은 뜻을 측량할 길이 없습니다." 이에 약산은 태수에게 바른 지름길을 보여준다. "태수, 이 일을 잘 간직하고자 하면, 꼭 높은 산정에 앉아보거나 깊은 바다에 **빠져보아야** 합니다. 집안의 물건은 버릴 것 없이 그대로 드러나 있을 뿐입니다閩閣中物捨不得便爲參漏."

"저는 삼승三乘과 12분교에 관해서 개략적인 것을 알고 있습니다. 그러나 남방에는 '직지인심 견성 성불'의 가르침이 있다는 걸 들었습니다. 저로서는 전혀 이해가 가지 않습니다. 스님께서 자비를 베푸시어 저를 깨우쳐 주시기 바랍니다."

이 말을 듣고 석두가 말했다.

"그것은 긍정을 해도 알 수 없고, 그렇다고 부정을 해도 알 수 없다. 이렇게 하든 이렇게 하지 않든 간에 모두 발견할 수 없으니 그대는 어떻게 하겠는가恁麼也不得 不恁麼也不得 恁麼不恁麼 摠不得 汝作麼生?"

유엄은 이 말을 듣고 어안이 벙벙하여 도저히 이해가 되지 않았다. 멍청히 있는 유엄에게 석두는 솔직히 말했다.

"그대의 인연이 여기에 있지 않다. 강서로 가서 마조스님을 찾아뵙고, 물어보면 자세히 가르쳐 줄 것이네. 그리로 가보게子因緣不在此 江西有馬大師 子往彼去 應爲子設."

석두의 이 권유에 따라 유엄은 마조를 찾아가 참배하고 나서 석두에게 한 것과 같은 질문을 하였다. 이에 마조가 말하였다.

나는 어떤 때엔 그 사람에게 눈썹을 치켜세우게 하고 또는 눈을 깜짝이라 하고, 또 어떤 때는 그 사람에게 눈썹을 치키지 말게 하고 깜짝이지도 말라 하네. 때로는 눈썹을 치키고 눈을 깜짝이는 것이 그 사람이나, 때로는 눈썹을 치키고 눈을 깜짝이는 것이 그가 아닌데, 그대는 이 말을 어떻게 이해하나馬祖云 我有時教伊揚眉瞬 目 有時不教伊揚眉瞬目 有時教伊揚眉瞬目者是 有時教伊揚眉瞬目 者不是 子作麼生?

이 말 끝에 깨달음에 이르렀다. 유엄이 진심으로 마조에게 배례를 하였다. 이에 마조가 물었다.

"그대는 어떤 이치를 깨달았기에 이렇게 예를 올리는가?"

"저가 석두화상과 함께 있을 때는 마치 '무쇠로 만든 소' 위를 날아다니는 모기와 같았습니다某甲 在石頭時 汝蚊子上鐵牛."

—『선문염송』권9, 324칙「삼승(三乘)」

이에 마조는 유엄이 완전한 깨달음에 이른 것을 알고, "이 깨달음을 잘 보호해 유지하라"고 당부하였다. 이로 보아 유엄은 당대에 대종사인 석두와 마조를 넘나들면서 깨침을 확고하게 하였을 뿐 아니라, 두 선장의 인가를 얻은 1급 선사임을 알 수 있다.

그 후, 유엄은 마조를 3년간 모셨고 마조의 권유에 의하여 석두에게로 돌아갔다.

그럼, 후대 선장이 이 선화에 부친 게송 한 수를 음미해보자.

好个話端	좋은 화두다
阿誰解擧	누가 옮길 수 있을까
擧得十分	설사 십분 최선을 다해도
未敢相許	옳다고 허락하지 못하겠다

— 운문고

운문고의 게송, 지극한 말씀이다. 우리는 선가에서 잠시 침묵하는 양구良久나 고막이 터지게 고함지르는 할喝, 돌연한 몽둥이질인 방棒을 만난다. 또 대답을 하되 이항대립적인 양변이 이탈된, 감정이나 내용, 혹은 어떤 목적이 배제된 동문서답을 만난다. 이것은 운문고의 게송의 내용과 긴밀한 관계가 있다. 아니 바로 위의 게송 3행과 4행에서 "설사 십분 최선을 다해도擧得十

分 / 옳다고 허락하지 못하겠다未敢相許"는 이것을 온전히 전달하기 위한 다른 한 표현일 뿐이다.

이 대문에 대해 이해를 돕고자 예문을 제시한다.

『선문염송』 6칙에 문수와 석가모니가 보여주는 선화는 운문고의 게송의 내용을 구체화하여 잘 드러나게 해준다.

> 세존께서 어느 날 자리에 오르자 대중이 모였다. 문수가 백추하고 말했다.
> "법왕의 법을 자세히 살피니 법왕의 법이 이러합니다諦觀法王法 法王法如是."
> 하니 세존께서는 자리에 내려오셨다.
>
> —『선문염송』 6칙 「세존승좌(世尊陞座)」

여기서 백추白鎚란, 백白은 고告한다는 뜻이고 추鎚는 종을 친다는 뜻이니, 곧 종을 쳐서 대중을 모아놓고 말하는 형식이다. 문수가 종을 쳐서 대중을 모으자 부처님이 자리에 오르셨다. 부처님은 아직 한 말씀도 하지 않으셨는데, '부처님의 법은 이러하다'라고 문수가 말하였다. 부처님도 크게 긍정을 하시고 자리에 내려오셨다 하는 내용이다. 말끝에 깊이를 바로 알면 다음을 보지 않아도 된다. 그렇지만 무언가 석연치 않으면 다음 경구에 가벼운 미소를 띠면 그뿐일 것이다.

『금강경』 제1 「법회인유분」과 제2 「선현기청분」 사이의 경문을 살펴보면, '부처님께서 마을에서 차례로 밥을 얻은 후, 본처로 돌아와 밥을 드시고 옷과 발우를 거두어 치우고 발을 씻은 다음 자리를 펴 앉으시고' 문맥상 잠시 시간이 흐를 때, 장로 수보리가 대중 가운데서 일어나 공경하며 '드무십니다, 부처님' 하며 말을 잇는 대문이 있다.[2] 여기서 부처님은 아무 말씀도 없는데 수보리가 무엇을 보았기에 '드뭅니다'라고 말을 할 수 있었는지, 이 것이 문제다. 수보리는 대체 무얼 보고 알았기에 '드물다'라고 말을 했을까?

그래도 닿지 않는다면 구족선사具足禪師의 얘기를 할 수밖에 없다

착어 위음왕불 전부터 구족具足이라는 선사가 있었는데,

늘 구족, 구족하므로 얻은 이름이다.

마조의 권유에 따라 석두에게로 돌아간 약산은 석두로부터 호된 거량擧揚 을 받는다.

『선문염송』 본칙을 옮기면 다음과 같다.

어느 날 유엄이 앉아 있는데, 석두가 물었다.

"자네는 거기서 무얼 하고 있는가?"

"아무것도 하지 않습니다一切不爲."

"그렇다면 자네는 한가로이 앉아만 있는 게로군."

유엄이 대답하였다.

"한가로이 앉았다면 한가로운 일을 하는 것입니다若閑坐則爲也."

"그렇다면 자네가 하지 않는다 하는데, 그 하지 않는다는 게 무엇인가汝道不爲 且 不爲介什麼?"

"스님, 이것은 천 성인도 알지 못합니다千聖亦不爲."

---

2 『금강경』의 제1「법회인유분」과 제2「선현기청분」의 이 부분을 옮기면, "……乞食於其城中 次第乞 已 還 至本處 飯食訖 收衣鉢洗足已 敷座而坐"과 「법회인유분」의 부분은 '時 長老須菩提 在大衆中 卽 從座起 偏袒右肩 右膝着地 合掌恭敬 而白佛言 希有世尊……"이다.

이 대답 끝에 석두는 유엄을 게송으로 찬탄하였다.

元來共住不知名	원래부터 같이 살되 이름도 모르고
任運相將只麼行	저절로 어울려 그저 그렇게 행하니
自古上賢猶不識	예부터의 현인들도 알지 못하거늘
造次凡流豈可明	예사 범부들이 어찌 밝힐 수 있으랴

—『선문염송』 325칙 「좌차(坐次)」

　위의 선화는 냉엄한 가운데 서로가 사력을 다하여 살수를 펼치는 칼싸움을 보는 것과 같다. "한가로이 앉아 있는 것도 한가로운 하나의 일을 하는 것." 이것은 '저절로 상태의 응용無功用之用'이니 일체 성현들도 알지 못한다는 말은 자성본원에 깊숙이 계합하므로 나올 수 있는 탁 트인 대답이다.

　이 대답 끝에 석두가 찬탄하여 인가를 하는 게송을 주니, 비밀 속에 비밀을 전하는 형상이다. 석두의 게송은 '천 성인도 알지 못하지만, 원래부터 같이 울고 웃고 뒹굴며 같이 사니, 유엄 정도 되어야 밝히지 어찌 범부들이 알 수 있겠는가'라고 크게 긍정한다. 그래도 닿지 않는다면 사족을 붙이겠다.

　　착어　그대는 꿈속에서 꿈을 애기하니,

　　　　　　사방팔면이

　　　　　　겹겹이 쌓였어요.

　이 선화에 대해 후대의 눈 푸른 선장들의 선시가 있다. 다시 한번 살펴보자.

藥山冥坐	약산이 조용히 앉은 것
一事不爲	아무 일도 않는다는 것
翻於平地	그것은 평지를 뒤흔들고
亂下針錐	어지러이 송곳을 꼽는 것과 같네
長杠浩浩	긴 강은 넓고 넓어
疊嶂巍巍	겹친 봉오린 높고 높네
雖云千聖不識	비록 천 성인도 모른다고는 했지만
其如萬象知歸	만상이 돌아갈 곳을 알고자 하는가
後園驢喫草	후원의 나귀가 풀을 뜯고
池中蛤置苔	못 속의 조개는 이끼 위에 누웠네

— 불인청

擺撥佛祖縛	불조의 속박을 풀어 헤치고
曠然繩墨外	모든 규범 밖에 자유롭다
一物亦不爲	한 가지 일도 하지 않으니
縱橫得自在	가거나 오거나 자재하다
古鑑臨臺	옛 거울이 경대에 놓였으니
明辯去來	가고 옴을 가리고
金鎚影動	황금망치 번득이니
撤木花開	무쇠나무에 꽃이 핀다
任運相將不可陪	저절로 상태라 서로서로 모실 수 없으니
法雲隨處作風雷	법운이 간 곳마다 바람과 우뢰 일으킨다

— 원오근

불인청의 게송, 5행과 6행을 미리 풀어보는 것이 우리를 빠른 이해에 닿게 한다. "긴 강은 넓고 넓어 / 겹친 봉오린 높고 높네"라는 이 구절은 곧 우주만물의 운행을 표현한 것으로, 중중무진법계를 구체화시킨 한 단면이 '장강호호 첩장외외長杠浩浩 疊嶂巍巍'다. 이 우주의 응용에 부합되는 큰 지혜는 1행과 2행에서 보여주듯이 '그저, 앉아 있는 것' 외에는 없다. 이것은 바로 '아무 일 않는다는 것'이다. 한 생각 내어 어떤 일을 한다는 것은 결국 우주의 대기대용에 배반하는, 소아적인 자기 일을 자기 이익에 맞추어 행하는 것일 뿐이다. 그래서 3행, 4행과 같이 '조용히 앉아 있는 것'이나, '아무 일도 않는다는 것'은 가만히 있어도 '평지를 뒤흔들고', '천지운행에 송곳을 찔러대는 것'과 같은 것이다.

'비록 천 성인도 알 수 없지만 / 만상이 돌아갈 곳을 알고 싶은가? 알고 싶다면 내 이 비밀한 뜻을 일러 주지. 다름이 아니라 바로 "후원의 나귀가 풀을 뜯고後園驢喫草 / 못 속의 조개는 이끼 위에 누웠네池中蛤置苔"'다. '절대현재의 이 순간' 외에는 어떤 것도 대상을 이해한 앎의 차원이지 자성본원의 영회와는 어긋난다. 이것은 마조의 즉심즉불卽心卽佛이나 남전의 평상심시도平常心是道나 임제의 무위진인無位眞人, 서옹의 '절대현재의 참사람'을 형상화한 시구이며, 또 제조사들의 언구는 '날이 더우면 목욕하고 추우면 옷을 더 껴입는다'를 벗어나지 않는다.

원오근의 게송 1행에서 4행까지 내용은 일체의 걸림이 없어 마치 냇물에 나뭇잎 떠내려가듯, 자재한 자성의 운용이다. 고감古鑑은 옛 거울, 바로 진여본성인 자성본원을 형상화한 것으로, 5행과 6행은 '자성본원의 거울로 가고 옴을 알고 / 반야의 지혜 번득이니 자성의 나무에 꽃이 핀다' 로 풀이할 수 있다. 여기서 자성이 만상을 비춰보는 옛 거울이고, 황금망치 역시 자성에서 자발광하는 반야의 지혜다. 그리고 무쇠나무 역시 자성본원의 활성화이며 형상화이니 무한실상無限實相이다. 결국 자성을 견성하는 것만이 일체만물에서 자재 자유로울 뿐이다.

이 모든 것이 '함이 없는 응용無功用之用'인 저절로 상태라서 누가 누구를 모실 수 없다. 왜냐하면 이곳은 주인과 객이 따로 구분되어지지 않기 때문이다. 단지 무주無住고 무위無爲고 무상無相이어서 바로 알면 법의 구름이 가는 곳마다 바람과 우뢰를 일으키고, 태양 역시 비추는 곳마다 광명과 온기를 준다로 풀이된다. 이후, 유엄은 정원 초에 예주 유약산에 개당하였다. 그를 가리켜 약산이라 한 것도 유약산에서 개산 한 연유에서 붙여진 호다.

어쨌든 약산이 보여준 아름답고 매혹적인 선게 '운재청천수재병雲在靑天水在瓶'에, 후세 선장들이 보고 읊은 게송 두 수를 음미하자. 또 그가 뒷사람을 위해, 죽음으로 펼치는 장면을 보면서 이 장을 마무리 한다.

雲在靑天水在瓶	구름은 하늘에 있고 물은 병 속에 있다니
幾人錯認定盤星	몇 사람이나 저울눈자리 잘못 알았던가
藥山八字轟開也	약산이 여덟팔자로 활짝 열어놨으니
拾到如今話大行	지금껏 그 이야기 천하에 퍼졌네

— 천동각

착어　여덟팔자八字를 보아보라.

하,

알맹이가 보인다.

雲在靑天水在瓶	구름은 하늘에 있고 물은 병에 있으니
眼光隨指落深坑	눈빛 가리키는 곳마다 깊은 구덩이일세
谿花不耐風霜苦	개울물 거품은 추위의 고통을 못 견디어
說與深深海底行	깊고 깊은 바다로 간다 은근히 속삭이네

― 무진 거사

착어 은근히 속삭이는 개울물 소리 들어라.

저, 무진노인의 꼬드기는 소리야.

그저 구름은 하늘에 있고, 물은 병에 있다네.

장엄한 낙조다. 후학을 가르치기 위해 죽음조차 입체적으로 펼치니, 790년 11월 6일 임종하기 직전 약산은 대중을 향해 외쳤다.

"법당이 쓰러진다. 법당이 쓰러진다法堂倒 法堂倒."

대중이 모두 기둥을 버티니, 선사께서 손을 흔들면서 마지막 말을 한다.

"그대들은 나의 뜻을 모르는군, 모르는군……."[3]

― 『경덕전등록』 제14권 「약산유엄선사」

활구법문을 마지막으로 입적한다. 수명은 84세. 법랍은 65세였다.

법제자로는 운암 담성과 선자 덕성, 도오 종지가 있다.

3　『조당집』과 법랍의 차이가 있다. 선사의 득도가 17세란 기록을 보아 『전등록』에 착오가 있다고 보아 『조당집』의 법랍을 택했다.

제5화

부처를 태운 단하

丹霞燒佛

雪擁岩扉凍不春	눈이 바위 틈 사립 덮어 봄소식 멀고
一尊木佛劈爲薪	한분이 목불 쪼개어 땔감을 삼았네
可憐院主尾毛落	애꿎은 원주의 두 눈썹 빠지니
燒殺儂家屋裏人	그 집의 주인까지 몽땅 태웠네

—무진 거사

丹霞木佛火初焚	단하가 목불에 처음 불붙일 때
院主刺頭入謬盆	원주는 머리 뚫려 아교 부은 것 같네
東舍暴喪西舍哭	동쪽 집이 초상나니 서쪽에서 곡하고
南山驟雨北山昏	남산의 소나기 북산이 컴컴하다
煙雲散去家家月	안개와 구름 흩어지니, 집집이 달빛이오
霜雪消來處處春	눈과 서리 녹으니 곳곳에 봄이네
盡道相見猶無事	만나면 언제나 하찮게 여기지만

誰知不來還憶君　　못 보면 님 생각 간절한 줄 뉘 알까.

— 숭숭공

　단하 천연丹霞天然(739~824)은 제3화와 4화에서 나온 천황이나 약산과 같이 석두의 법제자다. 천연은 역대 선승 중 선기가 출중할 뿐 아니라, 번뜩이는 예지와 기행으로 제방에 널리 알려진 분이다. 이즈음 말로 하면 광인, 아니 기인적인 삶과 고준한 정신세계를 개척하고 고봉준령에 기거하며 세상을 휩쓸고 간 분이다.

　그가 남긴 선화 중『선문염송』에 기재된「잔초剗草」,「목불木佛」,「끽반喫飯」,「임종臨終」은 너무나 잘 알려져 수많은 수선납자들을 골탕먹게 하고 기쁘게 하기도 한 공안들이다. 이중「끽반」은『벽암록』제76칙 '끽반야래喫飯也未'란 선화로, 단하가 어떤 학인에게 "어디서 주무셨는가?" "산 아래에서 잤습니다." "어디에서 공양을 했는가?" "산 아래에서 먹었습니다." "그대에게 밥을 주는 이도 눈알을 갖추고 있던가將飯與汝喫底人 還具眼麽?" 운수가 대답을 못했다.(『선문염송』323칙「끽반」)

　이 이야기를 들어 단하가 입적한 한 100년쯤 뒤에, 장경 혜릉長慶慧稜이 보복 종전保福從展에게 묻는다. 운문 문언雲門文偃과 장경, 보복은 모두 설봉 의존雪峰義存의 문하이다.

　"밥을 남에게 공양하는 건 보은행위인데 어째서 단하는 눈알을 갖추고 있는가 물었지?" 이에 보복은 "밥을 준 사람도 얻어먹은 사람도 둘 다 눈알을 못 갖춘 모양이지" 하고 대답했다. 장경은 다시 "있는 힘을 다해 수행을 해도 오히려 눈알도 못 갖춘 자가 되는 건가?" 하고 물으니, 보복은 "그럼 내가 눈알을 못 갖춘 자란 말인가?" 하고 쏘아 붙였다.(『벽암록』76칙「끽반야래」)

이와 같이 단하가 남긴 선화들은 펄펄 뛰는 공안으로 후대, 아니 지금까지 살아 있는 화두로 제방에 회자되고 있다.

무엇이 문제인가? "어디에서 공양을 했는가?" "산 아래에서 먹었습니다." 여기에서부터 문제가 생겼음이 분명하다.

마조와 석두를 거쳐 선기를 곧추세운 천연이 천하를 주유하던 중 혜림사에 묵게 되었는데 날씨가 매우 추웠다. 이때 법당에 목불이 있는 것을 끌어내려 불을 피웠다. 원주가 이를 보고 몹시 놀라 말했다.

"어째서 부처님으로 군불을 때시오?"

하니 천연이 주장자로 재를 헤치면서 말했다.

"나는 부처님을 다비하고 사리를 얻으려 했소吾燒取舍利."

"목불에 무슨 사리가 있겠소木佛有何舍利."

"사리가 없다면 양쪽 부처님마저 태워야 하겠소既無舍利 更請兩尊再取燒之."

—『선문염송』 21칙 「목불(木佛)」

이런 일이 있은 후에 원주는 눈썹이 몽땅 **빠졌다**는 기록이 『조당집』이나 『전등록』에 실려 있다.

이 선화를 처음 접한 불교 신도들이든 타종교 신앙인이든 아주 충격적일 것이다. 선사들은 어떤 정상화된 틀과 형식주의적이고 타성적이며 관습적인 신앙심을 맞대놓고 공격하기도 한다. 이것은 선의 본연이 그러하기 때문에 선을 닦은 선사들의 행위는 자연스러운 현상으로 나타난다. 선은, 선사들은 때로는 노골적으로 비종교적이다. 선사들은 이러한 타성적이고 획일적인 신앙심이 진실하고 원만한 신심信心을 일으키는 데 방해가 된다는 생각을 가지고 있으므로 그러하다.

여기에서 천연이 하는 위와 같은 행위에 대한 후련함은, 선사들의 고양된 선 정신이 우리 일상인 인습적이 아닌 '순수선'을 행하므로 오는 데 대한 우리의 감동이다. 이러한 행위는 합리적인 인습의 반대편에 있는 자성본원에서 자발하는 후련함을 동반하므로 오는 느낌이다. 외로 선은 순수 본연 자체고, 선사들은 합리의 덮개를 깨는 우상 파괴자였다. 무엇 하나를 숭배하여 예배의 대상이 되어질 때, 이것은 형상이 있든 없든 우리는 마음의 우상을 모시게 된다. 이런 점을 우려한 선가에서는 '밖에서 들어오는 놈 쳐 놓고, 도독이 아닌 자가 없다'고 경책한다.

이제 우리가 보고자 하는 앞의 게송들은 『선문염송』 321칙 「목불木佛」에서 발췌한 선시들이다. 후대의 선객들이 이 선화의 공안을 노래한, 그들의 의취를 더듬어 보기 전에 천연이 선가에 입문하게 된 동기를 살펴보고 앞의 게송들을 있게 한 선화를 살펴보는 것이 순서일 것이다.

원래 천연이 출생지나 내력이 분명한 기록이 보이지 않는다. 그는 처음 유교 공부를 하여 과거보러 서울로 가는 도중에 여관에 들러 자게 되는데, 갑자기 광명이 방안에 가득 찬 꿈을 꾼다. 이에 점쟁이가 해몽하기를 이는 "공을 알 꿈이라" 하니, 이 때 한 선객이 나서서 "어디로 가는 길이냐"고 물었다. 천연이 "과거보러 간다"고 대답을 하니, 선객이 "벼슬하는 과거가 부처가 되는 과거만 하겠느냐?" 되물었다. 천연이 "부처를 뽑는 곳이 어디냐"고 물으니, 선객이 "지금 강서에는 마대사가 계시니 거기가 부처를 고르는 곳이다"라고 가르쳐 주었다.

그 길로 강서로 가서 마조를 뵙게 된다. 이 선화는 지금까지 제방에 널리 회자된다.

천연이 마조를 처음 뵙고 복두건을 밀치니, 마조가 말했다.

"나는 그대의 스승이 아니니, 남악의 석두가 그대를 깨달음의 세계로 안내할 거니 그리로 찾아가게."

천연은 석두에게 가서 마조에게 하듯이 복두건을 미니, 석두가 말했다.

"방앗간에 가서 일이나 하게."

그 길로 절을 하고 행자들 틈에 끼여서 3년 동안이나 행자생활을 하였다. 그러던 어느 날, 석두가 대중에게 말했다.

"오늘은 공양 끝에 대중법문을 하고 불전 앞에 풀을 깎을 테다今日齊後 普請 剗佛殿前草."

대중들이 낫을 가지고 풀을 베려고 나섰는데, 천연만은 머리를 감고 삭도를 가지고 석도 앞에 꿇어앉았다. 석두가 물었다.

"왜 그러는가?"

"큰스님 풀을 깎아 주십시오請師剗草."

이에 석두가 웃으면서 머리를 깎아주고, 계율을 말해주려 하니 귀를 막고 달아났다.

이렇게 달아난 천연이 그 길로 강서 마조원으로 가서 마조께 예를 올리기도 전에 대중방으로 들어가서 성승聖僧의 목에 올라탔다. 중국 선원 큰방에는 교진여의 등상을 모시고 성승이라 불렀는데, 이것은 승단에서 최초의 비구 교진여에 대한 존경의 표시다. 교진여는 세존을 모시던 5비구 중 한 사람이다.

대중스님네가 놀라 마조에게 알렸다. 마조가 직접 나와서 보고 말하였다.

"내 새끼, 천연하기도 하지我子天然."

이에 바로 내려와 절을 하고 말했다.

"스님께서 이름을 지어주시니 감사합니다."

그래서 천연이라는 이름을 얻게 되었다. 마조가 물었다.

"어디에 갔다 왔는가?"

"예, 스님 석두에 갔다가 왔습니다."

"석두의 길이 미끄러울 텐데 넘어지지나 않았는가石頭路滑 子莫曾蹉倒麼?"

"만약 미끄러져 넘어졌다면 오지 못했을 것입니다."

— 『선문염송』 320칙 「잔초(剗草)」

천연의 이 선화들은 선문에 발을 들여놓기 이전부터 타고난 상근기인임을 직감하게 한다. 충천하는 선기와 영민함은 우리를 충분히 놀라게 한다. 입신양명하기 위하여 과거를 보러가던 발길을 돌려, 마조의 선불장選佛場으로 선회하는, 명쾌하면서도 단호함. 석두에서 3년이나 되는 행자 생활 끝에 머리를 깎고, 계율의 설법도 듣지 않은 채, 법명도 받지 않고 홀연히 떠나는 행위, 마조에게 천연이라는 법명을 얻는 슬기, 이 모든 행위는 선기가 넘치는 운수납자의 표본을 보는 것 같은 느낌이다.

그 후 천연은 일체의 걸림이 없이 물과 구름으로 노닐기를 즐겨하고 가고 옴에 자재하였다.

뒷날 한 선객이 있어 이 선화에 게송을 덧붙이니 잔잔히 읽어볼 일이다.

斷壑蒼苔鎖不開　　벼랑에는 이끼 끼고, 자물쇠 안 열리니

行人不到石頭廻　　행인들의 석두의 길, 못 와보고 돌아간다

一條徑路都休說　　　한 가닥 지름길 있다고 말하지 마라

呼取花奴喫飯來　　　고양이를 불러다가 밥이나 먹여라

— 열재 거사

　앞의 게송, 1행과 2행은 '기암고봉에 홀로 사는 석두의 선문은 찾아오는 사람 없어 가파른 길에 이끼마저 끼어 미끄럽고, 자물쇠마저 닫혀 있으니 / 수선납자들도 석두선문을 노크해도, 끝내 못 들어서 보고 돌아가는데' 천연은 단숨에 문 안에 들어섰음을 숨겨 표현했다.

　3행에서 "한 가닥 지름길 있다고 말하지 마라" 한 '한 가닥 지름길'은 곧 석두에게로 가는 길이 있기는 있으나 함부로 말할 수 있는 그런 길이 아니다로 읽히고, 4행에서 "고양이를 불러다가 밥이나 먹여라呼取花奴喫飯來"에서 화노花奴는 고양이의 별명이다. 즉 요즘 말로 하면 고상떨지만 고상함이 석두에 이르는 길이라 생각하지 말라. 석두에 이르는 길, 진리는 오히려 고양이 밥그릇을 들고 고양이를 불러 밥을 주는 평평범범平平凡凡에 있다 할까. 이것을 간파하여 석두의 길에 들어선 천연이야말로 얼마나 우리에게 놀라움을 안겨주는 대단한 사람인가 하는 것이 열재 거사의 의도다.

　이제 우리가 모두에 보여준, 『선문염송』「목불」에서 본칙으로 정한 무진 거사와 숭숭공의 게송을 살펴볼 차례다.

　무진 거사의 게송 1행 "눈이 바위 틈 사립 덮어 봄소식 멀고雪擁岩扉凍不春"는 '인습의 눈이 머리 귀 눈 사유에조차 덮이니, 자성본원에 계회하기 꿈조차 꾸지 못하는데' 천연이 이런 오랜 인습의 잡동사니를 몽땅 불태우니, 아니 지고지상의 부처님조차 불태우니, 더 태울 것이 없다.

착어　아야, 아야

　　　　원주의 눈썹이 빠지기만 하네

　　　　끝나지 않지 그 절의 주지 스님

　　　　벌써 타고 있네

　　　　귀 있는 자 보고 눈 있는

　　　　사람 들으라

　　승승공의 게송, 2행에서 "단하가 목불에 불을 붙일 때丹霞木佛火初焚 / 원주는 머리 뚫려 아교 부은 것 같네院主刺頭入謬盆"는 단하가 나무 불상에다 불을 붙일 때, 관습에 젖은 원주는 머리 찔린 것 같고, 그 뚫린 자리에 아교를 부은 것 같이 머리회전이 멈추어졌다. 단하가 목불에 불을 붙이는 풍광, 그 풍광의 전개야말로 3행과 4행, 5행과 6행이니 잘 보고 잘 보아야 한다. 무공간성이며 무시간적이다. 봄인데 원주는 머리 뚫린 것같이 어리둥절하니 누구에게 책임을 물어보나?

　　마지막 행, "만나면 언제나 하찮게 여기지만盡道相見猶無事 / 못 보면 님 생각 간절한 줄 뉘 알까誰知不來還憶君"는 '만나면 너무 무관심하여 하찮게 그냥 지나치지만, 눈을 뜨지 못하면 견성이니, 무위진인이니, 무상정각이니 하며 간절히 평생을 찾아 헤맨다. 이런 낌새를 누가 있어 알까?' 정도.

착어　이제 봄이다. 봄이다

　　　　'동쪽 집 초상, 서쪽

　　　　집의 곡' 그리고

'남산의 소나기와 북산의 어두움,

다시 안개와 구름이 흩어져

집집마다 달빛이 가득 가득'

봄날 손등 예쁜 사람은

손가락조차 어여뻐라

'단하소불丹霞燒佛' 선화에는 많은 선장들의 염이 『선문염송』 9권에 실려 있다. 이 중 두어 편 들어 헤아려보자. 두고두고 처마 밑에 앉아 잘 사량해 볼 일이다.

보녕용이 상당하여 위의 선화를 들고는 말했다. '대중이여, 원주의 눈썹이 빠진 것은 그만두고 말해보라. 단하의 눈썹은 있는가? 만일 볼 수 있다면 옛 부처님과 함께 모일 수 있거니와, 보지 못했다면 행여라도 인과를 무시하지 말라.' 그 뒤에 한 학인이 천축화상에게 물었다. '단하가 목불을 태운 뜻이 무엇입니까?' 천축이 대답하기를 '추우면 화로에 가서 불을 쪼이고 더우면 대밭 밑 시냇가에 앉았느니라' 했는데, '지금의 보녕에게는 여러분께 피워줄 목불은 없으나 방안에 연기 없는 불이 한 화로에 있다. 쪼이려면 쪼이고 헤치려면 헤쳐라. 말해보라. 옛 사람과 같은가? 다른가?' 하고 다시 말하기를 '위 칸에는 중이 많고 아래 칸에는 중이 적도다' 하였다.

保寧勇 上堂擧此話云 大衆 院主眉髮墮落 卽且置 且道 丹霞眉毛在也無 若也見得 與古不同參 若也不見 切忌撥無因果 後有僧問天측竺和尙 丹霞燒木佛意旨如何

竺云 寒卽圍爐向煖火 熱卽竹林溪畔坐 保寧 如今 也無木佛 與諸人燒 堂中 自有無

煙火 要向卽向 要撥卽撥 且道 與古人 是同 是別 乃云 上間 僧多 下間僧小

—『선문염송』9권 321칙 「목불」

보녕수가 염하기를 '그렇다면 진리는 큰 소리로 외치는 데 있는 것만은 아니다. 자세히 살피건대 흡사 헛수고만 하고 공은 없는 격이다. 알겠는가? 원수는 맺은 곳에 있고 빚은 진 데에 있다.'

保寧秀拈 然則有理不在高聲 若也仔細點檢將來 大似勞而無功 還會麽 冤有頭債

有主

—『선문염송』9권 321칙 「목불」

몇 해 지난 봄, 천연은 단하산에 조그마한 암자를 짓고 주석하였는데, 3년 동안 학인들이 300명이나 모여 큰 선원를 이루었다. 안심입명처安心立命處를 찾은 단하산 천연은 고준한 정신세계를 펼쳐보였으며, 천만 년 모범이 되는 선장의 일생을 자기의 뜻대로 거두어들였다. 단하 천연에 대한 선화 한 편을 소개하면서 매듭짓기로 한다.

한 학인이 뵈러 오다가 산 밑에서 단하를 보고

'단하산을 어디로 갑니까?'

하고 물었다. 스님이 산을 가리키면서

'새파랗게 아득한 곳이다青黯黯處'

'단지 그것이면 되지 않습니까莫只這箇便是麽?'

'참으로 사자새끼라면 일발에 몸을 변화한다眞獅子兒見一撥便轉.'

> **착어**   와도 가도 그 자리, 가도
>
> 와도 그 자리.

단하가 열반에 들고자 문인들에게 말했다.

"나는 떠난다. 목욕물 데워라."

하고 삿갓을 쓰고 지팡이를 들고 신을 신은 후 한 발을 내딛되, 발이 미처 땅에 닿기 전에 입적하니 수명이 86세였다.[1]

---

1   『조당집』·『경덕전등록』·『오등회원』·『선문염송』의 기록을 살펴서 저자가 간추렸다.

제6화

조주고불

趙州古佛

時節因緣逢機湊泊　　시절인연이 기회를 만나 어울리도다
良玉離石不煩磨琢　　옥이 돌에서 떠나니 쪼고 새길 필요 없다
有主沙彌灑灑落落　　주인 있는 사미라 하니 물 뿌린 듯하고
見臥如來雙趺出梛　　누운여래 봄은 두 발을 곽 밖에 내밈일세

— 지비자, 『선문염송』406칙 「지유(知有)」

조주趙州從諗(778~897)화상은 관음원에 주석했던 종심從諗을 가리킨다. 산동성 조주 학향인이며, 『전등록』에 의하면 당 대종 13년(778)에 태어나 소종 4년에 120세로 입적하였다. 14세에 남전 보원南泉普願(748~834)선사를 찾았는데, 그때 남전은 양지바른 곳에서 누워 쉬고 있다가 찾아온 사미승인 종심을 보고 "어디서 왔느냐?"고 물었다. "예, 서상원瑞像院에서 왔습니다" 하고 대답하니 남전은 "그럼 서상은 이미 보았겠군" 하고 떠보았다. 그랬더니 "아니에요, 상서로운 모습은 모르겠습니다만, 누워있는 여래는 보았습니다" 했

다. 이에 남전은 '요것 봐라 제법이군' 하며 내심 놀라며 일어나 앉으며 다시 '네 스승은 있느냐?'고 물으니 '예, 주인을 모시고 있습니다' 하므로 '그럼, 주인은 어디 계시느냐?' '겨울이 깊고 날씨가 차오니 스승님께서 존체를 보살피고 중하게 여기십시오'라고 대답했다고 한다. 이 조주의 사미 때 선화는 번뜩이는 예지와 순발력은 뒷날 구순피선口脣皮禪의 조사가 되고도 남음이 있다. 이 재미난 이야기를 그저 보고 넘어가면 조주의 예지를 잘못 읽은 것이 된다.

물론 앞의 서상은 서상원을 빗대어 '상서로운 모습을 보았니?' 하는 남전의 물음을 다시 살피면, '자성본원은 보았겠구나?' 하는 의미이다. 그리고 남전이 조주에게 물은 '주인이 있는 사미인가, 주인이 없는 사미인가汝是有主沙彌 無主沙彌?' 하는 주인이란 말은 바로 자기의 진아, 곧 자성본원을 말한다. 이것은 존재자의 존재인 진아를 알고 있는 사미인가, 그렇지 않은 사미인가를 묻는 것과 같다. 곧 조주는 진여자성의 본체인 '화상께서 존체를 보존하여 중생을 이롭게 하소서' 하는 젊은 조주의 대답에 크게 만족하며, 대기임을 간파하고 즉시 입실을 허락한다.

우리는 천하의 제일 선객 조주, 그의 구순피선口脣皮禪에 들기 전, 스승 남전으로부터 받은 간절노파심절에 의해 자성을 영회하게 되는 장면을 살펴봄이 긴요함을 알아야겠다.

어느 날 종심이 스승 남전에게 물었다. '도란 무엇입니까?' 하는 질문에 남전은 다음과 같이 대답하였다.

"도란 무엇입니까?"

"평상심이 도이네."

"도에 접근하려면 무슨 특별한 방법이 있습니까?"

"의도적인 접근은 바로 길을 잘못 든 것이야擬向卽乖."

"의도적이지 않으면 어떻게 도를 알 수 있습니까?"

"도란 알고 모르는 지식에 속하지 않는다. 안다는 것은 미망에 지나지 않으며 모른다는 것은 단순한 혼란일 뿐이다. 만일 자네가 진실로 의심이 없는 도에 이른다면 자네의 견해는 일체의 제한과 장애가 없는 태허와 같을 것이다. 어찌 시비와 같은 외적인 것에 의하여 인위적으로 규정되겠는가道不屬知不知 如是妄覺 不知是無記 若是眞達不疑之道 猶如太虛廓然虛豁 豈可强是非耶?"

—『경덕전등록』권10「조주관음원종념선사」·『조주록』권상 1칙

이 말을 듣고 종심은 활연계오한다. 이어 비구계를 받고 승려가 되었다. 위의 종심이 깨달음에 영회하는 선화는 매우 간단명료한 직지인심의 법문 자체이다. 스승 남전은 도의 무한한 초월성이 바로 평상심이며 군더더기 하나 없는 평상심이야말로 '도' 자체임을 설한다.

남전은 제자 종심이 묻는 도에 이르는 길, 도에 이를 수 있는 길에 대하여 말하지는 않았지만 도를 이룬 후에 오는 정신적 변화에 대하여 '자네의 견해는 일체의 제한과 장애가 없는 태허와 같을 것이다. 어찌 시비와 같은 외적인 것에 의하여 인위적으로 규정되겠는가?'라는 대답으로 단호하게 직설한다. 아무것도 없는 아무런 일도 일어나지 않는 평상심 그대로가 도임을 말한다. 이것은 자성본원을 보는 것이다. 그러나 어찌 보지도 듣지도 생각이 닿지도 않는 곳을 견성이라고만 하겠는가?

뒷날 이 선화를 노래한 선시를 음미하며 선의 향기를 깊이 마셔 보자.

遇飯喫飯	밥을 만나면 밥을 먹고
遇茶喫茶	차를 만나면 차 마신다
千重百匝	천 겹, 만 겹이지만
四海一家	사해가 한 집일세
解却黏去却縛	끈끈이를 버리고 매임을 벗어
言無言作無作	말해도 말 없고 행동해도 행동 없네
廓然本體等虛空	허공 같은 확 트인 본체
風從虎兮雲從龍	바람은 범을 좇고 구름은 용을 좇네

— 원오근, 『선문염송』 407칙 「평상(平常)」

앞 게송의 작가는 『벽암록』으로 유명한 원오 극근이다.

1행과 2행에서 "밥을 만나면 밥 먹고 차를 만나면 차 마신다"고 했다. 정말 어려운 일이다. 우리는 언제 밥을 만나면 밥만 먹었는가? 물론 밥도 먹지만 그것은 어디까지나 눈에 보이는 것일 뿐이고, 오만가지 생각과 환상을 같이 먹는다. 차도 어디 차만 마실 수 있는가.

3행과 4행에서 "천 겹, 만 겹이지만千重百匝 / 사해가 한 집일세四海一家"라고 노래한 것은 화엄법계의 소식이다. 마치 한 알의 완두콩이 천만각의 프리즘에 넣었을 때, 거듭 거듭 비추고 비치고 되비추고 되비치는 다함이 없는 세계를 상상할 때, 책상 위에 볼펜이 나를 보고 나는 부채를 보고 부채는 지우개를 지우개는 나를 다시 나는 컴퓨터 화면을 손가락은 부채를 부채는 지우개를 천장의 무늬를……. 무진장 거듭거듭 다함이 없는 세계, 사해가 한 집이니 여기서, 내 집 네 집은 본래 없는 것임을 노래했고, 또 이럴 땐 말해도 말이 없고 행동해도 행동이 없다. 이곳에 무엇이 있고 무엇이 없단 말인가?

오직 7행에서 말하는 "허공 같은 확 트인 본체廓然本體等虛空", 마치 『십우도』에 보인 끊임없이 흐르는 "텅 빈 원상" 아니 유리구슬만 있을 뿐이 아닌가? 곧 보명의 「십우송」에 마지막 제10 쌍민雙泯의 단계인 "사람과 소보이지 않고 자취만 묘연하다人牛不見杳無蹤"이고 확암의 「십우송」의 '주관/객관'이 해체된, 소도 잊고 사람도 모두 잊는 인우구망人牛俱忘으로 나타나는 원상만 둥그렇게 있게 된다. 아니 원이라기보다는 구체적인 유리구슬로 표현됨이 더 타당할 것이다.

모두의 본칙 지비자의 게송은 사미 종심이 남전 문하에 입실한 선화에 대해, 후대의 한 눈 밝은 선장이 읊은 노래다.

자, 이쯤 되면 앞의 본칙 게송이 훨씬 가깝게 다가올 것이다.

지비자의 게송, 1행과 2행은 '본래 구족한 진면목은 늘 항상 하는 것이라 특별히 탁마할 필요가 없다. 이것은 마치 돌에서 옥이 분리되는 것과 같아 옥은 옥이고 돌은 돌인 것이다. 따로 쪼고 갈아도 옥은 옥이고 돌은 돌일 뿐'이니, '옥은 옥의 쓰임이 있고 돌은 돌의 쓰임이 있다'. 이것이 1행과 2행의 의미다. 그리고 3행에서 '주인이 있는 사미'는 앞에서 말하였듯이 주인은 기표로는 '스승이 있는 사미인가, 스승이 없는 사미인가?'라고 읽히지만, 실은 "자성본원을 간직할 줄 아는 사미라 하니, 천하가 물 뿌린 듯하고", 4행에서 "지금 누워 여래의 본체를 보니"라 하는 이것은 기표로는 남전선사이고 기의로는 누구나 가진 자성自性이 무자성無自性을 본체로 하는 자성본원을 뜻한다. 이 자성본원은 함이 있으나 함이 없으나 모두 자성본원의 차원에서 불이不二일 뿐이다.

마치 석가모니가 열반에 드셨다는 소식을 듣고 달려온 큰 제자 가섭에게 석가모니가 곽 속에서 두 발꿈치를 내밀었는데, 이 역시 자성본원의 입장에서는 '생/사'가 둘이 아님을 보인 소식일 뿐이다. 그래서 "누운 여래를 봄은, 두 발을 곽 밖에 내밈일세見臥如來雙趺出椁"[2]라 노래하게 된다.

이렇듯 어린 사미 때부터 예리한 기지를 내뿜던 조주 종심은 그 후 스승 남전의 천화 때까지 40년이나 시자로 수행하고, 60세가 되어서야 제방을 편력하며 행각 수도했다고 『조당집』이나 『전등록』에 전해온다. 이렇듯 오랜 세월 자기 자신을 회광반조함이 고금에 둘도 없는 천하의 대선장 조주고불을 만들었고, 조주의 세치 혓바닥에 수많은 납자들이 죽어갔고 살아났던 것이다. 이 독사 같기도 하고 온화한 풀 향기 같기도 한 조주의 구순口脣의 향연을 선문에서는 조주의 구순피선口脣皮禪, 또는 조주고불로 불리게 된다. 몇 게송과 그에 따른 선화를 읽어보며, 그의 가풍을 구순피선 혹은 고불로 칭송받아 타당함을 스스로 점두해 보기로 하자.

종심이 조주로, 조주가 조주고불趙州古佛로 추앙을 받게 되는데, 이 이름은 남방의 설봉雪峰義存(822~908)선사로부터 유래한다.

하루는 조주를 찾아온 선객으로부터 설봉과 그 제자와의 문답을 전해 듣게 된다.

설봉에게 제자가 물었다.

"때를 지난 계곡의 찬물과 같은 심경일 때에 관하여 말씀해 주십시오古澗寒泉是如何."

"자네가 아무리 눈을 크게 떠도 바닥을 볼 수 없지"

---

2 4행의 '쌍부출곽雙趺出椁'은 선종에서 흔히 선의 근원을 말할 때 쓰는 삼처전심三處傳心 중 하나이다. 석가모니가 세 곳에서 교리적인 가르침 외에 마음을 전했다 하는 삼처전심은 첫째 염화시중의 미소와 둘째 사자탑전 반분좌 셋째 사라쌍수 아래 곽시쌍부이다.
『선문염송』 37칙 「쌍부」의 내용은 이렇다. "세존께서 사라쌍수 사이에서 열반에 드신 지 7일 만에 가섭이 늦게 도착하여 관을 세 바퀴 도니, 세존이 관 속에서 두 발을 내어 보이셨다. 이에 가섭이 절을 하니 대중이 어리둥절했다."

"그럼 그 물을 마시는 자는 어떻게 됩니까?"

"입으로 마시는 게 아닐세不從口入."

선객이 설봉과 그의 제자의 대화가 이쯤 이르자, 옆에 있던 조주는 냉큼 이렇게 말했다.

"입으로 들어가지 않고 콧구멍으로 들어가는 모양이지不從口入 從鼻裏入."

이에 객승이 조주스님에게 물었다.

"그럼 화상께서는 고간한천에 관하여 무어라 말씀하시겠습니까古澗寒泉時如何?"

"물맛이 쓰지."

"그 물을 마시는 사람은 어떻겠습니까?"

"죽는다."

그 후, 설봉이 조주의 이 말을 전해 듣고 찬탄했다.

"고불인데! 정말 고불이군."

—『조주록』권하

여기서 '고간한천古澗寒泉'은 '도'의 형상화다. 곧 도가 이루어졌을 때, 한 말씀하기를 청한다. 그리고 고간한천, 도를 맛본 사람은 결국 어떻게 되느냐? 하는 질문에 조주는 "죽는다"라고 대답한다.

죽음, 인생의 쓴맛으로 이어지는 이 죽음이 바로 자성본원의 본체를 은밀히 드러내는 조주의 아이러니다.

설봉은 복주 설봉산에 주석하던 운문종의 개조, 문언의 스승인 설봉 의존을 말한다. 설봉은 학승과 조주와의 문답을 듣고 마지막에 "고불인데, 정말 고불이야" 하면서 찬탄한다. 이 선문답을 전해들은 설봉은 이후 두번 다시 이 선화에 대해 대답하지 않았다 한다.

그리고 저자가 또 조주를 천하제일 선장이라 느끼게 한 『선문염송』 217
칙의 「지유知有」이다. 지유저인知有底人, 단지 '있음을 아는 사람'. 어쨌든 깨
달음 관습의 제약으로부터 해방, 해탈, 자유를 얻은 철저한 발가숭이를 뜻
한다. 이 사람은 어디로 가는가. 과연 어디로 가는가?

이제 「지유知有」의 선화를 살펴보자.

> 하루는 종심이 스승 남전에게 물었다.
> "있음有을 깨달은 사람은 어디로 갑니까知有底人 向什麼處去?"
> "저 산 아랫마을 시주집의 한 마리 소가 되겠지山下檀越家 作一頭水牯牛去."
> 이에 종심이 스승에게 깊이 사례하였다.
> "스님께서 지도해 주심에 정말로 감사드립니다謝師指示."
> 이 말을 들은 남전은 다음과 같이 말을 받았다.
> "지난 밤 삼경에 달이 창을 통하여 비치었노라昨夜三更月到窓."[3]

위에서 종심이 묻는 말 '있음을 깨달은 사람知有底人'의 '있음有'은 "존재를
존재하게 하는 '있음'을 영회한다는 의미이니 순수 존재[4]를 이른다. 이 순수
존재는 다름 아닌 도道이고 성性이며 공空이다. 따라서 지유저인知有底人은 자
성본원을 영회한 자, 도를 직접 파악하므로 도와 합일한 자이다.

---

3   『선문염송』 제7권 217칙 「지유知有」.
4   김지견, 『대화엄일승법계도주병서』, 보련각, 1982, 11~13쪽 참조.
    지유저인知有底人의 有는 불교에 있어서의 법法에 수렴된다. 이 法, 일자一字는 존재存이란 일어一語
    에 수렴된다. 왜냐하면 화엄에 이 사무애라든가 사사무애라는 입장은 존재자가 곧 존재Sein이며 진
    리이며 이념이며 규범이며 본질이며 동시에 교법으로서의 향외적인 현상인 까닭이다. 따라서 현
    상의 세계는, 존재인 유의 존재자 지유저인이 향외적인 존재물로 그것이 현상인 한 진리의 현현임
    과 동시에 존재의 발현으로서 진리의 영역이다.

위의 선화에서 종심이 물은 '도와 합일한 사람은 어디로 가야 하느냐'고 하는 것은, '도는 어디에도 없으면서 어디에나 있는데' 바로 도와 합일 된 후에는 어디로 가야 하느냐 하는 질문이다. 이에 남전은 도의 개념적이고 추상적인 내재성을 구체적이며 사실 자체, 실재를 눈앞에 그린 듯이 보여준다. '지유저인知有底人은 산에서 내려가 아랫마을 시주집의 한 마리 소가 되어' 소로서 행위를 한다 하니, 곧 소가 되는 것은 이류중행異類中行을 말한다. 이류중행은 보살심을 내어 그들과 섞여 한 부류가 되어, 자리自利 이타행利他行을 하여 동사섭의 생을 산다는 의미다. 물론 여기의 수고우水牯牛는 검은 암소로 번역이 되는데, 특별히 꼭 검은 암소가 되어야 한다는 말은 아니다. 그러나 암소는 암컷이기 때문에 만물을 잉태할 수 있고, 탄생시킬 수 있으며, 또 예부터 소가 가진 이미지와 소의 상징성에서 오는 실상적 표현이다.

아래의 게송은 후대의 선장들의 게송, 즉 지유知有를 노래하고 있다.

①

拽脫鼻頭何處是	고삐 놓인 뒤 어디로 갈까?
亂他泥水恣縱橫	흙탕물에 어지러이 마음껏 뛰논다
日斜倒坐騎牛去	석양 무렵, 거꾸로 소 타고 돌아가니
又見東山片月生	또 동쪽 산에 조각달이 돋는구나

— 보녕용, 『선문염송』 217칙 「지유(知有)」

②

| 度體裁衣 | 몸을 재어서 옷을 마르고 |
| 量水打碓 | 물 부피를 헤아려서 삿대를 놀린다 |

| 毫髮不差 | 털끝만치도 떨어지지 않더라도 |
| 且居門外 | 아직 문 밖에 살고 있느니라 |

— 운문고, 『선문염송』 217칙 「지유(知有)」

보녕용의 ① 게송 1행 "고삐 놓인 뒤 어디로 갈까?"는 확암 「십우도」의 8장 인우구망人牛俱忘, 즉 사람도 소도 모두 잊고, 아주 언제 그랬냐는 듯, 본래 자리로 돌아와 온통 명명明明뿐인 우리는, 어떻게 되는가? 이 지유저인知有底人, 자성본원을 철증徹證한 사람은 어디로 가는가? 하는 질문이다.

2행에 "흙탕물에 어지러이 마음껏 뛰논다"는 바로 이류중행異類中行이다. 보살은 대비심을 일으켜 중생세계에 깊숙이 뛰어들어 이타행利他行으로 일관한다.

3행은 바로 십우도 9장 반본환원返本還源의 참 소식을 말한다. 본을 돌이켜 근원으로 돌아감이니, 참 소식은 어떤가? 이것은 4행 "또 동쪽 산에 조각달이 돋는구나又見東山片月生"이다.

> **착어**   늘 돋던 조각달, 가을이면
> 늘 피어 있던 금잔화와 코스모스.
> 어쨌든 '선'과 밖
> "다시 동산에 조각달 뜨네."

진실로 기특할 것이 없다, 없어.

②게송 1행과 2행은 우리가 모두 적당한 신통묘용으로 '몸을 재어 옷을 마

르고 / 물 부피를 측량해서 삿대를 알맞게 젓는다' 해도 또 모든 일상사가 모두 그대가 부리는 신통이라 할지라도, 그대는 아직 이것을 모르고 있다. 그래서 4행에서 운문 종고는 짐짓 '아직 문 밖에 살고 있다且居門外'고 말하니 이 말을 어떻게 알아야만 할까?

착어　이 뭣꼬是甚麼?

오늘 누가 있어 내게
'나는 뒷간에 구더기,
구더기나 되리라' 하네

　다시 번거로운 생각을 저자가 더 보탤 것 같으면 이 단계는 『화엄경』의 「십지품」에서 10지인 법운지法雲地를 말한다. 곧 『화엄경』에서 말하는 보살이 수행하는 단계인 52위 가운데 제41위로부터 제50위까지를 십지十地라 일컫는데, 이 지地란 중생을 교화하여 이익을 주는 것인, 마치 대지가 만물을 싣고 이를 윤택하게 하고 이익을 주는 것과 같으므로 지地라 한다. 이 「십지품」은 41위를 제1지로 하여 제10지까지를 설한 장이다. 제8지에 해당하는 진리에 대한 더 이상 흔들리지 않는 부동지不動地에서 제9지인 반연을 끊은 반야의 법력으로 방편을 알아 설법하는 선혜지善慧地를 거쳐 십지十地의 마지막 자리이타自利利他의 대자비로 온 누리에 골고루 이익을 주는 법운지에 해당한다. 또 이 소식을 확암 『십우도』로 비견하면 제8인 인우구망人牛俱忘의 단계, 곧 소도 사람도 모두 사라지고 '텅빈 원상'으로 표현되었다가, 다시 제9 반본환원이나 마지막 제10 입전수수入廛垂手로 들어서야 함을 남전은 말한다.

여기서 우리는 '원의 전환 운동'으로 일체의 두두물물頭頭物物이 꿈틀꿈틀 흘러가며 사라지는 유리구슬을 보게 된다. 마치 허공에다 손가락으로 원을 그리는 동시에 흔적도 없이 사라지는, 만상이 비치는 듯하더니 비춤과 동시에 사라지는 찰라. 우리는 이것을 절대현재의 이 순간이라 할 수밖에 없다. 석가모니가 『화엄경』에서 설한 '일체 중생이 모두 불성을 가지고 있다'라는 말씀이나, 정각을 이루고 열반에 들기까지 45년 동안 8만 4천 법문으로 지칭되는 대기설법對機說法을 남겼다. 그럼에도 불구하고 '나는 아무것도 말한 바가 없다'(『입능가경』 제5권 「불심품」)는 언어초월 사상을 역설적으로 말씀하신 동시에 삼라만상의 양태가 실재로 이러함을 직설한 것이다.

이로써 종심은 깨달음으로 인하여 온몸이 법열로 잠겨, 전 존재가 스승에 대한 감사로 충만하다. 남전은 더욱 더 이미지로 조주의 안뜰을 넓혀준다. 그래서 선장들은 "지난 밤 삼경에 달이 창을 통하여 비치었노라昨夜三更月到窓." 즉 별다른 살림살이가 아닌 오르지 그뿐임을 노래한다.

제7화

영운의 복사꽃 한 번 보고 난 뒤에

一見桃花後

三十年來尋劍客	30년 동안 검을 찾던 나그네여
幾回落葉又抽枝	몇 차례나 잎 지고 가지가 돋았던가
自從一見桃花後	복사꽃 한 번 보고 난 뒤엔
直至如今更不疑	아직까지 두 번 다시 의심치 않네

— 영운근, 『선문염송』 590칙 「도화(桃花)」

제7화의 선시의 작자 영운 지근靈雲志勤(唐代)은 위산의 고족이다. 영운이 어느 날 복사꽃을 보고 깨달은 후 읊은 오도송이다. 이 게송을 읽은 위산은 "인연으로부터 깨닫는 사람은 길이 상실함이 없는 법이다. 잘 수호하도록 하라" 하며 인가했다. (『경덕전등록』 11권, 복주영운지근선사)

위의 선화와 게송을 전해들은 현사 사비玄沙師備(835~908)가 영운의 깨달음에 관하여 시비를 걸고 들어왔다. 지금까지 제방에 납자들의 논란거리가 되고 있는 위 선화를 밝히기 전에 영운의 오도송을 짐작하고 살펴봄이 순서일 것이다.

위의 게송 1행과 2행은 구도를 위해 각고했던 처참한 지난날을 담고 있다. 「유식론」은 '인식은 바로 오류다'라고 말한다. 분별은 어쩔 수 없이 본체에서 쪼개진, 오류의 결과로 나타난다. 아무리 분별을 초월한 것이 진리라 해도 분별분석으로 접근하면 자성본원 역시 분별한 내용이 되는 까닭에 분별없는 진아를 생각하는 것 자체가 분별이고, 분별하지 않는다는 것 자체가 분별이요 분석이다.

분별과 분석은 아무리 분별하고 분석하여도 의심의 꼬리가 잘리지 않은 것. 2행에서 "몇 차례나 잎 지고 가지가 돋았던가幾回落葉又抽枝" 하는 것은, 분별과 분석에 의해 얻어지는 지혜는 다시 의심이 생기는 것과 마찬가지로 본체에 잎이 떨어지고 잔가지가 말라도 다시 햇가지가 돋아난다는 의미이다. 아무리 분석하여도 본체가 될 수 없으니, 언제 무분별의 자성본원에 도달할 수 있겠는가? 이곳은 본체에 통증通證되는 무분별지無分別智일 때만 가능한 것이 아니겠는가?

드디어 시절인연이 찾아오니, 영운이 한 번 본 복사꽃의 체험은 분별지를 곧 바로 절단하고 무분별지에 영회한다.

3행에서 "복사꽃 한 번 보고 난 뒤自從一見桃花後"란 시구에서 보듯이 복사꽃을 한 번 본 다음은, 4행에서 "아직까지 두 번 다시 의심치 않네直至如今更不疑"라고 했는데, 도대체 복사꽃을 어떻게 보았단 말인가? 문제는 복사꽃이 문제이다. 복사꽃은 피었고, 복사꽃은 피고, 복사꽃은 필 것이다. 이렇게 설정되는 복사꽃은 시간과 공간 속에서 분별되는 복사꽃이다. 이 분별의 복사꽃은 관념과 합리적인 약속 아래 복사꽃일 뿐이다. 어제에 본 복사꽃, 지금도 보고 싶은 복사꽃, 내일에도 필 복사꽃, 창경원에서 본 복사꽃, 어린 날 고향

산천에 피던 복사꽃일 뿐이다. 그러나 3행에서 영운이 '한번 본 복사꽃'은 영운과 복사꽃과 대립적인 분별이 끊어진 복사꽃이었고, '영운自/복사꽃他'이 무너진 무간無間의 복사꽃이니, 바로 영운 자체이다. 이것은 자성본원에 영회이며, 진여 실상 자체인 절대 현재의 이 찰나에 한 몸이 되니, 다시는 의심을 갖지 않는 4행의 이유다.

그리고 『선문염송』 590칙에 「도화桃花」에는 어떤 학인이 현사玄沙師備(835~908)에게 이 선화를 말하니, 현사가 말하기를 "당연하나 노형은 아직 끝까지 깨닫지 못했음을 내가 보증한다" 하였다. 현사의 이 말은 당시의 대중이나 오늘날까지 수선납자들에게 분별꺼리를 만들어 주었다. 현사가 영운의 깨달음을 인정할 수 없다고 공포한 것이다.

이것이 문제다. 그럼 위산이 영운의 견처見處를 잘못 봤단 말인가?

그렇지 않으면 현사가 짐짓해 본 말인가?

『선문염송』에는 본칙과 현사가 지적한 이 일에 대해 무려 57수의 염과 송이 있다. 이것은 영운의 열반송이나, 이 깨달음에 대한 현사의 지적이 선객들 사이에 일대파란이 일어났음을 짐작하게 하는 것. 이 선화에 이치를 드러낸 게송 한 수를 가름해 보고 나머지 몇 수는 능력대로 음미해 보자.

分明歷世三十春	분명히 30년이 흘러갔건만
因悟桃花色轉新	복사꽃에 깨친 인연, 더욱 새롭다
人人盡得靈雲意	사람마다 영운의 뜻 알았다 해도
不識靈雲是何人	영운이 누군가를 알지 못한다

— 수산념

위의 게송의 작자 수산 성념은 임제종의 정맥으로 수산에서 3대째 임제종 양기파와 황룡파로 갈라져 선문은 5가 7종을 이룬다.

1행과 2행에서 '우리의 분별로 보아 30번의 봄은 분명히 흘러갔지만 / 30년이 지난 오늘 복사꽃을 다시 보니, 그대로 확연하다'란, 늘 봄마다 보아오던 복사꽃, 특별한 복사꽃이 아닌 누구나 모두 보던 복사꽃. 이 과거의 복사꽃은 복사꽃인데, 상대 대립적인 분별에 의해, 분별된 관습에 의해 본 복사꽃이니, 바로 살구꽃, 배꽃, 매화꽃이라 구분지어진 고정된 이름이 달린 복사꽃이고, 또 복사꽃이 눈 안에 감탄을 연발하며 다가와도 이 복사꽃은 '미/추'의 상대적인 아름다움의 감탄일 뿐이다. 따라서 그 복사꽃은 무수한 현상 중에 하나인 복사꽃일 뿐, 복사꽃에 대한 인식도 전성전일全性全一하게 증득된 체험이 아닌, 단지 분별에 의해 판단되는 한 번 두 번의 식으로 누적되어 판별되는 성질의 경험일 뿐이다.

3행에서 "사람마다 영운의 뜻을 알았다"는 역시 '깨달음의 체험을 가진 영운' / '깨닫기 위해 열심히 공부하는 영운', 그런 따위에 판단을 할 뿐. 본래의 영운을 알 리 없다. 영운뿐만 아니라 우리는 누구나 깨달음 그 자체다.

不是玄沙定紀綱	현사가 기강을 세우지 않았으면
靈雲那得事全彰	영운의 일이 어찌 완전히 드러나랴?
桃花覺了咸皆委	도화인 줄 깨닫고서 모두 안다고 하나
未徹何人共體量	몇 사람이나 이 소식 체험했을까?
獅子離群山岳靜	사자가 홀로 걸으니 산천이 고요하고
象王廻步海澄光	코끼리가 걸음 옮길 때, 바다는 맑다
二師不竝歸何處	두 스님 어울리지 않고 어디로 갔나?

釣魚船上謝三郎　　　낚시 배 위의 사삼랑謝三郎이라

— 부산원

　　부산원의 게송에서 작가가 하고자 하는 주제는 1행과 2행에 있다. 앞에서
도 살펴보았듯이 감히 위산이 인가한 영운을 깨달음이 미심쩍다고 현사가
장담을 하였으니, 대위산 문중이 시끌벅적할 수밖에 없다. 위산이 누구인
가? 1,500명의 선객을 거느린 일대 종사가 아닌가? 그래서 『선문염송』에는
50여 수의 선시가 서로의 의견을 제각기 드러내고 있다. 이것만 보아도 현
사가 한 말이 일파만파一波萬波하여 천하에 일대파란이 일어났음이 분명하
다. 위산인가, 현사인가? 지금도 어리석은 자들은 이쪽 저쪽으로 몰려다닌
다. 우습다. 정신 차리고 들숨과 날숨 사이를 살펴볼 일이다. 마지막 행의
사삼랑謝三郎은 현사의 속성이 사씨인 그를 사씨 집안의 삼남이라고 해서 사
삼랑이라고 불렀다.

　　우리는 이 일을 좀 더 자세히 알기 위해 기록이 나타난 문헌을 살펴볼 필
요가 있다. 『선문염송』이나 『전등록』에 의하면 영운이 위산에게 오도송을
보여주고 인가 받는다. 그 후 영운이 현사를 찾아가서 만나게 된다.

　　인사를 마치자 현사가 물었다.

　　"거기는 여기에 비해 어떻습니까?"

　　"그저 고향일 뿐 다른 점은 없습니다."

　　"그럼 거기에 계셨다는 말이군요?"

　　"네 언제나 거기에 있었습니다."

　　"그렇다면 거기에 대해 왜 말씀하지 않습니까?"

"뭐, 어려울 것이 있겠습니까?"

"정말이라면 바로 말씀해 주십시오."

―『현사록』 상권, 백련선서간행회, 1988, 38~39쪽

영운이 이 말끝에 앞에 게송 "삼십년래심검객三十年來尋劍客"으로 대답을 대신한다. 이 오도송으로 자성본원의 자발광함을 보여준 셈이다.

이에 현사가 물었다.

"고향에서부터 타고난 재주가 무엇입니까?"

"조금 전에 진실로 다른 것이 아니라고 했잖습니까?"

"암요, 그렇고말고요."

"천만에 부끄럽습니다."

우리는 이 대화에서 현사가 영운을 치켜세우며 한 방에 거꾸러뜨리려는 의도를 읽게 된다. 아무런 동요 없이 가볍게 대답하는 영운을 향해 현사가 마지막 결정타를 날린다.

"옳고 옳도다, 노형은 아직도 깨닫지 못한 데가 있음을 내가 보증한다."

"그럼, 스님은 깨치고 계신다는 말이군요."

"그렇지요. 그렇게 나와야 되는 거지요."

"예나 지금이나 난 늘 이러합니다."

"좋습니다. 좋아요."

그리고는 현사는 게송을 지어 영운에게 주었다.

영운과 사비의 선문답은 여기서 끝이 난다. 우리는 이 「현사록」에 펼치는 두 검객의 칼싸움은 언뜻 보아도 승부를 내지 못하고 있음을 느낀다. 서로가 서로의 실력을 인정하는 마지막 장면은 통쾌 그대로다.

문제가 된 '깨닫지 못한 데가 있다'고 한 현사의 의도는 무엇인가?

영운은 깨달았고 천하종사 위산 역시 깨달음을 인정했고, 현사 역시 영운이 깨달았음을 잘 알고 있다. 그러나 철저한 깨달음이란 깨침 자체의 순간을 영원히 그대로 유지하느냐 하는 아주 어려운 일임을 잘 아는 현사는 이것을 점검한다. 어디 티끌만한 흔적, 깨달음의 흔적을 가지고 있는지 진실한 깨달음은 깨달았다는 흔적조차 없는 것이니, 흔적조차 없는 것은 바로 마음에 흔들림이 없는 것이어서 표시가 있을 리 만무하다. 이쯤 되자 현사는 검을 거두어 검집에 꽂는다.

그럼 영운의 말을 살펴보자.

"그럼 스님은 깨치고 계신다는 말이군요"라는 말은 어떻게 깨친 사람이 그 모양입니까? 뭐 아직까지 깨쳤니 못 깨쳤니 하는 스님이야말로 깨쳤다는 앙금이 남아서 그런 표시를 내는 것이 아닙니까?

영운은 현사가 살수를 펼친 것과 똑같은 방법으로 '그렇다면 당신은 깨쳤는가?' 되물은 것은, 현사 역시 철저한 깨침이 없이는 그 깨달았다는 흔적의 표시가 있을 터이니, 깨달았다는 의식이 조금이라도 남아있다면 그것이야말로 깨닫지 못하게 될 것이기 때문이다.

영운 역시 칼집에 칼을 꽂고 돌아선다. 그래서 예부터 노중에서 도인을 만나면 도를 묻지 않는다는 말이 있다. 현사는 영운을 한 수의 게송으로 찬탄한다.

三十年來只如常	30년을 여여하게 변함없으니
幾廻落葉放毫光	몇 번이나 낙엽에 백호광을 놓았던가
自從一出雲霄外	한 번 은하수 밖을 벗어난 뒤로는
圓音體性應法王	원음체성이 법왕에 호응하네

— 현사비

이제 우리는 위산과 영운, 부자가 주고받은 것을 나름대로 짐작했을 것이다. 『선문염송』 590칙에 있는 선시 몇 편을 소리치며 읽어보기로 하자.

幾回落葉幾抽枝	몇 차례나 잎 지고, 몇 번 싹이 났나?
悟了還同未悟時	깨달은 뒤 도리어 깨닫기 전과 같다
却謂玄沙重點眼	현사가 거듭거듭 점안한다 여겼더니
至今衲子轉生疑	지금껏 납자들은 더욱 의심 내더라

— 천장초

현사가 점안한 것이나, 영운이 깨달은 것이나 모두 2행에서 "깨달은 뒤 도리어 깨닫기 전과 같다"를 벗어나지 않는다.

착어 하늘은 땅이 아니고 땅은 하늘이 아니니
우리는 소라 부르고 말이라 부른다.
봄내, 소양강 뱃놀이에 봄꽃 만발하니
예와 같이 복사꽃 살구꽃 다투어 우짖는다.

二月三月景和融	2월, 3월의 날씨가 화창해지니

遠近桃花樹樹紅	멀고 가까운 복사꽃 나무마다 붉네
宗匠悟來猶未徹	종장이 깨달았지만 철저치 못하여
至今依舊笑春風	전과 같이 지금도 춘풍에 벙근다

— 황룡남

1행과 2행 '깨달음은 화창한 날씨를 동반하는 것 / 이럴 땐 보는 것마다 보이는 것마다 붉은 복사꽃' 3행과 4행 '깨달음은 원래 복사꽃 봄바람 타고 피어나는 것을 보는 촌부의 눈과 다르지 않네'로 읽어볼까.

착어 정육점 이 씨 노인 둘째 딸이

어라, 딸을 낳았군.

敢保老兄猶未徹	노형은 완전치 못함을 장담한다니
玄沙之言何大切	현사의 말씀, 왜 그리 박절한가
君看陌上桃花紅	그대들 언덕 위에 복사꽃 붉음 보라
盡是離人眼中血	모두가 집 떠난 사람의 피눈물이다

— 죽암규

3행과 4행은 다음과 같이 두 가지로 읽힌다.

'언덕 위에 붉은 복사꽃 / 다시 보니 운수객의 피눈물' 혹은 '언덕 위에 붉은 복사꽃 / 본래면목을 떠난 피눈물의 우리' 어떤 쪽을 음미하던 간에 결국 같이 만난다.

二月桃花爛漫時	2월 복사꽃이 난만할 적에
靈雲一見更無疑	영운이 한 번 보자 의심이 없네
玄沙未徹誰相委	현사의 깨치지 못했단 말 누가 알리
鼻孔從來向下垂	콧구멍은 원래가 아래로 뚫렸다

— 백운병

영운의 깨달음은 아무도 아는 이가 없다. 그래서 영운조차도 의심하지 않
네. 현사는 이것을 깨치지 못했으니 역시 깨치지 못 했다 할 수밖에

제8화

남전, 고양이 목을 베다

南泉斬猫

종심趙州從諗(778~897)이 얼마나 그의 스승 남전南泉普願(748~834)을 그대로 쏙 빼닮았는지 그리고 얼마나 철저히 조사의 뜻과 합일 되었는지 우리는『전등록』이나『선문염송』,『조주록』에서 많은 선화를 만날 수 있다. 그중 오늘날까지 제방 선원에 회자되어 현역 공안으로 빛을 발하는 선화 하나를 점검해보자.

『선문염송』207칙에는「참묘斬猫」라 하는 화두가 있다. 일반적으로「남전 참묘南泉斬猫」[1]라고 알려진 아주 유명한 공안이다.

兩堂俱是杜禪和	양당엔 모두 어두운 선객뿐인가?
撥動煙塵不奈何	먼지를 일으킨들 별 수 있나
賴得南泉能擧令	다행히 남전이 바른 영을 시행하여

---

1 「남전참묘南泉斬猫」공안은 위에서 밝히듯이『선문염송』207칙,『무문관』14칙,『종용록』8칙에는 하나의 공안으로 되어 있다. 그러나『벽암록』63칙에는「남천참묘이南泉斬猫兒」와 64칙 '조주두재 초혜趙州頭載草鞋'로 나누고 있다. 이것은 남전의 선기와 조주의 선기를 따로 세분하여 살피기 위해 서다.

一刀兩斷任偏頗　　　치우친 생각을 일도양단하여 버렸네

— 설두현

東西兩畔盡田疇　　　동쪽 들 서쪽 들이 모두 논밭인데

粒米抛來摠不收　　　낟알을 뿌렸으나 전혀 걷지 않았네

可惜猫兒輕斬却　　　아깝다! 고양이를 경솔하게 벤 뒤

至今老鼠譊吠吠　　　지금껏 늙은 쥐가 시끄럽게 울어대네

— 삽계익

위의 두 게송은 남전이 고양이 목을 계도로 친 선화에 부친 것이다.

여기서 두 선지식의 선기를 확실히 가름하기 위해 남전과 조주에 이어지는 선화를 각각 소개하기로 한다. 『벽암록』63칙「남전참묘이南泉斬猫兒」를 옮겨 독자들에게 도움을 주고자 한다.

원오 극근圜悟克勤(1063~1135)이 대중에게 수시한다.

상식이나 분별로 생각할 수 없는 세계로 바로 수행자를 가르치고 인도해야 한다. 뭐라고 말로는 표현할 수 없는 경지야말로 수행자 스스로가 서둘러 깨달아 터득해야 한다. 만약 우레가 치고 별이 나는 것과 같은 묘용을 쓸 수 있다면 못을 비우고 산을 쓰러뜨리는 놀라운 일을 해낼 수 있다. 자, 여러분들 중에 이런 묘용을 터득한 자가 있는가? 그럼 다음 이야기를 들어 보라.

垂示云 意路不到 正好提撕 言詮不及 宜急著眼 若也電轉星飛 便可傾湫倒嶽 衆中莫有辯得底麽 試擧看

위의 원오가 프롤로그로 더 붙인 글을 선문학에서는 수시垂示라 한다.[2]

이것은 원오가 선장으로 「남전참묘」의 공안을 들어 보이기 위해, 본칙의 요점을 서언한 것이다. 선학도를 그 곳으로 몰입시키기 위해 머리를 긁어 시선을 모으기 위한 한마디라 할까. 본칙은 이러하다.

남전산에서 어느 날 동당과 서당의 중들이 고양이를 놓고 다투고 있었다. 남전이 보다 못해 그 고양이를 집어 들고는 "누구라도 좋다. 한마디 해 보라. 그러면 고양이를 살려주고 그렇지 못하면 단칼에 고양이를 베어 버리겠다"고 말했다. 아무도 대답하는 중이 없었다. 이에 아무도 대답하지 못하자 남전은 고양이를 두 토막내어 버렸다.

擧 南泉一日 東西兩堂 爭猫兒 南泉見 遂提起云 道得卽不斬 衆無對 泉 斬猫兒爲兩段

위의 선화, '남전일일南泉一日'은 선서 특유의 구이다. 우선 남천南泉을 남전으로 읽는 것이 선문의 오랜 관습이며 '일일一日'은 어느 날로, '남전산에서 어느 날'로 번역되어진다.

그리고 '쟁묘아爭猫兒'는 동서 양당의 승려들이 고양이를 놓고 다투었다고

---

2 우리가 선서를 읽는 데 꼭 알아야 할 것을 점검하고자 한다. 우선 『벽암록』만 하더라도 그 구성을 볼 때 수시垂示, 본칙本則, 송頌, 착어着語, 평창評唱의 다섯 강목으로 되어 있다. 수시는 수어垂語, 색어索語, 조어釣語와 같은 뜻으로 쓰인다. 곧 고칙공안古則公案에 사장들이 자기의 견해를 붙인 비평적 서언으로, 본칙의 중요한 요점을 말한다. 본칙에 선화를 선서 술어로 고칙, 본칙, 공안 등으로 표현한다. 송고頌古란 뜻은 고칙의 선시적 표현을 말한다. 또 고칙이나 본칙의 칙則은 전형典型, 모범模範, 귀감龜鑑 등과 같은 뜻이며 송頌은 게송偈頌, 송가頌歌, 송덕頌德 등에서 나온 말이다. 『벽암록』엔 본칙 다음에 원오가 부친 착어着語를 읽을 수 있는데, 이것은 송의 각구各句에 할주割註와 같은 성격을 띠고 있다. 그리고 본칙이나 송에 총평을 붙인 것이 있는데 이 총평이 평창評唱이며 이 평창은 상당히 긴 문장으로 본칙이나 송의 인연 고사나 일칙一則 전체의 뜻을 자세히 밝히는 등 세밀한 강설로 되어 있다.

만 번역되나 아무래도 깊이 들여다보면, 고양이에게도 불성이 있느냐 없느냐?를 논의한 것 같이 읽힌다. 왜냐하면 원오가 착어한 "불시금일합료不是今日合鬧"를 살피면 "이 일은 비단 오늘에 한한 소동만이 아니라"로 의역된다. 이것은 "흑/백 양변적인 견해를 그치지 못하는 인간성에 대한 날카로운 성찰"과 우리들에게 간곡히 이르는 선장의 낙초자비, 곧 이타정신을 보게 된다.

그리고 우리가 또 자세히 살펴야 하는 대목은 '양단兩段'이다. 이 양단은 두 토막 내었다지만, 본칙의 대의, 공안의 요체는 불이不二로 간파된다. 곧 차신즉불此身卽佛에 이르기 위해서는 무시간 무공간의 깊고 깊은 무無를 초월하여야 한다. 이 초월은 끊임없이 이어지는 인간의 욕망을 심연에서 일도양단해야 하지 않겠는가?로 보아야 된다. 이것은 "한번 죽을 고비를 넘겨야 뼈가 시림을 안다盡死一番寒徹骨"라는 선구와 통한다.

자, 그럼 앞에 옮긴 설두의 게송을 풀어 보자.

1행과 2행은 "눈 어두운 바보들이 다투어 본들 별 수가 있나?" 정도로 의역된다. 여기서 '두선화杜禪和'는 졸렬한 선승이다. 두묵杜黙은 문호 구양수와 같은 시대의 가객으로 널리 알려졌으나, 다른 사람의 시는 잘 읊었지만 직접 짓는 것은 서툴렀다. 그러나 시를 막 지어서 남의 조소를 받았다. 그래서 서툴게 지은 시를 두찬杜撰이라 말하는데, 눈이 어두운 선수행자를 가리킨다.

3행에서 "남전이 고양이를 두 토막 낸 것은 바로 바른 선기禪機를 보인 것"으로 읽히고, 4행, "치우친 생각을 일도양단하여 버렸네一刀兩斷任偏頗"라는 설두의 게송에 대해 설두의 제자 원오는 "일도양단불관유편파一刀兩斷不管有偏頗"라 평창하였는데, 이것은 동당 서당의 중들이 고양이를 놓고 다투고 있는 그들의 '흑/백' 견해에는 간섭하지 않고 단칼에 베어 버렸음을 뜻한다. 곧 4행의 임편파任偏頗의 임任은 평창에 볼 것 같으면 '불관不管'이니 간섭하지 않고 방임放任한다는 의미다.

이 게송을 쉽게 풀면 "양당의 어리석은 중들 / 다투어 본들 별 수 있나? / 남전의 칼이 없었던들 / 치고받고 야단이 났으리라"로 읽힌다.

삼계의 ②, 게송 1행은 "동서 양 두둑이 모두 논밭 두둑인데 / 씨앗을 뿌리긴 했으나 마구 자란 이삭들을 거두지 않고 있네"란 말은 "동당 서당 양당의 승려들 모두 수행자들인데 / 본래 모습 그대로이나 스스로가 본래 그대로임을 모른 채 밖으로만 떠들고 있다"라고 읽힌다. 3행은 "동당 서당의 수행자들이 주장하는 양변의 견해를, 곧 그 원인이 되는 고양이를 제거하긴 했으나 / 아직까지 그 까닭을 모르는 눈먼 수행자가 옳다 · 그르다를 논란하고 있다"는 것을 역설적 수사법으로 "아깝다! 고양이를 경솔하게 벤 뒤可惜猫兒輕斬却 / 지금껏 늙은 쥐가 시끄럽게 울어대네至今老鼠鬧吠吠"로 표현하고 있다.

다음은 『벽암록』 64칙으로 이어지는 '조주두재초혜趙州頭戴草鞋'에 해당하는 선시 두어 편을 살펴보자.

①

公案圓來問趙州	공안이 뚜렷해지자 조주에게 물으니
長安城裡任閑遊	남전은 장안 성안에서 자유로이 노니네
草鞋頭戴無人會	머리 위 짚신의 뜻 다른 이들 다 모르니
歸到家山便卽休	어서 고향으로 돌아가 마음 편히 쉬시게

— 설두현

②

| 風力所轉公平出 | 풍력으로 움직이는 짓 공평히 나타냈거늘 |

猫兒斬斷還成屈	고양이를 벤 뒤에 다시 욕되게 하였네
祖師今古作標儀	조사는 고금의 본보기가 되었거늘
賣扇老婆手遮日	부채 파는 노파는 손으로 해 가리네

— 혼성자

③

提起分明斬處親	들어올린 것 분명하고 벤 자리 친절한데
落花飛絮撲行人	지는 꽃 나는 풀솜 행인을 때린다
草鞋頭上出門去	짚신을 머리에 이고 문 밖을 나가니
四月圓荷葉葉新	4월의 둥근 연잎 잎새마다 새롭다

— 열재 거사

①의 게송 1행 "공안원래문조주公案圓來問趙州"에서 '문조주問趙州'는 조주에게 자네라면 어떻게 할 것인가? 묻자 짚신을 머리에 얹고 나가 버렸는데, 이 것으로 '고양이를 두 토막 낸 공안'이 원만히 풀리게 되었으므로 '공안원래公案圓來'라 한 것이다. 이 기상천외의 조주의 행위는, 죽은 고양이가 조주의 머리 위에서 짚신으로 부활하였음을 보여준다. 이 행은 『금강경』의 "부처가 말한 반야바라밀은 곧 반야바라밀이 아니다. 그래서 반야바라밀이라 한다佛說 般若波羅蜜 卽非般若波羅蜜 是名般若波羅蜜"라는 구절을 행동으로 보여준다. 일체의 존재물은 자성自性을 스스로 갖지 않으므로 각자의 이름을 가질 수 있다는 무자성無自性을 조주는 행위로써 보여준 구절이라 할 수 있다.

2행에서 "장안성 안에서 자유로이 노닌다長安城裡任閑遊"는 "남전이 조주 덕분에 한가하게 장안성에서 노닐 수가 있었다"로 풀이된다. 4행 "어서어서 고향으로 돌아가 마음 편히 쉬시게歸到家山便卽休"에서 가산家山은 고향의 산천을 말하니 "당장 고향으로 돌아가 편히 쉬게"로 읽힌다. 전편을 쉽게 풀면 '조주의 깔끔한 솜씨로 문제거리는 원만히 풀렸네 / 남전도 이제는 마음 놓고 편히 쉴 수 있겠지 / 조주의 머리 위에 짚신 올린 뜻을 다른 이들 모두 모르니까 / 어서 빨리 고향으로 돌아가서 마음 편하게 쉬시게'로 읽힌다.

②의 게송을 의역하여 '자연스럽게 운행되는 것이 천하의 이치인데 / 이러할진대 남전이 고양이를 베어버린 일은 스스로를 욕되게 한 것일 뿐 / 고양이를 일도양단함은 고금 통틀어 제일의 대본大本이지만 / 사람들은 모르고 아직도 이것이다 저것이다 하고 주장하는데 이것은 마치 부채 파는 노파가 손으로 해를 가리는 격이다'로 풀이된다.

열재 거사가 읊은 ③ 게송, "들어올린 것 분명하고 벤 자리 친절한데提起分明斬處親 / 지는 꽃 나는 풀솜 행인을 때린다落花飛絮撲行人"는 1행과 2행은 '사실 고양이, 즉 흑과 백의 견해를 들어 올린 것이 분명하고 그 번뇌와 무명의 자리를 베어 버림은 조사로서 자비의 본분사本分事 / 이것은 바로 꽃이 지고 풀솜이 날아날아 지나가는 사람과 부딪치는 자연이치와 같은 것이 아니냐?'로 읽힌다.

3행에서 남전이 이 일을 묻자 조주가 흑에도 백에도 떨어지지 않는 본분사의 행위를 보여준다. 고양이는 지나가는 바람이고 고양이는 떨어지는 꽃이고 고양이는 날아다니는 풀솜이고 고양이는 돌이고 구름이며 짚신이니 왕노사의 고양이를 베어버림이 다시 머리에 인 짚신이고 구름이고 돌이며 풀솜이고 지는 꽃잎이다.

'그렇다. "4월의 둥근 연잎 잎사귀마다 새롭다四月圓荷葉葉新" 새로워.'

설달이 보이는 말복 네거리엔 9층

전봇대 뒤로 해가 지오

석양을 안고 넘어가오.

아아, 설달마다 말복마다 전봇대마다

안고 넘어가는 석양이 있어라

　이것으로서 종심은 그의 스승 왕노사에게 이 간단한 행위로 선이란 의식
과 관념을 초월함을, 또 설명하고자 하여도 할 수 없는 선의 본질을 말해버
림으로 일도양단해 버린다. 선은 '의식/무의식' 어느 쪽에도 서 있지 않은 것
을 보여준 본분사일 뿐이다. 종심은 지금까지 그의 "스승에게 너무 걱정하
시지 마세요"라고 말하고 있다.

　종심은 깨닫고 나서도 오랫동안 천하를 행각함으로써 그의 깨달음을 보
림保任³한다. 80세에 이르도록 종심의 깨달음의 여행은 멈춤이 없었다. 그는
많은 수행자들로부터 한 절에 정착하여 후학들을 지도하라는 권유를 받았
으나 그의 여행은 계속되었다. 하루는 수유茱萸를 방문한다. 그때 수유는 종
심에게 다음과 같이 권한다.

　"스님만 한 연배면 이제 한 곳에 머물러 후생을 설법 지도하시는 게 좋은 것 같
습니다."

　"아니, 스님 머물 곳이 대체 어디란 말입니까?"

3　보임을 흔히 '보림'으로 선가에서 읽는다. 보호임지保護任持의 준말. 깨달음을 숙성하기 위해 수행
　하고 지킨다, 보전한다의 의미로 쓴다.

"무슨 말씀이오, 연세가 그쯤이나 되셨는데 머물 곳常住處조차 모른단 말씀입니까?"

"30년 동안 말을 타고 자유롭게 주유천하하였건만 오늘 당나귀한테 밟혔구나!"

師又到茱萸 茱萸云 老老大大 何不覓箇住處去 師云 什麽住處得

茱萸云 老老大大 住處也不識 師云 三十年弄馬騎 今日却被驢踏

—『조주록』, 권하, 461「경서원간」

수유는 남전에게 배운 동문 사형제다. 그러나 종심은 수유의 정신적 높이를 한눈에 파악한다. 사형 종심에게 수유는 "'대선장께서 머물 곳常住處'조차 알지 못하고 다니십니까?" 하지만 이런 말이야말로 당나귀쯤 되는 수도인이 하는 말. 여기서 귀띔하고 싶은 말은 "진인이라면 스스로가 자기의 거주처다", 곧 나를 거주하게 하는 것은 나일 뿐. 이러할진대 수유는 당나귀가 분명하다.

착어   그대 있는 곳을 지나쳐도

그대를 만나고, 그대 없는 곳을

지나더라도 그대를 만난다.

何處靑山不道場	어느 청산치고 도량 아닌 곳 있을까만
何須策杖禮淸涼	군이 주장자 들고 청량사를 찾겠는가
雲中縱有金毛現	구름 속 황금털 사자가 나타난다 해도
正眼觀時非吉祥	정안엔 좋고 상서로운 일 아닐 텐데

—『경덕전등록』제10「조주관음원종심선사」

위의 게송은 종심이 오대산 청량사로 성지 순례코자 하는데 어느 대덕이 게송을 지어 그의 앞길을 회롱한 시이다.

시의 내용은 화엄 사조 청량국사가 설법을 할 때에 구름 속에 황금털 사자가 나타났다 하는 고사를 들어 종심을 넌지시 거량해본다.

이에 즉각 종심은 대꾸한다.

정안이란 대체 무엇이오作麼生是正眼?

그러자 그 선객은 말문을 닫았다. 스스로는 스스로를 정안으로 할 뿐. 정안은 종심이 주장자와 함께 휴대하고 행각한다는 것을 대덕은 알았어야 했다. 또 종심은 청량국사의 잡다한 인생사는 인생사, 정안은 정안이라고 파악할 뿐이다. 무엇이 청량의 금모사자이고 무엇이 정안인가.

많은 선적을 참고하여 보면 종심은 18세 약관의 나이에 자성을 보았고, 그 후 약 40년간 스승 남전을 시봉하였다. 종심의 나이 57세가 된 835년에 스승이 입적하였으며 스승의 복상을 3년을 모시고 60세가 되어서 정병과 석장을 가지고 행각의 길을 떠난다. 천하의 선기와 선풍을 탐색하기를 20년, 80세가 되어서야 고향인 조주로 돌아와 관음원이라는 보잘것없는 사원의 방장이 된다. 이때부터 종심이라는 법명보다는 조주라는 법호로 불리어진다. 관음원 주지가 되어서도 방장 생활 40년간 새 가구 하나 들여놓는 것은 물론 시주에게 보시를 청하는 서신 하나 쓴 적이 없는 가난한 선승으로 120세에 일생을 마치게 된다.

제9화

조주의 구순피선

趙州口脣皮禪

    조주 고불의 물 흐르는 듯한 세 치의 혀에 용솟음치는 말, 그 자체가 선에서 한 발자국도 벗어나지 않으니, 선문에서는 이를 조주의 구순피선口脣皮禪이라 한다.

    우리는 저 덕산의 방棒이나 임제의 할喝을 능가하는 조주의 말의 향연으로 들어가 볼 일이다.

    하루는 한 유생이 조주를 찾아왔다. 조주의 입과 입술에서 흘러나오는 선을 접한 손님은 크게 감명 받고 아낌없는 찬탄을 했다.

    "대사께선 참으로 고불이시오!"

    "그렇습니까? 수재야말로 신여래新如來이시오!"

    有秀才見師 乃讚嘆師云 和尙是古佛 師云 秀才是新如來

        —『경덕전등록』 제10 「조주관음원종심선사」·『벽암록』 45칙 「조주만법귀일」

고불은 오래된 부처가 아니라, 우리 머릿속에 고정된 부처가 아닌 바로 신여래新如來라는 것. 이 얼마나 기표를 뒤집는 속말인가. 고불고불할 때는 바로 죽은 부처인 것. 우리의 관습화되고 고착된 사유를 박살내는 조주야말로 신여래가 분명하다.

이런 선화는 『금강경』에서 설하신 "부처님이 말씀하신 반야바라밀은 곧 반야바라밀이 아니고 그 이름이 반야바라밀이다佛說 般若波羅蜜 卽非般若波羅蜜 是名般若波羅蜜"라는 경구에 의표를 찌르는 말이다.

조주의 선은 미끄럽고 고불고불하여 살펴가기가 힘들다.

이제 조주에 대한 몇 가지 선화와 선화를 발명하기 위해 붙인 선시를 점검하며, 조주의 구순피선의 미묘함을 음미해보자.

1. 조주 선화 9편

1)

조주에게 어떤 학인이 물었다.

"만법이 하나로 돌아간다고 하는데 그럼 하나는 어디로 돌아갑니까?"

스님께서 말씀하셨다.

"내가 청주에 있을 때에 베 장삼 하나를 지었는데 무게가 일곱 근이나 되었다."

趙州因僧問 萬法歸一 一歸何處 師云 我在靑州 作一領布衫 重七斤

여기 만법은 우주간의 유형무형의 온갖 사물을 총칭하는 말이다. 이 공안
은 만물이 하나로 귀착되니 하나는 응당히 만법에 귀일이라는 식으로 이렇
게 저렇게 따져보는 것은 원래 선화의 요체가 아니다. 만법이 그대로 하나
자체의 모습으로 수긍되는 세계를 형상화하니 바로 "내가 청주에 있을 때,
베적삼 하나를 지었는데 그 무게가 일곱 근 我在靑州 作一領布衫 重七斤"이다.

착어 '만법이 귀일하니까, 만법이 일귀하지요' 하면 어떨는지?

그래도 모르는 독자들은 다음 선시를 읽어보자.

趙州布衫七斤八斤	조주의 베 장삼이 일곱 근 여덟 근
袖頭打領腋下剜襟	소매에 깃 달고 겨드랑에 동정 단다
千手大慈提不起	천수천안 관음이 들어도 꼼짝 않네
無言童子笑欣欣	말없는 동자가 싱글벙글 하는구나

— 대홍은

3행과 4행에서 "천수천안 관음이 들어도 꼼짝 않네 千手大慈諸佛起 / 말없는
동자가 싱글벙글하는구나 無言童子笑欣欣" 하였는데 이것은 바로 진리 즉 자성
본원의 형상화인 '청주포삼의 일곱근 무게'를 진리 당체인 천수천안관음보
살이 들지라도 꼼짝하지 않는다는 표현이다. 이런 인식은 당연하다. 이것은
불동자가 불을 끄고 물처녀가 물에 빠져 죽는다는 것과 같으니 그럴 수밖에

없다. 4행에서 이를 주시하는 무언동자無言童子는 꿀 먹은 벙어리마냥 '싱글
벙글'할 수밖에.

착어   코를 딴 곳에서 찾으려 하지 말라
          무언동자는 무언으로 동자를 찾는다
          동자의 무언?

2)

조주에게 한 학인이 물었다.
"스님께서 남전 노스님을 친견하셨다는데 사실입니까?"
스님께서 말씀하셨다.
"진주에서는 큰 무우가 나지."
趙州因僧問 承聞和尙親見南泉 是否 師云 鎭州 出大蘿蔔頭

— 『선문염송』 409칙 「나복(蘿蔔)」

鎭州出大蘿蔔頭	진주에서 큰 무우가 나온다 하여
多口禪和劈口塞	말 많은 납자들의 입을 틀어막았네
不知更欲問來有	그래도 몰라서 까닭을 물으려 하면
鎭州只在黃河北	진주는 예대로 황하의 북쪽일세

— 법진일

이 선화는『선문염송』409칙이나『조주록』,『벽암록』에 나온 유명한 공안이다.

선화에서 '남전스님을 친견'했다는 의미는 무엇인가? 남전의 진면목을 친견함이니, 바로 만유의 자성을 친견했다는 의미. 남전의 자성은 바로 조주의 자성. 자, 여기서 희대稀代의 대선장 조주는 어떻게 이 사실을 한쪽으로 치우치지 않고 학인을 깨달음으로 들게 할 수 있을까? 조주는 한마디로 "진주에는 큰 나복이 나지鎭州 出大蘿蔔頭"라고 대답할 뿐이다.

"진주에 큰 무우가 난다……." 무얼 그렇게 생각하는가?

조주는 그렇게 말했을 뿐인데. 선문에서 조주의 구순피선이라고 칭하는 칭송을 우리 다시 한번 되새길 필요가 있다. 이 '진주지대나복鎭州之大蘿蔔'은 우리의 알음알이를 몽땅 빼앗아버리는, 우리를 정신적 공황으로 몰고 가는, 총명하고 재기발랄한 선객들의 목숨을 죽이는 말이다. 그래서 부처나 조사, 대선장들을 도적이라 선가에서는 부른다.

위의 게송, 1행과 2행은 자성본원을 말씀해달라는 한 선객에게 거두절미하고, 진주 땅에 큰 무우가 나는 사실을 말한다. 우리는 앞 장에서 본 육조혜능六祖慧能(638~713)이 말하는 '마음을 알아 성품을 보는 식심견성識心見性의 성性', 그리고 그의 제자 신회荷澤神會(684~758)가 주장하는 '지지일자중묘지문知之一字衆妙之門'이라 하는 지지, 이 지자知字는 육조의 성자性字보다는 동태성을 띤다. 그리고 마조의 '평상심시도平常心是道'나 즉심즉불卽心卽佛의 심자心字는 앞의 이 지자知字보다는 더 작용의 의미를 가진다. 다음 조주나 임제에 이르러는 훨씬 형상화되고 동태적인 표현을 하여 구체화시키고 있다. 이를테면 임제의 무위진인無位眞人이나 이 선화에 보이는 '진주의 큰 무우鎭州之大蘿蔔'가 그 예다. 조주에 이르러 보이지 않는 자성의 편재를 그의 구순피선으로 형상화하여 납자의 면전에 확연히 보이고 있다. 조주야 말로 대시인의 면목을 유감없이 보여준 선사다.

법진일은 그래도 모른다면, 마지막 4행에서 천기를 누설한다.

"진주는 예대로 황하의 북쪽일세鎭州只在黃河北."

착어   "오늘은 음 7월 7일,

칠석이고 양 8월 22일이다. 직녀는 오지 않고

가을바람만 미리 달려오네."

누런 갈잎, 적삼 벗은 채 옷고름만 펄럭이네

3)

조주에게 한 학인이 물었다.

"어떤 것이 조주입니까?"

"동문 남문 서문 북문이네."

"그런 걸 묻지 않았습니다."

"그래, 그대가 조주를 물었느냐? 쯔쯔."

趙州因僧問 如何是趙州 師云 東門南門西門北門 僧云 不問者介 師云 儞問趙州 曋

— 『선문염송』 410칙 「조주(趙州)」

①

南北東西門始開   남북동서의 문이 열리니

奔波撞入趙州來	밀물처럼 밀려들어 조주로 왔네
額頭悉破知多少	이마를 부딪쳐 다친 이가 몇인가
一去經年不見廻	한 번 가면 해가 가도 돌아오지 않네

— 불일재

②

四郭關門鎭趙州	조주 성의 네 관문 굳게 닫히고
幾於城下起戈矛	성 아래는 창과 방패로 가득 찼는데
將軍戰馬今何在	장군과 전마는 지금 어느 곳에 있나
野草閑花滿地愁	들꽃과 잡초만 뜰에 소슬하구나

— 동림총

이 선화의 등장인물은 조주와 한 학인인데, 아마 공부에 별다른 큰 뜻 없는 번잡한 철학적 이론과 스스로 천재다 하는 오기로 가득 찬 행각승으로 보인다. "조주란 무얼 말합니까?" 하는 질문을 던진다. 아마 이 중은 "조주란 다름 아닌 부처일세" 정도의 답을 미리 예상한 듯 보인다. 그러나 조주고불의 대답은 전혀 예상을 뒤엎는 "조주는 동문 서문 남문 북문이다"라고 말하며 덜떨어진 객승의 망상을 **빼앗아** 버린다.

앞의 선화 3에서도 약간 언급하였듯이, 삼세의 모든 부처를 선가에서는 적賊이라고 표현한다. 아이러니 기법이다. 그래서 선문에서는 제자들에게 무엇을 가르치고 베풀기보다는 오히려 가지고 있는 것을 모두 **빼앗아** 버리는 적기賊機가 있어야 스승 될 자격이 있다고 한다.

결국 '진리가 무엇이냐如何是趙州?'는 질문에 이념적이고 추상적인 대답 대신 만법의 현현을 가리키니, 바로 "동문 서문 남문 북문"이다. 이는 조주고불의 적기이고 구순피선의 절묘한 선기고 질문자의 일체의 객기를 **빼앗아**버리는 불조가 상승한 순선의 면목이다.

4)

조주가 한 학인에게 물었다.
"일찍이 여기에 온 일 있는가?"
"예, 왔었습니다."
"차나 한잔 하시게."
또 다른 중에게 물었다.
"여기에 왔던 일이 있는가?"
"아니오, 왔던 일이 없습니다."
"그래, 자네도 차나 한잔 하시지."
이에 원주가 물었다.
"어찌하여 일찍이 왔던 이도 차를 마시라 하고, 온 적이 없는 이도 차를 마시라 하십니까?"
하니, 스님이 원주! 하고 부르자 원주가 대답하니 스님이 말했다.
"자네도 차나 한잔 마시게."

趙州問僧 曾到此間否 僧云 曾到 師云 喫茶去 又問僧 曾到此間否 僧云 不曾到 師云 喫茶去 院主問 爲什麼 曾到也敎伊喫茶去 不曾到也敎伊喫茶去 師召院主 主應諾 師云 喫茶去

선은 공개된 비밀. 누구에게나 허락하지만 아무 사람도 이곳에 도달할 순 없다. 이 선화 역시 조주의 독창적이고 익살맞은 구순피선을 그대로 우리에게 노정한다.

바로 '여기'라 하는 곳, 여기가 문제다. 여기야말로 천하 두두물물의 본원이다. 존재자를 존재하게 하는 존재자라 해도 조주는 세 치의 혀로 '나'를 빼앗아 버릴 것이다. 이럴 때 남는 것은 무엇인가?

우리의 삶에 있어서 일상적 행위 외에 여기에 남는 것은 무엇일까?

하루는 한 학인이 조주에게 물어왔다. "저는 이곳에 온 지 얼마 되지 않습니다. 스님 저에게 가르침을 주십시오" 하니 조주는 단박에 "아침을 먹었는가?" 하고 물었다. "예, 스님" "그렇다면 가서 바릿대나 씻게!" 하는 조주의 말에 질문을 하던 학인은 곧 활연돈오한다.

그래도 '여기'를 모른다면 다음 게송을 나무 아래에 앉아 잘 사량해 볼 일.

三甌茶自振家風	세 잔의 차로 가풍을 드날리니
遠近高低一徑通	멀고 가깝고 높고 낮음이 한 길로 통하네
未薦淸香往來者	맑은 향기 알지 못하고 오가는 나그네야
誰譜居止院西東	동원의 서쪽에 사는 이, 누가 알랴

― 동림총

이쯤 되면 아무 할 말 없다. 오직 '한 물건'이 있으니 뭐라 말할 것인가?

차나 한잔 하시게.

착어 말없음으로 말과 동무 삼는다

말없음으로 말과 말이 된다

5)

조주에게 한 학인이 물었다.

"개도 불성이 있습니까?"

"있지."

"있다면 어째서 가죽부대 속에 들어 있습니까?"

"그가 알면서도 짐짓 범했기 때문이다."

다른 중이 물었다.

"개도 불성이 있습니까?"

"없다."

"일체 중생이 모두 불성이 있다 했거늘 개는 어째서 없다 하십니까?"

"그에겐 업식이 있기 때문이다."

趙州因僧問 狗子還有佛性也無 師云 有 僧云 旣有 爲什麽却撞入者介皮袋 師云
爲他知而故犯 又有僧 問 狗子還有佛性也無 師云 無 僧云 一切衆生 皆有佛性 狗子
爲什麽却無 師云 爲伊有業識在

—『선문염송』417칙 「불성」

이 선화는 우리나라의 납자들이 가장 많이 참구하는 공안이다.

이 「무자화두無字話頭」를 참구하는데, 유의할 점을 제방 선원에서는 무자화두의 「십종병十種病」이라 하여 참선하는 납자들이 간직해야 하는 금과옥조로 여긴다. 참선을 하다가 공부가 멈추었을 때, 나태해져 더 이상 정진이 없을 때, 스스로 회광반조回光返照하여 점검해야 하는 비방이다. 선지식들의 낙초자비의 결정체다. 무자화두 십종병통은 고려 보조 지눌도 가려 놓았으니 참선고류參禪高類들은 살피고 살필 일이다.

첫째, 유와 무의 견해를 내지 말아야 한다不得有無會.

이 말씀은 화두를 들 때 알음알이識心로, 무는 유에서 유는 무에서 나왔다는 상대적인 개념으로 인식해서는 안 된다는 의미이다. 상대적인 개념을 초월하여 자성본원에 계합함을 견성이라 한다.

둘째, 진무眞無의 무로 헤아리지 말라不得眞無之無卜度.

어디에는 불성이 있고 어디에는 불성이 없다고 헤아리는 병을 말한다. 불성은 자성본원이어서 삼라만상 두두물물에 편재되었음이 불교의 통견이다.

셋째, 이치로 따져서 알려 하지 말라不得作道理會.

선도리는 불법을 깨닫는 것으로 근본을 삼는데, 이치를 따져 불법을 알려하는 것은 불교를 비방하는 것이 된다. 곧 상식적으로 사량분별하여 따지고 헤아려 알고자 하는 것 역시 병이다.

넷째, 단지 알음알이로 이러하고 저러하다 측정하지 말라不得向意根下思量卜度.

알음알이로 따지거나 경·율·논과 조사어록에서 문자에 집착하여 지식으로 사량하지 말라. 이런 병통을 선문에서는 지해병知解病이라 한다.

다섯째, 눈을 껌벅이는 이놈이 바로 이것이로구나 하는 생각을 말라不得向

揚眉瞬目處朵根.

　불법은 알고 모르고 하는 지식을 쌓는 데 있는 것이 아니고, 생사의 고뇌에서 해탈하는 것이 목적이다. 모름지기 수자는 한 순간 쉬지 않고 깊이 깊이 밀고 들어가야지, 눈썹을 찌푸리고 눈을 껌벅이는 것이 이것인 줄 알면, 바로 별몽병瞥瞢病에 걸린 것이다.

　여섯째, 말재주만 부리며 아는 체 하지 말라不得向語路上作活計.

　이 말씀은 공부를 하다가 좀 지해知解가 나서 쓸데없이 '할'이나 하고 구두선口頭禪으로 일을 삼지 말라는 훈계다. 이것이 선문의 구두선병이다.

　일곱째, 공공적적空空寂寂한 가운데 공을 지키지 말라不得已在無事甲裡.

　공부가 안 될수록 화두를 끄잡고 행주좌와 어묵동정行住坐臥 語黙動靜 간에도 근실히 정진하면 홀연히 화두도 망상도 혼침도 사라지고 공공적적함을 누리게 된다. 이것이구나 하는 생각으로 공을 지키게 되면 바로 무기공無記空에 빠지게 된다. 선문의 무기공병이다.

　여덟째, 공안을 생각할 줄 알고 방棒을 들 줄 아는 이놈이라 하지 말라不得向舉起處承當.

　공안이 순숙해져서 스스로 마음이 해이해져 해태굴에 빠지면 더 이상 공부에 진전이 없게 된다. 백척간두에 진일보하여 천금을 얻더라도 선문 조사를 찾아가 인가를 받아야 한다. 그러나 삼조는『심신명』에서 털끝만한 오차가 있어도 천지현격天地懸隔이라 했다. 이 막다른 절벽에서 스스로 생각하기를 도가 별게 있겠는가? 그때마다 견문각지見聞覺知하는 이놈이 바로 이것이구나 하고 생각하기 쉽다. 이것은 도둑놈을 아들로 삼는 것과 같은 병이다. 바로 인적위자認賊爲子다.

　아홉째, 문자로 인증하거나 인용하지 말라不得文字中引證.

자성본원에 영회하는 것은 유식과 무식의 차원이 아니다. 특히 학식의 축적이 있는 박학한 사람일수록 많이 암기하고 이해가 넓으면 최고라는 생각은 불법을 비방하고 불조를 모독하는 행위다. 곧 사량계교와 따짐으로써 깨달음을 이해하려는 어리석은 견해는 아는 바의 장애인 소지장所知障이고 문자병이다.

열째, 산란과 어리석음으로 깨칠 때를 기다리지 말라不得將來迷待悟.

수행하는 체하지 말라. 가장하지 말라. 이러다 보면 깨쳐지겠지 하며 기다리지 말라. 그래, 그래 하며 세월이 가면 죽음의 문턱에 이르러 후회한들 무엇 하리. 필사적으로 지혜를 모아 화두를 물고 늘어져도 무시 이래 쌓여온 업장이 두터워 뚫고 나가기 어렵다. 깨칠 때를 기다리지 말라.

그럼 선시 한 수를 음미하여 보자.

狗子無佛性　　　개가 불성이 없다는 말
殺人便傷命　　　사람을 찌르고 생명마저 해친다
楚痛百千般　　　쓰라린 고통, 백천 가지이나
因邪却打正　　　삿됨으로 인하여 바름을 되찾았네

— 밀암걸

위의 게송은 반어적 기법으로 자성본원을 드러내고 있다. 무자화두가 2행에서 "사람을 찌르고 생명마저 해친다"고 한 표현이나, 4행에서 바름으로 바름을 찾았다 하지 않고 "삿됨으로 인하여 바름을 되찾았네"라고 한 것은 아이러니다.

6)

조주가 어떤 학인에게 물었다.

"어떤 것이 조사가 서쪽에서 온 뜻입니까?"

"뜰앞에 잣나무니라."

중이 말했다.

"화상께서는 경계로써 사람들을 보이지 마십시오."

"나는 경계로써 사람들에게 보이지 않는다."

중이 다시 스님께 물었다.

"어떤 것이 조사께서 서쪽에서 오신 뜻입니까?"

"뜰앞에 잣나무니라."

趙州因僧問 如何是祖師西來意 師云庭前栢樹子 僧云 和尙 莫將境示人 師云 我
不將境示人 僧云 如何 是 祖師西來意 師云 庭前栢樹子

—『선문염송』421칙「백수(栢樹)」

조주고불은 참으로 많은 공안을 우리에게 준 분이다. 아직도 제방 납자들에게 빛을 발하는 공안들이 부지기수다. 위의 '정전백수자' 공안 역시 우리들의 눈을 뜨게 하고 귀를 열게 하는, 우리의 알음알이를 **빼앗아가는** 적기賊機의 명제다.

저자가 알음알이를 내어 사족을 붙이는 것보다는 『선문염송』에 기록된 뒷말을 옮겨 조주의 본뜻을 발명하고자 한다.

뒷날, 법안이 조주의 제자 각철취에게 물었다. "듣건대 조주에게 뜰앞의 잣나무 화두가 있다 하니, 사실인가?" 하니, 각철취가 "돌아가신 스님께서는 그런 말씀이 없었소" 하였다. 법안이 다시 묻되 "지금 천하에서는 모두가 말하기를 어떤 중이 조주에게 묻되 '어떤 것이 조사께서 서쪽에서 오신 뜻입니까? 하니, 조주가 대답하기를 뜰 앞의 잣나무니라 하였다' 하는데, 어째서 없다 하시오?" 하였다. 이에 각철취가 말했다. "스님을 비방치 마시오. 선사先師께서는 그런 말씀이 없었소."

이 선화에 대해 『선문염송』에는 무려 51수나 되는 선문 존숙들의 게송이 실려 있다. 그 중 임의대로 한 수를 소개한다.

鐵牛千古臥靑坡	철우가 천고에 푸른 언덕에 누웠으니
大地無人奈如何	이 땅에 아무도 그를 어쩌지 못하네
誰把一絲輕搜轉	그 누가 한올 실 들고 가벼이 실타래 움직이나?
黃田村女夜抛梭	누런 밭의 시골 여인 밤에 북 던지네

― 열재 거사

열재의 게송 철우鐵牛는 자성본원의 실상實相. 또 푸른 언덕 역시 진리당처의 형상화니, 1행은 자성본원 자신이 자성본원에 계합하여 누웠으니 2행에서 '그를 어쩔 수 있는 사람은 없을 수밖에 없다'로 읽힌다. 3행에서 "그 누가 한 올 실을 들고 가벼이 실타래를 움직이는가誰把一絲輕搜轉?"는 '누가 있어 실타래를 움직이는 것이 아니라, 실타래 역시 스스로 연緣에 의해 움직임'을 노래한다. 4행은 또 '황전촌녀黃田村女가 있어 이 찰라 북을 던지고 있다'는 황전촌녀가 던지는 북은 바로 조주의 '뜰 앞의 잣나무'이고, '만법이 하나로 돌아가니 하나가 돌아간 자리'이며 '끽다거'의 그 찰나다. 그리고 황전촌녀는 두두물물의 무한실상의 한 이름이다. 어느 것 하나 어긋남이 없고 벗어나지 않는 화엄법계의 도리를 열재 거사는 노래한다.

7)

조주에게 한 학인이 물었다.

"학인이 처음으로 총림에 들어왔으니 스님께서 지시해 주십시오."

스님이 말했다.

"죽을 먹었는가?"

"먹었습니다."

"그래, 그럼 바루나 씻어라."

중이 크게 깨달았다.

趙州因僧問 學人 始入叢林 乞師指示 師云 喫粥了也末 僧云 喫粥了 師云 洗鉢盂
去 僧 豁然大悟

—『선문염송』권11, 429칙 「끽죽(喫粥)」

선시 한 수를 감상해보자. 요체는 없다. 전과 동일하다.

乍入叢林兮	총림에 들자
乞師指示	스승의 지시를 빌었네
趙州開口兮	조주가 입을 여니
喫粥了末	죽 먹었느냐 할 뿐일세
喫粥旣了兮	죽을 먹었다니
千般富貴	백만장자 되어

洗鉢盂去兮	바루를 씻고 나니
正好睡睡	졸음이 모여드네

— 숭숭공

8)

조주에게 엄양존자가 물었다.

"한 물건도 가지고 오지 않았을 때는 어떠합니까?"

"놓아 버리게放下着."

"한 물건도 가지고 오지 않았거늘 버리라니, 무엇을 놓아버립니까?"

"그래, 그럼 짊어지고 가게."

존자가 크게 깨달았다.

趙州因嚴陽尊者問 一物不將來是如何 師云 放下着 嚴云 一物不將來 放下箇什麼 師云 伊麼則擔取去 尊者大悟

—『선문염송』 435칙 「일물(一物)」

조주는 도적이다. 걸려들면 무엇이든 모두 **빼앗아** 버린다. 그래도 모르면 '짊어지고 가라' 한다. 아, 도적 조주고불.

이럴 때도 다음의 선시를 읽어보아야 한다.

一物不將來	한 물건도 가지고 오지 않았으나
肩頭擔不起	어깨에 메어도 꼼짝 않는다

言下忽知非	말 떨어지자 잘못된 줄 알면
心中無限喜	마음 속 끝없이 기쁘리라
毒惡旣忘懷	독한 마음 품안에서 사라지면
蛇虎爲知己	뱀과 범 모두가 친구가 되리
光陰幾百年	세월이 몇 해나 되었는가?
淸風猶未己	맑은 바람 아직도 쉬지 않는다

— 황룡남

9)

조주에게 어떤 학인이 물었다.

"조주의 돌다리를 들은 지 오래건만, 와서 보니 외나무다리만을 보고 돌다리는
보지 못했구나."

하며 중이 다시 물었다.

"어떤 것이 돌다리입니까?"

스님이 대답했다.

"말도 건네고 나귀도 건넨다."

"그럼 어떤 것이 외나무다리입니까?"

"하나하나 사람을 건너게 하지."

趙州因僧問 久響趙州石橋 到來只見略彴 師云 汝只見略彴 不見石橋 僧云 如何
是石橋 師云 度驢度馬 僧云 如何是是略彴 師云 箇箇度人

—『선문염송』438칙「약박(略彴)」

趙州石橋本無星	조주의 돌다리는 본래 디딤돌 없어
水急遊魚不易停	물이 급해, 노는 고기 멈추지 못한다
橋上只觀驢馬跡	다리 위엔 말과 당나귀 발자취만 보이니
誰人敢向御街行	뉘라서 말을 타고 감히 건너려 하랴

— 지문조

　조주의 돌다리는 진리당체의 표상이다. 끊임없이 흐를 뿐. 그래서 "물이 급해, 노는 고기 멈추지 못한다"고 읊고 있다. 4행의 기표는 '다리 위엔 말과 당나귀 발자취'만 어지러우나, 5행에 가서는 "뉘라서 말을 타고 감히 건너려 하랴"고 노래하고 있으니, 이것이 반어적 수사다. 곧 '말을 타고 건네는 사람 있다'로 읽힌다.

10)

　조주에게 한 학인이 물었다.

　"어떤 것이 도입니까?"

　"담 밖에 있는 것이다."

　중이 다시 말했다.

　"학인은 그런 도를 물은 것이 아닙니다."

　"그럼 어떤 도를 물었는가?"

　"큰 도를 물었습니다."

　"큰 도는 장안(長安)으로 통하느니라."

趙州因僧問 如何是道 師云 牆外底 僧云 學人 不問者介道 師云 你問什麼道 僧云 大道 師云 大道通長 安什麼道 僧云 大道 師云 大道通長安

—『선문염송』476칙 「장외(牆外)」

趙州眞古佛	조주, 진짜 고불이
叢林只一介	총림에 오직 하나뿐
大道通長安	대도가 장안으로 통했으니
車馬喧喧過	말과 수레, 떠들썩 가고 또 온다
南北遊人火急歸	남과 북에서 온 이, 급히 돌아갈지언정
莫敎空踏草鞋破	공연히 오가면서 짚신 닳지 않게 하라

— 장산전

'대도통장안大道通長安'이 아니라, '바로 이 자리가 서울이다' 하여도 한 겹 막힌 것.

착어 마지막 행이다
'짚신'도 신이고 귀신도
신이며 당나귀 신도 신이다
귀히 모실 일이다

착어란 말도 있다

이제 불세출의 선장 조주고불이 환지본처還地本處하려 한다. 그는 평생 옆에 놓고 사용하던 불자를 다시 속가로 돌려보내며 장엄한 낙조를 맞는다.

당나라 건녕 4년 11월 2일(863)에 오른 겨드랑이를 붙이고 누워 입적하니 수명은 120세였다. 조주의 법제자로는 『선문염송』에 항주 다복 화상 한 사람이 기록되어 있다. 조주는 종파를 이루는 선장이 아니라, 선문이 조주고 조주가 선문으로 화하였기에 오늘날 대선장 조주고불로 5가 7종에서 추앙을 받는다.

조주가 세상을 떠나려 할 무렵에 어떤 중을 시켜 조왕에게 불자를 보내면서 말했다.

"이것은 노승이 평생 사용해도 못다 쓴 것입니다."

趙州臨順世時 令僧馳拂子傳語趙王云 此是 老僧一生用不盡底

—『선문염송』487칙 「불자(拂子)」

이 일에 대해 후세에 눈 푸른 선객이 있어 『선문염송』에 선시 한 수가 전하니 아래와 같다.

一生受用應無盡	평생 사용해도 다할 수 없다
這介都來有幾莖	그것이 원래가 몇 줄기던가?
分付趙王千古在	조왕에게 전해 준 지 천년이건만
任佗南北競頭爭	아직껏 남북에서 시비 분분하다

— 보녕용

제10화

마조, 벽돌 갈아 거울을 만들다

磨甎成鏡

강서 도일馬祖道一(709~788)은 한주 시방현 사람으로 성은 마씨다. 육조 이후 가사전승은 없어지고 선종에서 조사라는 명칭도 육조 이후에 끊겨졌다는 것은 너무 잘 알려진 사실이다. 그러나 그를 가리켜 제방에서 마조라 불렀다. 그 이유는 그의 속성이 마씨이므로 당시 선객들에 의해 마 조사馬祖師라 불리어졌고, 또 하나는 뛰어난 스승에게 바쳐진 수행납자들의 마음에서 우러나온 존경의 발로라 보아진다.

사실 중국 선종사에서 육조 이후 선문을 융성시킨 가장 중요한 선승이다. 『전등록』에 의하면 그의 법제자가 무려 139인이나 기록되어 있는 것을 보아도 그의 선풍을 짐작하고 남는다. 중국엔 선이 있다는 말은 바로 마조馬祖의 초기 선문의 확립에서부터 시작된다.

회양의 제자가 6명이 되나 도일만이 회양의 마음을 얻었다고 한다. 그 후 10년을 시봉하면서 그는 스스로 마음속에 감추어져 있던 진리의 내적 보배 속에서 무심의 나날을 보낸다. 도일이 깨달은 후, 그의 스승 회양이 육조가 전한 비밀 하나를 털어 놓았다. "인도 조사인 반야다라가 예언하기를 그대의 발아래 서 망아지 한 마리가 나와 세상 사람을 밟아 버릴 거라"고 참언하였다 한다. 이 것은 성이 마씨인 도일을 두고 한 말이라고들 『조당집』이나 『전등록』에 기록 되어 있다. 도일은 회양의 유일한 법제자이기 때문에 그의 법손들이나 그에게 영향을 받은 선객들이 믿어 의심하지 않는 것은 어쩌면 당연하다 하겠다.

死馬醫來無用處	말죽은 뒤 의사가 온들 무슨 소용있나
車牛腦後更加鞭	수레와 소머리에 채찍을 더하네
皮穿肉綻還知不	가죽 찢어지고 살 터진 줄 아는지
任重應須角力全	무거운 짐 실으려면 힘이 세야 되네

— 보녕용, 『선문염송』 121칙 「마전(磨甎)」

당唐 현종 개원 간에 남악의 형산, 전법원에서 선을 닦던 중 도일은 남악 회양南嶽懷讓(677~744)을 만난다. 회양은 바로 육조의 법제자이니 오늘날 선 의 본류로 불러지는 임제종과 위앙종의 원조이다.

이후에 회양과 도일이 사제로 이어지는 이 기연은 오늘날 제방에서 많이 회자되는 유명한 선화다. 많은 의미를 우리에게 주는 재미있는 이야기는 이 렇게 시작된다.

"스님은 좌선해서 무엇을 성취코자 하는가."

회양이 곁에 가서 도일에게 물었다.

"부처가 되려 합니다" 하는 도일의 대답에 회양이 바로 나가서 벽돌 하나를 가 지고 와서 바위 위에다 갈았다.

"그럼 스님은 벽돌을 갈아서 무엇을 하려 하십니까?"

"거울을 만들려고."

"벽돌을 갈아 어떻게 거울을 만들 수 있겠습니까?"

"그래, 벽돌을 갈아 거울을 만들지 못한다면 좌선을 한들 어떻게 부처를 이루겠는가?"

여기에 이르러 깜짝 놀란 도일은 회양에게 다시 물었다.

"그러면 어찌 해야 합니까?"

"소달구지를 몬다고 예를 든다면, 수레가 가지 않는다면 수레를 때려야 하나? 아니면 소를 때려야 하는가?"

도일이 아무 말도 못하자 회양이 말을 이었다.

"스님은 앉아서 명상하며 좌선을 배우고자 하는가? 그렇지 않으면 앉아 있는 부처를 흉내내고자 하는가? 좌선을 배운다면 선은 앉고 눕는 데에 달린 것이 아니고, 앉은 부처인 좌불을 배운다면 부처님은 일정한 모습을 갖고 있는 것이 아닐세. 법은 영원한 것이기에 어떤 것에 머물지 않지. 그래서 그 어떤 특정한 측면에만 집착한다거나 그 어떤 특정한 측면을 간과한다거나 해서는 안 되는 거야. 앉은 모양에 집착해서는 근본 원리를 파악하는 데 실패하게 되네."

도일은 회양의 가르침을 받자 제호를 마신 것과 같이 기뻐하였다.[1]

이 선화에서 우리가 세밀히 살펴보아야 할 부분이 있다. 회양이 도일에게 '소가 가지 않을 때 소를 쳐야 하는가, 수레를 쳐야 하는가?' 하는 물음에 도일은 아무런 대답도 못한다. 도일 같이 총명한 법기가 이런 상식적인 질문

---

1 『경덕전등록』 5 「남악회양」・『선문염송』 121칙 「마전磨塼」・『조당집』 제3권 「회양화상」・『마조록』「행록」을 참고하여 재편성하였다.

에 어찌 대답을 못하였을까? 하는 문제다.

　여기서 우리가 살펴야 하는 것은 수레와 소, 그리고 소를 모는 사람과의 관계다. 또 좌선과 참선과 선객과의 관계, 역시 곰곰이 따져야 된다. 왜냐하면 소를 쳐야 한다는 대답 자체가 꼭 알맞은 답이 아니라는 것을 도일이 간파하였기 때문이다. 소를 치면 곧 수레가 움직이겠지만, 만약 소를 치지 않았을 때는 수레가 전혀 움직이지 않을 것이다. 그럼 좌선을 통하여 선객의 마음과 신체를 닦을 수 있지만, 좌선을 하지 않을 때는 수레가 전혀 움직이지 않을 것이다. 그럼 좌선을 통하여 선객의 마음과 신체를 닦을 수 있지만, 좌선을 하지 않을 때는 어떻게 될 것인가? 그렇다. 여기에 소를 치는 삶, 바로 수레를 모는 사람이 있다.

　견성은 마음을 보는 것. 여기서 소는 마음이고 달구지도 마음이고 소를 모는 사람 역시 마음이다. 이 마음인 자성을 보는 것이 견성이며 부처. 여기서 회양의 가르침에 활연계회豁然契會한 도일은 마조가 된다. '곧 바로 마음을 깨쳐直指人心 / 자성을 보고 부처를 이룬다見性成佛'는 선종의 사구게四句偈로 표현되어지는, 대원경지大圓鏡智에 영회한다. 그래서 마조 도일을 상징하는 정형구가 된 '마음이 곧 부처卽心卽佛'임을 명백하게 깨닫고 그의 마음은 현상계를 초월한다.

　주지하다시피 소나 수레는 선시나 선화에 많이 나타나는 언어의 형상화인 동시에 실상이다. 이 형상화는 바로 무한실상을 가리키는 선시의 적기어법이다. 선시들은 평상법문인 동시에 실상을 드러내기 위해 오랫동안 전통화된 어법이며 수사법이다. 선시의 절연과 기상奇想, 선시의 초월은유超越隱喩, 선시의 무한실상無限實相, 그리고 문장을 비틀고 꼬아서 다른 수승한 경지를 펼쳐 보이는 선시의 반상합도反常合道의 문장 수사법[2]은 오랜 세월 동안 조사들이 우리를 자성의 바다에 영회시키기 위한 간절노파심절이다.

위 게송은 앞의 선화에 뜻을 밝혀 노래한 『선문염송』의 많은 선시 중, 보녕용의 게송을 옮겼다. 조사가 우리에게 주고자 하는 뜻을 읽고, 후세 선객들의 여러 가지 수사법에 의해 자기의 견해를 나타낸 선시 몇 수 들추어 보자.

모두의 보녕용 게송은 평상심이 도라는 것을 그대로 보여준다. 기발나지 않은 가운데 편안함이 있고, 평범함 가운데 비범함이 스며있다. 말이 죽은 뒤에 수의사가 온들 실제로 소용이 있을 리 없다. 그런데 2행의 "수레와 소머리에 채찍을 더하네車牛腦後更加鞭"는 도대체 무얼 말하고자 하는 것인가?

앞에서도 밝힌 것과 같이 수레와 소 그리고 소와 수레를 모는 사람, 또 소와 수레와 불가분의 관계가 있는 길, 적당한 날씨와 쾌적한 바람 한 줄기 등등의 상황과 관계는 동공간적이고 동시간적이다. 그러나 우리는 늘 시是/비非, 명明/암暗, 애愛/증憎, 희喜/노怒 등의 이항대립적인 사유와 언어로 사량분별하며 또한 총체적으로 살아간다. 오온五蘊을 가지고 있는 한 어쩔 수 없는 분별적 사유와 총체적으로 뭉뚱그려진 삶, 이 이중적 구조를 피할 수 없다. 이 이항대립적인 사유를 깨뜨리기 위해 회양이 도일에게 '소를 쳐야 하는가? 수레를 쳐야 하는가?' 하는 양변적인 견해를 묻는다. 총명한 상근기인 도일이 입을 다물 수밖에 다른 도리가 없다. 그런데 왜, 2행과 같은 "수레와 소머리에 채찍을 더하네"를 사용한 것인지? 이것은 수사법상 아이러니다. '수레와 소머리에 채찍을 가하는 것은 마치 말이 죽은 뒤에 오는 의사와 다를 것이 없다'로 읽힌다. 3행은 '채찍을 가해서 가죽이 찢어지고 살점이 터져 나오는 것은 이것과 저것을 분별하여서 오는 결과인, 미련함과 어리석음, 탐욕

---

2   송준영, 『禪, 언어로 읽다』, 2010, 소명출판, 45~58쪽 참조.

과 시기심, 이와 같은 것에서 오는 결국, 파멸로 치닫게 하는 간택심을 아는 지 모르는지'로 읽히고, 4행은 '3행과 같은 장애에서 벗어남은 반야의 지혜 인데, 반야는 특별한 것이 아니고 바로 "무거운 짐 실으려면 힘이 세야 되는 것任重應須角力全"이 아니고 무엇인가?'로 간파된다.

그렇다. 지구상에 온 모든 부처님들은 항상 불이不二의 세계에 들어 무공 용無功用의 삶을 유희하고, 현자는 불이의 세계를 지향하고 실제가 아닌 이원 적인 흑백의 사유를 벗어나 일원의 세계로 점입하려 한다.

『선문염송』121칙에 이 이야기를 '들어 보이擧'는, 대혜 늙은이의 익살스 럽고 은근함 속에 선객을 낚아치는 솜씨를 볼 수 있다.

여기서 '나귀의 해驢年'는 12간지 중 없는 해다. 없는 해이므로 평생을 가 도 깨칠 수 없음을 말한다. 그럼 나름대로 한번 읽어보자.

大慧杲普說 擧此話云	대혜고가 보설할 때 이 이야기를 들어 보였다
而今禪和家 理會道	요즘 선객들은 도를 설명하기를
牛喩心 車喩法	소는 마음에 비유하고 달구지는 법에 비유했다
但只明心 法自明矣	'마음을 밝히기만 하면 법은 저절로 밝아지고
但只打牛 車自行矣	소를 때리기만 하면 달구지는 저절로 간다' 하니
且喜沒交涉 若伊麼	씨도 안 먹을 말이 우습다 만일 그렇다면
馬祖驢年也不能得悟去	마조는 나귀의 해가 되어도 깨치지 못한다

— 대혜고

그래도 소식이 오지 않는다면 두 수의 게송을 들고 냇가에 나가 볼 일이 다. 물소리를 다시 들어 볼 일이다.

磨甎作鏡不爲難	벽돌 갈아 거울 만들기 어렵지 않네
忽地生光照大千	갑자기 빛 쏟아져 하늘을 비추니
堪笑坐禪求佛者	우습구나, 좌선하여 부처 구하는 자여
至今牛上更加鞭	지금도 소에다 채찍을 가하는구나

— 불인원

車牛腦後痛加鞭	소 뒤통수 아프도록 채찍을 휘둘러
棄却黃金抱碌甎	황금을 내버리고 벽돌 조각 안고 있네
逐惡隨邪至今日	나쁘고 삿된 것 따라 오늘에 이르도록
卽非心佛錯流傳	즉심즉불 비심비불 잘못 전해 오고 있네

— 소옹감

불인원의 게송, 1행과 2행은 역시 반어적인 대구로 읽혀진다. 1행에 "벽돌 갈아 거울 만듦은 어렵지 않네"는 '정말로 벽돌을 갈아 거울 만들 수 없다는 것을 안다면', "갑자기 빛 쏟아져 하늘을 비춘다忽地生光照大千"로 봄이 타당하다. 모든 이치에 어긋나는 것은 대천세계가 사량분별의 세계인 변견뿐인 암흑의 세계요, 벽돌을 갈아도 거울이 되지 않는다는 너무나 당연한 사실을 앎, 이 평범한 앎은 바로 갑자기 빛이 쏟아져 대천세계를 비춤이니, 선은 당연한 이 찰나를 벗어나지 않고 그대로 영회함이다. 이 당연함이 빛이요 꽃이요 선의 안정眼精이다. 이러할진대 3행과 4행처럼 '좌선을 통하여 부처가 되고자 하는 외면적인 것만 지향하는 무리들은 마치 수레를 치거나 소를 쳐서 부처를 이루고자 하는 어리석음을 그치지 않는다'로 이해된다.

인간의 이항적 관습의 장애는 지금도 소를 채찍질하여 영원히 멈춤이 없는 수레를 몰고 가는 지성인과 지성인의 끝없는 행렬을 보는 것.

착어 아아, 우습다! 지금도 소에다 채찍을 치는,
앉아서 하늘을 이루고자 하는
그런 어리석은
햇살들이여, 정녕 우습구나!
아직 동쪽햇살 서쪽햇살 하며 서울이라 말하리

소옹감의 게송 1, 2행은 '마음이 바로 부처卽心卽佛'인 것을 모르고 당치 않게 '소 대가리나 찢어지도록 후려갈기는 사람들은 마음黃金을 버린 채 부질없이 벽돌을 갈아 거울이나 만들려 하는 어리석음'을 이르고 있으며, 사면팔방으로 천방지축 쏘다니면 부처 따라 다니는 부처 지키는 귀신과 다를 것이 없음을 노래한다. 무엇이 마음이고 무엇이 부처고 무엇이 벽돌인가. 꼭 한마디 하고 싶은 말은 좌선은 부처가 아니며, 벽돌 갈아 거울 되지 않는다. 마조는 외친다. '마음 밖에 따로 부처 없고心外無佛', '마음이 바로 부처卽心卽佛'인 줄 알면 '마음도 아니고 부처도 아니니非心非佛' 이렇게 알면 그뿐이다, 이렇게 알면 그뿐이다. 마조는 외친다.

착어 즉심즉불 비심비불 심외무불이여!
심이 심으로 오지 않고 불이
불로 오지 않으면
호떡을 먹어 볼 수밖에 없다. 그럼
이럴 때는 어떻게 받아들이겠는가?

『경덕전등록』 제6권 「강서 도일선사」 분에 재미있는 이야기가 있다.

어느 날 한 학인이 물었다.

"스님께서는 어찌하여 마음이 곧 부처라 하십니까?"

"우는 아기의 울음을 그치기 위해서지."

"울음이 그친 다음에는 어떻게 하시렵니까?"

"그야, 마음도 아니고 부처도 아니라고 말하지."

"그럼 이 두 가지 외에 사람이 와서 물으면 어떻게 하시렵니까?"

"내 그런 사람에게는 물건도 아니라고 하지."

"스님 그런 사람이 왔습니다. 어떻게 하시렵니까?"

"그에게 무상대도를 구현하라 하겠네?"

"어떤 것이 조사가 서쪽에서 오신 뜻입니까?"

"지금 자네의 뜻은 무엇인가?"

僧問云 和尚爲什麼說卽心卽佛 祖曰 爲止小兒啼 僧曰 啼止後如何 祖曰 非心非

佛 僧云 除此二種人來 如何指示 師云 向伊道不是物 僧云 忽遇其中人來時如何 師

云 且敎伊體會大道 僧問 如何是西來意 師 云 卽今是什麼意

이어서 방온 거사가 물었다.

"물은 뼈도 힘줄도 없이 만곡의 배를 이겨내는데, 그 이치는 어떤 것이지요?"

"여기는 물도 없고 배도 없다. 그런데 무슨 힘줄과 배를 말하는가?"

龐居士問 如水無筋骨能勝萬斛舟 此理如何 師云 這裏無水亦無舟 說什麼筋骨

—『경덕전등록』 제6권 「강서 도일선사」

우리는 이 스승과 제자의 대화에서 도일이 얼마나 제자를 가르치는 데 궁정과 부정을 돌이키는 반어적인 기법을 능수능란하게 사용하는 사장師丈인가를 알 수 있다. 그리고 질문하는 제자를 간파하고, 이런 현 상태를 초월시키기 위해 최선을 다하는 스승의 간절한 노파심을 엿보게 된다. 갑자기 제자에게 긍정법을 쓰는가 하면 돌이켜 부정법을 휘두른다. 이것은 육조가 제자들에게 유촉한 이항대립적인 36대의 법문이며, 질문하는 제자의 의심을 바로 일원적인 통일성 속으로 밀어 넣으려는 적기적 상당법문이다. 그래서 제자로 하여금 양변견적인 모순을 광명의 세계로 몰아넣어 자성의 세계에 영회시키고자 한다. 스승이 휘두르는 진검, 제자를 위한 간절한 마음에 머리 숙여진다.

또 방온龐蘊(740~808)거사의 물음에 도일은 더 깊숙한 곳, 즉 자성의 본체에는 '있다/없다'가 모두 공함을 드러낸다. 진실로 '언설을 떠나고離言說' '사유가 끊기는絶思量' 반야가 자발광自發光하는 곳이다.

그럼 이 이야기에 대해 후대의 선객들이 부친 게송을 몇 수를 살펴보자.

風剉葉頻落	바람이 거세니 나뭇잎이 자주 지고
山高日易沈	산이 높으니 해가 쉽게 가리운다
坐中人不見	좌석 가운데는 사람이 보이지 않고
窓外白雲深	창밖엔 뭉게뭉게 흰 구름 짙어라

— 장령탁, 『선문염송』 159칙 「즉심」

이 게송 1행과 2행은 마음의 운행을 나타내는 구절이다. 마음의 운행이라 하여 특이한 것이 따로 있는 것이 아니다. 바로 "바람이 거세니 나뭇잎이 자주 지고/ 산이 높으니 해가 쉽게 가리운다"이니, 다름 아니라 자연이 저절로 풀어놓는 운행, 삶의 자연스러운 운행이 마음의 운행일 뿐이다. 이러할진대 3행과 같이 "좌석 가운데는 사람이 보이지 않고"는 당연하다. 눈을 눈동자가 보지 못하듯이, 불이 불동자를 물이 물처녀를 알지도 보지도 못하듯이 '좌석 가운데는 사람이 보이지 않으니' 이 보림은 무엇인가. 이것이 바로 4행의 "창밖엔 뭉게뭉게 흰 구름 짙다窓外白雲深"이니 그 외에 무어라 말할 수 있겠는가.

마조 도일이 우는 아이를 위해 즉심즉불卽心卽佛이라는 긍정적인 대답을 한다. 그리고 울음을 그친 아이, 스스로 편안함에 안주하는 사람을 위해 비심비불非心非佛이라는 부정법을 휘두른다. 이는 육조가 유촉한 36대법(『육조단경』 「법문대시法門對示」 제9)을 착실히 계승한 증거다. 바로 울음 우는 아이와 같이 부정으로 공격하면 즉심즉불이라는 긍정법으로 막아내고, 울음을 그친 아이와 같이 긍정에 안주한 사람에게는 비심비불과 같은 부정의 진검을 휘두른다. 정신적인 격외의 반상합도로 안내하려는 선장의 능수능란한 솜씨이니 실로 우리를 감탄으로 몰아넣는다.

장령탁의 게송은 마조의 즉심즉불과 비심비불의 시적 형상화이며 마조의 심외무불心外無佛 그 자체에 대한 깨우침의 시다.

> **착어**　그놈이 그놈이어서 들을 만하다.
>
> 즉심이고 비심
>
> 마음은 마음이어서 같은 지붕 아래 산다.

이어서 목암충이 즉심즉불에 대하여 ①의 게송을, 비심비불은 ②의 게송으로 노래했다. 각각 살펴서 감상해보자.

①

西子顏容孰可儔	서시의 맵시 뉘라서 따를까
不塗紅粉自風流	화장을 안 해도 스스로 풍류라
忽從鬧市門前過	홀연히 거리에 나가 대문 앞 지나면
引得傍觀看未休	구경꾼 모여 쉼 없이 구경하네

②

二月春光景氣浮	2월 봄빛에 경치 가벼이 들뜨다
少年公子御街遊	어린 공자들이 거리에서 노닐다
銀床坐宴傾杯樂	은 술상에 둘러 앉아 잔을 비워 즐기다
三箇孩童打馬毬	두서너 아이들 말 타고 격구하다

— 목암충

①의 게송 2행에서 '화장을 하지 않아도 그대로 멋쟁이다' 함은 마음의 본연을 나타낸다. 또 아무것도 마음의 바탕을 따를 수 없다. 어떤 무엇에도 마음은 천연 그대로 대기대응對機對應한다. 거리에 나가 대문 앞을 지나는 이놈도 마음이고 쉼 없이 구경하는 이놈도 마음이니 무엇 하나 머뭇거림이 없고, 한 찰나에도 끊어짐이 없이 잘 닦인 거울과 같이 바로 대응하니 즉심즉불이라 한다. 화장을 하느냐 하지 않느냐 하는 중생들이 분별하는 양변의 마음을 송두리째 박살내니 이것이 즉심즉불의 긍정법 사용이다.

②의 게송을 살펴보자. 2월의 봄빛에 살아나는 경치가 어찌 마음이라고 하랴. 술상에 둘러 앉아 술잔을 비워 즐기는데 무엇이 마음이고 무엇이 술잔이며 봄날의 풍류는 어떤가. 봄 햇살 등에 받으며 열심이 격구를 즐기는

아이들, 마음도 아니고 진리도 아니니, 우리는 이것을 마음 밖에 일이 아니라 한다. 이 희희낙락하는 봄속에 펼쳐지는 대긍정, 이 대긍정 속에 조는 사람을 위하여 마조는 서슴없이 부정법을 사용하여 '마음도 아니고 부처도 아니다非心非佛'라고 은밀히 말한다.

마조 도일은 남악을 떠나 마조가 되어 670년에 강서에서 법석을 열었다. 마조의 가르침은 육조나 그의 스승 남악 회양의 돈오법문을 철저히 계승하였으며 마음 밖에 부처가 따로 없다는 선대 조사들의 본질적 사유를 철저히 따랐다. 그리고 그는 훌륭한 지도에 의해 이러한 돈오법을 천하에 널리 퍼뜨렸다. 마조는 역사상 가장 많은 입실제자를 두었는데 『전등록』에는 무려 138명이나 마조의 법사로 열거하고 있다. 이들은 모두 한 곳의 선지식이 되어 끝없는 교화를 폈다. 그럼 마조의 법문을 직접 들어보자.

3계가 오직 마음뿐이며 삼라만상이 한 법에서 나온 것입니다. 형상色을 볼 때, 그것은 모두가 마음을 보는 것, 마음 스스로가 마음이라 하지 못하므로 형상을 의지해서 마음이 존재하기 때문입니다. 그러므로 상황에 따라 말하면 될 뿐, 현상即事이든 이치即理든 아무 걸릴 것이 없습니다. 수행에 의해 얻어지는 깨달음도 마찬가지입니다. 마음에서 난 것을 형상이라 하는데, 형상이 공함을 알기 때문에 난 것은 동시에 난 것이 아닙니다. 이것을 체득하면 그때그때 옷 입고 밥 먹으며 부처 될 씨앗을 기르면서 그저 인연 따라 시절을 보내면 될 뿐이니, 그 이상 무슨 일이 있겠습니까?

나의 가르침의 게송을 들어보시오.

三界唯心 森羅萬象 一法之所印 凡所見色 皆是見心 心不自心 因色故有心 汝可隨時言說 即事即理都無 所得 菩提道是亦復如是 於心所生 即名爲色 知色空故 生

卽不生 若體此意 但可隨時着衣喫飮 長養聖胎 任運過時 更有何事 汝受吾敎聽吾偈

心地隨時說	마음 바탕을 때에 따라 말하니
菩提亦只寧	보리도 역시 그러할 뿐
事理俱無碍	현상에나 이치에 모두 걸릴 리 없지
當生則不生	나는 그 자리가 나지 않는 자리라네

—『조당집』제14권「강서마조화상」

　마조의 이 법문에서 가장 중요한 것은 육조의『법보단경』에서도 강조하였듯이 관통되는 사상은 일상생활에서 긍정적인 태도다. 이러한 근본적 통찰은 선종에서 가장 기본적인 동시에 보편적인 원칙이 되는 핵심사상으로 자리매김 된다.

　선종의 매력은 무위에 자재하는 노장사상을 뛰어넘어 후대에 확암廓庵志遠의「십우도」에서 입전수수入廛垂手로 나타나며[3] 이어서 활발한 선화와 법거량, 고함소리, 몽둥이질과 거침없는 실제의 행위로 나타난다는 데 있다. 이것이 오늘날에 와서는 행위하고, 머무르고, 앉고, 눕고, 말하고, 침묵하고, 움직이고, 고요하고行住坐臥 語默動靜, 모든 생활이 선일뿐 이라고 말한다. 바로 현실 생활의 찰나지간에 번득이는 지혜, 이것이 선이다. 삶의 끄트머리

3　선종의 가장 뛰어난, 선종이 선종으로 있게 하는 근본사상인 '입전수수入廛垂手' 사상은 저자가 생각하기에는 무엇인가 탐구하고 사유한 것보다 실천을 가장 중요시하고 실천사상을 실제로 옮기고 있는 그 당체로, 선은 사유체계이기 전에 그 자체다. 선의 근본을 10개의 게송으로 노래한 확암의『십우도』는 ① 도를 찾다尋牛, ② 자취를 보다見跡, ③ 도를 발견하다見牛, ④ 도를 얻다得牛, ⑤ 도를 기르다牧牛, ⑥ 도와 같이 집으로 돌아오다騎牛回家, ⑦ 도를 잊고 사람만 남다忘牛存人, ⑧ 사람과 도를 모두 잊다人牛共忘, ⑨ 본원으로 돌아가다返本還源, ⑩ 저자로 돌아가 팔을 드리우다入廛垂手로 깨달음을 소로 상징하여 차례로 보여주고 있다. ⑩의 입전수수야말로 꽃나무가 꽃을 피우듯이, 우리는 생활로 되돌아가 팔을 걷어붙이고 노력하여 잘 먹고 잘 살자는 실제의 삶을 말한다.

에서 반야의 검으로 삶을 재단한다.

둘째로 이 법문에서 발견할 수 있는 것은 '성태장양聖胎長養'이다. 이 말은 불교 전래 이전부터 내려오는 도가적 언어다. 이 성태는 도교에서 불로장생을 위한 종자를 양생한다는 의미이나 마조는 육조의 견성見性과 동일한 의미로 즉심즉불 심외무불即心即佛 心外無佛이라 하여 성태장양의 주체가 심心자로 성性자보다는 좀 더 구체화시킨다. 이것이 임제에 이르러서는 무위진인으로 옮겨가면서 더욱 형상화되며 이것이 대기대용인 몽둥이질棒이나 큰 고함喝으로 나타난다.

제자를 깨달음으로 몰고 가는 이런 마조의 대기대용의 놀라움은 앞에 들은 즉심즉불이나 비심비불의 선화에도 잘 나타난다. 긍정과 부정을 교묘히 들어 질의자에게 더 이상 사량분별처를 없애므로 진리의 당체로 돈입케 하는 마조의 솜씨는 많은 제자들을 깨닫게 한다.

이들 가운데 오늘날까지 제방에 널리 펴져 선객들의 귀감이 되고 있는 선화 한 도막과 게송을 소개하기로 한다.

등장하는 인물은 서당 지장西堂智藏(735~814), 백장 회해百丈懷海(749~814), 남전 보원南泉普願(748~834)이다. 이들 세 명은 마조 문하에 가장 뛰어난 제자들이다.

어느 날 스승 마조가 이 세 제자와 함께 달구경을 하였다. 그때 스승이 제자들에게 물었다.

"이런 밤엔 무엇을 하고 지내면 제일 좋을까?"

서당이 미리 대답하였다.

"불공을 드리기에 적합한 때입니다."

이어서 백장이 말했다.

"참선으로 정신 수련하기에 적당한 때입니다."

듣고 있던 남전이 소매를 떨치고 그냥 가버리자, 마조가 말을 했다.

"경의 강론은 서당에게 알맞고, 선정은 백장이 빼어나나, 오직 남전만이 홀로 사물 밖을 초월하는구나."

西堂百丈南泉侍祖 翫月次 祖曰 正恁應時如何 西堂云 正好供養 百丈云 正好修 行 南泉拂袖去 祖云 經 入藏 禪歸海 唯有普願獨超物外

—『마조록』부록 · 『선문염송』157칙 「완월(翫月)」

위의 선화에서도 보듯이 마조에게 크게 인정을 받은 남전은 너무 높고 투명하여 그런지 그의 뒤를 이어 조주 종심, 육긍 대부 등이 선종사에 보이나 몇 대 못 가서 법손이 끊긴다.

백장이 역사상 마조의 후계자로 나타나는데, 위의 선화 가운데도 짐작이 된다. '달 밝은 밤에는 수행을 하기 좋다'는 대답에서 읽히듯이, 끊임없는 자기 수양과 외부의 상황에도 변화하지 않고 끈덕지게 노력하는 수행인의 진솔한 마음을 보인 백장, 이러함이 육조―남악 회양―마조 도일―백장 회해―황벽 희운―임제 의현으로 잇는 선종의 정맥을 계승한다.

특히 백장이 기초한 선원 규약인「백장청규百丈淸規」는 선원사회를 자급자족하는 단체로 변화시킨다. 백장 역시 '하루 일하지 않으면 하루 밥 먹지 않는다―日不作 一日不食'는 생활 규범을 몸소 실천하므로, 선종은 더욱 사회에 깊숙이 들어가, 사회 속에서 사회에 벗하기 된다. 이런 것은 뒷날 당 무종 때 일어난 회창 법난 같은 불교 탄압을 무사히 견디어내는 원동력이 되었다.

그리고 서당은 신라 승도의元寂道義를 인가함으로 우리나라 남종선의 뿌리가 된다.

위의 선화에 대해 후대 선객들의 염과 송을 하나씩 감상하여 보자.

經入藏禪歸海	경은 장으로, 선은 해로 드는데
唯有普願 獨超物外	보원만이 혼자서 사물을 뛰어넘네
咄	쯧!
秖有照壁月	벽을 비추는 달만이 있을 뿐
更無吹葉風	잎새를 나부끼는 바람은 없네

— 동림총

雲門杲上堂	운문고 선사가 상당하여
擧此話云	이 얘기를 들어 말했다
還知四大老落處麼	"네 노장들이 실수한 곳을 알겠는가?
若也未知	만일 모르겠다면
聽取一頌	내 게송 하나를 들으라" 하며 노래했다

國淸才子歸	나라가 태평하니 재사가 귀히 되고
家富小兒嬌	집이 부유하니 애기들이 예쁘다
大家出隻手	제각기 외짝 손을 내미니
彼此不相饒	서로서로 너그럽지 않네

— 운문고

동림총의 게송에서 2행의 '보원만이 사물을 뛰어 넘다'와 3행의 "벽을 비추는 달만이 있을 뿐"은 바로 사물을 뛰어 넘는 이치를 상상력에 의한 이미지로 그린 것이다. 그리고 4행에 "잎새를 나부끼는 바람이 없다"에서 남전이 지극한 이치에 계합하나, 너무 맑고 투명하여 고기가 살 수 없으니 이것이 문제다. 잎새와 바람, 이러한 상황 역시 필요하다. 벽을 비추는 외롭고 높은 달만이 있어도 문제는 문제다. 그래서 그런지 마조 도일의 법제자 중 도일의 법을 계승한 문파는 백장 회해다. 이 백장의 후손들이 오늘날까지 면면이 이어져 선종사의 주맥으로 등장한다. 불교가 다른 것은 상구보리上求菩提가 하화중생下化衆生이요, 이타利他가 자리自利. 여기에 모든 낙처落處가 있다. 종고의 선시는 염拈이다.[4] '네 노장의 실수한 곳四大老落處'은 과연 어디인가?

해가 지면 날이 어둡기 마련이고, 낙엽이 지면 외롭고 쓸쓸해진다. 이 네 명의 선사들이 무엇을 그리 가리려 하는가. 바로 한마디의 말이 떨어지면 양변의 견해에 드는 것이니 어떻게 말해야 이곳을 벗어나지 않을까.

착어   외눈을 가졌으나 단지
　　　　 사람 사는 곳엔 인정이 밥을 준다
　　　　 제각기 외눈을 맞추니
　　　　 눈조차 맞출 수 없네

운문 종고가 다시 게송으로 이 이치를 밝히니 다시 살필 일이다.

| 國淸才子歸 | 나라가 태평하니 재사가 돌아오고 |
| 家富小兒嬌 | 집이 부유하니 애기들이 예쁘다 |

4　염拈은 남의 말을 다시 예를 들어 보이는 형식인데, 이 글에서는 광의의 선시로 본다. 오늘날의 자유시 형태로 보이기 때문이다.

大家出隻手	제각기 외짝 손을 내미니
彼此不相饒	서로서로 너그럽지 않네

3행에서 "제각기 외짝 손을 내미니"에서 외짝 손隻手은 '둘이 아닌 손'을 가리키니, 곧 진리를 말한다. 양변, 상대가 있지 않은 유일무이唯一無二의 진리 당체의 형상화이니 곧 무한한 실상이다. 3행을 풀면 '이런 마조회상에 지장, 백장, 남전이 양변에 떨어지지 않는 각각 우뚝한 견처를 밝히니' '결국 도인들이 서로 망신을 떠는 형국, 모양새가 별로 좋지 않다'를 "서로서로 너그럽지 않네"로 마무리짓는다.

장부일대사 인연을 마친 대선사도 임종을 맞이한다. 열반 하루 전 병세를 묻는 제자들에게 깨달음을 안내하기 위해 마지막 간절 노파심을 보여준다.

마대사가 불편하므로 원주가 물었다.

"스님, 요즘 법체가 어떠합니까?"

마조가 대답하였다.

"일면불 월면불일세."

馬大師不安 院主問 和尙近日尊位如何 師云 日面佛月面佛

—『선문염송』169칙「일면불」·『벽암록』3칙「마대사불안」

해 같은 부처님, 달 같은 부처님. 오래 오래 해와 같이 장수하는 부처님인 일면불과 하룻밤을 사는 부처님인 월면불.

이 대답에서 마조가 말하고자 하는 것은 큰 파도나 작은 파도나 무궁한 영겁 속에 일어나는 파도는 바다 입장에서 같은 것이리라.

①

日面月面	일면불 월면불이여
左轉右旋	외로 돌고 오른쪽으로 구른다
萬里光寒	만리에 광채가 싸늘하고
千江影現	천강에 그림자 비치네
碧眼黃頭	눈 푸르고 머리칼 누른 이여
是何神變	이 무슨 신통조화인고

— 보리원

②

蒲團上端坐	깔방석에 단정히 앉아
針眼裡穿線	바늘귀에 실을 꿴다
西風一陣來	서풍이 한바탕 불어오니
落葉兩三片	낙엽이 두세 쪽 날리네

— 보녕용

①의 게송에서 보리원

은 마조가 답한 '일면불 월면불'을 그대로 진리의 당체로 본다. 2행에서 누가 있어 시켜서 "외로 돌고 오른쪽으로 구른다左轉右旋"가 아니고 스스로 밥을 먹고 물을 마시는 것과 같이 스스로 왼쪽으로 돌고 오른쪽으로 구른다. 이 구름을 아는 것이 중요하다. 3행과 4행, 5행은 자성본체의 체體와 용用의 조화를 노래하는 것이니 잘 보고 잘 보아라.

그럼 이 자성본체를 보고자 하는가?

보녕용의 게송 ②는 그대로 우리에게 있는 것을 다 들려준다.

착어   이 가을 국화향 그윽한 방석에 앉아
         황금색 실을 은빛 바늘귀에 넣는다
         등솔기를 감싸 도는 바람 한 줄기
         속속 붙은 원앙, 하늘과 땅

         여인의 가르마 위 날리는 단말마의
         갈잎 두어 장

   어쨌든 마조가 만든 이 선화는 후세에 들어 많은 수선납자들이 골칫덩어
리 화두로 속을 썩인다. 그렇지만 수많은 후학들을 함정에 빠뜨리기도 하고
함정에서 건져 주기도 하는 '일면불 월면불'을 집어 올려놓고 다음 해 2월,
80세를 일기로 입적한다.

제11화

소를 타고 소를 찾네

騎牛覓牛

제11화의 표제로 단 '소를 타고 소를 찾는구나騎牛覓牛'의 제11화에 등장하는 인물은 서산대사淸虛休靜(1520~1604)와 그의 제자 소요 태능逍遙太能(1562~1649)이다.

서산대사는 바로 임진왜란 당시 승군 총사령관이며 조선조의 가장 우뚝한 큰스님이고, 그의 제자 소요당은 법명이 태능이고 호는 소요이며 속성은 오씨다. 호남 담양인이며 명종 17년(1562)에 태어났다. 사명당과 편양 언기, 그리고 소요당은 서산대사의 상족들이다.

서산대사가 소요에게 내린 아래 게송은 오랫동안 선방에 회자되어 온 선시다. 선가에서는 독창적인 게송을 창작하기도 하고 또 별다른 창작의식이 없이 전승되어온 선게를 사용하기도 한다. 이것은 시를 창작하고자 하는 의도보다 깨달음의 세계를 온전히 후학들에게 보여주어 학인을 눈뜨게 하려는 선장들의 간절노파심절이 앞서기 때문이다. 또 선사들은 시의 기교에서 무기교의 기교를 그대로 보여주기 때문일 것이다.

이 게송 역시 전승되어온 선게다. 서산대사가 그의 제자 태능에게 준 다섯 수의 게송 중 하나다. 앎을 빼앗아버림으로 오는 적기상태, 인연에 따라 앎을 비워버림, 스승 서산대사는 제자에게 마지막 카드를 내 보인다.

斫來無影樹   그림자 없는 나무를 베어다가
燋盡水中漚   물 가운데 거품 태워 다 할지니라
可笑騎牛者   가히 우습다 소 탄 자여
騎牛更覓牛   소를 타고 다시 소를 찾는구나

— 청허 휴정

오늘날까지 당상의 대중법문으로 많이 회자되는 "소를 타고 소를 찾는구나" 하는 선화는 저자 역시 오랫동안 무딘 머리를 괴롭혀 왔던, 꼼짝달싹하지 못하게 하던 공안이었다.

이 선화를 대중법문한 전강田岡永信(1898~1974)의 법문을 옮긴다.

소요스님은 어려서부터 총명하고 자비하여 성동이라고 고을 사람들한테 칭송을 받았다. 13세에 출가하여 부휴대사 밑에서 일대시교를 통달하고 수백 명의 학인 가운데 운곡, 송월스님과 더불어 법문삼걸이라고 칭호를 받았던 17세의 소년 강사 소요스님이 아무리 생각하여 보아도 부처님의 경전을 아는 것만으로는 도저히 생사대사를 마칠 것 같지 않았다.

어느 날 묘향산에 계신 서산대사를 찾아가서 법을 가르쳐 줄 것을 청하니, 서산대사는 보자마자 법기인 줄 아시고 그날부터 시봉을 시키면서『능엄경』한 토막씩을 매일 가르쳐 주셨다. 이미 경전을 통달한 강사인지라『능엄경』을 모를 리 없지만 서산대사의 가르침이라 매일 배우다 보니 삼 년이 다 지나갔다. 소요스님이 생각하여 보니 한심하였다. 대선사요, 대도인이라 하여 찾아왔는데 법은 가르쳐 주지 않고 이렇게 다 알고 있는『능엄경』만을 가르쳐 주니 화가 났다.

그러나 참고 계속 배워 가는데 소요스님이 잠깐 밖으로 나갔다가 들어오면 서산 대사는 웬일인지 때 묻은 작은 책을 보시다가는 곧 안주머니에 넣곤 하는데 이렇게 여러 번 계속되고 보니 소요 스님은 그 작은 책에 대하여 매우 관심이 많았다.

하루는 서산대사가 잠자는 틈을 타서 그 작은 책을 보려고 하니 서산대사는 깜짝 놀라 깨어나서 그 책을 더욱 소중히 감추는 것이다. 그러나 그 작은 책을 보려고 하면 할수록 더욱 단속이 심하고 또 그냥 그대로 아무런 법도 얻지 못하였으니, 결국 화가 나서 그곳을 떠나기로 결심하였다.

그래서 소요스님은 서산대사에게 하직을 고하니 그때야 비로소 서산대사가 그렇게도 소중히 여기던 때와 콧물이 묻은 그 작은 책을 주시면서 하시는 말씀이 '가려고 하거든 이 책이나 가지고 가게' 하셨다. 서산대사가 주신 책을 펴보니 게송이 있는데, 바로 모두에

"그림자 없는 나무를 베어다가 / 물 가운데 거품을 태워 다 할지니라

가히 우습다 소 탄 자여 / 소를 타고 다시 소를 찾는구나."

이 게송을 가지고 호남으로 내려가 20년간을 참구하였으나 깨닫지를 못하고 나이 40에 이르러 다시 묘향산에 돌아가서 서산대사를 뵈오니 감개가 무량하여 눈물이 왈칵 쏟아졌다.

20년간을 하루도 잊어본 적이 없는 스승이 아니었던가. 서산대사께서 말씀하시기를 "공부가 어떻게 되었느냐?" "떠날 때 주신 게송의 의지를 아직도 깨닫지

못했습니다."

　서산대사께서 "가히 우습다 소 탄 자여, 소를 타고 다시 소를 찾는구나" 하시는
바람에 소요 스님은 언하에 확철대오하였다.[1]

　　　　　　　　　　　　　　　　　　　　— 전강선사법어집,『언하대오』, 25～28쪽

　그 후 서산대사의 교맥은 송운 유정, 선맥은 편양 언기와 소요 태능으로
계승되었다고 문헌에 기록된다. 그리고 그의 문파는 우리나라에서 소요파
로 불리어질 만큼 오늘날에도 법손들이 상전하고 있다.

　소요의 시 역시 당대의 많은 명사들과 교류하여 선과 시가 빼어났다고 칭
송을 받았다. 정범조의 서문에서도 "대사의 시는 맑고 흰하고 담박하여 마
치 허공을 지나는 구름 같고 달이 냇물에 비친 것 같았고, 적절한 언어와 절
묘한 비유가 빛이 나 모양의 저쪽을 뛰어넘고 있다"[2]고 칭송하고 있다. 그러
나 선사의 시문을 유심히 볼 것 같으면 모든 게송이 그저 시인의 절묘한 시
구나 기발한 발상을 언어로 나타낸 시가적詩家的 입장이 아니라, 앞 모두에
서산대사가 준 "소를 타고 다시 소를 찾는다"와 같이 이미 선가에서 전래된
시를 편안하게 그냥 보여주고 있다. 이것은 바로 선사들의 꾸밈없는 마음
자체에서 찾을 수 있고, 오직 후학들을 위한 간절노파심절만 있기 때문이다.
이러함은 선시의 한 특징이니 여시한 평평범범, 이것이 선장들의 솜씨라 할

1　이 선화는 전강田岡선사께서 하신 대중설법을 그의 입멸 후 문도들이 간행한 전강선사법어집『언
　하대오』에서 옮긴 것이다. 소요(1562～1649)의 시문집인『소요당집』은 스님이 입적 150후인 정조
　24년(1800) 처음 간행되었다. 그 후 이 초판본이 근대에 와서 중간되었는데, 서문을 여규형(1848～
　1921)이 썼다. 그리고 초판을 주관한 스님이 6대 법손인 춘담春潭이었으나, 재판시에는 11대 법손
　인 예운 혜근猊雲 惠勤이 행장을 쓰고 있다. 이 행장에 본문의 시와 함께 기연이 적혀 있다.
2　정범조는『소요당집』서문에서 소요선사의 시와 선을 연관지어 "而淸空澹泊 如雲過空 而月印川間
　以名言妙喩 超詣色相之先" 하니 깨달음에 가깝다고 평하고 있다.

것이다. 그럼 소요선사의 시 몇 수를 읽어보자.

①

葉脫千峰靜	잎 지자 일천 산 조용하고
月臨萬壑奇	달 뜨니 온갖 골짝 빼어나다
山家絶言妙	산가의 말 끊긴, 이 현묘함
勿使外人知	바깥사람 알지 못하게 하시오

②

一株無影木	한 그루 그림자 없는 나무
移就火中栽	불 속에 옮겨다 심으니
不假三春雨	새봄의 비를 가져 오지 않아도
紅花爛漫開	흐드러지게 핀 저 붉은 꽃

— 소요 태능

①의 게송 1행과 2행 "잎 지자 일천 산, 조용하고 / 달 뜨니 온갖 골짝 빼어나다"는 선리적인 입장에서는 쌍차쌍조雙遮雙照의 화엄도리華嚴道理를 겹겹이 드러내고 있다.

1행에서 '잎이 지다'는 '막다 빼앗다'의 차遮의 표현이고, '조용하다'는 '되비침', 조照의 표현이다. 곧 '일천 산'이 있는 그대로 석가의 샛별처럼 드러난다. 그리고 2행의 '달뜨다'는 조照의 이치로서, 곧 되비치니 '만학이 갑자기' 그 자태를 여시하게 드러낸다(송준영, 『현대언어로 읽는 선시의 세계』, 86쪽 참조).[3]

곧 선시의 적기수사법 가운데 반상합도反常合道의 수사법이니 결국 일상을 돌이켜 다른 수승한 세계로 나아감을 말한다. '드러난 일상'인 A는 '드러나지 않은 일상'인 Ā이니, 'A는 A가 아니므로 A다'가 된다. 도식으로 나타내면 A＝Ā이다.

3행과 4행 "산가의 말 끊긴, 이 현묘함 / 바깥사람 알지 못하게 하시오"는 3행에서 보이는 '산가山家'는 숨어버리고, 도리는 드러난 묘妙로 표현되었으니 우리를 다시 한번 뒹굴게 한다. 4행은 반어적 수사법인 아이러니다. 선사는 발가벗고 중요한 것을 보여주고 있다. 만 사람에게, 깨친 자에게는 담담함이 있다. 선가에서는 별무기특別無奇特이란 말이 있다. 진실로 별난 것이 없음이 선가의 가풍이다. 선시의 맛을 표집하면 단순單純, 명징明澄, 청량淸凉, 표일飄逸, 검박儉朴 등으로 나타나고 있다. 이것 역시 소요의 시에서 주된 풍광을 보여준다.

> 착어　별무기특이라, 하늘 별들아
>
> 아직 무사한가. 오늘도
>
> 어둠을 갈아 먹는 너
>
> 정말 기특하구나.

3　쌍차쌍조雙遮雙照 차조동시遮照同時의 세계 ─ 쌍차란 시/비, 자/타, 미/추, A/Ā의 양변적인 견해, 이항대립적인 견해를 '막다', '없앤다'는 의미이고, 쌍조란 이항대립적인 견해를 회감융통回感融通하는 곧 A＝Ā의 의미다. 이것은 인드라망처럼 거듭거듭 다함이 없으므로 중중무진화엄법계라 한다.

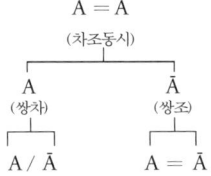

이와 같은 도식이 수천 수만이 아니라 거듭거듭 다함이 없이 두루 펼쳐지는 세계다.

②의 게송은 제자 제월 수일霽月守一에게 준 5수 가운데 하나이다. 진리를 전하는 염송적 전법게다. 선가의 선시는 시구가 독창적일 수도 있으나, 진리 자체에 계합될 때, 예부터 전해 오는 선게를 아무렇지도 않게 그대로 사용하기도 한다. 이것은 시를 짓는 데 근본이 있기보다, 학인을 깨우치게 하는 데 목적이 있기 때문이다. 저 뻥뚫린 선장의 지극한 간절심 때문일 것이다. 일체가 그대로 실상이요 그것이 그대로 진여 화엄법계이기 때문이다.

1행의 "한 그루 그림자 없는 나무" 역시 선시의 반상합도의 수사법이다. 무한실상을 그대로 보여주는 "A는 A가 아니므로 A이다"가 되는 $A = \bar{A}$의 표현이다. 즉 '나무(A)'가 '나무 아닐($\bar{A}$)' 때 그림자가 없고, 2행과 같이 '불 속에 옮겨다 심을 수' 있다는 표현이 가능해진다. 이럴 때 저 미당의 시 「내가 돌이 되면」도 세계와 포개어지며,[4] 무한하고 아득한 저 속의 세계가 전해주는 소식이 3행과 4행에서와 같이 "새봄의 비를 가져오지 않아도假三春雨 / 흐드러지게 핀 저 붉은 꽃花爛漫開"으로 천만 번 되피고 되살아나고 다시 사라지고 다시 살아나도 차조동시遮照同時의 소식으로 오게 된다. 이것들을 흔히 문자의 표상 밖이라 하지만, 선장들은 이것 역시 문장 밖에 있지 않다고 말한다.

내친 김에 한 수 더 읽어보기로 하자

火裡紅蓮落古衣	불 속의 붉은 연꽃 옛 옷에 떨어지니
木童抧捨滿筐歸	목동이 버리고 광주리에 마음 채워 돌아오네

---

[4] 서정주(1915~2000)
내가 / 돌이 되면 // 돌은 / 연꽃이 되고 // 연꽃은 / 호수가 되고 // 내가 / 호수가 되면 // 호수 / 는 / / 연꽃이 되면 / 연꽃은 // 돌이 되고 (「연꽃이 되면」 전문)

| 古曲無音誰敢和 | 옛 가락 곡조 없으니 누가 감히 화답하리오 |
| 溪邊石女笑微微 | 냇가 돌여인이 빙긋빙긋 웃음 짓네 |

— 소요 태능

1행의 '화리홍연'은 역시 '연꽃이(A) 연꽃이 아니(Ā)므로' '불속에 연꽃'으로 표현되는 A=Ā, 전제 후제가 끊기는 선시의 무한실상적 표현이다.[5] 곧 1행은 떨어지는 연꽃이 환지본처還至本處한다는 선시적 표현이다. 2행에서 목동木童은 무심으로 연꽃을 주워서 버리고 광주리에는 텅 빈 마음만 가득 채워 집으로 돌아간다. 아니 본래 자리로 돌아간다. 3행에선 선사는 말한다. '이런 무한실상의 실상을 인위적으로 누가 감히 화답하겠느냐?' 한다. 하지 않는다

---

5 송준영, 『현대언어로 읽는 선시의 세계』, 푸른 사상, 13쪽 송준영, 『禪, 언어로 읽다』, 소명출판, 45~58쪽. 선장들이 상당법문 중 요긴한 부분을 설할 때 적기적 어법을 쓴다. 문장이나 게송에서 이것은 적기수사법으로 우리의 알음알이를 빼앗으므로 정신적 공황에 들게 하고 끝내는 깨달음에 영회시키고자 한다. 특히 공안이나 선시에 주수사법으로 나타나는데, 이것을 저자는 선시의 적기수사법賊機修辭法으로 명명하고 하위 단위로 세분하면 선시의 반상합도反常合道, 선시의 초월은유超越隱喩, 선시의 무한실상無限實相이라고 칭했다. 선시의 반상합도란 정상이라 규정한 일상을 돌이키고 뒤틀어서 정상과 비정상이 융통하고 회감함으로써 수승된 다른 세계로 점평함을 이른다. 수많은 선시가 거의 이런 수사법을 자유자재로 쓴다. 예 빈손에 호미들고, 다리는 흘러가고 물을 흐르지 않네.(부대사) 물속에 진흙소가 밭을 간다. 구름 속 나무말이 풍광을 받간다(소요)

선시의 초월은유란 이질적인 두 사물에서 유사성을 발견하는 비유, 곧 비동일성에서 동일성을 발견하게 하는 은유를 말한다. 이런 것은 A=A, A=B라는 상식적인 정상적인 논리로서 나타낼 수 없는 선의 도리에 의한 선사상에 기인한다. 곧 선사상을 표현하기 위한 양변의 견해를 융합하면서 동시에 초월하는 비유상태를 말한다. 예 진흙은 푸른 돌 속의 뼈.(청허 휴정) 일이삼사로 가고 사삼이 일로 오라.(무경)

선시의 무한실상이란 선의 도리는 본질과 물질적 현상을 같이 본다. 실상이란 상징에 남아있는 논리적 고리를 단절시킴으로써 분별간택심을 초월시켜, 제자리로 환지본처하게 하는 불립문자의 표징이다. 곧 끝없는 실상으로 형성된다. 따라서 선시어의 암시성, 상징성이 일반시보다 연결성 혹은 밀도 면에서 복잡하지 않고 아주 간단명료하다. 전후좌우가 완전히 절단된 실상을 몰록 드러낸다. 어디든지 편재해 있고 딱 떨어져 있는 이 세계에 현현하는 두두물물을 무한실상이라 칭한다. 예 바다 밑 제비집에는 사슴이 알을 품고 / 불속 거미집에는 물고기가 차를 끓인다.(효봉 학눌) 또 선시에서 보여주는 석녀, 무영탑, 황전촌녀, 토끼뿔, 거북털, 바다 밑 제비집, 사슴이 알을 품음, 물고기 차 달임 등은 진리, 법, 도의 형상화이며 둘이 아닌 실상의 이름이다. 두두물물이 무한공간에 상하좌우에 편재되어 있으므로 무한실상이라 한다.

가 아니라 4행에서 오직 "냇가 돌여인이 빙긋빙긋 웃음 짓네"라 읊는다.

지금 우리는 소요의 게송 몇 수를 마치 모난 구멍을 둥근 방망이로 막듯이 풀어 보았다. 그러나 다시 우리는 서산대사가 준 모두의 게송을 홀로 풀어 보고 점두點頭할 수밖에 없다.

앞의 모두의 게송, 1행에서 과연 무엇이 어떻게 하여 '그림자 없는 나무'라는 표현이 나올 수 있는가? 살펴보자. '그림자 있는 나무(A)'라 할 때, 동시에 '그림자 없는 나무(Ā)'일 뿐이다. '그림자 없는 나무'는 우리의 머리에 인식되어 온 '배나무', '참나무', '느릅나무', '느티나무' 등 수많은 나무들이고, '그림자 없는 나무'는 우리에게 오랜 인습에 의해 약속된 고정된 나무가 아니라, 다양하게 인연 따라 천변만화하는 이면의 본질을 이른다. '그림자 있는 나무'와 '그림자 없는 나무'를 우리의 정상定相되고 고정된 사유를 벗어날 때, 곧 '있는' 것과 '없는' 것을 통시通視할 때, 실상이라 선에서는 말한다. 끝없이 중중무진으로 펼쳐지는 실상이 무한실상이다. 끝없는 고리로 이어지는 세계 역시 무한실상이요, 절대현재의 이 순간에 드러난 이놈, 역시 무한실상이다.

곧 '나무'가 '그림자 없는 나무'일 때만이, 나=돌, 나무=불, 나무=그림자일 수 있다. 바로 나무=돌=불=그림자와 같이 무한정으로 사면팔방으로 전개되어진다. 무한정 전개되는 이놈 역시 지금 눈앞의 발가숭이, 적육단자

赤肉團子로 현현하는 일체의 두두물물이 바로 무한실상, 그놈이다.

　이러할 때, 1행의 '그림자 없는 나무를 베어다가'가 바로 '물 가운데 거품을 태워 버린다'로 읽혀질 수 있다. 우리는 무한실상인 '소牛'이고, '소' 역시 무한실상이다. 선장들이 우리에게 바로보라는 간절한 말씀, '아 우습고 우습구나, 소를 타고 다시 소를 찾는구나' 하는 이 찾는 이놈은 무엇인가?

> **착어**　그래도 모르면 다시 한번 귀뜸하노니
>
> 　　　　다른 것이 아니다, 바로
>
> 　　　　소를 타고 다시 소를 찾는 놈, 우스워
>
> 　　　　웃는 놈.

　그럼 소요의 시와 선을 아울러 살피기 위해 우리는 두 분 선인들의 시평을 읽어보자. 소유의 시문집인 『소요당집逍遙堂集』에 서문을 쓴 정범조(1723~1801) 서문에는 소요의 시를 다음과 같이 평하고 있다.

> 　시가로서 시의 방법에 깊은 것은 선의 깨달음을 얻었다 할 수 있다. 무릇 깨달음은 불가의 지극한 공부다. 그러하나 시가 깨달음의 경지에 이른다는 것은 심히 어렵다. (…중략…) 대사의 시가 2백여 편인데 맑고 훤하고 담박한 것이 마치 허공을 지나는 구름 같으며 달이 냇물에 비친 것 같다. 적절한 언어와 절묘한 비유가 빛이나 모양의 저쪽을 뛰어넘었으니, 대저 깨달음에 가깝다.

　그리고 근래 1918년경에 중간된 여규형의 서문이 소요의 진면목을 잘 드러내고 있다. 저자의 사족보다 서문을 일독함이 옳다고 여겨 전문을 옮긴다.

소요선사는 서산 청허 조사의 고족이다. 조사의 문중에서 선사와 편양이 선종이 되었고 송운은 교종이 되어 한 시대의 두 줄기였다.

선사는 시 읊기를 좋아하여 유집이 있는데 해좌 정범조 상서가 서문을 썼고 백헌 이경석 재상이 비명을 지어서 모두가 세상에 전송되었고 당시의 학사 대부와도 시를 주고받아 왕복이 많았으니, 이는 선사의 시법이 불법과 통하여 널리 일컬어졌기 때문이다.

내 일찍이 얻어 보지 못함을 한스럽게 여긴 지 오래되었다가 금년 무오년(1919) 해남 대흥사의 스님 이 선사의 후손 되는 이가 선사의 유집에 탈락된 것이 있고 또 산실된 것도 많아, 모두 수습하여 중간하고자 하여 천리 길에 발이 부르트면서 유집을 만들어 나를 찾아 서문을 요구했다. 내 급히 받아 읽기를 서너 번 되풀이하면서 망연히 스스로 실하여 본 것이 듣기와는 다르다 여겼다. 마침내 권말의 부기에 서산 조사가 선사에게 써준 게송 5언 한 수,

그림자 없는 나무를 베어다가
물 가운데 거품을 태워 다 할지니라
가히 우습다 소 탄 자여
소를 타고 다시 소를 찾는구나

를 보고는 비로소 훤히 깨치고 이렇게 말한다. '이는 옛 스님들이 전해 내려준 게송인데 조사께서 우연히 읊어 전한 것이니 친히 지은 것이 아니고 나에게 특별히 주신 것이다.'

선사의 전집에 있는 5언 7언의 율시 절구 2백여 편도 이와 같다. 불도를 깃들여 지은 것이 염송의 여러 고척과 크게 다르지 않아 심지어는 몇 글자 밖에 차이가

없는 것이 있다.

인정에 얽매여 짓는 것도 가슴 속을 곧 바로 써서 범상한 문자로 서술하였고 법어로 애써 꾸미지 않았으니, 오! 이는 선사가 선가의 종주됨이요, 문자로 표시하려 하지 않음이다. 이 유집을 통하여 보면 선사는 본가 종지에 한결같았다. 또 일상의 시어나 비판이나 교정에 있어서도 모두가 하나의 원만한 상호를 지었다. 이러한 주관을 가진 이가 정관正觀이라 말할 수 있고, 이런 주관이 바로 선사의 시세계였다.

—『한글대장경』 164 「소요당집」 중간 서, 동국역경원, 1978

인조 27년(1649) 11월 21일 선사께서 입적을 하며 게송 한 수를 읊었다.

解脫非解脫	해탈이 해탈 아니어니
涅槃豈故鄕	열반을 어이 고향이라 하랴
吹毛光燦燦	취모검 서슬이 푸르른데
口舌犯鋒鋩	혀끝으로 칼날 범했네

— 소요 태능

열반게를 마친 뒤 태연스레 열반에 드니 나이 88세, 승납이 73년이다. 법제자로 해운 경열海運敬悅과 침굉 현빈枕肱懸辯 등이 있다.

제12화

방 거사의 물 긷고 땔감 나르는 일

運水及搬柴

日日事無別	날마다 특별한 일 따로 없고
惟吾自偶諧	단지 내 스스로 짝하여 즐긴다
頭頭非取捨	모든 걸 취하지도 버리지도 않나니
處處沒張乖	곳곳에 늘어놓을 것도 버릴 것 없다
朱紫誰爲號	주의니 자의니 하지만 내 알 바 아니야
邱山絶塵埃	이곳엔 티끌 하나 없는 산들과 언덕
神通幷妙用	내 신통한 힘과 미묘한 쓰임은
運水及搬柴	물 긷고 땔나무나 나르는 일일 뿐

— 방온거사

마조 도일의 제자 가운데 속인으로 도를 얻은 사람이 있는데, 방온龐蘊(?~
785)이다. 방 거사는 호남 형양의 부유한 유교 집안에 태어나 온 가족이 득도
하였다고 전한다. 그의 어록과 훌륭한 게송, 공안들이 지금까지 제방에 지

침이 되고 있다. 흔히 중국의 유마힐 거사로 지칭된다. 처음에 방 거사는 석두 희천石頭希遷(700~790)을 방문했다. 약간의 깨침을 얻은 방 거사는 다시 마조馬祖道一(709~788)를 찾아옴으로써 자신의 깨달음의 미학을 완성한다.

선의 법계가 하나는 육조─남악 회양─마조 도일로 이어지고, 또 하나는 육조 혜능─청원 행사─석두 희천으로 이어진다. 곧 석두와 마조는 선종을 파악하는 데 길목에 있는 대선사다. 당시 강서의 마조 도일과 호남의 석두 희천이 중국 선을 양분하였기에 오늘날 강호江湖란 말의 어원을 낳는다.

위의 게송은 방 거사의 빼어난 선시다. 이 한 수의 시에 불조의 마각이 드러남을 보게 될 것이다. 그리고 여러분은 한동안 침묵할 것이다.

석두를 찾은 방온은 다음과 같이 물었다.

"우주 만물과 짝하지 않는 사람은 누구이겠습니까不與萬法爲侶者是什麼人?"

여기에 석두는 방 거사의 물음이 끝나기도 전에 즉시 손으로 입을 막으면서 '그거지' 하고 말문을 막았다. 여기서 깨달음의 문턱까지 안내된 듯하다.

—『방거사어록』제1

하루는 석두가 물었다.

"그대는 나를 만난 이후, 날마다 하는 일은 어떤 것인가?"

거사가 대답했다.

"날마다의 일을 물으신다면, 입을 열고 대답할 수 없습니다若問日用事 卽無開口處."

"그대가 그렇다는 것을 알기에 이렇게 묻고 있지 않나?"

그래서 거사는 시를 한 수 읊었다.

日日事無別 / 惟吾自偶諧 / 頭頭非取捨 / 處處沒張乖

朱紫誰爲號 / 邱山絶塵埃 / 神通幷妙用 / 運水及搬柴

시를 본 석두는 수긍했다. 그리고 물었다.

"그대는 검은 옷을 입겠는가? 흰 옷을 입겠는가子以緇耶素耶?"

거사가 대답했다.

"원컨대 사모하는 분에게 따를 뿐입니다願從所慕."

이리하여 그는 삭발도 하지 않고 승복도 입지 않았다.

—『방거사어록』제2

그 후, 마조를 방문하여 석두에게 묻듯이 똑같은 질문을 한다.

"그대가 서강의 물을 한숨에 들이킨다면 바로 얘기해 주겠네待汝一口吸盡西江水."

이 말끝에 거사가 바로 깨달았다居士言下 頓領玄要.

—『선문염송』5권 161칙「일구(一口)」

방 거사가 언하에 활연돈오하고 오도송을 읊는다.

十方同共聚	시방 사람들이 한자리에 모여서
箇箇學無爲	제각기 함이 없음을 배운다
此是選佛場	이것이 선불장이니
心空及第歸	마음이 공한 데서 급제하고 돌아간다

—『선문염송』8권 312칙「시방(十方)」

위의 선화들은 『방거사어록』이나 『조당집』·『전등록』·『선문염송』을 참고하여 방 거사가 완전한 깨달음을 이르는 수행의 과정을 편집한 것이다. 우리는 앞 장 제11화의 표제 시의 깊이와 넓이를 짐작하기에 족할 것이다.

방 거사의 의심을 없어지게 한 마조의 질문을 파악하는 것이 무엇보다도 중요하다. 모두의 시와 방 거사의 깊이를 읽게 하는 선화의 핵심인 "한 입에 서강 물 모두 들이킨다─口吸盡西江水"는 화두에 가까이 다가가기 위해 이 선게에 대해 읊은 『선문염송』161칙 「일구─口」 게송 몇 수를 음미해 보자.

①

借問乾坤獨步人	천지에 홀로 가는 사람에게 묻노니
全提分付大言親	전부를 내어 주며 친하라고 부탁하노라
西江吸盡無漏滴	서강 물을 다 마시어 한 방울도 없으니
誰解喉門鏁要津	목구멍이 길목임을 누가 알리오

― 석문이

②

吸盡西江向汝道	서강 물을 다 마신 뒤에 말해준다 하니
馬師不肯落荒草	마조는 풀섶으로 들려 하지 않았네
三千刹海一成秋	삼천세계 한결같이 가을 빛 감도니
明月珊瑚冷相照	명월과 산호가 싸늘히 서로 비친다

― 천동각

③

風吹日炙露屍骸	바람결 햇빛 아래 시체 하나 드러나니
泣問山人覓地埋	울면서 산사람에게 묻을 땅 묻네
忍俊不禁多口老	참을성 아주 없는 말 많은 늙은이
陰陽無處可安排	음지 양지 어디도 골라내지 못하네

— 보녕용

①의 게송 1행과 2행은 아무런 사량분별심을 일으키지 않는 이 사람이, 투명하게 그림자 없이 가는 이 사람이 바로 '독보인獨步人'이니 그에게 다가가도 그가 될 수 없으며, 친하고자 해도 도저히 친할 수 없다. 그럼 어떻게 해야 그가 나이고 내가 그가 될 수 있는가? 바로 한 입에 서강 물을 모두 마셔야 알 수 있으니, 또 그럼 어떻게 해야 서강 물을 한 입에 다 마실 수 있는가? 4행에서 석문이는 물을 마시는 데는 목구멍이 길목이라 친절히 일러준다. 그러나 이 말에 속지 말고 잘 살펴야 한다. 물을 마시는 데는 목구멍, 도를 체달하는 데는 그 길목이 무엇인가?

착어 잘 모르겠으면, 목구멍이다.

입추 이후에는

여름옷은 잘 세탁하여 옷장에 갈무리해야,

두터운 옷을 내어서 손질해야 하네.

코에 끼우는 코 장갑은 어디로 갔나

천동각은 ②의 게송으로 위의 공안의 뜻을 밝혔다. 1행과 2행에서 노래하듯이 이미 깨친 방 거사는 마조가 친히 저잣거리로 몸을 나투어 묻는 질문에, 방 거사 역시 이항대립적인 양변의 견해로 묻는 마조의 함정에 빠져들리가 없다.

이 1행과 2행에서, 오직 보살은 진리의 세계에 들지 않고 형상을 사회 속에 깊숙이 묻은 채, 틈만 나면 손을 내밀어 일원의 세계로 돈입시키려 하는 음흉한 수를 발견할 수 있다. 2행은 몸이 풀섶에 들어있지만 마음은 풀섶 밖에서, 몸과 마음이 모두 풀섶에 있는 중생을 구원하고자 하는 이. 이 사람의 경계가 '삼천세계 한결같이 가을 빛 감도니'이니, 여기에 아무런 허튼 생각이 들 리가 없다. 비유컨대 "명월과 산호가 싸늘히 서로 비친다明月珊瑚冷相照"로 형상화할 뿐. 선시의 수사법으로는 적기수사법 중, 선시의 무한실상에 해당한다.

③의 보녕용은 '일구흡진서강수' 공안을 두고 "바람결 햇빛 아래 시체 하나 드러나니 / 울면서 산사람에게 묻을 땅 묻네"라고 1행과 2행에서 노래한다. 낙엽 몇 잎 떨어지는 것을 보고 가을이 왔음을 알고 한 스푼의 물을 떠서 바닷물의 물맛을 알듯이 자성을 본 참사람은 '한 입에 서강 물을 다 마신다'는 일구에, 몰록 알 것을 모두 알아버린다.

1행 '이 가을 햇살에 말라비틀어진 시체를 어떻게 해야 하나?' 2행에서 '애써 묻을 땅을 찾는다'고 노래하지만, 3행에 와서는 "참을성 아주 없는 말 많은 늙은이" 곧 '서강 물을 다 마시기를 기다리지 않은 채 돈입되어 꿀 먹은 반벙어리가 된, 말 많은 늙은이'인 방 거사.

이항적인 '음/양', '시/비', '희/노'의 양변견해兩邊見解로는 결국 노지露地에 말갛게 드러난 시체 하나 묻을 곳을 끝내 찾을 수 없음이 분명하다. 반어적인 동시에 지독한 적기다. 찬 기운이 돈다.

그러나 이 게송은 이미 시체를 정안으로 보았고 이 '시체를 둘러메고 묻을 곳을 찾아 나무꾼에게 물어'본다. 알맞은 곳을 찾지 못하고 안절부절, 환희용약하는 '무위진인의 늙은이는 결국 불이의 세계, 일원의 세계로 들었기 때문에, 음/양의 양변의 견해로 묻기에 알맞은 땅을 찾을 수 없다'로 읽힌다.

아이러니 기법에 의한 선시의 반상합도 수사법이다. 은근히 비하시키면서 실제로는 대단한 늙은이로 칭송한다. 왜냐하면 1행과 2행에서 '바람결 햇빛 아래 드러난 시체'를 안 사람이야 말로 활연계회한 사람이며 자성과 영회한 사람이기 때문이다. 곧 깨달은 사람이어서 4행은 다시 한번 비틀어 일상을 돌이키어 다른 수승殊勝한 경지로 향상시킨다. 선시의 수사법 중, 선시의 초월은유와 선시의 반상합도로 만들어진 빼어난 정신세계의 표현이다.

착어   다 하는 소리지.

누가 묻나? 묻기는 무엇을 묻어,

그는 그대의 것 그대로다.

방 거사는 석두의 제자며 동시에 마조의 제자다. 그 당시 중국 천하를 강서에는 마조, 호남에는 석두, 이렇게 선림禪林을 양분하였다. 그래서 오늘날에도 천하를 강호라 부르기도 한다. 처음 석두에게 공부한 방 거사는 나중에 마조에게 확연한 깨달음을 얻어 마조에게 법사法嗣하였다.

방온 거사가 석두와 마조의 문하를 두루 다니며 공부를 하였듯이 약산 유엄 역시 마조와 석두의 문하를 두루 참학한 뒤 석두의 법을 이었다. 천하를 양분하며 동시대를 산 마조와 석두, 선종사에 의하면 두 선사는 이상하리만 치 마주쳤다는 기록이 없다. 그러나 당시 선객들은 두 스승의 문하를 넘나들며 깨달음의 세계에 안내를 받는다.

방 거사 역시 앞의 선화와 같이 "만법과 벗 삼지 아니한 사람은 누구입니까?"라는 방 거사의 질문에 석두는 입을 가리며 '그거지' 하는 깨우침에 반쯤 눈이 열렸고, 이후에 마조에게 참례하여 같은 질문을 하자 마조는 '서강 물을 한 입에 다 마셔라' 하여 완전한 깨달음에 이르게 된다. 이렇게 확철대오한 방 거사는『선문염송』312칙「시방」의 오도송을 읊는다. 이런 강호의 두 거장이 상호 협력하여 다툼 없이 오직 하화중생下化衆生을 위해 손을 내미는 보살정신은 바로 선의 정신을 이룬다.

『벽암록』에 기록되어 있는 방 거사의 선화를 읽어보며 방 거사의 거사선을 살펴보고 앞 모두의 선시를 갈음하기로 하자.

방 거사가 석두의 제자 약산藥山惟儼(745~828) 회상에 17~18년 정도 머물다가 떠날 때의 일이다. 이야기는 이렇다.

　　방 거사가 약산의 곁을 물러나 떠나게 되었을 때, 약산이 열 명의 선객에게 선문까지 전송하게 했다.

　　문득 거사가 하늘에 내리는 눈을 가리키며 중얼거렸다.

　　"좋구나! 저 눈이 하나도 다른 곳엔 떨어지지 않는군好雪片片 不落別處."

　　이때 전이라는 선객이 불쑥 물었다.

　　"그럼 어디에 떨어진단 말입니까落在什麽處?"

　　거사는 다짜고짜 후려쳤다.

　　"거사님, 이게 무슨 짓입니까? 경솔한 짓거리지요也不得草草."

하고 전선객이 대들자, 거사는 말했다.

"자네가 그 따위로 선객이랍시고 거드럭거린다면 염라대왕에게 직행이야汝恁麽
稱禪客 閻老子未放 汝在."

이에 전선객이 물었다.

"그럼 거사라면 뭐라고 하시겠습니까?"

거사는 한 번 더 세게 후려치며 외쳤다.

"이 당달봉사 같은, 벙어리 같은 이를 봤나眼見如盲 口說如啞."

이 선화에 대해 설두雪竇重顯(980~1052)는 이렇게 덧붙이고 있다.

"나였다면 첫마디에 눈을 뭉쳐서 그놈 상판에 쳐박아 주었을 텐데, 아깝군雪竇別
云 初問處 但握雪團片打."

—『선문염송』 8권 312칙 「시방」·『벽암록』 42칙 「호설편편(好雪片片)」

위 내용을 간추려 보면 다음과 같다.

방 거사가 약산 회상을 떠날 때, 약산은 제자들에게 거사를 산문까지 전
송하게 했는데, 이 때 눈이 하늘 가득 내려 장엄한 설경이 펼쳐지고 있었다.
돌연 방 거사의 불락별처不落別處란 말에 옆에 전송하던 전선객이 걸려든다.
'그럼 눈은 대체 어디로 떨어진단 말입니까?' 이때 거사가 '여기에 떨어지지'
하고 바로 후려쳐버렸다. 당황한 전선객이 "야부득초초也不得草草"[1]라 했다.
이 '부득초초'는 '대략 건성으로 보았지, 하나하나 제대로의 뜻을 취했겠느

---

1   초초草草는 두보의 시구에 "聞君涵萬里 / 取別何草草"에 나오는 것과 같은 뜻. 곧 허둥지둥하는 모
    양이나 바쁜 모양을 이른다.

냐?'란 의미다. 곧 대충대충 허둥지둥하는 모양이어서 의역하면 '그렇게 서
둔다면 파악하는 데 실수가 있다. 좀 자세히 살펴봐라'는 뜻이다. 결국 '이게
무슨 짓입니까? 경솔한 짓거리지요'로 의역된다.

달려드는 전선객에게 바로 내뱉는다. "자넨, 이미 염라청 명부에 기록되
어 있으니, 죽기 바쁘게 지옥으로 갈 것일세汝恁麼稱禪客 閻老子未放汝在."

그래도 묻는 전선객에게 거사는 한번 더 세게 후리치며 외쳤다.

'이 눈 뜬 장님 같은 녀석, 무슨 잠꼬대 같은 수작이야.'

여기에 설두의 별어別語가 있다. 별어는 덧붙이는 말, 추서다. 방 거사보다
한술 더 떠서 "눈을 뭉쳐 그 얼간이 얼굴을 쳐야 되는데, 아깝구나!" 하고 평
어한다.

이 선화에 『벽암록』의 『송고백칙』[2] 저자 설두의 게송이 있다. 살펴보자.

雪團打雪團打	눈을 뭉쳐서 쳐라, 쳐
龐老機關沒可把	방 거사의 솜씨 짐작도 못하겠네
天上人間不自知	하늘에 누구도 알 수 없어라
眼裏耳裏絶灑灑	눈에 가득 귀에 가득 그저 눈, 눈
灑灑絶	그 눈마저 없는 허허로운 곳
碧眼胡僧難辨別	달마인들 어찌 알 수 있으랴

— 설두 중현

---

2 임제종의 종문 제일서라 지칭되는 『벽암록』은 본래 설두 중현雪竇重顯(980~1052)이 지은 『송고백
칙頌古百則』을 본으로 하여 원오 극근圓悟克勤(1063~1135)이 편찬한 선서다. 『송고백칙』은 『전등
록』에 전해진 선화 100편을 운문인 게송으로 제창한, 선과 시가 잘 어우러진 선시집이다. 이것을
장무진 거사의 청에 의하여 원오 극근이 설두의 송과 고칙에다 수시 착어 평창을 붙여 간행한 책이
『벽암록』이다.

자, 이제 '모두의 물 긷고 땔나무 나르는 일'이 다름 아닌 신통묘용임을 살펴볼 때다.

2행의 "단지 내 스스로 짝하여 즐긴다惟吾自偶諧"에서 우해偶諧란 우偶는 짝을 이루고 해諧는 합하는 것이니, '서로 어울리며 즐긴다'로 풀이된다. 이 평범한 일구야 말로 임제臨濟義玄(?~866)가 이르는 무위진인無爲眞人의 오롯한 경지이니, 진인의 인人이 '나'일 때 '서로 어울리며 즐긴다'와 맞아 떨어진다 할 것이다. 곧 임제의 '적육단자赤肉團子가 면문面門에 자유롭게 출입한다'의 형상화다.

4행의 장괴張乖는 활이 반대쪽으로 휘어진다는 뜻, 곧 일이 어긋남을 뜻하므로 몰장괴沒張乖는 '곳곳에 늘어놓을 것도 버릴 것도 없다' '어디서나 어긋남이 없다'로 번역된다.

그리고 5행에서 주자朱紫는 조정으로부터 받은 주의朱衣나 자의紫衣, 곧 '주자 옷을 하사받고 무슨 선사니 무슨 대사라든지 하며 우쭐거리는 따위는 내가 알 바가 아니다' 하는 투의 말뜻. 고관의 의복이 주색이나 자색이어서 부귀영화를 제유한다. 직역하면 '주자의 옷을 누가 귀하다 말하던가' '너희들이 고귀함을 뽐내지만' 이어서, '주의니 자의니 하며 거들먹거림이 누구를 이르는가', '내 영광의 상징이라고는'으로 의역된다. 따라서 5, 6행과 7, 8행을 '내 영광의 상징이라고는 / 티끌 하나 없는 산들과 언덕 / 내 신통한 힘과 미묘한 쓰임은 / 물 긷고 땔나무 나르는 일일 뿐'이나 혹은 "주의니 자의니 하며 거들먹거리는 이 누구인고? / 이곳은 티끌하나 없는 산과 언덕 / 나의 신통력과 묘한 쓰임은 / 물 긷고 땔나무나 나르면서 그저 그렇다네朱紫誰爲號 邱山絶塵埃 神通幷妙用 運水及搬柴"로 의역된다.

　게송의 앞 행에서, 일체 양변의 견해와 대립에서 벗어나 본래면목에 합일한다고 노래했지만, 사실 절대현재의 이 순간이란 어떤 것인가? 숙고해 볼 일이다. 절대 넘어서 현재인 상대의 세계가 있음이 아니다. 만약 그렇다면 이 역시 양변의 견해를 반복하는 것이다. 곧 절대를 넘어선 상대의 세계, 역시 상대적인 분별의 세계일뿐이다. 상대적이라고 느끼는 바로 현금이 절대이며 순간 상대의 세계니 바로 이것이 양변의 견해에서 간택심이 사라진 세계의 구체화가 마지막 7행과 8행, 바로 '내 신통한 힘과 미묘한 쓰임은 / 물 긷고 땔나무 나르는 일일 뿐'인 것이다. 그렇지만 '신통병묘용神通幷妙用'이야말로 지극한 말이니 곧 일상 생활의 활동을 그대로 도의 현실로 나타난 '스스로 얻음', 곧 '운수급반시運水及搬柴'다. 바로 『반야심경』의 명구 '지혜도 없고 깨달음의 얻음도 없다無智亦無得'의 형상화이니 이 절묘함이야말로 방 거사의 자득自得을 말한다.

　방 거사의 모두의 게송은 스승 마조가 부르짖던 '평상심이 도平常心是道'나 '마음이 바로 부처卽心卽佛'를 또 스승 석두가 말한 '천성인도 알지 못하는賢猶不識' 것을 형상화한 시이다.

　　　방 거사가 임종하려 할 때, 딸 영조에게 말했다.
　　　"나가서 해를 보다가 오시가 되거든 내게 알리라"
　　　딸이 들어와서 말했다.

"오시가 되긴 되었으나, 일식을 합니다"

이에 거사가 나가서 해를 보는 틈에 딸이 들어와 합장하고 죽었다.

거사가 들어와 보고는 말했다.

"우리 딸 재치가 민첩하구나."

스스로는 죽음을 7일 연기하였다.

이때 그 지방의 목사가 거사를 만나러 오자, 거사가 그에게 말했다.

"그대의 마음을 비우려 하고 힘써 구하려고도 하지 마시오. 부디 잘 살아
가시오. 세간의 만물은 꿈과 같고 환상과 같은 것이오."

| 空花影落 | 허공 꽃은 그림자 드리우고 |
| 陽陷飜波 | 아지랑이 파도 위에 일렁인다 |

이렇게 말한 후 목사의 무릎에 기대고 편안하게 열반해 버렸다.

후대 한 선장이 이일을 찬탄하여 게송을 읊었다.

說無生話	남이 없는 선화를 이야기하니
父子團欒	부자가 단란하군
奇哉靈照	기특하다! 영조 아가씨여!
捷急機關	재치가 빠르기도 하여라
如期卽易	기한을 지키기는 쉽지만
不住還難	더 살기는 어려웁나니
龐翁避難	방 거사가 어려움을 피함이

無上涅槃   위 없는 열반일세

— 지비자,『선문염송』8권 319칙「시일(視日)」

제13화

임제의 이르는 곳마다 주인이 되라

臨濟隨處作主

육조 혜능은 남악 회양을 회양은 마조 도일을 낳고 도일은 백장 회해를 회해는 황벽 희운을 낳으니 바로 희운이 임제종의 조사인 의현의 법사法師다.

임제 의현臨濟義玄(?~866)은 조주 남화(현, 산동)인이고 성은 형邢씨다. 『전등록』이나 『임제록』의 기록을 살펴보면 그는 타고난 성품이 매우 철저하며 적극적이었으며 아주 열렬히 진리를 추구하는 강한 정신력의 소유자였다.

처음에는 교와 율종의 공부를 하였으나, 발심하여 말하기를 "이것은 세상을 구제하는 약방문에 지나지 않는다. 가르침 밖의 근본 마음을 전한 종지는 아니구나". 탄식하며 선종으로 개종하고 선지식을 찾아 행각에 나선다.

그가 처음 선원에 든 것은 황벽산 희운의 문하였다. 황벽회상에서 철저하게 깨달음을 체험한 그는 임제종의 조사가 된다.

임제종이 오늘날 선종의 본류를 이루는 것은 선의 정신이 시공을 떠나 살아 꿈틀거리고, 선의 물결이 한 구비 돌 때마다 한 골짝과 산봉우리를 이루고 내를 이루어 진경을 만들기 때문이다. 빼어난 선장들이 모래알만큼 많으나 그중 흥화 존장, 남원 도옹, 풍혈 연소, 수산 성념, 분양 선소, 자명 초원, 양기 방회, 황룡 혜남, 백운 수단, 오조 법연, 원오 극근, 대혜 종고, 태고 보우, 나옹 혜근, 백운 경한 등을 배출하였다.

　우리나라 조계종은 임제종의 양기파 선맥이 급암 종신에 이르러 석옥 청공石屋淸珙(1272~1352)과 평산 처림平山處林(1279~1361)을 낳고, 청공에게서 보우太古普愚(1301~1382)와 경한白雲景閑(1299~1375)이 있고 처림에게는 나옹懶翁惠勤(1320~1376)이 배출되니 고려 말, 우리나라 선이 다시 한번 용트림하게 된다. 우리나라 초창기 선은 구산선문으로 묶여지는 신라 말과 고려 초를 지나 다시 정혜결사의 기치를 든 지눌普照知訥(1158~1210)의 법해를 지나 고려 말에 이르게 된다.

①

資糧更不着些些	노자로는 사소한 것 더 보태지 말라
岐路年深恐轉賒	갈림길에 세월 깊어 멀어질까 걱정이네
直下痛施三頓棒	당장에 세 방망이 아프게 때리니
夜來依舊宿蘆花	밤이면 전 같이 갈대꽃 속에 잠든다

②

便言黃蘗無多法	황벽의 불법이 많지 않다 했으니
大丈夫兒豈自乖	대장부 어찌 자기 말을 어기랴
肋下兩拳明有信	겨드랑이 밑 두 주먹은 근본을 밝힌 것
不從黃蘗付將來	황벽에게 전해 받은 것도 아니었네

— 진정문, 『선문염송』 607칙 「불법(佛法)」

임제가 황벽의 법을 상승하게 된 선화에 부친, 진정문의 표제 게송이다. 이 게송을 밝히려면 임제가 어떻게 깨달음을 얻게 되었는가 하는 공안을 살펴보는 것이 무엇보다도 요긴하다.

황벽회상에서 그 당시 선원의 수좌는 목주 도명睦州道明이었다. 그는 의현의 도를 향한 순일하고 충직한 성품과 행동에 감복되어 마음에 새겨두고 있었다. 인연에 무르익자 하루는 의현에게 다가가 물었다. 이때의 사정을 『선문염송』이나 『임제록』에는 다음과 같이 기록하고 있다.

진주 임제 의현 선사가 황벽의 회상에 있을 적에 제1좌의 권유에 따라 황벽에게 질문하였다.

"어떤 것이 불법의 적적 대의입니까如何是佛法的的大義?"

이에 황벽이 몽둥이로 그를 내려쳤다. 이렇게 세 차례 거듭하고서 이곳을 떠나고자 하직을 고하니 황벽은 고안의 대우화상을 찾아가라고 권하였다.

"어디서 오는가?" 대우가 물었다.

"황벽에게서 옵니다."

"황벽이 무슨 말을 하시던가?"

"예, 제가 세 차례나 불법의 적적 대의를 물었습니다만, 세 차례의 몽둥이를 맞았을 뿐입니다. 제게 무슨 잘못이 있습니까三問佛法的的大義 三度喫棒 不知有過無過?"

대우가 말했다.

"황벽이 그토록 간절한 마음을 내어 그대를 위해 애를 썼거늘, 이제 도리어 허물이 있나 없나를 묻는가黃蘗 恁麼老婆爲你得徹困 更來問有過無過?"

의현은 이 말끝에 크게 깨닫고 말했다.

"황벽스님의 불법이 원래 몇 푼어치 되지 않는군요元來黃蘗佛法無多子."

이에 대우가 의현의 멱살을 잡으면서 말했다.

"이 오줌싸개 같은 놈이 아끼는 허물이 있나 없나 하더니, 이제 와서는 불법이 몇 푼어치 안 된다니, 그래, 너가 무슨 도리를 봤다는 말이냐? 빨리 말해봐라 말해 봐者尿床鬼子 適來道有過無過 如今 你見介什麼道理 速道速道."

이 말끝에 의현이 말없이 대우의 갈빗대를 세 번 쥐어박았다. 대우가 의현을 밀어내고 말했다.

"자네의 스승은 황벽이지 내가 아닐세. 자넨 나와는 아무 관계가 없네."

— 『선문염송』607칙 「불법(佛法)」

우리가 이 짧은 선화에서 읽을 수 있는 것은 의현의 향상일로向上一路에 대한 지극 정성과 우직하도록 최선의 노력을 다하는 행업이다. 그리고 우리가 골똘히 참구해야 하는 것은 '어째서 불법의 근본 종지를 묻는 의현에게 황벽 조실이 계속 방망이로 경책을 하였는가?'이며, 또 하나는 의현이 깨닫는 데 직접으로 영향을 준 대우가 '왜 너의 스승이 내가 아니고 황벽이라 하였는가?'이다. 이 질문에 대한 일이 끝나면 반쯤 큰일을 이룬 것이나 다름이 없으니 장부라면 머리를 싸맬 만한 일이다.

> **착어**   이 소식, 두 뺨을 두드려 보라.
>
> 마주치는 건 손바닥과 두 뺨
>
> 어라, 뺨과 손바닥은
>
> 어디로 갔나?

의현의 어록인 『임제록』에는 다음과 같이 이야기가 계속된다.

의현은 대우를 하직하고 황벽에게로 돌아갔다.

"이 사람아 이렇게 왔다갔다만 하면 어느 세월에 깨달을 날이 있겠는가?"

"다만 조실스님이 노파심절하기 때문입니다祇爲老婆心切."

이렇게 의현이 대답하였다. 그리고 나서 그는 여행의 경과와 대우가 말한 모든 것을 보고하자, 다 듣고 난 황벽은 이렇게 말했다.

"저런 수다스러운 영감쟁이 같으니라고, 오기만 해 봐라. 내 화끈하게 두들겨 주어야지作麼生得這 漢來 待痛與一頓."

"아닙니다. 기다릴 것이 뭐 있습니까? 지금이 바로 두드릴 때입니다."

의현은 바로 황벽의 뺨을 한 대 갈겼다.

이에 황벽은 말했다.

"이런 미친 놈 봤나, 범의 수염을 잡아 뽑다니這風顚漢 却來這裏 將虎髭!"

의현은 바로 할喝했다.

"시자야, 이 미친놈을 선방으로 데리고 가거라侍者 引這風顚漢 參堂去."

『임제록』의 후미에는 우리들에게 이렇게 묻고 있다.

뒤에 위산이 임제가 대오한 이야기를 듣고 앙산에게 물었다.

"임제가 당시에 대우의 힘을 얻었느냐? 황벽에게 힘을 얻었느냐?"

앙산이 대답했다.

"비단 호랑이 머리에 탈 뿐만 아니라 호랑이 꼬리를 붙잡을 줄도 알았습니다."[1]

後潙山擧此話 問仰山 臨濟當時 得大愚力 得黃蘗力 仰山云 非但騎虎頭亦解把虎尾

---

[1] 서옹연의, 『임제록臨濟錄』, 임제선원, 1974, 326쪽. 앙산의 이 말은 '이 영특한 이놈은 겨울 되면 옷을 껴입을 줄 알고 봄 나면 정강이를 발갛게 드러낼 줄 안다'는 뜻이다.

착어 묻노니 그대의 이 말, 그럼
그대는 삼복더위에 옷을 껴입고, 엄동설한에
종아리를 허옇게 내어 놓아야 한다는 거냐?

그렇다. 이 끝없이 이어지고 흘러가는 무한천공의 동태원動態圓, 허공에 손가락으로 무수히 그어지는 '텅 빈 원상', 이 유리구슬은 나일 뿐만 아니라 바로 이 나가 바로 '호랑이 머리에 탈 뿐만 아니라, 동시에 호랑이 꼬리를 붙잡는다' 할 것이다.

뒷날 선객들은 저마다 이곳을 헤집고 우리의 본래면목을 눈앞에 가져다 놓고 있다. 이제 선시의 고색창망한 세계로 들어서 보자.

①의 게송 1행 "노자로는 사소한 것 더 보태지 말라資糧更不着些些"는 단촐하게 맨눈으로 보고 마음의 코로 냄새를 맡을 일이지 이러쿵 저러쿵 사량분별思量分別을 지어 자꾸 멀어지지 말라는 뜻으로 새기면 된다. 문득 여기에 이르니 여기에 이른 소식을 "밤이면 전 같이 갈대꽃 속에 잠든다夜來依舊宿蘆花"로 형상화한다.

이 마지막 행에서 '옛날같이依舊'의 옛날의 소식을 한번 점검해보면 어떨는지?

② 게송의 요체는 어째서 임제가 황벽의 옆구리를 세 번 쥐어박은 것인지? 이것이 무엇을 뜻하는 것인지, 아는 게 진실로 중요하다. 어째서 무슨 조화로 주먹이 둥둥 떠가서 황벽노한의 갈빗대를 두드렸는지? 참, 이곳에

조화는 없다. 가볍게 아주 가볍게 잠깐 생각해 볼 일이다. 겨드랑이 밑의 두 주먹, 근본은 과연 무엇인가?

이 대답은 다음 게송에서 잘 드러난다.

질문은 엄금.

그저 다시 한번 게송을 소리내어 읽어보자.

一枝雪中梅	한 송이 눈 속의 매화가
便知春到來	봄소식 온 줄 안다
如何一盃酒	한잔의 술은 어떠한가?
須待滿林開	술에 가득하기를 기다릴 뿐

— 열재 거사

열재가 읊은 소식을 확실히 알고자 하면 다음 착어를 살펴봐야 한다.

착어 한 송이 눈 속의 매화가 봄소식 온 줄 안다
봄소식은 어떠한가 매화는,

한 잔의 술은 어떠한가?
술에 가득하기를 기다릴 뿐이네

이 선화를 살핀 천동 정각은 아래와 같은 게송으로 뜻을 밝혔다.

九包之雛千里之駒	구포의 병아리요 천리를 달리는 망아지다

眞風度箭靈機發樞	바람이 피리를 거쳤고 靈機가 고동을 틀다
劈面來時飛電急	마주보며 올 때 번개 같고
迷雲破虛大陽孤	어둔 구름 걷힌 곳 태양이 외롭다
捋虎鬚見也無	범의 수염을 끄는 꼴, 본 적 있는가?
箇是雄雄大丈夫	저마다 씩씩한 대장부니라

— 천동각

1행과 2행의 "구포의 병아리요 천리를 달리는 망아지다"의 뜻은 구포에 쌓인 병아리인 동시에 천리를 달리는 천리마, 이것은 우리의 소소영영하고 영특한 본래면목을 가리키니 '누워있기도 하고 날기도 하는 그대' 그대로 슬기의 작용이다. 다음 마지막 행에서 "범의 수염을 잡아끄는 꼴, 본 적 있는가 捋虎鬚見也無?"는 자성영회自性領會한 이놈의 작용을 이르는 것이고 "저마다 씩씩한 대장부니라箇是雄雄大丈夫"는 본래면목 가리킴이니, 무위진인이라 하는 이놈의 본체를 나타낸 것이다. 살펴갈 일이다.

선종사에 오늘날까지 천하를 호령하는 임제종의 간화 조사선은 직지인심直指人心 견성성불見性成佛의 종지를 밝히는 가장 직접적이고 적극적인 수련방법으로 통한다. '수많은 눈뜬 봉사靑盲(과니)'를 개안시켰고 참선을 더욱 활발발活潑潑하게 발가숭이로 상적상조常寂常照하게 한 공안선의 발전은, 선을 한층 더 전문 집단화하였다.

이제 임제종의 가풍과 활화산 같이 치솟는 임제의 행업과 선기를 가늠해 보자.

1. 임제종의 가풍

조선의 대선장인 서산 휴정은 임제종을 그의 저서『선가구감』에 다음과 같이 밝힌다.

> 빈손에 단도를 드니 부처도 용서 없고 조사도 죽인다. 예와 이제 모두 삼현三玄과 삼요三要로써 판별하고 용과 뱀을 빈주구賓主句로 알아낸다. 금강보검으로 도깨비를 쓸어내고 사자 같은 위엄으로 뭇짐승의 마음과 간담을 찢어버린다.
> 임제종의 종지를 알고자 하는가? 푸른 하늘에 벼락치고 평지에 물결 이노니.[2]
>
> ─ 청허, 용담 역,『선가구감』, 인물연구소, 200~201쪽

서산대사가 밝힌 임제종 가풍을 가늠하는데, 삼현三玄과 삼요三要로 판별한다고 말한, 삼요란 무엇을 이르는지 아는 것이 중요하다. 첫째 일요一要는 비침照의 큰 기틀大要이 자아 없는 진체임을 말하고, 이요二要는 비침 자체가 바로 큰 쓰임大用이어서 무방법의 위대한 방법을 말하며, 삼요三要는 '비침과 씀이 동시照用同時'이어서 안과 밖을 세우지 않음을 말한다.

그리고 삼현에서 일현一玄은 '본체에 관한 신비體中玄'와 이현二玄인 '삼세가 한 생각三世一念'과 '표현의 신비句中玄'인 '지름길의 언구徑截言句' 등을 이르고, 삼현三玄은 '신비중의 신비玄中玄'를 말하며, 바로 할이나 방망이와 같은 선적 행위를 말한다.

---

2 청허휴정,『선가구감』. "赤手單刀 殺佛殺祖 辨古今於玄要 驗龍蛇於主賓 操金剛寶劍 掃除竹木精靈 奮獅子金威 震裂狐狸心膽 要識臨濟宗麼 靑天轟霹靂 平地起波濤"

그리고 '빈주구賓主句'에 대해서는 『선문염송』 616칙 공안을 바로 읽어보는 것이 이해에 더 도움이 된다. 어느 날 선방 두 수좌가 마주치자 동시에 할을 하는 것을 보고 학인이 임제에게 묻기를 '이럴 때도 손과 주인이 있습니까?' 하니 임제는 '분명하다'라고 말한다. 이것이 임제의 '빈주구' 공안이다.

임제종의 시설인 삼요나 삼현, 그리고 빈주구나 임제의 사료간들은 우리를 자승자박한 그물을 풀어주려는 임제종 종사들의 참으로 질기고 질긴 노파심절이다. 이런 친절에도 관통하지 못하고 헤매는 자, 보라! 설치된 그물의 구멍보다 작은 피라미는 이미 모두 통과하지 않았는가.

착어   무엇에 이런 그물을 쳐
일없는 사람을 속박하는가?
임제 늙은이는 음흉하다.

여기서 마음이니, 할머니니
그렇게 읽지 말라

2. 황벽산의 후계자

황벽黃檗希運(?~850)은 이렇게 의현의 깨달음을 인가한 후, 다시 황벽이 의현을 자기의 후계자로 인정하는 선화가 있다.

하루는 울력으로 밭갈이를 하기 위해 황벽 방장도 괭이를 들고 나왔다. 돌아보니 의현이 빈손으로 따라오고 있었다.

"자네, 왜 괭이를 가지고 오지 않나乃問鑽頭在什麼處?"

"예, 다른 사람이 가지고 갔습니다有一人 將去了也."

의현이 이렇게 대답하자 황벽은 의현을 가까이 오게 하고는 괭이를 땅에 세우고 말하였다.

"이것이 혼자 섰네. 천하에 어떤 사람도 이것을 들어 올릴 수 없네竪起鑽頭云 祇這介天下人 拈掇 不起."

의현이 바로 황벽 방장의 손에서 괭이를 빼앗아서 번쩍 들고 말했다.

"어째서 제 손에 있습니까爲什麼却在某甲手裏?"

"오늘 여러 사람이 울력을 나왔구나今日大有人 普請?"

황벽이 말하며 선원으로 돌아갔다.

—『선문염송』 609칙 「찬두(鑽頭)」

이 이야기에서는 분명 황벽은 괭이를 가지고 의현의 깨침을 시험하고 있다. 의현의 방장의 뜻을 알아차리고, 바로 괭이를 빼앗아 방장이 한 것과 똑같이 괭이를 세우고는 말했다.

"이것이 어째서 제 손에 있습니까?"

이 발언이야 말로 황벽의 종지가 그대로 의현의 손에 넘어 왔음을 선언하는 말이다. 그러자 황벽은 대뜸 말한다.

"오늘 여러 사람이 울력을 나왔구나."

이 말을 새겨보면 오늘 이미 대중들을 이끌고 들에 나아가서 울력運力을 맡을 사람을 찾았다는 선언이 분명하다. 또 의현이 황벽산의 종지를 물려받았음을 공포하는 간접 표현이다.

착어   그도 모르고
       아무리 법석을 떨어도
       나 역시 모를 뿐.

3. 종지가 그대에서 대흥하리라

하루는 의현이 소나무를 심는데 황벽이 물었다.

"이렇게 깊은 산에 그렇게 많은 소나무를 심어서 무엇 하려는가深山裏 栽許多松 作
什麼?"

의현이 대답했다.

"첫째는 산문의 경치를 만들려는 것이요, 둘째는 뒷사람에게 모범을 보이기 위
함입니다一與山門 作境致 二與後人作標榜."

하고는 괭이로 땅을 세 차례 두들기거늘, 황벽이 말했다.

"그렇더라도 나의 방망이 30대를 맞았네已喫吾三十棒了也."

이에 의현이 괭이를 땅에 세우고 '허,허' 하였다.

황벽이 말했다.

"나의 종지가 그대에 이르러서 세상에 크게 퍼지리라吾宗到汝大興於世."[3]

—『선문염송』권15, 610칙 「재송(栽松)」

4. 산채로 매장당하고 있구나

위의 이야기 말고도 『임제록』이나 『전등록』, 『선문염송』 등의 선서 도처에 스승 황벽과 제자 의현은 마치 원수지간이라도 되는 양, 볼 때마다 토닥거리는 선화가 많다.

하루는 의현이 보청에 가담하였다. 보청은 선원의 대중들이 사원을 위해 널리 청해 운력하는 것을 말한다. 차 밭을 매고 있던 의현은 방장 황벽이 오는 것을 보고, 하던 일손을 멈추고 괭이를 잡고 섰다. 황벽은 제자를 다시 한 번 시험할 양으로 말했다.

"자네, 일에 지친 모양이군."
"괭이를 든 적이 없는데 피곤할 게 있습니까?"

의현의 대답에 황벽이 주장자를 들어 치려고 하였다. 그러자 의현은 주장자 한쪽을 잡고서 얼마나 세게 밀쳤던지 황벽은 쓰러지고 말았다. 황벽이 시자를 불러 자기를 일으키게 하였다. 시자가 놀라 말했다.

3　이 선화에 대각련의 게송이 한 수 보태져 있다. 음미하자.

一鑽兩鑽地乾索索	한 괭이 두 괭이로 마른 땅을 파네
遍嶺青松皆揔着	온 산에 푸른 솔을 다 심었지
一噓再噓困遮臭驢	한 하품 두 하품, 고단한 나귀여
柱却鑽頭點氣無	괭이를 세울 때 숨기운 끊겼네
吾宗大興由汝扶	우리 종 크게 흥하는 건 그대 때문이라니
雙林不爾收雙趺	쌍림에서 안 그렇다면 두 발을 거뒀으리

4행에서 '괭이를 세운다' 함은 적기적기賊機를 말한다. 번뇌망상을 빼앗음이니, 뺏는 동시에 채워지니 비침照과 동시다. 적조동시寂照同時야말로 천하의 근본이어서, 6행에서 오종대흥吾宗大興이라 했다. 그러하다면 석가가 쌍림에서 열반 후, 두 발을 관 밖으로 내민 소식은?

"큰스님, 이 미친놈의 미친 짓을 가만히 두고 보지는 못하겠습니다."

이 때 일어선 황벽은 시자를 때렸다. 그때 의현은 괭이질을 계속하면서 말했다.

"사람들은 도처에서 화장당하고 나는 여기서 산 채로 매장되고 있구나諸方卽火葬
我這裏活埋."[4]

—『경덕전등록』권12「진주임제의현선사」

이 선언이야 말로 참나가 훌랑 벗고 울어 제치고 있는 외침이다. 외향적으
로 쌓인 오랜 관습의 옷을 벗어 제친 한 수도자의 포효성을 듣는다는 것은 참
으로 전율 끼치는 일임이 틀림없다. 의현의 울부짖음. 대자유인이 된 울부짖
음이었다. 우리의 육신이 활동을 정지하기 전에 찾아드는 육신의 죽음. 이 죽
음은 크게 죽은 뒤에 오는 삶인 대사저활인大死底活人의 소식이다. 선어에 등장
하는'대사일번한철골大死一番寒徹骨'의 죽음. 이러한 죽음이 일어날 때, 인간은
불생불사의 대자유인인 의현이 부르짖는 무위진인으로 태어난다.

이때부터 황벽은 제자 의현이 완전한 '아뇩타라삼먁삼보리無上正等正覺'가
이루었음을 확신한다.

의현은 황벽산에서 떠나고자 하고, 황벽은 의현에게 법의 등불을 전하고
자 한다. 이제 헤어지면서도 스승과 제자는 서로 무적의 검객으로 살인검과
활인검을 휘두른다. 이 이야기를『선문염송』611칙에, 또 본칙의 뜻을 발명
한 선시가 있다. 가볍게 훑어보자.

---

4 위산을 앙산이 뫼시고 섰을 때 이 선화를 듣고 앙산에게 물었다. "괭이가 황벽의 손에 있었는데 어
째서 임제에게 빼앗겼습니까?" 하니, 위산이 말하기를 "도적놈이 소인이기는 하나 군자보다 과하
다'고 하였다. 그리고 '제방에 모든 사람들이 화장을 당하는데, 나는 여기서 산채로 매장당하는구
나諸方卽火葬我這裏活埋'를 놓고 위산선사가 앙산에게 물었다. "황벽과 임제가 이때의 뜻이 무엇이겠
는가?' 하니 앙산이 대답하기를 "도적놈은 달아났는데 순경이 매를 맞았습니다" 하니, 위산이 "옳
구나' 하였다.

임제가 황벽에게 하직을 고하니 황벽이 물었다.

"어디로 가려는가?"

"남이 아니면 하북으로 가려 합니다不是河南 便是河北."

의현의 대답에 황벽이 때리거늘 의현이 방망이를 잡고 도리어 한 대 때리니, 황벽이 깔깔 웃으며 시자를 불러 말했다.

"선법사의 선판과 불자를 가져오라將先師禪板拂子來."

이에 의현은 시자에게 말하길,

"불까지 가져오게將火來."

이 말끝에 황벽은 말했다.

"자네는 그저 가져가기만 하면 되네. 뒷날 자네는 천하 사람들의 혀끝을 멈추게 할 것일세汝但將 去 已後 坐却天下人舌頭去在."

—『선문염송』 권15, 611칙 「황벽(黃蘗)」

천하에 편재된 법이 어찌 황벽만의 면목이드냐? 육조만의 골수이겠느냐? 선판이나 불자를 지키는 수문장이 되기를 의현은 거부한다. 이것이 대자유인인 무위진인의 포효다.

자, 그럼 의현은 백장으로부터 상승해온 선판과 불자를 태웠겠는가? 그대로 가져왔겠는가? 만약 태우지 않았다면 그는 허풍쟁이일 것이고, 태웠다면 지금 수많은 선판과 불자가 어찌 제방에 존재하고 있는가? 궁구해 볼 일이다.

스승 황벽의 문하를 떠난 의현은 하북 지방의 조그마한 임제원臨濟院의 주지가 되었다. 그 후 의현은 선종사에서 임제로 불리게 된다. 이제 위의 선화에 대해 뒷날, 선객들의 게송을 읽어보도록 하자.

①

師資敍別意非遙	스승과 제자 이별 인사 다른 뜻 없나니
禪板將來命火燒	선판을 갖다가 불에다 태우려 함이네
祖佛己靈猶不重	불조도 자기의 성품을 중히 여기지 않거늘
贐行餘長孰擊挑	하물며 부질없는 신행을 누가 가지고 다니랴

— 해인신

②

一掌由來未息機	**빰** 한 대로는 원래의 기미를 재우지 못하네
更須索火乃方知	다시 불을 찾자 비로소 알았다
雖云父子相傳處	비록 부자가 서로 전하는 곳이라 하나
誰得師資密付時	사자간 비밀히 부치는 때임을 누가 알랴
瞳子無光空瞬目	눈동자에 빛없이 괜히 깜박이고
頂門有眼肯揚眉	정수리 눈이 있어 눈썹을 번득인다
可憐潙仰助哀甚	가련한 위산과 앙산, 서로 슬퍼하니
報佛恩兮徒爾爲	부처님의 은혜 슬프단 말, 공연한 짓일세

— 숭숭공

자성영회로 무상정등정각無上正等正覺을 이룬 임제는 우상의 파괴자였다. 깨닫기 전에는 앞 선화들에서 보듯이 수줍고 경건하고 계율을 지키는 서슬 푸른 학인이었다. 그러나 깨달은 뒤에는 솔선하여 우상 파괴의 선두에 나섰다.

5. 불조佛祖와는 원수지간

하루는 달마대사의 웅이탑에 참배하러 갔는데 탑을 지키는 승려로부터 질문을
받는다.

"스님께서는 부처님께 미리 예배를 하시겠습니까? 아니면 조사스님들께 먼저
하시렵니까?"

"나는 아무에게도 예배하고 싶지 않네."

이 말을 들은 탑을 지키는 승려는 분개하여 물었다.

"스님은 부처나 조사와 원수지간이라도 됩니까?"

임제는 소매를 털고 가 버렸다.[5]

여기서 우리는 당당히 발가벗은 알몸인 임제와 만나게 된다. 우리는 이
선화에서 무사한인이며 지위가 없는 참사람인 대자유인의 면목을 만난다.
과연 임제가 부르짖던 지위 없는 참사람인 무위진인은 무엇인가?

> **착어**　하늘을 날게 하는 비닐 팩, 그대
>
> 　　　　뒤로 눕고 앞으로 엎어지고
>
> 　　　　요란하군,
>
> 　　　　요란한 놈 처놓고 친절치 않은 놈 없다

5　서용연의 『임제록』, 임제선원, 1974, 366~368쪽. 이 선화에 대해 서옹선사는 "호랑이 머리와 호랑
이 꼬리를 일시에 거두니虎頭虎尾一時收 껍데기 벗은 거북은 날아서 하늘로 올라가네脫殼烏龜飛上天"
로 착어하였다.

제14화

혜능의 본래무일물

慧能本來無一物

身是菩提樹   몸은 보리수

心如明鏡臺   마음은 명경대

時時勤拂拭   때때로 부지런히 털고 닦아

莫遣有塵埃   티끌 끼지 않도록 하라

— 대통 신수

菩提本無樹   깨달음에 본래 나무 없고

明鏡亦非臺   거울 역시 대가 아니니

本來無一物[1]   본래 한 물건도 없는데

---

1   육조의 『법보단경』은 각기 다른 본이 많이 나와 당혹하였으나, 돈황 막고굴에서 돈황고본이 발견되어 많은 의심을 풀어주었다. 지금 다섯 본이 유행하고 있다. 즉 '돈황본', '대승사본', '흥성사본', '덕이본', '종보본'이 그것이다. 그리고 근자에 일본 구택대학 선종사연구회에서 서로 다른 본을 연구하여 『혜능연구』를 펴내었다. 혜능의 시 3행에서 다른 본에서는 '본래무일물'이나 돈황본에서는 '불성상청정佛性常清淨'으로 되어 있다.

何處惹塵埃　　　　　어디에 먼지 일어나리오

— 육조 혜능, 『경덕전등록』 권3 『조당집』 권2 『법보단경』 「오법전의」 제1

　　모든 앎을 떨친 이들이 있어 우리가 생각하지 못하는 곳으로부터 홀연히 나타난다. 혜능慧能(638~713), 그는 중국이 배출한 노자, 공자, 장자, 맹자와 버금가는 천재다. 사후 제자들에 의해 수집하거나 기록된 그의 어록과 상당 법문, 법거량은 중국의 수많은 저술 가운데 우뚝하다.

　　불교의 대장경은 붓다의 말씀인 경, 율법인 율, 뛰어난 스승에 의해 해설된 논인 삼장과 어록 등으로 집대성된다. 그러나 석가모니의 말씀이 아닌 것으로 제목에 경이라고 붙인 책은 유일하게 그의 사상 기록인 『법보단경』이 있을 뿐이다. 이 작은 책자는 『금강경』이나 『묘법연화경』, 『화엄경』 같은 빼어난 경들과 어깨를 나란히 하며 영향 면, 품격 면에서도 뒤지지 않는다고 후세 학자들은 말한다.

　　『법보단경』, 즉 『육조단경』은 논리적이고 체계적인 논서가 아니다. 깨달음으로 내달은 한 참사람의 외침이며 감격과 감동으로 가득 찬 빛의 잔치다. 이 반야의 맛을 한 번이라도 본 사람이면 누구나 우리의 깊은 곳에 묻혀있는 본성을 보게 될 것이다.

　　육조 혜능. 석가모니의 선의 등불을 이은 마하가섭摩訶迦葉을 1대로 하여 28대에 이르러 달마菩提達摩가 중국으로 건너와 중국 선종의 씨앗을 뿌린다. 다시 달마를 초조로 하여 이조 혜가二祖慧可, 삼조 승찬三祖僧璨, 사조 도신四祖道信, 오조 홍인五祖弘忍을 잇는 선의 여섯 번째 조사 혜능이란 뜻이다.

　　위의 시는 선시의 기원을 이야기할 때 모두를 장식하는 게송이다. 그리고 초기 선종의 기원인 북종선과 남종선을 갈음하는 노래다.

신수神秀(605~706)의 시는 만법이 실재하고 일체 상이 비어 있지 않기에 우리의 몸은 성불할 수 있다. 또 마음은 거울같이 맑고 고요하지만 온갖 상념에 사로잡혀 오염되었으므로 닦고 털고 티끌이 끼지 않도록 하면 근원이 드러난다고 노래했다. 그러므로 '늘 부지런히 수도하여 마음에 때가 끼지 않도록 하라'는 내용이다.

그러나 혜능의 자성게는 일체 만상은 모두 비어 있음을 갈파한다. 불법의 본체는 본래 보리가 아니며 청정과 오염이라는 양변의 견해는 깨달음이 아니다. 따라서 모든 것이 허상이며 가유假有인 까닭에 '깨달음에 본래 나무가 없고 거울 역시 대가 아니다'. 이러한 절대현재 참사람에 이르면 수행도 없다. 수행이 없으니 따로 먼지와 때를 닦을 필요가 당연 없다. 그런 까닭에 "본래 한 물건도 없는데 어디서 먼지 일어나리오"라고 노래한다.

곧 신수의 게송에서 "신시보리수身是菩提樹"라는 말은 '마음과 색을 모두 여의면 아무것도 없다'라는 의미고, "심여명경대心如明鏡臺"라는 말은 '청정한 마음은 거울과 같아서 만상이 나타나지만 물든 적이 없다'라는 말과 같다. 이것은 수양을 함으로 점차 깨달음을 이룬다는 점수사상漸修思想이어서 신수는 점수를 주장하였다 하여 북부지방에 세력이 분포되어 북점北漸이라 한다. 그러나 혜능은 "보리본무수 명경역비대菩提本無樹 明鏡亦非臺"에서 읽히는 것같이 '보리란 나무가 본래 없고 명경은 또한 대가 아니다'란 의미는 '보리는 이름이고 거울 역시 그 이름이 명경일 뿐'이며 마음이 참으로 돌아가면 만법이 모두 비어있음을 노래한다. 이런 경지에 이르면 무사한지無事閑地이며 무위진인無位眞人이어서 수행하는 경지가 아니다. 신수와 혜능의 깨달음의 경지가 자연 드러난다. 이로써 혜능이 남쪽에서 교화를 했으므로 남돈南頓이라 칭한다.

이 두 게송은 경지의 깊고 옅음이 있으나 모두 심오한 선리를 담고 있다. 또 선禪과 시詩가 융합되어 아시아 한자권 시문학에 지대한 영향을 준 진정한 의미의 선시의 출발점이다. 선과 시는 종교와 문학의 서로 다른 영역에 속하여 그 성질면에서는 융화될 수 없지만 앞의 시에서 보듯이 선사들은 깨침의 경지를 시로 표현한다. 이것은 시와 선의 서로 상보적 발달을 보며 선사들은 시에다가 선리를 담고, 시인들은 선리와 선취를 시에 받아들이고 선리로 시작 이론을 세웠다.

원호문元好門(1190~1257)은 「답준서기학시」라는 7언 절구에서 "시는 선객들에게 꽃을 수놓는 비단이 되었고, 선은 시인들에게 옥을 자르는 보도가 되었다詩爲禪客添錦花 禪詩詩家切玉刀" 하였고, 또 엄우嚴羽(1290~1364)는 그의 시론지인 『창랑시화滄浪詩話』에서 선리를 빌어 묘오론妙悟論을 주장하였는데, 이 묘오는 근원에 도달하는 깊은 깨달음을 말한다. "가슴속에서 발효하여 오래되면 절로 오입하게 된다醞釀胸中 久之自然悟入"고 한 말이 그것이다. 물론 엄우가 한 말은 선가의 돈오頓悟는 아니다. 그 내용으로 보아 점진적 수련 뒤에 얻어지는 점오점수漸悟漸修에 해당된다.

이 선시의 배경은 다음과 같다.

일찍이 아버지를 여의고 홀어머니 슬하에서 자란 혜능은 638년에 광동성 영남에서 태어났다. 성은 노씨고 이름은 능이다. 어려서 가족은 남해로 이사를 했고, 너무 가난하여 글자를 깨칠 기회조차 없었던 그는 청년시절 시장에다 땔나무를 팔아 어머니와 생계를 꾸렸다.

어느 날 장작을 팔고 돈을 받아 나올 때 우연히 어떤 사람이 읽는 『금강경』 독경소리 "머무는 바 없이 마음이 난다應無所住 而生其心"를 듣고 바로 그 글 뜻을 알았으며, 엄습하는 황홀함과 빛남에 가득 찬 혜능은 이 경전의 말씀을 베푸는 곳이 하북 황매산 오조 홍인임을 알게 된다.

많은 일들은 필연을 동반한 우연으로 나타난다. 중국 역사상 지대한 영향을 준 몇몇 천재들 가운데 한 사람인 혜능 역시 우연의 일치로 멀리 하북 황매현 빙무산(별칭 동산)을 찾아 들게 된다. 홍인弘忍(601~678)은 그를 보자 아래와 같이 물었다.

"그대는 어디서 왔는가, 무엇을 원하는가?"

"제자는 영남 신주에 사는 백성입니다. 스님께 이렇게 참배 드림은 오직 부처되기를 원할 뿐입니다." 홍인은 투박하며 진솔한 참배자에 마음이 움직여 짐짓 떠보는 말로 묻는다.

"그대는 영남사람이니 오랑캐로군. 그런 주제에 어떻게 부처가 된다는 말인가?"

이 핀잔에 대하여 혜능은 침착하며 알맞은 대답을 드린다.

"사람에게는 남북이 있겠습니다만 불성에 어찌 남북이 있겠습니까? 이 오랑캐와 스님이 어찌 같겠습니까마는 불성에야 무슨 차별이 있겠습니까?"

汝何方人 欲求何物 能 對曰弟子 是嶺南新州百姓 遠來禮師 惟求作佛 不求餘物 祖言 汝是嶺南人 又 是獦獠 若爲堪作佛 能曰 人 雖有南北 佛性 本無南北 獦獠身與 和尚不同 佛性 有何差別

—『육조단경』「오법전의」

홍인은 이 사람이 다듬어지지는 않았으나 근기가 **빼어난** 사람임을 발견한다. 그러나 주위의 시선을 두려워하게 된다. 이것은 큰스승이 하찮은 사람의 자질을 인정하는 친절에 대해 얼마든지 다른 생각을 가질 수 있다는 것으로 이해가 된다. 홍인은 이들의 시선을 피하기 위해 또 혜능의 본성을 담

금질하기 위해 방앗간 일을 하도록 한다. 그러나 스님의 간절 노파심을 모르는 혜능은 말을 이었다.

"스님, 저는 자기 마음이 항상 지혜를 내어서 자성을 여의지 않는 게, 복전福田이라 알고 있습니다. 그런데 어떤 일을 다시 하라 이르십니까?"
"이 오랑캐가 근성이 너무 날카롭구나. 더 이상 말 마라."
予曰慧能啓和尙 弟子自心 常生智慧 不利自性 卽是福田 卽是和尙 敎作何務 祖云 這獦獠根性太利

여덟 달이 지난 어느 날, 조사께서 방앗간에 잠시 들렀다.
"내 자네의 견해를 인정하지, 단지 혹 그렇지 못한 무리들이 자네를 시샘할까 염려되어 말을 멈춘 게지. 알고 있는가?"
"예, 저도 스님의 뜻을 짐작합니다. 그래서 스님 앞에 서지 않음으로써 다른 이들이 눈치채지 않도록 주의하고 있습니다."
思汝之見 可用 恐有惡人 害汝 遂不與汝言 知之否 能曰弟子 亦知師意 不敢行至堂前 令人不覺

그 후 어느 날, 홍인은 법통을 전승시킬 때가 되었음을 알고 산중 모든 대중을 모아놓고 다음과 같이 말했다.

세상 사람들은 삶과 죽음의 문제가 가장 큰 중요한 문제다. 그런데 너희들은 종일토록 다만 복전만 구하고 생과 사의 고달픈 바다에서는 벗어나려는 생각이 없는 것 같다. 자성이 미혹하다면 복을 가지고 어떻게 생사를 벗어날 것이라 생각하는가. 너희는 각각의 지혜를 스스로 살펴 자기 본심인 반야의 성품으로 게송을 하나씩 지어 나에게 가져오너라. 만일 큰뜻을 깨친 사람이 있으면 법과 옷을 전하여 제6대조를 삼을 것이다. 지체하지 마라. 생각으로 헤아린다면 핵심을 놓칠 것이고 견성한 사람은 말 아래에 모름지기 볼 것이니, 이런 사람은 칼싸움하는 진중에도 볼 수 있다.

世人 生死事大 汝等 終日只求福田 不求出離生死苦海 自性 若迷 福何可救 汝等 各去 自看智慧 取自 本心般若之性 各作一偈 來呈吾看 若吾大意 付汝衣法 爲第六代祖 火急速去 不得遲滯 思量 卽不中用 見性之人 言下須見 若如此者 輪刀上陳 亦得見之.

모든 제자들은 분부에 따라 각기 방으로 물러갔다. 그들은 토론 끝에 모두 게를 지어 바칠 필요가 없다는 결론에 이른다. 현재 신수상좌가 우리들의 교수사이니 틀림없이 그분이 받을 것이 아닌가. 쓸데없이 게송을 짓는다는 것은 주제넘은 일이기 때문이다.

신수는 대중에게 존경을 받는 아주 정신적 깊이가 있고 진정한 믿음과 겸손을 지닌 사람이었다. 그래서 신수는 대중이 아무도 게송을 지어 조사께 바치지 않으리라는 것을 알고, 법과 옷을 받으려 함이 아니라 스승의 분부를 받드는 의미로 게송 하나를 지어야 했다.

내가 게송을 바치려는 뜻이 법을 구한다면 옳은 일이지만 조사의 직위를 구하는 데 있다면 옳지 않은 일이다. 이것은 범부가 성인의 지위를 빼앗으려는 생각과 무엇이 다르랴. 그러나 만약 게송을 바치지 않으면 결국 법을 얻지 못하니, 참으로 어렵고 난처하구나.

諸人 不呈偈者 爲我與他 爲敎授師 我須作偈 將呈和尙 若不呈偈 和尙 如何知我
心中 見解深淺 我呈偈 意 求法卽善 覓祖師惡 却同凡心 奪其聖位 奚別 若不呈偈 終
不得法 大難大難

위의 말에서 신수의 겸허한 마음과 진실함이 그대로 전해 온다. 이것은
후대에 가필됨이 아니라 이 이야기를 말한 사람이나 기록한 사람이 혜능 자
신이거나 혜능 문도임을 감안할 때, 신수의 인격됨을 명확히 알 수 있는 구
절이라 할 것이다. 또 남종 돈오니 북종 점수니 하여 상호 공박함은 신수나
혜능의 다툼에서 기인한 것이 아님을 알 수 있다.

신수는 앞의 게송을 조사스님이 보고 판단하도록 복도의 벽에 붙였다. 단
경에는 이때 상황을 4일간 열네 번이나 게송을 바치려 하나 심중이 황홀하
고 온 몸에 땀이 흘러 어쩔 수 없이 벽에 붙임을 기록하고 있다. 이에 오조께
서 보시고 신수가 깨닫지 못함을 알고도 여러 제자들에게 이 게송을 암기해
서 따르면 악도惡道에 떨어지지 않을 것이라고 칭찬하였다. 그러나 조사는
그날 저녁 삼경에 신수를 가만히 불러들였다.

자네가 지은 게송을 보니 자네는 아직 견성하지 못하였네. 다만 문턱에 이르렀
을 뿐이야 문안에는 들지 못하였네. 이런 견해로는 무상보리를 찾는다면 끝내는
얻기 어렵지. 무상보리는 언하에 자기 본심을 깨달아야 하며 직관에 의해 자기 본
성을 보아야 하네. 나지도 않고 없어지지도 아니하여 어느 때나 모든 사변을 능가
하여 만법에 막힘이 없음을 스스로 보아야 하네. 그러면 하나의 진리가 참됨으로
일체가 참되는 것일세. 이러한 만 가지 경계가 스스로 여여함을 보니, 이러한 통
찰은 곧 무상보리인 자성이네.

汝作此偈 未見本性 只到門外 未入門內 如此見解 覓無上菩提 了不可得 無上菩提 須得言下識自本心 見者本性 不生不滅 於一切時中 念念自見萬法無滯 一眞一切眞 萬境 自如如 如如之心 卽是眞實 若如是見 卽是無上菩提之自性也

그리고는 하루 이틀 더 생각하여 다시 게송을 지어 보여 달라 하였다. 그러나 신수는 마음의 안정을 찾지 못하고 혼미함으로 휩싸였다. 아무런 게송도 지을 수 없었다.

그 즈음 한 동자가 방앗간을 지나며 신수의 게송을 외우고 다녔다. 혜능이 한 번 듣고 이 게송이 본성을 보지 못하였음을 알았다. 그래서 혜능은 동자에게 지금 외고 있는 게송이 누구의 게송이냐고 물었다. 이에 동자가 핀잔을 주며 이즈음 일어난 일을 자세히 이야기해 주었다. 혜능은 동자에게 자기도 게송이 붙은 당전으로 가서 예배를 드리고 싶으니 인도하여 달라고 간청하여 그곳에 이르러 동자에게 그 게송을 읽어 달라고 다시 부탁하였다. 마침 지방 관리의 예방이 있어 이 말을 듣고 곧 게송을 큰 소리로 읊었다. 낭송을 들은 혜능은 자기도 게송을 짓겠으니 대신 그것을 기록해줄 것을 청하였다.

"뭐, 오랑캐가 게송을 짓다니, 별 희한한 일도 다 있군!"

"무상보리를 배우고자 하면 처음 배우는 자를 너무 가벼이 여기지 마십시오. 형편없는 사람下下人도 상상上上의 지혜가 있고 상상인에게도 얼빠진 지혜沒意智가 있는 법입니다. 사람을 경멸하는 것은 한량없고 가없는 죄가 되는 줄 아십시오."

獦獠 汝亦作偈 其事希有 能啓別駕言 欲學無上菩提 不得輕於初學 下下人 有上上智 上上人 有沒意智 若輕人 卽有無量無邊罪

이렇게 하여 씌어진 게송이 앞의 혜능의 자성게이다.

오조께서는 혜능을 밤 삼경에 불러『금강경』을 설하여 주었다. "마땅히 머문 바 없이 그 마음이 난다應無所住 而生其心"에서 언하에 크게 깨달음을 얻어 일체 만법이 자성을 여의지 않았음을 체득하였다. 혜능은 희열로 충만한 나머지 무아지경에서 다음과 같은 말씀을 올렸다.

何期自性 本自淸淨	자성이 본래 청정한 줄 내 어찌 알았으리오!
何期自性 本不生滅	자성이 본래 생멸 없음을 내 어찌 생각했으리오!
何期自性 本自具足	자성이 본래 스스로 모두 갖추었음을 내 어찌 기대하였으리오!
何期自性 本無動搖	자성이 본래 동요 없음을 내 어찌 예측했으리오!
何期自性 能生萬法	자성이 그 자체로 능히 만법을 냄을 내 어찌 알았으리오!

오조께서 본성 깨달음을 알고, "그대는 대장부요, 하늘과 사람의 스승인 부처가 되었다不識本心 學法無益 若識自本心 見自本性 天人師 佛 世尊"고 말씀하셨다.

이로써 점차적인 수양을 통하여 깨달음을 얻는 북종선 점오사상과 단박에 깨달음을 이루는 남종선 돈오사상이 동아시아의 사상논쟁과 그에 따른 무수한 선시를 낳게 되는 출발점이 된다. 이때 혜능의 나이 약관 23세였고, 출가 전 속인의 신분이었다.[2]

여기에 후학 납자들이 육조가 의발을 전수 받은 이야기를 본칙으로 삼고 뜻을 발명한 후대의 많은 게송이 있다. 그 중 두 수만 음미하자.

---

2   이상의 선화는『경덕전등록』 권3 ·『조당집』 권2 ·『선문염송』 ·『법보단경』을 보고 저자가 재편성하였다.

①

六祖當年不丈夫	육조는 그때 장부답지 못했네
倩人書壁自糊塗	남의 손으로 벽에 게송 붙여 스스로 속임수 썼지
明明有偈言無物	게송엔 분명 본래 한 물건도 없다고 말하고는
却受他家一鉢盂	오히려 다른 이에게 의발을 전수 받았네

— 조인명

②

黃梅席上數如麻	황매회상 수많은 스님 가운데
句裡呈機事可嗟	혜능의 언구에 선기 드러나니, 슬프다
直是本來無一物	직시하면 본래 한 물건도 없는데
靑天白日被雲遮	청천백일이 구름에 가리듯 하여라

— 서탑

①의 게송에서 1행과 2행은 아이러니, 즉 반어법을 쓰고 있다. 역설법이다. 유머로 눙치는 조인명의 안목이 재미있다. 이 역사적 사실이 본래 조사의 뜻과 상반되지 않느냐 하는 것은 '정말 장부의 면목을 드러내었고, 당당한 일이다' 하는 의미다. 또 3행에선 앞의 혜능의 게송 3행이 "본래무일물本來無一物"이라 해 놓고는 오히려 의발을 전수 받았다. 역시 풍자적 수사법이며 까마득한 적기의 반상합도에 이르게 된다. 따라서 게송으로 수승한 경지를 표현하여 스승으로부터 인가를 받을 수 있었음을 찬양하는 시다.

②의 게송은 '황매(오조의 별칭)의 문하에 무수한 일급 수자들 가운데 "본래무일물"을 읊은 것 자체가 없는 절대 경지를 드러내는 것이니, 가만히 놔두

면 청천백일인데 다시 구름을 가리는구나'로 읽힌다. 서탑의 이 게송은 혜능의 무상게를 더 깊숙한 데로 몰고 가고 있어 묘미가 한껏 돋보이게 한다.

오조 홍인의 불법을 사자상승한 혜능에게 한 선객이 법거량해 왔다. 우리는 혜능이 학인을 제접하는 선문답에서 달마가 양무제에게 답한 "모르오不識"을 다시 한번 만나게 된다. 이 '모르오'를 알아야 하고 이 '모름不會'을 깨부수어야 한다.

> 육조에게 한 중이 물었다.
> "황매의 참뜻은 누가 받았습니까?"
> "불법을 아는 이가 얻었지."
> "스님께서 얻었습니까?"
> "나는 얻지 못했네."
> "스님께서는 어째서 얻지 못했습니까?"
> "나는 불법을 알지 못한다."
> 六祖因僧問 黃梅意旨 什麽人得 祖曰 會不法人得 僧云 還得不 祖曰 我不得 僧云
> 和尙爲什麽不得 祖云 我不會佛法
>
> ─『선문염송』제4권, 112칙 「황매」

황매는 오조 홍인의 별칭이다. 황매현에 황매산과 쌍봉산 빙무산에 있는데, 쌍봉산에서 사조 도신이, 동에 있는 빙무산엔 오조 홍인이 회상을 펴서 널리 중생을 제도함으로써 동산법문이라는 이름을 얻는다. 그 회상의 당시 새로운 선풍을 동산법문이라 함도 빙무산이 동쪽에 위치해 있으므로 나온 이름이다. 육조가 의발을 전수 받았음은 곧 불법을 알았기에 전수 받았음이 분명한데, 위 이야기의 언표는 '불법을 모르기 때문에 오조의 참뜻을 받지 못하였다'로 읽게 된다. 역시 적기어법에 의한 의미 전달이다. 그리고 불법을 안다는 것은 알지 못함에 있다.

그래서 『반야심경』에서는 "반야라는 것도 거기 없으며 깨달았다는 것도 없고 또한 깨닫지 못했다는 그런 생각조차 없다無智亦無得"라고 직설한다. 그리고 『벽암록』에는 절대 진리를 묻는 사람에게 이렇게 말한다. "여러분, 말후구를 알고 싶은가? 단지 노호가 아는 것은 허락하지만, 노호가 만남은 허락하지 않는다諸人 要會末後句麼 只許老胡知 不許老胡會"란 명구가 있다. 여기서 『반야심경』의 말씀이나 『벽암록』의 선구를 명확히 읽는다는 것은 위의 두 게송을 이해하는 것이 되니 철저히 분석해 보자. "무지역무득"은 『반야심경』가운데 가장 핵심이 된다. 여기서 지智란 산스크리트어로 jnāna인데, 이것은 주관과 객관의 대립에서 벗어나 사물을 투시할 수 있는 직관지直觀智다. 반야prajña는 지智에서 한층 심화된 근본지根本智를 말한다. 주관과 객관이 완전히 허물어진, '자/타', '능/소', '주/객'이 미분화되기 전의 둘이 아닌 절대경지, 최상의 경지를 말한다.

진리의 세계인 둘이 아닌 지혜, 바로 『반야심경』에서 말하는 "색즉시공 공즉시색色卽是空 空卽是色"의 지혜를 일컫는다. 이 구경의 진리는 보는 자와 보여지는 자가 녹아서 허물어졌으므로 무엇을 판단하는 가장 날카로운 직관지마저 있지 않다. 이곳은 진리의 당처當處이므로 주관적 인식과 객관적 인식의 대상이 없으며, 있다면 이는 이미 상대적 대립의 세계지 절대무이絶代無二의 세계가 아니다. 여기서 알았다면 못 알았을 것이고 얻었다면 이미 분리되므로 다른 것을 얻었을 뿐이다.

다음 노호老胡는 달마의 별칭이다. 늙은 오랑캐, 반어적인 존경이다. 또 달마dharma는 산스크리트어로 진리나 법이니 다의적인 의미로 쓰이고 있다. 곧 노호는 절대무이인 진리 당처를 지칭한다. 곧 실상의 당처를 앎으로 받아들이는 차원은 이야기되어지고 가능하다 할 수 있지만 그 자리, 바로 '그곳에 만났다領會'고 언설했을 때는 이미 다른 것일 수밖에 없다는 이 당처, 본래면 목本來面目의 인식 방법에 대하여 이렇게 밖에 할 수 없음을 말하는 것이다.

이 지루한 해설을 꼼꼼히 챙긴 분들은 위의 선화에 대해『선문염송』에 기록된 아래의 두 게송의 요체를 바로 간파할 것이다.

불식不識이든 불회不會든 따지지 말고 슬쩍 이르러 보자.

①

當日黃梅傳意旨	그 옛날 황매가 이 뜻을 전하니
會佛法人如竹葦	불법을 아는 이가 갈대같이 많았네
麟龍頭角盡成空	기린과 용의 두각이 모두가 허사되니
盧老無能較竺子	노도령은 그들과 비슷하지 못했네

— 불인원

②

斬釘截鐵大巧若拙	못 끊고 쇠 자르니 큰 재주 도리어 바보와 같다
一句單提不會佛法	한마디로 한 사람에게 전하니 불법 알지 못하네
儘他葉落花開	제 멋대로 잎이 지고 꽃이 피나니
不問春寒秋熱	봄가을의 춥고 더움을 묻지 않으리
別別	다르다 다르다
萬古碧潭空界月	만고의 푸른 못엔 하늘의 달이니라

— 원오근

①의 게송 1행과 2행에서 '오조가 뜻을 전하니 불법을 아는 이가 갈대같이 많다'라고 함은 지식이나 좀 더 나아가 직관지로서의 진리의 구경처, 본래면목을 간파한 사람이 많다는 의미다. 이렇게 아는 것은 가능하다. 진리 당처와 계합하는 것은 이미 안다는 차원이 아니므로 이미 알았다는 생각이 들면 그것은 단지 알았다, 이해한다는 차원일 뿐. 바로 그것이 되었다는 것이 아니다. 그래서 노호를 아는 것은 허락하지만 노호와 영회함은 허락하지 않는다고 말한다.

그럼 이것을 어떻게 영회할 것인가?

4행에서와 같이 '단지 노행자가 그들과 다를 뿐' 그 외는 달리 무어라 표현하겠는가?

②의 게송은 선문 제일 서라는『벽암록』을 편찬한 원오 극근의 시다. 이취理趣와 선지禪旨가 물씬 풍기는 게송이다. 1행과 2행에서는 '뛰어난 견해를 가진 대중이 무수히 많지만 오직 불법을 혜능에게만 전한다고 했는데, 그 이유는 불법을 모르기 때문이다'라고 적고 있다. 진리의 당처인 본래면목을 영회하는 표현법을 쓰고 있다. 3행과 4행의 '제멋대로 잎이 지고 꽃이 피나니 / 봄가을의 춥고 더움을 묻지 않으리'는 불법의 운행을 말한 것이다. 자, 여기서는 부지불식간에 피고 지는 만물, '봄이다 가을이다'를 잊는, '함이 없는無功用' 삶. 이것은 일체 만물, 불법, 구경의 당처인 본래면목을 인식하지 못한 가운데 그럭저럭 산다는 의미이다. 마지막 행인 "별별, 만고벽담공계월別別 萬古碧潭空界月"에서 "다르다 다르다"는 세계가 숨기고 있는 진면목에 대한 계합契合이니, 놀랍고 놀라울 뿐이다. 그 놀라움을 알고자 하는가? '만고의 푸른 못, 하늘엔 달. 달 속에 갇힌 푸른 못'이다.

위의 게송들은 중국 명대의 담론가 서정경徐禎卿이『담예록談藝錄』에서 시와 선이 합해질 수 있는 이유를 밝힌 논지와 부합된다.

　　이치를 대략 말하지 않고 사물의 상태를 형상화하여 이치를 밝히며, 도를 헛되
이 말하지 않고 그 그릇의 쓰임器用을 묘사하여 도를 싣는다. 형이하의 사물을 들
어 형이상의 이치를 밝혀, 고요하고 텅 비어 형상이 없는 것을 사물에 가탁하여
일으키고, 황홀하여 조짐이 없는 것이 자취를 드러내어 눈에 보이듯 한다. 비유
하면 무극과 태극이 응결하여 하늘과 땅兩儀 태양, 소양, 태음, 소음四象이 되는 것
과 같다.

　　乃不汎說理 而狀物態以明理 不空言道 而寫器用之載道 拈此形而下者 以明形而
上者 使廖廓無象者 託物以起興 恍惚無朕者 著迹而如見 譬之無極太極 結而爲兩儀
四象

　　이를테면 신수의 시에서 '몸을 보리수, 마음을 명경대'에 가탁하여 표현한
것과 혜능의 "본래무일물 / 하처약진애本來無一物 何處若塵埃"는 자취 없음을 드
러내어 눈에 보이듯 그리고 있고, 조인의 시나 서탑의 시 역시 아이러니 기
법을 사용하여 표현상 긴장과 부조화를 주어 독자를 그윽한 곳으로 몰아가
고 있으며, 이것은 결국 상대를 적기시켜 반상합도에 이르게 한다. 불인이
나 원오 역시『담예록』에서 말한 것과 같이 개념이나 추상, 이해를 사물에
가탁假託하여 명징하게 이미지로 드러내고 있다. 용과 기린. 또 잎과 꽃. 못,
하늘, 달과 같은 사물로 나타냄이 그것이다.
　　선시는, 차례차례 음미하기 전에 선시의 뿌리를 하나씩 들추어봄으로 선
시를 들여다보게 한다. 이것이 바로 요체다. 선은 그 정점이 실생활 자체를
여과 없이 보여줄 뿐 아니라, 여과 없다는 그 자체를 말한다. 그래서 선시의

이해는 그 변두리에 있다고 판단되는 선화 속이 바로 요체다. 마치『금강경』이 서양에 처음 전해져 번역되어졌을 때, 심오하며 철학적이고 종교적인 교리로만 가득 차 있지 않고 왜 짧고 중요한 경문에 '밥을 빌러 가고 밥을 나누어 먹고 발을 닦고 똑바로 앉고'와 같은 일상사가 기록되었는지 납득을 못한 것과 같은 이치라 하겠다.

제15화

천황의 뿌리도 포기도 없는 사람은 밥이 생명이다

人無根株 以食爲命

得卽得 點檢將來	되기는 되었으나 점검해 보지만
這漢 生前滿滿頂頂	그 노장 생전에 알랑알랑 속이고
死後奔奔鹵鹵	죽은 뒤에 갈팡질팡 한다
若要鼻孔撩天	만약 코끝이 하늘 찌르기를 원하면
瓦椀竹筋	질뚝배기 대젓가락과
殘羹餿飯	남은 국, 끓인 밥물 한 쪽에 밀치고
熱爐餬餅	뜨거운 화로, 호떡을
要請便請	원하거든 곧 청해야 한다
還會麼	알겠는가?
人無根株	사람은 포기도 뿌리도 없지만
以食爲命	밥으로써 생명을 삼는다.

— 보녕용

甘勘徹底甘	단 것은 꼭지까지 달고
苦苦連根苦	쓴 것은 뿌리까지 쓰다
拈起枕頭時	퇴침을 밀어낼 때
新羅夜打鼓	신라에서는 삼경을 친다

— 원조

위의 게송은 천황 도오天皇道悟(748~807)가 임종시에 우리에게 보인 활구법문에 대하여, 후대 선객의 염과 송이다.

도오의 법계는 육조혜능-청원행사-석두희천-천황도오-용담숭신으로 이어진다. 도오의 법형제로는 약산 유엄과 단하 천연이 있다. 모두 불세출의 선장들이다. 그리고 그의 제자 용담 숭신 아래는 덕산방으로 유명한 덕산 선감이 출세하며, 그의 법손들이 바로 선종 5가 가운데 운문종과 법안종을 낳고 약산 유엄에 법손들에 의해 조동종을 낳는다.

『전등록』에 의하면 도오는 14세에 출가하여 25세에 비구계比丘戒를 받았다. 그의 두타행과 정진력은 범상을 초월하므로 모두 그를 '용맹'이라 불렀다. 그 후 경산 도흠을 5년 동안 시봉하여 심법을 얻었고, 다음 마조馬祖道一(709~788) 문하에서 인가를 얻었다. 마조를 2년간 모시다가 다시 석두石頭希遷(700~790)를 뵙게 되어 다음과 같은 거량 끝에 활연돈오하게 된다. 그의 선화를 살펴보자.

"정혜를 떠난 다음에는 어떤 법으로 학인을 가르칠 수 있습니까?"
석두가 말했다.
"나에게는 억압된 노예가 없는데, 어디로부터 자유로워진다는 말인가我這裏 無奴

隸 離箇什麼?"

"지금과 같은 말씀을 어떻게 이해해야 합니까?"

"그대는 허공을 붙잡을 수가 있는가汝還撮得虛空麼?"

"그렇게만 되면 오늘부터 시작할 것이 없겠습니다與麼則不從今日去也."

"요즘 그대는 거기서 떠났겠지汝早晚從那邊來?"

"저는 거기 사람이 아닙니다."

"나는 벌써 그대가 온 곳을 알고 있다我早知汝來處."

"스님은 어째서 사람을 속이십니까?"

"속이다니, 그대의 몸이 현실인 지금에 있지 않은가汝身現在?"

"비록 그러하나 현실로 있는 지금을 무엇으로 뒷사람들에게 보일 수 있단 말입
니까雖然如是 畢 竟如何是於後人?"

"그대는 누구를 뒷사람이라 하는가?"

—『경덕전등록』 제14권 「천황도오선사」·『선문염송』 제9권 350칙 「이각(離却)」

문답이 여기에 이르자 도오는 위없는 깨달음에 들게 되었다. 그리고 앞의
두 종사에게 얻은 마음까지 자취도 없이 사라져버렸음을 깨닫는다.

이 선화의 이해를 돕기 위해 긴요한 몇 대화를 풀어 의미를 소통시키고자
한다.

"그렇게만 되면 오늘부터 시작할 것이 없겠습니다與麼則不從今日去也"에서
오늘부터는 선천적인 것이 아니라 후천적으로 닦아 얻는 과정인 오늘, 금일
을 말한다. 허공을 잡는 일 같은 것이 오늘로부터 시작하는 것이 아니라 본
래 있는 일이란 의미다.

또 하나 풀어서 소통해야 할 곳은 "요즘 그대는 거기서 떠났겠지汝早晚從那

邊來?"에서 '거기서 떠났겠지?'라는 물음이다. 석두는 첫머리에서 도오가 정혜를 떠난 일과, 또 오늘부터 시작하지 않는다 하니, '그렇다면 분명 매우 좋은 극락 같은 곳에서 왔겠지? 혹은 깨달음으로 가득 찬 청정법계에서 왔겠지?'라며, 존귀한 세계를 설정하여 묻고 있다. 무척 수준 높은 반어적 기법으로 상대의 속내를 깊숙이 새겨보고 있는 것이다.

도오가 깨달음에 이르게 한 결정적인 말 "그대는 누구를 뒷사람이라 하는가?"를 돌이켜 한 번 가름해보자. 과연 누구를 뒷사람이라 하는가?

다시 앞의 선시를 낳게 한 선화를 살펴보자.

위의 선시들은 천황 도오가 임종 시에 우리에게 보인 활구법문에 대한 후세인의 염과 게송이다. 우리는 전위적인 행위 예술가들이 보여주는 퍼포먼스에도 놀라움을 금치 못한다. 더구나 이렇게 생과 사를 놓고 벌이는 무한 실상의 정신세계를 보며 진실로 주눅이 들지 않는 사람이 어디 있겠는가?

또 죽음에 임한 사람이 이렇게 자유자재하게 자기의 삶을 마감할 수 있는지 의문이 앞선다. 생사를 초탈한 대자유인, 삶에도 죽음에도 마음을 두지 않는 무사한인無事閑人의 궤적, 한 생애의 낙조를 이렇게 다층적 양태로 보일 수 있는지 그저 놀라울 뿐이다. 간혹 선사들의 이러한 기록을 보면서 그 웅장한 생의 운행에 경의를 표하게 된다.

천황 역시 그렇다.

『선문염송』에 기록된 이 재미있는 선화를 읽어 보도록 하자.

한 평생 쾌활을 외치던 천황조실이 병이 중하게 되어 임종을 맞게 되었다.

"괴롭구나, 괴로워. 원주야 술을 가져와 좀 먹여다오. 고기를 가져와 나에게 먹여라. 염라대왕이 잡으러 온다. 어이할꼬院主 把酒來與我喫 將肉來與我喫 閻老子 來取我也"

하였다. 원주가 곁에 와서 물었다.

"큰스님께서는 평소에 쾌활 쾌활하시더니 지금의 왜 괴롭다를 연발하십니까?"

"원주야, 말해봐라. 그때가 옳은가, 지금이 옳은가且道 當時是 如今是?"

원주가 대답을 못하자, 퇴침을 밀어내고는 숨을 거두었다.

—『선문염송』 351칙「쾌활(快活)」제9권

천황, 그는 스승이었다. 그에게는 저승과 이승의 벽이 허물어졌고, 그의 가르침은 우주운용의 하나일 뿐, 철저히 미친 사람이다. 저승의 강을 무엇이 이렇게 당당히 건너게 하는가?

먼저 보녕수保寧秀의 염을 살펴보기로 하자.

'다들 깨달은 이라고 모시는 조실스님이니, 그의 일생을 조명하여 보면, 생전에 그저 덜렁덜렁 적당히 지내고 죽음에 이르러는 허겁지겁 천방지축으로 헤맨다'가 3행까지 내용이고, 4행에서 8행까지 내용은 '깨달음의 바른 소식을 꼭 보고자 원하면, 다른 것이 아니다. 일상사와 평상심을 벗어나지 않으니, 산사의 일상사와 살림살이를 알고자 하는가?'.

착어 요긴한 건 '질뚝배기 대젓가락과

남은 밥 선 국' 그리고

뜨거운 화로와 호떡

필요로 하면 곧 청하라

오라, 사람은 포기도 뿌리도

없지만 인정으로

생명을 삼는다.

이것을 **빼**면 무엇 하나 더 필요치 않다. 그래도 모르겠으면, 한마디 더 하지요. '사람은 근본적으로 알 수 없지만, 단지 먹지 않고는 살 수가 없다.' 이러할진대, 과연 누구를 뒷사람이라 하는가?

다시 원조의 게송을 살펴보면, 1행과 2행 "단 것은 꼭지까지 달고 / 쓴 것은 뿌리까지 쓰다"라는 것은 자성본원에 영회한 무사한인은 '철저히 한통속이어서 안과 밖이 없어 내외명철內外明徹하고, 삶과 죽음이 같으며 늘 자발광하여 상적상조常寂常照하다'는 또 다른 표현이다.

4행과 5행 "퇴침을 밀어낼 때 / 신라에서는 삼경을 친다"의 풀이는 '지금 천황이 열반당의 정문을 밀치고 있는데, 먼 먼 신라에서 응답의 종을 친다' 정도로 해두자.

천황사 도오는 앞 선화에서 보듯이 임종을 공안으로 보여주며, 60세의 나이로 열반하였다. 그의 법제자로는 용담 숭신龍潭崇信 한 사람이 『전등록』에 전한다.

제16화

서산, 머리 희어도 마음은 희지 않는 것

西山髮白心非白

청허 휴정淸虛休靜(1520~1604)은 조선 명종 15년에 태어나 선조 37년에 입적하니, 세수 84세를 누렸다. 그의 행적은 문인 편양 언기가 쓴 행장이 『청허집』에 전하니, 법명은 휴정이고 청허는 법호이며 서산은 묘향산에 오래 머물므로 생긴 별호이다.

조선조의 가장 큰스님으로 누구나 서산대사를 꼽는다. 서산대사는 현 조계종 법맥의 중심에 있을 뿐 아니라, 조선 억불숭유 국시 중에서도 홀로 우뚝하였다.

대략, 서산대사의 50세 이전의 행적은 그가 써서 노수신盧守愼(1515~1590)에게 준 「삼몽록」에 소상히 기록되어 있으며, 그 후 30여 년의 세월에 특기할 것은 선조 25년에 일어나 7년을 휩쓴 임진왜란의 승군 총사령관으로 그의 상족 송운 유정과 함께 불멸의 공을 세웠다. 제자 뇌묵 처영은 지리산에서 일어나 도원수 권율 휘하에서 싸웠고, 사명당 유정은 금강산에서 일어나 승군 천여 명을 데리고 평양으로 나갔다. 또 서산대사는 순안 법흥사에서

문도 천오백여 명으로 의승군을 지휘하여 평양으로 나가니 승군의 총세는 5천여 명이나 되었고 명군과 함께 평양성 탈환에 큰 공을 세웠다. 임란이 끝난 후 선조는 서산대사에게 '국인도대선사 선교도총섭 부종수교 보제등계존자'라는 존칭과 정2품 당상관 작위를 하사하고 국란에 세운 공과 불교의 공덕을 칭송하였다.

髮白心非白	머리는 희었으나 마음만은 젊어라
古人曾漏泄	옛사람은 일찍이 누설했네
今聽一鷄聲	이제 닭 울음 한 소리에
丈夫能事畢	대장부 할 일을 다 마쳤네

— 오도송(過鳳城聞午鷄)

忽得自家底	갑자기 얻은 내 본래 집
頭頭只此爾	부딪치는 것마다 다만 이것
千萬金寶藏	천만의 금 보배 장경도
元是一空紙	원래 비어 있는 하나의 백지

— 청허 휴정

서산대사가 도반을 찾아 봉성(남원)으로 가는 길 성촌 마을을 지나다 어디선가 울려 오는 낮닭 울음소리에 마음이 열려 게송 두 수를 읊으니 위의 시다. 할 일을 다 한 스님에겐 할 일이란 없다. 무사한인. 그는 제자리에 있을 뿐이다.

1. 서산의 생애

당시 학자인 노수신에게 서산대사가 준 편지 중에 자신의 50세까지 이력을 자세히 적은 「삼몽록三夢綠」,[1]이 있다. 『청허집』 권2 「완산 노부윤에게 올리는 글」에 있는 「삼몽록」에 의하면 본은 완산 최씨이고 부친은 세창世를이며 모친은 한남 김 씨라고 적고 있다. 되도록 요긴하다고 생각이 드는 곳을 그대로 옮기고 간추려 적는다.

중종 14년(1519) 여름 어머니께서 여러 달 신기가 불편하시다가, 하루는 창가에서 잠드시듯 하더니 꿈에 한 노파가 와서 예를 올리며 '염려하지 마십시오. 사내대장부가 태어날 것입니다. 그래서 하례하려 왔습니다.' 그러나 어머니는 꿈을 이상하게 생각하셨다. 당시 부모님들은 동갑이시고 50에 가까운 나이어서 과연 이런 일이 있을 수 있을까 걱정하셨다.

다음 해 3월에 내가 태어났습니다. 내 나이 3살 때 사월초파일 날 아버님이 낮에 취하시어 누대에 누우셨더니 꿈에 한 노인이 와서 '작은 스님을 찾아 왔소' 하면서 나를 두 손으로 추켜들고 범어로 주문을 외우는데 이해할 수 없었고, 이어 주문을 마치고 내 이마를 쓰다듬으면 운학雲鶴이라 이름 짓고 소중히 여기라 했다고 합니다. 아버지께서 운학의 뜻이 무엇이냐고 물으니 '이 아이의 평생이 구름의

---

1 『청허당집』 권2, 서 「상완산로부윤서上完山盧府尹書」와 「재답완산로부윤서再答完山盧府尹書」 전문에 해당되는 곳을 옮긴다. "우러러 사모하던 차에 마침 주신 편지를 엎드려 받고 물으신 뜻을 잘 알았습니다. 저의 선조의 행적과 저의 젊어서의 행적과 집을 떠난 인연 및 운수의 행적을 하나 하나 숨기지 말라 하시고 세세한 일까지 거듭거듭 물어 주시니 어찌 감히 잠자코 있겠습니까? 이제 간략히 「삼몽록」을 적어 올리오니 살피시기 바랍니다."

학과 같다' 하며 문을 열고 사라져 버렸습니다. 그래서 나는 어렸을 때부터 작은 스님 혹은 운학이라 불리어졌습니다.

내가 겨우 9세 때 어머니를 여의었고 다음 해 아버지를 여의니, 천지가 아득하여 여묘에 엎어져 슬피 울 뿐이었습니다. 10세 되던 해, 군수 이사증李思曾이 소문을 듣고 불러 '먼 숲의 눈 덮인 소나무를 보고 시를 지을 수 있는가?' 물었습니다. 사斜자의 운자를 불러 나는 바로 '향기가 높은 누각에 엉기자 해는 비꼈는데香凝高閣日初斜' 하였더니 또 화花자를 불러 곧 '천리강산에 눈이 꽃과 같구나千里江山雪若花' 하니 군수가 내 손을 잡고 '내 아이로구나' 하였습니다. 이 때 저의 나이 열 살이었습니다.

12세 되던 해 군수가 나를 서울로 데리고 와 반궁泮宮(학교)에 입학시키니 모든 선비의 끝에 내 이름이 기록되었으나, 그 뒤 학문을 애써 하지 않고 친구를 따라 헤맬 뿐이었습니다.

하루는 늙은 학사께서 나를 보고 '네가 나를 알겠느냐. 너의 원고향이 여기서 멀지 않다. 네 아버지와 나는 원래 아는 사이이니 너를 모른 체 할 수 없구나' 하시며 나를 데리고 흥인문 밖 사천의 버들 숲을 가리키며 여기가 네 아버지의 집터라 하였습니다. 노학사는 두어 칸 서당을 짓고 대여섯 명의 자제를 모아 너희들은 형제로 언약하여 여기에서 헛되이 놀지 말고 공부를 하라 하였습니다. 3년 동안 스승을 모셔 배우고 과거에 한 번 응시했으나 실패하였습니다. 이 때 나의 나이 15세 때였습니다. 그때 스승께서 호남으로 가시게 되어 동학 몇 사람이 따라갔으나 다시 스승께서 변고가 생겨 서울로 가시게 되었습니다.

이렇게 되자 '스승을 찾아 천리를 왔다가 일이 어긋났으니 명승지를 찾아 남쪽 산천을 구경하자'고 제안하여 두류산으로 떠났고, 화엄동, 연곡동, 칠불동을 두루 돌다가 반 년이 지났습니다.

하루는 숭인장노께서 나를 찾아 와서 '자네를 보니 기골이 맑고 **빼어나** 절대 보통 사람이 아니다. 부디 마음을 심공급제心空及第에 돌리고 세상의 명리 다툼을 끊는 것이 좋겠다. 서생의 일이란 종일 애써보아도 평생에 얻는 것이라고는 한낱 빈 이름뿐이니 참으로 가석한 일이다' 하였습니다.

'무엇이 공문에 급제하는 일입니까?' 하고 물었더니 노스님은 눈을 감고 한참 있다가 '알았느냐?' 하였습니다. '모르겠습니다' 하니 '말하기 어려운 것이다' 하고는 『선문염송』, 『전등록』, 『화엄경』, 『원각경』, 『능엄경』, 『법화경』, 『유마경』 등 수십 권의 책을 내보이면서 '자세히 보고 신중히 생각하면 공문에 들 수 있다' 하였습니다. 그리고는 영관대사께 부탁하였습니다. 이에 동학들은 모두 서울로 올라가고 영관대사의 지도 아래 3년 동안이나 게을리함이 없이 공부를 하였습니다. 그러나 명상名相에만 결박되어 해탈의 경지에 들지 못하니 답답만 하였습니다. 어느 날 밤 우연히 문자를 여의는 묘를 얻어 환희에 시를 읊었습니다.

忽聞杜宇啼窓外　　　문득 들리는 창밖 두견새 울음소리
滿眼春山盡故鄕　　　눈 안 가득 봄 모두 고향일세

다시 한 수 읊었습니다.

汲水歸來忽回首　　　물 길어 오는 길머리 돌리니
靑山無數白雲中　　　수없는 청산 흰 구름 속일래

그리고는 다음 날 스스로 머리를 깎으며 말했습니다.
'차라리 평생을 바보로 살더라도 문자의 법사는 되지 않겠다.'

일선一禪대사를 수계사로 영관芙蓉靈觀(1485~1571)대사를 전법사로 숭인崇仁 장로를 양육사 로 모신 뒤에 도솔산 학묵學黙대사에게 참학하여 인가를 받고 두류산 삼철굴에서 3년, 대승사에서 2년, 의신암, 원통암, 원적암 등에서 수삼 년을 지냈습니다.

어느 날, 하루는 도반을 찾아 남원으로 가는 길 성촌 마을을 지나다 우연히 낮닭이 우는 소리를 듣고 두 게송을 읊었습니다.

이때 읊은 게송이 모두의 게송이니 서산 스님의 오도송이다.

26세(1546) 되던 해 장삼 한 벌, 바리때 하나로 홀연히 사방으로 행각하니 오대산, 금강산 미륵봉 구연동과 향로봉, 성불암, 영은암, 영대암, 함일각에서 보낸 세월이 7~8년 어느새 30세이었다.

내 나이 37세, 이때 명종이 선교 양종을 되살려 여러 사람의 권에 못 이겨 승과에서 큰 이름을 얻어 일 년을 지냈고, 주지라는 이름으로 두어 해, 전법사라는 이름으로 3개월, 교종판사라는 이름으로 3개월, 선종판사라는 이름으로 3년을 지냈다. 이 역시 깨달음 없이 꿈처럼 지낸 5, 6년이었다.

어느 날 갑자기 출가의 초심으로 돌아와 관인官印을 버리고 청려장 하나로 금강산 두류산 은적암, 지리산 능인암, 칠불암, 태백산을 거쳐 묘향산으로 가서 보현사 관음전, 내원암, 백운암, 심경암, 금선암, 법왕암 등을 거닐었다.

망망한 천지, 수없는 산천에서 터럭 같은 이 한 몸 정처 없는 구름 같았으니 나의 행적은 다만 이것뿐이다. 그러나 사람을 대하면 옳고 그름을 말한 것은 엄하신 아버지에게 부끄러운 바이고, 욕을 당해서는 불쾌한 빛을 보인 것은 자애스러운 어머니에게 부끄러운 점이다. 여기서 효도라는 행동이 자식으로서 가장 어려운 일이라는 것을 더욱 알게 되었다.

　오! 이 한 폭의 지난 자취가 역시 한낱 꿈이로구나. 역시 한낱 꿈이로구나. 바라건대 살펴주시오.[2]

— 『청허당집』 권2 「상완산로부윤서(上完山盧府尹書)」

「삼몽록」의 요긴한 부분은 모두 옮겼다. 이 글은 서산대사가 자기 50평생을 스스로 적은 행장이다. 노수신은 서산대사보다 5년 연상으로 유학자였으며 영의정까지 지낸 문신이다. 「삼몽록」을 보낸 이때는 노수신이 유배에서 풀린 선조 즉위(1567)한 이후이다. 교리, 대사간, 부제학, 대사헌, 이조판서, 대제학을 거쳐 58세에 우의정, 63세 영의정을 지냈으며, 『대학장구』, 『동문수지』를 주석한 경륜가이며 대학자이다.

「삼몽록」에 나타난 서산대사의 수도자다운 면모를 읽을 수 있다. 그야말로 선사의 표일飄逸하고 단순單純하며 명징소탈明澄疏脫함이 읽힌다. 천하를 호령했고 살불살조殺佛殺祖하면서도 자신의 행위가 부모님들에게 부끄럽다고 토로하는 출가승의 진속불이眞俗不二의 정신과 승속僧俗을 벗어난 불이진경不二眞境을 읽을 수 있다.

그리고 '다시 완산 노부윤에게 드리는 글' 말미에 「삼몽사三夢詞」라는 시 한 수를 읽을 수 있다. 그럼 비교적 짧은 이 글을 옮겨 적음으로 서산대사의 면목을 읽을까 한다.

　우러러 바라던 차에 주신 편지 엎드려 받자옵고 전에 드린 「삼몽록」을 잘 보신

2　『청허당집』 권2 「상완산로부윤서上完山盧府尹書」.

줄 알았습니다. 그것을 귀에 담아 두시어 낱낱이 기억하시고 도리어 치사까지 하시니 거듭 감사하고 부끄럽습니다. 그리고 다시 몽세夢世란 두 글자의 뜻을 물으시고 그것을 분별하여 법을 보이시라 하시기에 또한 삼가 편지로 아뢰오니 살펴주시기 바랍니다.

이제 간략히 적사오면 저의 아버지는 한 꿈에 어떤 늙은이의 운학雲鶴을 얻었고, 어머니는 한 꿈에 어떤 노파의 장부를 얻었고, 저가 일생 동안 구름처럼 노니는 것도 또한 부모의 한 꿈이었습니다. 나타난 바는 그처럼 광대하였지만, 베갯머리를 떠나지 못하였고, 변한 것은 잠깐 동안이었지마는 이미 백년이 되었으니 꿈인가 헛개비인가 경각과 영원이 거침없이 통하고, 진실인가 허망인가 같음과 다름이 걸리지 않습니다. 한 찰나는 능히 한량없는 시간을 거두어 잡고 한량없는 시간은 능히 한 찰나를 거두어 잡습니다. 그러하면 생시도 진실이 아니요, 꿈도 허망이 아닙니다.

그러므로 옛 사람도 '풍운風雲으로서도 법을 보일 수 있고 사죽絲竹(사는 현악기, 죽은 관악기)으로도 마음을 전할 수 있다. 극락불국極樂佛國에서는 나뭇가지의 바람소리를 들어도 바른 생각이 이루어지고 향적세계香積世界에서는 향기로운 밥을 먹어도 삼매가 나타난다'고 하였습니다. 사의思議가 끊어진 깊은 이치도 일찍 말과 생각에 장애되지 않고 시청視聽을 뛰어난 묘법도 항상 보고 들음에 통하지 않은 것이 없습니다.

삼가 말씀드립니다. 참현參玄대사공은 한단邯鄲(노생이 한단에서 여옹도사를 만나 그 베개를 빌어 베고 잠이 들었다고 부귀영화로 한평생 지내는 꿈을 꾼 고사)과 화서객華胥客(황제가 낮잠을 자다가 꿈에 황서란 나라에 가서 그 나라의 태평한 모양을 본 고사)을 웃지 말으소서. 마땅히 눈앞의 경계를 수습하여 항상 꿈의 자유로운 삼매에서 유희하십시오. 그리고 끝으로 삼몽사를 짓습니다. 엎드려 잘 살피시기를 바라나이다.

主人夢說客	주인은 꿈에서 나그네와 말하고
客夢說主人	나그네는 꿈속에서 주인과 말하네
今說二夢客	말하는 이 꿈 속 두 나그네
亦是夢中人	역시 꿈속의 사람들이라네

—『청허당집』권2「재답완산로부윤서(再答完山盧府尹書)」, 삼몽사

「삼몽사」야말로 우리의 인생을 여지없이 꿰뚫는 직지인생사直指人生事 그 대로다. 이 얼마나 간명한 통찰인가. 누가 자기를 꿈속의 인간이 아니라 할 것인가. 꿈속에 살다가 꿈속으로 살아져 가는 인간의 자취. 무명을 주제로 형상화한 시다. 그야말로 장부일대사를 마친 대장부의 읊조림이다.

행장으로 보았을 때는「삼몽록」, 즉 세 가지 꿈에 대한 기록이라는 뜻이다. 어머니 꿈에 노파가 와서 장부를 얻을 것이라는 것이고 아버지께 노인이 나타나 운학雲鶴이라 이름하라는 꿈 이야기이고 또 다른 하나는 자신의 행적이 역시 꿈이라는 것이다.

게송만 보았을 때는 주인과 나그네가 서로 꿈같은 세월과 삶 속에서 꿈 같이 이야기하고 헤어지고 또 다시 만나고, 이것을 꿈이라 알고 말하는 나 자신 역시 꿈속의 사람들이라는 시이다.

2. 서산의 시

대사의 시는 선시와 승군장의 시, 그리고 지인과 교우의 정을 읊은 시로 나눌 수 있다.

여기서는 우리나라를 대표하는 선승, 혹은 초탈한 정신의 소유자인 선사의 진면목이 담긴 선시를 보고자 한다. 따라서 선지禪旨와 선리禪理, 선기시禪機詩를 읽고, 승군장의 시와 지인과 나눈 교우시를 한두어 편 읽도록 하자.[3]

1) 선시

선조 22년(1589)에 전라도에서 정여립 모반사건이 있었다. 이때 정여립 막하에 있던 의행이라는 중이 있어 구월산, 계룡산 등에서 승려를 규합한 바 있어서 당시 명망이 있던 서산대사나 사명당까지 화가 미치게 되었다. 더구나 무업이라는 승려가 검거되어 심문하던 차에 그 문서에서 두 큰스님의 이름이 있었다. 놀란 선조는 청허당 시집을 보고 감탄하여 사면하고 오히려 직접 그린 묵화 대나무를 내렸다. 선조의 대나무 묵화를 보고 차운하여 지은 서산의 시를 보고 선조께서 한 수의 시를 읊으니 아래의 시다. 감상하여 보자.

瀟湘一支竹	소상강 대나무 한 가지가
聖主筆頭生	임금님 붓끝에서 살아나

---

3 『청허당집』권1 「시」에서 시들을 발췌하여 재편성하였음.

| 山僧香熱處 | 산승이 향불 공양 바치는 곳에서 |
| 葉葉帶秋聲 | 잎새마다 돋는 가을 바람소리 |

— 청허 휴정

葉自毫端出	잎사귀는 붓끝에서 나왔고
根非地面生	뿌리는 땅 위에 돋지 않았네
月來無見影	달 떠도 그림자 드리우지 않았고
風動不聞影	바람이 불어도 소리 아니 들리네

— 선조

이런 인연으로 인하여 서산대사와 선조와의 정이 두터워지고 명성이 날로 더하였다. 서산의 나이 69세였다.

내 어려서 어버이를 여의고 열 살 적 고향을 떠났네 서른다섯에 옛집을 찾으니
그 옛날 남쪽 이웃 북쪽 거리는 쓸은 듯 밭이 되고 뽕나무와 보리만이 푸르러
봄바람에 흔들린다 내 슬픔 못 이기어 헌집 벽에다 회포 풀고 하룻밤 드샌 뒤
산으로 돌아왔네
余卯年孤哀 十歲離家 三十五歲還鄕則 昔之南隣北閭 蕩然爲耕 惟桑麥 靑靑動搖
春風耳
不勝哀楚 書懷于廢宅之壁 一宿而還山焉

— 환향(還鄕) — 「고향에 돌아와서 1」

三十年來返故鄕	삼십 년 만에 고향에 돌아오니
人亡宅廢又村荒	사람은 죽고 집은 허물고 마을은 황폐해
靑山不語春天暮	청산은 말없고 봄 하늘은 저문데
杜宇一聲來杳茫	두견새 소리 멀리서 들려오네
一行女兒窺窓紙	한 떼의 여아들 창호지 구멍으로 엿보고
鶴髮隣翁問姓名	백발의 이웃 늙은이 내 성명을 묻네
乳號方通相泣下	젖먹잇적 이름 알고 서로 눈물흘릴 때
碧天如海月三更	푸른 하늘 바다 같고 달은 삼경이네

— 환향(還鄕) 二 「고향에 돌아와서 2」

「환향」이라고 제한 위의 두 수는 9세 때 어머니를 10세에 아버지를 여의고 군수 이사증을 따라 고향을 떠났으나 운수객이 되어 39세 때 고향에 돌아와 읊은 시다. 인간사 무상함이 뼈에 저민다. 이런 고뇌를 본 서산 스님, 역시 그의 비애만큼 중생에 대한 깊은 자애가 깃들게 한다. 그에 상승되며 선정 역시 깊어짐을 시에서 읽을 수 있다.

다음 시를 읽어보자.

春去山花落	봄이 가서 산의 꽃 지는데
子規勤人歸	두견은 사람에게 돌아가라 하네
天涯幾多客	하늘 가 떠다니는 손 몇 사람
空望白雲飛	흰 구름만 부질없이 바라보는가

— 문견(聞鵑 – 두견의 소리 들으며)

귀향을 재촉하는 두견의 울음소리, 어디로 돌아가야 하는가? 서산은 그 경지를 좋은 선시로 답한다.

梨花千萬片	배꽃 천만 조각
飛入淸虛院	텅 빈 집으로 날아드네
牧笛過前山	목동의 피리소리 앞산을 지나건만
人牛俱不見	소도 사람도 보이지 않네

— 인경구탈인경구탈(人境俱脫 — 사람과 경계 모두 벗다)[4]

안과 밖이 모두 무너져 내외명철內外明徹한 소식을 형상화한 시다.

1행, 2행에서 '텅 빈 집으로 날아드는 배꽃 이파리'이나 3, 4행에서 '목동 피리 소리 분명 앞산을 지나는데 소도 사람도 보이지 않는다' 역시 모두 저 『반야심경』의 명구 "색즉시공 공즉시색"의 도리를 형상화하고 있다. '소도 사람도 보이지 않는데 / 목동의 피리소리 앞산을 지난다 / 텅 빈 집으로 날 아드는 배꽃 천만 조각' 어떠할는지. 뒤집어 치나 매어 치나 매한가지다.

착어 파도가 물이고 물이 파도다.

欲識淸虛主	청허당 주인을 알려 하는가
相逢定不逢	만나도 만남이 없는 것을
須知白雲外	저 흰 구름 밖

---

4 바깥경계客觀와 사람人＝我＝主觀을 모두 없앤 것을 인경구탈인경구탈이라 한다.

別有一奇峯　　　　　한 기이한 봉우리 따로 있다네

　　　　　　　　　　　　　— 숭의선자방청허(崇義禪子訪淸虛 – 숭의선자가 청허를 찾다)

이 게송은 제자 숭의가 찾아와서 준 시다. 이 시에서 1행, 청허의 주인은
청허당이 아닌 맑고 텅 빈 허공이며, 그밖에 흰 구름과 그 구름 밖에 솟은 봉
우리, 그것이야 말로 청허당의 실상이며 청허노인의 실상임을 말한다. 그렇
다. 청허한 실상은 바로 청허당이고 흰 구름이고 기이한 봉우리다. 이것이
말후구다.

泥爲靑石髓[5]　　　　진흙은 푸른 돌 속의 정수요

松作老龍鱗　　　　　솔은 늙은 용의 비늘이네

犬吠白雲隔　　　　　개 짖는 소리 구름에 막히고

桃花洞裡人[6]　　　　복사꽃 동네 속에 사람들 있네

　　　　　　　　　　　　　— 화개동(花開洞 – 화개동에서)

늙은 소나무 울울한 등성이에 앉아 저 멀리 복사꽃 만발한 동네를 바라본
다. 일을 마친 한가로운 나그네에게는 흙이 뼈이며 돌은 살이라 해도 달리
생각할 것이 없다. 이것은 언어에 관습적인 우리의 약속을 벗어난 것이니,
곧 선시의 반상합도反常合道에 의한 무한실상無限實相의 표현이다. 즉 'A는 A
가 아니므로 A다'로 표시할 수 있는 자성이 무자성無自性을 표현하고 있다.

5　진나라 혜강이 왕열과 함께 산에 들어갔다가 왕열이 바위 속에 흘러내리는 흙을 발견하였는데 그
　　것이 석수石髓였다. 왕열이 석수를 반 먹고 반을 혜강에게 주었더니 먹은 다음 곧 굳어서 돌이 되었
　　다는 고사이다.
6　무릉도원을 말한다.

이것은 곧 선시의 무한실상을 가리킨다.

1행과 2행 "진흙이 푸른 돌 속 뼈 / 솔은 늙은 용의 비늘"은 영원과 찰나를 동시에 봄으로 영원＝찰나로 관통한 수승秀勝한 세계로 곧 반상합도된 세계로 전이되니 시간과 공간이 동시인 세계로 우리를 들어서게 한다.

3행과 4행, 역시 적寂과 조照가 대비되며 관통되니, 곧 반상합도된 수승한 세계로 우리를 안내한다. 어디선가 되살아나며 떠들썩한 개 짖는 소리가 나는 듯하지만, 들리지 않는다. 바로 흰 구름에 막혔기 때문이다. 4행에서도 마찬가지다. "복사꽃이 흐드러지게 피어 아득하게 졸고 있는 듯한데 동네 사람들은 부산하게 움직임"이 느껴진다. 3행과 4행 역시 반상합도된 동중정動中靜의 세계요, 적중조寂中照의 세계다.

이 세계야 말로 선경仙景이고 선경禪景이다.

花落僧長閉   꽃 지는 곳 절문 깊이 닫혔고
春尋客不歸   봄 따라온 객 돌아갈 줄 모르네
風搖巢鶴影   바람은 둥지의 학 그림자 흔들고
雲濕坐禪衣   구름은 좌선하는 옷깃을 적시네

— 과고사(過古寺 － 옛 절을 지나며) 2

1행은 고요와 가련이 짙은 여운을 내뱉는다. 2행에서는 봄에 취해 돌아갈 줄 모르는 나그네, 너이고 나이며 우리다. 아니다 우리가 빼앗긴 것은? 모르겠다. 그냥 읽으시오. 3행과 4행에서 '풍요風搖'에서 학의 둥지에 그림자를 관하고, '운습雲濕'이 선객의 옷깃이 아니라 바로 마음을 적시는 경지. 기氣막히다.

　그대를 아는 것은 허락하지만

　　　　그대를 만나는 것은 허락지 않는다.

　　　　창 너머 창 안으로 있는

　　　　그대!

　　　　마지막 이 말씀.

暴然放杖天魔走　　꽝 지팡이 놓으니 하늘 마귀가 달아나고

古路分明脚不差　　옛길 분명하니 걸음이 어김없다

生死去來爲一貫　　살고 죽고 가고 오는 것이 일관되었노라

囉囉哩哩哩囉囉　　라라 리리리 라라

— 환향곡(還鄕曲 – 고향으로 돌아온 노래)

옳거니, 반본返本還源이니, '본원으로 돌아가다'이니 십우도의 실상의 세계, 내가 떠나온 본향으로 돌아가니 바로 환향의 노래다. 이제 모든 이에게 손을 드리우고 내 것을 보시하니 이것이 본래 우리의 것이다. 입전수수入塵垂手의 노래다.[7] '삶의 현장으로 돌아가서 손을 드리운다'는 입전수수, 그저 고향으로 가자.

　내 점포는 책상머리에 앉아

　　　　시나 짓는 시나 쓰는

7　확암 지원의 십우송의 마지막 10단계의 세계다. 진리를 소에 배대하여 그 단계를 10단계로 게송으로 읊은 것을 십우송이라 하고 여기 각각 그림으로 그린 것을 십우도라 한다. ① 심우尋牛, ② 견적見跡, ③ 견우見牛, ④ 득우得牛, ⑤ 목우牧牛, ⑥ 기우귀가騎牛歸家, ⑦ 도가망우到家忘牛, ⑧ 인우구망人牛俱忘, ⑨ 반본환원返本還源, ⑩ 입전수수入塵垂手를 말한다.

졸음 오면 남창의

햇살에 내맡기는

아내는 식기를 닦으리라

이크! 된장 냄비 넘친다

2) 승군장의 시

愛國憂宗社	나라를 사랑하고 사직을 근심함에
山僧亦一臣	산승도 또한 신하일세
長安何處是	장안은 어디인가
回望淚沾巾	돌아보니 눈물이 수건을 적시네

— 곡강릉(哭康陵 – 강릉을 곡하다)

披雲登老石	구름을 헤치고 옛 성벽에 오르니
遙想古皇王[8]	멀고 먼 요임금을 그리워하네
山形一翠色	산은 한결같이 푸른빛을 띠었건만
人事幾興亡	사람의 일 흥망이 얼마인가

— 등단군대(登檀君臺 – 단군대에 올라)

| 邊城吹玉笛 | 변성에 옥피리 소리 들리니 |

---

8 황왕은 요堯 임금을 말한다.

遠客先悲涼	먼 길 가는 나그네 슬픔 참지 못하네
折柳秋雲動	버들가지 꺾자 가을하늘 구름은 흘러
招魂入故鄉	외로운 넋을 불러 고향으로 실어가네

— 문적(聞笛 — 피리소리 들으며)

착어 목 놓아 울자.

어디서 들려오는 起緣의

꺼이꺼이

소리, 이것도 피리소리리.

3) 교우시

天涯各南北	하늘 가 남과 북으로 서로 나뉘어
見月幾相思	달 바라보며 얼마나 그리웠던가
一去無消息	한 번 가고 소식 없으니
生死長別離	생사 알 수 없는 긴 이별이네

— 억우(憶友 — 벗을 그리며)

眼隨歸鴈盡	눈빛은 기러기 따라 다하고
碧海連天蒼	벽해는 하늘에 이어 닿았네
十里猶春草	봄풀은 십리에 푸르르고

萬山空夕陽　　　　온 산엔 쓸쓸 노을이 지네

— 유약군불래(有約君不來 – 그대를 기다리며)

착어　어젯밤부터 내내 걸었노라.

온다는 그대는 어디에
있는가. 아무리 기다려도 님
오지 않고 내겐 이제
새벽이 와 있다.

4) 서산의 가풍

서산의 가풍을 한마디로 설할 것 같으면 '선은 부처의 마음이고 교는 부처의 말씀이다禪是佛心 敎是佛語'로 대표된다. 그의 명저 『선가구감』에서 "세존께서 세 곳에서 마음을 전하신 것이 선지가 되고 부처님의 일생에 말씀하신 것이 교문이 되었다. 그러므로 선은 부처의 마음이요, 교는 부처의 말씀이다世尊 三處傳心者 爲禪旨 一代所說者 爲敎門 故曰 禪是佛心 敎是佛語" 한 다음 아래와 같이 주해한다.

세 곳이라 하면 다자탑전 분반좌가 첫째요, 영산회상 거염화가 둘째요, 사라쌍수 아래서 관속으로부터 두 발을 밖으로 내보이심이 셋째이니, 이른바 가섭이 선의 등불을 따로 받았다는 것이 이것이다.

부처님 일생에 말씀하신 것이란 49년 동안 말씀하신 다섯 가지 가르침이니 첫째는 인천교요, 둘째는 소승교요, 셋째는 대승교요, 넷째는 돈교이며, 다섯째는 원교이다. 이른바 아란이교의 바다를 널리 흐르게 하였다는 것이 이것이다.

그러므로 선과 교의 근원은 부처님이고 선과 교의 갈래는 가섭과 아란이다. 말 없음으로 말없는 데 이르는 것이 선이요, 말 있음으로 말 없는 데 이르는 것은 교이다. 또한 마음은 선법이요, 말은 교법이다. 법은 비록 일미一味이지만 뜻은 하늘과 땅 같이 떨어진 것이다. 이것은 선과 교의 두 길을 가려 놓은 것이다.

三處者 多子塔前 半分坐 一也 靈山會上 擧拈花 二也 雙樹下 槨示雙趺 三也 所謂 迦葉 別傳禪燈者 此也 一代者 四十九年間所說五敎也 人天敎 一也 小乘敎 二也 大乘敎 三也 頓敎 四也 圓敎 五也 所 謂阿難 流通敎海者 此也 然則禪敎之源者 世尊也 禪敎之派者 迦葉阿難也 以無言 至於無言者 禪也 以 有言 至於無言者 敎也 乃至 心是禪法也 語是敎法也 則法雖一味 見解則天地懸隔 此 辨禪敎二途

5) 서산의 법맥

세존···보리달마(28대)···육조혜능(33대) - 남악회양(34대) - 마조도일(35대)···임제의현(38대)···양기방회(45대) - 백운수단(46대) - 오조법연(47대) - 원오극근(48대)···응암담화(50대) - 밀암함걸(51대)···무준사범(53대) - 설암조흠(54대) - 급암종신(55대) ┬ 석옥청공(56대) ┬ 태고보우(57대) - 환암혼수(58대) - 구곡각운(59대) -
│   └ 백운경한(57대)
└ 평산처림(56대) - 나옹혜근(57대) ┬ 무학자초 - 함허득통
                                ├ 환암혼수
                                └ 고봉법장

벽계정심(60대) - 벽송지엄(61대) - 부용영관(62대) ┬ 청허휴정(63대)
                                              └ 부휴선수(63대)

서산대사 청허 휴정清虛休靜(1520~1604)은 석옥 청공(56대)에게 법을 이은 고려 말 태고보우 선사로부터 6대 법손이 된다. 태고보우는 위의 도표에서 보듯이 임제종(임제 의현)의 양기파(양기 방회)에 적손이 된다.

우리나라 선맥은 부휴 선수(63)를 잇는 약간의 법손이 있고 거의 대다수의 승려들이 서산대사의 법손이라 해도 과언이 아니다.

서산대사에게는 그의 법맥을 이은 고족들이 역사상 드러나는 분들만 새겨보더라도 정관 일선, 현빈 인영, 송운 유정, 완허 원준, 편양 언기, 소요 태능, 청매 인오, 중관 해안, 제월 경헌, 영월 청학, 기암 법견, 뇌묵 처영, 승규, 무염 성정, 취운 학린 등 일대 장관을 이룬다.

6) 입적

임란에서 큰 공을 세운 서산은 선조가 환도한 후에는 나이가 많음을 이유로 제자인 사명 유정 등에게 군직을 물려주고 묘향산으로 들어갔다.

85세 되던 해(1604) 1월 묘향산 원적암에서 제자들을 모아 열반설법을 하였다. 설법 후, 서산대사는 자기의 영정을 꺼내 뒷면에 "80년 전에는 네가 나이더니 80년 후에는 내가 너로구나八十年前渠是我 八十年後我是渠"라고 쓴 후 사명과 처영에게 전하고 좌탈입망하였다.

다음의 임종게를 남겼다. 그의 저술로는 『청허당집清虛堂集』과 『삼가구감三家龜鑑』(선가구감, 유가구감, 도가구감)을 남겼다.

千許萬思量   천 가지 계책과 만 가지 생각

紅爐一點雪	뻘겋게 단 화로에 한 송이 흰눈이네
泥牛水上行	진흙소가 물 위로 가니
大地虛空裂	대지와 허공이 찢어지네

— 임종게(臨終偈)

제17화

임제의 지위 없는 참사람

無爲眞人

임제臨濟義玄(?~866)의 법문의 핵심은 무위진인無爲眞人 일구에 있다.

과연 임제가 부르짖던 무위진인은 무엇인가?

앞 13화「임제수처작주」에서도 밝힌 바와 같이 임제는 20세 전후하여 황벽 희운 밑에서 혹독한 선 수행을 하였다. 스승 황벽은 불법의 도리를 묻는 임제에게 매질을 하였다. 오늘날 선방에서 쓰는 방棒이다. 이 몽둥이질은 임제에게 싸여있는 미혹의 울타리를 쳐부셨고 활연대오에 돈입하게 하였다. 천성도, 불조도 전할 수 없다는 깨달음의 문을 연 임제는, 그 후부터 '평상심시 도'라든가 '마음이 부처'란 선게도 용납하지 않았다. 오로지 그에게는 무위진인뿐이었다. 부처를 닦으면 부처에게 얽매이고 조사를 따르면 조사에게 얽매어 진실한 자아가 죽는다고 말한다. '부처를 만나면 부처를 죽이고 조사를 만나면 조사를 죽이라殺佛殺祖'고 외칠 뿐이었다.

임제가 외치는 무위진인無爲眞人 무의도인無依道人 진정도인眞正道人 바로 '부모로부터 목숨 받기 전의 참 얼굴父母未生前 眞面目'이고 본래불本來佛인 것이다.

播土揚塵沒處藏	흙 뿌리고 먼지 날려도 숨길 데 없네
面門出入太郎當	면전 출입이 너무 요란하군
撒屎撒尿渾閑事	똥 누고 오줌 싸는 것도 부질없는 일
浩浩誰分臭與香	넓고넓어 누가 악취와 향기 분별하랴

— 보녕용

　말이 아닌, 추상과 관념적인 해설이 아닌 이 장에서 임제의 '무위진인'을 찾아 여정을 떠나보자.

　　임제가 시중했다.

　　"하나의 '지위 없는 참사람無位眞人'이 있어서 항상 여러분들의 얼굴의 대문인 입으로 드나든다. 증거를 잡지 못한 이는 살펴보라."

　　이에 어떤 학인이 나서서 물었다.

　　"어떤 것이 '지위 없는 참사람'입니까如何是 無位眞人?"

　　임제가 선상에서 내려와 그의 멱살을 쥐고 말했다.

　　"말하라. 말하라."

　　그 학인이 망설이거늘 선사가 풀어놓으면서 말했다.

　　"지위 없는 참사람이 무엇이냐? 마른 똥 막대기다無位眞人 是什麽 乾屎橛."

—『선문염송』617칙「무위(無位)」

　설봉 의존이 뒷날 이 이야기를 듣고 '임제는 흡사 날도적과 같다林際大似白拈賊'고 착어를 하였고, 서옹 상순은 무위진인은 무엇인가? 하며 자문 후, '사자굴에는 다른 짐승 없고 상왕이 가는 곳엔 여우 자취 끊어지도다獅子窟中無異

獸 象王行處絶狐蹤' 하고 착어하였다.

①

迷悟相返	미혹과 깨침이 서로 반대되어
妙傳而簡	묘하게 전하되 간략하다
春拆白花兮	봄이 백 가지 꽃을 터뜨리니
一吹	한바탕 불고
力回九年兮	힘이 아홉 해를 돌릴 수 있으니
一挽	한 번 끈다
無奈泥沙	진흙과 모래더미를
撥不開	헤쳐도 열리지 않아서
分明塞斷甘泉眼	분명히 감천의 구멍을 막고 있다가
忽然突出肆橫流	홀연히 뚫리니 사방으로 넘쳐흐른다
險	험

— 천동각

②

面門出入見還難	입으로 드나드는 것, 보기 어려우니
無位眞人咫尺間	지위 없는 참사람이 지척에 있네
去路一身輕似葉	가는 길에 한 몸이 낙엽 같이 가볍고
高名千古重如山	높은 이름 천고에 태산같이 무겁네

— 죽암규

③

自呼自應主人翁	스스로 부르고 스스로 답하는 주인 영감
解弄精魂未神通	요정을 놀릴 줄 알지만 신통은 아닐세
無位眞人肉團上	지위 없는 참사람이 고깃덩이 위에서
尋常出入面門中	언제나 입으로 출입하네

— 지비자

①, ②, ③ 어느 게송에서나 아무것도 없는 그것을 노래한다. 그게 그것이어서 ①의 게송에서 "미혹과 깨침이 서로 반대되어迷悟相返 / 묘하게 전하되 간략하다妙傳而簡"로 노래되고, ②의 게송에서 "입으로 드나드는 것, 보기 어려우니面門出入見還難 / 지위없는 참사람이 지척에 있네無位眞人咫尺間"로 노래된다. 그리고 ③에서는 "스스로 부르고 스스로 답하는 주인 영감自呼自應主人翁 / 요정을 놀릴 줄 알지만 신통은 아닐세解弄精魂未神通"로 모두 모두 입을 모아 한 말로 얘기한다. 이렇게 간단명료할 뿐이다.

위의 선화나 그에 따른 모든 게송의 핵심은 무위진인이다. 임제는 지극한 자기 신뢰를 즐겨 강조하였다. 이 자기는 우리의 생활에 있어서 우연히 그렇게 되어 지배를 받는 잠정적인 개체가 아니라 불생불멸하고 시공을 초월한 도와 포개어지는 진면목인 무위진인이다. 그렇다. 인간이 자기 자신을 잠정적인 자아로만 생각을 한다면 그는 종속된 노예에 불과하다. 그러나 자기 속에 자신을 깨닫는다는 것이야 말로 진정한 도에 눈을 뜨게 되는 것. 무위진인, 이것은 존재를 존재하게 하는 존재이다. 독립 자존하게 하는, 어느 것에도 매이지 않게 하는 우리이어야 진정한 무사태평인無事太平人이다. 임제는 오직 진리, 자성영회야말로 장부의 일대사라고 말한다. 신과 사람, 자기 자신과 일체의 모든 바깥 현상 그 어떠한 것에도 끄달리지 않는 자유로운 무위진인의 삶에서만 편안한 삶을 시작할 수 있다고 부르짖는다. 이러한 우상파괴의 정신은 비도덕적이기보다는 진정한 종교적 정신으로만 가능해지는 것이다.

이제 임제의 육성을 들어보기로 하자.

　도류들이여! 우리의 출가는 진리를 찾기 위함입니다. 산승도 처음에는 계율에 전심하였고, 경론을 열심히 읽으면서 그 속의 진리를 찾아 헤매었습니다. 그러나 뒷날 나는 모든 규율, 의식 경전들이 병자를 고치기 위한 약방문과 같다는 것을 알았습니다. 결국 모든 것을 모두 던져 버리고, 직접 진리와 선을 찾고 정진하기에 몰두하였습니다. 그 후 깨달은 선지식을 만나게 되었고 그제야 비로소 도안이 열렸으며, 이어 천하의 노화상의 깨달음을 깨닫게 되었습니다. 또 정사의 분간을 하게 되었습니다. 아무도 태어날 때부터 깨우친 사람은 없습니다. 그러나 그 마음에 진정한 깨달음을 얻고자 염원하는 사람은 누구나 열심히 공부해야 하며, 철저한 연마와 체험을 거쳐야만 할 것입니다. 도류들이여! 이와 같은 방법으로 진정한 통찰을 얻고자 한다면 가장 중요한 것은 다른 사람들에 의하여 현혹되는 일이 없어야 합니다. 어디서나 우리들의 바른 깨달음을 흐리게 하는 사람을 만나거든 그가 누구이든 간에 그들을 제거해 버리십시오. 곧 부처를 만나면 부처를 죽이고, 조사를 만날지라도 그를 죽여야 하오. 또 나한이나 부모 친척이라도 죽여야 합니다. 반드시 이렇게 해야만 우리의 최상의 자유인 해탈에 이를 수 있습니다. 이제 우리는 아무 것에도 구애받지 않는 완전한 자유인이 되어 진정 자재로운 삶을 살아갈 것입니다.[1]

1　서옹연의, 『임제록』, 임제선원, 1974, 186~193쪽.

道流 出家兒 且要學道 祇如山僧 往日曾向思尼中留心 亦曾於經論尋討 後方知是

濟世藥 表顯之說 遂乃一時抛却 卽訪道參禪 後遇大善知識 方乃道眼分明 始識得天

下老和尚 知其邪正 不是娘生下便會 還得體究磨練 一朝自省 道流 儞欲得如法見解

但莫受人或 向裏向外 逢着便殺 逢佛殺佛 逢祖殺祖 逢羅漢殺羅漢 逢父母殺父母

逢親眷殺親眷 始得解脫 透脫自在

'지위 없는 참사람'은 서옹선사의 무위진인無位眞人의 번역인 동시에 일차적
인 의미의 새김이다. 임제의 설법은 모두 무위진인, 오직 일구의 갈파에 있다.

　　도류들이여! 불법은 힘을 써서 조작할 것이 없다. 다만 평상시처럼 하릴없이 똥
누고 오줌 싸고 옷 입고 밥 먹고 피곤하면 누워 잘 뿐이다. 어리석은 자는 알지 못
하고 비웃지만 지혜로운 사람은 잘 안다. 옛사람이 말하기를 '밖을 향하여 힘쓰는
공부는 모두 어리석은 사람이나 하는 짓이다'라고 했다. 그대들이 어느 곳에서든
지 주인공이 되면 그 서 있는 곳은 모두 진실하여 어떠한 경계에 부딪쳐도 이끌리
지 않는다.

　　道流 佛法無用功處 祇是平常無事 屎送尿 着衣喫飯 困來卽臥 愚人笑我 智乃知
焉 古人云 向外作功夫 總是癡頑漢 爾且隨處作主 立處皆眞 境來換不得

위의 『임제록』 법문은 분명 임제 스스로 참지 못하고 무위진인에 대해 직
격탄을 날린 말씀이다. 스스로 '어느 곳에서나 주인공이 되면 선 곳마다 모
두 참이다隨處作主 立處皆眞' 이것은 깨달음이 아니고 이것은 진리가 아니다.
이것이야말로 말을 넘은 말이다. 말을 쳐부순 말이다.

그리고 임제는 도처에서 우리의 진아, 무위진인은 사실 한 법도 닦을 것이

없다고 말한다. 닦아서 얻을 법이 없다고 말한다. 또 임제는 부처를 말하면 부처에게 얽매이고 조사를 말하면 조사에게 얽매인다고 말한다. 그는 살불살조殺佛殺祖하라고 우리에게 귀띔한다. 그리고 마지막 비밀을 사정없이 노정한다. 다시 한번 더 풀어 '부처는 원래 자유스런 구속 없는 참사람인데 얽매임 속으로 들어가 부처를 지었다'고 우리에게 퍼붓는다.

이 경지를 뒷날 보녕용은 앞과 같이 게송을 부쳤다.

이제 본칙, 보녕용이 노래한 모두의 게송을 새겨 볼 때다.

播土揚塵沒處藏	흙 뿌리고 먼지 날려도 숨길 데 없네
面門出入太郎當	면전 출입이 너무 요란하군
撒屎撒尿渾閑事	똥 누고 오줌 싸는 것도 부질없는 일
浩浩誰分臭與香	넓고 넓어 누가 악취와 향기를 분별하랴

— 보녕용

이놈이 똥 누고 이놈이 오줌을 싸니 여기에는 '부질없고, 부질 있고'가 없다. 한없이 밀밀하여 마음과 마음 사이만큼 벌어졌고, 끝없이 성글어서 틈이라고는 없으니 그야말로 무취無臭 무간無間 무분별無分別 가운데 차별 없이 저절로 차별된다.

1행에서 보녕용은 '뿌리고 먼지 날려도 숨길 데 없다'고 수선을 떤다. 그렇다. 태풍이 불어 지붕이 날아가고 전선주가 뽑히고 삼복 오랜 가뭄에 대지가 쩍쩍 갈라진다. 이렇게 천하를 다 뒤집어도 그놈의 모습 본 사람 있는가? 몰록 점두할 일이다.

2행 역시 그렇다. 속 시원하게 바로 말하지 뭐, '면전 출입이 너무 요란하다'고? 그럼 이래도 야단법석 떤다고 한다면 아무렇지도 않게 '똥 누고 오줌 싸는 것도 부질없는 일'이라 말할게. 역시 그대 모른다. 그것이 바로 '절대현 재 참사람'인 무위진인이다. 만약 4행과 같이 믿고 '넓고 넓어 누가 악취와 향기를 분별하랴' 하는 마어魔語에 빠져 헤맨다 하면 소 타고 소를 찾는 꼴이 다. '악취/향기' 어디 한번 분별해보라. 지독한 적기賊機, 적기다.

착어 　입으로 드나드는 것, 본 사람 있다
　　　참사람은 스스로 껌벅이고
　　　스스로 답하니 그대, 신통이라 하지 말라.
　　　똥 싸고 오줌 누고 밥 먹는 것도
　　　이것이라 해도 이미 그대는 없다.

　임제는 모든 사람에게 자기 신뢰를 강조하였고 인간은 자기라는 삶에서 우연성의 지배를 받는 잠정적인 객체가 아니라, 불생불멸不生不滅하며 청정 무구淸淨無垢하고 부증불감不增不滅하며 시간과 공간을 초월하며 도와 일치하 는 진아뿐임을 외쳤다. 인간이 잠정적인 자아로만 생각하는 한, 인간은 어 떤 것에 조종 받는 노예에 불과하게 된다. 사실 자기 속에 있는 진아인 무위 진인을 깨달았을 때야 비로소 진실한 자기에 눈을 뜨게 되며 독립자존하게 된다 할 것이다.

1. 임제의 사할臨濟四喝

무위진인을 구현하기 위한 적기법문으로 '할'을 떠올린다. '덕산방', '임제할'은 제방에서 오늘날까지 회자되듯이 '할'은 가장 무서운 순간 법문이며 '방'은 가장 친절한 노파심절이다. 납자들에게 바로 무위진인을 눈에다 들이되는 경절법문經截法門이다. '할'의 전문가로 '임제할'을 따르는 까닭은 임제가 개발한 '할의 철학'에 있다.

임제종은 임제 의현을 종조로 하는 선문을 말한다. 임제의 스승 황벽 희운은 위산 영우와 같이 백장의 제자다. 그렇지만 큰 제자인 위산이 형성한 위앙종은 앙산을 거쳐 5대, 약 150년경과 이후 송나라에 이르러 문손이 끊기고, 황벽의 밑에 임제가 출생하여 불문은 오직 선종 일색이다 하는 말이 생긴다. 중국 천하를 양자강을 기점으로 남북으로 나누어 볼 때, 육조 혜능이 남방에서 선문을 열어 뿌리내렸다면, 그 선의 뿌리가 북점北占하여 드디어 임제를 낳으니 임제는 북방 선문을 대표하는 동시에 송시대에 들어와서는 거의 임제종이 선문을 독점하게 된다. 그 이유는 모든 사유를 거두절미하고 제자를 일초직입一超直入하게 하는 강한 에너지에 있고 또 깨달음으로 제자들을 경절經截의 관문 깊숙이 돈입시키려는 사장師丈의 무서운 적기가 있기 때문이다.

임제는 '할'을 네 가지로 분류하였다. 한번은 그가 학인에게 다음과 같이 설명했다.

때로는 일할一喝이 금강왕의 보검 같고, 때로는 일할이 땅에 웅크리고 있는 사자와 같고, 때로는 일할이 풀을 제치는 막대기와 같고, 때로는 일할이 할로서 사용되지 않습니다. 그대는 어떻게 생각하느냐? 승려가 무엇이라 말하려 하니 임제가 곧 할하였다.[2]

有時一喝如金剛王寶劍 有時一喝如踞地獅子 有時一喝如探竿影草 有時一喝不作一喝用 汝作麼生會 僧 擬意 師便喝

'임제의 네 가지 할臨濟四喝'로 잘 알려진 공안이다. 이것은 네 번째 '할'이 아니라 다섯 번째 '할'이고 여섯 번째 '할'이다. 모든 할은 한 꿰미에 꿰이는 형상이니 무엇이 첫 번째 '할'이고 무엇이 두 번째 '할'인가? 마음이 막힌 사람은 임제가 외치는 천하를 적기하는 일할一喝을 안다 할 것이다.

임제의 '할'은 바로 그가 부르짖는 '위없는 참사람'인 무위진인. 경절의 단말마가 분명하다. 마지막 임제의 할은 학인의 모든 알음알이를 빼앗는 첫 번째 '할'인 서슬 푸른 금강왕보검의 '할'일 것이다.

이렇게 '할'을 세분화하여 임제가 설한 것도 모든 단체에서 그러하듯이 임제원의 선객들도 임제의 '할'을 덮어놓고 흉내내는 경향이 생기고 결국 이 '할'이 관습화되고 제도화됨을 보았기 때문이다. '할'의 철학적 정신과 적소 적기에 적용하지 못한 채 마지막 네 번째 '할'만 허공에 울려 퍼지고, 이 소음을 중단시키기 위해 그는 다음과 같이 말했다.

어느 날 두 큰방 수좌가 만나자마자 똑같이 할을 했는데 이를 본 한 학인이 임제

---

2   서옹연의, 『임제록』, 임제선원, 1974, 310~311쪽. 여기서 서옹선사는 "돌이켜 아는가? / 나무사람은 판자를 가지고 구름 속에서 장단치고 / 돌여자는 우물 속에서 피리를 불도다"라고 착어하였다. '일할'을 보태지 말고 사량해보기를.

에게 물었다. "이렇게 할 때도 손과 주인賓主의 차이가 있습니까?" "암, 빈주가 분명하지."[3] 만약 그대들이 임제의 빈주구를 알려 하거든 당중의 두 수좌에게 물으면 친절히 대답해 줄 것입니다.

臨濟會下 兩堂首座 一日相見 齊下一喝 有僧 擧問師 未審還有賓主也無 師云 賓主歷然 師云 大衆 要 會臨濟賓主句 問取堂中二首座

위의 선화는 결국 이런 상황을 막기 위한 임제의 묘책이라 보아도 무방하다. '자네들이 나의 '할'을 모방하여 쓸데없이 고함치고 있는데 이제 자네들을 시험하고자 하네. 이때 누가 주인이고 누가 손님이겠는가? 만약 자네들이 이것을 분명히 가려내지 못한다면 이후부터는 나의 '할'을 무턱대고 따라 하는 것을 금한다'쯤으로 읽힌다.

자, 그렇다면 중요한 것은 '할'이 아니고 주인임을 인식하는 주인이 누구인가가 문제다. 진아, 진면목 무위진인이라 일컬어지는 이 '참나'가 나의 본래면목이고 그대의 진면목이다.

위의 선화를 두고 후대의 많은 선객들이 게송을 읊었다. 읽는 즉시 자성영회하여 무위진인이 되기를 바라는 건, 우리 귀에 지금까지 끊어지지 않는 선장들의 간절한 노파심절이다.

①

兩堂上座齋下喝　　양당의 상좌가 똑같이 할을 하니

瞽目之人無分別　　눈먼 사람은 보아도 분별치 못한다

3　『선문염송』권16, 616칙 「빈주」를 인용하였고, 그 뒤에 붙인 "師云 大衆 要會臨濟賓主句 問取堂中二首座"는 서옹선사가 연의한 『임제록』, 임제선원, 1974, 83~87쪽을 참고한 것이다.

凡言賓主句下分	손과 주인 말할 때 저절로 나뉘거늘
何勞龜卜問前程	무엇하러 수고로이 앞길을 점치랴

— 섭현성

②

一喝須教水逆流	일할에 강물을 역류하게 하니
歷然賓主眛輕酬	분명한 손과 주인 쉽게 대답 못하네
當人若要通消息	만일에 그 사람 소식을 통하게 하려 하면
半夜扶桑出日頭	밤중의 동쪽 하늘에 해가 돋으리

— 해인신

①의 게송, 정도에 이르면 '할'은 굳이 해서 무엇을 하나? 묻고 싶다. 2행에서 '눈먼 사람 보아도 분별하지 못한다'고 읊지만 우리는 알아야 한다. 눈먼 사람은 당초부터 분별하지 못하는 것. 이건 흡사 실탄 없이 총을 장전裝塡하여 방아쇠를 당기고 앞 사람이 쓰러지는 것일 뿐. 무얼 그리 골몰하는가. 섭현성은 '손과 주인은 말할 때 저절로 나누어진다'고 하지 않는가. 이렇게 읽으면 된다. 임제, 그는 도적이다. 천하의 생명 있는 자의 목숨을 빼앗는 도적이다. 늙은이가 친 그물에 걸려들지 않으면 그뿐이다.

②의 게송 1, 2행에서 "일할에 강물을 역류하게 하니一喝須教水逆流 / 분명치만 손과 주인 쉽게 대답 못하네歷然賓主眛輕酬" 함은 분명 평지에 풍파를 일으킴이니 살필 일이다. '손/주인'이 갈라져서, '시/비'가 일어나고 '적/조'가 극심히 부딪치니 이런 '생/사' 상황에 무슨 대답이 있으리오. 그래도 '그 사람', 차인此人을 알고자 하는가? 그럼 먼저 "밤중의 동쪽 하늘에 해가 돋으리라半

夜扶桑出日頭"는 이치를 간추려서 나무 그늘에 앉아 잘 생각하는 길 밖에 없다.

임제의 '할'은 무위진인의 가장 직접적이고 단적인 작용의 표현이다. 이 '할'은 임제가 말하듯이 "비록 난리를 평정하는 계략은 있으나 몸을 뛰쳐나올 길이 없다雖有定亂之謀 且無出身之路"로 착어한 경지다. 늘 같이 있고 늘 같이 웃고 늘 같이 울고 스스로 웃고 스스로 울음 울고 그치니 오직 그 안에 자재할 뿐임을 뜻한다.

임제가 말하는 주인인 무위진인의 비밀을 그 스스로 설법 중에 누설한다. 이 '참나'인 무위진인이야 말로 무의도인無依道人이며 동시에 제불지모諸佛之母인 청법자며 설법자다. '할'은 '이 사람'의 쓰임用이다. 차인此人인 '이 사람'에 대해 임제는 다음과 같이 설법한다. 그의 육성을 들어보자.

만약 그대들이 생과 사에 구애되지 않고, 자유로워지기를 원한다면, 바로 이 설법을 듣고 있는, 형체와 모습 없고 뿌리가 없고 바탕이 없고 머무는 바 없는 바로 그 사람을 깨달아야 합니다. 그는 매우 활발하고 빈틈이 없어서 어느 경우에도 막힘이 없어 바르게 대처하며 누구에게도 강요됨이 없이 상황에 따라서 자신의 기능을 발휘해 나간답니다. 붙잡으려 해도 잡히지 않으며 찾아도 발견되지 않습니다. 따라서 신비의 비밀이라 불리어질 수 있습니다.

若欲得生死去住 脫着自由 卽今識取聽法底人 無形無相 無根無本無住處 活潑潑地 應是萬種施設 用處 兄是無處 所以覓着轉遠 求之轉乖 號之爲秘密

'이 사람'이야말로 '참나'이나, 돌이켜 보면 '참나'이지 않은데 '참나'가 있다. 이어서 '참나'인 진아眞我는 임제가 말하는 무의도인이며 무위진인이다.

바로 지금 '이 사람', '차인此人'은 비할 데 없는 광채를 띠고 우리 눈앞에 나타나 설법을 듣고 있습니다. '이 사람'은 모든 곳에서 막힘이 없이 모든 방향으로 관통하며, 삼계三界에 자재합니다. 그는 어떤 환경에서도 영향 받지 않습니다. 그는 한 순간에 법계에 날아오릅니다. 부처를 만나면 부처와 이야기하고, 조사를 만나면 조사와 이야기하고 아귀를 만나면 그들과도 이야기합니다. 중생을 교화함에 있어서 그들의 생각이나 욕구를 그도 스스로 갖건마는, 그러나 그는 어디에서나 청정하며 시방에 광명을 펼쳐 만법이 하나임을 봅니다.

即今目前孤明歷歷地聽法者 此人處處不滯 通徹十方 三界自在 入一切差別境 不能回換 一刹那間 透入法界 逢佛說佛 逢祖說祖 逢羅漢說羅漢 逢餓鬼說餓鬼 向一切處 遊履國土 教化衆生 未曾離一念 隨處清淨 光透十方 萬法一如

— 서옹연의, 『임제록』, 임제선원, 131~143쪽

이렇게 스스로가 스스로의 자일 수밖에 없는 '할'은 본체인 동시에 응용이다. 임제는 선언한다. '부처를 구하면 부처를 잃고 도를 구하면 도를 잃고, 조사를 구하면 조사를 잃습니다.' 그렇다. 우리의 가장 귀중한 보물인 무의도인은 바로 우리 안에 있고, 이것은 바로 우리 자신이다. 이것을 바깥에서 찾게 되면 바로 이것을 잃게 된다. 그리고 이것은 바로 우리 자신이기에 우리는 이것을 우리의 안에서조차 찾을 필요가 없다. 왜냐하면 이것은 찾아지는 대상이 아니라 바로 찾는 사람 자신이기 때문이다. 다시 말하면 '참나'인 무위진인인 '할'은 언제나 주체이지 결코 객체가 아니라는 것이다. 아니 객체인 동시에 주체이고 주체인 동시에 객체이어서 늘 검으면 검고 희면 희다고 보면 된다.

2. 임제할의 묘용

이제 자항박의 게송에 인용된, 임제의 입적에 즈음해서 적소적기에 할 한 마디로 올연히 뱉어내는 무위진인의 묘용을 보자.

바로 무위진인의 묘용은 임제로서는 '할'이기 때문이다.

『선문염송』635칙「정법」에 무려 18수의 게송과 5편의 염拈이 실려 있다. 염, 역시 오늘날 산문시에 해당하는 자유시로 봄이 타당하다. 『선문염송』에 총 23수의 선시가 실린 것을 보아도 얼마나 많은 선객들이 환희 실의를 동시에 맛보게 한 선화인지 알 수 있다 할 것이다.

임제가 세상을 뜰 때에 삼성三聖이 원주로 있었다. 선사가 상당하여 말했다.

"내가 떠난 뒤에 나의 정법안장正法眼藏이 멸망되지 않게 하라."

삼성이 말했다.

"어찌 감히 화상의 정법안장을 멸망케 하겠습니까?"

이어 선사가 말했다.

"갑자기 누군가가 물으면 너는 무엇이라 대답하겠는가?"

삼성이 '할'하였다.

이에 선사가 말했다.

"나의 정법안장이 저 눈먼 당나귀에게 멸망될 줄을 누가 알았으리오."

臨濟遷時 三聖爲院主 師上堂云 吾去世後 不得滅却吾正法眼藏 聖云 爭取滅却和尙

正法眼藏 師云 忽有人問 你作麼生道 聖便喝 師云 誰知吾正法眼藏 向者瞎驢邊滅却

—『선문염송』권16, 635칙「정법」

정법안장正法眼藏은 '정법을 갖춘 눈', '정법을 갈무리하고 있는 눈'이니 선어록에서는 일척안一隻眼, 번역하여 '외눈'이다. 줄여서 정안正眼을 말하며, 진리를 보는, 진리 자체를 말한다.

여기서 우리가 간추려 새겨야 할 첫 번째 문제는 임제가 묻기를 "갑자기 누군가가 물으면 너는 무엇이라 대답하겠는가?"에서 '누군가'가 누구인가? 하는 문제다. 물론 불특정 다수를 말하지만, 이 불특정 다수가 누구인가를 깊이 사량해 볼 문제다. 이 때 유인有人은 묻는 임제이고 나이고 너이며 막막하고 현현한 누군가가 아닐까? 하고 달리 생각하지 말기를.

다음 "삼성三聖慧然이 '할'하였다"인데 이때의 '할'은 '임제의 4할'을 다시 한 번 새겨볼 일이다. 굳이 쫀쫀하게 몇 번째 '할'인가 따지지 않아도 되니 역시 한적한 벤치에 앉아 잘 생각해 볼 일이다. 유인이 있어 '할'하고 누군가가 '할'하고 땅이 '할'하고 하늘이 '할'을 한다. 귀가 먹고 눈이 먹는다. 이게 말이 되는가?

"나의 정법안장이 저 눈먼 당나귀에게 멸망될 줄을 누가 알았으리오."

평지에 풍파를 일으키는 삼성의 '할'을 아무 소리가 나지 않게 할 사람 없는가? 쓸데없는 짓거리를 그 자리에서 막을 사람은 없는가? 오늘도 제방선원에서 '할' 소리 요란하지만 임제의 정법안장이라는 선구 자체를 짓밟아 묻어버리는 사람 없으니, 문손이 융성하여 임제종의 천하를 이루지만 사실 임제의 정법안장이 끊어지고 임제종이란 언어만 남은 것이 아닌가?[4]

---

4   그런데 이상하다. 『전등록』 「임제의현장」에는 임제가 눈먼 당나귀 삼성 혜연에게 전하는 전법게가 전한다. 이것은 우리를 적기한다.

沿流不止問如下	흐름 따라 그치지 않는 도리를 묻는다면
眞照無邊說似他	참된 비침이 끝없음과 같다고 말하리
離相離名如不稟	형상과 이름 떠나 본래 성품 없으니
吹毛用了急須磨	취모검을 쓰고는 급히 갈아두어라

나의 정법안장이 저 눈먼 당나귀에게 멸망될 줄을 누가 알았으리오誰知吾正法眼藏
向者瞎驢邊 滅却.

　수사법상 아이러니고 적기賊機다. 지극히 반어적인, 곧 시퍼런 비수를 들
이대는 도적, 적기의 말씀이다. 모든 것을 침몰시키는 일체를 **빼**앗아 가는
도적, 이 말씀은 귀신도 모르고 하늘도 모르게 훔쳐가는 도적을 보고 누군
가有人 있어 '옳다 옳아' 점두하고 있으니 아는 이는 알 것이다. '몰록', 앞의
하모니는 선시에 나타나는 반상합도의 교향악이다.
　이제 『선문염송』 635칙 「정법」의 임종 선화에 대해 후세의 선객들이 부
친 선시 몇 편을 읽어 보기로 하자.

> **착어** 　그대, 알면 30년 더 참구하고 모르면
> 　　　　　그대로 놓고 하고 싶은 대로
> 　　　　　하시길. 그 땐, 그래도 그댄 참사람이다.

①

正法眼藏誰傳得	정법안장을 누구에게 전할 수 있을까?
喝下滄溟徹底乾	할을 할 때 넓은 바다가 바닥까지 마르네
從此瞎驢無覓處	이로부터 눈먼 당나귀 찾을 곳 없으니
鐵山歸路黑漫漫	무쇠 산 돌아오는 길이 캄캄하여라

— 장산전

②

圓寂將歸叙別時	열반에 들고자 이별을 고할 때
叮嚀法眼好任持	정법안장 잘 지니라 당부하였네
喝下不開泥水路	할 소리에 진흙 길이 열리지 않으니
瞎驢從此小人騎	눈먼 나귀, 이로부터 타는 이 없네

— 황룡남

③

남원이 풍혈에게 물었다 "그대는 임제가 떠날 때 한 말을 들었나?"

"들었습니다."

풍혈이 대답하니 남원이 또 "임제가 나의 정법안장이 저 눈먼 나귀에 의해 멸해버릴 줄 누가 알았겠나? 했으니 그가 평생 사자와 같아서 사람을 보기만 하면 죽이더니 죽음에 인하여 어찌해 무릎 꿇고 꼬리 사림을 저렇듯 하였을까?" 물었다. 이에 풍혈이 "죽을 적에 비밀히 전하매 완전한 주인이 곧 멸하는 것입니다"라고 말했다.

다시 남원이 "삼성은 어째서 다시 말이 없었던가?" 하니 풍혈이 대답하였다. "직접 방에 들어가게 된 진짜 아들은 문 밖에서 노는 사람과는 같지 않습니다." 함에 남원이 고개를 끄덕였다.

南院問風穴 汝聞臨濟將終時語否 穴曰聞之 院曰 林際曰誰知吾正法眼藏 向這瞎驢邊滅

却 渠平生 如獅子見卽殺人 及其將死 何故 屈膝妥尾如此 穴曰密付將從 全主卽滅

院又問 三聖 如何亦無語乎 穴曰親承入室之眞子 不同門外之遊人 院頷之

— 남원문(『경덕전등록』권12「임제현」)

제18화

청풍이 태고로부터 불어오네

清風吹太古

고려 말 우리나라 불교를 중흥시킬 두 분의 큰스님이 출현하니 태고 보우와 나옹 혜근이다.

이 장에서 다루어질 태고太古普愚(1306~1382)선사는 충렬왕에서 공민왕을 거쳐 우왕에 이르기까지 82년을 사셨다.

임종직후 그의 문도 유창維旭이 쓴 행장에 의하면 1301년 홍주 양근군(경기도 양평)에 태어났고, 13세에 회암사의 광지선사에게 축발하니 가지산 법손이다. 26세에 승과 급제. 뒷날 10여 년간 수도하여 38세(1338)에 활연대오하고 오도송을 지었다. 47세에 중국으로가 하무산 천호암의 석옥 청공 화상을 친견하고 인가를 받았다. 고려로 돌아와 왕사가 된 후, 광명사에 원융부를 두고 구산선문을 통합하여 일문으로 개편하려 노력하였다. 「백장청규」, 『치문경훈』을 간행하여 승려의 기강을 새로이 하고자 했다. 당시 부패 일로를 걷던 종단의 개혁의지를 천명했다. 권승 신돈이 가짜 승임을 상소함도 불교정화의 일단이었다.

그의 문하에는 항상 1,000여 명이 넘는 운수납자들이 모여 지도를 받았으며, 그 가운데는 일본에서 온 수선납자인 지성志性, 중암中庵, 석옹石翁, 웅雄 등의 이름이 어록에 보이고, 중국 강남에서 온 무극無極, 고담古潭, 사思 등의 이름과 인도에서 온 달마실達摩悉 등 외국인 납자들도 많이 있었다.

그의 문집으로 『태고어록』, 『태고집』, 『태고화상어록』, 『원증국사어록』, 『태고록』[1]이라 하는데, 시자 설서雪栖가 편집하였고 상·하 두 권으로 되어 있다.

吾住此庵吾莫識	내가 사는 이 암자 나도 모릅니다
深深密密無壅塞	깊고 그윽하나 좁고 구차하진 않습니다
函盖乾坤沒向背	천지를 모두 가두어 앞뒤가 없어
不在東西與南北	동서남북 어디에도 머물지 않습니다

珠樓玉殿未爲對	구슬 누각 옥전각도 비길 바 아니고
少室風規亦不式	소실의 풍모를 본받지도 않았습니다
爍破八萬四千門	8만 4천문을 모두 쳐부수니
那邊雲外靑山碧	저쪽 구름밖에 청산이 푸릅니다

山上白雲白又白	산 위의 흰 구름은 희고 또 희며
山中流泉適又適	산중 흐르는 샘은 흐르고 또 흐릅니다
誰人解看白雲容	흰 구름을 누가 볼 줄 알겠습니까?

---

1   저자가 텍스트로 사용한 책은 오대산 월정사장판 『태고집』이며, 기타 참고한 책은 김달진 역, 『태고집』(세계사)과 선림고경총서 『태고록』(장경각)이다.

晴又有時如電擊　　　개이고 비 오며, 때론 번개 치는 것을

誰人解聽此泉聲　　　누가 이 물소리를 들을 줄 알겠습니까?

千回萬轉流不息　　　천만 구빌 돌고 돌아 쉴 줄 모릅니다

念未生時早是訛　　　생각이 일기 전 이미 그르쳤거니

更擬開口成狼藉　　　게다가 입까지 열면 어지러워지겠지요

經霜經雨幾春秋　　　봄비 가을서리에 몇 해를 지났을까?

有甚閑事知今日　　　부질없는 일, 오늘에야 알겠습니다

麤也湌 細也湌　　　맛이 있거나 없거나 음식은 음식이라

任儞人人取次喫　　　누구나 마음대로 먹도록 놓아둡니다

雲門胡餅趙州茶　　　운문의 호떡, 조주의 차라 해도

何似庵中無味食　　　이 암자의 맛없는 음식만 하겠습니까?

本來如次舊家風　　　본래부터 이런 옛 가풍을

誰敢與君論奇特　　　누가 감히 대단하다 말하겠습니까?

一毫端上太古庵　　　한 티끌 위의 태고암은

寬非寬兮窄非窄　　　넓어도 넓지 않고 좁아도 좁지 않습니다

重重刹土簡中藏　　　거듭거듭 세계들이 그 안에 들어있고

過量機路衝天直　　　뛰어난 기틀의 길이 하늘까지 뚫립니다

三世如來都不會　　　삼세의 부처님도 전혀 알지 못합니다

歷代祖師出不得　　　역대의 조사들도 뛰쳐나오지 못합니다

愚愚訥訥主人公	어리석은 말더듬이 주인공은
倒行逆施無軌則	법도 없이 거꾸로 행하니
着卻靑州破布衫	청주의 헤진 베장삼 입고 있을 뿐입니다
藤蘿影裡倚絶壁	등넝쿨 그늘 속에 절벽에 기대섰습니다

眼前無法是無人	눈앞에 법도 없고 사람도
旦暮空對靑山色	아침저녁 괜히 푸른 산빛 쳐다봅니다
兀然無事歌次曲	올연히 앉아 일 없이 이 노래 부릅니다
徧界有誰同唱和	온 세계에 누가 이 노래에 화답합니다
靈山少室謾相拍	영산靈山과 소실少室엔 부질없는 손뼉 칩니다
誰將太古沒玄琴	누군가 태고의 줄 없는 거문고를 가져와
應此合時無孔笛	오늘의 구멍 없는 피리에 화답합니다
君不見	그대 보지 못하는가?
太古庵中太古事	태고암 속의 태고 적 일을
只這如今明歷歷	지금 이렇게 밝고도 분명한데
百千三昧在其中	백천의 삼매三昧가 그 가운데 있습니다
利物應緣常寂寂	만물이 연 따라 응하며 고요하답니다

此庵非但老僧去	이 암자는 노승만 사는 곳이 아닙니다
塵沙佛祖同風格	진사塵沙의 불조가 풍격風格을 같이합니다
決定的 君莫疑	결정적 말씀, 그대는 의심치 마옵소서
智亦難知識莫測	지혜로도 어렵고 지식으로 예측 못하니

回光返照尙茫茫	마음으로 되비쳐도 더더욱 아득하고
直下承當猶滯跡	당장 알아도 오히려 자취를 남길 수밖에
進問如何還大錯	그 까닭을 물어도 더 크게 어긋납니다
如如不動如玩石	움직이지 않아 여여如如함은 돌과 같습니다

放下着 莫妄想	모든 것 놓고 망상을 피우지 마십시오
卽時如來大圓覺	바로 이것이 여래의 대원각입니다
歷劫何曾出門戶	오랜 겁 중 그 언제 이 문을 나왔던가
暫時落泊今時路	잠시 지금 이 길에 떨어져 머문답니다

此庵本非太古名	이 암자는 본래 태고라는 이름이 아닙니다
乃因今日云太古	오늘이 있어 태고라 그저 할 뿐입니다
一中一切多中一	하나 속의 모두이며 많음 속의 하나니
一不得中常了了	하나에 얻지 못함이 늘 분명할 뿐입니다

能其方 能其圓	모나기도 하고 둥글기도 하여
隨流轉處悉幽玄	흐름 따라 변하여도 모두가 그윽합니다
君若問我山中境	그대 만일 나에게 산중 경계 묻는다면
松風蕭瑟月滿川	솔바람 시원하고 달은 시내 가득 찰 뿐
道不修 禪不參	도도 닦지 않고 참선도 하지 않습니다
水沈燒盡燎無煙沈	水香은 다 타 향로엔 연기가 없습니다
但伊騰騰恁麽過	그저 이렇게 이렇게 지나갑니다
何用區區求其然	어찌 구구히 그렇기를 알라 하겠습니까?

徹骨淸兮徹骨貧	뼛속에 사무치고 사무친 가난함이여!
活計自有威音前	살길은 원래 위음왕불威音王佛 전에 있었습니다
閑來浩唱太古歌	한가하여 태고가를 소리 내어 부릅니다
倒騎鐵牛遊人天	철우鐵牛를 거꾸로 타고 인천人天을 노닙니다

兒童觸目盡技倆	아이들 눈에는 모두 신기한 놀이입니다
曳轉不得徒勞眼	피천皮穿굴러도 안 되고 부질없이 눈여겨봅니다
菴中醜拙只如許	이 암자의 누추함은 그저 이러합니다
可知何必更重宣	거듭 말할 필요가 없습니다
舞罷三臺歸去後	춤을 그치고 삼대三臺로 돌아간 뒤에는
靑山依舊對林泉	청산은 예처럼 임천林泉을 마주볼 겁니다

— 태고암가

고려 남경 중흥 만수선사 장로의 휘는 보우이며 호는 태고다. 그는 일찍이 이 큰일에 뜻을 세우고 고생해서 공부했으며 안목이 뛰어났다. 마음의 움직임이 끊어지고 생각을 벗어나 그 경계는 말로 표현할 수도 없었다. 그리고는 숨어 살기 위해 삼각산에 암자를 짓고 자기의 호를 따서 그 현판을 '태고'라고 붙였다. 그리하여 스스로 도를 즐기고 산수의 경치에 마음을 놓아 「태고가」 한 편을 지었다.

병술년 봄에 고국을 떠나 이곳 대도에 이르자, 먼 길의 고생도 꺼리지 않고 자취를 찾아오다가, 정해년 7월에 나의 돌 많은 산 암자에 이르러서는 고요히 서로를 잊은 듯 달포 동안 도를 이야기하였다. 그의 행동을 보면 침착하고 조용하며, 말을 들으면 분명하고 진실하였다.

이별할 때가 되어서 전에 지었던 「태고가」를 내보였는데, 나는 그것을 밝은 창 앞에서 펴 보고는 늙은 눈이 한층 밝아졌다. 그 노래를 읊어보면 순박하고 무거우며, 그 글귀를 음미해 보면 한가하고 맑았다. 이는 참으로 공겁 이전의 소식을 얻은 것으로서 날카롭기만 하고 의미 없는 미사여구를 늘어놓는 요즘의 글에 비할 것이 아니었으니 '태고'라는 이름에 틀리지 않았다. 나는 오랫동안 화답하는 일을 끊고 지내 왔는데 붓이 갑자기 날뛰어 모르는 결에 종이 끝에 쓰고 아울러 노래를 짓는다.

먼저 이 암자가 있은 뒤에
비로소 세계가 있었으니
세계가 무너질 때에도
이 암자는 무너지지 않으리

암자 안의 주인이야
있고 없고 관계없이
달은 먼 허공을 비추고
바람은 온갖 소리를 내네

지정 7년(1347) 정해 8월 1일, 호주湖州 하무산霞霧山에 사는 석옥 노납石屋老衲은 76세에 쓰다.

「태고암가」를 석옥 청공에게 보여드리니 흔쾌히 인가하면서 발문을 부쳤다. 이것으로 시에 대한 해제가 족하여 저자는 더 첨족을 하지 않고자 한다.

그럼 보우가 깨달음에 이르는 선화를 『태고집』에 의해 간추려보자.

趙州古佛老	조주고불 늙은이가
坐斷千聖路	성인의 길을 앉은 채 끊었구나
吹毛覿面提	취모검으로 면목을 긁어내 보이니
通身無孔竅	온 몸, 틈이 없는 구멍일세
狐兎絶潛蹤	여우와 토끼 자취가 끊기고
翻身獅子露	몸을 뒤집으니 사자가 나타나네
打破牢關後	얽매인 관문 두드려 깨고나니
淸風吹太古	청풍이 태고로부터 불어오네

— 「태고화상행장」

문인 유창이 지은 「태고화상행장」 의하면 채홍철(호, 中庵)의 별장 전단원에서 삼동 결제 중에 활연대오하여 오도송을 지었다. 태고라는 당호를 가지게 된다.

위의 시는 태고선사의 오도송이다. 1, 2행은 조주선사를 칭송함을 보아, 조주선사의 무자화두를 참구한 끝에 확철대오한 것으로 보인다(『태고집』 「시염정당홍방」, 「시소선인示紹禪人」, 월정사장판). 3, 4행에서 취모검으로 번뇌 망상을 잘라내니, 온 몸이 바로 법신이 되어 틈이 없으니 온통 한 구멍이고 5, 6행에서는 이미 몸을 뒤집고 굴렀으니 바로 사자이어서 여우와 토끼와 같은 무리들이 자취를 감춘다. 마지막 행에서는 일체의 속박에서 벗어나 본래자리로 환지본처하니 태고의 맑은 바람이 쉼 없이 불어온다고 노래한다.

집주인 채중암에게 이 소식을 말하자 중암이 크게 감격하여 "불법의 영험입니다" 하고 물었다.

"어디서 조주스님을 보았습니까?"

"물결의 앞이고 물결의 뒤일세."

그리고는 다시 게송을 읊으셨다.

古澗閑泉水	옛 시내의 찬 샘물을
一口飮卽吐	한 입 마셨다가 곧 토하니
卻流波波上	저 흐르는 물결 위에
趙州面目露	조주의 면목이 드러났네

그리고 중암이 여러가지를 묻는 끝에 말했다.

"설산에서 소 먹이는 일은 어떻습니까?"

보우가 이내 게송으로 답했다.

肥膩葉葉軟[2]	비니의 풀이 잎마다 부드러워
一嚼辨甘苦	한번 씹으면 단지 쓴지 안다네
盛夏雪猶凝	한여름에도 눈이 어는데
寒冬春不老	찬 겨울에도 봄은 늙지 않았네
要傾則便傾	엎어지려면 곧 바로 엎어지고

---

2 비니肥膩는 기름진 풀을 말한다.

要倒則便倒	거꾸러지려면 곧 바로 거꾸러지네
拾得笑呵呵	습득은 하하 웃고
寒山長大口	한산은 큰 입 벌리네

태고는 38세 되던 1938년 3월에 양근(경기도 양평) 고향의 초당으로 돌아와 1,700 공안을 낱낱이 들다가 「암두밀계처岩頭蜜計處」 공안에서 막혀 앞으로 나가지 못하였다.

여기서 한참 묵묵히 있다가 갑자기 뜻을 깨치고 웃으면서 일렀다.

岩頭雖善財[3]	암두가 활을 잘 쏘기는 하지만
不覺露濕衣	이슬에 옷 젖는 줄은 몰랐군
會得末後句	말후구를 아는 이
天下有幾人[4]	천하에 몇 사람이나 있는가

이로써 20년 동안 참구하던 근본 문제가 보림 끝에 완전히 풀렸다.

그럼 태고가 깨닫고도 막혔던 「암두밀계처」 공안을 점검해 보기로 하자.

『선문염송』에는 「탁발」, 『종용록』엔 '설봉반두', 성철의 법어집 『본지풍광』에는 제1칙 '덕산탁발'로 나오는 공안이다.

이야기는 이렇다.

---

3   '財'자는 '射'자의 오자다. 전래되는 선게다.
4   『태고집』권하 「행장」 오대산 월정사장판에 의하면 "嘗看千七百公案 至巖頭密啓處 過不得 良久 忽然提取 冷笑一聲云 巖頭雖善財 不覺露濕衣 又云 會得末後句 天下有幾人"라 하였다. 저자가 태고가 말한 "巖頭雖善財 不覺露濕衣" 또 다시 말한 "會得末後句 天下有幾人"을 한 게송으로 묶었다.

덕산이 어느 날, 밥이 늦으니 손수 바리때를 들고 법당에 이르렀다.

공양주였던 설봉이 보고 말했다.

"저 노장이 종도 치지 않고 북도 울리지 않았거늘, 바리때를 들고 어디로 가는가?"

하니, 덕산이 고개를 숙이고 방장으로 그냥 돌아갔다.

설봉이 이 일을 암두에게 전하니 암두가 말했다.

"보잘것없는 덕산이 말후구를 모르는군."

덕산이 그 말을 듣고 암두를 불러 물었다.

"네가 나를 긍정치 않느냐?"

암두가 은밀히 그 뜻을 말했다.

그 다음 날 덕산이 법상에 올라 법문을 하는데 그 전과 달랐다.

암두가 손뼉을 치고 크게 웃으면서 말했다.

"기쁘다, 노장이 이제야 말후구를 아는구나. 이후로는 천하 사람들이 어떻게 할 수 없으리라. 그러나 단지 삼 년뿐이로다."

과연 삼 년 후에 덕산이 돌아가셨다.

—『선문염송』668칙 「탁발」·『종용록』55칙 「설봉반두」

성철은 이 공안에 네 가지 어려운 점이 있다고 하였다.

첫째 덕산대조사가 어째서 설봉의 말 한마디에 머리를 숙이고 방장으로 돌아갔는가?

둘째는 덕산이 과연 말후구를 몰랐는가?

셋째는 암두가 은밀히 그 뜻을 말하였다 했는데 무슨 말을 했을까?

넷째는 덕산이 암두의 가르침에 의해 말후구를 알았으면 암두의 수기를 받은 것일까?[5]

성철이 우리에게 제시한 위의 네 가지 의문은 우리가 알고 있던 선문의 상식적 도리를 깨뜨리고 있다.

덕산은 오늘날까지 임제할 덕산방으로 알려진 선문의 대선장 중 대선장이다. 그런 그가 제자인 암두가 한 말을 일거에 호령하지 못하고 고개를 타려밀고 다시 방장으로 바리때를 들고 돌아간다는 첫째 둘째 셋째 넷째, 일체 상황은 우리를 한순간에 빼앗는다. 선장들이 보여주는 간절노파심절인 적기다.

> **착어**　소생의 말입니다. 홍이 나 적어 본 것에 지나지 않습니다.

첫째 덕산이 어째서 설봉의 말 한마디에 머리를 숙이고 방장으로 돌아갔는가?

허당착어 : 귀하게 사서 천하게 판다.

> **착어**　그가 둥둥 돌아가고 있지 않는가.
> 걸어간다고 생각 말라.

둘째, 설봉의 말을 들은 암두는 말후구를 덕산이 몰랐다 한다. 이 말을 들은 덕산조실이 암두를 불러 '네가 나를 긍정하지 않느냐?' 하고 도리어 묻는다.

5　성철, 『본지풍광』 제1칙 「덕산탁발」, 허당과 도림의 착어는 『본지풍광』에서 재인용하였다.

허당착어 : 시끄러운 시장 안에서 조용한 망치를 친다.

도림착어 : 서로 따라 온다.

착어 배고픈 늙은이, 마지막 말씀

알 턱이 있겠나?

삼부자가 줄줄이 엮였구나.

셋째, 암두가 덕산조실에게 한 말은?

허당착어 : 귀신은 방아를 찧고 부처는 담장을 뛰어 넘는다.

착어 도적을 쫓다가 도적을 만나 도적의 물건을 준다.

넷째, 암두의 가르침을 받은 덕산은 암두에게 수기를 받았으니, 덕산은 병졸인가?

도림착어 : 옴 마니 다니 홈 바타로다.

착어 원래 이 동네는 머리에 구두 신고

발바닥에 장갑 낀다. 굳이

이 문에 들려면 알려고 하지 말라.

죽는다.

①

魚鼓未鳴何處去	목어와 북을 울리기 전에 어디로 갔나?
一歸方丈便休休	한번 방장으로 돌아간 뒤 소식이 없네
茶毗後品難陳敍	다비 뒤에 법문을 서술하기 어려우니
泣盡人天不擧頭	인간과 하늘이 다 울어도 고개를 안 드네

— 대각련, 『선문염송』 668칙 「탁발」

②

末後句會也無	말후구를 아는가? 모르는가?
德山父子太含胡	덕산 부자는 몹시도 말을 씹기도 하네
坐中亦有江南客	모인 자리에 강남 나그네도 있으니
莫向人天唱鷓鴣	그들 앞에는 자고곡을 부르지 마오시라

— 천동각, 『종용록』 55칙 '설봉반두'

위의 선시는 「덕산탁발화」에 대한 후세 선장들의 게송이다. 저마다 선장들은 우리를 계합시키고자 노파심절을 아끼지 않는다. 이 공안의 어려움은 바로 이마와 이마가 마주 닿는 하늘과 하늘이 포개어지는 확연함 속이 내 거주처고 그 집 주인임을 인식치 않는 데 있다.

이제 우리는 근본을 뿌리 뽑기 위해 선장들이 보여준 낙초자비를 점두할 일만 남았다.

위의 「덕산탁발화」에 더욱 다가가기 위해 게송을 대략 점검해 보자. 역시 건등바람 불듯이 훑어봄이 중요하다.

①의 게송 1행부터 본래자리를 슬몃 불러 우리의 혼을 부른다. "목어와 북

을 울리기 전에 어디로 갔나魚鼓未鳴何處去?" 어디로 갔을까?

2행에서 "한번 방장으로 돌아간 뒤에는 문득 쉬고 쉬네"는 역시 '그 돌아 간 자리' 그 자리야 말로 천하 종사 삼세의 부처님들의 입각처이며 우리의 거주처다. 그래서 그저 '쉬어가고 쉬어가라便休休'라 할 뿐이다.

3, 4행은 '열반적멸처, 그곳은 다비를 한 뒤에는 설하지 못하고 / 인간과 하늘이 다 울어도 고개를 안 드네'로 읽히나, '열반적멸은 열반적멸로서 우리에게 이야기할 뿐이니, 달리 생각하지 말라. 석가와 달마도 몰랐다. 그렇다. 4행에서 읽히듯이 '천상천하 두두물물이 모두 통곡을 하여도, 그 소리가 들리지 않는다.' 실로 우리가 아무리 손가락질해도 하늘은 눈 한번 찡그린 적이 없듯이 역시 귀 있는 자만이 듣고 눈 있는 자만이 새겨 볼 뿐입니다.

②는 천동 정각의 게송. 정각은 조동종의 제1 선서인 『종용록』6을 송고한 선장이다. 곧 고칙(공안)을 하나 들고 그에 따라 게송을 읊었다. 이 게송은 『종용록』55칙 「설봉반두」에 대한 송이다.

1행에서 천동은 최후 향상向上의 절대구絶代句를 아는가? 모르는가? 묻고 자답한다.

『종용록』의 편자인 만송 행수는 다음과 같이 착어着語한다. 착어는 저자가 그냥 쓴 것이다.

만송착어 : 이것을 알려고 하지 말라. 그것이 융통성이다.

---

6 『종용록』6권은 조동종의 선서로 임제종의 『벽암록』10권과 쌍벽을 이루는 선적이다. 천동 정각이 고칙마다 송을 붙이고 만송 행수가 본칙 앞에 시중(수시)을 썼고, 본칙과 송 끝에는 각기 착어를 붙였다. 이것이 평창이고, 본칙과 송 구간에는 단평을 할주로 넣으니 이것이 착어인 평이다.

착어　아는가? 모르는가? 왜 바로 사람의

　　　　마음을 가리켜 보시지.

2행의 '덕산의 부자는 턱밑에 말을 넣어놓고 말한다'로 읽힌다.

만송착어 : 겉이 밝으면 속의 어둠을 모른다.

착어　속속이 쓴 물외 사오너라.

坐中亦有江南客　　모인 자리에 강남 나그네도 있으니

莫向人天唱鷓鴣　　그 앞에는 자고곡을 부르지 마오시라

착어　강북과 강남은 물 한 줄기

　　　　밖이라. 강줄기는 말라도 그 강물

　　　　소리 멈출 날 없네.

설두 중현이 이 선화를 들어拈 말했다.

"외눈박이 용이라고 일찍이 들었는데曾聞說箇獨眼龍

알고 보니, 원래가 눈 하나인 용이로다元來知有一隻眼."

덕산이 이빨이 없는 범인 줄은 전혀 알지 못했다.

만일 암두가 알아내지 않았더라면 어찌

어제와 오늘이 같지 않을 수 있었으랴?

여러분은 말후구를 알고자 하는가諸人 要會末後句麼?

노호가 아는 것은 허락하여도只許老胡知

노호와 만남은 허락하지 않는다不許老胡會.

— 설두현

염拈은 선문에서 본칙을 드러내기 위해 다른 사람이 한 말을 다시 들추어 내어 사람들에게 보이는 형식이니 오늘날 산문시와 맥락을 같이 한다.

1연, 덕산은 본래 면목 그대로라는 것이고, 2연에서 "덕산이 이빨이 없는 범인 줄은 전혀 알지 못했다"는 역시 본연本然, 순수의 본질 그대로임을 이제야 비로소 알았음을 강조하고 있다. 4행, 5행에서 그렇게 말하지만 '암두 역시 알 수 없어도, 그렇게 한 어릿광대 짓거리에서 덕산이 들어나게 되었음'을 말하고 있다. 이렇게 장부일대사인연을 마친 보우는 1339년 소요산 백운암에 들어가서 보림하며 「백운가」를 지어 부르며 유유자적하였다.

착어　그럼 어제와 오늘 일을 알고자 하는가?

이것이 마지막 말씀이다.

그대를 이해하는 것은 허락하지만

그대를 만났다는 것은 허락하지 않는다.

이 때 중국 남쪽에서 온 무극無極이란 승려에게 남조南朝,南宋엔 임제의 정통선맥인 양기의 법손이며, 설암의 적손인 석옥 청공이 있음을 듣게 된다.

그리고 청공에게 인가를 받을 것을 권유받는다.

1341년 하무산으로 가려 하였으나, 단월들의 청에 의하여 삼각산 중흥사로 모시니 학인들이 구름같이 많이 모였다고 그의 행장은 기록했다. 중흥사 동쪽 송림언덕에 암자를 지으니 바로 태고암이다. 이곳에서 5년간 머무르며 「태고암가」를 짓고 소요했다.

1346년 봄. 중국 연경에 들어가 대관사에 머물렀는데, 도가 높다는 소문이 원나라 황제에게까지 들려 태자 생일날 청법을 받아 『반야경』을 설했다.

보우가 하무산에서 청공에게 전법을 받기 전, 47세 되던 해 1347년 4월에 축원성竺源盛 선사가 남소에 있다 하여 찾았으나 이미 입적한 뒤였다. 그의 문인인 홍아종과 월동백 등이 축원성의 '세 마디 법어三轉語'를 가지고 보우를 거량했다.

첫째 '출가하여 도를 공부하는 것은 단지 성품을 보기 위해서인데, 그 성품은 어디 있는가?'

둘째 '3천리 밖에서는 필시 그릇된 말을 할 수 있겠지마는 마주보면서도 왜 모르는가?'

셋째 두 손을 펴 보이면서 '이것은 제2구이니 제1구를 내게 보여라' 하면서 하어를 청하였다.

이에 다음 게송으로 세 관문을 모두 꿰뚫었다. 음미해 볼 일이다.

坐斷古佛路   고불의 길에 눌러 앉아서
大關獅子喉   사자의 외침을 크게 얻었기에

還他老南巢	저 늙은 남소를 찾아왔더니
千脚俱不露	솜씨를 전혀 드러내지 않네

不露也明如日	드러내지 않으나 해같이 밝고
不隱也黑似漆	숨기지 않으나 옻칠같이 검은데
我來適西歸	내가 오자 마침 서쪽으로 돌아갔나니
餘毒苦如蜜	남은 독기가 꿀같이 쓰구나

이 시를 보고 감탄한 두 사람은 '장로께서 우리 노화상과 뜻이 서로 통했습니다' 하며 '돌아가신 스승께서 강호의 눈은 오직 석옥에게 있다' 하며 석옥선사를 소개하였다.

이해 7월에(충목왕 3년)에 하무산 천호암에 임제의 18대 손인 석옥 청공石屋淸珙(1272~1352)[7]을 찾아뵈었다. 그리고 달포 동안 서로 문답을 했다. 석옥은 보우가 보여준 「태고암가」 발문을 보고는 "나는 그것을 밝은 창 앞에서 펴

7　임제종 양기파의 오조법연의 법통과 고려 승려와의 관계를 도표화한다.(진한글씨는 고려의 승려다.)

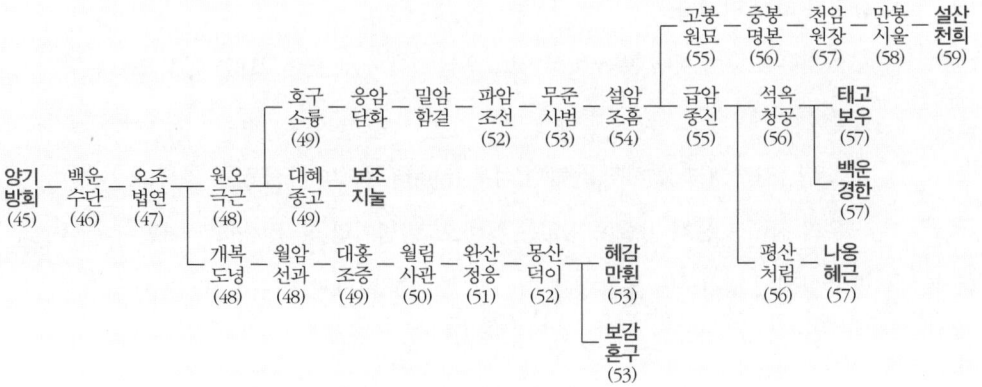

보고는 늙은 눈이 한층 밝아졌다"고 감탄한다.

그리고 이어, "그 노래를 읊어보면 순박하고 무거우며, 그 글귀를 음미해보면 한가하고 맑았다. 이는 참으로 공겁 이전의 소식을 얻은 것으로서 날카롭기만 하고 의미 없는 미사여구를 늘어놓는 요즘의 글에 비할 것이 아니었으니 '태고'라는 이름에 틀리지 않았다" 하였다. 분명 사자상승하고 있다.

행장에 의하면 석옥이 『태고암가』 발문을 써주며 물었다.

"우두화상이 사조 도신선사를 만나기 전에는 무엇 때문에 새들이 온갖 꽃을 물고 모여들었는가?"

"부귀하면 사람들이 다 우러러보기 때문입니다."

"사조를 만난 후부터는 무엇 때문에 입에 꽃을 물은 새들을 찾아볼 수 없었던가?"

"가난하면 아들도 멀어지기 때문입니다."

"공겁 이전에는 태고가 있었던가, 없었던가?"

"허공이 태고 가운데서 생겼습니다."

석옥이 웃으며 말했다. "불법이 동방으로 가는구나" 하며 가사를 주어 신표로 삼으라 하며 말했다.

"이것은 노승이 평생 지니던 것이오. 오늘 그대에게 주니 그대는 이것으로 길잡이를 삼으시오."

보우는 절하여 받고 하직을 하니 석옥이 따라 나오며 다시 불러 말했다.

"우리 집에는 본래 이별이란 없는 것이오. 이별이란 생각 마시오. 이별이니 이별이 아니니 생각하면 옳지 못한 것이오. 부디 노력하시오." – 참, 말씀 지극하다.

태고의 문하에는 항상 천여 명의 운수납자들이 모여 지도를 받았다. 태고는 이미 우리나라를 넘어선 선불교의 대종사였다. 석옥에게 인가 받은 후, 원나라 순제는 금란가사와 침향불자 등을 내리며 영녕사에 주석하기를 청했다. 연경(북경) 영녕선사에서 개당설법을 하였다. 당시 공민왕은 세자로 연경에 와 있었는데, 영녕사에서 태자 생일을 맞아 조정 대신들과 황후가 내린 금란가사를 입고 개당보설을 하는 것을 보고 감탄하며 "소자가 만일 고려왕이 된다면 스님을 나의 스승으로 모시겠습니다" 하였다.

1348년 봄 귀국하여 중흥사에 주석했다.

그 후 보우는 왕사를 거쳐 현릉 공민왕이 국사로 모셨고, 이어 우왕도 국사로 모시었다.

82세가 되던 1382년 여름, "돌아가자, 돌아가자" 하면서 가평 소설산으로 돌아가니 대중들은 어쩔 줄을 몰라 했다. 이 해 겨울 12월 17일에 가벼운 병을 보이고, 23일에는 문인들을 불러 "내일 유시에는 내가 떠난다, 군수를 청하여 인장을 봉하도록 해라" 하였다. 게송을 마치고 열반에 드니 세수는 82세고, 법랍은 69세였다. 이색이 쓴 탑비에 의하면 상수제자로는 환암 혼수[8]가 있는데 국사가 되었고, 문도로는 고저 원웅 왕사 외 1,203인이 적혀있다.

人生命若水泡空	사람의 목숨은 물거품처럼 빈 것이어서
八十餘年春夢中	80여 년이 봄날 꿈속 같았네
臨終如今放皮袋	죽음이 다다라 이제 가죽포대 버리노니
一輪紅日霞西峰	수레바퀴 붉은 해가 서산으로 넘어가네

— 열반송, 「태고화상행장」

---

8 태고보우(57대) ─ 환암혼수 ─ 구곡각운 ─ 벽계정심 ─ 벽송지엄 ─ 부용영관 ┬ 청허휴정(63대)
└ 부휴선수(63대)

* 우리나라 법계는 대다수가 서산대사 청허 휴정의 법계이고 부휴선수의 법계도 다소 있다.

제19화

운문의 개먹이나 줄걸

雲門狗子喫却

운문종의 종조 운문雲門文偃(805~949)은 광동성 소주 가흥에서 태어나 17세에 출가하고, 후에 설봉 의존을 찾아가 수년간 정진 끝에 인가받았다.

법계는 육조 혜능─청원 행사─석두 희천─천황 도오─용담 숭신─덕산 선감─설봉 의존─운문 문언─향림 징원─지문 광조─설두 중현─천의 의회를 지나 운문에서 9세 월당 도창에 이르러 남송 신종 때 선종사에 자취가 보이지 않는다.

문언은 운문산 광태선원을 창시하여 제방 운수납자를 지도하였다. 그의 법이 널리 퍼지면서 융성하여 독립된 종파를 이루니 그가 주석하던 산명을 따라서 운문종이라 했다. 상족으로는 백운 자상, 덕산 연밀, 향림 징원 등 20여 명의 법제자가 있다. 설봉의 법을 이은 종파인 법안종과 함께 같이 융성했다.

운문의 학인 제접하는 독특한 법문으로는 한마디로 번거로운 설명을 끊어버리는 일자관一字關이 특이하며, 운문 3구는 운문종의 종지를 잘 드러낸다. 특히 운문의 호떡, 운문의 마른 똥막대기, 운문의 일일시호일日日是好日,

동산수상행東山水上行 등은 오늘날까지 제방에 회자되는 유명한 화두다.

老漢纔生便着忙	늙은이가 나자마자 분주히 굴어
周行七步似顚狂	일곱 걸음 걸으니 미치광이 닮았네
慊也無限癡男女	무한한 어리석은 남녀를 속였으니
開眼堂堂入鑊湯	눈뜨고 의젓하게 끓는 가마에 들으리

— 대혜고, 『선문염송』 2칙 「주행칠보」, 게송

대혜 종고가 말하되, "말후구 한 구절이 음성 이전에 적나라하게 드러나서 하늘과 땅을 뒤덮고, 소리와 빛을 뒤덮었다"고 했고, 황면노자가 그 하나를 얻고는 말하기를 "도솔천을 여의기 전에 벌써 왕궁에 탄강하셨고 어머니의 태에서 나오기 전에 벌써 사람들을 다 제도하였다" 하셨고, 탄생하실 때에 일체의 세계를 뒤흔들게 하시고 한 손으로 하늘을 한 손으로 땅을 가리키면서 사자후하여 "하늘 위나 하늘 아래서 나만이 홀로 높다" 하시니, '하나의 큰 일一大事因緣'을 위해서다. 부처의 지견知見을 열고 부처의 지견을 보이고 부처의 지견을 깨닫게 하고 부처의 지견에 들어가게 했으니, 수천 년 후에 그 절름발이 중에게 "한 방망이로 때려죽여 개나 배불리 먹여주어 천하가 태평하기를 바란다"는 말을 들을 줄 몰랐구나.

말해보라. "석가노사의 허물이 어디에 있는가? 하늘과 땅을 가리키면서 큰소리를 한 탓일까, 남의 집 남녀를 들뜨게 한 탓일까? 부처의 지견을 열고 보이고 깨닫고 들게 한 탓일까? 이런 식으로 따진다면 석가노자만을 비방할 뿐만 아니라, 운문대사까지도 저버리는 것이다. 여기에 이르러 만약 운문의 본뜻을 알면 자기의 본뜻도 알려니, 말해보라. 본뜻이 어디에 있는가?"

양구하고 말하되,

萬古碧潭空界月   만고의 푸른 못에 비친 달이여,

再三撈摝始應知   두세 번 건져봐야 거짓인 줄 아느냐?

— 대혜고, 『선문염송』 2칙 「주행칠보」, 염(拈)

이제 우리는 본칙, 대혜 종고의 염송拈頌과 더불어 5가의 선문 중 독특한 일가를 이루었던 운문종의 가풍과 종조 운문 문언雲門文偃(864~949)을 알기 위해선, 『선문염송』 제2칙의 「주행칠보周行七步」 공안에 있는 '한 방에 타살하여 개의 먹이로 줄 걸' 이렇게 외친 운문이 든 염拈을 맛보아야 한다.

이 선화는 세존께서 처음 탄생하실 때, 두루 일곱 걸음을 걸으시고 눈으로 사방을 둘러보시고 한 손으로 하늘을 가리키시고 한 손으론 땅을 가리키면서 "하늘 위나 하늘 아래 나만이 홀로 존귀하다"[1]고 한 공안에 대한 이야기다. 「주행칠보」 공안에 대해 지금까지 선을 이야기하는 사람이면 누구나 이구동성으로 인간 생명의 존엄성 선언이라고 얘기들 한다. 그렇지만 운문의 견해는 그렇지 않다. 바로 태어나자마자 두루 7보를 걸은 애기 석가께서 외친 천상천상유아독존天上天下唯我獨尊에 대해 내가 그곳에 있었다면 '한 방망이로 타살하여 개 먹이로 주어 천하를 태평하게 했을 것이다'고 말을 붙이니 이게 무슨 무례 천부당만부당한 쳐 죽일 악담인가. 실로 소름끼치고 혀가 나올 정도다. 그의 착어와 더불어 본칙을 다시 한번 살펴보자.

---

1   『선문염송』 2칙 「주행칠보」 공안은 오늘날까지 항간에 제일 많이 회자된 선의 화두 중 하나다. 34편의 염송이 기록되어 있는 것으로 보아도 짐작하기에 족하다. 특히 운문언의 염이 본칙에 이어 붙어 있다.

세존께서 처음 탄생하실 때, 두루 일곱 걸음을 걸으시고 눈으로 사방을 둘러보시고 한 손으로 땅을 가리키면서 '하늘 위나 하늘 아래 나만이 홀로 존귀하다' 하셨다.

(운문언이 염하되 '내 그때 이 꼴을 봤더라면 한 방망이로 그를 때려 죽여서 시체를 개 먹이로 주었을 것이다. 그래야 천하가 태평해져 더 이상 잔말이 없었을 게 아닌가?')

世尊 初生 周行七步 目顧四方 一手指天 一手指地云 天上天下 唯我獨尊

雲門偃 拈 我當時若見 一棒打殺 與狗子喫却 媿圖天下泰平

— 『선문염송』 2칙 「주행칠보(周行七步)」 본칙

이와 같이 운문의 악담에 자기의 본사本師인 석가부처뿐만 아니라, 천하의 사람들로부터 성인이라 존경을 받는 어떤 사람도 그의 세치 혀를 비켜가지는 못했다.

하루는 공자의 『논어』 말씀인 "아침에 도를 깨달으면 저녁에 죽어도 좋다 朝聞道 夕死可矣"는 명구를 언급하였다. 그는 공자라는 이름도 말하지 않으며 다음과 같이 호기 있게 말할 뿐이었다.

심지어 속인조차 '아침에 도를 깨치면 저녁에 죽어도 좋다' 그러하거늘 하물며 우리 사문이 온종일 무슨 일이고 함에 있어서 최선을 다하지 않는다 함은 말이 될 법이나 한 일인가?

俗子尚道 朝聞道 夕死可矣 況我沙門 日夕合履踐箇什麼事 大須勞力

— 『경덕전등록』 권19 「운문문언장」

그리고 위의 예에서 보듯이 운문은 자기의 스승인 석가모니불의 고사에도 사정없이 독설을 퍼부어 후손들의 앎을 빼앗는 적기賊機를 발휘하므로 눈을 열게 하는 낙초자비落草慈悲를 보인다. 그러할진대 불교의 성인들 역시 경외감으로 모시기보다는 그의 악담에 걸리면 사정없이 찢어발기어진다. 이것이 진정 선배 각자覺者에 대한 운문의 예의이고 후학들에게 대한 진정한 스승의 역할이었다. 운문은 도처에서 악담으로, 후학들을 위해 진흙땅에 딩굴니 우리로 하여금 소름끼치는 그의 낙초자비를 맛볼 수 있다.

아마 그는 천성적으로 점잖고 지적이며 우아를 떠는 언사와 행위가 마음에 들지 않았는지 모른다. 아니 직설적인 악담이 외려 학인을 일초직입여래지一超直入如來地에 돈입頓入케 하는데, 훨씬 빠른 직절直截의 문이라고 생각했는지 모른다.

어느 날 운문은 북을 치면서 말했다.

유마의 미묘한 기쁨의 세계는 산산조각 났다妙喜世界百雜碎. 그래서 지금 그는 손에 발우를 들고 먹을 죽과 쌀을 구걸하기 위하여 하남의 어떤 마을을 향해 가고 있다.[2]

이러한 독설은 그 자신에게도 예외는 아니다. 그는 자신이 행한 대중에게 보인 시중에도 나타난다.

한 가지 법칙을 들어 말해서 그대들로 하여금 당장에 이해를 시킨다 해도 이것은 그대들의 머리 위에다 똥물을 뿌린 것 외에 별것이 아닙니다. 설사 한 터럭을

---

2 『오등회원』 권15. 결국 이것은 일상사를 벗어나지 않는 도리를 말한다. 일종의 아이러니다.

들어 온누리를 일신에 밝힌다 하더라 도 역시 살을 저며서 종기를 만드는 일일 뿐입니다.

師云 擧一則語敎 直下承當 早是撒尿着汝頭上 直然拈一毫頭盡大地一時明得 也是劊肉作瘡

—『경덕전등록』 권19 「소주운문산문언선사」

내가 오늘 그대들과 함께 이런 저런 말들을 나누니 똥불에 똥재가 생기듯 하고 똥 묻은 돼지 부스럼투성이 개 같구나. 선악을 구분 못하는 것들아! 똥구덩이 속에서 살 궁리를 하는구나.

그러므로 천지와 3승 12분교, 삼세제불과 천하 조사의 가르침을 일시에 그대의 눈썹 위에 모아 놓고서 설사 여기서 몰록 깨친다 해도 편해진 사람은 아니라고 했다. 괜히 똥구덩이에 뛰어들었다가 우리 납승 문하를 지나게 되면 다리를 부러뜨려 버리겠다.

—『운문록』 권上 「상당 · 대기」, 23칙

위의 몇 예를 통해 운문은 아주 관념으로 고정된 정상성定性을 부수어버리는 매우 맹렬한 우상파괴자의 면모를 지녔음을 볼 수 있다. 그의 앞에는 부처도 조사도 성인도 별로 대수롭지 않은 우상일 뿐이다. 그리고 운문은 어떤 말도 세속적인 견지에서 타당성이 부여될지 모르나 영원한 상도常道의 관점에서는 성립할 수 없다고 여겼다. 그의 이러한 견해는 '말로 표현되는 도는 항상 불변의 도가 아니다道可道 非常道 名可名 非常名'라는 노자의 통찰과 궤도를 같이 한다. 운문은 오직 자성본원에 활연계회豁然契會하는 상도에만 정신의 초점을 모았다. 그에게 말이란 아무런 중요성을 가지고 있지 않았다.

그는 깨친 사람은 '불 속에서도 타지 않는다火何曾燒'(『운문광록』) 또 '사람마다 지니고 있는 광명이 있다. 그러나 그것을 주시할 때는 이미 암흑으로 변하고 만다人人盡有光明在 看時不見暗昏昏'라고 말하였다. 이는 그가 얼마나 깊고 미세한 통찰력을 가지고 있는가를 알게 한다.

이제 모두의 대혜 종고의 염과 송을 살펴보기로 하자. 저자가 보기로는 살필 것이 본래 없다. 대혜 노장은 괜히 자기가 긁어 부스럼 만들고는 자기 침을 발라 치료를 마치고 있다. 그러나 염은 염이고 송은 송이다. 자꾸 덧붙이지 말라.

老漢纔生便着忙	늙은이가 나자마자 분주히 굴어
周行七步似顚狂	일곱 걸음 걸으니 미치광이 닮았네
慷也無限癡男女	무한한 어리석은 남녀를 속였으니
開眼堂堂入鑊湯	눈을 뜨고 의젓하게 끓는 가마에 들으리

— 대혜고

보이는 것이 전부다. 무사태평한 한낮에 왜 도립하여 속을 보이고 있는지. 이것을 3행에서는 갑남을녀를 편히 살게 하지 않고 분주히 휘저었으니, 바로 이 부분이 운문이 말하는 '한 방망이로 타살하여 개 먹이로 주어 천하를 태평하게 했을 것이다'이고, 대혜가 이르는 '무한한 어리석은 남녀를 속였으니 / 눈을 뜨고 의젓하게 끓는 가마에 들으리'의 요체다.

그럼 이 부분을 확연히 알기 위하여 『금강경』 앞부분의 한 구절을 점두할 필요가 있다.

그때 장로 수보리가 대중 가운데 있다가 곧 자리에서 일어나 오른 어깨에 옷을 걸쳐 메고 오른 무릎을 땅에 대고 합장 공경하여 여쭈었다. "희유希有합니다, 세존이시여. 여래께서는 모든 보살들을 잘 보살펴 주시며 모든 보살들에게 잘 부촉해 주시니, 세존이시여, 선남자 선여인이 아뇩다라삼먁삼 보리의 마음을 일으킨 이는 마땅하게 어떻게 머물며 또한 어떻게 그 마음을 항복받습니까?"

希有世尊 如來 善護念 諸菩薩 善付囑諸菩薩 世尊 善男子善女人 發阿耨多羅三藐三菩提심 應云何住 云何降伏其心

— 『금강경』 「선현기청분」

위의 경문에서 바로 수보리가 말한 '희유합니다, 세존이시여'는 경전 문맥상 세존이 한 말씀도 없었는데 무얼 보고, 무엇을 가리켜 '희유세존希有世尊'이라 하였는지 궁금하지 않을 수 없다. 이것을 알아낸다면 운문이나 대혜가 한 말을 반쯤 맞추었고 수보리가 한 말의 말꼬리를 잡았다고 인정할 것이다. 『금강경오가해설의』에서 조선 초의 함허 득통涵虛得通(1376~1433)이 설의하기를 이 대문을 풀어 우리를 눈을 밝히고 있다. 점두하여 볼일이다.

여기에 양기 방회楊岐方會(996~1046)가 이르기를 '황면노자가 스스로 가련하다. 수보리가 나와 희유希有라고 말하는 것을 듣고 바로 얼음이 풀리고 기와가 무너졌다' 하니, 이 노인의 이 설이 다만 사람으로 하여금 겁외를 향해 당에 오르기를 바라는 것이다. 그리고 대혜 종고가 말을 들어서 '황면 노자가 한 말도 하지 않았는데 수보리가 무슨 도리를 보고 문득 '희유'라 말했는가? 다만 양기의 얼음이 녹고 기와가 무너지는 곳을 향해 보아 자연히 보고 얻어버리면 일생의 공부하는 일을 마칠 것이다' 한 것이다. 또 정엄수의 송에 '사해에 바람이 쉬고 달이 하늘에 뚜렷하고 파도가 없으니 철선鐵船을 띄운다. 수보리가 거듭 누설함을 힘입어 어진 말이 그윽이 채찍을 누치 본 것 같음을 면한다' 하니, 곧 세존이 단좌하여 한 말도 하지 않은 최초의 일구자 一句子를 눈앞에 가져가 여러 사람의 면전에 두 손으로 나누어 맞추었는데 수보리가 벌써 이 같음을 알고 나와 '희유'라 말한 것이다. 수보리가 없었던들 누가 이 암중의 밝음을 알았을까?

발가숭이는 월조의 머언 먼 머리통을 향하여, 다시 한번 고칙과 게송 한 수를 들어 보이며, 이곳을 피하고자 한다.

세존께서 도솔천을 여의기 전에 이미 왕궁에 태어나셨으며 어머님의 태에서 나오시기 전에 이미 사람들을 다 제도하셨다.[3]

世尊 未離兜率 已降王宮 未出母胎 度人已畢

— 『선문염송』 제1칙 「도솔래의(兜率來儀)」

大象本無形	큰 형상은 본래부터 형체가 없어
至虛包萬有	지극히 빈 곳에 만물을 포함한다
末後已大過	꼴찌가 그대로 앞장을 섰고
面南看北斗	남쪽으로 얼굴 돌려 북두칠성을 보다

---

3 『선문염송』 제1칙 「도솔래의」의 붙인 게송 한 수만 더 읽어봐도 금세 드러난다. 아! 피곤하다.

未離兜率境	도솔천 여의기 전에
已降父王宮	벌써 부왕의 궁전에 강탄하셨고
雖度衆生畢	중생을 다 제도하셨어도
猶居母腹中	아직도 어머니 뱃속에 계신다 하나
良由非妙用	참으로 묘한 재주가 아니요
亦不是神通	또 신통도 아니니
勿自立規矩	공연한 법도를 세우지 말고
承言須會宗	말 속의 종지를 알도록 하라

—곤산원

王宮兜率 度生出胎	왕궁과 도솔천과 중생제도와 태에서 나옴이
始終一貫 初無去來	시종일관하여 애초부터 가고 옴이 없네
掃蹤滅迹除根帶	자취를 쓸어 없애고 뿌리를 뽑아버려야
火裡蓮花處處開	불속의 연꽃이 곳곳에 피어나리

— 원오근

이제 우리는 운문종의 개산조사인 운문 문언이 오랫동안 영수원靈樹院의
수좌로 있다가 방장으로 추대되어 행한 진산식의 설법을 음미하고자 한다.
이 말은 그가 분명히 통찰하고 있는 절체절명하고 영원불변하는 '도'에 대한
확신을 나타내는데, 어쩔 수 없이 언어를 빌려서 표현할 수밖에 없는 자신의
곤혹한 입장을 자책하고 있다.

　　내가 오늘 언어를 통해서 그대들을 속이고 있다고 생각하지 마십시오. 나는 지
　금 그대들에게 어쩔 수 없이 말해야만 하고 따라서 그대들을 혼란케 하지 않을 수
　없는 불가피한 입장에 있습니다. 만일 진실로 지혜로운 눈을 가진 이가 내가 하고
　있는 것을 본다면 그의 눈에는 무척이나 우습게 보일 것입니다. 그러나 지금은 부
　득이한 일입니다.
　　師云 莫道今日謾諸人好 抑不得已向諸人前作一場狼籍 忽遇明眼人見 謂之一場
　笑具 如今亦不能避得也

— 『경덕전등록』 권19 「운문문언장」

　당대의 선사들은 선객을 제접할 때에 선의 운용을 고함이나 몽둥이질 혹은
매끄러운 말을 사용하였음을 앞에서 잘 보아왔다. 그러나 운문은 좀처럼 위

와 같은 방법을 사용하지 않고 주술사처럼 악담을 사용하였다. 그의 독설은 어설픈 선객들을 혼비백산하게 하였으며, 깨달음의 언저리에 있는 선객들에게는 바로 본래면목에 일초직입一超直入할 수 있게 하는 적기를 발휘하였다.

운문의 악담은 아이러니와 파라독스로 일관하였다. 이것은 말로 표현할 수 없는 '도'의 신성한 영역을 순간적으로만 포착하지 않고, 그 자리를 비워둠으로, 그 주변을 끊어버림으로써, 그 자리를 드러내는 수단으로 독설을 사용하였다. 이런 것은 그가 언어의 기능을 잘 통찰하고 있었음을 직감할 수 있을 뿐 아니라, 고도의 방편수법이며, 또 한편으로는 그가 얼마나 자성본원에 계합되어 무위의 행위를 자유로이 행하는가를 알게 하는 실제적인 증거라 할 수 있다. 다음 설법을 읽어보면 충분히 예견된다.

그대들이 진실로 '참나'에 계합하였다면 그대들은 타지 않고도 불 속을 지날 수 있을 것이고, 비록 온종일 말했다고 해도 실제로는 한 번도 입술과 이를 움직이지 않은 것이 될 것이고 한마디도 말을 하지 않는 것이 됩니다. 마찬가지로 그가 매일 옷을 입고 밥을 먹는다고 할지라도 실제로는 한 톨의 쌀도 입에 대지 않고 한 올의 실오라기도 몸에 걸치지 않는 것이 될 것입니다.

若是得底人 道火何曾燒 口終日說事 未曾挂着脣齒 未嘗道着一字 終日着衣吃飯 未嘗觸着一粒米 挂一縷絲

—『지월록』권20「운문 문언」

이러한 것은 운문종의 가풍으로 성립되어진다. 『전등록』말미에는 운문이 직접 지은 게송이 한 수 실려 있다. 이 게송을 음미하여 보면 높고 험준한 고봉준령으로 비견되는 운문종의 선풍을 짐작하게 한다.

雲門聳峻白雲低　　　운문산은 높고 험하여 백운도 아래 머물고

水急遊魚不敢棲　　　노는 물고기는 물살에 제자리 찾지 못하지

入戶已知來見解　　　집 안에 들자 그대의 온 뜻을 미리 아니

何煩再舉爍中泥　　　어찌 다시 번거로이 바퀴에 흙을 들추리

— 『경덕전등록』 권19 「소주운문산문언선사」

그렇지만 폐부를 찌르는 악담에도 불구하고 운문종 종사들의 선풍은 맑고 아름다우면서도 가을하늘과 같은 외로운 눈물을 우리에게 안겨준다.

운문종의 정묘고고精妙孤高한 가풍을 우리나라 조선의 서산은 다음과 같이 노래했다.

칼날에 길이 있고 철벽엔 문조차 없다 온 천하에 말썽거리 둘러엎고 온갖 못된 소견을 잘라내나

빠른 번개 되어 미처 생각할 수 없네 펄펄 불꽃 속에 어찌 어정거리나

그래도 운문종 소식을 알고자 하는가?

주장자가 높이 뛰어서 하늘로 올라가고 잔 속에서 부처가 설법하네

劍峰有路 鐵壁無門 掀翻露布葛藤 剪却常情見解

迅電不及思量 列焰寧容溱泊

要識雲門宗麼

拄杖子跋跳上天盞子裡諸佛說法

— 청허휴정, 『선가구감』, 인물연구소, 203쪽

「주행칠보周行七步」 본칙에 병서한 운문의 착어 '한 방망이로 타살하여 개

먹이로 주어 천하를 태평하게 했을 것이다' 한 선계를 드러내기 위한 작업을 마칠까 한다. 그럼 내친김에 앞에 『선문염송』 제2칙의 공안 「주행칠보」를 밝힌 게송 몇 수를 소개한다. 아주 가볍게 훑어 읽음이 중요하다.

周行七步露全身   일곱 걸음 두루 걸어 알몸을 드러내니
天上人間絶等倫   하늘이나 인간들에 겨룰 이 아주 없네
莫道早行人不見   새벽에 걷는 것 보는 이 없다 말 마라
須知更有夜行人   간밤부터 나선 이가 있는 줄 모르는가

— 삽계익

承春高下盡鮮姸   봄을 맞은 산천 모두가 고왔는데
雨過喬林叫杜鵑   교목 숲에 비 뿌려 두견새 울어댄다
人靜畫樓明月夜   달 밝은 밤, 인적이 끊긴 그림 누각
醉歌歡酒落花前   술 좋아 취한 노래, 꽃잎이 날린다

— 정엄수

混沌未分人未曉   혼돈하여 나뉘기 전엔 사람들이 모르더니
乾坤纔剖事潛彰   하늘과 땅 갈린 뒤 일이 차츰 드러났네
天生伎倆能奇怪   천성으로 받은 재간 묘하기도 하여서
末上輸他弄一場   마지막에 한바탕 연극을 하였구나

— 보녕용

제20화

경허의 고삐 뚫을 구멍 없다는 소리 듣고

鏡虛聞人語無鼻孔

　　한국의 달마대사로 칭호를 받는 경허화상은 기유년(1846) 음력 8월 24일에 전라도 전주 자동리에서 여산 송씨 두옥과 밀양 박씨 사이에 둘째 아들로 출생하다. 속명은 동욱이고 법명은 성우이며 법호는 경허다.

　　9세에 부친상을 당해 모친을 따라 시흥 관악산 청계사에 입산하여 계허를 은사로 모시고 행자 수업을 하였고 14세에 만화 보선 강백에게 보내져 내외전을 섭렵하였고, 23세의 나이에 동학사 강원에서 교리를 전수 받아 제방학인을 지도하며 젊은 강백으로 이름을 날렸다.

　　34세 여름철, 상경 도중 천안 근처에서 폭우를 만나 민가에 머물려 하였으나, 당시 콜레라가 만연되어 시신이 널러 있는 절박한 상황을 만나 비로소 발심, 동학사로 되돌아와 강석을 파하고 용맹 정진하던 중 11월 보름 학명 도일이 전하는 "소가 되어도 고삐 뚫을 구멍이 없다"를 듣고 언하에 활연대오하다.

　　호서 연암산 천장사로 옮겨 1년 보임을 마친 후, 6월 「오도가」를 읊고 전등연원을 밝히다.

1881년 36세에 「오도가」를 지어 부른 이후, 호서 일대에 선풍을 크게 진작시키다. 당시 승려들은 염불과 주력만을 크게 일삼던 고식적 수행방편을 개선하고 참선을 고취시키고, 개오 견성을 지도함으로써 우리나라 선을 중흥시키다.

912(67세)년 4월 25일, 갑산 웅이방 도하동에서 법납 59세, 세수 67세로 시적하다. 그 직전 일원상을 그리며 ◯ 바로 위에 쓴 열반게송 4행이 전해 온다.

忽聞人語無鼻孔　　　홀연 사람에게 고삐 뚫을 구멍 없다는 말 듣고

頓覺三千是我家　　　몰록 깨달으니 삼천대천세계가 이 내 집일레

六月燕巖山下路　　　6월 연암산 아랫길에

野人無事太平歌　　　들사람 일없어 태평가를 부르네

　　　　　　　　　　　　　　　　　　　　　　　　　— 오도송

心月孤圓　　　마음 달이 홀로 둥글게 빛나니

光呑萬象　　　빛이 만상을 삼켰도다

光境俱忘　　　빛과 경계 함께 잊으니

復是何物　　　다시 이것이 무엇인가

　　　　　　　　　　　　　　　　　　　　　　— 임종게

위의 오도송과 임종게는 경허의 선사로서 살림살이 전부다. 즉 한 선각자의 일생을 보는 데 있어서 깨닫기 전의 삶의 행리와 깨달은 후의 무공용無功用의 삶을 나누어 보았을 때, 그의 각자로서 삶은 분명 오도송과 임종게로서

존재한다. 몰록 한 인간의 행리는 전생과 후생 그리고 현생을 모두 한 꿰지 속에 꿰이겠지만.

계룡산 동학사에서 불과 20여 세에 대강백으로 이름을 드날리는 경허 회상에는 항상 학인들로 만원이었다. 강사 8년, 30대로 접어든 경허는 옛 은사를 뵈려 안양 근교 청계사로 향한다. 천안 근처에서 폭풍우를 만난 경허는 소낙비를 피해 초가집 처마에 들었다. 얼마 후 주인이 나타났다. "송장 치우기에 진력이 났는데 누가 또 왔지, 죽더라도 나가서 죽으시오, 어서." 쫓겨난 경허는 몇 집을 돌았으나, 똑같았다. 당시 천안 일대는 콜레라가 돌아 사망자가 속출하였다. 쫓겨나기도 하고 피해 나온 경허는 극심한 삶과 죽음의 갈림길을 보게 된다. 자책감과 깊은 번민에 빠진 경허는 "나 또한 전염병에 걸리면 죽게 된다. 저 송장과 다르지 않은 나 역시 생사의 벼랑에 와 있지 않은가. 살고 죽는 문제 하나 챙기지 못하는 내가 남을 가르치며 중노릇하다니, 이쯤에 이르러서는 8만 법문, 교리문자가 모두 쓸모가 없구나. 죽음 앞에 두려움에 떨고 있는 나는 참으로 보잘것없구나. 이런 내가 다른 사람을 부처의 길로 인도한다 함은 바로 자기기만이 아닌가". 여기에 이르자 스스로가 생각하기를 생사 문제에서 벗어나는 길은 참선하는 길 밖에 없음을 절감한다. 동학사로 되돌아오면서, 1,700공안의 화두를 점검해 보았으나 캄캄 절벽이었다. 오랜 생각 끝에 영운선사의 화두가 경허를 사로잡는다.

| 驢事未去 | 나귀의 일이 가지 안 했는데 |
| 馬事到來 | 말의 일 닥쳐 왔음이여 |

의심은 더욱 의심의 구름을 일으킬 뿐. 동학사에 돌아 온 경허는 강석을

거두고 학인을 흩는다. 좌선삼매 중, 경허는 송곳을 턱 밑에 세워놓고 졸음과 싸운다. 깜빡 조는 동안 얼굴엔 선혈이 흘렀고, 참선 3달 가까이 되자 경허의 얼굴은 두꺼비 같이 상처투성이로 변한다.

동짓달 보름께, 어느 날. 절에 학명 도일스님이 행자를 데리고 사하촌에 출타를 했다가, 동은 행자의 아버지인 이진사를 만난다. 이진사는 속가에서 공부를 하는 선객이었다.

"스님, 요새 중노릇 어떻게 하십니까?"

"경 읽고, 염불하며 주력하고 가람 수호의 연속이지요."

"그래요, 그렇게 중노릇 잘못하면 소가 됩니다."

"그럼, 어떻게 해야 소가 되지 않습니까?"

이어서 산승의 물음에 이진사가 말을 냉큼 받는다.

"어디 스님이 되어 그렇게 말씀해서야 쓹니까? 소가 되어도 고삐 뚫을 구멍이 없다고 해야죠."

'고삐 뚫을 구멍이 없는 소' 깜깜하기는 행자나 학명(도일)스님이나 마찬가지였다. 절로 올라온 학명스님은 여러 대중에게 물어본다.

"중노릇 잘못하면 소가 되는 이치를 아시오?"

"소가 되어도 '고삐 뚫을 구멍이 없다'는 뜻이 무엇인가?"

아무도 속 시원한 대답을 못한다. 학명스님은 참선중인 경허 조실에게 '고삐 뚫을 구멍 없는 소'의 깊은 뜻을 묻는다. 바로 그 순간, 천신만고로 수도 중인 경허, 몰록 활연대오豁然大悟한다.

때는 1879년 11월 보름께였다. 한국 현대선의 시조, 경허의 개안. 천하대지가 송두리째 빠지고, 물아구공物我具空하고 백천법문百千法門, 무량묘의無量妙意가 몰록 재가 된다, 자발광自發光한다.

그후, 서산 연암산 천장암에서 일의일발一衣一鉢로 1년간 철저한 참선을 한다. 바로 한번 앉아 일을 마치고 어느 날, 오도가를 부르면 떨치고 일어난다.

1. 오도가[1]

　　사방을 돌아보아도 사람이 없어
　　의발[2]을 누구에게 전하랴
　　의발을 누구에게 전하랴
　　사방을 돌아보아도 사람은 없어,

　봄 산에 꽃이 활짝 피고 새가 노래하며, 가을밤에 달이 밝고 바람은 맑기만 하네. 정녕 이러한 때에 무생無生의 '한 곡조 노래一曲歌'[3]를 얼마나 불렀던가?
　일곡가를 아는 사람 없음이여, 때가 말세더냐. 나의 운명이던가. 또한 어찌하랴.
　산 빛은 문수의 눈이요, 물소리는 관음의 귀로다. 소 부르고 말을 부름은 곧 보현이요, 장張서방 이첨지가 본래 비로자나毘盧遮那부처이네.[4]

1　경허 성우,『경허법어鏡虛法語』「오도가」, 경허성우선사법어집간행회, 1981, 48~54쪽; 석명정 역주,『경허집』「오도가」, 극락선원, 1990, 295~298쪽. 진성스님과 명정스님의 번역이 현대인에게 소통의 문제가 있다는 생각 아래 저자가 재편역하고 주해하였다.
2　의발衣鉢은 옷과 바루. 곧 선가에선 깨달음의 인가 증표로 스승은 제자에게 전법게와 가사, 바루를 전하였다. 전법을 의미한다.
3　무생일곡가無生一曲歌는 '남이 없는 한 곡의 노래'이니, 곧 깨침의 노래이다.

불조佛祖가 선禪과 교敎를 설한 것이 무엇 그리 특별하게 나눌 것이 있단 말인가. 분별만 냄이네. 석인石人이 피리 불고, 목마木馬가 졸고 있음이여.[5] 범부들이 자기 성품을 알지 못하고, 말하기를 '성인의 경계지 나의 분수가 아니다'라 한다. 가련하구나!

이런 사람은 지옥의 찌꺼기밖에 못되네. 나의 전생 일을 돌이켜 생각해보니, 사생四生·육취六趣[6] 그 험난한 길에 오랜 세월 돌고 돌아 모진 고생 겪음이 이제 눈앞에 대한 듯 분명하니, 사람들에게 어찌 견디라고 하랴.

다행히 숙연宿緣이 있어 사람 되고 장부되어, 출가하고 득도하니, '네 가지 얻기 어려움四難'[7] 가운데 하나도 모자람이 없네.

어떤 사람이 내게 희롱하기를, '소가 되어도 고삐 뚫을 구멍이 없다'란 말을 듣고 나의 본래 마음을 깨달으니, 이름도 공하고, 형상도 공하여, 텅텅 비고 고요한 가운데虛寂處에 항상 밝은 빛남이네.

이로부터 한 번 들으면 천 가지를 깨달아 눈앞에 외로운 광명이 부처의

---

4 산색이 문수보살의 눈이고, 물소리 그 자체가 관음보살의 귀이며, 평상시에 말소리는 보현보살의 음성이고, 무릇 보통인간이 본래부터 비로자나 부처님임을 앎이 바로 불보살의 행이고 삶이라는 것으로 이해된다. 비로자나불은 광명편조光明遍照로 의역되며, 대일여래大日如來, 곧 빛의 부처님이다. 장삼이사張三李四는 장씨의 3남과 이씨의 4남이라는 말로 곧 속물을 의미한다.

5 '石人唱笛 木人打睡'의 석인과 목인은 도道, 공空, 본원본원本源, 진리眞理, 진면목眞面目, 무위진인無位眞人 등이 형상화된 말이다. 선가에서는 나무, 무공적, 무영수, 무영탑, 토끼뿔, 거북털 등은 무한한 실상의 한 표현이다. 또한 '없다' 하였을 때, '있다'에 상호 의지하게 됨을 우려하여 당초부터 본래 없음, 혹은 홀로 존재함을 보여주기 위한 말들이다. 이런 언어들은 조사들의 중생을 위한 노파심의 발로다.

6 사생四生은 생물이 태어나는 4가지의 형태, 곧 태胎, 란卵, 습濕, 화化를 말한다.
   육취六趣는 중생이 업인業因에 따라 지옥地獄·아귀餓鬼·축생畜生·아수라阿修羅·인간·천상天上인 여섯 곳으로 나는 6도道. 아수라는 싸우기를 좋아하는 귀신이고, 아귀는 굶주림, 목마름에 시달리고 음식이 있어도 불이 일어나 먹을 수 없다. 탐욕 질투의 업이 아귀도에 태어난다.

7 사난四難, 『법화경』「방편품」에 나오는 말. 부처님을 만나 정법 듣기 어려운 것을 네 가지로 나눈 것. ① 치불난値佛難─부처님 계실 때 만나기 어려움, ② 설법난說法難─기연이 익숙하지 못할 때는 설법하기 어려움, ③ 문법난聞法難─교법을 확실히 듣기 어려움, ④ 신수난身受難─교법을 믿어 받아 지니기 어려움.

경지寂光土요, 정수리 뒤에 신비한 모습은 금강의 세계金剛界이고.

사대四大·오음五陰이 청정한 법신法身[8]이요, 극락세계가 곧 확탕鑊湯지옥·한빙寒氷지옥[9]을 겸하였고, 화장찰회華藏刹會가 검수劍樹지옥과 도산刀山지옥[10]이며, 법성토法性土[11]가 썩은 거름 무더기며, 똥무더기요, 대천세계가 개미 구멍, 모기 눈썹이요, 삼신三身·사지四智[12]가 허공 및 만상이니, 눈에 띄는 대로 본래 천진 면목이네.

아아, 기특하고, 크게 기특하도다.

시원한 솔바람, 사면이 청산이로다. 가을 달 밝은 빛, 하늘이 물이런가.

노란 꽃, 푸른 대, 꾀꼬리 소리, 제비 재잘거림이 항상 그대로 대용大用이네. 어느 한 곳 드러나지 않음이 없네.

시정의 천자市門天子[13]를 준다 한들 하겠는가? 모름지기 평지 위의 파도요, 구천九天의 옥인玉印[14]이로다. 참으로 괴이하도다. 해골 속 눈동자여, 한량없는 불조가 항상 앞에 나타남이여. 초목과 기왓장이 곧 화엄華嚴·법화法華로다. 내가 이제 말하노니, 가고 머물고, 앉고 누움이 곧 이것이며, 부처도 없고, 중생도 없음이네.

---

8 법신法身은 삼신법신三身法身·보신報身·화신化身 중 하나. 법신은 영원히 변치 않는 만유萬有의 본체(비로자나佛)이고, 보신은 인因에 따라서 나타나는 영구성 있는 유형의 佛(아미타불)이며, 화신은 보신불을 보지 못하는 중생을 제도하기 위하여 나타난 역사적 존재의 佛(석가모니불)이다.
9 확탕지옥, 한빙지옥—펄펄 끓는 물 지옥과 얼음지옥.
10 화장찰회가 검수지옥과 도산지옥—석가모니불의 진신인 화장세계의 집회도 바로 칼로 된 지옥과 다를 바 없으니, 한 마음 돌이키면 본래 입장에서는 행/불행의 견해 자체가 일시적인 것일 뿐, 본래 천진한 면목의 삶이란 의미.
11 법성토法性土—법은 존재자, 곧 존재자를 존재하게 하는 근거로서의 국토. 존재 본질의 땅.
12 4지智—모든 부처가 불과佛果에 이르러 갖추는 4가지 지혜. 성소작지成所作智·묘관찰지妙觀察智·평등성지平等性智·대원경지大圓境智를 이른다.
13 시문천자市門天子—저잣거리의 상인들. 뜻대로 흥정하고 마음 편하게 살아감을 비유한 말.
14 구천의 옥인—아득한 하늘에 도장찍듯 한 물건의 형적도 없는 것과 같이, '있음'이 그렇고 '없음'이 그렇고 무량무변의 법계가 시작함도 없고 마침도 없이, 이렇게 증득함을 설했다.

내가 거짓을 말하지 않노라. 지옥이 변하여 천당을 지으니, 다 나의 작용에 있으며, 백천 법문과 무량묘의無量妙義가 마치 꿈에 연꽃이 핀 것을 깨달은 것과 같아. 이변二邊과 삼제三際[15]를 어느 곳에서 찾으리. 시방세계가 안팎 없이 큰 광명 덩어리 하나뿐이네.

말 할 필요 없네, 내가 대법왕이 되었네. 저 모든 법에 다 자유자재함이니, 옳고 그르고, 좋고 나쁘고 어찌 걸림이 있을까 보냐. 어리석은 사람이 있어 자세히 믿어 의심이 없으면, 문득 안신입명처安身立命處를 얻을 뿐이네.

이제 '세속사람塵勢人'에게 말을 부치노니, 한번 사람의 몸을 잃으면 만겁萬劫에 만나기 어려우니, 이 뜬 목숨, 아침저녁을 보장하지 못함이 분명하네. 눈먼 당나귀가 다리만 믿고 가다가 안전하고 위태로움을 다 알지 못하듯이. 저것도 이러하고 이것도 이러함이니, 어찌하여 내게 '태어남이 없는 이치無生法'를 배워 인천人天의 대장부가 되려 하지 않는가?

내 이 같은 까닭으로 거듭거듭 부촉하노니, 일찍이 방랑자가 되었기에 나 그네를 불쌍히 여길 줄 아노라.

슬프다 어이 하리! 대저 의발을 누구에게 전하리? 사방을 돌아보아도 사람이 없네. 사방을 돌아보아도 사람이 없으니, 의발을 누구에게 전하리.

송頌하기를

忽聞人語無鼻孔	홀연 사람에게 고삐 뚫을 구멍 없다는 말 듣고
頓覺三千是我家	몰록 깨닫고 보니 삼천대천세계가 이 내 집일레
六月燕巖山下路	6월 연암산 아랫길에

---

15 이변二邊―유/무, 미/추, 시/비, 동/정 등과 같은 한쪽으로 치우친 견해. 삼제三際―과거・현재・미래.

| 野人無事太平歌 | 돌사람 일이 없어 태평가를 부르네 |

착어　태평가 한 구절 불러볼까? 산 너머 남촌엔 누가 살 길래 해마다 봄바람
이 남으로 부네.

2. 죽음의 노래 臨終偈

心月孤圓	마음 달이 홀로 둥글게 빛나니
光呑萬象	빛이 만상을 삼켰도다
光境俱忘	빛과 경계 함께 잊으니
復是何物	다시 이것이 무엇인가

경허, 아니 박난주는 임종게를 쓰고 나서 그 아래에 하나의 원상을 그려
놓고 오른쪽으로 누워 그대로 천화하니, 때는 1912년 4월 25일이고, 화상은
정사년(1846)에 나서 임자년(1912)에 입적하셨고, 아홉 살에 출가하였으니,

세수는 67년이고, 법랍은 58년이다.[16]

열반지는 경허가 만년 10년 가까이 떠돌며 보낸 함경도 강계와 갑산 일대, 임종한 곳은 갑산 오이방 도하동이다.

이곳에 의탁했던 사람은 담여 김탁이란 선비 집이었다. 이후에 기미년 3·1만세 운동이 일어나자 중국으로 망명, 4월에 임시정부 요인 중 한 사람으로 가담하여 독립운동을 하여 경허의 유지를 받든 분이 바로 그분이다. 그의 배려로 서당을 열고 동네 학동들을 지도하며 유생 박난주, 혹은 박진사로 행세하며 유유자적한 대자유인의 삶을 마감한다. 이곳에서 김담여와 술자리에서 읊은 3편의 게송이 남아있는데, 시편 모두 무하향無何鄕의 경지가 도도하다.

> **착어** 콩을 사서 팥죽 쑤어 먹고 팥을 사서 콩떡 먹는다.

해제 :

경허의 임종게로 알려진 이 게송은 원래 마조의 법제자 반산의 게송이다. 『선문염송』 권7, 250칙 「심월」로 실렸고 또 『조당집』 권15와 『전등록』 「반산화상」 조에 있다.

이해를 돕고자 『선문염송』 250칙 반산이 말한 본칙과 동산의 착어와 정엄수의 게송, 그리고 운문 문언의 염拈 중 긴요한 것을 옮긴다.

---

16 『경허집』(1942)에 있는 법제자 한암이 지은 「선사 경허화상 행장」과 『경허어록』(1981)에 실린, 역시 한암이 지은 「선호 경허화상 행장」과 탄생 생년월일이 서로 다르다. 『경허집』은 정사년(1846) 4월 24일로, 『경허어록』은 기유년(1849) 8월 24일로 기록되었다. 본서는 『경허집』에 실린 「선사 경허화상 행장」을 텍스트로 하여 1846년으로 했다. 그 이유는 한암의 친필본(1931.3.15)과 『불교』 제 95호(1932.5)에는 정사년 4월 24일에 경허가 탄생한 것으로 되어 있기 때문이다. 그리고 세수와 법랍 역시, 정사년(1846) 탄생과 입적한 임자년(1912) 4월 25일로 셈하면, 세수가 67세이고, 9세에 출가하였으니 법랍은 59세가 된다.

* 반산이 시중하였다

心月孤圓	마음 달이 홀로 둥그니
光呑萬象	빛이 만상을 머금네
光非照境	빛은 경계 아니요
境亦非存	경계 역시 존재치 않으니
存境俱亡	빛과 경계 모두 잊으니
復是何物	다시 이 무슨 물건인가

* 동산이 말했다

光境未亡	빛과 경계 없어지기 전에
復是何物	다시 어떤 물건인가?

* 정엄수가 게송을 읊었다

滿目森羅徹底空	눈에 가득 찬 만물이 철저히 공한데
俱亡還與未亡同	모두가 공하나 공하기 전과 같네
箇中不用安名字	낱개 안에 이름붙일 필요 없나니
千古由來振祖風	천고로부터 조사 가풍을 떨치네

* 운문 문언 반산의 말을 들어 말했다

온 대지가 빛인데 무엇을 자기라 말하는가? 그대가 만약 빛을 얻으면 경계 또한 얻을 수 없으리니 똑같은 경계이겠느냐. 무슨 빛과 경계가 있으리오. 빛도 경계도 모두 얻을 수 없다면 다시 무엇인가?

어떤 학인이 물었다.

"어떤 것이 활짝 벗어나는 외가닥 길입니까僧 便問 如何是透脫一路?"

스님이 말했다.

"천태의 정상이요 조주의 돌다리지師云 天台華頂 趙州石橋."

또 말했다.

"빛과 경계가 모두 공하니 다시 이 무슨 물건인가? 동해 바닷속에 몸을 숨기고 수미산 꼭대기에 말을 달린다."

주장자로 법상을 한 번 치니 대중이 눈망울을 굴리니 선사가 다시 주장자를 들어 쫓으면서 말했다.

"제법 영리한 줄 여겼더니, 이것이야 말로 칠통이로군."

又云 光境俱亡 復是何物 東海裏藏身 須彌山走馬 師以柱杖 打床一下 大衆 眼目 定動 師乃拈柱杖 趂 散云 將謂靈利 這漆桶

3. 우연히 읊는 시 29수

오언절구 우음五言絶句偶吟

「우음」시는 명정스님이 활자화한『경허집』을 텍스트로 하였다. 「우음」 오언절
구가 모두 29수나 된다. 『경허집』은 선학원에서 1943년에 간행한 초본에다 한암
스님의 육필본『경허집』에서 더 있는 부분을 첨가하여 약간 보완한 책이다.

— 명정역,『경허집』, 극락선원, 1990, 146~157쪽

착어와 해제는 저자의 사족이다.

1)

斜陽空寺裡	어느새 석양인가 쓸쓸한 빈 절
抱膝打閒眠	① 두 다리 끌어안고 한가히 졸다가
蕭蕭驚覺了	② 바람 소리에 놀라 깨어나니
霜葉滿堦前	③ 서리친 단풍잎만 뜰에 가득해

— 김달진 역, 「경허」,『현대한국선시』, 열화당, 1987, 20쪽. 「우음(偶吟)」18수 중 첫 시

① 포슬타한면抱膝打閒眠 — '두 다리를 웅크리고 두 팔로 쪼그려 안고서 꼬박꼬박 조
는둥 마는둥 하며 다리 밑으로 선선한 바람이나 지나는 그런 잠'을 형상화한 행이
다. 위의『현대한국선시』에서는 이 구절을 "두 다리 뻗고 한가히 잠들었네"라고
번역했으나 오역인 듯하다.

② 소소蕭蕭 — 바람 부는 것. 의성이나 의태가 상호 보완된 시어.

③ 상엽霜葉 — 서리 맞은 나뭇잎. 단풍잎.

해제 :

석양녘, 고요에 저며든 빈 절. 여기서 오는 졸음은 오매寤寐가 같은 선정의 졸음이다. 앞 시에도 읊었듯이, 진공眞空이 묘유妙有이고 묘유가 진공인 상태이다. 놀라 깨어남은 무엇인가. 바로 이런 상태에서 그게 그것이니까, 별로 특별한 졸음에서 깨어난다든가, 또 다른 깨달음이 다가온다든가 하는 것이 아니라, 그저 졸다가 다시 한번 반눈 떠보는 것일 뿐이다. 눈을 감아도 만목상엽滿目霜葉이고 눈을 떠도 만목상엽이다. 극도로 탈속된 담담한 마음을 보여준다.

2)

喧喧寧似默	① 시끄러움이 오히려 고요함인데
擾擾不如眠	② 요란스러운들 어찌 잠 안 오랴
永夜空山月	긴긴 밤 공산에 달이여
光明一枕前	목침머리에 달빛이 환하여라

① 훤훤喧喧 — 시끄러운 소리. 어린아이가 울음을 그치지 않음. 김달진은 "시끄러이 떠듦이 침묵만 하겠는가"로 번역했으나, 저자는 "시끄러움이 오히려 고요함인데"로 번역했다. 직역하면 "시끄러움이 침묵같이 편안하다"로 된다.

② 녕녕擾擾 — 소란하고 어지러움.

해제 :

3행 "영야공산월永夜空山月"에서 '영야'는 긴긴 밤, 곧 공적空寂이니 본체인 진공이고,

體다. '공산월'은 조照이니 묘유이며 현상 활용이다.

착어 흔히들 파도가 바다고 바다가 파도라 한다.

3)

無事猶成事	① 일 없는 게 외로 일이 되어
掩關白日眠	② 빗장 걸고 대낮에 자네
幽禽知我獨	③ 새들이 내 홀로 있는 줄 알고
影影過窓前	창 앞을 이리 저리 날아다니네

— 명정 역, 『경허법어』, 314쪽; 김달진 『현대한국선시』, 20쪽

① 猶 – 같음. 오히려. 곧 酋는 술병에서 술 냄새가 가늘게 새어 나오는 모양이며, 여기에 犭와 합쳐진 글자 '유'가 되었으므로 개가 술 냄새에 취해서 몸을 늘어뜨리고 느긋하게 있는 형상이다. '나중에', 혹은 '꾸물꾸물 연기되어도 역시'란 의미가 포함되어 있다. 이렇게 볼 때, 이 번역은 "일 없는 게 외로 일이 되어"로 번역됨이 타당하다고 생각한다.

② 掩關 – 문빗장을 걺. 문을 닫음.

③ 幽禽 – 조용한 곳에 사는 새.

해제 :

『현대한국선시』에는 1행 무사유성시無事猶成事를 "일이 없는 데도 일을 마친 듯"으로 번역하고 있다.

"일 없는 외로 일이 되니無事猶成事" 이 경계는 과연 어떤 것인가? 무얼 하려고 사량

분별하는가. 생각 끝이니 이것이 바로 생각 안이다. 적조寂照와 동시同時인 세계, 고요
와 되비침이 회통되니

> **착어** 울퉁불퉁 자루 속에 오리 알 뛰는 걸 봐라.

4)

那山幽寂處	① 고요하고 그윽한 이 산에
寄我枕雲眠	② 구름을 베개 하여 조는 내 꼴
如得其中趣	그 가운데 다다라 뜻을 얻을 것이면
放狂十路前	③ 제 맘대로 세상 미친 듯 내달으리

① 那山―어느 산.
② 枕雲眠―구름을 베고 잠들다.
③ 放狂十路―방광은 미친듯이 제멋대로 노는 것. 십로는 많은 길, 온 세상

해제:

무위진인無位眞人 무사한인無事閑人 무사태평인無事太平人 청법저인聽法底人 모두 모두
뜻을 못 얻어 그저 부지不知니 불식不識이니 불회不會니 한다.

> **착어** 아무것도 모르는 그 사람 역시,
>
> 放狂十路한다.

5)

有事心難測	일이 있어 마음 측량키 어려운 일이
困來卽打眠	곤하면 곧 잠잔다
古今傳底句	① 고금에 전해지는 이 글귀는
祇在此門前	② 오직 이 문 앞에만 분명하고나

① 底句事 — 저底는 밑下也과 조사 '무슨', '어떤'으로도 쓰인다. 곧 저구底句는 어떤 구, 어떤 말씀, 어떤 진리.

② 지祇 — 공경할 '지'와 '마침', '이', '이것'인 어조사.

착어 예부터 전해오는 이 말씀,

오직 이 문전에만 있지

다른 데 있나 찾아봐라.

이곳을 선문禪門이라고 하지 마라.

6)

低頭常睡眠	머리를 숙이고 항시 조는 일
睡外更無事	조는 일 말고 무슨 일 또 있단 말인가
睡外更無事	조는 일 말고는 다시 일이 없어
低頭常睡眠	머리를 숙인 채 항시 졸고만 있네

— 경허 성우, 『경허법어(鏡虛法語)』, 경허성우선사법어집간행회, 1981

해제 :

이 게송이 『경허법어』에는 「수면睡眠」이란 제목으로 나오지만, 김달진 편역『현대 한국선시』에는 「우음偶吟」 연작시 18수 중 6에 해당한다. 그리고 명정스님이 활자화한 『경허집』은 「우음」 오언절구가 모두 29수나 된다. 『경허집』은 선학원에서 1943년에 간행한 초본에다 한암스님의 육필본『경허집』에서 더 있는 부분을 첨가하여 약간 보완한 책이다. 「우음」 연작시가 많은 것은 무심할 때, 선기가 포착되기 때문일 것이다.

무사한인無事閑人, 일을 마친 사람에게는 아무 생각 없이 그렇게 조는 일 말고는 일 다운 일이 없는 것이 아니라, 그때마다 바로 그 일이 큰일일 뿐이다. 1행과 4행이 반복되고 2행과 3행이 반복된다. 한 편의 현대시를 보는 것 같이 반복수사법으로 된, 한시에서는 흔히 볼 수 없는 형태의 선시이다.

1행과 2행이 묘하게 반상합도되어 한 세계를 드러내며, 2행과 3행의 똑 같은 글귀가 반복되고, 1행을 같은 4행이 받쳐주므로 시 전편이 반상합도된 수승한 시적 상상의 세계가 첨가된다.

7)

山光水色裡	산빛과 물색 그 속에
面目自端的	참 얼굴이 스스로 나타나네
欲識箇中意	① 낱 가운데 그 뜻을 알고자 하는가
八兩是半斤	여덟 량이 바로 반근이네

① 낱箇이란 무엇인가? '이것', '그것'으로 지칭되는 낱, 두두頭頭와 물물物物이 모두 회감융섭되어 반상합도 된 실상實相, 바로 낱이다. 두두시도頭頭是道 물물전진物物全眞이 실상實相.

② 중국 고대 도량법, 반근은 8량이다.

제발 달리 생각 말라.

구구는 팔십일이다

8)

靑松白石上	푸른 솔 흰 돌 위에서
何事獨沈吟	무슨 일로 혼자 심음하는가
一丈還歸處	지팡이 끌고 돌아올 적엔
飛鳥亦無心	나는 새도 역시 마음 없는 것

착어   무우 저 화려한 낱箇이여! 낱이란 무여! 무여! 무밭을 나는 새들

무슨 일로 깃 떨어뜨리고 날아가는가? 저 빛나는

무심코, 무우란 무여!

9)

打睡粥飯事	① 졸음겨운 것은 으레 있는 일
此外夢幻吟	이 밖에는 꿈속 헛것의 읊조림
山庵何寂廖	이 산 암자는 어찌 이리 적료한가
霜葉滿庭心	단풍든 잎들이 뜰에 가득하네

① 粥飯事 − '죽 먹는 일', 다반사茶飯事와 같다. 으레 있는 일이라 별다를 게 없음.

해제 :

절대 현재 이 순간을 벗어나지 않는다. 3행에서 그래도 "이 산 암자는 어찌 이리 적료한가" 하고 스스로에게 묻고 스스로가 답한다. "단풍 든 잎들이 뜰에 가득하네." 하지만 이것 또한 2행에서 이미 누설한 "이 밖에는 꿈속 헛것의 읊조림"을 벗어나지 않는다.

10)

秋風淒復淒	가을바람 쓸쓸하고 또 쓸쓸하니
深夜不能眠	밤이 깊어도 잠 못 드는데
胡以蟲悲語	① 어찌하여 벌레소리 구슬피 울어
使吾淚枕前	내 눈물 베개를 적시게 하는가

① 胡 ─ 어찌하여, 어찌타

착어 뼈에 저리는 알갱이를 본다. 오늘따라

왜, 그리 구슬픈지 구슬픈지

구슬픈지 벌레 우는 소리,

저 바닥에 닿는다!

11)

古路非動用	옛길은 얼굴 찡긋하지도 않음이여
悄然事已僞	고요히 있더라도 이미 틀린 일
少林門下事	소림문하의 일에
不意生是非	뜻밖에 시비가 생겼네

착어   그렇다 필연, 시비가

생김이 분명하다. 왜 그대는 늦은 잠 속에

깨어나지 않은가.

12)

書到紙面空	글씨를 쓰는데 지면이 공하는데
盡得一線通	한 가닥이 통하여 다 얻었네
一線還不盡	한 가닥이 다하지 못하는데
紅日禪窓東	붉은 해가 禪窓에 솟네

해제:

여기서 '지면이 공하였다' 함은 붓 역시 공하고 글을 쓰는 사람 역시 공하니, 바로
사람, 종이, 붓이 모두 삼매에 들어 일획 일념이 모두 선정에 들었음을 알면 그뿐이다.
3행에서 마음이 없어 일획을 일선을 긋는 데 마음 없으니 일획의 완성에 있지 않다.

착어   그 소식을 알고자 하는가? 보라

붉은 해가 솟는다.

보라보라.

13)

驥兒見此頌	① 빼어난 이는 이 게송을 보라
我指碧山層	나는 거듭된 푸른 산을 가리키네
諦信卽無疑	② 참말로 믿어 의심하지 않으면

何處非燃燈　　　　　③ 어느 곳인들 연등불 아니리오

① 驥兒－기린아麒麟兒이니 준재, 뛰어난 사람.

② 諦信－체諦는 살피다, 명료하게 알다, 깨달음, 진리. 따라서 명료하게 믿다.

③ 연등－연등불, 석가부처가 전생에 보살로 있을 때에 이 부처님으로부터 '다음 세상에는 반드시 성불하리라' 하는 수기를 받았다 함.

> **착어**　가리키는 푸른 산을 본다. 나는
> 　　　　손가락 끝도 본다. 頭頭마다
> 　　　　몽긋몽긋 핀 物物이여! 쉿,
> 　　　　두두가 물물이라 하지 마라. 날 덥다
> 　　　　속속이 찬물 떠 오너라.

14)

遊翫未歸路	즐겨 노닐며 돌아가지 못하니
悠然憩石林	① 한가히 돌이나 숲에서 쉬네
落花流逝水	낙화는 개울물에 꺾여 흐르고
明月上孤岑	명월이 홀로 산봉우리 위에 있네

① 愁然－한가하고 침착한 모양

> **착어**　달리 생각 말라 저마다
> 　　　　일 있든 일 없든 저절로

운용한다.

15)

可惜香山仙	애석하다 향산의 신선
恨未聞獅吼	사자후 못들은 것 한스럽네
但能了一物	① 단지 한 물건 요달한다면
何論佛前後	② 부처님 전후를 논할 필요 있으랴

① 一物 — 육조 혜능은 "본래 한 물건도 없다本來無一物"라 하였고, 그의 법자인 남악 회양은 "설사 한 물건이라 해도 맞지 않다說似一物卽不中"라고 말했다.

② 佛前後 — 흔히 과거불, 미래불 운운할 것이 아니라, '절대현재 이 순간'을 모든 부처님, 네가 여의지 않음을 알면 그뿐이다.

해제 :

묘향산에서 도를 닦는 도인들이여! 향산의 신선들이여, 부처님의 포효성을 듣지 못하고 신선된 도인들이여! 애석하구나, 이 '일물一物'인 낯을 마침이 이것이니, 아는가? 일체제불一切諸佛이 바로 이 자리를 여의지 않네.

착어 제발 물물이, 물물이 없다 하지 말라.

이 자리가 누울 자리다. 이를

너도 나도 모른다고 했다.

16)

熙熙太平春	① 따뜻하고 즐거운 태평한 봄날
看看百章新	보면 볼수록 온갖 초목 새롭다
鷄龍山上雨	계룡산 위에 봄비
昨夜浥輕塵	② 어젯밤 가벼운 티끌을 고이 적시다

① 熙熙 ─ 빛나고 화려한 모양.

② 浥 ─ 젖음.

> **착어**　밖에 무엇 따로 있나. '이것'
>
> 　　　 이 봄비
>
> 　　　 오요요 버들강아지.

17)

何處靑山好	어느 곳의 청산이 좋은가
携節與汗巾	① 지팡이 짚고 수건으로 땀 닦네
十年忘世界	② 십 년간 세상을 잊었더니
今日訪仙君	오늘이야 신선을 만났네

① 휴공여한건携節與汗巾 ─ '지팡이 짚고', '땀 수건'의 표현은 조사선의 입전수수의
행을 이름.

② 십년망十年忘 ─ 십년 동안 세상을 잊고 살다.

해제:

어떻게 잊는가? 장부일대사를 마친 사람은 세상을 어떻게 잊는가? 곧 '진공과 묘유의 무소득의 삶을 보냈다'로 읽힌다. 그럼 4행의 신선은 무엇인가? 장부의 대기대용大機大用 이것이다.

착어   만나는 것마다 청산이고 보는 것마다 신선이네

지팡이와 수건 땀이 서로서로 어울려

다시 이르다.

지팡이 짚고 수건으로 땀 닦네.

18)

燕頷雪衣下	연함산 눈 덮인 아래
白花日已曛	흰 눈꽃에 날은 어두워졌네
書童來我告	글방 아이 내게 와 알리기를
飯鼓已鳴云	① 저녁밥 북이 벌써 울렸다 말하네

① 반고飯鼓 – 저녁 공양을 알리는 북소리.

해제 :

날이 어둡다. 눈꽃에 어둠이 깃든다. 글방에 어린 제자들이 와서 공양 시간이 되었음을 알린다.

이 공양을 알리는 반고飯鼓소리, 절체절명의 명제로 새겨지고 있다. 투명한 밤의 세계로 이어지는.

착어   제법 여겼더니, 이것이야 말로 먹통이로군.

천만에

괜찮습니다.

19)

緣知生死大	생사가 큰 것을 알고부터는
萬事一風飛	세상만사 바람결에 날려 보냈네
今日隨雲坐	오늘 구름 곁에 앉으니
四峰鶴舞歸	네 봉우리에 학이 춤추며 돌아가네

착어   하늘에 별들아 아직 무사한가 오늘도

어둠을 갉아 먹는 넌 정말 창부娼婦로구나.

별무기특別無奇特이란 말도 있나니 땅에는

한 선객이 오늘도 휴지를 줍네

쉿, 바깥사람 알지 못하게 하시오.

20)

打算年前事	지난 일 곰곰이 헤아려 보니
傯傯野馬飛	홀홀 아지랑이처럼 흘러버렸다
不離飛野馬	아지랑이를 여의지 않으니
天外一鵬歸	① 하늘 밖으로 붕새 한 마리 떠 있네

① 붕鵬 – 붕새는 불법의 적적대의的的大義인 진리를 형상화한 것임.

착어 아지랑이를 여의지 않으니 그럼

　　　　아지랑이는 역시

　　　　하늘 밖 새 한 마리

　　　　봄날 봄빛

　　　　버들피리 버들버들 놓고 가네.

21)

白雪因底事	저 흰눈 무슨 일 때문에
日日向山飛	날마다 이 산으로 날아드는가
似嫌塵世惡	티끌세상 나쁜 일 꺼리어
隨我箇中歸	① 날따라 이 속으로 돌아오는 듯하네

① 箇中 – '개중'은 '낱 속에 일'이니 곧 도인이 즐기는 경계를 말함.

착어 방망이

　　　　방망이 가지고 오너라 옛

　　　　사람 오늘 누설하네

22)

執非無二法	누구인들 무이법 아니겠는가

秋日雁南飛　　　　가을 되면 기러기떼 남쪽으로 가네
言箇眞消息　　　　저 낱의 진짜 소식이여
春應向北歸　　　　봄이 오면 응당 북쪽으로 가네

착어　　낱箇 이것 그것으로 지칭되는

　　　　　낱, 頭頭와 物物

　　　　　그냥 낱이다. 그래도

　　　　　알고자 하는가?

　　　　　설날이네

　　　　　2008년 2월 7일은 음력 정월 초하루이고

23)

是非名利路　　　　시비명리의 길
心識狂粉飛　　　　마음은 어지러이 미친 듯 날아가네
所謂英雄漢　　　　소위 이 세상의 영웅이란 사내들
彷徨未定歸　　　　돌아갈 곳 몰라 방황하네

착어　　알고자 하는가 돌아갈 그대

　　　　　이마엔 발뒤꿈치이나니

　　　　　어떤 것이 두두고 물물인가?

24)

人心如猛虎	인심이 사납기 맹호와 같아
毒惡徹天飛	악독한 기운이 하늘까지 퍼진다
伴鶴隨雲外	학은 구름과 벗해 하늘 밖으로 가는데
此身執與歸	이 몸은 누구와 함께 하랴

착어 고놈이다.

25)

鐵樹花開一	① 쇠나무에 핀 한 송이 꽃
根珠勿處尋	뿌리와 구슬 찾을 곳 없구나
草堂春睡稔	② 초당에는 봄 졸음 익어 가는데
百鳥費淸音	온갖 새들은 맑은 울음 더해 가네

① 鐵樹花開—'쇠나무 꽃이 피는 것'이야말로 '돌여인이 아이를 낳음이니' 이것은 서
구의 수사로 상징이 아니다. 선적 수사법으로 선시의 무한실상無限實相이니 곧 가
이없는 우리의 진면목의 다른 이름이다.
② 임稔—곡식이 잘 익음.

해제 :

본래 이것은 뿌리와 열매가 어울려 있는 것이 아니니, 오직 뿌리는 뿌리고 구슬은
구슬이다. 그럼 뿌리와 열매가 오직 스스로 있다는 것을 보고자 하는가? 초당에 봄
졸음 익어가고 고속도로엔 봄맞이 개나리, 이팝꽃이 제 스스로 핀다.

26)

風飄霜葉落	① 휘몰아치는 바람에 떨어지는 갈잎
落地便成飛	② 땅에 떨어지다 다시 날아오르네
因此心難定	이로 인해 마음 더 잡기 어려워
遊人失未歸	③ 나그네 돌아갈 곳을 잊어버리네

① 표飄－회오리 바람. 선풍旋風.

② 便－생각과 동작이 연이어 이어짐. 문득. 곧 즉편卽便.

③ 遊人－나그네.

해제 :

우리가 그를 그리워하는 것은 지극히 인간적인 인간미에 있다. 나는 '80 노령의 세존이 허리가 아프다고 등을 만지라고 하는 그 말씀'에 평생 스승으로 모시기로 한 젊은 날이 있었다.

이 시엔 경허의 인간 완성의 길이 있다. 경허여 경허여!

> **착어** 어허리 달게 어허리 달게 옛 향로에
>
> 찬 재만 그윽하다 궁상각치우
>
> 사바하 울 넘어
>
> 물외 따오너라 이 치운 겨울
>
> 풀이 저절로 푸를 만큼 푸를 겝니다
>
> 그곳엔 80 노령의 세존이 허리가 아프다고 등 만져라

그 말씀, 평생 스승으로 모시기로 한 내 젊은 날

이 있었습니다. 그 옆엔 둥날 푸른 생선도 있었습니다.

27)

當處殞空虛	당처엔 허공도 무너졌는데
空花方結實	① 허공 꽃엔 열매가 맺었네
知此亦春光	알겠노라 이것도 봄빛이라
幽香吹我室	그윽한 향기가 내 방에 풍겨오네

① 공화空花 — 허공에 핀 허공 꽃이거나 실제로 눈병을 앓는 사람에게 보이는 헛꽃. 오랜 관습에 의해 실체인 양 착각하는 것을 공화에 비유함.

해제 :

우리의 착각적인 환幻은 바로 바다가 나가 아니고 파도가 나임을 안다는 것. 본체에 포개진 나는 응용이 나임을 아는 것과 다름 아니다. 이 턱없는 오랜 관습의 착각은 한 송이 봄꽃이 나임을 아는 것. 그러나 우리 봄꽃 한 송이 나임을 알아라. 그것이다.

28)

喝水和聲絶	일할에 물이 되어 물소리가 끊기고
聾山並影非	저산 가리키니 산 전체 그림자가 없네
聲影通身活	① 소리와 그림자 온통 활로를 여니
金烏夜半飛	② 금까마귀 한밤중에 높게 날으네

① 통신通身 — 몸과 마음이 회감회통되는 통신. 전신은 몸 전체를 말하는 감이 있음.

② 금오金烏 — 태양. 해.

③ 비非 — 등지다 배반하다. 4행은 태양이 한밤중에 배반하니 곧 밤인데도 높게 난
다로 의역된다.

해제:

"일할에 물이 되어 물소리가 끊기고 / 저것 가리키니 산 전체로 그림자가 없네" 흔
히 물소리와 내가 포개어진다고들 한다. 산을 가리키니 산이 되어 나와 산이 합일하
니 산 그림자 없고 나라는 것마저 없다.

29)

眠裡江聲急	눈 속에는 강물 소리 급하고
耳畔電光閃	① 귓가에 번갯빛 번쩍이는데
古今無限事	② 예나 이제의 가이없는 일을
石人心自點	③ 돌사람이 알았다, 고개 끄덕이네

— 석지현 역,『선시(禪詩)』, 현암사, 41쪽;『경허법어』, 327쪽

이 게송은 석지현의 『禪詩』에는 제목이 「우음 7」로 되었으나, 『鏡虛法
語』에는 「石人」으로 나오고 『경허집』에는 우음 29수 중 마지막 29로 올라
있다.

① 이반耳畔 — 귓가. 귓전.

② 고금무사한古今無限 — '지금이다 옛날이다'를 한계 지을 수 없는 한 꿰지의 일.

③ 자점自點 – 스스로 고개를 끄덕임. 긍정하거나 모르는 일을 알았을 때 저절로 하는 행위.

해제 :

1행의 "눈에는 강물소리 급하고"는 시각적 이미지와 청각적 이미지, 2행의 "귓가에 번갯빛 번쩍이는데"의 청각적 이미지와 시각적 이미지가 묘한 대조를 이룬다. 곧 시각적 이미지와 청각적 이미지가 잘 어울려 시를 명징하게 드러낸다. 이런 가운데 고금을 관통하는 이 일, 이 일을 아는 돌사람이 저절로 고개를 끄덕인다. 기걸찬 도인의 풍모에서 우러나오는 무사태평가다.

> **착어** 반눈을 감네 스치는 옷깃소리는
> 깔방석에 단정히 앉은 여인
> 두 손을 모우다 살랑바람이
> 불어든다 장부의 영달,
> 이것으로 족하오

제21화

남악의 한 물건이라 해도 맞지 않다

說似一物卽不中

후세에 남종선, 육조 혜능의 선사상은 5가 7종의 선문으로 개화하면서 선학의 황금시대를 맞는다. 앞의 청원 행사의 법손들에 의하여 운문종, 조동종, 법안종이 형성되었고, 남악 회양(677~744)의 후손들에 의해서 임제종과 위앙종이 성립된다. 그리고 송대에 이르러 임제종에서 양기파와 황룡파가 응성하게 되니, 후대에 이를 5가 7종이라 총칭한다.

회양의 속성은 두씨며 형주 옥천사에서 출가하였다. 그는 처음 율종을 공부한 뒤, 숭산 혜안의 소개로 육조와 인연을 맺게 된다. 그리고 그의 문하에서 선사에 중요한 마조 도일이 배출됨으로써 선문 양대의 개창주가 된다.

什麼堂堂伊麼來	무엇이 그렇게 당당히 와서
當機覿面不迂迴	마주 서서 빨리 보되 돌아보지 않네
經行坐臥非他物	거닐고 앉고 누움이 딴 물건이 아니거늘
自是時人眠不開	세상사람 스스로가 눈이 틔지 않았네

『전등록』의 「남악회양」장에는 그가 깨달음에 이르는 선화가 기록되어 있다. 이 과정에서 그가 육조에게 대답 올린 "설사 한 물건이라 해도 맞지 않습니다說似一物卽不中"는 오늘날까지 제방에 널리 알려져 선객이 살피는 화두가 되었다. 이야기는 이렇다.

조계로 가서 육조께 참배하니 조사가 물었다.

"어디서 왔는가."

"숭산에서 왔습니다"

"어떤 물건이 이렇게 왔는가."

"설사 한 물건이라 해도 맞지 않습니다."

"닦아서 증득할 수 있겠는가."

"닦아 증득함이 없지 않으나, 더럽힐 수는 없습니다."

"이 더럽힐 수 없는 것만이 여러 부처님들이 걱정해 주신 것이다. 그대도 그렇고 나도 이와 같다. 서천의 반야다라존자께서 예언하기를 그대의 발아래 망아지 한 마리가 나와 천하 사람들을 짓밟아 죽이리라 하였으니, 모두 그대 마음에만 간직해 두고 너무 섣불리 말하지 말라."

스님이 확연히 깨닫고, 곁에서 15년 시봉하다가 당 선천 2년에야 비로소 남악으로 가서 반야사에 살았다.

乃直詣曹谿六祖 祖問 什麼處來 曰 崇山來 祖曰 什麼物恁麼來 曰 說似一物卽不中 祖曰 還可修證否 曰 修證卽不無 汚染卽不得 祖曰 只此不汚染 諸佛之所護念 汝旣如是 吾亦如是 西天般若多羅讖 如是 何 出一馬駒 踏殺天下人 並在汝心 不須速

說師 豁然契會 執侍左右 一十五載 唐先天二年 始住南嶽 居般若寺

—『경덕전등록』제5권 「남악회양」, 보련각, 1971

회양의 구도 과정과 육조와의 인연에 대한 선화이다. 얼핏 보면 육조에게 인가만 받았다는 느낌을 받기 쉬우나, 선객들이 보여주는 개안은 아무렇지도 않는 곳, 아무것도 없을 것이라고 생각이 들 때 이루어진다. 마치 이른 아침 햇살에 안개가 걷히듯, 이렇게 여시하게 일어남을 앞으로 많은 선화에서 느낌만 받을 수밖에 없는 것은 '언설을 떠나고 생각이 끊기는 곳離言說 絶思量處'이기 때문일 것이다. 그래서 『전등록』에선 단지 활연계회豁然契會라고 적고 있을 뿐이다. 그리고 '망아지가 나타나 천하 사람을 밟아 죽일 것'이라는 참기讖記는 일반적으로 회양문하에 도일이 나타나 선문을 평정할 정도로 큰 세력을 형성할 것이라는 말로 받아들여진다. 도일의 속성이 마씨인 까닭에 선학자들이 그렇게 생각함은 당연하다. 이런 예언은 후손들에 의해 첨입된 것이 분명하지만, 종교적인 측면에서 보면 허용되는 부분이다.

이 선화 초점은 일물一物이다. 이것의 이해는 혜능의 "본래무일물本來無一物"이나, 회양의 "설사일물즉부중說似一物卽不中"에서 일물이라는 선어를 밝힘이 무엇보다도 중요하다. 혜능이 말하는 자성自性의 본체는 무자성無自性이어서 언설로 표현되지 않음을 앞에서 누차 밝힌 바와 같다. 이것의 이해는 대상과 주체의 문제를 가름하는 데 있다. 자성은 주체 그 자체이다. 이것을 문자와 말로 표현되어질 때는 대상으로 전환되기 때문이다. 여기 『전등록』 9권 말미에 기록된 희운의 「전심법요」에 좋은 설명이 있다.

이 마음은 비롯함이 없는 옛날부터 나지도 멸하지도 않고, 푸르지도 누르지도 않고 형상도 모습도 없고 있고 없음에도 속하지도 않고 새것과 옛것에도 속하지도 않고 길고 짧고 크고 작음도 아니어서 온갖 한량과 이름과 자취와 상대를 초월하여 본체 그대로다.

此心自無始以來 不曾生不曾滅 不青不黃 無形無相 不屬有無 不計新舊 非大非小 超過一切限量名言蹤 迹

—『경덕전등록』제9권 「전심법요」, 보련각, 1971

이 설법으로 '설사일물즉불중'에 있는 '일물'은 충분한 이해가 될 것이다. '일물'은 선사에 따라 다른 글자로 표현하였는데 육조 혜능은 자성, 곧 견성을 역설하는 '성자性字'로, 하택 신회는 '지지일자중묘지문知之一字衆妙之門'이라 하여 '성'자보다는 '지知'자를 말한 것은 동태성이 보인다. 마조 도일의 '즉심즉불卽心卽佛' 혹은 '평상심시도平常心是道'라 해서 성性보다는 작용의 뜻이 있으므로 심자心字를 사용한 것으로 보인다. 그리고 마조 때부터 할喝과 방棒을 쓰고 손으로 때리고 발로 차는 대기대용이 시작되었다. 이어 백장 회해나 황벽 희운까지는 심자心字를 많이 사용하였다. 임제 의현에 이르러서는 무위진인無位眞人, 무의도인無依道人, 무사인無事人, 청법저인聽法底人이라 해서 인자人字를 많이 사용하게 된다.[1] 이는 성性과 지知와 심心보다는 구체적이고 행동적이며 현실에 가장 가까운 활발발한 행위가 눈에 나타나기 때문이라는 생각이 든다. 사실 종교가 현실적으로 잘 먹고 잘 사는 범주를 벗어날 때, 문

1 서옹연의, 『임제록』, 임제선원, 1992, 42~43쪽 참조. 이 뛰어난 고찰은 서옹선사의『임제록』「진인」장에서 발췌하였다. 생사의 절대적 이율배반적인 이성에 의한 인간 완성이 부정되고 임제의 무위진인으로 전환하는 데는 돈오돈수만이 있다고 말씀하시며, 임제의 상당법문을 옮기고 있다. "빨간 몸 덩어리 위에 한 차별 없는 사람이 있어서 항상 여러분의 눈, 귀, 코, 입 등을 통해서 출입한다. 아직 똑똑히 보지 못한 사람은 보아라, 보아라赤肉 團上 有一無位眞人 常從汝登諸人 面門出入 未證據者 看看."

득 생각해보기를 선은 가르치고 있다.

이와 같이 모든 표현은 '일물'의 또 다른 표현일 뿐이다. 일물을 바로 아는 것이 아닌 계회契會하는 것이 무엇보다 중요하다. 위의 선화에서 이 계회함은 견성을 말한다. 이 내용이 '닦아 증득함이 없지 않으나 더럽힐 수 없습니다' 이니 이렇게 바로 만나면 그뿐이다. 이로써 회양의 희미한 의심이 맑게 거두어지니, 『전등록』이나 선어록에선 이를 활연계회豁然契會라고 적고 있다.

자, 그럼 회양의 득처는 어디에 있는가? 나무 아래서 잘 상량商量해 볼 일이다.

이제 모두의 게송을 풀어 볼 때이다.

"무엇이 그렇게 당당히 와서 / 마주서서 빨리 보되 돌아보지 않네" 하는 모두의 시 1행, 곧 "십마당당이마래什麼堂堂伊麼來"에서 보여주듯 이와 같이 당당한, 그렇게 온 이 물건, '마주서서 빨리 보되 돌아보지도 않는 이 물건'인 이 일물에 대한 이해를 이미 우리는 충실히 하여 왔다. 3행의 "거닐고 앉고 누움이 딴 물건이 아니거늘經行坐臥非他物"은 바로 이 일물의 계회이니 스스로 주체가 되는 것이다. 이 주체가 됨을 선문에서는 '벙어리가 꿈을 꾼 형상이다'라고 말한다. 4행의 "세상사람 스스로가 눈이 틔지 않았네自是時人眠不開"는 세상사람뿐만 아니라 세간 출세간 모두 통틀어도 아는 사람이 없으니, 역시 선문에서는 이 일을 불조佛祖도 모른다고 표현한다.

『선문염송』119칙「일물」에서 이 선화에 부친 여러 선객들의 게송 중 임의대로 옮긴 게송 두 수를 살펴보고 조사의 간절노파심절을 더하여 보자.

①

崇頂來是伊麼來　　　숭악 꼭대기에 저렇게 와서

不中一物早塵埃　　　한 물건도 맞지 않는단 말 벌써 티일세

便於南嶽磨甎片　　　그리고는 남악에서 벽돌을 갈아

照得秋風馬子迴　　　재빨리 마조의 눈치를 일깨웠네

— 불국백

②

玉在泥中蓮出水　　　옥은 진흙에 묻히고 연꽃은 물 위에 솟으니

汚染不能絕方比　　　더럽힐 수 없고 견줄 이 없네

大家如是若承當　　　여러분이 이와 같이 깨닫는다면

洞庭一夜秋風起　　　동정호 하룻밤에 가을바람 불리라

— 운거원

①의 게송에서 1행의 "숭악의 꼭대기에서 저렇게 와서崇頂來是伊麼來"는 '숭산의 정신적 수승한 경지에서 이곳까지 이렇게 왔다'이니, 바로 '마음 없이 머무름 없이 여시하게 왔다'로 읽힌다. 또 2행의 "한 물건도 맞지 않는단 말 벌써 티일세不中一物早塵埃"는 '한 물건이라 해도 적확한 표현이 아니라 한 겹 막히는 표현이다'라는 뜻이다. 이것은 앞 장에서도 누차 살펴본 것 같이 자성 당체를 표현하는 데 어쩔 수 없는 표현 방법이니, 말이 끊어지고 마음이 없어짐의 언어 표현이다. 앞 장에서 살펴본 시적 역설에 의한 반상합도反常合道된 선시의 표현방법이다. 3행은 회양이 깨달음을 이룬 후, 전법원에서 매일 좌선에 매달려 있는 마조에게 벽돌을 갈아서 거울이 될 수 없듯이 좌선을

해서 부처가 될 수 없음을 깨닫게 한 고사를 이르고 있다.

②의 게송 중 1행과 2행 "옥은 진흙에 묻히고 연꽃은 물 위에 솟으니玉在泥中蓮出水 / 더럽힐 수 없고 견줄 이 없네汚染不能絶方比"는 이 일물의 본성은『반야심경』에서 "태어나지도 없어지지도 않고 / 더러워지지도 깨끗해지지도 않고 / 늘어나지도 줄어들지도 않는다不生不滅 不垢不淨 不增不滅"고 직설하듯이 이 본성을 옥에다 가탁하여 이른 선시의 무한실상無限實相의 표현이다. '이렇게 활연계회하면 마치 동정호 달 밝은 밤에 신선하고 청량한 한 줄기 바람, 바람이고 동정호고, 나고 너고 우리고 뭐, 특별히 기특함이 없다'라고 읽힌다. 마치 일월이 중천에 두둥실 떠가듯이. 동정호나 가을바람은 본래 유유자적하는 본성, 이것이 일물임을 알면 그뿐이다.

제22화

무착의 전삼삼 후삼삼 / 낙수록

前三三與後三三

千峰盤屈色如藍　　　천봉오리는 굽이굽이 짙푸른데

誰謂文殊是對談　　　어느 누구가 문수와 말을 했다는가

堪笑淸凉多少衆　　　우습다, 청량산에 수도승이

前三三與後三三　　　저기 셋 여기 셋이라니

—설두 중현

　　본칙의 선시는 『벽암록』 35칙에 「문수전삼삼文殊前三三」 공안에 대해 원오 극근의 게송이다. 이 선화의 주인공인 무착 문희無着文喜(820~899)는 앙산의 제자며 성은 주씨라고 『전등록』에 기록되어 있다. 위앙종 3대에 속한다.

　　어느 날 무착이 오대산에 간 꿈을 꾸었다. 그 꿈속에서 문수보살을 만나 하룻밤 그 절에서 신세를 지게 된다. 그때의 문답이 『벽암록』 35칙 본칙本則이다. 무착은 이 선화를 학인 지도하는 수시垂示로 썼다고 한다. '전삼삼 후삼삼前三三 後三三' 공안을 공부하며 모아두었던 것을 버리지 못하고 낙수落穗로 담는다.

문수보살이 무착에게 물었다.

"여기 오기 전에 어디 있었나?" "예 남쪽에 있었습니다."

"요즘, 남쪽의 불법은 어떻게 되어가고 있나?"

"말법의 비구는 계율을 받드는 자가 조금 있습니다."

"그래 그 계율을 받드는 자가 얼마나 되나?"

"아마 300에서 500명 정도 될는지요."

이번에는 무착이 문수에게 물었다.

"이곳에서는 불법이 어떻습니까?"

"깨달은 자도 평범한 자도, 용도 뱀도 다 함께 뒤범벅이지凡聖 同居 龍蛇混雜."

"수행자는 얼마나 됩니까?"

그러자 문수가 대답했다.

"저기 셋, 여기 셋 정도지前三三後三三"

擧 文殊問 無着 近離什麼處 無着云 南方 殊云 南方佛敎如何住持 着云 末法比丘
少奉戒律 殊云 多少 衆 着云 或三百或五百 無着問文殊 此間如何住持 殊云 凡聖同
居龍蛇混雜 着云 多少衆 殊云 前三三 後三三

— 『벽암록』 35칙 「문수전삼삼(文殊前三三)」

우리는 이 선화에서 "수행자가 얼마나 됩니까多少衆?" 하는 무착의 질문에 "전삼삼 후삼삼"이란 문수보살의 대답을 듣게 된다. "여기도 셋, 저기도 셋"은 과연 어느 정도, 얼마나 많은 수란 말인가? 우리는 언제나 '얼마'란 말, 곧 다소多少에 대해 길들여져 있다. 10명이냐? 100명이냐? 우리는 항상 '흑/백'의 판가름의 세계에 살아왔고, 이항대립적인 가름에 답을 선택하게 하였고 또 선택해왔다. 그러나 이런 사유에 던져지는 벽력같은 말 '저기 셋, 여기 셋

정도'. 무언가 정답이 없는, 정답을 내기 위한 정신작용에 문제가 생기므로 오는 멍청함. 여기에 우리는 사량思量하는 잣대를 잃는다.

'전삼삼 후삼삼'은 일반적으로 "범인과 성인이 동거하고, 용과 뱀이 뒤엉켜서凡聖同居 龍蛇混雜" 여기 한 무리, 저기 한 무리 무리지어 있다는 정도가 아니겠는가. 그러나 여기서는 문수보살이 일깨우고자 하는 것, 곧 우리를 자성본원으로 계합시키려는 음흉한 의도가 숨어 있으니 조심해야 한다.

흔히 문수사리보살, 대비관세음보살, 대원본존지장보살 곧 삼 보살을 염송한다. 이 보살은 부처의 자성의 지정의智情意를 인격화한 보살들로 『벽암록』 본칙에 두 주인공 문수보살 역시 우리의 지혜를 눈뜨게 하기 위해 낙초자비를 아끼지 않는다. 『벽암록』 본칙은 여기서 끝나지만, 평창에 의하면 문수보살이 무착에게 차를 대접했다. 이때 파리 잔破璃盃 다기를 가리키면서 문수가 무착에게 묻는다.

"그래, 남방에도 이런 게 있는가南方還有這箇麼?"

"아니, 없습니다."

"그럼 뭣으로 차를 마시나尋常將什麼喫?"

이 질문에 무착은 말문이 막히고 말았다. 얼마 후 무착은 문수에게 하직을 고하고 떠나게 되었는데, 문수가 균제동자를 시켜 산문까지 전송해 주었다. 도중 무착이 동자에게 물었다.

"아까 문수께서 전삼삼 후삼삼이라 하셨는데, 그건 대체 몇 사람을 말하는 걸까요適來道前三三 後三三是多少?"

그러자 동자는 대답대신 갑자기 무착을 불렀다.

"스님."

"네!"

"이건 몇이나 됩니까是多少?"

— 고봉,『표주벽암록』, 백양사운문선원, 1991, 150~151쪽

이쯤 되면 앞의 게송의 뜻이 다가올 것이다.

1행 "천봉오리는 굽이굽이 짙푸른데千峰盤屈色如藍"에서 '반굴'은 산이 꼬불꼬불하여 겹쳐져 있는 모양이니 곧 오대산의 웅자를 한마디로 그렸고 2행과 3행에서 "어느 누구가 문수와 말을 했다 하는가誰謂文殊是對談?", "우습다, 청량산에 수도승들이堪笑淸凉多少衆"의 기의는 오대산 전체가 그대로 하나 하나 모두가 문수인데, 무엇으로 문수와 대담을 했다 하는가. 그런 쫀쫀한 짓거리를 하는 선객들이 우습다는 '누가 그런 쓸데없는 말을 했다고 하는가?' 정도이다. 진정 그대가 이 기미를 안다면 거기에 '여기 셋 저기 셋前三三後三三'이 대체 무슨 말짓거리냐 하는 뜻도 있다고 보인다. 청량산은 오대산의 시적 명칭.

범성동거 용사혼잡凡聖同居 龍蛇混雜하여 '여기 셋 저기 셋'이 모여 용사범성일치龍蛇凡聖一致되어 그럭저럭 살아간다는 것으로 읽히지만 또 하나는 오대산 자체가 각기 천차만별의 모양새로, 모습 그대로 불법을 장엄하고 그 안에 그와 같이 범성이 동거함 자체가 선의 소식이 아니냐?로 읽히는 재미도 있다.

원오가 친절하게 설두의 시구마다 착어하였는데 소개하면 1행 "천봉반굴색여남千峰盤屈色如藍"을 바로 맞받아쳐서 '문수를 보았느냐?' 하고 되묻고, 2행 "수위문수시대담誰謂文殊是對談"은 '설령 보현보살이라도 보지 못한다, 빗나갔군' 하고 조크한다. 3행 "감소청량다소중堪笑淸凉多少衆"을 '말하라. 무엇이 우스운가? 이미 말 이전에 있었지' 하고 낙초자비심을 일으켜 누설한다. 무엇하나 바로 알아차리면 그뿐이다. 그리고 4행 "전삼삼여후삼삼前三三與後

ㅌㅌ"에 이르러 정말 웃긴다. 그러나 원오는 은근히 꼬드기는데 '아무쪼록 발 아래를 살피도록, 물렁물렁한 진흙 속에 가시가 있다. 떨어진 건 밥주발인데 이크! 접시가 산산조각 났구나!' 이쯤 되면 노기탱천하고 얼굴이 울그락 불그락해지지. 이와 마찬가지로 동자는 무착을 부른다. '네' 하는 대답은 자성본원에서 자발광하는 음성적 파동태이니, 이것을 몇 명이라 따져 '흑/백'을 구분해서 대답할 수 없음이 분명하다. 이러한데, 그따위 터무니없는 수작을 하는 게 누구냐?

그렇다. 오대산 도처에 문수가 있지 않은가. 정말 문수를 만났다면 '전삼 삼 후삼삼' 같은 수작을 할 턱이 없지 않은가.

아는가?

착어   머리 *끄덕이지* 말라.

이뭣꼬? 이뭣꼬? 이뭣꼬?

신발을 조여 매니

졸음이 몰려온다

졸음, 그것조차 묻지 말라.

뒷날 눈 밝은 선객이 있어, '여기'를 보여준 게송이 있다

廓周沙界勝伽藍   사바세계 두루두루 훌륭한 가람

滿目文殊是對談   어디를 봐도 문수와 대담이네

言下不知開佛眼   그 말끝에 부처의 눈을 열 줄 모르고

回頭只見翠山巖   머리 돌려 단지 푸른 산 바위만 보네

— 명초 덕겸

원오가 『벽암록』[1]에서 본칙 앞에 수시하기를

선자禪者가 용인지 뱀인지, 옥인지 돌인지 검은 것인지 흰 것인지를 알아보고 망설임을 결단하려면 이마에 눈이 하나인 마케이슈라摩醯首羅天大自在天 선인처럼 팔 밑에 부적을 달고 있어야 한다. 그렇지 않다면 곧 잘 그 자리에서 실수를 저지르게 된다. 지금 밝은 눈과 귀만 흐리지 않다면 소리도 빛깔도 모두 있는 그대로 들리고 보인다. 그럼 말해보라. 이것이 흰지 검은지, 굽은지 곧은지를, 이런 경우에 그것을 어떻게 알아보겠는가?

垂示云 定龍蛇 分玉石 別緇素 決猶豫 若不是頂門有眼 只如今見聞不昧 聲色純眞 且道 是皀是白 是曲 是直 到這裏作麽生辨

무착은 80세수로 아래와 같은 열반게를 남기고 좌탈입망하였다.

三界心盡   삼계의 마음이 다하면

卽時涅槃   열반이 바로 그때

---

1 『벽암록』은 선문의 제1서라고 칭찬을 받는 선서. 이 선서의 짜임은 수시 고칙擧 평창 착어 게송으로 되었다. 『벽암록』은 운문종의 법손 설두 중현雪竇重顯(980~1051)이 지은 『송고백칙頌古百則』에다가 원오 극근圜悟克勤(1063~1135)이 수시 착어 평창을 덧붙여 편집한 것이다. 원오는 임제종 양기파의 오조법연의 제자이니, 이것은 당시의 재상 장상영(장무진 거사)의 청에 의해 원오가 『벽암록』을 편했기 때문이다. 협산 영천원에 주석할 때 방장실 이름인 벽암에서 따온 것이다. 수시垂示는 본칙에 담긴 중요한 요점을 드러낸 것이고 거擧인 본칙(고칙)은 전범 규범 공안을 말한다. 송은 게송 즉 선시이며 착어着語는 본칙이나 게송의 각구各句에 할주割註와 같은 성격으로 붙인 말이며 평창平唱은 제법 긴 문장으로 본칙이나 송의 고사나 칙에 붙인 총평과 같은 강설이다.

"오늘 선백께선 오대산 진경을 그렸다 하는데

몇 장이나 그렸습니까?"

"네 청량선원, 적멸보궁, 상원사, 동종, 적광전, 방산굴

두루 그렸지요 그런데 제가 그린 오대산 진경은 그냥

그 자리에 모두 놔두고 왔습니다"

쉿, 진중! 진중!

울 밖에 들리는 소리 '맷젓 사려' 이 소리

다시 겨울이 온다

1. 낙수록落穗錄, 전삼삼 후삼삼

1) 무착 문희[2]

당나라 무착無着文喜(820~899)은 영가永嘉에 살던 동씨董氏이다.

천품이 영특하고 마음이 거룩하더니, 열두 살 적에 용천사의 의율사椅律師
에게 의지하여 머리를 깎고 대승경전 수만 게송을 외웠다.

---

2 이 글은 『오등회원』과 고방선사의 『표주벽암록』, 『문수성행록』, 『벽암록』 36칙을 읽고 저자가 재
   편집하였다.

천보天寶 8년(749)에 학업이 우수하여 득도하고, 21세에 스님의 업을 계승하여 계행이 엄정하였으며, 다시 금릉 우두산에 나아가 충선사忠禪師에게 참선하는 방법을 묻고, 부지런히 공부하여 잠깐도 쉬지 아니하였다.

충선사는 이렇게 말하였다.

> 그대는 너무 총명한 것이 허물이 되어 진리와는 멀어지나니, 만일 총명한 허물만 없다면 크게 깨달으리라. 3세의 모든 부처님이 중생의 마음 밖에는 한 가지 법도 얻음이 없느니라. 요술 같은 눈병이 없어지면 허공은 본래 청정하니라.

무착이 이 말을 듣고 법을 보는 눈을 뜨게 되어 각지로 유람하려던 생각이 없어지고 법열을 느낀 무착은 대력大曆(766~779)년간에 오대산에 들어갔다.

오대산 중턱의 외딴 암자 금강굴에서 문수보살을 친견하고자 불철주야로 기도를 했다. 하루는 식량이 떨어져 산 아래 마을에 내려가 양식을 탁발해 올라오다가 소를 몰고 가는 한 노인을 만나게 되었는데, 노인의 모습이 범상치 않음을 보고 자기도 모르게 뒤를 따르게 되었다.

한참을 뒤쫓아 가다 보니 전혀 보지 못했던 웅장한 절 한 채가 나타났다.

노인이 문 앞에 서서 "균제야!" 하고 부르니 한 동자가 뛰어나와 소 고삐를 잡아 들고 안으로 들어갔다.

방안에 따라 들어가 노인에게 인사를 드렸더니, 동자가 아주 향기로운 차를 한잔 내왔다. 노인이 묻기를 "자네는 오대산에 무엇 하러 왔는가?"

"저는 문수보살을 친견하여 그 가호를 얻고자 찾아왔습니다."

"자네가 가히 문수를 만날 수 있을까? 자네 살던 절에는 대중은 얼마나 되고 어떻게 살아가는가?"

"300여 명 되는 대중이 경전도 읽고 계율도 익히면서 살고 있습니다. 이곳은 어떠한지요?"

"전삼삼 후삼삼이요, 용과 뱀이 뒤섞여 산다네前三三後三三 凡聖同居龍蛇混雜."

무착은 도무지 무슨 뜻인지 알 수가 없었다. 어느새 밖은 어두워져서 무착은 노인에게 하룻밤 쉬어 갈 것을 청하였더니

"애착이 남아 있는 사람은 이곳에서 자고 갈 수 없네" 하고는 동자에게 배웅하게 하고 안방으로 들어가 버리는 것이었다. 어둑해진 길가에 나와서 무착은 동자에게 물었다.

"아까 노인에게 이곳 대중의 수효를 물었더니 전삼삼 후삼삼이라고 하시던데 도대체 무슨 뜻인가?"

이에 동자가 큰 소리로 "스님!" 하고 부르니 엉겁결에

"네" 하고 대답하자,

"그 수효가 얼마나 됩니까?"

하며 동자가 다그쳐 묻는 것이었다. 무착은 또 다시 말문이 막혀 동자를 쳐다보며

"이 절 이름은 무엇입니까?"

"반야사般若寺라고 합니다."

하며 가리키는 곳을 쳐다보니 웅장하던 절은 금시에 간 곳이 없었다. 깜짝 놀라 돌아보니 동자도 사라지고 없는데, 허공에서 한 귀절 게송이 들려오는 것이었다.

面上無瞋供養具   성 안내는 그 얼굴이 참다운 공양구요
口裡無瞋吐妙香   부드러운 말 한마디 미묘한 향이로다

心裡無瞋是眞寶　　깨끗해 티가 없는 진실한 그 마음이

無染無垢是眞常　　언제나 한결같은 참다운 마음일세

　　이렇게 문수보살을 친견하고서도 알아보지 못한 자신의 어리석음을 한탄하며, 무착은 더욱 수행에 힘써 앙산仰山慧寂(840~916)의 법을 이어받아 어디에도 거리낄 바 없는 대자유인이 되었다.

　　어느 해 겨울, 동짓날이 되어 팥죽을 쑤고 있는데 김이 무럭무럭 나는 죽 속에서 거룩하신 문수보살이 장엄하게 나타나서는 말했다.

　　"무착은 그동안 무고한가?"

　　옛날 오대산에서 있었던 일을 회상시키며 먼저 인사말을 건넸다. 그런데 무착스님은 무엇을 생각했는지 팥죽을 젓던 주걱을 들어 문수보살의 얼굴을 사정없이 후려갈기는 것이었다. 문수보살은 놀래어 말했다.

　　"어이, 무착 내가 바로 자네가 그렇게도 만나고 싶어 하던 문수일세 문수야!"

　　이 말을 들은 무착스님은 즉각 외쳤다.

　　"문수는 문수요 무착은 무착이다. 만일 문수가 아니라 석가나 미륵이 나타날지라도 내 주걱 맛을 보여주리라."

대꾸하였다. 그러자 문수보살은 이어 말했다.

　　"쓴 꼬두박은 뿌리까지 쓰고 단 참외는 꼭지까지 달도다. 내 삼대겁三大劫을 수행해 오는 동안 오늘에사 괄시를 받아 보는구나."

하는 말을 하고 슬며시 사라져 버렸다.

—『오등회원(五燈會元)』권9, 22쪽

깨달음을 얻기 전에는 문수보살을 친견하기 위해 오대산 금강굴에서 3년간이나 기도를 하고, 또 문수보살을 원불願佛로 모시고 다녔던 무착이었건만 깨달음을 성취한 뒤에는 도리어 호령을 하고 주걱으로 얼굴을 갈겼다. 이것이 바로 선가의 소식인 것이다.

身在海中休覓水	몸이 바다 가운데 있으면서 물을 찾고
日行嶺上莫尋山	날마다 산등성이를 다니며 산을 찾을 것이냐
鶯吟燕語皆相似	꾀꼬리 울음과 제비 지저귐이 다 유사하니
莫問前三與後三	전삼삼 후삼삼을 묻지 말지어다

— 야보, 『금강경오가해』 제5 「여리실견분」, 야보송

날이 샐 무렵에 광명이 뻗치던 곳을 찾아 동북쪽으로 가다가 누관곡樓觀谷 어구에 이르러 성인이 계신 곳이라 생각하고 백 번 절하고 앉아 쉬다가 잠깐 잠이 들었다.

소 모는 소리를 듣고 깨어 보니 어떤 노인이 칡 베옷을 입고 소를 끌고 앞으로 지나가는 것이었다.

무착은 절하고 물었다.

"노인은 어디서 오십니까?" "산중에서 동냥하다 오지. 이 골짜기 안에 있네."
이번에는 노인이 무착에게 물었다.

"그대는 어디로 가려는가?" "금강굴을 찾아가는데 길을 모릅니다." "내 처소에 가서 쉬면서 차나 한잔 마시세."

무착이 노인을 따라서 북으로 50걸음쯤 가니 거기 정결한 집이 있었다. 노인이 '군제야!' 하고 부르니 동자가 나와서 소를 끌어 들어가고, 노인은 무

착을 데리고 방으로 들어갔다.

땅은 평평하고 깨끗하기 유리와 같았고 방안과 도구들은 세상에서 흔히 볼 수 없는 것이었다.

주객이 마주 앉은 후 노인이 물었다.

"그대는 어디로부터 오는가?" "남방에서 옵니다."

"좋은 염주를 가지고 왔는가?" "변변치 못한 것을 가졌습니다" "내게 보여 줄 수 없는가?"

무착은 염주를 노인에게 주었다. 노인이 말했다.

"그대의 것을 내놓게" "그것이 제 염주입니다"

"그대의 것이라면 어째서 남방에서 왔다 하는가?"

이 때 동자가 파리배破璃盃에 차를 따라 가지고 들어와 한 잔은 무착의 앞에 놓고 한 잔은 노인에게 드렸다. 노인은 찻잔을 들면서 물었다.

"남방에도 이런 것이 있는가?" "없습니다."

"이런 것이 없으면 무엇으로 차를 먹는가?" "……."

"남방에는 불법을 어떻게 행하는가?" "말법 비구라 계율을 지키는 이가 드뭅니다."

"대중은 얼마나 되는가?" "3백 명도 되고 5백 명도 됩니다."

이번에는 무착이 노인에게 물었다.

"여기에는 불법이 어떻게 유지됩니까?" "용과 뱀이 혼잡하고 범부와 성인이 섞여있다."

"대중은 얼마입니까?", "앞에도 셋, 뒤에도 셋이네."

노인은 또 물었다.

"무슨 일을 하는가?" "반야로 마음을 닦으려 하오나 요령을 얻지 못했습니다."

"얻지 못하는 것이 요령인 걸."

노인이 다시 물었다.

"그대는 처음 출가하여서부터 무엇을 구하는가?" "부처되기를 구합니다."

"첫 마음에 얻지. 나이는 몇 살인가?" "서른한 살입니다."

"38세에 복이 오겠군. 여기서는 천천히 다니게, 발을 상하기 쉬우니. 나는 피곤하여 한잠 자겠으니, 그대는 그만 가게." "날도 저물었으니 하룻밤 쉬었으면 합니다."

"그대에게는 두 친구가 있으니 그것이 미련이야! 그래서 여기서는 잘 수가 없네."

"저는 본래 친구도 없고 미련도 없습니다." "그대 미련이 없다면 왜 여기서 자려고 하는가?"

"미련이 있으니까 그것이 동무 아닌가? 그대는 가사를 가졌는가?" "비구계를 받은 후부터 항상 가사와 바리때를 가지고 있습니다."

"그래, 중은 할 수 없는 일이 아니면 가사를 떠나지 않는 법이지. 잘 가게나."

무착은 하직하면서 또 물었다.

"의심나는 일이 있어 여쭈고자 합니다. 오탁악세五濁惡世에 있는 중생이 선근이 없다 하니 어떻게 하면 해탈할 수 있겠습니까?"

노인은 게송으로 대답하였다.

　　사람이 잠깐 동안 좌선하는 것은

　　칠보탑을 쌓은 일보다 나으니

　　칠보탑은 필경에 티끌 되지만

　　좌선은 깨달음을 이루게 되리.

게송을 마치고 동자를 시켜서 무착을 바래다주라 한다. 무착은 동자에게 물었다.

"아까 노인 말씀에 '앞에도 셋씩, 뒤에도 셋씩'이라 하셨는데 그게 얼마인가?"

"금강신金剛神의 등 뒤에 있는 것입니다."

무착은 어리둥절하여 떠나면서 물었다.

"금강굴이 어디 있는가?"

동자는 몸을 돌려 가리켰다.

"이곳이 금강굴 반야사般若寺입니다"

무착이 그 말을 듣고 돌아보니 동자도 절도 간 곳 없고, 다만 산 빛이 창창한데 숲만 우거졌을 뿐이었다. 한편 처량하고 한편 사모하여 한참 주저하고 있자니, 이상한 구름이 사방으로 퍼지면서 둥근 광명이 거울처럼 비치었다.

여러 보살의 그림자가 오락가락하는 듯, 조병藻瓶과 육환장과 연꽃과 사자들이 어렴풋이 보이는 것이 아닌가.

무착은 이때에 무량하여 한 게송을 읊었다.

온누리가 그대로 성스러운 가람일세

눈에 가득히 문수보살 만나 대담하였으나

말 아래에 알아듣지 못하였으니 어찌하랴

고개 돌려 바라보니 옛 산과 바위뿐일세

2) 경봉의 전삼삼 후삼삼

통도사 극락암極樂庵을 찾았다. 지금은 극락선원極樂禪院으로 불리지만, 당시 경봉鏡峰靖錫(1892~1982)선사가 주석했기에 더 유명했던 극락암은 선경이었다. 극락에 오르자 곧바로 선사의 방으로 안내되었다. 그 유명한 '삼소굴三笑窟' 편액이 걸려있는 곳.

오랫동안 요처에서 수선하고 있다는 말씀이 있자 스님께서는 대뜸,

"여태까지 차 몇 잔 마셨느냐?"

적기賊機의 질문을 던져왔다.

조주선사의 '차 한잔 들게나喫茶去'라는 화두처럼 선지식의 낙초자비의 간절심절이었다. 참으로 차 한잔과 같은 따뜻한 물음이었지만, 아무 대답 없이 나는 나를 묵묵부답으로 보여주고 있자, 경봉스님은 빙그레 웃으며 자문자답하였다.

"전삼삼前三三 후삼삼後三三."

문밖에 나서니 파초 잎이 절집 뜰에 늘어져 선방禪房의 운치를 더해 주었다. 노선사의 방에 붙은 '파초실芭蕉室'이라는 편액이 웃고 있었다.

원고 독촉을 받고 밤늦게 이 글을 쓰던 어젯밤, 경봉스님께서 "차는 몇 잔 마셨느냐?" 하시며 내게 물었다. 나는 그저 "파초실" 하고 대답했다.

> 산머리에 걸린 달은 운문雲門의 떡이요
> 문 밖에 흐르는 물은 조주의 차茶일세
> 이 중에 어느 것이 진삼매眞三昧인가

구월 국화는 구월에 피는구나.

— 경봉

3) 금강경오가해 무위복승분無爲福勝分 제第 십일十一

[금강경 본문]

"수보리야, 항하에 있는 모래 수처럼 많은 항하가 또 있다면 어떻게 생각하느냐, 이 모든 항하에 있는 모래가 얼마나 많겠느냐." 수보리가 말씀드리되 "매우 많습니다. 세존이시여, 다만 저 여러 항하만이라도 오히려 무수히 많거늘 하물며 그 모래 수이겠습니까."

"수보리야, 내가 이제 진실한 말로 너에게 이르노니, 만약 어떤 선남자 · 선여인이 칠보로써 저 항하의 모래 수와 같은 삼천대천세계에 가득 채워서 보시한다면 얻을 복이 많겠느냐." 수보리가 말씀드리되 "매우 많습니다. 세존이시여."

부처님께서 수보리에게 이르시되 "만약 선남자 · 선여인이 이 경 가운데서 사구게만이라도 받아 지니고 다른 사람을 위하여 설한다면 그 복덕은 앞에서 칠보로 보시한 복덕보다 수승하리라."

須菩提 如恒河中所有沙數 如是沙等恒河 於意云何 是諸恒河沙寧爲多不 須菩提言甚多 世尊 但諸恒河 尙多無數 何況其沙

須菩提 我今實言 告汝 若有善男子善女人 以七寶 滿爾所恒河沙數三千大千世界 以用布施 得 福多不 須菩提言甚多 世尊

佛告須菩提 若善男子善女人 於此經中 乃至受持四句偈等 爲他人說 而此福德 勝前福德

"수보리야, 항하에 있는 모래 수처럼 많은 항하가 또 있다면. 어떻게 생각하느냐, 이 모든 항하에 있는 모래가 얼마나 많겠느냐." 수보리가 말씀드리되 "매우 많습니다. 세존이시여, 다만 저 여러 항하만이라도 오히려 무수히 많거늘 하물며 그 모래 수이겠습니까."

須菩提 如恒河中所有沙數 如是沙等恒河면 於意云 是諸恒河沙 寧爲多不 須菩提言 甚多世尊 但諸恒河 尙多無數 何況其沙

[함허 설의]

한 항하(갠지스 강)의 모래수도 무궁하지만, 모래 수와 같이 많은 항하도 무진하도다.

한 성품 가운데는 항하사와 같은 묘용이 있으니, 항하사와 같은 묘용의 그 법도 다함이 없도다.

낱낱의 항하사 또한 무진하니, 낱낱의 법 가운데도 항하사와 같은 작용이 있음이로다.

[야보의 게송]

一二三四數河沙	一, 二, 三, 四의 수가 항하사와 같음이여
沙等恒河數更多	모래 같은 항하의 수가 다시 또한 많아라
算盡目前無一法	셈을 다하여 눈앞에 한 법도 없어야
方能靜處薩婆詞	비로소 능히 적정처寂靜處에서 성취하리라

― 전삼삼 후삼삼(前三三 後三三)

[함허 설의]

一, 二, 三, 四의 수가 '간지스강의 모래恒河沙'와 같음이여! 한 항하의 모래를 산수算數하니, 한 항하의 모래로는 외려 만족하지 못함이라. 모래 같은 항하의 수라야 많음이 되도다.

모든 법이 가없이 많아 헤아리기 어려우나 모든 법을 다 궁구하면 다른 법이 아니로다. 법과 법이 다른 법이 없음을 요달하여야 바야흐로 적정처에서 사바하[성취]하리라.

> **착어**　모래가 많다고 말하진 않는다. 간지스강에는 모래가 없다. 간지스에는 아무도 간지스에 모래가 말씀을 한다고 말하진 않는다. 그럼 모래가 말을 한단 말인가. 모래는 그 자식만 낳을 뿐이다. 모래놈 모래년 모래새끼 모래자식 모래자기 모래건달 모래어깨 모래이마 모래는 모래에 대해 말하지 않는다. 중얼거릴 뿐, 모래알 하나를 꼭 집어 천만의 면경각面鏡角 속에 던져 보라. 중얼 중얼 모래가 말을 한다. 모래 새끼 모래 놈 모래 년 모래 자식 모래 자기 모래 건달 모래 어깨 모래 이마 모래 눈 모래 털이
>
> — 모래경 1

[금강경 본문]

"수보리야, 내가 이제 진실한 말로 너에게 이르노니, 만약 어떤 선남자 선여인이 칠보로써 저 항하의 모래 수와 같은 삼천대천세계에 가득 채워서 보시한다면 얻을 복이 많겠느냐." 수보리가 말씀드리되 "매우 많습니다. 세존이시여."

부처님께서 수보리에게 이르시되 "만약 선남자·선여인이 이 경 가운데서 사구게만이라도 받아 지니고 다른 사람을 위하여 설한다면 그 복덕은 앞에서 칠보

로 보시한 복덕보다 수승하리라."

"수보리야, 내가 이제 진실한 말로 너에게 이르노니, 만약 어떤 선남자 선여인이 칠보로써 저 항하의 모래 수와 같은 삼천대천세계에 가득 채워서 보시한다면 얻을 복이 많겠느냐." 수보리가 말씀드리되 "매우 많습니다. 세존이시여."

부처님께서 수보리에게 이르시되 "만약 선남자·선여인이 이 경 가운데서 사구게만이라도 받아 지니고 다른 사람을 위하여 설한다면 그 복덕은 앞에서 칠보로 보시한 복덕보다 수승하리라."

須菩提 我今實言 告汝 若有善男子善女人 以七寶 滿爾所恒河沙數三千大千世界 以用布施 得福多不 須菩提言 甚多 世尊

佛告須菩提 若善男子善女人 於此經中 乃至受持四句偈等 爲他人說 而此福德 勝前福德

[육조 해의]

칠보를 보시하는 것은 삼계三界의 부귀한 과보를 얻음이요, 대승경전을 강설하는 것은 모든 듣는 자로 하여금 대 지혜를 내어서 무상도無上道를 이루게 함이니 마땅히 알라, 경經을 수지하는 복덕이 앞의 칠보를 보시하는 복덕보다 수승하리라.

[야보 착어와 게송]

착어　진짜 놋쇠라도 금과는 바꾸지 않는다眞鍮不換金.

入海算沙徒費力　　바다에 들어 모래를 셈은 헛된 힘만 씀이네

區區未免走紅塵　　구구히 홍진에서 허덕임을 면치 못하니

爭如運出家珍寶　　어찌 내 집의 진귀한 보배를 꺼내어서

枯木生花別是春　　고목에 꽃피우는 특별한 봄만 같겠는가

[함허 설의]

　진짜 놋쇠가 비록 진짜이기는 하나 순금에 비하면 오히려 가짜 보배가 되고, 보시하는 복이 비록 수승하긴 하나, 경經이 가지는 복에 비유하면 오히려 하열한 복이 되도다.

착어　　모래 모래 모래가 모래말을 한다. 모래에 모래만한 귀가 열려, 이 많은 모래 족속들은 말을 않는다. 말을 않는 것은 좋다. 말을 하다가 하지 않는 게 아니라 원래 말을 않는다. 아니 발바닥으로 간질간질 들려오는 말씀, 가만히 들어 보라 모래가 말씀을 한다.

그러나 그러나 나는 한 말씀도 옮기지 못하는구나 모래가 말씀을 한다. 간지스가 만각萬角의 프리즘 속을 흔들고 그 흔들리는 면경각에 간지스 모래가 깔깔거리고 그 깔랑대는 모래 속에 또 만각의 면경집에 음전하게 누웠다. 모래가 말씀을 한다.

— 모래경 2

제23화

소 찾는 노래

尋牛頌

「심우송」의 근원을 찾아 문헌을 거슬러 올라가보면 멀리 남전 보원南泉普願 (748~843)에 이른다. 남전은 마조의 고족으로서 지주 남전산에 개당하였고 항상 문도가 수백 인이어서 명성이 사방에 진동하였다(『전등록』, 「남전보원장」). 특히 그가 발안한 공안인 '양우養牛' 공안은 수선납자들을 골탕먹였고, 후대 에 더욱 발전하여 「심우송」으로 나타났다, 또 이 게송들을 알기 쉽게 풀어 10 폭의 그림尋牛圖으로 그려졌다. 우리가 흔히 사찰 측면과 후면에 그려져 있는 소 그림이 이것이다.

「심우도」와 「심우송」은 불법을 알기 쉽게 하여 대중에게 널리 전도하는 데 공헌하였을 뿐만 아니라, 선시 발전에도 기여한 바가 크다. 「심우송」은 흔히 「십우송」이라 불리듯이 심우10송이 주종을 이루고 그 외 「심우8송」, 「심우6송」, 「심우4송」, 「심우12송」 등이 역사상 남아 전한다.

일반적으로 목우의 「심우도」는 2종의 도본과 게송이 널리 퍼져 있다. 하 나는 보명普明이 지은 '소 길들이기 이전第一 未牧'에서 시작하여 '모두 다 사라짐第十 雙泯'으로 끝나는 10단계와 또 하나는 확암 지원廓庵志遠[1]이 노래한 「백우십송白牛十頌」이라 불리어지는, '소를 찾음第一尋牛'으로부터 '저자에 들어가 손을 드리우는第十 入鄽垂手' 데에 이르는 10단계의 노래가 있다. 이 2종의 「심우도」는 모두 열 개의 그림과 10수의 게송이 있다. 전자의 그림은 소의 색깔이 검은색에서 흰색으로 변하게 하였고 후자의 그림은 소의 그림을 시종 모두 흰색으로 처리하였다.

이 장에서는 '소를 찾는 노래'가 어떤 형태로 처음 형성되었고 이것이 후대에 「심우송」이 되어 세간에 널리 회자되었으며, 이것이 우리나라로 전해져 「심우송」이 오늘날까지 면면히 이어져 왔는지 살펴보기로 하자.

하루는 남전이 상당하여 대중에게 시중하였다.

> 왕노사가 어릴 적부터 한 마리의 검은 암소水牸牛를 길렀다. 개울 동쪽에서 풀을 먹이려니 다른 국왕의 수초를 뜯어 먹으려고 하고, 개울 서쪽에서 풀을 먹이자니 역시 또 다른 국왕의 수초를 뜯어 먹으려 한다. 지금 분수에 따라 조금씩 받아들이고 다른 것은 마음대로 내버려두는 것만 못하다.
>
> 南泉示衆云 王老師自少 養一頭水牸牛 擬向溪東放 不免食他國王水草 擬向溪西放 亦不免食他國王水草 如今 不如隨分納些些 他總不放
>
> —『선문염송』206칙 「양우(養牛)」

남전 보원은 선도리를 형상화하였다. 곧 검은 암소는 마음, 진아 본래면

---

1 곽암廓庵 지원志遠은 확암 혹은 곽암으로 불리어왔다. 저자는 확암으로 정리하였다. 곽廓은 둘레 곽, 터질 확, 넓을 확으로 읽히지만 저자의 생각으로는 '툭 터진 암자, 뻥 뚫린 안과 밖이 내외가 명철하다는 데 뜻을 두어 확으로 읽었다. 『벽암록』제1칙 「확연무성」의 확과 같이 보았다. '곽암사원郭庵師遠'이라고도 한다.

목의 형상화이니 바로 자성본원을 가리킨다. 개울 동쪽 서쪽은 이쪽과 저쪽을 가리키니, 이 역시 우리의 이항대립적인 인식세계를 말한다. 동쪽과 서쪽을 '차안/피안'으로 설정하였을 때는, '색계/공계'니, 어느 쪽도 한 곳에 집착하면 영원히 소를 찾을 길 없다. 차안인 색계는 환상의 세계, 범속의 세계이고, 피안인 공계는 진리의 세계며 극락의 세계다. 그러나 양변적인 흑백에 의한 마음의 선택 역시 모두 자성본원에 이르지 못하게 될 것이다. 이런 까닭에 자기 자신이 자기의 풀을 먹는 것이 아니라, 모두 타국 왕의 풀을 먹이는 격이 되어버린다. 바로 일체의 분별의식은 모두 선도리와 상호 적응하지 못한다. 남전은 목우牧牛를 가까이 하여 살피므로 스스로의 마음 상태를 조절하고 길러, 마음이 집착하지 않도록 하였다. 위의 선화에서 '마음대로 소를 내버려두는 것'은 인연 따라 임운등등任運騰騰하여 본분에 따르는 것. 따라서 분수에 따라 받아들이는 것만 못하게 된다.

그리고 남전과 제자 조주趙州從諗(778~897)가 진검을 들고 살수를 펼치는 부자간의 진검승부를 하나 더 읽으며 '소 찾기'를 읽기 위한 준비를 해두자.

남전이 욕실을 지나다가 욕두浴頭가 목욕물을 데우는 것을 보고 물었다.
"무엇을 하고 있나?"
"목욕물을 데우고 있습니다."
"잊지 말고 검은 암소를 불러다가 목욕을 시켜라記取來 喚水牯牛浴."
욕두는 "네" 하고 대답하였다. 밤이 되어 욕두는 방장으로 들어왔다.
"뭣 하러 왔나?"
"스님, 준비가 되었습니다. 어서 검은 암소를 욕실로 들여 주십시오請水牯牛去浴."
"그래, 소 고삐는 가지고 왔는가將得繩索來不?"

욕두는 대답이 없었다.

조주가 와서 문안을 드렸을 때 남전은 이 이야기를 하였다. 조주가 말했다.

"저에게는 한마디의 말이 있습니다."

말이 끝나자 말자 남전이 말했다.

"소 고삐를 가지고 왔는가還將得繩索來麼?"

이에 조주가 곧장 앞으로 다가가 남전의 코를 당겼다.

"야 이 사람아, 아주 좋아. 그렇지만 너무 난폭하군是卽是 太麤生."

—『조주록』 권상, 8칙

위의 선화는 남전과 그의 상족 조주 종심, 그리고 선원의 목욕탕 운영에 소임을 맡고 있는 욕두스님이 나온다. 욕두가 수고우 즉 검은 암소를 남전으로 간주하여 마중하러 간 것까지는 수자다운 행위였지만, 결국은 생각을 지어 선적인 깨침이 없이 스승에게 다가간 것이 금방 드러난다. 관념적인 분석과 이해는 실제 우리가 살아가는 데 큰 도움이 되지 않는다는 것을 다시 한번 느낄 수 있는 대목이다.

남전이 욕두에게 말한 '소 고삐를 가지고 왔는가?'에 바로 혼비백산해져 말문이 막혀버린다. 기막힌 일이다. 목숨을 걸고 선 수행을 한 수행자에겐 바로 목숨을 빼앗기는 순간이다. 변화가 무쌍한 삶, 삶의 궤적에 있어서 학습에 의한 지식의 축적은 별 쓸모가 없음이 느껴지는 대목이다.

다음 조주의 선기, 번쩍이는 행위 자체가 소 고삐임을 여지없이 보여주는 장면. 얼마나 통쾌한 것인가.

전문에서도 밝힌 바와 같이 「십우도」는 2종의 도본과 게송이 널리 퍼져있다. 하나는 보명普明이 지은 「십우도」는 소의 색깔이 소를 길들임에 따라 검은색에서 흰색으로 변하게 하였다. '소 길들이기 이전第一 未牧'에서 시작하여 '모두 다 사라짐第十 雙泯'으로 끝나는 10단계와 또 하나는 확암 지원廓庵志遠이 노래한 소의 색깔을 시종 흰색으로 처리된 「백우십송」이라 불리어지는, '소를 찾음第一 尋牛'으로부터 '저자에 들어가 팔을 드리우는第十 入廛垂手' 데에 이르는 10단계의 노래가 있다. 두 「십우송」을 비교하여 보면 보명의 「십우도」가 더 오래된 것이고, 확암의 「십우도」가 나중에 이루어진 것이다. 확암의 「십우도」가 훨씬 짜임이나 발상이 더 치밀하고 확연하다. 또 자원慈遠이 쓴 확암 화상 「십우도」 서문에도 보명의 「십우도」에 보완점을 지적하며, 확암의 「십우도」는 처음 '소를 찾다尋牛'에서부터 마지막 '저자에 들어가다入廛垂手'에 이르기까지 온갖 기틀에 대응하는 것이 마치 '목마른 사람에게 물을 주고 배고픈 사람에게 밥을 주는 것 같다'고 쓰여 있다.

1. 보명의 십우송

1) 미목未牧

猙擰頭角恣咆哮	사납게 뿔 치켜들고 포효하며
奔走溪山路轉遙	계곡으로 내달려도 길은 멀다
一片黑雲橫溪口	한 조각 검은 구름 골짝 가로지르니

| 誰知步步犯佳苗 | 걸음걸음 곡식 짓밟을 줄 누가 알랴 |

소가 된 나, 길들여지지 않는 소가 된 자성본원. 바깥 경계에 대해 일어나는 망상은 지혜를 막는다. 원효는 원래 일체만물은 밝음明으로 태어났으나, 비수에 녹이 슬듯 어느덧 무명으로 변한다 하였다. 육체를 가지므로 오는 오관작용 때문일 것이다.

2) 초조初調

我有芒繩驀鼻穿	내게 소 고삐가 있어 재빨리 코를 뚫어
一廻奔競痛加鞭	날뛸 적마다 모질게 채찍질했지만
從來劣性難調制	내려오는 못된 성질 길들이기 어려워
猶得山童盡力牽	목동들조차 있는 힘 다해 끌어당긴다

자, 이젠 우리는 소다. 스스로 콧구멍을 뚫어 고삐를 꿰어서 끝없는 외경의 유혹을 스스로 견책하고 절제하며 견제한다. 처음 발심한 참선인들은 스스로 참회하고 기도하여서, 무시이래 이어져오는 관습의 훈기를 없애고 마음을 다잡아야 함을 노래했다.

3) 수제受制

漸漸調伏息奔馳	점점 고르고 길들여 날뛰지 않으니
渡水穿雲步步隨	물 건너 구름 뚫고 걸음걸음 따라와도
手把芒繩無少緩	고삐 잡은 손 조금도 늦추지 않고
牧童終日自忘疲	목동은 종일 저절로 피곤을 잊네

소는 이제 코뚜레나 고삐에 의해 제재를 받아 하고 싶은 대로 하지 못하게 된다. 이와 같이 사람도 마음을 밝힌 후에는 자연스럽게 스스로 발하는 빛에 의해 다스려지게 됨을 비유하고 있다.

4) 회수廻首

日久功深始轉頭	날이 감에 공부 깊어 비로소 머리 돌리니
顚狂心力漸調柔	미친 마음 점점 길들여가네
山童未肯全相許	목동은 그래도 전혀 믿기지 않은 양
猶把芒繩且繫留	여전히 고삐 잡고 묶어 두네

'머리를 돌이켜 본다' 함은 공부가 순숙해져 이제 한시름 놓게 됨을 말한다. 바로 1행의 "날이 감에 공부 깊어 비로소 머리 돌리니"란 시구의 의미다. 그렇지만 오랜 관습의 때, '옳고/그름'으로 판단되어지는 훈습이 떨어지지 않아서 아직 소를 묶어두듯, 우리는 우리를 돌아보며 마음을 고르고 깨끗이 한다.

5) 순복馴伏

綠楊陰下古溪邊	푸른 버들 그늘 아래 옛 시냇가
放去收來得自然	풀어주나 몰아오나 자연스럽네
日暮碧雲芳草地	해지자 푸른 구름 향기로운 초원
牧童歸去不須牽	목동이 돌아가는 길 고삐 끎이 없네

순복馴伏은 잘 길들어짐을 말한다. 소가 마치 오랫동안 제 마구간을 자연
스럽게 드나드는 것과 같다. 이럴 때 무슨 고삐나 멍에가 필요한가. 참학인
도 이쯤 되면 자성본원을 밝게 들여다보며 오직 한 마음 깨달음의 길로 정진
한다. 소가 목동의 견제를 필요로 하지 않듯이 마음가는 대로 맡겨 두어도
스스로 착함에 든다.

6) 무득無碍

露地安眠意自如	넓은 대지 편한 잠 스스로 이와 같아
不勞鞭策永無拘	굳이 채찍 칠 게 없어 묶어두지 않네
山童穩坐靑松下	목동은 푸른 소나무 아래 편히 앉아
一曲昇平樂有餘	읊는 태평가 한 곡조, 즐거움 깃드네

무애는 자유자재, 즉 걸림이 없는 행위다. 그러니 더더욱 외양간에 소를
가둘 필요가 없다. 오직 1행, 2행과 같이 "넓은 대지 편한 잠 스스로 이와 같

아 / 굳이 채찍 칠 게 없어 묶어두지 않네"에서 보이듯이 마음을 길들이는 주인, 즉 목동은 한가로이 태평가를 부르며 여유로움을 만끽하게 된다. 그렇지만 아직 혹 훈습된 관념의 때가 나타나지 않는지 미심쩍다 할까?

7) 임운任運

柳岸春波夕照中	버들 언덕 봄 물결 석양에 비치고
淡煙芳草綠茸茸	아지랑이 향기로운 풀, 푸름이 무성하네
饑餐渴飮隨時過	배고프면 밥 목마르면 물, 그렇게 지내니
石上山童睡正濃	바위 위 누운 목동 깊은 잠 들었네

임운등등任運騰騰은 소가 하고자 하는 대로 맡겨둔다는 말. 이쯤 되면 자성 본원의 자발광自發光이어서 무슨 일을 하든 진리의 파동태波動態인 까닭에 털 끝만큼도 벗어나지 않는다. 곧 밝음은 밝게 어둠은 어둡게 순일하게 보인다. 이럴 때는 1행, 2행 같이 "버들 언덕 봄 물결 석양에 비치고 / 아지랑이 향기로운 풀, 푸름이 무성하네"가 된다. '배고프면 밥 먹고 목마르면 물을 마시며 또 잠 오면 잠 자며' 지낸다. 소는 목동이 필요 없고, 마음은 어떤 수련도 필요로 하지 않는다. 그렇지만 아직 소가 있고 목동도 있다.

8) 상망相忘

白牛常在白雲中	흰 소는 언제나 흰 구름 속에 있고
人自無心牛亦同	사람은 스스로 무심, 소 또한 그러하네
月透白雲雲影白	달은 백운을 뚫고 구름그림자는 희니
白雲明月任西東	흰 구름 밝은 달 서로 동으로 오가네

상망은 서로 잊은 것. 그러나 목동도 있고 소도 있다. 목동과 소가 있지만 서로가 서로를 의식하지 않고 자유롭다. 곧 목동은 소를 잊고 소는 목동의 존재를 잊는다. 이때에 벽화에 나타나는 「십우도」의 소 색깔은 순백색이다. 이미 우리 마음에는 이항대립적인 구분을 가지지 않는다. 어떤 구분이 없는 세계로 듦을 말한다. 이것이 1행과 2행의 "흰 소는 언제나 흰 구름 속에 있고 / 사람은 스스로 무심, 소 또한 그러하네"라고 한 시행이나 4행 5행이 가리키는 의미다.

9) 독조獨照

牛兒無處牧童閑	소는 간 데 없고 목동은 한가하다
一片孤雲碧嶂間	한 조각 외로운 구름 사이 푸른 봉우리
拍手高歌明月下	밝은 달 아래 박수치고 노래하다
歸來猶有一重關	돌아옴에 아직 한 관문 있다네

서로가 서로를 잊고 있었지만, 이젠 아무것도 보이지 않는다. 이 아홉 번째 단계에 와서는 그림 속엔 소가 없고 목동만 보인다. 오랜 참선 끝, 자성본원에 합일되었음을 비유한 것이다. 그러나 아직도 자성본원이 있고 자성본원이 된 나가 있고, 자아의 견해와 자아의 존재가 있다. 그래서 그림엔 목동이 혼자 있다. 이 나가 있음을 게송에선 "돌아옴에 아직 한 관문 있다네歸來猶有一重關"라고 노래하였다.

10) 쌍민雙泯

人牛不見杳無蹤	사람과 소 보이지 않고 자취 묘연한데
明月光含萬象空	밝은 달빛 머금고 만상이 비었어라
若問其中端的意	만약 그중 분명한 뜻 묻는다면
野花芳草自叢叢	들꽃 향기로운 풀 절로 무성하다 하리

모두가 사라진 쌍민雙泯에 오면 일체 만상이 자성본원에 합일된다. 「십우도」에서는 보름달 같은 둥근 원만 있다. '텅 빈 원상' 이것은 바로 삼라만상이 진공으로 표현되고, 이 진공이야말로 구경의 경지며 이 구경의 경지의 활성화가 물질적 현상계다. 진유眞有의 세계인 동시에 묘유妙有의 세계다.

이 진유의 세계를 알고자 하는가?

바로 "들꽃 향기로운 풀 절로 무성하다野花芳草自叢叢"라고 표현되어지는 묘유의 세계다. 이 세계는 일상사의 원래적 입장인 '유/무'가 '비유/비무'의 사상적 탐구 뒤에 나타나는 현상을 거쳐 다시 '역유/역무', 즉 체험적 결과로 나타나는 세계가 바로 4행의 "야화방초자총총野花芳草自叢叢"이다. 『열반경』에 '불성은 있는 것도 아니고 없는 것도 아니니, 또한 있는 것은 있고 없는 것은 또한 없는 것이니 바로 있고 없고가 융합된 까닭이다佛性 非有非無 亦有亦無 有無合故'라고 말하는 세계다.

2. 확암 지원의 십우송

확암 지원은 정주 양산 출신이며 사원이라고도 한다. 생몰년대는 확실치 않으나 북송北宋시대인 1150년 전후로 추정된다. 확암의 법계는 임제종 양기파의 양기 방회―백운 수단―오조 법연―장수 원정(1135)의 법을 이었다. 이 「십우도」는 게송과 그림 모두 확암이 직접 짓고 그린 것이다.

곧 소는 우리의 자성 본원의 형상화이며 잃어버린 자기이다. 소를 찾는다 함은 바로 잃어버린 자기를 찾는 것이다.

확암의 「십우도」(경허, 『선문촬요』 「십우도」, 441~462쪽)는 모든 그림이 제8단계인 '사람도 소도 모두 잊는人牛俱忘' 인우구망의 장場으로 꿰어달려 있다. 제8의 주제인 사방 두루 '텅 빈 구'인 절대무, 곧 '앞생각 뒷생각이 끊기는 절대 현재의 이 찰나'에 이르고, 이어 스스로 발현하는 어디서든지 열리는 궁극의 장에서 마치 되비치는 투명한 거울의 비침으로 제9단계 10단계가 나타난다. 이것이야말로 '부정과 긍정을 쌍으로 막으므로雙遮', '쌍으로 자발광雙照'되어져, '막고 되비침이 동시遮照同時'인 도리와 같다.

「십우도」 10단계의 그림이 모두 '텅 빈 구상球相'을 떠나 이루어지지는 않는다. 다시 말하면 제1단계인 소를 찾아나서는 심우나 제7단계인 소는 잊고 나만 있는 망우존인도 모두 이 '텅 빈 구상'인 일원상 안에서 전개된다. 애초부터 삶의 여정을 존재케 한 세계가 일원상임을 알게 된다. 텍스트를 따라 읽다 보면 제8단계인 사람도 소도 모두 잊는 인우구망에 이르게 된다. 그림은 사면팔방이 텅 빈 둥근 공球으로 표현되어지는데, 이 일원상이 바로 장場이며, 본래의 세계며, 이 본래의 세계가 시를 짓는 시인의 입장에서는 바로 시며, 세계다. 분명 이러할진대 각 장의 그림을 더욱 자세히 궁구하여 보면, 한 장의 그림마다 이 일원상을 다 갖추고 있고, 또 그에 따르는 게송마다 제8단계로 이 본래의 세계에 돈입시키려는 작가의 의도가 갈무리됨을 알게 된다. 곧 소도 사람도 모두 없는 일원상의 '텅 빈 원상'과 일대 일로 상응되는 도리가 내포되어 있다. 슬기란 무시간, 무공간에 자유자재한다고나 할까.

앞생각 뒷생각이 모두 끊기는 절대현재의 이 찰나, 이것은 절대무며 절대현재의 참사람이나 무위진인이라고 표현되어지는 진공이며 묘유의 자리가 바로 제8단계인 인우구망의 자리다.

물론 이런 것들은 슬기機의 찰나작용이니, 이럴 때 무슨 소가 있고 사람이 있겠는가?

그래서 게송의 작가는 각 단계마다 이런 자리의 본래 자리를 설치하고 있으나, 우리는 소 찾기에 급급한 나머지 그 자리를 건너뛰어 저 편에서 찾고 있기 때문에 발견하지 못할 뿐이다. 이제 우리는 십우도의 작가가 설치한 절대현재의 찰나, 이 '참나'를 보기 위해 단계를 밟지만, 눈 밝은 분들은 바로 이 찰나, 선사들이 외친 그 자리를 조고각하照顧脚下하여 환귀본처하기 바란다.

1) 심우尋牛

茫茫撥草去追尋	아득한 초원 헤치며 소를 찾아간다
水闊山遙路更深	물은 트이고 산은 아득, 길은 다시 깊어
力盡神疲無處覓	힘은 다하고 정신은 지쳐 찾을 곳 없어
但聞楓樹晩蟬吟	단풍나무엔 늦 매미 울음 들리는구나

제1 심우, 역시 소(마음)를 찾아 나선 목동의 어려움을 표현하고 있다. 여기서 알고 보면 목동이 소를 찾는 것은 자기 자신인 목동이 자기 자신인 소를 찾는 것이다. 자성이 무자성이어서 일체에 두루 편재되어 있기 때문에, 소를 찾는다는 것은 본래면목인 자성 본원을 찾는 것.

1행과 2행에서 일체 두두물물에 편재된 자성은 본래 진공이며 묘유해 있다. 그러나 바깥 경계에 끄달리어 자성본원에 비켜 앉은 우리는 눈이 있어도 보이지 않는다. 사실 자기 착각으로 인해 소의 모습을 찾는다. 따지고 보면 자기 착각 역시 자성이 변질된 것이지만. 3행과 4행, 힘이 다하여 깊이깊이 침잠하여 6식이 꺼져갈 즈음 홀로 울어대는 매미 소리. 단풍나무를 붉게 물들이는 매미 소리가 들려온다.

이 소리를 듣는가? 하며 되묻는다. 바로 3행에서 "힘은 다하고 정신은 지쳐 찾을 곳 없어力盡神疲無處覓"에서 '힘이 다하고 정신이 지쳐 소를 찾을 수 없어'가 바로 그것임을 알면 8단계까지 갈 필요가 없다. 이렇게 되면 9단계와 10단계에서 노닐면 그뿐이니, 이것이 일초직입지一超直入地고 직지인심直指人心인 그곳이고 그것이다. 이럴 땐 소도 사람도 없다.

2) 견적見跡

水邊林下跡偏多	물가 나무 아래 소 발자취 흩어졌다
芳草離披見也麼	풀 헤치며 가도 보이지 않네
縱是深山更深處	깊은 산 심심유곡일지라도
遼天鼻孔怎藏也	우주를 덮는 콧구멍, 어찌 숨기랴

2의 견적, '발자취를 발견하다'에서 바로 발자취를 발견하는 순간, 그 순간임을 알면 그뿐이다. 무얼 더 찾고 더 생각할 것이 있다는 말인가?

그래도 모르면 어쩔 수 없이 갖은 고생 끝에 드디어 소의 발자취를 찾게 된다. 곧 수선하는 길, 공부하는 방법이 잡혔음을 노래하고 있다.

그러나 아무리 찾아봐도 자취가 없다. 그러나 원래 있는 것, 숨겨도 숨겨도 원래 그냥 있는 것. 어느 한순간, 아! 이것이다, 하는 그 찰나. 그러나 우리는 이걸 모르고 있을 뿐이니 어찌하랴!

3) 견우見牛

黃鶯枝上一聲聲	황금 꾀꼬리 가지 위에 일성의 소리
日暖風和岸柳靑	따슨 햇살 부드런 바람, 언덕엔 청버들
只此更無廻避路	단지 피해갈 길 없는 이것이네
森森頭角畵亂成	삼삼히 어리는 소뿔, 어이 이를 그릴까나

소를 발견함은 자성본원의 참모습을 발견한 것. 소는 초원 도처에 드리워져 있는데, 시절인연이 무로 녹으면 언뜻 언뜻 우리들 앞에 나타난다. 가지위에 뭇 새. 그 노래 또렷하고, 따사로운 햇살과 바람, 푸른 버들 그런 것을 통하여 자성의 활성화 그 형상을 본다. 색즉시공 공즉시색의 도리, 3행에서와 같이 "단지 피해갈 길 없는 이것只此更無廻避路"이구나. 이것만 알면 된다.

자, 이제 자성본원의 형체를 어떻게 그리나? 이것을 '삼삼히 어리는 소뿔森森頭角'이라고 형상화하려 한다. 이것을 어떻게 꼭 붙잡는가? 아! 이것이구나 하는 순간만 떠나지 않으면 된다.

4) 득우得牛

竭盡精神獲得渠	몸과 마음 다해 소를 잡았지만
心强力壯卒難除	강인한 마음과 힘 실로 꺾기 어렵네
有時纔到高原上	때로는 겨우 이르러 높은 들에 노닐다
又入煙雲深處去	다시 구름과 안개 숲, 깊은 곳에 숨네

'소를 붙들었다'는 것은 자성본원의 실체를 얻었다는 뜻. 소를 잡았지만, 야생의 소는 길들여져야 한다. 돈오견성한 뒤에도 보임을 해야 하듯이.

3행과 4행은 보임되어 고정된 관습의 때를 벗지 못한 우리의 성근 마음을 형상화하였다. 소의 고삐를 바짝 잡아야 하리.

아직 소는 목장 안에서 방목되어야 한다. 그렇지만 우리는 소의 고삐를 잡고 바짝 당기는 긴장된 순간을 벗어나 나도 목동도 소도 없다. 모든 것이

1행의 소를 잡는 순간을 벗어나지 않는다.

5) 목우牧牛

鞭索時時不離身	때때로 채찍질하여 그대 몸을 지킴은
恐伊縱步入埃塵	옛날을 좇아 티끌에 듦을 두려워함이라
相將牧得純和也	장차 방목하여 뜻대로 길들여진다면
羈鎖無拘自逐人	고삐와 멍에 없어도 스스로 따르리라

　소를 붙든 후에는 놓아기르듯이 돈오 뒤에 오는 보임은 만리에 풀 한 포기 없는 순수한 그곳에 되돌아가는 것.

　1행과 2행에서 오랜 관습의 훈습된 무명과 분별의 세계로 다시 돌아가는 것을 막는 것. 그래서 고삐와 멍에를 바짝 당겨 소를 기르면, 있는 그대로 임운등등하여 가두거나 풀어놓거나 모두 자유롭게 활동하여도 범함이 없다. 그럴지라도 우리는 우리의 목동이 앞서고 우리의 소가 스스로 뒤따르는 그 순간, 이 순간을 무엇이라 부를 것인가?

6) 기우귀가騎牛歸家

騎牛迤邐欲還家	구불구불 소 타고 집으로 돌아가네
羌笛聲聲送晚霞	흥겨운 피리소리 저녁놀 타고 오고

| 一拍一歌無限意 | 한 박자 한 노래, 무한한 이 뜻 |
| 知音何必鼓脣牙 | 아는 이는 알지, 어찌 말로 다하리오 |

〈기우귀가도〉는 구불구불 길게 이어진 산길 따라 우리가 떠나온 곳인 자성본원으로 목동이 소 잔등이에 올라앉아 피리를 불며 돌아가는 그림이다.

어떻게 돌아갈 수 있는가?

바로 자성본원의 실상인 소를 타고, 자성본원 자신인 목동이 자성본원으로 되돌아갈 뿐. 삼라만상에 펼쳐지는 두두물물, 무한한 이 뜻. 바로 그 자리가 그 자리여서 말로 할 수 없다. 이것이야 『벽암록』의 선구 "진리를 알고자 하는가? 다만 진리를 아는 것은 허락하지만, 진리를 만나는 것은 허락하지 않는다只許老胡知 不許老胡會"이니, 만났다 영회했다 함은 바로 '보는 자'와 '보여주는 자'가 분리된다. 이렇게 되면 상대 대립의 세계로 떨어진다.

언어는 분별의 속성을 기본으로 하는 표현이다. 그래서 4행에서 "아는 이는 알지, 어찌 말로 다하리오知音何必鼓脣牙"라고 표현할 수밖에 다른 도리가 없다. 이 말로 다하지 못하는 그 순간이 그것이니 달리 생각하지 말라. 바로 1행에서 자기 자신인 목동이 소를 타는 그 순간을 바로 알면 장부일대사를 마치는 것이며, 4행의 말로 못하는 바로 그놈임을 알면 그뿐이다.

7) 망우존인忘牛存人

| 騎牛已得到家山 | 소 타고 이미 고향집에 왔어라 |
| 牛也空兮人也閑 | 소 없음이여 나는 한가로움이 겨웁네 |

| 紅日三竿猶作夢 | 긴 해, 낮잠 속에 아직 꿈꾸니 |
| 鞭繩空頓草堂間 | 채찍과 멍에는 초당에나 던져두세 |

소는 잊고 나만 있으니, 바로 소가 사라진 순간이다. 이 순간이 절대현재의 찰나인 참나이다. 이미 소가 잘 길들여져 채찍과 고삐가 필요가 없다. 이정도에 이르면 다시 분별의 세계로 떨어지지 않는 경지를 말한다. 망우忘牛는 소다, 자성이다, 도다 하는 개념이 무너졌으니, 사람과 깨달음이 하나 되어 분별심이 없다. 배고프면 밥 먹고 목마르면 물 마시는 경지다.

이렇게 1단계에서 7단계에 이르는 각 장마다 한순간에 깨달음의 세계, 자성본원으로 돈입할 수 있었지만, 우리는 착각에 의해 만들어진 소를 찾느라 그 긴요한 곳을 뛰어넘어선 채 소만 찾는 어리석음을 범했다. 그러나 다시 한번 생각하면 우리가 소를 찾는 걸음걸음 모두 이 '텅 빈 구상'에서 묘용의 슬기에 의해 행해진 것이고, 처음부터 우리가 스스로 깨닫지 못하였을 뿐, 원래 텅 빈 묘용의 일원상을 가지고 있었다 할 것이다.

8) 인우구망人牛俱忘

鞭索人牛盡屬空	채찍과 고삐 사람과 소, 속속대로 비어
碧天遼闊信難通	탁 튄 푸른 하늘 통하지 않음 있겠는가
紅爐焰上爭容雪	활활 타는 이 불 속, 흰눈 어이 머무리오
到此方能合祖宗	이곳이 이르면 능히 조종에 계합되네

이쯤 되면 일체가 활연히 관통되어, 이젠 이항대립적인 견해의 장애가 없다. 소도 잊고 사람도 모두 잊으니 흔적과 형상 찾을 길 없다. 빛은 빛이고 어둠은 어둠일 뿐이다. 이 어둠 속에 동서남북은 어디로 갔나? 이렇게 비고 가물해야 우리가 우리임을 안다. 그림에는 둥그런 텅 빈 구珠로 나타난다.

그러나 1장場에서부터 7장까지 우리가 자각하지 못하고 있었을 뿐이지 모두 '텅 빈 구상'의 되비침으로 나타난 명징한 참된 밝음의 세계이니, 사실 깨달음 속에서 깨달음을 구하고 있었다고 하겠다. 자기착각無明에 의해 처음부터 참된 자기 속에서 참된 자기로서의 자기가 자기를 찾아 나서고 찾아 나섰던 것이다. 이렇게 보면 소가 자기 자신이 아니고, 소는 묘용의 가유고 애초부터 우리의 진여자성은 일원상으로 존재했던 것이다.

원래 그렇게 성취되어 있는 밝음明의 세계를 수행에 의해 원래 밝아있었음을 증명한 것이 된다. 이래서 원상은 사라지니 일체의 세계가 더 이상 있지 않으니 새벽에 본 샛별이나 늘 보던 담장에 핀 나팔꽃도 밝음의 세계, 단출하고 오롯한 세계의 자기로 보아진다.

9) 반본환원返本還源

返本還源已費功	근원으로 돌아간다 이미 경비와 애쓴 건
爭如直下若盲聾	어찌 바로 눈멀고 귀먹은 것 같겠는가
庵中不見庵前物	암자 속에서 암자를 보지 못하나니
水自茫茫花自紅	물 스스로 아득하고 꽃 절로 붉은 걸

자성본원으로 돌아가려 공들이고 애쓴 것은 애쓴 것이다. 이것이 어찌 귀만 먹고 눈만 먼 것뿐이랴? 본지환처本地還處하여 자발광의 당처로 돌아가니 눈眼·귀耳·코鼻·혀舌·몸身·뜻意인 6식과 그의 대경對境이 되는 물질色·소리聲·냄새香·맛味·촉감觸·뜻法 역시 모두 캄캄하게 한 빛으로 밝아, 바로 스스로의 몸에 앉아 스스로를 볼 뿐이니, 그저 물 절로 아득하고 꽃 절로 붉고 붉을 뿐이다.

일체 두두물물이 확연하니 이것이 고향 소식이다.

냇가 뚝방에 핀 패랭이꽃이 든 차 마시고 잠을 자던 일, 역시 밝음의 참된 세계에서 일어난 명징하고 온전한 묘용의 사건이 되는 것.

냇가에 앉아 흐르는 물속에 생각생각 잠겨 볼일이다.

10) 입전수수入廛垂手

露胸洗足入廛來	맨발로 가슴 풀고 저자에 뛰어드네
抹土塗灰笑滿顋	흙먼지 쑥머리 두 뺨 가득 웃음바다
不用神仙眞秘訣	신선의 용도가 아니라 진짜로 비결
直敎古木放花開	옛 나무에 꽃피는 바로 그 소식일세

'저자에 들어 손을 드리운다入廛垂手'는 것은 스스로 '이득을 얻어 중생을 이롭게 한다自利利他'는 것이다. 자신의 깨달음을 얻어 즐기는 데 그치지 않고, 중생을 위해 삶의 본터로 돌아가 중생과 동고동락하며 중생을 바른 길로 이끌어 준다.

이것은 그야말로 맨발로 저잣거리로 뛰어들고 스스로 몸 바꾸고 환골탈태한 이류중행異類中行의 행위니, 성인의 지위에 머무르지 않고 몸을 돌려 저잣거리로 뛰어드는 나툼이다. 이것은 동사섭同事攝의 대비심大悲心이다. 또한 무위에 머무르지 않고 근원의 자리로 돌아옴이니, 더 이상 나갈 길도 들어갈 길도 없는 절대현재의 이 순간이다.

절대현재의 이 순간은 바로 입전수수로 피어난다. 무위에 머묾과 유위의 행위가 둘이 아니니 유일무이唯一無二요, 온통 하나이니 전성전일全性全一이고, 이것은 안과 밖이 떨어지지 않으니 내외명철內外明徹이며, 늘 빨려들어 고요하고 햇살같이 스스로 비추니 상적상조常寂常照다.

이러할진대 이 「십우도」는 각각 다른 10개의 일원상이라는 구상 안에 그림이 있는 것이 아니라, 오직 사방팔면 '텅 빈 구상'이 있을 뿐이다. 단면으로 짤린 '텅 빈 원상에 시시각각 나타나는 10가지 모습은 일원상 스스로가 스스로 속에 반영해낸 것이다. 이 10개의 그림들이 단면으로 볼 때 한 장면 한 장면이지만 이것을 입체화시키면 한 알의 투명한 구슬이어서 천장만장千場萬場의 묘용을 산출시키고도 장면을 담아두지 않는 유리구슬이 된다.

이것은 마치 손가락으로 허공에다 일원상을 그리는 것 같아서 그리는 동시에 없어져버린다. 다시 말하면 허공에서 원을 그리는 것은 원상이 허공으로 없어지고 허공에서 원상이 다시 나타나는, 이것은 그려가면서 사라지고 사라지면서 그려가는 것이 된다. 여기서 우리의 착각은 삶의 단면을 상상하고 관습적으로 고정시켜 생각하고 눈에 보이는 이것을 전부인양 정상화한다. 이것이 바로 우리의 삶이다.

사실 우리가 볼 수 있는 것은 일원상이 아니라 '텅 빈 구상'에 그려지는 동작이듯이 절대현재에 살아가는 순간일 뿐이다. 저 『반야심경』의 명구 '색즉시공 공즉시색色卽是空 空卽是色'이나, 선가에서 말하는 '마음밖에 일 없고 일 밖에 마음 없다心外無事 事外無心'는 것과 딱 포개어진다.

그리고 '산은 산, 물은 물山是山 水是水'인 원래적 입장이 '산이 물이고 물이 산 山是水 水是山'인 산은 산이 아니고 물은 물이 아닌 사상적 표현으로 전환되고 다 시 자성본원으로 돌아와 '산 역시 산이고 물 역시 물山亦是山 水亦是水'의 체험적 결과로 전환하는 것, 모두 십우도식 스타일로 볼 때는 제8인 인우구망의 단계, 즉 그림에서 보듯이 소도 사람도 모두 사라지고 '텅 빈 원상'으로 표현되었다 가, 다시 제9 반본환원이나 마지막 제10 입전수수로 들어서는 원의 전환 운동 으로 볼 수 있다. 이것은 저 아인슈타인이 만년에 탐구에 몰두한 통일장 이론[2] 과 흡사함을 알 수 있다.

---

[2] 송준영, 『반야심경강론』, 경서원, 1993, 204~207쪽 재인용.
양자물리학에서 말하는 고체가 기체로 전환할 때 고체인 먼지입자와 아원자亞元子 입자를 비교할 것 같으면, 입자는 고체 즉 물체이다. 그러나 아원자 입자는 물체라 할 수 없다. 양자역학에는 아원자 입자를 양자量子, quantum인 '존재하는 경향tendencies to exist' 혹은 '일어나는 경향tendencies to happen'으 로 존재한다. 곧 아원자 입자는 양자이며 양자는 어떤 것은 양量이다. 많은 현대물리학자들은 우주의 궁극적 질료를 찾으려는 노력을 하고 있다. 그러나 이것은 환상일 수도 있다. 아원자 수준에서는 질 량과 에너지가 끊임없이 서로 변환한다. 입자물리학자들은 질량이 에너지가 되고 에너지가 질량으 로 변환하는 현상에 너무 익숙하여 으레 입자의 질량을 에너지 단위로 측정한다. 이것은 엄격히 말해 서 아인슈타인의 특수상대성이론에 따르면 질량은 에너지고 에너지는 질량이다. 곧 하나가 있는 곳 에 다른 것이 있다.
선에서는 이것이 궁극적 실재實在, 바로 空이며, 이 空은 쉽게 아원자 물리학의 양자장과 비교된다. 空인 場은 한없이 다양한 현상을 낳으며, 동시에 보존하면서 다시 거두어들인다. 결국 물질적 현상 과 물질의 순수함空의 관계는 동일 실재의 양면성으로서 공존하면서 끊임없는 협력관계 속에 존재 한다. 이러한 반대되는 개념들이 하나의 단일한 전체로 융합되는 것을 『반야심경』에서는 "色卽是 空 空卽是色 色不異空 空不異色"이라 말한다.
아인슈타인은 오랜 연구 끝에 중력장이론과 양자장이론은 둘 다 소립자들이 그것들을 둘러싸고 있 는 공간으로부터 분리될 수 없고, 또 그것들은 그 공간의 구조를 결정하는 반면에 독립된 실체로서 여겨질 수 없고, 전 공간에 미만해 있는 연속적인 場의 응결임을 밝혔다. 場이론에 따르면 진공이 란 완전히 비어있는 것이 아니다. 그 반대로 그것은 끝없이 생겨나고 사라지는 무수한 입자들을 함 유한다. 이런 이론은 바로 우리가 탐구해온 禪불교와 현대물리학이 같이 보는 부분이다. 그러나 선 불교에서는 이것은 이론이 아니라 實在임을 제조사들이 천명한다(F. Capra, 이성범·김유정 역, 『현대물리학과 동양사상』, 범양사, 1979, 247~248·251·254·262~263쪽).

마치 생과 사, 색과 공이 그러하듯이 사는 동시에 슬금슬금 죽어가며 죽어지지 않고는 살 수가 없는 것과 마찬가지다. 이것은 확암의 「십우도」에서 보았듯이 손가락으로 허공에 원을 그리면 그리는 동시에 사라져 버리듯이 천장만장을 연출하면서 돌아보면 아무것도 남지 않는 투명한 유리구슬이다. 이것이 나이며 너이고 그대인 것이다.

제24화

한국의 '소 찾는 노래 1'

韓國尋牛頌 一

앞 장에서 「심우송」의 뿌리를 살펴보았다. 중국 문헌상 8세기 남전 보원의 장에서 심우 공안이 보이나, 티베트의 「십상도」가 전해지는 것으로 보아, 이와 같은 내용의 그림들이 인도로부터 전해진 것으로 추측할 수 있다. 단 「십상도」는 소가 아니고 코끼리며, 검은 코끼리가 수도에 따라 희게 변하는 것으로 보아 보명의 「심우도」 타입일 것이다. 중국으로 들어와 확암식의 「심우도」와 선시로 발전되었음을 알 수 있다. 우리나라에서도 많은 선장들의 「심우송」이 보이나 그 중 경허, 만해, 구산, 설악 등의 게송이 세간에 퍼져 있다.

경허가 북송의 확암의 「심우도」를 보고 화답한 시다. 세상에 여러 종류의 「심우도」(혹은 십우송)가 있으나, 보명의 「심우도」와 확암의 「심우도」가 지금까지 사찰 법당에 벽화로 사용되고 있다. 그 중 확암의 「심우도」가 가장 잘 갖추어져 있을 뿐 아니라, 선을 차제로 나타낸 단계 역시 분명하다. 여기에 많은 선장들이 차운하였지만, 우리나라에서는 경허와 만해(한용운)의 「심우송」과 근래의 설악(오현)의 「심우송」이 우뚝하다.

확암이나 만해는 깨달음의 차제, 곧 점수로 단계적 깨달음의 여행을 시키고 있고, 이와는 달리 경허의 「심우10송」과 설악의 「심우송」은 돈오적 입장에서 화답하였다. 그리고 확암의 게송을 차운한 경허의 「심우8송」도 있다. 또 지금 수덕사 금선대에 비장되어 있는 경허의 「심우도」 6폭 병풍도 살펴보자. 경허의 「심우8송」과 「심우도」 병풍의 게송은 깨달음의 차제를 밟고 있다.

선장들의 게송이 점오의 차제 법문이던 돈오의 '일할'의 법문이던 모두 순역종횡하여 보는 이를 적기로賊機로 몰아넣기에 충분하다. 곧 조사의 간절노파심절의 면목인, 일할一喝의 할喝로 있을 뿐이다.

* 우리나라 선을 중흥시킨 한국의 달마로 일컫는 경허 성우의 법계

임제의현(38대)…양기방회(45대)…급암종신(55대)-석옥청공-태고보우(57대)…

청허휴정(63대)-편양언기-풍담의심-월담설제-환성지안(67대)-호암체정-

청봉거안-율봉청고-금허법침-용암혜언-영월봉율-만화보선-경허성우(75대)

* 현금 설악산에 주석하는 선승이며 시인인 설악 무산의 법계

임제의현(38대)…양기방회(45대)…급암종신(55대)-석옥청공-태고보우(57대)…

청허휴정(63대)-편양언기-풍담의심-월담설제-환성지안(67대)-용성진종(68대)

-고암상언(69대)-성준성각-설악무산(오현 70대)

1. 경허의 「심우10송」

1) 소를 찾다 第一 尋牛

본래부터 잃지 않았으니 어찌 찾을 필요 있겠는가. 다만 이렇게 찾는 게 비로자나불의 스승이야. 푸른 산 맑은 물에 꾀꼬리 제비 지저귀니, 가지가지 물건물건 기밀 누설하네. 쯧!

本自不失何用更尋祇這尋底毘盧之師山靑水綠鶯吟燕語頭頭漏泄 咄

— 경허

설악의 심우송 1 — 소를 찾다

누가 내 이마에 좌우 무인拇印①을 찍어 놓고
누가 나로 하여금 수배하게 하였는가
천만금 현상으로도 찾지 못할 내 행방을.

천 개 눈으로도 볼 수 없는 화살이다.
팔이 무릎까지 닿아도 잡지 못할 화살이다.
도살장 쇠도끼 먹고 그 화살로 간 도둑이어.

— 설악

① 무인 – 엄지로 찍은 손도장.

주해 :

분주히 소를 찾는 상을 그렸다. 마음을 소로 가차하여 표현했지만, 마음이 소고 소
가 중이다.

본문은 송나라의 확암의 「심우송」을 보고 경허가 스스로 경지를 읊은 게송이다.

여기에 많은 선장들이 차운하였지만, 우리나라에서는 돈오적 게송으로는 경허와
설악의 게송이 백미다.

특기할 것은 경허의 「심우10송」은 산문시로 된 반면에 설악의 「심우10송」은 우리
나라 전통 시조의 스타일을 띠고 있다. 확암과 만해의 차운은 차제에 맞추어 노래하
였고, 경허와 설악의 「심우송」은 격외적이고 파격적이며, 일초직입의 돈오적 게송이
다. 그리고 착어는 저자의 소견이다.

> **착어**   나와 너 너, 나
>
> 무얼 찾나? 나도 없이
>
> 소도 없이

2) 자취를 보다第二 見跡

봄빛의 오묘함은 백화가 난만한 데 있지 않네. 누런 동자와 푸른 귤이야말로 최
고 중에 최고. 노래 노래 부르네. 발자취 있는 것은 소 돌아가고 있고, 마음 없으
면 도가 바로 여기 있네. 좋고 좋아 노래노래 부르네.

昭光之妙不在百花爛熳最是橙黃橘綠好好哥哥跡在牛還在無心道易親好好哥哥

옛 사당 속의 향로, 맑은 가을 들판의 물이네.

좋고 좋아 노래노래 부르네.

古廟裏香爐澄秋野水

好好哥哥

— 경허

설악의 심우송 2 — 자취를 보다

명의名醫, 진맥으로도 끝내 알 수 없는 도심盜心

그 무슨 인감도 없이 하늘까지 팔고 갔나

낭자히 흩어진 자국 음담淫談 속으로 음담 속으로.

세상을 물장구치듯 그렇게 산 엄적掩迹①이다.

그 엄적 석녀石女②가 지켜 외려 죽은 도산倒産이다.

그물을 찢고 간 고기 다시 물에 걸림이어.

— 설악

① 엄적 — 감춘 발자취.

② 석녀 — 실상을 형상화한 표현.

주해 :

처음 공부한 소가 차차 소의 발자취를 발견한다. 점차 마음의 자취를 본다.

착어 숲은 아득하고

아무리 숲을 향해도

아무리 맨땅을 밟아도

숲밖에 있음이여 !

이 저녁

아물아물 아지랑이

3) 소를 보다 第三 見牛

할하고 이르길 '설사 신령한 빛이 홀로 비추어 하늘과 땅을 덮을지라도 여전히
섬돌 밑 사람이 혼을 희롱하는 손과 발이니 도깨비장난은 하지 않는 게 좋다 자,
말하라 무엇을 보았는가?

할! 일할.

喝云得如靈光獨耀箇天箇地猶是階下漢弄精魂脚手莫魑魅魅魍魎好且道見箇甚麼
喝 一喝

— 경허

설악의 심우송 3 — 소를 보다

어젯밤 그늘에 비친 고삐 벗고 선 그림자

그 무형의 그 열상裂傷을 초범으로 다스린다

태어난 목숨의 빚을 아직 갚지 못했는데

하늘 위 둔석^{窀穸}①에서 누가 앓는 천만이다 둔석 광중②

상두꾼도 없는 상여 마을 밖을 가는 거다

어머니 사련의 아들 그 목숨의 반경反徑③이여.

— 설악

① 둔석 — 무덤구덩이.

② 광중壙中 — 광 가운데.

③ 반경 — 지름길을 돌아 옴.

주해 :

소의 형태와 모양을 본다. 선지식에 법을 묻고 수학하여 본래 마음의 소 면목을 본다.

착어   없다, 없어. 목 달아난다.

돌아 돌아가라.

4) 소를 얻다第四 得牛

보아 얻었다면 없지는 않으나 제2두①를 어찌 하려는가? 아직 보지 못한 자는 보

라 이미 본 자는 오히려 미혹되어 잃게 하네. 깨달은 자는 영겁토록 깨달은 자 미혹

되어 잃은 자는 영원히 미혹되어 잃은 자 자, 이러함이 정당한가 정당치 못한가?

탁자를 한 번 치고, 이르다.

見得則不無爭奈爲第二頭未見得者永得見已見得者却令迷失又却令悟得者永悟
得迷失者永迷失還正當得也未以拄杖打卓一下云

한 번 버들가지 잡았으나 거둘 순 없으니

온풍이 옥난간에 걸리네.

一把柳條收不得

和風搭在玉欄干

— 경허

① 제2두—第2義에 떨어짐.

설악의 심우송 4 — 소를 얻다

삶도 올가미도 없이 코뚜레를 움켜잡고

헤맨 걸음 몇만 보냐 매어둘 형법을 찾아

죽어도 한뢰로 우는 생령이어, 강도여.

과녁을 뚫지 못하고 돌아오는 명적鳴鏑②이다

짜릿한 감전의 아픔 복사해 본 살빛이다

이 천지 돌쩌귀에 얽혀 죽지 못한 운명이어.

— 설악

② 명적 - 화살이 우는 소리.

주해 :

소를 붙든 후에는 놓아기르듯이 돈오 뒤에 오는 보림은 '만리에 풀 한 포기 없는 순수한 실상본지로 되돌아간다'.

5) 소를 기르다^{第五 牧牛}

선함과 악함은 모두 마음이라서 닦을 수도 없고 끊을 수도 없는 것 마치 벌레 독이 깔린 마을을 지나는 것같이 한 방울이라도 닿아서는 안 되는 것이다. 마음은 별다른 마음 없으니, 탐욕과 음욕을 끊지 못하면 마침내 금생을 다할 때 죽은 사람의 눈처럼 되지 행할 수 있는 것이 아니야. 자 말하라. 어떻게 해야 옳은지를 구구는 팔십일 이 또한 쓸 데 없네. 용천 선사는 사십 년에도 항상 바삐 돌아다녔고 향엄선사는 사십 년 만에 부딪쳐서 한 조각을 이루었다.

아! 진정 얻기는 쉬워도 지키기는 어렵네. 조금 얻었다고 해서 만족하지 말지니 반드시 선지식을 참례하여 다방면으로 단련해야 비로소 얻어진다.

善惡俱是心不可以修斷是如過蠱毒之鄕水也不得霑着一滴是心無異心不斷貪婬是及盡今時如死人眼是俱是險路不可以行且道如何則是九九八十一又椀達邱湧泉四十年尙有走作香林四十年打成一片

旰得易守難且莫得少爲足須參知識鑪鞴多方始得

— 경허

설악의 심우송 5 ― 소를 기르다

돌도 풀도 없는 그 성부城府의 원야原野를

쟁기도 또 보삽도 없이 형벌처럼 다 갈았나

이제는 하늘이 울어도 외박할 줄 모르네.

마지막 이름 두 자를 날인할 하늘이다

무슨 그 측연測鉛으로도 잴 수 없는 바다다

다시금 반답反畓을 하는 섬지기의 육신이어.

― 설악

주해 :

고삐 풀린 소를 잡았으나 아직 야성이 있어서 길들인다. 곧 수도로 힘을 얻었으나
아직 탐貪 · 진嗔 · 치痴의 관습을 끊지 못함을 노래한다.

착어　갈려 있는 빈손의 너그러움이여 입 없는

고놈 말마디 맵짜다

넌 원래부터 금지옥엽이어라

6) 소 타고 집에 돌아가다 第六 騎牛歸家

사생 육도를 거치면서 억겁토록 쓰디쓴 고생을 하였지만 어찌 한 걸음인들 고

향을 떠났으리.

六途四生歷劫辛酸何曾一步移着家鄕

하하하

피리 소리는 갈운곡①, 그 이름은 '동정호의 마음이요 청산의 다리'리.

비록 그렇다 해도 노형께선 아직 돌아가지 못했다고 말하려니 알겠는가?

계침②에 이르리라.

呵呵

笛聲遏雲谷①名同庭湖靑山脚

雖然如是敢保老兄猶未歸會麼桂琛②道底

— 경허

① 갈운곡─피리소리가 너무 아름다워 가던 구름도 멈춘다는 골짜기.

② 계침─나한계침羅漢桂琛(867~928)선사. 현사사비의 법제자. 『경허어록』에서는
   선의 비밀구秘密句라고 의역하였다.

설악의 심우송 6 ─ 소 타고 집에 돌아가다

징소리로 비 개이고 동천洞天 물소리 높던 날

한 웃음 만발하여 싣고 가는 이 소식을

그 고향 어느 가풍에 매혼埋魂③해야 하는가.

살아온 죄적罪迹 속에 못살릴 그 사구死句다

도매盜賣④할 삶을 따라 달아난 그 탈구脫句⑤다

그 무슨 도필刀筆을 잡고도 못 새길 음양각陽陰刻이어

—설악

③ 매혼─넋을 묻음. 마음을 묻음.

④ 도매─도적질하여 팖.

⑤ 탈구─벗어난 글귀.

주해 :

사람과 소가 하나가 되어 집으로 돌아온다. 고르고 복종시켜 하모니를 얻으매 들노래 부르고 피리 불며 편안히 집으로 돌아간다. 곧 이미 깨침이 있어 번뇌망상에 벗어나 본래 마음소를 타고 집으로 돌아가다.

7) 소는 잊고 사람만 있다忘牛存人

한숨 자세. 어찌 이리 설칠 일 있는가. 홀로 일없이 앉아 있으니 봄이 오고 풀이 저절로 푸르다. 이 낡은 종기 난 위에 쑥뜸을 더하는 것 같다.

보지 못했는가. 곧 바로 푸른 하늘에 한 방망이를 먹여야 한다.

왜 그런가? 비 내리기 좋은 때 비 오지 않고, 날이 개어야 할 때 개이지 않으니, 그렇네. 비록 그렇다 하더라도 이 무슨 심뽀냐?

아! 오랫동안 문을 나서지 않으니 이 무슨 경계인가? 이 낡 속을 향하여 되돌아

보지 않으니 이 무슨 경계인가? 뜬 세상에 이러쿵 저러쿵 상관치 않으니 이 또한 무슨 경계인가?

　양 눈썹을 아끼지 않고 너를 위해 보인다.

　撞眼去何得恁地狼藉兀然無事坐春來草自青這箇是癰瘡上添艾炙相似不見道直須青天也須喫棒爲甚如此好作雨時不作雨堪晴天時不晴天雖然如是是甚麼心行噫噫長年不出戶是何境界莫向這裏屙出去是何境界浮生穿鑿不相關是何境界

머리를 숙이거나 얼굴을 들어도 감출 곳이 없고
구름은 푸른 하늘에 있고 물은 병 속에 있네.①
不惜兩莖眉毛爲爾提出
低頭仰面無藏處
雲在靑天水在甁

— 경허

① 雲在靑天水在甁 — 약산 유엄과 낭주자사 이고 사이에서 출생한 아름답고 매혹적인 선시다. 이 선화를 덧붙여 보여주고 싶다.

몸은 연마하여 학과 같이 되었으니鍊得身形似鶴形
천 그루 솔 밑 두어 권 경千株松下兩函經
내가 도를 물으니 아무 말씀 없이我來問道無餘說
푸른 하늘엔 구름 병 속엔 물雲在靑天水在甁

— 이고(李翶)

낭주자사 이고는 약산藥山惟嚴(745~828)의 덕화를 오래 전부터 듣고 흠모하여 산사로부터 내려오셔서 설법하여 줄 것을 자주 간청했다. 그러나 약산이 끝내 하산하지 않자, 산사에 직접 찾아갔으나 선사가 경을 보면서 돌아보지도 않았다. 시자가 스님께 '태수가 왔다'고 아뢰었다. 약산이 미동도 하지 않자 태수는 성질이 나서 '얼굴을 보는 것이 이름을 듣는 것보다 나을 게 없군' 하며 무안을 쏘아 보내자, 약산이 '어째서 태수는 귀만 귀히 여기고 직접 보는 눈을 천히 여기시오?' 하니, 이고가 약산에게 '어떤 것이 도냐'라고 물었다. 약산은 아무 말 없이 손을 들어 하늘과 땅을 가리키면서 '알겠습니까', '모르겠습니다'.

선사가 이어서 읊다. "구름은 하늘에 있고 물은 병 안에 있네雲在靑天水在甁."

—『선문염송』9권 335칙 「운재(雲在)」・『경덕전등록』14권 「약산유엄선사」

설악의 심우송 7 — 소 잊고 사람만 있다

과태료 백 원 있으면 침 뱉어도 좋은 세상
낚시를 그냥 삼킨들 무슨 걸림있으리까
살아온 생각 하나도 어디로 가버렸는데……

눈감고도 갈 수 있는 이승의 칼끝이다
천만 개 칼만 벼르는 저승의 도산刀山이다.
이・저승 다 팔아먹고 새김질하는 나날이어.

— 설악

주해 :

집에 돌아와 소가 더 이상 필요치 않은 경지이다. 다른 판본을 '도가망우到家忘牛', 곧 '집에 이르는 소를 잊다'라는 제목으로 나온다. 자기 수중에 소는 잊었으니 오히려 득우했다는 상은 버리지 못하니, 이것은 사람이 본각에 이르러 무위의 땅에 도달하여 모든 상이 비었으나 오히려 아공我空이 되지 못한 것이다.

> **착어**　…그래도 내가 있다 여기 저기
> 　　　　달그림자 천장만장에 저것이 없다고
> 　　　　말한다
>
> 　　　　너는 네가 있지 무한창공이
> 　　　　흐르는 달이 있어 달을 본다

8) 사람과 소 몰록 잊다

시리소로 못다야 지다야 사바하

또 버들꽃을 따고 버들꽃을 따다. 오랫동안 수행을 했어도 여기에 이르러서는 몰록 혼미하고 아득하여 갈팡질팡하니 한 푼어치 가치도 없다

알겠는가?

第八. 人牛俱忘

悉利蘇魯沒多野地多野娑婆訶

又摘楊花摘楊花長年修行到此却是迷茫顚倒不直一分錢會麼

변방은 장군의 명령이고 나라 안에는 천자의 칙령이로다. 할! 일할

塞外將軍令寰中天子勅喝 一喝

— 경허

설악의 심우송 8 ─ 사람과 소 몰록 잊다

히히히 호호호호 으히히히 으허허허
하하하 으하하하 으이이이 이 호호호
껄껄걸 으아으아이 우후후후 후이이

약없는 마른버짐이 온 몸에 번진 거다
손으로 짚는 육갑 명씨 박힌 전생의 눈이다
한 생각 한 방망이로 부셔버린 삼천대계여.

— 설악

주해 :

소도 잊고 사람도 잊은 것이니 바로 7단계에서 남아 있던 사람마저 잊는다. 곧 사람도 잊고 소도 잊다人牛俱忘의 경지는 9. 근원으로 돌아오다返本還源와 같은 경지이니 굳이 표현하자면, '어허리 달게 어허리 달게'요, '시리시리 소로소로 못다야 지다야 사바하'이고 '울 넘어 물외 따오너라'이며 '봄이 오니 풀은 저절로 푸르다'와 '옛 향로에 찬 재만 그윽하다'의 경지이니 참의 경지인 바로 진공묘용 의 진공이고 '고요와 되비침寂照'의 적寂의 경지이다.

착어   옛사람이 말한 '부처 있는 곳엔 머물지 말고

부처 없는 곳엔 뛰어가라. 그리고

삼천리 밖에서 사람을 만나도 거론하지 말라'

'버들강아지 버들강아지'라

한 말

발로 차고 오라.

9) 근원에 돌아오다

학의 다리 비록 길어도 자르려면 걱정되고 오리의 다리는 짧아도 이으려 하면

걱정되네. 발우는 자루가 필요가 없고 조리는 새는 것이 맞지 않은가.

금주에는 부자요 병주에는 철이로다. 만물이 저마다 본래 땅이 좋지 않은가.

양식이 풍부하고 땔감 많아서 네 이웃이 풍족하다. 이것이 호남성 밑에 불을 부

는 입술은 뾰족하고 글을 읽는 혀는 날름대니 이것은 대우의 가풍이네.

第九 返本還源

鶴脛雖長斷之則憂鳧脛雖短續之則愁鉢盂不得着柄笊籬且宜有漏綿州附子幷州

鐵萬物無非本處好米賤紫多足四隣是箇湖南城下吹火尖嘴讀書彈舌也是大愚家風

다시 한 구가 있지 내일로 미루겠노라.

更有一句付在來日

— 경허

설악의 심우도 9 ─ 근원에 돌아오다

석녀와 살아 백정을 낳고 금리金利 속에 사는 뜻을
스스로 믿지를 못해 내가 나를 수감했으리
몇 겁을 간통 당해도 아, 나는 아직 동진童眞이네.

길가의 돌사자가 내 발등을 물어
놀라 나자빠진 세상 일으킬 장수가 없어
스스로 일어나 앉아 만져보는 삶이여.

─ 설악

주해 :

이는 소와 사람의 상조차 모두 여의고 한 물건도 존재하지 않는 '산 저절로 산이고 물 저절로 물'의 경계에 도달한다. 스스로 마음이 본래 청정한 무소득無所得의 소득所得을 얻어 무실무득無失無得의 아무도 모르는 불회처不會處에 이른 것이다. 제8 인우득망과 제9 반본환원은 '부처를 초월하고 진인을 뛰어넘다超佛越祖是眞人'의 경지이니 우리는 그저 선의 진경, 부처님의 경지라 부른다. 그럼 위 선계의 말은 무엇인가? 이것이 바로 선의 진경이고 부처님의 경지라 부르는 줄 알라.

10) 저자에 손을 드리우다

목녀의 꿈과 석인의 노래여! 이것은 육진의 그림자다. 상이 없는 부처도 용납지 못하는데 비로자나불의 정수리가 무엇이 그리 귀할까 보냐?

방초언덕에 놀다가 갈대꽃 숲에서 잠을 자네.

포대를 메고 저자에서 교화함과 요령을 흔들며 마을에 들어가는 것은 실로 일을 마친 사람의 경계이네.

전날에 풀 속을 헤치고 소를 찾던 시절과 같은가 다른가? 가죽 밑에 피가 있는 놈이면 모름지기 착안해보라.

第十 垂手入鄽

木女之夢石人之歌也是前塵影事無相之佛難容毘盧之頂何貴遊芳草岸宿蘆花洲荷佾遊市振鈴入村寔爲了事漢境界與前日撥草尋牛的時節同耶不同耶皮下有血底幸須着眼始得

— 경허

설악의 심우송 10 — 저자에 손을 드리우다

생선 비린내가 좋아 견대肩帶 차고 나온 저자
장가들어 본처는 버리고 소실을 얻어 살아볼까
나막신 그 나막신 하나 남 주고도 부자라네.

일금 삼백 원에 마누라를 팔아먹고
일금 삼백 원에 두 눈까지 빼 팔고
해돋는 보리밭머리 밥 얻으려 가는 문둥이어, 진문둥이어.

— 설악

주해 :

시장거리로 돌아와 중생에 대한 노파심절로 자비의 손을 드리우고 제도한다. 마치 한 사람이라도 성불치 못하면 불국토로 가지 않는 경계를 뭐라 하겠는가?

이 경지는 바로 격외가로 바보들의 행진이라 할까? '깔깔 허허 우우 호호 멍멍 엄매엄매 꼬끼오꼬 야옹야옹'이니 아는 사람 알 뿐이다. 그러나 세상만사 모른다고들 한다. 고요의, 부처님의, 진경眞景의 진공眞空이고, 적寂에서 되살아나니 묘용이고 조照의 경지, 진성眞性의 활성화다.

착어   모른다 몰라. 제자리에서 자기 일 하는
돌사람.

여기 깔깔 저기 히익
어메 어메 우리 어메

제25화

한국의 '소 찾는 노래 2'

韓國尋牛頌 二

한국의 달마대사로 칭호를 받는 경허화상은 희미해져 가는 선의 등불을 크게 진작시킨 대선사다. 21화와 22화에서 「심우송」의 뿌리가 되는 남전과 조주의 선화와 북송 확암의 「심우송」과 보명의 「심우송」을 살펴보았다. 그리고 우리나라 경허의 「심우10송」을 중심으로 현금의 선승인 설악 무산의 「심우송」도 살펴보았다. 우리는 경허의 「심우송」에서 산문체와 응송을 뒤섞어 활달하게 순역종횡하는 쾅쾅함을 맛보았다. 그리고 그 원류가 되는 확암 지원의 「심우송」에서 담담하게 차제를 따라 소를 기르고 자기화하는 과정을 익혀 보았다. 그리고 또 살활자재함이 경허의 「심우송」을 다시 읽는 듯한 설악의 「심우송」에서 활발발한 활구로 눈을 밝혀 보기도 했다.

이 장에서 소개하고자 하는 경허의 「심우8송」은 앞 돈오돈수적인 경허의 「심우10송」과 설악의 「심우송」에서 보여준 가풍과는 달리 중생의 근기에 알맞게 보살피고 적기하는 대선장의 간절노파심절을 읽을 수 있게 된다.

또 경허의 「심우송법문」은 수덕사 금선대에 병풍으로 비장되어 있는 것으로 진기한 선가의 보물이다. 법문 중 게송은 확암의 게송이며 수시나 착어는 경허 자신이 지은 것이다. 그리고 이 장에서 확암의 점수적인 가르침을 이은 만해 한용운의 차제 법문도 같이 읽기로 한다.

1. 경허의 「심우8송」과 만해의 「심우송」

1) 소를 찾다尋牛

可笑尋牛者	가소롭다 소 찾는 이여
騎牛更覓牛	소를 타고도 소를 찾네
斜陽芳草路	노을 진 방초길에
那事實悠悠	이 일이 실로 아득하구나

— 경허

분주히 소를 찾는 상을 그린 것. 마음을 소로 가차하여 표현했다.

우리의 태어나기 전 마음이 곧 우리의 마음인데 빛나는 쇠에 녹슬 듯 몸을 받으면서 어느덧 녹이 슬어버린다. 어느덧이 언제이냐? 비롯함이 없는 지금無始以來이라고 성현들은 말한다. 마음소가 약간 바깥 경계에 끄달리어 조금 아주 조금 비켜 앉았다 할까? 마음소가 초발심한다. 소를 찾는다. 이것이 '심우'다.

다시 말하면 경허가 노래하듯이 "소 타고 있으면서 다시 소를 찾는구나騎牛更覓牛"이다. 이것은 아는 것이 아니다. 선장들은 한결같이 불회不會, 부지不知 혹은 불식不識 이라고만 말한다. 그럼 소를 찾는 '심우'인, 만해의 「심우송」을 읽어 보자.

此物元非無處尋	원래 못 찾을 리 없긴 없어도
山中但覺白雲沈	산 속에 흰 구름이 이리 낄 줄이야!
絶壑斷崖攀不得	다가서는 벼랑이라 발 못 붙인 채
風生虎嘯復龍吟	호랑이와 용울음에 생을 떠네

― 만해

만해의 「심우송」은 착실히 앞장에서 보아 온 확암의 「심우송」을 차운하고 있다. 그와 동시에 내용 역시 패러디하고 있음을 우리는 살필 수 있다.

1행과 2행의 확암의 게송과 배대하여 보면 잘 드러난다. "아득히 풀 헤치면 소를 찾아도茫茫撥草去追尋 / 물 넓고 산은 멀어 길은 끝없네水闊山遙路更深." 그리고 3행과 4행 역시 이와 같다. 직접 확암의 게송과 만해의 게송을 읽어 보자. "몸과 마음 지쳤는데 찾을 곳 없고力盡神疲無處覓 / 들리느니 단풍나무 늦 매미 소리但聞楓樹晩蟬唫."

이것은 조사님네가 시를 작시하는 데 목적이 있지 않고 진흙탕에 빠져 이류중행異類中行하여 중생을 눈뜨게 하는 데 목적이 있기 때문이다.

2) 자취를 보다 _{見跡}

猿鳥春心慣	원숭이와 새들 춘심에 겨워 하는데
未登古路悠	옛길 오르지 못해 시름에 젖었네
箇中消息在	그 가운데 소식 있으니
跡向藪雲悠	자취가 구름 숲속에 그윽하구나

— 경허

소의 발자취를 발견한다. 처음 공부하여 점차 마음의 자취를 본다.

원조춘심猿鳥春心은 모든 물물은 삶의 흥이 절로 넘치지만, 발심한 나는 오직 '이것'뿐이다. 이것의 발자취는 물물物物의 두두頭頭이니 숨을 곳 없다.

여기서 확암은 "산이 깊고 또다시 깊고 깊은 들 / 하늘 닿는 소 콧구멍 어찌 숨기리" 하며 노래했고, 경허는 「심우10송」에서 "옛 사당 속의 향로 맑은 가을 들판의 물이네, 좋고 좋아 노래 부르네"라고 읊었다. 4행에서 말하듯 "자취가 구름 숲속에 그윽하구나跡向藪雲悠" 하지만 구름 밖에도 그윽하니 아는 사람은 안다.

狐狸滿山凡幾多	여우 삵괭이 득실대는 산
回頭又問是甚麼	머리 돌려 다시 묻네, 이 뭣꼬
忽看披草踏花跡	문득 보니 풀 헤치고 꽃 밟은 자취
別徑何須更覓他	굳이 다른 데 가서 찾을 리 있으랴

— 만해

3) 온전히 드러나다露現全體

曠劫相將地	광겁에 전지田地를 지니고 있었는데
驀然透一區	갑자기 한 구역이 뚫렸네
曾聞雪山裏	일찍이 듣자니 설산 속에
浮香萬年留	젖 향기 만년이나 머물렀다 하네

— 경허

소의 형태와 모양을 보고 득의한다. 선지식에 법을 묻고 수학하여 본래 마음의 소 면목을 보고 얻는다. 그러나 오랜 습성에 의해 소는 야성 그대로 이니 길들여 조복을 받아야 하리.

원래 가지고 있는 것. 하지만 우리는 콧구멍 막힌 채 살았을 뿐이다. 우리 석가 스승님, 이 콧구멍을 뚫으니 젖 향기가 만년을 머물렀고 만년 흐름이 분명하다. 무엇으로 뚫었나? 손가락이다. 경허는 말한다. '보아 얻었다면 없지는 않으나 제2두를 어찌 하려는가?' 이 '낱'은 어찌하려는가?

확암이나 경허 「심우10송」과 배대하면 '3) 노현전체'는 '3) 견우'와 '4) 득우'에 해당한다. 그저 그렇게 보아 얻었다면 그대는 헛것을 얻었다고 감히 저자가 보증한다. 선장들은 이것을 '나무 아래서 잘 생각해보라林下好商量'고 권한다. 바로 '이것'이다.

至今何必更聞聲	이제 하필 그 소리 들어야 하랴
拂白白兮踏靑靑	푸른 밭 밟고 선 희고 흰 모습이여
不離一步立看披	일보도 옮기지 않고 그를 보노니

毛角元非到此成   털과 뿔 원래 오늘 이룸이 아닐세

— 만해

4) 길들이고 보임하다 調伏保任

幾廻成落草   풀밭에 놓아 먹인 지 얼마였던지
鼻索實難投   고삐를 잡아당기기 어려웠네
賴有今日事   다행히 오늘 같은 노력이 있어
江山盡我收   강산을 내가 모두 거두었네

— 경허

고삐 풀린 소를 잡았으나 아직 야성이 있어서 길들인다. 곧 수도로 힘을 얻었으나 아직 탐貪·진嗔·치痴 관습을 끊지 못함을 노래하지만 한번 이른 나는 꾸준히 성태聖胎를 장양長養할 뿐이다. 본문의 게송 4행에서 경허는 "강산을 내가 모두 거두었네江山盡我收"라고 말한다. 그렇다. 이젠 소를 길들이고 항복받고 다진다. 곧 깨친 다음 보림保任에 임한다.

만해는 차운하기를 "어느덧 굴레 씌워 끌지 않아도 / 온갖 일 따르게 됨 신기하여"라고 노래하고, 확암 역시 "돌보는 중 소의 성미 차차 순해져 / 안 끌어도 제 먼저 사람 따르네"라고 노래한다.

여기에 이르면 이제 실상본지로 소 타고 환지본처하는 일만 남는다.

已見更疑不得渠   보고는 다 잡지 못할까 애태웠듯이

擾擾失心亦離除 　　 잃을세라 이 걱정 끊기 어렵네

頓覺其縛紀在手 　　 몰록 깨달으니 그 재갈 손에 있는데

大似元來不離居 　　 본래 같이 있는 듯해 이상도 하지

— 만해

飼養馴致兩加身 　　 기르고 길들이기 잊지 않음은

恐彼野性逸入塵 　　 행여나 옛 버릇 나서 달아날세라

片時不待羈與絆 　　 어느덧 굴레 씌워 끌지 않아도

萬事於今必須人 　　 온갖 일 따르게 됨 신기하여

— 만해

5) 마음대로 집에 돌아오다 任雲歸家

東西非內外 　　 동서와 내외가 원래 없거늘

任運向家邱 　　 내 마음대로 집을 향해 간다

無孔一枝笛 　　 한 가지 구멍 없는 젓대

聲聲難自由 　　 소리마다 자유롭기는 아직 일러

— 경허

　사람과 소가 하나가 되어 집으로 돌아온다. 고르고 복종시켜 하모니를 얻으매 들노래 부르고 피리 불며 편안히 집으로 돌아간다. 곧 이미 깨침이 있어 번뇌 망상에서 벗어나 본래 마음소를 타고 집으로 돌아간다.

경허는 그의 「심우10송」에서 이 대목을 통쾌 장쾌하게 노래한다. 들으라.

"사생 육도를 거치면서 억겁토록 쓰디쓴 고생을 하였지만 어찌 한 걸음인
들 고향을 떠났으리.

하하하.

피리 소리는 갈운곡, 그 이름은 '동정호의 마음이요 청산의 다리'리.

비록 그렇다 해도 노형께선 아직 돌아가지 못했다고 말하려니 알겠는가?"

또 만해는 읊는다.

不費鞭影任歸家	채찍질함도 없이 돌아가는 길
溪山何妨隔烟霞	안개 늘 낀들 상관있으랴
斜日吃盡長程草	긴 길가 그 많은 풀 먹어치울 제
春風未見香入牙	봄바람의 향기도 입에 씹히네

— 만해

6) 소는 없고 사람만 있다 忘牛存人

風燈泡沫了	바람 앞 등불, 물거품 일 마쳤는데
何法更堪求	무엇을 다시 구하려 하는가
寄語長安道	장안 큰 길에 말을 부치노니
聲前不得休	소리 앞에 아직 쉬지 못하였네

— 경허

경허의 「심우10송」에서는 이곳을 경허는 후련하게 토설한다.

"한숨 자세. 어찌 이리 설칠 일 있는가. 홀로 일없이 앉아 있으니 봄이 오고 풀이 저절로 푸르다. 이 낡은 종기 난 위에 쑥뜸을 더하는 것 같다. 보지 못했는가? 곧 바로 푸른 하늘에 한 방망이를 먹여야 한다."

'마음대로 귀가任運歸家' 한다. 고향집이 동쪽이라고만 생각하지 말라. 동쪽도 좋고 서쪽도 좋다. 그러나 귀하는 아직 한 가지 잊은 것이 있나니. 경허는 이른다.

"보지 못했는가. 곧 바로 푸른 하늘에 한 방망이를 먹여야 한다."

왜 그런가? 비 내리기 좋은 비 오지 않고, 날이 개어야 할 때 개이지 않으니, 그렇네. 바로 그렇다 하더라도 이 무슨 심뽀냐? 아! 오랫동안 문을 나서지 않으니 이 무슨 경계인가? 이 날 속을 향하여 되돌아보지 않으니 이 무슨 경계인가? 뜬 세상에 이러쿵저러쿵 상관치 않으니 이 또한 무슨 경계인가?

"양 눈썹을 아끼지 않고 너를 위해 보인다.

머리를 숙이거나 얼굴을 들어도 감출 곳이 없고

구름은 푸른 하늘에 있고 물은 병 속에 있네."

요컨대 그럼 뜻대로 왜? 되지 않는가. 이것은 경계는 잊었으나, 마음속에 내가 있기 때문이다. 내가 있음을 깨닫게 해주니 잘 보고 보라. "머리를 숙이고 얼굴을 들어도 감출 곳 없네 / 오직 구름은 푸른 하늘에 물은 물병에 있지." 그렇다. 바로 망우존인忘牛存人이기 때문이다.

自任逸蹄水復山	빠른 걸음 소에 맡겨 산이며 물을
綠水靑山白日閑	달리느니 세월은 한가롭기만
雖然已忘桃林野	복숭아 숲을 휘돌던 일 잊고 난 뒤

片夢猶在小窓間 　　　　간간이 창밖으로 꿈은 달리네

— 만해

7) 사람과 소가 함께 없다 人牛俱忘

寂光猶未至 　　　　적광토엔 아직 이르지 못했는데

添得一毛毬 　　　　쪽방울만 하나 더 얻었네

此道無多在 　　　　① 이 도리 별스런데 있지 않아서

山高水自流 　　　　산은 높고 물 저절로 흐르는구나

— 경허

① 별스럽지 않다無多在는 말은 임제가 황벽에게 불법이 별스럽지 않다고 말했음.

이곳은 부처의 진경이고 진인의 본향이다. 곧 인우구망하고 반본환원의 경지이니 바로 진공묘유의 진공이고, 적조동시寂照同時의 적의 진경이다. 소도 잊고 사람도 잊은 것이니 바로 7단계에서 남아 있던 사람마저 잊는다. 곧 조주는 '부처 있는 곳엔 머물지 말고 부처 없는 곳엔 뛰어가라. 그리고 삼천리 밖에서 사람을 만나도 거론하지 말라' 하였고 또 '버들강아지 버들강아지'라 한 말을 음미해보자.

확암은 "화로 불꽃이 어찌 눈을 용납하리요 / 여기에서 조종과 하나가 된다" 하였고 만해는 "하늘로 빼어든 칼 먼지 하나 못 앉거니 / 천추에 조종 있음 그 어찌 용납하리오" 하였다.

또 경허가 말한, "버들꽃을 따고 버들꽃을 따다. 오랫동안 수행을 했어도 여기에 이르러서는 몰록, 미하고 아득하여 갈팡질팡하니 한 푼어치 가치도 없다"고 노래했다. 그리고 이어 우리에게 왜 가치가 없다고 생각하는가? 되묻는다.

'알겠는가? 변방은 장군의 명령이고 나라 안에는 천자의 칙령이로다. 할! 일할'이며, 다시 경허가 9. 반본환원에서 "학의 다리 비록 길어도 자르려면 걱정되고 오리의 다리는 짧아도 이으려 하면 걱정되네. 발우는 자루가 필요가 없고 조리는 새는 것이 맞지 않은가." 그리고 "다시 한 구가 있지 내일로 미루겠노라" 한 진경처이다.

심우송 8 ― 사람과 소 몰록 잊다

非徒色空空亦空	색만 공이 아니라 공 또한 공이기에
已無塞處復無通	막힘도 없으려니 통함인들 있을 줄이
纖塵不立依天劍	하늘로 빼어든 칼 먼지 하나 못 앉거니
肯許千秋有朝宗	천추에 조종 있음 그 어찌 용납하리

— 만해

심우송 9 ― 근원에 돌아오다

三明六通元非功	삼명이라 육통이라 별것 없나니
何似若盲復如聾	소경인 양 벙어린 양
回首毛角未生外	돌아보니 털도 뿔도 나지 않은 곳
春來依舊百花紅	봄이라 활짝 핀 꽃 붉기도 한 빛

— 만해

8) 이류 가운데 일異類中事

被毛兼戴角	터럭을 쓰고 겸하여 뿔 이었으니
燈榻語啾啾	① 등탑이 말하기를 추추②하더라
祖佛今身外	불조 밖의 이 몸이여
長年走市頭	긴 세월 저잣거리로 싸다니네

— 경허

① 등탑 – 대웅전 앞의 석등.

② 啾啾 – 벌레 우는 소리, 새 우는 소리, 원숭이 우는 소리, 방울 소리, 피리소리, 망령이 우는 소리.

이는 소와 사람의 상조차 모두 여의고 한 물건도 존재하지 않는 '산 저절로 산이고 물 저절로 물'의 경계에 도달한다. 스스로 마음이 본래 청정한 무소득의 소득을 얻어 무실무득無失無得의 아무도 모르는 불회처不會處에 이른 것. 곧 진공묘유의 묘유이고 적조동시寂照同時의 되비침照의 세계다.

그럼 환지본처한 마음 소는 어떠한가? 시장거리로 돌아와 중생에 대한 노파심절로 자비의 손을 드리우고 나와 남을 제도한다. 마치 한 사람이라도 성불치 못하면 불국토로 가지 않는 경계를 뭐라 하겠는가? 우리는 그저 모른다 몰라. 제자리에서 자기 일 하는 저 사람. 그렇게 말할 뿐.

「심우송」에 배대하면 '입전수수'이다. 경허는 노래한다.

목녀의 꿈과 석인의 노래여! 이것은 육진의 그림자다. 상이 없는 부처도 용납지 못하는데 비로자나불의 정수리가 무엇이 그리 귀할까 보냐?

방초언덕에 놀다가 갈대꽃 숲에서 잠을 자네.

포대를 메고 저자에서 교화함과 요령을 흔들며 마을에 들어가는 것은 실로 일을 마친 사람의 경계이네.

전날에 풀 속을 헤치고 소를 찾던 시절과 같은가 다른가? 가죽 밑에 피가 있는 놈이면 모르지기 착안해보라.

'이류중행', 같은 종류에 속하지 않고 다른 종류에 가서 제도함이니 바로 '반본환원'한 다음, '입전수수'행을 말한다.

> **착어** 살점 하나 묻히지 않고 뼈를
> 추려내는 저 성자
> 분필가루 하나 떨어뜨리지 않는
> 칠판 이마에 촛불을 밝히는 저 초
> 경포정 난간에 하염없이 턱을
> 괴고 있는 저 성자
> 다섯 자식 두고 다시
> 배부른 저 여인
> 거듭거듭 가운데를 달리는 저 성자
>
> 우리는 비로소 아네 말씀자락
> 넓은 줄을

심우송 10 ─ 저자에서 손을 드리우다

入泥入水任去來	어디에나 마음대로 드나들면서
哭笑無端不盈顋	울고 웃고 그 **뺨**엔 흔적도 못내
他日茫茫苦海裡	괴로움의 바다 속 언젠가는
更敎蓮花火中開	불꽃 가운데 연꽃을 피게 하려니

— 만해

2. 경허의 심우송 법문

이 「심우송 법문」은 확암의 「심우송」을 '제6.기우귀가'까지를 경허가 법문한 것이다. 삼단계로 짜여 있다.

앞부분에 경허 스스로 수시垂示하였고, 가운데는 확암의 「심우송」을 본칙으로 삼고, 뒷부분에 붙인 경허의 4.4구 평으로 각 장마다 착어하였다. 수덕사 금선대에 비장된 「심우도」 6폭 병풍에 담겨있다.

1) 소를 찾다第一 尋牛

일직이 잃지 않았으니 무엇 하려고 애써 찾는가? 깨달음을 등짐으로 말미암아 불법에 소외되어 티끌세상으로만 향하여 드디어 집을 잃고 헤매는데 길은 점점 멀고 겹겹이 높은 산, 얻고 잃어버림이 치연熾然하여 시비가 벌떼 일어나듯 하도다.

 망망한 풀숲 헤치고 찾아 들어가니

 물은 흐르고 산은 먼데 길은 갈수록 깊기만 하여라

 몸과 마음 다하여 찾을 수 없는 곳에

 다만 시원한 나뭇가지에 늦 매미 소리만 들려라

 30년 동안 몇 사람에게나 되먹이장사로 속여 왔던가.

 從來不失 何用追尋

 由 背覺以 成疎在 向塵而 遂失家 山漸遠 岾路嵯峨 得失 熾然 是非蜂起

 茫茫撥艸去追尋

 水濶山遙路更深

 力盡神疲無處覓

 但聞風樹晩蟬吟

 三十年來 賺殺幾人

2) 자취를 발견하다^{第二 見跡}

경을 의지하여 뜻을 알고 교를 열람하여 종지에 알음알이를 밝히라 하니, 슬프다 대중이여. 전체는 오직 하나를 위함이며, 만물은 곧 자기가 됨이로다. 사邪와 정正을 가리지 못하는데 참과 거짓을 어찌 구분하랴. 이 문으로 드는 자는 권세와 방편으로 견적을 삼는다.

물가의 숲 아래 혼한 건 소 발자취
풀 우거진 그 속엔 보는가 못보는가?
산이 깊고 또 다시 깊고 깊은 들
하늘 닿는 소 콧구멍 어찌 숨기리

남산의 풍월 적선謫仙①에게 실어 보낸다.

依經解義 閱敎知宗 明衆哭 爲一全體 萬物爲自己 邪正不辨 眞僞奚分 未入斯門 權爲見跡

水邊林下跡偏多
芳草難披見耶麽
縱是深山更深處
遼天鼻孔怎藏他

南山風月 輪了謫仙①

① 적선－일반적으로 이백을 통칭하나 여기에서는 불특정 다수를 지칭함.

3) 소를 보다 ^{第三 見牛}

소리를 좇아 들어가 보이는 곳에서는 근원을 만나 6근문에 부딪쳐옴과 부딪침
이 서로 분명하여 움직이는 가운데 머리머리 온전히 드러나 물 가운데

    가지에 앉아 꾀꼬리 울음 울고

    따스한 햇볕 기슭에는 버들 푸르러

    이제는 피하려야 피치 못하기

    보이네, 뚜렷한 저 뿔! 그려도 못 미쳐

    남산南山에 북수北水가 다시 돌아오지 않는다.

    從聲得入 見處逢源 六根門着 着無差動用中 頭頭現路 水中鹹味 色裡膠精 貶上
眉毛 但非他物

    黃鶯枝上一聲聲

    日暖風和岸柳靑

    只此更無回避處

    森森頭角畵難性

    南山①北水② 一返不再

① 남산－진공묘유眞空妙有할 때 묘유, 응용, 조照, 타향을 뜻한다.
② 북수는 적조寂照나 체용體用을 말할 때 진공, 본체, 적寂, 고향을 말한다.

4) 소를 얻다第四 得牛

　오랫동안 문 밖에 매몰되었던 저를 금일에야 만나니, 아무리 수승한 경지로도 쫓기가 어렵다. 저 산의 우거진 방초 어쩌지 못하여 우악한 마음은 아직 일어나, 야성을 순화하고자 할진대 반드시 채찍의 재촉을 더할 일이다.

　온갖 힘 기울여서 붙잡은 이 소
　힘이 세어 다루기 정말 어렵네
　고원 위로 겨우 끌고 오르기도 하고
　안개구름 깊은 속에 거처하라

　이러한 면목은 멀찍이 나누어 붙지 않게 하라.

　久埋郊外 今日逢渠 由境勝以 難追 戀芳叢而 不已 頑心尙湧 野性猶存 欲得純化 必加鞭 楚

　竭盡神通獲得渠
　心强力將卒難除
　有時纏到高原上

又人烟雲深處去

這般面目 分疎不下①

① 우리는 너무나 오랜 관습으로 인한 자기 확신이 참인 양하는 믿음과 사유로 고정화되어 있다. 이제 이 "낱"을 잡았다.

착어　움직이지 마라. 올라갔다 내려갔다 무소뿔처럼 가라.

넘어졌다 엎어졌다. 발광하는구나. 오대산에서

미수가 넘은 노선객 고송종협선사에게 물었다.

"끝이 가물가물할 때 어떻게 해야 하는지 일러주십시오?"

"똑바로 가라."

돌아서서 삼배의 예를 드렸다.

5) 소를 먹이다 第五 牧牛

앞생각을 겨우 일으키면 뒷생각이 서로 따르니 깨닫는 길로는 참을 이루고 혼미迷한 경계로는 거짓妄을 이룬다. 경계를 원인하지 않아도 스스로 마음은 일게 된다. 고삐 잡아당기는 알음알이로 의논함은 용납지 못하리라.

고삐를 부여잡고 놓지 않음은

행여나 제멋대로 달아날 새라

돌보는 중 소의 성미 차차 순해져

안 끌어도 제 먼저 사람 따르네

환영의 성城 환영의 누각樓閣 남가일몽南柯一夢일레.

前思纔起 後念相隨 由覺路以 成眞 在迷境而 成妄 不由境有 唯自心生 鼻索 牢牽
不用議擬

鞭索時時不難身

恐伊縱步入埃塵

相將牧得純和也

覊鎖無抑自逐人

幻城幻樓 夢中南柯①

① 南柯 – 남가일몽. 당나라 덕종 때 순우분은 그의 집에 늙은 느티나무 아래서 잠
이 들었는데, 괴안국 사자가 와서 느티나무 안으로 따라갔다. 괴안국의 임금이
보고 매우 기뻐하여 순우분을 사위로 삼고 남가군의 태수로 삼았다. 태수가 된
지 20년 황폐한 고장을 잘 다스려 그곳 백성들은 순우분의 공덕을 칭찬하여 송
덕비로 삼았고, 임금은 순우분을 믿고 영지를 주어 재상을 삼았다. 그러나 그의
아내가 병으로 죽으므로 순우분은 태수를 그만두고 서울로 올라갔다. 모든 고

관대작은 순우분과 사귀기를 원했고 따라서 권세가 점점 커 갔다. 이에 국왕은 내심 불안을 느낄 때, 신하 중 한 사람이 도읍을 옮겨야 함을 상소하였다. 세상에는 순우분의 세력이 너무 강하여 화를 불러온 것이라 했다. 왕은 드디어 순우분을 가택연금 시켰다. 그 후 순우분이 별다른 잘못이 없음을 안 왕은 순우분을 고향집으로 돌려보냈다.

이때 순우분은 바로 느티나무 아래에서 잠이 깨었다. (이공좌의 「南柯記」를 간추림)

6) 소 타고 집에 돌아가다第六 騎牛歸家

예리한 창으로 이미 타파해 버리고 보니, 득실이 도리어 공이다. 나무꾼은 촌에서 노래 부르고 아이들은 들어서 피리를 분다. 소위에 가로지른 몸, 눈으로 아득히 하늘에 구름을 보아 부르고 대답함이 역력하여 뇌롱牢籠에 있지 않는구나.

멀리 소를 타고 집에 돌아가는 길
피리소리에 실려 가네 저녁놀 빛
한 박자 한 곡조의 무한한 뜻은
아는 이면 어이 꼭 입을 놀리랴

즐거운 일 아직 거두지 못했는데 또한 타향으로 어찌 나부끼는가

干戈已罷 得失還空 唱樵子之村歌 吹兒童之野笛 身橫牛上 目視雲霄 呼喚不回 牢籠不在①

騎牛迤邐欲還家

羌笛聲聲送晚霞

一拍一歌無限意

知音何必鼓脣牙

樂事未遂 又飄他鄕②

① 楞籠－힘을 들여 억지로 만들어 놓은 집.

② 樂事－공부가 다된 경지.

제26화

현각의 체달한 즉 남이 없고

玄覺體卽無生

육조 혜능에게는 선종사에 드러난 다섯 명의 덕 높고 빼어난 제자들이 있다. 청원 행사, 남악 회양, 영가 현각, 남양 혜충, 하택 신회가 그들이다. 이 장에서는 별 같은 총총한 세월의 선종사에 단 한 번의 참문으로 법인가를 받은 「證道歌」로 유명한 영가 현각永嘉玄覺(665~713)을 만나기로 한다. 그는 절강성 영가현 사람으로 성은 대씨다. 『전등록』에 의하면 일찍이 출가하여 삼장을 두루 탐구하였으며, 천태지관에 정통하여 항상 마음에 선관을 모두고 있었고, 좌계 현랑의 격려로 조계로 갔다고 한다.

永嘉萬里到曹溪	영가가 만 리 길 지나 조계에 이르러
三拜云何畧不施	세 번 절하고 왜 한마디 없었는가
却了禪牀三匝後	선상을 세 차례 돌고 난 뒤에
卓然振錫底威儀	석장 짚고 우뚝 서니 그게 위의런가

— 법진일

현각과 육조 혜능과의 기연은 『전등록』에 의하면 다음과 같이 기록하고 있다.

처음 조계에 이르러 주장자와 병을 들고 육조를 세 번 도니, 조사가 말했다.

"대개 사문인 자는 3천 위의와 8만 가지의 세행을 갖추어야 하는데, 대덕은 어디서 왔기에 이렇게 오만 무례한가?"

현각이 대답했다.

"생사의 문제가 가장 중요하고, 만물은 무상이 빠르기 때문입니다生死事大 無常迅速."

"어찌하여 태어남이 없음을 체달하여 신속한 무상이 없음을 알려 하지 않은가何不體取無生了無速乎?"

"체달한 즉 태어남이 없고, 요달한 즉 본래 빠름이 없습니다體卽無生 了本無速."

"그래 바로 그거야!"

—『경덕전등록』 권5, 보련각, 1982, 93쪽

위의 문답 중 육조께서 "하불체취무생료무속호何不體取無生了無速乎?" 어찌하여 남生이 없음을 체험하여 얻어도 빠름이 없는 도리를 요달하지 못하는가? 라고 반문하심을 새겨 보면 '네가 지금 무상無常이 빠르다고 하나 그 무상의 근본을 바로 체험하여 깨쳐, 무생無生을 확철히 알면 빠르다 빠르지 않다를 뛰어 넘는 구경각을 성취하게 되는데, 왜 그대는 그것의 근본자리를 해결하지 못하고 있는가? 하는 의미입니다. 이에 현각은 즉답하였습니다. "본체는 바로 남이 없고, 본래 빠름이 없음을 요달하였습니다." 이 말은 본체는 원래 남이 없음이니, 남이 없음을 우리가 체득할 필요가 있는가로 읽힌다.

곧 '그대로가 남이 없이 없고, 이대로가 빠름이 없는 것인데, 괜히 다시 남이 없고 빠름이 없음을 덧붙여야 할 까닭이 있겠는가.' 이 생사生死가 무너진, 시간과 공간을 초탈한 백척간두百尺竿頭에서 한 걸음 내디딘 견해는 조사로 하여금 "그래, 참으로 그렇다如是如是"를 연발하게 하였다. 이때에 모든 대중들이 깜짝 놀랐고, 현각은 비로소 위의를 갖추어 조사에게 참례를 하고 곧 하직을 고하고자 하였다.

육조가 말했다.

"왜 그렇게 빨리 돌아가려 하는가?"

현각이 대답했다.

"본래 움직이지 않았거늘 어찌 빠름이 있겠습니까本自非動 豈有速耶?"

"누가 움직이지 않았음을 아는가?"

현각이 대답하였다.

"스님께서 스스로 분별을 내십니다仁者自生分別."

"그대는 참으로 무생의 요체를 체달하였구나."

"어찌 무생에 뜻이 있겠습니까?"

"뜻이 없는 것을 누가 분별한단 말이냐無意誰當分別?"

"분별하는 것도 또한 뜻이 아닙니다分別亦非意."

육조가 탄복하면서 말했다.

"좋구나 좋아." 조사는 현각에게 하룻밤 쉬어 가라고 붙들었다.

이로부터 당시 사람들은 현각을 일숙각一宿覺이라고 했다.

—『선문염송』 제4권 122칙 「진석휴병」

위의 대화 중, "그대는 참으로 무생의 요체를 체달하였구나" 하는 육조의 말씀에 "어찌 무생에 뜻이 있겠습니까?"라고 대답하는 현각의 말은 남이 없음에 뜻이 있다면 곧 남이 없는 것이 아니라는 말씀이며, 이어 육조의 "뜻이 없는 것을 누가 분별한단 말이냐無意誰當分別?" 하는 것은 뜻이 없다면 그럼 뜻이 있다 없다 하는 것 자체가 분별하는 것이 아니냐는 육조의 질책에 현각은 "분별하는 것도 또한 뜻이 아닙니다分別亦非意"라고 대답을 한다. 이것은 '분별을 하여도 6식 즉 심의식心意識의 생각으로 분별하는 것이 아니라, 직관인 진여대용眞如大用의 분별'[1]이라는 의미입니다.

육조께서 알고 있었으나 짐짓 몰고 나간 끝, 더 나아갈 길이 없는 궁극처에서 "선재 선재善哉 善哉"라 폭발하였습니다. 이때 대중들은 현각이 조계산에서 하룻밤만 자고 갔다 하여 일숙각一宿覺이라 불렀습니다.

그 후 그의 명저 「증도가」에서 "스스로 조계의 길을 깨친 뒤로 나고 죽음과 상관없음을 분명히 알았네" 하고 노래했습니다. 옛사람들은 영가 현각이 깨침을 아래와 같은 말로 지목하고 있습니다.

어찌하여 태어남이 없음을 체달하여 신속한 무상이 없음을 알려 하지 않는가?
何不體取無生了無速乎

남명전이 선화를 들고는 대중에게 아래와 같이 시중하였다.

---

1 『금강경』「무득무설분」 제7에서는 "여래께서 말씀하신 진리는 취할 수도 없고 말할 수도 없고, 진리도 아니고, 진리 아닌 것도 아니기 때문입니다如來所說法 皆不可取 不可說 非法 非非法 所以者何. 왜 그러냐 하면 모든 깨달은 현인과 성인은 상대의 세계를 뛰어난 무위의 절대법 가운데 차별이 있기 때문입니다一切賢聖 皆以無爲法 而有差別"라고 한다. 경전은 상대세계를 양변의 견해에 의한 판단이 아니라 함이 없는 무위법이란 절대법 속에 무분별의 분별을 한다로 풀이된다. 곧 분별을 하여도 6식 즉 의식意識인 알음알이에 의해 분별함이 아니라, 진여대용眞如大用의 분별을 의미한다.

"대중들이여 이 공안에 대하여 모두가 말하기를 '현각과 육조는 임금과 신하의 도가 합하고 물과 젖이 섞인 것과 같다' 하는데 옳은 말인가? 나는 이렇게 말한다. '점잖은 조사가 용두사미龍頭蛇尾가 되었다.' 오늘의 구업口業을 아끼지 않고 여러 분들을 위하여 다시 한마디 하고자 한다. 조사를 세 겹 돌고는 석장을 짚고 우뚝 섰으니 여러분 조사를 보았는가? 만일 여기서 조사를 보았다면 정광탑淨光塔에서 뿐 아니라 온 세계의 어디서나 모두 조사를 뵙게 되겠지만, 만일 보지 못한다면 내가 그대를 위해 지적해 낼 것이야."

이어 주장자를 들어 올리고 말했다.

"유심히 보시게들. 낮가죽을 찢는 찬바람이 부니 망망한 강에 떠 있는 나그네가 낚싯대를 거두네看看 劈面風寒 茫茫江上客 收取釣魚竿."

하고는 법좌를 한 번 쳤다.

구름 한 점 없는 둥근 공을 굴리고 있는 가을이 도시와 도시 소시민의 찌든 낮가죽을 청량한 바람이 몰고 간다. 바람은 있어 무엇 하랴? 가만히 고개 숙인다. 이것뿐이다. 그리 알라. 이 선화에 후세의 선객들 게송 읊어 뜻을 드러내고 있다. 몇 수 읽어보자. 그럼 자연적으로 앞의 게송의 뜻이 드러나리라.

①

曹溪未到有何疑	조계산에 오기 전엔 무슨 의심 있었던가
月面堂堂更是誰	월면이 당당하니 그가 누구이던가
一宿已成歸計晚	하루 쉬자 어느덧 돌아가기 늦었으니
不干盧老擧鞭遲	노씨 노인 채찍 늦은 것 관계치 않네

— 조계명

②

生死一事大	나고 죽는 하나의 일 크니
證了不復住	깨닫고는 머물지 않네
一宿留曹溪	하룻밤 조계산에서 쉬고 나서
長歌出門去	문을 나서며 노래 불렀네

— 지비자

①의 게송 "조계산에 오기 전엔 무슨 의심 있었던고 / 월면이 당당하니 그가 누구던가"는 현각이 이미 조계에 오기 전부터 아무런 의심을 갖지 않았던 사람, 즉 무사한인이며 무위진인임을 노래하고 이어 그저 평범한, 가장 예사로운 사람임을 2행에서 노래한다. '월면이 당당'하다는 말은 '너무 예사로워, 사실 딱 포개어 떨어뜨려지지 않는 주체여서 아무도 알 수 없는 사람'이라는 의미다. 월면이 당당한 그가 누구던가. 지식으로 알려 해야 알 수 없고, 이미 알았을 때는 이해일 수밖에 없는 그는 누구던가. 아무도 알 수 없다고 함이 정확한 표현인 진리 당처다.

이런 그는 "하루 쉬자 돌아가기 어느덧 늦었으니 / 노씨 노인 채찍 늦은 것 관계치 않네" 한다. 원래 늦을 것도 없고 또한 빠를 것도 없다. 이러한데 육조의 달리는 말에 때리는 채찍 또한 빠르고 늦을 리 없다. 말은 말이고 채찍은 채찍일 뿐.

조계명 선사의 게송은 이미 당체當體와 계회된 현각은 쉬는 것이 돌아가는 것이고 늦은 것이 이미 빠름이니, 무얼 깨달음이라 하는가. 육조의 간절한 노파심이 뭉쳐진 채찍, 아무런 역할이 되지 못함을 노래하니 현각을 찬양한 게송이다.

②의 게송 1행에, "나고 죽는 하나의 일 크니生死一事大"는 인간의 제일 명제다. 세상에 태어났던 일체의 성인이나 철인, 혹은 중생들까지 모두가 근원적인 걱정 근심을 추구하여 보면 끝내 맞닿는 것은 나고 죽는 일이다. 그래서 선가에서는 생사문제 해결을 장부일대사인연丈夫一大事因緣이라 잘라 말한다. 2행에서 "깨닫고는 머물지 않네證了不復住"는 당연한 구절이다. 무상이 신속한데 어찌 깨닫고 상주할 수 있는가? 그래서 불교에서는 '스스로 이로우면 남도 이롭다自利利他'나 '위로는 지혜를 구하고 아래로는 중생을 제도하라上求菩提 下化衆生'라고 이르고 있다. 이러할진대 어찌 잠시라도 머물 수 있겠는가. 3행과 4행은 자연 이해가 될 것이다. "하룻밤 조계산에서 쉬고 나서 / 문을 나서며 노래 불렀네"라는 3행과 4행의 부드러운 결구는 읽는 이로 하여금 편안함을 준다. 평범하므로 더욱 깊은 선리가 담겨 엄습해 옴을 느낀다.

본칙 모두의 게송 1행과 2행에서 "영가가 만리 길 지나 조계에 이르러 / 세 번 절하고 왜 한마디 없었는가" 하였는데, 왜 정말 '한마디 없는지'를 살필 일이다. 왜 현각은 육조를 만나고도 말 한마디 없이 서 있었는가? 이곳의 이해를 위해 우리는 『금강경』의 제2 「선현기청분」[2]을 설의한 함허 득통涵虛得通(1376~1433)의 법문에 귀 기울여야 한다. 이 경문 모두에 부처님이 '환지본처하여 식사를 하시고 밥그릇을 거두고 발을 씻으시고 곧바로 앉았다'. 그런데 수보리가 세존께서 아무 말씀도 않으셨는데, "드무십니다, 세존이시여" 하며 말을 잇는데, 이 일하고 영가 현각이 육조에게 세 번 절하고 한마디 말없이 선, 이 일과 어디가 같고 어디가 다른가를 살펴야 한다. 어디서 그 견

---

2 『금강경』 제2 「선현기청분」. 수보리가 대중 가운데 있다가 자리에서 일어나 오른 어깨에 옷을 걸쳐 메고 오른 무릎을 땅에 대고 합장하여 공경하며 부처님께 여쭈었다. "드무십니다, 세존이시여, 여래께서는 모든 보살들을 잘 보살펴 주시며 모든 보살들에게 잘 부촉해주시니時 長老須菩提 在大衆中 卽從座起 偏袒右肩 右膝着地 合掌恭敬 而白佛言 希有世尊 如來 善護念諸菩薩 善咐囑諸菩薩……".

처를 얻을 수 있는지 잘 살필 일이다. 함허의 설의는 다음과 같다.

양기가 말하기를 "황면노자가 스스로 가련하다. 수보리가 나와 '드물다希有'라고 말하는 것을 듣고 바로 얼음이 풀리고 기와가 무너졌다" 하니, 이 노인의 이 설이 다만 사람으로 하여금 아득한 시간 밖을 향한 바로 그곳에 오르기를 바라는 것이다.

때문에 대혜 종고가 이 말을 가지고 '세존이 한 말도 하지 않았는데 수보리가 무슨 도리를 보고 문득 드물다라고 말했는가? 다만 양기 방회의 얼음이 녹고 기와가 무너지는 곳을 향해 보아 자연히 보고 얻어버리면 일생의 공부하는 일을 마칠 것이다' 한 것이다.

또 옛 어른의 게송에 "사해에 바람이 쉬고 달이 하늘에 뚜렷하고 / 파도가 없으니 철선을 띄운다 / 수보리가 거듭 누설함에 힘입어 / 좋은 말이 채찍을 눈치 본 것 같음을 면한다" 하니 곧 세존이 단좌하여 한 말도 하지 않은 최초의 일구자를 눈앞에 가져가 여러 사람의 면전에 두 손으로 나누어 맞추었는데 수보리가 벌써 이 같음을 알고 나와 '드물다'라 말한 것이다 수보리가 없었던들 누가 이 어두움 속의 밝음을 알았을까?

楊岐云 黃面老子 幸自可憐生 被須菩提 出來道皆希有 當下 氷消瓦解 此老此說
只要敎人 向劫外承當 所以 大慧 擧此話云 黃面老子 不下一言 須菩提 見介甚麽道
理 便道希有 但向楊岐 氷消瓦解處看 自然看得破 一生參事畢 又古德訟 云 四溟風
息月當天 不動波瀾駕鐵船 賴得空生重漏泄 免同良馬暗窺鞭 則世尊端坐 不下一言
處 最初一句子 覿面提持 向諸人面前 兩手 分付了也 須菩提 早知如是 出來道希有
不有須菩提 誰知暗中明

— 함허 득통, 『금강경오가해』 「법회인유분 제일설의」, 월정사본

본문의 흐름과는 다소 빗나간 느낌이 있으나, 충분히 '현각이 조계를 찾아와 한마디 말하지 않음'이나, '지팡이 짚고 그냥 서있는 것'의 도리가 밝혀진다 할 것이다. 평범한 선시 속에 의외로 현묘한 세계를 숨기고 있다.

내친 김에 선문의 명저로 알려진 「증도가證道歌」를 정독해 보자.

일숙각 현각의 『영가집』과 「증도가」 1편이 세상에 전해온다. 근래 돈황에서 출토된 태평흥국 5년(980)의 고문古文에 「증도가」가 「선문요결」로 적혀 있고 '초각대사 일숙각 작'이라 쓰여 있어 호적이 초각이 현각이 아니라고 발표한 바 있으나, 이어 일숙각이라고 현각의 별호가 나오고, 진각이라는 황제가 내린 시호도 있는 것을 보아 현각의 저작으로 본다.

그래서 『전등록』의 기록을 의심하였으나, 돈황 자료보다(태평흥국 5년) 약 30년이나 더 빨리 완성된(남당 보태 10년, 950년) 『조당집』에 의하면 그 내용이 『전등록』과 거의 일치되므로 「증도가」가 현각의 저작임이 분명하게 되었다. 이 노래는 7언으로 이루어졌다. 철리시哲理詩 가운데 유일한 장편으로서, 장편의 고시 「공작동남비」(1700자)에 비해 165자나 많은 1,865자나 된다.

그가 남긴 가歌·행行·게偈·송頌은 모두 그의 누나가 수집한 것이다.

일숙가 현각은 선천 2년 서기 713년 10월에 입적하니 세수 32세였다.

「증도가證道歌」의 '증證'은 본래면목에 계합됨을 말한다. 곧 구경을 체득. 일반적으로 각覺을 두고 선학들은 증오와 해오를 말해 왔다. 해오解悟란 깨달음을 이해하다, 지해知解·해오解悟, 곧 풀어 알다, 각을 이해하다와 같다. 물이 필요한데 얼음이 물이라는 것을 분명 알지만 녹지 않는 까닭에 물로 쓰지 못함과 같으며, 중생이 부처인 것을 알지만 아직 부처가 아닌 중생인 것을 해오라 한다.

증오란 얼음이 완전히 녹아 물로 쓸 수 있을 뿐 아니라, 물 자체가 되어서 물이라는 생각조차도 끊어진 상태이니 이것을 각, 곧 구경각究竟覺을 말한다.

이것을 『벽암록』에 의하면 '진리老胡를 아는 것은 허락하지만, 진리와 만났다 함은 허락하지 못한다只許老胡知 不許老胡會'란 선게를 깊이 헤아려 볼 일이다.

「증도가」의 내용은 불교의 진리와 선에 대한 견해가 있고 구도의 요지와 선종의 전등사도 담고 있다. 이 「증도가」라는 이름은 후세에 붙여진 것이다. 전반적인 내용은 현각 자신의 깨달음을 후세의 수도자에게 보여준 것이다. 긴요한 몇 대문을 음미하여 보자.

君不見	그대는 보지 못하는가
絶學無爲閑道人	학문을 끊은 하릴없이 한가한 도인을
不除妄想不求眞	망상을 없애지도 참을 구하지도 않는
無明實性卽佛性	무명의 실성이 곧 불성이요
幻化空身卽法身	허깨비같은 빈 몸이 곧 법신이다
法身覺了無一物	법신이란 한 물건도 없다는 걸 깨달으면
本源自性天眞佛	본원자성이 천진불이다
五陰浮雲空去來	다섯 더미 떠도는 구름이 부질없이 오가고
三毒水泡虛出沒	탐진치 삼독은 물거품처럼 헛되이 출몰한다
證實相無人法	실상을 증득하면 사람도 법도 없고
利那滅却阿鼻業	찰나에 아비지옥에 떨어질 업도 소멸된다
若將妄語誑衆生	만일 망령된 말로 중생을 속이면

自招拔舌塵沙劫   영겁의 발설지옥 자초하리라

—『경덕전등록』권30 「증도가」, 보련각, 1982, 236~239쪽

위의 선시는 「증도가」 모두의 구절이다. 이 단락이 「증도가」의 대의를 천명한 것이며 "학문을 끊은 하릴없는 한가한 도인"의 경지를 밝힌다. 일반적인 불교의 종파, 교학 위주의 교종이나 다른 종파들은 모두 수지, 좌선, 독경, 구법에 치우쳐 있다. 이들은 대상화된 불교를 일반화하려는 데 반해, 선은 현실이나 생명 그 자체를 활발발活潑潑한 그대로를 포착하고 영회하여 주체가 되는 데 있다. 이러한 면에서 이 선구는 선종의 정신이며, 강령이다. 이처럼 한가롭고 자유로운 도인은 본성을 더럽히지 않고 저절로 무심 그 자체가 되어 닦는 것마다 바로 그것이 된다. 일반적으로 망상을 버리고 무명을 벗어남을 수도하는 것이 교학의 이상으로 생각하지만, 선에서는 성범聖凡의 분별심에서 벗어나므로 무명無明, 보성實性이 둘이 아님의 경계에서 '함이 없는 행위無功用'가 된다. 따라서 "무명과 실성이 곧 불성이며 / 허깨비같은 빈 몸이 곧 법신이라" 한 것이다.

"법신이란 한 물건도 없다는 걸 깨달으면法身覺了無一物"이라는 구절은 '본래무일물本來無一物' 바로 법신이라는 의미이다. 이런 '본래무일물'이 본원자성불이며 천진불이다. 이 '일물'은 사람마다 모두 구족한 본원이며 자성이다.

오음五陰은 오온五蘊과 같은 말이며, 인도 고래부터 물물物物은 색色·수受·상想·행行·식識, 즉 다섯 더미인 오온으로 되었다고 말하여 왔다. 색은 물질이고 수는 느낌, 상은 따짐, 행은 의지력, 식은 알음알이를 말한다. 이 오음은 인연에 의하여 성립되어서 머물다가 허물어져 텅 빈 상태가 되는 성주괴공成住壞空의 흐름 속에 짐짓 가유假有하는 존재다. 이와 같이 뜬구름과

제26화 l 현각의 체달한 즉 남이 없고   455

같기에 '일물'의 장애가 될 수 없으며, 탐貪·진嗔·치痴 삼독 또한 물거품과 같아서 자성에 방해가 되지 않는다. "실상을 증득하면 사람도 법도 없고證實相無人法 / 찰나에 아비지옥에 떨어질 업도 소멸된다刹那滅却阿鼻業." '본래무일물'인 나는 사람도 법도 아니며, 또한 법도 사람이다. 이러함을 분명히 증득한 현각은 다시 한번, "만일 망령된 말로 중생을 속이면若將妄語誑衆生 / 영겁의 발설지옥 자초하리라自招拔舌塵沙劫" 천명한다.

「증도가」를 통하여 현각은 자신이 조계선에 귀의 한 것을 표명하는 시구와 전등사의 기록도 있어, 후대의 전등사 고증에 참고가 되는 구절이 있다.

游江海涉山川	강과 바다 건너 산과 내를 지나
尋師訪道爲參禪	스승과 도를 찾는 것은 선을 참하기 위해서다
自從認得曹溪路	조계의 길 깨달은 후로는
了知生死不相關	생사와 상관없음을 알았노라

行亦禪坐亦禪	다녀도 참선이요 앉아도 참선이니
語默動靜體安然	어묵동정에도 본체는 안정하다
縱遇鋒刀常坦坦	비록 칼을 마주쳐도 늘 마음 편안하고
假饒毒藥也閑閑	독약을 마실지라도 여유롭기만 하네

앞의 연은 현각이 육조를 참문했을 때의 깨달음을 말하고 있다. 후세의 참학자들은 현각과 육조의 법거량이 거의 동동한 한 판의 무승부가 아닌가 하는 이들도 있을 법한 싸움이었다. 그러나 현각의 「증도가」 중 "조계의 길 깨달은 후로는自從認得曹溪路 / 생사와 상관없음을 알았노라了知生死不相關"라는

구절은 현각이 스스로의 마지막 눈이 떨어졌음을 읊은 것.

그리고 아래 연의 "비록 칼을 마주쳐도 늘 마음 편안하고縱遇鋒刀常坦坦 / 독약을 마실지라도 여유롭기만 하네假饒毒藥也閑閑"의 시구는 육조를 찾고는 더 이상 흔들리지 않는다. 그것은 바로 "말하고 침묵하고 움직이고 조용한語黙動靜 가운데도 본체는 안정하다語黙動靜體安然"는 시구로 나타난다.

다음은 전등사에 관계되는 연을 읽기로 하자.

建法幢立宗旨	법 깃대를 세우고 종지를 세우니
明明佛勑曹溪是	밝고 밝은 부처님 도리 밝힌 조계
第一迦葉首傳燈	제1 가섭이 법등을 전하여
二十八代西天記	28조 인도의 기록이네
歷江海入此土	법이 바다 건너 이 땅에 들어오니
菩提達磨爲初祖	보리달마가 초조이시고
六代傳依天下聞	6대의 의발을 전함이 천하에 들리더니
後人得道何窮數	나중에 도 얻은 자 헤아릴 수 없네

현각은 위의 노래에서 선종의 전등을 밝히고 있다. 호적 박사는 '의발전수설'이란 하택 신회의 창안이며, 선종이 28대에 거쳐 달마 때에 중국에 전해졌다는 것이 만당晚唐 이후에 굳어진 정설이라고 인식하였다. 그래서 「증도가」가 현각의 저작이 아닌, 위작이라 의심하였다. 그렇지만 초기 전등사인『조당집』에 의하면 현각은 움직일 수 없는 육조의 제자로 나타난다. 비록 후대에 이 「증도가」 구절이 윤색 첨가된 것이 아닌가 하는 의심도 가능하

겠으나, 그렇게 생각할 수 있다 하여 더욱 확실한 근거를 제시하기 전에 의심한다면 어떤 사서史書라도 믿지 못할 것이다. 그리고 「증도가」는 현각의 저작이라 한 당나라 사람들의 기록에 이설異說이 없는데, 함부로 뒤집는다는 것은 무리한 일일 것이다.

마지막으로 현각은 깨닫지 못한 사람을 위해 이 「증도가」를 노래한다고 적고 있다.

大象不遊於兎徑	큰 코끼리는 토끼의 길을 밟지 않고
大悟不拘於小節	큰 깨달음은 작은 규범에 얽매지 않는다
莫將管見謗蒼蒼	조그만 소견으로 하늘을 비방 말라
未了吾今爲君決	깨닫지 못했기에 내 이제 그대 위해 결정하노라

제27화
운문과 법안종의 종조들
용담 · 덕산 · 설봉

운문종과 법안종의 종조 덕산德山宣鑒(780~865)과 설봉雪峯義存(822~908), 이 두 조사는 고금에 빼어난 걸세출의 선장이다. 육조 이래 법계를 더듬어 보면 선종의 황금시대에 펼쳐졌던 5가(위앙종, 임제종, 조동종, 운문종, 법언종)는 육조의 양대 제자 청원행사와 남악회양의 후손들에 의해 탄생된다. 곧 상수제자 청원을 뿌리로 하여 조동종 운문종 법안종이 탄생되었고, 남악의 문손에서 위앙종과 임제종이 형성되었다. 다시 임제종에서 양기파와 황룡파가 갈라지니 천하의 선문은 5가 7종이라 불리게 된다. 물론 법이 둘이고 셋이라서 선문이 각기 개창됨이 아니라, 그 법을 부리는 응용과 기봉이 같지 않는 데서 5가 7종이 형성되었다.

이장에 등장하는 대조사 용담과 덕산은 운문종, 법안종의 종조이며, 그의 제자 설봉은 운문을 낳고 증손 법안을 두니, 그들의 선이 비추는 덕화와 광명은 오늘날까지 남악의 문손들과 선종을 양분하고 있다. 특히 덕산과 설봉을 읽으면서 세상만사는 우리가 쌓은 공부와 인성에 있음을 깨닫게 된다.

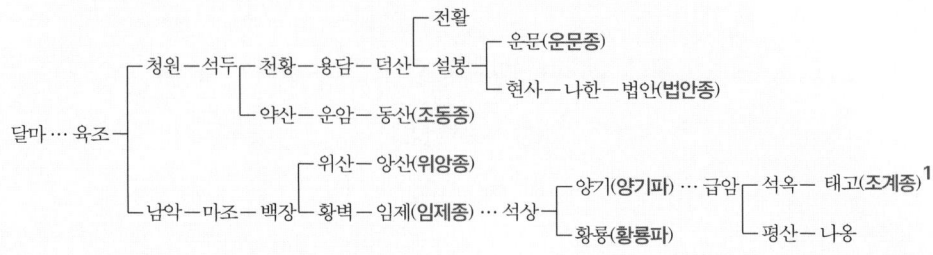

이 장에서는 운문종과 법안종의 뿌리인 용담과 덕산, 그리고 설봉과 암두를 살펴본다.

1. 덕산, 설봉과 암두 세 부자

덕산德山宣鑒(780~865)은 육조의 두 제자 중 청원 행사를 잇는 석두와, 석두를 잇는 천황 도오, 그리고 천황을 잇는 용담 숭신龍潭崇信(?~838)의 법제자다. 사천성 성도인으로 속성은 주씨다. 지금까지도 제방에 회자되는 덕산방, 임제할로 유명한 선문의 대선장이다

덕산의 제자 중 암두 전활巖頭全豁(828~887)과 설봉 의존雪峯義存(822~908) 두 사람이 뛰어났다. 암두는 선기가 영민하여 타고난 상근기 소유자였으며 반

---

1 우리나라 선맥은 위의 도표에도 나타나듯이 신라의 9산선문 중 가장 먼저 서당과 백장에게 인가를 받고 귀국한 도의를 초조로 한다. 도의의 후손들에 의해 창립된 가지산문의 후손 태고가 고려 말 중국으로 들어가 임제종 양기파의 석옥에게 인가를 받고 귀국하므로, 결국 태고는 신라9산선문의 가지산파와 임제종의 양기파의 법맥을 아우르게 된다. 이것이 오늘날 조계종의 선맥이다.

면에 설봉은 성실한 성품의 소유자였다. 선적에 의하면 암두는 설봉의 사형으로 먼저 깨달았고 설봉이 깨달음에 이르도록 많은 도움을 주었다.

덕산과 설봉을 읽자면 자연 선화의 백미인 반두飯頭, 혹은 「암두밀계처巖頭密計處」, 「덕산탁발화德山托鉢話」라 불리는 공안에 머물게 된다. 이 선화 역시 지금까지 선객들의 가슴에 아로새겨진 꿈의 이야기로 전한다. 아니, 이 3부자에 포개어지기는 험난하다.

다음 선화를 읽어보아도 이런 주장이 잘 드러난다.

덕산이 어느 날 공양시간이 늦으니 손수 바리때를 들고 법당으로 올라갔다. 설봉이 보고 말하기를 "저 노장이 종도 치지 않았고 북도 울리지 않았는데 바리때를 들고 어디로 가는가?" 하니, 덕산이 그냥 돌아갔다.

설봉이 이 일을 암두에게 말했더니, 암두가 "알량한 덕산이 말후구를 몰랐구나!" 하였다. 덕산이 이 소식을 듣고 시자를 보내 방장으로 암두를 불러 물었다. "자네는 노승을 긍정치 않는다며?" 하니 암두가 가만히 자기의 소견을 말했다.

이튿날 덕산이 법상에 올라갔는데 평상시와 다름이 없거늘 암두가 큰방 앞에서 손뼉을 치고 크게 웃으면서 말했다. "저 노장이 이제 겨우 말후구를 알게 되어 기쁘다. 이 뒤로는 천하의 사람들이 어쩔 수 없겠구나. 그러나 겨울 3년뿐인 걸" 하였다.(『전등록』에 의하면 3년 뒤에 덕산이 입적했다)[2]

— 『선문염송』 668칙 「탁발」 · 『종용록』 55칙 '설봉반두' · 『본지풍광』 1칙 '덕산탁발'

예부터 수좌들에게 지난한 공안으로 정평이 있는 「암두밀계처」 공안을 우리는 제18화 「청풍은 태고로부터 불어오네」에서 살펴보았다. 태고가 선과에 급제하고 10여 년 수도한 후에도 풀지 못하고 머뭇거리던 위의 공안은 자

---

2 『경덕전등록』 권17 「낭주덕산선감선사」.

고로 수자들을 몹시 초췌하게 하던 화두였다. 이 선화에서 제자 암두가 덕산 대조사의 상수제자이면서 덕산을 인정하지 않고 늘 태클을 거는 것을 보는데, 저자의 소견은 이것이야말로 덕산이 암두를 바로 보았고 암두 역시 자기 스승의 정법을 올바르게 전등하였음을 분명히 증명하는 징표인 것이다. 이것은 풍랑 위에 더 큰 풍랑을 밀어 덮치는 것과 같다. 이 공안은 퇴옹 성철의 공안집 『본지풍광』에서는 제1칙으로 나타날 만큼 유명한 공안이다.(앞의 제18화 참고)

　이 지난한 「덕산탁발화」를 바르게 읽는 데 도움이 되는 설봉의 '이것이 무엇인가' 하는 선화를 하나 소개하며 앞의 공안에 더 가까이 다가가 보자.

　　설봉이 암자에 살 때에 두 사람의 학인이 와서 인사를 드리니 설봉이 문을 밀고 나오면서 "이것이 무엇인가是什麽?" 하고 바로 물었다. 이에 그 두 학인들도 '이것이 무엇입니까?' 하고 되물으니 설봉이 머리를 숙이고 암자로 돌아갔다. 이에 두 학인은 무참한 설봉의 행동을 보고 암두를 찾아가서 이 일을 암두에게 전하니 암두가 '슬프다, 내가 당초에 설봉에게 말후구를 일러주지 않았음을 후회한다. 만약 그에게 말후구를 일러주었던들 천하 사람들이 설봉을 어쩌지는 못할 텐데憶我當初悔 不向他道末後句 若向伊道 天下人 不奈雪老何' 하였다. 뒷날 그 학인이 법문의 뜻을 묻자 암두가 말하였다. "설봉이 비록 나와 한 가지에서 나기는 했어도 나와 한 가지에서 죽지는 않는다. 말후구를 꼭 알고 싶다면 다만 '이것'이다雪峰 雖與我同條生 不與我同條死 要識末後句 只這是."

　　　　　　　　　　　　　　　　　　　— 성철, 『본지풍광』 제1칙 '덕산탁발'

　이 선화 역시 앞의 「덕산탁발화」와 서로 의지가 통하고 있다. 외로 이야기의 설정이 단순하여 좀 더 가깝게 살필 수 있다. 여기서 우리에게 들어 보이는 두 선장의 착어著語를 읽어보자.

> 암두 : '설봉과 나는 한 가지에서 나왔어도, 죽을 때는 나와 같은 가지에서 죽지
> 못한다.
> 이것이 말후구다.'
> 성철 : '조상이 영험하지 못하여 앙화가 그 자손에게 미친다.'

　그렇다. 오늘 천동발가숭이가 있어 횡설수설하여도 조상이 영험하면 그들이 하는 짓거리는 겨우 눈썹을 세 번 정도 찡그리거나, 앞으로 세 발 혹은 뒤로 두 발 가면서 이것이 무엇이냐? 정도일 거니, 그들에게도 기대를 걸지 말자. 다시 이르노니 '그림 속의 떡은 배부름을 달래지 못하고, 그림 밖의 떡 배고픔을 달래지 못한다'. 그럼 그대 어떻게 하려는가.

> **착어**　묻지 말라 그대가 하는 짓거리는
> 겨우 눈썹 세 번 정도 찡그리거나,
> 앞으로 세 발 혹, 뒤로 두 발 가면서
> 이게 뭐야? 이게 뭐야? 하지만
>
> 배부름을 달래지 못하는 그림의
> 떡, 그림 밖의 떡 역시
> 배고픔을 달래지 못하니
> 이게 뭐야? 는 무엇으로 달래지

정도일 거니, 그대에게도 기대를 걸지 말자. 다시 이르노니, 그럼 그대 어떻게 하려는가. 그래도 닿지 않으면 설두 중현의 게송 한 수로 마지막을 보여주고자 한다.

末後句爲君說	말후구를 그대 위해 이른다
明暗雙雙底時節	명암이 서로 함께 비치는 때인 걸
同條生也共相知	한 가지에서 남은 서로 다 알고
不同條死還殊絶	한 가지에서 죽지 않음은 일체가 떨어짐이라
還殊絶	일체가 떨어짐이여
黃頭碧眼須甄別	석가와 달마도 모름지기 잘 살펴야 하리
南北東西歸去來	남북동서 두루 다녀와서
夜深同看千岩雪	깊은 밤 천 개 바위에 쌓인 눈을 함께 보네

— 위의 책, '덕산탁발'

약간 어리둥절한 분을 위해 저자가 살짝 주를 붙이면, 말후구는 제일 명제, 반야의 그곳, 일착지一着地와 같은 '마지막 말'이다. 2행은 명암, 즉 '시와 비', '생과 사', '희와 노', '애와 증', 적寂과 조照와 같은 양변의 견해가 원융원만하게 동시에 비침, 곧 흑/백, 음/양과 같이 대립되는 견해, 이 이원적 분별 간택이 무분별無分別이 되는 시절을 말하고寂照同時, 3행은 일상적인 이치 즉 일체 두두물물이 같은 뿌리同根임을 알 듯, 4행에서 '한 가지에서 죽지 않음', 역시 천하의 이치이니, 이 천하의 이치 역시 같이 죽음이라, 죽고 끊어져 돌아오는 당연지사는 눈 깊게 귀 밝게 살펴야 하니 당연히 석가와 달마도 알 턱이 없다.

옛 사람의 게송이나 한 수 읊어보자.

魚皷未鳴何處去	목어와 북을 올리기 전 어디로 갔나?
一歸方丈便休休	한 번 방장으로 돌아간 뒤 그만이었네
茶毗後品難陳敍	다비 뒤의 법문을 서술키 어려우니
泣盡人天不擧頭	인간과 하늘 다 울어도 고개도 안드네

— 대각련, 『선문염송』 권17, 668칙 「탁발」

착어 천방지축으로 헤매고 헤매어

내 그대와 함께 지리한 장마철, 개인

날 수나 세어 본다.

아! 이것 역시 말이네. 그래도

의심쩍어 말 아닌 뒤통수를 보여주노니

제발 의심하지 말라.

위의 선화에서도 나타나듯이 설봉과 암두를 비교할 때, 암두의 선기는 날카롭고 예민하여 늘 비수 위를 맨발로 걷고 있다. 다음 선화에서도 그의 초월의 견처가 잘 드러나고 있다.

암두와 설봉, 흠산이 같이 담소를 하고 있을 때다. 갑자기 설봉이 맑은 물이 담겨 있는 그릇을 가리켰다. 흠산이 말했다.

"물이 맑으면 달이 나타나지水淸月現."

이에 설봉이 말했다.

"물이 맑으면 달이 사라지네水淸月不現."

그러나 암두는 아무 말 없이 그릇을 차고 가버렸다師踢却水椀而去

—『선문염송』 권17, 829칙 「일완수一椀水」

위의 선화를 살피면 흠산의 기용機用은 긍정의 비춤照에 해당하고 설봉은 부정의 고요寂에 해당된다. 그러나 암두는 '적/조'를 일시에 초월하고 있다. 적조동시寂照同時의 대기대용大機大用을 보면서 그가 말하는 앞의 말후구를 가만히 생각해 볼 일이다.

착어   그렇다. 그저

눈썹 세 번, 윙크 두 번
바람도 없는데
바람도 없는데 문풍지
우는 소리 듣는 격이다.

후세에 한 선객이 이 이야기에 읊은 게송을 음미해 보자.

無事起事	일 없이 일을 일으키니
彼邃與存	문수와 의존이네
水淸月現不現	물이 맑아 달은 나타나기도 않기도 하고
水渾爭現不現	물이 흐려 나타남과 나타나지 않음을 어쩌리

競頭譁詬	싸움이 시끄러워지니
黆老踢翻	전활 늙은이 걷어차서
至於無言	말을 멈추게 하네

— 지비자

반면에 설봉은 암두처럼 선기가 기민하게 움직이지는 않았으나 지극히 성실하였고, 겸손과 인내, 개인의 이익을 돌보지 않는 미덕의 소유자였다. '세 번이나 투자산에 가고 아홉 번 동산에 갔다三到投子 九至洞山'고 할 정도로 수행 시기에는 피나는 정진을 했다. 어디를 가든지 커다란 국자를 가지고 다니며 반두飯頭, 곧 취사당번을 자원하여 음덕을 쌓은 수행납자다. 그리하여 선종사에서 가장 위대한 스승 중의 하나가 되었다. 설봉의 법손들에 의해 선학상 중요한 운문종과 법안종이 유래하는 것은 어쩌면 당연한 일이다.

다음 선화에서도 암두와 설봉의 성품이 잘 드러난다.

설봉이 암두와 함께 예주 오산진에 갔다가 눈에 길이 막혔다. 암두는 여러 날 잠만 자고 설봉은 매일 좌선을 했다. 하루는 설봉이 자고 있는 암두를 깨워서 말했다.

"사형, 이제 그만 일어나시오."

"왜 그러시오?"

"금생에 너무 편하게 지내지 마시오. 문수 도반과 함께 행각하면서 가는 곳마다 그에게 누를 끼치더니, 오늘 사형은 또 편하게 잠만 자고 있군요."

이에 암두가 '할'을 하면서 대답했다.

"잠이나 자시오. 날마다 평상 위에 앉아서 가부좌나 틀고 있는 꼴이 마치 시골

마을의 토지신 같아! 아마 내세에는 남의 집 남자나 여자깨나 흘리겠소童眼去 每日

床上坐 恰似七村裏土地 他時 後日 魔魅人家男女去在."

설봉이 가슴을 치며 말했다.

"내 안엔 사실 편안함이 없어요. 어찌 자신을 속일 수는 없군요."

"그래요, 나는 사제가 다음날 고봉정상에서 초암을 짓고 큰 교법을 펴리라 생각

하오. 그런데 아직 그런 말을 하는 걸 들으니 안타깝군요."

"사형, 진실로 아직 내 마음이 편하지 않습니다."

"만약, 그대가 정말로 그렇다면 자신의 견해를 있는 대로 말해보시오. 옳은 것

은 증명해주고 옳지 않은 것은 고쳐주겠소."

설봉이 말했다.

"내가 처음 염관선사에게 갔다가 염관이 상당하여 '색과 공의 이치를 설하는 걸'

듣고 들어갈 곳을 깨달았습니다見鹽官上堂 擧色空義 得介入處."

"지금부터 30년 뒤에는 절대로 잘못 얘기하지 마시오."

설봉은 동산의 게송[3]에서 크게 깨달은 바를 말했다. 이 말을 듣고 암두가 말했다.

"그렇게 알아서는 자기의 구제도 못하는 것이오."

또 설봉이 인증을 구했다.

"나중에 덕산 스승님께 묻기를 '위로부터 내려오는 종승의 일을 학인도 알 수

---

3 이 게송은 조동종 개조 동산 양개의 오도송을 말한다.

切忌從他覓	다른데서 그를 찾지 말라
迢迢與我疏	멀고 멀어져 나완 소원하리라
我今獨自往	나는 이제 혼자 가지만
處處得逢渠	어디에서나 그를 만날 것이다
渠今正是我	지금도 그는 바로 나 자신이고
我今不是渠	나는 지금도 바로 그가 아니다
應須恁麼會	이것을 깨달음으로써만
方得契如如	비로소 여여함에 계합하리라

『선문염송』668칙 「托鉢」

있습니까?' 하니 스님이 한 방망이를 때리면서 '무어라 하는가?' 하시기에 나는 그 때 활연히 통 밑이 빠지는 것 같았습니다後問德山 從上宗乘中事 學人 還有分也無 德山 打一棒 云 道什麼 我當時 豁然如桶底脫 相似."[4]

암두가 '할'을 하면서 말했다.

"문으로 들어가는 사람은 그 집의 보배가 아니라는 말을 스님은 듣지 못했소你 不聞道 從門入者不是家珍?"

"그럼, 이제부터 어떻게 해야 할까요?"

"이제야 바로 묻는 것이오. 다음날 혹 위대한 가르침을 펴고자 한다면 일체가 하나하나 자기의 가슴에서 흘러나오게 해야 하오. 이렇게 되어야 나를 위해 하늘 과 땅을 덮을 것이오解問解問 他後 若欲醜揚大教 ——從自己胸襟流出將來 與我盖天盖地去."

이 말끝에 크게 깨달았다. 일어나서 절을 하면서 말했다.

"오늘에야 비로소 오산에서 도를 성취하였습니다今日 始是鼇山成道也."[5]

이 선화에서도 나타나듯이 설봉은 비록 기봉은 영민하다고 할 수 없으나 겸양과 성실한 탐구정신, 도에 대한 불굴의 용맹심과 자신을 뽐내지도 돌보 지도 않는 무사無私는 그를 후에 1,500명의 문도를 거느리는 큰 스승이 되게 하였다.

덕산 입적 후, 위의 「덕산탁발화」와 맥락이 통하는 선화를 다시 들어보이 고자 한다.

그는 한 학인이 덕산에게 무엇을 배웠느냐는 물음에 다음과 같이 대답했다.

4   『선문염송』 권19, 780칙 「宗乘」.
5   위의 책, 권19, 781칙 「阻雪」.

"빈손으로 그에게 갔다가 빈손으로 돌아왔습니다."

이 한마디는 일급 선사들 누구나 그랬듯이 스승을 가장 받들고 자기를 겸양하는 말이다.

설봉의 문하에는 늘 1,500명의 납자들이 일대장관을 이루니, 『전등록』에 의하면 설봉의 법제자로 현사 사비玄沙師備, 장경 혜능長慶慧稜, 경청 도부鏡淸道怤, 취암 영삼翠嚴令參, 보복 종전保福從展, 운문 문언雲門文偃 등 무려 56인이 기록된 것으로 보아도 대선사로서 면목을 짐작케 한다.

오가선종의 운문종과 법안종이 설봉의 문하나 문손에 의해 창종創宗되어짐은 저자가 덕산과 설봉을 읽으면서 당연한 일이라는 생각이 거듭됨은 그들이 추구하는 진리에 대한 순수무잡한 정성과 용맹심, 그리고 불퇴굴의 정진력이 가져오는 감화 때문일 것이다.

설봉의 진면목이 드러나 보이는 선화와 그곳에 이르도록 밀어주는 게송을 소개하고자 한다. 여기, 여러분들은 설봉을 보는 면목과 함께 있으면 그만이다.

설봉이 어느 날, 원숭이를 보고 말하였다.
"저 원숭이가 제각기 한 조각의 옛 거울을 등지고 있다者獼猴 各各背一面古鏡."
이에 삼성이 얼른 물었다.
"여러 겁에 이름이 없었거늘 어째서 옛 거울이라 표현하십니까歷劫無名 何以彰爲古鏡?"
선사가 말했다.
"티가 생겼다瑕生也."
이에 삼성이 다시 말했다.

"1,500명의 선지식이 화두도 모르시는 군요?"

선사가 말했다.

"늙은 중이 주지 노릇하기가 번거로워서老僧 住持事煩."

—『선문염송』 권20, 812칙 「미후(獼猴)」

자, 이것을 어떻게 입을 대어야 옳은가? 홍교는 이것을 '현묘함에 젖어 있는 높은 학자는 머리가 아득해지고 바느질할 실을 잇는 노파는 문득 깨닫는다' 하였다. 어떤가?

이것을 위해 선시의 대가인 보녕선사의 게송 한 수를 소리 내어 읽어보자.

堪笑山翁不識羞	우습다, 산옹이 부끄러움을 모르고
爲他頭上更安頭	머리 위에 다시 머리를 놓는구나
岩前跳躑無尋處	바위 앞, 껑충 뛰어 찾을 수 없는 곳에
一片殘霞曉未收	한 조각 남은 노을 새벽에도 개이지 않네

— 보녕용

2. 용담과 덕산

설봉의 스승 덕산은 『금강경』에 정통하였으며 여러 차례 『금강경』을 강의하여서 주금강周金剛이라고 사람들이 불렀다. 뒷날 남방에서 선학이 크게

성행하여 직지인심直指人心 견성성불見性成佛한다는 말을 전해 듣고 파사현정
破邪顯正하기 위해 「금강경청룡소초」를 짊어지고 용담이 선풍을 드날리고 있
는 호남지방으로 향하였다. 덕산은 지치기도 하고 배도 고파서 숭신선사가
주석하는 산문 아래서 짐을 내려놓고 떡을 사고자 하였다. 이 때 떡을 파는
노파가 짐을 보고 무엇이냐고 물었다. 덕산이 「금강경청룡소초」라고 하자
다음과 같이 물었다.

　　여쭈어 볼 말씀이 있습니다. 스님께서 대답을 잘 해주시면 오늘 점심은 거저 드
　　리고 만약 잘못 말씀하시면 다른 데로 가셔서 점심을 드십시오. 스님, 『금강경』에
　　보면 과거심도 얻을 수 없고 현 재심도 얻을 수 없으며 미래심도 얻을 수 없다'는
　　구절이 있는데 스님께서는 어느 마음에 점심을 들고자 하시는지요?
　　金剛經道 過去心不可得 現在心不可得 未來心不可得 未審上座點個心

덕산은 할 말을 잃고 그냥 용담으로 갔다. 그는 법당에 이르자 다음과 같
이 호기스럽게 말했다.

　　"내 오래전부터 용담에 와보고자 했는데 이제 용담에 와서 보니 연못潭도 보이
　　지 않고 용龍도 보이지 않는구나"
　　그때 용담이 나와 말을 받았다.
　　"아닙니다, 스님은 용담에 이미 도착하였습니다."[6]

6　『선문염송』 권17, 664칙 「龍潭」. 용담은 용이 사는 연못이라는 의미다. 이 뜻을 더하기 위해 심문분
　의 게송 한 수를 음미하자.
　血盆似口劍如牙　　　입은 피 그릇이고 어금니는 검과 같으니
　竭世樞機未足誇　　　세상 재간 다 부려도 자랑할 수 없네

久嚮龍潭 及乎到來 潭又不見 龍又不顯 潭云 子親到龍潭 師作禮而退

용담의 이 말에 덕산은 말이 막히고 아찔하였으나, 그는 용담의 만류로 그곳에 머무르게 되었다. 어느 날 덕산이 밤늦게 입실하니 용담이 말하였다.

"밤이 깊었는데 어찌하여 돌아가 쉬지 않습니까?"

덕산이 용담에게 말하였다.

"스님, 밖은 칠흑같이 어둡습니다."

용담이 호롱불을 켜서 그에게 건네주었다. 덕산이 받으려 하자 용담이 갑자기 불을 불어 꺼버렸다. 이 찰나에 덕산은 깨달음에 들게 되었고 이어 용담에게 진실로 예배하였다.

"스님은 무엇을 보았소?"

"예, 이제부터 저는 온 세상의 노스님들이 하시는 말씀에 전혀 의심을 두지 않게 되었습니다從今 向去不疑 天下老和尚舌頭也."

다음 날 용담은 법상에 올라 대중들에게 선포하였다.

"그대들 가운데에는 그 이빨이 침엽수 같고 입은 붉은 사발과 같으며 몽둥이로 때리더라도 고개조차 돌리지 않는 이가 있다. 언젠가 이 사람은 우리 종문을 산봉우리에 치켜세울 것이다可中有一 箇漢 牙如劍樹 口似血盆 一棒打不廻頭 他時向孤峯頂上立吾道在."

이 날 덕산은 그가 가져온 「금강경청룡소초」를 법당 앞에서 태우며 이렇게 말하였다.

"궁구의 모든 현묘한 논의는 태허에 던져진 한오라기 터럭에 불과하며, 모든 슬

親到龍潭龍不見　　용담에 직접 와도 용은 보이지 않으니
這回失却眼前花　　이번엔 눈앞에 꽃 잃게 되었네

기와 재간을 다 부리더라도 한 방울의 물을 바다에 던진 것과 같구나."師將疏抄堆法
堂前 巨火炬曰 窮諸玄辨 若 一毫置於太虛 竭世樞機 似一滴投于巨壑 遂焚之[7]

위의 선화에서 덕산이 깨닫고 한 말은 마치 노자가 『도덕경』 1장에서 설파
한 "가물함이 더 가물해질 때에 영적 깨달음의 길이 열린다玄之又玄 衆妙之門"를
연상하게 한다. 앞 이야기에서도 칠흑 같은 밤일수록 불을 켰다가 껐을 때
그 어둠이 더욱 짙어진다는 일상도리를 우리에게 일깨워 주고 있다. 곧 밖에
서 비추어지는 상황, 내면에서 죽 끓듯이 끓어오르는 번뇌 망상이 적기賊機에
의해 몽땅 빨려들 때 우리의 본래면목이 다이아몬드와 같은 광채로 우리 앞
에 보이게 된다. 용담 숭신 역시 대선장으로 여지없이 취모검吹毛劍을 휘둘러
덕산의 자만을 베어버렸다. 이제 덕산은 진실로 행복한 사내가 된 것이다.

후세의 선사가 이 선화에 대해 읊은 게송을 음미해보자.

因邪打正義非深	邪로 正을 치매 뜻이 깊지 않으니
坐斷千差迴莫尋	천만차별 억누를 때 그 이치를 못 찾겠네
減燭突然開鐵眼	지촉을 끌 때 갑자기 쇠눈이 열리니
大千沙界摠平沆	대천세계가 몽땅 가라앉네

— 해인신

어느 날 덕산이 대중들에게 시중을 하였다.

7   『경덕전등록』 제15권 「낭주덕산선감선사」, 보련각, 1982, 91쪽.

나의 견해는 그렇지 않다. 여기에는 부처도 없고, 법도 없다. 달마는 비린내 나는 늙은 오랑캐요, 10지 보살은 똥 푸는 하인이요, 등각 묘각 두 보살은 파계한 범부요, 보리 열반은 당나귀 매는 말뚝이요, 12분교分教는 귀신이 종기 닦은 휴지장이요, 4果와 3賢과 初心과 10地는 옛무덤을 지키는 귀신이니, 자신인들 구제하겠는가? 부처란 늙은 오랑캐 똥막대기이다.

―『선문염송』 권17, 676칙 「불야(佛也)」

이 시중에 그의 제자 운문 문언이 들어 이르데㹴 '부처를 찬양하고 조사를 찬양하는 데는 덕산 노인이라야 된다'고 하였다. 이에 낭야각이 염하기를 '여러분이 그렇게 이해하면 지옥 들어가기가 화살과 같이 빠르다. 운문이 그렇게 말한다 해도 지옥에 들어가기가 화살같이 빠르다'고 말하였다.

물론 선장들의 이 말씀은 빗자루도 없이 쓰레받기를 들고 다님이니, 소득 없이 분주하기만 할 뿐이다.

'여러분이 그렇게 이해한다 해도', 위의 덕산이 말한 그대로를 받아들인다 해도, 마찬가지이고, 운문이 반어적인 언설을 믿는다 해도 아무런 소득이 없을 것이다. 어떻게 해야 덕산의 주문呪文을 벗어날 수 있을까?

단호히 말하지만, 없다.

덕산은 임종을 앞둔 병고에서도 여전히 맹렬한 절대론자였다. 하루는 한 학인이 덕산에게 물었다.

"병들지 않는 사람도 있습니까?"
"암, 있겠지요."
"그럼 그 사람에 관해 이야기 좀 들려주십시오."

이에 덕산은 말했다.

"아야, 아야."

그리고 이어 말을 했다.

"허공을 두드리는 것이나 메아리를 쫓는 일들은 그대들 정신만 괴롭히는 일이지요. 꿈을 깨어나십시오. 이런 것들이 그릇을 깨닫는 데 무슨 도움이 되겠습니까?"

　　　　　　　　—『전등록』 권15 「낭주덕산선감선사」·『선문염송』 권17, 677칙 「아야(啊耶)」

말을 마치고 태연히 좌탈입망하였다. 병들지 않는 사람은 병든 사람을 벗어나지 않는가.

선사의 수명은 82세이고 법랍이 65세였다. 많은 법제가 있으나 그 중에 암두 전활과 설봉 의존이 뛰어났다.

『선문염송』 677칙 「아야」에는 대각련의 게송 한 수가 전해 온다.

부탁하오니, 여러분은 오직 「아야」, 이 일구一句에 목숨을 거십시오.

翳目觀花起大虛	병든 눈에는 허공꽃이 보이나
澄澄何有復何無	맑고 맑으니 무엇이 있고 또 없으랴
啊耶一震還知否	아야, 소리의 뜻 알고 있기나 하는가
見覺元來不病軀	보거나 느끼는 것 원래 병이 아닐세

　　　　　　　　　　　　　　　　　　　　　— 대각련

제28화

임제의 사료간과 삼현 삼요 삼구

四料簡與三玄三要三句

우리는 제13화와 17화에서 우리가 눈뜨려면 임제 가르침의 진수인 '지위 없는 참사람無位眞人'을 체득함에 있음을 알아보았다. 그리고 그가 날린 직격탄이 바로 '어느 곳에서나 주인공이 되면 선 곳마다 모두 이隨處作主 立處皆眞'라는 무위진인의 비밀 구를 가늠해 보았다. 그리고 제17화 후미는 임제의 무위진인을 구현하는 적기의 경절법문으로, 그가 개발한 '할'의 철학을 눈여겨 살펴보았다.

그럼 이 장에서는 임제종의 조사 임제가 시설한 '사료간', '삼현', '삼요', 「삼구」를 투과함으로 우리의 자승자박을 풀게 하려는 임제의 간절노파심절을 읽게 될 것이다. 그리고 우리는 무위진인이 될 것이다.

臨濟老漢四料簡	임제 늙은이의 사료간은
一喝其外無剩語	일할 외, 나머지 무슨 말 있으리
我說人境俱不奪	주객을 모두 빼앗지 말라 내게 말하라면

北窓雪松影二三　　　북창에 설송 그림자 두세 그루라 하리

— 월조 취현

1. 사료간

요간料簡은 분류 또는 표준을 의미한다. 임제는 진리를 밝혀내는 데 4가지로 표준을 삼아 분류하였다. 곧 주체와 객체의 문제를 임제 스스로가 4가지로 밝힌 것이다. 임제의 법문 중에 백미인 이 대문을 살펴가자.

임제가 만참晩參[1]에 대중에게 보이며 말씀하셨다.

有時奪人不奪境	때로는 주체를 버리고 객체를 남겨 두고
有時奪境不奪人	때로는 객체를 버리고 주체를 남겨 두고
有時人境兩俱奪	때로는 주체와 객체를 모두 버리고
有時人境俱不奪	때로는 그들을 모두 남겨 둡니다

임제의 사료간은 인人과 경境을 설정하고 이 사이에 관계를 노래한 것이다. 인은 주체 혹은 슬기를 말하고 경은 객체, 경계 혹은 응용을 말한다. 그리고 학인들의 물음에 낱낱이 착어하여 깨침의 길로 인도하는 친절을 베풀

1　만참은 저녁 때 법문을 하는 것. 아침에 법문을 조참朝參이고 수시로 하는 법문은 소참小參이라 한다. 참參은 선가에서 방장화상이 대중을 모아놓고 하는 설법문답을 말한다.

고 있다. 본문을 살펴보자.

그 때에 한 학인이 물었다.

"어떤 것이 주체人, 大機를 빼앗아 버리고 객체境, 大用를 빼앗지 않는 것입니까?"

"따뜻한 봄날에 만물이 소생하니 지상은 갖가지 꽃이 만발하여 비단을 깐 것 같고 어린아이가 머리털을 내려뜨리니 하얀 실과 같구나煦日 發生鋪地錦 嬰孩垂髮 白如絲."

'아이 머리가 하얗다'는 것은 사실로 정녕 없는 일이니, 선구에 나타나는 '거북털'이나 '진흙소'라든가 '돌여자가 아기를 낳는다'라는 말과 같다. 곧 인사을 부정한 것이다. 주체나 체體의 슬기를 부정하는 말이다. 주체를 부정한 객체는 객체가 주체와 대립이 되는 것이 아니라 절대의 객체가 되어 객체 안에 주체를 내포하여 객체만 나투는 것이다.

학인이 물었다.

"어떤 것이 객체를 빼앗아 버리고 주체를 빼앗지 않는 것입니까?"

"왕의 어명이 천하에 두루 행하니 변방에 있는 장군이 전쟁을 안 한다王令已行天下徧 將軍塞外絶煙塵."

'왕의 어명'이라 함은 주인공을 말한다. 곧 주체가 천하에 편재되니 '변방의 장군', 객체인 응용은 주체 속에 내포되어 주체만 드러남을 말한다. 일료간과 이료간은 우리의 원래적 입장이니 이해득실을 따지는 우리들의 본래를 나타낸 것이다.

학인이 물었다.

"어떤 것이 주체와 객체를 모두 빼앗는 것입니까?"

"병주와 분주는 중앙정부에 배반하여 중앙조정과는 떨어져 나가 각각 일방에 독립을 했다幷汾絶信 獨處一方."

병분절신幷汾絶信은 사람인 중앙정부人,主體,大機와 경境인 병주와 분주境,客體,大用를 모두 부정한다는 의미다. 곧 주체가 되는 중앙정부도 배반하여 부정하고 객체가 되는 병분幷汾도 떨어져 나갔으니 부정이 된 것이다.

학인이 물었다.

"어떤 것이 주체와 객체를 모두 빼앗지 않는 것입니까?"

"국왕이 궁전에 오르시고 들판의 늙은 농부는 격양가를 부른다王登寶殿 野老謳歌."

— 『임제록(臨濟錄)』「시중(示衆)」, 임제사료, 임제선원, 1974, 102~103쪽

이것은 주체인 왕과 객체인 국민들이 모두 드러나게 된 것이다. 임제의 이러한 착어는 모두 오늘날 현대시에 비추어보면 모두 관념, 의미의 구체화다. 즉 생경한 말을 형상화하여 우리의 면전에 보여주는 것. 우리를 저 넓은 상상의 세계로 몰입시키고 있다. 이것은 『반야심경』의 색불이공 공불이색과 같은 사상적인 표현이다.

임제의 「사료간」 게송은 정신생활에서 네 가지 다른 단계를 다룬 방법으로도 볼 수 있다. 우리는 앞장에서 자성본원이 무자성無自性임을 밝히는 정신적 단계를 검토하였다. 이 단계는 불경이나 경론 혹은 선어록에 응용되어 나타난다. 이 정신생활의 네 가지 단계는 일체의 삿됨을 깨뜨리고 올바름을

드러나게 하는 데 있다. 모두 월조의 게송에 계합하려면 무엇보다도 임제가 외친 '무위진인'이나 임제의 '사할', 임제의 '사료간'과 이어 '삼요' '삼현' '삼구'를 명백히 가름함이 지름길인 것이 분명하다.

『반야심경』의 원래적 입장인 '색성시공 공성시색色性是空 空性是色'을 거쳐 2단계인 사상적 표현으로 '색불이공 공불이색色不異空 空不異色'을 투과하여 3단계의 체험적 결과인 '색즉시공 공즉시색色即是空 空即是色'의 경지로 접어든다. 그리고 천태종의 핵심 교설인 공空·가假·중中의 삼체三諦는 천태종의 이조 혜문이 나가르주나龍樹의 『중론송』에 얻은 삼단논법이며, 또 '유무 비유비무 역유역무有無 非有非無 亦有亦無'는 『열반경』의 '불성 비유비무 역유역무 유무합고佛性 非有非無 亦有亦無 有無合故'에서 근거하는 삼단논법이다. 『화엄경』 역시 '막고遮', '비추고照' 하는 원래적 입장에서 2단계인 양변의 견해를 '쌍으로 막고雙遮', '쌍으로 비추고雙照' 하는 사상적 표현에서 더욱 자성영회하는 3단계인 체험적 결과로 '막고 비춤이 동시遮照同時'가 되는 무위진인의 경지를 그리고 있다. 그리고 선시에서도 본래적인 입장인 '산시산 수시수山是山 水是水'와 사상적 표현인 '산시수 수시산山是水 水是山'인 경지와 마지막 3단계인 실참실수한 뒤에 나타나는 '산역시산 수역시수山亦是山 水亦是水'의 확연한 경계를 노래한다.

그런데 임제의 사료간은 위의 삼단논법과 같은 원래적 입장을, '탐욕貪·성냄瞋·어리석음癡'에 의해 오히려 무명으로 한 겹 내려앉은 곳인 "주체를 버리고 객체를 남겨두奪人不奪境"는 데서 시작하므로 4단계가 된 것이다. 1단계와 2단계가 모두 6식과 6경에 의해 변화무쌍하게 나타나는 번뇌망상을 노래한 것이니 삼단논법으로 따지면 한 묶음으로 묶어 1단계인 원래적 입장에 해당된다.

임제 사료간의 첫째 단계는 너무 강한 아상我相에 의해 바깥 경계에 대해 왜곡된 편견을 갖는 것을 말한다. 곧 탐·진·치의 삼독이 어느 정도 정리가 되어야 적어도 정상적으로 대상을 볼 수 있다. 그래야 모든 세상이 나를 위해 존재한다는 생각을 갖지 않을 것이다. 무명으로 인하여 정신적으로 퇴보된 상태다. 그렇지만 이것 자체가 인간의 첫째 단계여서 원래적 입장이다.

둘째 단계는 평이한 정상적인 사고를 갖고 있다. 그러나 이럴 때는 사물과 접할 때, 곧 객체에 대해 '눈眼·귀耳·코鼻·혀舌·몸身·뜻意'의 기관이 바깥 경계인 '형상色·소리聲·냄새香·맛味·닿음觸·도리法'을 대할 때 우리의 주관이 작용하고 있다는 것을 안다. 여기서 원래적 입장이 어떻게 하면 순수하게 바깥 대상을 받아들일 수 없을까? 고민하는 인간 본연의 원래적 입장으로 돌아서게 된다.

셋째 단계로 들어선 사람은 주관적인 것과 객관적인 것이 서로 어울려 있어 정상적인 견해 역시 여전히 경험적 실재단계이며, 이것이 양변인 상대성 영역에 속한다는 것을 깨닫게 된다. 사상적 입장의 표현으로 임제가 말하는 '주체와 객체를 모두 버린다人境兩俱奪'는 단계이다. 마지막 단계는 「심우도」의 '입전수수'다. 자성이 무자성임을 활연계회한 나는 무위진인이 되어 자재하므로 안심하고 현상의 세계로 되돌아와 졸리면 자고 배고프면 밥 먹는 무공용의함이 없는 행위를 한다. 이러한 경지, 임제의 무위진인 무의도인 청법저인聽法底人이 된다. 임제는 이런 경지를 '불에 들어도 타지 않고, 물에 들어도 빠져죽지 않는다入火不燒 入水上溺'(『임제록』「시중」)고 설한다. 외눈만 반짝이는 불후의 무위진인이니 당연한 말씀이겠다.

이것을 정리하면 다음과 같은 도표가 나온다.

출전	『반야심경』	『중론』	『열반경』	『화엄경』	『사료간
					奪人不奪境
원래적 입장	色性是空 空性是色	空諦	有·無	遮·照	奪境不奪人
사상적 표현	色不異空 空不異色	假諦	非有非無	雙遮雙照	人境兩俱奪
체험적 결과	色卽是空 空卽是色	中諦	亦有亦無	遮照同時	人境俱不奪

임제는 사료간의 체험적 결과를 "주체와 객체를 모두 남겨 두는 것"이라 했다. 위 각 불전에서 말하는 반상합도의 마지막 단계인 체험적 결과를 말한다.

여기에 저자가 흥이 나 한 수의 게송을 보탠다. 가벼운 깃털일 따름이다.

臨濟老漢四料簡	임제노한의 사료간은
一喝其外無剩語	일할 외, 나머지 무슨 말 있으리
我說人境俱不奪	주객을 모두 **빼앗지** 말라 내게 말하라면
竹窓影松雪二三	대창에 설송 그림자 두세 그루라

임제는 이런 불후의 정신을 다음과 같이 말했다.

펼치면 온 법계를 덮고 모으면 실 같은 머리카락도 그 위에 서지 못합니다. 외로운 빛이기는 하나 아무런 부족도 없습니다. 눈에도 안 보이고 귀에도 안 들리니 무엇이라고 이름 부를까? 옛사람이 말씀하시기를 '한 물건이라고 말하는 것도 적중한 것이 아니다'고 하였습니다. 그러니 단지 무언가 스스로 보기만 하면 됩니다. 말로도 역시 다할 수 없는 것입니다.

展則彌綸法界 收則絲髮不立 歷歷孤明 未曾欠少 眼不見 耳上聞 喚作什麼物 古人云 說似一物即不中 你但自家看 更有什麼 說亦無盡

그리고 그는 사료간의 마지막 단계를 철증한 정신의 소유자로 그 정신은 바로 무위진인이어서 그 불멸의 정신을 이렇게 설하기도 하였다.

시방의 모든 부처가 현전하더라도 조금도 움직이지 않습니다. 지옥에서 마귀들이 뛰쳐나오더라도 그는 조금도 두려워하지 않습니다. 어떻게 해서 그가 이렇게 침착할 수 있을까? 그것은 다변하는 만물 중에 실재하는 근본인 공의 원리를 알기 때문일 것입니다. 삼계는 마음의 작용에 불과하고 만법은 의식에서 비롯합니다. 그렇다면 꿈이나 환상에 불과한 공중에 핀 한 떨기 꽃은 잡아서 무엇 하겠는가? 오직 참으로 실재하는 단 한 사람은 지금 바로 당신의 눈앞에서 나의 설법을 듣고 있는 사람입니다. 그는 불 속에 들어가도 타지 않고 물에 빠져도 죽지 않습니다.

十方諸佛現前 無一念心喜 三途地獄頓現 無一念審怖 緣何如此 我見諸法空相 變即有不變即無 三界唯 心 萬法唯識 所以夢幻空華 何勞把捉 唯有道流目前 現今聽法底人 入火不燒 入水不溺

2. 임제의 삼현삼요삼구

三玄三要事難分　　삼현문과 삼요는 실제 분별하기 어렵다

得意忘言道易親　　뜻을 얻으면 말을 잊음, 이것이 도에 친함이니

一句明明該萬象　　만상이 일구에 선명히 함축됨이여

重陽九日菊花新　　중양의 잔칫날에 국화 더욱 새로워라

　　　　　　　　　　　　── 분양소, 『선문염송』 권16, 631칙 '삼현(三玄)'

　삼현 삼요는 임제종의 종지를 파악하는 데 가장 긴요한 부분이다.

　삼요三要의 첫째, 일요一要는 비침照, 用, 客, 境이 바로 큰 기틀寂, 體, 大機, 主임을 이른다. 현상과 본체가 불이한, 자아 없는 진체를 말하고 이요二要는 비침 자체가 바로 큰 쓰임大用이어서 무방법의 위대한 방법을 말하고, 마지막 삼요三要는 '체와 씀이 동시體用同時'고 '주체와 객체가 동시主客同時'여서 안과 밖을 세우지 않음을 말한다.

　삼현三玄은 체중현體中玄, 구중현句中玄, 현중현玄中玄을 이른다. '체에 관한 신비體中玄'는 '삼세가 한 생각이라三世一念等'와 '표현의 신비句中玄'는 '지름길의 언구徑截言句' 등을 말하고 '신비중의 신비玄中玄'는 방망이와 할 같은 것들을 말한다.

　그러나 이러한 삼요 삼현은 학인을 건져내기 위한 미로로 된 함정이며 임제가 의도한 돈오돈수의 첩경은 아닐 것이다. 임제는 스스로 이렇게 부르짖었다.

우리 종문의 수레를 중흥시키고자 한다면 일구 가운데 3현문, 즉 신비로운 세 개의 문이 있어야 하고, 1현문에는 세 가지 요체三要가 있어야 합니다. 그리고 어떤 것이 실제의 목적이며 어떤 것이 근본적으로 보이는 것이며, 또 어떤 것이 그것의 작용인가를 여러분은 알아야 합니다.

大凡演唱宗乘 一句中須具三玄門 一玄門須具三要 有玄有要 汝等諸人 作麼生會

— 서옹연의, 『임제록』 「상당(上堂)」, 삼구삼현삼요, 임제선원, 97~100쪽

하지만 임제 스스로는 어떤 것이 3현문인가 3요인지 정확하게 예를 들지 않았다. 이로 인하여 후대의 선문 각 파에선 나름대로 해석을 내어 놓았다. 이로써 임제종의 삼현 삼요는 선문에 널리 회자되는 공안으로 남게 되는 요인이 되었다.

그러나 이러한 삼요 삼현은 학인을 건져내기 위한 미로로 된 함정일 수는 있으나, 임제가 의도한 돈오돈수의 첩경은 아니다. 선문은 정통적으로 '단번에 여래의 땅으로 돈입一超直入如來地' 자체가 선의 정신임을 보아왔다.

모두의 게송은 『선문염송』 631칙에 대해 뒷날 여러 선객들이 뜻을 발명한 선시들이다. 여기에 보이는 선시들이 훨씬 더 선의 정곡을 읊고 있음을 간파할 수 있다.

본칙인 분양소의 게송 1행과 2행에서도 드러나듯이 오직 이곳은 말로써 표현하지 못할 것은 없지만, 지극히 미세하여 드높은 정신의 끄트머리에서 가름되는 곳이다. 그래서 "삼현문과 삼요는 실제 분별하기 어렵다三玄三要事難分"고 적고 있다. 이곳은 백척간두에서 일보를 내딛는 것과 같은 확인된 확실한 신심이 있어야 한다.[2]

이렇게 극미한 삼현과 삼요의 갈파는 바로 '뜻을 얻으면 말을 잊得魚忘言'게 할 뿐이다. 저 바위와 같은 묵묵부답의 내증內證, 이것이 2행의 "뜻을 얻으면 말을 잊는 것, 이것이 도에 이르는 길得意忘言道易親"의 속말이다.

그러나 이런 중중무진한 신비의 정신세계도 일구一句에 포함되어 있고 더욱이 만상은 바로 이런 도리가 현상으로 드러난 것이다. 이런 것을 꼭 말로 해야 하는가? 좋다. 내 이르겠노니, 언하에 돈오하길 바란다.

重陽九日菊花新   중양의 잔칫날에 국화 더욱 새롭노라

그럼 두어 수의 게송을 살피어 삼현 삼요의 깊이에 다가가 보자.

句中難透是三玄   말의 구절을 알기 어렵기는 삼현뿐
一句該通空劫前   한 구절이 공겁의 이전까지 통한다

---

2 결국 이러한 신심信心은 임제종에서는 삼현문三玄門과 삼요三要의 기관을 설치하였다. 이곳은 지극히 미세하여 간별하기 쉽지 않다. 바로 근본무명根本無明이 타파되어야 가름된다. 이 근본무명이 진여본성, 곧 무위진인을 움직이게 하여 '세 종류의 미세한 망상三種微細妄想'을 결성하는데, 이것이 유식학唯識學에서 말하는 제8식인 아뢰야의 덩이를 만든다. 그리고 각종의 바깥 대상의 인연으로 번뇌 망상의 중중무진한 법계를 일으킨다. 이로 인하여 '여섯 개의 거칠고 무거운 번뇌六種麤重煩惱'로 이어지니 이것이 우리의 의식意識이다. 여기서 무분별인 삼종미세무명이 제8식 아뢰야인 무의식이고, 유분별이 육종추중번뇌六種麤重煩惱는 의식이니 곧 제6식이다.
분양 선소의 게송 1행에서 "삼현문과 삼요는 실제 분별하기 어렵다三玄三要事難分" 함을 다시 상세히 분석하여 보자. 삼현三玄은 첫째, 체體에 관한 신비體中玄가 둘째, 표현의 신비句中玄, 셋째, 신비 가운데 신비玄中玄를 말한다. 삼요三要는 첫째, 자아 없는 진체眞體絕朕와 둘째, 함이 없는無功用 위대한 방법을 말하고 셋째, 안과 밖을 세우지 않는 것邊中不立을 이르니 이러한 삼현과 삼요가 거듭거듭 다함이 없이 얽히어 있다. 곧 한 구절에 삼현이 있어야 하고 또 일현一玄에 삼요가 있어야 한다. 일현에 일요一要, 이요二要, 삼요三要가 들어있어야 하며 이현에도 일요, 이요, 삼요가 함축되어 있어야 하고 또 삼현에도 일현과 이현과 마찬가지로 삼요가 있어야 하니 이것이 구름일 듯이 다함이 없이 꼬리와 두께를 한량없이 이루고 있다. 이것이 임제가 간파한 우리들의 정신세계다. 참으로 통증通證의 정신으로만 잡을 수 있는 경지다.

| 任際命根元不斷 | 임제의 목숨이 원래 끊이지 않으니 |
| 一條紅線手中牽 | 한 가닥 분홍실이 손아귀에 끌린다 |

— 죽암규

三玄三要不難分	3현과 3요를 나누기 쉬우나
隻眼從來亞頂門	외눈은 원래 정문에 버금한다
不向瞎驢邊滅却	눈먼 당나귀가 멸망시키지 않았다면
至今下處有兒孫	오늘날 어디에 자손 있었으랴?

— 자항박, 『선문염송』631칙 '삼현'

다음 죽암규의 게송 1행과 2행은 '삼현이 통하면 이 한 구절이 공겁空劫의 알 수 없는 시종始終 바깥까지 서로 통한다'로 읽히고 3행에 '삼현의 통중이 야 말로 임제의 정신세계를 드러내는 것이니 이렇게 되면 대대손손 이어감' 을 노래했고 이러한 진리의 이어짐을 마치 끊어지지 않는 무한 세상, 화엄법 계이니 이러한 것도 시원은 "한 가닥 분홍 실이 손아귀에 끌리는 것一條紅線手 中牽"이니, 이렇게 형상화하고 있다.

마지막 자항박의 게송, 1행과 2행은 아이러니 수사법을 사용하여 우리를 어리둥절하게 하고 있다. 오히려 '3현과 3요는 분석하고 검증하여 논리적으 로 따질 수 있으나 이 3현과 3요 너머에 있는, 혹은 3현과 3요와 더불어 있는 일척안一隻眼은 정안이니, '순식간에 단번에 뛰어 넘어 곧바로 여래의 땅으로 들어가一招直入如來地'야 하지 않는가? 이 외눈을 갖춤이 정문의 종지로 친다 '라고 읽힌다.

3행의 "눈먼 당나귀가 멸망시키지 않았다면不向瞎驢邊滅却"은 임제의 입적

때의 선화를 인용하고 있다. 4행은 눈먼 당나귀로 지칭되는 임제의 전법제 자들의 위법망구爲法忘軀의 각고가 없이 어찌 오늘날과 같은 임제종의 번성이 있겠는가?로 풀이된다.

제29화

나옹의 청산은 나를 보고 말없이 살라하네

懶翁靑山兮要我以無語

신라와 고려에 이어 국교로 정해진 불교, 민족정신의 한 뿌리로 1,000여 년 이어 온 불교는 커다란 변혁기를 맞으니 조선의 개국과 더불어 국교라는 위치에서 밀려나는 동시에 배불숭유 정책을 국시로 하는 정책에 따라, 불교는 정치 중앙으로부터 벗어나 민중 속으로 스며들게 된다.

이때 고려 말 우리나라 선불교의 두 분의 종장에 돌출되었으니 태고 보우와 나옹 혜근이다.

태고는 구산선문의 가지산 문손이며 중국에 들어가 임제종 양기파의 석옥청공에게 사법하였고, 나옹은 사굴산 문손으로 중국에 들어가 임제종 양기파의 평산처림과 천축의 지공에게 법사하였다. 역사상 알려진 가지산문의 스님은 삼국유사의 저자인 일연이 있고, 사굴산문의 문손은 보조국사 지눌과 그의 법손이 되는 송광사 16국사를 들 수 있다. 그리고 태고의 법손은 조선시대에 서산을 잇는 법손들로 기록된다. 나옹의 법제자는 조선 태조의 국사인 무학 자초와 『금강경오가해』의 저자 함허 득통 있으나, 이후에 조선시대의 숭유억불정책과 사대교린 정책에 의한 탄압으로 불교는 간신들의 요설로 몰아감에 따라 차츰 중앙정부나 중심세력에서 멀어진다. 함허를 잇는 신미, 홍준, 그리고 신미를 잇는 학열, 학조와 홍준을 잇는 설잠 등의 활약이 있었다. 세종, 문종, 세조대에 왕사 격이었던 혜각 신미의 세종, 문종, 세조의 총애에 정인지와 집현전 신진 사대부들의 배척과 조정의 사찰혁파에 의해 점차적으로 소멸해 갔다. 특히 성종 때 불교 사태에 의해 그 명맥조차 없어지게 된다. 이후 임진왜란을 맞아 국가에 지대한 공훈을 세운 서산, 사명, 영규, 처영 등에 의해 불교는 다시 기지개를 펴게 되고, 다시 서산의 젊은 제자들에 의해 태고의 선맥으로 다시 정리되게 된다.

　이후로 우리나라 불교는 임제종 일색이 되니 보우와 나옹의 법계는 다음과 같다.

태고와 나옹 / 구산선문과 중국선맥과 관계도

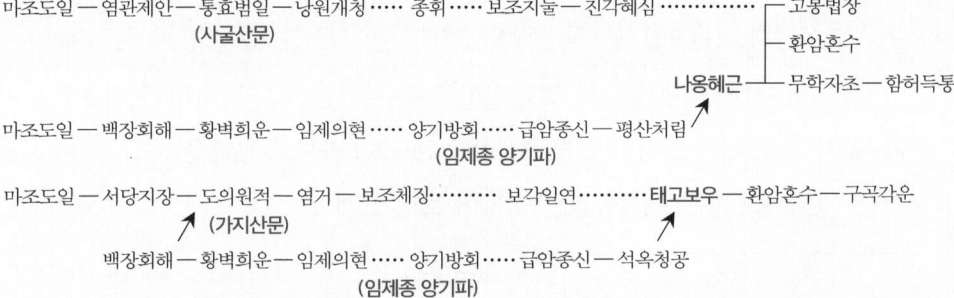

| 青山兮要我以無語 | 청산은 나를 보고 말 없이 살라 하네 |
| 蒼空兮要我以無垢 | 창공은 나를 보고 티 없이 살라 하네 |

| 聊無愛而無憎兮 | 사랑도 벗어놓고 미움도 벗어놓고 |
| 如水如風而終我 | 물같이 바람같이 살다가 가라 하네 |

靑山兮要我以無語	청산은 나를 보고 말 없이 살라 하고
蒼空兮要我以無垢	창공은 나를 보고 티 없이 살라 하네
聊無怒而無惜兮	성냄도 벗어놓고 탐욕도 벗어놓고
如水如風而終我	물같이 바람같이 살다가 가라 하네

— 나옹 혜근

나옹 혜근懶翁慧勤(1320~1376). 우리는 우리에게 베푼 스승의 간절노파심절
보다는 그저 허공을 따라 산을 넘어가는 스승이 뱉어 놓은 말뼈다귀에 더 감
읍하기가 일쑤다. 나옹선사 그가 그런 이다. 그는 자연을 꼭 그대로 빼닮은
이다. 고요히 앉아있다 보면 어디선가 들려오는 노랫말.

위 게송은 다음 『나옹어록』[1] 게송 편에 모두를 장식하는 「산거山居」와 너
무나 닮아있다. 2연으로 된 "청산혜요아靑山兮要我"와 8연으로 된 「산거」와 닮
아 있을 뿐 아니라, 우리가 늘 접하면서도 같이 사는지조차 잊고 있는 자연
과 내 저 속 깊이 웅크리고 있는 본래면목은 둘이 아님을 일깨우고 있다. 더
이상, 말없이 조용조용 더듬거리며 읽어 보면 알게 된다.

---

1   『나옹어록』 혹은 『나옹화상어록』이라 한다. 나옹혜근선사의 어록은 「어록語錄」과 「가송歌頌」 두
    권으로 되어 있다. 시자 각연覺璉이 수집한 「어록」엔 상당법어 29칙과 짧은 글 25칙, 이색이 찬한 탑
    명과 문인 각굉覺宏이 쓴 행장이 실려 있다. 그리고 시자 각뇌覺雷가 편집한 「가송」에는 완주가, 백
    납가, 고루가, 노래 3수를 비롯하여 송, 찬, 발원문과 노래 세 수에 대한 이색이 쓴 후기가 실려 있다.
    나옹의 제자들이 편집한 「어록」과 「가송」을 감수한 이는 당대의 선사인 환암 혼수로 되어 있고, 이
    환암은 태고의 수법제자이고 나옹의 수법제자로 각각의 비문에 나와 있다. 그러나 태고의 법통을
    이었느냐 나옹의 법을 이었느냐는 많은 문제점을 않고 있다. 오늘날 조계종 법통과 관계가 있기 때
    문이다.

一鉢一瓶一瘦藤　　　바루 하나, 물병 하나, 가는 등지팡이 하나

深山獨隱任騰騰　　　깊은 산에 홀로 숨어 그러함에 맡기네

携藍採蕨和根炙　　　망태기 메고 고사리 캐어 뿌리째로 삶나니

衲被蒙頭我不能　　　누더기로 머리 싸는 것 나는 아직 서툴다네

我有眞空無事禪　　　나에겐 진공의 일 없는 선정이 있어

岩間倚石打閑眠　　　바위틈 돌에 기대어 한가히 잠만 자지

有人忽問何奇特　　　어떤 기특한 일 있느냐 불쑥 사람이 물으면

一領鶉衣過百年　　　헤진 옷 한 벌로 백년을 지낸다 하리라

松窓盡日無塵鬧　　　진종일 소나무 창엔 세상 시끄러움 없고

石槽常平野水清　　　돌확에는 언제나 시냇물이 맑아

折脚鐺中滋味足　　　다리 부러진 솥엔 맛난 것 수태 있으니

豈求名利豈求榮　　　어찌 명리와 영화로움을 구하리오

白雲堆裏屋三間　　　흰 구름 쌓인 속 삼 칸 초옥 있어

坐臥經行得自閑　　　앉고 눕고 거닐기에 스스로 한가롭고

磵水冷冷談般若　　　차가운 시냇물은 반야를 얘기하는데

清風和月遍身寒　　　맑은 바람 달과 어울려 온 몸에 차갑네

幽岩靜坐絶虛名　　　그윽한 바위에 정좌하니 헛된 이름 끊었고

倚石屏風沒世情　　　돌병풍을 의지하니 세상 인정 버렸다

花葉滿庭人不到　　　꽃과 입은 뜰에 가득해 사람들은 오지 않고

時聞衆鳥指南聲　　　때때로 온갖 새들의 지저귀는 소리 들리네

深山竟日無人到　　　깊은 산 진종일 이르는 사람 없고

獨坐茅庵萬事休　　　홀로 초막에 앉아 세상만사 쉬었노라

三尺柴扉堆半掩　　　석 자 사립문은 반만 가리어 밀쳐두고

困眠飢食任逍遙　　　곤하면 자고 배고프면 먹고 마음에 맡기네

我自居山不厭山　　　나는 산에 살고부터 산이 싫지 않나니

柴門茅屋異人間　　　가시 사립과 띳집 세상살이와 다르다

淸風和月簷前拂　　　맑은 바람 달과 어울려 추녀 끝에 떨치는데

磵水穿胸洗膽寒　　　시냇물 가슴 뚫고 서늘히 담을 씻는구나

無端逐步到磎邊　　　시름없이 걸음 따라 시냇가에 다다르면

流水冷冷自說禪　　　차갑게 흐르는 물 선정을 스스로 말하네

遇物遇緣眞體現　　　물건마다 인연마다 진체를 나타내니

何論空劫未生前　　　공겁이 생기기 전 일을 말해 무엇하랴

— 「산거(山居)」

　물 같고 바람 같은 자연과 꼭 빼닮은 「산거」 게송을 지은 나옹 혜근은 고려 말 충숙왕 7년인 경신년(1320) 1월 15일 영해부에서 태어났다. 아버지는 영해아씨寧海牙氏이며 이름은 서구瑞具이고 선관서령이란 벼슬을 지냈으며 어머니는 정씨이다. 본래 이름은 원혜元惠이고 혜근慧勤은 법명이며 당호는 나옹懶翁이다. 그가 거처하던 방을 강월헌江月軒이라 하였다. 조정에서는 왕

사로 봉하고 '대조계종사선교도총섭 근수본지 중흥조도 복국우세 보제존자
大曹溪宗師禪教都摠攝 勤修本智 重興祖道 福國祐世 普濟尊者'란 법호를 내렸다.

그의 제자 각굉覺宏이 지은 행장에 의하면 20세에 이웃 동무가 죽는 것을
보고 어른들에게 사람은 죽어서 어디로 가느냐고 물으니 모두들 모른다 하
였다. 이에 깊은 회의를 느낀 혜근은 묘적암의 요연了然 화상에게 가서 머리
를 깎았다. 그때의 문답이 행장에 기록되어 있는데 대답이 능히 많은 생사
문제에 스스로 고민을 하고 자답을 하며 심사숙고하였는지 수도를 오래 한
선승의 풍모라 할 수 있다.

요연이 물었다.
"그대는 무엇 하려 머리를 깎으려 하는가?"
"삼계를 벗어나 중생을 이롭게 하기 위해서입니다. 가르쳐 주십시오."
"지금 내게 와 있는 이것은 무슨 물건인가如今來此 是何物耶?"
"말하고 듣고 하는 것이 여기 왔을 뿐이거니와 볼 수 없는 몸을 보고 찾을 수 없
는 물건을 찾고 싶습니다. 어떻게 닦아 나아가야 하겠습니까?"
"나도 너와 같아서 아직 모른다. 다른 스승을 찾아가서 물어보라."
—『나옹어록』「행장」, 오대산 월정사판

요연 선사를 하직하고 제방으로 행각하다가 갑신년에 회암사에 입방하여
(1344) 한 방에서 고요히 앉아 참선하며 정진하였다. 이때 일본승 석옹石翁이
회암사에 머무르고 있었다. 석옹이 하루는 선상을 지며 외쳤다.
"대중은 이 소리를 듣는가."
대중은 말이 없자 혜근이 게송을 지어 보였다.

選佛場中坐	선불장에 앉아서
惺惺着眼看	정신을 차려 잘 살펴보라
見聞非他物	보고 듣는 것 다른 물건이 아니라
元是舊主人	원래 그것은 옛 주인일세

재복위한 충혜왕 5년인 갑신년(1344), 4년 동안 회암사에서 혼자 밤낮으로 좌선하다가 갑자기 깨치고는 중국으로 가서 선지식을 찾고자 하였다. 이 후부터 나옹선사가 제방을 주유하며 살활자재殺活自在한 선화와 그의 선시는 중국의 선의 황금시대에 선장들의 모습을 다시 보는 것 같이 어느 것 하나 고칙古則이 되지 않은 것이 없었다. 여기에 저자는 그의 선풍을 그대로 보여주고자 한다.

①
충목왕 3년인 정해년(1347)에 중국으로 떠나 다음 해 3월 북경 법원사에 이르러 서천의 지공指空을 뵈었다. 이에 지공이 물었다.

"그대는 어디서 왔는가?" "고려에서 왔습니다."
"배로 왔는가, 육지로 왔는가, 신통으로 왔는가?" "신통으로 왔습니다."
"신통을 내게 보여 보라."
이에 나옹이 합장을 하고 지공 앞에 가서 섰다.

"그대가 고려에서 왔으면 동해 저쪽을 다 보고 왔겠지?"
"보지 않았다면 어떻게 여기에 왔겠습니까?"

"집 열두 채를 가지고 왔는가?" "가지고 왔습니다."

"누가 그대를 여기 오라 하던가?" "제 스스로 왔습니다."

"무엇하러 왔는가?" "뒷사람들을 위해 왔습니다."

②

입실 후 지공으로부터 탁마를 받으며 주고받은 선화와 게송이 몇 수가 전하나, 지면 관계상 생략키로 하고 그중 주고받은 게송 한 수씩과 선화 하나만 소개하고자 한다.

하루는 지공이 법어를 내렸다.

禪無堂內法無外	선은 집안에 없고 법은 밖에 없으니
庭前栢樹認人愛	뜰 앞 잣나무를 아는 사람은 좋아하네
淸凉臺上淸凉日	청량대 위의 청량한 날에
童子數沙童子知	동자가 세는 모래를 동자가 알지

이에 나옹이 답하였다.

入無堂內出無外	들어도 집안이 없고 나와도 밖이 없어
刹刹塵塵選佛場	세계마다 티끌마다 선불장이네
庭前栢樹更分明	뜰 앞의 잣나무가 새삼 분명하나니
今日夏初四月五	오늘은 초여름 사월 초닷새라네

③

하루는 지공이 시자를 보내 물었다.

"선재동자가 53선지식을 두루 찾아뵙고 마지막으로 미륵을 뵈었을 때, 미륵이 손가락을 한 번 퉁기매 문이 열리자 선재는 곧 들었다. 그런데 그대는 어찌하여 안팎이 없다 하는가?"

"그때 선재는 그 속에 이르지 못했습니다."

시자가 그대로 전하니 지공이 말했다. "이 사람은 고려의 노비다."

④

충정왕 2년인 경인년(1350) 1월 1일. 지공이 황후가 내린 붉은 가사를 입고 방장실 안에서 대중을 모아 말했다.

"분명하다 법왕이여, 높고 높아 이 나라를 복되게 한다. 하늘에는 해가 있고 밑에는 조사가 있으니 노소를 불문하고 지혜 있는 사람이면 다 마주해 보라"

대중이 대답이 없자 스님이 나아가 말했다.

"분명하다는 것도 오히려 저쪽 일인데, 높고 높아 나라를 복되게 한다는 것도 빈소리이다. 하늘의 해와 땅의 조사를 모두 다 쳐부수고 난 그 경계는 무엇인가?"

지공이 옷자락을 들어 보이면서 말하였다.

"안팎이 다 붉다." 나옹 세 번 절하고 물러갔다.

⑤

그 해 3월에 대도(북경)를 떠나 4월 8일에 평강부 휴휴암에서 하안거를 지

내고, 8월에 정자선사 이르러, 그 곳 몽당蒙堂 노숙이 나옹에게 "그대 나라에
도 선법이 있는가?" 물었다. 이에 게송으로 대답했다.

日出扶桑國	부상국에 해가 오르매
江南海嶽紅	강남의 바다와 산이 붉었네
莫問同與別	같고 다름을 묻지 말라
靈光亘古通	신령한 빛은 고금에 통하네

⑥

충정왕 2년인 경인년(1950). 그곳을 떠나 평산 처림平山處林선사를 뵈었다.
평산이 승당에 있는 것을 보고 승당으로 들어가 이리 저리 걷고 있으니 평산
에 나옹에게 물었다.

"스님은 어디서 오시오." "대도에서 옵니다."
"어떤 사람을 보고 왔는가?" "서천의 지공스님을 보고 왔습니다."
"지공은 날마다 무슨 일을 하던가?" "지공은 날마다 천검을 씁니다指空 日用千劒."
"지공의 천검은 그만두고 그대의 일검을 가져오라指空千劒 且置 將汝一劒來."
나옹이 대뜸 좌복으로 평산을 후려치니 평산이 선상에서 거꾸러지면서 크게
외쳤다.
"이 도적놈이 나를 죽인다這賊殺我." 곧 일으켜 주면서 말했다.
"내 칼은 사람을 죽이기도 하지만 살리기도 합니다吾劒 能殺人 亦能活人."
평산이 "하하" 크게 웃고는 혜근의 손을 잡고 방장실로 차를 권했다.

⑦

평산선사의 회상에서 몇 달을 묵게 되었는데, 하루는 평산이 손수 글을 적어 주었다.

삼한의 혜근 수좌가 이 노승을 찾아왔는데, 그가 하는 말이나 토하는 기운을 보면 불조와 결맞다. 종안은 분명하고 견처는 아주 높아 말 속에는 메아리가 있고 글귀마다 칼날을 감추었다. 여기 설암스님이 전한 급안 스승님의 법의 한 벌과 불자 하나를 주어 믿음을 표하고 게송을 준다.

三韓慧勤首座 來見老僧 看其出言吐氣 便與佛祖相合 宗眼明白 見處高峻 言中有響 句句藏鋒 玆以 雪菴所傳 及菴先師法衣一領 拂子一枝 咐囑表信 作偈曰

拂子法衣今咐囑	법의와 불자를 지금 맡기노니
石中取出無瑕玉	돌 가운데서 집어낸 티없는 옥일세
戒根永淨得菩提	계율의 근이 깨끗해 보리를 얻었고
禪定慧光皆具足	선정과 지혜의 광명을 모두 갖추었네.

충정왕 3년인 신묘년(1351) 2월 2일. 평산을 하직할 때 다시 글을 적어 전송했다.

삼한의 혜근 수좌가 멀리 호상에 와서 서로 의지하고 있다가, 다시 두루 참학하려고 용맹정진할 법어를 청한다. 토각장을 들고 천암의 대원경 속에서 모든 조사의 방편을 한 번 치면 분부할 것이 없는 곳에서 반드시 분부할 것이 있을 것이다. 게송을 지어주니

三韓慧勤首座 遠來湖上相依 復欲遍參 需語勇進 拈起兔角杖 向千嚴大圓鏡裏 一擊列祖機關 必然 於無分付處 有所分付 頌曰

檜岩板首罵雲門	회암의 판수가 운문을 꾸짖고
百萬人天一口吞	백만의 인천을 한 입에 삼켰네
更向明師參透了	다시 밝은 스승을 찾아 참구한 뒤에
廻家說法怒雷奔	집에 돌아가 하는 설법은 성난 우뢰 달린 듯 하리

—『나옹어록』「행장」, 오대산 월정사판

⑧

평산을 하직하고 명주 보타락가산에 가서 관음을 친견하고 육왕사로 돌아와서 석가상에 예배하였다. 이후 설창雪窓을 찾아보고 명주에 가서 무상無相을 찾아보았다. 이어 고목영枯木榮을 찾아가서는 한참동안 말없이 앉아있으니 고목이 물었다.

"수좌는 좌선할 때에 어떻게 마음을 쓰는가?" "쓸 마음이 없습니다."
"쓸 마음이 없다면 평소에 무엇이 그대를 데리고 왔다 갔다 하는가?"
혜근이 눈을 치켜뜨고 바라보니 고목이 말했다.
"그것은 부모가 낳아준 그 눈이다. 부모가 낳아주기 전에는 무엇으로 보는가?"
혜근이 '악!' 일 할을 하고 답했다.
"어떤 것을 낳아준 뒤다 낳아주기 전이다 하는가?"
고목이 혜근의 손을 잡고는 말했다. "고려가 바다 건너있다고 누가 말하던가."
바로 손을 떨치고 나와 버렸다.

⑨

공민왕 1년인 임진년(1352) 4월 2일 무주 복룡산에 도착하여 천암 원장千巖
元長을 찾았다. 마침 그 날은 천여 명의 납자를 모아놓고 입실할 대중을 뽑는
날이었다. 혜근 다음과 같은 게송을 지어 보였다.

擊擊雷首振	울리고 울려 우뢰소리 떨치니
群聾盡豁開	뭇 귀머거리 모두 귀가 열렸네
豈眼靈山會	어찌 영산의 법회뿐이겠는가
瞿曇無去來	구담은 가지도 오지도 않았네

다음 나옹은 절차에 따라 입실하였는데 천암이 물었다. 구담瞿曇은 석가.

"스님은 어디서 오시는가?" "정자 선사에서 옵니다."
"부모가 낳아주기 전에는 어디서 오는가?" "오늘은 4월 2일입니다."
"눈 밝은 사람은 속이기가 어렵구나" 하며 입실을 허락하였다.

하안거를 지나고 떠나고자 하니, 천암이 다음과 같은 글을 지어주며 전송
하였다.

석가 늙은이가 일대장교를 말했지만 그것은 모두 쓸데없는 말이다. 마지막에
가섭이 미소했을 때 백만 인천이 모두 어쩔 줄을 몰랐고, 달마가 벽을 향해 앉았
을 때 이조는 눈 속에 서 있었다. 육조는 방아를 찧었고, 남악은 기왓장을 갈았으
며, 마조의 할 한 번에 백장은 귀가 먹었고, 그 말을 듣고 황벽은 혀를 내둘렀다.

그러나 일찍이 장로 수좌를 만들지 못했다.

　진실로 이것은 이름을 붙일 수도 없고 형상으로 그릴 수도 없으며, 칭찬할 수도 없고 비방할 수도 없는 것이다. 다만 저 허공처럼 텅 비어 부처나 조사도 볼 수 없고 범부나 성인도 볼 수 없으며, 남과 죽음도 볼 수 없고 너도 나도 볼 수 없다. 그 분제分際(테두리 범위)에 이르게 되어도 그 지경이라는 테두리도 없고, 또 허공의 모양도 없으며 갖가지 이름도 없다. 그러므로 형상도 이름도 떠났기에 사람을 받을 수 없다. 그래서 '취모검을 다 쓰고는 갈아두라'고 한 것이다. 그러나 취모검을 쓰고 싶으면 곧 쓸 수 있는데 다시 갈아두어서 무엇하겠는가. 만일 그대가 쓸 수 있으면 노승의 목숨이 그대 손에 있을 것이요, 그대가 그것을 쓸 수 없으면 그대 목숨이 내 손안에 있을 것이다. 할 일할.

　이 글의 앞 문단을 풀면 석가의 일대의 가르침에 의해서 이와 같은 일들이 벌어졌다.

　'가섭의 미소'는 소위 선의 발원이라 이르는 삼처전심 가운데 '염화시중의 미소'를 일컫고, 이 법이 달마에 의해 중국으로 들어와 숭산 소림사의 토굴에서 달마가 면벽을 하매, 이조 혜가가 눈 속에서 '불법의 적적대의'를 묻는 고사를 들었고, 육조 혜능이 오조 홍인을 찾아와 법을 위해 방아를 찧음과 마조 도일의 좌선에 남악 회양이 기왓장을 갈면서 간절노파심절을 보였으며, 마조는 백장 회해를 위해 일할을 하니 백장은 삼일동안 귀가 먹었고, 또 백장이 시중한 이 말에 황벽 희운이 혀를 빼물었다는 선의 이심전심 전등되어 옴을 말하고 있다.

　뒤 문단은 시간과 공간이 불러 빠진 이 법계에는 중중무진한 현현만 무시간 무공간에 두루함을 이르고 이와 같은 발가벗은 발가숭이 자유인의 솜씨야 말로 '취모검을 다 쓰고는 갈아두라' 함이니, 별로 심각하게 생각할 것 없이 '그냥 천하의 살활의 검을 그냥 꼽아두면 되는 것'이다. 그저 노장 수고하셨습니다 하는 인사야 있어야 하지 않는가.

⑩

百陽喫茶正眼果	백양에서 차 마시고 정안에서 과자 먹으니
年年不昧一通藥	해마다 어둡지 않은 한결같은 약이네
東西看見南北然	동서를 바라보면 남북도 그렇거니
明宗法王給千劍	종지 밝힌 법왕에게 천검을 준다

천암을 하직하고 송강에 이르러 요당了堂 화상과 박암泊菴 화상을 참방하고 그 해 3월에 대도(원의 수도, 연경) 법원사로 돌아와 다시 지공을 뵈었다. 지공은 나옹을 방장실로 맞아들여 차를 권하며 법의 한 벌과 불자 하나와 범어로 쓴 편지 한 장과 위의 게송을 주었다. 이에 나옹이 게송 한 수로 스승에게 마음을 보였다.

奉喫師茶了	스승님 차를 받들어 모시고
起來卽體三	일어나 세 번 절합니다
只這眞消息	단지 이 참다운 소식은
從古至于今	예나 이제나 변함이 없군요.

지공의 게송 1행에 백양과 정안은 지공의 당호가 백양이고 정안은 방장실 이름이다.

⑪

천하를 종횡무진하며 여러 해 동안 연대燕代의 산천을 두루 행각하였다.

그 도행이 원나라 황제에게 들려 공민왕 4년인 을미년(1355) 가을 대도大都의 광제선사에 머물다가, 다음해 10월 15일에 개당법회를 열었다. 황제가 원사院使를 보내 금란가사와 폐백을 내리시고 황태자도 금란가사와 상아 불자를 내렸다. 많은 장상將相들과 강호의 승려들이 모인 가운데, 가사를 받아 들고 중사中使(왕명을 전하는 내시)에게 물었다.

"산하대지와 초목총림이 하나의 법왕신인데 이 가사를 어디다 입혀야 하겠는가?"
"모르겠습니다."
스스로 자기 어깨를 가리키면 말했다. "여기다 입혀야 하오."
이어 대중들에게 물었다.
"맑게 비고 고요하여 본래 한 물건도 없는데 찬란한 이것은 어디서 나왔는가?"
대중은 대답이 없었다. "구중궁궐의 금구禁句에서 나왔다."
이어 가사를 입고 황제를 위해 축원한 후 다시 향을 사르고 말했다.
"이 하나의 향은 서천의 108대 조사 지공 대화상과 평산 화상에게 받들어 올려 법유法乳의 은혜를 갚습니다."

⑫

1358년(공민왕 7년) 3월 지공이 주석하는 연도 법원사에서 '이제 제자는 어디로 가야 합니까?'라고 나옹이 묻자, '그대는 본국으로 돌아가 삼산양수三山兩水 사이를 택해 살면 불법이 저절로 흥할 것이다'라는 말을 듣고 1358년 3월 지공을 하직하고 고려로 귀국하였다. 귀국 후 여러 곳을 인연 따라 행각하였다.

1360년에는 가을 오대산 상두암에 있었는데, 그 때 강남지방의 고담古潭 선사가 용문산(당시 그곳에 태고화상이 주석함)을 오가면서 서신을 통해 왔다. 나옹이 그에게 게송으로 답했다.

臨濟一宗當落地	임제의 한 종지가 땅에 떨어지려 할 때
空中突出古譚翁	공중에서 고담 노인이 돌출하였네
把將三尺吹毛劍	삼척 취모검을 높이 들고
斬盡精靈永沒蹤	정령들 모두 베어 자취 없앴네

이에 고담이 겉봉투에는 '군자천리동풍君子千里同風' 여섯 자를 써서 보내왔다. 나옹이 받아보고 웃으면서 던져 버렸다. 시자가 주워 뜯어보니 빈종이었다. 나옹은 답을 붓과 먹으로 했다. 고담과 나옹의 관계를 잠시 생각하기 위해 『나옹화상어록』[2]에 있는 나옹이 지은 게송 한 수 덧붙인다.

春去秋來知幾年	봄이 가고 가을 오고 몇 해나 지났던가
澄深無底劫空先	맑고 깊고 밑이 없이 공겁보다 먼저다
母經淘汰常如此	도태를 겪으면서 언제나 이와 같아

---

2 「나옹화상가송」을 분류해 보면 나옹이 지은 완주가翫珠歌, 백납가百衲歌, 고루가枯髏歌, 즉 가歌 삼수三首와 송頌으로 편목編目을 삼은 산거山居, 송시送詩, 명호송名號頌, 구게求偈, 구송求頌, 수증시酬贈詩로 나눌 수 있다. 이러한 것은 혜근이 은사 요연 화상에게 '삼계를 벗어나 중생을 이롭게 하기 위해'라든가, 법사인 지공을 처음 뵈었을 때 한 말인 '후생을 위하여'란 말로 일관된다. 곧 '선풍 진작의 일환 그 실천'의 뜻이 보인다 할 것이다. 수선적修禪的 선기시禪機詩이다. 즉 가와 송의 분류는 노래의 기능인 가와 한시 형태를 빌린 게송의 형태로 나누어진다. 고담이라는 명호名號에 맞추어 2연과 4연에는 직설적인 뜻이 드러나나 이것 역시 본래면목을 보여주는 선기禪機와 선리禪理로 차 있음이 느껴진다.

湛湛溶溶一體全　　　　맑고 고요, 가득 고여 한 몸이 완전하네

⑬

공민왕 19년인 경술년(1370) 9월 공부선工夫選이 있었다. 나라에서 양종오
교의 제방 승려들을 크게 모아놓고 그들의 공부를 시험하기 위한 것인데, 이
때 나라에서 나옹 왕사를 맹주盟主로 청했다. 그리고 나옹이 머무는 광명사
에 공민왕이 문무백관을 거느리고 직접 나와 보았다.

맹주인 나옹은 향을 사른 뒤에 법좌에 올라 법어가 있었다.

　　고금의 격식을 모두 부수고 범성의 자취를 다 쓸어버리며, 납자의 목숨을 끊어
　　버리고 중생의 의심을 떨어버린다. 잡았다 놓았다 함이 손안에 있고 신통 변화는
　　작용에 있으니, 삼세제불과 역대 조사님네나 그 규범이 같도다. 이 법회에 있는
　　여러 스님네는 사실 그대로 대답들 하시오.

이 질문에 모든 스님네들이 차례로 들어와 대답을 하게 하였다. 모두가 몸
을 구부리고 땀을 흘리면서 모른다고 하였다. 이에 임금은 불쾌한 빛을 보이
었다. 끝으로 환암幻巖混修(1320~1392)이 나오자 나옹은 삼구三句와 삼관三關을
차례로 물었다.[3] 이 공부선에 화엄종사 설산 천희雪山千熙 국사가 참석하였

3　우리나라 선의 법계를 헤아리면 앞 전언의 도표와 같이 나옹은 사굴산 선문이고 태고는 가지산 선
　문의 후예다. 그리고 나옹과 태고는 중국에서 임제종 양기파의 법계를 잇는데, 급암 종신의 제자 평
　산 처림에서 나옹이 전법을 받았고, 태고는 급암 종신의 제자 석옥 청공에게 법을 이었다. 그런데 현
　한국 조계종 승려들이 모두 신라9산선문과 5교의 혈통을 잇고 있으나, 고려 말과 조선 초에 이르러
　불교가 선종과 교종 양종으로 통폐합되고, 이어 차츰 선을 우선 하는 통불교로 귀일된다. 조계종 종
　조문제가 일어남에 이견이 분분할 뿐 아니라, 조계선의 법통 문제도 날카롭게 대립되었다. 즉 태고
　보우―환암혼수―구곡으로 이어지는 설과 평산처림―나옹혜근―환암혼수의 설이 있다.
　나옹이 1376에 입적하고 1379년에 세워진 나옹의 비 '신륵사보제비제비'에 '문생환암'과 1384에 세

다. 이때 나옹이 처음 인사를 하고 방장실로 들어가 좌복을 들고 설산 국사에게 '화상!' 하고 불렀다. 국사가 무어라 하려는데, 나옹이 좌복으로 머리통을 내리치고 밖으로 나와 버렸다는 기록이 있다.

공부선이 있기 전 공민왕이 물었다.

"어떤 법문으로 공부한 사람을 시험해 뽑습니까?"

"먼저 입문 등 '삼구'를 묻고, 다음에 '공부십절목'을 물으며 나중에 '삼관'을 물으면 공부가 깊은지 얕은지를 시험해 볼 수 있습니다. 그러나 대중이 다 모르기 때문에 '십절'과 '삼관'을 묻지 않습니다."

다음 해(1371) 8월 26일에 공민왕은 서신과 인장, 그리고 법복과 바루를 내리시고는 '왕사 대조계종사 선교도총섭 근수본지 중흥조풍 복국우세 보각존자王師 大曹溪宗師 禪敎都摠攝 勤修本智 中興祖風 福國祐世 普濟尊者'로 봉하였다. 그리고는 동방의 제1 사찰인 송광사에 주석하게 하였다.(「탑명」)[4]

⑭

공민왕 23년인 갑인년(1374) 봄. 왕이 신하를 보내 회암사에 계시기를 청하였다. 나옹이 이르기를 '이 땅은 내가 처음 불도에 들어간 곳이요, 또 우리 선사 영골을 모신 땅이며, 일찍이 스승께서 내게 수기한 삼산양수의 땅이니

위진 '안심사석종비'에는 '문생환암국사'로 기록되어 있고, 또 태고가 1382년에 입적하고 1385년에 세운 '을축입비'에 '문도국사 혼수'라는 기록이 있다. 그리고 환암 입적 후 세운 '보각(환암)비'에는 '오대산에 들어가 신성암에 살고 있을 때, 나옹도 고운암에 주석하고 있었다. 둘은 서로 자주 만나 도의 요체를 묻곤 하였다. 나옹이 뒤에 금란가사와 상아 불자와 산모양의 주장자를 대사께 남겨 신표로 삼게 하였다'는 기록이 있다.

4 한산군 목은 이색이 지음.

어찌 무심하리오' 하고 대중을 시켜 전각을 다시 세우게 하였다.

이 해 9월 23일에 공민왕이 붕어하였다. 나옹이 빈전에서 소참법문을 하고 서식을 갖추어 왕사의 인장을 조정에 바쳤다. 새 임금인 우왕이 다시 왕사로 봉하고 인보를 내리었다.

병진년(1376) 봄에 회암사 불사를 마치고 4월 15일에 낙성식 베푸니 개성에서 사부대중이 많이 모여 대성황을 이루었다. 이에 대평臺評이 생각하기를 '회암사는 서울과 아주 인근이므로 사부대중의 왕래가 주야로 끊이지 않으니 혹 생업에 폐해를 주지 않을까?' 하였다. 그리하여 왕명으로 영원사로 옮기라 하고 출발을 재촉하였다. 마침 나옹선사가 병중에 있어 절문을 나왔는데, 남쪽에 있는 연못가에 이르렀다가 가마꾼을 시켜 다시 열반문으로 나왔다. 대중은 모두 목놓아 울부짖었다.

"부디 힘쓰고 힘쓰시오, 나 때문에 중단하지 마시오, 내 걸음은 여흥에서 그칠 것이오." 5월 2일 한강에 이르러 호송관에게 말했다. "나는 지금 병이 깊어 배를 타고 가고 싶소." 곧 문도 10여 명과 함께 물을 거슬러 올라간 지 7일 만에 여흥에 이르러 다시 호송관에게 말하였다. "내 병이 너무 위독해 이곳을 지날 수 없소, 이 사정을 나라에 알리시오." 이리하여 여주 신륵사에 머물게 되었다. 며칠 후 다시 출발을 재촉하자, 나옹이 말했다.

"그것은 어렵지 않다. 나는 이제 아주 가련다."

한 제자가 물었다. "이런 때는 어떻게 해야 합니까?"

스님이 주먹을 세웠다.

"사대四大가 각기 흩어지면 어디로 갑니까?"

주먹을 맞대어 가슴에 대고 말했다.

"오직 이 속에 있다."

"그 속에 있을 때는 어떻습니까?" "별로 대단할 것이 없느니라."

다른 제자가 물었다.

"무엇이 대단할 것 없다는 그 도리입니까?"

스님이 눈을 똑바로 뜨고 뚫어지게 보면서 말했다.

"내가 그대를 볼 때 무슨 대단한 일이 있는가?"

또 한 제자가 부병자화不病者話 공안 들어 거론하자, 스님은 꾸짖는 투로

"왜 그런 것을 묻는가?" 하고 이내 대중에게 말했다.

"노승은 오늘 그대들을 위해 열반불사를 지어 마치리라."

그리고는 진시가 되어 돌아가시니 5월 15일 이었다.

나옹의 영골사리를 모시고 회암사로 돌아가 절 북쪽에 부도를 세웠다.

세수는 57세요, 법랍은 37세이며 시호는 선각禪覺이다. 제자로는 환암혼수, 무학자초, 고봉법장 등 무수한 제자가 있다.

이제 후생 월조越祖가 나옹 조사의 기록을 다시 간추려 쓰며 심향心香 한 줄기를 올립니다.

착어　그대가 보인 열반불사에

오늘도 소생은 하루에 몇천 번

앉아 졸고 있습니다.

밤비 내리는 늦봄.

①

스님이 '스스로 찬한 진면목'을 옮긴다.

咄這村僧	아아, 이 시골뜨기 중이여
一無可取	하나도 취할 게 없도다
細細看來	자세히 살펴보니
行無毛分	수행이라곤 털끝만큼도 없고
面似慈悲	얼굴은 자비로운 듯하나
心中最毒	마음은 가장 악독하여
謗佛謗法	부처와 법을 비방하니
過犯漫天	그 죄는 하늘에 넘치네
其施汝者	너를 보시하는 자
不名福田	복전이라 할 수 없고
供養汝者	너를 공양하는 자
墮三惡道	삼악도에 떨어지리라

②

當胸措手像如人	공손히 손을 두니 사람 모양이나
肚裏元無一點眞	배속엔 원래 한 점의 진실도 없네
罵佛謗僧心最毒	부처 욕하고 스님 헐뜯는 마음 독해
至今不得露全身	지금은 전신을 모두 드러낼 수 없네

③

| 咄這擔板漢 | 쯔쯔, 이 널빤지 짊어진 사내여 |

瞋恚癡不除	분노와 어리석음을 버리지 못하니
心意識顚倒	마음과 의식은 뒤바뀌었고
談禪信口開	참선과 신심을 말하려 입을 열면
舌頭胡亂掃	혀끝이 잇따라 어수선하네
未嘗寂寂入禪定	일찍이 적적한 선정에 들라 하면
終日波波廊下走	종일토록 허덕이며 행랑으로 내닫고
爲人把鼻亦好笑	남에게 코를 쥐여도 또한 잘 웃네
更不容人讓開口	남이 입 열기를 놔두지 않으며
盲枷瞎棒用無時	때도 없이 눈먼 방을 함부로 쓰면서
是與不是辟夯腰	옳거나 그르거나 척루를 물리친다

④

打破虛空出骨	허공을 두드려 깨 뼈를 내고
閃電光中作窟	번갯빛 속에 토굴 짓나니
有人問我家風	누가 내 집 가풍을 묻는다면
此外更無別物	이 밖에 다른 물건 없다 하리라

⑤

參見指空	지공을 찾아뵙고
喪亡自宗	내 종지 잃었노라
咄這瞎漢	아아, 이 눈먼 사내
反入羅籠	도로 비단 통 속에 들었네

— 자찬시제(自讚詩題) 5수(스스로 찬한 시 5수)

제30화

선시의 백미–「십현담」

禪詩白眉十玄談

「십현담」은 동안 상찰의 저작이다. 동안 상찰同安常察은 조동종의 3세로 동산의 제자인 운거 도응의 제자여서 육조 혜능에서 살펴보면 청원 행사 아래 6대에 속한다. 생졸이 분명치 않으며 송대의 선사라는 것을 추측할 뿐이다. 단지『전등록』에 의하면 상찰은 홍주 봉서산 동안원에 있었다는 기록이 있고,『선문염송』제26권 1175칙「항거向去」에서 1179칙「희작」까지 5편의 고칙이 있어 그의 선풍을 짐작할 뿐이다.「십현담」 10수 중 앞의 다섯 수는 선종의 종지를 다루었고 뒤의 다섯 수는 수행의 요체를 노래하고 있다. 이「십현담」은 돈오의 입장에서 그 당처를 읊은 것이라서 어느 것 하나 선의 요체에 이르지 않는 것이 없다. 하나가 각각 열을 포함하고 있어 눈이 닿는 대로 성큼 뛰어들면 바로 그 자리다. 차제를 설한「십우도」와는 다르다.

조동종은 개산조인 동산과 그의 제자 조산의 이름자를 따서 만들어진다. 그것은 동산과 조산, 양대에 가장 두드러진 두각을 나타냈기 때문일 것이다. 그러나 조산은 오늘날 이어져 오는 조동종의 법계와는 닿아 있지 않다. 조산의 법손들은 4대에 가서 단절되고 동산과 운거를 잇는 법계가 현금까지 계승되고 있다.

조동종의 법계는 동산 양개－운거 도응－동안 도비·동안 상찰－양산 연관－대양 경현－투자 의청－부용 도해－단하 자순－천동 정각으로 이어지니 오늘날 임제종과 더불어 조동종은 커다란 선의 본류를 이룬다.

선시의 절창으로 일컬어지는 「십현담」의 작가 상찰은 운거 도응－동안 상찰로 이어지는 법계다. 이제 「십현담」을 음미하며 저 창망한 조동선의 세계와 십현담을 주해한 법안의 청량주와 조선 초 매월 설잠의 열경주 그리고 근대의 선사이며 독립운동가, 시인으로 존숭 받는 만해 한용운의 비를 살펴 읽기로 하자.[1]

「십현담」은 동안 상찰이 조동종의 오위정편설五位正偏說[2]을 의미 중심으로 게송을 읊은 선시이며, 이를 법안종의 개조인 법안 문익法眼文益(855~958)이 조동오위설曹洞五位說의 의미와 어구로서 주해하였고, 조선 초 매월 설잠金時習(1435~1493)은 법안의 주註에다가 다시 주를 더하여 주해하였다. 역시 조동종 오위정편설의 의미와 어구표현에 의한 주해이다. 그리고 450여 년이 지난 1925년에 만해의 주해가 나타난다. 만해의 주해를 살펴보면 그 어디에도 조동종의 오위정편설에 대해 말하지 않고 있다. 전반적으로 내용을 헤아려 보면 「십현담」의 본문이나 법안의 청량주나 설잠의 열경주와 그 뜻을 같이

---

1 「십현담」의 주해 및 번역은 『한글대장경』 182·『경덕전등록』 제29권·이원섭의 『선시』와 송준영의 『현대언어로 읽은 선시의 세계』, 그리고 최근에 한용운의 『십현담주해』를 심려를 기울여 역주한 서준섭 교수의 글들을 두루 참고하였음을 밝힌다.

2 송준영, 『현대언어로 읽은 선시의 세계』, 푸른사상, 360~369쪽 참조. 오위정편 혹은 오위군신으로 불리어지는 조동종의 교리는 사실 미급한 참학인을 지도하기 위해 만들어 놓은 시설, 편법에 불과하다. 이 오위에 관해서는 이설이 많다. 조동종의 개조인 동산과 그의 제자 조산조차도 그 견해와 표현을 달리하고 있다. 이 시설은 동산에 우리를 자성본원을 돈오시키기 위한 간절노파심절이다. 자칫하면 오위정편을 꼼꼼히 따져보는 데 벼리가 있음도 밝혀둔다.

하고 있다. 그리고 조동오위설의 골수인 편偏(현상)과 정正(본질), 체體(본체)와 용用(활용)의 선리를 '편과 정을 같이 얻고 체와 용을 같이 드러낸다偏正兩得 體用全'라 표현하고 있다.

「십현담」은 점수적이고 차제적인 조동종의 오위정편을 십현+효을 구분해서 상호 연관적으로 회통 회향시키므로 선이 드러내고자 하는 실상본지를 밝히는 돈오법문으로 승화시키고 있다. 그러므로 십현 즉 심인, 조의, 현기, 진이, 연교, 달본, 파환향, 전위, 회기, 일색 중 어느 하나의 벼리를 잡으면 그대로 일초직입여래一超直入如來地에 성큼 들게 하고 있으며 모든 것이 한 꿰미지로 이어지고 있다.

조동종의 오위설을 직접적으로 만해가 언급하지 않은 것은 저자의 생각으로는 당시 시대상황(이휘광 등이 일본 조동종과 우리나라 불교를 합병하려는 움직임에 만해는 적극 반대하여 우리나라는 임제종임을 강력 주장했음)을 볼 때, 저간의 사정을 짐작할 수 있다. 또 하나는 만해가 굳이 선리로 회통하면 그뿐이지 정편오위설로 「십현담」의 주해와 비를 표현할 필요를 느끼지 않았을 수 있다는 것이 저자의 견해이다.

내용면에서 살펴보면 앞 청량주와 열경주는 선리의 무주無住, 무착無着, 무심無心을 실용적이고 활용적인 면에서 드러내고 있고, 만해의 비와 주 역시, 물질적 현상을 바로 진리 당체인 법신으로 보고 있으며 생활선으로 실용적이고 구체적인 활선活禪으로 드러내고 있다. 이런 면에서 세 분의 주는 넓은 의미에 거의 일치하고 있다 할 것이다.

이제 저자는 그저 간단히 「십현담」의 각 게송마다 대의를 강설하고 많은 말을 생략하기로 한다. 생략한 자리엔 만해의 비批로 대신한다.[3]

그럼 「십현담」의 시구에 들기 전 원작자 동안 상찰의 서문을 읽으며 소소

영영한 이놈을 다스려보자.

『십현담』

십현담 : 동안 상찰

서 : 동안 상찰

비 : 만해 용운

강설 : 월조 송준영

동안 상찰 서序

무릇 현담玄談과 묘구는 삼승三乘을 들어낸다. 그러나 서로 얽히지 않으며 또 서로 떨어져 있는 것도 아니다. 마땅히 맑은 하늘에 빛나는 달朗月과 같이 그 근기에 젖어泯機 그림자 도는 것轉影과 같이 깊은 바다의 밝은 구슬과 같이 사람에 따라 합당하게 쓰인다. 또 배우는 무리가 있다고 하나 오묘한 이치가 무궁하여 통달한 자는 드물다.

근원이 미한 무리들은 삼라만상의 모든 물물이 자명하고 이사理事가 서로 배격하고 명언이 모두 없는 것이 은근히 달을 가리킴이니 어린애와 같이 옳다고 착오하지 말 것이다.

물을 뚫는 바늘에 미혹하지 말라. 가위 주먹을 펴 논 보배開拳之寶와 같다. 사리事

---

3 만해의 『십현담주해』의 서문을 보면 만해가 47세에 설악산 오세암에서 우연히 매월당 김시습이 쓴 『십현담요해』를 읽고, 그 주가 본인이 보는 견해와 같은 점이 있으나 다른 점도 있음을 알고 주해를 한다고 했다. 1925년 6월 7일에 탈고하고 10월 16일(음 8월 29일)에 백담사에서 시집 『님의 침묵』을 탈고하였다(『한용운전집』, 3권 335쪽). 이러한 정황을 헤아릴 때, 『십현담주해』와 시집 『님의 침묵』은 불가분의 심층적 관계가 있다고 생각이 든다. 이 관계는 다른 지면으로 밝힐까 한다.

理를 밝히는 짧은 말로서 머릿글序을 줄인다.[4]

夫玄談妙句 這出三乘 旣不混緣 亦非獨立 當豪應用 如朗月以晶空 轉影泯機 似
明珠而讚海 且學徒有等 妙理無窮 達事者稀

迷源者衆 森羅萬象 物物上明 或卽理事雙袪 名言俱喪 是以慇懃指月 莫錯端倪
不迷透水之針 可付開拳之寶 略序微言

1. 마음 얼굴心印

[강설]

마음心과 이름印이 서로 간섭하지 않으며 허물이 되지 않으니 심인心印이
라는 말이 드러난다.

마음 얼굴 어떻던가? 둥글든가 납작하든가 희든가 검든가 슬프든가 기쁘
든가.

그러나 마음과 얼굴은 같으면서 다르고 다르면서 같다. 마음마다 짐짓 얼
굴이 있으니, 이 얼굴이 이름이어서 거짓으로 마음 일어날 때 마다 이름 붙
여 증표로 삼는다.

둥글게 둥글게 보라.

---

4   『경덕전등록』 권29 「詩十首」, 동안선사, 보련각, 1982, 213쪽.

[批]　　　　　　　　　　　　　　[비]

畫蛇已失　　　　　　　　　　　뱀을 그리는 것도 이미 틀렸는데

添足何爲　　　　　　　　　　　어찌 다리를 붙이랴

問君心印作何顏　　　　　　　　그대에게 묻노니 마음 얼굴 어떠하던가

[批]　　　　　　　　　　　　　　[비]

脂粉滿地 世無傾城　　　　　　　분 냄새 가득한데 경국지색은 어디 갔나

心印何人敢授傳　　　　　　　　마음을 누가 전수한다 감히 말하랴

[批]　　　　　　　　　　　　　　[비]

衣鉢早非心印　　　　　　　　　의발은 본래 마음이 아니니

歷劫坦然無異色　　　　　　　　억겁 평평하여 다른 모양 없거늘

[批]　　　　　　　　　　　　　　[비]

千眼失明　　　　　　　　　　　천수천안 관음보살도 실명한다

呼爲心印早虛言　　　　　　　　마음 얼굴이라 부름은 본래 빈말

[批]　　　　　　　　　　　　　　[비]

呼心非印亦虛言　　　　　　　　마음을 얼굴 아니라 해도 역시 빈말

須知體自虛空性　　　　　　　　분명히 알아라 그 바탕 텅 빈 허공 같아

[批]　　　　　　　　　　　　　　[비]

天下之不具 莫此甚也　　　　　천하의 병신이 이보다 더 나을 것 없다

將喩紅爐火裡蓮　　　불속에 핀 연꽃, 이렇게나 부를까

[批]　　　　　　　[비]

百花元從火裡生　　　모든 꽃이 원래 불속에 피는 것

勿謂無心云是道　　　무심을 도라 이르지 말라

[批]　　　　　　　[비]

網盡桃花武陵春　　　무릉 복사꽃의 봄을 모두 건졌는데

漁朗依舊到仙源　　　어부들은 여전히 선원을 찾아 든다

無心猶隔一重關　　　무심마저 한 겹 막힘이 있다

[批]　　　　　　　[비]

初擬萬事到夜定　　　처음엔 만사를 밤이 되어 결정코자 했는데

其奈閒愁入夢多　　　한가한 걱정 꿈에 와 설침을 어찌할 것인가

2. 조사의 뜻祖意

[강설]

　삼세의 제 조사의 뜻, 역시 이러하다. 그들은 뜻 없음으로 근본으로 삼으며, 뜻 있음으로 그 징표를 삼는다. 조사의 뜻을 알고자 하는가?

　중생의 무의無意가 조사의 드러냄이니, 중생의 뜻이 조사의 뜻이지만, 조

사의 뜻은 중생의 뜻이 아니다.

[批]	[비]
博地凡夫 本自具足	범부 역시 본래 다 갖추어 있다
一切聖賢 道破不得	일체 성현이라도 말할 길 끊겼다

祖意如空不是空	조사의 뜻, 빈 것 같지만 빈 것 아니다
[批]	[비]
一葉天下秋	나뭇잎 하나에 천하가 가을이라

靈機爭墮有無功	신령스런 슬기 어찌 '유/무'에 떨어지랴
[批]	[비]
無報無應	보답할 것도 베풀 것도 하나 없다

三賢尙未明斯旨	삼현도 오히려 이 뜻에 밝지 못하거늘
[批]	[비]
盃水之覆 芥爲之舟	한 잔 물을 엎질러 겨자씨 배 띄우는 격

十聖那能達此宗	십성이 어찌 이런 뜻을 알겠는가
[批]	[비]
百尺竿頭	백척의 낭떠러지다

透網金鱗猶滯水	그물 뚫은 고기 되려 물에 머무는데

[批]　　　　　　　　　[비]

天下之金鱗 不死於網　　천하의 금고기 그물엔 살아났지만

面死於水者多矣　　　　물에 걸려 죽는 자 많구나

廻頭石馬出紗龍　　　　머리 돌린 석마가 사룡을 빠져 나가니

[批]　　　　　　　　　[비]

須彌納芥 恢有餘地　　　수미산을 겨자씨에 넣어도 여지가 있다

慇懃爲說西來意　　　　조사서래의를 귀띔하노니

[批]　　　　　　　　　[비]

口業未淨　　　　　　　구업이 아직 다하지 않았군

莫問西來及與東　　　　서쪽이냐 동쪽이냐 묻지들 마라

[批]　　　　　　　　　[비]

尋春莫須向東去　　　　봄 쫓아 굳이 동쪽으로 갈 필요 없지

西園寒梅已破雪　　　　서원의 한매가 이미 눈을 뚫고 있어

3. 현묘한 슬기玄機

[강설]

이놈의 정체는 현묘한 기틀조차 없는 것을 본으로 한다. 현기가 없으므로 생성하지 못하는 것이 없고 생성하지 못하는 것이 없으므로 현기가 있다.

이 도리를 알고자 하는가?

봄바람에 펄럭이는 여인의 치마자락이요, 가을 달을 바라보는 사내의 가슴에 불어오는 피리소리라.

[批]	[비]
不是秋花不是紺	가을꽃도 아니고 하늘빛도 아니지
超越空劫勿能收	공겁을 뛰어넘어도 거둘 수 없나니
[批]	[비]
春風桃李 秋水芙蓉	봄바람에 복숭아 오얏, 가을 물에 부용이라
豈與塵機作繫留	어찌하여 진기에 매어 머뭇거리겠는가
[批]	[비]
依天長劍	하늘에 기댄 장검이다
妙體本來無處所	그 묘체 본래 머물 곳이 없으니
[批]	[비]

君臣同座 始得太平　　　군신이 자리를 함께하니 태평스럽다

道芽何更有蹤由　　　도의 싹, 어찌 흔적 있으리오
[批]　　　　　　　　　[비]
春雨未能潤　　　　　　봄비 능히 적시지 못하거늘
秋霜何曾枯　　　　　　가을서리 어찌 시들게 할 수 있으리오

靈然一句超群像　　　신령스런 일구는 만상 훌쩍 초월하여
[批]　　　　　　　　　[비]
一句不在一句中　　　일구는 일구 중에 있지 않으니

逈出三乘不假修　　　삼승을 멀리 벗어나 수행따원 필요없다
[批]　　　　　　　　　[비]
夜光之璧 不因彫琢而得　야광주는 조탁으로 얻어지는 것 아니니

撒手那邊千聖外　　　천성들 저 끝에서 손을 모두 털었나니
[批]　　　　　　　　　[비]
佛也打 祖也打　　　　부처도 쳐 버리고 조사도 부수니
滿地無一物　　　　　　이 누리 가득 일물도 없음이라

廻程堪作火中牛　　　돌아오는 길 '불속의 소'나 되어볼까
[批]　　　　　　　　　[비]
去平安 來平安　　　　가는 것도 평안이요 오는 것도 평안이네

4. 진이塵異(티끌은 다른가)

[강설]

맑고 흐림이 무슨 뜻이 있으랴. 맑음도 흐림이요 흐림 역시 맑음이다.

사람들은 괜히 맑음을 흐림으로 짝하네.

이놈은 진세에 살지만 뒤섞임이 없고 진세를 떠났지만 뒤섞여 있다. 이것
이 진이塵異다.

[批]	[비]
一室千燈	방 하나에 일천등이라

濁者自濁淸者淸	더러운 것도 제 홀로고 깨끗한 것 또한 제 스스로 깨끗한 것이니
[批]	[비]
春光妙在各自得	봄빛이 묘한 건 스스로 얻음인데
堪笑種蘭剪荊莉	우습네, 난은 심고 가시는 자르는 것

菩堤煩惱等空平	보리와 번뇌, 그게 그것
[批]	[비]
春草王孫今何在	봄풀아, 왕손은 지금 어데 갔는가
黃砂白骨共無邊	황사 저 백골만 끝이 없구나

誰言卞璧無人鑑　　　누가 변화의 옥, 알아 볼 이 없다 말하랴

[批]　　　　　　　　[비]

卞璧千古不爲卞石　　변벽은 천년이 되어도 변석이 되지 않느니

我道驪珠到處晶　　　내 가는 곳곳마다 구슬 빛뿐이로다

[批]　　　　　　　　[비]

空谷之蘭 不以無人不馨　빈 골짝에 난, 그 향기를 알아보는 이 없다

萬法泯時全體現　　　만법이 스러질 때 본체 그대로 드러나니

[批]　　　　　　　　[비]

酒殘歌罷 淸興方妙　　술이 다하고 노래가 끝나야 청취가 묘해진다

三乘分別强安名　　　삼승을 분별하여 억지로 이름 붙임이라

[批]　　　　　　　　[비]

一二三　　　　　　　하나, 둘, 셋,

丈夫自有衝天志　　　장부는 스스로 하늘 뚫을 패기 있기에

[批]　　　　　　　　[비]

乾坤一我　　　　　　이 하늘 이 땅, 나 혼자구나

莫向如來行處行　　　여래가 간 자취 뒤밟지 않네

[批]　　　　　　　　[비]

芳草有人跡 更踏落花老　풀숲에 인적 있어 다시 꽃 떨어진 길 밟네

5. 말씀演教

[강설]

만해가 말하기를 "여래가 중생을 위하여 말 없음으로 설교하고 다시 말씀을 하였다如來爲衆生 故無言說教 更生言說"라고 했다. 진실함이여! 이는 얼음을 차다 함이고 불은 모든 것을 태운다 한 것뿐이다. 아는가.

[批]	[비]
無數黃葉葉 盡作止啼錢	무수한 누런 잎들, 우는 아기 달래는 종잇돈
三乘次第演金言	삼승은 차례로 좋은 말씀 폈고
[批]	[비]
不辨牛馬秋水至	소인지 말인지 모르고 추수에 이르러
莫道滄海有幾多	바다가 넓다든지 많다든지 말라
三世如來亦其宜	삼세의 여래들 또한 그러했노라
[批]	[비]
前車覆轍 後車不戒	앞 수레 뒤집혔는데 뒷 수레 조심 않네
初說有空人盡執	처음엔 유/공을 말하자
	사람들은 모두 거기 집착하여
[批]	[비]

種荳得荳	콩 심은 데 콩 난다

後非空有衆皆捐	뒤엔 공도 유도 아니라 하니
	사람들은 그때서야 모두 칩착 버렸네
[批]	[비]
君言亦復佳	그대 말 또한 아름답다

龍宮滿藏醫方義	용궁에 가득 찬 저 보물은 약방문이요
[批][비]	
病如牛毛 藥似泰山	병은 쇠털 같고 약은 태산 같다

鶴樹終談理未玄	학수의 마지막 설법마저 방편인걸
[批]	[비]
四十九年道不破	49년간 설해도 깨뜨리지 못했으니
萬事瘀今水東流	만 가지 일이여, 물이 동쪽으로 흘러가네

眞淨界中纔一念	진정계 그 가운데 한 생각 비침이여
[批]	[비]
纔有一念 原非眞淨	한 생각 비쳤다면 이미 진정계 아니지

閻浮早已八千年	지구 시간으로는 이미 8천 년 지났네
[批]	[비]
一刻抵千金	일각이 천금이다

6. 근본에 이르다達本

[강설]

밖에서 쳐들어오는 놈 쳐놓고 도둑 아닌 자 없다. 안에서 튀는 자 역시 도둑이니 잘 살피고 살펴야 한다.

일체를 쉬고 한 생각 다다르니 이곳이 본가다. 머뭇거리지 말자.

[批]	[비]
踏破雲山無限路	구름, 산 헤쳐 헤쳐 여기 왔으나
還家依舊離家在	환가 자체가 옛대로 집을 떠나 있다
勿於中路事空王	중도에 헛것에 사로잡히지 말고
批	[비]
鄕愁無端惱殺人	끝없는 향수가 사람을 휘잡는다
策杖還須達本鄕	지팡이 재촉하여 고향으로 돌아가라
[批]	[비]
方有事于旋踵	바야흐로 이 일은 발꿈치 돌리는 데 있다
雲水隔時君莫住	구름과 물 막힐 때 머뭇거리지 말라
[批]	[비]
雲水仍是天涯	구름과 물은 하늘 끝이니라

雪山深處我非忙　　　　설산 깊은 곳 나 바쁠 것 없나니

[批]　　　　　　　　　　[비]

勞而無功　　　　　　　수고로우나 공은 없다네

堪嗟去日顏如玉　　　　슬프다, 지난날은 옥 같은 얼굴이더니

[批]　　　　　　　　　　[비]

回憶自生憐　　　　　　지난 날 돌아보니 마음 슬퍼진다

却嘆廻時髮似霜　　　　오는 길, 머리칼은 서리가 내렸구나

[批]　　　　　　　　　　[비]

佛法惟有白髮在　　　　불법은 오직 백발에 있다

撒手到家人不識　　　　빈털터리 집에 오니 아는 이 하나 없고

[批]　　　　　　　　　　[비]

識則非妙　　　　　　　알아보는 이 있다면 묘할 것 없지

更無一物獻尊堂　　　　존당에는 한 물건도 바칠 것 없다

[批]　　　　　　　　　　[비]

猶有尊堂在　　　　　　존당에는 벌써 바쳐져 있다네

7. 귀향마저 쳐부수다破還鄕

[강설]

환향, 고향으로 돌아오다. 곧 환지본처하여 내외명철한 자성본원으로 돌아옴을 이른다. 여기에다 다시 '깨뜨리다破'니, 곧 자성본원, 본래면목에 이르렀다는 생각마저 버려야 함을 말한다. 자성본원, 본래면목이 무엇인가? 사유의 표현인 언어, 곧 생각마저 잊음을 의미한다.

게송을 겉돌듯 읽어치워라.

[批]	[비]
何地非故鄕	어느 곳인들 고향이 아니랴

返本還源事已差	근본으로 돌아가면 이미 일은 틀린 것
[批]	[비]
金屑難鬼 着眼則病	귀한 금도 눈에 들면 눈병나지

本來無住不名家	본래 머물 곳 없고 집 또한 없는 것
[批]	[비]
滿身淸風明月	온몸 가득 청풍과 명월

萬年松逕雪深覆	만년 소나무 오솔길 눈에 깊이 덮혔고
[批]	[비]

何日松有逕   어느 날의 소나무 길이며,

雪覆又幾年   눈에 덮인 지 또 몇 해던가

一帶峰巒雲更遮   한 띠의 산봉우리 구름이 다시 가린다

[批]   [비]

一步更奇於一步   일보는 다시 일보 내딛는 데 묘미 있지

賓主穆時全是妄   손과 주인이 화목할 때 모두 망령이오

[批]   [비]

禮有揖讓   예의 하나 바르군

君臣合處正中邪   군신의 동석, 옳은 듯 하나 잘못된 것

[批]   [비]

宮中紊亂   궁중의 법도가 문란하군

還鄉曲調如何唱   환향곡 저 가락 어떻게 하면 불러볼까

[批]   [비]

漁歌樵笛   고기잡이 노래요 나무꾼의 피리소리로다

明月堂前枯樹花   명월당 앞 마른등걸에 핀 꽃이다

[批]   [비]

聲前非寂   소리 앞에도 고요치 않았고

聲後無聞   소리 뒤에도 들은 것 없다

8. 자리 바꾸다 轉位

[강설]

'자리를 바꾸지 말라' 우리는 이미 자리를 바꾸었다. 또 바꾸어도 별로 기특할 것이 없다. 단지, 간장과 콜라를 가리는 것이 중요하다.

[批]	[비]
步步白水靑山	걸음마다 백수요 걸음마다 청산이다

涅槃城裡尚猶危	열반성이 오히려 위태롭네
[批]	[비]
佛祖位中多危懼	불조의 자리는 위태롭고 두려움이 많아
夜來依舊宿蘆花	밤이 오면 옛대로 갈숲에 깃든다

陌路相逢沒定期	저잣거리에 기약 없는 만남은
[批]	[비]
磊落不羈漢 可逢亦可離	떠돌이 저 사내 만날 수도 헤어질 수도

權掛垢依云是佛	방편으로 헌옷 걸어놓고 부처라 부르면
[批]	[비]
陽焰元非水	아지랑이 원래 물이 아니거늘
渴鹿豈可飮	목마른 사슴이 어찌 마실 건가

却裝珍御復名誰　　　　진주비단 좋은 장식 무어라 이름하리

[批]　　　　　　　　　[비]

醜甚於一醜　　　　　　더러움에 더러움이 더하는 구나

木人夜半穿靴去　　　　목인이 오밤중에 신을 신고 돌아가고

[批]　　　　　　　　　[비]

喝할!

石女天明戴帽歸　　　　석녀는 날 새자 모자 쓰고 가는 구나

[批]　　　　　　　　　[비]

百鬼遯跡　　　　　　　온갖 잡귀 자취없다

萬古碧潭空界月　　　　만고의 푸른 공계의 저 달

[批]　　　　　　　　　[비]

雲泥有差　　　　　　　구름과 진흙 그 차이다

再三撈摝始應知　　　　두 번 세 번 건져봐야 알게 된다

[批]　　　　　　　　　[비]

無微不入　　　　　　　적어도 스며들지 않는 곳 없다

9. 회기 廻機(기틀을 돌리다)

[강설]

회기는 '본래자리'로 돌아감이니, 본래자리는 본래자리가 없음이니라.

동에서도 튀어나오고 서에서도 돌아나간다. 그래서 봄에 새싹이 돋고 가을에 열매를 거둔다. 궤와 규칙이 없음이 바로 궤이고 규칙이다.

저 언덕에 핀 꽃을 들국화라고만 하지 말라. 어저께 진 우담발화가 오늘 아침 다시 핀다.

[批]	[비]
風起花香動	꽃향은 바람에 움직이고
雲收月影移	달그림자는 구름 따라 옮겨간다
被毛戴角入鄽來	털 입고 뿔 얹고 저잣거리 드니
[批]	[비]
三世諸佛	과거 현재 미래의 모든 부처님이
爲牛爲馬	소가되기도 하고 말이 되기도 한다
優鉢羅花火裡開	우담발화 꽃 불 속에 활짝 피었다
[批]	[비]
所懷伊人	내가 가장 사모하는 그 사람이여

煩惱海中爲雨露　　　　번뇌의 바다에 이슬비 되니
[批]　　　　　　　　　[비]
無多春宵一滴露　　　　짧은 봄 밤 이슬 한 방울
終朝付與百花頭　　　　아침이 다하도록 온갖 꽃 적셔준다

無明山上作雲雷　　　　무명산 정수리에 우뢰소리 울린다
[批]　　　　　　　　　[비]
慶快平生　　　　　　　평생을 결정함을 경하한다

鑊湯爐炭吹敎滅　　　　끓는 가마의 숯불 가르침으로 불어 끄고
[批]　　　　　　　　　[비]
割鷄牛刀　　　　　　　닭 잡는 데 소 잡는 칼을 쓰는군

劍樹刀山喝使摧　　　　칼과 검 모두 '할' 한소리에 깨트리다
[批]　　　　　　　　　[비]
微勞何是謝　　　　　　그까짓 수고 무엇 그리 대단하냐

金鏁玄關留不在　　　　금자물쇠의 현묘한 관에 머물지 말고
[批]　　　　　　　　　[비]
神龍元非池中物　　　　신룡은 원래 못 속의 것이 아니거늘
肯同魚鼈接香餌　　　　물고기나 자라 되어 낚싯밥에 걸리리

行於異路且輪廻　　　　온갖 길로 가서 다시 윤회하리라

[批]	[비]
一竿風月 滿地江湖	지팡이 끝 풍월이요 가득 찬 강과 호수로다

10. 한빛一色

[강설]

손가락으로 허공에 원을 긋지 말라. 원 밖에 원이 있고 원 안에 원이 있다. 그으면 사라지고 사라지면 긋나니, 무엇이 일색의 소식인가? 창 밖 강변을 걷는 젊은이 한 쌍이 마주보고 웃고 있다.

[批]	[비]
一色知在一色外	한 빛은 한 빛 밖에 있다
枯木岩前差路多	마른나무 바위 앞 갈림길도 많아
[批]	[비]
愈岐愈失	갈수록 갈림길, 갈수록 빗나간다
行人到此盡蹉跎	나그네 여기 와서 다 헛디뎌 넘어진다
[批]	[비]
歲不我與	세월은 나를 기다려주지 않는다

鷺鷺立雪非同色　　　　백로가 눈에 서도 같은 색이 아니요
[批]　　　　　　　　　[비]
同則非同　　　　　　　같다면 이미 같은 것이 아니다

明月蘆花不似他　　　　명월과 갈대꽃, 닮음도 다름도 아니니
[批]　　　　　　　　　[비]
有類卽非高　　　　　　견줄 것 있다면 벌써 높은 것은 아니다

了了了時無可了　　　　알았다 알았다 할 땐 알은 것 아니고
[批]　　　　　　　　　[비]
可愧傍人　　　　　　　옆 사람 보기 부끄럽다

玄玄玄處亦須呵　　　　깊고 깊고 깊은 곳도 역시 웃음거리일 뿐
[批]　　　　　　　　　[비]
無處不玄　　　　　　　깊지 않은 곳이 어디 있지

慇懃爲唱玄中曲　　　　그대 위해 남몰래 현중곡을 부르나니
[批]　　　　　　　　　[비]
三世佛祖 一時耳聾　　삼세의 불조도 귀먹겠구나

空裡蟾光摧得麼　　　　허공 속의 저 달빛 꺾어올 수 있겠느냐
[批]　　　　　　　　　[비]
千手不到 萬古明月　　천 개의 손도 이르지 못하니 만고의 명월이다

제31화

백운의 만나는 곳마다 고향일레

白雲頭頭是故鄉

　　백운 경한白雲景閑(1299~1375)은 고려 말, 전라도 고부에서 출생하였으며 쉰이 넘은 나이에 원나라에 들어가 석옥 청공石屋淸珙(1272~1352)의 선법을 이었다. 석옥은 육조 혜능의 23세이며 임제 의현의 18세이다.

　　석가모니가 가섭에게 삼처전심을 보인 후, 선맥은 28세 달마에 이르러 중국으로 이어졌고, 다시 33세에 육조 혜능과 38세에 임제 의현에 이르러 임제종이 출생하였고, 44세 석상 초원에 이르러 양기 방회의 양기파와 황룡 혜남의 황룡파가 나누어졌고, 양기로부터 11세 이르러 석옥 청공과 평산 처림이 출생되니, 석옥에게 백운 경한과 태고 보우가 평산에게 나옹 혜근이 출생하니, 이것이 우리나라에 현금까지 단일 선맥으로 이어지고 있다. 백운과 태고, 나옹은 석가로부터 57세이다.

　　백운이 고려에 귀국하여 나옹의 추천으로 신광사, 홍성사의 주지와 나라에서 주관하는 공부선工夫選의 시험관을 하였고, 그 뒤 여주 취암사에서 후학을 제접하다 77세에 입적하였다. 화상의 어록으로는 『백운화상어록』이 전하며 특히 선사의 저작으로『직지심경』은 세계에서 가장 오래된 금속활자본이다. 화상이 75세에 저작으로『전등록』을 중심으로 고갱이 되는 법문만 간추려 저술한『직지심경』은『선문염송』과 더불어 우리나라 간화선의 바탕이 되는 선서이다.

人生七十歲	인생 칠십 세
古來亦稀有	예부터 희유하네
七十七年來	일혼 일곱 해를 왔다가
七十七年去	일혼 일곱 해를 돌아가니
處處皆歸路	이른 곳마다 다 돌아가는 길
頭頭是故鄉	만나는 곳 모두 고향일레
何須理舟楫	배 띄우고 노 저어 무엇하리
特地欲歸鄉	별난 고향 찾아
我自本不有	내 본디 있지 않은 몸
心亦無住所	마음 또 머묾 없는 마음일세
作灰散四方	태우고 남은 한 줌 재 훌훌 뿌려
勿占檀那地	시주의 땅 한 뼘도 점령 말라 하게

— 백운 경한 열반게(白雲景閑 涅槃偈)

백운화상의 열반게를 두고 몇 마디의 말로써 가름하기는 너무나 미치지 못함이 크다. 화상의 고준한 정신세계와 거기에 꼭 맞게 포개어지는 밀밀한 행위는 언어나 생각이 미칠 바를 훨씬 뛰어넘고 있기 때문이다. 저자는 그저 후학으로 그의 유일한 행리인『백운화상어록』을 통하여 진솔하게 소개하고 우리의 이해에 닿기 힘든 곳에 가벼운 주와 착어를 달고자 한다.

1. 해주 안국사에서 재를 베풀고 하신 법문
─지정 갑오년 유월 초나흘날 ①

1) 제1분

辭歲頌　　　　　　　사세송

白雲買了賣淸風　　　청풍을 팔아 백운을 모두 파니
散盡家私澈骨窮　　　온 집안이 텅 비어 뼛속까지 가난하다
留得一間茅草屋　　　마침 한 칸의 초옥이 남아 있다
臨行付與丙丁童　　　떠나는 길 즈음 병정동자②에게 맡기네③

－『백운화상어록』, 하권

주해 :

① 지정至正 갑오년甲午年 ─ 공민왕 3년, 지정 14년은 1354년이고, 지정은 중국 원 순제의 연호다.

② 병丙과 정丁은 오행상 화火, 즉 불에 속한다. 병정동자는 불을 의인화함. 불동자로 번역하며, 다비 시 다비를 주제하는 불인 동시에 여기선 백운선사다. 다의적

이다.

③ 위의 선시는 석옥청공이 중국 호주 하무산 천호암에서 입적할 때, 백운화상에게 남긴 전법게다. 지정 갑오년 법안이 이 사세송을 가지고 백운 화상이 주석하는 해주 안국사에 전달하였고, 백운 화상은 재를 베풀고 설하였다.

2) 제2분

스승①은 향을 피우고 말하였다.

"나②는 오늘 내 스승님③의 재를 베푸오. 대중스님, 내 스승님은 과연 여기 오셨는가. 말해 보오. 안 오신 것을 무엇으로 증험하리오." 이어

"모두 산買了 백운은 비를 끌고 오고 모두 판 청풍은 얼굴을 스쳐 올 것이오. 대중은 이것으로 증험하오"④ 또

"길을 틔우시오, 길을 틔우시오. 내 스승님이 오십니다."⑤

이렇게 향을 피우고 축원할 때에 동이에 쏟아지듯 비가 내리기 시작하여 이틀 날 오후에야 그쳤다. 그해에는 봄에서 여름까지 매우 가물었는데, 그 비로 인하여 풍년이 들었다.

주해 :

① 스승은 백운선사, 『백운화상어록』은 그의 시자 석찬이 기록함.

② 나는 백운선사

③ 백운의 법사인 석옥 청공.

④ 석옥이 준 사세송 첫구에 '백운을 모두 사 청풍을 팔았다白雲買了賣淸風'는 곧 '백

운을 몽땅 사기 위해 청풍을 모두 팔았다'로 읽히니, 이는 정말로 나는 '가진 것이 없이 텅 비고 비니 그야말로 뼛속까지 아무것도 없다' 이제 '丁骸는 청산에 묻힘을 바라지 않고' 오직 불동자에게 이것을 주어버린다'

착어　아! 그렇다 무엇이 남는가?

　　　　마침 비가 온다. 아니 햇살이 따갑다.

　　　　스승이 오시는 것 보이는가.

　　　　아무래도 좋다. 보이는가?로 해두자.

　　　　그런데 웬 풍년.

3) 제3분

　스승은 그 사세송을 들고 말하였다.

　"이 우리 스승님은 평소에 성질이 강직하여 눈은 천하를 내려다보고 기개는 사방을 눌렀소. 40여 년 동안 산 속에 자취를 감추어 그림자도 산 밖을 나가지 않았으며, 은밀한 생활을 하시며 일찍 한마디의 말도 남을 위해 주신 일이 없는데, 무엇 때문에 임종에 이르러 한바탕 날뛰셨던가. 그러나 이 소식은 스승님이 최후에 요진을 굳게 쥐고 할구를 온통 들어 보인 것이니, 대중스님네는 빨리 자세히 보시오. 어떤 것이 최후의 한 글귀인가."

　힘주어 말씀하기를

　"바람이 불어도 들어가지 못하고 물로 씻어도 붙지 않으며, 하늘을 빛내고 땅을 밝히며 과거에도 빛나고 현재에도 떨치오. 적나라하고 적쇄쇄하며 잡을 곳이 없소."

이렇게 작법作法한 뒤에 축언祝言으로 회향廻向하기를

일착자一着子①는 말하기 전에 완전히 드러나 하늘과 땅을 덮고 빛깔과 소리를 덮었소. '황면노자黃面老子'는 '그것' 하나를 얻고는 도솔천에 떠나기 전에 가필라 궁전에 내려왔고 어머니 몸에서 태어나지 않고 중생을 다 제도하였다黃面老子 得這一着子 道未離兜率 已 降王宮 已出母胎 度人已畢'②고 하였소. 또 과거의 모든 성인들도 그것 하나를 얻고는 차례로 나타내 보이되, 왕궁에 내려와 태에 머무르다가 태에서 나오고 집을 떠나 도를 이루어, 악마의 군사를 항복 받고 법륜을 굴리다가 열반에 드셨소.

대중스님네들, 과거의 여러 성인들도 그 법을 얻어 그렇게 나타내 보이셨고, 나도 지금 이와 같이 그 법을 말하는 것이오.

원컨대 스승님은 자성만을 지키지 마시고 시방의 무수한 세계에 색신의 삼매를 두루 나타내어, 과거의 여러 성인들과 함께 불가사의한 해탈의 경계에 드시옵소서.

이상과 같이 인연을 생각하나이다.

갑오 6월 4일, 법안 수자가 하무산에서 배를 타고 와서, 한 통의 글을 이 제자에게 주셨소. 백운은 꿇어 앉아 그것을 펴 보았더니, 하무산 천호암에 계시는 내 스승님이 열반에 드실 때의 사세송이었소.

주해:

① 일착자一着子 – 최후의 한 글귀. 곧 바둑을 둘 때 최초의 한 수.

② 황면노자黃面老子는 '그것' 하나를 얻고는 도솔천으로 떠나기 전에 가필라 궁전에 내려왔고 어머니 몸에서 태어나지 않고 중생을 다 제도하였다黃面老子 得這一着子 道未離兜率 已降王宮 已出母胎 度人 已畢'고 하였소.

4) 제4분

백운을 모두 사느라 청풍을 팔았더니
온 집이 텅 비어 뼛속까지 가난하다
마침 한 칸 초옥이 남아 있어
떠나는 길에 다다라 병정동자丙丁童子에게 주노라①

　나는 자세히 읽고 그 뜻을 자세히 살펴보았소. 그것은 내 스승님의 세상과 인연을 마치고 돌아가실 때에 다다라 평생에 쌓아 두었던 맑은 바람을 내게 부쳐주신 법게法偈였소.

　아아, 하늘이 나를 돕지 않았더라면 법의 깃대가 꺾이고 법의 들보가 부러지며, 법의 바다가 마르고 법의 등불이 꺼질 뻔하였소. 그러나 대중스님네는 생각하지 못하였을 것이오. 나는 본래 무심하지만 바라는 바가 있었는데, 가섭으로부터 계속하여 전해 내려온 황면노자의 그 정법안장의 위없는 법보가 오늘 내게 전해진 것이오. 그러나 이 소승은 진실로 감당하기 어렵소. 왜냐하면 달마스님으로부터 대대로 이어 내려와 분양汾陽善昭(945~1022)스님에게 전해졌는데 분양스님은 세 가지의 사자구獅子句를 보이셨소.

　'첫째는 종宗을 초월하고 눈을 달리한 사자요, 둘째는 어깨를 가지런히 하고 발을 나란히 산 사자며, 셋째는 그림자와 메아리가 진실하지 않은 사자이다. 만일 종을 초월하고 눈을 달리한 사람이라면 그 지혜가 스승보다 뛰어나 법을 전해 받을 수 있는 사람이니 바로 종자가 될 수 있고, 어깨를 가지런히 하고 발을 나란히 할 수 있는 사람이라면 지혜가 스승과 같아서 스승의 덕의 반을 전해 받을 수 있는 사람이다' 하였고. 분양 화상은 본래 순수하고 정직하며 큰 영향이 있는 스님인데 그도 이렇게 말하였거늘, 하물며 다섯 가지의 혼탁하고 악한 말세의 근기가 모자라고 지혜가 얕은 사람들이겠소. 그림자와 메아리가 진실하지 않은 사람은 여우나 도깨비 같은 무리로서 나처럼 무지한 자인데, 어찌 위없는 법왕의 위없는 법보를 전해 받을 수 있겠소.

나의 덕행을 생각하면 이렇다 할 덕도 없고 볼 만한 행도 없소. 행은 곧 행이 없는 행이요 마음은 바로 마음이 없는 마음이며, 생각은 곧 생각이 없는 생각이요. 말은 바로 말없는 말이니, 닦음은 곧 닦음이 없는 닦음인데 어찌 위없는 법보를 전해 받을 수 있겠소. 외람되게 오히려 내게 바침納을 받는 것은 참된 자식眞子의 직분을 그르치는 것이오.

그러나 옛사람은

'제가 장부라면 나도 장부인데, 왜 부질없이 스스로를 업신여겨 물러서겠는가' 하였고 또 부처님은, '내 법은 생각이 없는 생각을 하고 행이 없는 행을 하며, 말이 없는 말을 하고 닦음이 없는 닦음을 하는 것이니, 이런 사람이라야 부처의 종자가 될 수 있다' 하였고 그러므로 스스로 업신여길 것 없이 이 법을 받는 것이오.

그러나 법은 본래 형상이 없고 마음은 본래 자취가 없는데, 전하는 것이 무엇이고 받는 것은 무엇이며 사는 것은 무엇이고 파는 것은 무엇인가. 아하하. 적나나 적쇄쇄赤裸裸 赤洒洒하여 설명할 법이 없고 전할 마음이 없다고 말하지 마시오. 설명할 법이 없다는 것이 바로 전하는 것이며 바로 얻는 것이오.

그러므로 "전할 것도 없고 말할 것도 없는 '봄의 얼굴春容'과 '물 속의 달水月'②이 서쪽에서 이곳 동쪽에 이르러, 지금 '하나의 꽃이 다섯 잎'을 피웠다無傳無說 春容水月 至今此土與西天 粲然一花開五葉③ 한 것이오" 하였다.

주해 :

① 석옥이 중국에서 보내 온 백운에 법을 전하는 법게이다.

내용을 풀면 1행은 석옥화상이 백운을 살 수 있어 조사가 전한 청풍을 모두 팔고 지금 남은 것은 아무것도 없다. 이제 본원으로 돌아감에 있어서 단지 쓸데없는 한 칸의 초옥을 불동자에게 주노라. 하지만, 곧 한 구의 보잘것없는 시체를 불의 정령에게 넘겨준다. 이 정령, 이것 또한 이것을 체달한 백운에게 맡긴다. 병정동자 이놈이 귀도 눈도 코도 없이 '모르네 모르네' 하며 무공용無功用의 운행을 한다. 이 전할 것도 없고 말할 것도 없는 춘용春容, 수월水月이 인도에서 중국에 이르러, 한 꽃에 다섯 잎이 돋으니 곧 선종의 5대 종파로 피어났다고 하는 거다. 아는가?

② 춘용, 수월은 도, 무, 공, 토끼뿔, 거북털과 같은 표현이다. 시적 표현으로 보면 선시의 무한실상의 다른 이름들이다.

③ '일화개오엽'은 한 꽃에 다섯 잎이 피어났다. 곧 선불교라는 꽃에서 오종(위앙종, 운문종, 임제종, 조동종, 법안종)으로 그 선풍에 따라 종파로 갈라짐을 말한다.

5) 제5분

世尊拈花示上機	세존이 꽃을 들고 상근기에 보이시니
金色頭陀破顔笑	황금빛 두타가 미소지었고
達磨壁面接利根	달마가 벽을 향해 날카로운 근기 다루매
斷臂神光雪中立①	팔을 끊은 신광이 눈 속에서 서 있었네

世尊達磨不說說	세존과 달마는 말하지 않고 말했으며
迦葉神光不聞聞	가섭과 신광은 듣지 않고 들었네
於焉一物大分明	어느새 그 한 물건이 매우 분명했어라
如是同天亦同地	이리하여 하늘과 같고 땅과 같네
同天同地作麼形	하늘같고 땅 같은 그 무슨 형상인가
作麼形兮無不是	어떤 형상이라 해도 이것 아닌 게 없었네
無去無來無障碍	가지도 오지도 않고 장애도 없으며
無名無相切一切	이름도 형상도 모든 것이 끊어졌네

孤超威音之前獨②	홀로 威音의 이전에 외로이 뛰어났고
步劫空之後是稱	제 홀로 空劫의 뒤에도 우뚝하리
正法眼藏涅槃妙心	그것을 정법안장 열반묘심
亦謂之	이라고 하며
本地風光本來面目	본지풍광 본래면목이라고도 하나니

是諸佛阿褥菩提③	그것은 모든 부처의 아뇩 보리요
是諸佛祖轉轉心心燈	그것은 모든 불조가 전한 마음의 등불
是故此土與西天至今	서천에서 지금 이 땅에 흘러와
一花開五葉④	한 꽃에서 다섯 잎이 피었네

我師首謁及菴祖	우리 스승께선 급암을 뵙자마자
契此三昧受傳燈	이 삼매를 깨닫고 마음의 등불을 받아
穩密履踐超過量	은밀히 수행하여 모든 것에 뛰어났네

晦跡山林四十年	40년 산속에 자취 감추고
未曾一言及人知	한 말씀도 없어 사람들은 몰랐네
是故無人明辨出	그러므로 아무도 그것을 깨닫지 못했네
我於壬辰正月春	나는 임진년 정월 첫 봄에
躬造室中受熏煉	스승 곁에 가서 단련을 받고
上元前三十三日	정월 보름달이 뜨기 삼십삼일 전에
密契無心無上宗	밀밀이 무심의 위없는 뜻 계합하였네
烹佛烹祖大燎鞴	부처와 조사를 삶는 큰 풀무화로에
煆九煆聖惡鉗鎚	성인과 범인 단련하는 모진 집게와 저울이라
燒我億劫顚倒想	억겁의 전도된 생각을 불사라
不歷僧祇獲法身	⑤아승지겁 안지내고 법신을 얻었네
我今亦受傳法偈	나는 지금 전법게를 받아
轉敎未悟如我證	깨치지 못한 이를 나처럼 깨치게 가르쳐
將此深心奉塵刹	장차 이 깊은 마음으로 무수한 세계를 받들면
是則名爲報佛恩	이것이 곧 부처에게 보은하는 것이네
惟願佛祖大慈悲	원하옵나니 불조의 대자비로
希更甚除微細惑	미세 의혹을 모두 없애기를 원하노니
今我早登無上覺	이제 내가 위없는 깨달음에 올라
於十方界坐道場	시방세계의 도량에 앉아
舜若多神可消工	허공의 신이 사라져 없어져도

定慧圓明終不失⑥　　　정혜원명을 잃지 않게 하소서

至正甲午六月初四日 禪人法眼自江南湖州霞霧山天湖菴 石屋和尙辭世陪來 十
四日師於海州安國 寺設齊小說

　　　　　　　　　　　　—『백운화상어록』 하권 「해주 안국사설제소설」

주해 :

① 단비신광설중입斷臂神光雪中立 — 선종의 제2조인 신광혜가神光慧可가 법을 구하기
　위해 달마 앞 눈 속에서 팔을 자르면서 구도 정신을 보인 것을 말한다.

② 위음지불威音之佛의 약칭 — 공겁 이전에 맨처음 성불한 부처. 맨처음이란 뜻으로
　도 사용함. 선문에서는 본분향상의 실제이지實際理地의 뜻을 나타내는 말. 곧 위
　음이전이라 함은 위음왕불이 출세하기 이전을 말한다.

③ 아욕다라삼막삼보제阿褥多羅三藐三菩提의 준말. 산스크리트어 Anuttara-Sammak-sambodhi
　한자 음사다. 한문으로 번역하여 무상정등정각無上正等正覺이나 무상정편정지無上
　正遍正智라 한다. 곧 A는 무無, nuttara는 상上이며, sam은 정正이 고 bodhi는 보리
　즉 각覺이다. 우리말로는 '위없으며 바르고 두루한 바른 깨달음'이니 정각이라
　한다.

④ 일화개오엽一花開五葉 — 한 꽃에 다섯 잎이 피다. 곧 선불교라는 한 꽃에 다섯 종
　파(위앙종, 운문종, 조동종, 임제종, 법안종)가 퍼짐을 말한다.

⑤ 아승지겁 — 수없는 세월.

⑥ 정혜定慧 — 정은 마음을 한 곳에 모아 머물게 하고 혜는 현상인 사事와 본체인 이
　理를 관조하는 것.

2. 공부선을 주관하라는 분부를 받고 內敎功夫選取御前呈似言句

홍무 경술년 구월 보름洪武庚戌年九月十五日承

이 늙은이의 소견으로는 공부한 사람을 시험하는 사람은 화두로는 조주의 '없다 無'나 '모든 법이 하나로 돌아가는데萬法歸一'나 '부모에게서 태어나기 전의 본디 모습父母未生前面目' 같은 것들이 있습니다. 이 화두는 큰 의심이 있어야만 크게 깨달을 수 있으니, 마음에 큰 의심이 없으면 생각의 숨길이 끊어지지 않기 때문입니다.

수어垂語란 '뜰 앞의 잣나무庭前柏樹子', '마 세근麻三斤', '마른 똥막대기乾屎橛' 같은 것들입니다. 이것은 깨달은 큰 스승들이 깨달음에 대해 바로 묻고 대답한 말로, 이렇게 팔팔 살아 있는 깨달음의 말로 큰 도의 본질을 말한 것이며, 이것은 또 조사선祖師禪으로서 빛깔과 소리와 말을 갖춘 것입니다.

빛깔로 법을 보여 사람을 가르치는 것은 방망이를 들어 때리기도 하고, 불자를 세우기도 하며, 눈썹을 치켜올리거나, 눈을 깜박이거나, 주먹을 들어 보이거나, 붓을 들거나, 주장자를 드는 것들입니다. 영운은 복숭아꽃을 보자 깨달았으니 이것이 바로 빛깔로 법을 보이는 것입니다.

소리로 법을 보여 사람을 가르치는 것은 주장자를 내리치거나, 벼락 치듯 소리를 내지르거나, 선상을 세 번 들었다 놓거나, 솥뚜껑을 세 번 들었다 놓거나, 시자를 세 번 부르거나, 문밖의 소리를 묻는 것들입니다. 그래서 현사는 어떤 승에게 "저 개울물 소리를 듣는가溪水聲麼?" 하고 물으니, "네" 하고 대답하자 "그 속으로 들어가라這裏入如"고 했고, 향엄은 '대나무를 때리는 소리擊竹'를 듣고 마음을 밝혔습니다.

말로 법을 보여 사람을 가르치는 것은 조주가 어떤 승에게 "죽은 먹었는가?"라고 묻자, "먹었습니다" 하니 "바루나 씻겠나" 하자 그 승이 깨친 것과 같은 것입니다. 또 소국사가 법안을 모시고 있을 때 어떤 승이 법안에게 "조계의 한 방울 물이란 무엇입니까如何是曹源一滴水?"라고 물었습니다. 법안이 "이것이 조계의 한 방울 물이지" 하자 그 승이 크게 깨달은 것과 같습니다.

또 한 가지 가장 묘한 방편이 있으니, 무심이나 무념의 법을 보여 사람을 가르치는 것입니다. 육조가 말했습니다. "모든 좋고 나쁨을 티끌만큼도 생각하지 말라一切善惡都莫思量", "그러면 저절로 맑고 깨끗한 참마음을 깨달아, 언제나 고요하여 그 묘한 작용이 헤아릴 수 없을 것이다自然得入淸淨心體湛然常寂妙用用恒沙" 또 황벽은 이렇게 말했습니다. "도를 배우는 사람이, 바로 있는 그 자리에서 무심하지 못하면 아무리 마음을 닦아봐야 끝내 이루지 못할 것이다學道人若不直下無心累劫修行終不成"고 했으며, 장졸 상공이 "한 생각도 나지 않으면 전체가 드러난다一念不生全體現"고 했으며, 도위 이문화는 "위없는 깨달음으로 바로 나아가고 어떤 옳고 그름도 관계치 말라直趣無上菩提一切是非莫管"고 했습니다.

3. 수시법문

1) 사람마다 다 갖추어 있지

스님이 법당에 오르시어 이르다.

사람마다 다 갖추고 있고, 모든 것 속에 또렷이 이루어져 있는데 어찌하여 이 늙은이를 괴상하게 여깁니까? 오늘, 이 늙은이가 할 수 없이 여러 형제들의 몸과 마음을 바꾸어 주기 위해 한 말씀 드리고자 하는데, 좋으십니까?

여러 형제들, 학 다리는 길고 오리 다리는 짧으며, 감초는 달고 황련은 쓰지요. 어떻습니까? 마음에 드십니까?

스님께서 자리에서 내려오시다.

—『백운화상어록』, 상권

2) 진리라 할 진리는 없다

스님께서 말씀하셨다.

『금강경』에 '진리라고 할 진리가 없음을 깨달음이라고 한다阿耨多羅三藐三菩提' 하시고, 또 '여래라도 말씀하실 수 있는 어떤 진리가 있는 것이 아니다'라고 하심은 최상승의 수행자를 위해 하신 말씀이오.

그런데 저 '일정한 진리라고 할 진리가 없다'는 말씀은 무슨 뜻인가? 옛 어른은 '이것은 바로 신령하고 묘한 우주의 본체를 드러낸 말씀이다'라고 말한 것이오.

그러나 만일 저 우주의 본체란 위로는 위가 없고 아래로는 아래가 없으며, 가에는 가가 없고 가운데에는 당처가 없는 것이라면, 곧 당처가 없는데, 어찌 동서상하東西上下가 있겠는가?

텅 비고 고요한 것을 말하고자 하여도, 이것은 허공과는 같지 않고, 그 모습과 쓰임을 말하려 하나, 이것은 인연을 따라 일어나지 않으며, 그 앎을 말하려고 하나, 분별과 다르고, 둔하고 걸림이 없음을 말하려 하나, 이것은 나무나 돌과는 다르고, 그 깨어 있음을 말하려 하나, 이것은 깨닫기 전과는 같지 않으며, 그 밝음을 말하려 하나, 이것은 日月 따위와는 같지 않은 것이오. 이와 같이 본체란 세간이나 출세간에서 그것에 견줄 만한 것이 없기 때문에 『금강경』에서 '진리라고 할 진리가 없다'고 하신 것이오.

그래서 의상스님께서는 「법성게」에서 '이름도 없고 모양도 없이 모든 것을 다 끊었다無名無相絶一切'고 하셨으며, 또 어떤 조사스님은 '그것은 마음도 아니고 부처도 아니며 물건도 아니다不是心不是佛不是物'라고 했으며, 또 '너의 본성은 허공과 같아서 끝이 없고 모나고 둥글고 크고 작음도 없으며, 위아래 길고 짧음도 없고, 푸르고 누르고 희고 붉음도 없으며, 착하고 나쁨도, 성냄도 기쁨도, 옳고 그름도, 범부 성인도 없으며, 머리와 꼬리며 등도 얼굴도 없다'고 하신 것이오.

여러분 그것을 아시겠소? 그 경지에 이르러 미세한 그 이치를 밝게 깨치면 층계를 지나지 않고 '한 번 뛰어서 바로 여래의 땅一超直入如來地'①에 들게 되는 것이오.

그런 까닭에 '나는 진실을 말하는 이며, 있는 그대로를 말하는 이며, 거짓말을 하지 않는 이'라고 한 것이오. 또한 五眼②으로 보는 것을 인용하여 그것을 밝혔으니 참으로 비밀한 뜻이 있는 것이오. 여러분 어서 큰 기운을 내시오

— 『백운화상어록』, 상권

주해:

① 일초직입여래지一超直入如來地는 번역 그대로 몰록, 여래의 땅, 여래의 경지에 듦을 말하니, 곧 돈오돈수頓悟頓修, 정각正覺을 말한다.

② 오안五眼은 다섯 가지의 눈은 수행에 의하며 진리를 얻어가는 차례, 육안肉眼, 천안天眼, 법안法眼, 혜안慧眼, 불안佛眼이며 여기서 법안은 지혜의 눈, 혜안은 진리를 보는 눈, 불안은 깨달음의 눈을 이른다.

이 말씀은 사유와 언어로서는 진리에 이를 수 없다. 이미 사유가 있고 언어가 있으면 대상이 있음이니, 굳이 말씀 드리자면 백운선사는 여시한 저절로 상태, 그것을 드러내 보일 뿐이다. 절대 진리를 묻는 사람에게 『반야심경』이나 『벽암록』에는 이러한 선구가 있다.

반야라는 것도 거기 없으며 깨달았다는 것도 없고 또 깨닫지 못했다는 것도 없다 無智亦無得.

『반야심경』은 스스로 우리에게 직설한다. '무지역무득'은 『반야심경』가운데 가장 핵심이 되는 구절이다. 여기서 지智란 산스크리트어로 jñāna인데, 이것은 주관과 객관이 대립에서 벗어나 사물을 투시할 수 있는 직관지直觀智다. 반야般若, prajña는 지智에서 한층 심화된 근본지根本智를 말한다. 주관과 객관이 완전히 허물어진, 자/타, 능/소, 주/객이 미분화되기 전의 둘이 아닌 절대경지, 최상의 경지를 말한다.

진리의 세계인 둘이 아닌 지혜, 바로 반야심경에서 말하는 "색즉시공色卽是空 공즉시색空卽是色"의 지혜를 일컫는다. 이 구경의 진리는 '보는 자'와 '보여지는 자'가 녹아서 허물어졌으므로 무엇을 판단하는 가장 날카로운 직관지마저 있지 않다. 이곳은 진리의 당처當處이므로 주관적 인식과 객관적 인식의 대상이 없으며, 있다면 이는 이미 상대적 대립의 세계지 절대무이絶代無二의 세계가 아니다. 여기서 알았다면 못 알았을 것이고 얻었다면 이미 분리되므로 다른 것을 얻었을 뿐이다.

그리고 절대 진리를 묻는 우리에게 『벽암록』에는 이렇게 말한다.

諸人 要會末後句麼	여러분! 말후구를 알고 싶은가
只許老胡知	단지 노호가 아는 것은 허락하지만
不許老胡會	노호가 만남은 허락하지 않는다

다음 노호는 달마의 별칭이다. 늙은 오랑캐, 반어적인 존경이다. 또 달마 dharma는 산스크리트어로 진리나 법이니 다의적인 의미로 쓰이고 있다. 곧 노호는 절대무이인 진리 당처를 지칭한다. 곧 실상의 당처를 앎으로 받아들이는 차원은 이야기되어지고 가능하다 할 수 있지만 그 자리, 바로 그곳에 만났다領會고 감지했을 때는 이미 다른 것일 수밖에 없다는 이 당처, 본래면목本來面目의 인식 방법에 대하여 이렇게 밖에 할 수 없음을 말하는 것이다.

4. 중국 호주 하무산 천호암에 가서 석옥선사께 올린 글

— 지정 신묘년① 오월 열이렛날

학인은 화상께 여쭙니다.

어떤 중이 제게 물었습니다.

"육조께서 '그것은 바람이 움직이는 것도 깃발이 움직인 것도 아니며, 그대 마음이 움직인 것이다六祖云 不是風動不是幡動仁者心動'라고 했는데 무슨 뜻입니까?"

저는 참마음이란 없는 곳이 없다고 알고 있었기에 이렇게 대답했습니다.

"모든 현상이란 다 자기 마음이다諸相全是自心."

저의 대답이 옳습니까, 그릅니까? 자비로 의심을 풀어 주십시오.

스승은 이 글을 보시고 내게 말씀하셨다.

"참마음은 움직이지 않는다眞心不動."

그래서 나는 화상께 다시 글로써 물었다.

"경을 보니 '있는 없는 것들이란 다 허망한 것이니, 있고 없는 것들이 참으로 있고 없는 것이 아님을 알면 곧 여래를 보리라凡所有相 皆是虛妄 若見諸相非相 卽見如來'라 했고, '모든 형상은 찰나마다 다른 모습으로 흐르니 일체는, 그대로 텅 비어 있다. 그것이 여래의 대원각이다諸行無常一切空 卽時如來大圓覺'라 했고, '모든 형상이 무상함이여, 이것이 바로 생멸하는 법이다. 이 생멸마저 없애면 다시없는 열반을 얻으리라諸行無常 是生滅法 生滅已寂滅爲樂' 했고, '또 모든 법은 본래부터 항상 적멸한 법, 그대로 열반의 꽃이다. 이 법은 영원하니 세상의 모습도 영원하다諸法本來常自寂滅相 是法住法位世間相常住'라 했고, '몸과 입과 뜻이 늘 청정하고, 모든 행과 세계도 그와 같다. 이 같은 지혜를 보현이라 하며, 이 몸도 저 중생들과 같기를 원한다身口意業恒清淨 諸行刹土亦復然如是 智慧號普賢願我與彼皆同等'라고 했습니다.

경의 이런 말씀들로 마음을 비추어 볼 때, 모든 있음과 없음이란 다 참마음이 드러난 것으로, 하나같이 허깨비 같고 꿈같고 그림자 같은 것임을 밝게 알 수 있습니다. 이렇게 보면 옳습니까? 그릅니까? 화상께서 멀리서 온 저를 가엾게 여겨 저의 의심을 풀어 주십시오.

스님이 이 글을 보시고 말씀하셨다.

"형상에 집착하시지 말게莫着相好."

내가 또 물었다.

"어떤 중이 조주께 '개에게도 불성이 있습니까?' 하고 묻자 조주는 '없다'고 대답하셨습니다. 모든 것은 자신의 성품이 없고 오직 한 가지 성품, 곧 인연의 성품뿐이라서 없다고 하신 것입니까. 이 불성이라는 것이 바닷물 속의 소금 맛 같거나 단청 빛깔 속의 아교 기운과 같아서, 분명 있기는 하나 그 모양을 볼 수 없기에 없다고 한 것입니까? 그렇다면 조주의 '없다'는 있고 없음의 '없다'도 아닌, 참으로 생각의 숨통을 끊어버리는 '없다'일 것입니다. 스님께서는 저의 의심을 풀어 주십시오."

스님은 잠자코 말씀하시지 않고 앉아 계심으로써 나의 의심을 풀어 주셨다.

나는 다시 스님께 이런 게송을 올렸다.

八千餘許里	8천여 리를 달려온 것은
來爲謁尊顔	존안을 뵙기 위해서입니다
願借本三昧	원하옵건대 근본 삼매를 빌려 주시어
念心究竟安	이 마음 끝까지 평안하게 하소서
獨躍天心月	홀로 빛나는 하늘 달

光吞萬相明	그 빛은 모든 형상의 밝음을 삼켜
古今唯一色	예나 이제나 오직 한 빛으로
淸白妙難名	맑고 밝아 묘함을 말할 수 없습니다.

至正辛卯五月十七日 師詣湖州霞霧山天湖庵呈似石屋和尙語句

지정신묘오월십칠일 사예호주하무산 천호암정사 석옥화상어구

— 『백운화상어록』, 하권 「천호암에 가서 석옥선사께 올린 글」

주해 :

① 지정신묘년至正辛卯年 ─ 지정 원나라 순제의 연호. 신묘년은 총정왕 3년, 곧 지정 11년(1351)이다 .

바람이 움직이느냐? 깃발이 움직이느냐? 하는 물음에 "육조께서 바람이 움직이는 것도 아니고 깃발이 움직이는 것도 아니며, 그대 마음이 움직인다고 대답했는데 무슨 뜻입니까?" 물어 와서, 백운 화상은 "모든 현상은 다 자기 마음이다"라고 답하였고, 석옥은 한마디로 "참마음은 움직이지 않는다"고 하였다.

위의 백운의 말은 문제가 있다. 모든 현상은 자기 마음이지만 마음은 모든 현상이 아니다. 그런 까닭에 참마음은 움직이지 않고 그저 비추기만 할 뿐이다.

그리고 조주의 무자화두에 대해 많은 견해를 부쳐 질문을 했으나, 석옥은 아무 말 없음으로 조주 무자화두를 일깨워 주었다. 참으로 지극한 대답이요, 간절노파심의 낙초자비다. 무얼 더 이야기 하겠는가?

나 역시 한강의 물을 한입에 다 마시고 오면 대답해 주겠다고 말하면, 방

거사를 흉내 내지 마시오. 누가 있어 외치겠지?

5. 백운선사의 게송

①

尸得一夕夢	송장이 하룻밤의 꿈을 얻어
向塑人相語	허수아비에게 이야기한다
絶後復弄甦	죽었다 다시 살아났나니
所言皆是路	말마다 모두 이 길이었네

주해:

백운선사가 갑오년 삼월 안국사에 있을 지공화상에게 올린 글 가운데 게송 두 수가 있는데, 그중 앞의 시다. 백운은 지공을 뵙게 되어 스님께서 설하신 활구活句에 감격하여 이 글을 지어 바친다고 모두에 쓰고 있다. 그중 골수를 옮겨 적으면 다음과 같다.

옳기는 옳고 근사하기는 근사합니다. 제가 이렇게 말씀드리지 않는다면 왜 죽은 사람을 모두 죽이므로, 비로소 산 사람을 볼 수 있고, 죽은 사람을 모두 살리므로 도리어 죽은 사람 같다고 말하지 않습니까?

한번 크게 죽었던 사람이 도로 살아난 곳은 옛 부처도 가보지 못했고 천하의 노화상도 가보지 못했습니다. 저 석가모니와 천하의 노화상에게 맡겨 다시 참구해야 할 것입니다. 그러므로 '단지 노호老胡를 이해하는 것은 허락하고 노호를 만나는 것은 허락하지 않는다'고 말한 것입니다

"죽은 사람을 모두 죽이므로, 비로소 산 사람을 볼 수 있고, 죽은 사람을 모두 살리므로 도리어 죽은 사람 같다"는 지식에 의한 이해되어짐은 곧 사구死句이며, 멀쩡한 사람을 정상定相의 관념으로 떨어뜨림이다. 외로명明을 무명無明으로 떨어지게 하는 것, 이에 완전하게 막다른 골목에서 소생되어지지 않을 때, 동시에 활로活路가 있고, 다시 죽은 사람을 다 살린다면 이것은 이해로 수긍하는 것이므로 도리어 죽은 사람을 만든다"로 읽힌다.

선가禪家에서는 불식不識, 부지不知, '모르오'와 같은 마지막 모호한 것 같으면서도 이렇게 대답하지 않고는 할 수 없는 대답이 있다. 그리고 또 대사각활大死却活, 사중득활死中得活이란 선구도 있다. 옛 조사들은 저 오매일여의 경지에 들어감도 깨달음이 아니니, 8마계인 아뢰야식의 무기無記까지 모두 없애야 정각正覺이고 정안正眼이라 했다.

바로 대사각활大死却活의 경지는 석가와 천하의 제조사들도 다시 참구해야 하는 경지라고 말한다.

우리는 앞장에서 본『벽암록』의 선계를 다시 한번 살펴봄이 무엇보다 중요하다. "지허노호지只許老胡知요 불허노호회不許老胡會" 노호는 달마를 말하며 달마는 산스크리트어이고 번역하여 법, 진리이니 곧 "진리를 이해한다는 생각은 허락하지만 진리와 만났다, 포개어졌다는 것은 허락할 수 없다"이니 이것이 바로 진리, 당처를 이렇게밖에 표현할 수 없음을 말한다. 본래면목, 당처를 설명할 때는 이미 이해에 대한 답이기 때문일 것이다.

흔히 선가에서 선장들이 법문을 할 때, 우리의 슬기를 빼앗아 버리는 적기법문이 있다. 앞의 게송 1행과 2행에서 "송장이 하룻밤의 꿈을 얻어 / 허수아비에게 이야기한다"는 선시에서 주 수사법인 적기수사법이다. 『금강경』도처에 이 적기법문이 도사리고 있다. 제13 여법수지분如法受持分에 보면 "불설반야바라밀 즉비반야바라밀 시명반야바라밀佛說 般 若波羅蜜 卽非般若波羅蜜 是名般若波羅蜜"이라는 경구가 있다. 이것을 풀면 '부처님이 말씀한 반야바라밀이라는 것은, 곧 반야바라밀이 아니다. 그러므로 반야바라밀이라 하는 것이다'로 읽힌다. 이 경구를 도식화하면 결국, 'A는 A이다라는 것은 A는 A가 아니므로 A는 A이다'이고, $A=\bar{A}$가 된다. 우리는 누구나 A를 A로 보는 A＝A의 세계를 정상으로만 보는 세계에 살아왔다. 이러할 때, $A=\bar{A}$의 세계는 우리가 정상定相으로 보는 A＝A의 세계와 이 세계를 해체할 때만이 가능하다. 곧 책은 책이며, 책이 아닐 때 책이 된다. 마찬가지로 볼펜이 볼펜인 동시에 볼펜이 아닐 때 볼펜이며, 반야가 반야인 동시에 비반야非般若일 때 반야라는 말이 성립된다.

선가에서는 이미 오래 전에 자성이 무자성임을 말하듯이, 서구의 포스트모더니즘 시에서는 형식이 무형식임을 말하고 있다. 위의 게송 1행과 2행은 우리를 충분히 적기하여 정상으로 보는 관점을 해체시키고 있다. 자성이 무자성의 세계야말로 우리의 본향이며 우리의 본래면목이다. 오랜 관습의 적기는 바로 우리를 밝음의 세계에 들게 하며 우리를 대자유인으로 있게 한다. 3행과 4행은 바로 1행과 2행의 적기에 의한 성능이 된다. 『화엄경』에서 이르는 쌍차쌍조 적조동시雙遮雙照 遮照同時인 화엄법계, 중중무진重重無盡한 실상實相의 화엄세계를 말한다.

②

啞子高聲說妙法	벙어리가 높은 소리로 묘한 법을 설하네
聾人遠處聽微言	귀머거리가 멀리서 작은 그 말을 듣는다
無情萬物皆讚嘆	마음 없는 만물들이 모두 찬탄하면서
虛空趺坐夜來參	허공에 가부좌하고 밤에 와서 참석한다

주해 :

현대수사로 말하면 1행과 2행은 역설, 혹은 모순어법이라 칭한다. 그러나 이것은 선시의 적기수사법이요, 선시의 반상합도反常合道에 의한 적기세계賊機世界, 공, 무념무심無念無心의 세계이다. 서로 대립이 없고 역설과 모순이 없는 실상의 세계일뿐이다. 슬기를 몽땅 빼앗겼으므로 텅과 빔이 동시인 이런 적조寂照의 세계엔 일체의 두두물물이 자기의 실상을 무한 찬양하고, '허공이 가부좌하고 밤에 와서 참석하는' 하늘이 웃고 땅이 기어가는 사통오달의 활발발한 세계이며, 우리들의 본향의 표현이다.

— 『백운화상어록』 하권 「갑오삼월일재안국사상지공화상(甲午三月日在安國寺上指空和尙)」

6. 또 십이송을 지어 지공 화상에게 올림 又作十二頌呈似

①

| 古人契證處 | 옛사람은 깨달은 곳이라 하지만 |
| 佛法無多子 | 불법이란 원래 별것 아닐세 |

| 正要絶情量 | 뜻의 헤아림만 끊어 버리면 |
| 當陽便承當 | 당체를 곧 깨달으리라 |

주해 :

위의 게송에서 불법무다자佛法無多子라 했지만, 원래 불법佛法은 불법不法이다. 부처의 말씀에 무엇이 있는가 하고 따라가 봐라. 그곳엔 '불설佛說은 마설魔說'이라는 하늘만한 팻말이 서 있을 것이다.

선의 삼조승찬三祖僧璨은 "지극한 도는 어렵지 않네 / 분별하고 선택하는 마음만 꺼릴 뿐이니 / 단지 미워하고 좋아하는 양변의 견해를 버리면 / 대낮처럼 또렷하고 환해진다. 지도무난 유혐간택 단막증애 통연명백至道無難 惟嫌揀擇 但莫憎愛 洞然 明白"이라 읊었다. 이것은 그가 지은 『심신명』 모두의 글귀다.

②

飢食因來眠	배고프면 밥 먹고 피곤하면 잠 자나니
無心萬境閑	마음이 없으면 모든 경계가 고요하네
但依本分事	다만 본분의 일에만 의지하면
隨處守現成	어디를 가나 現成을 지키리라

주해 :

당연하다. 마음 없으면 대상도 경계도 없다. 경계가 없으면 소식도 없다. '아무리 좋은 일이라도 일어나는 것보다는 일어나지 않은 것이 좋다'는 말도 있고 수자 무소식修者 無消息이 희소식喜消息'이라는 말도 있다.

배고프면 밥 먹고 피곤하면 잠 자는 놈 보았나? 잠자지 않는 놈 보았나? 마음은 원래 없는 것 마음은 홀로 있는 것. 이 마음에서 경계가 고요하다는 말씀 무슨 망발이냐? 허사虛辭이다.

③

吾心似秋月	내 마음 마치 가을 달과 같아서
任運照無方	어느 곳이나 마음대로 비추네
萬相影現中	온갖 모양 그림자 나타나는 가운데
交光獨露成	밝은 광명이 홀로 드러나 있네

주해 :

거울을 마음이라 짐짓 말하자. 이곳엔 귀하다고 인식되어 온 금싸래기나 나쁘다고 인식된 구정물이나 모두 거울에 프리즘 현상을 일으키는 것은 마찬가지다. 말끔하게 비운 마음은 어떤 상황이나 있는 그대로 받아들인다. 만상이 그대로 비추어지지만 이것을 보는 놈이 있다고는 말마라.

④

石女忽生兒	석녀가 홀연 아기를 낳으니
木人暗點頭	나무 사람이 가만히 고개를 끄덕인다
崑崙騎鐵馬	곤륜산인이 쇠말을 타니
舜若着金鞭	허공이 금채찍을 친다

주해 :

석녀, 목인, 철마, 곤륜산인, 허공, 금편 모두모두 실상의 표현이다. 이것뿐인 줄 알면 큰일이다. 토끼뿔, 거북털, 진흙소, 오감도, 도, 공 모두모두 한통속이니, 이런 수사법을 선의 적기수사법 중, 선시의 무한실상無限實相의 표현이다. 중중무진重重無盡 화엄법계華嚴法界의 단말마 소식이다. 진실로 'A는 A이다'라는 것은 'A는 A가 아니므로 A이다'인 A=Ā의 세계가 된다.

㉤

兩個泥牛鬪	두 마리 진흙소가 싸우다가
哮吼走入海	울부짖으며 바다로 달려들더니
過去現未來	과거와 현재와 또 미래에
料掉無消息	헤아려 보아도 소식이 없네

주해 :

미당의 시 「내가 돌이 되면」을 한 수 살피는 것으로 주해를 대신하고자 한다.

내가
돌이 되면

돌은
연꽃이 되고

연꽃은
호수가 되고

내가
호수가 되면

호수는
연꽃이 되고

연꽃은
돌이 되고

A＝A의 세계와 동시에 A＝Ā의 세계에 있는 우리, 이렇게 보면 이 시의 깊이와 넓이를 같이 하고 있다.

'是/非' 양변을 진리인 양 시비하다 사라져간 저 진흙소들, 에라 모르겠다. 석가 노인도 이 소식을 '모른다' 했고, 여기에 침묵만 남겼다.

—『백운화상어록』, 하권 「우작십이송정사(又作十二頌呈似)」

7. 임종게

스승은 임종 때에 2, 3인의 형제들에게 훈시하였다.

옛사람은 말하기를 '항상 일체가 공임을 알아서 한 가지 법도 마음에 걸리지 않으면, 그것이 모든 부처님의 마음을 쓰는 곳이다 하였고. 그대들은 부지런히 수행하시오. 내가 지금 물거품처럼 꺼진다 해서 그 때문에 슬퍼하지 마시오.

人生七十歲	인생 칠십 세
古來亦稀有	예부터 희유하네
七十七年來	일흔 일곱 해를 왔다가
七十七年去	일흔 일곱 해를 돌아가니

處處皆歸路	이른 곳마다 다 돌아가는 길
頭頭是故鄉	만나는 곳 모두 고향일레
何須理舟楫	무엇하러 배와 노를 장만해
特地欲歸鄉	특히 고향에 돌아가고자 하리오

我自本不有	내 몸은 본래 없는 것이요
心亦無住所	마음 또 머무는 곳 없네
作灰散四方	태우고 남은 한 줌 재 훌훌 뿌려
勿占檀那地	시주의 땅 한 뼘도 점령하지 말게 하시오

— 백운의 열반게 『백운화상어록』, 하권

8. 백운 화상을 묻으며

공민왕 23년(1374) 여주 혜목산 취암사에서 제자 두서너 명이 지켜보는 가운데 보인 임종게는 그의 스승 석옥이 임종하기에 앞서 백운에게 남긴 사세송과 잘 이어진다. 석옥은 "마침 한 칸 초옥이 남아 있어 / 떠나는 길에 다다라 병정동자丙丁童子에게 주노라"에서도 잘 나타난다. 이 구절과 "내 몸은 본래 없는 것 / 마음 또 머무는 곳 없으니 / 태우고 남은 한 줌 재 훌훌 뿌려 / 시주의 땅 한 뼘도 점령하지 말라"와 잘 계합되고 직통된다.

생자필멸生者必滅이듯이 무릇 생명이 있는 것은 인연이 다하면 사라진다. 불세출의 선장도 마찬가지다. 우리는 백운의 열반게에서 더할 수 없는 담담함과 진솔함을 느낄 수 있다. 사람은 누구나 자기만큼 살다가 죽는다. 임종도 마찬가지다. 자기가 산 만큼 죽음을 맞는다. 바람 한 점 스며들 수 없는 죽음의 연출에서 물론 임종을 맞는 그 사람이 주인공이기 때문이다.

내 몸은 본래 없는 것이요
마음 또 머무는 곳 없네

명철하게 철중한 선사의 면목이 그대로 드러난다. 이 구절은 정말 맑고 깨끗하게 살다간 백운의 삶의 떨림이요, 죽음을 고요 자체로 포개어짐이다. 우리를 더더욱 깊숙한 곳으로 매김한다. 이러한 죽음을 보여줄 수 있는 삶의 폭을 그의 어록을 통하여 새겨 보면 충분히 알 수 있다.

백운은 임제종에서 주 수련법인 간화선看話禪의 화두공안 문제를 적극적으로 권유하거나 고창하지 않고 있다. 간화나 무심이나 모두 수선납자에게 없어서는 안 될 수련으로 보고 있다. 마치 바람도 있고 구름도 있고 해와 별도 있듯이, 고려 말 삼화상三和尙이라 하면 태고, 나옹, 백운을 이른다. 앞의 태고와 나옹은 우리가 앞장에서 살펴본 것같이 간화선을 수련하였고 제자들에게도 간화를 적극 권장하였다. 그러나 백운은 간화선을 공부하는 한 단계의 방편으로 보고 간화선을 절체절명의 공안으로 받아들이고 있지 않다. 그가 나옹의 추천으로 나라의 공부선의 시험관으로 임명 받고 공민왕에게 올린 글, 「공부선을 주관하라는 분부를 받고內敎功夫選取御前呈似言句」에도 잘 나타나듯이 몇 가지 화두를 들려주고 깨달음을 위해 간화하는 한 수련방법도 있고, 또 하나의 심심미묘甚深微妙한 수련 방법을 말하고 있다. 그러나 더욱 중요한 가르침은 무심無心이나 무념無念의 법을 보여주므로 학인으로 저절로 하게 하는 함이 없는 무위無爲의 가르침이야 말로 화두를 드는 간화선과 버금가는 방편임을 말하고 있다.

　　한 가지 가장 묘한 방편이 있으니, 무심이나 무념의 법을 보여 사람을 가르치는 것입니다. 육조가 말했습니다. "모든 좋고 나쁨을 티끌만큼도 생각하지 말라. 그러면 저절로 맑고 깨끗한 참마음을 깨달아, 언제나 고요하여 그 묘한 작용이 헤아릴 수 없을 것이다." 또 황벽은 이렇게 말했습니다. "도를 배우는 사람이, 바로 있는 그 자리에서 무심하지 못하면 아무리 마음을 닦아봐야 끝내 이루지 못할 것이다"고 했으며, 장졸 상공이 "한 생각도 나지 않으면 전체가 드러난다고 했으며, 도위 이문화는 "위없는 깨달음으로 바로 나아가고 어떤 옳고 그름도 관계치 말라"고 했습니다.

—『백운화상어록』 상권 「내교공부선취어전정사언구」

이와 같은 백운은 선의 구경처를 무심무념으로 안심 얻는 것이고, 석옥의 어록에서도 한결같이 무심을 설하고 있음을 읽을 수 있다. 물론 임제종은 간화로 좌선에 듦을 기본으로 하지만 백운 역시 임제종 후예로서 임제선을 이었지만, 간화선보다는 무심선無心禪에 의해 마무리됨을 밝히고 있다. 무심이란 우리의 삶을 그대로 바로 볼 수 있는 힘이다. 이러한 것 역시 인연에 의해 수행이 적기됨으로 오는 깨달음과 깨달음을 여법하게 지켜가는 힘이며, 이것이 육조 혜능의 조사선의 본질임을 수행으로 보여 주고 있다.

결국 백운은 그의 스승 석옥의 무심선이 잘 전수됨을 공민왕에게 올린 앞의 '선의 중요한 글'뿐 아니라 그가 남긴 각종 게송에서도 보이는 것 같이 공안의 예보다도 한결같이 무심을 읊고 있음을 보아도 알 수 있다.

    이른 곳마다 다 돌아가는 길
    만나는 곳 모두 고향일레
    무엇하러 배와 노를 장만해
    특별히 고향에 돌아가고자 하리오

꼭 특별한 고향은 없으므로 돌아갈 고향은 어디에나 있었고, 곧 고향은 모든 곳이고 모든 곳은 고향 속에 있다고 노래한 위 구절은 우리가 늘 주위에 있는 비, 바람, 구름, 저녁놀과 다름이 없다. 그저 달과 별, 햇살, 흰 구름이니, 백운에겐 특별난 고향이 없는 경지. 생각, 생각이 이를 수 있는 곳이 아니다.

저자의 생각으로는 무심무념의 구경을 위해 방편으로 간화를 하지만 자칫하면 공안화두만 선의 근본이고 모두인 양 화두에 매달림은 '달은 보지 않고 손가락을 본다'는 선어를 일상화하여 깊숙이, 둘이 아니게 떨어져 있지 않음을 느낄 수 있다.

『태고어록』에 보이는 것 같이 석옥은 태고 보우를 처음 만났을 때, "화두를 버려라" 하였고 태고는 "방하착한 지 오래입니다" 했다. 그 후 귀국하여 태고는 조주의 무자화두를 고창했고 간화선 일변도였으며 끝내 화두선으로 가풍을 세웠다. 그러나 백운은 석옥의 무심선의 경지를 잘 이은 적법제자임을 그의 상당법문이나 게송에서 잘 보여주고 있다. 또한 석옥은 열반 시 제자 법안에게 사세송인 유게遺偈를 백운에게 전하였음을 보아도 석옥의 선풍은 백운으로 이어져 아직까지 우리나라 제방 도량에 그의 정중정靜中靜, 무심선無心禪이 안개와 같이 드리워져 있다.

저자로서는, 무심을 눈앞에 바로 보여준 그의 삶, 그 행리를 가볍게나마 정리할 수 있다는 것은 후학으로서는 참 따뜻한 행운의 시간이었다.

제32화

백장, 삼일 동안 귀먹다

百丈三日耳聾

이 선화禪話의 주인공이 되는 백장 회해는 바로 선원 생활의 기반이 되는 『백장청규』의 설립자이다. 선禪이 들어오고傳道 선이 행해지고修行 선의 기틀 設立을 삼요소를 볼 때 백장의 선문청규야 말로 오늘날 선이 이어지는 데 결정적인 기반을 마련했다.

선은 달마로부터 5대째 되는 오조 홍인과 육조 혜능을 거쳐, 그의 법손자가 되는 마조 도일에 이르러 천하의 선종으로 탄생된다. 마조에게는 138인이나 되는 전법제자가 『전등록』에 실려 있다. 그 가운데 역사상 드러난 세 명을 밝히면 백장 회해와 서당 지장, 남전 보원이다.

백장에서 황벽 휘운과 위산 영우가 출생되고 황벽은 임제를 낳아 오늘날 선문의 본류라 하는 임제종의 뿌리가 되었고, 위산은 앙산을 출세시켜 위앙종의 종조가 되니, 후대에 석두계인 조동종과 운문종, 법안종과 더불어 선종의 5가를 이룬다. 서당 지장의 문하에서는 우리나라 신라 9산 선문의 도의, 홍척 혜철을 출생시켜 우리나라 남종 선맥의 뿌리를 내리게 하였고, 특히 가지선사 도의는 동국 남종선의 초조가 되었다. 남전 보원 문하에서는 선문의 불세출의 영웅 조주 종심을 탄생시켜 조사의 뜰을 환히 밝혔다.

一喝翻令三日聾	일할에 도리어 삼일 동안 귀먹으니
相逢誰識大家公	만났을 때 뉘라서 큰 그릇임을 알았으랴
春陽雖有無私力	봄볕은 비록 사사로운 차별이 없다지만
花臉寧敎取次紅	꽃시울 차츰차츰 붉어짐엔 어찌하랴
謝三不是釣魚翁	사씨 셋째, 낚시질하는 어옹이 아니라네

— 숭승공, 『선문염송』 181칙 「재참(再參)」

본칙의 게송을 읽기 전, 이 시가 탄생하게 하는 선화를 면밀히 살핌이 무엇보다 중요하다. 이야기의 주인공인 백장 회해百丈懷海(720~814)는 『조당집』에 의하면 복주 장락현인이며, 성은 황씨다.(『조당집』, 동국역경원, 1986, 143쪽)

전언에도 밝힌 것 같이 마조문하의 138인 가운데 백장, 서당, 남전이 가장 우뚝하였는데, 『선문염송』에 의하면 아래와 같이 선화가 있다.

마조가 달 구경을 하다가 곁에 있는 세 제자에게 물었다.

"이럴 때 어떠했으면 좋겠는가?"

서당과 백장이 차례대로 대답했다. "공양했으면 좋겠습니다." "수행하는 것이 가장 좋습니다."

남전만이 대답하지 않고 팔을 휘저으며 나가 버렸다. 이에 마조께서 말하기를 "경은 서당에게, 선은 백장에게 돌아갔는데 남전만이 홀로 사물 밖으로 뛰어 났구나經入藏 禪歸 海 唯有普願 獨超物外."

마조의 수기에 어긋나지 않게 상수제자인 서당 지장의 법손으로 우리나라 남종선의 초조인 가지산문의 종조 도의와 실산산문 홍척과 동리산문의 혜철을 낳아 동국 남종선의 뿌리가 되었으며 도의는 우리나라 남종선의 초조로 추앙을 받고 있다. 백장 회해는 스승 마조의 수기와 마찬가지로 백장은 황벽 휘운을 휘운은 임제종의 종조인 임제 의현과 위산 영우를 낳았다. 위산은 그의 제자 앙산 혜적과 같이 위앙종을 설립하였고, 또 임제는 그의 후손에 들에 의해 임제종 양기파와 황룡파를 형성하니 실로 마조의 매서운 눈초리에 혀를 빼어 물일이다. 그리고 남전 보현은 조주 종심을 낳으니, 선문의 고불인 조주 종심이야 말로 아무런 문파를 형성하지 않고 그냥 그대로 불세출의 선기를 드러내니 그의 직계 후손들은 없어도 스승인 마조의 수기와 같이 홀로 빼어나 선문禪門 5가 7종의 스승이 되었다.

『전등록』에는 위의 게송을 낳게 하는 회해가 백장이라는 별호를 얻게 된 기연과 그의 제자 황벽 희운黃檗希運(?~850)이 눈을 뜨게 하는 기연이 나와 있다. 살피고 살펴갈 일이다.

어느 날 회해가 마조를 뵈니, 마조가 법상 귀퉁이에서 불자拂子를 번쩍 쳐들어 보였다. 회해가 물었다.

"그것뿐입니까? 또 다른 것이 있습니까?"

마조가 불자를 제자리에 놓으면서 말했다.

"자네는 장차 무엇으로 누구를 위하려 하는가?"

회해가 불자를 들어 보이니, 마조가 다시 물었다.

"그것뿐인가? 그밖에 또 있는가?"

회해가 불자를 제자리에 꽂아두고 공손히 뫼시고 섰으니, 마조가 "할"하였다.

이 할에 바로 3일 동안 귀가 먹었다師直得三日耳聾.

그 후 황벽 희운이 와서 백장을 뵙고 하루 만에 하직을 하고 마조를 뵈러 가겠다고 하니 백장이 말하였다.

① "마조께서는 이미 천화하였네."

희운이 미심하여 말했다.

"마조께서 무슨 말씀을 하셨습니까馬祖有何言句?"

백장이 두 번째에 뵌 인연을 말했다.

"내가 그 때 마조의 일할을 받고는 3일 동안 귀가 먹었었네."

희운이 이 말을 듣고는 자기도 모르는 사이에 혀를 빼었다.

이에 백장이 말했다.

"그대는 후일에 마조의 代를 잊지 않겠는가子已後 莫承嗣馬祖否?"

"그렇지 않습니다. 오늘 스님으로 인하여 마조의 큰 기틀을 보았을 뿐이지, 마조는 보지 못했습니다. 만일 마조의 대를 이으면 뒷날의 저의 자손들을 죽이는 것입니다不然 今日因師擧 得見馬祖大 機之用 且不識馬祖 若嗣馬祖已後喪我兒孫."

"그렇네, 그렇고 말고."

—『경덕전등록』 권6, 보련각, 114쪽

이로부터 회해의 명성이 널리 퍼져서, 후원자들이 홍주의 신오계로 청해서 대웅산에 머물게 하였다. 그가 거처하는 산봉우리가 험준하여 아득하므로 회해를 백장百丈이라 불렀다. 한 달이 못되어 선객들이 운집하니, 이들 가운데 위산과 황벽이 뛰어났다.[1]

백장 회해는 그의 스승 마조가 '들오리가 어디로 날아갔느냐?' 하는 물음에 '날아갔다'고 하다가 코를 비틀리는 호된 가르침을 받는다. 이에 깨우친 회해는 스승 마조가 다음날 법상에서 이 인연을 설하려 하자 배석을 거두어 버림으로 깨우침을 보여준 이야기를 우리는 일곱 번째 이야기 「마조와 그의 제자들」의 선화에서 '백장의 들오리'에서 보아왔다.

그리고 두 번째 마조를 뵙는 『전등록』 선화가 『선문염송』 권6, 181칙 「재참再參」이다. 이 선화에서 마조의 일할에 백장은 3일 동안 귀가 먹는데, 이것은 수사학상으로 보면 역설적 아이러니다. 바로 백장의 깨우침이 확철대오廓徹大悟하여 자성본원에 활연계회 되었음을 말한다. 마조와 백장, 황벽 희운 이렇게 삼대를 잇는 이야기는 제방에 회자되어 오늘날까지 이어져 오며 우리에게 많은 교훈을 준다. 단참에 송두리째 박살내야 함이 무엇보다 중요하다. 이 단박이란 상황도 절대현재 이 순간을 벗어나지 않으니 삼대 사대를 이어갔다 해도 역시 단박이다. 이런 이야기들은 역시 우리를 깨달음의 세계로 안내해 준다.

여기에 따르는 모두의 게송을 참구하며 저 창망한 선의 세계에 문을 두드려 보자.

---

1 『경덕전등록』은 宋 진종 경덕 1년(999년)에 편찬자 도원에 의해 조정에 바쳐져 간행한 초간본과 317년 후인 元 연우 2년(1316년)에 간한 중간본이 대종을 이룬다. 그런데 이 초간본에서 중간본에 이르는 사이 많이 첨삭되었음을 비교한 이는 알 수 있다. 아마 317년이라는 세월 사이 각 조사의 법손들의 흥망성쇠에 따라 변화하였기 때문에 첨필되었으리라. 여기에 인용되는 선화 역시 ① 의 내용은 元 연우2년에 중간할 때, 초간본에는 없던 선화가 첨가된 것이다. 이것은 백장의 제자 중 위산과 황벽이 차례대로 기록된 것을 보아도 위산과 황벽은 백중지세의 상족으로 보이나, 317년 후에는 황벽이 임제종을 낳고 임제종을 창설하여 뒷날 황룡파와 양기파로 분리되어 선문의 5가 7종이라 불리는 5가에 임제종 황룡파와 임제종 양기파를 보탤 정도로 번창하게 되었다. 이런 점을 보아 후손들에 의해 첨입되었다고 보아진다. 그리고 저자가 텍스트로 하고 있는 『선문염송』은 초조본이 고려 고종 13년(1226년)에 간행되었으나 분실되고 다시 제조되어 오늘날까지 해인사 8만 대장경에 전해오는 재조본(1505년)이다. 위의 선화는 『선문염송』 제6권, 181칙 「재참再參」에는 원元 연우본의 『경덕전등록』을 따르고 있다.

이 선화에 대해 상방익선사는 그윽하게 다시 한 수를 더 보태니 다가가 보자.

백장의 재참再參 공안은 후세 선장들의 염송이 무려 게송 23수, 염 10수가 『선문염송』에 기록되어 있다. 이것은 그만큼 이 공안이 제방 납자들에게 많이 회자되었음을 알 수 있다. 저자 임의대로 뽑아 소개한다.

가볍게 먼지 털듯 바람 달리듯 스쳐지나가 보자.

①

一喝叢林辨者稀　　　　한 할을 총림에서 아는 이 없거늘
耳聾今古强針錐　　　　귀먹은 일 고금에 구태여 파고드네
燈籠撫掌呵呵笑燈籠　　이 손벽치며 깔깔 웃는데
露柱低頭却皺尾露柱　　노주는 고개 숙여 눈썹을 찡그리네

　　　　　　　　　　　　　　　　　　　　　　　　— 해인신

②

放收誰道沒誓訛　　　　놓았다 잡았다 뉘라서 속임수 없다 하랴?
漏洩機關見也麽　　　　기밀 누설함을 보았는가 못봤는가
一喝如雷聞者喪　　　　일할이 우레 같아 듣는 이 모두 죽나니
耳聾三日未爲多　　　　삼일 동안 귀먹은 것 많다 하지 못하리

　　　　　　　　　　　　　　　　　　　　　　　　— 장산전

③

雨霽遊雲尙未歸　　　　비 개인 뒤 뜬구름이 아직 있는데
晴空忽地已聲雷　　　　맑은 하늘과 대지엔 홀연한 우뢰소리

| 嶺梅已得春消息 | 고개 위에 핀 매화, 봄소식이 가득차니 |
| 不比山桃一例開 | 산 복숭아 일시에 피는 것관 다르네 |

—상방익

④

大寂雄峯再會時	대적과 웅봉이 다시 만날 때
相將行處草離離	나란히 거니는 곳에 풀빛 무성했네
廻頭一喝乾坤黯	머리 돌려 일할 하니 천지가 자욱하고
兩耳都聾捴不知	두 귀가 모두 먹어 전혀 알지 못했네

—천복일

①의 게송, 1행에서 '총림에서 아는 이 없다' 함은 두 가지로 읽힌다. 하나는 실지로 아는 이 없기도 하고, 다른 하나는 알았다 했을 때는 이미 알지 못한 것이기 때문이다.

우리는 기억해야 한다. 중도니 공이니 불식이다 하는 당처를 바로 인식하는 방법을 다시 한번 기억해야 한다. 저 『벽암록』에 나오는 선구, '제인 요회 말후구마 지허노호지 불허노호회諸人 要會末後句麼 只許老胡知 不許老胡會'는 달마를 아는 것은 허락한다. 그러나 달마를 '제자리에 만났다領會' 함은 허락할 수 없다. 이것이야 말로 진리를 이해함은 허락될 수 있지만 진리 당처에서 포개어졌다 함은 허락할 수 없는, 진리를 바로 영회할 수 없는 진리의 인식방법을 알아야 함, 이것이다.

무엇이 귀먹고 무엇이 눈먼 이놈인가.

3행과 4행은 선장들이 우리에게 다시 한번 베푸는 낙초자비임을 알면 된다. 힐끗 보고 중얼거려 보자.

하하, "등롱燈籠이 손뼉치며 깔깔 웃는데 / 노주露柱는 고개 숙여 눈썹을 찡그리네" 그런다. 이게 말이나 되는 건가?

② 장산전의 게송, 1행은 "놓았다 잡았다 뉘라서 속임수 없다 하랴?"『선문염송』의 「재참再參」 공안 본칙을 살펴봄이 중요하다. 마조께서 불자를 번쩍 치켜드니 회해가 "그것뿐입니까?" 하고 물었다. 이어 "다른 것이 또 있습니까?" 하고 또 물었다.

무엇이 또 있겠는가? 몰록, 그 자리에 서면 무얼 묻고 답하고 할 일이 있겠는가? 2행에서 두 부자가 엎어지고 넘어지는 것까지야 우리가 알 일 무엇 있겠는가? 그렇다. 3행과 4행, 일할이야 말로 천지가 사라지고 심신이 과거, 미래, 현재를 한 꿰지로 꿰어 달리니 울지 마라. 귀는 원래 먹는 것이다.

> **착어**　백천 가지 빛 부신 꽃으로 장엄된
> 그대는 보는가? 이 꽃들을,
>
> 무궁화 꽃이 피었습니다.
> 술래야 술래야 우리 술래야,

③의 게송은 마조의 일할이 백장의 사량분별思量分別을 멈추게 하였으니, 너무나 생생하고 활달하다. 암, 귀 닫고 눈 감았지.

바로 '비개인 뒤 뜬구름이 아직 있는 상태다. 사유가 끊긴 맑은 하늘과 땅에 별안간 미세한 사유마저 불태우는 벽력 소리. 고개를 들어보니 고개 위에 핀 매화, 오직 매화만 또렷이 거기 있으니, 산 복숭아가 한 번씩 피어나는 것과 다름을 안다'로 풀이된다. 이미 이 세상에 되어 있음을 보는, 곧 시간적으로 별안간 공간적으로 몽땅에 해당하는 깨달음인 돈오頓悟와 이제 한 번에 피어나는 이치를 보아서 아는 점오漸悟와는 다를 수밖에 없는 것을 노래한다.

착어 그렇지 않다. 돈오돈수와 돈오점수는
앞집 김 서방의 딸이고 뒷집 이 서방의 아들이다.
이렇게 알면 그만이다.

④ 천복일의 게송 1행에서 대적大寂은 마조의 시호이고, 웅봉雄蜂은 백장이 대웅산에 주석하였으므로 붙여진 별칭인데 곧 백 사람의 키만큼 높고 험준하므로 백장百丈이라 불렀다. 곧 1행과 2행은 마조와 백장이 서로 유일무이한 같은 극처에서 만나니 풀빛만 무성하겠는가? 풀 한포기 없다고 하여도 마찬가지다.

3행과 4행, 마조가 머리 돌려 일할一喝함에 바로 삼천대천세계가 한 세계로 꿰뚫려 예와 이제가 한 찰나가 된다. 찰나라 하여도 말이 되지 않는 것이니, 바로 주관과 객관이 허물어지고 천지가 합일되어 너와 나의 구별이 뚝 떨어진다.

이것을 "머리 돌려 일할 하니 천지가 자욱하고廻頭一喝乾坤黯 / 두 귀가 모두 먹어 전혀 알지 못하네兩耳都聾摠不知"로 노래했다.

기막힌, 뒤틀어 혼란하게 하니, 따라가지 마라. 도깨비를 만나면 도깨비가 되면 그뿐이다. 눈 더 멀고 귀도 멀면 가슴도 없어진다. 반어적인 역설법을 사용하여 진리를 표현하고 있다.

우리가 다시 보고 넘어가야 하는 것은 본칙 게송에 따른 선화다. 이 선화는 『경덕전등록』 권6이나, 『선문염송』 181칙에 의할 것 같으면 모두 두 단락으로 되어 있다. 앞 '마조의 일할에 백장이 삼일 동안 귀가 먹었다'는 내용과 뒤 단락은 백장의 제자 황벽이 마조가 입적한 후 백장이 찾아와 '마조가 무슨 말이 있었느냐?'라는 물음에 '마조의 일할에 삼일 동안 귀가 먹었다'는 말을 듣고 황벽이 자기도 모르는 사이 '혀'를 빼물었는데, 백장이 황벽에게 말하기를 '너는 뒷날 마조의 법을 잇지 않겠느냐?' 하는 물음에 '그렇지 않습니다. 오늘 스님으로 인하여 마조의 큰 기틀을 보았을 뿐이지, 마조는 보지 못했습니다. 만일 마조의 대를 이으면 뒷날의 저의 자손들을 죽이는 것입니다'라고 대답한다. 우리는 위의 내용을 정독할 필요가 있다. 더욱 확연히 다가오는 무엇이 있기 때문이다.

우선 황벽의 '혀를 빼물은 것'은 백장이 '삼일 동안 귀먹다'와 다르지 않으니 이 두 깨달음은 마조로부터 온 것이 분명하다. 따라서 백장이 '뒷날 마조의 법을 이을래?' 했고 황벽은 만약 그렇게 한다면 '훗날 저의 자손을 죽이는 것'입니다. 이 도리 역시 명명백백하다.

우리는 이러할 때 귀먹고 혀를 빼무는 것이 아니라, 다리가 빠지고 목이 허공으로 솟아야 마땅하다.

착어   암, 혀가 빠지고 귀가 사라졌지.
　　　　목을 떼어가라
　　　　용솟음치는 골수마저 빨아가라
　　　　자발광이어라

　　　　오, 光彩, 눈 시린 광채이어라

1. 낙수록落穗錄, 백장청규에 관한 소고

> 백장의 이사理事가 원융함을 보는 대목이다.
> 하루 일하지 않으면 하루 먹지 않는다—日不作 一日不食
> 그는 늘 그만합니다.

백장 회해가 선종에 끼친 영향은 오늘날까지 제방에 남아있는 선원생활의 규범인 청규와 청규의 내용 중, 무위도식無爲徒食하지 않고 실제 널리 대중에게 청하여 노작으로 인한 생산성에 있다. 공동 작업으로 오는 화합의 협동정신 그 근본이 되는 수계, 스스로를 지탱하기 위해 노동하는 경작.

백장에 의해 정신과 생활, 이 이항대립적인 세계의 운행은 '고요/움직임'을 소통시키어 우리의 몸을 온전히 일원으로 환원시키는 활구활인活句活人의 출발점一着子이 되었다. 그리고 백장은 무엇보다 중요한 선원생활에 지침이 되는 「백장청규百丈淸規」[2]를 짓고 이 청규에 의해 선원사회가 조직적인 체제를 갖추고 자급자족함으로 뒷날에 오는 회창법난會昌法難[3] 같은 불교 탄압을

---

2 운허 용하, 『불교사전』, 동국역경원, 1986, 259쪽. 백장청규 : 2권. 백장 회해 지음. 뒤에 간행한 백장 덕휘의 『칙수 백장청규』에 대하여 이것을 『백장고청규』라 한다. 당시 선종은 아직 종지와 독립된 사원도 없었고, 별다른 제도와 의식도 없었다. 이에 회해는 이 백장청규를 만들어 법당, 승당, 방장으로 나누어 각각 직책을 만들어 대중을 승당에 있게 하고 법당과 더불어 조실인 자기는 방장에 머물러 법당에 상당하여 설법을 하였다. 이후 이 책이 없어져 지금은 전하지 않는다.

3 814~847년까지 집권한, 당 무종은 이방종교인 불교를 근절시키기 위해 역사상 유래 없는 탄압을 하였는데, 경제적인 것이 결정적인 이유였다. 전국적으로 4천6백 개가 넘는 사찰과 4만 개가 넘는 불당을 파괴하였다. 또 26만 5백 명이 넘는 비구와 비구니를 환속시켰으며, 15만 명 이상이나 되는 절의 종복이 국가에 의해 몰수되었다. 이와 같은 유례가 없는 불교의 탄압은, 이 후에 중국의 불교가 결코 회복되지 못한 것만 보아도 짐작이 된다.

당 무종이 845년에 내린 칙명을 보면 저간의 사정을 짐작할 수 있다. "그러니까, 한 사람이 경작하지 않으면 다른 한 사람이 굶주리고, 한 여인이 길쌈을 하지 않으면 다른 한 사람이 헐벗는다. 지금

스스로 이겨낼 수 있게 하는 원동력의 원점이 되었다.

「백장청규」는 최초로 선종의 제도를 체계화한 것이다. 그 속에는 선원을 불당佛堂과 방장方丈, 그리고 대중이 좌선하는 승당을 나뉘었고, 또 방장 이하 여러 가지 소임을 맡은 사람들의 직책과 승려들의 일상생활이 세밀히 규정되어 있다. 특히 중요한 것은 승려면 누구든지 수계를 받아야 하고 경작의 의무를 지켜야 하는 본을 규정해 놓은 점이다.

『전등록』 6권 말미에 당시 선원생활의 큰 줄기인 「선문규식禪門規式」이 기록되어 있다. 「선문규식」을 볼 것 같으면 오늘날 우리나라 사찰에 스며들어 일상의 관행으로 남아 있는, 대중생활 그대로임을 읽게 된다.

「선문규식」을 간추려 보면 다음과 같다.

백장선사는 선종이 달마에서 시작하여 조계에 이르기까지 대체로 율종 사찰에만 살았는데, 선원과 율원이 달라서 설법과 주지하는 법이 법규에 맞지 않으므로 늘 마음에 걸려서 다음과 같이 말했다.

"조사의 도를 널리 펴고 미래까지 끊어지지 않게 하려면 처음에 정해진 근본 아함의 가르침대로 할 수 있으랴. (…중략…) 내가 주장하는 것은 대소승에 국집하지 않으며 대소승을 다르게 보지도 않으니 두루 섭렵 통달하여 중간을 끊어 현실에 마땅한 규범을 세워 수행하는 데 편리하게 함이다.

(…중략…) 장로는 한 지방의 선장이 되어 유마 거사와 같이 방장方丈에 거처할 것이며, 이는 개인의 침실을 말하는 것이 아니다. 불전을 세우지 않고 불당만 두

우리나라 안에는 비구, 비구니가 무수히 많은데, 그들은 농사를 짓지 않고 식사를 하고, 의복은 길쌈을 하지 않고 헐벗지 않는다. 각 사찰들은 수없이 많아도 하나같이 호사롭고 화려하며 그 사치스러움이 궁궐에 비견할 만하다. 이것이야말로 진晉, 송宋, 제齊, 양梁의 국가들이 경제적으로 도덕적으로 쇠퇴하여 사라진 원인이다."

는 것은 불조에 친히 전해 받은 이로서 그 뜻을 존중한 곳임을 보이기 위해서다.

참선자는 그 수가 많든 적든 선방에 들어가서는 법랍의 차례에 따라 앉는다. 그리고 반드시 긴 평상과 선반을 설치하여 도구를 걸어두고 참선을 하다 피곤하며 잠간 평상에 기대어 쉴 뿐이다. 조실에 들어와 법을 물을 때 말고는, 참선자들은 마음대로 부지런하거나 게으름에 있어 자유로이 할 수 있다. 이것은 구참자나 신참자들이 일정한 틀에 구애됨이 없게 하기 위함이다.

선원 내에 대중들은 아침에 묻고 저녁에 모여야 하며, 장로가 법당에 올라 설법을 할 때는 귀를 기울여야 하고, 주인과 손님 간에 법을 묻고 대답을 함은 모두 종지를 드높이기 위함이다.

죽이건 밥이건 골고루 나누는 것은 절약과 검소를 보이는 것이며 법과 음식을 겸하여 수용함을 표시한다.

운력普請을 할 때는 위와 아래가 힘을 합치는 것이다.

각각의 소임을 두는 곳을 요사寮舍라 한다. 이곳에 우두머리를 두는 것은 제각기 맡은 바 소임을 다 하기 위해서이다. (…중략…) 이와 같이 백장은 선원의 규식을 정하여 선원의 기틀을 만듦은 4가지 이득이 있기 때문이다"라고 말한다.

"그 첫째는 청정한 대중을 더럽히지 않고 공손한 믿음을 내는 것이고, 둘째는 수도자의 형체를 잃지 않고 부처님의 제도에 맞게 함이며, 셋째는 관청이 소란하지 않고 시비가 줄어드는 것이요, 넷째는 허물이 밖으로 새지 않고 선문의 강요가 잘 보호되기 때문이다"라고 밝히고 있다.

이러한 규식이 선문에서 지금까지 시행되는 것은 백장에서부터 시작했으며, 그 세부적인 것은 각 산문의 형편에 따라 알맞게 하고 있는데『전등록』의 저자는 대략을 서술하여 후학에게 두루 보인다고 적고 있다.

지금 『한역대장경』에 전해지고 있는 「백장청규」는 원대의 백장 덕휘가 1282년에 간행한 것으로 위의 백장 회해의 「백장청규」를 본뜨고 선문에서 세부적으로 행해지는 관행을 종합하여 만든 것이다.

여기서 우리가 살펴야 하는 것은 백장의 경작의무 도입이다. 그리고 선원에서 지켜져야 할 규식에서 '운력을 할 때는 위와 아래가 힘을 합쳐야 된다'라고 간단히 적혀 있지만, 이 의무는 초심자인 행자에서부터 선원의 가장 어른인 방장, 조실에게도 요구된다. 그래서 노작인 운력은 예외 없이 누구에게나 해당되기 때문에 보청普請이라 했다.

인도나 백장 이전에 불교 승려들은 일용되는 양식을 시주에만 의존하여 왔다. 아열대지방인 인도의 풍토상 수도인들은 걸식을 해도 생활을 할 수 있었고, 더욱이 곤충이나 벌레가 상하여 죽을까 걱정이 되어 경작은 금기시되어 왔다.

이러한 관습을 현실적 차원에서 살펴 본 백장은 반기를 들고 선원의 오랜 전통을 수정하게 되는데, 처음에는 보수적인 승려들의 공격 대상이 되었다. 그러나 백장은 시주에만 의지하여 살아가는 기생적인 삶을, 하루 중 일부는 황무지를 개간하여 경작을 하고 나머지를 시주하는데, 이것을 수행의 한 종류인 행각으로 자리잡게 하였다.

백장은 선각자로 확신을 가지고 어느 누구보다도 경작의 노무를 게을리하지 않았다. 그가 만년에 노쇠함을 보고 제자들이 쟁기를 치우고 하루 쉬기를 청하니 '내가 아무런 덕도 없는데 어찌 남들만 수고롭게 하겠나?' 하며 연장을 찾았으나 찾지 못하니 공양도 하지 않았다. 지금까지 알려져 회자되는 '하루 일하지 않으면 하루 먹지 않는다一日不作 一日不食'란 그의 좌우명은 모든 사찰의 금언이 되었다.

이러한 백장百丈懷海(720~814)의 선견지명은 그가 죽은 후, 당 무종(814~847 년 집권)의 회창법난에서 다른 종파의 불교가 소생 불가능할 만큼 타격을 받을 때도 선종에서는 기적적으로 이 박해를 견뎌내고 다음 왕조인 송과 원에서도 계속 융성하게 된 결정적 계기가 되었다.

그 이유는 다른 종파와 달리 마음 수양 외에 외적 장엄인 불상이나 불경 같은 것에 전적으로 의지하지 않기 때문에 종지를 충분히 지킬 수 있었고, 또 하나는 「백장청규」의 규약과 같이 매일 경작을 하므로 사회나 관청으로부터 기생한다는 비난을 면할 수 있었기 때문이다. 그리고 백장의 '일일불작一日不作이면 일일불식一日不食'이라는 이 정신은 선원인이면 누구에게나 널리 청하는 보청으로서, 경작 의무에 단지 참여한다는 공동생활에만 의의를 둠이 아니라, 바로 석가모니와 육조 이래 마조를 거쳐 면면히 이어 오는 불교 근원처인 자성본원, 불이정신不二精神의 현실화라 볼 수 있다. 우리는 사실, 생활은 전 시간적으로 전 공간적으로 그때그때 상황에 맞추어 적응하면서 살아가지만, 판단하는 기준은 '나/너', '주/객', '시/비', '선/악' 식의 이분법적인 판단 아래 갈라서 결정하는 오랜 타성의 부조리한 삶을 영위한다. '사유/행위', '명상/노작'의 차이는 천지와 같이 현격하다.

선원의 생활은 거의 정신적인 것이 대부분이다. 여기서 오는 육체와 정신의 부조화는 우리를 명쾌한 삶, 즉 건강한 신체와 투명한 정신을 갖춘 활발발한 삶의 조화를 보지하지 못하게 한다. 결국 우리가 기원하는 본질의 근원에 환지본처하기도 전에 육신을 버리는 경우가 다반사다. '정신/육체', 어느 것 하나도 버릴 수 없으며, 어느 것 하나 떠나서도 우리가 바라는 불이한 자성본원처自性本源處로 돌아가지 못하게 된다. 이것이 육조 이래 마조를 통해 이어오는 서래밀지西來密旨를 계승한 조사로서, 백장은 '초월超越/내재內在'

의 불이적통일성不二的統一性인 대원경지大圓鏡智에 대한 확실한 깨달음 위에 오는 결단이 아니고 무엇이겠는가.

결국 백장은 '수도/노작'의 조화만이 우리를 명징한 깨달음의 세계와 편안한 삶 속으로 안내한다고 생각한 것 같다. 그의 견해에 따르면 정신적 초월에 대한 일면적인 전념은 본래면목을 둘로 가를 수밖에 없다는 것이리라.

제33화

석두의 참동계

石頭参同契

석두 희천石頭希遷(700~790)의 속성은 진陳씨이고 단주의 고요高要인이다. 일찍이 조계로 가서 육조에게 머리를 깎았다. 구족계를 받기도 전에 육조가 열반에 드니, 육조의 유언에 따라 청원 행사를 뵙고 그를 스승으로 모셨다. 희천이 청원을 만나 뵙고 사제의 연을 맺은 선화와 그 외 기연은 비교적 『조당집』[1]에 많은 기록이 있다. 석두는 오직 행사의 유일한 제자이었다. 그리고 그가 지은 「참동계參同契」 1편은 조동종의 근간이 되었을 뿐 아니라 지금까지 전해지는 5언 고체시로 유명하다.

---

1 『조당집』 제4권 「석두화상」, 동국역경원, 1981, 158~166쪽 참조. 『전등록』 제14권 「남악석두희천대사」, 동국역경원, 1970, 528~531쪽 참조. 『조당집』과 『전등록』의 기록을 비교할 것 같으면, 일반적으로 『전등록』엔 청원행사 쪽의 기록이 『조당집』보다 생략되었는데, 이것은 『전등록』의 편집자가 남악회양계이므로 나타난 것이 아닌가 싶다. 특히 석두희천장에서는 남악회양선사가 석두를 테스트하는 이야기가 있는데, 남악의 풍모에 흠이 될 만한 부분은 『전등록』에 빠져 있다. 『조당집』이 952년에 편찬되었고, 『전등록』은 1004년경에 편찬되었다. 일반적으로 학계에서 보는 선종 전등에 대한 과정을 보림전-조당집-전등록-전법정종기로 계승되었다고 본다.

竺土大仙心	천축의 대선인의 마음이
東西密相付	동서에 은밀히 전해진다
人根有利鈍	사람의 근기는 둔하고 날카로움 있지만
道無南北祖	도에는 남과 북의 조사가 없다
靈源明皎潔	신령한 본원은 밝고 달빛같이 맑건만
枝派暗流注	가지의 갈래들은 가만히 흘러내린다
執事元是未	일에 집착함은 원래 미혹함이요
契理亦非悟	진리에 계합함도 깨달음은 아니다
門門一切境	이 문과 저 문의 일체 경계가
廻互不廻互	엇바뀐 듯 하면서 엇바뀌지 않는다
廻而更相涉	엇바뀌지만 다시 서로 어울리고
不爾依位住	그렇지 않으면 제자리에 머문다
色本殊質象	색의 근원은 물질의 모습과는 다르고
聲元異樂苦	소리의 근원은 괴로움도 즐거움도 아니다
暗合上中言	상품 중품의 말씀과
明暗淸濁句	밝고 어둡고 맑고 흐린 구절에 부합하여
四大性自復	사대의 성품이 저절로 회복되면
如子得其母	아들이 모친을 만난 것과 같다
火熱風動搖	불은 뜨겁고 바람은 움직이고
水濕地堅固	물은 젖고 땅은 견고하고
眼色耳音聲	눈으로 빛을, 귀로는 소리를
鼻香舌鹹醋	코로는 냄새를, 혀로는 맛을 안다
然依一一法	이러한 하나하나의 법이

依根葉分布	뿌리에 의해 잎이 퍼졌으니
本末須歸宗	근본과 끝을 모두 근원으로 돌릴 것
尊卑用其語	높든 낮든 모두 이 말씀을 따라야 한다
當明中有暗	밝음 가운데 어둠이 있으니
勿以暗相遇	밝음으로만 만나려 하지 말고
當暗中有明	어둠 가운데 밝음이 있으니
勿以明相覩	어둠으로만 보려 하지 말라
明暗各相對	밝음과 어둠이 서로 마주함은
比如前後步	마치 앞뒤의 발걸음과 같다
萬物自有功	만물은 제각기 공능이 있으니
當言用及處	공용이 미치는 곳을 말해야 한다
事存函蓋合	일은 그릇과 뚜껑 맞듯 해야 되고
理應箭鋒拄	이치는 화살과 칼끝이 맞듯 해서
承言須會宗	말을 들을 때엔 종지를 알아야지
勿自立規矩	제멋대로 다른 법을 세우지 말라
觸目不會道	눈에 띄는 일마다 도를 보지 못하면
運足焉知路	걸으려 해도 어떻게 갈 길을 알랴
進步非近遠	걸음을 옮기면 멀고 가까움이 없는데
迷隔山河固	미혹하면 산하가 막힌다
謹道參玄人	삼가 참선하는 이에게 말하노니
光陰莫虛度	세월을 헛되이 보내지 말라

— 석두 희천의 참동계

1. 천하를 양분한 석두

육조가 임종할 때에 희천이 물었다.

"화상께서 백년하신 뒤에 저는 누구를 의지하면 되겠습니까?"

육조께서 대답 하셨다.

"사思를 찾아가라尋思去"

그 후 육조께서 입적하시자, 바로 청량산 정거사로 행사原行思(?~740)를 찾아가

절을 하고 곁에 서 있으니, 청원이 물었다.

"어디서 왔는가?"

"조계에서 왔습니다."

이에 불자를 들어 보이며 물었다.

"거기에도 이런 것이 있던가曹溪 還有這箇麼?"

"거기뿐 아니라 서천에도 없습니다非但曹溪 西天亦無."

"그대는 서천에 가본 적이 있는가子莫到西天來麼?"

"갔었다면 있는 것입니다到則有也."

"틀렸다 다시 말하라未在更道."

"스님께서도 반쯤은 말씀하십시오. 어째서 저더러만 말하라 하십니까?"

"그대에게 말하기는 어렵지 않으나 뒷날 알아듣는 이가 없을까 걱정이 된다."

— 『선문염송』 174칙 「불자(拂子)」

이 선화에 대하여 후세에 붙인 게송이 『선문염송』에 한 수 전해온다. 감
상하여 보자.

白雲藏玉鳳	흰 구름이 옥봉을 감싸고
紅日照無遼	붉은 해가 끝없이 비친다
隱隱星攢處	은은히 별 빛나는 곳에
無私鎭九霄	사심 없이 아홉하늘을 누르네

— 투자청

이 선시의 저자 의청投子義靑(1032~1083)은 송대의 승려이며 조동종의 법맥을 이었다. 청원이 묻는 "자네는 서천에 가본 적이 있는가?" "가보고 안 가보고가 문제 아닙니다. 이미 이곳에 있을 뿐입니다." 이곳에 무엇이 있는가? 투자 의청은 노래한다. "백운이 옥봉을 휘감고 / 붉은 해가 한없이 비친다." 어디 그뿐이랴. "저 별이 초롱초롱 빛나는 곳 / 무심히 이마를 땅의 입술에 마주 대하고 있는 구천九天" 서천에도 조계에도 청원산에도 너무나 뚜렷하고 오롯하여 더도 덜도 없다. 그래도 보이지 않으면 땅을 딛고 서 있는 각자의 다리 아래를 잘 살펴보시오.

이윽고 기특하게 여긴 행사가 다시 깊은 부분을 물었다.

"그대는 일찍이 조계에 갔었다는데 무엇을 얻었는가?"

"조계에 가기 전에 잃은 것이 없습니다."

이에 청원스님께 되물었다.

"스님께서 조계에 계실 적에 큰스님을 아셨습니까?"

행사가 다시 되물었다.

"그대는 지금 나를 아는가?"

"압니다."

"알기는 어찌 알 수 있겠는가?"

―『조당집』제4권 「석두화상」

그리고 이어지는 말은『선문염송』에 공안으로 나온다.

　희천에게 청원이 또 물었다.

　"스님께서 영남에서 나오신 뒤, 이곳에 얼마나 계셨습니까自離嶺南 其時到此住?"

　"나는 모른다. 그대는 언제 조계를 떠났는가我却不知 汝甚時離曹溪?"

　"저는 조계에서 오지 않았습니다某甲 不從曹溪來."

　"나는 그대가 온 곳을 안다我已知汝來處了也."

　"스님께서는 어른이신데 경솔한 말씀을 삼가십시오和尚 幸是大人 且莫造此."

―『선문염송』171칙 「조계(曹溪)」

이 부분에 관해서는 본칙에 이어지는 게송 한 수를 살펴보기로 하자.

木人來問靑霄路	나무사람이 푸른 하늘로 가는 길을 묻는데
玉女年尊似不聞	구슬여자는 나이 많아 못들은 체 하네
携手相將歸故國	서로 손을 잡고 고국으로 돌아가니
暮山岌岌鎖重雲	산천은 저물어 우뚝한데 짙은 구름 덮혔네

― 단하순

　이 선시의 저자는 송나라 때 사람인 단하 자순丹霞子淳(1131~1162)이다. 바로 천동 정각의 스승이며 청원의 법을 이은 조동종의 스님이다. 대혜 종고의 간화선과 묵조선의 논쟁을 일으킨 주역이다. 이 게송에 목인木人이나 옥녀玉女는 모두 자성을 형상화한 상징어다. 달이 천강 속에 들어 있듯이 자성의 본체가 두두물물로 형상화되어 운용되니, 1행과 2행은 '김 서방이 부르고 이 서방이 대답하고 장양이 이군을 부르니 못들은 체하고 걸어가는 형상이니, 일체 법계가 그런 인과로 얽히고설키고 그렇게 살아간다. 3행에서 어느 누구든 고국, 근원처로 돌아간다. 돌아간 곳의 풍광이 어떻던가? 바로 "산은 저묾 속에 우뚝한데 짙은 구름에 갇혔네暮山爱爱鎖重雲"다.

이에 청원이 아주 기특하게 여겨 서협에 있게 하니 아침과 저녁, 스승 청원을 시봉하고 떠나지 않았다. 공부가 순숙했음을 안 청원 행사는 어느 날 희천에게 말했다.

"자네가 남악에 가서 회양화상에게 편지를 좀 전하여야 되겠네."

"네, 그렇게 하겠습니다."

"빨리 다녀오시게. 만약 조금만 늦어도 나를 보지 못할 것이네. 그렇게 되면 내 평상 밑의 큰 도끼를 받지 못하게 되네."

이런 말씀을 들은 희천은 남악에 가서 회양스님께 스승의 편지도 전하기 전에 절을 하고 물었다.

"성현들은 흠모하지도 않고, 자기의 영혼을 소중히 여기지도 않을 때가 언제입니까?"

"참 스님의 질문이 도도하기 그지없소. 나중에 스님은 후학들을 천제2로 만들

천제闡提는 생사의 세계를 탐하여 떠나려고 하지 않은 사람, 이런 사람은 선천적으로 부처가 될 가능성 없는 사람이며, 또 이런 사람은 아무리 수행하여도 깨달을 수 없다고 한다. 그래서 선근을 끊은 사람인데 이를 천제, 일천제一闡提라 한다.

송준영의 선시 펼처 읽기 — 禪, 발가숭이 어록

게 분명하오."

"스님, 전 차라리 영원토록 지옥에 빠질지라도 성현들에게 벗어나기를 빌고 싶지 않습니다."

이에 희천은 남악 회양과 인연이 맞지 않는다는 것을 느끼고 스승의 서신도 전하지 않은 채 청원산으로 돌아와 버렸다. 이를 본 청원이 물었다.

"남악에서 전하고자 하는 말이 있던가?"

"남악스님께서 아무런 말씀이 없었습니다."

"내 편지에 대한 회답은 가지고 왔는가?"

"소식도 전하지 못하고 글도 드리지 못했습니다. 그런데 스님, 제가 떠날 때 빨리와서 평상 밑에 큰 도끼를 가져가라 하셨는데 지금 왔으니 큰 도끼를 주십시오."

청원 행사가 잠시 침묵良久하자 희천은 절을 하고 물러났다.

희천이 이미 계합되어 오랫동안 청원을 모시다가 인연이 익자 사자상승師資相承하여 온 서래밀지를 비밀히 받고 스승의 문하를 떠났다.

"나의 법문은 옛 성인들이 서로 전하고 받으시던 거네. 끊이지 않게 하게. 조사께서 자네에게 미리 수기하셨으니 잘 보존하여 이어지도록 하게. 잘 가거라."

—『조당집』제4권「석두화상」

이로써 조사와 조사가 비밀히 전해 온 서래밀지가 육조-청원-석두로 이어졌다. 그리고 석두 희천은 석두-약산-운암-동산-조산으로 이어지는 조동종과 석두-천황-용담-덕산-설봉-현사-나한-법안으로 이어지는 법안종, 또 설봉-운문으로 이어지는 운문종의 종조가 된다.

천하의 사람들은 육조의 양대 제자, 즉 청원의 제자 석두가 호남에서 크게 선법을 일으키고 남악의 제자 마조는 강서에서 법을 일으키니 오늘날까지 전해 내려오는 강호란 말의 어원이 된다.

그 후 당나라 천보 초에 희천은 형악 남대사 주지로 천거되었다. 남대 동쪽에 누대처럼 생긴 큰 너른바위를 발견하고 그 위에 암자를 지어 머무니, 세상 사람들은 스님을 석두石頭라 불렀다.

석두 희천이 처음 형악 남대에 갔을 때, 남대사의 사승이 새로 옮겨 앉은 석두를 보고 회양에게 보고하였다.

"전날 화상에게 와서 건방지게 불법을 묻던 그 스님이 반석 위에 자리잡았습니다."
"엊그제 왔던 후생이 틀림없다면 이 게송을 전하여라."

돌 위에 앉은 도도한 저 사람
이리로 옮겨 모심이 좋을 것 같네

시자가 이 게송을 전하자 석두는 게송으로 대답했다.

그대의 통곡 소리 아무리 슬퍼도
마침내 저 산을 꿰뚫지는 못하리라

시자가 석두의 게송을 회양화상에게 전하니 회양이 "그 중의 자손들이 훗날 천하 사람들의 입을 밟아버릴 것이다"라고 수기하였다.(『조당집』)

석두 희천에게 후대에까지 잘 알려진 3인의 고족이 있으니 약산 유엄, 천황 도오, 단하 천연이다. 이들의 이야기는 다음에 묶어 함께 다루기로 한다.

그리고 『선문염송』에 석두에 관한 공안이 4편이 실려 있는데, 앞에 소개한 171칙 '조계曹溪'와 172칙 '언어言語', 173칙 '노주露柱' 그리고 174칙 '불자拂子'가 그것이다.

> 석두에게 어떤 학인이 물었다.
>
> "어떤 것이 조사께서 서쪽에서 온 뜻입니까如何是祖師西來意?"
>
> "露柱에게 물어보시오問取露柱."
>
> 학인이 다시 물었다.
>
> "저는 도저히 모르겠습니다. 가르쳐 주십시오某甲 不會."
>
> "나도 모르오我更不會也."
>
> ── 『선문염송』 174칙 '노주(露柱)'

이 선화에 후세 선객의 게송이 있으니 살펴보자.

覰面相呈便相罵	눈길이 마주치자 서로가 꾸짖으니
兩人中有一人嗔	두 사람 가운데 하나는 성을 냈네
要識是非須看取	시비를 분명히 알고자 하는가
鐵牛耕出玉麒麟	무쇠소가 옥기린을 경작해 낸다
參	참!

── 영원청

노주는 불당이나 법당 밖 정면에 서 있는 두 기둥을 말한다. 기둥에게 달마가 동쪽으로 온 뜻을 묻는다. 물으나마나한 말이다. 무엇을 물을 것이고 무엇을 답할 것인가? 회광반조廻光返照, 묻는 이에게 되묻는다. 이에 물은 학인이 만날 수 없으니不會 가르쳐 달라고 조른다. 석두는 "나도 모른다我更不會" 한다. 이것은 석가도 모르고 달마도 모르고 석두도 모르고 나 역시 모른다. 전 장에서도 누차 말씀드렸듯이 여기에 이르면 누구도 말문을 닫는다. 앞에 들었던 선구를 다시 한번 살펴보기로 하자.

'여러분, 말후구를 알고자 하는가? 단지 노호를 아는 것은 허락하지만, 노호와 만나는 것은 허락하지 않는다諸人 末後句要識麼 只許老胡知 不許老胡會.' 그렇다. 진리(노호)를 아는 차원은 얘기가 되지만, '진리와 그 자리에 만난다는 것은 허락할 수 없다'는 자성본체와 만났을 때는 주체와 객체가 허물어진 상태이니, 영회되었다는 것은 바로 그것이 되었다는 차원이니 대상을 이해하는 차원이 아니다. 그래서 대상을 이해하는 차원은 말할 수 있으나, 대상이 되었다는 것은 말로 할 수 있는 차원이 아니다. 바로 진리와 계회하는 표현 방법은 역시 '불식不識'이나 '불회不會'인 '모르오'일 뿐이다.

영원청의 게송에서 1행과 2행은 '안다/모른다', '성내고/성내지 않고'의 차원이 아니니 무엇으로 시비를 가릴 것인가?

철우鐵牛가 따라가니 옥기린은 간 데 없고,
옥기린이 달려가니 본래 철우가 눈 안에 없다.

철우와 옥기린은 모두 자성의 형상화니 철우 밖에 옥기린이 없고, 옥기린 없는 곳에 철우가 없다. 철우가 옥기린을 갈아서 밀어내든, 옥기린이 철우의 꼬리를 따라가든, 망상하지 마라. 이곳은 앞이 다하고 뒤가 끊기니 그리 알면 그뿐이다라고 노래한다. 참!

이제 석두 희천이 직접 지은 5언 고체시인 「참동계參同契」를 읽기로 하자.[3]

참參이란 '각기 다른 것'이란 뜻이며, 동同은 '똑 같다'라는 말이다. 곧 '각기 다른 현상계'와 '똑같은 본질계'가 다 같이 서로 상적상조常寂常照하여 오묘하게 도의 계합됨을 말한다. 곧 진공묘유, 본질과 현상의 계합이 「참동계」의 본래 뜻이다. 제목에서 바로 거듭거듭 다함이 없는 세계인 화엄 4법계의 화엄관과 일치되는 불교의 진리를 보여주고 있다. 그리고 이러한 균제사상均齊思想은 장자의 제물사상齊物思想과도 상호 통함을 읽게 된다.[4]

---

3 『조당집』 제4권 「석두화상」에 기록된 참동계를 저자가 연을 나누고 역주를 하였다.
4 『장자』 내편 「제물론齊物論」, 을유문화사, 1964, 27쪽. 『장자』의 제물사상은 내편 「제물론」 4절 가운데 「조삼朝三」에 가장 잘 나타나 있다. '상대되는 양면이 본래 하나임을 알지 못하고 사물의 일면에만 완고하게 매달려 마음을 지치게 하는 것을 두고 '아침에 셋, 저녁에 넷朝三暮四'이라는 원숭이 먹이를 이야기한다. 원숭이 기르는 사람이 원숭이들에게 말했다. "너희들에게 밤을 주되 아침에 석 되 주고 저녁에 넉 되를 주겠다." 그러자 원숭이들이 모두 화를 내었다. 그래서 다시 말했다. "그래, 좋다. 그럼 아침에 넉 되 주고 저녁에 석 되를 주겠다" 하니 원숭이들이 만족하였다.' 여기에 장자가 이르되 '이 분배 방식은 어떻게 되던 밤의 숫자가 변하지 않고 똑같다. 이것은 주인이 객관적, 즉 원숭이가 원하는 대로의 조건에 맞추어 그의 개인적인 결정을 바꾸었다. 주인은 그로 인해 잃은 것이 아무것도 없다.
그리고는 장자는 말한다. '참으로 어진 사람은 문제의 양면을 치우치지 않게 판단하므로 그 둘 모두를 도의 빛으로 본다. 이것을 '한 번에 두 길을 행위 함兩行'이라 말한다是以聖人 和之以是非而 休乎天釣 是之以兩行.' 여기서 양행兩行은 하나는 도道를 따르는 길이고, 또 하나는 우리 일상의 인간적인 길이다. 이러한 것은 자기의 판단이 원숭이의 판단과 다를지라도 자기 스스로의 계획에 아무런 영향을 주지 않음을 파악한다. 그리고 원숭이들이 원숭이 나름대로 합리적인 방식을 가지고 있음을 알아차린 주인은 자기 식의 합리를 주장하지 않고 설득시키기 위해 시간을 낭비하지 않는다. 우리가 사람들이 합리적이기를 완고하게 고집하고 있을 때가 바로 우리 스스로의 비합리적인 것을 드러내는 때라 볼 수 있다.

2. 참동계參同契

게송 : 석두 희천

주해 : 월조 송준영

「참동계」를 5연으로 나누어 음미하여보자.

1연 ─ 참동계 대의를 밝힘.

2연 ─ 자성본원과 그 운용

3연 ─ 자성의 운용은 천하 만물의 응용

4연 ─ 자성본원운용의 요체를 확대발전.

5연 ─ 참동계의 유통분

1) 대의분

竺土大仙心	천축의 대선인의 마음이
東西密相付	동서에 은밀히 전해진다
人根有利鈍	사람의 근기는 둔하고 날카로움 있지만
道無南北祖	도에는 남과 북의 조사가 없다

주해 :

1행과 2행에서는 '인도의 대선인인 석가모니의 심법이 / 서방 인도에서나 동방인 중국에서도 비밀히 이심전심 된다'는 것을 밝혔다. 그리고 '사람의 슬기는 우둔하고 영리함이 있지만 / 도의 깨달음에 있어서는 남종과 북종의 분별이 없다' 곧 남종선의 돈오와 북종선의 점오는 사람의 근기가 사람마다 차이가 있어 만들어진 것이지, 견성의 깨달음과는 관계가 없다는 의미.

이 1연은 「참동계」의 대의를 밝히고 있다.

2) 운용분

靈源明皎潔	신령한 본원은 밝고 달빛같이 맑건만
枝派暗流注	가지의 갈래들은 가만히 흘러내린다
執事元是未	일에 집착함은 원래 미혹함이요
契理亦非悟	진리에 계합함도 깨달음은 아니다
門門一切境	이 문과 저 문의 일체 경계가
廻互不廻互	엇바뀐듯하면서 엇바뀌지 않는다
廻而更相涉	엇바뀌지만 다시 서로 어울리고
不爾依位住	그렇지 않으면 제자리에 머문다

주해 :

2연은 자성본원과 그 운용을 노래한다.

자성본원은 본래 밝고 맑지만 본원 자체가 형상이 있어 우리에게 보여줄 수 없다. 이 본질은 응용으로 우리에게 보여주니 바로 두두물물이다. 『반야심경』의 "색즉시공 공즉시색 색불이공 공불이색"의 명구도 바로 이런 도리를 말하고 있다. 만상이 보여줌이 바로 "가지의 갈래들은 가만히 흘러내리다"란 시구로 나타난다. 이런 까닭에 '사물만 가지고 자성을 찾는다거나 견성의 이치를 묻는 것은 원래 미혹하기 때문에 생기는 일이다'. 그러나 진리에 계합된다 하더라도 자성본원을 깨달을 수 없다. 왜냐 하면 도란 인식 활동이나 지적 작용으로는 이룰 수 없기 때문이다.

그래서 각양각색의 일체의 현상계가 낱낱의 사물의 모습으로 나타나고 이 나타난 물물은 모두 본원과 서로 얽혀있다廻互. 다시 말하면 본체와 현상은 서로 엇바뀐듯하면서 각각 자기 자리에 있다. 이理와 사事가 원융하게 각각을 나타내고 있으며, 유정무정의 일체 만물에 진리가 보이지 않게 같이 있고 진리 역시 일체 만물로 나타나있음을 노래한 연이다.

그러나 현상이 자성이라 생각하면 견성할 수 없다. 마찬가지로 자성이 바로 사물이라 생각하여도 견성할 수 없다. 현상과 본질은 얽혀있으면서도 서로 떨어져 각자의 세계를 나타낸다. 이것이 "그렇지 않으면 제자리에 머문다不爾依位住"란 시행으로 표현되었다. 자성본원과 현상세계를 석두는 몇 행으로 충분히 나타내고 있다.

3) 자성운용은 천하의 운용, 곧 나의 운용

色本殊質象	색의 근원은 물질의 모습과는 다르고
聲元異樂苦	소리의 근원은 괴로움도 즐거움도 아니다
暗合上中言	상품 중품의 말씀과
明暗淸濁句	밝고 어둡고 맑고 흐린 구절에 부합하여
四大性自復	사대의 성품이 저절로 회복되면
如子得其母	아들이 모친을 만난 것과 같다

火熱風動搖	불은 뜨겁고 바람은 움직이고
水濕地堅固	물은 젖고 땅은 견고하고
眼色耳音聲	눈으로 빛을, 귀로는 소리를
鼻香舌鹹醋	코로는 냄새를, 혀로는 맛을 안다
然依一一法	이러한 하나하나의 법이
依根葉分布	뿌리에 의해 잎이 퍼졌으니
本末須歸宗	근본과 끝을 모두 근원으로 돌릴 것
尊卑用其語	높든 낮든 모두 이 말씀을 따라야 한다

주해 :

3연은 자성의 운용은 천하 만물의 운용이어서 스스로 몸도 이에 따라야 함을 노래한다.

다음 "색의 근원은 물질의 모습과는 다르고"는 색계, 곧 현상계는 자성본원의 성질과 현상의 차이가 있다는, 이것은 소리에 듣기 좋고 나쁨의 차이가 있는 것과 같다.

현상계의 본체는 자성본원의 활성화이므로 중도에 부합되어져 드러난 두두물물, 그에 따른 이치가 명백해지고, 지수화풍地水火風의 4대의 성품이 조화를 이루어 마치 아들이 그 모친을 만난 것 같이 화합한다.

4대는 사대종四大種의 약칭이다. 현상계를 구성하고 있는 기본 원소 지·수·화·풍, 곧 이 네 가지 요소가 큰 씨앗이라서 물질 현상계를 내는 원인이 된다. 지대地大는 굳고 단단한 것을 성질로 하여, 만물을 실을 수 있고 형상을 만들어낸다. 수대水大는 습윤濕潤을 성질로 하여 만물을 포용하는 바탕이 되고, 화대火大는 따뜻함煖을 성질로 하여 만물을 성숙시킨다. 풍대風大는 움직임動임을 그 성질로 하고, 만물을 성장시킨다. 이와 같이 만물을 4대의 화합으로 보는 것이 불교의 「구사론」의 입장인데, 이것이 서로 융화화합됨이 우주의 질서인 동시에 자성본원의 운용이다.

이 질서를 다시 세분하면 눈으로 색을, 귀로는 소리를, 코로는 냄새를, 혀로는 맛을 분별할 수 있다. 그러나 이 모든 것이 법성이 원융하므로 가능해진다. 이런 법성의 운용은 반야심경에서 "현상은 순수한 본질의 활성화이고, 본질 역시 현상과 다르지 않다色不異空 空不異色" 말하듯이 둘이 아니다. 이런 것은 마치 나뭇잎이 뿌리에 그 근원을 두는 것과 같음을 석두는 노래한다. 마지막 행인 "높든 낮든 모두 이 말씀을 생명으로 안다尊卑用其語"는 높고 고상하든 낮고 저급하여 비천한 것이든 상호 모자람이 없이 모두 원융함으로 우주 질서가 운행됨을 노래한다.

4) 자성운행의 요체를 확대 발전

當明中有暗	밝음 가운데 어둠이 있으니
勿以暗相遇	밝음으로만 만나려 하지 말고
當暗中有明	어둠 가운데 밝음이 있으니
勿以明相覩	어둠으로만 보려 하지 말라
明暗各相對	밝음과 어둠이 서로 마주함은
比如前後步	마치 앞뒤의 발걸음과 같다
萬物自有功	만물은 제각기 공능이 있으니
當言用及處	공용이 미치는 곳을 말해야 한다
事存函蓋合	일은 그릇과 뚜껑 맞듯 해야 되고
理應箭鋒拄	이치는 화살과 칼끝이 맞듯 해서
承言須會宗	말을 들을 때엔 종지를 알아야지

勿自立規矩	제멋대로 다른 법을 세우지 말라
觸目不會道	눈에 띄는 일마다 도를 보지 못하면
運足焉知路	걸으려 해도 어떻게 갈 길을 알랴
進步非近遠	걸음을 옮기면 멀고 가까움이 없는데
迷隔山河固	미혹하면 산하가 막힌다

주해 :

4연은 자성본원의 운행, 그 요체를 더 발전시켜 말한 대문이다.

4연에서는 현상계를 밝음明으로 자성본원인 본질계를 어둠暗으로 볼 때, 이 명암明暗이 서로 어우러져 원융하게 있는 도리를 말하고 있다. 본질과 현상은 동전의 앞면과 뒷면과 같이 안팎이 없이 어울려 있어서 "밝음 가운데 어둠이 있으니 / 밝음으로만 만나려 하지 말고" 또한 "어둠 가운데 밝음이 있으니 / 어둠으로만 보려 하지 말 것"을 당부한다. 그러나 이것은 증득해서 아는 경지이지 이해 차원인 사량분별로 알아지는 것이 아니다. 이를 우리나라 신라의 큰스님인 의상도 「법성게」에서 "법성은 원융하여 두 모양이 없다法性圓融無二相". 그런 까닭에 "증득해서 아는 바이지 다른 경지가 아니다證智所知非有境"라 노래한다. 현상과 본질은 길을 갈 때 앞뒤 발걸음과 같아서 서로 응한다. 곧 일체 만물은 제각기의 본질과 그 작용이 있어서, 그 작용이 미치는 곳만을 바로 말해야 한다. 현상과 본질, 즉 사물의 존재와 도리는 그릇의 뚜껑이 틀림없이 맞듯이, 대화를 할 때도 언설에 치우치기보다 그 말하는 본뜻을 알아 말해야 하며, 제 멋대로 다른 생각을 말하지 말아야 한다. 이와 마찬가지로 눈에 보이는 일마다 모두 이치를 헤아리지 못한다면 "걸으려 한다 해도 그 목적지를 모르는데 어떻게 가고자 하는 곳에 갈수 있겠느냐? / 가고자 하면 끝내는 어디든지 갈 수 있지만 / 처음부터 목적지를 설정 못하고야 어떻게 성취할 수 있을까" 하시며 매우 간절하고 세밀하게 말씀하신다. 결국 지혜를 증장하여야 하며 이것은 바른 깨달음에서 우러나오는 응용이다.

5) 유통본

| 謹道參玄人 | 삼가 참선하는 이에게 말하노니 |
| 光陰莫虛度 | 세월을 헛되이 보내지 말라 |

주해 :

마지막 5연은 석두가 참선하는 후학들에게 마지막 부촉하는 유통분이다.

"세월을 헛되이 보내지 말라光陰莫虛度." 이 얼마나 지극하고 인간적인 말씀인가.

석가모니도 마지막 제자들에게 유언하기를 '세월이 쉼 없이 지나니 자기 자신을 스승으로 삼고, 법을 스승으로 삼고 부지런히 노력하라'고 하신 말씀이 생각나게 하는 구절이다

제34화

황벽의 한 마음

黃檗之一心

①

大雄山下斑斑虎	대웅산 밑 알록달록한 호랑이 있어
觸著傷人誰敢顧	닿는 대로 사람 상하니 뉘 감히 돌아볼꼬
親遭一口老婆心	한 번 물린 친절한 노파심
何曾用着腰間斧	어찌하여 허리에 도끼를 찼던가?

— 불안원

②

위산이 그의 제자 앙산에게 물었다

"황벽의 호랑이 이야기를 어떻게 생각하는가?"

앙산이 반문하였다.

"화상께선 어떻게 생각하십니까?"

위산이 말했다.

"그때 백장이 단번에 도끼로 찍어 죽여야 하는데

이게 어찌하여 이 지경이 되었는가?"

"그렇지 않습니다."

"그대 대체 무어라 하는가?"

앙산이 다시 대답했다.

"호랑이 머리에 탈 줄 알 뿐만 아니라不唯騎虎頭,

그는 범의 꼬리도 잡을 줄 압니다亦解把虎尾."

위산이 말했다.

"적자는 매우 위태로운 말을 할 줄 아는구나."

潙山 問 仰山 黃檗虎話 作麼生

仰云 和尙 如何是

潙山云 百丈當時 便合一斧斫殺 因什麼 到如此

仰云 不然

潙山云 子又作麼生

仰云 不唯騎虎頭 亦解把虎尾

潙山云 寂子 甚有崖險之句

— 위산이 앙산에게 묻다

『선문염송』 389칙 「대충大蟲」의 선화에 대한 염과 송이다. 이 선시들을 감
상하기 전에 『전심법요』로 유명한 희운에 대하여 살펴보자.

희운黃檗希運(?~850)은 『조당집』[1]에 의하면 복주福州(복건성) 민현閩縣 사람으

---

1 『조당집』제16권 「황벽화상장」, 동국역경원, 1986, 221~227쪽.

로 일찍이 고향 황벽산에서 출가하였다. 희운은 활달한 천성과 사소한 일에 구애받지 않는 성격의 소유자였다.

『조당집』이나 『전등록』[2]의 기록에 희운의 됨됨이를 보여주는 에피소드가 「황벽화상장」 첫머리에 기록되어 있다.

천태산을 여행하고 있을 때 이상한 중을 만났는데, 도중에 길을 동행하게 되어 서로 많은 이야기를 나누고 농을 하였다. 하루는 장마로 범람하는 개천가에 이르게 되었다. 그 중이 함께 건너자고 권하였다. 희운은 별 생각 없이 '스님이 건너고 싶으면 미리 혼자 가시오' 하자 중은 마치 옷을 걷고 땅 위를 걷듯이 자연스럽게 걸어서 저 편에 닿아 건너오라고 시늉을 하였다.

이에 희운은 소리 높여 그를 꾸짖었다.

"에이, 자기만 아는 사람 같으니! 이럴 줄 애초에 알았더라면, 다리를 부러뜨릴 걸咄這自了漢 吾 早知 當斫汝脛!"

그때 그 중이 탄복하였다. "참 대승의 바탕을 지녔구나. 우리는 도저히 따라 갈 수 없는 사람이다" 하고는 홀연히 사라졌다.

—『조당집』 제16권 「황벽화상장」

이 선화에서 우리가 얻을 수 있는 것은 희운이 보는 견해로는 자기만 아는 이기적인 사람은 무상대도를 깨달을 수 없다는 생각이다. 사실 밖으로 행복을 추구하려 할 때, 그 구하고자 하는 마음, 바로 무엇을 얻고자 하는 마음이 있으니까 진정 비워질 수 없으므로 자성본원에 활연계회할 수 없음을 우리

---

2   『경덕전등록』 제9 「홍주황벽희운선사」, 보련각, 1982, 152~153쪽.

는 앞의 선화에서 무수히 보아왔다. 사실 무엇을 추구한다는 것은 단지 앞에 그려지는 환상에 불과하다. 이 환상을 우리는 영원히 잡지 못한다.

희운은 '빈 마음' 무심無心, 이 본원의 체體를 일심一心으로 보았다. 이 한 마음이야말로 본원자성이고, 무궁한 활용의 창조자요, 반야의 근원이다. 우리의 5척 단신이 『반야심경』에서 말씀하듯이,[3] 바로 본원자성의 자발광自發光이며, 이 활성화가 일체 두두물물로 구체화된 것. 이러한 본원처인 내 몸을 망각하고 우리의 마음은 외적인 사물에 끄달리고, 우리의 정신은 번쇄한 분별에 의해 한 겹 덮인 개념을 만들어가므로, 결국 순수본연을 겹겹이 덮은 비단금침에 스스로 만족하는 꼴이 된다. 자승자박, 자승자박은 우리의 무한한 에너지의 원천을 잃어버리게 할 뿐이다.

희운은 다음과 같이 말한다.

부처님과 온갖 중생은 오직 일심뿐이요, 다른 법이 없다. 이 마음은 비롯함이 없는 옛적부터 나지도 멸하지도 않고, 푸르지도 누르지도 않고 형상도 모습도 없고, 있고 없음에도 속하지 않고 새것과 옛 것에도 속하지 않고, 길고 짧고 크고 작음도 아니어서 온갖 한량과 이름과 자취와 상대를 초월하여 본체 그대로가 바로 옳다.

생각을 움직이며 바로 어긋나니 마치 허공이 끝이 없어서 헤아릴 수 없는 것 같다. 오직 이 일심이 곧 부처이어서 부처와 중생은 조금도 차이가 없건만 중생들이

---

3 송취현, 『반야심경강론』, 경서원, 1993, 194쪽. "사리자야 / 물질적현상色과 본질空은 / 그 자체가 다르지 않고 / 본질의 순수함空이 모든 구체화된 현상色과 / 다르지 않으니 / 물질적현상과 본질의 순수함이 바로 같으며 / 본질의 순수함 / 이것의 활성화 바로 물질적 현상으로 구체화된 것이다. // 이와 같이 / 우리의 느낌受, 따짐想, 의지적 충동行, 버릇識들이 / 바로 부처님의 자발광 지혜이며 / 부처님 실상이 바로 우리 모습이다舍利子 色不異空 空不異色 色卽是空 空卽是色 受想行識 亦復亦是."

형상에 집착되어 밖으로 구하므로 더욱 잃을 뿐이니, 부처를 몰고 부처를 찾으며 마음으로 마음을 잡으려 하면 이 겁이 다하여도 얻지 못하니, 망상분별을 쉬면 부처가 저절로 나타난다.

이 일심이 부처요 부처가 곧 중생이요, 중생이 곧 부처요, 부처가 곧 일심이니 중생일 때에도 이 마음이 줄지 않고 부처일 때에도 이 마음이 늘지 않는다.[4]

諸佛與一切衆生 唯是一心 更無別法 此心無始以來 不曾生 不曾滅 不靑不黃 無形無相 不屬有無 不計 新舊 非長非短 非大非小 超過一切限量名言蹤迹對待 當體便是 動念卽差 猶如虛空 無有邊際 不可測度 惟此一心卽是佛 佛與衆生更無差異 但是衆生著相 外求轉失 使佛覓佛 將心捉心 窮劫盡刑 終不能得 不 知息念忘慮 佛自現前

此心卽是佛 佛卽是衆生 衆生卽是佛 佛卽是心 爲衆生時 此心不滅 爲諸佛時 此心不添

위의 「전심법요」에서도 말하듯이 황벽의 일심은 상대 차별의 이항대립적인 관념의 세계가 아니다. 차별의 세계가 무너진 해체된 둘이 아닌 세계, 바로 상대적인 관념의 세계 밖에 있다. 이는 언어 문자로 전달될 수 없고, 제1장에서도 밝혔듯이 '노호를 아는 것은 허락되지만 노호를 영회하는 것은 허락하지 않는다只許老胡知 不許老胡會'는 차원인 자성본원의 영회에서만 얻어지는 풍광이다. 제 선사들의 대기 대용은 오직 상대방에 대한 간절 노파심에 의한, 곧 깨달음이 성숙되어 터져 나올 때에만 사용되어지는 대용大用을 선

---

4   『경덕전등록』 제9 「황벽희운선사전심법요」, 보련각, 1982, 163쪽. 이 「전심법요」는 당시 상국 배휴가 희운을 청하여 큰 선원을 짓고 선사께 청법을 하였는데, 희운은 옛 출가했던 황벽산을 그대로 쓴까닭에 황벽선사라 불렀다. 배휴는 황벽선사의 속가제자로 심인을 전수받았다.

문에서는 줄탁동시啐啄同時란 멋진 말로 표현한다.

위의 황벽의 설법인 「전심법요」 역시, 선종의 특질적 사구게인 '불립문자 교외별전 직지인심 견성성불不立文字 敎外別傳 直指人心 見性成佛'에서 일보도 벗어나지 않음을 직감할 수 있다. 이 사구게에서 나타나는 염화시중 이래 전등되는 이심전심以心傳心, 이 표현을 무어라 할 것인가? 여기까지 온 자성본원에 영회한 깨달은 자는 자발광에 의한 착함을 보시한다. 이 착함은 상대적인 착함일 수 없다. 반야의 원천에서 자발自發하는 빛, 태양의 빛이 무엇을 가리던가. 이 분별을 뛰어넘고 자성본원에서 샘솟듯, 빛 뿌리듯 자발하는 것을 보시布施할 것이며, 그렇지 않을 때는 '저절로 상태無功用'로 침묵을 지킬 뿐이다. 그들은 무엇을 구하려 하지도 충족하려 하지도 않을 것이다. 그들은 원만구족圓滿具足하여 오직 둘이 아니다. 앞의 황벽의 설법에서와 같이 부처는 중생 그리고 일심일 뿐, 그 외는 본래 아무것도 아님을 알기 때문이다.

황벽은 일심一心을 전하기 위하여 단호하였고, 때로는 호랑이 같이 포효한다. 이렇게 강렬하고 간단명료한 가르침이 제자들에게 뼈에 스며들도록 강한 인상을 주었다. 그의 뒤를 이은 임제와 임제의 종풍을 이은 임제종에 깊은 영향을 주었다. 그의 사납고 맹렬한 기개는 그의 스승 백장까지도 그를 호랑이로 비유하였다. 황벽의 이러한 점을 살필 수 있는 이야기가 있다.

이제 앞의 선시 ① 와 ②의 송과 염을 감상하기 전에, 이 송과 염의 텍스트인 『선문염송』389칙 「대충大蟲」의 본칙을 살펴보기로 하자.

　　황벽에게 백장이 물었다.
　　"어디를 갔었는가?"
　　"예, 대웅산 기슭에서 버섯을 땄습니다."

"거기에서 호랑이를 보았나?"

바로 황벽은 호랑이처럼 포효하였다. 이에 백장이 도끼를 집어 들고 찍는 시늉을 하자, 황벽은 스승 백장의 빰을 한 대 갈겼다. 빰을 맞은 백장은 깔깔 웃으며 그의 방으로 돌아갔다. 다음 대중법회 때 상당하여 선포했다.

"대웅산 기슭에 호랑이 한 마리가 나타났으니, 그대들은 조심하라. 이 백장도 한 번 물렸다."[5]

黃檗 因百丈問 甚處去來 師曰 大雄山下 採菌自來 丈曰還見大衆麽 師便作虎聲 丈 拈斧作斫勢 師 遂與丈一打 丈吟吟大笑 便歸 上堂謂衆曰 大雄山下 有一大蟲 汝等諸人 也須好看 百丈老漢 今日 親遭一口

우리는 여기서 스승과 제자가 무심에서 자발광되어지는 황벽의 이심전심을 읽게 된다.

앞의 게송 ①의 1행과 2행 "대웅산하반반호大雄山下斑斑虎 / 촉저상인수감고觸著傷人誰敢顧"에서 대웅산은 당시 백장이 주석하는 산의 이름이고 알록달록한 호랑이는 황벽을 가리킨다. 곧 '일상에 젖어 있는 우리를 닥치는 대로 무는 호랑이, 순수본연에 아직 이르지 못한 울부짖는 호랑이인 황벽을 누가 있어 길들일 것인가'로 풀이되고. 3행의 "한 번 물린 친절한 노파심親遭一口老婆心"은 백장이 길들여지지 않는 알록달록한 호랑이인 황벽을 가까이하여 알고도 물려주는 낙초자비한 간절 노파심을 보여주고 마지막 행은 반전하여 "어찌하여 허리에 도끼를 찼던가何曾用着腰間斧?" 하며 결구를 맺고 있다.

과연 허리에 도끼를 백장은 왜 차고 있었나? 아무리 사량분별하여도 알

5   진각혜심,『선문염송』권10, 389칙, 설봉학몽 현토, 불서보급서, 1979.

길이 없다. 알려 하여도 알아지는 것이 아니다. 이 문제는 부처도 조사도 너도 나도 모르고 모를 뿐이다. 이것은 그저 그렇게 되어질 뿐. 바로 황벽이 말하는 무심無心의 자발광하는 자리다. 무심은 본질의 순수함의 자발광이어서 바로 물질적 현상과 우리들의 감각작용과 표상작용, 의지적 충동, 알음알이로 '함이 없이無爲' 현현한다.

이것을 『반야심경』에서는 "물질적현상色과 본질空은 / 그 자체가 다르지 않고 / 본질의 순수함空이 모든 구체화된 현상色과 / 다르지 않으니 / 물질적 현상과 본질의 순수함이 바로 같으며 / 본질의 순수함 / 이것의 활성화 바로 물질적 현상으로 구체화된 것이다. 부처님 실상이 바로 우리 모습이다. 이와 같이 / 우리의 느낌受, 따짐想, 의지적 충동行, 버릇識 들이 / 바로 부처님의 자발광 지혜며 / 부처님 실상이 바로 우리 모습이다色不異空 空不異色 色卽是空 空卽是色 受想行識 亦復亦是"라고 밝히고 있다.

그리고 황벽이 말하는 일심一心은 바로 무심無心이어서, 그의 속가제자 배휴가 편집한 설법집 「전심법요」에 다음과 같이 설하고 있다.

> 무심이란 일체 마음이 없음이다. 곧 여여如如한 체體다. 안과 밖이 목석과 같아서 움직이지도, 구르지도 않으며 안과 밖이 허공 같아서 막히지도 않고 가려움도 없다. 주관과 개관이 없으며 방위와 장소가 없고 형상과 모습이 없으며 득실이 없다. 나가려는 자는 감히 이 법에 들어가지 못하고 공에 떨어져 머물 곳이 없을까 두려워한 까닭에 멀리서 바라보고서 물러나 버린다. 문수보살은 이치에 해당하고 보현보살은 행위에 해당하니, 이理는 진공무애의 이치요, 행行은 상相을 떠나 다함이 없는 행이다.[6]
>
> 無心者 無一切心也 如如之體 內外如木石 不動不轉 內外如虛空 不塞不礙 無能

無所 無方所無相猫無得 失 趣者不敢入此法 恐落空 無棲泊處 故望涯而退 文殊當
理 普賢當行 理者眞空 無礙之理 行 離相無盡 之行

마조−백장−황벽−임제를 잇는 법계에서 천명한 '무심하면 도에 계합한
다無心合道는 종지'는 위의 황벽의 설법에 너무나 자명하게 드러난다. 불교란
대체로 이입理入과 행입行入을 말하는데, 황벽의 위의 글에서 '행行은 상相을
떠나 다함이 없는 行行者離相無盡之行'이라 밝힌 것은 명료하고 탁월한 견해이
다. 일반적으로 행이란 행위, 수행을 의미한다. 그러나 황벽에 있어서 행이
란? 모양인 물질적 현상과 감각작용, 표상작용, 의지력, 알음알이色受想行識를
떠난 자발하며 끝이 없는, 다함이 없는 행위로 풀고 있기 때문이다. 이어 ②
의 선시는 염이다. 이 선시를 들어 보인 위산은 황벽과 더불어 백장의 상수
제자고, 앙산은 위산의 상족이니 뒷날 5가 선문, 위앙종의 개산조와 종조가
된다.

위산이 그의 제자 앙산에게 물었다
"황벽의 호랑이 이야기를 어떻게 생각하는가?"
앙산이 반문했다.
"화상께선 어떻게 생각하십니까?"
위산이 말했다.
"그때 백장이 단번에 도끼로 찍어 죽여야 하는데 이게 어찌하여 이 지경이 되었
는가?"

6 『경덕전등록』 제9 「황벽희운선사전심법요」, 보련각, 1982, 163쪽.

"그렇지 않습니다."

"그대, 대체 무어라 하는가?"

앙산이 다시 대답했다.

"호랑이 머리에 탈 줄 알 뿐만 아니라, 그는 범의 꼬리도 잡을 줄 압니다."

위산이 말했다.

"적자寂子는 매우 위태로운 말을 할 줄 아는구나."

이 선시에서 소통되어야 할 것은 앙산이 대답한 "호랑이 머리에 탈 줄 알 뿐만 아니라, 그는 범의 꼬리도 잡을 줄 안다不唯騎虎頭 亦解把虎尾" 한 시구다. 머리와 꼬리, 주관과 객관이 해체된 원활한 소통. 이것은 천성인千聖人 만조사萬祖師들의 입각지요, 성태장양의 소굴이다. 어떻게 하면 호랑이 머리와 범의 꼬리를 동시에 잡을까?

황벽은 말한다. 무심으로 일심영회一心領會만이 살불살조殺佛殺祖의 영지임을.

백장에서 황벽에게로 이 무심이 이심전심되어지는 재미난 선화와 뒷날 선객들이 읊은 선시가 있다.

황벽희운선사가 백장을 뵙고 물었다.

"조사들로부터 사자상승 되어 오는 종승을 어떻게 가르치시는지요從上宗乘如何指示?"

백장이 잠시 침묵良久함에 황벽이 말했다.

"가르친 뒷사람들의 대가 끊이지 않게 하십시오不可敎後人斷絶去也."

이에 백장이

"나는 자네가 그럴 만한 사람인줄 여기고 있네將謂汝是介人."

하고 일어나 방장으로 돌아갔다.

　황벽이 바로 따라 들어가서 말했다.

"제가 우정 왔습니다."

"그래, 그렇다면 뒷날에 나를 저버리지 말라若爾則他後 不得辜負吾也."[7]

　이 선화에서 긴요한 대문은 "위로부터 이심전심으로 내려오는 종승을 어떻게 가르치느냐從上宗乘如何指示?" 하는 질의다. 이에 백장은 "아무 말 없음良久"으로 도저히 나타낼 수 없는 자성본원이 원래 그러함을 보여준다. 언어와 생각이 끊어지고離言絶慮 마음의 길이 멸하여지는 곳心行處滅, 이 무심의 자리를 말 없음으로 보여준다. 이 무심이 바로 사자상승되어 온 서래밀지西來密旨며 황벽에게 있어서는 일심의 소식이다. 황벽은 백장의 간절심에 의해 활연계회한다. 그렇지만 황벽은 백장에서 "그렇게 양구만 하여서 뒷사람들을 끊어 버리게 할 수는 없지 않습니까?" 하며 반문한다. 우리는 여기서 이미 백장의 대기대용에 황벽이 몰록 깨달음의 세계로 안내되어졌음을 직감할 수 있다. 이에 황벽이 깨달음에 영회한 것을 간파한 백장은 '그래, 바로 자네는 그렇게 할 사람이지' 하며 크게 긍정하며 방장실로 들어갔고 이어 황벽이 뒤따라 들어가서 말한다. '일부러 왔습니다.' 백장은 '그렇다면 뒷날에 나를 저버리지 말라' 하고 뒷날을 부촉한다.

　이 서래밀지에 대하여 뒷날 여러 선객들의 염송이 있다.

7　『선문염송』 권10, 388칙 「종승宗乘」, 설봉학몽 현토, 불서보급서, 1979.

①

國泰由來自偃兵	나라의 태평은 군대를 쉬는 데 있나니
路逢劍客也須呈	길에서 검객을 만나거든 칼을 빼들라
雖然猛虎不食子	호랑이 사나워도 제 자식 안 먹나니
正令他時作麼行	바른 법령 그 어찌 시행될 때 있으랴?

— 법진일

②

一廻相見一廻新	한 번 돌아볼 때 한 번 새로우니
從上宗乘若示人	예부터 종승을 어떻게 전하려뇨?
大雄良久復何因	대웅이 양구한 일, 그것 또 무언가?
兒孫引接競疎親	아들 손자 어루만지기에 친함과 성근으로 안다
競疎親	친함과 성근 이를 가린다니
太公直釣坐江濱	강태공은 곧은 낚시를 드리고 강가 앉았네
東西南北絶四隣	동서남북 이웃이 끊겼거늘
夫子徒勞更問津	선생님은 공연히 나룻길을 물으셨네

— 숭승공

① 법진일의 게송은 앞의 본칙 「종승宗乘」 선화를 간추려 읊고 있다. 종승은 무상대도無上大道를 말한다. '번뇌가 잠자고 망상을 쉬게 하는 것은 마음의 화합泰平에 있음'을 1행에서 말하지만, 선문에서는 '선객끼리 부딪치면 지혜의 검을 빼들고 서로 겨루어 봄이 선가의 예의임'을 2행에서 반어적인 기법으로 1행을 대구對句한다.

3행은 '아무리 사나운 호랑이라도 제 새끼 먹지 않듯이 선문의 선장 역시 호랑이와 같이 날카로운 예기銳氣와 맹렬한 살수殺手를 펼치어도 결국 길을 같이 가는 도반道伴일 뿐'임을 노래한다. 이어 '이와 같이 중독된 미친 이들에게 바른 법령이 시행될 리 없는 것이 당연한 것이 아닌가?'라고 한 마지막 행은 아이러니 수사법인 역설이다. 만약 바른 법령을 알은 자는 당달봉사가 되어버린다. 우리의 관습적인 합리는 당연이고, 깜깜하게 잊고 있던 자성본원의 출현에 의해 눈뜸을 말로 표현되어지지 않고 침묵으로만 가능한 것이 아닌? 역설적 수사법에 의해 무심을 드러내고 있다.

　②의 3행에 대웅은 대웅산의 주인인 백장을 말하고, 4행에서 "아들 손자 어루만지기에 친함과 성근으로 안다兒孫引接競疎親" 함은 황벽이 잠시 침묵良久한 일이 벌써 자손들에게 모두 있는 대로 다 가르쳐 주었는데, 뒷사람들은 그 뜻을 모르고 공연히 누구는 가까이하고 누구를 멀리한다고 쑥덕거린다는 것. 다시 이르면 무상대도의 전승을 묻는 황벽에게 백장은 침묵으로 대답한다. 이 뜻을 모르는 후세 사람들은 어떤 사람에겐 친절하게 제접하고 어떤 사람에겐 소홀히 함을 노래한 행이다.

　6행에 '강태공은 곧은 낚시를 드리고 강가 앉은 것'은, 백장이 침묵으로 대답한 경지는 마치 강태공의 곧은 낚시 드리운 모습과 같음을 말한다. 7행과 8행은 이 양구(선가에서 선객들을 제접하는 한 방법) 침묵으로 인해 앞생각 뒷생각, 일체의 사념이 끊겼는지 알면 그뿐이지, 쓸데없이 갈 길을 물을 것이 없지 않는가?라 읽힌다. 갈 길을 묻는 자는 깨닫지 못하였고, 갈 길을 묻지 않는 자 역시 깨닫지 못한 것이 분명하다. 우리는 여기서 어떻게 해야 할 것인가?

　황벽은 그 후 스승이 되어 이 일심을 후학들에게 전하기 위해 그의 설법이 간단명료하듯이 매우 직절直截의 가르침을 폈다. 황벽의 설법집인 「전심법요」나『완릉록宛陵錄』은 그를 따른 배휴의 근면성 덕분에 오늘날 우리가 볼 수 있는 귀한 선어록집들이다. 배휴는 뒷날 정승이 된 불교를 옹호한 단월이다. 황벽 역시 배휴의 청에 의하여 완릉 개원사에 주석하게 되었고 그 산 이름을 황벽산이라 부른다. 그것은 그가 어렸을 때 처음 출가한 산이 황벽산이기 때문이다. 그 후 희운은 황벽이라는 호로 불러지게 된다.

황벽과 배휴의 첫 만남은 이렇게 시작된다. 오늘날까지 제방에 회자되는 배휴의 무심으로 자성본원에 활연계회하는 이야기와 배휴가 깨친 후, 그 반야의 지혜에 의한 살림살이가『선문염송』393칙과 394칙에「형의形儀」와「존상尊像」이란 이름으로 나란히 올라있다. 이선화를 읽고 마하반야바라밀본지摩訶般若波羅密本地[8]를 가늠해보자.

먼저 배휴가 황벽을 만나 자성본원에 계합하는「형의」를 살펴보자.

황벽이 대중을 흩고 개원사에 있었다.

어느 날 배상국이 들어왔다가 벽에 그려진 초상화를 보고 원주에게 물었다.

"벽에 것이 무엇이오?"

"큰스님들의 초상입니다."

배상국이 다시 물었다.

"초상들은 볼 만한데 큰스님들은 어디에 계시오形儀可觀 高僧 在甚麽處?"

하니 원주가 말을 못하거늘, 배상국이 또 물었다.

"여기에 선승은 없소?"

---

8   마하반야바라밀본지 : 마하摩訶는 크다大, 많다多, 빼어나다勝의 의미이고, 반야般若는 근원에서 자발광하는 지혜, 본래 갖추고 있는 슬기이며, 바라밀波羅密은 도달하다, 완성하다의 의미이니, 곧 '크고 많으며 빼어난 지혜의 도달한 성대의 본래 땅'이니, 우리의 근원인 자성의 본래면목을 가리킨다. 반야부 경전의 자성본원의 다른 표현이다.

"예, 희운이라는 수좌가 있는데, 아마 선승 같습니다."

이에 배상국이 선사를 불러서 앞의 일을 들어 이야기하니, 황벽이 말하였다.

"마음대로 물으시오."

배상국이 다시 물었다.

"초상은 볼 만한데, 큰스님은 어디에 계시오?"

선사가 "상공!" 하고 불렀다.

배상공이 대답하자 선사가 말했다.

"어디에 계시오在甚麼處?"

이에 배상공이 말끝에 깨달았다言下領旨.

—『선문염송』권10, 393칙「형의(形儀)」

황벽이 불렀다. 배휴를 불렀다. 허공을 불렀다. 자성본원을 불렀다. 여기서 많은 착한 공덕을 쌓은 배휴, 육신 이름 배휴와 배휴도 아닌 육신, 육신도 아닌 본래면목을 부른 것은 아니다. 배휴는 오직 본래면목 무심지에 닿았을 뿐.

"자, 어디 계시오在甚麼處?"

정말 어디에 계시오. 한번 다그침에 배휴가 무심인 일심, 자성본원에 몰록 합일된다. 이것을『선문염송』에는 언하영지言下領旨, 말 아래 종지에 닿았다, 영회하다로 가볍게 적고 있다.

이것은 바로 가벼울 대로 가볍고, 또한 아무런 이름이 없다. 이름이 없으니 자성본원, 무상대도, 본래면목, 일심무심이라 한다.

다음은 배휴가 자성본원에 계회契會한 후에 무엇이 달라지는지 그 자발광의 성능을 볼 차례다. 그 성능은 아무런 표시가 없어, 그 표시 없음을 체體로 하므로 귀신도 알 수 없다. 이 공안은 안명安名이라는 이름으로 제방에 회자된 『선문염송』 394칙 「존상」이다.

> 황벽에게 배상국이 불상 하나를 모시고 와서 앞에 꿇어 앉아 말했다.
>
> "스님께서 이름을 지어 주십시오請師安名."
>
> 선사가 "배휴" 하고 불렀다.
>
> 이에 배상공이 대답하거늘,
>
> "이름 다 지었소與汝安名竟."
>
> 배휴가 절을 하면서 말했다.
>
> "스님께서 이름 지어 주신 데 감사합니다謝師安名."
>
> ─ 『선문염송』 권10, 394칙 「존상(尊像)」

이 우스꽝스런 놀이에 우리가 알 수 있는 것은 아무것도 없다. 단지 배휴가 황벽에게 이름을 지어 달라고 간청하였고, 황벽은 '배휴' 하고 불렀고, 이 부름이 그의 간단명료한 직절의 교육법이고, 배휴는 무심이고 배휴는 일심이고, 배휴의 대답은 일심이니, 어찌 이름을 지어주지 안았다 할 것인가?

철저한 자기인식, 마음 밖에 따로 한 법도 없음을 회광반조廻光返照하게 하는 가르침이다.

감사합니다, 감사합니다. 그러나 감사가 아니고 감을 사 주어서 감사하는 '나'일 따름이다.

뒷날 천동각이 393칙 「형의」 이야기를 들어拈 후학을 가르쳤다.

天童覺 因客上堂	천동각이 방문한 손에게 상당하여
舉此話云	이 이야기를 들어 말하였다.

且道 裵相國 省得介什麼	"말해 보라. 배상국이 깨달은 것이 무엇인가?"
良久云	하고 양구했다가 말했다.
莫怪坐來頻勸酒	앉아서 자주 권주한다고 이상히 생각 말라
自從別後見君稀	헤어진 뒤 그대를 만나기 힘들었느니라

또 뒷날 선객들은 394칙 「존상」 이야기에 게송을 부쳐 깊은 의지를 발명하고 있다.

①

五彩粧來掌上擎	오색으로 단장하여 손에 받들고 왔거늘
老胡剛爲立處名	노호는 억지로 거짓 이름 붙였네
君今欲得超諸祖	그대 지금 조사들을 초월코자 한다면
須向金剛頂顱行	모름지기 금강의 정수리를 걸어가거라

— 보녕용

②

裵相當時忘却名	배휴는 당시 제 이름을 잊었는데
被人喚着又惺惺	스님이 불러주어 다시 성성해졌네
不知未具胞胎日	포태에 생기지 않은 날에는
誰敢塗糊此性靈	누가 감히 성령을 건성으로 대충 말하랴

— 불인원

보녕용의 게송 1행에서 불상의 형상을 존귀하게 생각하여 오색을 단장하여 모셔왔지만, 이런 생각 모두 자기 속에 있는 자가보장自家寶藏을 망각하고 바깥外境에 마음 빼앗겨 표피적인 6식을 채우기 위해 헤매는 꼴이다. 2행은 배휴의 청에 억지로 거짓으로 짐짓 이름을 붙여준다. 여기서 노호老胡는 무심에 계합한 황벽 자신이고, 또 거짓으로 이름 붙여준 그 이름이고, 그 이름을 존귀하게 여기는 그 마음이다. 3행에서는 시의 흐름이 반전하여 우리의 깊은 곳에 손을 들어 밀며 깨우치고 있다. "그대 지금 조사들을 초월코자 한다면君今欲得超諸祖 / 모름지기 금강의 정수리를 걸어가라須向金剛頂顱行"고. 그럼 금강의 이마는 무얼 말하는가? 바로 조사들이 말하는 "풀머리 머리가 밝고 밝구나艸頭明明白白" 한 만물과 일체의 도리가 처음 만들어지는, 함이 있는 것有爲의 일착자一着子에 있다. 가령 눈덩이를 굴릴 때, 굴러가는 눈덩이가 구르며 처음 닫는 바닥의 눈과 눈덩이에 눈이 닿는 그 찰나. 이것을 선문에서는 '다리 아래를 보라照顧脚下니, 특별히 기특할 것이 없다別無奇特'라 힌트를 준다. 눈 푸르게 살피고 살필 일이다. 그래도 모르면 눈을 한번 눈에 넣어 볼 일이다.

다음 불인원의 게송, 1행은 오랜 관습과 합리에 의해 자성본원에 두터운 딱지가 앉아 갈무리되어, 본래 청정한 이름을 망각하고 살아감을 말하고, 2행은 황벽이 존상의 이름에 배휴라 부른 것은 일체만물의 본래 이름을 부른 것. 곧 단말마의 진언인, '배휴' 하고 부르니 이미 자성본원에 계합된 배휴는 단번에 이 도리를 간파한다.

앞 393칙 「형의」의 공안에서 황벽이 '상공' 하고 불러서 대답하자 "어디 계시오在甚麼處?" 하는 다그침에 배휴는 '말끝에 바로 깨달았다言下領旨'고 나타나듯이 이미 자성을 견성한 배휴의 성능은 가히 천상천하유아독존天上天下唯我獨尊이서 다이아몬드와 같이 견고한 번뇌 망상의 사슬에 포박당할 이유가 없다. 본래 '배휴'나 '우리'나 '그대'나 '나'나 알고 있는 본래의 참 얼굴을 한 번 본 뒤에는 잊어지지 않는 것. 그렇다. 한 번 깨침은 다시 망각되지 않으니, 그나 나나 그대나 모를 리 없다.

그래서 2행에서 '불러주어서 다시 성성해졌네'라 한 것은 다시 한번 본성을 깨우쳐 주어서 '다시 성성해졌다又惺惺'라고 불인원이 읊은 노파심임을 알 수 있다. 3행과 4행에서 "포태에 생기지 않은 날에는不知未具胞胎日 / 누가 감히 성령을 건성으로 대충 말하랴誰敢塗糊此性靈"라고 노래한 것은 "어머니 배 속에 '그대'나 '나'나 생겨지지 않은, 자성본원이니, 바로 기독이 말씀한 '태초에 말씀이 있었다'"의 앞이다. 이러할진대 '누가 있어 이 소식에 감히 입을 뗄 수 있을까 보냐'. 이 자리는 과거 미래 현제의 부처도, 천하의 선지식도 입을 떼지 못하니, 석가모니도 "말 있음有言도 묻지 않고 말없음無言도 묻지 않습니다" 하는 '외도의 질문에 침묵良久[9]하였고, 달마도 양무제의 질문에 '모르오不識'[10]라 했을 뿐이다.

그저 그러함이 당연하다는 착각. '일체 만물의 양태는 무생無生이고 무주無住고 무심無心이어서 어찌 언어와 사고에 따르는 인연에 연기되리오' 하는 착각에 빠지기도 한답니다. 아, 벽력소리여!

임제종에 직접적으로 영향을 끼친 황벽이 얼마나 거침없고 견해가 명료하고 단호하였던가를 보여주는 선화 하나와 게송 하나를 감상하며 마무리 지으려 한다.

---

9 『선문염송』권1, 16칙 「양구」에 있는 이 선화는 『보적경寶積經』에 나온다. "세존에게 한 외도가 물었다. '말 있음을 묻지 않고 말 없음도 묻지 않습니다' 하니 세존께서 양구良久하셨다. 이에 외도가 찬탄하기를 '세존께서 대자대비하시어 저의 미혹의 구름을 열어주셨습니다. 감사합니다. 저를 깨달음에 들게 하신 것입니다開我迷雲 令我得入' 하고 물러갔다. 외도가 떠난 뒤에 아난이 부처님께 물었다. '외도가 무엇을 깨달았기에 깨달음에 들었다 하십니까?' 하니, 부처님께서 이르시기를 '세간의 좋은 말은 채찍의 그림자만 보고도 달리는 것 같으니라如世良馬 見鞭影而行'."

10 이 선화는 『벽암록』, 제1칙 「확연무성」과 『선문염송』권3, 98칙 「성제」에 실려 있다.

황벽이 염관 제안 회상에서 수행하고 있을 때, 회창 무제의 폭정을 피하여 공부하던 뒷날 대중 황제 선종의 물음에 경책을 주기 위해 세 번이나 손찌검을 한 일이 있었다.[11] 그 뒤 황제가 된 선종은 황벽에 대해 남은 인상 때문에 추행사문麤行沙門이라는 호를 주려 하였다. 그 때에 재상으로 있던 배휴가 간언하기를 "선사가 그때에 세 번이나 손찌검을 한 것은 폐하의 삼제윤회三際輪廻를 끊어주기 위한 것입니다" 하니 선종이 그를 기리어 단제선사斷際禪師라고 사호하였다.

그리고 배휴가 엮은 『완능록』은 황벽과 그의 여러 제자들과 나눈 대화의 어록이다. 특기할 것은 깨침의 방법으로 화두(공안)의 중요성을 강조하며 끝을 맺고 있다. 이 간화看話(화두를 드는 것)에 의한 참선법인 간화선이 바로 직전 상족인 임제 의현에게로 전수되어 오늘날 '임제종은 간화선이다'라는 말의 근원이 된다. 황벽은 제자들에게 참선이란 생사를 건 싸움이어서 쉽고 편이하게 생각해서는 절대 깨칠 수 없다고 경책을 하며 다음 게송으로 그의 설법을 마무리 짓는다.

| 塵勞迥脫事非常 | 티끌세상을 벗어나는 것은 쉬운 일 아니다 |
| 緊把繩頭做一場 | 밧줄을 단단히 잡고 온 힘을 기울여라 |

---

11 무제(회창)의 폭정을 피하여 삭발위승하고 선원을 전진하던 뒷날 선종(무제의 숙부)은 마조의 법제자인 염관사의 제안선사 회상에 황벽과 같이 머문 적이 있었다. 어느 날 황벽이 불전에 예배하고 있는데, 선종이 한마디 법거량하였는데 "선가에서는 부처佛에게서 구하지 않고 법으로부터도 구하지 않고 승으로부터도 구하지 않는다고 하는데, 어째서 제 일좌는 그와 같이 삼보三寶전에 예배를 하십니까?" 이 골수를 건드리는 듯한 질문에 황벽은 선종의 곁으로 가까이 다가가서 "부처에게도 구하지 않고 법으로부터도 구하지 않고 승으로부터도 구하지 않는 까닭에 예배하는 것은 이와 같다" 하면서 거침없이 선종의 뺨을 철썩 쳤다. "무례한 놈 난폭하기 그지없구나!" 하며 달려드는 선종을 보고 황벽은 대소하며 "부처에게도 구하지 않고 법으로부터도 구하지 않고 승으로부터도 구하지 않는 그곳에 무슨 무례가 있으며 무슨 난폭이 있는가?" 하였다. 참으로 직지의 가르침이다. 그 후 선종은 황벽을 존경했다고 한다.

不是一番寒徹骨   뼛속에 스며드는 추위를 겪지 않고선

爭得梅花撲鼻香   어찌 매화가 그 향기로 그대를 즐겁게 하리

위의 게송과 같이 우리는 철저히 나를 죽이지 않고서는 철저한 깨달음을 얻을 수 없다. 무언가가 남아있을 때는 그 무엇이 주인이 되기 때문일 것이다.

그가 사랑하던 황벽산에서 대중 2년(850년)에 입적에 드니 탑을 광업廣業이라하였다.

제35화

학명의 뿌리 없는 나무에 양 대가리 달아놓고

鶴鳴 無根樹頭懸羊頭

학명鶴鳴啓宗(1867~1929)의 법명은 계종, 법호는 학명鶴鳴이고 자호는 백농白
農이다. 고종 4년인 1867년 전남 영광군 불갑면 모악리에서 백락채와 박씨
사이에서 출생하다.

20세에 엄친상을 당하였다. 상을 치른 후, 전국을 유람하던 중에 순창 구
암사에 들렀다가 당대의 고승 설두화상의 설법과 학인들이 계·정·혜를
닦는 모습에 감동되어 출가할 것을 결심하였다. 고향으로 돌아와 불갑사 환
송에 의해서 출가하고 금화錦華선사에게 수계하고, 몇 달 후 금화선사에게
은좌를 옮겨 금화의 상좌가 되었다.

24세 되던 1890년 구암사에서 내전을 수학하고 설유 강백을 계사로 비구
계를 받았다.

그 후 지리산 벽송사, 조계산 선암사, 송광사 등의 선지식들을 참방하여
경·율·론 삼장을 익혔다. 30세 되던 1,900년 금화선사에 건당하고 은사님
의 법통을 이으니 백파로부터 7대 법손이고 젊어서 발심하게 된 설두雪竇有烱

(1824~1889)의 증손이 되니 당호는 학명이다.

석가모니 — 마하가섭(1대) — 보리달마(28대) … 육조혜능(33대) … 임제의현(38대) … 양기방회(45대) … 급암종신(55대) — 석옥청공 — 태고보우(57대) … 청허휴정(63대) — 편양언기 — 풍담의심 — 월담설제 — 환성지안(67대) — 호암체정 — 설파상언 — 설봉회정 — 백파긍선 — 도봉국찬 — 정관쾌일 — 백암도원 — 설두유형 — 다륜익진 ┬ 설두처명 — 영호정호 — 청담순호(79대)
└ 금화수성 — 학명계종(78대)

1. 백양산가

白羊山出無見頂	백양산이 무견정에서 솟아났으니
成住壞空不相隨	이룸 머묾 무너짐 빔이 서로 다르지 않네
極大極小超分量	아주 크고 작음 분량을 벗어나니
自古自今不記年	예와 지금 연대를 기억할 수 없네
羊兮山兮互相入	羊과 山이 서서 서로 들어오니
山卽是羊羊卽山	산이 곧 양이고 양이 곧 산이어서
呼山不應羊自還	산은 응답치 않고 양만 돌아오고
喚羊不答山獨立	양 또한 대답 없어 산만 서 있네

| 一一毛端山重重 | 낱낱의 털끝에 산 다함이 없고 |

一一峯頭羊偉偉	낱낱의 봉우리 위, 양이 우뚝 섰네
窄也如是不容針	좁기가 이러니 바늘도 용납 못하고
寬也如是遍法界	넓기가 이러니 법계가 가득 차네
十方三世無間隔	시방과 삼세가 간격이 없고
四聖六凡絶覰覰	四聖과 六凡이 넘볼 수가 없네
是非海裸卓巍巍	시비가 바다에서 벗으니 높고 높아
人我山中獨迢迢	남과 나, 산중에 홀로 아득하네
無比無儔淨裸裸	견줄 짝 없이 맑고 투명하여
自高自低赤洒洒	고저를 스스로 벗어, 물 뿌린 듯하네
經天緯地別奇術	경천위지해도 특별한 기술이 없고
蓋聲騎色應甫然	소리를 덮고 빛깔을 타도 응당 그렇네
莫藏身處沒蹤迹	몸을 감출 수 없는 곳 종적이 없고
是我非我惣是我	이것과 저것 모두 나라네
山靑水碧無人境	산과 물이 푸르러 사람 없는 경지라
無盡寶藏莊嚴之	다함없는 寶藏을 장엄하네
自有雲門岐鳳回	운문이 스스로 봉을 타고 돌아오며
天眞臺畔白蓮開	天眞臺 가에서는 연꽃이 피네
三毒海深生死大	삼독이 바다같이 깊고 생사가 크거늘
藥師如來物外來	약사여래가 사물 바깥으로 돌아오네
徹底淸到徹底甘	철저하게 맑고 철저히 단 것은
靈泉一派在山久	신령한 샘 한 줄기 산에 있는 지 오래기에

無底鉢一滴飲　　　밑 없는 발우로 한 모금 마시니
甘露法門不外物　　감로법문이 밖의 물건이 아니네

雙溪樓下滔滔水　　쌍계루 아래 도도히 흐르는 물
利益人天廣長舌　　사람과 하늘 이익되게 長廣舌이네
打不回頭金剛漢　　두드려도 머리 돌리지 않는 金剛漢이
不離此岸度彼岸　　차안을 떠나지 않고 피안에 이르네
三世如來出不得　　삼세의 여래도 나올 수 없으니
歷代祖師入無餘　　역대조사들이 들어가도 남음이 없네
火湯爐炭永消處　　화탕지옥과 노탄지옥이 얼음처럼 녹는 곳
叉手刀山瓦解時　　차수지옥과 도산지옥도 기와 풀리듯 할 때

盲風佐雨侵不入　　맹풍과 좌우가 침범하여 들어오지 못하고
擊電迅雷撼不動　　전기와 우레로 쳐도 움직이지 않네
借問羊山何處是　　묻노니 양과 산이 어느 게 이것이오
當面歷歷眼前橫　　당면하여 역역히 눈앞에 가로로 있네
瞻之仰之彌不見　　우러러 보려 해도 더욱 보지 못하며
擬議思量千萬里　　擬議하고 사량하면 천만 리 멀어지네
一輪明月光無力　　일륜명월도 여기에는 힘을 잃고
千疊黑雲遮不昏　　千疊의 흑운이 막아도 어둡지 않네

終日白羊迷白羊　　종일 백양에 있으면서도 백양을 모르나
山不知我我不知　　산은 나를 알지 못하고 나는 산을 모르네

可憐白羊山外客	가련한 백양산 밖의 객은
未聞有山不鮮問	산 있음을 듣지 못하고 물을 줄도 모르네
一入靑山更不還	청산에 한 번 들면 다시 돌아오지 못하니
麟聖鹿仙是我伴	공자와 불타가 나의 도반일세
千古萬古誰管領	천고만고여 이 산을 누가 관령하겠는가
淸風明月共悠悠	청풍명월이 함께 유유하다네
無根樹頭懸羊頭	뿌리 없는 나무에 양 대가리 달아놓고
一錢不用任皎着	일전도 쓰지 않고 마음대로 먹네
一曲兩曲無人會	한 곡조 두 곡조 불러도 아는 이 없고
雨過夜塘秋水深	비가 내린 밤 연못에 가을 물만 깊네
虛空鼓須彌槌	허공 북으로 수미산을 방망이로 쳐서
三生夢斷摠覓無	삼생의 꿈 깨고 보니 찾아도 다 없는 것을
成住壞空隨他去	이룸 머묾 무너짐 빔 그대로 지내니
無見頂出白羊山	정상을 보지 않고 백양산을 벗어나네

　수행자에게는 일체의 목숨도 희망도 기원도 오직 한 소식, 곧 장부일대사인연丈夫一大事因緣의 타파에 있다. 학명이 32세 들던 1902년 가을, 강단을 던지고 조사들의 안심입명처安心立命處를 증득하기 위해 10년 세월을 오직 화두 참구에만 정진하였다.

　그 사이 부안 내소사와 변산 월명암의 주지를 맡아 월명암 요사채를 선실로 중건 신축하여 납자들의 수행처로 만들기도 하였으나, 스스로를 채찍질하여 포단에 살이 헐어져 피고름으로 매달리도록 각고매진刻苦邁進하였다.

이때 오도한 후, 견처를 노래한 「백양산가」가 바로 모두의 노래이다. 앞의 소개한 장가長歌는 그 품격이 태고보우의 「태고암가」와 버금간다고 제방에서는 말한다.

이 「백양산가」는 '만법과 짝하지 않은 자가 누구인가如何是不與萬法爲侶者是甚麼'라는 공안 타파에 대한 깨달음의 노래였다. 곧 학명선사가 월명선원에서 개오開悟한 다음 해, 잠시 백양사로 옮기던 갑인년(1914) 봄에 작송되었다.

학명이 1914년 봄에 해외로 유력하기 전, 당대의 선지식 석전 박한영이 말하기를 "학명스님은 불조의 입명처를 깊이 깨달았다"고 토로한 바 있다. 그리고 5언 율부 「내장상설30운 기증 학명선사內藏賞雪30韻 寄贈鶴鳴禪師」를 지었으니 충분히 인증된다 할 것이다.

그럼 잠시 학명선사의 「백양산가」를 다시 살펴보자.

白羊山出無見頂	백양산이 무견정에서 솟아났으니
成住壞空不相隨	이룸 머묾 무너짐 빔이 서로 다르지 않네
極大極小超分量	아주 크고 작음 분량을 벗어나니
自古自今不記年	예와 이제 연대를 기억할 수 없네
羊兮山兮互相入	羊과 山이 서서 서로 들어오니
山卽是羊羊卽山	산이 곧 양이고 양이 곧 산이어서
呼山不應羊自還	산은 응답치 않고 양만 돌아오고
喚羊不答山獨立	양 또한 대답 없어 산만 서 있네
(…중략…)	
終日白羊迷白羊	종일 백양에 있으면서도 백양을 모르나
山不知我我不知	산은 나를 알지 못하고 나는 산을 모르네

可憐白羊山外客	가련한 백양산 밖의 객은
未聞有山不鮮問	산 있음을 듣지 못하고 물을 줄도 모르네
一入靑山更不還	청산에 한 번 들면 다시 돌아오지 못하니
麟聖鹿仙是我伴	공자와 불타가 나의 도반일세
千古萬古誰管領	천고만고여 이 산을 누가 관령하겠는가
淸風明月共悠悠	청풍명월이 함께 유유하다네
無根樹頭懸羊頭	뿌리 없는 나무에 양 대가리 달아놓고
一錢不用任皎着	일전도 쓰지 않고 마음대로 먹네
一曲兩曲無人會	한 곡조 두 곡조 불러도 아는 이 없고
雨過夜塘秋水深	비가 내린 밤 연못에 가을 물만 깊네
虛空鼓須彌槌	허공 북으로 수미산을 방망이로 쳐서
三生夢斷摠覓無	삼생의 꿈 깨고 보니 찾아도 다 없는 것을
成住壞空隨他去	이룸 머묾 무너짐 빔 그대로 지내니
無見頂出白羊山	정상을 보지 않고 백양산을 벗어나네

「백양산가」를 감상하기 전, 백암산 백양사에 대해 알아보는 것이 장시를 이해하는 데 도움이 된다.

백양사는 백제 무왕 33년(632)에 당의 명승 여환선사가 창건을 한 후, 정토 사로 그리고 백암사로 불렸으며, 여러 번 중창을 거쳐 대가람이 된다. 그 후 조선 선조 7년(1574) 환양喚羊선사가 백양사라 개칭했고 그 후 환성, 도암 등 선사가 중창했다. 근세는 만암선사가 일대 중흥을 이룩해 오늘날 고불총림 백양사를 이루고 있다. 백암사가 통칭해서 백양사로 불러지게 된 것을 두고 다음과 같은 이야기가 있다.

한 선사가 산내에 머무르면서 경전을 열심히 읽고 있었는데 그때마다 백학봉에서 한 마리의 양이 그 소리를 듣고 갔다. 그 후부터 한 무리의 양떼가 경내를 왕래하며 독경을 듣고 가곤했다. 그 때문에 백양사의 역대 조사를 조사로 부르지 않고 일명 환양喚羊이라 부르기도 했다. 고려 각진 국사는 산내 호남 굴지의 수도처인 운문암을 개창하여 환양의 경지의 오른 많은 고승 대덕을 배출하였다. 호암 체정에서 이어지는 설파 상언과 연담 유일의 법손들이 그들이다.

이제 학명의 「백양산가」에 왜 그렇게 양羊이 많이 나오는가를 알게 될 것이다. 양은 백양인 동시에 백양산이고 또 동시에 환양하는 경지의 도인이다. 양羊은 조사의 진신이며 백양산의 진면목이며 나의 일체처다.

총 8연으로 된 「백양산가」는 학명선사의 전 살림살이며 깨달음의 근원처를 시로 노래한 것. 연 나눔은 저자의 소견이다. 장시를 지면상 모두 주해할 수 없어 마지막 연만 저자의 안목대로 주해하고자 한다.

8연의 첫 행 "뿌리 없는 나무에 양 대가리 달아놓고無根樹頭懸羊頭/ 일전도 쓰지 않고 마음대로 먹네一錢不用任咬着"에서 '뿌리 없는 나무' 즉 무근수無根樹는 실상본지의 다른 이름이니 순수본질을 그렇게 이를 뿐이다. 선시의 표현으로는 적기수사법賊機修辭法 중 선시의 무한실상無限實相이다. 여기에 양두羊頭 역시 실상을 말한다. 없는 나무에 양 눈알 꿰어나도 마찬가지다. 이러할진데 당연 일전도 쓰지 않을 뿐 아니라 마음대로 먹어도 되고 먹지 않아도 되니 귀신 씨나락 까먹는다 해도 마찬가지다.

이러하니 당연히 "한 곡조 두 곡조 불러도 아는 이 없고/ 비가 내린 밤 연못에 가을 물만 깊네"라 노래 할 수밖에 다른 도리가 없다. 3행에서 '한 곡조 두 곡조 불러도 아는 이' 없다. 아는 이 있을 때는 환양喚羊의 경지가 아니다. 그래서 '말후구를 알고자 하는가? 단지 노호를 아는 것은 허락해도 노호를 만남은 허락지 않는다要識末後句麽 只許老胡知 不許老胡會' 하는 선게의 뒤의 구인 노호회老胡會의 소식이니, 몰라야 세상만사의 운행이 온전히 풀리니 다음 구인 "비가 내린 밤 연못에 가을 물만 깊네"라는 이치에 닿게 된다.

이제 삼생의 꿈 확연해지니 무얼 찾는가? "삼생의 꿈 깨고 보니 찾아도 다 없는 것을 / 성주괴공을 그대로 따라 지내니" 이 공덕이 바로 "정상을 보지 않고 백양산을 벗어나네無見頂出白羊山" 하고 노래한다.

2. 주유천하 보림 행각

1) 비은선사와 선문답, 서호가

10여 년 수선에만 힘써 대장부의 일대사인연을 마친 학명은 42세 되던 봄 해인사로 이석하고 43세 되던 1915년까지 중국의 총림과 일본의 명찰을 돌아보고 귀국한다.

주지하다시피 우리나라, 중국, 일본은 선의 발상지인 동시에 오랫동안 전통을 발전시켜 선불교가 융성한 나라다. 중국과 일본의 선문을 돌아본다 함은 곧 오도한 자로서 세상을 보고 느끼고 당면하여 보겠다는 것이다. 학명의 중국 유력 행각은 겨우 그의 문집『백농유고』와『불교』지 62호에 보이는 비은弗隱선사와 수시문답과 「서호가」 한 수가 있다.

우리는 이것을 읽으면서 그의 주유천하한 행각을 짐작할 뿐이다.

비은이 물었다.

물은 힘줄이 없지만, 길게 흐르면서 끊어지지 않으니 그 까닭은 무엇인가水旣無
筋 爲甚麼 長流不斷?

학명이 답하다.

돌절구에 꽃이 피었네石碓開花.

위의 거량은 비은이 수시한 5문 가운데 첫째 질문이고 이어 학명선사가
즉답한 일구다.

그리고 우리는 「서호가」을 읽을 수 있다.

今年此于憂	올해도 이 근심이런가
白鶴過西湖	백학이 서호를 지난다
西湖當應知	서호를 마주하면 응당 아네
我昔於西湖	나는 이미 오래 전 서호거늘

2) 일본 임제종 관장 종연선사와 거량

중국을 1년 동안 행각을 마치고 돌아온 학명은 일본에 소오엔宗演이라는
세계적인 선승이 있다는 소문을 들었고, 곧 현해탄을 건널 것을 다짐했다.

소오엔은 소문처럼 교리에도 밝고 선기도 대단히 뛰어나 34세에 이미 우리나라의 종정 격에 해당하는 일본 임제종 관장에 오른 인물로, 스리랑카에서도 3년간 공부함으로써 대소승의 교학과 수행에도 깊은 조예가 있었다. 특히 1893년 미국 시카고에서 열린 만국종교대회에 일본대표로 참석한 것을 계기로 서구에 선을 알리는 데 큰 기여를 했으며, 베르그송 등 세계적인 석학들과 토론을 벌여 그들로부터 깊은 존경을 받고 있었다. 또 세계적인 선사상가 스즈키 다이세츠와 일본의 대문호로 훗날 일본 화폐에도 등장하는 나스메 소세키도 그의 제자였다.

일본으로 건너간 학명은 발우 하나 들고 소오엔이 있다는 교토를 향해 한 걸음 한 걸음 나아갔다. 그렇게 수십 일을 걸어 학명은 원각사에 이르렀다. 그러나 소오엔은 원각사를 떠나 인근 묘심사에 잠시 머무르고 있음을 알았고, 학명은 다시 묘심사로 발걸음을 옮겨야 했다. 지친 몸을 이끌고 마침내 학명이 묘심사의 문을 두드렸을 때는 긴 여행으로 그는 스님이라기보다 걸인에 가까워보였다.

학명은 문을 막고 서있는 이들에게 소오엔을 만나러 왔다는 뜻을 전했다. 하지만 일본인 수행자들도 만나기 어렵다는 대본산의 관장이 말도 통하지 않는 식민지 조선의 선객을 쉽게 만나줄 리 만무했다. 학명은 일본인들이 관장을 만나기 위해서는 7일간 장좌불와長坐不臥하며 정진해야 한다는 얘기를 전해 들었고 그 즉시 사찰 입구 앞에 가부좌를 틀고 앉았다.

묘심사 승려들은 그런 학명을 내심 못마땅하게 여겼고, 먹을 것은커녕 머리에 물을 쏟아 붓는 등 그를 내쫓으려 안간힘을 썼다. 그러나 정좌를 하고 있는 학명은 마치 태산이라도 된 양 미동도 하지 않았다. 그렇게 일주일이 흘렀고 학명은 마침내 객승들이 기거하는 지객료知客寮로 안내됐다. 하지만 객실까지 왔다고 하여 융숭한 대접을 받거나 당장 관장을 만날 수 있는 것은 아니었다. 학명은 또다시 가부좌를 틀고 앉았다. 그런 학명에게서 나약하고 피곤한 기색은 전혀 찾아볼 수 없었다. 처음 하루 이틀이면 슬며시 도망갈 거라 생각했던 묘심사 대중들도 나중에는 학명의 고고함과 기백에 극진한 존경의 예를 표했다. 그리고 열흘의 긴 시간이 지난 뒤에야 학명은 마침내 소오엔과 마주앉게 됐다.

말이 통하지 않는 학명과 소오엔은 붓으로 서로의 의사를 전달하는 방법을 택했다. 먼저 학명이 '백학명白鶴鳴'이라는 자신의 이름을 써 건넸다.

학명선사와 소오엔관장의 법거량은 매스컴이 지켜보는 가운데 중개되었다. 당시 소오엔의 후계자 석종원과 아시히신문 기자 일행도 취재자로 자리를 함께하였다. 질문과 대답은 필담으로 주고받았으며 이것이 아사히 조간신문 문화면 톱기사로 보도되었다.

당시 식민지 치하에 억압되었던 우리 민족에겐 깊은 감동을 주었다.

소오엔은 당시 나이 50대 중반이고 학명선사는 43세 되던 해인 1915년이었다.

석종연이 첫 물음을 던졌다.

"스님은 어데서 온 누구신가요?"

"나는 조선의 백학명이라는 스님이오."

"이미 백학이건대 어째서 검은 옷을 입었소旣是白鶴 爲什麽着緇衣."

이어 학명이 답했다.

"어느 곳에서 백학을 보았소."

"온 시방세계가 백학 아닌 곳이 없으니 화상은 대지에서 울어보시오盡十方 無不是個白鶴之處 請 和尙 作九皐之鳴."

학명이 대답했다.

"모두 백학이라면 화상은 어느 곳에 안심입명하겠습니까世界都是白鶴 老和尙 向什麽處安心立命?"

종연이 다시 물었다.

"안심입명하는 일은 보통 다반사이니 화상은 향상일구를 일러보시오安心立命之事 甚常茶飯 請和尙 道將 向上一句來着."

"솔이 늙어서 학이 발붙이기 어렵습니다松老鶴難栖."

"좋은 말씀입니다. 학이 가을 하늘에 울었다고 하는 것입니다好言語 可謂孤鶴秋旻."

학명이 답했다.

"소승의 죄가 지나쳤습니다小僧罪過."

종연이 삼배의 예를 하고 게송을 지어 일렀다.

靈山會上曾相逢	영산회상에서 짐짓 서로 만난 일이 있었다
今日再來見道容	오늘 다시 도의 모습 보겠도다
未發片言意先解	조각 말 말하기 전 뜻이 이미 통하니
秋風古寺鶴一聲	가을바람 옛절의 학 울음 한 소리로다

— 종연

학명이 게송을 지어 답했다.

| 四面滄溟復鎖雲 | 사방이 넓은바다에 구름이 갇혀서 가리웠다 |
| 超然中有愣伽云 | 초연한 가운데 능가가 있단 말 들었다 |

| 實難住處誰能住 | 실로 머물기 어려운 곳에 누가 능히 머물까 |
| 萬古精神是自分 | 만고의 정신 스스로 나눈 이것이 아니던가 |

— 학명

위의 시 2행에서 능가는 소오엔의 별호다. 이 선화를 알기 쉽게 풀면 다음과 같다. 누더기 승복을 걸치고 있는 학명을 유심히 바라보던 소오엔이 먼저 치고 들어왔다. "이름은 흰 학인데 어찌 머물 옷을 입었는고?"

학명이 곧 답을 썼다. "화상께서는 어디서 흰 학을 보셨소?"

그대가 보는 흰 학의 본성이 무엇이냐를 묻는 즉각적인 반론이다. 그러나 소오엔은 학명의 글을 받기가 무섭게 되받아쳤다. "산하대지 모두 흰 학의 자리 아닌 곳이 없으니 화상은 마땅히 학의 울음소리를 내어보시오?"

예부터 선객의 거량은 검객이 진검을 들고 치명적인 급소를 보며 실수를 펼치는 진검승부와 같다. 실로 답하기 난감한 상신실명傷神失命적인 질문이었다. "세계가 모두 흰 학뿐이라면 노화상께서는 어느 곳을 향해 안심입명安心立命할 수 있겠소이까?"

서슴없이 맞받는 학명의 답변에 소오엔은 움찔했다. 자신의 호흡이 덜컥하고 그치는 순간 무엇을 할 것이냐고 되받아치고 있기 때문이었다. 그러나 환갑을 앞둔 소오엔 또한 백전노장의 선승이었다. "안심입명하는 일이야 차 마시고 밥 먹는 일 같이 쉬운 것이니 화상은 향상일구向上一句를 어서 내놔보시오?"

학명은 흔들리는 소오엔에게 마지막 일격을 가했다. "소나무가 늙고 구부러져 학이 깃들기 어렵겠소이다."

깨달음을 논하는 자리에 무엇 하나 향상일구 아닌 게 있느냐는 날카로운 비판이었다.

소오엔은 학명의 선기를 인정하지 않을 수 없었다. "참으로 좋은 일구一句요. 가히 외로운 학이 가을하늘에서 우는구료."

그제야 학명도 서슬 퍼런 취모검吹毛劍을 내려놓고 "소승의 죄가 크오이다"라며 한 걸음 물러섰다. 소오엔은 그 자리에서 학명을 찬탄하는 게송을 지었다. 다시 의역하면 아래와 같이 읽힌다.

靈山會上曾相逢	영산회상에서 일찍이 우리 서로 만났더니
今日再來見道容	오늘 다시 찾으심에 도인의 용모 뵙는구려
未發片言意先解	몇 마디 내지 않아도 그 뜻 알아 깨닫는지라
秋風古寺鶴一聲	가을바람 부는 옛절 학의 일갈 쩌렁하구려

3) 내장산 벽련암 극락전 주련구

彌陀休問我	아미타불의 쉼을 나에게 묻는다면
一念在回頭	한 생각 머리 돌리는 데 있네
水碧山空裡	물이 푸르고 산은 비었는데
風淸月落秋	바람은 맑아 달은 가을속에 떨어지네

— 학명

학명이 내장사 벽련암 극락전을 중수 개창한 다음 주련구를 지어서 건 게송이다. 이 5언 율시야 말로 저자가 보기로는 「백양산가」와 버금가는 오도송이다. 1행에서 "아미타여래의 '대휴처大休處', '크게 쉰 곳', '본래면목'을 나에게 묻는다면"으로 읽히는 이 첫 행은 적조동시寂照同時의 실상을 그대로 묻는 구절이다. 2행에서 "머리를 돌리는 아니 머리를 두르는 바로 그 자리가 아미타여래의 본지本地임을 설파한다" 이것은 마치 땅에 넘어진 자가 땅을 짚고 일어나고, 선비가 책상 위에서 서책을 폈다가 다시 접는 것과 같은, 확연함이다. 그럼 그런 실상의 형상화를 보고자 하는가?

| 水碧山空裡 | 물이 푸르고 산은 비었는데 |
| 風淸月落秋 | 바람은 맑아 달은 가을 속에 떨어진다 |

4) 봉래산 달이 밝아, 학 울음소리 하얗고蓬萊月明 白鶴鳴

학명선사가 일본에서 귀국한 다음 해 1916년 정월 일본 임제종 관장 석종연선사로부터 연하장을 받았다. 송년 인사에 "나는 묵은해를 보내오니我送舊年 / 그대는 새해를 맞으소서汝迎新年"라는 선게를 써 왔다.

당시 기록이 남지 않았으나 직접 들은 박희선 시인이 시자이던 매곡 화상에게 구술한 것을 재인용하면 아래와 같다.[1]

거래去來와 송영送迎은 한 마름의 돗자리 멍석과 같은 것, 깔았던 것은 말아서 거두고 거둔 것을 손님을 맞아 다시 펼 수도 있겠지만, 나는 이제 도빈道貧한 가풍家

---

1 『현대고승인물평전』 상 「학명선사」, 불교영상, 1994, 50~59쪽. 이 글은 학명선사의 전법제자이며 시자이던 매곡화상이 박희선 시인에게 구술한 것을 옮긴 것이다.

風에 바야흐로 눈서리치는 세한歲寒마저 겹쳤소. 실로 송곳 꽂을 촌지寸地마저 찾아낼 길이 없으니 어찌 하겠소.

> 작년 가난은 가난이 아니고
> 금년의 가난 가난이라 하리니
> 작년에 송곳 하나 꽂을 땅도 없었으나
> 금년에는 그 송곳조차 없도다

— 봉래월명 백학명(蓬萊月明 白鶴鳴)

위의 게송은 향엄 지한香嚴智閑(? ~898)가 앙산 혜적과 법거량 중에 나오는 게송이다.[2]

이 답신을 받은 소오엔은 학명선사가 보낸 글 답신으로 다시 '아송구년 여영신년我送舊年 汝迎新年'이라고 적어 보내왔다. 학명선사는 궁반실소肯半失笑의 빙긋 웃는 듯, 양구묵 坐良久黙坐하고 생각을 잠재웠다는 당시 시자였던 매곡화상이 듣고 증언하였다.

불이문중不二門中에 나와 너, 묵은해와 새해가 어디 있을까만, 학명은 이를 모를 리 없는 대선사 소오엔의 글에서 자신에게 거는 기대와 신뢰를 보았던 것이다. 학명은 겉치레 인사보다는 주관과 객관이 무너진, 찰나의 번뇌조차

---

2 본문의 게송은 앙산 혜적이 사제인 향엄에게 요즈음 살림살이가 어떠하냐고 물으니 향엄이 보여준 게송이다. "작년에 가난은 가난이 아니고去年貧未是貧 금년의 가난이 비로소 가난이다今年貧始是貧. 작년엔 송곳 세울 땅이라도 있었지만去年貧 猶有卓錐之地 금년에는 송곳조차 없구나今年貧錐也無." 이어 이 게송을 들은 앙산이 말했다. "사형에게 여래선을 인가하겠지만 조사선은 꿈에도 보지 못했소." 향엄이 다시 한 게송을 읊었다. "나에게 하나의 기미가 있어我有一機 눈을 깜박이는 순간에도 그를 보네瞬目視伊. 그를 깨닫지 못하는 이가 있다면若人不會 사미라 부르리라別喚沙彌." 이 말끝에 앙산은 말했다. "스님이 조사선을 알게 되어 기쁩니다."

여원 자신의 경계를 보이는 게 낫다고 판단했다. 그리하여 학명은 향엄이 앙산에게 견처를 보였던 "거년빈미식빈 금년빈시시빈去年貧未是貧 今年貧始是貧"의 게송과 함께 '봉래월명백학명蓬萊月明白鶴鳴'이라는 자신의 이름만 기입해 답장을 보냈다.

5) 열반송을 쓰며

학명은 그 후 소오엔이 예견했던 것처럼 농사를 지으며 화두를 참구하는 반 농반선半農半禪의 독특한 선풍을 제창하고 몸소 실천함으로써 한국선종사의 한 획을 그었다. 또 교육사업과 함께 참선곡, 왕생가, 해탈곡 등 주옥같은 가사 들을 남겼으며, 원불교 창시자인 소태산 박중빈에게도 큰 영향을 주었다.

눈밭에 활짝 피어난 매화처럼 암울한 시대에 맞서 조선수행자의 기상을 만방에 떨쳤던 대선사 학명. 그는 소오엔이 입적한 지 꼭 10년 되는 1929년 3월 27일 달마상 여섯 장을 그리고 고요히 앉은 채 시작했다. 그가 세연을 다하던 날부터 호랑이가 3일 내내 애달프게 울었으며 한 줄기의 흰 광채가 서쪽까지 길게 뻗었다고 당시 기록은 전하고 있다.

西來十萬老迢迢	서쪽에서 온 십만 리 아득한 길
智鑑當軒影莫逃	추녀 끝 지혜거울 모습 없이 달아나네
四海浪平龍顔眠	사해에 파도 조용하니 용의 눈 잠들고
九霄雲淨鶴飛高	아홉 하늘 구름 맑아 학이 높이 날아라

— 임종시 달마찬

학명이 임종 직전 손상좌 다천에게 먹을 갈게 하고 달마상 6장을 그리니 그 중 한 폭의 화찬이다. 열반송이다.

조계종 종정 서옹은 "백학명 대종사는 근세에 희유하신 대선장으로 한국에서 불조명맥을 부흥하였을 뿐만 아니라 중국과 일본을 주유하시면서 한국선이 현대에 와서도 활발발하고 조사가풍이 지속적으로 융성함을 널리 과시하였다"며 다음과 같은 게송을 남겼다.

夜半月明白鶴鳴	달 밝은 한밤중 흰 학이 울다가
東方日出遠飛去	동방에 해가 뜨니 멀리 날아가 버리네
雲海無限直透過	한없는 구름바다 곧바로 뚫고 지나가니
淸風凜凜拂乾坤	청풍이 늠름하여 하늘과 땅에 떨치네

— 서옹 상순

6) 만해의 게송과 학명의 보림

양진암을 떠나면서 학명선사에게 給養眞庵臨發 贈鶴鳴禪伯

①

世外天堂少	이 세상 밖에 천당은 없고
人間地獄多	이 인간에는 지옥이 많다
佇立竿頭勢	장대 끝에 우두커니 섰을 뿐
不進一步何	어찌 일보 내딛지 않는가

②

臨事多難處	일에 다다르면 고생이 많고
逢人足別離	사람을 만나면 이별이 있다
世道固如此	원래 세상 이치 이러하니
男兒任所之	남아라면 '이것' 마음대로 살라

— 만해

1923년은 학명의 나이 51세이고 만해는 45세였다. 당시 만해는 3·1운동 주도로 1920년 10월 30일 경성 복심원에 최고형인 3년 징역을 받고 1922년 만기 출소한 후 선학원에 머물던 당시, 변산 월명선원 아래에 있는 양진암에서 학명과 만났던 것으로 판단된다.

이때 만해가 학명의 깨침에 대해 위의 「양진암임발 증학명선白養眞庵臨發贈鶴鳴禪伯」이라는 게송 2수를 주었다. 내용은 게송에서 나타나듯이 만해가 보기에는 학명의 깨달음이 미진한 데가 있다는 것이다. 만해의 게송 ①에서 보듯이 '장대 끝에 우두커니 섰을 뿐 / 어찌 일보 내딛지 않은가' 하는 3행과 4행은 깨달아 홀로 환희와 고요에 빠져 중생에게 손을 드리우지 않고 산중에서 있음을 지적하는 글인 동시에 속세로 내려와 입전수수入廛垂手하여 중생과 같이 화광동진을 권하는, 게송 ②의 4행과 같이 '남아라면 '이것' 마음대로 살라'는 부탁과 동시에 강한 메시지다.

수선납자의 목숨을 빼앗는 글이다. 보라 일평생 부모 일가 천적 모두 등지고 목숨마저 들어 내놓고 불철주야 공부한 것에 대한 은근한 평가와 동시에 강한 권유다.

제방에 전해내려 오는 이야기에 의하면, 학명은 만해의 게송을 본 후, 월명선원에서 이틀 밤낮을 장대 끝에 우뚝 서서 향상일로를 향해 은산철벽이 되어서 자기 확인을 거친다. 주장자를 짚고 선원 뜨락 한 갓에 서서 궁구하고 몰두하고, 나도 잊고 너도 잊은 채, 물아몰입 끝에 하산한다. 그 후 내장사 중창 불사와 선농일치禪農一致의 실용선實用禪을 몸소 옮기며 선불교의 선두에 섰다.

3. 열반

1929년 3월 27일 아침부터 궂은 봄비가 내렸다. 학명은 제자 고벽을 불러 정읍 장에 가서 백목白木 4필, 짚신 40켤레 및 그 밖에 일용품을 사오라고 했다. 고벽은 비도 오고 하여 다음 장에 가서 사오려고 생각했으나 학명은 필히 오늘 사올 것을 종용했다.

다음 제자 매곡을 불러 말하기를 "오늘 내가 갈 테다" 하고 또 다른 권속들을 불러 "오늘은 잘 쉬어야 할 터인데 무엇을 하며 놀면 좋을까? 창가나 하고 서화나 하자" 하며 창가 몇 구절을 읊은 후, 손상좌 다천을 불러 벼루에 먹을 갈게 하고 조용히 달마상을 6장이나 그렸다. 그중 화찬으로 열반게를 쓰다.

서쪽에서 온 십만 리 길 멀고 아득한데
추녀 끝 지혜거울도 모습없이 달아나네
사해의 파도 조용하니 용의 눈도 잠드고
아홉하늘 구름 맑으니 학 높이 날아라

화찬을 붙인 후 피곤하다 하며 제자 운곡을 불러『원각경』을 독송하라 이르고 미소를 지으며 입적하니 오후 2시였다.[3] 이날 장을 보고 온 물품들은 상수품으로 사용되었음은 말할 나위 없다.

다비 후 70개의 백색 사리가 나왔고 특 고승들에게서 볼 수 있는 영골靈骨[4]이 나왔다.

은법제자로는 고벽 봉화, 대휴 봉규, 무곡 정해, 매곡 태모, 법권, 일규 등이 있다.

● 「낙수록落穗錄」

이것을 못내 버리지 못하고 「낙수록」이란 이름으로 덧붙인다.

● 1919년 3월에는 훗날 원불교를 창교한 소태산 박중빈이 월명암을 찾아와 10여 일을 머물렀다. 이때 학명이 소태산의 물음에 답하며 불법에 대해 이야기를 나누었다.

7월에는 소태산이 자신의 제자이자 훗날 2대 종법사가 되는 정산 송규를 수 개월간 학명의 상좌로 맡겼다. 그 후 소태산은 월명암 근처 실상사 옆에 두어 칸 초막을 짓고 봉래정사라 이름 짓고 창교 준비에 몰두했다.

● 한편 1923년 만해 한용운이 월명암 근처에 있는 양진암에 잠시 머물다 떠나면서 학명에게 이제 세간에 나오셔서 중생을 제도하시라는 의미의 시를 바쳤다. 이에 학명은 이틀 밤낮을 주장자를 짚고 선원 뜨락에 서서 지새

---

3   『불교』62호, 유금해 화상의 글.
4   영골은 손가락 세 넓이 모양의 뼈를 말한다.

우며 고민했다.

마침내 그는 하산하여 퇴락한 정읍 내장사를 일으켜 세워달라는 당시 백양사 주지 만암曼庵宗憲(1876~1956)선사의 청으로 주지로 전임했다.

● 학명은 내장사 중창불사에 앞장서 3년 만에 극락보전을 중건하고 선원을 새로 짓고, 흩어져 있던 부도를 모아 부도전에 안치했다. 참선하는 대중들을 받아들였고, 절 살림을 유지하기 위해 황무지를 개간해 전답이 80두락에 이르렀다.

그 후 선원을 유지할 경제적 토대로 벼 40여 석을 추수할 만한 농토를 확보했다.

● 학명은 항상 수좌들에게 "농사를 지으면서 참선을 해야 한다"는 반농반선半農半禪을 주창하여, 놀고먹는 중이라는 비난을 듣지 않도록 당부했다. 특히 학명은 스스로 호미를 들고 일하면서 조사들의 화두를 드는 모범을 보였다. 또한 그는 학인들에게 범패와 창가를 부르며 선리를 연구하도록 했다.

학명은 내장선원의 규칙으로 "첫째, 선원의 목표는 반농반선으로 변경한다. 둘째, 선회禪會의 주의는 자선자수自禪自修하면서 자력자식自力自食하기로 한다"고 정했다. 나아가 아침에는 글을 읽고, 오후에는 노동하고, 야간에는 좌선한다는 원칙을 정했다.

이외에도 그는 인근의 어린 학동들을 모아 『천수경』과 「발원문」을 가르쳐 교화에 힘썼다.

● 한편 학명은 달마도를 잘 그렸다고 전하는데, 스스로 "나를 보고 혹 달

마와 흡사하다고 말하는 사람이 있어, 그 말을 듣고 보니 갑자기 나도 그 말이 진실인가 여겨진다"고 찬贊을 붙였을 정도였다.

1929년 3월 통도사 극락암에서 수행하던 경봉鏡峰靖錫(1892~1982)과 선문답을 나눈 편지를 주고받았다. 청정과 수행으로써 평생을 살던 학명은 1929년 3월 27일 시자를 불러 양치질과 목욕을 마치고 나서, 달마도 좌상坐像 6장을 그렸다. 달마찬에다 임종게를 쓰다

그리고 제자 운곡雲谷을 불러 『원각경』의 「보안장」을 독송하게 하고, 가부좌를 틀고 앉아 미소 지으며 입적하니 세수 63세, 법랍 43세였다.

• 1934년 12월 학명의 제자 고벽古碧, 매곡梅谷, 다천茶泉 등이 주도하여 석전 박한영暎瑚鼎鎬(1870~1948)이 찬한 비명碑銘을 받아 사리탑을 세웠다.

현재 내장사 부도전에 세워져 있다. 저서로는 『백농유고白農遺稿』가 있었는데 책 출간을 위해 준비하다 전량 소실되었고 전한다.

이외에도 인생무상과 불교의 자비를 노래한 「원적가」, 「왕생가」, 「신년가」, 「해탈곡」, 「선원곡禪園曲」, 「참선곡」, 「망월가」 등이 있다.

[추서]

위와 같은 이력을 보아 대선사 학명은 당대에 중국과 일본 불교계까지 조선의 선지를 널리 휘날렸던 인물이고, 특히 호남지역을 중심으로 활동한 선지식이다.

훼손된 월명암과 내장사를 중창하여 지역의 불교 발전에 지대한 공헌을 했으며, 쉬운 글과 말로 불법의 정수를 알리고자 노력했던 선각자였다.

달마도 그리기를 즐겼던 학명은 직접 노동하고 노래 부르면서도 치열하게

정진한 수행자이자, 한국 근대불교의 혁신을 위해 평생을 바친 운동가였다.

나아가 그의 이러한 생활불교의 주창은 원불교의 창교에도 일정한 영향을 미쳤다.

제36화

모르는 것이 제일 친한 것이지

不知最親切

위의 명구는 흔히 선문을 이르는 5가 7종 중, 법안종의 종지와 같은 언구다. 설봉의 법제자인 현사 사비와 그의 제자 나한 계침이 법안종의 선 조사들이며, 나한 계침이 법안 문익法眼文益(885~958)을 낳으니 이가 법안종의 개조다. 법안종은 5가 중 가장 나중에 성립된 종파이나, 그 영향력은 매우 크다. 법안종은 육조 혜능의 두 수제자의 한 사람인 청원행사 법통을 잇고 있다. 곧 청원—석두—덕산—설봉을 잇는다. 이 장에서는 '모르는 것이 제일 친한 것이지不知最親切' 하는 화두와 같은 선문의 명구를 가름하고자 한다.

조선 중엽 청허 휴정(서산)은 그의 저술 『선가구감』에 법안종의 가풍을 "말 속에 메아리가 울려 퍼지고, 글 속에 칼날이 숨었구나. 해골이 온 세상을 지배하고 콧구멍은 어느 때나 그 가풍을 풀무질한다. 바람 부는 나뭇가지와 달 비치는 물가에 실상을 드러내고 푸른 대와 누른 국화 묘한 법을 흔히 드러낸다. 법안종을 알고자 하는가? 바람은 구름을 몰아 산마루로 날리고, 밝은 달은 물과 함께 다리를 지나 흘러오네"라고 적고 있다.

而今參飽似當時	지금껏 참구함이 그때와 같은데
脫盡廉纖到不知	미세한 번뇌 다해도 끝내 알지 못한다
任短任長休剪綴	짧건 길건 자르건 잇건 상관 말고
隨高隨下自平持	높건 낮건 저절로 평평해진다
家門豐儉臨柴用	집안의 넉넉함과 검소함에 맞춰 쓰니
田址優游信步移	밭과 터를 얌전히 발길 닫는 데로 걷는다
三十年前行脚事	30년 전에 행각하던 일은
分明辜負一雙眉	분명히 한 쌍의 눈썹을 저버렸도다

— 천동각

이장에 소제목으로 쓴 부지최친절不知最親切, 즉 '모르는 것이 최고의 친절이다' 하는 말은 바로 선을 나타내는 가장 지름길인 골수언구다. 부지不知, 불식不識, 불회不會는 선문의 외연과 내연을 벗어난 채로 도도히 흘러오는 가장 친절한 선장들의 간절노파심절懇切慈悲心切이다.

우리는 기억한다. 달마에게 '짐의 앞에 앉아 있는 당신은 누구입니까?'의 양 무제의 질문에 달마의 바로 '모르오不識'라는 대답과 『벽암록』의 선구인 '다만 노호를 아는 것은 허락하지만 / 노호를 만나는 것은 허락하지 않는다只許老胡知 不許老胡會'라는 선관의 명구들을.

법안의 개안開眼 이야기는 법안뿐만 아니라 일체를 탈각케 하는 적기賊機의 소식이다.

법안종의 개조 문익은 어릴 때 출가하여 스님이 되었다. 구도에 불타던 문익은 불경뿐만 아니라 유교의 경전에도 조예가 깊었으며, 이에 만족하지 않고 선적 체험을 얻기 위해 많은 행각을 하였다. 하루는 계침羅漢桂琛(867~928)이 주석하는 지장원을 지날 때 폭설로 그곳에 묵게 되었다.

하루는 문익이 화로에 몸을 녹일 즈음, 이 절의 방장인 나한 계침이 물었다.

"행각의 행선지는 어디입니까?

"예, 그저 다니고 있습니다."

"무슨 이유로 그저 다니고 있습니까?"

"저도 잘 모르겠습니다不知."

"모른다는 것이 제일 친한 것이지요不知最親切."

—『선문염송』권28, 1287칙 「부지(不知)」

방장인 나한 계침은 위와 같이 에둘러 말하여 주었다. 그러나 아무런 느낌을 받지 못한 문익은 눈이 그치자 방장에게 작별을 고하였는데 나한이 문까지 배웅하며 법안에게 물었다. 『전등록』이나 『오가정종찬』에는 이야기가 여기에서 끝나지 않고 더 이어진다.

눈이 그쳐 방장에게 작별을 고하자 계침은 문까지 따라와 배웅하며 문익에게 아래와 같이 말했다.

"삼계는 오직 마음일 뿐이며, 만법은 다만 의식일 뿐이라고 스님은 늘 말하였는데, 그럼 저기 저 정원에 있는 돌은 스님의 마음 안에 있는 거요, 아니면 마음 밖에 있는 거요上座尋常說 三界唯心乃 持 庭下石曰 且道 此石在心內在心外?"

"그야, 제 마음 안에 있습니다."

"그래요, 그렇다면 행각하는 사람이 마음속에 돌멩이를 넣어 가지고 어떻게 다닌단 말이오行脚人 着甚麼來由 安塊石在心頭耶."

—『오가정종찬』권下「법안종」, 장경각, 197쪽

나한 방장의 이 말 한마디에 말문이 막힌 문익은 의문이 풀릴 때까지 지장원에서 더 있기로 마음을 먹게 된다. 이것은 선장의 비장법문에 꼼짝할 수 없기 때문이다. 흔히 이 적기법문은 선장들이 보여주는 자비노파심절이라 함을 깨닫는 것이 무엇보다 중요하다.

매일 문익은 새로운 자기의 견해를 방장에게 말씀드렸으나 한결같이 스승은 '불법이란 그런 것이 아니오'라고 말할 뿐이었다. 한 달 정도 지나서 문익은 선사에게 다음과 같이 말하였다.

"이제 제가 할 말은 모두 하였습니다."

"그래요. 불법이라는 것은 일체가 다 이루어져 있는 것이오若論佛法 一切現成."

—『오가정종찬』권下「법안종」, 장경각, 197쪽

이 한마디에 문익은 바로 크게 깨쳤다. 선문에서는 흔히 내적 자아를 체험함으로써 진여자성에 도달하고자 한다. 위의 선화야말로 언하言下에 일초직입一超直入하는 진풍경을 보여준다. 이 선화에 후세의 한 선장이 읊은 계송 한 수가『선문염송』에 남아있다. 이것이 바로 앞의 계송이다.

지금껏 참구함이 그때와 같은데

미세한 번뇌 다해도 끝내 '알지 못'한다

짧건 길건 자르건 잇건 상관 말고

높건 낮건 저절로 평평해진다

집안의 넉넉함과 검소함에 맞춰 쓰니

밭과 터를 넉넉히 발길 닿는 데로 걷는다

30년 전에 행각하던 일은

분명히 한 쌍의 눈썹을 저버렸도다

— 천동각

이 게송을 파악하는 데는 오르지 '알지 못한다'는 부지不知 두 글자에 있다. 참구할 일이다. 뒷날 방장이 된 법안 문익은 대중들에게 다음과 같이 시중하였다.

온 세상이 밝고 밝아 실오라기 하나도 없는 실상 그 자체입니다. 그러나 만일 그대들이 실오라기 하나라도 있다면 그것은 실오라기 하나일 뿐이지 실상은 아닙니다. 그대들은 그것의 이름과 형태를 바꾸려 하고 있습니다. 그렇게 해서야 어찌 본래면목을 다시 찾겠습니까?"

盡十方世界皎皎地無 絲頭若有一 絲頭卽是一絲頭

— 위의 책, 199쪽

이 법문은 나한의 말 끝에 깨달음을 얻은 법안의 상당법문이다. 위의 법문은 이와 같은 사실을 풀어내고 있다. 매일 문익은 있는 힘을 다하여 스스로 찾을 수 있는 것은 모두 다 보여 주었고, 더 이상 마지막이란 마지막을 다 쏟아낸 후, 아무런 것도 말할 수 없는 그 무엇도 남지 않았을 때, 관연 그것이 무엇이라고 대답할 것이 또 있는가? 대답할 것이 있으면 불법의 도리를 반쪽도 못 본 것이 아닌가? 이렇게 반복되는 하루하루가 한 달쯤 지나서 문익은 스승에게 말씀을 올렸다.

"이제 제가 할 말은 모두 하였습니다. 제가 아는 것이 바닥이 났습니다. 모든 것을 다 쏟아냈습니다." "그래, 불법이라는 건 일체가 그대로 다 이루어져 있는 거요 若論佛法 一切現成."

박학한 학문의 소유자인 법안은 늘 박학한 학문을 경계하였다. 오직 눈앞에 발가벗고 전개되는 실상을 직관함으로써 자성을 증득할 것을 역설하였다. 있는 그대로의 실상은 우주 만물의 절대를 우리에게 보여주는 동시에 또한 진인의 세계로 우리를 돈입시키고 사변과 추리는 우리의 눈에 껍질을 한 겹 입혀 멀게 할 뿐이라고 주장하였다.

이제부터 이장의 주제인 '부지최친절不知最親切'을 더욱 깊은 이해를 위하여 선적에 나타난 부지나 불식의 공안 몇 칙을 살펴보기로 하자.

1. 『벽암록』 제1칙 「달마확연무성」에 나타난 불식

여기에 이런 이야기 있다.

양나라의 무제가 달마에게 '불교의 가장 성스러운 진리는 무엇입니까?' 하고 물었다. 달마는 '끝없이 크고 넓어 거기에는 성스러운 것이란 없습니다' 하고 대답했다. 무제가 다시 '그럼 짐을 대하고 있는 그대는 누구요' 묻자 달마가 단호하게 '난 그런 거 모릅니다'. 무제는 끝내 달마의 말을 알아듣지 못했다.

擧 梁武帝 問達磨大師 如何是聖諦第一義 磨云 廓然無聖 帝曰 對朕者誰 磨云 不識

—『벽암록』 제1칙「달마확연무성」

주해 :

달마대사는 인도 향지국의 셋째 아들이며, 27대 반야다라 존자의 선맥을 이은 조사이다. 벵골만에서 배를 타고 광동성에 착륙하여 금릉(현 남경)에 가서 양무제를 만났다고 전한다(달마가 나뭇잎을 타고 바다를 건너는 선화禪畵가 오늘날에도 간혹 보인다). 당시 중국은 남북조 시대였으며, 양자강 남쪽 양나라의 무제는 독실한 불교신자였다. 무제는 늘 가사를 걸치고 불경을 강의할 정도의 학자였다. 그러나 위의 문단으로 보아 자성을 깨닫지 못한 느낌이 있다.

위의『벽암록』에는 언급이 없지만, 무제가 달마를 만나자 먼저 '짐은 절을 세우고 불경을 사경하고 강의하였으며 승려들을 권장하였오. 공덕이 있겠소' 하고 물었고 달마는 한마디로 '무공덕'이라고 잘라 말했다. 이어 본칙에 있는 다음 질문을 하게 된다. '그럼 불교의 성스러운 진리는 무엇이오?' 이것에 대한 달마의 대답은 '확연무성廓然無聖'이다. 이 '확연무성의 공空의 바다' 곧 환지본처한 우리 원래 본향인 본성을 이르고 있다. 곧 불교의 최고 진리는 말하자면 끝없이 넓고 커서 성과 범의 상대적인 차별이 없는 '뻥뚫림' 그 자체다. '그래 그럼 짐에게 확연무성이라 대답한 사람은 누구인가? 불법을 전도하러 온 그대는 도대체 누구인가?' 멀리 인도에서 오지 않았는가?로 무제의 의도가 읽힌다. '불식(모르오)' 불교의 진수에 들어있지 않은 무제에게는 청천벽력과 같은 소리, 달마의 절대 부정의 말, 공이라 말해도 한 겹 막힌 이 대답을 무제는 계합하지 못했다.

이것을 선에서는 '모르다'를 안다 함도, '모른다'를 속속들이 모른다' 하여도 반쪽 코도 보지 못하였다고 선장들은 다그친다.

착어   자, 어떻게 할 것인가?
말로 한다 해도
몰라, 몰라가 최고 친절이란다.
할, 일할.

『벽암록』 본칙 말미에는 설두 중현의 다음 게송 한 수가 있다.

聖諦廓然 何當辯的	성제확연 어찌 뜻이 통할까
對朕者誰 還云不識	내 앞에 있는 이는 누구요? 모르오라 하네
因玆暗渡江 豈免生荊棘	몰래 강을 건너가니 어찌 곤란을 면할까
闔國人追不再來	이젠 나라 사람 다 쫓는데도 다시 올 리 없네
千古萬古空相憶	천년만년 서로 생각한들 헛일이세
休相憶	후회랑 말아라
清風匝地有何極	청풍은 이 세상 어디에나 불고 있지 않은가

— 설두현

위의 게송의 작가 중현雪竇重顯(980~1052)은 송 태조 5년(908) 사천성 수주의 이씨 가문에서 태어났다. 24세에 출가하였다. 그가 깨달음을 얻게 된 이야기는 제방 선원에 많이 회자되어 있다.

중현이 행각을 하다가 호북 수주에 이르러 지문원에 주석하는 광조를 뵙고 감화되어 선수행에 애쓰게 되었다. 어느 날 중현은 광조 방장에게 질문을 하게 된다.

"한 생각도 내지 않았을 때 어떤 것이 허물입니까?"

스승은 중현에게 가까이 오게 하여 불자로 내려쳐버린다. 이에 중현이 다시 말하려 하자 스승은 사정없이 후려쳤다. 이때 중현이 적기賊機되어 바로 진실한 깨달음의 세계인 부지不知의 세계, 불식不識의 세계에 돈입頓入된다. 그 후 5년간 스승 광조를 모시고 5년간 운문종의 종승을 참구하게 되었다.

원래 『벽암록』은 선문의 고칙古則(선화, 화두, 공안) 100개에다, 게송을 부친 운문종의 4대 법손 설두 중현의 『고백칙송古百則』에 다시 수시 착어 평창을 가해 『벽암록』을 편찬한 이는 원오 극근이다. 원오는 임제종 양기파의 적손이다. 따라서 임제종에서는 선문제일서를 『벽암록』으로 손꼽는다.

『벽암록』 제1칙 「달마확연무성」에선 이야기가 더 전개된다.

무제가 달마의 말을 알아듣지 못했고, 결국 달마는 양자강을 건너가 위나라로 갔다. 나중에야 지공에게 달마에 대해 물으니 지공이 '폐하께선 이제 달마의 마음을 아시겠습니까?' 하였다. '아니 아직 모르겠소' 무제의 대답에 지공은 '그는 바로 관세음보살의 화신이며, 이 땅에 부처님의 마음을 전하려 온 것입니다' 하였다. 무제는 그제야 후회하며 칙사를 보내 데려오라고 했으나, 지공은 '아예 누굴 보내 데려올 생각 마십시오. 이 나라 사람이 모두 나서서 좇아도 그분은 다시 돌아오진 않습니다.'

그리고 위의 게송 말미에 다음과 같은 글이 더 첨가되어 있다.

스님께서 좌우를 돌아보시며 말씀하시되 지금도 세상에 달마조사가 있는가?'

석두 스스로 '있지' 말했다. 그럼 그 달마를 불러오라. 내 발을 씻게 해야겠네.

師顧視左右云 這裏 還有祖師麼 自云有 喚來與老僧洗脚

이 일구는 설두중현이 게송을 읊을 때, 필사자가 받아 적은 삽입어로 생각된다.

> **착어** 그렇다. 발은 고사하고 코라도 빨겠다.
>
> 청풍은 세상 어디에나 불고 있지 않은가
>
> '모르오'란 언구는 슬쩍 읽어라.
>
> 세상만사 보이는 것 보이지 않은 것
>
> 뭘 머뭇거리고 있지.
>
> 어디 하나라도 있다면 '아는 것'이다

2. 『벽암록』 제2칙 「조주지도무난」에 나타난 부지

이제 『벽암록』 제1칙에 이어 제2칙 「조주지도무난^{趙州至道無難}」에 나타난 '부지'를 살펴보자.

여기 아주 재미있는 선화가 있다. 조주가 대중들에게 말했다.

"지극한 도란 별로 어려운 것이 아니다. 다만 차별을 꺼릴 뿐이다. 그러나 조금이라도 말로 이상의 도리를 나타내려 하면 그것은 간택이다 명백이다 하는, 곧 상대다 절대다 하는 차별적 견해를 가지게 되므로, 노승은 그런 '절대의 경지明白裏'에도 사로잡혀 있지 않다. 그런데 너희는 그런 걸 소중히 여기지 않느냐?"

이때 문득 운수 하나가 "화상께선 이미 절대의 경지에도 사로잡혀 있지 않다 하셨습니다. 그런데 또 무얼 소중히 여긴단 말입니까?" 하고 물었다.

그러자 조주는 "나 역시 모르겠다不知"고 대꾸했다.

운수가 다시 물었다. "화상께서 모른다고 하실 정도면, 어째서 좀 전에 절대의 경지에 사로잡혀 있지 않다고 하셨습니까?"

이 질문에 조주는 이렇게 대답했다. "자넨 제법 이론을 좋아하는군. 그만 됐네. 이젠 절하고 물러가시게."

舉 趙州示衆云 至道無難 唯嫌揀擇 纔有語言 是揀擇是明白 老僧不在明白裏 是汝還護惜也無 時有僧問 既不在明白裏 護惜箇什麼 州云 我亦不知 僧云 和尙旣不知 爲什麼 却道不在明白裏 州云 問事卽得 禮 拜了退

—『벽암록』제2칙「조주지도무난」

조주가 시중한 '지극한 도는 어려울 것이 없다至道無難 / 오직 간택하는 마음을 꺼릴 뿐이다唯嫌揀擇'는 선의 삼조 승찬의『신심명』모두의 글귀다. 여기서 지도는 변하지 않는 영원한 도인 상도常道를 말한다. 노자『도덕경』제일장 첫머리에 '도를 도라 했을 때는 변하지 않는 도가 아니다道可道 非常道'를 일컫는다. 그리고 간택이란 말은 승찬이 정의한 상도의 의미다. 이것은 조주의 스승 남전보현이 말한 명구 '평상심시도平常心是道'는 바로 '지도무난至道無難'의 무난한 까닭을 설명한 것이라 판단된다. 이런 것을 더듬어 볼 때, '결국 도란 멀리 있지 않다'고 귀결된다.

세수할 때마다 만져지는 코,

잠 속에서 만져지는 코,

코는 코다.

다음 구절 간택이란 말은 양변의 견해인 애/증, 원/근, 대/소, 미/추, 남/북 과 같은 상대적 지식이나 차별적 견해에서 생겨나는 것을 이른다.

다음 '명백'은 『신심명』의 다음 글귀인 '다만 증애만 없으면 / 훤철하게 명백하리라但莫憎愛 洞然明白' 가운데 '통연명백'의 뜻. 곧 지극한 도, '모르오'의 절대적인 면을 표현한 말이 된다.

그럼 한 학인이 '화상께선 이미 절대의 경지明白裏에도 사로잡혀 있지 않다 하셨습니다. 그런데 또 무얼 소중히 여긴단 말입니까?' 하고 묻는다. 여기에 조주의 대답은 기상천외하다.

'나 역시 알지 못한다我亦不知.' 뜻밖에 대답이다. 천하의 선지식 조주가 '모른다' 한다. 따지지 말라. 우리는 이곳의 일을 단지 모른다. 이것이야말로 앞 제목에서 언급하였듯이 '모른다는 것이 최고 친절이다不知最親切'이며 '아무리 좋은 일이라도 일어나지 않는 것보다 못하다'는 선문의 경구가 언뜻 씹히고 있다. 이곳의 일을 말하면 대상을 보고 말할 뿐, 바로 그대로 그 자리는 아님이 분명하지 않은가. 우리는 이럴 때 걸리지 않고 빠져나갈 수 있는지 생각해 볼 일이다. 이와 같음을 알지 못하는 학인은 다시 묻는다. '화상께서 그게 무엇인지 모른다고 하실 정도면, 그럼 왜 좀 전에 절대의 경지에도 사로잡혀 있지 않다고 하셨습니까?' 이 대답에 그저 조주는 이렇게만 말했다. '자넨 꽤 많은 이론을 알고 있군. 됐네. 그만 절이나 하고 물러나시게.'

이어 설두 중현의 게송이 있다. 게송이라기보다 오늘날 산문시에 가깝다. 슬쩍 읽고 꼭 마쳐야 한다.

至道無難	지도는 무난하다 정녕 그렇다네
言端語端	늘 하는 말 그게 지도 아닌가
一有多種	지도가 하나인 줄 아나 수없다네
二無兩般	둘로 보이나 실은 천 개 만 개일세
天際日上月下	하늘에 해 뜨면 달은 지고
檻前山深水寒	뜰 앞의 산이 깊어 물은 차갑다네
髑髏識盡喜何立	해골물이 다했다 해도 어찌 기쁨 정지되리오
枯木龍吟銷未乾	고목에 용울음 같은 생명의 읊조림 들리는 걸
難難	얼마나 어려운가
揀擇明白君自看	지도라 하는 것을 그대 스스로 찾아내야 되지

— 설두현, 『선문염송』 권11, 413칙 「지도(至道)」

주해 :

앞 본칙에서 조주가 사용한 삼조 승찬의 『심심명信心銘』 모두의 글귀 '지도무난 유혐간택至道無難 唯嫌揀擇'을 그대로 게송에 사용하고 있다. 그리고 다음 '언단어단言端語端'을 직역하면 '말도 옳고 글도 옳다'이니 은근히 조주가 아는 척 인용하고 있는 말을 비꼬는 동시에 그 뚜렷함을 칭찬하는 선문 특유의 어법을 쓰고 있다. 어째서 바로 감탄하고 바로 힐난할 일이지 병 주고 약 주는 것은 무엇인가 하고 생각할 수 있지만 이것이야 말로 선적 수사인 선의 적기어법賊機語法인 동시에 선시의 적기수사법賊機修辭法이다. 뜻을 헤아리고자 하는 학인의 슬기를 빼앗아 당황하게 하여 근본적으로 알음알이(지식)를 해체시키고 있다. 곧 반상을 해체시키므로 더 빼어난 합도의 세계로 틈입시키고자 하는 선장들의 자비심의 발로로 나타난다. 이것은 학인들을 깨달음으로 들게 하려는 음흉한 선장들의 흉계다. 곧 적기수사법 중 선시의 반상합도反常合道의 문장이다. 앞의 본칙에 이어 조주가 한 말을 살펴보면 '겨우 말로 지도의 도리를 나타내려고 하면 간택(상대)이다, 명백(절대)이다 하는 차별의 구렁텅이로 빠져버린다纔有語言 是揀擇 是明白'고 한 말을 싸잡아 슬쩍 눙친다. 법문을 한 조주와 이것을 게송으로 읊은 설두의 솜씨를 아울려 『벽암록』으로 편집한 원오의 솜씨가 돋보이는 장면이다.

다음 '일유다종一有多種'은 명백한 입장에서는 '하나'이지만, 간택으로 살피면 천양각색이라는 의미이고, '이무양반二無兩般'이라 함은 명백과 간택, 즉 '절대와 상대가 둘이 아니지만 결국 둘이 얼싸안고 돌아간다'이니, 너로, 나로, 책상으로, 걸상으로, 책으로, 컴퓨터로 이와 같이 천차만별로 중첩되고 다양하게 드러나니, 바로 앞 구절 '일유다종'이라는 뜻이다. '이무양반二無兩般', 여기서 반般은 낱개인 개箇나 개個와 같은 뜻이다.

그것을 알고 싶으면 우리들 눈앞에 펼쳐지는 이 기막힌 자연의 이치를 보라.

天際日上月下	하늘에 해 뜨면 달은 지고
檻前山深水寒	뜰 앞의 산이 깊어 물은 차갑다네
髑髏識盡喜何立	해골물이 다했다 해도 어찌 기쁨 정지되리오

枯木龍吟銷未乾　　고목에 용울음 같은 생명의 읊조림 들리는 걸

위의 4구는 모두 지극한 도가 각양각색임을, 자연의 운행 중 한 단면으로 형상화한 시적 표현이다. 이 4구의 표현이야 말로 지도至道가 무난無難함을 드러낸다 할 것이다. 곧 '하늘가로 해가 뜨면 달은 지고, 뜰앞 산이 깊으면 자연 물은 찬' 것과 같이 '해골이 다했다 해도 어찌 기쁨이 끝날까, 고목이 죽어 있지만 비바람에 울음 울듯 그 삶(생명)은 아직 소멸되지 않고 있다'이니, 결국 선의 지도至道 입장에서 보면 '다즉일일즉다多即――即多'이며, '죽음 가운데 삶이 있고 삶 속에 죽음이 있다生即死 死即生'는 생사불이生死不二의 표현이다.

굳이 연을 나누어 보면 1행 지도무난에서 4행 이무양반까지 서론에 속한다면 위의 5행에서 8행까지는 본론이고 마지막 "난난 간택명백구자간難難 揀擇明白君自看" 두 행은 결론이다. '어렵고 어려운 것은 그대 스스로 간택이란 말과 명백이란 말을 살려내야 한다'이니 스스로 체험하고 수행하여 찾아내야 내 것이 된다고 각별히 부탁하고 있다. 결국 이것을 언어로는 부지不知 불식不識, 불회不會, '모른다'고 할 수밖에 없지 않은가.

> **착어**　아무리 좋은 일이라도 일어나지 않는
> 것만 못하단다. 그래,
> 모르오. 모른다는 것은
> 최고의 친절이란다.
>
> 안정에 침 뱉는 은코끼리,
> 은코끼리떼

3. 고칙에 나타난 부지

　여기 부지의 명확한 쓰임이 있다. 삼성이 말한 "선지식이 화두도 모르시는군요"의 '모름'이 문제다. 모름을 '안다/모른다' 할 때의 양변견적인 견해로서는 극에 달할 수가 애초부터 없다. 노회한 설봉은 늙어서 주지 노릇하기가 번거롭단다. 왜, '안다, 모른다'의 정확한 답을 내리지 않는가? 다시 우리는 『선문염송』 812칙을 살펴볼 수밖에 없다.

　　설봉이 어느 날, 원숭이를 보고 말하였다.

　　"저 원숭이가 제각기 한 조각의 옛 거울을 등지고 있다者彌猴 各各背一面古鏡."

　　이에 삼성 혜연이 얼른 물었다.

　　"여러 겁에 이름이 없었거늘 어째서 옛 거울이라 표현하십니까歷劫無名 何以彰爲古鏡?"

　　선사가 말했다.

　　"티가 생겼다瑕生也."

　　이에 삼성이 다시 말했다.

　　"1,500명의 선지식이 화두도 모르시는군요?"

　　선사가 말했다.

　　"늙은 중이 주지 노릇하기가 번거로워서老僧 住持事煩."

　　　　　　　　　　　　　　　　　　　　　　—『선문염송』 권20, 812칙 「미후(彌猴)」

　여기에서 삼성은 설봉이 말한 '원숭이가 고경古鏡을 지고 있다'는 말에 '오랫동안 어느 누구도 그것을 무어라 말한 적이 없는 데 어째서 스님께서는 고경이라고 말씀하십니까?' 하며 슬쩍 칼을 들이댄다. 그러나 설봉은 가볍게 '티가 생겼구나' 하고, 긍정도 부정도 하지 않는 말끝에 삼성이 바로 들이댄다. '1,500명이나 제자를 둔 선지식께서 어찌 이런 것도 모르십니까?' 날카롭고 의기양양한 반격에 또 슬쩍 가볍게 대답한다. 그 이유는 '노승이 주지 일을 보는 데 번거롭기 때문일세'.

자, 그럼 설봉의 속내는 무엇인가? 또 삼성이 바로 들이댄 '화두도 모른다'라고 되묻는 이 말의 '모른다'는 말의 속내는 무엇인가? 두고두고 살펴볼 일이다.

제37화

혜심의 선문염송

慧諶禪門拈頌

혜심眞覺慧諶(1178~1234)[1]이 지은 『선문염송집』은 1226년(고종13년) 그의 제자 진훈 등과 같이 선서와 공안집을 망라하고 제가의 어록과 전등을 체계 있게 정리한 선의 백과사전인 동시에 선시의 백과사전이다. 총 1125칙의 공안에 선사들의 염송으로 대별되는 징徵·염拈·대代·별別·송頌·가歌[2]를 연대별로 분류 수록한 방대한 30권의 『선문염송』 간행은 당시의 선시를 진작하고 발흥시키는 데 직접적인 영향을 주었다.

혜심의 선시집 『무의자시집』에는 다양한 시체의 작품 205수가 있고, 『진각국사어록』에도 200여 수가 수록되어 있다. 곧 혜심은 우리나라 최초의 선

---

1 진각 혜심眞覺慧諶(1178~1234)은 수선사를 창안하고 현 우리나라 조계종 종조로 추앙받는 고려 16국사의 초조인 보조 지눌普照知訥(1158~1210)의 의발을 받고 수선사 2세가 되어 선풍을 진작시켰다.

2 징徵은 '이 문제를 어떻게 생각하고 있는가?' 하는 논리적인 물음. 염拈은 남의 말을 들추어내어 사람들에게 보이는 형식이며, 대代는 남의 대답을 대신하는 것이니, 만약 대답이 막힐 경우 '나 같으면 이렇게 이르겠다'는 식이며, 별別은 대답한 말과 다르게 말하는 것이고, 혹은 누구는 이 문제에 대해 이렇게 말했지만, 나는 이렇게 말하겠다 하는 식. 송頌은 시로 읊는 게송이고, 가歌는 시詩가 운문인 데 비해 불규칙한 긴 노래의 형식을 말한다.

시작가로 한국 선시의 초조를 추앙을 받고 있다.

불교문화권에 누구나 넘볼 수 없는 선시의 백과사전이라 불리는『선문염송』을 온전히 읽기 위해서 해설 없이『선문염송집』서문과 제1칙과 마지막 공안인 제1463칙을 그대로 살펴보는 것이 중요하다. 흔히들 중국에는 산문집인『전등록』이 있고 이에 버금가는 스타일로 운문집인『선문염송집』이 있다고 말한다.『선문염송집』은 고칙인 공안과 염과 송으로 되어 있다. 너무나 방대한 이 책을 해제하여 모두 보여주기에는 많은 지면과 연구가 필요하므로, 궁여지책으로 저자는 진각 혜심의 서문과 제1칙「투솔래의兜率來儀」와 마지막 제1463칙「고목枯木」을 그대로 읽어보는 것으로『선문염송집』의 구조 및 둘레를 가름하기로 한다.『발가숭이 어록』역시 고려대장경 영인본 46권『선문염송집』을 근간으로 하여, 우리나라와 중국의 제 조사들의 어록이나 문집을 살펴보고 첨가하였음을 밝힌다.

1. 선문염송집 서문

세존과 가섭 이후에 대대로 이어받아 등불과 등불이 다함이 없이 차례차례 비밀히 전함으로 바른 전법을 삼으니, 바르게 전하고 비밀히 준 자리는 말로써 표현치 못할 바는 아니나, 말로는 미치지 못하는 바가 있기 때문에 비록 가리켜 보이는 일이 있어도 문자를 세우지 않고는 마음으로써 마음을 전할 뿐이었다.

그렇거늘 일을 좋아하는 이들이 그 행적을 억지로 기억하여 책에 실어서 지금까지 전하니, 그 거친 자취야 소중히 여길 바 아니나 흐름을 더듬어 근원을 찾고 끝에 의거하여 근본을 아는 것도 무방하리니, 근원을 얻은 이는 비록 만 갈래의 다른 말이라도 맞지 않는 일이 없고, 이를 얻지 못한 이는 비록 말을 떠나서 간직 한다 해도 미혹하지 않는 일이 없으리라.

그러므로 제방의 큰스님들이 문자를 무시하지 않고 자비를 베풀어 징徵하고 염 拈하고 대對하고 별別하고 송頌하고 가歌해서 깊은 이치를 드러내어 후대 사람에게 전해주셨으니 정안을 열고 현기玄機를 갖추어 삼계를 뒤덮고 사생四生[3]을 건져 주 고자 하는 이라면 이를 버리고써 무슨 방법이 있으랴.

하물며 이 나라는 선왕 때에 삼한三韓을 통합한 이래 선도禪道로써 국가의 복을 늘리고 지혜로운 논리로써 이웃 군사를 물리쳤으니, 선종의 이치를 깨닫고 도를 토론할 자료가 이보다 더 긴요한 것이 없으므로 종문宗門의 학자들이 목마를 때 마실 것을 기다리듯, 시장할 때 먹을 것을 생각하듯 하였다.

내가 학도들의 간곡한 청을 받고 선왕들의 본뜻을 생각하여 국가에 복을 더하 고 불법에 도움이 되게 하고자 문인 진훈眞訓 등을 데리고 옛이야기 천백스물다섯 대목과 여러 스님네의 염拈과 송頌 등 요긴한 말씀을 수록하여 30권으로 꾸며 『전 등록』과 짝이 되게 하니 바라는 바는 요풍堯風과 선풍禪風이 영원히 나부끼고 순일 舜日과 불일佛日이 항상 밝으며 바다는 편안하고 강은 맑으며 시대는 화평하고 철 새는 풍년들어 만물이 각각 제자리에 안정되고 집집이 모두 무위의 법을 즐기게 하려 함이니, 구구한 마음 이에 간절할 뿐이다.

다만 한스러운 일은 여러 대가들의 어록을 다 보지 못했으므로 빠진 바가 있을 까 염려함이니, 다하지 못한 부분은 후일의 현명하신 분에게 기대를 건다.

---

3 태胎 · 난卵 · 습濕 · 화化 로 인하여 생겨난 네 종류의 중생을 통칭하는 말이다.

정우[4] 14년(1227) 병술의 한겨울에 해동 조계산 수선사에서 무의자無衣子 는 쓰노라.

위의 서문에 의하면『선문염송집』의 편저자는 무의자, 곧 진각국사 혜심으로 나타난다. 혜심이 쓴 초조본의 서문만은 현존본의 서문에 그대로 쓰이고 있다. 이 서문에 의하면 혜심이 제자인 진훈 등을 데리고 1125칙의 선화를 수집하고, 이에 따른 염, 송, 대, 징 등을 함께 엮어 고려 고종 13년(1226년)에 펴낸다고 기술하고 있다.

현금에 전해지고 있는『선문염송집』가운데 최고의 판본으로는 고려대장경 보유에『선문염송집』이 있고, 이 책의 발본인 단속사 만종萬宗의 글에 의하면 이『선문염송집』은 초조본인 혜심의 판본이 몽고침입 당시 강화 천도시에 옮겨가지 못하여 소실된 후에, 혜심이 처음 펴낸 1125칙에다 조계노사가 347칙을 더하여 다시 조조한 제조본이 지금 유통본이다.

그 발문에 의하면 다음과 같다.

선국사先國師께서 문인 등으로 하여금 고화 1125칙과 염송 등의 말씀을 모으게 하여 30권으로 엮어 나무에 새겨 유명하게 하였다. (…중략…) 그 뒤 천도할 때, 옮기지 못하여 잃어버리고 말았다. 이제 조계노사曹溪老師께서 (…중략…) 전에 보지 못한 제방의 공안 347칙을 더하여 다시 새기고자 하였는데 (…중략…) 해장분사海藏分詞에 각수刻手를 모아 (…후략…)

---

4   정우貞祐는 고려 고종 때 중국의 연호이다. 정우 14년은 서기 1227년.

조계노사는 초조본에 347칙을 더한 제조본도 초조본과 같이 30권으로 편찬하였다. 그리고 지금까지 논의가 분분한 것은 제조본 편자로 나타나는 조계노사가 누구인가 하는 것이다. 혜심의 입적은 고종 21년(1234)이며 초조본은 완각은 고종 13년(1226)이며, 몽고침입으로 초조본이 소실된 뒤, 강화 천도를 고종 19년(1232)인 것을 보아 혜심 생존 시에 이미 초간본 각본이 없어졌다. 재조본은 고종 31년(1244)에서 고종 35년(1248)에 걸쳐 완성되었다. 왜 이렇게 동시대라 볼 수 있는, 혜심과 같이 호흡을 같이 하며 지내왔던 제자들이 살아 있을 때인데, 이름을 바로 밝히지 않고 단지 조계노사라고만 했는지 알 수 없다. 저자의 생각으로는 오매불망 모시던 스승의 함자를 함부로 바로 각인함이 온당치 못하므로, 조계노사로고만 씀이 당연하다고 여겼기 때문일 것이다.

『선문염송집』의 선화에다 칙명을 붙인 사람은 혜심의 제자 각운覺雲이며, 그가 지은『염송설화』를 살펴보면 염송의 고화古話에 칙명을 부치면서 칙마다 주석하고 있으며, 조계노사가 새로 엮은 선화와『염송설화』의 칙수가 같다는 것이, 혹 각운이 조계노사가 아닌가 하고 추측할 뿐이다. 또 하나는 혜심의 서문에 나타나듯이 '다하지 못한 부분은 뒷날의 현명한 사람에게 부탁한다'는 말과『선문염송』을 엮은 의도를 '종문의 배우는 이들이 목마를 때 마실 것을 기리고 시장할 때 먹을 것을 생각하는' 기갈을 채워주기 위해 '선종의 이치를 깨닫고 도를 토론하는 데 이보다 더 긴요한 자료가 없다'고 한 것으로 보아 염송집을 다시 펴내는 것이 종문의 일이며 또한 선풍의 진작으로 국태민안의 얼마나 간절한 염원인가를 알 수 있기 때문이다. 혜심 사후, 의발을 전수받아 수선사를 이끈, 수선사 3세 청진국사 몽여夢如, 또 초조본 당시 참여한 진훈眞訓, 발문을 적은 만종萬宗 등을 조계노사로 거론할 수 있지만, 저자의 소견으로는 이와 같은 대작 불사가 이미 혜심이 살아있을 때부터 재조되어졌다고 보아야 할 것이며, 또 초조본의 서문에 이어 재조본에 있음직한 재 서문이나 중간 발문이 없는 것으로 보아 혜심문도의 공동의 노고의 결실이라고 보아야 할 것이다. 이것은 선국사인 혜심이 편저한 초조본 1125칙에다 347칙을 더하면서 구분하지 않고 섞어 놓아서 분간할 수 없다는 것을 보아도 타당하다고 봄직하다.

2. 선문염송집 제1권

1) 제1칙 도솔천에서 내리다兜率來儀[5]

世尊 未離兜率 已降王宮 未出母胎 度人已畢

세존께서 도솔천[6]을 여의기 전에 이미 왕궁에 태어나셨으며 어머님의 태에서 나오시 기전에 이미 사람들을 다 제도 하셨다.

착어　천삼라지만상,天森羅地萬象

당초 무슨 공간과 시간?

5　『화엄경』「이세간품」에 있는 말씀을 요약했다. 시간과 공간은 언제부터 생겼는가?
6　도솔천兜率天은 욕계慾界의 중앙 하늘로서 지족知足이라 번역되며, 부처님들은 거의 이 하늘에 계시다가 이 세상으로 태어난다고 한다. 산스크리트어로는 tusita-deva의 음역.

혀도 댈 수 없다. 이건 본래

소식이니

그럼 어떻게 읽어야 되는가

생각이 생각을 보태는 구나.

① 게송偈頌

未離兜率境	도솔천을 여의기 전에
已降父王宮	이미 부왕의 궁전에 강탄하셨고
雖度衆生畢	중생을 다 제도하셨어도
猶巨母腹中	아직도 어머니 배 속에 계신다 하나
良由非妙用	참으로 묘한 재주가 아니라
亦不是神通	또 신통도 아니니
勿自立規矩	공연히 법도를 세우지 말고
承言須會宗	말 가운데 모름지기 宗旨 만나라

— 곤산원

大象本無形	큰 형상은 본래부터 형체가 없어
至虛包萬有	지극히 빈곳에 만물을 포함하네
末後已大過	꼴찌가 그대로 앞장을 섰고
面南看北斗	남쪽으로 얼굴 돌려 북두칠성을 보네
龍宮兜率 度生出胎	왕궁과 도솔천과 중생제도와 태로 남이

始終一貫 初無去來　　시종일관하여 당초부터 거래가 없으니

掃蹤滅迹除根蔕　　자취를 쓸어 없애고 뿌리를 뽑아버려야

花裡蓮花處處開　　불 속의 연꽃이 곳곳에 피어나리

— 원오 극근

利刃有蜜不須舐　　비수 끝에 발린 꿀을 핥지 말고

蟲毒之家水莫嘗　　비상 파는 집에서 물맛을 보지 마라

不舐不嘗俱不犯　　핥지 않고 맛보지 않아 모두 범치 않으면

端然衣錦自還鄉　　단연 비단옷 입고 고향에 돌아가리

— 대혜 종고

是非海裡行身入　　시비의 소용돌이에 몸을 던지고

豺虎群衆自在行　　호랑이떼 속에서 자유롭게 다닌다

莫把是非來辨我　　나에게 시비를 가리라 하지 말라

平生穿鑿不相關　　평생의 천착과 관계가 없노라

— 죽암규

② 염拈

이렇게 말한 것도 벌써 평지에서 사람을 구덩이에 빠뜨렸는데, 그 다음에 다시 녹야원으로부터 학림에서 열반에 드시기까지 49년 동안 얼기설기 그 물음을 펴니, 넝쿨에서 다시 넝쿨이 돋았도다.

天衣懷 上堂 舉此話云 恁麼說話 早是平地陷人 其此鹿苑 終乎鶴樹 於其中間四

十九年⁷ 張羅布網 枝蔓上 更生枝蔓

— 천의회가 상당하여 이 일을 들고 말하다

법륜이 이 지경에 이르러서는 입이 있어도 쓸모가 없구나. 여러분들 잘 아시겠는가? 만일 잘 알 수 있다면 노화상들의 콧구멍이 몽땅 그대들의 손아귀에 있겠지만 만일 모른다면 피를 토하며 울어도 소용없으니 입을 다물고 남은 봄을 보내는 것만 못하다.

法輪 到這裡 有口無用處 爾等諸人 還相悉麼 若相委悉 天下老和尚鼻孔 摠在爾手裡 若 也不會 啼得血流無用處 不如緘口過殘春

— 취암열이 상당하여 이 일을 들다.

"여러분 말해보라. 석가노자는 49년 동안 무엇을 하려 했던가? 소상히 변론해 보라. 말할 이가 있는가? 그러기에 말하기를 '부처님들이 세상에 나타나셔도 20방을 때리고, 달마가 서쪽에서 와도 20방을 때리는 것이 좋겠다'고 하였다. 다시 20방이 있으니, 꼼짝 말라. 움쭉하면 그대의 허리를 쳐서 꺾을 게다." 그리고 일할을 하였다.

海印信 上堂 擧此話云 諸仁者 且道 釋迦老子 四十九年 當爲何事 請試明辨看 還有麼 所以道 諸佛出世 好與二十棒 達摩西來 好與二十棒 更有二十棒 切忌動看 動着則打折爾 腰喝 一喝⁸

— 해인신이 상당하여 이 일을 들다.

---

7 49년은 석가께서 녹야원에서 열반지인 학림 사리쌍수에 이르기까지 설법한 기간을 말한다.
8 봉棒과 갈喝은 한자음으로는 '봉'과 '갈'로 나나 일반적으로 선문에서는 '방'과 '할'로 발음한다. 방은 방망이로 한 대 때린다는 뜻이지만, 곧 학인의 분별지를 빼앗는 곧 적기賊機를 하기 위한 선장들의 방편지도법이다. 할은 '약' 하고 소리를 질러 언어의 자취를 떨어버리고 슬기를 빼앗는 적기 선장들의 염농법拈弄法이다.

"여러분! 도솔천을 여의기 전에 벌서 왕궁에 강탄하신 일은 있을 수 있다 하자. 그렇다면 말해 보라. 어머니 태에서 나오기 전에 어떻게 사람을 다 제도하겠는 가? 만일 이 속에서 살림살이를 꾸려 나간다면 한번 보고서 능히 삼구 밖으로 초월하여, 갈대꽃은 다만 달 밝은 데 있다 하겠거니와 만일 그렇지 못하다면 가죽을 얻건 골수를 얻건 무슨 소용 있으랴? 조계의 길과는 8천리를 어긋나리라" 하고 선상을 쳤다.

諸仁者 未離兜率 已降王宮 卽不無 且道 未出母胎 如何度人 若向這裡 構得去 可謂一見 能 超三句[9]外 蘆花只在月明中 若也未然 得皮得髓[10]將安用 蹉過曹溪路八千 擊禪床

— 승천회가 상당하여 이 얘기를 들다.

도솔천을 여의가 전에 이미 왕궁에 강탄하셨다 하니 석가노자가 그 속에서 마치 귀를 가리고 방울을 훔치려는 꼴이구나. 어머니의 배에서 나오기 전에 벌써 사람들을 다 제도하였다 하니, 설사 그렇다 하더라도 성품이 조급하여 단번에 끊는 이가 아니거든, 하물며 두루 일곱 걸음을 걷고 눈으로 사방을 둘러볼 필요가 있겠는가? 어디로 갈 것인가? 조상 때부터 이렇게 곤두박질을 했으니 자손들이 오늘 어찌하랴. 번성한 후손을 얻어 따로 청규를 세우고자 하면 '공'에서 뛰어나고 '유'로 들어가 변화 끝없는 곳에 한마디 일러 보라

未離兜率 已降王宮 釋迦老子 向者裡 掩耳偸鈴 未出母胎 度人耳畢 直饒伊麽 也未是 性燥勤 絶底漢 何況更有周行七步 目顧四方 向什麽處去也 祖父當時 旣已和

---

9 삼구三句는 참선하는 데 긴요한 부분을 세 구절로 묶은 것을 말한다. 곧 제1구는 '있음有', 제2구는 '없음無', 제3구는 '중도中'이다.

10 달마대사가 그의 제자 3인에게 깨달음을 점검하고, 골骨, 육肉, 수髓라고 인가함이 『전법보기』에 처음 기록되었는데, 『조당집』, 『전등록』에는 피皮가 첨가되어 기록되어 있다.

身放倒 兒孫 今日 又且如何 欲得昌隆後嗣 別現淸規 試向出空入有 變化無方處 下
一轉語

— 장영탁이 상당하여 이 얘기를 들다.

"황면노자는 끝내 한 조각의 판자를 메고, 한쪽만 보았으므로 후대 자손들로 하
여금 전력을 다해 허우적거려도 일어나지 못하게 하였도다."

松源 上堂 擧此話云 黃面老子[11] 末上 擔一片板 只見一邊 致令後代兒孫 盡力撐
— 송원이 상당하여 이 얘기를 들다

2) 제1463칙 마른나무枯木

옛날에 어떤 노파가 한 암주를 공양하기 20년 동안, 항상 딸에게 밥을 보내 시봉
을 했다. 어느 날, 딸로 하여금 꽉 껴안고 묻기를 "이럴 때 어떠하십니까?" 하게 했
더니, 암주가 말하되 "마른 나무가 찬 바위에 기대었으니, 삼동에 기운이 없네"라
하였다.

딸이 돌아와 노파에게 말하니 "내가 20년 동안 겨우 속한을 공양했구나!" 하고
는 일어나서 암자를 불살라 버렸다.

昔有婆子 供養一庵主 經二十年 常令女子 送飯給侍 一日 令女子抱定云 正伊麼
如何 庵 主云 枯木 倚寒嵓 三冬無暖氣 女子歸去似婆 我二十年 只供養得箇俗漢 遂
發起燒却庵

---

11 황면노자黃面老子는 황금 얼굴의 늙은 선생님, 곧 석가를 가르킨다.

① 게송偈頌

撿盡三千條貫	삼천 조항의 법규를 다 뒤져도
更無情罪可斷	정과 죄를 판단할 길 없네
除非法外凌遲12	비법 외에 능지를 제외하고는
不用差官定驗	관리를 보내어 조사하지 않는다

— 개암붕

② 염拈

"이 공안을 총림에서 제창하는 이가 없다. 걸 상좌가 얼굴의 가죽을 찢어 일그러뜨리고 한바탕의 허물을 드러내어 제방의 점검을 바란다" 하고 대중들을 부르며 말했다. "그 노파의 안방이 깊고 멀어서 물 샐 틈 없더니 마른 나무에 꽃이 피고, 싸늘한 바위틈에 불꽃이 솟았다. 그 중은 외로운 몸 훨훨 날려 예사로이 넓은 파도에 들어가서 하늘을 치솟는 물결을 천천히 억눌렀으나 마침내 몸에는 한 방울의 물도 묻지 않았다. 자세히 점검해 보건대 항쇄를 부수고 족쇄를 깨뜨린 일은 곧 두 사람에게 없지 않거니와 불법에 관해서는 꿈에도 보지 못했다. 오거鳥트의 이런 이끌음의 뜻이 어디에 있는가?' 양구했다가 말했다. "한줌의 버들가지를 거둘 수 없어서 바람과 함께 옥난간에 달아 두노라."

密庵傑 擧此話云 這箇公案 叢林中 少有拈提者 傑上座 裂破面皮 不免納敗一上
也要 堤防撿點 乃召大衆云 這婆子 洞房深遠 水泄不通 便向枯木上糝花 寒嵓中發

焰 箇僧孤身 逈逈 慣入洪波 等閑坐斷潑天潮 到底身無涓滴水 子細點檢將來 敲枷
打鎖 卽不無二人 若 是佛法 未夢見在 烏巨伊麼提持 意歸何處 良久云 一把柳條 收
不得 和風搭在玉欄干

— 밀암걸이 이 이야기를 듣고 말했다

3. 『선문염송집』을 생각하며

미루어 생각해보면 『선문염송집』은 시대 사정으로 보아 참으로 이루어
질 수 없는 것이 이루어졌다. 이것은 불력의 가피나 인간의 순수한 지극정
성이 모아진 하나의 결정체다. 결국 염송집은 우리가 찾고자 하는 '이것'의
본향의 진경이라 생각한다. 선은 중국과 인도의 두 대륙이 온갖 정신문화,
즉 인도에서 태동된 근본불교의 삼학인 계戒·정定·혜慧가 중국의 노장사
상과 혹은 유교적 사유[13]와 회통융섭回通融攝되는 격의格義시대를 거쳐 반상
합도反常合道에 의해 탄생된 것이 선종禪宗이라 저자는 생각한다.

---

13 일반적으로 인도에서 성립된 불교가 중국으로 전파될 때 중국 고유의 노장사상이 격의格義되어서
선종이 탄생되었다고 한다. 하지만 저자의 생각으로는 당나라의 문인들이 흥성하여 성당이나 만
당의 많은 사상가 및 문인, 거유들을 배출하고 이어 송 양대에 중국 역사상 많은 별 같은 분들이 수
를 놓는다. 이백, 두보, 왕유, 백거이, 이하, 송나라 시인 소식, 구양수, 왕안석, 황산곡, 백거이 등은
선취시나 혹은 스스로의 오도송을 남기기도 하였다. 이들이 중국 사회에 끼친 영향은 노장사상만
으로는 찾기 어렵다. 사회에 깊숙이 들어가 대중을 선도하고 동사섭하는 선종의 은일한 면과 실속
적이고 생활화한 면은 중국 민족 고유의 유가적인 삶과도 융화한 것으로 보인다. 이것은 선종의 유
명한 수선修禪 트랙인 『십우도十牛圖』에도 잘 나타난다. 「심우송尋牛頌」의 마지막 10번째인 '입전수
수立塵垂手'에서는 불가적이며 유가적인 중국 고유의 현실적인 민족성이 느껴지기 때문이다.

앞 혜심의 서문에 의하면 편찬하는 의도를 몇 가지로 요약된다.

첫째, 세존과 가섭 이후로 이어 온 전등이 불립문자라 하여도, 말과 글을 더듬으므로 본원을 알 수 있을 것이고, 본원을 알게 되면 만 가지 별다름이 있어도 미망에 빠지지 않는다 하였고 이 고칙과 선장들의 염과 송을 지침으로 삼아야 된다고 보았다.

둘째, 국가의 복을 빌고 불법에 도움 있기를 바라는 마음으로 이 책을 편저하게 됨을 밝혔다.

셋째, 유교와 불교가 공존하는 편안한 사회가 되며, 집집마다 함이 없음을 즐기기를 기원한다. 혜심의 중생제도와 법력의 사회 환원, 특히 많은 사대부와 교류되어 시를 논하고 시로 화답하는 화평한 문화의 창달에 영향을 주었다. 그의 선시 창작은 고려 후기 충지·경한·나옹·태고로 이어졌고 이런 선시의 맥이 조선의 함허·보우·청허·소요·백곡을 위시하여 조선 말 경허·용성·한영·만해·경봉·성철·서옹·설악 등에 의해 오늘날 현대시에까지 영향을 주고 있다.

『선문염송집』의 간행은 실로 후대의 우리나라 시의 격을 높이는 데 크게 이바지했다. 대 부분 혜심 이전의 향가나 불교문학이 기복의식을 바탕에 둔 계몽 및 교화문학이었는 데 반하여 혜심의 선시로부터 명상적이고 깊은 통찰력에 의한 창작시가 지어졌으며, 특히 혜심은 선사상, 혹은 화엄사상을 시화함으로 우리나라 시 전반에 품격을 높였다. 종래의 시에 나타났던 자연의 경외나 주술의 대상이나 찬탄의 대상을 벗어나, 주객일여主客一如의 새로 운 경지를 보였다. 그리고 그가 지은 「죽존자전」, 「빙도자전」은 희귀한 고려 가전문학인 고소설사에 귀중한 작품이며 그의 시적 품격은 고려의 후대 문사들에게도 영향이 미쳤음을 이승휴나 이색 등의 시를 통하여 알 수 있다.

제38화

혜심의 그대 알고 말해도 대답 없네

慧諶知君語不應

1. 진각 혜심의 시

스승 보조가 정혜쌍수의 간화선을 주창하며 선리를 세우고, 그 선맥을 이은 혜심은 스승의 선사상을 실천적인 면에서 사회화하고 있음을 『무의자시집』과 『진각국사어록』을 통해서 읽을 수 있다. 그 중 한 예로 "비단 같은 마음을 이백이나 두보도 시화하기 어렵고錦心李杜詩難好 / 신필 왕희지나 오도그려낼 수 없네神筆王吳畵不成"라고 했으니 이미 선이 무르녹아 시로 화답한다. 이것은 선의 진수를 시로 표현함이 가장 적합한 방법이어서 예부터 시선일여詩禪一如라 하였다. 그리고 그의 법문 역시 시로 시중하였고, 어록에 실려 있는 상당법어도 시로 시작하여 마지막에 시로 마무리하는 양식이 거의 대부분이다. 『무의자시집』 상·하권에 실린 시들 역시 선시라 볼 수 없을 만큼 승속과 범성을 구별하기 어려울 정도로 무르녹아 있다.

그만큼 혜심은 스승 보조의 선사상을 시화하는 데 성공하고 있다. 『진각국사어록』을 살펴보면 상당·시인·시중·하화 등의 계기에 시로 설법을 대신하고 있다. 현재 혜심의 시는 어록에 200여 수, 『무의자시집』에 205수가 전한다. 이를 분류할 것 같으면 고시古詩·율시律詩·절구絶句·사詞·층시層詩·회문시回文詩·찬讚·게송偈頌 등 다양한 시체로 되었다.

이 글에서는 저자는 편의상 선리시禪理詩·선취시禪趣詩와 특이한 층시層詩·회문시回文詩·사詞를 소개할까 한다.

1) 선리시

① 그림자를 보다가

池邊獨自坐	못가에 홀로 앉았다가
池低偶逢僧	우연히 못 밑에 있는 중을 만나네
黙黙笑相視	잠자코 웃으며 서로 바라보다가
知君語不應	그대 알고 말해도 대답이 없네

적기賊機되어 방하착放下着된 세계다. 4행은 어느 누구도 대답할 리 없다. 입을 열면 바로 틀린다.

혜심의 오도송이다.

② 황매선화를 보임示 黃梅話

雨過春山如潑黛	비 지나간 봄 산은 눈썹 그린 것 같고
露登曉日似燒金	안개 오르는 아침 해 금을 녹인 것 같네
疎簾捲起酣淸賞	성긴 발을 걷고 일어나 한참 감상하는데
怪羽飛來送好音	이상한 새 한 마리 날아와 고운 소리 보내네

이 게송은 '한 학인이 육조 혜능에게 물었다. "황매(오조 홍인)의 법을 누가 받았습니까?" 하는 질문에 육조가 이르기를 "불법을 아는 사람이 얻었다" 하니 "스님은 그것을 얻었습니까?" "나는 얻지 못했다" "스님께서는 왜 얻지 못했습니까?" 육조가 이르기를 "나는 불법을 알지 못하기 때문이다"(『선문염송』 112칙 「황매」)'라는 선화에 대한 게송이다.

『선문염송』에 있는 게송 한 수를 읽어도 긴요함이 없다. 선장들은 '다리 아래를 보라' 한다.

그 옛날 황매가 이 뜻을 전하니
불법 아는 이가 갈대같이 많았네
기린과 용의 두각이 모두 허사되니
노총각은 그들과 비슷치 못했네

— 불인원

앞 게송을 풀면 '옛날 황매 오조 문하에는 늘 500명 대중이 모여 공부를 하였는데. 이들 모두 불법을 이해했고 오직 혜능 한 사람만 불법을 몰랐다'. 곧 인식과 이해로 이를 수 없음을 말한다. 그럼 무엇을 불법이라 하는가? 같은 고칙을 푸는 데 있어서 불인원은 이렇게 게송을 붙이고 혜심은 본문의 게송으로 표전表詮하고 있다. 불인의 게송이 선리적이라면 혜심의 게송은 바로 불인원의 4행의 "노혜능은 이해에 닿은 이와 비슷치 못하네" 하는 그 당처를 문학적, 그리고 사회통념적인 선시로 읊고 있다. 이것이 오조와 육조가 전심한 당처다.

③ 화엄론을 강하던 차에消華嚴論此

普光明殿是吾家[1]	보명광전 그대로 나의 집이요
三法一源初睡起[2]	삼법이 한 근원에서 첫잠 깨다
百十由旬一念收[3]	백십유순 한 생각에 거둬들이니
世間時劫都爲爾[4]	세간의 시간이야 모두 헛된 것

④ 상당법어

최상국이 재를 열고 상당을 청하다. 스승께서

지팡이를 들어 일렀다. 신령스런 칼날과 보배로운 칼이 항상 앞에 드러나 있어 죽일 수도 있는 작용이 신령스럽고 한이 없다. 청천의 밝은 해가 땅에 떨어진다. 살아나니 마른 거북과 죽은 뱀이 하늘로 날아오른다. 단지 죽이지도 살리지도 않을 때 무엇이 될까?

---

1   보명광전普明光殿은 부처님이 화엄경을 설하던 궁전을 말한다.
2   삼법일원三法一源은 마음心·부처佛·중생이 모두 하나의 근원임을 말한다.
3   백십유순百十由旬에서 유순은 거리의 단위이다. 예 천유순千由旬.
4   도위이都爲爾에서 도위는 헛된 일이고 이는 뿐임.

하고는 지팡이를 내리면서, 전쟁이 없어야 나라가 태평하다.

　崔相國設齋請上堂 師拈柱杖云

　靈峰寶劍 常現露前 能殺能活 神用無邊 有時殺 皎日靑空殞落地 有時活 枯龜死
蛇飛上天 只如不殺不活時 作麼生

　靠却柱杖云 干戈不作 朝野太平

　3연으로 연을 구분하고 나니 충분히 현대의 산문시다. 도를 깨쳐주기 위
한 법어가 우리는 현대의 한 편의 산문시와 다르지 않다. 어록은 문자로 형
성된 문어, 즉 시어가 아닌 구어의 기록이다. 이 어록이 만들어진 것도 대중
과 가까이 융화하기 위한 선사들의 법어를 사회화하기 위한 현상으로 나타
난 것이다. 따라서 선사들, 선시를 읊은 선장들 역시 처음부터 문학한다는
생각이 없었다고 볼 수 있다. 그런데 선사들의 법어나 착어, 염, 수시, 게송
에 문인들의 문학의 범주보다 더 심심미묘한 문학성이 보인다면 문학이 무
엇인가? 하고 생각지 않을 수 없다.

　저자의 선시론(『선, 언어로 읽다』, 소명출판, 2010)에서 밝혔듯이 서양의 평론
이란 장르의 논리로는 아무래도 밝혀지지 않는다. 선禪의 적기어법賊機語法
에 의해 만들어진 적기수사賊機修辭는 소위 서양의 표현법에 의한 어떤 수사
로도 풀리지 않고 있다.

　특히 혜심의 게송이나 법어에 나타나는 선시들은 사회에 섞여도 속화되
지 않고 잘 융화하고 있다. 이것은 혜심의 저작인 『진각국사어록』이나 『무
의자시집』의 시문을 읽어봐도 잘 나타난다.

2) 선취시

① 親見

呼兒響落松蘿霧   '시자야' 소리 송라안개 속 울려퍼지고

煮茗香傳石徑風   차 달이는 향기 바람따라 돌길을 내리네

才人白雲山下路   흰 구름 드리운 산 아랫길 접어들었을 뿐

已參庵內老師翁   이미 암자 안의 노스님을 뵈었네

② 芭蕉 1

心抽綠蠟蜀無烟   불꽃 없는 푸른 촛대 중심으로 뻗고

葉展藍衫袖欲舞   입은 쪽빛 적삼에 펼친 춤추는 소매

此是詩人醉眼看   시인의 취한 눈에 이렇게 비쳤으나

不如還我芭蕉樹   내 파초를 그대로 돌려둠만 못해라

芭蕉 2

綠羅兩邊千絲骨   양 볼에 펼친 비단결 같은 천 올의 뼈

碧玉中心一羽梁   푸른 옥으로 된 중심은 한 깃의 기둥

獵獵輕柔弄風日   가볍게 하늘하늘 바람을 놀릴 때는

求凰翠鳳尾初張   암봉새 찾는 숫봉이 꼬리를 펼치는 듯

③ 晩晴

點開山色看無厭   점점이 열린 산빛 보아도 싫지 않고

洗出鶯聲聽更新	씻은 듯 꾀꼬리 소리 새로이 들리네
多謝晚霖一時霽	일시에 개인 늦장마 정말 고마워라
著此滋味慰閑人	분명한 이 재미 한가한 사람 위로하네

④ 昔春

蝶兒呬去花屑赤	나비는 꽃 입술 문 채 발갛게 날아가고
燕友迎來柳眼靑	푸른 버들눈은 제비를 따라왔나
芳菲軟暖春家事	엷은 꽃향기 부드럽고 따스함, 봄 집안 일이네
箏似松筠冷淡形	소나무 대나무의 싸늘함은 마치 싸우는 같아

'모르오不識'의 당처에서 앉은 이는 자연과 인생사를 노래하지만, 자연과 인생사과 도나 토끼뿔과 다르지 않으니 일반적으로 선취시와 시인들의 순수한 자연시와 나누어지지 않는 경우가 많다. 선취시는 오직 같은 대상을 노래하더라도 선적인 깨달음 위에 언어가 있고 그들이 중생들에게 보여주는 간절노파심절에 있다. 그 미학은 자연으로 단순單純, 청량淸凉, 명징明澄으로 그 맛이 난다.

2. 시모양의 다양성

선에서는 고정된 정상성을 벗어나려 한다. 이것이 선의 세계를 그리고자 하는 선시와 오늘날 실험적 현대시를 쓰는 시인들 모두 '무형식이 형식'이라는 파격적인 형식의 특성을 갖는 원인이다. 곧 끊임없이 변화하는 세계를 상투적인 관념과 정상화된 언어로 파악해서는 본질에 닿을 수 없기 때문이다.

혜심의 어록이나 그의 시집에서도 나타나는 무형식이 형식이라 자유로움이 서슴없이 펼쳐지고 있다. 선사들의 법어에는 산문이나 운문이 자유로이 쓰이며, 선시에 있어서도 한시의 형식과 한시의 형식에서 벗어남을 개의치 않고, 창작에도 구애됨이 없이 자유롭게 노래한다. 이것은 문학적인 미학에 있기보다 중생을 제도하기 위한 근본 목적성에 뜻을 두기 때문이다. 그렇지만 혜심을 위시한 선사들의 법어, 어느 것 하나 문학적이지 않은 것이 없다. 절구나 율시가 거의 주를 이루는 것이 한시의 현상이다.

즉 혜심의 선은 이론적으로나 좌선으로 입정만 한 것이 아니라, 당시 사회에 널리 응용되어 승속을 망라하여 문학의 깊이와 넓이를 개시했다. 『무의자시집』에 보이는 회문시로는 「숙팔령사동재宿八嶺寺東齋」, 「차이경상운次李敬尙韻」, 「사시유감四時有感」 3수가 보이고 층시로는 「차금성경사록종일지10운次錦城慶司祿從一至10韻」이 있다. 그리고 사詞로는 「경누자更漏子」, 「어부사漁夫詞」를 찾을 수 있다.

① 층시層詩
사람 사람
업 따라 몸 받네
고락 과보 선악의 인연
간사망녕 쫓지 말고 늘 참되어라
부귀는 쌀겨껍질이고 仁과 義 갑옷과 투구라

현리참구 진리증득은 저절로 골격 바뀌고 정신 맑아져

몸은 불 바람 흙 물 아니고 마음 또한 생각따라 변하는 먼지 아니네

沒縫塔에 밤 없이 밝히는 등불이며 無根樹에 피는 꽃 사시에 항시 봄이로다5)

흰달 바람을 값이여 누구의 병 누구의 즐거움인가 구름모임 청산이 어찌 舊와

新 있으랴

한길 四方 通함은 성현의 자취이고 천 수레 같은 바퀴이기에 옛날이나 이제나

똑같이 전진하네

人人

隨業 受身

苦樂果 善惡因

不循邪妄 常行正眞

粃糠兮富貴 甲胄分義仁

沆須參玄得眞 自然換骨精神

體不是火風地水 心亦非緣慮垢塵

沒縫塔中燈燃不夜 無根樹上花發恒春5

風磨白月兮誰病誰樂 雲合靑山也何舊何新

一道通方爲聖賢之所履 千車共轍故古今而同進

— 차금성경사록종일지차운

일종의 형태시다. 층시란 시구가 늘어남에 따라 층계식의 형태에 의해 만

들어지는 한시의 한 종류다. 위의 시 역시 우리나라에 처음 나타나는 층시다.

---

5 몰봉탑沒縫塔, 무근수無根樹는 거북털, 토끼뿔과 같이 유와 무의 상대적인 있음과 없음이 아니라 당
   초부터 없음을 말함. 어디 거북털이 있는 것을 보았나 당초부터 없지.

② 돌려 읽는 시回文詩

木衰秋慘日	나뭇잎 지고 가을 서글픈 날
蟬窘夕悲風	매미도 궁색해 저녁바람 슬퍼진다
獨也孤松鶴	쓸쓸해라 외로운 소나무 학은
榮辱奚汝同	영욕을 어찌 너와 같이 하랴 하네

徹寒淸入骨	쨍한 추위 뼈에 맑게 스미고
更深坐兀兀	깊은 밤 올올이 앉았네
絕界心如何	경계를 끊은 마음 어떠한가
潔愈雪中月	눈 속의 달보다 더 깨끗하네

— 사시유감회문 일부

이 회문시는 『무의자시집』에 있는 「사시유감회문四時有感回文」이라는 시 중 가을, 겨울을 옮긴 것이다. 곧 사시四時, 춘하추동春夏秋冬의 계절적 특징을 읊으면서 수행자들을 깨우치고 있다. 순順과 역逆으로 읽어도 모두 무난히 읽을 수 있다. 그 외 회문시로 앞에 언급한 두 수가 더 있다.

그럼 역으로 읽어보자.

同汝奚辱榮	너와 함께 어째 영욕을 같이 하랴
鶴松孤也獨	학과 소나무와 외롭고 쓸쓸해라
風悲夕窘蟬	바람도 슬프다 석양에 궁색한 매미
日慘秋衰木	서글픈 가을 나뭇잎 지고

月中雪愈潔	달빛 속 눈은 더 깨끗도 하지
何如心界絶	어찌 마음 경계 끊을까
兀兀坐深更	올올이 앉아 깊어만 가는 밤
骨入淸寒澈	뼈에 스미는 추위 쨍하여라

③ 사詞

秋風急 秋霜苦	가을바람 급하고 가을서리 괴롭더니
歲月看看向暮	세월은 볼수록 저물이지네
群木落 四山黃	뭇 나뭇잎 지고 사면의 산 누르러도
松篁獨蒼蒼	솔과 대는 홀로 푸릇푸릇

人間世 能幾歲	인간세상 몇 살이나 살까
忽忽光陰電逝	소홀하던 시간 번개처럼 지나네
須猛省 細思量	깊이 반성하고 세밀히 생각하소
無奈一夢場	한바탕 꿈이랴 어찌 하려나

— 경누자更漏子

가을철 인생을 되돌아보고 반성한다. 자수율이 지켜지고 있다. 앞 연은
서정의 정조를 띠며, 가을나무 잎의 시듦과 소나무와 대나무의 늘 푸름을 대
비하고 있다. 후연은 번개처럼 지나가는 인생사를 반성하며 한낱 인생사가
꿈이 이 되지 않기를 강조한다.

3. 선시인 혜심을 생각하며

한국 최초의 선시인인 혜심은 이론이나 수선修禪에만 힘쓴 것이 아니라, 깊은 종교적 체험을 원용하게 사회에 환원하고 있다. 어록이나 시문에 의하면 당대의 많은 문사나 유학자들과 교유를 하고 있다. 마치 선종이 당나라 문화계의 깊이와 넓이를 열듯이, 혜심 역시 선을 실천화하여 사회에 통용시키며, 고려사회에 엄청난 영향을 주었다. 특히 당대의 권력자 최우와의 친분, 그리고 그의 두 아들 만종과 만전의 혜심문하 입실 등으로 미루어 볼 때, 당시의 사회상은 유교와 불교가 둘이 아니라는, 유불공존사회인 것으로 생각된다.

특히 혜심과 같은 고매한 인격과 탁 트인 견해는 고려사회에 많은 영향을 주었을 뿐 아니라, 선사상과 유학이 함께 어울리는 새로운 정신과 문화를 이룩하는 데 핵심적 역할을 했다. 혜심은 스스로 유지불儒之佛[6]이라 칭하면서 유교와 도교가 모두 불교를 종으로 하여 이룩되었다고 말하며 선종을 본으로 포섭하고자 했다. 수선사에 당대의 많은 유학자를 모여들게 하였다. 따라서 선은 널리 사회에 보급됨과 동시에 이러한 선적 사유와 표현법이 문학에 지대한 영향을 끼친 것은 당연하다 할 것이다. 오늘날까지 세계정신문화의 근저를 이루는 선의 동력 역할을 하고 있는 선시의 백과사전이 이때 간행되었다는 것은, 700여 년 전의 사정을 미루어 볼 때, 『선문염송』의 편찬은 하나의 기적이라 할 것이다. 그리고 유불선儒佛仙의 근본을 설파한 것은 조

---

6 혜심, 『진각국사어록』 「서장」 '답참정최홍윤'의 모두의 글. "나는 옛날 공의 문하에 있었고 공은 지금 우리 시중寺中에 들어왔으니, 공은 불교의 유생佛之儒이요 나는 유교의 불자儒之佛입니다."

선시대에 들어오면서 함허 득통, 허응 보우, 청허 휴정의 유불일치론으로 맥락을 잇고 있음도 깊이 생각해 볼 일이다.

이제 선시를 돌이켜 생각하면, 현금 한국의 문학에 있어 선문학만큼 작가가 뚜렷하며 계통이 분명한 문학사는 없다. 그 중요성이 어쩐 일인지 학계나 시단에 인식되지 않고 있다. 종교란 범주로 보고, 문학의 범주에서 소외되어진 선시는 협의로는 종교시라 할 수 있다.

선시를 제외한 불교가요 불교소설 불교설화는 일부의 학자들에 의해 소개되었다. 그러나 선문의 글들 중 오늘날 문학 범주, 곧 운문시에 해당하는 게송들은 선시라는 명칭으로 간혹 번역되고 발표되었으나, 국문학사상 시의 한 장르로 자리잡지 못하고 있다. 특히 어록으로 불리는 법어, 이 법어에서 보여주고 있는 시중, 수시, 착어, 선화 등의 모든 기표들이 문학적이지 않은 것이 없고 특히 모든 법어에는 오늘날 선시라 불리는 게송들이 산문과 섞어 있다. 이중에서도 선사들의 선시는 오늘날 현대적인 안목으로 보아도 손색이 없는 깊고 넓은 삶의 이면, 근본 이치를 보이고 있다.

물론 선은 원래 그냥 있는 것이다. 본래 넓게 보았을 때 명상이다. 이 명상을 오늘날 선으로 적극 발전시킨 단체가 불교이며, 또 흐름이 불교 속에서 오랜 세월의 맥락을 이어왔을 뿐이다. 또 본래 명상시에서 다시 선이라는 특수화되며 선을 완성하기 위한 목적을 드러내기 위한 선시는 종교적 목적 아래 성장되어 온 것이 사실이다. 그러나 깨침의 목적 아래 형성되어 왔다 하나, 그 표현법은 오늘날 서구의 장르로 가르면 게송은 운문시고 염은 산문시라 볼 수 있고 법어 역시 시와 산문이 혼합된 문학의 한 장르라 볼 수 있다. 사실 진각 혜심 이래 고려 말을 거쳐 조선 초·중기와 근래에 이르기까지 수

많은 선시작가와 **빼**어난 선시들이 작시되었고, 이것은 우리 민족정신사에
유교와 더불어 양대 흐름이라 할 것이다. 선시의 그 정신적 맥락과 수사법
들이 오늘날 시인들에게도 계승되고 있다. 이러할진대 선시작가들은 들추
어내고 이 작품들을 우리나라 시문학의 자산으로 널리 아우름으로써 한국
의 문학의 질과 양적으로 확대 발전시켜야 된다고 저자는 본다.

제39화

위앙종의 종조, 위산과 앙산

위산 영우潙山靈祐(771~853)는 백장의 큰 제자이다. 중국적인 선을 창출한 육조 혜능의 돈오사상이 마조 도일에 이르러 융성해지고, 또 회해의 백장청규百丈淸規에 의해 선원제도가 확립됨에 따라 수백 수천을 헤아리는 운수납자들이 한 분의 큰 스승 회상에 모여 여법하게 수행하는 새로운 가풍이 전국 방방곡곡에 확산된다. 이 총림叢林제도를 최초로 형성한 선문이 영우와 그의 제자 혜적이다. 이들을 종조로 하는 문파가 위앙종이며, 위앙종이 선종 5가 7종 가운데 가장 먼저 꽃을 피우게 된다. 위앙종이란 말은 위산 영우와 제자 앙산 혜적仰山慧寂(807~883)의 첫 자를 따서 만들어진 종파란 뜻이다. 위산과 앙산 두 스승은 백장에 의해 제창된 백장청규에 입각하여 총림을 잘 개설하고 운용하여, 위산은 1,500여 대중을 거느렸고, 앙산은 천여 대중을 제접하여 당시의 고승들 가운데 가장 먼저 두드러진 문파를 이룬다. 그러나 위앙종은 5대에 150년 경과 후 송나라에 이르러 선문이 끊긴다.

爺兒夏裏不虛過	부자가 한여름을 헛 보내지 않고서
刺得一雙沒底靴	바닥없는 신 한 켤레 삼아 놓았네
直至于今無著處	오늘에 이르도록 쓸모가 없어서
大家赤足唱田歌	온 식구 맨발로 밭노래를 부르네

— 열재 거사, 『선문염송』 제9권 367칙 「소무(所務)」

1. 위앙종의 가풍

앞 장에서 우리나라 조선 큰스님 서산 휴정이 위앙종 가풍을 "스승과 그 제자가 부르면 서로 화답하고, 아비와 그 아들이 한 집에서 살고 있네師資唱和 父子一家"라고 노래하듯이 임제의 할이나, 덕산의 방, 격렬한 행위 없이 가풍은 화목하고 매우 심오 면밀하다. 더 나아가 깊고 완숙함을 보인다. 다음의 선화 역시 위산과 그의 제자 앙산이 주고받는 선문답 자체가 오묘하여 가히 서산대사의 '사자창화 부자일가'란 말씀과 '사구백비四句百非를 한 망치로 부수었네'라는 게송을 그대로 받아들이게 한다. 위앙종은 모두 5대에 거쳐 역사상 존속하지만, 그 면밀하고 심오한 정신은 일체의 수선납자들에게 정신적 자산으로 오늘날까지 전승되고 있다. 이런 스승의 자비 곡진한 가르침은 귓가에 도란도란, 잔잔한 법열을 주고도 남음이 있다.

모두의 선시는 다음 선화의 본뜻을 영회시키기 위한 선문존속의 게송이다. 어느 해 앙산이 하안거를 마치고 스승 위산을 방문하였다. 그때 스승이 앙산에게 물었다.

"자네를 여름 내내 보지 못했는데, 무슨 일 때문인가?"

"예, 그간 땅 한 뙈기를 갈아 조 한 바구니를 뿌렸습니다開得一片田 種得一籮粟."

"그래, 그렇다면 자네는 올 여름을 헛 보내지 않았구먼子今夏 亦不空過!"

이번엔 앙산이 스승에게 여름을 어떻게 보냈는지 물었다.

스승이 대답했다.

"낮에는 밥 한 그릇, 새벽엔 죽 한 그릇 먹었네師曰 晝日一飯 早辰一粥."

"그럼, 스님께서도 올 여름을 헛되이 보내지는 않으셨습니다和尙今夏 亦不空過."

하고 물러서며 앙산이 혀를 빼어 물거늘, 스승이 말했다.

"자네는 어째서 자신이 칼을 들고 스스로의 목숨을 끊어버리는가子何得自持自刃 斷其命根?"

이에 앙산이 소매를 흔들며 나갔다.

— 선문염송』 제9권 367칙 「소무(所務)」

위의 선화에서 스승 위산이 '여름 내내 보이지 않았는데, 무엇하고 지냈는가?'라고 앙산에게 물었을 때 앙산은 '예, 부지런히 공부하고 부처가 될 종자를 심고 있었습니다' 하고 대답한다. 그러고는 '스승께서 여름 내내 어떻게 지내셨는지요?'라고 묻는다. '난, 특별한 일을 하며 지내지는 않았지' 그저 '낮엔 밥을 먹고 밤에 잠을 잤을 뿐이네' 정도의 대답이다. '그럼 스님께서도 여름을 헛되이 보내지는 않으셨군요!' 하며 자신도 모르게 대답을 한다. 이러고 보니 앙산은 자신의 말이 스승을 비꼬는 투가 된 것을 느끼고 죄송스럽고 겸연쩍어서 혀를 날름 내밀게 된다. 이것을 본 위산은 제자가 일상적인 일에 얽매어 당황하고 있음을 알고 호되게 나무란다. '자신의 정당한 행위에 어쩌자고 그 따위 유치한 짓거리를 하지!'

　매우 선과 부합되는 당당한 행위임에도 불구하고, 제자가 세속적인 공리주의를 벗어나지 못한 겸연쩍어 하는 짓거리가 스승 위산은 싫었기 때문일 것이다. 앙산은 관습의 때를 떨어내지 못한 순간적 행위를 하였고, 지극히 세속적이어서 자신이 선문의 수좌임을 망각한 행위를 하였기 때문일 것이다. 이어서 위의 공안의 뜻을 발현하기 위해 들어 보인 『선문염송』367칙에 기록된 불안 청원의 염을 가름하고 모두의 열재 거사의 게송을 살펴보자.

佛眼遠上堂 擧此話云	불안원이 상당하여 이 이야기를 들다
大衆 潙山父子 尋常相見	여러분 위산부자가 보통 만나서
遊戲神通 不同少少	신통을 부림이 예전과 다르다
還有知得底麼 若無 山僧	안 사람이 있는가? 없다면 산승이
與諸人說看	여러분에게 설파하리라
開一片田	"한 뙈기밭을 일구니,
密密綿綿	밀밀히 후손에게 전하고
兩頓粥飯	두 때의 죽과 밥을 먹으니,
其道自辨	길이 절로 보이네
山僧 一夏 與諸人相見	산승이 여름 내내 여러분을 만나니
自是諸人 不薦	여러분은 스스로 몰랐을 뿐
若或薦成一片	만일 알아서 한 조각을 이루었다면
是什麼一片	어떤 것이 한 조각인가?"

看取當門箭　　　　　문 앞에 닥치는 화살을 잘 보시오

— 불안원

위의 염拈은 불안佛眼淸遠이 앞의 선화에 대하여 노래한 선시다. 불안은 오조 법연의 고족삼불高足三佛이라는 칭호를 받는 고승이다. 삼불은 불과 극근, 불감 혜근, 불안 청원을 말한다. 대중에게 시중한 이 염은 모두의 열재 거사가 노래한 뜻과 대동소이하다. 곧 '아는 이는 자각할 필요가 없고, 자각하지 못하는 이는 모르는 사람이다'. 우리는 이렇게 살아갈 뿐이다. 이것이 "대중아, 위산의 부자가 평소에 만나서 신통을 부리는 것이 예전과 다르다"이다. 또 '자각하지 못하는 이는 모르는 사람들이기 때문에' 문자의 표현 그대로 '한 뙈기의 밭을 일구어, 밀밀히 후손들에게 전해진다'고 읽히고, '아는 이는 자각할 필요가 없으니' 바로 "두 때의 죽과 밥을 먹으니 도가 저절로 이루어진다"로 풀이된다. 그럼 안다는 것은 무엇을 말함인가? 이 찰나 우리의 시간과 공간을 초월하여 전시간 전공간으로 들이 닥치는 "문 앞에 닥치는 화살을 잘 보시오看取當門箭"라고 불안원은 다시 한번 되묻는다.

보이는가? 그래도 보이지 않을 때는 역시 보이지 않을 때이다.

이럴 때 무엇이 같고 무엇이 다를 때인가?

모두의 열재 거사의 게송에서 1행과 2행은 '위산과 앙산 부자는 여름 내내 헛 보내지 않고 / 바닥없는 신 한 켤레를 삼아 놓았다'고 한 '바닥없는 신沒底靴'은 자성본원의 형상화다. 곧 스승과 제자는 여름 동안, 앙산은 부지런히 참선하여 자성을 호지護持했고, 위산은 '함이 없는 행위無爲之行'로 자성을 호지하였으니 "바닥없는 신 한 켤레를 삼아 놓았네刺得一雙沒底靴"라고 노래할 수 있다. 그러나 이 '한 쌍의 바닥없는 신발一雙沒底靴'은 '아는 이는 이미 자각할 필요가 없고, 자각하는 이는 모르는 사람이니까' 3행과 4행에서 "오늘에 이르도록 쓸모가 없어서 / 온 식구가 맨발로 밭 노래를 부른다"로 시적 표현이 가능해진다.

눈에 보이지도 않고 인식할 수 없는 이것은 지극히 쓸모가 없어서, 아무 것도 당초부터 모르는 것, 마지막 연과 같이 열재 거사 노래하듯이 오직 "온 식구 맨발로 밭 노래를 부르네大家赤足唱田歌" 할 수밖에 없지 않은가. 달리 생각하지 말라. 그냥 아무런 일 없이 살아간다. 이것이 중요하다.

이것은 『열반경』에 "있음과 없음은 있는 것도 아니고 없는 것도 아니니 이 있음과 없음이 융화되는 까닭에 또 있고 또한 없는 것이다有無 非有非無 有無 合故 亦有亦無"이나 『반야심경』에 "물질적 현상과 본질은 그 자체가 다르지 않고 본질의 순수함은 모든 구체화된 현상과 다르지 않으니, 물질적 현상과 본질의 순수함이 바로 같으며 본질의 순수함 이것의 활성화가 바로 물질적 현상으로 구체화된 것이다色不異空 空不異色 色卽是空 空卽是色"와 같은 의미로 풀이된다.

다음의 선화 역시 사자창화師資唱和하고 부자일가父子一家를 이루는 위앙종의 가풍을 잘 반영하는 공안이다. 스승 위산은 참스승이었고 제자 앙산 역시 인내를 갖고 완전한 깨달음을 터득하려는 수선납자였다. 어느 날 앙산이 차밭에서 차 잎을 따고 있을 때 위산이 다음과 같이 말한다.

"우리는 온종일 차 잎을 따도 자네의 소리만 들었지, 자네의 형체는 보지 못했네. 어디 근본 형체를 좀 보여 주게나終日摘茶 只聞子聲 不見子形 請現本形相見!"
그러자 앙산이 차나무를 한 번 흔들었다. 이에 위산이 말했다.
"자네는 단지 작용을 깨달았지 본체는 아직 깨닫지 못하였네子只得其用 不得其體."

"그렇다면 스님께서는 어떻게 하시겠습니까?"

앙산의 이 질문에 위산이 良久[1]를 하였다. 이러자 앙산이 다시 입을 열었다.

"스님께서는 오직 본체만 깨달으시고 작용은 깨달았다 할 수 없습니다和尚 只得
其體 不得其用."

스승이 말했다.

"자네에게 30방을 면해주겠네放子三什棒."

— 『선문염송』 10권 371칙 「적다(摘茶)」

이 선화에 대해 후대에 많은 선객들이 나름대로 공안을 드러내기 위해 애
쓴 많은 염송이 있다. 몇 수 음미하며 저 선의 세계로 성큼 다가가 보자.

①

摘茶體用幾人傳	차를 따는 체와 용을 몇 사람이 전했나?
一撼茶株一黙然	하나는 나무를 흔들고 하나는 그냥 있네
三十山藤放未放	서른 방망이를 때리려 해도 때릴 수 없어
竟將黃葉作金錢	마침내는 단풍잎을 돈이라 속이네

— 숭숭공

②

| 春暖相呼出翠微 | 봄날 따사로워 풀밭으로 몰려나가 |
| 時行時坐幾忘歸 | 앉았다 걸었다 하기에 돌아갈 길 잊었네 |

---

1   양구良久는 잠시 침묵을 지키는 것으로 선장이 수선납자를 제접하는 한 방편이다.

| 黃昏一陣東風雨 | 황혼되자 한바탕 소나기가 쏟아져 |
| 未免渾身透濕衣 | 살갗이 비치도록 함빡 젖고 말았네 |

— 보녕용

③

潙山仰山	위산과 앙산은 아비는 아비로서
父父子子	아들은 아들로서 도리를 다했다.
叢林盡道	총림에선 모두 말하기를
各得一橛	제각기 한 말뚝을 얻었다지만
殊不知	전혀 알지 못하네
天空白雲曉	하늘은 백운과 날이 새고
水和明月秋	물은 달빛에 섞여 가을이 됨을

— 천동각

라고 천동각이 대중에게 들어 보이다.

우리는 지금까지 진리의 당체를 선장들마다 사용하는 독특한 표현을 만나왔다. 가령 육조는 이것을 자성自性이라 하였고, 마조의 즉심즉불卽心卽佛 혹은 평상심시도平常心是道나 임제의 무위진인無位眞人, 무의도인無依道人 그리고 선시에 등장하는 진리를 형상화한 석인石人, 철우鐵牛, 무영수無影樹, 니우泥牛 등과 또 앞 열재 거사의 게송에서 나타난 '바닥없는 신발沒底靴' 등 이 모든 표현은 진리에 대한 표현일 따름이다. 그 외 본래면목, 진면목, 진아와 같은 추상어이든, 아니면 앞의 선화「소무」에서와 같이 본체本體라고 하든 간에 내적 자아는 보이지 않으므로 직접 나타낼 수 없기는 마찬가지다.

그래서 위의 선화에서 앙산은 나무를 흔들어 그것의 작용을 통하여 내적 자아를 나타내려고 하였다. 그러나 대부분의 선사들은 오히려 양구침묵하거나 갑자기 퇴행退行하는 방법으로써 내적 자아를 나타내기도 하였다. 위의 선화「적다摘茶」를 살펴보면 앙산이 선도리상禪道理上 잘못을 저지르지는 않았다. 그러나 그가 스승 위산에게 대용은 깨닫지 못하고 본체만 깨달았다고 말하는 것은 스승의 양구를 짐짓 비꼬므로 바로 전에 스승에게 당한 부분을 되돌려 주려는 의도로 읽힌다. 이러할 때 앙산의 잘못은 어디에도 없다. 바로 체용體用 문제에서 앙산은 용과 체를 둘로 떨어트려 보는 중생들의 안목에서 완전히 벗어났기 때문이다. 원래 작용은 본체에 내재하며, 작용 없는 본체란 결코 없고 본체 없는 작용은 본래 있을 수 없기 때문이다. 진공묘유眞空妙有는 바로 대기대용大機大用이며 체용불이體用不二이기 때문이다. 그런 까닭으로 위산은 앙산에게 스승에 대한 무례로 30방을 맞아야 한다고 생각한 바를 기꺼이 면제하여 준 것이다.

①이나 ②의 게송 모두 이러한 이치를 깨우쳐주기 위해 노파심을 보이고 있다. ①의 게송은 깨달음의 자리를 단도직입으로 읊고 있으며, ②의 게송은 부드럽고 완만하게 우회하고 있다.

숭숭공의 ①게송은 1행과 2행에서 '차를 따는 건 본체의 활용이니 나무를 흔드므로 작용으로 본체를 보였으나, 스승은 짐짓 다시 작용이라 말하고 / 제자는 스승에게 스님은 본체를 어떻게 보일 수 있느냐는 질문에 양구로 대답하니, 그건 본체일 뿐 작용은 아니지 않습니까?' 하며 스승과 제자는 짐짓 이항대립적인 견해만 보여준 것이라 말한다. 이렇게 되니 피차일반이어서 누가 누구를 경책할 부분이 없다. 따라서 3행과 4행에서 "서른 방망이를 때리려 해도 때릴 수 없어 / 마침내는 단풍잎을 돈이라 속이네"라는 시적 표현이 가능해진다. 서로가 황엽黃葉을 어린 아이한테 돈이라고 속이듯이 속이고자 하지만, 속여지지 않는다고 풀이된다.

②의 보녕용 게송은 '위산 앙산 두 부자는 봄날 차밭에 나가 봄기운에 취하여 차도 따고 봄도 따며 앉기도 하고 걷기도 하며 본래 자리로 돌아갈 줄 모름'을 1행과 2행에서 읊고 있다. 이것은 체와 용이 순간순간 자연스럽게 넘나드므로 이 신통조화에 도취되어 자신도 모르는 사이 잠시 본원처로 돌아가기를 잊고 있지나 않는지 하는 가벼운 걱정을 노래한다. 3행과 4행에서 "황혼되자 한바탕 소나기가 쏟아져 / 살갗이 비치도록 함빡 젖고 말았네"는 역시 돌아가나 돌아가지 않으나, 무슨 문제가 있음이 아니라 바로 이곳에도 황혼이 오고 햇빛 넘치는 세계도 있으며 소나기도 쏟아지고 햇살도 쏟아지니, 일체가 본래 그대로임을 읊고 있다.

③의 선시는 천동 정각의 염이다. '위산과 앙산 부자는 제각기 나름대로 도리를 밝히고 있다. 모든 눈 밝은 납자들이 두 부자가 깨달음에 돈입頓入되었다지만, 결국 하늘은 흰 구름과 같이 밝아오고 / 물은 밝은 달에 어울려 가을이 됨을 아는 것' 이외의 것이 아니니, 결코 이것을 벗어나지 못하리라고 우리들에게 들어 보이며 절대현재의 이 순간, 이 찰나의 세계로 밀어 넣고 있다.

2. 앙산의 인가

위없는 바른 깨달음으로 안내하고자 애쓰던 스승 위산은 마침내 시절인
연이 익어 앙산을 인가하게 된다. 어느 날 앙산에게 다음과 같이 물었다.

　　"『열반경』40권 가운데 얼마만큼이 부처님 말씀이고, 얼마만큼이 마귀의 말인
지 알겠나?"
　　앙산이 말했다.
　　"모두가 마귀의 말입니다."
　　"뒷날 누구도 자네를 어쩌지 못할 걸세."
　　潙山 問仰山云 涅槃經四十卷 多少佛說 多少魔說 仰山答云 總是魔說 師云 已後
無人奈子何

至理無明超物外	지극한 진리는 이름 없고 세간도 초월했네
豈將文字亂稱呼	어찌 문자로 어지러이 칭할까 보냐
仰山眼正應難得	앙산의 안목 바름은 얻기 어렵겠지만
點檢須知在半塗	점검해 보아도 아직 도중에 있다네

　　　　　　　　　　　　　　　　— 해인신,『선문염송』10권 373칙「열반(涅槃)」

우리의 직관에 의해 보여지는 세계는 단순하고 명쾌하다. 사실 이것을 언
어문자를 통하여 전달하기란 쉽지 않다. 언어와 문자는 제1의를 다시 한번
되새겨 정리하여 보여주기 때문일 것이다. 활발발活潑潑한 이 순간의 이미지

를 한 겹 되새기고 논리적으로 정리함으로써 생기는 문제점. 우리가 본 모든 사물이 보여주는 1차적 심상의 세계가 2차적인 정리 이해의 세계로 변화하는 데서 오는 착오는 말할 수 없을 정도로 크다. 언어문자의 한계는 우리를 영원히 눈 뜬 장님으로 만들 뿐 아니라 영원히 언어문자의 테두리 안에 가두고 만다. 누구나 언어와 개념의 세계에 복잡다단한 굴레에 빠져들면 그 한계 안에 거주할 수밖에 없다는 것을 알면 우리는 우리에게서 한층 자유로워질 것이다.

이러한 문제는 선과 시에도 똑 같이 유효한 부분이다.

해인신의 게송, 3연과 4연은 지독한 역설이며 아이러니다. "점검해 보아도 아직 도중에 있다네點檢須知在半塗"이니, 그렇다. 점검해보지 않아도 그는 그냥 그대로 그곳에 있다. 뭐가 달리 말할 것이 있으면 말해 보시라.

3. 앙산의 잡화포

그 후 혜적은 앙산으로 옮겨 주석하여 일천여 명의 대중이 운집하였다. 앙산이 방장이 된 후 행한 설법을 보면 위산에서 이어지는 불법의 정수를 보는 것 같다. 이 법문은 위앙종의 종지를 그대로 드러내고 있다.

여러분은 내 말을 기억하지 말고 오직 회광반고回光返顧에 힘쓰라. 그대들은 무시이래로 밝음을 등지고 어둠을 쫓아다녔음을 알라. 망상이 그대들 안에 뿌리 깊으니 갑자기 뽑아내기가 어렵다. 그러므로 거짓으로 방편을 시설하여 여러분들의 거친 의식을 뽑아버리려 한다. 이는 마치 황엽으로 우는 아기를 달래는 것과 같다. 어찌 옳겠느냐마는 이것은 마치 여러 종류의 고객을 마중하기 위하여 일용잡화에서 금은보석에 이르기까지 각종의 상품으로 상점을 차린 상인들과도 같다. 내가 말하기를 석두는 진금을 파는 가게眞金舖이고, 나는 잡화를 파는 가게雜貨舖다. 누가 와서 쥐똥을 찾으면 쥐똥을 팔고, 순금을 찾으면 순금을 팔 것이다. 그러나 장사란 수요에 달려있다. 따라서 수요가 없으면 장사는 할 수 없다. 내가 만일 선의 요체만 말한다면 나는 외톨이가 되고, 오백 칠백의 대중은커녕 한 사람의 동료도 얻기 어려울 것이다. 반면 내가 이것저것 들추어 말한다면 떼 지어 몰려와 한 마디라도 빠뜨리지 않으려고 귀 기울일 것이다. 이는 빈주먹으로 아이들을 속이는 것 같아 도무지 진실함이 없는 속임수에 불과하다. 이제 분명히 여러분에게 말한다. 거룩한 일에 마음을 돌리지 말고, 차라리 그대들 마음을 직접 자성에 돌려 여실히 자신을 닦으라. 삼명三明과 육통六通을 구하지 말라. 그것은 모두 우연히 얻는 성성聖性에 불과하다. 오직 지금에 마음을 알고 근본을 통달하기 바란다. 그 뿌리에 이르면 지엽말단 때문에 걱정할 필요가 없어진다. 머지않아 이러한 지엽적인 재능과 능력이 그대들 안에 이미 갖추어져 있음을 알 것이다. 만일 근본을 얻지 못하면, 어떠한 연구와 학습으로도 그런 재능과 능력을 얻을 수 없을 것이다. 위산 스님께서 말씀하시기를 범성凡聖의 감정이 다하여 본체의 참되고 항상함이 드러나면 현실과 이치가 둘이 아니어서 여여한 부처라 하셨다.

—『경덕전등록』 권11 「앙산적」, 보련각, 1982, 4~5쪽

4. 앙산의 입적

이제 위앙종의 이조 앙산 혜적의 장을 마치고자한다.

임종에 앞서 몇 분 스님이 모시고 서 있을 때 앙산은 게송으로 제자들에 말씀했다.

一二二三子	제자들아
平目復仰視	반듯한 눈으로 다시 쳐들고 살펴라
兩口一無舌	두 입에 한 개의 혀 없는 것이
卽時吾宗旨	바로 나의 종지이다

정오가 되자 법좌에 올라 대중에게 하직하면서 다시 열반게송을 읊었다.

年滿七十七	나이 일흔일곱이 되도록
老去是今日	늙노라니 오늘에 이르렀네
任性自浮沉	성품 따라 오르락 내리락 하노니
兩手攀屈膝	두 손으로 굽은 무릎을 잡아보네

— 『위앙록』「앙산혜적선사어록」/ 사가어록(四家語錄), 장경각, 107쪽

77세에 입적에 드니, 무릎을 껴안고 열반에 들었다. 상족으로는 남탑 광용, 서탑 광묵, 무착 문희 등이 있다.

제40화

임제종의 선장들

臨濟宗 禪丈

임제종의 조사 의현臨濟義玄(?~866)은 앞장에서 다루었듯이, 육조와 남악 그리고 마조를 이어 백장, 황벽을 잇는 임제종의 종조이다. 선문은 오가 칠종五家 七宗이라 통칭되며, 이 선문 중 조동종과 임제종은 종문이 현금까지 융숭하여 쌍벽을 이루고 있다. 특히 온 천하를 덮은 임제종은 불세출 선장들이 우후죽순처럼 솟아났고, 그들이 뱉어낸 선문답은 풀리지 않는 암호가 되어 오늘날 수선납자들을 깨달음으로 안내하는 화두가 되었다. 이 장에서는 우리나라 조계종의 종풍을 형성하는 데 기여한 조사들의 기봉을 살펴보기로 한다. 홍화, 수산, 석상 등의 제 조사의 공안과 그에 따른 선시 읽고, 임제종 양기의 문손인 석옥과 평산의 법을 이은 조계종의 법맥도 살펴보기로 한다.

임제종의 양기파와 황룡파의 선맥을 더듬으면 아래와 같다.

석가모니 ····· 보리달마(28대) ····· 육조혜능(33대) ····· 임제의현 ┬ 삼성혜연
                                                           └ 홍화존장 ─ 남원혜옹 ─ 풍혈연소 ─

수산성념 ─ 분양선소 ─ 석상초원 ┬ 양기방회(양기파) ····· 급암종신 ┬ 석옥청공 ─ 태고보우(57대)
                              └ 황룡혜남(황룡파)   └ 평산처림 ─ 나옹혜근(57대)

1. 삼성 혜연

沿流不止問如下	흐름 따라 그치지 않는 도리를 묻는다면
眞照無邊說似他	참된 비침이 끝없음과 같다고 말하리
離相離名如不稟	형상과 이름 떠나 본래 성품 없으니
吹毛用了急須磨	취모검을 쓰고는 급히 갈아두어라

— 임제현, 『경덕전등록』 권12 「임제현」, 보련각, 1982, 25쪽

위의 게송은 임제가 그의 수제자 삼성 혜연에게 준 전법게다. 『전등록』 「임제의현장」 말미에 실려 있다. 이 게송은 임제의 입적 직전에 마지막으로 펼쳐 보이는 선문답에 대한 답시로 임제가 삼성에게 내린 게송으로 저자는 제시한다.

저자가 공부할 때 주눅이 들었던 선화와 공안을 옮겨 읽어보자.

임제가 세상을 뜰 때에 삼성이 원주로 있었다. 선사가 상당하여 말했다.

"내가 떠난 뒤에 나의 정법안장正法眼藏이 멸망되지 않게 하라."

삼성이 말했다.

"어찌 감히 화상의 정법안장을 멸망케 하겠습니까?"

이어 선사가 말했다.

"갑자기 누군가가 물으면 너는 무엇이라 대답하겠는가?"

삼성이 '할'하였다.

이에 선사가 말했다.

"나의 정법안장이 저 눈먼 당나귀에게 멸망될 줄을 누가 알았으리오."

臨濟遷時 三聖爲院主 師上堂云 吾去世後 不得滅却吾正法眼藏 聖云 爭取滅却和

尙正法眼藏 師云 忽有人 問 你作麼生道 聖便喝 師云 誰知吾正法眼藏 向者瞎驢邊

滅却

—『선문염송』권16, 635칙 「정법(正法)」, 불서보급서, 1979

이 선화를 펼쳐보면 몇 가지 의문을 내포하고 있다.

첫째 "갑자기 누군가가 물으면 너는 무엇이라 대답하겠는가?" 하는 문제
이다. 곧 임제가 묻는 '누군가有人가 물으면'에서 '누군가'를 깊이 사량해 볼
일이다. 여기서 유인은 임제인 동시에 나이고 너이며, 씨나락 까먹는 귀신
임이 분명하다. 머뭇거리지 말라. 반드시 이렇게 알면 그만이다.

둘째는 삼성의 '할'이다. 일찍이 임제가 말한 4할[1]을 새겨 보는 것이 중요
하다. 즉 누군가 있어 '할'하고, 지나가는 바람이 '할'하고 하늘이 '할'하고 땅
이 '할'을 한다. 이렇게 막 지껄여도 되는가? 스스로 물어봄이 옳다. 위의 임
제가 삼성에게 법을 인가한 전법게에서도 크게 긍정하였는데, 임종 직전에
수제자인 삼성을 긍정하지 않고 "나의 정법안장이 저 눈먼 당나귀에게 멸망
될 줄을 누가 알았으리오".

선에서 선사들이 쓰는 최상승 방편 법문인 적기법문賊機法門이다. 우리의
관념과 앎의 뿌리를 사정없이 탈각脫却시키는 것이 적기다. 선시에 나타나
는 적기수사법賊機修辭法이다. 현대 수사법으로는 지독함보다 더 지독한 아

---

1 임제는 '할'을 네 가지로 분류하였다. 한번은 그가 학인에게 다음과 같이 설명했다. "때로는 일할一
喝이 금강왕의 보검 같고, 때로는 일할이 땅에 웅크리고 있는 사자와 같고, 때로는 일할이 풀을 제
치는 막대기와 같고, 때로는 일할이 할로써 사용되지 않습니다. 그대는 어떻게 생각 하느냐? 승려
가 무엇이라 말하려 하니 임제가 곧 '할' 하였다."(서옹연의, 『임제록臨濟錄』, 임제선원, 1974)

이러니다. 사람의 머리에 시퍼런 비수를 들이대어 뇌를 도려내는 수법, 선 가에서는 귀신도 모르고 하늘도 모르게 훔쳐가는 도적을 보고 유인(有人)이 있 어 고개 끄덕 끄덕 점두(點頭)한다고 하니 대략 이렇다.

그럼 임제의 후손, 황룡파 파조인 황룡 혜남의 선시 한 수 읽어보자.

圓寂將歸叙別時　　열반에 들고자 이별을 고할 때
叮嚀法眼好任持　　정법안장 잘 지니라 당부하였네
喝下不開泥水路　　할 소리에 진흙 길이 열리지 않으니
瞎驢從此小人騎　　눈먼 나귀, 이로부터 타는 이 없네

— 황룡남

착어　그럼 이러면 어떤가. 눈 뜬 청맹이 눈
　　　먼 나귀를 타니, 일할에
　　　눈이 감기고 荊棘의 대문이 열린다.

2. 흥화 존장

임제에겐 선종사에 드러난 전법제자가 4명이 있으니, 삼성 혜연, 위부 대 각, 관계 지한, 흥화 존장이다. 수제자 삼성은 바로 유명한 『임제록』의 집필 자며 임제 임종 선화에서도 보이지만 다음 사서에서 기록이 보이지 않고 그의 법은 시자인 흥화 존장興化存奬(?~924)과 그의 제자들에 의해 임제종의 법맥이 이어진다.

존장의 깨달음에 관해 『전등록』에는 아래와 같이 기록되어 있다.

존장이 원주로 있었는데, 어느 날 대각 사형이 물었다.

"내가 항상 듣기를 자네가 남쪽으로 한 바퀴 행각을 했었는데 주장자 끝에 불법을 아는 사람 하나도 만나지 못했다 하니, 무슨 이치로 그런 말을 했는가?"

존장이 바로 '할'을 하니 대각이 때렸다. 존장이 다시 '할'을 했다.

다음 날 존장이 법당 앞을 지나는데 대각이 불러 말했다.

"원주, 나는 어제 그대의 '할'을 지금도 풀지 못하고 있네. 나에게 말을 좀 해주게院主 我直下疑汝昨日行底喝 與我說來."

존장이 말했다.

"제가 평생 동안 삼성 사형에게 배운 것을 몽땅 스님에게 빼앗겼습니다. 바라건대 저에게 안락한 법문을 일러 주십시오存奬平生於 三聖處學得底 盡被和尙折倒了也 願與存奬箇安樂法門."

대각이 대답했다.

"저, 눈먼 당나귀가 와서 허물만 드러내네. 웃옷을 벗고, 시원하게 한 대 맞아야 하겠군這瞎驢卸 却衲帔 待痛快一頓."

이 말끝에 존장이 바로 깨달았다.

—『전등록』 12권 「위부대각선사」, 보련각, 1982

이 선화 역시 꼼꼼히 살펴볼 몇 가지 문제가 있다. 존장이 행각을 하며 허명을 날리고 다님을 안 사형인 대각이 이를 몹시 안타깝게 생각하여 깨달음의 길을 열어주고자 한다. 이러한 것을 모르는 존장은 사형의 물음에 '할'로 본래면목을 드러낸다. 사형이 바로 존장의 착각을 때리니 다시 '할'을 한다. 그저 빽, 빽 소리 내지르는 존장의 '할'을 우리 '임제의 4할'로 짚어 봐야 할 것이다.

'임제의 할'은 바로 그가 부르짖는 '위없는 참사람'인 무위진인無位眞人. 경절의 단말마가 분명하다. '임제의 할'은 학인의 모든 알음알이를 빼앗는 첫 번째 할인 서슬 푸른 금강왕보검의 '할'일 것이다. 앞 장에서 살핀 '임제의 4할'로 세분화하여 임제가 설한 것도 모든 단체에서 그러하듯이 임제원의 선객들도 임제의 '할'을 덮어놓고 흉내내는 경향이 생기고 결국 이 '할'이 관습화되고 제도화됨을 보았기 때문이다. '할'의 철학적 정신과 적소적기에 적용하지 못한 채 마지막 네 번째 '할'만 허공에 울려 퍼지고, 이 소음을 중단시키기 위해 그는 다음과 같이 말했다. 대각은 사제 존장의 '할'이 선사의 네 번째 '할'임을 직파한 것이다.

이와 같은 폐단을 바로잡기 위해 오늘날까지 풀리지 않는 화두로 수자들을 골탕 먹이는 '임제의 빈주구賓主句'[2]가 있다. 살펴볼 일이다.

이후 노련한 대각은 "어제 그대의 '할'을 지금도 풀지 못하고 있네. 나에게 말을 좀 해주게" 하며 조용히 존장의 속내를 건드린다. 이때 무언가를 알아챈 존장은 "제가 평생 동안 삼성 사형에게 배운 것을 몽땅 스님에게 빼앗겼습니다. 바라건대 저에게 안락한 법문을 일러 주십시오" 하니, 이에 대각은 "저, 눈

---

2 "어느 날 두 큰방 수좌가 만나자마자 똑같이 '할'을 했는데 이를 본 한 학인이 임제에게 물었다. "이러할 때도 빈주賓主의 차이가 있습니까?" "암, 빈주가 분명하지, 만약 그대들이 임제의 빈주구賓主句를 알려거든 당중堂中의 두 수좌에게 물으면 친절히 대답해 줄 것이네."
『선문염송』 권16, 616칙. 「빈주」를 인용하였고, 그 뒤에 붙인 "師云 大衆 要會臨濟賓主句 問取堂中 二首座"는 서옹선사가 연의한 『임제록』, 임제선원, 1974, 83~87쪽을 참고함.

먼 당나귀가 와서 허물만 드러내네. 웃옷을 벗고, 시원하게 한 대 맞아야 하겠군" 하고 활구를 들이댄다. 여기에서 존장은 활연히 정안이 열린다.

이 선화에 나타나는 대각은 임제의 법사며 존장의 사형이고, 삼성 역시 임제의 입적 시 유지를 이은 존장의 사형이다. 뒷날 존장은 흥화원에서 개당법회를 하면서 향을 피우며 축원하였다.

'이 향은 원래 삼성과 대각 두 분 사형들의 것이다. 그러나 삼성 사형은 가르침이 너무 적었고 대각 사형은 가르침이 너무 많았으니, 오직 임제스님에게 향을 올리기로 한다' 하며 임제의 법을 이었다. 이제 저자는 임제 4부자를 기리는 시 한 수를 바치며 좋은 법문의 은덕에 대신하고자 한다.

但只餘事看兩手	두 손바닥을 들여다 볼 일만 남았네
四人父子大瞎驢	저 사부자, 위대한 눈먼 당나귀라
只末託師亦今難	이제 스승을 맡기니 역시 오늘도 가난하여
東山日出西日沒	동산엔 해 드러내고 서산은 해 감춘다네

— 월조현

존장에게 오직 한 제자가 있으니 보응 혜옹寶應慧顒=南院道顒이며 그의 제자로는 풍혈 연소가 있다.

3. 풍혈 연소

남원(보응 혜옹)을 찾은 연소는 절도 하지 않고 불쑥 물었다.

"문 안에 들어와서는 모름지기 주인을 가려야 하는 분명한 뜻을 스님께서 알려 주십시오."

이에 남원이 왼손으로 무릎을 한 번 치니, 연소가 '할'을 하였다. 다시 남원이 오른 손으로 무릎을 한 번 치니, 연소가 또 '할'하였다. 남원이 왼손을 들면서 말하였다.

"이것은 수자의 판단에 맡기노니……."

하고 이어 오른손을 들어 말했다.

"이것은 어찌 하겠는가這箇 作麼生?"

"눈이 멀었군요瞎."

이때 남원이 주장자를 드니 연소가 말했다.

"무엇을 하시렵니까? 주장자를 들어 다시 스님을 때리겠으니 말하지 않았다고 는 하지 마십시오."

남원이 주장자를 던지고 말하였다.

"30년 주지를 지냈으나 오늘에야 얼굴 누른 절강성 시골뜨기浙子 때문에 바보노 릇 한바탕 하였노라被這黃面浙子鈍置一上."

"마치 바리때도 얻지 못하고서 거짓으로 배부르다 하는 것 같습니다大似持鉢不得 詐道不飢."

이어 남원이 다시 말하였다.

"수자는 일찍이 이곳에 왔었지 않나?"

"그 무슨 말씀입니까是何言歟?"

"거, 참 좋은 물음이다. 노승이 분명한 일을 자네에게 물었지好好相借問."

"놓칠 수야 없지 않습니까也不得放過?"

"그래, 거기 앉아서 차나 마시거라."

　　　　　—『경덕전등록』13권「여주풍혈연수선사」· 『선문염송』권27, 1246칙「입문」

　위의 선화는 연소가 그의 스승 남원선사와 처음 만나서 선의 기봉을 주고받는 장면을 그리고 있다. 남원 역시 젊은 수자의 근기를 샅샅이 살피고는 '우선 앉아서 차나 마시라' 하면서 입문을 허락하고 있다.

　이 이야기를 듣고는 뒷날 송원선사가 법상에 올라 대중에게 들어 보인 염拈이『선문염송』에 한 편 실려 있다. 살펴보자.

　애! 아주 괴상하구나! 하나는 빗자루요, 하나는 쓰레받기다.

　쓰레기 더미에서 쓸 수는 있으나 가문을 둔하게 만드는 꼴이네. 만일 바른 법령에 의해 시행한다면 모두가 한 쪽씩 모자랄 뿐이네.

　嗄 也甚奇怪 一个 生埽箒 一个 破糞箕

　搕㨫頭 也用得着 未免鈍置門風 若據正令而行

　總欠一着在

　마지막 행 "만약 바른 법령으로 시행하면 모두 한 쪽씩 모자란다"는 무엇인가? 이것은 선시의 주수사법인 적기수사법이다. 반어법인 아이러니다. 다시 말하면 올바른 전성전일하고 내외명철한 당당한 무위의 행위를 하면 그뿐임을 표현한 것이다. 곧 "모두가 한 쪽씩 모자란다"고 짐짓 학인의 사량思量을 더하게 하는 선적인 적기의 표현법이다. 바로 선어록에 자주 나타나는 '검은 것'도 정답이고 '흰 것'도 정답이다 하는 표현과 같은 것이다. 혹은 모두가 '흰 것'은 모두가 '어두운 것'이다 하는 말과 같다. 『선문염송』1248칙에는 매우 아름다운 선구로 된 「이미離微」라는 공안이 있다.

연소에게 한 학인이 물었다.

"말하거나 침묵하여도 '이미'에 걸립니다. 어떻게 해야 두루 통해서 침범하지 않습니까語默涉離微 如何通不犯?"

선사가 대답했다.

"늘 강남3월의 풍경을 생각하니 자고새 우는 곳에 백화가 향기로우니라常憶江南三月裏 鷓鴣啼處 百花香."

위의 선화에서 이미離微의 '이'는 들어가는 것을 말하고 '미'는 나오는 것을 말한다. 「보장론」에서 이르기를 '들어가는 '이'를 알면 밖의 티끌이 의지할 바가 없고, 나오는 '미'를 알면 안의 마음이 할 바가 없다고 했으며, 안의 마음이 할 바가 없으면 모든 경계가 옮기지 못하고, 밖의 티끌이 의지하지 않으면 만법이 구속치 못한다' 하였는바, 여기서는 양변을 초월한 경지인 겁 밖의 도리를 읊은 것이다.

이 아름다운 이야기의 뜻을 발명하고자 애쓴 선장들의 간절 노파심절을 몇 수 읽어 보도록 하자.

①

鷓鴣啼處百花香   자고새 우는 곳에 백 가지 꽃 향기롭다
撫掌呵呵笑一場   손뼉을 치고 깔깔 한바탕 웃었네

| 因憶昔年遊歷所 | 지난날에 지나던 곳 생각하니 |
| 送人雲塢立斜陽 | 먼 길에 임 전송하며 저문 언덕에 섰네 |

— 해인신

②

雲堆裏携佳妓	어지러운 구름 더미 속 예쁜 기생 데리고
木嵒前唱艶詞	고목 바위 앞에서 고운 노래 부르네
攪動春風歸去後	봄바람을 뒤흔들어 돌아간 뒤엔
從敎猿鳥自相疑	원숭이나 새들이 마음대로 의심케 하네

— 심문분

4. 석상 초원

초원石霜楚圓(987~1040)은 전주 이씨의 가문에 태어나서 어릴 적엔 유학을 공부하다가 스물둘에 출가하였다. 석상 초원은 『선문염송』1382칙에 「원주 남원초원자명袁州南院楚圓慈明」으로 나오는 분이다. 풍혈 연소와 수산 성념을 잇는 분양 선소汾陽善昭(947~1024)[3] 문하에서 2년을 수학한 후 스스로 아무것

---

3 분양 선소는 선종사 분주 태자원 선소로도 기록된 임제종의 정맥 조사다. 『선문염송』1340칙 「萬里」에는 흥미롭고 아름다운 공안이 적혀있다. 분주에게 어떤 학인이 묻되 "만리에 한 조각구름도 없을 때 어떠합니까?" 하니, 선사가 대답하되 "푸른 하늘도 한 방망이를 맞아야 하리라" 했다. 다시 학인이 묻되 "이럴 때 허물은 어디에 있습니까?" 하니, 선사가 대답했다. "비가 와야 할 때엔 비가 오지 않고, 맑아야 할 때엔 맑지 않기 때문이지."

도 전수 받은 것이 없다고 생각되어 하루는 분양 방장께 물었다.

"저는 스님의 문하에서 2년을 지냈습니다만 스님에게 아무런 가르침도 받지 못하였습니다. 단지 세속의 잡다한 일들이나 하다 보니 세월이 지나가버렸습니다. 저 자신이 아직 자성을 보지 못했으니 출가한 게 무슨 의미가 있겠습니까?"

선소가 이 말을 듣고 심하게 경책하였다.

"못난 놈, 어찌 너 같은 자가 감히 내게 귀의하려 하지."

그리고는 주장자로 두들겨 팼다. 초원이 살려달라고 소리치려고 하자 선소가 손으로 초원의 입을 틀어막아 버렸다. 이때 문득 자성영회하여 새로운 세계에 돈입하였다. 그리고는 그의 환희의 말이 튀어 나왔다.

"원래 임제의 도가 일상생활에서 나왔군요."

하루는 초원이 상당하여 오도송을 읊는다.

颯颯涼風景	서늘한 가을바람 불고
同人訪寂廖	본래 그 사람 고요로 찾아드네
煮茶山上水	산 위 맑은 물로 차 달이고
燒鼎洞中樵	골짝에 나무 꺾어 솥에 불 지피네

어느 날 한 학인이 초원에게 "어떤 것이 불법의 참 도리입니까" 하고 물었다. 곧 바로 "한 이랑의 땅에 뱀 세 마리와 쥐 아홉 마리" 하고 대답했다. 이 선화는 『보행기』에 나오는 이야기로 석가부처가 길을 가다가 보니, 허물어진 집에 뱀 세 마리와 아홉 쥐가 서로 잡아먹으려 싸우고 있었는데, 석가가 깊은 명상에 들어 자애로운 마음으로 굽어보니 뱀과 쥐가 형제와 같이 가까

위졌다 하는 고화이다. 이것은 하나가 일체에 통하는 다즉일多卽—이요 일즉다—卽多의 원리의 이야기다.[4]

또 한 학인이 "어떤 것이 부처입니까?" 하고 물으니 초원이 대답하되 "물이 높은 언덕에서 흘러내린다" 하며 다음과 같이 노래했다.

水出高原也大奇　　물이 높은 언덕에서 나오는 것, 매우 기특한데

禪人不會眼脈彌　　납자들이 알지 못해 눈이 마비되었구나

若也未明泥水句　　만일에 흙탕물의 구절을 밝히지 못하면

燈籠露柱笑哈亥　　등롱과 노주가 히죽거리며 웃으리[5]

— 『선문염송』 1386칙 「고원(高原)」

여기에 『선문염송』에 두 수의 게송이 전한다. 음미해보자.

①

慈明謂水出高原　　높은 언덕에 물이 난다 자명이 말하니

天下禪僧走似煙　　천하의 납자들이 연기 같이 설치네

只聽淸聲來耳畔　　맑은 소리, 귀 곁에 오는 것만 들을 뿐

不知流落那峰前　　저쪽 봉우리 앞으로 흐르는 줄 모르네

— 지해일

4　『선문염송』 1385칙 「일무지지一畝之地」. 일무지지는 '한 떼기의 땅'. 무畝는 이랑, 전답의 면적단위. 6척 사방을 보步라 하고 100보를 무라 함. 뒷날 공수선사가 이 선화를 들고 착어하기를 "한 이랑의 땅에 세 뱀과 아홉 쥐라 하니, 물건은 값이 정해 있고 돈은 수효를 채운다" 하였다.

5　『선문염송』 1386칙 「高原」.

②

水出高原色淸且寒	물이 높은 언덕에서 나오니 빛이 맑고 차네
皆云見佛誰辨來端	모두 부처 봤다 하니 뉘라서 그 까닭 밝히랴
洗耳非耳飮牛更難	귀 씻기는 쉬우나 소를 마시게 하기 어렵네
溪澗豈能留得住	시냇물이 어찌 머무를 수 있으랴
終歸大海作波瀾	마침내 바다에 가서 큰 파도가 되네

— 숭승공

초원이 남송 강정 2년(1040) 5월에 입적하니, 나이 54세에 법랍 22세였다. 초원 아래로는 황룡 혜남과 양기 방회, 두 제자가 나와 황룡파와 양기파를 개창하니 드디어 선종은 오가칠종五家七宗으로 꽃을 피운다.

5. 양기파의 파조 방회

방회楊岐方會(993~1046)는 원주 의춘현에서 태어났으며, 속성은 냉冷씨다.

선종을 통틀어 오가칠종이라 이르는데, 오가칠종은 위앙종, 조동종, 임제종, 운문종, 법안종과 임제종에서 송대에 이르러 양기파와 황룡파로 갈라지니 천하의 선문을 이르는 말이다.

양기파의 개창조인 방회가 원주 양기산에서 종풍을 드날렸으므로 후세에 양기파라고 불렀다. 석상 초원이 남원에 있을 때 그곳을 찾아가 참구하다가 초원이 석상산으로 옮겨가자 방회도 그곳으로 따라갔었다. 방회는 초원을 오랫동안 모셨으나 깨치지 못하여 전전긍긍하였다. 초원 방장께 법을 물으면 "창고 일이 번거로우니 가보라" 하거나 또는 "감사監寺는 나중에 자손이 천하에 퍼질 것인데 어찌 서두르는가" 할 뿐이었다. 방회는 당시 절의 감사 소임을 맡고 있었다. 하루는 초원 방장이 산에서 비를 맞은 것을 본 방회는 "이 늙은이야, 오늘은 내게 꼭 말해라. 말하지 않으면 때리겠다"고 말하자 초원이 대답했다. "네가 이 일을 알려면, 쉬지 않고 물어보면 되지. 이제 그만두어라." 이 한마디가 채 끝나기도 전에 크게 깨치고는 진흙길에 엎드려 절하며 물었다. "좁은 길에서 만났을 적에는 어찌해야 합니까?" "네가 피하면 내가 거기로 갈 것이네" 하였다.

여기서 우리는 초원이 말한 "네가 피하면 내가 거기로 갈 것이네" 하는 말을 몰록 깨달아야 하는 것이 중요하다.

하루는 한 학인이 물었다.
"어떤 것이 부처입니까?"
"세 발 가진 당나귀가 발자국을 희롱하면서 다니는 걸세三脚驢子弄蹄行."
학인이 다시 물었다.
"바로 그렇게 될 때엔 어떻습니까便恁麼去時如何?"
"그야, 호남의 장로이지湖南長老."

— 『양기록』「원주양기산보통선원회화상어록 1」, 장경각, 1988, 20쪽

이 선화에 대하여 『선문염송』에 뒷날 선객들의 게송 5수가 전한다. 두어 편 음미하여 보자.

①

剝下人皮	사람의 가죽을 벗기니
露出狗面	개 얼굴이 드러났다
三脚驢子	세 다리의 나귀가
可貴可賤	귀하기도 천하기도 하다

— 개암붕

②

三脚驢子恁殺好	세 다리의 나귀가 몹시도 좋으니
長放後園牧喫草	후원에 오래 놓아 풀을 뜯게 하네
等閑牽出向人前	넌지시 끌어내어 사람들께 향하니
踢倒湖南瞎長老	호남의 눈먼 장로를 걸어차 쓰러트린다

— 죽암규

②의 죽암규의 게송 한 수만 풀어 읽어보자.

우선 양기가 말한 '세 발 당나귀' 즉 삼각려三脚驢는 우리의 자성, 실상을 가리킨다. 만물의 근원인 '우리의 진면목'의 형상화. 천하 두두물물의 무한한 실상이다. 우리인 '우리'를 달리 생각하시지 말기를. 1행과 2행의 뜻은 '이것' 그대로 좋은 것이니, 당나귀가 후원에서 풀을 뜯는다. 이것 역시 그대로 훌륭한 풍광이다. 풀을 뜯는 나귀를 끌어내어 보라. 아직 마음이나 배가 가득차지 않았는데 누가 누구를 끌어낼 수 있는가? 뒷발로 차는 나귀를 걸어 차 쓰러트리는 '호남의 눈먼 장로'가 바로 그 놈이 아닌가? 흐르는 물가에서 잘 사량해볼 일이다.

"달마 조사께서 면벽하신 뜻이 무엇입니까?"

"달마는 서역 사람이어서 중국말을 할 수가 없었지."

그리고 잠시 후 말했다.

"입은 밥을 먹는 게야."

— 『양기록』 「양기방회화상후록 8」, 장경각, 57쪽

여기 '밥은 있어도 입이 없는데 우물우물 잘도 먹는다' 하면 누가 있어 웃으시겠지.

이렇게 모든 것이 동시에 목전에 뛰어가니 눈여겨 볼 일만이 남으니 '일즉일체다즉일一卽一切多卽一'이라 해도 한 겹 쌓인 것일 뿐.

이제 양기 방회가 자기 진영에 스스로 찬한 게송을 읽으며 우리나라 조계종의 먼 조사인 양기의 장을 거두기로 한다.

口似乞兒席袋	입은 빌어먹는 아이의 부대자루이고
鼻似園頭尿杓	코는 채소밭의 똥바가지 같구나
勞君神筆寫成	그대의 귀신같은 필치, 그리게 하였으니
一任天下卜度	천하 사람들이여, 마음대로 헤아리게들
似驢非驢	나귀와 비슷하나 나귀가 아니고
似馬非馬	말과 비슷한데 말도 아니니
咄哉楊岐	쯔쯔, 양기여
牽犁拽杷	쟁기 끌고 고무래 끄는구나

指驢又無尾	나귀라 하려니 꼬리가 없고
喚牛又無角	소라 부르려니 뿔이 없구나
進前不移步	앞으로 나감에 걸음 옮기지 않는데
退後豈收脚	뒤로 물러남에 어찌 다리 거두랴

無言佛同佛	말이 없으나 부처와 같지 않고
有語誰斟酌	말이 있은들 뉘라서 짐작하랴
巧拙常現前	잘난 데 못난 데가 눈앞에 늘 드러나니
勞君安寫貌	그댈 수고롭게 하여 내 모습 그려두네

― 위의 책, 74~75쪽

방회는 원주 양기산 보통선원에 주석하다가 경력 6년(1046)에 운개산 해회 사에 법석을 폈다. 얼마 후 그 곳에서 입적하니, 세수 54세다. 법제자로는 백운 수단, 비부 손거사, 보녕 인용 등 10여 명이 있다. 스승 석상 초원의 말씀대로 양기의 법손들이 천하를 뒤덮으니 선문은 양기파가 본류가 된다.

특기 할 것은 우리나라 임제종과 관계니, 백운 수단은 오조 법연을 낳고, 법연에서 9대에 이르러 급암 종신을 종신은 석옥 청공과 평산 처림을 탄생시키니, 종신 아래 고려 말 태고 보우와 백운이 탄생된다. 그리고 처림에게는 고려의 나옹 혜근이 법을 이으니, 그 후 우리나라 선문은 온통 임제종 양기파 일색[6]이 된다.

---

6 고려 말에 세 분의 선장이 나타나니, 태고 보우, 백운 경한, 나옹 혜근이다. 저자는 18화 '청풍은 태고로부터 불어오네'로 태고를 제30화 '청산이 날 보고 말없이 살라 하네'로 나옹을 읽은 적이 있다. 태고는 그의 후손 청허 휴정으로 이어지는 우리나라 조계종 선맥의 첫머리에 있고 나옹은 무학의 스승이며 무학은 함허의 스승이다.

6. 황룡파의 파조 혜남

혜남黃龍慧南(1002~1069)은 신주 옥산 출신으로 속성은 章씨다.

처음에는 운문종의 늑담에게 선을 배웠다. 그 후 행각하다가 운봉 문열의 권유로 석상 초원을 찾게 된다. 혜남이 향을 사르고 예배를 하자 초원이 말했다.

"스님이 운문의 선을 배웠으니 그 뜻을 깊이 얻었을 것이다. 그렇다면 동산의 세 차례 몽둥이는 때려야 되는 것이냐? 그렇지 않으면 때리지 않아야 하느냐?"

"때려야 합니다."

"그렇다면 아침부터 저녁까지 까마귀 울고 까치가 울어도 모두 몽둥이를 맞아야겠구나."

초원 방장이 다시 혜남에게 물었다.

"조주가 '오대산 노파를 내 이미 간파했다'고 하였는데, 조주는 무엇을 간파하였느냐?"

혜남은 대답을 하지 못하고 온 몸에 땀을 줄줄 흘렸다. 이튿날 혜남이 가르침을 청하자 초원은 쉬지 않고 욕을 퍼부었다.

"사람을 욕하는 것도 자비란 말입니까?"

"그럼, 너도 욕을 할 수 있느냐?"

혜남이 이 말끝에 크게 깨닫고 초원에게 게송을 지어 바쳤다.

傑出叢林是趙州   총림에서 걸출한 조주여

老婆勘破沒來由	노파를 간파함은 유래가 없구나
而今四海淸如鏡	지금 사해가 거울처럼 맑으니
行人莫如路爲仇	행인은 길과 원수 되지 말지라

　게송을 본 초원이 몰沒자를 가리키자 황룡이 유有자로 고쳤다. 그러자 초
원이 점두하며 인가하였다. 뒷날 융흥의 황룡산에서 개당하니 법석이 지극
히 융성하였다

　홍주 황룡 혜남이 세 가지 말로써 학인들을 가르쳤는데 이것이 황룡삼관
黃龍三關 혹은 황룡삼전어黃龍三轉語라 한다. 황룡은 학인들이 물어오면 이렇게
물었다. "사람마다 인연이 있는데 네 인연은 어디에 있느냐?" 그 학인 막 대
답하려 하면 황룡은 손을 쭉 뻗치며 말했다. "내 손은 어느 곳이 부처의 손과
같은가?" 이어서 다시 다리를 뻗치면서 "내 다리는 왜 당나귀의 다리와 같은
가?" 하나 같이 선객들이 자기 나름대로 대답을 했지만 황룡의 긍정을 받는
이는 없었다.

　사람마다 태어난 인연의 곳이 다함이 있는데 어디가 그대들의 태어난 인연의
곳인가人人 盡有生 緣處 那箇是上座生緣處?
　내 손은 어째서 부처님 손과 같은가我手何似佛手?
　내 다리는 어째서 나귀 다리와 같은가我脚何似驢脚?

―『선문염송』1398칙「삼관(三關)」

　이 삼전어로 황룡은 30여 년간 학인을 제접하여 일깨워 주었다. 제1구는
사람마다 전생의 인연으로 태어났으며, 누구도 이 윤회의 업보를 벗어나지

못함을 일깨웠고 제2구는 사람의 본성은 본래 부처로 태어났으므로 불성에 의하여 성불할 수 있음을 말하고 제3구는 사람과 중생들은 모두 본질은 같아, 윤회를 거듭하고 있음을 분명히 깨달을 때 성불할 수 있음을 말한다.

이 모든 관건은 '부처의 손/나귀 다리' 곧 '귀/천'의 양변의 견해에 떨어지지 않음 그 자체가 '우리들이 태어난 곳'임을 '스스로 보라, 또 이 모든 것은 스스로에게 있다'로 이해되어진다. 이후 학인들마다 황룡삼관을 참하여 보았으나 오늘날까지 공전하고 있다. 질기디 질긴 이 공안을 황룡삼전어라 하며 납자들이 혀를 빼문다.

황룡 만년에 선사 스스로 게송을 지어 놓고 사라졌다.

生緣斷處伸驢脚	태어난 인연 곳이 끊일 때 나귀 다리 뻗고
驢脚伸時佛手開	나귀 다리 거둘 때 부처님 손이 열린다
爲報五湖參學者	5湖에서 참선하는 무리에게 고한다
三關一一透將來	세 관문 하나 하나 통과하여라

生緣有語人皆識	태어난 인연의 말 사람마다 다 알고
水母何曾難得蝦	해파리는 어찌하여 새우를 떠났을까
但見日頭東畔上	단지 해 머리가 동쪽 두둑에서 떠오름 보고
誰能更吃趙州茶	누가 조주의 차를 마실 수 있을는지

我手佛手齋擧	내 손과 부처의 손 모두 드노니
禪流直下薦取	선객들은 곧 바로 알아차려라
不動干戈道出	무기를 쓰지 않고 이르는 곳

當處超佛越祖	그 자리에서 초불월조하리라

我脚驢脚竝行	내 다리와 나귀 다리가 함께 걸으니
步步踏着無生	걸음마다 모두 무생의 법에 계합하네
會得雲收日卷	구름 걷히고 해의 드러남, 이렇게 얻어져야
方知此道縱橫	이 도가 비로소 종횡무진하려니

황룡이 송 희녕 2년(1069)년 3월에 입적하니 세수 68이다. 법제자가 무려 83인이나 되었는데, 그 중에서도 황룡 사심, 늑담 극문, 동림 상총 등이 뛰어났다.

제41화

백장의 여우이야기

百丈野狐話

　　백장은 31화에 나오는 백장 회해를 가리킨다. 백장은 선원청규를 제정하여 선원을 자체로 존립하게 한 백장산 회해百丈懷海(720~824)를 가리킨다. 그는 강남성 남창부의 대웅산(일명 백장산)에 주석하였다. 앞에서도 밝혔듯이 『백장청규』는 선종의 직책에서부터 공양에 이르기까지 선문의 규율을 제도적으로 안장시키면서 그 토대가 완성되어 오늘날까지 선이 이어지는 원동력이 되었다. 유명한 일일불작─日不作이면 일일불식─日不食이란 명언도 백장의 법어이다. 종문 제 일서라고 불리는 『벽암록』100칙 중 7칙이 백장의 선화라는 걸 보아도 백장의 교화를 짐작하기에 족하다. 그리고 부기할 것은 백장과 그의 제자 황벽 그리고 손상좌에 이르러 임제를 출생하여 조동종과 더불어 오늘날 선문의 천하를 양분하니, 백장은 바로 임제종의 조사다.

　　不昧不落二俱是錯　　어둡지 않고 떨어지지 않음이여!
　　　　　　　　　　　두 가지가 모두 틀렸구나

取捨未忘識情卜度　　　취하고 버릴 생각을 잊지 않으니

　　　　　　　　　　　　 망식과 망정으로 헤아리고

執滯言詮無繩自縛　　　말과 문자에 걸리어

　　　　　　　　　　　　 줄 없이 스스로 속박되네

廓爾大虛何處摸索　　　활짝 넓은 허공에서

　　　　　　　　　　　　 무엇을 더듬을까

春至花開秋來木落　　　봄이면 꽃이 피고

　　　　　　　　　　　　 가을이면 낙엽지네

錯錯　　　　　　　　　　틀렸다 틀렸다! 함이여

誰知普化搖鈴鐸　　　　뉘라서 보화가 요령 혼든 뜻 알랴

　　　　　　　　　　　　　　 — 해인신, 『선문염송』권6, 184칙 「야호(野狐)」

道有道無俱是謗　　　　있다 없다 모두 헐뜯는 것

或談或默憁非眞　　　　말하고 침묵하고 모두 진실 아니다

近來便得曹溪信　　　　근래에 문득 조계의 소식 들었네

南海波斯賣手巾　　　　남해의 페르시아 배엔 손수건 판다나

要會麼　　　　　　　　아시는가?

新羅附子金州漆　　　　신라의 부자와 금주의 칠은

自古相傳直至今　　　　예부터 지금까지 바로 전해 온 거네

今日分明擧似君　　　　오늘에 분명히 그대들에게 보이나니

摩訶般若波羅蜜　　　　마하반야바라밀!

　　　　　　　　　　　　　　 — 진각 혜심, 『진각국사어록』「시중」, 대중에게

모두의 시에 다가서기 위해 다음 소개하는 「백장야호화百丈野狐話」를 살펴보면 한층 확실한 이해에 우리는 닿을 것이다.

이야기는 이렇다.

백장이 매일 상당하여 설법을 하면, 늘 한 노인이 법문을 듣다가 대중을 따라 흩어지곤 했다. 어느 날은 가지 않고 머뭇거리고 있기에 백장이 다가가 물었다.

"저는 과거 가섭불 시대에 일찍이 이 산에 살았습니다. 한 학인 높은 경지에 이른 수행자大修行底人도 인과의 법칙에 따르느냐고 묻기에, 인과에 떨어지지 않는다不落因果고 대답하였다가 저는 여우의 몸에 떨어지게 되었습니다. 청컨대 화상께서는 올바른 말씀一轉語을 해주셔서 여우의 몸에서 벗어나게 해주십시오."

이에 백장이 다시 질문을 하라하니, 노인이 다시 물었다.

"대수행저인도 인과에 떨어집니까大修行底人 還落因果也無?"

"인과에 어둡지 않았소不昧因果."

노인이 이 말끝에 크게 깨닫고 하직을 하며 말했다. "저는 이미 여우의 몸을 벗어났습니다. 이 산 뒤편에 시체가 있으니, 청하오니 저를 죽은 승려에 대한 법도대로 다비하여주시기 바랍니다乞依 亡僧燒送."

백장이 유나維那[1]를 시켜 식사 후에 죽은 승려의 장례식 준비를 하라고 전 대중에게 알렸다. 대중이 영문을 몰라 어리둥절하였다. 식사 뒤 백장은 대중들을 이끌고 뒷산 한 동굴로 갔다. 그 곳에는 한 승려의 시체가 있었다. 제사 후 격식대로 죽은 승려를 보냈다齋後普請送亡僧.

이 날 저녁 법회에서 백장은 이 인연을 들어 말했다.

---

1 유나維那는 절에서 기강을 바로 잡는 소임을 맡았다.

이에 황벽이 백장에게 물었다.

"이 옛 사람이 말 한마디 잘못한 이유로 여우의 몸을 받았습니다만, 그렇다면 다음다음에 잘못을 하지 않을 때엔 어떻게 됩니까古人 錯答一轉語 墮在野狐身 今人 轉轉不錯是如何?"

"그래 그렇다면 가까이 오게, 내 말해주지."

황벽이 가까이 가서 오히려 백장의 뺨을 한 대 때렸다. 이에 백장은 깔깔 웃으며 말하였다.

"오랑캐의 수염이 붉다고 여겼더니, 다시 보니 붉은 수염의 오랑캐가 여기 있었군將謂胡鬚赤 更 有赤胡鬚."

이 때 위산이 백장의 회상에서 전좌典座[2]를 하였는데, 사마두타가 이 이야기를 듣고 물었다.

"전좌스님은 어떻게 생각하십니까?"

위산이 바로 문풍지를 세 번 두드렸다潙乃搖門扇三下.

사마두타가 말했다.

"거친 사람이군太麤生."

이에 위산이 말하였다.

"불법은 그런 도리가 아니오."

—『선문염송』 제6권, 184칙 「야호(野狐)」

도저히 사실이라고 보기 힘든 「여우이야기」, 「야호화野狐話」는 우리에게 보여주기 위한, 분명한 교훈을 담고 있다. 곧 깨달은 각자라 하여도 인간이

---

2   전좌典座는 절에서 음식을 만드는 소임을 맡았다.

사는 현상계의 도리, 이 이치를 뛰어넘지 않는다는 것이다.

불락인과不落因果는 현상계를 초월하여 괴로움에 시달리지 않고 정신적으로 초월자가 되어 신통묘용이 자재하다는 의미로 읽히고, 백장이 말하는 불매인과不昧因果는 인과법칙에 밝다. 혹은 인과를 알아 지혜롭다는 의미로 푼다. 다시 말해 자성을 본 견성한 사람은 초월의 불변성과 현상계의 변화성도 한눈에 간파할 수 있는 반야의 지혜를 갖춤으로 자재自在로운 마음을 갖는다. 이런 마음의 소유자는 '범凡/성聖'이 무너지고 '내內/외外'와 밝게 뚫려 불이不二의 세계에 산다. 이것은 석가모니가 초전법륜初轉法輪에서 말한 중도中道가 아니고는 불가능한 일이다.[3]

그리고 이 선화에서 우리는 불락인과의 대답으로 여우의 몸을 받은 수도인의 잘못을 찾기엔 그리 어렵지 않다. 허지만 황벽이 묻는 질문, 자성본원에 이르렀다는 상을 가진 사람은 어떻게 될까?

---

3 송준영, 『반야심경강론』, 경서원, 1993, 281~288쪽 참조.
"비구들이여 그대들은 고행에 의해 깨달음을 얻고자 할지 모르지만, 몸을 괴롭히는 고행에 전심하는 것은 욕락慾樂의생활에 빠짐과 같을 뿐이다. 본래의 수행이나 깨달음에 하등의 도움도 되지 않는다. 올바른 깨달음의 길은 고행苦行이나 욕망慾望, 두 극단을 버리고 신심의 조화를 이루는 중도中道의 방법에 의하는 것만이 가능하다. 나는 이 두 가지극단을 버리고 중도를 깨달았으니 진실로 동요하지 않는 경지에 도달한 부처가 되었다. 중도, 이것은 눈을 뜨게 하고 지혜를 생기게 하며, 적정寂靜과 증지證智와 등각等覺과 열반涅槃을 돕는다."(『잡아함경』 15권 「전법륜」; 『상응부경전』 5)
불전에 의하며 석가 열반 후 500명의 장로가 모여 붓다의 생전의 말씀을 법과 율로 편집했다고 한다. 이 가운데 법은 깨달음에 관한 설법인데, 이것이 북쪽으로 전래되어 원어 Āgama가 아함阿含으로 음사되어 아함4부경이 되었다. Āgama는 '도래한 것', '전래해 온 것'이라는 의미다. 남쪽으로 전래된 붓다의 설법은 판차 · 니가야Pañca-Nikaya라 총칭되는데, 이들을 파리어5부경전巴利語5部經典이라 한다.
『아함경』은 『장아함경』 22권, 『중아함경』 60권, 『잡아함경』 50권, 『증일아함경』 51권으로 편성되었다. 그리고 남전파리5부경전은 북전아함경의 장아함에 해당되는 『장부경전』 34경, 중아함에 해당되는 『중부경전』 152경, 잡아함에 해당되는 『상응부경전』 7762경, 증일아함에 해당되는 『증지부경전』 9557경이 있다. 그리고 남전 판차 · 나가야에는 『소부경전』 15편이 따로 있는데, 이것은 제5의 Āgama로서 15편이 서로 다른 잡다한 내용을 담고 있다. 아함4부경보다 늦게 편집되었다. 그러나 그 내용은 아함4부경보다 더 오래된 것도 있고 늦은 것도 있다. 곧 「경집經集」이나 「법구경」은 아주 오래된 말씀으로 정평이 나있다.

옛 사람이 말 한마디 잘못한 이유로 여우의 몸을 받았습니다만, 그렇다면 다음 다음에 잘못을 하지 않을 때엔 어떻게 됩니까?

古人 錯答一轉語 墮在野狐身 今人 轉轉不錯是如何

다시 말해 "그렇다면 모든 질문에 정답을 맞히는 사람은 어떻게 됩니까?" 라는 황벽의 질문은 은근히 모든 어떤 정형적인 틀, 정상성定相性, 불변하는 원칙을 가진 자는 어떻게 되는가 하는 질의다.

이에 백장은 황벽을 가까이 오라 하여 여기에 합당한 대기대용大機大用을 보여 주려고 한 것 같다. 곧 이항대립적인 '부정/긍정'을 넘어서는 본질, 자성의 응용을 보여주려는 의도를 간파한 황벽은 미리 스승 백장의 뺨을 한대 때린다. 여기서는 육신은 백장이지만, 무소불위無所不爲의 고정된 절대자의 축적에 대하여 갈기는 대용大用인 셈.

백장은 여기서 너무나 기뻐 박장대소한다. 제자의 출세간, 관념적이고 막히고 지리한 삶의 양태에서 벗어난 제자를 이 한순간에 볼 수 있다는 것은 스승으로는 더할 나위없는 기쁨이다.

오랑캐의 수염이 붉은 줄 알았더니, 붉은 수염의 오랑캐도 있구나將謂胡鬚赤 更有赤胡鬚!

착어　是非는 시비요 不落은
　　　　불낙이요, 不昧는 불매이니 괜히
　　　　江門 사람 앞에 횟감의
　　　　신선도를 따지지 말라

'오랑캐의 수염'이 붉은 것은 일상의 현상이다. '붉은 수염의 오랑캐'는 자성인 본질을 말한다. 곧 무한실상의 한 표현이다. 백장은 그의 제자 황벽의 행위에서 순수무잡純粹無雜한 자성의 응용을 본 것이다.

　이제 모두의 시 두 편을 가름하기로 하자.

　해인신의 게송은 위의 선화에서도 풀었듯이, 불락인과의 대답으로 여우의 몸을 받은 수도인은 고정된 상을 가지고 있으므로 어떤 원칙을 가지고 있고, 다시 말해 고정된 진리를 가지고 있다. 이렇게 가지고 있다는 분상에는 일체에 떨어지지 않는 생각에 생각을 가지고 있음이 당연하다. 이렇게 되면 결국 자기 자신을 속박한 자이고, 자기를 괴롭히는 자이다.

　또 불매인과의 확고한 신념을 가진 수도인은 어떻게 될까? 이것 역시 자칫 잘못하면 무엇이든지 다 안다는, 자기는 명석하여 환히 꿰뚫어 보는 지혜를 가졌다는, 위없는 바른 깨달음을 이루었다는 생각을 가질 때, 이 과오는 불락인과의 잘못은 오히려 아무것도 아니다. 빠져 나올 수 없는 허공에 집을 짓고 독거독락獨居獨樂하는 것과 다름없다. 선문의 조사들은 하나 같이 이곳을 8마계八魔界라 하여 배척하였다. "백 척의 낭떠러지에서 한 발 내딛어라百尺竿頭進一步"라고 경책하는 곳, 이곳에 머물러 있기 쉽다.

　해인신 선사는 이점을 염려하여, 1행, 2행, 3행에서 "어둡지 않고 떨어지지 않음이여! 두 가지가 모두 틀렸구나不昧不落二俱是錯 / 취하고 버릴 생각을 잊지 않으니 망식과 망정으로 헤아리고取捨未忘識情卜度 / 말과 문자에 걸리어 줄 없이 스스로 속박되네執滯言詮無繩自縛"는 백장과 노인의 말, 모두 올바른 말이 아니어서 자승자박하고 있다고 말한다.

　그렇지만 해인신 역시 '백장과 황벽의 두 부자가 주고받은 대화를 잘 살펴본 다음' 한 수 읊어야 할 것이다.

"옛 사람이 말 한마디 잘못한 이유로 여우의 몸을 받았습니다만, 그렇다면 다음 다음에 잘못을 하지 않을 때엔 어떻게 됩니까古人 錯答一轉語 墮在野狐身 今人 轉轉不錯是如何?"

"그래 그렇다면 가까이 오게, 내 말해주지."

도리어 황벽이 가까이 가서 백장의 뺨을 한 대 때렸다. 이에 백장은 깔깔 웃으며 말하였다.

"오랑캐의 수염이 붉은 줄 알았더니, 붉은 수염의 오랑캐도 있구나將謂胡鬚赤 更有赤胡鬚!"

이 두 부자의 행위와 언술은 분명히 아는 자들만의 퍼포먼스다. 이들의 반야는 가히 무공용적無功用的(저절로 상태)이어서 한 치의 빈틈이 없다. 어떻게 이들의 틈새에 빈 말을 할 수 있을까?

4행과 5행 "활짝 넓은 허공에서 무엇을 더듬을까廓爾大虛何處摸索 / 봄이면 꽃이 피고 가을이면 낙엽지네春至花開秋來木落"는 본래면목인 본체의 응용을 읊었고, 마지막 행 "뉘라서 보화가 요령 흔든 뜻 알랴誰知普化搖鈴鐸"[4]는 아무도 이 깊은 뜻을 모른다 하는 반어적 수사법이며 역설이다.

이 선화에 『선문염송』에는 무려 32수나 되는 게송과 10편이나 되는 염이 실려 있다. 이것은 그만큼 이 선화가 역대 제방 선원에 널리 회자되었고, 유명한 공안이라는 것.

---

[4] 보화普化는 반산 보적에 의해 깨달음을 얻은 기승奇僧으로 늘 요령을 흔들며 "밝은 놈이 와서 때리는 구나明頭來也打 어두운 놈이 와서 나를 때리는 구나暗頭來也打" 하면서 사람들이 보면 "한푼 주십시오" 하였고, 임제 의현의 교화를 도왔다. 그는 스스로 관 속에 들어가 죽음을 맞이했다.

다음 두 번째 게송은 우리나라 고려 중엽 보조 지눌이 세운 수선사 2세 국사다. 혜심 국사는 우리나라 선시의 초조이며 선을 문학화한, 우리민족의 운문을 업그레이드 한 분이다.

모두의 진각 국사의 시를 다시 한번 읊조리고 살펴보자.

있다 없다 모두 헐뜯는 것
말하고 침묵하고 모두 진실 아니다
근래에 문득 조계의 소식 들으니
남해의 파사 배엔 손수건 판다나
아시는가?
신라의 부자와 금주의 칠은
예부터 지금까지 바로 전해 온 거네
오늘에 분명히 그대들에게 보이나니
마하반야바라밀!

1행과 2행의 '유有/무無', '담談/묵默' 모두 진실이 아니다. 그럼 '불낙不落/불매不昧' 이것은 진실이 아니고 저것은 진실이란 말인가. 3행에서 읊기를 "내가 아는 불조의 밀지의 참소식은 남해에 정박한 페르시아 배에는 손수건, 아니 가죽신도 팔고 예쁜 색시도 산다고 들었다. 진실로 '이것'뿐이다라고, 혜심 노장이 노파심절을 내어서 우리에게 자비심을 배품이니, 우리는 '신라의 부자 금주의 칠'이나 '나주의 배 안성의 유기' 역시 예부터 똑바로 숨김없이 전해 내려온 말이니, 그냥 그대로 받아들여 점두하면 그뿐이다. 이것의 모든 적기된 자리가 9행이다. "마하반야바라밀!"

　마하반야바라밀! 이 한 구의 진언임을 알아라

　　　다시 한번 소리 내어 가슴에 담아 보자

　　　마하반야바라밀!

　　　어느 구멍으로 바람 들어올지 모른다,

　　　모를 일이 아닌가.

후대에 수선납자들이 이 선화를 보고 읊은 게송을 몇 수 음미해보자.

①

化形來問大修行　　　변화된 모습으로 큰 수행을 물으니

當下金篦刮眼睛　　　당장에 금빗치개로 눈동자를 씻어 줬네

轉得野干成百丈　　　여우가 몸을 굴러 백장이 되니

夜深依舊野干鳴　　　깊은 밤 여전히 여우가 울어대네

― 무진 거사

②

兩頭俱是野狐身　　　양쪽이 모두가 여우의 몸이요

落在中間未離塵　　　중간에 있더라도 티끌을 못 여의이네

直下撞翻群隊去　　　당장에 무리들을 쳐 부숴버렸으니

隣鷄三唱促行人　　　이웃집 닭 세 번 울어 행인의 길 재촉하네

― 열재 거사

①의 무진 거사의 게송, 1행과 2행은 선화에 나타나는 백장이 여우 몸을 받은 수도인의 안목을 일거에 씻어준 것을 "변화된 모습으로 큰 수행을 물으니化形來問大修行 / 당장에 금빛치개로 눈동자를 씻어 줬네當下金篦刮眼睛"로 칭송하였다.

3행 "여우가 몸을 굴러 백장이 되었다" 함은 백장의 '여우 몸이 깨달음을 얻어 인과의 법칙에 지혜로운 대선지식 백장과 같은 사람이 되었다'로 풀이된다. 그리고 마지막 행 "깊은 밤 여전히 여우가 울어대네夜深依舊野干鳴"는 바로 3행에서 인과법칙에 밝아 반야의 지혜를 구족하니, 배고프면 밥 먹고 눈 감으면 잠들 듯이 현상계를 여시하게 볼 뿐이니, '여우는 있었고 여우가 있어 여우가 있을 터이니 깊은 밤, 밤마다 운다'. 이렇게 다른 특별한 도리가 없음이 도리라는 것을 알 뿐이라 읽힌다.

열재 거사의 게송 ②, 1행에서 "양쪽이 모두 여우의 몸이요"는 이항대립적인 사유로 '낙落/불락不落', '매昧/불매不昧'로 오가더라도 혹은 불락과 불매 이렇게 사량분별을 할 것 같으면, 어느 것 하나 여우의 몸을 벗어날 수 없다. 그럼 양쪽이 아니고 중간 지점에 있다 해도 역시 여우의 몸을 벗어날 수 없다. 왜냐하면 중간 역시 어느 한 끝과 끝일 뿐. 그래서 2행에서 "중간에 있더라도 티끌을 못 여의네"로 읊었다.

그러나 이 양변을 벗어난 불매인과 한 마디로 "당장에 무리들을 쳐 부셔 버렸으니直下撞翻群隊去". 아는가? 이 대기大機에 대용大用의 소식을 알기나 하는지. 이 소식은 바로 마지막 행, "이웃집 닭 세 번 울어 행인의 길 재촉하네隣鷄三唱促行人"다.

앞의 선화에 사마두타와 백장의 제자 위산과의 법거량을 다시 한번 살펴보자.

"전좌스님은 어떻게 생각하십니까?"

위산이 바로 문풍지를 세 번 두드렸다潙乃撼門扇三下.

사마두타가 말했다.

"아주 거친 사람이군太麤生."

이에 위산이 말하였다.

"불법은 그런 도리가 아니오."

백장의 불매인과에 대해 사마두타가 위산의 견해를 묻고 있다. 사마두타는 백장문하의 거사로서 수선에 힘쓰는 선객이며, 관상과 풍수지리에 밝아 제방에서 그의 말을 많이 따랐던 명철한 정신의 소유자였다. 이 사마두타의 말에 위산은 문풍지를 세 번 두드린다. 이것이야 말로 열재 거사의 게송 4행의 "이웃집 닭 세 번 울어 행인의 길 재촉하네"와 같은 저절로 상태無功用의 대기대용大機大用이다. 이에 사마두타가 "거치고 엉성한 사람이다"라는 말에 위산은 사마두타에게 말한다. "불법은 그런 도리가 아니다"라고.

실제 그곳에 거치거나 매끈함이 존재하지 않는 곳.

그렇다. 길 떠날 차비나 하자. 요즈음은 닭 울음소리도 없다.

길 떠날 차비나 하자.

『전등록』에 의하면, 백장은 설법을 마친 후, 대중에 흩어지면 급히 그들을 불렀다. 고개를 돌리면 "이게 무엇인가是甚麼?" 하고 물었다.

이 "시심마是甚麼"가 오늘날 우리나라에서 가장 많이 참구하는 화두 중 하나이다.

'이것이 무엇인가' '이게 뭣인가' '이 뭣꼬'

그래 '이 뭣꼬가 뭣꼬?' '뭣꼬?'

백장선사는 95세에 열반드니, 사후 대지선사大智禪師라는 시호를 하사 받았다.

그의 법자로 기록된 30명의 제자 중 위산과 황벽이 가장 걸출하였다.

제42화

법안, 이것은 원래 우리 집 서녘에 있다네

法眼 元是住居西

우리는 제27화에서 법안종이 성립되는 배경과 법안종 윗대 조사들의 행적과 선풍을 살펴보았다. 법안종의 명칭은 문익이 입적한 후에 남당의 군주 이경이 대법안선사大法眼禪師라고 사호한 데서 유래한다.

법안 문익法眼文益(885~958)은 절강성의 여항인으로 속성은 노盧씨다. 7세에 동진 출가하여 처음엔 희각 율사의 문하에서 수학하였다. 희각은 그를 가리켜 내 문하에 자하子夏와 자유子遊같은 사람이라 칭송하였다. 그는 불경뿐만 아니라 유학 경전도 두루 섭렵하였지만 만족하지 못하고 끓어오르는 향상일로에 대한 일심을 간직한 채 남방 복주로 가서 장경 혜릉長慶慧稜(854~932)의 가르침을 구하였으나 개오하지 못하였다. 다시 행각을 떠나 지장원을 지날 때 눈사태를 만나 계침의 가르침에 의해 깨닫게 되었음을 앞 나한 계침의 장에서 충분히 살펴보았다.

법안은 그 후 임천 숭수사의 주지로 개당하였다. 개당 법회에서 지장원 계침에게 향을 사르고 법을 이으니 장경의 제자인 자방子方이라는 수자가

'오랫동안 스님은 장경 화상을 친견하였는데 지장원의 계침 화상의 법을 잇는 까닭이 무엇입니까?' 하고 물었다. 이에 법안은 아래와 같은 장경의 게송 한 구절을 인용하며 반문하였다.

삼라만상 중에 고독한 법신이 스스로를 나타내고 있다萬象之中獨露身.[1]

"나는 이 게송의 뜻을 깨닫지 못했기 때문이오. 그럼 수자는 어떤 것이 만상 가운데서 홀로 몸을 드러낸다는 것인가?"

이에 자방이 불자를 번쩍 들어 보이자, 법안이 말했다.

"이는 장경에게 배운 것이지. 스님의 경지를 일러보시오."

다그치니 자방이 아무 말도 하지 못했다. 다시 법안 선사가 말했다.

"만상 가운데서 몸을 드러낸다는 말은 만상을 무시하는 말인가, 무시하지 않는 말인가秖如萬象之 中獨露身 是撥萬象 不撥萬象?"

"그야, 무시하지 않는 말입니다不撥."

"두 개로군兩介!"

주위의 선객들이 모두가 말했다.

"만상을 무시합니다撥萬象."

이에 법안이 말했다

"만상 가운데서 홀로 몸을 드러내고 있는데, 어찌 무시하고 무시하지 않고가 있겠소? 에잇!"萬象 之中獨露身 咄[2]

이에 자방은 종지를 활연히 깨닫고 법안에 귀의하니 사방에서 납자들이

---

1 『경덕전등록』 권24 「승주청량원문익선사」, 보련각, 1982, 73쪽.
2 『선문염송』 권28, 1296칙 「만상萬象」.

모여들었다고 『선문염송』이나 『전등록』, 『법안록』에 기록되어 있다.

　이 선화에 뜻을 밝힌 게송이 『선문염송』에 4수가 전한다. 두어 수 감상하여 보자.

　①

離念見佛破塵出經	망념 떠나서 부처를 보고 티끌 쪼개어 경전을 낸다
現成家法誰立門庭	현재에 완성된 기법으로 누가 문호를 세웠던가?
日逐舟行江練淨	해가 배를 따르니 강물은 맑고
春隨草上燒痕靑	봄이 풀을 따르니 불탄 곳 푸르다
撥不撥聽丁寧	무시함과 무시하지 않음을 자세히 들어라
三徑就荒歸便得	세 길이 거칠어지자 돌아오니
舊時松菊尙芳馨	옛의 솔과 국화 아직도 향기롭다

— 천동각

　②

萬象之中獨露身	만상 가운데 홀로 몸을 드러내니
一廻相見一廻嗔	한 번 마주 볼 때 한 번 성낸
東西南北吾皇化	동서남북이 우리 황제 땅이
莫向江頭苦問津	강가에서 나룻터를 묻지 말라!

— 불안원

　① 게송에서 3행의 세 길이라 함은 송松, 죽竹, 국菊을 가리키니 도연명이 살던 곳을 말한다.

무엇을 말하랴. 그저 훑어볼 일이다. ①의 게송, ②의 게송을 따지지 말라, 한눈으로 두 수를 동시에 보고 동시에 생각하라, 그러면 '만상지중독로신萬象之中獨露身'일 것이다.

법안이 선객들을 제접할 때 보인 물음을 되받아 주는 즉답은 여러 선사들도 사용한 바 있지만 특히 법안선사에 이르러 전문적으로 활용하고 있다. 이 즉답을 후세의 선객들은 즉물계신卽物契神이라 하며 법안종의 묘지妙旨라고 칭송하였다. 즉물계신이란 하나하나의 현상 그대로가 본래면목인 진리와 들어맞는다. 곧 목전의 현상 그대로가 진리를 현현한 것.

그럼, 즉물계신을 가볍게 지나칠까 우려한 후세 선장의 게송이 있다. 뜻에 더 가까이 가 보자.

就窩打劫神曾措	도둑의 소굴 털어 귀신도 손들 듯이
覿面當機劈面看	되받아치는 솜씨 바로 보라
無口解談無體觸	입이라 말함이 없고 몸이라 닿지 않되
驅牛奪食逼人寒	소 몰고 밥을 뺏고 알몸을 만드네

— 소암전

위의 게송은 소암전이 법안종의 묘지 즉물계신에 대해 노래한 7수 가운데 첫째 게송이다.

소암은 위 게송 1행과 2행에서 '도둑의 소굴의 털듯 되받아치는 솜씨'라고 즉물계신을 표현하고 있다. 우리는 법안종의 묘지에 더 가까이 접근하기 위해 선화 몇 편을 읽어보자.

법안이 현칙 감원에게 물었다.

"스님은 여기에 온 지 얼마나 되시오."

"네 3년입니다."

"스님은 후배이거늘 어찌 일을 묻지 않으시오."

"그렇습니다. 저는 감히 화상을 속이지 못합니다. 저는 일찍이 청봉에 있으면서 마음의 안락을 얻었습니다."某甲不敢瞞和尙 曾在靑峰處 得个安樂

다시 법안이 물었다.

"스님은 어떤 말에 의하여 깨달음에 들게 되었는지?"

"제가 청봉에게 '어떤 것이 학인의 자기입니까?' 물었더니 답하기를 '병정동자가 불을 구하러 왔다'는 말씀에 마음 편하여졌습니다."曾問如何是學人自己 峰云 丙丁童子来求火

"좋은 말이기는 하나 스님이 잘못 알았을 것 같아 걱정이 됩니다."好語 只恐你不會

이 말에 현칙 감원이 말했다.

"병정은 불에 속하니, 불을 가지고 불을 구함이요, 자기를 자기가 찾는 것이 아닙니까?"丙丁屬火 將 火求火 將自己覓自己

"짐작했듯이 스님을 잘못 안 것이오. 그렇다면 불법이 오늘날까지 이어 오지를 못했을 것이오."

화가 난 현칙은 법안을 떠났다. 도중에 '그는 500의 선지식인데 나를 인정하지 않는 데는 반드시 이유가 있을 것이다' 하는 생각이 들어 다시 돌아와 참회하고 물었다.

"어떤 것이 학인의 자기입니까?"

법안이 즉각 대답했다.

"병정동자가 불을 구하러 왔소."丙丁童子来求火

언하에 현칙이 활연대오하였다.[3]

십간十干의 병과 정은 오행五行으로 보아 화火인 남쪽에 해당한다. 병정동자는 불의 신이다. 곧 병정동자는 불의 의인화다. 설명하면 현칙이 '병정은 불에 속하니, 불을 가지고 불을 구함이요, 자기를 자기가 찾는 것이 아닙니까?' 하는 말이 정답이다. 그럼 왜 법안이 잘못 알았다 한 것인가?

다음 게송은 틀림을 밝혀 주고 있다. 즉물계신의 즉문즉답에 대한 우리의 알음알이를 벗겨주고자 애쓴 후대 선객의 게송을 한 수 읽어보자. 눈에 닿는 순간 점두點頭하시길.

丙丁求火已躬明   병정이 불을 구한 일, 이미 밝혀졌는데
法眼靑峰古路行   법안과 청봉은 옛길을 걸었네
行到水窮知盡處   걸어서 물이 다하고, 앎이 다한 곳에 이르러
坐看雲起見平生   편히 앉아 구름 이는 구경하며 평생을 보리

— 동림총

즉물계신卽物契神의 좋은 보기를 하나 더 살펴보자.

한 학인이 법안에게 물었다.

"어떤 것이 조원일적수입니까?"如何是曹源一滴水

법안이 냉큼 대답했다.

"조원일적수."[4]

---

3 『선문염송』 권28, 1299칙 「병정丙丁」.
4 『선문염송』 권28, 1291칙 「조원일적수曹源一滴水」.

조원曹源은 조계의 근원이란 의미다. 일적수一滴水란 한 방울의 물을 말한다. 곧 조계가 육조 혜능이 있던 곳이니 결국 육조로부터 전해오는 진수가 무엇이냐? 하는 물음이다. 이것은 언어로 표현되지 않는 곳을 묻는 것. 이럴 때 덕산은 방棒을 날렸거나 임제의 경우 할喝을 하였을 것이고 조주와 같은 선사는 구순피선口脣皮禪으로 학인을 적기賊機했을 것이다. 그러나 법안은 그저 '조원일적수' 하며 학인의 물음을 되받을 뿐이다. 그런데 질의자는 앞도 뒤도 깜깜하여 굳어 있는데 옆에서 지켜보던 덕소德韶는 언하에 바로 깨닫는다.

이것은 상대의 알음알이를 빼앗아 몽땅 비우게 하는 적기의 한 방편이니, 조사들이 갖추고 있는 활인검법이다. 바로 앞, 소암전의 게송에서 보듯이 '도둑이 훔쳐놓은 물건을 도로 빼앗아 오고', '추위에 떠는 사람의 옷을 벗겨 빼앗아 오고', '배가 고파 정신없이 밥을 먹는 사람의 밥을 빼앗아 오는' 실로 악랄하기 짝이 없는 수법이니 바로 이것이 조사들의 적기의 비법이다.

법안종의 이런 선풍을 『인천안목』에서는 전봉상주箭鋒相拄라했는데, 이것은 자기를 향해 화살이 날아올 때 화살을 날려 두 화살이 맞부딪치게 하는 솜씨를 말한다. 또 오조 법연五祖法演은 순인범야巡人犯夜라 했다. 곧 야경을 도는 순라군이 외려 도둑이 되어 행인을 터는 것을 말함이니, 정신을 바짝 차리지 않으면 그대로 당하는 교묘한 수법을 말한다.

『선문염송』에 기록된 '조원일적수'의 게송 몇 수를 살펴보자.

①

的是曹源水	분명한 조원의 물은
冷冷漱齒寒	차고 차서 양치질하면 이가 시리고
千波常自湧	천 물결이 늘 스스로 치솟거늘

一滴詎曾乾	한 방울의 물이 언제 마른 적 있으랴
趙老和茶飮	조주는 차를 달여 마셨고
寒嵓帶月看	한암은 달을 띠어 구경했네
通身如薦得	온몸으로 깨달음을 얻을 수만 있다면
渴死待豊干	목말라 죽어도 풍간을 기다린다

— 대각련

②

曹源一滴水	조원의 한 방울 물
是則波瀾起	그대로 파도가 되어 일어나고
桃花流出洞門來	복사꽃은 동구로 흘러나오는데
漁舟夜宿蘆花裏	고깃배는 밤새도록 갈대꽃 속에 묵네

— 무위자

대각련의 게송은 진리의 근원을 정공법으로 노래했다면, 무위자의 게송은 조원일적수를 바로 형상화하고 있다. 본지풍광을 현현시키고 있다. 근원의 풍광은 바로 천 가닥 만 가닥 파도이니, 이 파도의 소식을 알고자 하는가? 복사꽃이 떨어져 동구로 흘러나오고 고깃배가 갈대 속에서 일렁이는 풍광, 이 모두 진리의 참소식이다. 또 달리 말한다면 앞집 김 서방이 둘째 아이를 배고 있고 뒷집 이 서방의 큰 딸이 이 풍광을 훔쳐보고 있는 것.

법안이 남경 청량사 방장으로 있었을 때였다. 남당의 군주 이경과 아주 친한 사이였다. 어느 날 그들은 '도'에 관한 이야기를 한 후, 만발한 모란꽃을 완상하러 갔다. 왕의 청에 따라 모란에 관한 즉흥시를 한 수 읊었다.

擁毛對芳叢	붓을 들고 꽃떨기 마주보니
由來趣不同	원래부터 그 향기 서로 다르구나
髮從今日白	머리칼은 이제 희어만 가는데
花是去年紅	꽃은 작년처럼 붉기만 하다
艷冶隨朝露	짙은 단장은 아침 이슬처럼 스러지고
馨香逐晚風	싱그런 향기는 저녁 바람에 실려가는데
何須待零落	하필 꽃잎이 떨어진 뒤에서야
然後始知空	비로소 생의 덧없음을 알까 보냐[5]

— 법안 문익

남당 군주 이경은 이 게송을 듣고 깨달음을 얻었다.

법안이 직접 지은 위의 게송만 읽어보더라도 그가 명상가로 철학자로 또 시인으로 충분한 자질을 갖추고 있음을 파악할 수 있다. 특히 3행과 4행의 대구는 아래 당나라 시인 두보의 시 「월야억사제月夜憶舍弟」를 패러디한 것임을 잘 알 수 있다.

露從今夜白	오늘밤 이슬이 흰빛 서리로 바뀌었건만
月是故鄉明	달빛은 고향에서만 밝게 비추는 구나[6]

---

5 『오가정종찬』권下「법안종」, 장경각, 201쪽.
6 『당서전서』「두보」, 민음사, 415쪽.

戍敲斷人行	변방을 지키는 북소리에 인적 끊어진
邊秋一雁聲	마지막 가을, 기러기 외마디 울음소리에
露從今夜白	오늘밤 이슬이 흰 빛 서리로 바뀌었건만
月是故鄉明	달빛은 고향에서만 밝게 비추는 구나
有弟皆分散	아우들은 제각기 흩어지고
無家問生死	집이 없으니 생사조차 물을 길 없네

법안이 시인으로서 좋은 작품을 쓰고 있다는 느낌은 들지만, 이 게송에 짙게 드리운 생명을 영위하는 인간으로서의 애조는 어쩐지 대선장을 대하는 소감으로는 석연치 않다. 저 남전, 조주, 운문이나 위산, 단하 혹은 임제, 암두와 같은 '적기賊機의 선풍'과 '함이 없는 대자유'가 느껴지지 않아 서운한 생각이 드는 건 나만의 생각인지?

그러나 돌이켜 생각하면 위의 게송을 듣는 사람이 누구인가 하는 문제가 있을 것이고, 그것이 한 시인의 독립된 작품으로만 볼 것은 아니다. 선장으로서 자비보살로서 당시 속가제자인 남당 군주의 눈을 뜨게 하려는 방편으로 게송을 지었고 이 게송을 본 왕은 깨달음이 열렸다고 기록에 전한다. 법안의 이런 노련함. 때와 상대에 따라 알맞은 처방과 약을 주는 명의 역할, 이것이 법안 윗대의 가풍과 연결되어 법안종의 종풍이 된다.

우리나라 조선시대의 서산대사는 법안가풍을 다음과 같이 노래하였다.

> 말끝마다 향기로운 메아리가 울려 퍼지니 구절마다 날랜 칼이 숨었다
>
> 해골이 온 세계를 다스리고 콧구멍은 늘 그 가풍을 불어낸다
>
> 바람 이는 나무 숲, 달빛 어리는 물가엔 진심이 드러나고
>
> 푸른 대 누른 국화, 묘법을 밝게 펴 보이니
>
> 법안종을 알려고 하는가?
>
> 맑은 바람이 구름을 밀어 산마루로 올라가고
>
> 밝은 달은 물에 떠 다리 지나 흘러온다[7]

寄書長不達　　　편지를 부쳐도 오랫동안 이르지 않는 건
況及未休兵　　　아직 전쟁이 그치지 않음이네
7 청허휴정, 『선가구감』, 인물연구소, 1982. 204~205쪽. "法眼家風 : 言中有馨 句裡藏鋒 髑髏 常干世界 鼻孔 磨觸家風 風柯月諸 顯露眞心 翠竹黃花 宣明妙法 要識法眼宗麼 風送斷雲歸嶺去 月和流水 過

내친김에 법안의 아름다운 게송 한 수를 더 소개하고자 한다.

다음의 게송을 읽어보면 그의 시를 다루는 솜씨나 정신세계가 선취시의 작가 도연명이나 왕유, 혹은 황산곡과 필적할 만함을 알게 된다. 이런 세계는 선사로서 높은 인격과 무위에서 흘러나오는 활활발발한 대자유가 있음으로 가능한 것이 아닐까?

幽鳥語如篁	숲속 새는 피리처럼 지저귀니
柳搖金線長	수양버들 가지가지 글줄같이 흐르네
雲歸山谷靜	구름 돌아오니 산골짜기 고요하고
風送杏花香	살구꽃 향기는 미풍에 묻어오네
永日蕭然坐	온 하루 한자리에 조용히 앉으니
澄心萬慮忘	마음은 맑고 만 가지 근심 잊어지네
欲言言不及	말로 표현코자 하나 말이 못 미치니
林下好商量	그대 이 숲속에서 잘 생각해보게[8]

법안의 이 게송을 음미하면 할수록 본래면목과 잘 조화된 두두물물의 도약하는 숨소리를 듣는 것 같다. 우리를 그윽한 곳으로 몰고 간다.

마지막으로 법안이 직접 지은 게송 한 수를 되물어보며 대법안선사의 장을 마칠까 한다.

법안은 선사이면서 교학을 배척하지 않고 선교합일의 정점을 찾고자 노력한 대선장이다. 오늘날까지 전하는 그의 노작으로는 『종문십규론』, 『화

橋來"
8 『오가정종찬』 권下 「법안종」, 장경각, 201~202쪽.

엄육상송』, 『삼계유식송』이 있다.[9] 우리는 이제 그의 유식학唯識學의 삼성三性의 하나인 원성실성圓成實性을 노래한 게송을 음미하며 대선장의 교학에 대한 면모를 읽기로 하자.

理極亡情謂	진리의 극에 달해 분별과 언어를 잊었으니
如何有喩齋	어찌 비유할 길 있으리오
到頭霜夜月	이윽고 서리 내리는 가을밤 달이
任運落前溪	저절로 앞 시내에 떨어져 빛나고
果熟兼猿重	열매가 익어 잔나비 오니 가지가 휘고
山長似路迷	산이 깊어 길에서 갈피 못 잡는 듯
擧頭殘照在	고개 드니 저녁 노을 눈에 스며드는데
元是住居西	이것은 원래 우리 집의 서녘에 있다네[10]

---

9 『법안록』「상당」, 장경각, 188~190쪽. 법안의 「삼계유심송」과 「화엄육상송」을 옮긴다. 화엄의 대의를 노래한 것이다.
"삼계는 마음일 뿐 / 마음은 식識일 뿐 / 마음뿐이며 식일 뿐이라면 / 눈으로 소리를 듣고 귀로는 색을 보아야 하나 / 빛은 귀에 이르지 못하니 / 소린들 어찌 눈에 닿으랴 / 눈으로 빛을 보고 귀로 소리를 들어야 / 만법을 이루리 / 만법은 인연으로 된 것이 아닌데 / 어찌 허깨비라 관찰하랴 / 산하대지 중에서 / 무엇이 견고하고 무엇이 변하랴?"(〈삼계유식송〉)
"동상同相 속에 이상異相이 있으니 / 다름이 같음과 다르다면 / 부처님 말씀과는 영판 어긋나네 / 부처님이 말씀하신 총상總相과 별상別相에 / 어찌 같고 다름이 있었으랴 / 남자의 몸으로 선정에 들 때 / 여자의 몸에는 마음을 두지 않는다네 / 마음을 두지 않고 이름도 끊으니 / 만상이 분명하여 이치도 현상도 없다네"(〈화엄육상송〉)
10 『법안록』「상당」, 장경각, 188쪽. 유식학唯識學에서 삼성三性이란 존재를 바라봄에 세 종류가 있다는 설이다. 첫째 편계소집성徧計所執性으로 두루 분별하는 것에 의해 현재 존재하는 일체가 정말로 그런 것이 있는 것이 아닌가? 집착함이고, 둘째는 의타기성依他起性으로 어느 것 하나 독립자존하는 것이 없고 원인과 조건에 의하여 지금 그런 모습을 나타내고 있을 뿐, 서로서로 의존하는 존재여서 실체가 없다는 것이고, 셋째는 지금 법안이 게송으로 노래한 원성실성圓成實性으로 첫째의 변계소집성에 의한 '망상으로 존재하는 존재'와 '서로 의지해서 존재하는 존재'를 실제로 있는 것인 양 오인하는 데서 생겨난 것과는 반대로 '다른 것들에 의존하는 존재'를 바로 알았을 때 형성되는 존재 양태다.

이 게송은 원성실성의 노래인데 원성실성이란 '원만히 이루어져 있는 그대로의 존재'이므로 진여의 세계, 공空의 세계다.

1행과 2행에서 "진리의 극에 달해 분별과 언어가 끊기니 / 어찌 비유할 길 있으리오"는 지극한 공의 세계는 언어도단言語道斷하고 심행처멸心行處滅한 곳이니 곧 무슨 논증이나 사변이 끊긴 무분별의 세계다. 언어를 잊은 세계는 언어로 표현되지 않는 세계가 아니니, 이것은 '된다/안 된다'라는 양변이 서로 충돌하는 세계가 아니라 있되 서로 상관하지 않는 세계다. 이런 세계의 언어 표현은 아는 사람만이 표현하는 언어의 세계다. 그러나 이것 또한 우리가 쓰는 분별의 언어를 벗어나지 않는다. 이러할 때 이 세계의 표현은 언어에 국한되는 것이 아니라, 손뼉을 치고 눈썹을 찡그리고 손가락을 세우며 불자를 드는 행위 모두가 공의 세계의 표현이 된다.

다시 위의 게송을 살펴보면 '서리 내리는 밤'이나 '달빛에 반짝이는 시내'나 '원숭이의 식사', '첩첩 산', '눈이 부신 저녁노을'이 어울리는 모든 풍광은 스타카토되어 심상에 또렷이 드러나니 천변千變의 사념과 만화萬化의 논지가 끝나는 곳, 진면목이라 하는 것마저 떨어져 나간 자리가 분명하다.

元是住居西 　　　　　　이것은 원래 우리 집의 서녘에 있다네.

보라, 이것이 어디 언어인가. 하늘, 달, 시내, 과일, 원숭이, 산길, 저녁노을이 언제 그대에게 짝지어 달라 하던가, 생각해 달라고 하던가? 우리의 생각이 대체 그들과 무슨 상관이 있는가?

실상의 참모습이요, 공세계의 누설이 아닌가.

그러나 선문은 이런 말조차 용납이 안 되는 세계인지 법안종은 법안 문익에서 천태 덕소, 덕소를 잇는 영명 연수에서 희미하게 2대 더 존속하고 선종 사에 자취를 감추게 된다. 사교입선撰敎入禪과 불립문자를 종지로 삼는 선문에서 법안종은 선교융섭을 힘써온 것이 법손을 끊게 한 것은 아닌지, 결국 이러한 후학에 대한 노파심도 선의 종자를 잘라먹게 하는 것인지? 역사상 아이러니다.

문익이 입적하자 남당의 군주 이경이 그에게 '대법안선사' 시호를 내렸고 탑을 무상이라고 이름지어 하사했다. 『전등록』에 의하면 법안의 제자가 63 인의 이름이 기록되어 있으나, 그중 천태 덕소 국사가 빼어났다.

제43화

삼밭에 한가히 누운 용성

閑臥麻田上 龍城

용성龍城震鍾(1864~1940)의 법명은 진종, 법호는 용성, 멀리 환성 지안의 법을 잇다. 출생지는 전북 남원군 하반면 죽림리(지금의 장수군)에서 1864년 5월 8일에 아버지 백남현과 어머니 밀양 손씨 사이에서 장자로 태어났다.

오도송과 임종게 사이, 용성이 한 일은 한 일이 없음을 알면 제대로 조사의 생을 파악하였다 할 것이다. 그래도 모르면 우리는 그의 행장을 따라 가면 될 것이다. 결국 그는 '삼밭 위에 한가로이 누워있을 뿐이다' 이렇게 알면 된다.

金烏千秋月	금오산엔 천 가을의 달빛이요
洛東萬里波	낙동강엔 만 리 물결이네
漁舟何處去	고기잡이배는 어디로 갔는가
依舊宿蘆花	예에 의지한 갈대꽃만 자고 있네

― 오도송

諸行之無常	모든 행이 떳떳함이 없고
萬法之俱寂	만법이 다 고요하다
匏花穿離出	박꽃이 울타리를 뚫고 나가니
閑臥麻田上	삼밭 위에 한가로이 누웠도다

— 임종게

용성은 23세 들던, 가을 9월에 낙동강을 지나다가 우연히 무상의 안목이 열리니 이에 오도송을 읊는다. 이 오도송을 뒷날, 용성이 일으킨 대각운동인 대각교를 설립할 때 종지천명의 구로 삼는다.

3차에 걸친 오도는 더 의심이 없는 무사한지無事閑地에 든 용성은 대자유인이 된다. 어디 깨달음에 자체에 심천이 있을까마는 사람에 심신心信은 엷음과 깊이를 스스로 가름하여 그것을 1차, 2차, 3차로 나누어 말할 뿐이다.

1. 3차에 걸친 오도

1882년 기묘년에 사미계를 받고 진종이란 법명을 받은 몇 달 뒤에 의성 고운사에 가서 수월 화상을 배알하고 물었다.

"나고 죽음의 문제 매우 큰일이며 무상이 신속합니다. 어떻게 견성해야겠습니까?"生死大事無常迅速 如何是見性

"성인께서 가신 지 오래라 마구니는 강하고 진리는 미약하다. 오랜 업장이 두터워 선근이 약하므로 걷어내기가 어렵다. 지극히 삼보께 예를 올리고 대비신주를 부지런히 지송한다면 자연히 업장은 소멸되고 마음이 밝아져 번뇌 망상에서 벗어날 것이다."去聖時遙 魔强法弱 宿業障重 善弱難排 誠禮三 寶 勤誦大悲神呪 自然業障消滅 心光透漏

이 후 용성은 낮밤 없이 대비주를 염송하였다. 뒷날 양주 보광사 도솔암에서 정진하던 중 홀연히 의심이 생겼다. '산하대지와 삼라만상이 모두 근원이 있는 법이다. 그럼 소위 사람은 무엇으로 근원을 삼는가山河大地 萬象森羅 皆有根源 所爲人者 以何爲根' 하는 의심과 또 '내가 알고 깨닫고 하는 근원은 어디에 있는가? 또 생각을 따라 일어나는 이 생각은 어디로부터 일어나는 걸까?' 이와 같은 의심이 끊일 줄 몰랐다. 이러기를 6일째 되던 날 문득 이 한 생각이 밑 빠진 통처럼 시원함을 느꼈다. 무어라 말할 수 없고 표현할 수 없지만, 참으로 현묘하기 그지없었다. 이에 오도송을 노래한다. 21세에 1차 오도송을 남긴다.

五蘊山中尋牛客	오온산 속에서 소 찾는 객이
獨坐虛堂一輪孤	홀로 허당에 앉으니 또렷한 저 일륜
方圓長短誰是道	모지고 둥글고 길고 짧음 누가 있어 말하나
一團火炎燒大千	한 덩어리 불꽃이 대천세계를 불사르네

— 일차 오도송[1]

1 동산 혜일 찬집 『용성선사어록』 권지하 「찬제선사사조장」, 삼장역회장판, 1941, 21~22장에서 발췌. 『용성선사어록』의 텍스트는 1941년 9월에 발행한, 문인 동산이 찬집하고 김성근이 서를 쓴 것이 최고본이다. 저자가 저본으로 한 책자는 다시 위의 어록을 복사한 1973년 불서보급사에서 복사 인쇄하고 재단법인 대각회에서 재발행한 본이다. 그리고 1993년 동봉이 풀이한 용성선사 어록인

용성의 구도행각은 그 뒤 금강산 표훈사에 무융선사를 참예한다. 앞 대비주를 외우다 느낀 점을 구체적으로 말씀을 올린다. 무융선사가 물었다.

"한 생각이 마치 밑 빠진 통처럼 매우 시원함을 알았습니다."能知一念子如桶底脫相似者
"그래, 그 시원한 그 놈은 어떤 물건이던가?"是甚麼物
말문이 막혀 대답을 못하고 침묵을 지키는 용성에게 무융 선사가 말했다.
"말할 수 없다면 온전치 못한 것이다. 다시 화두를 들어라. 조주스님의 무자화두를 들어보게."不道 不是 更參話頭 始得

용성은 그 후 조주 무자화두를 참구하기 시작했다. 다시 양주군의 보광사 도솔암으로 돌아온다. 그리고 계속하여 화두를 들던 중 어느 날 허탈하게 웃는다. 옛 조사들이 노래한 게송에 영회 돈오한다.

去年貧 未是貧	작년의 가난은 가난이 아니었네
無立錐地	단지 송곳 꽂을 땅이 없을 뿐
今年貧 始是貧	금년의 가난, 참 가난이구나
錐也無	송곳조차 없으니

하는 영운靈雲志勤(당시대)의 게송의 마음 상태가 지금 스스로의 마음임을 알고 게송을 읊는다.

『평상심이 도라 이르지 마라』는 위의 1941년본을 한글로 번역하고 용성의 저작인 『청공원일』을 뒷부분에 첨가하여 간행한 것이다.

排雲携霧尋文殊	구름을 헤치고 안개를 거두며 문수를 찾다가
始到文殊廓然空	문수의 텅 빈 자리 비로소 이르렀네
色色空空還復空	색색이 빔이여 빔조차 또 돌이켜 빔이여
空空色色重無盡	비고 빔이 가득 가득 다함이 없어라

21세의 용성은 양산 통도사 금강계단에서 선곡 율사로부터 비구계와 보살계를 받는다. 이 계맥은 칠불암 대은 율사 정맥을 잇게 되는 것이다.

그 후 조계산 송광사 삼일암에 하안거 중, 『전등록』을 읽던 용성은 '달은 굽은 활 같고, 비는 적은데 바람이 세차다月似彎弓 小雨多風'에 이르러 별안간 안목이 훤히 열리며 본래면목을 깨닫는다. 일체의 이사理事가 원융해지고 확연해졌다. 그리고 '일면불 월면불日面佛 月面佛' 화두와 '조주무자' 화두의 본래 뜻이 환하게 보였다. 해인사로 돌아온 용성의 나이가 22세 때이다. 2차 오도송을 읊는다.

伽倻名價高靑丘	가야산의 참 가치는 높고 푸른 뫼
明心道師幾往來	마음 밝힌 이들 몇이나 오고 갔나
矗矗奇嚴疊鱗高	층층 기암 켜켜이 높으니
密密栢樹相連靑	**빽빽**한 잣나무는 서로 푸르름인데
無限白雲滿洞鎖	무한한 백운은 온 고을에 이어지고
洪種轟轟碧空衝	홍종은 챙챙 벽공에 사무치니
回首看山醉流霞	머리를 돌려 산을 보니 취한 듯 노을이 흘러
倚樹沈眠日已斜	잠시 나무에 기대어 조는데 해는 이미 기우네

— 2차 오도송

그 후 송광사 감로암에서 호붕 강백에게 『기신론』과 『법화경』을, 곡성 태안사에서 수경 강백에게 『선요』와 『서장』을, 석교 율사에게 『법망경』과 『사분율』을, 다시 호붕 강백에게 『화엄경』을 배우고 해인사 월화 강백에게 『선문염송』 30권을 마쳤다. 월화 강백이 대승사로 옮기자 같이 따라가 『화엄십지』와 『치문』을 배워 경·율·논과 밀교를 회통한 대종장이 되지만, 그의 이상은 불립문자 교외별전인 조사선에 둔다.

이와 같이 두루 스승을 찾아나서는 구도행각은 당시 납승들로부터 선재동자 후신이라는 칭송을 받는다.

그 뒤 송광사 삼일암에서 하안거를 지내고는 23세 들던, 가을 9월에 낙동강을 지나다가 우연히 무상의 깨달음이 열리어 게송을 읊으니 모두의 오도송이다.

금오산엔 천 가을의 달빛이요
낙동강엔 만 리 물결이네
고기잡이배는 어디로 갔는가
예에 의지한 갈대꽃만 자고 있네

2. 보림 행각

1) 혜월 선사와

용성의 나이 37세 되던 해부터는 보림을 위해 행각을 하게 된다. 1900년 8월 어느 날 청해사 수덕암에 이른다. 이 때 혜월 혜명慧月慧明(1861~1937)선사가 도량을 거닐다가 용성을 보고 물었다.

"어디서 옵니까?"
"천장암에서 옵니다."
혜월선사가 방에 들어가자 용성도 따라 들어갔다. 혜월이 목침을 들면서 물었다.
"이게 무엇입니까?"
"목침입니다."
혜월이 목침을 밀치고는 다시 물었다.
"이럴 경우 어떻게 대답하겠습니까?"
"이는 일체 부처님이 광명을 놓는 곳입니다."此時諸佛 放光明處

눈 깜짝하는 순간에 검초가 펼쳐졌다. 황홀한 칼싸움. 그래서 선객이 깃드는 곳을 심검당尋劍堂이라 편액하는 모양이다.

2) 월화 강백, 호명선사와 함께

대승사에서 『화엄십지』를 배울 때, 하루는 월화 강백이 물었다.

"나귀의 문제가 해결되지 않았는데 말일이 찾아왔다는 뜻은 무엇인가驢事未去 馬事到來 意旨作麼?

말이 떨어지자마자 곧 바로 게송을 읊는다.

長安大道亂如絲   장안의 대도가 실에 엉킨 듯
人去人來終不休   오가는 사람들 쉴 줄 모르네

호명 선사가 물었다.

"온갖 풀잎마다 조사의 뜻이 분명하다고 한 뜻이 무엇인가?"明明百草頭 明明祖師意作麼生會

"사불산 속에 꽃은 붉고 버들은 푸르니 마음껏 놀다 가시지요."四佛山中 花紅柳綠 任君遊去

"어떤 것이 노지의 백우인가?"如何是露地白牛2

"두 개의 뿔과 네 개의 다리, 참으로 분명합니다."兩角四足 甚分明

"어떻게 알 수 있는가?"

"어떻게 부릴 수 있습니까?"

---

2   노지露地의 백우白牛에서 노지는 아무것도 덮인 것이 없는 드러난 땅이다. 『묘법연화경』 비유품에 장자의 아들들이 불붙는 집에서 뛰어나와 노지에 앉아서 대백우차大白牛車를 보았다는 비유가 있다. 곧 노지는 계외界外의 편안한 곳에 비유한 것이다.

3) 중국에서

1907년 용성의 나이 44세 때에 청나라 북경에 도착한다. 여러 사찰을 두루 참방하고 중방교 관음사에 머물렀다.

하루는 한 중이 용성에게 물었다.

"어떤 것이 마음을 깨달아 생사를 초월하는 안심입명安心立命하는 곳입니까?"

"관음원에는 좋은 쌀밥이 있습니다."

"나는 밥을 물은 것이 아니오. 어떤 것이 마음을 깨달아 생사를 초월하는 이른바 안심입명하는 곳입니까?"

"또한 반찬도 좋습니다 그려."

"?"

한 수좌가 소주에서 찾아왔다. 용성이 물었다.

"소주라면 이 북경보다는 남쪽 지방이 되겠습니다. 그 남방의 불법이 어떻습니까?"

수좌가 게송으로 답했다.

| 常憶江南三月裏 | 늘 강남 3월 속에 나는 있네 |
| 鷓鴣啼處百花香 | 자고새와 고니 우짖고 백화가 향기로운 곳 |

수좌가 반문하였다.

"동국 조선의 불법은 어떠합니까?"

용성이 대답하였다.

"불법이 훌륭하나 다만 이가 아픕니다."

"이가 아픈 것입니까, 마음이 아픈 것입니까? 빨리 이르시오."

"할"

수좌가 말했다.

"질문과 대답이 좋았습니다."

용성이 좌구를 들어 수좌를 후려쳤다.

3.경봉선사에게 보낸 용성의 답신[3]

경봉鏡峰靖錫(1892~1982) 화상이 통도사 극락암 무량수각에서 화엄산림 법회를 하며 21일간 용맹정진 끝에 오도하신 해는 1927년 12월 13일 새벽녘이었다.

我是訪吾物物頭	내가 나를 온갖 것에서 찾았는데
目前卽見主人樓	눈앞에 바로 주인공이 나타났네
呵呵逢着無疑惑	허허 이제 만나 의혹이 없으니
優鉢花光法界流	우담발화 꽃빛이 온누리에 흐르누나

---

3   경봉정석, 명정 역주, 『화중연화소식』, 미진사, 1894, 111~112쪽. 경봉선사의 물음에 대한 용성선사의 답신이다.

이 게송이 경봉 화상의 오도송이다. 이어 오후의 수행과 보림 일로를 묻는 글을 오도송과 함께 당시 선지식인 용성, 한암, 제산, 효봉선사들께 보냈다. 그중 용성선사의 답글이 무려 10편이 된다. 이 중 3편을 골라 옮겨 적는다.

1) 주신 편지를 뜯어보고

주신 편지를 서둘러 뜯어보고 기쁨을 이기지 못하였소. 오랫동안 공무의 분주함에도 불구하고 무가無價의 보장寶藏을 발견하였으니, 만약 여러 생에 반야般若의 지혜종자를 심지 않았으면 어찌 능히 이와 같겠습니까. 나 또한 미진한 처지지만, 그러나 이것이 지극히 중대한 일이라 실로 경솔한 말로써 증명할 수 없습니다.

다른 이의 깨달은 바도 모르면서 억누름도 죄인이며, 깨달은 바가 깊고 얕은 것도 모르면서 망령되이 인가認可하는 것도 죄인이니, 실로 예삿일이 아닙니다.

청나라 옹정황제가 이르기를, 요즈음 참선하는 이들은 의해義解도 따지지 않으면 말길과 마음이 끊어지는 곳을 집착하고 이러한 도리가 아니면, 아무런 재미없는 것을 극칙極則으로 삼나니, 스님의 깨달은 바는 과연 어떠한지요. 만약 허공에 불이 일어나 허공이 타버리고, 바다 밑에 연기가 일어나 산하대지가 한꺼번에 타버리더라도 여기에서 다시 묻는데, 답을 못하면 조금 갈등이 남음이로다.

스님께서 실로 화두話頭의 의정疑情을 타파하였으면, 참으로 불 가운데 연꽃이 솟음이라. 나 역시 찬탄하여 마지않음이니, 다시 무슨 말을 하리요.

요즘 깨달았다고 하는 자들을 보면, 대개가 모든 법이 공적空寂하다고 하지 않으면 가히 상대할 것이 없고, 가히 이치를 펼 것이 없다 하거나, 잠간 묵묵히 있지 않으면 은밀히 작용하고, 또는 종문의 향상을 타파해서 최초구最初句에 집착하지 않으면 대용을 나타냄이라 하니, 옳지 않다는 것은 아니나, 자기의 본성은 꿈에도 보지 못함이니, 알겠습니까?

나의 본성은 체體도 아니고 용用도 아니며 종문향상宗門向上도 아니며 최초구도 대용大用도 아닙니다.

임제臨濟義玄(?~866)와 덕산德山宣鑒(780~865)은 이 모두 마음을 훔치는 도깨비 이며, 과거 현재 미래의 모든 부처는 마치 모기가 어지러이 우는 것과 같음이라, 여기에는 무엇이든지 붙을 수가 없습니다. 그러나 만약 참으로 본성을 깨달으면 촛불이 눈앞에 있는 것과 같아서 누구에게 물을 필요가 없으니 알겠습니까?

이 맛은 물 가운데 소금맛과 같아서, 결정코 있는 것이나 보아도 보지 못하고 들어도 듣지 못하는 것과 같음이라, 여러 가지 명상과 온갖 의리意理와 세간과 출 세간의 일들이 전부 붙을 수가 없는 것이니, 비록 그렇게 붙을 수가 없지만, 이 일 만은 분명한 것이라 진실로 이 이치를 아시겠습니까?

저 물에 비유하자면 맑기도 하고 탁하기도 하며 넓게 파도치며 출렁거리며 하 류로 흘러가되 이것이 아울러 물의 본성은 아니니, 물의 성질은 젖는 것이나 결코 현상을 볼 수 없으되, 파도가 돌에 부딪친 뒤라야 젖는 것은 보지 못하나 원래로 젖지 않는 그 젖음이 가히 젖음으로 나타남이요, 대각大覺의 성리性理가 그 당체當 體에는 여러 가지 명상名相이 없으되 빛을 보고 소리를 들음에 깨달아 아는 것이 나 타남이라, 시작과 근본이 한 몸이며 근본根本과 지엽枝葉이 둘이 아니며, 둘이 없는 그 성리性理가 참된 성리로다.

이 참된 성리는 범부에게 있다 해서 못할 게 없고, 성현에게 있다 해서 나을 게 없다. 스님이 만약 이 이치를 깨달으면 현세에 종횡으로 설파하여 삼현三玄이니 종문향상宗門向上이니 최초구니 삼요三要니 아공我空이니 법공法空이니 양구묵언良 久黙言이니 절대로 짐작이 없는 것이 대용大用이니 하는 무리들과 같지 않을 것이니, 아시겠습니까?

만약 이와 같으면 쓸어버림도 나에게 있고 세우는 것도 나에게 달려서 밝은 구슬을 가지고 놀며 종횡으로 유희함에 일없는 한가로운 도인입니다.

위산潙山靈祐(771~853)이 이르시기를 닦는 것과 닦지 않는 것이 두 가지 말이니, 다만 물질에 아무런 뜻이 없다면 저 법의 성품에 맡겨져 두루 유통하여 끊지도 말고 잇지도 말라 하신 여기에 결택決擇할 것이며, 목우자普照知訥(1158~1210)가 이르시되 마음이 마음에 머물고 경계가 경계에 머물러서 어느 때에는 마음과 경계가 서로 대하여도 마음이 경계를 취하지 않으며, 경계가 마음에 임하지 않으면 자연히 망념이 일지 않고 저 도에 걸림이 없으리라 하니, 스님의 습기習氣를 스스로 헤아려서 『진심직설眞心直說』 가운데 열 가지의 공부 짓는 방법 중, 어느 것이든지 선택해서 하십시오.

혹시 습관이 중重하여서 정력定力이 약하고 혼침昏沈과 산란散亂에 빠지거든, 열 가지 중에 첫 번째인 깨달아 살피는 공부법을 의지할 것이며, 혹은 사람과 경계를 함께 빼앗는 방법과 혹은 사람과 경계를 모두 빼앗지 않는 공부를 하십시오.

기사년 9월 15일

백용성白龍城

2) 회신합니다

삼가 회신을 보냅니다.

도체후 청정하여 약을 안 쓰는지요.

병도 차도가 있고 약도 필요 없으면 여전히 예전 사람이라 다시 누구에게 참회할 필요가 없습니다.

달마스님이 이르기를 마음이 일어날 때 문득 죄가 생기고 죄가 사라지고 마음이 공하면 두 가지가 함께 없어진다, 이것을 이름하여 참된 참회라 한다고 했으니 쯧!

이것은 부스럼 위에 쑥뜸질하는 것과 같은 것이라 요즈음 말 많은 법사들이 혹은 법법法法이 온전히 참됨이라고 하거나 혹은 뿌리채 뽑는다고 하는데 대개가 본을 의지해서 그림을 그리려 하니 점점 상응하지 못합니다.

저 태말충太末虫(파리)이 물질 위에 붙어 있으면서 격외격내格外格內의 말을 하는 것과 같이 이치를 말하며 사물을 말하며 중생을 말하며 부처를 말하며 평상과 본래 평상 등을 말하여 몇 사람이나 성취하게 하고 몇 사람이나 그르쳤는가. 설사 범위를 벗어나는 일이라도 또한 결점이 있도다.

靑松落落立	푸른 소나무는 낙낙히 섰고
白雲片片飛	흰 구름은 편편히 흘러가는데
遙望涯天邊	아득히 하늘가를 바라보니
夕陽反射紅	저녁노을이 붉게 반사되네
古佛元不會	옛 부처도 본래 모르고
我亦無所得	나 역시 얻은 바 없어
打破虛空骨	허공의 뼈를 쳐부수니
忽地霹靂起	문득 벽력 소리가 일도다

본납本衲은 멀리 환성喚醒志安(1664~1729)에게 법을 이었으니 환성은 나의 스승이라 더 기록할 필요가 없습니다.

세존 2942년 11월 23일

환성 사법 용성 서喚醒 嗣法 龍城 書

(이글을 좋은 종이에 다시 써서 증거문으로 하십시오.)

3) 공이 또한 공하더라도

(일매 빠짐)

　일구하야사 옳도다. 근래에 납승이 도를 깨달았다는 이들 거의가 깨달은 바가 저 공에서 벗어나지 않나니 만약 공과 불공이 함께 공하여 공이 또한 공하고 공이 또한 공한 거라도 자기의 참된 성품은 꿈에도 보지 못하나니 공이 공하고 공이 공이라 하야 이와 같이 전전하여 다함 없이 공하다 하더라도 공을 떠나기 어렵고 심지어 양구 묵언으로 스스로 증득함을 표현하더라도 옳지 못하니 종사가에서는 이 공하여 말이 없는 것을 도라고 하지 않나니 공은 도가 아니며 공은 성리도 아니니 비유하건댄 허공이 자체가 군상이 아닌 것과 같아서 각의 성리 또한 그렇다.

　그러나 몸을 굴릴 일구를 무어라 해야 하겠는가. 다시 일구를 기다려서 깨달은 뒤에 수련하는 방법을 간략히 적어 보내 드릴까 하나이다.

　고양이를 베인 일은 불조와 산하가 저 남전南泉普願(748~834)에게 목숨을 빌 일이나 조주趙州從諗(778~897)가 신발[4]을 이고 나간 구절은 이 일이 아니니 깊이 생

4　「남전참묘」 공안은『선문염송』, 제6권『전등록』 제8권,『벽암록』 제63칙,『무문관』 14칙 등에 기록되어 있는 유명한 공안이다. 남전선사(744~834)는 마조도일의 법제자이며 조주고불로 알려진 조주종심의 스승이다. 『벽암록』의 이야기는 이렇다.
제63칙 「남전참묘아」와 64칙 '조주두대초혜'와 이어지나,『벽암록』에서 두 선사의 선기를 각각 살피고 있다. 제63칙에 의하면 "남전산에서 어느날 양당의 중들이 고양이 새끼를 놓고 다투고 있었다. 남전화상이 보다 못해 이윽고 그 고양이를 번쩍 들고는 '누구든 한마디 해 보라. 그러면 살려 주겠다'고 말했다. 그러나 아무도 대답하지 못했다. 남전은 고양이를 단칼에 두 토막으로 잘랐다." 제64칙은 "남전이 앞 이야기를 하면서 (나중에 돌아 온) 조주에게 '너라면 어찌 할래?' 물었다. 그러

각하시오.

이만 줄입니다.

2955년 정월 15일

용성 올림

[原文]

一章缺損

一句하야사 始得다 近來衲僧이 擧皆悟道云者는 所悟가 不出於空이니 若空不空이 俱空하야 空亦空하고 空亦空이라도 於自家眞性은 未夢見者니 空이 空하고 空이 空이라 하야 如是轉轉無盡空이라도 空을 難離이요 甚至良久黙言하야 自證을 表現하야도 未可이니 宗師家에서는 以空無言으로 不爲이니 空 不是道며 空不是性이니 譬喩하건댄 虛空이 自體가 群像이 안인 것과 如하야 覺性亦然이 然이나 轉身一句을 作麼生道오 更待一句 悟後修練을 若呈일까 합니다

斬猫之事는 佛祖與山河가 乞命於南泉이나 趙州戴履之句 不是這箇事 深思焉하시오 餘는 不備回上

二九五五 正月 十五日 龍城 拜

자 조주는 두말없이 짚신을 벗어 머리 위에 얹고는 나가버렸다. 남전이 '너가 있었다면 고양이를 구할 수도 있었을 텐데' 하고 아쉬워했다.”

4. 각성한 보살로 행업

삼일운동 민족대표 33인으로 서명한 용성선사는 징역 1년 6개월을 받았다. 1919년 3월 1일 체포되고 1921년 3월에 출옥한다. 용성은 감옥에서 타종교의 경전이 한글화되었음을 알고 출옥 후에 삼장역회를 조직하여 불경한글화 작업에 착수하게 된다. 1910년 한일합방 이후의 생애는 항일 운동과 관련되지 않음이 없었고, 용성은 늘 요시찰인물로 형사들이 그의 뒤를 따라다녔다.

그리고 용성의 행장 가운데 특기할 것은 대각운동이다. 오랜 쇄국 끝에 개화하므로 받아들인 서양 문물과 더불어 들어온 예수교와 천주교의 범람과 일본의 대처하는 불교를 총독부가 적극 육성하는 바람에 진정한 한국불교가 사라져 가던 시기였다. 용성은 이러한 때에 어떻게 하면 전법도생을 할 것인가를 걱정하고 한국불교의 나아갈 방향을 제시하는 정신 운동으로 대각사상을 부르짖게 된다.

이러한 상황을 돌파하는 일환으로 한글역경 불사는 우리나라 한글사나 민족정신 계승의 차원에서 보아도 크고 크다 하겠다. 1921년에 설립한 삼장역회는 조선 초 '간경도감'(세조때 설립, 성종 때 폐지) 이후 450년 만에 이루어진 대사업이다.

이곳에 나온 서적으로는 ① 저술 『심조만유론』외 22권, ② 번역 경전 및 논서로는 『신역대장경』, 『육조단경』, 『화엄경』15권 등 22종의 방대한 역경과, ③ 발표논술은 『변종설』 등 7종에 이르고, ④ 발간 잡지로는 『불일』이 있다. 실로 우리나라 역사상 개인의 원력으로 볼 때 한글 역의 초조로 보아도 손색이 없다.

용성의 업적을 요약하면 ① 선의 대중화, ② 저술 및 역경, ③ 민족정기 고양, ④ 교단 정화운동, ⑤ 사원경제의 자립화, ⑥ 포교의 현대화 등등 이루 말할 수 없을 정도이다. 이것은 절대현재 이 순간을 정점이 삶의 확립으로 보는 바로 선의 활성화이다.

5. 삼밭 위에 한가히 누운 용성

1940년 봄, 미질을 보이더니 문도들에게 부촉하였다. 용성의 마지막 모습을 지켜 본 동헌이 물었다. "스님 이제 가시면 어디로 가십니까?" 아무 말 없이 임종게로 대신하였다.

모든 행이 떳떳함이 없고
만법이 다 고요하다
박꽃이 울타리를 뚫고 나가니
삼밭 위에 한가로이 누웠도다

이어 '시자여 대중이여 그동안 수고했다. 나는 간다'라는 말을 마치고 입적하였다.

음력 2월 24일 여명에 미소를 지으시고 입적하니 기이한 향내가 진동하였다. 세수는 77세요 법납은 61년이었다.

은법제자로 단암, 덕운, 보광, 회암, 도암, 동헌, 뇌묵, 봉암, 동산, 동암, 고암, 인곡, 자운, 소천 등이 있고, 그 아랫대로는 성철, 혜암, 법전, 광덕, 지관, 정관, 무산, 도문 등을 들 수 있다.

제44화

운문의 삼구

雲門三句

운문종의 개조 운문 문언雲門文偃(864~949)이 선풍을 드날린 시대는 오대십국五代十國이라 불리는 어지러운 시기였다. 그가 운문이란 이름으로 불리게 된 것은 남한南漢의 광왕廣王이 광동 운문산에 주석을 청하므로 받아들여 교화를 폈기 때문이다. 육조 혜능의 양 고족 중 하나인 청원 행사 하의 6세에 해당한다.

처음 황벽의 법을 이은 목주 도명睦州道明을 찾았다. 처음 찾아갔을 때, 세 번째 문을 두들기자 그때서야 빗장을 열어주었다. 문언이 들어가려 하자 목주가 밀어내면서 '아무짝에도 쓸모없는 놈 같으니라구'(『오가정종찬』 권下 「운문종」)[1] 하는 말을 듣고 언하에 바로 깨달았다. 이렇게 하여 목주를 여러 해 참례하여 모시니, 불법의 묘리가 더욱 더 깊고 넓어졌다. 목주는 문언이 대기대용을 능히 감당할 인물임을 알고 이렇게 말했다.

1　'진시탁낙찬秦時踱轢鑽', 탁낙찬은 진나라 때 성을 쌓는 데 사용하던 전차다. 결국 지금은 아무 쓸데가 없는 물건이라는 뜻이다.

'나는 그대의 스승이 아니다. 이제 설봉 의존雪峰義存(822~908)을 찾아가서 지도받도록 해라' 하는 지시에 의해 설봉을 찾아가 여러 해 동안 열심히 정진한 끝에 설봉에게 드디어 인가를 받고 법을 부촉받았다.

운문의 선풍은 정묘고고精妙孤高한 언구에 있다고 선학자들에 의해 지적되어 온다. 이 실증을『선문염송』에 실린 선화와 염송으로도 잘 파악할 수 있다.

이쯤에서 운문종을 단적으로 잘 드러낸 시설인 운문삼구를 살펴보고, 운문삼구와 운문이 남긴 선화와 그에 따른 공안을 살펴보자. 그리고 후대의 선객들이 공안의 뜻을 드러내기 위해 부친 게송도 음미하여보자.

函蓋乾坤　　　　　함개건곤

乾坤並萬象　　　　하늘 땅과 삼라만상

地獄及天堂　　　　그리고 천당 지옥은

物物皆眞現　　　　무엇이든 어디든 진리의 보임이니

頭頭總不傷　　　　물물마다 그대로여서 모자람이 없네

截斷衆流　　　　　절단중류

堆山積嶽來　　　　산처럼 바위처럼 쌓이는 건

一一盡塵埃　　　　낱낱이 모두가 티끌이구나

更擬論玄妙　　　　다시 현묘한 뜻 논하려 하면

氷消瓦解摧　　　　얼음 녹듯 기와쪽 부서지듯 하리라

隨波逐浪	수파축랑
辯口利舌問	기찬 말솜씨로 질문을 하면
高低總不虧	올렸다 내렸다 조금도 흠 없어
還如應病藥	병에 따라 약 주듯
診候在臨時	상황에 따라 진맥하네
三句外別置一句	삼구 밖에 일구
當人如擧唱	본인이 들어 제창한다면
三句豈能該	세 구절에 어찌 모두 꾸리랴
有問如何事	누군가가 무슨 일인가 한다면
南岳與天台	남악과 천태라 하리라

— 덕산밀

운문삼구는 운문종을 가장 단적으로 보여주는 시설施設이다. 하루는 운문이 대중들에게 수시하였다.

"하늘 복판이요, 하늘과 땅을 함과 뚜껑으로 함이요, 눈대중으로 수량을 가림이요, 일체 인연에 끌리지 않는 것이다. 한 구로 어떻게 말할 수 있는지 일러봐라."天中 函蓋乾坤 目機銖兩 不涉萬緣 一句 作麼生道

대중 가운데 아무도 대답을 못하자 스스로 답을 했다.

"한 화살촉으로 세 관문을 깰 뿐이다."一鏃破三關

— 『선문염송』 권24, 1048칙 「천중(天中)」

이 삼구三句를 그의 법제자 덕산의 원명 연밀圓明緣密은 후일에 함개건곤函蓋乾坤은 그대로, 목기수량目機銖兩은 절단중류截斷衆流로, 불섭만연不涉萬緣은 수파축랑隨波逐浪 구句로 이름을 개정한 것이 오늘날 운문삼구로 일컬어지게 된다. 그리고 연밀이 삼구어를, 게송을 지어 노래했다.

운문삼구를 발현시키고자 애쓴 그의 법제자 연밀의 본칙의 게송과 운문이 수시한『선문염송』1048칙「천중天中」을 비교하여 확실한 이해에 닿아 보자. 오직 그저 읽어 봄이 중요하다.

삼구를 궁구해 보면 결국 절대 '도'에 관한 설명이다. 불교 도처에 등장하는 변증법적 체계인 '도'의 세 측면을 나타내고 있다. '도'를 내적 측면으로 볼 때, 전 우주와 모든 두두물물에 편재해 있으며 너무 가까이 있고 일체가 맷돌 맞듯 맞물려 돌아가니, 아니 그게 그것이어서 언어나 생각으로 접근 불가능한 이것이 제1구 함개건곤函蓋乾坤의 의미다.

제2구 절단중류截斷衆流란 마치 구毬가 굴러가듯 망상의 흐름이 이어지고, 또 우리의 삶도 굴러가고 흘러가듯 온갖 바깥 경계에 집착하지 않는 것. 이것이 운문이 말한 불섭만연不涉萬緣의 본래 뜻이다. 이 간섭하기도 하고 간섭하지도 않는 이고리를 절단중류함, 이것이 제2구의 의미다. 무엇을 끊어버릴 것이 있어 절단하는 것이 아니라, 온갖 바깥에 일어나는 경계를 몰록 쉬고, 또 안으로 헐떡거림이 없는 것. 이것을 말한다.

제3구 수파축랑隨波逐浪으로 석가부처가 만 중생에 대해 대기설법對機說法하듯 학인의 근기에 맞추어 제도함을 이른 언구다. 운문이 말한 목기수량目機銖兩과 맥이 통한다.

이와 같이 우리가 앞 본칙의 게송에서도 살펴본 것 같이 삼구가 별개의 것으로 존재한다는 뜻은 아니다.

① 함개건곤 : 전 우주를 모두 적시고 덮는다.

② 절단중류 : 일체의 흐름을 찰나에 끊는다.

③ 수파축랑 : 파도를 따라 그 흐름을 같이 한다.

　운문이 수시한 목기수량目機銖兩은 순간적이고 정묘한 슬기로 상대를 읽는 것이니 이것은 바로 우주 삼라만상의 흐름을 끊어버리고 정지시켜 찰라를 확대해 보는 절단중류截斷衆流이고, 불섭만연不涉萬緣은 모든 연기緣起는 서로 간섭하지 않은 채, 바로 파도를 따라 그 흐름을 같이 함이니 이것은 수파축랑隨波逐浪으로 이해되어진다. 이것은 결국 전 우주에 편재됨이니 하늘과 땅을 뚜껑과 함으로 하는 함개건곤函蓋乾坤으로 모아진다. 어느 구句를 미리 말하여도 마찬가지의 결과다.

　그래서 운문은 스스로 답하기를 '한 화살촉으로 세 관문을 깰 뿐이다一鏃破三關'라고 했다. 선장의 한 말씀 속에 '평등/차별'이 둘이 아님을 갈무리하고, 학인의 번뇌망상을 송두리째 빼앗는 적기의 방편슬기와 또 학인 각각의 기량에 알맞게 키워가는 간절노파심절懇切老婆心切이 동시에 구비되어야 함을 보인 것이다.

　지금부터 소개되는 공안들은 운문삼구를 낱낱이 짚고 있을 뿐 아니라 모두 갈무리하고 있어 펴는가 싶으면 말아들이고, 말아들인다 싶으면 펼 뿐 아니라 또 끊임없는 흐름 속에 마치 칼로 물을 베듯 한 순간을 베어 분명한 뜻을 밝힌다. 그리고 학인을 꼼짝하지 못하게 번개치듯 빼앗는 적기의 수법을 우리는 감당하여야 할 것이다.

1. 일일시호일 日日是好日

운문이 하루는 대중에게 수어하였다.

"15일 이전은 그대들께 묻지 않겠거니와 15일 이후의 일을 한마디 일러들 보라."

잠시 후 스스로 말했다.

"날마다 좋은 날이니라." 日日是好日

— 『선문염송』 권23, 1009칙 「십오일(十五日)」

　너무나 잘 알려진 공안이다. 이 공안은 운문선사가 어느 15일 날 소참 때 대중에게 수시한 법문이다. 곧 사람들은 이미 가버린 과거에 집착하여 귀중한 시간을 이리 저리 굴리며 낭비한다. 그러나 지나간 시간은 지나간 시간이니 묻어두고 수자들에게 묻지 않는다. 돌이켜 보면 영원한 시간의 흐름은 처음도 끝도 없이 흘러가니 다가오는 영원한 미래에 대해 무언가 나름대로 의견을 제시해 보라고 말하자 대중 모두 말하는 자가 한 사람도 없었다. 그러자 운문은 다시 수다를 떤다. 왜 비가 오면 '날씨가 나빠서 아무 일도 못하게 되었다니, 날이 개면하려고 하던 일이 바뀌어 졌다'라 하던가? 또 비가 너무 와서 '홍수다' 하고 말하고 비가 오지 않으면 '가뭄이다'라고 소란을 피우는데 사실 우주가 인간을 위해 존재하는 것이 아니지 않은가? 우주의 본체에서 보면 모든 것이 자연현상일 뿐 그곳엔 선도 악도 없다. 그러니 이러한 우주의 절대적인 진리인 곧 자성을 아는 자에게는 일일시호일 日日是好日일 것이다.

　보름달 이후를 나에게 말해다오. 여기서 보름달은 충만함이니 깨달음에 비유된다. 곧 15일 이전은 접어두고 15일 이후의 상황을 말해 달라고 한다.

『무문관』의 저자인 무문 혜개無門慧開(1183~1260)가 지은 남전의 '평상심이 도다' 하는 화두에 대한 게송을 소개한다. 이것이 그 노래다.

春有百花秋有月	봄엔 백화만발하고 가을엔 밝은 달 휘영청
夏有凉風冬有雪	여름엔 시원한 바람 겨울엔 눈
若無閒事挂心頭	만약 마음 걸어두어 헛걱정 없으면
便是人間好時節	인간사 모두 즐거운 계절일 것이다

이크! 잘못됐다. 내가 너무 많은 말을 했어.

입과 머리 없이 다음 게송이나 중얼중얼거려보자.

①

日日是好日	날마다 좋은 날이란 말
誰言無等匹	뉘라서 짝할 이 없다던가
甘瓜徹蔕甘	단 외는 꼭지까지 달지만
未必甘如蜜	꿀같이 달지는 않도다

— 대홍은

②

정자본이 상당하여 대중에게 말하다.

"반을 꺾고 셋을 찢는 것은 요새 사람들이 알고 있고 하나를 버리고 일곱을 드는 것은 대중이 들은 바라. 15일 이전은 그대가 나를 가려내고 15일 이후는 내가 그대를 가린다. 꼭 15일을 당하여 운문대사가 말씀하셨다."

淨慈本 上堂云 析半裂三 時人 知有放一拈七 衆所共聞 十五日已前 你辨我 十五
日已後 我辨你 正當 十五日 雲門大師道了也

— 정자본

'날마다 좋은 날日是好日'은 다른 날이 아니다.

삼복에는 얼음 냉수를 마셔야 하고 동지섣달에는 따끈한 작설차가 제격
이다. 그러나 삼복에 더운 물을 마시고 섣달에 냉수를 마시는 이도 있다.

그렇더라도 이것을 벗어나지 않고 있다는 것을 아시면 그만이다.

2. 호떡餬餅

운문에게 한 학인이 물었다.

"어떤 것이 부처를 초월하고 조사를 뛰어넘는 말씀입니까"超佛越祖之談?

스님이 대답했다.

"호떡餬餅."

—『벽암록』 권24, 1022칙 「호병(餬餅)」·『벽암록』 제17칙 「운문호병(雲門餬餅)」

'초불월조지담超佛越祖之談'이란 말은 부처도 조사도 초월한 말이라는 뜻,
결국 이 말은 불조가 한 말은 이미 잘 알고 있으니 불조가 하지 않은 말, '절

대도 상대도 초월한 말을 해 주십시오'가 된다. 이에 냉큼 '호떡' 한다.

> **착어**　허참! 엉뚱하긴 혀가 다섯 발 빠지겠다.
>
> 　　　　허참?

①

超佛越祖若何宣	불조를 초월한 말 어떻게 연설하나?
充齋餬餅恣情餐	공양 때 호떡을 마음껏 먹는다
湖南展鉢新羅釵	호남에서 바리를 펴고 신라에서 씹으니
大食波斯索度船	대식과 파사에서 나룻배를 찾는다

— 자명원

②

雲門答餬餅	운문이 호떡으로 대답하니
言前句後領	말 이전과 구절 뒤에서 알라
驢鞍爺下頷	나귀 안장이 아버지 턱 같은 줄
到了終不省	타고 와서도 끝내 모르네
塞却你咽喉	그대 목구멍 막히었으니
把將餬餅來	호떡을 가지고 와서
速道速道	속히 일러라 속히 일러라

— 불안원

①의 게송에서 전 시간 전 공간을 3연과 4연에서 말하고 있다. 화엄의 중

중무진법계重重無盡法界의 소식이다. 대식은 중앙아시아에 있는 나라고 파사는 페르시아이며 신라는 우리나라니 무시간 무공간을 넘나든다. 그러나 자세히 보라. 이것 모두 절대현재의 '참나'를 벗어나지는 않는다.

②의 게송, 2연에서 '말 이전과 구절 뒤에서 알라言前句後領' 했지만, 이렇게 알면 운문노한을 욕보이는 것. 호떡을 먹는 나는 호떡. 천하가 호떡이라 해도 한 겹 막힌 말이 아닌가?

호떡, 이 역시 운문삼구 밖의 말이 아니다. 그리고 삼구를 꿰뚫는 말도 역시 아니다. 그럼 무엇이라 할 것인가?

3. 수미산과 마른 똥막대기

위의 운문삼구는 각 구마다 심심미묘한 뜻을 갈무리하고 있으면서도 단숨에 납자들의 마음을 빼앗는 적기의 활인검을 휘두른다. 삼구는 한 꿰지에 꿰어 있을 뿐 아니라, 구르는 철구鐵球와 같아 언제 어디서 우리의 생명을 앗을지 모른다. 조사들이야말로 눈에 보이지 않는 취모검吹毛劍을 휘두르는 천하제일의 검객이다. 이런 선문답은 선적 도처에 나타난다.

하루는 한 학인이 운문에게 물었다.
"학인이 한 생각도 일으키지 않아도 허물이 있습니까學人 不起一念 還有過也無?"
스님이 대답했다.

"수미산須彌山."

—『선문염송』권24, 1018칙 「수미산(須彌山)」

운문에게 한 학인이 물었다.

"어떤 것이 석가부처님의 몸입니까?"

스님이 대답했다.

"마른 똥막대기乾屎橛."

—『운문록』권上 「상당대기(對機)」, 장경각, 71쪽;『선문염송』권25, 1078칙 「간시궐」

한 생각도 일으키지 않는 것 그 자체가 한 생각을 낸 것이어서, 허물이 수미산이라 한다고 한 자체가 역시 삼십 방망이를 면치 못하리라. 이 소식은 운문삼구 가운데 어디에 속하는지 가늠해 보시라.

그리고 부처의 전신을 물었는데 간시궐乾屎橛이라 한 대답은 그야말로 일체의 인연 줄에 얽어매이지 않는 절대 자체로서의 면목이어서 함개건곤구에 배대가 된다. 또 인간의 사유를 뛰어 넘어서서 그대로 학인에게는 목숨을 빼앗고 살리는 적기의 응용이니 절단중류구가 분명하며, 이 마른 똥막대기가 바로 이 순간, 학인의 근기에 알맞게 청천벽력과 같이 나타나니 수파축랑구와도 부합된다.

그래도 누가 있어 삼구 밖에 일구를 이르라 하면 우리는 이렇게 대답해서는 안 된다. '간시궐.'

후대 선장들의 수미산 공안 게송을 음미해 보자.

不起一念   한 생각도 일으키지 않는다 함에

向道須彌	수미산이라 했으니
舌頭一柮肉	혀는 한 덩어리의 살이요
口脣兩片皮	입술은 두 조각 가죽이라
雲門得用妙如許	운문이 사용하기 그토록 묘했으니
不落是非知不知	시비에 떨어지지 않았음을 그대는 아는가

— 천동각

'간시궐' 공안에 후손이 그 조사의 뜻을 발현코자 읊은 게송을 한 수 살펴보자.

雲門乾屎橛	운문의 마른 똥막대기여
全超法報化	법신 보신 화신을 완전히 초월했구나
無事出山游	일 없이 산 밖을 나가 다니니
百錢杖頭掛	백전을 지팡이 끝에 걸었네

— 운문고

4. 체로금풍體露金風

운문에게 한 학인이 물었다.

"나무가 마르고 잎이 질 때엔 어떠합니까樹凋葉落時如何?"

스님이 대답했다.

"본체가 가을바람에 드러난다."體露金風

— 『선문염송』 권23, 1015칙 「수조(樹凋)」

問旣有宗	물음에 종지가 있고
答亦須同	대답은 역시 같으니
三句可辨	삼구를 가려낼 수 없고
一鏃遼空	한 화살이 허공을 지나가네
大野兮涼颸颯颯	넓은 들엔 서늘한 바람 소슬하고
長天兮疎雨濛濛	먼 하늘엔 가랑비가 젖어오네
小林久坐未歸客	소림에 오래 앉아 돌아오지 못한 손이
靜依熊耳一叢叢	옹이산의 한 떨기 숲에 의지해 있네

— 설두현

위의 게송, 7행과 8행은 보리달마의 고사를 인용하고 있다. 소림사에서 9년 면벽 후 이조 혜가를 얻고 그 후 좌탈입망하니 옹이산에 장사지냈다 하는 고사를 인용하고 있다.

> **착어** 가을바람에 낙엽이 지니
> 나무의 몸체가 당당히 드러난다 함이여!
> 슬프고 슬프다.

5. 동산이 물위로 간다

운문에게 한 학인이 물었다.

"어떤 것이 모든 부처님들의 출신처입니까?"如何是諸佛出身處

스님이 대답했다.

"동산이 물위로 간다."東山水上行

— 위의 책, 권24, 1034칙 「동산(東山)」

퇴옹 성철은 이렇게 착어하였다.

"공자는 태묘에 들고 도척은 장대에 앉았네."孔丘入太廟 盜跖坐將坮

— 『본지풍광』16칙 「동산수상(東山水上)」

도척은 못된 폭행을 일삼고 잔악한 짓을 많이 하였다고 전하는 춘추시대 노나라의 큰 도적이다. 찰나에 이곳을 볼 일이다.

> **착어** 눈 깜짝이지 말라. 동산
>
> 이것이 물위로 간다.

①

| 東山水上行 | 동산이 물 위로 다닌다 함이여 |
| 出處甚分明 | 나온 곳이 심히 분명하다 |

| 好看塵沙佛 | 먼지나 모래같이 많은 부처를 보라 |
| 波濤四面生 | 파도가 사방에서 일어난다 |

— 장산전

②

婦嫌新婿醜	신부가 신랑 못생김이 싫어서
條貫未曾有	예절을 지키지 않네
嫁鷄逐鷄飛	시집가는 닭은 닭을 따라 날고
嫁狗屬狗走	시집가는 개는 개를 좇아 달아나네

— 개암붕

6. 산하대지는 어디서 생겼는가?

하루는 운문이 대중에게 말했다.

"주장자가 용이 되어 건곤을 삼켰다. 이럴진대 산하대지는 어디서 생겼는가?"拄

杖子 化爲龍 呑却乾 坤了也 山河大地 甚處得來

— 『선문염송』 권24, 1006칙 「위용(爲龍)」

| 拄杖子呑乾坤 | 주장자가 건곤을 삼켰거늘 |
| 徒說桃花浪奔 | 공연한 복사꽃 물결만 바빠라 |

燒尾者	꼬리 태우는 자,
不在擎雲獲霧	구름을 잡거나 안개를 움켜쥐는 데 있지 않으니
曝腮者	뺨을 쪼이는 것이야
何必喪膽亡魂	어찌 담이 선뜻하고 혼이 날아갈 일 있겠냐마는
拈了也聞不聞	들어올릴 때에 들어도 들리지 않으니
直須灑灑落落	당장 쇄쇄락락하게 할지언정
休更紛紛紜紜	분분히 어지럽히지는 말라
七十二棒且輕恕	일흔 두 방망이는 용납되지만
一百五十難放君	백오십 방망이는 그댈 풀어 놓을 수 없다

— 설두현

'주장자가 용이 되어 하늘과 땅을 삼켰다. 이러한데 산하대지가 어디서 갑자기 생겼는가?' 하는 운문의 말은 '한 생각도 일어나지 않았는데 홀연 어디서 산하대지가 나타났는가?'와 같다. 마음에 일념이 없는데 어떻게 되어 마음에 현상이 보이는가? 실로 절단중류하고 수파축랑하는 말이다.

그렇지만 하늘과 땅이 함과 뚜껑이 되어 우리를 꼼짝달싹도 하지 못하게 하고 있지 않은가. 진실로 운문이 '한 화살촉으로 세 관문을 깰 뿐이다—鏃破三關'라고 자답한 일구를 벗어나지 않는다 할 것이다.

설두의 게송을 선뜻 한번 읽고 처마 아래 앉아 깊이 생각해 볼 일이다.

산하대지는 어디서 생긴 것일까?

누가 있어 한 생각도 일으키지 않았는데 산하대지가 홀연 어디서 생겼는가? 하고 묻는다면 큰일이다.

깊은 소파에 앉아 잠자는 일은 뭔가.

화살 하나로 세 개의 관문을 뚫도다.

7. 산 구경 물놀이 遊山翫水

운문에게 학인이 물었다.

"어떤 것이 학인의 자기입니까." 如何是學人自己

스님이 대답했다.

"산과 물을 구경하는 것이네." 遊山翫水

— 『위의 책』 권23, 1012칙 「유산(遊山)」

자아가 누구인가 물었는데 산과 물 구경하는 것이라니, 그럼 저잣거리 상인은 무어라 답해야 하나? 아무리 돌아보아도 산도 강도 보이지 않는데. 에라, 모르겠다. 이 가게에는 꽁치가 생물이고 저 가게에는 문어의 물이 좋다.

學人自己	학인의 자기라니
遊山翫水	산 구경, 물 구경이라
紙知踏破草鞋	짚신이 해어진 줄만 알고
忘却來時年幾	언제 왔는지는 모르도다

— 무위자

있는 것 다 내려라.

너도 없다 내려놓은

그럼 이게 무언가?

말하라, 말하라……

8. 일자관一字關

운문의 일자관一字關은 제방에 널리 회자되어 있다. 이 일자관은 오직 후학들의 자성을 일깨우기 위한 방편의 시설일 뿐이다. 일자관이 깨달음 자체라고 생각해서는 안 된다. 어떤 선객들은 운문의 일자관의 간단한 답이 그 질문에 대해서 아무런 타당성도 갖지 못한다고 생각해 온 것 같다. 선을 잘못 이해한 선학자들은 선은 어떤 비합리성을 그 근본 원리로 하고 있다고 생각한 것 같은데, 이런 잘못된 태도는 합리성을 최선인 양 숭배하는 것보다 잘못이 적지 않다고 생각한다. 선종의 오가칠종의 조사들은 '합리/비합리'를 모두 초월해 있다. 운문의 일자관은 선학인이 묻는 질문에 대한 즉각적인 반응, 아니 무의식적인 반응이라 할 수 있다. 운문은 질의자의 정신 상태와 요구를 그 질문에서 직관적으로 느낀 반사작용으로 봄이 타당하다. 이것은 말로 표현할 수 없는 것을 환기시키고자 하는 운문의 가르침의 방법 중에 하나일 뿐이다. 그리고 일자관은 위에서 시설한 운문삼구를 벗어나지 않고 있다.

저자는 일자관의 질문과 대답을 그대로 제시하고 또 주註를 달기로 한다. 독자들의 즉각적이고 직관적인 느낌을 받기를 고대할 뿐이다. 그리고 후대의 선사들이 읊은 게송을 소개하고자 한다.

①

운문이 물었다.

"3인이 만나지 못했다 해서 옛날이라고 여기지 말라?"

스님이 자답했다.

"천千."

—『선문염송』 권24, 1021칙 「삼일(三日)」

착어　千은 '허'나 '척', 또 하나의 진언.

②

한 학인이 운문에게 물었다.

"어떤 것이 정법안입니까?"如何是正法眼

스님이 대답했다.

"보普."

—『위의 책』 권24, 1024칙 「보(普)」

착어　普란 이것?

　　　그대로 있다, 감고 뜨고 보는 눈.

定法眼普　　　　　정법의 눈이 두루하여 보이거늘

靈利衲僧	영리한 납자들은 흔히 잘못 든다
多錯擧 休錯擧	잘못 들어서지 말라
冬到寒食一百五	동지에서 한식까진 150일이다

— 무위자

③

한 학인이 운문에게 물었다.

"부모를 죽인 죄는 부처님 앞에 참회하지만 부처와 조사를 죽인 죄는 어디서 참회합니까?"

스님이 대답했다.

"노露."

—『위의 책』권24, 1037칙「살부모(殺父母)」

착어　드러내야, 드러나야 한다, 아스팔트에 붙은
　　　햇살.

石火星流曾未急	돌불과 별똥이 급한 것 아닐세
旋機電卷一何遲	슬기를 돌리고 번개 걷힘, 어찌 그리 늦나
雲門露字突然出	운문의 露자가 갑자기 나타나니
着眼看時鷂子兒	눈을 들어 살펴보니 새매였었네

— 천복일

④

한 학인이 운문에게 물었다.

"어떤 것이 쪼고 쪼이는 근기입니까?"如何是啐啄之機

스님이 대답했다.

"향響."

—『위의 책』권24, 1055칙「줄탁(啐啄)」

줄탁啐啄은 닭이 알을 품어 병아리가 될 때, 어미는 겉에서 새끼는 안에서 쪼아 알을 깨고 나온다. 곧 '주/객'이 동시라는 의미다.

"향響"이란, 쪼고 쪼이기를 기다릴 필요 없는 것. 피차가 이미 메아리 되어 알고 있는 게 아닌가? 쯤의 말일 것이다.

> **착어** 어느 날 두 큰방 수좌가 만나자마자 똑같이 할을 했는데 이를 본 한 학인
> 이 임제에게 물었다. "이러할 때도 손과 주인賓主의 차이가 있습니까?",
> "암, 빈주가 분명하지, 만약 그대들이 임제의 빈주구를 알려거든 당중의
> 두 수좌에게 물으면 친절히 대답해 줄 것입니다."**2**
> '이미 두 수좌가 동시에 벗어났다.'

有問啐啄機	쪼고 쪼이는 근기를 물으니
雲門答云響	운문은 메아리라 대답했네

---

2 『선문염송』권16, 616칙「빈주」를 인용하였고, 그 뒤에 붙인 "師云 大衆 要會臨濟賓主句 問取堂中
二首座"는 서옹선사가 연의한『임제록』, 임제선원, 1974, 83~87쪽을 참고하였다. "臨濟會下 兩堂
首座 一日相見 齊下一喝 有僧 擧問師 未審還有賓主也無 / 師云 賓主歷然 師云 大衆 要會臨濟賓主句
問取堂中二首座"

昨日電轟天	어제는 우레가 하늘을 흔들더니
夜來山水長	밤 사이에 산골물이 불어났네

— 진정문

위와 같은 운문의 대표적인 기관 설치와 공안을 살펴보았다. 이러한 운문의 가풍을 뒷날 선장들이 말했다.

① 오조법연 : '붉은 깃발 번득이는데 그 아래는 해골이 널려있다'紅旗閃爍 橫骨其下
② 분양선소 : '전광 중에 걸음 옮겨 나가며 석화 속에 몸 뒤집는다'電光中進步 石火裏翻身
③ 대인진 : '바람을 거슬러 횃불을 잡고 있기 예사다'逆風慣把炬

결국 운문삼구의 풍모는 조사들이라면 누구나 겸비하지만 특히 운문의 파라독스나 아이러니, 이 적기는 정묘고고하여 무지막지할 정도다. 범인을 위하여 아무런 낌새조차 보이지 않는 천재적인 대근기를 위한 선정이라 할 수 있다.

제45화
위산의 이류중행
渦山異類中行

山上山僧山下牛	산 위에선 산승이요 산 아랜 암소라
披毛載角混同流	털 나고 뿔 달린 무리와 뒤섞였네
普天成佛與成祖	온 세상이 부처가 되고 조사 되려는데
獨有渦山作水牛	위산만 홀로 검은 소 되었네

— 불국백, 『선문염송』 제9권, 375칙

위의 게송은 위산이 임종시 우리에게 보여준 활구법문에다가 후세에 선장이 부친 게송이다. 무엇이 선장들이 죽음에 임하여도 한 점 흐트러짐 없이 스스로가 연출자가 되고 배우가 되어 죽음이란 주제를 이렇게 맛깔스럽게 보여줄 수 있는지 그저 아득하다.

위산에 숙세의 인연이 다됨을 짐작한 위산은 다음과 같은 법문을 한다.

위산이 대중에게 말했다.

"내가 죽은 뒤엔 산 밑 마을에 가서 한 마리의 검은 암소가 되어 왼쪽 겨드랑이 밑에 '위산의 중, 아무개'라 쓰겠다. 그때 만일 위산이라 하면 암소를 어찌하며, 암소라 하면 내 이름은 어찌하겠는가?"

앙산이 나서서 절을 하고 물러갔다.

老僧百年後 向山下作一頭水牯牛 左脇書五字云 潙山僧某甲 此時 若喚作潙山僧 又是水牯牛 喚作水牯牛 又云潙山僧某甲 且道 喚作什麼卽得 仰山出 禮拜而出

—『전등록』권9「위산우」

불교에서는 과거 현재 미래로 보는 삼세설이 있다. 위산은 대도량의 방장이지만, 미래세에는 위산 아래 검은水 암소牯가 된다. 위산은 암소이면서 위산이고, 암소는 위산이면서 암소이다. 위산승이라 부르자니 현재는 검은 암소의 모습이고 암소라 부르자니 일찍이 위산승이었다. 앞 선화에서 위산이 '내가 죽은 뒤엔 산 밑 마을에서 한 마리의 검은 암소가 된다' 함은 이류중행異類中行이다. 즉 축생 등, 인간과 다른 종류로 살아간다는 뜻이다. 다시 말하면 여기서 위산이 소가 되었을 때 소냐? 위산이냐?를 이르라는 공안이니 이류와의 차별도 역시 무차별이어서 찾을 수 없음을 말한다.

아름답고 현묘한「수고우」공안에 뜻을 밝힌 후세 한 선장의 눈 푸른 게송이 있다.

즉 위의 게송, 1행과 2행에서 '털 나고 뿔 달린'이라 함은 이류異類를 말한다. 즉 인간이 아닌 다른 종류다. 영우는 위산에 있을 때는 위산의 승이고, 산 아래 있을 때는 검은 암소이다. 위산은 털 나고 뿔 달린 모습으로 동류同類인 수선납자들의 눈과 귀를 혼란시키는데, 실제로는 오랜 관습과 고정된 사유를 벗기고 삼세三世를 자유롭게 관통케 하여 이항대립의 세계를 무너뜨린다. 아니 빼앗는 이 솜씨, 선장의 방편 적기법문賊機法門이고 수사상 적기어법이다.

3행과 4행은 누구나 성불작조成佛作祖함이 목표인데 위산만은 '성자되려는 마음마자 무너져, 이류인, 소가 되어' 삶의 현장으로 입전수수入鄽垂手하기를 원하였다. 이것은 육도六度³의 행으로 저잣거리로 돌아와 중생제도, 곧 이타교화利他敎化함을 의미한다. 아니 위산이 지금 이 자리에서 말하는 이류중행의 법문, 역시 동류의 고정관념으로 가득 찬 우리에게 입전수수의 가르침으로, 몰록 자성본원으로 회귀시키고 있다. 이런 사유는 불경 도처를 관통하는 무주無住・무상無相・무아無我 사상의 형상화이다. 곧 위산의 드높은 불이不二의 정신세계를 찬탄한 게송이다.

위산 영우潙山靈祐(771~853)는 백장의 큰 제자다. 그리고 영우는 그의 제자 혜적과 더불어 위앙종을 성립시켰다. 5가 7종의 선문 가운데 가장 먼저 형성된 총림이다.

『전등록』에 의하면 영우는 복주 장계에서 출생하였고 성은 조趙씨며 고향에 있는 건선사 법상율사에게 15세에 머리를 깎았다. 영우는 계를 받은 후 대소승의 계율을 두루 섭렵하고 23세 때 강서지방으로 행각하여 백장을 참문하였다. 백장은 영우를 보고 대승 법기임을 간파하고 입실을 허락하였다.

백장은 영우를 늘 가까이 두고 깨달음의 시절인연을 안내하기 위해 간절 노파심을 다한다. 영우를 깨달음의 세계로 안내하는 선화와 그에 따른 후세 선객들의 선시를 음미하며 저 광대무변한 선의 세계를 가늠해보자.

---

3 육도六度는 보살 수행의 여섯 가지의 덕목이다. 즉 보시布施, 지계持戒, 인욕忍辱, 정진精進, 선정禪定, 지혜智慧를 말하며 육바라밀이라 한다.

①

力士曾遺額上珠	力士가 이마 위에 구슬을 잃고
搜尋無處幾嗟吁	찾다가 못 찾을 땐, 수많은 탄식하네
傍人爲指珠元在	옆 사람이 구슬은 그냥 있다 일러주니
始覺平生用意麤	평생 동안 마음 씀이 거칠었음을 깨달았네

— 정엄수

②

百丈拈來火一星	백장이 별똥 같은 불을 집어올리니
潙山驀見省平生	위산이 평생의 일을 별안간 깨쳤네
明朝又共遊山去	내일 아침 다시 산 구경을 가거든
索火還吹枯木莖	불을 찾아 마른 나무 줄기를 불고 더듬세

— 법진일

③

等閒一撥紅爐裏	화로 속을 한가로이 한번 헤쳐서
擧火如星灰不死	별똥 같은 불을 찾아내니 재는 죽지 않았네
信手拈來瞬目間	잡히는 대로 들어올린 잠깐 사이에
始知佛法無多子	불법이 얼마 안 되는 줄 비로소 알았네

— 지비자

위의 선시들은 모두 『선문염송』 「유화有火」의 본칙의 뜻을 우리들에게 발명하기 위하여 후대의 선장들이 자비심을 보여준 게송들이다.

『선문염송』「유화」의 본칙은『전등록』제9권「위산영우」장에 나오는 첫 번째 이야기를 압축한 것인데, 백장이 영우를 깨닫게 하는 선화이다. 이 유명한 공안은 예부터 운수납자들에게 회자되어 왔다.

이야기는 이렇다.

영우가 어느 날 백장스승을 모시고 서 있었는데, 백장이 영우에게 물었다.

"옆에 선 사람은 누구인가?"

"영우입니다."

"화로에 불이 남아 있는지 헤쳐 보게." 汝撥爐中有火否

영우가 화로를 뒤적거려 보았지만, 불씨를 발견하지 못했다.

"불이 없습니다."

백장이 일어나서 몸소 불을 헤쳐 작은 불씨를 찾아들고서 말했다.

"이게 불이 아니고 무엇인가?"

말끝에 영우가 깨달음을 얻고 절을 하면서 사례하였다. 이에 백장이 진중하게 말하였다.

"이는 잠시의 지름길일 뿐이다. 경에 말씀하시기를 '불성을 보려 하거든 반드시 시절과 인연을 관찰하라' 하였으니 시절이 이르게 되면 미혹했던 이가 문득 깨달은 것과 같고 한번 잊은 번뇌망상을 영영 기억함이 없는 거와 같은 것일세. 그러므로 조사께서 말씀하기를 '깨달음은 깨닫지 못함과 같아 본래 마음도 없고 법도 없다' 하신 것이네. 이렇듯 허망한 범인과 성인들의 마음이 없는 본래심법本來心法이 원래 스스로 갖추어 구족해 있으니 이제 이미 네가 그러한 터이니 스스로 잘 호지護持하여라."

百丈曰 此乃暫時岐路耳 經云 欲見佛性 當觀時節因緣 時節既至 如迷忽悟 如忘

忽憶 方省己物不從他 得 故祖師云 悟了同迷悟 無心亦無法 只是無虛妄凡聖等心
本來心法元自備足 如今旣爾 善自護持

— 『경덕전등록』권9「담주위산영우선사」, 보련각 ·『선문염송』제9권, 355칙「유화(有火)」

위의 선화에서 보여주는 백장의 가르침은 일체의 삼라만상을 바라볼 때
는 세심하고 면밀한 곳에서 일어나는 마음을 최대한 주의 관찰해야 한다는
것. 불을 통하여 보여주는 그곳, 사량분별이 멈추는 대용大用의 세계, 끝없이
움직이는 행동의 세계, 일체의 제2차적 정상화定相化된 관념의 세계를 넘어
바로 활활발발한 찰나의 세계를 계합하는 데는 무엇보다도 스스로 힘써 실
참실수함으로 시절인연이 닿도록, 그 시절인연을 여시하게 투시해야 함을
간곡히 부탁한다. 그러할 때, 축적된 일상의 세계, 개념의 세계에 덮여 있던
자성본원이 여지없이 드러난다고 백장은 간곡히 영우에게 마지막 가르침을
주며 인가한다.

곧 시절인연이 익으면 자연 드러나 어리석고 미혹했던 사람이 마치 천년
동굴의 어둠이 한 줄기 빛으로 가득 차듯이, '어둠/밝음'이 공존할 수 없는
것과 같은데, 이것은 우리가 본래 갖추고 있던 자기의 스스로의 빛이지 다른
곳에서 들어온 것이 아님을 설한다.

이제 위의 선장들이 본의를 드러낸 그들의 노파심절을 읽도록 하자.

정엄수의 게송, ①의 1행과 2행은 '아무리 힘이 좋은 역사라 할지라도 자
기 이마 위에 구슬이 있는지 모르고 / 엉뚱한 곳에 헤매어 찾다가 도저히 찾
지 못함으로 울음을 터트리는데 / 시절인연이 익어 본래 가지고 있었음이
드러나니 / 스스로가 지극 정성을 드려 면밀히 살피지 못했음을 깨닫게 됨'
을 잔잔히 무기교로 읊으니 평평범범平平凡凡의 묘妙라 할 것이다.

우리의 근원인 자성도 이와 같은데, 바깥 경계에 끌리어 한없이 내닫기만 하고는 만족한 삶을 살 수 없는 것과 같다.

②의 게송 역시 불의 근원인 불씨를 찾아내어 보여주니 영우는 그 순간 본지에 영회한다. 불씨조차 없는 자성본원이 불씨를 보여줌으로 전 세계가 오직 불로 가득 차 있음을 깨닫는다. 이것을 법진일은 "백장이 별똥 같은 불을 집어 올리니百丈拈來火一星 / 위산이 평생의 일을 별안간 깨쳤네潙山驀見省平生"라고 평이하게 사실대로 그려낸다. 다음 3행과 4행, "내일 아침 다시 산 구경을 가거든明朝又共遊山去 / 불을 찾아 마른 나무 줄기를 불고 더듬세索火還吹枯木莖"를 풀면 '내일 아침明朝'은 밝은 아침이니 새로운 눈뜸의 세계를 말하고 '산 구경遊山' 간다 함은 내적인 깨달음의 정신세계에 있어도, 역시 몸은 현실에 참여하고 사회에 깊숙이 부대끼며 살아감을 의미하고, 4행에서 진리의 본원에 영회되어도 우리는 다시 불을 찾아 '본질의 세계(경莖—줄기, 근본)'를 다시 더듬을 뿐이니, 이는 바로 『반야심경』에서 체험적 결과로 나타나는 색즉시공 공즉시색色卽是空 空卽是色의 세계다.

③의 게송에서 풍겨오는 담담함과 예사로움은 우리를 한층 가라앉히며 더욱 창연한 세계로 몰아간다. 무엇이 이리도 당당함을 넘어서 저 밑바닥까지 평범하게 하는가.

2행에서 '눈동자에 붙어서 반짝이게 하는 별똥 같은' 이 불은 우리 자신의 영롱한 불이다. 활활 타오르는 불이다. 그러나 단지 타오르는 불의 씨앗을 보지 못하고 잿더미를 볼 뿐이니, 우리는 잿더미이다. 잿더미 역시 불씨와 바람을 만나면 타오르는 불이 된다. 이럴 때 4행에서 지비자가 노래하듯이 "불법이 얼마 안 되는 줄 비로소 알았네始知佛法無多子"로 된다. 사실 불법佛法은 불법不法이다. 얼마 안 된다고 말해도 안 되는 것이니, 오직 그렇게 알면 그뿐이다.

『전등록』은 영우가 대위산大潙山에서 주석하게 된 기연을 비교적 소상하게 적고 있다. 당시 백장의 문하에는 사마두타司馬頭陀라는 속가제자인 거사가 있었다. 그는 애써 수선하며, 관상이나 영지명산에 지리를 보는 풍수학에 밝은 사람이었다. 이런 사마두타는 어느 날 호남을 유람하고 스승이 계시는 백장산으로 돌아와 문안을 올리게 된다.

『전등록』에 기록된 전후 사정을 살피건대 아마 문안의 내용은 아래와 같이 추측된다.

> "스승님 이번 순유에 대단한 곳을 발견하였습니다. 아직 세상엔 알려지지 않은 산인데, 바로 호남에 있는 대위산이라고 하는 참으로 경치가 빼어난 웅장한 산입니다."

이어서 백장은 말했다.

"노승이 위산의 주인으로 어떤가?" 사마두타가 대답했다.

"위산은 절묘하여 1,500명은 능히 모을 수 있습니다마는 스님께서는 사실 곳이 아닙니다."

"어찌 그런가?"

"스님께서는 골인骨人이고 위산은 육산肉山이기 때문에 설사 사신다 해도 문도가 천 명을 채우지 못할 것입니다."和尙是骨人 彼是肉山 設居之 徒不盈千

"그렇다면 문도 가운데 거기에 살 만한 사람이 없겠는가?"

이어서 백장은 사람을 시키어 제1좌인 화림 선각을 불러오게 하였다.

"이 사람은 어떤가?"

두타가 기침을 한 번 시키고, 몇 걸음 걷게 한 뒤에 대답했다.

"이 사람은 되지 않겠습니다."

다시 전좌典座[4]인 영우를 부르니, 두타가 말했다.

"이 사람이야말로 위산의 주인입니다."

백장은 밤에 영우를 방장으로 불러들여 법을 전했다.

"나의 인연은 여기에 있으니, 위산의 좋은 경계는 그대가 살면서 나의 종풍을 계승하여 후학들을 제도하라."吾化緣在此 潙山勝境 汝當居之 嗣續吾宗 廣度後學

— 『경덕전등록』 권9 「담주위산영우선사」

위의 선화에서 우리가 읽을 수 있는 것은 영우의 대기大機와 대용大用의 면목이다. 당시 백장문하의 제1 수좌인 화림을 제치고 보잘것없는 직책인, 음식이나 만드는 전좌로 있던 까마득한 후배 영우를 대위산의 개산주로 지목하게 된다. 그리고 위 선화에 읽혀지는 행간의 의미를 더듬어보면 더욱 법을 전하기 위해 조그마한 사정도 개입시키지 않는 조사들의 위법망구爲法亡軀의 정신이 보인다.

가령 방장이며, 스승인 백장이 스스로 자기를 추천하지만, 사마두타는 냉정히 "스님께선 아무리 보아도 그 산에 주인이 되기에는 부족합니다. 아마 스님께서 그 산에 가신다면 대중이 고작 6,700명이 다일 것입니다. 위산은 육산이라서 적어도 1,500명을 인솔할 수 있는 덕상을 갖춘 선지식이 아니면 좀 곤란합니다"라고 말하는 것이나, 이에 조금도 흔들림 없이 백장은 제자인 화림과 영우를 추천한다. 그러나 화림은 아무런 근거도 없이 영우를 위산의 개산주로 인정하지 않음을 눈치챈 백장은 두 제자를 시험하게 된다.

---

4   전좌典座는 음식을 만드는 직책이다.

『전등록』에서 위의 선화에 이어지는 이야기를 옮기면 아래와 같다. 그리고 이 이야기를 『선문염송』356칙「정병」으로 따로 떼어서 한 공안으로 제시하고 있다.

"제가 외람되지만 대중의 우두머리에 있는데 영우대사가 어찌하여 주지를 맡을 수 있단 말입니까?"

이 말을 듣고 백장이 말했다.

"너의 두 사람 중 대중에게 동떨어진 말을 하는 이에게 주지를 시킬 테니 말해 봐라."若能大衆下 得一語出格 當與住持

바로 정병을 가르키며 말했다.

"정병이라 부르지 못한다. 무엇이라 부르겠는가?"不得喚作淨甁 汝喚作什麼

화림이 대답했다. "나무말뚝이라 하지는 못할 것입니다."

백장이 수긍하지 않고, 다시 영우에게 물었다.

영우가 아무런 말도 하지 않고 정병을 걸어 차 넘어뜨리니, 백장이 웃으며 말했다.

"제1좌가 도리어 산사람에게 졌구나."第一座輸却山子也

—『선문염송』356칙「정병(淨甁)」

이렇게 하여 영우가 위산에서 개산하게 된다.

위의 선화에서 백장이 묻는 '정병이라 부르지 못한다. 무엇이라 부르겠는가?'를 풀어보면 '이것을 정병이라고 부르면 정병이란 이름에 집착하게 되고 정병이 아니라고 하면 모든 사람들이 정병이라 약속한 명칭을 위배하게 된다. 자, 그럼 이 물건을 무엇이라고 불러야 하나?' 실로 이항대립적인 '자/

타', '흑/백' 양변의 견해를 해체시키는, 허물어지는 중도의 골수를 묻는 적기賊機的 질문이다.

좀 더 이해를 돕기 위해 정병과 나무말뚝의 쓰임을 알 필요가 있다. 정병과 나무말뚝은 측간에서 뒤를 본 뒤에 뒤를 닦기 위해 사용하는 물건이니, 오늘날과 같이 화장지가 귀할 때, 나무말뚝으로 닦은 다음 정병의 물로 뒤를 깨끗이 씻고 손을 씻는 화장실용 기구이다.

백장은 말한다. 정병을 정병이라 할 때에는 정병이라는 고정된 이름을 부르는 것이니 그 실상을 위반하는 것이고, 정병을 정병이라 부르지 않을 때는 실상에 집착하다 보니 모든 사람이 약속한 일상사를 위배하게 된다.

이 어려운 질문을 어떻게 풀어야 하는가? 이것이 문제다. 아무리 우리가 사량분별하여도 실타래와 같이 엉키기는 마찬가지다.

화림이 대답한 나무말뚝도 그럴듯한 대답이겠지만, 바로 이 양변의 견해를 명쾌하게 무너뜨리지 못하고 있다. 영우가 보여주는 정병을 일거에 걷어차는 대용은 어떠한가? 우리를 통쾌, 명쾌, 박장대소하게 한다. 바로 우리는 '자/타'가 무너지고 '흑/백'이 해체되는 기쁨을 맛보게 하는 청량감에 휩싸인다.

①

定脫英雄示淨瓶	영웅을 고르는데 정병을 가리키니
毫釐分處更無精	털끝만큼 나뉜 곳에 다른 나눔이 없네
太平本是將軍致	태평세계는 원래가 장군이 이루지만
不許將軍見太平	장군은 태평세계를 누리지 못하게 했네

— 동림총

②

百丈堂前定大溈	백장의 당 앞에서 위산 주인 고르는데
金毛獅子振全威	황금털 사자들은 한껏 위세 부리네
淨瓶趯倒還元化	정병이 쓰러지자 근본 자리 돌아가니
千里淳風同地歸	천 리의 순풍이 땅덩이를 움직이네

— 지해청

③

漢庭築壇拜將	한나라 뜰에 단을 쌓아 장군직 줄 때
有客自呈技倆	어떤 객은 제멋대로 재주 부린다네
不能度德量材	덕과 재주 헤아려 살피지 않고
妄欲貪功嗜賞	공연히 공과 상을 탐낸다네
作家踢倒淨瓶	작가가 정병을 차서 쓰러트리니
木柧如何主掌	나무말뚝, 그 어찌 주인노릇 하리오

— 지비자

위의 선시들은 『선문염송』 356칙 「정병」 선화에 부친 후세 선객들의 게송들이다.

동림총 게송 ①의 1행과 2행을 풀면 '위산의 개산주인을 찾는데 그 시안試案으로 정병을 양변적인 견해에 떨어지지 말고 말하라 / 털끝만한 차이도 허락지 않으니 이런 분상에 다시 정밀이니 원만함이니 이런 따위가 있을 리 없다'로 읽힌다. 곧 자성본원은 늘 '주/객'이 소통된 장場이라 무엇이 어떻다든가 무얼 사량한다든가 하는 곳이 아닌 불이처不二處다. 3행에서 '태평세계는 전장에서 장군의 승리로 얻어지지만'으로 읽히나 4행의 "장군은 태평세계를 누리지 못하게 한다"는 '장군은 전투에 총책임자로 장군이란 실체가 존재하는 한, 전장일 터이니 태평세계일 수는 없다. 따라서 태평세계를 누리지 못하게 한다'로 풀이된다.

곧 이것은 화림수좌가 태평을 누리려는 태도로 조용히 '나무말뚝이라고는 할 수 없다'라는 답에 영우가 긍정치 않고, 걷어 차 양변의 이항대립을 사정없이 박살내 버림을 말한다.

이 한 번의 걷어참이야말로 정병을 흔적조차 허락지 않음이고 사정의 근원처를 철저히 없앰이니, 진실로 양변의 견해를 떠남이 아니고 무엇이겠는가.

②의 게송에서 지해청은 1행과 2행에서 '백장 스승 앞에서 대위산의 개산 주인을 뽑는데 / 그간 실참실수한 선장들이 남김없이 지혜를 펼쳐보인다'로 편안히 이해된다.

황금털 사자는 눈 푸른 수선납자들을 형상화한 단어다.

금모사자金毛獅子. 당신은 천 갈피 만 갈피 황금빛 털을 수송전기受送電機인 양 갈기 세운 푸른 안광을 내뿜는 사자를 본 적이 있는가.

백번 지은 누더기를 걸치고 구름이 되어 물이 되어 떠다니는 선객. 이들이 황금털 사자이니, 하늘과 땅 사이를 살펴볼 일이 아닌가.

3행에서 원인이 무효되니 무효의 자리로 환원본처됨을 노래하였고, 4행은 천지의 자연 운행으로, 저절로 무공용無功用 상태로 돌아가니 천하가 태평하여 "천리순풍이 땅위를 소소히 불 뿐千里淳風同地歸"이라고 본래자리, 자성 본원과 그 활용을, 대기대용大機大用, 진공묘유眞空妙有를 드러내고 있다.

③의 게송, 1행에서 4행까지는 '자리가 탐이 나서 스스로의 재주도 돌아보지 않고 만용을 부리는 제1좌 화림'을 노래하고, 5행에서 '빛나는 독창의

작가가 근원인 정병을 차서, 생각조차 걷어 차버리니' 진실로 장부의 진검 승부다. 6행에서 "나무말뚝, 그 어찌 주인노릇 하리오木柵如何主掌"는 정병을 차서 없앴는데, 활용에 짝이 되는 나무말뚝이 본래의 역할을 어찌 다 할 수 있는가로 이해된다. 앞에서도 밝혔듯이 정병과 나무말뚝은 측간에서 뒤를 본 후에 뒤를 닦고 처리하는 도구여서 상호불가분의 관계에 있다.

위의 선화나 선시에서 보듯이 영우가 위산의 주지가 됨으로써 이후 위산 영우潙山靈祐로 불리게 된다. 그리고 우리는 영우를 깨닫게 하는 선화를 살펴 볼 필요가 있다. 백장 역시 쩨쩨할 정도로 거의 불씨가 없는 재를 헤쳐 조그 만 불씨를 찾아내어 제자에게 보이며, '이것이 불이 아니고 무어냐?' 하고 되 묻는 정밀한 가르침이나, 두 번째 선화인 정병이야기 역시 이항대립적인 양 변의 견해를, 정병을 걷어참으로써 가볍게 벗어나는 완숙함은 앞으로 그의 제자 혜적과 같이 위앙종의 선풍을 그대로 보여주는 것이라 하겠다.

선종의 5가 7종은 모두 나름대로 그 종파의 가풍을 드러내고 있다.[5] 다음 에 나오는 선화 역시 자성의 불씨를 찾는 데 도움을 주기 위한 스승 위산의 간절 노파심이 잘 드러난다.

> 한 학승이 위산에게 물었다.
>
> "도가 무엇입니까?"如何是道
>
> "무심이 바로 도지."
>
> "저는 잘 모르겠습니다."

---

5   5가 7종은 선종 종파의 총명칭이다. 종지나 교의에 의하여 나누어진 것이 아니라, 단지 각 문의 선 풍이 달라서 갈라 부른다. 위앙종은 완숙하고 조동종은 세밀하며 임제종은 통쾌하고 운문종은 고 고하며 법안종은 간명하다. 그리고 각 종파의 성쇠는 법이 강하고 약함에 있지 않고 사람은 얻고 얻지 못함에 있다.

"어째서 알아듣지 못하는가? 알아듣지 못하는 바로 그 사람을 아는 일이네."何不
會取 不會底好

"어떤 것이 알아듣지 못하는 그 사람입니까?"如何是不會底

"다름 아닌 바로 자네지."祇如是不是別人

이어 스님이 다음과 같이 말씀하였다.

"나는 요즘 모든 사람들이 당장 자아를 체득했으면 하네. 이해를 못하는 그 사람이 다름 아닌 자신의 마음이며, 그것이 바로 자신이 부처인 것을 알아야 하네. 만약 밖을 향해 알음알이나 지식이 나 더 나아가서 아주 작고 미묘한 것일지라도 구하여 그것을 선이고 도라 한다면 도저히 손쓸 길이 없네. 이것은 똥을 실어들이는 사람이라고는 하겠지만 똥을 실어내는 사람이라고 하지는 못하지 않는가. 바로 마음밭을 더럽히기 때문에 도라고는 할 수 없음이야."

復曰 今時人 但直下體取 不會底正是汝心 正是汝佛 若向外得 一知一解 將爲禪道 且沒交涉 名運糞入 不名運糞出 汚汝心田 所以道不是道

—『선문염송』제9권 359칙「무심(無心)」

위의 선화에서도 읽히듯이 위산이 선객들을 제접하거나, 제자들을 깨달음의 세계로 인도하는 가르침은, 후대 선가들에게 정밀 완숙하다는 정평을 얻게 된다. 이렇게 스승과 제자 사이의 가르침은 다른 종파와 같이 고함을 지르거나喝, 몽둥이질棒, 기상천외의 언행을 사용하지 않고, 착실하고 면밀하며 노련하고 간절한 가르침을 특징으로 삼고 있음을 알 수 있다. 이것이 위산을 종조로 하는 위앙종의 특징적 가풍으로 자리잡는다.

위의 선화는『선문염송』359칙에 나오는「무심」의 가르침이다.

도를 묻는 학인에게 위산은 '마음 없음, 이것이 바로 도'라고 한다. 그러자 학인은 '모르겠습니다不會' 하는데, 이 불회는 바로 '저가 그 자리에 실제 있지 못합니다'이니 이해하지 못함과는 다르다. 이해한다는 것 역시 불회다. 선문에서 흔히 회자되는 '된장인지 똥인지 찍어먹어 봐야 안다'라고 하는 경구는, 실제로 찍어 먹어보지 못했다는 말이다. 이것은 모르긴 모르되 도대체 온통 깜깜하여 생각하여 알 바가 아닌 실참실수의 확연한 경지를 말한다. 결국 위의 말은 주관과 객관이 허물어진 유일무이唯一無二의 불이不二를 이르는 것. 그래서 위산은 이 불회를 영회하지 못함을 질책하며 간절한 가르침을 편다. "어째서 알아듣지 못하는가? 바로 알아듣지 못하는 바로 그 사람을 아는 일이네何不會取 不會底好"라고.

그렇다. '알아듣지 못하는 그 사람'은 바로 천상천하 유아독존天上天下唯我獨尊[6]인 절대현재의 참사람임을 알면 그뿐이다.

학인이 다시 '알아듣지 못하는 그 사람이 누구입니까?'란 물음에 위산은 '다른 사람이 아닌 바로 그대야' 하는 명료한 가르침을 편다. 바로 이것은 직지인심의 본처인 자성본원임을 보여주는 직절直截의 적기법문이다. 그 다음에 이어지는 위산이 스스로의 몸을 나투어 자기의 몸을 진흙 속에 끄는 친절한 가르침. 명심하고 명심해야 할 부분이다.

그럼 이 '무심의 공안'을 밝힌 두 편의 선시禪詩를 읽어보자.

---

6 『선문염송』 제1권 2칙 「주행칠보周行七步」, "세존께서 처음 탄생하실 때, 두루 일곱 걸음을 걸으시고 눈으로 사방을 둘러보시고 한 손으론 하늘을 가리키고 한 손으로 땅을 가리키시면서 '하늘 위나 하늘 아래 나만이 홀로 존귀하다天上天下唯我獨尊' 하셨다". 그런데 더욱 재미있는 것은 후세에 운문 문언이 입이 간지러워 단 착어. "내가 그때 이 꼴을 보았더라면 한 방망이로 때려 죽여 개나 배불리 먹게 하여 천하가 태평하게 했을 것이다"란 말을 깊이 들여다보아 진실로 천하를 태평하게 할 일이다.

①

法眞一拈	법진일이 무심공안을 염하다
潙山與麼說話亦是運糞入	"위산의 말 역시 똥을 실어들이는 짓거리
心田爭得不汚	마음밭이 어찌 더럽혀지지 않으랴?"
師以拄杖子一畫云	다시 주장자로 한 번 긋고 말한다
與儞運出了也	"그대들을 위해 실어 내보냈네"

— 법진일

②

心聞賁 拈	심문분이 무심공안을 염하다
對潙恁麼說正是運糞入	"위산의 말씀 역시 똥을 싣고 들어옴이요
不名運糞出	어찌 싣고 나간다 하리오.
萬年道 不是心不是佛	마조가 '마음도 아니요 부처도 아니라' 함은
不會底 更不須會	모르는 것까지 알 필요가 없음이니
且道 還運糞得出麼	말하라, 똥이 실어내어졌는가?
也是鄭州 出曹門	역시 정주에서 조문이 생기는 꼴 아닌가?"

— 심문분

법진일이 들어 보인 ①의 염拈 가운데, 앞의 본칙에서 위산이 말한 '알아듣지 못하는 것이 좋은 것이네不會底好'라 하는 말은 '바로 그 사람을 아는 일'임을 드러내는 반어적인 대답이다. 간화선에서 화두를 든다 함은 바로 모르는 것, 즉 불회不會 혹은 불식不識이라 조사들이 지칭하는 그 모르는 것을, 영회領會함을 이르는 것이다. 그러나 법진일은 그 존귀한 위치마저 인정하지 않는다는 뜻이다. 곧 위산이 말하는 '모르는 것이 바로 그이고, 다른 사람이 아니다'고 한 직절의 가르침마저 똥을 실어들이는 것일 뿐. 이 역시 그대로 두어도 온전한 마음밭에 우리의 오랜 관습의 두께를 더 입히는 것이니, 심문분을 말한다. '우리들을 위해 지극한 마음마저 실어 내보냄'을 주장자로 한 번 긋는 명료함, 이 밖에 더 이상 아무런 것도 없지만, 그래도 쓸데없는 말을 또 붙인다. "그대들을 위해 실어 내보냈네與儞運出了也"라고.

② 심문분의 선시 역시 법진일과 같다. 단지 위산의 간절 노파심은 어디까지나 모르는 것은 모르는 대로 둠이 타당하다고 보는 견해이다. 위산이 말한 '모른 것이 바로 그이고, 다른 사람이 아니다' 한 이 간절 노파심마저 한 겹 더 입히는 것임을 들어 보인다. 이것이야 말로 '똥을 실어냄이 아니라, 똥을 실어 마음밭에 넣는 것이니, 정씨 가문에 조씨 자손이 태어나는 격과 같아' 도리에 맞지 않음을 말한다. 위산이나 법진이나 심문, 후학을 위한 이 존숙들의 가르침이 지극할 따름이다.

앞에서도 언급한 것 같이 위산 영우는 「백장청규」를 최초로 실천하여 총림을 형성하여 1,500명이 넘는 대중을 이끈 선문의 대존숙이다.

위산의 법문 가운데 그의 제자 앙산 혜적을 깨달음으로 들게 한 선화, 역시 깊이 있는 마음의 눈에서 감지되는 정밀함과 완숙함을 읽을 수 있다. 이때 앙산의 질문은 진불眞佛의 소재에 관한 것이었다.

위산이 앙산에게 물었다.

"어떤 것이 진불이 사는 곳입니까?"

"생각으로 도달할 수 없는 묘처를 늘 생각하며 신령스러운 불씨의 끝없음을 내성반조內省返照함에 그대 스스로 주의력을 집중해야 한다. 이 생각이 다하면 그 극에서 근원으로 돌아갈 것이다. 그곳에서는 본성과 형상이 영원히 존속하며 현상과 본체가 분리되지 않으며 합일한다. 이것이 바로 진불의 여여한 본원이다." 理事無思之妙 返思靈焰之無窮 思盡還源 性相常住 事理不二 眞佛如如

앙산이 이 말끝에 몰록 깨달았다.

—『선문염송』 364칙 「진불(眞佛)」

위산의 이 가르침은 앙산에게는 천지가 합일되는 시절인연을 맞는 줄탁동시 순간이며 이 순간 확연한 다른 세계에 영회된다. 위산의 심지법문을 따라가 보면 그야말로 심오함과 심신의 정밀함이 차오른다. 우리나라 서산 휴정이 말한 위앙종의 가풍[7]이 그대로 느껴지는 대문이라 할 것이다.

그리고 우리가 간과해서는 안 될 위산의 중요한 가르침이 있다. 이것은 상근기인을 위해 돈오頓悟의 원칙을 지침으로 하면서도, 점수漸修의 필요성을 같이 역설하였다.

"돈오한 사람도 닦아야 합니까?"

"누구나 정말 깨달아서 그 근본을 얻었다면, 스스로 그것을 알고 있다면, 사실상 더 이상 수도와 불수도의 양 극단에 매이지 않는다. 그러나 일반적으로 인연을 좋아 처음 본마음이 깨어나 그 스스로 이치에 있어서 돈오하였다 하더라도, 그에게는 비롯함이 없는 이래로 중첩된 습기가 아직 남아 있어 단번에 완전히 제거할

---

7 청허 휴정(1520~1604)은 우리나라 조선시대의 큰스님 서산대사이다. 그의 저서 『선가귀감』에 위앙종 가풍을 "스승과 제자가 부르면 화답하니 아버지와 아들이 한 집에서 살고 있다. 옆구리에 글자 쓰고 머리엔 뿔이 뾰족 솟았다. 방안에서 사람들을 꾀어내니 사자 허리가 부러진다. 4구 100비를 모두 끊어 한 망치로 박살내었다. 두 입술이 있지만 한 혀도 없으며 아홉 구비 굽은 구슬 꿰뚫었다. 위앙종의 가풍을 알고자 하는가? 꺾인 비석, 고로古路에 누운 철우鐵牛가 작은 집에서 잠에 들었구나" 하였다. 청허, 『선가구감』, 용담역, 1982, 203~204쪽.

수 없다. 그는 여전히 작용하고 있는 業에 그 원인이 있는, 아는 버릇으로 쌓인 알음알이流識를 완전히 끊어버리는 것, 이 정화의 과정이 수도이다. 아주 특별히 엄격한 방법을 따라야 한다고 말하지는 않겠지만 수도가 향하여야만 하는 일반적인 방향을 배울 필요는 있다. 들은 것은 반드시 이성에 의하여 수용되어야 한다. 그래서 합리적인 이해가 말할 수 없이 심화되고 섬세해지면, 마음은 저절로 원융해지고 명랑해져서 의혹이나 미망으로 빠지지 않을 것이다. 비록 백천 가지 묘한 이치로써 당대를 휩쓴다 하여도 이것은 자리에 앉아서 옷을 입었다가 다시 벗는 것으로써 일상의 살림을 삼는 것이다. 요약하면 萬行의 여러 갈래 길에는 단 하나의 법도 버려질 수 없음에 비해서, 실제 이지理地에서는 한 점의 티끌도 용납하지 않음을 아는 것이 가장 중요하다. 만일 단도직입單刀直入으로 깨달으면 범凡과 성聖의 모든 차별은 당장 사라지고 그대의 전 존재는 참다운 영원성眞常을 드러내고 이사理事가 둘 아닌 경지, 진리와 현실이 둘이 아닌 경지를 이룰지니 이것이 바로 여여불如如佛이다."

―『경덕전등록』9권 「위산우」

'돈오한 후에도 점수를 해야 하는가?' 하는 질문에 위산은 '돈오와 점수의 합일에 관한 법어'를 설한다. 이 가르침은 오늘날까지도 우리나라에 통용되며 보편적 원칙으로 받아들여지는 내용이다. 이 가르침 역시 우리에게 다가오는 것은 할머니와 같은 완숙한 솜씨와 정밀함, 그리고 후학을 위해 자기 자신을 돌아보지 않는 간절한 노파심이다.

입적이 소식이 다가옴을 느낀 위산은 상당하여 "내가 죽은 뒤엔 산 밑 마을에 가서 한 마리의 검은 암소가 되어 왼쪽 겨드랑이 밑에 '위산의 중, 아무

개라 쓰겠다. 그때 만일 위산이라 하면 암소를 어찌하며, 암소라 하면 내 이름은 어찌하겠는가?' 마지막 법어를 남긴다. 이에 앙산이 나서서 절을 하고 물러갔다"고 『전등록』이나 『선문염송』에 기록되어 있다. 그렇다. 앙산의 직절의 적기행위만 알면 우린 충분히 위산의 공덕을 헛되이 하지 않았다. 이게 무엇인가?

오늘날까지도 제방 수좌들에게 회자되는 「수고水牯」의 공안은, 많은 납자들로 하여금 환희와 애환을 동시에 맛보게 한다. 이 아름답고 현묘한 「수고」 공안을 발현시키고자 하는 게송 두 수를 더 음미해 보면서 위앙종의 시조 위산 영우의 편을 마치기로 한다.

山下爲牛山上僧	산 밑에서 소가 되고 산에선 스님이라
河沙異號未爲能	항하의 모래처럼 많은 이름 다함이 없다
常愛暮雲歸未合	언제나 사랑하는 건 저녁 구름 흩어지는
遠山無限碧層層	끝없이 푸른 빛 쌓인 먼 산봉우리

― 해인신

不道潙山不道牛	위산이라고도 소라고도 할 수 없다
認着何處有來由	잘못 알면 어디에서 알 수 있으랴?
分明裂破應須會	분명히 찢을 때 알아야 하니
會得還同不繫舟	알고 보면 본래 매지 않은 나룻배네

― 신정인

― 『경덕전등록』 권9 「위산우」·『선문염송』 375칙 「수고(水牯)」

게송 모두 「수고우」 공안에 뜻을 밝히고 있다.

우리의 본질인 자성본원은 무자성인 까닭에 일체의 물질적 현상으로 활성화됨을 『반야심경』의 명구 '색불이공 공불이색 색즉시공 공즉시색'을 통하여 살펴봤다. 바로 대기大機의 활성화가 대용大用이고 진공眞空인데 묘유妙有해 있음을, 또 묘유는 진공을 떠나지 않고 서로 간섭치 않음을 살펴보았다.

해인신 게송 1행과 2행은 자성본원의 활성화, 시간과 공간 인과 연을 맞아 일체의 현상을 빚어내니 해인은 "산 밑에서 소가 되고 산에선 스님이라 / 항하의 모래처럼 많은 이름 다함이 없다"라고 노래 부를 수 있다. 다시 이 절대현재의 이 찰나로 돌아와 눈앞에 펼쳐지는 '내 다정한 저녁 구름 / 푸르름이 끝없이 펼쳐진 먼 산봉우리'의 경계. 이것 말고 달리 무엇이 더 있는가. 마음이 자연에 담백하게 순응하는 노승의 경지, 이게 바로 위산승이고 산 아래 검은 암소다.

신정인의 게송, 역시 '자성본원을 위산이라고 혹은 소라고 짐짓 고정시켜 부르지만 사실 그렇게만 부를 수 없지 않는가? / 만약 이렇게 관습적으로 부르는 것을 정말인 양 안다면 어디로부터 올바른 이 기막힌 사실은 영회할 수 있으랴'로 풀이되고 이러한 실제는 "분명히 찢을 때 알아야 하니分明裂破應須會" 이 자리를 바로 영회하면 원래부터 매어있는 거룻배가 본래 있지 않음을 스스로 만나 얻을 뿐이다. 우리는 바로 참사람으로 태어났으나, 잠시 어리석어 그 자리를 비켜 앉았을 뿐. 이렇게 지혜가 증장되면 어둠에 밝은 빛이 들어와 공존되지 않듯이 온전한 하나가 됨을 읊고 있다.

「수고水牯」 공안이나 이에 따른 후대의 선장들 게송, 모두 우리를 적기賊機시켜 우리의 본성인 자성본원에 영회시키기 위해 간절노파심절을 내고 있다. 상구보리 하화중생 자리이타上求菩提 下化衆生, 自利利他의 극처를 우리가 느낄 수 있음은 깨친 자의 본원이 원래 그러하기 때문일 것이다.

열반의 공안, 「수고우」 선화를 우리에게 던져놓고, 위산은 총림을 이끈 지 40여 년 좌탈입망한다. 그의 선맥을 이은 제자가 43인. 상족으로는 앙산 혜적, 향엄 지한, 영운 지근 등이 있다.

제46화

경봉의 야반삼경에 대문빗장을 만져 보거라

제호로 붙인 '야반삼경에 문빗장을 만져보거라'는 근세 경남 양산 통도사가 배출한 우리나라 위대한 선사 가운데 한 분이며, 격 높은 선시의 빼어난 작가 경봉 정석선사의 임종게이다. 스님은 1892년 4월, 경남 밀양에서 태어나 일찍이 한문사숙에서 한학을 공부하다가 어머니 안동 권씨가 세상을 떠나자 16세의 나이에 인생무상을 절감하고 양산 통도사 성해스님을 은사로 삭발 출가하였다. 1927년 '이 뭣꼬' 화두를 들고 참구하다 마침내 개오하여 '대자유'를 얻었다. 그 후 경봉스님은 통도사 산내 암자인 극락선원에 조실로 머무시면서 눈 푸른 납자들을 제접하였다. 1982년 7월 17일, 세수 91세, 법랍 75세로 열반에 드셨다. 임종 시 제자들이 "스님이 입적하신 후 스님이 그리우면 어떻게 하면 좋겠습니까?" 하고 묻자 "나 죽은 뒤 내 모습이 보고 싶다면 …… 야반삼경에 대문빗장을 만져 보거라" 하시며 마지막 법문을 남겼다.

我是訪吾物物頭	내가 나를 온갖 것에서 찾았는데
目前卽見主人樓	눈앞에 바로 주인공이 나타났네
呵呵逢着無疑惑	허허 이제 만나 의혹이 없으니
優鉢花光法界流	우담발화 꽃빛이 온 누리에 흐르누나

— 경봉 오도송, 『화중연화소식』, 『삼소굴일지』

경봉선사의 깨달음에 관한 기록은 무엇보다도 스님의 일기와 스님이 깨침 후, 보임은 당대의 선지식 한암, 용성, 제산, 효봉과 주고받은 서신이 모든 것을 말해준다. 입적 후 상족 명정이 편찬한 경봉선사의 서간집 『화중연화소식』은 우리 후학에게는 다시 못 얻어 볼 보배가 분명하다. 저자는 스님의 일기와 서간집에서 나름대로 간추려 보는 것으로 후학의 도리를 하고자 한다.

경봉鏡峰靖錫(1892~1982)선사는 이 오도송과 오후悟後에 보림保任을 묻는 서신을 당시 제방 선지식들에게 보냈는데, 다음은 오후 수행에 관한 답신들이다. 스님께서 60년 가까이 후학들을 위하여 간찰을 보존하여 오늘날 우리들이 보게 된 것은 참으로 큰 복이며 스님의 간절노파심절을 느끼게 한다.

답신을 보내온 한암, 제산, 용성, 효봉스님들의 육성을 듣는 것 같은 느낌, 그리고 이면에 참학하는 후배 경봉의 수행 탁마의 정신, 이러한 것들은 공부하는 참학인들에게는 크나큰 보배여서, 심신이 밝아지고 고인들의 탁마에 스스로를 채찍질하기에 족하다. 글에서 우러나는 자구마다 경봉선사의 면목이 그대로 보여주어, 진솔함이 배어 있다.

이제 우리는 선사의 진면목과 오도송의 선의를, 당대의 선지식님네들과 주고받은 서신을 살펴보면 자연 알게 되고, 오도와 오후보임이 다름이 아님을 곧 알게 된다.

1. 출가

7세가 되어 밀양읍의 한 한문사숙에서 한학자 강달수 선생으로부터 총명함으로 아낌을 받던 소년 용국은 13세 들던 해 사서삼경을 모두 마쳤다. 그러나 15세 때 자모의 죽음으로 무상을 절감한 용국은 출가를 결심하게 된다. '사람은 죽으면 어디로 가는가?' 하는 근본 문제에 봉착한 김용국은 1907년 6월 9일 양산 통도사의 성해선사를 찾아가 출가를 밝히고, 스님으로부터 출가 허락을 받았다. 그해 청호 화상을 계사로 10월 30일 사미계를 받았다. 그 후 1911년 4월 초파일에 해담 화상으로부터 보살계와 비구계를 받고 통도사 불교전문강원 대교과에 입학하였다. 졸업 때에 『능엄경』, 『기신론』, 『금강경』, 『원각경』을 배웠고, 만해 용운으로부터 『화엄경』을 배웠다.

2. 장부일대사를 향하여

1914년 강원을 졸업하고 사찰의 행정업무를 보게 되었다. 어쩔 수 없는 일이다. 도를 깨쳐야 함을 아는 정석은 늘 한쪽이 비어있는 허수아비와 같은 삶이었다.

하루는 경을 보던 중, "종일토록 남의 보배를 세어도 반 푼어치의 이익도 없다終日數他寶 自無半錢分" 하는 구절에서 분심과 용맹심이 일어나, 이 일대사

인연을 종결해야 한다는 결연한 신심을 일으켰다.

　은사 성해 화상과 사형 구하 화상의 만류도 뿌리친 채, 서신 한 장을 남기고, 양산 내원사 당대의 선지식 혜월선사를 찾아가 법을 물었다. 혜월선사는 『선문촬요』를 보여주며 '있는 것도 아니고 없는 것도 아니거든' 하고 물었다. 이에 계합하지 못한 정석은 해인사 퇴설당에서 제산선사를 모시고 피나는 정진을 했다. 그리고 직지사 남전선사를 모시기도 하였고, 금강산 석왕사, 마하연 선원 등에서 전진을 하였다. 화두가 순일하게 익게 되자, 은사 스님이 계시는 통도사로 돌아와서 참선 정진을 했다.

　1927년 11월 15일 경봉스님이 법주法主겸 설주說主가 되어 통도사 극락암에서 화엄산림법회를 시작하였다. 해담 화상과 스님이 교대로 『화엄경』을 설법했다. 이때부터 스님은 화두가 일념으로 접어들기 시작했다. '이 뭐꼬?', '이 몸 끌고 다니는 주인공이 무엇인가?', '이게 무엇인가?' 온통 몸과 생각과 일체 상항과 한 덩어리로 뭉쳐진 '이 뭐꼬?'가 있을 뿐이다.

　화엄산림법회를 시작한 지 나흘째 되는 날, 11월 18일(양력 12월 11일) 갑자기 벽이 무너지듯 시야가 넓게 트이면서 천지간에 오롯한 일원상이 나타났다. 그리고 스님의 입에서 곧 바로 게송이 튀어 나왔다.

　　천지를 삼키는 큰 슬기여
　　돌도끼 학을 타고 진흙 거북 따라가네
　　꽃숲엔 새가 자고 강산을 조용하니
　　칡덩굴 달과 솔바람 뉘라서 완상하리.

다음 날인 음력 11월 19일 아침, 큰방에서 아침 공양 바루를 펴는데, 갑자기 심정이 솟구쳐 바깥으로 뛰어 나가고 싶은 충동을 느꼈으나, 마음을 억제하고 공양을 마친 뒤, 극락암 영지 옆의 감나무가 있는 곳까지 이르렀는데, 온몸에 전류가 흐르며 이 몸과 우주가 둘이 아닌 불이의 경지를 체득하였다. 있는 그대로 세계가 눈앞에 전개됨을 체험한다. 세상만사 평평범범함을 몸으로 체득한 것이다. 여래선의를 또렷하게 읽을 수 있었다. 이날 스님의『삼소굴일지』에는 이렇게 쓰여 있다.

12월 12일 월요일 맑음(음 11월 19일)

이 날은 대도를 성취한 날이다.

종소리 목탁소리에 급히 문을 나서니
푸른 하늘 바다런듯 구름 한 점 없구나
한 빛이 삼천계를 터져 비추니
나와 건곤을 분간하기 어렵도다

사람마다 스스로 나아갈 문이 있건만
여러 생을 삼독의 구름 속에 갇혔었네
잠깐 사이에 마음 비워 옛집에 돌아가니
산하와 범부 성현 어찌 따로 구별하리

3. 오도

경봉이 통도사 극락암 무량수각에서 화엄산림을 하시며 21일간 용맹정진을 하다가 조사선의를 깨달은 해는 1927년 12월 13일 새벽이었다.

> 내가 나를 온갖 것에서 찾았는데
> 눈앞에 바로 주인공이 나타났네
> 허허 이제 만나 의혹이 없으니
> 우담발화 꽃빛이 온누리에 흐르네

모두의 게송이 이때 읊은 스님의 오도송이다.

오도 후, 다음 날 화엄산림법회에 등단한 경봉의 설법은 그 전날의 법문이 아니었다. 이전까지는 문자에 매달려서 글귀의 뜻을 파악하고 전달하였지만, 시각이 완전히 달라져 있었다. 얼굴에도 기세에도 법상에도 주장자에도 『화엄경』의 법문이 경봉의 입으로 풀어져 나오고 있었다. '일이삼사오육칠 대방광불화엄경一二三四五六七 大方光佛華嚴經' 우주 삼라만상이 모두 입을 모아 『화엄경』을 설하고 있었다. "『화엄경』의 도리는 사람마다 개개의 자기 몸에 다 있고 일상생활 하는 데 있으며, 밥 먹고 옷 입고 보고 듣는 데 있어, 이 도리는 좆에도 있는 거야" 하며 직설하여 대중들을 깜짝 놀라게 하였다. 그야말로 천진난만한 동심으로 돌아가 있었다. 그리고 법상에서 홀딱 벗고, 스스로 남근을 손에 쥔 채 "이 소식을 아느냐?" 하며 외쳐 무아지경에 헤매었다. '미친 중'이라는 소문이 퍼져 육촌 형의 귀에 들어가 형님이 직접 미쳤는가를 확인하러 통도사에 와, 밤새 오도경지를 나눈 후, 경봉은 '이래서는 안 되겠다는 것을 느끼고' 그 후로는 경봉 특유의 자상한 법문을 하게 되었다 한다.

그 후 깨침에 대한 스님 스스로 주인공과 문답시를 지어 자신 확인하고 있다.

咄咄無性我主公	쯧쯧, 무정한 내 주인공아
至今逢着豈多遲	이제사 만나다니 어찌 이리 늦은가
呵呵我在君家裡	허허 내가 그대 집에 있었건만
汝眼未晴如此遲	그대 눈 밝지 못해 이렇게 늦었다네

— 주인공과 문답시(主人公問答詩), 『현대고승인물평전』「경봉선사」, 불교영상, 174쪽

4. 오후보림

경봉선사의 깨달음에 관한 기록은 무엇보다도 스님의 일기 『삼소굴일지』와 스님이 깨침 후, 보임은 당대의 선지식 한암, 용성, 제산, 효봉과 주고받은 서신이 모든 것을 말해 준다. 경봉의 서간집 『화중연화소식』은 우리 후학에게는 다시 못 얻어 볼 보배가 분명하다. 저자는 경봉선사의 일기와 서간집에서 나름대로 간추려 보이는 것으로 오도와 오후보임을 대신하기로 한다.

선사께서 60년 가까이 후학들을 위하여 간찰을 보존하여 오늘날 우리들

이 보게 된 것은 참으로 큰 복이다.

답신을 보내온 한암, 제산, 용성, 효봉선사들의 서신 중 용성선사의 주고받은 서신이 무려 11통이 되고, 한암선사와 주고받은 서신은 23통이나 된다. 저자가 임의로 용성과 한암의 답신을 1통씩을 특별히 소개하는 것은 경봉이 오도한 후, 오후보임을 묻고, 선사 경봉의 첫 포호성이라서 큰 의의가 있을 뿐 아니라, 또 당대 선지식님네들이 어떻게 후배를 대하였는가 하는, 아주 귀중한 자료가 되기 때문이다. 경봉스님의 서신 두 통도 함께 소개한다. 이 서신집은 경봉의 상족 명정이 1984년에 선사가 입적한 두 해 뒤인 1986년 2월에 간행된 『화중연화소식』에서 뽑았다.

1) 한암선사의 간찰

보내온 글과 게송 네 글귀를 읽어보니 글이 모두 진지하고 구절구절이 활기가 넘칩니다. 대장부 활달한 남아가 후500세 뒤에 출현할 줄을 어찌 기약인들 하였으리요. 우러러 찬탄하여 마지않으며 뛸 듯한 기쁨을 무어라 형언할 수 없구료. 이렇게 깨달은 사람의 분상에는 비유하자면 커다란 불덩어리와 같아서 무엇이든지 닿기만 하면 타버리니 어찌 한가로운 말과 방편으로 지도할 수가 있겠습니까? 그러나 깨달은 뒤에 조심은 깨닫기 전보다 더 중요한 것입니다. 깨닫기 전에는 깨달을 분이라도 있지만 깨달은 뒤에 만일 수행을 정밀히 하지 않고 게으름을 피우면 여전히 생사에 유랑하여 영영 헤어 나올 기약이 없는 것입니다. 흔히 고인古人네들이 깨달은 뒤에 자취를 감추고 이름을 숨겨서 물러나 성태를 오래오래 기르는 것이 바로 이것이니 어쩌다 사람을 대하면 지혜의 칼을 휘둘러서 마군을 항복

받으며 어쩌다 사람이 오면 벽을 보고 돌아앉습니다. 그렇게 하기를 30년 40년 내지 평생토록 영영 산에서 나오지 않기도 하였으니 예전에 상상上上의 큰 기틀을 지닌 분들도 그렇게 하였거늘 하물며 말엽末葉의 우리들이겠습니까. 대혜大慧宗杲(1088~1163, 송나라 스님) 화상이 말하기를 간혹 근기根機가 날카로운 무리들이 많은 힘을 들이지 않고 이 일을 판단하여 마치고는 문득 쉽다는 생각을 해서 닦아 다스리지 않다가 오랜 세월이 지남에 영영 마군에게 포섭된다 하니 이와 같이 뒷날 중생들을 위하여 고구정령하게 지도하여 삿된 그물에 걸리지 않게 하신 말씀을 일일이 들어서 다 말할 수가 없습니다. 다만 이와 같은 방편을 형도 모르는 바 아니겠지만, 이미 물어왔고 또한 나도 가장 희유한 일을 대함에 즐거운 마음이 자연 샘물 솟듯 조사들의 오후수행문悟後修行門을 한두 가지를 들어서 말하오니 행여나 익히 들어서 아는 것이라고 소홀히 하지 마시고 다시 자세히 살피고 거듭 생각해보십시오.

어떤 스님이 귀종歸宗智常(마조 법자, 당나라 스님) 화상에게 묻기를

"어떤 것이 부처입니까?"

"네가 바로 부처이다."

"어떻게 보호해 가지오리까?"

"한 티끌이라도 눈에 있으면 헛것이 어지러이 떨어진다."

이 법문에 예자瞖字 하나를 자세히 알면 오후생애가 자연히 만족할 것입니다.

또 석공石鞏慧藏(당나라 스님, 마조의 법자) 화상이 마조馬祖道一(709~788, 중국 당나라 스님)께 참례하여 법을 얻은 뒤 삭발을 하고 시봉할 때에 하루는 부엌에서 일을 하다가 문득 하던 일을 잊고 망연히 앉아 있는데 마조가 묻기를

"여기서 무엇을 하느냐?"

"소를 먹이고 있습니다."

"소를 먹이는 일은 어떻게 하는 것인가?"

"한 번이라도 소가 풀밭에 들어가면 고삐를 끌어당깁니다."

"네가 소를 잘 먹일 줄 안다."

하였습니다. 여기서 파예把羿 두 글자를 자세히 알면 오후생애를 남에게 물을 필요가 없습니다. 그러나 상세하게 안 뒤에는 안다는 것 또한 없는 것이올시다. 여기서는 물을 마심에 차고 더움을 스스로 알 수 있지만, 남에게는 알려줄 수 없듯이 시도 이른바 스스로 즐거울지언정 그대에게는 어떤 것이라도 손에 쥐어줄 수 없는 것이며 푸른 바다가 마르는 것을 볼 수 있지만 끝내 그대에게 통하게 해 줄 수 없다는 것이 이 말입니다.

그렇지만 누가 한암에게

"깨달은 뒤에 어떻게 보림해야 합니까?"

하고 묻는다면 암﹗은 곧 아프게 한바탕 때릴 것이니 위의 옛 성인들의 말과 같습니까, 다릅니까? 허허 이 일은 두어두고 이렇게 마칩니다. 세상에서 쓰는 투의 인사는 하지 않겠습니다.

무진년 3월 초이렛날

문제門弟 방 한암 답장 올림

만약 일생의 일을 원만하고 구족하게 하고자 한다면 옛 조사의 방편어구로써 스승과 벗을 삼아야 됩니다. 우리나라 보조 국사普照知訥(1158~1210)께서도 일생토록『육조단경六祖壇經』으로 스승을 삼고『대혜서장大慧書狀』으로 벗을 삼았습니다. 조사의 언구 중에서도 제일 요긴한 책은 대혜의『서장書狀』과 보조의 『절요節要』와 『간화결의看話決疑』가 활구법문인데, 항상 책상 위에 놓아두고 때때로 점검해서 자기에게 돌린 즉, 일생의 일이 거의 어긋남이 없을 것입니다. 제弟 또한 여기서 힘을 얻은 것이 있습니다.

또한 『서장』과 『결의』와 『절요』 끝부분에 활구를 들어 일깨움을 의지했는데, 이것이 너무나도 좋습니다.

이 말이 비록 번거로운 것 같지만, 일찍이 방랑을 해봐야 나그네의 심정을 안다고 했으니, 제발 소홀히하지 마십시오.

만약 한때 깨달음에 만족하여 뒤에 닦음을 거두어 치우면, 영가永嘉玄覺(647~713, 당나라 선승)께서 말한 활달한 체 공연히 인과를 무시하고 어지러이 방탕하여 재앙을 초래한다는 것이 이것이오니, 간절히 세상 천식배들의 잘못 알아 편집하여 인과를 무시하여 죄와 복을 배척하는 이가 되지 마소서.

만약 활구를 들어 살피지 않고 문자만 볼 것 같으면, 의리義理에 걸려서 도무지 힘을 얻지 못하며, 말과 행동이 서로 어긋나서 증상만인增上慢人(깨달음을 얻지 못하고 얻었다고 생각하는 거만한 사람)을 면치 못하리니, 간절히 모름지기 뜻에 두소서.

2) 용성선사의 간찰

주신 글월을 서둘러 뜯어보고 기쁨을 이기지 못하였소. 오랫동안 공무의 분주한 가운데서도 무가의 보장을 발견하였으니 만약 여러 생에 반야의 지혜종자를 심지 않았으면, 어찌 능히 이와 같겠습니까? 나 또한 미진한 처지지만 그러나 이것이 지극히 중대한 일이라 실로 경솔한 말로써 증명할 수 없습니다.

다른 이의 깨달은 바도 모르면서 억누름도 죄인이며 깨달은 바가 깊고 옅은 것도 모르면서 망령되이 인가하는 것도 죄인이니 실로 예삿일이 아닙니다.

청나라 옹정雍正(청나라 5대, 세종)황제가 이르기를 요즈음 참선하는 이들은 의해로 따지지 않으면 말길과 마음이 끊어지는 곳을 집착하고 이러한 도리가 아니면 아무런 재미없는 것은 극칙極則으로 삼나니 스님의 깨달은 바는 과연 어떠한지요. 만약 허공에 불이나 허공이 타버리고 바다 밑에 연기가 일어나 산하대지가 한꺼번에 타버리더라도 여기에 다시 묻는 데 답을 못하면 조금 갈등이 남음이로다.

스님께서 실로 화두에 의정을 타파하였으면 불 가운데 연꽃이 솟음이라 나 역시 찬탄하여 마지않음이니 다시 무슨 말을 하리요.

요즈음 깨달았다고 하는 이들을 보면 대개가 모든 법이 공적하다고 하지 않으면 가히 상대할 것이 없고 가히 이치를 펼 것이 없다 하거나 잠간 묵묵히 있지 않으면 은밀히 작용하고 또 종문의 향상向上을 타파해서 최초구最初句에 집착하지 않으면 대용大用을 나타냄이라 하니 옳지 않다는 것은 아니나 자기의 본성은 꿈에도 보지 못함이니 알겠습니까?

나의 본성은 체體도 아니며 용用도 아니며 종문향상도 아니며 최초구도 대용도 아닙니다.

임제臨濟義玄(?~867, 임제종 종조), 덕산德山宣鑑(782~865, 당나라 선승)은 이 모두 마음을 훔치는 도깨비이며 과거 현재 미래의 모든 부처는 마치 모기가 어지러이 우는 것과 같음이라 여기에는 무엇이든지 붙을 수 없습니다.

그러니 만약 진실로 본성을 깨달으면 촛불이 눈앞에 있는 것과 같아서 누구에게 물을 필요가 없으니 알겠습니까?

이 일은 물 가운데에 소금맛과 같아서 결정코 있는 것이나, 보아도 보지 못하고 들어도 듣지 못하는 것과 같음이라. 여러 가지 명상과 온갖 의리義理와 세간과 출세간의 일들이 전부 붙을 수가 없는 것이니 비록 그렇게 붙을 수가 없지만 이 일만은 분명한 것이라 진실로 이 이치를 아시겠습니까?

저 물에 비유하자면 맑기도 하고 탁하기도 하며 넓게 파도치고 출렁거리며 하류로 흘러가되 이것이 아울러 물의 본성은 아니니 물의 성질은 젖는 것이나 결코 현상을 볼 수 없으되 파도가 돌에 부딪친 뒤라야 젖는 것은 보지 못하나 원래로 젖지 않는 그 젖음이 가히 젖음으로 나타남이요 대각大覺의 성리性理가 그 당체當體에는 여러 가지 명상이 없으되 빛을 보고 소리를 들음에 깨달아 아는 것이 나타나니 원래 깨달음 아닌 그 깨달음이 가히 깨달음으로 나타남이라, 시작과 근본이 한 몸이며 근본과 지엽이 둘이 아니며 둘이 없는 그 성리가 참된 성리로다.

이 참된 성리는 범부에게 있다 해서 못할 게 없고 성현에게 있다 해서 나을 게 없다.

스님이 만약 이 이치를 깨달으면 현세에 종횡으로 설파하여 삼현三玄이니, 종문 향상이니, 최초구니, 삼요三要니, 아공我空이니, 법공法空이니, 양구묵언良久黙言이니, 절대로 짐작이 없는 것이 대용大用이니, 하는 무리들과 같지 않을 것이니 아시겠습니까?

만약 이와 같으면 쓸어버림도 나에게 있고 세우는 것도 나에게 달려서 밝은 구슬을 가지고 놀며 종횡으로 유희함에 일없는 한가로운 도인입니다.

위산潙山靈祐(771~853, 위앙종 종조)이 이르시기를 닦는 것과 닦지 않는 것이 두 가지 말이니 다만 물질에 아무런 뜻이 없다면 저 법의 성품에 맡겨져 두루 유통하여 끊지도 말고 잇지도 말라 하신 여기에 결택할 것이며 목우자牧牛子(고려 보조국사의 호)가 이르시되 마음이 마음에 머물고 경계가 경계에 머물러서 어느 때에는 마음과 경계가 서로 대하여도 마음이 경계를 취하지 않으며 경계에 걸림이 없으리라 하니 스님의 습기를 스스로 헤아려서 『진심직설』 가운데 열 가지의 공부 짓는 방법 중 어느 것이든지 선택해서 하십시오.

혹시 습관이 중하여서 정력定力이 약하고 혼침과 산란에 빠지거든 열 가지 중에 첫 번째인 깨달아 살피는 공부법을 의지할 것이며 혹은 사람과 경계를 함께 빼앗는 방법과 혹은 사람과 경계를 모두 빼앗지 않는 공부를 하십시오.

기사년 9월 15일

백용성 답장 올림

3) 경봉선사의 간찰 ─ 한암 화상께 경봉스님이 문법하는 편지

오대산이 첩첩하고 또 첩첩하여 산운山雲과 해월海月의 정 다하기 어렵습니다. 산이여 달이여 산운이라 해야 할지 해월이라 해야 할지 이 산운과 해월을 형께 일임一任하니 잘 간취간래看取看來하셔서 언어 문자 성색聲色 동정動靜 그 밖에 한 번 법法을 보여주시기를 간절히 비나이다.

我植去年一種花	내가 지난해에 꽃을 한 가지 심었더니
今年枝葉盡葰差	올해엔 가지와 잎이 무성하게 자랐네
吾兄回憶園中妙	형이여 꽃동산의 오묘함을 생각해 보오
萬朵靑紅半掬芽	만 떨기 청홍의 꽃들 반 움큼 싹텄소
咦	미소
春已過 夏日長	봄날이 지나니 여름날이 길어졌구료

기묘년 7월 11일

* 이 간찰은 경봉스님이 한암스님께 서신을 보낼 때, 기록해둔 것을 옮긴 것임.

방한암 화상에게 서한으로 묻기를

1. 세존께서는 설산에서 6년 고행하신 후에 설산에서 나오셨는데, 화상께서는 무슨 애착으로 오대산을 떠나지 못하십니까?
2. 김운파 백용성 두 스님이 입적하셨는데, 지금 어디에 있습니까?
3. 어떤 것이 화상의 열반노두涅槃路頭의 일입니까?

이렇게 물었더니 방한암 화상께서 편지봉투 안에 백지 한 장만 보내 왔기에 내가 그 종이 위에다 ●●● 허허…….

| 早天莫道無田穀 | 가뭄이라고 곡식 없다 하지 마시오 |
| 四月南風大麥黃 畾 | 사월 남풍에 보리 누렇게 익었소 악! |

문제門弟 경봉鏡峰 올림

5. 야반삼경에 문빗장을 만져 보거라

1982년 7월 17일 오후 4시 25분, 선사께서 미질을 보여 문도들을 불렀다. 임종이 다가왔음을 느낀 시자 명정은 스님께 물었다.

"스님이 가시고 나면 스님을 뵙고 싶습니다. 스님의 모습이 어떠하십니까?"

오랫동안 말이 없던 선사는 조용히 미소를 머금은 채 좌우를 둘러본 뒤, 마지막 말을 남겼다.

"야반삼경夜半三更에 대문 빗장을 만져 보거라."

당대 선지식의 임종게, 말이 막히고 가슴이 막힐 뿐 뭐라 말하겠는가. 진여무애眞如无涯한 열반의 세계를 당당히 한마디 말로 때려잡았음이 분명하다.

스님이 열반하신 후, 다비식에 영축산을 중심으로 먹구름이 일며 뇌성벽력이 치며, 양동이로 쏟아 부은 듯한 비가 40분이나 내렸고 조객들이 비를 맞으며 '큰스님의 뜻이 내린다'고 모두 입을 모았다.

스님의 사리에 대한 소식은 일체 전하는 것이 없다. 평소에 사리에 대해 스님께 물으면 늘 이렇게 말씀했다.

'사리는 사리에 대한 원력을 세우고 삼학을 부지런히 닦으면 저절로 생기는 것이다. 수행자가 본분사에 바쁜데 언제 사리에 대한 원력을 세울 수 있나?'

그러나 경봉선사의 부도탑과 비명은 1984년 6월 26일 통도사 일주문 밖에 세워졌다.

6. 경봉의 선시

당대의 선승이며 시승인 선사의 속내를 짚어 봄은 오도송과 열반게 이외에 달리 무엇을 말을 할까마는 저자는 선사의 선시를 몇 편 소개하고 약간의 주해와 착어를 붙여 독자들에게 보이므로 후학의 도리를 대신할까 한다.

無影樹逢劫外秋	무영수가 겁외의 가을을 만나니
一光金鶴下江洲	한 빛 금학이 강가에 내리네
春風花雨生涯足	봄바람 꽃비로 생애가 만족한데
古寺鐘聲送世愁	옛 절 종소리에 세상 금심 보내네
－無影樹逢秋	－무영수가 가을을

—『현대고승인물평전』「경봉」, 불교영상간

절창이다. 보라 선의 황금시대였던 당·송의 선시와 서산, 경허의 시들과 어깨를 나란히 하고 있지 않은가. 1행에서 "겁 밖의 그림자 없는 나무가 겁 안에 가을을 만난다", 무엇이 다른가. 그렇다. 이곳은 내외명철內外明徹하여 내외무법內外無法함이니 알아서 읽으면 그만이다. 2행 역시 투철하고 투명한 '홑'으로 보임이니 놀라운 풍광이 펼쳐진다. 누가 있어 '한 빛 금학이 강가에 내리네一光金鶴下江洲' 평상심의 한 소식을 표전하겠는가? 3행 역시 '봄바람' '꽃비'가 주는 함의적인 시어와 이어 '생애의 만족'이 이어지면서 저 창망한 선의 세계로 우리를 몰아넣는다. 갑자기 고즈넉한 기운이 몸을 감싸는 고사의 종성 "옛 절 종소리에 세상 금심 보내네古寺鐘聲送世愁"는 가을 수심을 실어 나른다. 시제를 보라. "무영수가 가을을無影樹逢秋." 도인의 백염적白拈賊[1] 솜씨다.

伽倻消息誰能說	가야의 소식 뉘라서 능히 설하리
溪水潺潺月上東	시냇물 잔잔한데 달은 동녘에 솟네
莫道此時玄妙旨	이때의 현묘한 뜻 말하지 말게
茶煎分處古道通	차 한잔 마시는 곳 옛길이 열렸네

— 가야의 소식 뉘라서(伽倻消息), 「경봉대선사일기」, 『삼소굴일지(三笑窟日誌)』, 2쪽

이 시는 경봉선사가 동곡 일타 화상에게 보낸 게송이다. 『삼소굴일지』 서문인 일타 화상의 글 말미에 있다.

착어　'가야소식伽倻消息이라고?' 이 뜻이 '차 한잔'에 있는가, '옛길'에 있는가? 묻지 마소.' 또 '마시는 곳'에 있는지 '열림'에 있는지도 살피지 말라. 하여 자연 불붙은 작두 위를 그대 걸으리라.

가야의 소식을 점두하는 네가 있을까 보냐.

— 월조삼가

春樹花枝香滿出	봄이 오니 가지마다 꽃향기 짙어
遠方蜂蝶自飛來	먼 곳에서 벌 나비 날아든다

1　백염적白拈賊은 백은 비었다는 뜻이고, 염은 손으로 물건을 잡는다는 의미이다. 곧 손에 한 물건도 가지지 않고 남의 물건을 교묘히 훔치고도 그 자취를 남기지 않은 도적이니 선가에서 선사들이 학인의 마음을 빼앗는 적기賊機를 이른다.

箇中眞味難爲說　　　이 가운데 참맛을 어이 말하랴

紅日高明客笑開　　　붉은 해 높이 솟아 나그네 웃음짓네

— 벌 나비, 꽃가지(花枝蜂蝶), 「경봉대선사일기」, 『삼소굴일지(三笑窟日誌)』, 36쪽

착어　언제 이 회상에서 참맛 빈 맛을 가린 적이 있는가. '봄이 오고 꽃향기 짙
어서 먼 곳으로부터 벌과 나비가 날아든다'는 이 풍광. 이것을 참맛이라
고만 말하지 말라. 여러분, 꽃을 보고 날아드는 벌 나비가 무슨 달리 뜻
이 있겠는가. 무심 가운데 그렇게 날아들고 날아갈 뿐.
나그네여 그 웃음 지우라.

榮利漢主人公主人公　　영리한 주인공 주인공아

汝言如是如是　　　　　그대 말이 그러하고 그러하니

今日日暖風和　　　　　오늘날씨도 따뜻하고 바람도 화창하여

山層層水潺潺　　　　　산은 층층하고 물은 잔잔하며

山花笑耶鳥歌　　　　　산꽃은 웃고 들새는 노래하니

胸手再唱太平歌　　　　손을 마주잡고 태평가나 부르세

— 태평가(太平歌), 『현대고승인물평전』 「경봉선사」, 불교영상, 174~175쪽

착어　반문하여도 그렇고 직설하여도 그렇다. 내가 걷고 있는 청계천변 머리
푼 수양버들, 초여름 흐르는 빌딩 그림자를 빗질하네. 초등학생 서넛이
조잘조잘 징검다리 속으로 들어가고 있네. 이 모두 때 늦은 그 소식이라
하지 말라.

善友來耶消息好	벗이여 왔는가 소식이 좋든가
故鄕風景近如何	고향 풍경 요즈음 어떠한가
水寂山空飛鳥絶	물과 산 고요하여 새마저 날지 않소
無根花發主人家	뿌리 없는 꽃이 주인집에 피었소

— 우연히 읊다(偶吟)

『삼소굴일지』, 43쪽. 1928년, 경봉선사의 37세에 들던 일기다. 본문을 그대로 옮긴다.

5월 18일 금요일 맑음. '본가의 논에 모판을 만드는데 마른 모판을 만들다'라는 모두의 글 밑에 이 게송이 적혀 있다. '본가의 논'은 우리가 본지환처되는 실상본지를 이른다. 여기에다 모판을 만든다니, 그것에다 마른 모판을 만든다 하니, 이 소식을 과연 어떠하다 할 것인가?

착어 눈 위에 서리가 쌓였네

눈 위에 쌓인 얼음이라 말하지 말라

서리 아래 눈이고 눈 아래 서리다

掛鉢雲邊臥此庵	구름가에 바루걸고 이 암자에 지내는데
偶逢仁君盡玄談	우연히 그대 만나 현담을 털어놨네
三更夜深無人處	밤은 깊어 삼경이라 인적이 없는데
秋水連天月滿潭	가을물은 하늘 닿아 달은 못에 가득하네

— 전강을 보내며(別田岡)

1행에서 '구름가에 바루 걸고 이 암자에 지내는' 텅 빈 마음이라기보다는 허허실실한 무심의 대용이다. 절창이다. 노중路中에 도인을 만나면 웃으며 지나라, 하물며 지인이 찾아와 밤 내내 주고받고 말없이 마주대하고, 4행에 이르러 "가을물은 하늘 닿아 달은 못에 가득하네", 이것은 '칠통같은 하늘이 내 마음이다' 하여도 별반 다를 것이 없다.

秋水長天	가을 물, 긴 하늘에
上下圓融	위와 아래가 원융한데
一色蘆花	한빛 갈대 꽃
明月往來	밝은 달이 오가네

— 진리는 말없고(眞理無言)

진리란 말은 원래 생물이어서 있다 할 것이 못되지만, 언어를 빌려 이를 뿐이다. 『금강경』에 이르기를 "불설 반야바라밀 즉비 반야바라밀 시명 반야바라밀"이라 하듯 텅 빈 이름이니 이것을 '성인들은 상대의 세계를 뛰어난 무위의 절대법 가운데 차별을 짓기 때문이다—切賢聖 皆以無爲法 而有差別' 함이니, 오늘 경봉께서 이 도리를 드러내니 바로 "가을 물, 긴 하늘에 / 위와 아래가 원융한데 / 한빛 갈대 꽃 / 밝은 달이 오가네"라 밝힌다. 이 지극함이여!

塵刹總空花	티끌같이 많은 세계, 모두 헛것이라면서
何生便大差	어찌 큰 그르침 낸다고 말합니까?
有無無二處	있고 없는 것이 둘이 아닌 곳에
莫道別根芽	별달리 뿌리, 싹 말하지 마십시오

3,4행에서 "있고 없는 것이 둘이 아닌 곳에有無二處 / 별달리 뿌리, 싹 말하지 마십시오莫道別根芽"의 이 구절은 바로 선의 핵심이니, 달마도 양무제를 만나 '모르오不識'라 한 곳이고, 절대진리를 묻는 학인에게 『벽암록』의 선게에서도 '여러분, 진리를 알고자 하는가? 진리를 이해하는 것은 허락하지만 진리를 만난다는 것은 허락할 수 없다諸人 要會末後句麼 只虛老胡知 不虛老胡會'라고 이른 이곳이니 오직 묵묵히 계합할 뿐이다.

> **착어**　하늘인가, 바다인가, 수평선 저 넘어
>
> 　　　 캄캄한 해가, 해가 다시 또 흘러내린다.

7. 일기초[2]

1927년 12월 13일 화요일 맑음(음 12월 20일)

오전 2시 30분 조사선의를 깨닫다.[3]

2　경봉대선사일기『삼소굴일지三笑窟日誌』, 31쪽. 『삼소굴일지』는 1927년 12월 7일부터 시작하여 선사께서 85세 들던 1976년 4월 2일까지 약 50년 가까이 기록되어 있다. 선사의 일기를 읽어 보아도 수도인의 자상한 면모를 살필 수 있다. 일기에는 여행지의 거리와 여비 그리고 소요시간까지 낱낱이 기록하고 있고, 여비가 얼마 남았다는 것까지 적혀있다. 또 39년간 받은 부고가 몇 장이라는 것을 적고 있는 선사의 마음에 통정痛情과 고소苦笑와 적공積空함을 느낀다.

3　일기를 기록하기 시작한 1927년은 경봉선사의 생애 중에서도 가장 뜻있는 해이다. 통도사 극락암

我是訪吾物物頭	내가 나를 온갖 것에서 찾았는데
目前卽見主人樓	눈앞에 바로 주인공이 나타났네
呵呵逢著無疑惑	허허 이제 만나 의혹이 없으니
優鉢花光法界流	우담발화 꽃빛이 온누리에 흐르누나

1930년 3월 7일

수선하다가 비몽사몽간에 백의관음보살께서 푸른 물결 위로 걸어오는 걸 보고 기쁘고도 놀라서 깨어 보니 꿈인데 정신이 새로워지더라. 의상대 앞에 소나무 한 그루 심다.[4]

1944년 2월 22일 화요일 맑음.

오전에 간장 담그다. 콩 6말 물 36동이에 소금(청염) 2가마 반 매 동이마다 소금 고두 1되 넣는다. 매주가 98덩이, 3독에 매 독마다 큰 독엔 29개 작은 독엔 28개가 들어갔다. 백 소금이면 고두 2되가 적당하다.[5]

1966년 4월 22일 금요일 흐림.

수의를 짓던 날 일편 감상

작년에 부산 제자 이대각심이 나의 수의를 지으려고 지원을 해서 옷감을 비구니 삼현을 주었는데, 이 달이 윤달이라고 오늘 옷을 짓는데 삼현이와 서울 김백초 성 외 3인 허법왕화 외 1인 비구니 무착 외 1인 등이 모여서 오전에 다 지었다.

무량수각에서 21일간 화엄산림으로 설법과 용맹정진을 하던 중 대도를 성취한다.
4   낙산사 홍련암에서 머물다.
5   선사의 자상하며 세밀한 성품이 잘 드러난다. 일상사 그대로 '이것이다' 하면 문제일까.

의복이라도 수의라고 칭하게 되니 대중의 마음도 이상하게 섭섭한 마음이 든 다 하고 나도 생각에 본래 거래생멸이 없지만 세상 인연이 다해 가는 모양이니 무 상의 감이 더욱 느껴진다.

금년 병오년에서 무진년을 계산하면 39년간인데 그동안 부고를 타인에게 받은 것을 대략 쳐보니 6백 40여 명이다. 이 많은 사람들이 어디로 다 갔는지 한번 가곤 소식이 없구나.

古佛也恁麼去	옛 부처도 이렇게 가고
今佛也恁麼去	지금 부처도 이렇게 가니
來耶去耶	오는 것이냐, 가는 것이냐
青山立 流水去	청산은 우뚝 섰고 녹수는 흘러가네
何者非 何者是 咄	어떤 것이 그르며 어떤 것이 옳은가, 쯧
夜半三更見燭舞	야반삼경에 촛불 춤을 볼지이다

착어 옛 그대는 지금 그대 아니고

지금 그대는 옛 그대 그대로다

1976년(85세)

남해 금산 보리암 범종원

南海錦山無限景	남해금산 무한한 풍광에
天邊雲外此鐘聲	하늘가 구름 밖 이 종소리 울리네
森羅萬象非他物	삼라만상 어디 별다른 물건이랴

| 一念不生猶未明 | 한 생각 일기전이라도 외려 밝지 못하네 |
| 阿刺刺 | 아자자 |

축 석가여래 성탄

如來阿誰	여래는 뉘신가
來耶去耶	오셨는가 가셨는가
花笑鳥歌	꽃 피고 새 우니
月印碧潭	푸른 못 달 비치네

— 영취산 삼소굴 원광 경봉(靈鷲山 三笑窟 ○光 鏡峰)

착어 푸른 못 달 비치는 건, 어라

꽃 피고 새도 울어라

그대 가셨는가 오셨는가

하얀 입술 허공을 묻는다

제47화

고암, 주장자를 세 번 칠 뿐입니다

古庵拄杖三下

　기해년(1899년) 10월 5일, 경기도 파주군 적성면 식현리 425에서, 부 양주 윤공 문과 모 하동정씨 사이에서 탄생. 속명은 지호志豪이고 법명은 상언祥彦 당호는 고암古庵이며 자호는 환산歡山이다.

　서당에서 한문 수학. 적성공립보통학교 수업 1917년(19세)에 합천 해인사 에서 제산을 은사로 득도하다. 해인사 강원에서 사집과를 1921년(23세) 수료 하고, 24세 되던 임술년에 해인사에서 용성스님을 계사로 구족계 및 보살계 수지하고 1923~1938년간 직지사 천불선원 제산선사 회상, 통도사 극락선 원 혜월선사 회상. 덕숭산 정혜선원 만공선사 회상, 도봉산 망월선원 과 백 양사 운문선원, 천성산 내원선원, 용성선사 회상, 오대산 청량선원 한암선 사 회상 외 유점사 선원 표훈사, 마하연, 묘향산 선원 등에서 15년 동안 25안 거를 성만하였다.

　1938(40세)에 천성선원에서 용성선사로부터 전법게를 받다. 46세 되던 갑 신년 2월 대선사 품계와 9월에 대종사 품계를 품수하고 1967(69세)년에 조계

종 제3대 종정 취임 및 72세에 해임 총림 제2대 방장을 겸임하였고, 1972(74세)에 조계종 제4대 종정, 6대 종정을 연임하였다. 90세, 1988년 무진년 10월 25일 오후 8시 가야산 해인사 용탑선원에서 세수 90세 법랍 71세로 열반에 들었다. 열반 1년이 되는 1989년에 해인사 서록에 스님의 탑비가 건립되었다. 비명은 '전불심등 부종수교 총영승풍 조계종정 고암당상언대종사탑비'이다. 다음 해 고암대종사 법어집『자비보살의 길』,『현대고승법어집총서』2를 간행위원회에서 펴냈다.

禪定三昧	참선의 깊은 경지는
壺中日月	단지 속에 해와 달
涼風吹來	시원한 바람 불어오니
胸中無事	가슴이 후련하네

— 오도송(悟道頌)

1. 천성선원에서 용성선사를 친견하고 거량하니 용성선사의 "반야의 공리는 정안으로 봄이라"에서 깨침이 있었다.

당시 용성선사와 법거량은 다음과 같다.

"조주무자 십종병에 걸리지 않으려면 어떻게 하는가?" 용성이 묻자,

"단지 칼날 위에 길을 갈 뿐입니다."但行劍上路 상언이 답하였다.

"세존의 염화미소 소식을 일러보게."

"사자굴속에 다른 짐승이 없습니다."獅子窟中無異獸

"육조스님께서 바람이 움직이는 것도 깃발이 움직이는 것도 아니고 그대의 마음이 움직이는 것이다" 하셨는데 그 낙처를 일러보시게.

"하늘이 높고 땅이 두텁습니다."天高地厚

"그럼 수좌의 가풍은?"家風

"예, 저는 주장자를 세 번 칠 뿐입니다."柱杖三下

이에 용성선사께서 "선재라 만고풍월이로다" 하며 게송을 전하였다.

萬古風月	만고에 풍월을
知音者誰	듣는 이 누구인가
古庵獨對	고암을 독대하니
風月萬古	풍월이 만고로다

고암당이라 법호와 함께 전법게를 내리니 다음과 같다.

佛祖元不會	부처와 조사 원래 알지 못한 것
掉頭吾不知	애시당초 나 또한 알지 못하네
雲門胡餅團	운문의 호떡은 둥글고
鎭州蘿蔔長	진주의 무는 길기만 하다네

— 용성 진종

2. 상당법어

1) 인류의 스승 부처님 오신 날

『화엄경』에 이르기를 원음圓音이 일연一演에 이류異類가 등해等解라는 말이 있습니다.

부처님의 말씀은 사람뿐만 아니라 일체 중생이 다같이 듣고 알게 된다고 해서 원음이라 하는 것입니다.

이것은 곧 웅변이요 사자후인 것입니다. 혀끝으로 나오는 소리만으로는 도저히 남에게 공명공감을 줄 수 없습니다.

다시 말하면 마음과 혼이 몰입된 진실한 태도라야 된다는 것입니다. 오늘에 모인 여러분들은 혼신과 신념과 성과 열의 뭉치로서 불교를 시방에 홍보하고 진리를 천하에 보급시키기 위한 순교의 사도들입니다. 불법무인설 수혜막능지佛法無人說 雖慧莫能知는 아무리 좋은 불법이라도 설하는 사람이 있어야 된다는 말입니다. 부디 여러분들은 불교홍전에 전위가 되어 주실 뿐 아니라 오직 부처님의 가호가 항상 있기를 바랍니다.

— 불기 2518년 부처님 오신 날 종정법어

2) 성도

선문염송에 세존이 도솔천을 떠나지 않으시고 왕궁에 하강하셨으며 어머니 태에서 나오지 않으시고 일체 중생을 모두 제도해 마쳤다고 하였습니다.

부처란 진실로 이런 것입니다.

생사가 끊어지고 오가는 것이 끊어지고 출몰이 끊어지고 명상이 끊어지고 시작과 끝이 끊어졌으면서도 항상 대자재 대광명 역역분명한 묘체를 부처라할 수 있는 것입니다.

법신 본분으로 볼 적에 어찌 8상이 있을 수 있겠습니까마는 일체중생을 제도하기 위하여 시현의 자취가 역역하여 가고 옴이 흔적이 확실한 것을 또한 어쩔 수 없습니다.

'오되 옴이 없는 밝은 달처럼 천강에 그림자로 나타나고來無所來 如朗月 影現 千江', '가되 감이 없는 밝은 하늘같아 제찰에 형태로 나눈다去無所去 似澄空 形分 諸刹'의 뜻이 바로 이것을 일러주는 절실한 법일 것입니다.

와도 온 것이 없는 것이 달그림자가 천강에 나타나는 것 같고 가도 간 것이 없는 것은 맑은 허공이 제찰에 그 형태를 나눈 것과 같다는 그 말이 아니겠습니까?

'헤아릴 수 없는 겁 전에 이미 성불塵墨劫前早成佛'이란 말이 정녕 이 소식을 전하는 것일 것입니다.

천지보다 먼저라도 비롯된 그날이 없고 천지보다 뒤에라도 마쳐지는 그날이 없다는 부처에게 생은 무엇이며 성도는 무엇이겠습니까?

그러나 인간 석가에게는 탄생도 확실하고 성불도 확실합니다.

오늘날 성도일을 맞음에 있어 우리들은 무엇을 어떻게 생각해야 될 것이며 어떠한 각오와 어떠한 결심이 가장 필요하겠습니까?

동녘 하늘에 떠오르는 샛별은 그날의 샛별이나 오늘의 샛별이나 다를 바 없습니다마는 석가의 성도는 그날이었고 우리 중생의 성도는 어느 날이 되는 것인가 오직 문제의 초점이 아닐 수 없습니다.

성도란 자아 발견의 순간을 의미하는 것이며 우주의 진리를 확증하는 것을 말하는 것입니다. 6근이 6진에 부닥쳐 쉴 새 없이 6식의 풍랑이 번뇌하던 것과 누겁累劫에 쌓인 혹업惑業의 장애가 일시에 완전히 정식靜息되면서 무량수 무량겁無量壽 無量光의 대혜광명大慧光明이 번쩍이는 결정한 이 시간을 성도라 할 것입니다.

곧 자아발견이오 인격완성이오 우주의 생명인 진리를 철오徹悟하는 것입니다.

우리들의 지고지상의 목표도 오직 이것이라는 것입니다.

불자 여러분 해마다 맞이하는 성도절에 평범히 이 뜻깊은 날을 맞고 보내고 할 것이 아니라 일층 용맹스러운 정진이 있어야 할 것이며 새로운 각오와 비장한 결심이 있어야 할 것입니다. 다시 말해 우리도 성도를 해야겠다는 결정심決定心을 일으켜야 할 것이란 말입니다.

3,000년 전 부처님의 성도가 나와는 전혀 관계가 없는 것처럼 생각해서는 안 되겠다는 것입니다.

사부대중은 이 날을 기해 더욱 새로운 각오로 부처님처럼 성도해야겠다고 명심하여 자타일시 성불도自他一時 成佛道의 경지에 이르도록 기원할 뿐입니다.

3) 불생불멸의 진리

| 四十餘年積累功 | 사십여 년 쌓은 공이 |
| 龜毛兎角滿虛空 | 거북 털 토끼 뿔만 허공 가득하네 |

一冬臘雪垂垂下	섣달 겨울눈이 아래로 나려나려
落在紅爐熱炎中	붉은 화로에 떨어져 염중 같이 덥네

오늘은 석가세존께서 녹야원의 초전법륜 후 49년간을 중생제도의 설법을 마치시고 중천축 구시나라성 발제하반 사라쌍수 사이에서 대열반에 드신 날입니다.

열반이란 단순히 육신의 입멸을 뜻하는 것이 아니라 그 참뜻은 진리를 궁구하여 모든 번뇌와 망상 속에서 자재광명의 해탈을 얻고 생사를 초월하여 불생불멸의 법을 체득하는 무위무작의 여여부동한 경지를 말함입니다. 다시 말하면 참된 자아의 본성은 본래로 청정 무애자재하여 생사와 증애와 취사와 차별의 모든 식정을 초월하며 대비와 대지혜를 구족하고 있습니다. 그러므로 이 참된 자아를 길이 미혹한 세계를 여의며, 또한 열반에만 머물지 않고 생사계의 중생을 제도하는 본래의 덕을 구현한다는 뜻입니다.

경에 "생사와 열반이 꿈과 같다" 하였습니다. 진정한 뜻에서 말한다면 부처님께서 탄생이 따로 있고 열반이 따로 있을 수가 없습니다. 오직 오신 바도 중생을 위한 시현이요, 가신 것 또한 시현이시기 때문에 천지보다 먼저라도 그 비롯됨이 없고, 하늘, 땅보다 뒤에라도 그 마침이 없다고 하지 않을 수 없습니다.

우리 불자는 이 열반의 날을 경건히 맞이하면서 소극적인 개념을 탈피하고 진정 열반 속에 열반이 없고, 시현 속에 시현이 아닌 그 깊은 진리의 체득을 위하여 가일층 정진할 각오를 새롭게 해야 하겠습니다.

해태와 방일을 추방하여 아집과 망상을 일소하고 부단의 정진과 성실한 수행이 있어야만 불타의 본지를 참되게 선양하며 종단의 참된 발전과 불자

최종의 목적인 이 열반의 참뜻을 깨달을 수 있다는 신념과 원력을 새롭게 할 것을 거듭 당부합니다.

끝으로 열반법회의 회향공덕으로 사부대중과 온 국민 그리고 전 인류가 부처님 자비광명을 함께하여 조국이 번영하고 세계가 길이 평화하옵기를 삼보 전에 기원합니다.

平生旣是不知蹤	평생이 이미 바르니 자취를 모르고
末後無端更點胸	말후에도 가슴에 일점 바름이 없네
百萬人天從玆悟	백만 인천 이 깨달음에 따르니
胎母不見紫金容	胎母를 보지 않아도 紫金의 용모네

(1979년 3월 13일)

3. 수시법문

1)

닭은 추우면 나무에 오르고 오리는 추우면 물속에 든다.
주장자를 일으켜 세우며 이르시되
"아느냐?"

"벽에 틈이 생기면 바람이 일고 마음이 움직이면 마군魔群이 침범한다.

허공을 다 안으니 안팎이 없고 금까마귀가 법계에 가득하니 저절로 분명하다. 온 하늘에 문득 몸을 위치니 당당한 한 길이 겁외광劫外光이로다."

『원각경』에 부처님이 이르기를,

"몽환夢幻인 줄 알면 곧 떠난 것이니 방편 지을 것이 없고 환幻을 여의면 곧 각이라, 점차가 없더라"고 하였다.

이에 황룡黃龍선사가 이 말을 들어

천문만호千門萬戶를 일시에 여셨다고 하였으니, 영리한 사람은 이 말을 들으면 홀홀히 일어나 제 길을 갈 것이니와 만약 주저하면 그대는 서쪽으로, 나는 동쪽으로 가리다가 된다.

앙산仰山선사가 행각 시 동사東寺선사를 참배하였을 때에 동사 선사가 물었다.

"자네는 어느 곳 사람인가?"

앙산이 답했다.

"광남 사람입니다."

"내 들으니 광남에는 진해 명주가 있다고 하는데 그것이 사실인가 아닌가?"

앙산이 답했다.

"사실입니다."

"그 구슬이 어떠하던가?"

"흑월黑月에는 숨고 백월白月에는 곧 나타납니다."

"그대는 그것을 가지고 왔는가."

앙산이 답했다.

"예, 가지고 왔습니다."

"그럼 나에게 비추어 보여라."

이에 앙산이 손을 모아 앞으로 다가가

"제가 어제 위산에 갔어도 이렇게 구슬을 찾음을 당했는데 그 순간 말로써도 대하지 못했고 이치로써도 펴지 못했습니다."

동사 선사가 말했다.

"어린 사자가 능히 소리를 잘 지르는구나. 비유컨대 명충螟蟲이 모기의 눈썹 위에 집을 짓고는 사거리에 서서 소리 지르는데 땅은 너르고 사람은 귀하여 만나는 자가 적다" 하였다.

元來妙道體虛玄	원래 묘한 도는 바탕이 비어 현묘하니
向用髭毛妄示人	어찌 입 벌려 망녕되이 사람에게 보이리
一念未形前薦得	한 생각도 나기 전에 이를 얻으면
奇言妙句眞爲塵	기언묘구가 참으로 티끌이 되도다

주장자를 세 번 내리시고

鷄寒上樹	닭이 추우면 나무에 오르고
鴨寒下水	오리는 추우면 물속에 든다.

— 1972년 6월 4일 결재법어

4. 대담

1) 염화실의 미소

장소: 금정산 범어사 염화실

대담: 고암 종정 / 무산 오현

『불교신문』 1982년 2월 21일에 게재

근세 한국불교사는 격동과 혼란으로 점철되어 왔다. 조선의 억불 일제의 왜색 불교화, 6·25사변 전후의 격동은 이 나라 불교의 존립마저 위태롭게 하였다. 그러나 1천6백여 년 동안 우리 민족과 그 운명을 같이 해온 이 나라 민중 속에 뿌리박은 민족 종교가 쉽게 맥이 끊어질 수는 없었다. 조선에도 훌륭한 고승들이 많이 배출되었고 이들은 구국의 선봉이 되기도 하였다 일제 때에도 우리는 백용성, 한용운스님과 같은 구국선사를 만나게 된다.

여기서 돌이켜 보면 사변 때 피난을 갔던 정부가 환도했을 때 한국불교사의 대전환이 전개된다. 이른바 진파지 운동이라고 일컬어지는 정화불사가 곧 그것이다. 고암대선사는 근대의 선지식으로 이러한 와중 속에서 살아오신 산 증인으로서 제3대, 4대, 6대 조계종 종정을 역임하셨다.

저자가 금정산 범어사를 찾았을 때 큰스님께선 언제나처럼 악수를 청해 오시면서 자비스러운 미소만 머금고 계실 뿐, 어떠한 물음에도 "다 그런 거여, 다 그런 거여" 하실 뿐, 다만 악수와 미소로만 대답하실 뿐 더 말씀이 없었으나 마감 시간에 쫓기는 편집자의 얼굴이 떠올라 두서없이 서둘지 않으면 안 되었다.

　무산 : 큰스님께서 해외 불자들을 위해 해외에 머물다 오신 줄을 알고 있습니다. 우리나라도 국력 신장과 함께 해외로 나가는 교포가 날로 늘어나고, 따라서 우리 스님들도 교포사회의 포교를 위해 해외 특히 구미지역에 나가 노력하시는 스님들이 많습니다. 그러나 아직도 초창기라 여간 어려운 점이 많지 않을 텐데 큰스님께서 직접 돌아보시고 느끼신 소감부터 듣고 싶습니다.

　고암 : 그곳 스님들은 한마디로 말해 모두가 불보살의 화신들이야. 여기서 생각하는 것과는 판이하게 달랐어. 우리는 지금껏 정진만 잘하면 뜨뜻한 방에 앉아서 공양을 받지만 그곳 스님들은 잠시도 쉴 시간이 없는 것 같아서 교포신도들의 생업에서부터 자녀들 교육에 이르기까지 늘 관심을 갖고 보살펴주고 있는데 행원스님과 법안스님, 도안스님, 대원스님 같은 스님은 변호사(?) 소임까지 맡을 때가 많았어. 왜냐하면 처음 간 교포들이 무슨 교통사고와 같은 불미스러운 사건이 생기면 말도 통하지 않고 그곳 법률도 잘 모르기 때문인 것 같았어.

　무산 : 큰스님의 말씀을 들으니 입전수수入廛垂手란 말이 떠오릅니다. 자리의 수행을 마치고 6도의 저자골목에 들어가 자유자재하게 이타교화利他敎化하는 우리 스님들의 장한 모습 말입니다. 그런데 평소 큰스님을 존경하는 많은 불자들은 언제 큰스님께서 출국하셔서 귀국하셨는지 그것까지 모르고 큰스님의 근황에 대해 궁금해 하시는 분이 많습니다. 신문의 동정란에 알리고 싶어도 큰스님께 누가 될까 싶어 알리지 않았습니다.

　고암 : 그런 거 앞으로도 알리지 않는 것이 좋아. 신문에 이름 자꾸 나오면

유명해져. 중이 유명해지면 명리에 떨어지기 쉬워. 따라서 명리에 떨어지면 공부 잘하기 어렵지. 부처님이 아라한에게 말씀하시되 '미륵의 발심이 나보다 32겁을 앞섰으나 내가 그 후 발심하여 대정진을 일으켜 마침내 그보다 9겁을 앞서서 무상정각을 이루었노라'고 하셨지. 무슨 말인고 하면 석가모니 부처님은 후진이로되 42겁의 선배를 뛰어넘은 것은 정진과 해태가 그러한 것이었단 말이지. 경에 이르기를 미륵이 명리에 탐착하여 높은 문벌 사람과 사귀기를 좋아했다 했으니 미륵이 먼저 배웠으되 뒤에 이루게 됨은 그 까닭이 결코 다른 데에 있지 않았다는 뜻이지. 부처님은 명리를 버리고 산림에 들어가 국왕 대신과 친하지 않았기 때문에 미륵을 앞섰다는 해석이 되는 것이지.

그러므로 고대 인도의 수행자들은 국왕의 예경까지 거부했다는 거야. 헌데 언제부턴가 출세간인出世間人이 세간법에 얽매여 있는 느낌이 들어. 출세간법보다 더 좋은 법은 없는데.

무산: 큰스님의 말씀은 결국 명리승名利僧이 되면 공부가 그만큼 늦어진다는 경책이겠습니다마는 이 순간 저의 마음이 그 무슨 매를 맞은 것처럼 아파옵니다.

고암: 그건 마음이 동요한 탓이지, 심생칙종종법생心生則種種法生이요 생멸칙조종법멸心滅則 種種法滅이라. 곧 마음이 동요하면 가지가지 현상이 생기고 마음이 가라앉으면 가지가지 현상이 사라지는 것이지. 그러므로 명리에 떨어지기 전에 도道 공부를 해야 하지. 그렇다고 해서 도를 먼 곳에서 구할 생각은 버려야 해. 달마대사는 관심일법觀心一法이 총섭제행總攝諸行이라 했거든. 여래의 8만 4천의 법문 그 모두가 마음을 설한 것이란 의미지. 그러므로 화엄경에 응관법계성應觀法界性이라 했어. 중생이 하는 말 그것이 여래의 말

이며, 중생의 마음 그것이 여래의 마음이야. 더 나아가 생산하는 일, 기술 공예 이 모두가 여래의 보광명지普光明智가 운위하는 상相과 용用이지 절대로 다른 아무것도 아니지. 그러나 말과 글을 따라 다니면 안 돼. 말은 뜻대로 다하지 못하고言不盡意 글도 말대로 다 쓰지 못한다書不盡言 했거든.

무산 : 제가 공부를 하지 못한 탓인지 모르겠습니다만 방금 큰스님께서 하신 말씀에 '말은 뜻대로 다하지 못하고, 글도 말대로 다 쓰지 못한다'는 말씀은 오로지 이심전심으로만 통한다는 뜻으로 들립니다. 무식한 말씀을 여기서 말씀드리면 요즘 대중 불교니 하여 시대의 변천 추이에 따라 불교서적도 많이 나와야 하고 대중을 상대로 설법도 많이 해야 할 것 같습니다. 언어문자를 사용하지 않고 어떻게 대중 불교를 전개하겠습니까? 저는 선방에서 정진을 해보지 못한 탓인지 선방 스님들이 언어문자를 배격하는 것을 볼 때 안타깝습니다. 이에 큰스님의 말씀을 듣고 싶습니다.

고암 : 물론 선문에서 지해知解는 금물이야. 옛적 덕산스님은 모든 경교經敎에 통달했지. 특히 금강경의 권위자로서 주금강周金剛이라는 별명까지 얻은 사람이었어. 하루는 주금강이 말하기를 "경에 보살이 성불하려면 십천겁十千劫 정진을 거쳐서 6도 만행을 닦아야 한다"고 하였는데, 소위 남방의 선객들은 직지인심 견성성불直旨人心 見性成佛, 오직 한 찰나에 성불한다고 하니, 이런 해괴망측한 일이 있느냐 하고 남선 돈오배南禪 頓悟輩 토벌의 길을 떠났지. 마침 한 고갯길에 접어들어 주막에서 점심을 청하자 주인 노파가 보따리에 있는 것이 무엇이냐고 물었지. 주금강은 의기양양하게 자기가 저술한 『금강경소金剛經疏』라고 대답하자, 그 노파가 묻기를 금강경에는 "과거심 불가득過去心不可得 현재심불가득現在心不可得 미래심불가득未來心不可得"이라고 분명

히 쓰여 있는데, 스님은 지금 그 어느 마음에 점심을 하시려고 하느냐 하고 물었지. 그때 말문이 막힌 주금강은 노파의 지시에 따라 용담숭신龍潭崇信선사에게 가서 머무르게 되었지.

어느 날 밤늦도록 숭신스님을 모시고 있다가 자기 처소로 돌아가려 할 때 밖이 캄캄하여 길을 분간하지 못하겠는지라 다시 돌아보니 숭신스님이 촛불을 켜주었어. 헌데 그가 촛불을 받아들자마자 화상은 그 불을 확 불어서 꺼버렸지. 그 찰나에 주금강은 문득 깨치고 그가 귀중히 여기던 금강경소를 불당 앞에서 불살라버렸다는 이야기가 있고, 또 대혜보각大慧普覺선사는 공안에 대한 의해義解의 시대적 병폐를 바르게 고치기 위하여 그의 스승 원오극근圜悟克勤선사가 편찬한 벽암록을 모아 모조리 불살라버렸다는 고사가 있지. 이것이 어구의해語句義解가 득도에 얼마나 장애가 되는가를 역력히 보여준 것이지.

무산 : 그렇지만 방금하신 큰스님 말씀도 사실은 언어문자가 아니십니까?

고암 : 그러니까 아까 말과 글을 따라 다니지 말라 했지. 그렇게 가까이 일러줘도 못 알아들으면 어떡하지. 금강경소나 벽암록을 태운 것은 언어문자에 집착하지 말라는 경책이지. 그 언어문자 자체를 배격한 것은 아니야. "진실로 묘한 뜻은 말이 끊어졌으나 글과 말을 빌어서 그 뜻을 말하고然而妙旨絶言 假文言以詮旨 참 종지가 그 모양은 아니나 이름과 모양을 빌려서 그 종지를 표방한다眞宗非相 假名相以標宗" 했거든.

무산 : 언젠가 정휴스님이 옮긴 큰스님의 친견기를 보았습니다. 거기에 "윤회를 믿느냐?" 물은 어느 신문의 설문을 말씀드렸을 때, 큰스님께선 "나

는 확신해. 중생계에 그런 거 없으면 정말 섭섭해"라고 하신 말씀을 읽었습니다.

고암 : "내가 언제 정휴 수좌에게 그런 말을 했나 몰라. 그렇지만 인과는 말에 그치는 것만도 아니지. 선인선과 악인악과 여영수형善因善果 惡因惡果 如影隨形이라. 선한 원인은 낙樂의 결과요, 악의 인연은 고苦가 되고 그것은 마치 그림자가 형상을 따르는 것과 같다고 했지. 또 이런 시구도 있어.

幸逢佛法得人身	다행히 불법 만나 사람 몸을 얻어서
歷劫修行近成佛	여러 해 수행하여 성불하게 되었더니
一起嗔心受蛇身	嗔心을 한 번 내고 뱀의 몸을 얻었네
含情心口不言語	마음은 있지만 말 못하는 몸이라
以尾成書露情眞	꼬리로 글을 써서 이 사정을 말하니
願師選向閻浮提	원컨대 스님께서 염부제를 가거든
說此形容誡後人	이 형용 말씀하여 뒷사람을 깨우치소

이건 옛날 홍도라는 비구가 있었는데, 그가 죽어 뱀이 되었는데 그 뱀의 꼬리가 쓴 시야."

무산 : 앞서 큰스님께서 중생의 마음 그것이 곧 여래의 마음이요, 생산하는 일, 기술공예 그 모두가 여래보강명지가 운위하는 상과 용이라 하였는데, 그렇다면 굳이 인과를 생각할 필요도 없이 세간에서 자재무애로 사는 것도 좋을 것 같습니다. 이에 큰스님의 말씀을 들었으면 합니다.

고암 : "어디서 입득세간入得世間이란 말을 들었군. 그런데 그게 잘못이야.

입득세간이란 음주, 식욕도 무방하다는 것은 유탕을 의미하는 것은 아니야. 그런데 근래에 정당한 편도 모르고 일종의 수행을 하는 사람들이 무명업전無明業田에 내맡겨져 온갖 조악造惡을 현행하는 것을 입득세간의 뜻으로 착각하고 있어. 세속적인 사람들의 그날그날 생의 의욕 그대로가 지도至道니, 다시 더 깨침을 구할 바가 없다느니, 다만 마음 가는대로 물욕의 세계에 집착도 무방하다느니, 하는 따위 충동적인 본능을 궁극적인 진리로 믿는데 이건 집착에 불과해. 원래 입득세간이란 환경이 나에게 유리하건 불리하건 간에 좋은 것 나쁜 것으로서 대상의식의 기멸起滅이 없는 경지에 도달했을 때 비로소 이것을 일러 입득세간이라는 것이지.

무증무득無證無得이 진실로 미오迷悟의 차별상을 여의는 것이요, 이것이 곧 유위변천有爲變遷의 생멸법生滅法을 벗어나는 것이지. 즉 유위 생멸변천의 미혹의 세계로서 세간에 살면서, 그러나 무위변천無爲變遷의 생멸상으로서 대경對境, 즉 대상적 사물의 유무의 진위차별眞僞差別에 집착하지 않고 따라서 그것들에 의하여 거리낌없이 무애자재하는 것이 출세간 즉 해탈의 의미가 되지.

그러므로 입득세간이 곧 출세간법이라 하겠는데 공부도 하지 않고 선지식 흉내부터 내면 안 되지. 헤엄을 배워야 바다에 가도 빠져 죽지 않는 거야."

무산 : 큰스님 말씀을 듣고 보니 문득 부처님은 이 현실에서 이 세계를 자기 자신에게서 이룩하였고 그는 그의 즐거움을 맛보고는 보리수하에 다시 다른 나무 밑으로 자리를 옮겨 무한한 기쁨에서 떠나지 못했다는 말이 생각납니다.

그때 부처님이 얻은 정각의 내용이 되고 있는 이 세계의 풍광을 상상하면서 극히 상식적으로만 이해할 수밖에 없습니다. 큰스님께서 한 번 더 일러 주셨으면 합니다.

고암 : 불교가 희구하는 이상세계는 물질적인 세계가 아니라 그 정신적인 세계에 바탕을 두지. 그 세계는 희·노·애·락의 지적知的인 세계가 아니라 상대적 대립을 떠난 깊고 넓은 영묘한 무분별의 세계야. 비유하여 현실 세계는 감각과 지에 의하여 분별 속에서 고뇌를 받는 세계라면 이 영묘한 무분별의 세계에는 감각이나 지성보다는 차원을 달리하는 영성적 주체라 할 수 있을 거야. 그러나 감각이나 지성에도 불성 영성이 따르지. 그러므로 이들 감각이나 감성과는 뗄 수 없는 관계가 있다고 할 것이니 불성의 세계를 본체계 법계라 하면 감각의 앎의 세계는 현상계라고 할 수 있어. 영성이란 말이 적당치 않으면 부처님의 깨달음의 그 마음인 만큼, 각성 또는 불성이라 해도 좋을 테지. 이 불성은 인간적인 모든 심의 활동이 멸각된 후에 나타나는 절대 근원적인 것이지. 이러한 불성은 분별하는 주체가 되는 무분별지라고 하는 것이니 그것을 또한 청정세간지淸淨世間智라고도 할 수 있지. 그러나 이것을 어떤 특수한 개체나 실체로 보는 것이 아님은 물론이야. 만약에 특수한 개체나 실체가 있다고 하면 그것은 지성으로 분별하는 것이므로 자성 곧 불성을 이런 분별지分別智가 아니기 때문에 여기서 '있다/없다', '이렇다/저렇다' 하고 말을 붙일 수가 없어.

무산 : 그러한 큰스님의 말씀을 일러 흔히들 말하는 종교계의 불가사의라고 하는 것인지도 모르겠습니다. 왜냐하면 하느님이나 부처님을 믿는 사람이 하느님이나 부처님이 '있다' '없다'고 따지지 말라는 말씀으로 들리기 때문입니다. 다시 말씀 드리면 부처님은 자기 자신의 근본에 있는 영성, 불성

을 보았을 때는 있는 것이다. 그러나 이 때의 '있다'라는 말은 '없다'라는 말을 상대로 한 말이 아니라 '유무를 떠나서 그저 무조건 있는 것이다'라는 의미로 받아진다는 말씀입니다. 저는 그렇게 들었습니다.

고암 : 그래 사람은 다 그 영성이 밝게 나타났을 때 참된 사람이 되는 것이지. 참선하는 수좌들이 먼저 심의식心意識을 지멸止滅시키는 것도 이 영성의 눈을 뜨게 하기 위한 것이요. 염불삼매에 들었을 때 불보살을 친견하는 것도 이 영성의 눈, 마음의 눈으로 보는 것이지 이 영성이 곧 무량광불이요 부처님 국토야. 여기에는 시간적으로 영원한 것이요 공간적으로 무한하여 대립이 없고 생사윤회의 업보가 없는 것이지. 허지만 이것도 다 말이야. 아까 말을 따라다니지 말라고 내 분명히 일러 주었지.

무산 : 마지막으로 한 말씀 더 올리고 물러나가겠습니다. 큰스님께서 민족대표 33인의 한 분이신 용성스님으로부터 "불조원불회 도두오부지 운문호병단 진주나복장佛祖元不 會 掉頭吾不知 雲門胡餅團 鎭州蘿蔔長"이란 전법게를 전수받으신 줄로 알고 있습니다. 당부의 한 말씀을 주시면 좋겠습니다.

고암 : 당부라니 다 말했어. 그저 신심만 돈독하면 돼. 화엄회상에서 선재동자가 1백 10성을 다니면서 53선 지식을 두루 참배하여 무상과無上果를 얻을 수 있었던 것도 신심에서 비롯된 것이요. 법화회상에서 8세의 용녀가 구슬을 올린 공덕으로 무구無垢세계에 가서 성불을 할 수 있었던 것도 하나의 믿음에서 이루어졌거든. 이러한 불퇴전의 믿음이 확고해 요지부동하면 되지. 누가 뭐라 해도 오로지 신심이지. 이 신심만 확고하면 계행도 청정해지고 자비심도 베풀게 되고 자기 자신의 허물도 자연적으로 알게 되지. 따라서 참선하는 이는 견성하고 염불하는 이는 삼매를 얻고 주력하여 법신을 증

득하고 간경하여 혜안이 열려 번뇌가 완전히 제거되지. 그러니까 화두를 드는 이도 철저하게, 염불이나 관음주력觀音呪力을 하는 이도 철저하게, 간경을 하는 이도 철저하게 대도大道는 뒤로 볼 때 열려있지. 앞으로 볼 때 무문無門이지.

5. 운수생애雲水生涯[1]

당나라 시인 백낙천이 항주목사로 있을 때(AD.820) 하루는 조과鳥窠선사(혹은 작소鵲巢선사)를 인견하게 되었다.

나무 위에 앉아 있는 조과를 올려다보고 낙천이 말했다.

"스님께서 높은 나무 위에 계시니 매우 위험스럽습니다."

"거 모르는 소리 마시게. 위험한 것은 내가 아니라 자네일세."

"아니, 스님, 왜 저를 위험하다 하십니까? 제가 이 고을 목사로 지위가 산천을 울리는데……."

"번뇌의 불길이 장작개비처럼 훨훨 타오르는데 목사는 그 속에서 벗어날 줄을 모르니 위험하지 않은가."

낙천이 다시 물었다.

---

1 고암대종사 법어집 『자비보살의 길』, 불교영상회보사, 1990, 367~377쪽.

"스님 불법의 대의가 무엇입니까?"

"악한 것은 무엇이든지 하지 말고 착한 일은 작은 것이라도 힘써 행하는 것이 네."諸惡莫作 衆善奉 行

"그런 것은 세 살 먹은 아이도 다 아는 일 아닙니까?"

"세 살 먹은 아이도 다 아는 일이지만 팔십 먹은 노인도 행하기는 어렵다네."三歲 孩兒雖道得 八十 老人生不得

이 말에 낙천은 크게 감격하여 공손히 예배하고 돌아갔다는 이야기가 있다. 그렇다!

불법을 몰라서 행하지 못하는 것은 아니다. 알고도 행하지 못하는 데서 성인과 범부의 차가 있는 것이다.

우리 불교는 보살행을 실천궁행實踐窮行하는 것을 중히 여긴다.

서가모니 부처님으로부터 오늘날 우리 교단에 이름 있는 스님네에 이르 기까지 모든 보살, 조사들이 누구 하나 전기 일화의 요지를 자기행으로 닦지 아니하고 성인의 지위에 오른 사람이 있던가. 뼈를 깎는 고통과 피눈물 나 는 고행으로 중생을 위해 진력한 대자대비의 경정이 곧 부처님이며 조사의 이름으로 나타난 것이다.

이제 여기 우리 한국 불교의 최고 지도자이신 종정 고암 대종사의 운수행 각기雲水行脚記를 공개함으로써 후학들의 좋은 거울이 되게 하고자 한다.

그런데 특기할 사실은 고암 대종사께서 직접 친필로 쓰신 이 원고는 실로 극적으로 게재케 된 희귀한 글이란 점이다. (…중략…) 스님의 춘추 금년 69 세이시니 이야기는 54년 전으로 거슬러 올라가서 시작된다.(여기까지는 원고 정리 기자가 진술한 것임)

숙연인지 중만 보면 따라가고 싶었다.

철난 때부터(15세 때) 의정부 가는 길에 멀리 도봉산을 바라보고 마음에 퍽이나 기뻐했었다. 17세 되던 늦은 여름 우연히 걸승을 만났는데 걸승을 따라 도봉산에 올라가서 회룡사回龍寺에 일숙, 하룻밤을 절에서 자니 아직 백의의 몸이지만 마음 만은 중이 다 된 것 같았다. 홀가분한 마음으로 걸승과 작별하고 서울로 돌아오다 가 마침 화계사를 지나게 되었다. 그리로 잠깐 들어가 보니 화각보전루畵閣寶殿樓 마루에 노장승 6, 7인이 불광쇠를 울리면서 염불을 외고 있다. 마음에 어쩐지 좋 아 금방 부처님을 뵌 것 같은 심정이었다. 당시 주지는 전월해全越海 화상으로서 나이 70이나 된 노승이다. 반가이 맞아주며 여러 중승과 더불어 좋아한다. 스님 네들은 넌지시 내 심정을 알아보고 한번 절에 있어 보라 하기에 수개월 동안 같이 있던 중, 산내 삼성암三聖庵을 중수하게 되어 그곳에 심부름도 하고 공부도 하게 되었다. 삼성암이 완성되자, 춘산春山 화상이 주거하게 되었는데, 나도 같이 있으 라 하기에 며칠 있어 보니까, 마음이 영 갑갑하여 다른 데를 가고 싶었다.

작정을 하고 절을 나와 정처 없이 떠났다. 먼저 서울로 들어가 각 사찰마다 들 러 며칠씩 구경을 했다. 그 후, 동대문 밖에 있는 말집에 있으면서 가끔 근처의 절 구경을 하던 중, 18세 되는 가을, 시내 사동을 지나가는데 사람들이 포교당이라 일러주는 작은 절에 임제종 간판이 나붙었고 사람들이 많이 모였다. 들어가 보니 뚱뚱하고 후덕한 스님 한 분이 부처님 말씀을 하신다(이 스님이 백용성白龍城선사 다). 속으로 나도 저리 공부를 해봤으면 하고 흠모했지만 그날은 돌아오고, 간혹 생각이 나면 몇 달 만에 한 번씩 찾아가서 말씀을 듣다가, 19세 되는 여름에 매일 가서 듣는데 선사 말씀이 금강경 법문이라 한다.

한번은 질문했다.

"금강경 말씀이 모두 비어 공했다, 모든 형상이 꿈과 같다 하니 이는 어찌함입니까?"

선사께 양구하시다가 "금강반야다" 청천벽력같이 한마디를 던진다.

큰소리에 깜짝 놀라 전기를 만진 듯 퍼뜩 새 정신이 돌아왔다. 그 후부터는 극진히 예배하고 속인으로 있어도 법사스님으로 모실 것이며, 승이 되어도 법사스님으로 모실 것이라고 맘속으로 깊이 다짐했다. 그 즉시 스님을 따라 망월사에 가서 있다가 얼마 후 해인사로 내려왔다.

해인사에 와보니, 퇴설당에 제산스님이 계시는데 도덕과 율행과 용심이 훌륭하다고 한다. 몇 달 있으면 점점 낯을 익혀 가지고, 한번은 제산스님께 중 되기를 요구했더니 스님 말씀이 내 자세한 내력을 묻고 용성스님께 발심이 되었으니 그 스님께 중이 되라 하신다. 나는 답하되 그 스님을 일찍이 법사스님으로 모시겠다고 마음속 깊이 결심한 바이라, 스님께서 중을 만들어주셔야겠다고 간청하였다. 대중스님의 말을 들으니 중 되는 절차는 먼저 은사를 정하고 후에 법사를 정하는 법이라 한다.

그런 얼마 후 드디어 제산스님을 은사로 삼고 용성스님을 법사로 맘속 깊이 작정하여 인연을 맺었다. 이렇게 처음 해인사에서 중이 되었을 때는 사미과를 이수했다. 그 후 제산스님께서 직지사로 옮기시매 나는 바야흐로 운수길을 떠나게 되었다. 그해 겨울은 개성으로 올라가 화엄사에서 겨울 결제를 하고. 21세 봄엔 3·1운동이 터져 월여간 대중과 함께 만세운동을 하였다.

일경이 혈안이 되어 학살을 자행하자 몸을 피하여 누더기 옷을 입고, 짚신을 신고, 걸망을 지고, 강원도 산속으로 들어갔다. 철원 보개산 심원사 천불전과 석태지장보살을 참배했다.

삼방약수를 먹고 발걸음을 돌려 안변 석왕사를 찾아갔다. 안내를 받아 각 법당을 참배하는데 500나한전에 이르러서는 500나한님의 유래를 듣게 되었다.

조선 태조께서 이곳에 들어와 당시 이 위 내원암 터에서 수도하시던 무학스님을 방문하고 장차 등극할 의사를 표명함과 동시에(꿈을 해탈해 달라고 했다 함) 국사로 임해 주실 것을 간청하는 한편, 또 대찰을 창건해 주겠다고 말했다 한다. 후에 과연 태조가 등극하여 석왕사를 건축하는데 500나한전 법당을 세워놓고는, 여기서 북으로 5, 6백 리 들어가 있는 길주 보현사에서 500나한님을 한 분씩 업어다 모셨다 한다. 한 분씩 등에 업고 600 리 길이라, 하도 지루하여 맨 끝 두 분은 한꺼번에 업고 오는 도중, 한 분이 그만 노하여 공중에 신통을 나투어 날아가 버렸다. 날아가서 평안도 묘향산 보현사 하비로암下毘盧庵의 독성獨聖님으로 정좌하였다 한다.

나한님을 모시고 가던 스님은 곧 후회하였지만 때는 이미 늦어 할 수 없이 석왕사 나한전에는 일좌를 비어 두고 마지는 다른 나한님과 같이 정성껏 올렸다 한다. 안내자는 나에게 마침 나한전 앞에 있는 네모 반듯한 큰 반석 하나를 가리키며 나한님을 놓친 스님이 저 위에 올라가서 매일 500배씩 500일 동안 기도하며 참회했다고 한다. 그 말을 들으니 수도 성불하려면 몇 생을 두고 나의 지금 신심의 백 배, 천 배의 공덕을 닦아야겠다고 크게 감격하였다.

옛날 무학스님께서 주석하시던 터는 내원암선원이 되어 있었다. 수월 간 유연하면서, 산내 암자를 구경하고 석왕사를 떠나 원 명사십리를 가보았다. 그 후 발걸음을 돌려 금강산을 향해 내려오는데 동해변이라 바람이 매일 모래를 싣고 몰아닥치는 고로 길은 모래가 쌓여 눈처럼 덮였다. 행보가 어렵고 곤란한 데다 버선과 짚신조차 떨어져 발은 뱀에게 물린 것처럼 퉁퉁 부었다. 해가 지면 촌락에 들어가 담배 연기 자욱한 속에서 눈을 붙인 듯 만 듯 심술궂은 유생들의 시달림을 받다가 통트기 전에 나선다. 어떤 때는 부르튼 물집을 따고 먹물을 넣느라고 밤에 잠 한숨 못 자는 때도 있었다.

아침 일찍 예닐곱 집을 다니며 밥을 얻어먹고 남는 것은 싸서 걸망에 넣어 가지고 떠난다.

가다가 절이 있다면 2, 3십 리씩 찾아 들어가 하룻밤 묵고 이튿날은 짚신을 삼아 내일 행보의 준비를 한다. 떠나는 날은 점심을 싸달라고 하여 허기를 면했다.

드디어 금강산. 총석정을 구경하고 외금강 온정리에 당도하여 온천을 했다. 만물상을 구경하고 신계사에 들어가서 보운암에 수도하시는 석두 화상曉峰(종사의 스승)을 친견했다. 또 보광암에 가서 최기남 거사가 석불 조각하는 것을 구경하고(현 화계사 천불) 구룡연폭포를 관람했다. 이번엔 금강산에서 조금 내려와 고성읍을 거쳐 바로 건봉사에 당도했다. 이곳에서 신라 때 발징發徵 화상이 미타만일회彌陀萬日會를 설치하여, 염불하던 33인이 육신 등천했다는 터를 보았을 때는 염불하면 곧 육신등공肉身登空하는구나 하는 생각이 들어 심신이 용약한다. 보리암에 올라가 월여간 있다가 다시 금강산 유점사를 향했다. 그 곳에는 경학과 율행이 고준하신 동선 대화상(조선 말의 큰스님. 벽암의 법을 이은 유명한 강백. 법화회를 오래 주제하다)께서 30, 40된 승려를 수천 명 모아 법화경을 독송하고 강당에는 수십 명 학인이 이력을 보고 있고, 반야암선원에는 십여 명 납자가 좌선을 하고 있었다.

산내 53불을 참배하고 내금강마하연으로 넘어가니 5,60명 납자들이 모여 600부 반야산림법회를 하는데 통도사 허몽초 화상과 표훈사 김관허 화상께서 오전 오후 설법강경하시며 조석으로는 좌선한다. 참석하여 청법하고 좌선도 하였다. 또 조금 밑에 있는 보덕굴에 내려가서 월간 기도도 했다. 다시 이번엔 표훈사로 넘어가서 사집을 배우다가 금강산을 떠나 설악산으로 들어갔다. 산 구경을 한 후 신흥사 내원암선방에 들어가서 수월 간 사집도 배우고 좌선했다.

다시 설악산을 떠나 울진 불영사를 거쳐 의성 고운사 금당선원에 들어가서 수월간 사집도 배우고 좌선도 하고 겨울을 났다. 22세 봄에는 고운사를 떠나 팔공산

파계사에 있는데 태전太田 수좌(금오金烏)를 만났고 수일 후에는 설산雪山 화상(선지식) 단암 화상이 내사하여 친견하고 법을 물었다. 다시 팔공산을 떠나 대구 동화사 금당선원에 가서 설암 화상(선지식 대둔사 의성義誠의 법호. 완호玩虎의 법을 이음)을 친견하고 법을 물었다.

은해사를 거쳐 경주에 도착하여 불국사 석굴암을 참배했다. 또 떠나서 통도사에 들어가 세존 정골탑에 참배하고 극락암에 올라가 남방대선지식 혜월慧月 화상을 친견하고 법을 물었다. 이곳에 여름을 나면서 보광전에도 왕래하며 좌선했다.

보광전 조실 해문스님께 사집을 배우다가 당시 해인사 주지 이회광화상이 서울 정동에다 포교당을 창설하고 조실도 한쪽에 마련하여 해문 선사를 조실로 초청함으로 시봉을 들기 위해 서울에 따라 갔었다. 그곳에서 사집도 배우고 좌선했다.

23세 때는 보개산에 들어가 여름을 난 후 용성容成 강백으로부터 사교를 배우다가 망월사 용성龍城 선사께서 5,60명 납자를 모아 선회를 한다는 소문을 듣고 그리로 가서 참석하였다. 틈이 나면 시내 봉익동 대각사에 가서 사교를 보았다.

24세 봄이었다.

각황사에서는 전국승려대회를 수일간 하는데(우리 불교를 일본에 예속시키려는 대회) 한편 선학원에서는 전국 수좌가 모여 선우공제회를 조직했다.(선종행객납자禪宗行客衲子로는 이것이 첫 모임이다. 수 년간 선리참구원이라 개칭하고 재단법인이 되었으니, 지금의 선학원 재단법인이다.)

나는 당시 공재회 오대산 상원사선원 지부 설정원으로 책정되어 오대산에 들어 갔다. 상원사에는 하동산스님이 계셔서, 선사를 모시고 공제회지부 선원을 설정했다. 좌선도 하고 적멸보궁에 들어가 기도도 하며, 사교도 보다가 8, 9월경에 오대산을 내려와 갈래사리탑을 참배하고, 팔공산 대승사로 갔다. 대승사에 가보니 사부대중이 모여 7일 법회를 한다. 참석 청법 후 회향시는 불사리를 친견했다. 다시 금용사, 용문사, 명봉사 등을 거쳐 직지사로 들어가 제산스님을 모시고 지냈다.

다시 해인사에 들어가 사교를 보다가 예산 정혜사에 가서 만공스님을 모시고 산과자화山菓子話와 다문답茶問答을 하면서 좌선만으로 겨울을 났다.

다시 그곳을 떠나 서울로 올라가 대각사에서 사교를 보던 중, 백양사에서 황일구 씨의 소개로 운문암을 용성스님께 드린다기에 선방을 차리기로 합의하고 나는 그 선발대로 운문암에 내려가서 삼동에 4,50명 납자가 용맹정진했다. 용성대종사 주재 하에 하동산 석암, 금포 등의 선지식과 같이 지냈다. 26세 되는 갑자년에도 그곳에서 묵언정진했다. 그해 여름을 나고는 운문암을 떠나 직지사에 가서 좌선했다. 또 해인사 퇴설당에도 와서 좌선하다가 수도암 정각正覺에 가서 전강 선사와 월송 강백과 법화문답을 하여 겨울을 났다.

27세 봄에는 직지사에 가서 좌선하다가 여름에 수도암으로 가니 20여 명 납자가 모여 있다. 또 정각에 가서 해산海山, 강백, 월송月松, 선백과 동거하면서 묵언정진하였다.

때에 용성대종사께서 년 전 지리산 칠불七佛에서 조직한 만일선회참선결사를 망월사에서 동절부터 계속한다기에 서울로 올라가니 5,60명 납자가 모여 있다. 설석우薛石友 화상으로 수좌를 정하고 정운봉鄭雲峰 화상으로 입승을 정하여 순일하게 정진했다. 전 대중이 오후 불식, 묵언하고 아침 공양을 주과 찬 두 가지, 사시에는 제공齋供을 올리고 찬 세 가지로 겨울을 났다.

병인년에는 28세라, 여름에 만일선회를 천성산 내원사로 옮기게 되어 4,50명 대중이 정진하는데 나는 묵언정진하였다.

— 1967년 9월 월간 특집원고

6. 부처님의 근본사상

부처님 오신 날

오늘은 부처님께서 이 땅에 오신 날입니다.

본래 부처님의 법신은 천지가 나누어지기 이전에 한 물건이 있으니 그것은 형상이 없어 항상 고요하고 홀로 만물의 근본이로되 4시의 변화에도 흔들림이 없습니다.

오늘 부처님 오신 날이라고 하니 그 부처님은 어디서 오셨습니까?

오신 부처님은 또 어디로 가셨습니까? 그 오고 가는 곳을 아는 이가 있다면 그도 함께 오늘 오신 날입니다. 천겁을 지나와도 옛날이 아니요, 반세에 뻗쳐 항상 지금입니다.

청정법신은 본래 거래가 없건만 중생을 어여삐 여기시는 그 자비로운 마음에서 몰을 나투어 이 세상에 오셨습니다. 사실은 올 것도 갈 것도 없는데 오로지 무명에 가린 중생을 위해 오시고 또 가시는 것입니다.

대중 여러분 주장자를 한번 친 이 소리를 듣습니까? 듣는 것이 무엇입니까? 돌아가 참구해 보십시오. 물속에 있으면서 갈증을 느껴서는 안 됩니다. 룸비니 동산에서 꽃이 피고 근심 없는 나무에서 새가 노래합니다.

주장삼하柱杖三下하고 하좌下座하다(주장자로 법상을 세 번 치시고 자리에서 내려오다).

— 불기 2517(1973)년 부처님 오신 날 종정법어

7. 비문

부처님의 마음 등불을 전하고 종풍을 붙들고 교단을 세우며 승가를 지도한 조
계종 종정 고암당 상언 대종사의 탑 비문

傳佛心燈 夫宗樹敎 總領僧風 曹溪宗正 古庵堂祥彦大宗師塔碑

거울 속에 그림자요 물 가운데 달빛이라 구름이 산마루를 지내가니 사자
는 굴에서 나오는도다. 큰스님의 법명은 상언이요 속명은 지호이시고 법호
는 고암당이고 또 자호는 환산이라 하시었다.

단기 사천이백삼십이년 기해 시월 오일에 경기도 파주군 적성면 식현리
에서 아버님 양주 운문 씨와 어머님 하도 정 씨의 셋째 아들로 탄생하시니,
어릴 적에 한학을 통달하였고, 정사년이 되는 열아홉 살에 발심 출가하시어
해인사 제산화상에게 득도하셨다.

임술년에 구족계를 받고 계해년에 대교과를 수료하신 다음 참선하기 시
작하실 때 금강산, 오대산, 묘향산, 지리산 등 여러 명산대찰을 찾아다니면
서 혜월스님, 만공스님, 용성스님, 한암스님 같은 당대의 선지식 큰스님네
를 친근하여 모두 뜻을 얻었으니 시를 읊으시되

禪定三昧	참선의 깊은 경지는
壺中日月	단지 속의 해와 달
凉風吹來	시원한 바람부니
胸中無事	가슴이 후련하네

무오년 스님의 연세 40이 되시던 해에 용성큰스님에게 법을 받으시니

"조주 무자의 열 가지 병통에 걸리지 않으려면 어찌해야 하느냐?"

"오직 칼날 위로만 걸어가야 합니다."

"세존께서 꽃을 잡아드시니 가섭존자가 미소를 했다는 그 소식은?"

"사자의 굴 속에 다른 짐승이 없습니다."

"육조스님의 '바람이 움직이는 것도 깃발이 움직이는 것도 모두 아니고 그대의 마음이 움직이는 것이다'는?"

"하늘은 높고 땅은 두텁습니다" 하고 "가풍은 주장자를 세 번 찍을 뿐입니다".

여기에서 용성큰스님은 인가를 하시면서 "좋고, 좋구나 고암당이여, 만고의 풍월이로다" 하시고 전법게를 내리셨으니,

佛祖元不會	부처님도 조사도 모르시는 일
掉頭吾不知	나도 애당초 모를 뿐일세
雲門胡餠團	운문스님 호떡은 둥그렇기만 하고
鎭州蘿蔔長	진주의 호박 무는 길기만 하다

이로부터 스님의 명성은 천하에 두루 하였으며 종지와 설법을 아울러 통달하시고 이판이거나 사판이거나 걸림 없으셨으니 제방에서 다투어 스님을 모셔 조실로 추대함에 청풍납자들을 제접하기 시작하셨다.

정미년 69세가 되시던 해, 종단에서는 스님의 덕망을 우러러 조계종 종정에 옹립하고 이어서 해인총림의 방장으로 모시게 되니, 스님의 독화는 과연

하늘이 능히 덮지 못하고 땅이 능히 싣지 못하는지라. 천불의 대계인 보살계를 전하고 설하심에, 하늘 꽃이 내려오고, 한량없는 법문과 자상하신 자비와 간절하신 말씀에 억천 중생들이 감화를 받았다.

　나이 80 고령이 되어서도 더욱 건강하시어 동서 세계를 일주하시면서 감로의 법문을 내려 세계를 마치 한송이 연꽃과 같게 하는 상서를 나투셨으니, 나라에서는 큰스님을 국정자문위원으로 모시기도 하였다.

　스님의 일생은 그저 천진무구하시고 무욕청정하셨으며, 따뜻하고 겸손하고 부드럽고 수월하고, 인욕으로 하심하시고 부지런하시고 검소하시었으니, 푸르른 소나무와 맑은 물에 달과 같이 텅 비우신 가슴으로 나라를 복되게 하고 세상 인심을 이끄신 대선지식이었다. 스님께서 항상 하시는 말씀이, "금가루가 비록 귀하지만 눈에 들어가면 병이 되느니라" 하시고 "본디 참된 마음을 지키는 것이 시방세계 부처님을 염하는 것보다 나으니라" 하시며, "마음이 청정하면 국토도 청정하느니라" 하는 평범한 법문을 항상 하시었다. 무진 9월 15일 큰스님의 세수 90에 이르러, 문도들을 불러놓고, 후사를 부촉하시면서 임종게를 말씀하셨다.

伽倻山色方正濃	가야산에 단풍잎이 짙게 물들었으니
始知從此天下秋	이로부터 천하는 가을일세
霜降葉落歸根同	서리 내려 낙엽지면 뿌리로 돌아가지
菊吠望月照虛空	구월의 보름달은 허공에 빛나느니

— 임종게(臨終偈)[2]

2　1988년 9월 15일 세수 90세에 문도들을 불러놓고 임종게를 남기고, "잘 살거라 이 세상 모든 것이 인과가 분명하다"고 하였다.

하시고 돌아보시며, "잘살거라 이 세상 모든 것이 인과는 분명한 법이니라"
하시며 그만, 편안히 입적하셨다. 하늘 땅이 아득하고 초목도 슬피 우는지
라. 온 종단이 애도하고 종단장으로 다비를 모시니, 오색사리가 무수하게
찬연하셨다. 문도들 70여 명이 해인사 서록에 탑을 세워 봉안하며, 문질 되
시는 성철 종정이 게송을 지었다.

重任宗正 四衆瞻仰	거듭 종정에 임했으니 사부대중 첨앙했고
一生傳戒 萬人奉行	일생 계법을 전하여 만인을 봉행케 했네
星飛斗牛 光吞大千	별빛 존재시라 온 세상을 삼키셨네
古之今之 誰敢追隨	예나 지금이나 누가 감히 따르리오
忽來忽去 須彌卓卓	홀쩍 왔다 떠나니 수미산은 높고 높아
一嚬一笑 滄海茫茫	빙긋하고 웃으시니 창해가 망망하네
擧手投足 天高地厚	일거수 일투족에 하늘은 높고 땅 두터워
開口吐辭 雷奔電擊	한 말씀 이야기 속 번갯불이 번쩍하네
崑崙頂上獨足立	곤륜산 마루턱에 홀로 우뚝하니
祥雲滿空放五色	상서로운 구름 하늘에 가득 오색 방광을 함이로다

佛紀 2533 己巳

後學比丘 東谷日陀 撰

菁南居士 吳濟峰 書

9. 법맥

석가모니 − 마하가섭(1대) − 보리달마(28대)······육조혜능(33대)······임제의현(38대)······양기방회(45대)······급암종신(55대) − 석옥청공 − 태고보우(57대)······청허휴정(63대) − 편양언기 − 풍담의심 − 월담설제 − 환성지안(67대) − 용성진종(68대) − 고암상언(69대)

10. 게송 2수

圓覺山中生一樹	원각 산중에 한 그루의 나무가 있으니
開花天地未分前	천지로 나뉘기 전에 꽃을 피웠네
非靑非白亦非黑	푸르지도 희지도 검지도 않아
不在春風不在天	봄바람이나 하늘에도 있지 않네

— 원각산중(圓覺山中 − 원각 산중에)[3]

靈明一物盖天地	밝은 한 물건이 천지를 덮어
內外推尋沒巴鼻	안팎 두루 찾아도 코끝 보이지 않네
思量意窮不奈何	생각하는 뜻이다 하여도 어찌할 수 없군

---

3 1973년 1월 1일 대한불교에 발표한 신년 법어 『부처님의 자비광명이 온 누리에』 말미에 있는 게송.

知君不肯拈花示　　그대 아는가 염화시중을 수긍치 않음을

　　　　　　　　　　　　　　— 영명일물(靈明一物 — 한 물건이 밝아)

　인육보살로 세간에 회자膾炙되는 고암당 상언 대종사의 선시 두 수를 읽으
며 이 장을 마치고자 한다.

제48화

낙수록, 벽암록 이야기

碧巖錄說話

근래에 입적한 행원崇山行願(1927~2004)의 『오직 모른다』라는 선서에서 보듯이 부지不知, 불식不識, 불회不會는 우리를 적기하게 하고 우리를 자가당착에 빠뜨리는 언구다. 그중 『선문염송』과 『벽암록』에 보이는 선화 3편을 소개하며 선장들의 선시들도 같이 풀어 보았다. 이 공안을 살펴보다가 꼭 소개하고 넘어가야 할 것이 있는데, 『벽암록』이다. 이 책을 가리켜 선이 언어로 표현되어진 진수이며 선문학의 제1서라고 칭송을 듣고 있다.

그것은 불입문자 견성성불을 궁극적 목표로 하는 선의 본연성 중 가장 요긴한 것들을 모아 『벽암록』이 만들어졌고, 또 이 깨달음의 세계가 시적으로 묶여 있으니, 이 『벽암록』이야 말로 선의 세계에서나 시문학에 있어서나 최고의 깊이와 넓이 그리고 그 본질에 친연성을 가지고 있다 할 것이다.

이 책은 앞에서도 소개한 것 같이 설두雪竇重顯(980~1052)가 지은 『송고백칙』에다 원오 극근圜悟克勤(1063~1135)이 수시 착어 평창을 덧붙여 편찬한 선서이며, 수시垂示·고칙古則·게송偈頌·착어着語·평창評唱인 오강목五綱目으로 되어 있다.

『벽암록』을 펼치기 전에 두 저자인 설두 중현과 원오 극근에 대해 살펴보기로 한다.

먼저 이『송고백칙』저자 설두 중현은 운문종의 4대법손이다. 곧 운문 문언-향림 징언-지문 광조-설두 중현이다. 『송고백칙』에다 수시(전문)・착어(각평)・평창(총평)을 붙여 편저한 원오극근은 임제종 양기파의 적손이다. 따라서 임제종에서는『벽암록』을 귀중하게 여겼고, 이와 더불어 오늘날까지 명성을 얻고 있는『종용록從容錄』은 조동종의 천동 정각의『송고백칙』에다 만송 행수萬松行秀(1166~1246)가 수시・착어・평창을 붙여 만들어진 선서이다. 따라서 조동종은『종용록』을 더 애송하였다. 공교롭게도 오늘날 다른 문파는 절손이 되고 임제종과 조동종만의 가풍이 이어지고 있다.

이「낙수록」에는 설두 중현의『송고백칙』에다 원오 극근이 편찬한『벽암록』에 대해 채집된 기록을 덧붙이기로 한다. 원오 극근은 설두 중현과는 같은 사천성 성도 출신으로 고향이 인접되었고 설두가 천동보다 83년 미리 입적하였다. 천성이 총명하고 경서에 박통했던 극근은 고향 인근 절에서 불경을 보고 입산득도하게 된다. 성도에서 교학을 수강하며 흡족함을 느끼지 못한 극근은 성도를 떠나 여러 곳을 행각했으나 신심을 확립하지 못했고, 불안 느낀 극근은 어느 날 생사기로에 헤매게 되는 중병을 앓게 된다. 이에 문자 언구로서는 열반의 경지에 들 수 없음을 깨닫고 운수행각을 떠나게 된다. 하루는 황벽산 유승의 회상에 이른다. 유승은 임제종 황룡파 혜남의 법사인 분양에서부터 4세 법손이다. 유승이 하루는 자기의 팔을 찔러 피를 내 극근에게 보이며 '이것은 조계의 한 방울 피다' 했다. 이 말은 육조 혜능으로부터 내려오는 한 방울의 피를 이으라는 것. 극근은 아무 말 없이 보기만 하고 대답이 없었다. 그리고 황벽산을 나와 다시 행각을 떠났다. 그 후 제방의 여러 명승 노숙들을 두루 참방하고 많은 칭찬을 받은 극근은 호언장담을 하며 거만하게 선지식들을 긍정하지 않는 것을 본 한 수좌가 '스님이 정 그렇다면 태평산 법연선사를 만나 볼 것'을 권한다. 오조 법연五祖法演(1024~1104)은 임제종 양기파의 조사 양기 방회의 수제자인 백운 수단이 법을 받은 양기파의 삼조가 되는 선지식이다.

이때 극근은 다른 선지식들의 칭찬만 들었는지라 의기충천해서 안하무인 지경이었다. 그의 능변과 견해는 누구도 대적할 이가 없었다. 그래서 법연을 만났을 때도 겸양의 태도를 보이지 않았고, 법연 또한 "네가 이론으로 말은 잘하지만 그것으로 생사를 대적할 수 없고, 최후의 순간 병상에 누웠을 때 돌이켜 보라"고 내뱉었다. 극근은 선지식의 간곡한 말씀도 아랑곳없이 태평산을 나와 얼마 후 인플루엔자와 같은 열병에 걸려 심하게 앓는다. 여기서 극근은 법연의 말을 생각하며 크게 뉘우치며 병이 나은 뒤 다시 태평산 법연을 만나 참회하고 10년 동안 법연회상에서 참구하게 된다.

극근의 오도의 기연을 간추려 보면 태평산으로 돌아와 한 달 정도 되었을 때, 법연의 동향인 한 사람이 법연에게 심요의 법문을 청한다. 이때 법연은 소염시小艶詩를 들어 법문을 한다.

頻呼小玉元無事　　　자주 소옥을 부르지만 소옥에겐 일 없네
只要檀郞認得聲　　　단지 낭군에게 알리는 소리일 뿐

소염시는 양귀비와 안록산의 고사에서 온 것으로 양귀비가 자주 자기의 몸종 소옥이의 이름을 부르는데, 그 뜻은 소옥을 부르는 것이 아니라 정부인

안록산을 찾는 암호인 것같이, 선이 찾고자 하는 심요는 언어 밖 낭군 안록산에 있다는 것을 말한다.

이때 옆에 있던 시자 극근은 이 뜻을 바로 깨닫게 된다. 그러나 질의자는 이 뜻을 알지 못하고 돌아가는 것을 본 시자 극근은 법연에게 묻는다.

"스님께서 소염시를 말씀할 때 그 사람이 과연 그 진의를 알았을까요?"
"아니, 그 사람은 단지 소리만 들은 것 같네."
"그럼 그가 낭군의 소리를 들었으면 그것으로 족한 것이 아닙니까, 그런데 왜 안 된다는 겁니까?"
이 말 끝에 법연이 갑자기 큰 소리로 외치며 자문자답하였다.
"어떤 것이 이 조사인가, 서쪽에서 온 뜻인가, 뜰 앞의 잣나무이니라."

이 소리를 들은 극근은 더할 수 없는 통쾌감을 느끼며 일대사인연이 무너진다. 바로 그 순간 난간에 날아든 수탉 한 마리가 훼를 치며 길게 운다. 극근은 그 소리를 듣고 '이것이다. 바로 이 소리일 뿐이다'. 이로써 마침내 극근은 활연계회한다.

> **착어** 법계는 한 알의 완두콩 천만각의
> 면경 속에 떨어진 모래 한 알
> 콩과 모래 면경과 법계가 언제 말한 적 있는가
>
> 오늘도 '12층입니다'
> 안내양이 무표정하게 말하네

그 후 극근은 장상영 거사의 추천으로 영천원에 주석하게 되었고, 영천원 방장실 이름이 벽암碧巖이었고 방장실 이름을 따서 『벽암록』이라 칭하였다. 이후 남송 고종으로부터 원오라는 사호를 받게 된다. 이제 『벽암록』에 대한 에피소드를 하나 더 달고 벽암록 이야기를 마칠까 한다. 『벽암록』이 원오에 의해 편찬된 뒤, 원오의 수제자 대혜 종고에 의해 소각되는 사건이 일어난다. 이 책이 불태워진 여러 가지 이설이 있지만, 저자가 보기에 가장 합당하다고 생각되는 것은, 참선하는 수사들이 『벽암록』을 되풀이해서 읽고 암기하여 마치 스스로가 공부하여 깨달은 것 같은 착각에 빠뜨리는 오류가 생김을 알고 태웠다고 생각한다. 다른 한 이유는 당시 대혜 종고와 천동 정각, 즉 임제종의 간화선과 조동종의 묵조선의 논쟁에서 공안에 대해 실참실수를 모트로 삼았던 대혜의 간화선이 천동의 묵조의 침묵과 담적淡寂에 의한 수선 방법을 공박할 수 있는 쟁점을 잃기 때문이라고 볼 수도 있다. 이러한 사실은 『벽암록』이 얼마나 깨달음의 실제에 가깝게 다가가 있다는 것을 단적으로 보여준다고 할 수 있다. 곧 벽암록은 언어로 보여주는 선종의 사구게 '불립문자 교외별전 직지인심 견성성불'에 가장 가까운 최고의 선서임을 밝혀주는 사건으로 볼 수 있다.

제49화

의상의 대화엄일승법계도

大華嚴一乘法界圖

한국 불교에 화엄사상의 영향은 선불교와 함께 지대하다. 의상에 의해 전교된 화엄학은 통일신라와 고려·조선 근세에 이르기까지 선과 함께 우리나라 불교의 사상적 본류로 이어져 내려오고 있다.

의상의『대화엄일승법계도』를 양분하여 제46화는 법계도가 이루어진 연기와 그 쓰임과 우리나라 화엄사상의 의의를 살펴보고 제47화에서는 의상이 지은「법성게」를 회감회통하여 보기로 하자.

1. 화엄일승법계도

의상이 지은『화엄일승법계도기華嚴一乘法界圖記』의 저자에 대해 이론이 있으나, 법계도의 자서 해석 부분에 의하면 '이리理와 교敎에 의거하여 간략한 반

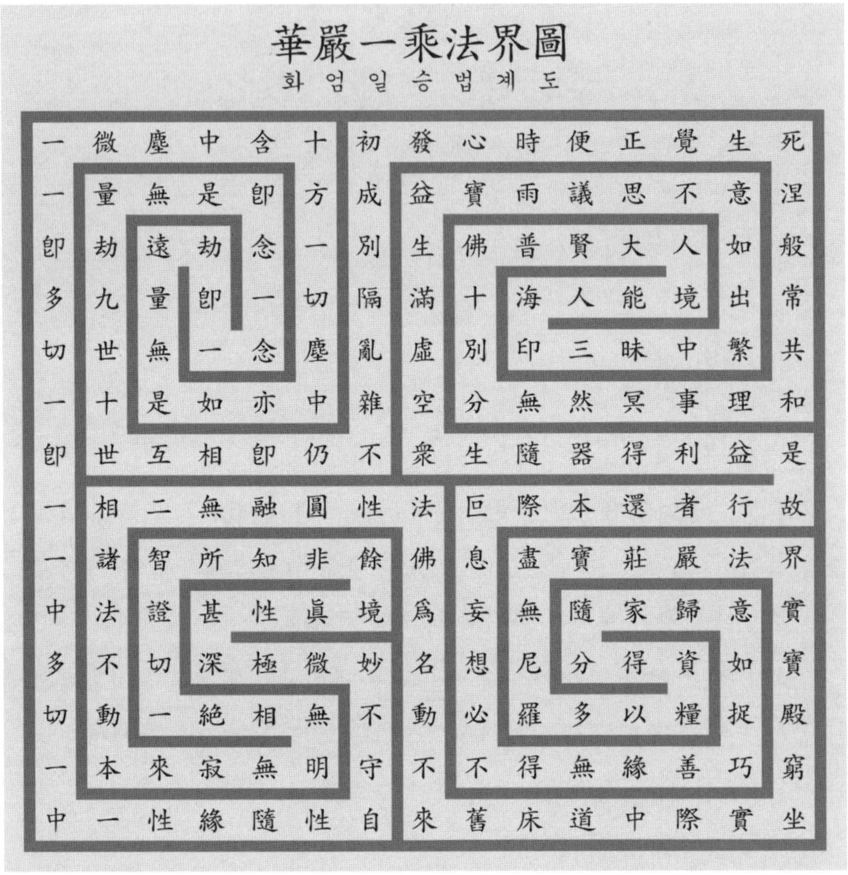

華嚴一乘法界圖
화엄일승법계도

法性圓融無二相　諸法不動本來寂
無名無相絶一切　證智所知非餘境
真性甚深極微妙　不守自性隨緣成
一中一切多中一　一即一切多即一
一微塵中含十方　一切塵中亦如是
無量遠劫即一念　一念即是無量劫
九世十世互相即　仍不雜亂隔別成
初發心時便正覺　生死涅槃常共和
理事冥然無分別　十佛普賢大人境
能人海印三昧中　繁出如意不思議
雨寶益生滿虛空　衆生隨器得利益
是故行者還本際　叵息妄想必不得
無緣善巧捉如意　歸家隨分得資糧
以陀羅尼無盡寶　莊嚴法界實寶殿
窮坐實際中道床　舊來不動名爲佛

〈그림 1〉화엄일승법계도

시盤詩를 지었다依理據敎 略制槃詩' 한다. 이는 이름에 집착하는 무리들을, 그 이름마저 공허한 참된 근원으로 되돌아가기 위함이라 밝힌 것을 보아도 의상의 작품이다. 그리고 당대의 대문호 최치원의『의상전』에 의하면 이 법계도의 연기를 다음과 같이 밝히고 있다.

의상이 스승 지엄 문하에서 화엄을 수학할 때, 꿈속에 기인한 신인이 나타나 의상에게 '네 자신이 깨달은 바를 저술하여 사람들에게 베풀어 줌이 마땅하다'고 했다. 꿈에 선재동자가 총명 약 십여 제를 주었다. 또 꿈에 청의동자에게 세 번째 비결을 받았다.

지엄이 듣고 '신인이 영험을 줌이 나는 한 번인데 너는 세 번이나 되니, 멀리 와 부지런히 정진하여 이런 보답이 나타난 것이다. 깊이 깨달은 것을 표현하도록 해라'고 했다. 명을 받고 그 깨달음을 오묘한 경지에서 부지런히 쓴 『대승장大乘章』 10권을 스승에게 지적해주기를 청했다. 지엄이 말하기를 '뜻은 매우 아름다우나 좀 옹색하다' 하니, 이에 물러나 번거로운 곳을 삭제하여 어디에나 걸리지 않게 하였다. 바꾸어 말하면 '의로움을 세우고 그윽함을 존숭'했다 할 수 있으니, 스승이 지은 『수현분제지의搜玄分齊之義』를 높이려 한 것이다.

지엄이 의상과 함께 부처님께 나아가 불을 붙이면서 '부처님의 뜻에 계합이 되면 타지 않게 해 주소서' 하고 서원했는데, 타고 남은 글자 210자를 얻었다. 의상에게 그것을 줍게 하여 다시 간절한 서원을 발하면서 맹렬한 불 속에 던지니 타지 않았다. 이에 지엄이 감동하여 눈물을 머금고 칭찬을 하며 게송을 짓게 하였다. 의상이 며칠 동안 문을 걸어 잠그고 마침내 30구를 이루니 삼관三觀 의 오묘한 뜻을 포괄하고 십현十玄의 아름다움을 드러냈다.

— 균여, 『일승법계도원통기(一乘法界圖圓通記)』 상 『한국불교전서』 4, 1쪽

고려의 균여가 『일승법계도원통기一乘法界圖圓通記』를 저작할 때, 위와 같이 최치원의 의상전기에 실린 법계도의 연기를 인용하였다. 그리고 조선 초 매월 설잠(김시습)이 『대화엄일승법계도주병서』에도 동토 의상술東土 義相述이라 하여 신라 의상의 저작임을 단정하였으며 게송 문학의 백미로 보았다.[1]

의상은 『60화엄경』을 텍스트로 하여 법계도기를 중심으로 전체적인 『화엄경』의 골격을 극명하게 드러내어 제자들을 가르쳤고 또 이것을 증표로 제자들을 인가하였다.

『대화엄일승법계도』의 원제는 54각으로 된 도형에다 비중을 두었기 때문이라는 생각이 든다. 이 도상에 쓰인 게송 30구 210자가 54각의 도형으로 만들어진 것을 『대화엄일승법계도』이고, 그 안에 게송은 의상 스스로 반시라 한 오늘날 독송되는 「법성게」다.

의상은 '간략하게 반시盤詩를 지으니 이름만 집착하는 무리를 이름 없는 진원으로 돌아오기를 바라고 시를 읽는 방법은 중앙의 법자法字로 시작하여 굽고 서린 곳을 따라 불자佛字에 이르러 끝나도록 인장의 길을 따라 있으니 54각이다'라고 밝히고 있다. 의상이 밝힌 반시는 도장 모양의 굴곡을 따라 읽는 반회굴곡盤廻屈曲에서 따서 붙인 것이라 생각된다. 곧 오늘날 형태시로 분류되는 '반시'라는 한 유형으로 볼 수 있다. 한시의 형식으로 분류하면 중송重頌으로 된 7언 고시古詩이다.

1 　김지견, 『대화엄일승법계도주병서』, 매월당 설잠 전통불교문화원, 1983, 3～4쪽. "羅代 義相法師 製作此道 其來 尚矣 全家宿德 各以敎網 臆解 支離蔓延 遂成券帙 余 一覽 執券 歎曰 淸淨法界 豈有如 次其多言乎 若固如是 相師 豈向微塵偈品中 撮其樞要 簡出二百一十字 莊嚴一乘法界圖乎"(신라시대 의상법사가 이 圖를 만듦에 그 유래가 오래이다. 전가의 숙덕宿德들이 각자 교망으로 억해臆解하되 이리저리 넝쿨을 뻗치는 식으로 풀이하여 드디어 권질을 이루었다. 내가 한번 훑어보고 나서 책을 쥔 채 탄식했다. "청정한 법계에 어찌 이와 같이 많은 말이 필요하겠느냐. 만약 원래 이 같을진대 의상스님이 어찌 미진수의 게품 가운데서 그 핵심을 모아서 210자를 간추려 내어 일승법계도를 장엄하였는가?")

2. 의상의 화엄

우리나라 불교에서 화엄이 차지하는 비중은 선과 더불어 실로 지대하다. 물론 의상 이전에 화엄사상이 들어왔다고 하나 의상을 비롯하여 한 흐름을 형성해 왔기에 의상을 통토 화엄초조라 이른다. 앞 균여의 『일승법계도원통기』에 기록된 『대화엄일승법계도기』의 연기에도 잘 나타나듯이 의상의 스승 지엄은 중국 화엄종의 초조 두순을 잇는 화엄종 이조이다. 화엄사상은 인도의 마명과 용수에 의해 성립된 사상이다. 의상이 신라로 귀국 후, 중국의 화엄은 삼조 법장賢首法藏을 이어 사조 징관淸凉澄觀과 오조 종밀圭峯宗密로 이어지고 있다.

의상은 중국의 화엄종주와 겨누어도 빼어난 화엄학의 대가이며 화하중생의 실천적 화엄가였다. 의상이 귀국하여 부석사를 창건하고 주석하며 소백산 추동에서 90일간 『화엄경』을 강의하였는데 이때 3,000여 제자가 운집하였다. 화엄사상을 펼치던 692년 무렵, 당에 유학하여 법장賢首法藏(643~712) 문하에서 공부하던 승전勝詮이 의상에게 보내는 법장의 서신을 가지고 귀국하였다. 법장의 편지에는 자신이 지은 저술을 검토해줄 것을 요청하였다. 법장은 의상보다 18년 연하로서 의상이 지엄에게 인가를 받고 귀국 후, 지엄의 화엄사상을 이은 화엄 제삼조로 추앙 받을 뿐 아니라 4대에 걸쳐 국사를 지낸 이다.

당나라 서경 숭복사의 승려 법장이 해동 신라 대화엄법사 시자에게 편지를 올립니다. 작별한 지 어느덧 20년이 되었지만, 사모하는 마음은 언제나 한 번이라도 마음속을 떠난 적이 있겠습니까? 더욱 이 연운煙雲 만리에 바다와 육지가 겹겹이 싸였으므로 이 몸이 다시 만나 뵙지 못하는 것을 한합니다. 연련한 회포懷抱를 다 말하겠습니까? 전생에 인연을 같이하고 금생에 업을 같이하였으므로 이 과보를 얻어 함께 대경大經(『화엄경』)에 목욕하고 선사의 특몽特蒙으로 이 심오한 가르침을 받은 것입니다. 우러러 듣건대 스님께서는 귀향하신 후 화엄을 개연開演하여 법계의 무진한 연기緣起를 널리 선양하여 제망帝網이 거듭하여 불국을 새롭게 화여 널리 세상을 이익케 하신다 하니 기쁨이 더욱 더 깊어갑니다. 이로써 석가여래가 입멸하신 후 불일佛日이 빛을 내고 법륜이 다시 돌아 법을 오래 머물게 한 것은 오직 법사이심을 알았습니다. 법장은 진취進就가 이룸이 없고 주선周旋이 더욱 적어 우러러 이 전典(화엄법전)을 생각하매 선사先師에게 부끄럽습니다. 분에 따라 받은 바를 가져 버릴 수 없으므로 이 업에 의지하여 내세의 인연을 맺고자 하나 다만 화상의 장소章疏가 뜻은 풍부하나 글은 간단하여 뒷사람으로서는 취입取入키 어려우므로 화상의 미묘한 말씀과 신묘한 뜻을 기록하여 의기義記를 만들었습니다. 가까이 승전법사가 초사抄寫하여 고향에 돌아가 그 땅에 전할 터이니 스님은 장부藏否를 상세히 검토하여 가르쳐 주시면 다행이옵고 내세에 사신수신捨身受身하여 같이 노사나盧舍那에서 이와 같은 무진한 묘법을 받고 이러한 무량보현無量普賢의 원행을 닦으면 나머지 악업이 일보一朝에 떨어질 것입니다. 바라건대 스님의 과거 여러 곳에서 같이 지낸 것을 잊지 마시고 정도로써 교시하고 인편과 서신이 있을 때마다 존몰存歿을 물어 주시기 바랍니다. 갖추지 못하였습니다.

法藏 和南

정월 십팔일

—『삼국유사』권4 「의상전교」

    법장의 서신과 저작물들을 전해 받은 의상은 10일 동안 두문불출하고 저술들을 탐독하고 제자인 진정, 상원, 양원, 표훈에게 『화엄경탐현기』를 나눠주고 강의한 후, 전국을 돌며 화엄사상을 전도하였다. 의상의 화엄사상을 오진, 지통, 표훈, 진정, 낭원, 진장, 도융, 상원, 능인, 의적 등 10대 제자에게 전승되었고 태백산 부석사와 가야산 해인사, 지리산 화엄사, 금정산 범어사 등 화엄 10 사찰이 창건되면서 더욱 널리 퍼졌다.

   『삼국유사』에 표훈은 왕실과 많은 인연을 맺고 신통이 뛰어났다고 기록되었으며 뒷날 금강산 만폭동 어귀에 표훈사를 창건을 했으며 김대성이 석굴암과 불국사를 짓는 데 많은 사상적 받침이 되었다고 한다. 『법계도총수록』의 대기大記에는 의상과 표훈의 문답이 실려 있다.

   "어떤 것이 무주라고 합니까?"

   "우리 범부 오척의 몸이 과거 현재 미래 삼제三際에 움직이지 않는 것을 머무름이 없다고 한다."

   "만약 삼제에 따라 나눈다면 여러 종류의 오척의 인간의 몸이 됩니다."

   "이는 인연으로 된 오척이므로 하나를 원하면 하나가 되고 많은 것을 원하면 많은 것이 된다."

   "만약 삼제가 부동不動하다고 하면 유주有住입니까?"

   "만약 오척의 머무는 것을 보지 못한다면 장래에 유주와 무주를 내가 당연히 설하겠다."

   그리고 674년 황복사에서 표훈과 진정이 스승 의상에게 물었다.

"부동하는 이 몸이 법신이라 하신 그 뜻을 어떻게 이해해야 합니까?"

"모든 법은 내가 근본이고 또 일체법은 마음을 근원으로 한다."

이 말을 듣고 표훈은 나와 세계를 보는 「오관석五觀釋」을 지어 보였고 의상은 이를 보고 크게 수긍하였다. 표훈이 지은 「오관석」은 다음 같다.

我是諸緣所成法	나는 모든 緣으로 이루어진 法이요
諸緣以我得成緣	모든 연은 나로써 이루어 얻은 연이네
以緣成我我無體	연으로 이루어진 나이지만 나는 體가 없고
以我成緣緣無性	나로써 연이 이루어졌지만 연엔 性이 없네
諸法有無元來一	만물이 있다, 없다 함은 원래 하나이며
有無諸法本無二	있고 없는 만법은 본래 둘이 아니네
有時非有還同無	있을 때는 있음이 아니라 없음과 같고
無時非無還同有	없을 때는 없음이 아니라 있음과 같네
諸法本來不移動	만법은 원래 움직이지 않나니
能觀之心亦不起	관하는 마음 역시 일어나지 않네

― 표훈, 「오관석」

표훈이 지어 의상으로부터 인가를 받은 「오관석」을 풀어보면 1행과 2행의 '나는 연으로 만들어진 법 / 연은 나로써 이루어 얻은 연'은 곧 인연관을 들어보였다. 3, 4행 '연으로 이루어진 나는 본체가 없고 / 나는 연으로 이루어졌으나 연에 본체가 없다'이니 연기관을 나타냈다. 5, 6행에서 '만물의 있음, 없음 모두 하나이고 / 있고 없는 만법은 원래 둘이 아니다'라 함은 성기관을 말한다. 7행과 8행에서 '있을 때는 있는 것이 도리어 없음과 같고 / 없을 때는 없음이 아니라 도리어 있음과 같나니'는 무주관을 마지막 9행과 10행은 실상관을 표현한 것이니 '만물은 본래 이동하지 않으며 / 관하는 마음 역시 일어나지 않는다'는 것이다.

의상은 제자 진정의 어머니의 명복을 빌기 위해 추동에서 90일간 『화엄경』 강의를 했고, 지통은 이 강의를 듣고 『추동기錐洞記』를 지었다. 또 도신은 의상의 강의를 기록한 『도신장道信章』의 저자이다.

의상이 성덕왕 1년(702)에 입적한 후에는 의상의 직전 제자들에 의해 화엄학이 계승되었다가 8세기 중엽에 들어, 부석적손 3대 신림神琳이 의상의 화엄사상을 계승하였다. 신림은 10대 제자 중 상원의 직전제자이다. 신림은 법융, 숭업, 융수, 질응, 순응 등 많은 대덕의 칭호를 받는 문하생을 배출하였으며 그의 화엄사상이 균여의 저술에 많이 인용되었다.

그리고 그의 제자 법융은 법계도를 주석하였는데 『법계도총수록』에 『법융기』라는 제명으로 등장한다. 부석적손 4대인 순응順應은 그의 제자 이정理貞과 같이 당나라에 가서 화엄을 공부하고 이정과 같이 가야산 해인사를 창건하였다. 이정은 결언을, 결언은 현준과 정현을 두었는데, 다음 제자인 관혜와 희랑에 의해 남악파와 북악파로 갈라지며, 후대에 고려 균여가 등장한다. 특히 태백산은 오악의 하나로 북악이라 하였는데, 부석사 화엄사상가들을 북악파라 역사적으로 부른다.

특히 신라 하대 구산선문 중 동리산파桐裡山派의 개조인 혜철惠哲(785~861)은 15세부터 8년간 부석사에서 화엄을 수학하고 이후 책을 지어 후학을 가르칠 정도로 화엄학에 정통하였다 한다. 그리고 성주산파聖住山派 무염 국사 無染(800~888) 역시 13세에 출가하여 오색석사와 부석사에서 10여 년을 머물면서 특히 석징釋澄 대덕에게 『화엄경』을 공부하고 23세 때에 입당하여 마곡 보철선사에게 법을 인가받고 귀국하여 성주산문을 개산하였다. 또한 회양 산파의 개조이고 봉암사의 창건주인 도헌智證道憲(824~882)은 9세에 부석사에 출가하여 17세에 구족계를 받기까지 부석사에 머물면서 법융의 제자 범체梵體 대덕에게 『화엄경』을 수학하였다. 또 사자산파의 개산조인 도윤澈鑒道允(798~868)의 제자 절중澄曉折中(826~900)은 7세에 출가하여 오관산사에 머물다가 15세에 부석사에 나아가 『화엄경』을 수학하였다. 앞 도헌이 833년에서 840년까지 범체 대덕에게 『화엄경』을 수학했음을 미루어보아 절중 역시 범체 대덕에게 『화엄경』을 공부했다고 보아진다.

이러한 것을 미루어보아도 부석사에는 의상에 의해 귀국하여 692년부터 702년 입적 시까지 많은 제자를 길렀고, 그 후 의상의 십대제자의 법손들의 의해 780년부터 840년 넘게 법손들인 석징, 범체, 윤헌 등의 화엄 조사가 머물면서 『화엄경』을 150년이라 세월 동안 강해졌음이 드러난다.

고려시대에는 원융圓融(964~1053) 대덕이 부석사에 주지로 주석하면서 『화엄』을 판각하고 인사하였고 그 일부를 부석사와 안국사에 봉안하였다. 부석사에 현존하고 있는 화엄경판은 그때의 것으로 알려졌다.

부석사 동쪽 산록에 있는 원융 국사 비문에 의하면 12세에 머리를 깎고 28세에 대덕이 되었고 정종 때 왕사, 문종 때 국사가 되었다. 꿈에 미륵보살이 나타나서 '네 품속에 두 아들이 있으니 하나는 해요, 다른 하나는 달이다'고 말하는 순간 홀연히 깨달았다 한다. 정종 7년(1041)에 부석사에 들어가 의상의 화엄종통을 이어받았다. 부석사에서 세수 90세로 입적하자 왕은 원융이라는 시호를 내렸다. 원융 국사 비는 문종 8년(1054)에 건립되었으며, 지엄으로부터 법을 전해 받은 의상이 귀국하여 676년 입적할 때까지 부석사를 떠나지 않았으며, 그 이후 법이 면면히 상속되어 지금까지 해동화엄초조인 의상의 전법 법손이 주석하였고, 원융 국사 역시 화엄종통이 되어 부석사에서 화엄교학을 널리 선양했다는 기록이 있다.

그리고 고려 말 진각국사 원응이 부석사에 머물면서 무량수전과 조사당을 중건하였으며, 천희圓應千熙(1307~1382)는 13세에 화엄종 반룡사의 일비를 은사로 출가하였고 공민왕 때 국사로 봉해졌고, 당시 왕사였던 나옹혜근과 같이 선교 제승의 공부시관을 맡았으며, 공민왕 21년(1372)에 왕명으로 부석사 주지가 되어 1376년 고려 우왕 2년까지 무량수전을 중수하고 이듬해에 조사당을 중건한 목조 건물이 오늘날까지 전해 내려온다.

「법성게」는 『화엄경』과 『십지경론十地經論』에 의해 일승원교一乘圓敎의 종요宗要를 나타타낸 것으로 668년 총장원년總章元年 7월에 의상이 중국 지상사에서 지었다. 「법성게」에 나타난 의상의 화엄사상은 화엄성기사상華嚴性起思想으로 법성은 중도中道이며 무분별이고 무주無住여서 일체가 모두 무주실상無住實相이라는 것이다. 또 증분證分 법성성기세계法性性起世界가 본래적이며 구체적으로 현전하고 있으며, 곧 '일一과 다多' '일미진一微塵과 시방세계十方世界' '무량원겁無量遠劫과 일념一念', '초발심과 정각', '생사와 열반', '이와 사' 등의 이항대립적인 분제分際를 각각 보유하면서 진성수연眞性隨緣의 연기로 펼쳐진다는 것이다. 즉 초월세계와 현실세계가 둘이 아니며 속에서 진을 찾아야 한다는 사사무애적事事无涯的인 성격도 지니고 있다. 그 알찬 내용은 화엄사상의 궁극적 경지인 호상의 경지를 잘 표현한, 화엄 대요를 잘 드러낸 최고의 작품으로 평가받고 있다. 그런 까닭에 연기의 도리에 의해 일체 중생이 그 분상分相에 따라 이익을 얻고, 수행의 방편과 득과得果의 성취도 있다는 것이다.

또한 구래불舊來佛인 십불十佛의 출현이 해인삼매海印三昧에 의지한 것이며, 석가여래의 교망이 포괄하는 삼종세간三種世間을 해인삼매로 나타내기 위해 법계도가 원인이라는 내용을 담고 있다.

위 법계도(〈그림 1〉)가 일반 문장과 달리 연속된 구句가 4개의 '회回'자 모양을 이루는 배열을 했는데 그것은 게송의 내용과 도형의 모습 모두 의미를 가지고 있기 때문이다.

그럼 도인圖印을 보며 하나하나 살펴보자.

도인이 하나인 것은 일음一音을 나태내기 때문이고, 그 길에 많은 굴곡을 나타낸 것은 중생의 근기와 탐貪·진瞋·치癡가 다르기 때문이다. 또 이 법계도의 모양이 시작과 끝이 없이 '回' 자의 도형으로 표시된 것은, 여래의 선교방법에는 특정한 방법이 없고 진리의 수레바퀴는 항상 돌고 있음을 표시하기 위한 것이라고 했는데, 이것은 원교를 말한다. 또 사각으로 이루어진 사면은 사섭四攝[2]과 사무량四無量[3]을 나타낸다. 그리고 이 인도는 삼승에 의하여 일승을 드러내고 있다. 그리고 중불법衆佛法 세 자를 가운데 내리 배치한 것은 불법승佛法僧 삼보를 뜻한다.

이상의 의미를 새겨보면 의상 화엄사상의 요체는 연기의 정법을 바로 알아 상대적인 관계 속에서 형성 유지되는 세상사를 바로보고 거기서 '하나와 전체', '일념과 무량한 시간', 진리의 양태를 투시해, '일과 다', '일념과 무량한 시간', '진리와 현상의 운용'을 바로 봄, 즉 중도를 정견 함에 있다 할 것이다.

2　사섭법四攝法은 고에 허덕이는 중생을 구제하려는 보살이 중생을 전도하기 위한 네 가지 방법, 즉 보시섭布施攝, 애어섭愛語攝, 이행섭利行攝, 동사섭同事攝을 이른다.
3　사무량심四無量心은 중생을 어여삐 여기는 마음 네 가지, 즉 자무량심慈無量心, 비무량심悲無量心, 희무량심喜無量心, 사무량심捨無量心을 이른다.

중요 해설서로는 의상의 『일승법계도합시일인一乘法界圖合詩一印』은 의상이 스스로 설한 「법계도기」와 그리고 신라 의상의 직계제자들의 주해서인 『도신장』,『법융대덕기』,『진수대덕기』 등과 고려의 균여 『일승법계도원통기一乘法界圖圓通記』를 합본한 『법계도총수록法界圖總收錄』이 있다. 이어 조선 초의 설잠의 『대화엄일승법계도주大華嚴一乘法界圖註』가 있고, 조선 후기에 주석자로는 도봉유문道峰有聞의 『법성게과주法性偈科註』와 법성게과주에 대한 연담蓮潭有一(1720~1799)의 논변論辨이 있다.

위와 같이 「법계도기」를 중심으로 의상은 화엄종의 강요를 바르게 드러내어 제자나 중생들에게 전수하였고 수행방법으로 화엄관을 병행하여 닦아 나갔다. 찬녕贊寧의 저 『송고승전』에 의상의 전기를 한 토막 읽어보면 알게 된다.

법사는 설한 바와 같이 행함을 중요하게 여겨 강의만이 아니라 수행도 부지런히 하였다. 세계와 국토를 장엄하여 조금도 두려워하거나 꺼림이 없이 늘 온화하고 곧았다. 또 의정의 세예법을 따라 수건도 사용치 않았고 저절로 마르도록 내버려 두었다. 의복 발우 병 외에는 아무것도 몸에 지니지 않았다.

—『송고승전』 권4 「석의상전」

제50화

법안종의 조사와 선장들

法眼宗 祖師與禪丈

1. 법안종의 조사

1) 현사 사비

법안종의 중요한 조사들 가운데 한 분인 사비玄沙師備(835~908)는 복주 민현인이며 속성은 사謝씨다. 본래 남대강에 어부였으나 아버지가 급류에 말려 죽는 것을 보고 인생무상을 느껴 30세가 되어서 출가하게 된다.

현사가 남긴 많은 선화 중에 다음 두 선화는 법안종의 가풍의 원류를 보여주고 있다.

현사가 약을 잘못 먹어 온몸이 붉게 부풀었다. 한 학인이 물었다.
"어떤 것이 견고한 법신입니까如何是堅固法身?"

"고름이 방울방울이지膿滴滴地."

　　　　　　　　　　　　　　　　　　　　　—『선문염송』권23, 991칙「법신(法身)」

다음 열재 거사의 게송은 현사가 출가 전에 낚시를 좋아하여 남대강에 배를 띄워놓고 어부들과 즐겁게 어울린 사실을 교묘히 차용하여 한 폭의 그림을 보여주며 법신의 본체를 들어내고 있다

白首波心一葉輕	흰 물결 파도 복판에 가랑잎배 가벼우니
背風逆水夜深行	바람 등지고 물 거슬러 깊은 밤에 다니네
笑他淸曉隨潮下	첫새벽 강물 따라 흘러내린 꼴 우스워라
十里澄江掠岸撑	십리 맑은 강이 양쪽 기슭에 끼워져 있네

　　　　　　　　　　　　　　　　　　　　　　　　　　　　— 열재 거사

하루는 현사가 상당하여 제비소리를 듣고 말했다.

"실상實相을 깊이 이야기하고 법요法要를 잘 연설하였다" 하고 법석에서 내려왔다.

　　　　　　　　　　　　　　　　　　　　　—『선문염송』권23, 997칙「실상(實相)」

아주 쉽게 생각하고 가볍게 지나칠 수 있는 법문이다. 그러나 사실 선도리 또한 이것을 비켜나 있지 않다. 쉬! 뭘 안다고 생각지 말라 조사가 말하고자 하는 것은 그것이 아니다.

후세에 이 선화에 대해 읊은 게송 한 수를 감상해 보자.

| 紫鷰飛來繞畵梁 | 제비가 날아와 그림 기둥 맴돌면서 |

深談實相響瑯瑯	실상을 깊이 말하니 메아리 낭낭하네
千言萬語無人會	천 소리 만 마디 아는 이 없어서
又逐流鶯過短墻	또 꾀꼬리 소리 따라 짧은 담을 지나네

— 법진일

2) 나한 계침

계침羅漢桂琛(867~928)은 현사 사비의 법을 이었고 현사는 앞의 설봉의 법제자다.

계침은 운거와 설봉에게 참례하였으나 깨친 바가 없더니 나중 현사의 말 한 마디에 바로 깨달았다.

현사가 하루는 계침에게 이렇게 물었다.

삼계가 마음뿐이라는 말을 그대는 어떻게 이해하는가?"

이에 계침이 의자를 가리키며 현사에게 되물었다.

"큰스님께선 저것을 무어라 하십니까?"

"의자라 하지."

"큰스님께선 삼계가 마음뿐이라는 소식을 모르시군요."

"나는 저것을 대와 나무라 부르는데 그대는 무엇이라 부르는가?"

"저도 대와 나무라 부릅니다."

"온 누리에 불법을 아는 이를 만나기가 쉽지 않구나."

— 『경덕전등록』 권21 「장주나한원계침선사」, 보련각, 1982, 3쪽

계침은 현사 문하에서 오랜 보임을 거쳐 장주의 지장원 방장이 되었고 그곳에서 법안종의 개조인 문익과의 만남이 이루어진다. 문익이 행각 중 지장원을 지날 때 눈사태를 만나 그곳에서 체류하게 된다. 선적에 의하면 문익, 소수, 홍진 셋 도반이 행각을 하다가 지장원에 이르렀다. 셋은 불을 피우며 '하늘과 땅이 나와 같은 근원이다天地與我同根'라는 승조僧肇(374~414)의 말을 토론하게 되었다.

이 때 이들의 말을 듣고 지장원 방장인 계침이 물었다.

> "산하대지가 자기와 같은가, 다른가?"山河大地與自己 是同是別
>
> 문익이 말했다.
>
> "같습니다."
>
> 이에 방장 계침이 자기의 손가락을 세워 자세히 들여다보다가 말했다竪兩指熟視曰.
>
> "보이듯이 두 개인데兩箇······."
>
> 중얼거리면서 일어서서 가버렸다.
>
> ─『선문염송』 권28, 1288칙 「양개(兩箇)」

우리는 여기서도 스승이 적기의 활인검을 휘두르는 장면을 볼 수 있다. 철저히 제자의 의심을 불러일으키고 공부에 대한 용맹심과 스스로 모르고 있음에 대한 분심을 일으키게 하여 가슴 깊이 의심덩어리를 품게 함으로써 스스로 풀게 하는 줄탁동시의 정경을 목격하게 된다.

이 선화에 한 수의 게송이 있다. 읽어보자.

商量同別有多般	같고 다름 헤아림이 여러 길이니
潦倒何曾敲舌端	되는 대로 그 어찌 혀끝을 놀리나
今古不能提得去	고금에 아무도 그를 잡지 못하니
一雙靈劍倚天寒	한 쌍의 신령스런 검 찬 하늘에 기댔네

— 보녕용

하루는 문익이 화로에 몸을 녹일 즈음 이 절의 방장인 나한 계침이 물었다.

"행각의 행선지는 어디입니까?
"예, 그저 다니고 있습니다."
"무슨 이유로 그저 다니고 있습니까?"
"저도 잘 모르겠습니다."不知
"모른다는 것이 제일 친한 것이지요."不知最親切

— 『선문염송』 권28, 1287칙 「부지(不知)」

이 한마디에 바로 크게 깨쳤다. 선문에서는 흔히 내적 자아를 체험함으로써 진여자성에 도달하고자 한다. 위의 선화야말로 언하言下에 일초직입一超直入하는 진풍경을 보여준다. 『선문염송』에 기록된 게송 한 수를 음미해보자.

而今參飽似當時	지금껏 참구함이 그때와 같은데
脫盡廉纖到不知	미세한 번뇌 다해도 끝내 알지 못한다
任短任長休剪綴	짧건 길건 자르건 잇건 상관 말고
隨高隨下自平持	높건 낮건 저절로 평평해진다

家門豊儉臨柴用	집안의 넉넉함과 검소함에 맞춰 쓰니
田址優游信步移	전지를 넉넉히 발길 닫는 데로 걷는다
三十年前行脚事	30년 전에 행각하던 일은
分明辜負一雙眉	분명히 한 쌍의 눈썹을 저버렸도다

— 천동각

이 게송을 파악하는 데는 오르지 '부지不知' 두 글자에 있다. 참구할 일이다. 눈이 그쳐 방장에게 작별을 고하자 계침은 문까지 따라 나와 배웅하며 문익에게 아래와 같이 말했다.

"삼계는 오직 마음일 뿐이며, 만법은 다만 의식일 뿐이라고 스님은 늘 말하였는데, 그럼 저기 저 정원에 있는 돌은 스님의 마음 안에 있는 거요, 아니면 마음 밖에 있는 거요?"上座尋常說 三界唯心乃 持 庭下石曰 且道 此石在心內在心外

"그야, 제 마음 안에 있습니다."

"그래요, 그렇다면 행각하는 사람이 마음속에 돌멩이를 넣어 가지고 어떻게 다닌단 말이오."行脚 人着甚麽來由 安塊石在心頭耶

— 『오가정종찬』 권下 「법안종」, 장경각, 197쪽

문익은 방장의 이 말에 짐을 다시 내려놓았다. 문익은 의문이 풀릴 때까지 지장원에 머물기로 작정했다. 그는 매일 그가 느낀 새로운 견해를 방장에게 말씀드렸으나 방장은 한결같이 "불법이란 그런 것이 아니오!"라고 말할 뿐이었다. 한 달 정도 지나서 문익은 선사에게 다음과 같이 말하였다.

"이제 제가 할 말은 모두 하였습니다."

"그래요, 불법이라 일체가 다 이루어져 있는 것이오."若論佛法 一切現成

—『오가정종찬』권下 「법안종」, 장경각, 198쪽

여기에서 법안은 더 이상 나아갈 길이 끊긴 궁극처에 도달한다. 활연대오 豁然大悟한다.

뒷날 방장이 된 법안 문익은 대중들에게 다음과 같이 시중하였다.

온 세상이 밝고 밝아 실오라기 하나도 없는 실상 그 자체입니다. 그러나 만일 그대들이 실오라기 하나라도 있다면 그것은 실오라기 하나일 뿐이지 실상은 아닙니다. 그대들은 그것의 이름과 형태를 바꾸려 하고 있습니다. 그렇게 해서야 어찌 본래면목을 다시 찾겠습니까?

盡十方世界皎皎地無 絲頭若有一 絲頭卽是一絲頭

—『위의 책』권下 「법안종」, 장경각, 199쪽

박학한 학문의 소유자인 법안은 늘 박학한 학문을 경계하였다. 오직 눈앞에 발가벗고 전개되는 실상을 직관함으로써 자성을 증득할 것을 역설하였다. 있는 그대로의 실상은 우주 만물의 절대를 우리에게 보여주는 동시에 또한 진인의 세계로 우리를 돈입시키고 사변과 추리는 우리의 눈에 껍질을 한 겹 입혀 멀게 할 뿐이라고 주장하였다.

2. 법안종의 선장들

1) 천태 덕소

천태 덕소天台德韶(890~971)는 법안에게 한 학인이 질문한 '조계에서 흘러 오는 한 방울의 물曹源一滴水'의 선문답을 옆에서 듣다가 언하에 활연대오하 였다. 덕소가 깨우친 바를 법안에게 말하자, 법안이 '이후에 그대는 국왕의 법사가 되어 불법을 크게 밝힐 것'이라고 말하였다. 이후 당시 그 지역 자사 로 있던 전홍숙이 왕위에 오르자 국사의 예로 선사를 맞이하였다.

그가 통현봉에 주석할 때 지은 게송, 「만목청산滿目靑山」은 지금까지 널리 회자되는 선구로 유명하다.

通玄峯頂	통현봉 꼭대기는
不是人間	인간 세상이 아니네
心外無法	마음 밖은 한 법도 없나니
滿目靑山	내 눈에 가득 차는 푸른 산

법안은 덕소의 게송을 듣고 '이 게송 한 수만으로도 우리 종문을 일으킬 수 있다'고 흔쾌하게 여겼다.

반야사 개당 법회에서 읊은 게송을 한 수 더 소개하며 법안종의 이조 천태 덕소의 행장을 마치기로 한다.

暫下高峯已顯揚	높은 봉우리 내려오자 이미 펼쳐졌으니
般若圓通偏十方	반야의 원통함이 시방에 두루하네
人天浩浩無差別	인간과 하늘이 들끓어도 차별이 없고
法界縱橫處處彰	법계는 가로 세로 곳곳마다 드러나네

—『경덕전등록』권25 「천태산덕소국사」, 보련각, 1982, 98쪽

덕소의 게송은 스승 법안의 견해를 아주 빼닮아 있다. 법안 역시 중국적인 전통과 오랜 중국인의 사유에 깊이 뿌리박고 있음을 느끼게 된다. 내적 자아에 주의 집중하는 대신 주관과 객관을 초월하여 피안에 도달하고자 하였다. 법안종의 경우 피안을 마음心으로 나타내는데, 이 마음이야말로 삼계를 나타내고 삼계가 솟아나는 원천으로 파악한다. 위 덕소의 게송에도 편안함과 자연스러운 이러한 내용이 잘 나타난다.

2) 영명 연수

영명 연수永明延壽(904~975)는 덕소의 법제자이고 성은 여항 왕씨다. 그의 저『종경록』100권은 선의 원리를 소개하는 방대한 자료를 모은 불교의 저작물이며, 그는 중국이 배출한 가장 중요한 불교 저작자 중의 한 사람이다. 『종경록』의 목적은 선학을 옹호하기 위해 각종 불교의 자료를 모은 것이라서 대승불교적인 입장에서 보면 귀중한 것이지만, 선의 입장에서는 그 반대적인 것으로 보는 학자들이 많다. 원래 '불입문자 교외별전 직지인심 견성성불不入文字 敎外別傳 直指人心 見性成佛'을 종지로 하는 선종이 그렇게 방대한 논설

을 바탕으로 하는 지침서가 있어야 한다는 것은 근본적인 모순이다. 연수가 각종 교학과 선학을 모아 비교검토하고 자료를 수집하여 지침한다는 것 자체는 선의 입장에서 멀어져 갈 뿐 아니라, 선의 활활발발한 선기를 정상화定相化하므로 선의 생명을 **빼앗는** 결과로 이어지게 된다. 결국 연수 이후에 법안종은 차츰 활기를 잃게 된다. 그리고 선종과 정토종을 통합시키려는 연수의 노력은 법안종을 쇠퇴하게 하였다. 염불, 독경, 침술 등이 선과 병행한다는 것 자체가 선종의 본래 종지를 잃게 하였고 정토종은 선의 생기가 틈입되므로 매우 활기차졌다. 법안종은 본래 고유한 선의 영역이 해체되고 사선화死禪化되어 연수로부터 2대 더 내려가서 종말을 고하게 된다. 그 후 법안종은 중국의 문화 일반에 깊숙이 침투되어 편안하게 전통에 동질화되어 버린다.

송대의 성리학자 주희朱熹(1130~1200)는 '불교의 선종 유파 가운데 유가적 전통과 아주 흡사한 흐름이 있다'라고 말하며 법안종의 가풍을 지적하고는 '이런 좋은 선풍이 이어지지 않고 단멸斷滅한 것에 놀라움을 표시한다. 그러나 오늘날 선가들은 법안종의 몰락이 합리적인 요소를 내포하고 있음에도 불구하고, '상도에 떨어졌다'라든가 '결국 깨달음을 방해했다'는 이유를 들어 법안종의 종사들을 비판하고 있다고 공박하기도 한다.'[1]

어쨌든 법안종은 절손되었고, 주자의 말이 옳은 것인지, 선을 지키겠다는 선장들의 말이 옳은 것인지 우리는 미루어 짐작해 볼 뿐이다.

그렇지, 큰 목소리를 낸 가수는 목이 잠기는 법이고, 박학다식博學多識은 온전한 지푸라기 하나의 무게도 되지 않는 것 아닌가 하는 생각이 든다. 떨

---

1   『주자어류집약』권7. "因擧佛氏之學 與吾儒 有甚相似處 如云 '有物先天地 無形本寂寥 能爲萬象主 不逐四時凋' 又曰 '撲落非他物 縱橫不是盡 山河及大地 全露法王身' 又曰 '若人識得心 大地無寸土' 看他是甚麼樣見識 今區區小儒 怎生出得他手 宜其爲他揮下也 此是法眼禪師下一派宗旨如此 今之禪家 皆破其說 以爲理路 落寫臼 有碍正當知見"

칠 수가 없다. 그러나 연수 자신은 매우 품위를 갖춘 선사다. 그가 직접 지은 게송이 있다. 아래의 게송을 음미해보면 선사의 면목이 짐작된다.

연수가 처음 설두산에 머물게 되었을 때 상당하여 말했다.

"여기 설두산은 가파른 천길 폭포에 실오라기 하나 좁쌀 한 톨도 머물러 두지 않으며, 기암절벽 만 길 벼랑에는 발을 붙이고 설 곳이 없다. 자, 여러 대중들은 어디다가 발걸음을 옮기겠느냐?"

한 학인이 물었다.

"설두산의 길은 어떻게 밟고 나가야 합니까?"

"걸음마다 서릿발이 맺혀있고 말마다 밑바닥까지 얼어붙는다."

이어 다음의 게송을 지어보였다.

孤猿叫落中巖月	외로운 원숭이 울음소리 달빛 바위 위에 떨어지고
野客吟殘半夜燈	나그네의 읊조린 시구, 깊은 밤 등잔불에 맴도네
此景此時誰得意	이런 경계 이런 때를 그 누가 알겠는가?
白雲深處坐禪僧	흰 구름 깊은 곳에 앉아있는 선승이여!

그 후 연수는 영명사의 두 번째 방장이 되었다. 이때 선화와 고매한 정신의 발로라고 칭송받는 그가 직접 지은 게송 한 수를 소개하고자 한다.

한 학인이 물었다.

"무엇이 영명사의 종지입니까?"

"향로에 다시 향을 넣어라更添香着."

"스님의 가르침에 감사드립니다."

"쯔, 영 틀렸군且 喜沒交涉."

그리고 게송을 지어 보였다.

欲識永明旨	그대 영명의 참맛을 알고자 하는가
門前一湖水	문 앞 한 호수요
日照光明至	해가 비치면 되비치는 밝은 빛이고
風來波浪起	바람 불면 크고 작은 파랑이네

—『오가정종찬』권下「법안종」, 장경각, 213~214쪽

위 게송의 명징하고 검박함은 상상의 세계가 아니다. 눈으로 들어야 하고 손으로 밟아야 하리. 다음 다윗의 시로 위의 게송을 음미하는 데 힘을 덜어 드리고자 한다.

하늘은 하느님의 영광을 속삭이고

창공은 그 훌륭한 솜씨를 일러 줍니다

낮은 낮에게 그 말씀을 전하고

밤은 밤에게 그 일을 일러 줍니다

말과 글이 없고 들리는 소리 없으나

그 소리가 온 대지에 통하고

그 말씀이 세계의 끝까지 이릅니다[2]

---

2 『성경』「시편」19편.

제51화

의상의 반시 법성게

盤詩法性偈

의상義相(625~702)은 『삼국유사』에 의하면 성은 김씨로 15세 전후에 황복사에 출가하고 문무왕 1년(661)에 당나라에 들어가 종남산 지상사의 화엄종이조 지엄 회상에서 10년 동안 수학하였다. 『대화엄일승법계도』의 반시「법성게」는 668년 7월에 만든 『화엄경』의 정수를 뽑은 반시다.

의상은 670년에 신라로 귀국하여 화엄종의 해동초조가 되었다. 부석사와 낙산사 등을 창건하고 오진, 지통, 표훈, 진정, 낭원, 진장, 도융, 상원, 능인, 의적(10대 제자) 등에게 법을 전하고 성덕왕 1년(702)에 입적하였다.

法性圓融無二相	법성은 원융하여 두 상이 없고
諸法不動本來寂	모든 법은 본래 고요하여 움직임이 없네
無名無相絶一切	이름도 없고 형상도 없이 일체가 끊어져
證智所知非餘境	증득된 지혜로 알바요 다른 경지 아닐세

眞性甚深極微妙　　　진성은 지극히 깊고 미묘하여

不守自性隨緣成　　　자성에 매이지 않고 인연 따라 이루지네

一中一切多中一　　　하나 속에 일체 있고 일체 속 하나 있어

一卽一切多卽一　　　하나가 일체요 일체가 곧 하나이네

一微塵中含十方　　　한 티끌 속에 시방을 포함하고

一切塵中亦如是　　　일체의 티끌 속도 역시 이와 같다네

無量遠劫卽一念　　　무량한 원겁도 곧 일념이니

一念卽時無量劫　　　일념이 바로 무량한 겁일세

九世十世互相卽　　　구세 십세가 서로 즉하여 갈마드니

仍不雜亂隔別成　　　흐트러지지 않아야 구별되어지네

初發心時便正覺　　　초발심할 때가 바로 정각이니

生死涅槃常共和　　　생사 열반이 늘 함께 어우러지네

理事冥然無分別　　　이치와 사물이 아득하여 분별이 없음이

十佛普賢大人境　　　십불과 보현의 대인 경계이네

能入海印三昧中　　　능히 해인삼매 가운데 들어가

繁出如意不思議　　　뜻같이 부사의를 번성히 이루면

雨寶益生滿虛空　　　보배론 비가 중생 복되게 허공 가득하고

衆生隨器得利益　　　중생의 근기에 따라 이익을 얻는다네

是故行者還本際	그러므로 행자는 법성으로 돌아가네
巨息妄想必不得	망상을 쉴 수 없다면 필히 되지 못하리라
無緣善巧捉如意	연 없는 정당한 기술을 뜻대로 잡아
歸家隨分得資糧	분에 따라 귀가하여 재물과 양식을 얻네

以陀羅尼無盡寶	다라니의 다함이 없는 보배로
莊嚴法界實寶殿	법계의 진실한 보배로운 전각을 장엄하여
窮坐實除中道床	마침내 실제의 중도 자리에 앉으니
舊來不動名爲佛	예부터 움직이지 않아 부처라 이름하네

— 의상, 「법성게」

「법성게」를 살피기 전에 「법성게」가 만들어진 기연을 알고 의상의 화엄교학과 의상화엄학이 한국불교에 끼친 영향을 아는 것이 무엇보다 중요하다.

이제 앞장에서 살펴본 토대 위에 「법성게」를 살펴보자.

이 「법성게」 구성은 1~18구는 자리행을 19~22구는 타리행과 23~30구는 수행자의 방편 및 이익을 뜻한다. 각 구 해석이나 과분科分은 의상 자신의 주석서인 「법계도기」와 도신, 법융, 진수와 고려의 균여 주석서를 합본한 『법계도총수록法界圖總收錄』과 설잠 김시습의 『대화엄일승법계도주』를 두루 읽고 저자가 재편성하여 의미를 회통시켰다.

우리나라 역사상 한 학문적인 흐름이 이렇게 뚜렷이 이어지며 계파를 이루진다는 것은 참으로 드물다. 외형상 신라 의상의 『화엄일승법계도』가 그의 제자 도신, 법융, 진정, 상원, 표훈에 이어지고 의상의 10대 제자 아래 상원의 직전제자 3대 신림 그리고 4대인 순응과 법융, 또 고려 초 균여의 『법계도기원통초法界圖記圓通抄』가 있고, 고려 후기에 저자 미상의 『법계도총수록』에는 신라 당시의 주석서인 「도신장」, 「법융대덕기」, 「진수대덕기」 등과 균여의 여러 저술이 합본되어 있다. 그리고 조선 초 매월당 김시습의 선적禪的 해석인 『대화엄일승법계도주』가 있고 조선 말기에 유문道峰有聞(1700년대 추정)의 「법성계과주」가 있다. 이 의상의 화엄학은 오늘날까지 원효사상과 더불어 한국조계종의 큰 사상의 흐름이다.

1. 법성게

게송 : 의상
주해 : 설잠 김시습
강설 : 월조 송준영

1) 자리행自利行(1~18)

(1) 현시증분現示證分

| 法性圓融無二相 | 법성은 원융하여 두 상이 없고(1행) |
| 諸法不動本來寂 | 모든 법은 본래 고요하여 움직임이 없네(2행) |

| 無名無相絶一切 | 이름도 없고 형상도 없이 일체가 끊어져(3행) |
| 證智所知非餘境 | 증득된 지혜로 알바요 다른 경지 아닐세(4행) |

주해 :

위의 모두의 게송 4행은 대화엄의 소식을 모두 보여준 것이니 매월당 설잠은 그의 『대화엄일승법계도주大華嚴一乘法界圖註』 제5행 "진성심심극미묘眞性甚深極微妙" 주에서 이렇게 설하고 있다.

만약 대화엄의 중중重重하고 무진한 법계를 논할진댄 입술을 거치지 않고서 벌써 설하여 마친 것이며 교승敎乘에 관계치 않고서 벌써 강연하여 마친 것이다. 설사 개울물소리로 설상舌相을 삼고 산 색山色으로 신기身器를 삼으며 온 산하대지로 적멸도장을 삼고 모든 유정有情과 비정非情으로 중회衆會를 삼는다고 하여도 언설을 붙일 수 없어 찬양을 다하기 어렵거늘 의상스님이 구멍을 꿰맨 데 없는 곳에 들어가 억지로 천착穿鑿을 내었으니 이른바 '그에게 상처 없는 이상 다치지 말라'고 한 것이다.

그러하나 교해敎海의 넓고 깊음이 묵미黙味에 방애妨碍되지 아니하기에 의상스님이 포용하여 구애 없이 뜻대로 말하되 '법성이 원융하여 두 상이 없으니 제법은 부동하여 본래 고요하다. 명칭 없고 형상 없어 일체를 여의었으니 증지라야 알바요 그 밖의 경계가 아니다'라고 한 4구가 죄다 말해버린 것이니 홍분紅粉을 바르지 않고 곧 풍류가 있는 기상이다. 그것은 그렇다 치고 말해보라. 4구에 대체 그대의 사량하고 계교하여 분별하는 의식이 있는지. 적멸도장으로부터 오늘에 이르기까지가 바로 통째의 무쇠라서 그대의 주둥이 댈 곳이 없는데, 의상스님이 자비한 까닭에 눈썹을 아끼지 않고 수준을 낮춘 말을 하며 바로 이르되, '진성이 매우 깊어 아주 미묘하다'고 한 것이다.

— 설잠, 『대화엄일승법계도주(大華嚴一乘法界圖註)』, 김지견, 1982, 67쪽

강설 :

(1) 증분證分을 나타내 보인 현시증분現示證分으로 '스스로 이익自利行'됨을 밝히고, 게송의 전체를 일목요연하게 4행으로 나타냈다. 곧 법성을 알 수 있는 논증의 대전제를 제시한다. 1행과 2행, 3행, 4행을 계단식으로 점증적으로 첨가시키며 의심을 풀어준다. 수사학상 점증연쇄적漸增連鎖的 구문이다. 이 4구를 균여는 '펼쳐 구르며 의심을 푼다展轉遣疑'라 하였다.

법성 즉 실상진원지인 법성에 무슨 두 모습이 있을 수 있는가. 한 법도 일어나지 않았는데 동動과 적寂이 있는가. 법이란 우리의 눈, 귀, 코, 혀, 몸, 뜻을 통하여 나타나는 생물과 무생물을 이르고 성性이란 우리의 각 기관을 통해 들어오는 이치의 소식들이니 곧 이치와 사물, 정신과 물질을 말하니 이것이 떨어져 있는 것이 아니라 원융하다는 것이다. 제1행을 설잠은 '미진수 찰경微塵數 刹境이 자타 간 털끝만큼의 간격이 없으며 십세十世의 고금古今이 당념當念을 여기지 않는다'[1]고 평창하였다. 그러므로 "제법부동본래적"이다. 그래서 '이름도 형상도 일체가 끊어졌으니' 아는 자 알면 그뿐이다. 이런 것이야 말로 '증지소지'이지 다른 경지가 아니지 않은가. 삼세제불과 천하선지식이 증오證悟한 것이 바로 이것이다. '법성즉시증지法性卽是證智'이고 '증지즉시법성證智卽是法性'이니 그렇게 알 뿐이다. 그리고 첫 구 "법성원융무이상法

---

1 미진찰경부격호리微塵刹境不隔毫釐. 미진微塵은 미진수를 줄인 말이고, 찰경刹境은 일불一佛의 교화 범위에 속하는 공간영역으로서의 국토이다. 부격不隔의 격은 '막혔다'는 뜻이 아니고 '상거相去'의 의미이다.

性圓融無二相"에 첫 자 '법'과 마지막 30구인 "구래부동명위불舊來不動名爲佛"에 '불'로 끝나니 이 또한 '법＝불'이 자연 드러난다.

(2) 현연기분顯緣起分

제5행의 '진성심심극미묘眞性甚深極微妙'에서 제18행 '십불보현대인경十佛普賢大人境'까지는 연기를 읊었다.

자리행自利行에 해당한다.

① 연기체분緣起體分

眞性甚深極微妙	진성은 지극히 깊고 미묘하여(5행)
不守自性隨緣成	자성에 매이지 않고 인연 따라 이뤄지네(6행)

주해 :

제6행을 설잠이 주하되 '일체법은 본래 무성無性이요 일체성은 본래 무주無住이니 무주이면 무체無體요 무체이면 연緣을 따라 걸리지 아니하고 연을 따라 걸림이 없기 때문에 자성을 지키지 아니하여 시방과 삼세를 이룬다. 자성이라 제법이 상이 없어 본래 청정한 체體이니 아는가. 작년의 매화에 금년의 버들이니 안색顏色과 성향聲響이 모두 예와 같구나' 하였다.

강설 :

연기의 본체를 설하다. 신심身心은 법성이고 명상名相이 없기 때문에 증입證入하기 어렵고, 법성을 진성眞性으로, 다시 한번 옮기니 법성은 일체가 끊긴 자리이어서 진성이라고 이름을 빌린 것이다. 극미묘極微妙하다 함은 바로 중도를 밝힌 것이고 불수자성不守自性은 무자성無自性이기 때문에 타성他性이 될 수 없고, 무타성無他性이기에 자성自性이 될 수 없다. 따라서 연기법에는 무성無性으로 진성을 삼는다 하였고 이러하기 때문에 본 시구가 연기체로 구성되었다 했다.

② **약다라니이용**約陀羅尼理用 **및 이변촬법분제**以辨撮法分齊

| 一中一切多中一 | 하나 속에 일체 있고 일체 속 하나 있어(7행) |
| 一卽一切多卽一 | 하나가 일체요 일체가 곧 하나이네(8행) |

주해 :

설잠은 제7행을 '자성을 지키지 아니하여 연을 따라 이루기 때문이다. 일법一法이 자성이 없기 때문에 일체一切를 갖추어 일一을 이룬다. 일체법이 자성이 없기 때문에 일법으로써 일체를 이루는 것이다. 이런 까닭에 일 가운데 일체이어서 다多가 일에 걸리지 않고 일체 가운데 일이어서 일이 다에 걸리지 않는다. 이러한 즉 한 터럭 끝에 삼세제불이 곳곳에서 중생을 제도하며 가없는 찰해利海에 일체중생이 낱낱이 열반하거니와 터럭 끝이든 찰해이든 공화空華 가운데의 경계요 제불諸佛이든 중생이든 몽환夢幻 가운데의 물색物色이다. 비유하면 허공이 비록 일체에 두루하되 또한 일진一塵을 여의지 않음과 같으니 허공이 건립하는 바의 소식을 알고자 하는가?

'처마에 기대인 산색은 구름에 이어져 푸르고 난간을 벗어난 꽃가지는 이슬을 둘러 향기롭다'[2]라고 했다.

이어 제8행를 주하되 '일一 가운데의 일체이며 다多 가운데의 일이기 때문이다 일

2　의첨산색련운취依簷山色連雲翠 출함화지대로향出檻花枝帶露香. 영가 현각의 「증도가」 중 즉시여래대원경卽是如來大圓鏡의 구句를 송나라 남명천南明泉이 이어 송頌한 것이다.

법一法이 있기에 곧 불佛이 있고 제불諸佛이 있기 때문에 곧 중생衆生이 있는 것이다. 허공이 걸림이 없어 중생과 불이 둘이 아니고 연생緣生이 무주無住하여 인因과 과果과 동시이기에 한량없는 원인이 찰나를 벗어나지 않고 가없는 과해果海과 당념當念을 여의지 않는 것이니 허공의 동작하는 소식을 알고자 하는가.

'대 그림자 섬돌을 쓸어도 먼지 일지 않고 달빛이 못 바닥을 뚫어도 물엔 흔적이 없네'[3]라고 했다.

강설 :

다라니의 도리와 응용의 법을 설하다. 일체가 무자성인 까닭에 인연을 쫓아 실제로 "일즉일체다즉일", "다즉일체일즉일"이 된다. 이것은 의상 자신이 말하듯이 다라니총지의 이理와 용用으로 법성을 설한 것이다. 제7행은 인과의 도리를 설하고 제8행은 자재로운 응용이다. '중'은 '하나 중에 열, 열중에 하나인' 원인과 결과를 말하고 '즉'은 '하나가 바로 열이요' '열이 곧 하나'이니, 하나와 열이 서로 인연되어 얻어지는 자재로운 응용을 말한다.

③ **즉사현촬법분제**卽事顯撮法分齊

一微塵中含十方	한 티끌 속에 시방을 포함하고(9행)
一切塵中亦如是	일체의 티끌 속도 역시 이와 같다네(10)
	(事로 법을 설하다)

---

3 『금강경오가해』의 「야보송」, 곧 경문 "是故 佛說一切法 無我無人無衆生無壽者"에 대하여 읊은 야보의 게송 "借婆衫子拜婆門 禮數周旋已十分 竹影掃階塵不動 月穿潭底水無痕"을 인용함.

주해 :

"하나의 먼지 가운데 상하 사방 등 열 개의 공간을 포함하고一微塵中含十方 / 일체의 먼지 가운데서도 또한 마찬가지다."一切塵中亦如是 매월당 설잠은 "일체진중역여시"를 주해하기를 '이러한 공간 안에 편재偏在한 존재세계는 그 하나하나 모두 한 개씩의 작은 먼지에 불과한 것이고 한 개의 먼지조차 독자성을 가지지 못하는 것이다. 마치 빛과 같고 그림자와 같으며 또한 인드라의 망을 구성하는 보주寶珠들이 각각 자기 속에 타자를, 타자 속에 자기를 서로 투영하여 반영을 무한히 계속함으로써 하나하나의 보주의 가운데에 여러 가지 모습이 끝없이 전개되어 있는 것과 같다. 하나의 불국토가 일체의 공간에 가득 차는가 하면 일체의 공간이 하나의 불국토에 들어가더라도 넘침이 없는 것이니 사려에 의하여 인식되지도 아니하고 지혜로운 안목이 있다 하여도 관찰될 성질의 것이 아니다'라 하였다.

강설 :

위에서는 이理와 용用을 가지고 법성을 설했으니 이곳에는 사事로써 법성을 설하였다. 곧 '한 먼지 가운데에 시방을 포함하고 일체의 먼지 가운데도 역시 이러하다' 한 것은 지극히 큰 것과 지극히 작은 것이 상호 즉하고 서로 들락날락, 이것들이 상즉상입相卽相入함이니 바로 대大와 소小과 걸림이 없음을 설한다. 이것은 먼지나 시방세계가 각각 자성이 없어 오직 무주無住하고 먼지가 작은 것은 처지와 입장에 따라 그렇게 말한 것이다. 먼지가 가지고 있는 자성이나 세계가 가지고 있는 자성이 서로 달라서 그렇게 말한 것이 아니다. 균일하게 무주실상無住實相이라고 부를 수 있는 것은 반대로 세계가 작고 먼지가 크다고 말할 수 있는 것과 같다.

양자물리학의 양자量子는 극미진極微塵에 해당하니, 양자는 어떠한 현미경으로도 볼 수 없는, 오직 확률적인 양量으로만 가늠할 수 있다. 불교에서 말하는 7미진을 살펴보자. 창유진窓遊塵(창틈으로 떠다니는 먼지)을 7분의 1로 쪼개면 양모진羊毛塵(양털 끝에 앉을 수 있는 먼지)을 7분의 1로 쪼개면 토모진兎毛塵(토끼털 끝에나 앉을 먼지)을 7분의 1로 쪼개면 우모진牛毛塵(소의 배 밑 털에나 앉을 수 있는 먼지)을 다시 7분의 1로 쪼개면 금진金塵(쇠를 통과할 수 있는 먼지)을 다시 7분의 1로 쪼개어 수진水塵(물을 통과하여도 물이 묻지 않는 먼지)을 또 다시 7분의 1로 쪼개면 극미진極微塵이 된다. 극미진은 극미나 극대 어느 쪽에도 머물지 않는 머무를 수 없는 무주실상이니 어느 곳이든지 상즉상입한다. 이것이 법성의 자리며 화엄법계고 공이니 아인슈타인이 말하는 통일장統一場이 아닌가?

야보의 『금강경』 「야보송」 게송을 잘 음미해 볼일이다.

借婆衫子拜婆門	노파의 적삼을 빌려 노파 문전에 걸어둔다
禮數周旋已十分	예의 차림은 이것으로 충분하지 않은가
竹影掃階塵不動	대 그림자 계단은 쓸어도 먼지 일어나지 않고
月穿潭底水無痕	달이 연못을 뚫어도 수면에 흔적이 없네

④ **약세시시촬법문제**約世時示撮法分齊

無量遠劫卽一念	무량한 원겁도 곧 일념이니(11행)
一念卽時無量劫	일념이 바로 무량한 겁일세(12행)
九世十世互相卽	구세 십세가 서로 즉하여 갈마드니(13행)
仍不雜亂隔別成	흐트러지지 않아서 구별되어지네(14행)
	(시간의 법을 설하다.)

주해 :

설잠은 11행 "무량한 원겁도 곧 일념이니無量遠劫卽一念"를 '현재의 이 자리를 떠나지 않은 채 증명澄明한 것. 그렇지만 찾아보았자 틀림없이 잡히는 것은 아닌 것不離當處常湛然 覓則知君不可見'이라 착어하였고, 12행 "일념이 바로 무량한 겁일세"를 주해하기를 '지금의 일념이 시간적으로 십세에 사무치고 공간적으로 시방에 두루 퍼지는 것이니 일체제불을 세워서 동시에 중생을 동시에 제도하고 일체 중생을 배열配列하여 동시에 열반에 들게 하는 것이다. 옛도 아니고 지금도 아니며 새로운 것도 아니고 옛것도 아니다. 아무튼 말해보라. 무량한 원겁에 대체 시분時分이 있는가' 하였다. 설잠이 평창하기를 '달마의 서래밀지가 끊겼는가 하였더니 오늘 아침 복사꽃이 예대로 피었네' 하고 읊었다.

강설 :

끊임없이 흐르는 시간을 들어 법성을 설하다. 일념이란 한 찰나刹那이니, 이 한 찰나가 한량없이 기나긴 시간과 같다 한다. 13행의 구세九世는 과거의 과거, 과거의 현제, 과거의 미래와 현재의 과거, 현재의 현재 현재의 미래, 미래의 과거, 미래의 현재, 미래의 미래이고 여기에다 시간의 당체인 나 자신이 상입하면 십세十世가 된다. 이러한 시간들이 모두 나의 일념으로 융화하게 된다. 그렇다 하더라도 과거의 아버지와 현재의 나와 미래의 아들은 그대로 완전한 존재이니 엄연히 구분된다.

그런 까닭에 "잉불잡란격별성仍不雜亂隔別成"은 '따라서 복잡하면서도 혼란한 구별을 이루지 않는다'로 직역된다. 이것은 우리가 본체라는 것을 정상화定相化하면 복잡함이 있게 되고 또한 형상形相이 있으면 혼란함이 있겠지만 본체가 없는 이상 곧 형상도 없기에 현상적인 것을 초월한 순수한 작용만 남는 것이다. 이와 같이 제약이 없는 작용을 작용하므로 그 작용에 아무런 한계가 없는 것이다. 곧 무공용지공용無功用之功用을 말한다. 따라서 모든 것이 나에게 달려 있고 순간을 좌우하는 것도 나에게 있다. 그래서 과거, 미래, 현재가 이 순간이고 이 순간이 역시 삼세三世다. 이 모든 것이 일체로서 지속하니 거기에 어찌 예와 이제가 있으며 그 간격이 있다 하겠는가.

⑤ **약위이창촬법분제**約位以彰撮法分齊

初發心時便正覺	초발심할 때가 바로 정각이니 (15행)
生死涅槃常共和	생사 열반이 늘 함께 어우러지네(16행)
	(깨달음의 정도와 지위로 법을 설하다)

주해 :

설잠이『화엄경』「입법계품」을 들어 설하기를 '선재소년이 이 자리를 여의지 않은 채 백 개의 성을 두루 찾았고 첫 마음을 벗어나지 않은 채 바로 누각에 올랐다' 하니 이것은 선재소년이 마지막 방문한 선지식 미륵보살의 누각에 올라 존재세계인 화엄법계의 전모가 몰록 보게 됨을 말하니, 사실이다. 이 역시 시간의 경과에 따라 이름이 아니요, 곧 마음의 열림이니 차례와 단계가 아님을 이른다. 설잠이 대혜선사의 시구를 인용하여 '말들 마시게. 장안의 좋은 풍물을 편의를 얻는 것이 바로 편의를 잃는 것이 되는 법'이 아닐까? 하였다. "생사열반상공화生死涅槃常共和"에 와서는 열반과 생사가 서로 뒤섞여 있은 지 얼마나 되는가? 하고 되묻는다. 열반과 윤회가 서로 오고 간 지가 얼마나 될까?

강설 :

의상스님이 '간다는 것은 본처에 가는 것이고 이르렀다는 것이 떠난 자리에 이르는 것行行本處 至至發處'(총수록)이라는 말씀이 지극하다. 그야말로 진성은 생멸이 없고 자성이 없으며 연기조차 없음을 자각함이 중요하다. 이러할진대 실로 우리의 삶의 의의는 바로 마친 것이다. 이것이 "초발심시편정각"이다.

16행의 "생사열반상공화" 영가 현각의 『증도가』에서 이르기를 "무명의 실다운 성품은 바로 부처의 본질無明實性卽佛性"이라 하듯이 '생사生死'의 무대는 우리의 참다운 뜻을 펴는 곳이고 '열반涅槃'이야말로 열반 열반 하지만 열반 아님이 없으며 열반은 바로 윤회라는 틀에 매이는 꼴이니 어느 것이 생사이고 어느 것이 열반인가?

⑥ **약론상의**約論上意

理事冥然無分別	이치와 사물이 아득하여 분별이 없음이(17행)
十佛普賢大人境	십불과 보현의 대인 경계이네(18행)
	(자성에 매이지 않고 인연 따라 이루어지다)

주해 :

설잠은 18행 "십불과 보현같은 대인의 경계十佛普賢大人境"에서 대인의 경계를 보고자 하는가? 하고는 "마침 어떤 사람이 천태산에서 오더니 난데없이 남악에서 떠난다"고 착어했다. 남악은 지금 형산이다.

강설 :

자리행의 결론 부분. 진성을 깨닫기 위해 연기성을 설하고, 4행의 '다른 경지가 아닌 것' 자체가 바로 18행의 '대인의 경계'임을 논증하고 있다. 달리 생각하지 마시오. 달마 역시 양무제에게 '모르오', 불식不識하였다. 불식, 불식하고 천만 번 몰라도 그대는 모를 뿐이다.

이理와 사事라 하지만 『반야심경』식으로 말하면 '공'과 '색'이고 화엄경식으로 얘기하면 '성'과 '법'일 뿐이니, 설잠은 깊고 깊은 '진성眞性'과 '自性을 지키지 않는다'에 해당한다고 했다. 제5행의 "진성심심극미묘眞性甚深極微妙"와 6행의 "불수자성수연성 不守自性隨緣成"을 살펴보면 명백하다. 이것은 진성의이理는 신통묘용이 자유자재하여 겨자씨를 낳고 천하의 일체만물을 갈무리하며, 진성의 사事는 저 서울거리의 빽빽한 물물을 풀어놓고 까마득한 빌딩을 세운다. 이것이야 말로 무관계속에 관계를 나타냄이다. 6행에서 "자성을 지키지 않고 연기에 따라 이루지네", 이것이 바로 무위의 행이니, "십불과 보현의 대인 경계이네"이고『금강경』이 이르는 '성인은 상대의 세계를 뛰어난 절대법속에서 차별을 이룬다皆以無爲法 而有差別'(제7무득무설분) 함이다.

2) 이타행利他行(19~22)

(1) 약유인명約喩印名

| 能入海印三昧中 | 능히 해인삼매 가운데 들어가(19행) |
| 繁出如意不思議 | 같이 부사의를 번성히 이루면(20행) |

주해 :

19행 "능히 해인삼매 가운데 들어가能入海印三昧中"를 설잠이 이르기를 '진성 가운데 이理와 사事를 드러냄이 여러 가지가 있더라도 그 자성을 탐구하여 얻을 수가 없는 이상 부처와 중생이 모두 다름 아닌 진성중의 광영光影일 뿐이니, 부처를 이룬다는 것도 없으며 중생을 제도한다는 것 역시 없어 그저 하나의 진성일 따름이다. 마치 온 세상의 산하대지와 초목총림草木叢林이 그 실체를 추구하여도 얻을 수 있는 것이 없는 이상 산하의 풍광이 다름 아닌 대해의 광영이라서 성性을 본다 함도 없고 상相

을 취한다 함도 없고 오직 하나의 대해일 뿐이다. 이와 같이 십불十佛의 내증內證함도 이와 같을 뿐이다'고 했다.

20행, "뜻같이 부사의를 번성히 이루면繁出如意不思議"을 설잠은 '해인삼매에서 일어난 법은 어떤 형상인가?' 한 후 스스로 답하되 '성性도 아니도 상相도 아니며 이理도 아니고 사事도 아니며 불佛도 아니고 중생도 아니며 진眞도 아니요 가假도 아니다. 설하여진 가르침은 성이면서 상이며 이면서 사이며 불이면서 중생이며 진이면서 가이니, 일음一音으로 연창하되 종류에 따라 각각 다르며 일음에 둥글게 싸여서 중생의 갖가지 마음으로써 중생의 갖가지 성을 설한 것이다. 지식으로 이를 바 아니요 사량의 미칠 바 아닌 까닭으로 '여의의 부사의'라 한 것이다.' 이어 평창하기를 '밤은 고요하고 물은 찬데 고기 물리지 않으니 빈 배 가득 달빛을 싣고 돌아온다'.[4]

강설 :

19행에서부터 22행까지는 이타행利他行에 해당한다. 위에서 자리행自利行에 해당하는 각종 방편을 설하며 십불과 보현의 대인경지까지 왔다. 바로 이 자리에서 우리들의 시간에서는 자리가 이타로 바꾸어지나, 사실 자리가 이타이니 자리이타동시自利利他同時이다. 19행에서 '능히 해인삼매에 들어'갔다 함은 즉시 '뜻같이 부사의를 번성히 이루었다'는 뜻이나, 이 구절이 자리와 이타의 갈림길이다. 그러나 살펴보면 자리가 바로 이타일 뿐이다.

의상은 해인을 '대해는 매우 깊지만 밑이 보이도록 맑고 깨끗하여 일체의 것이 그 속에 분명히 드러나니 마치 도장에 문자가 드러나는 것과 같다(『화엄일승법계도』「석문의」)'라고 하였는데 삼매란 말 역시 해인과 같다. 곧 깊은 바다가 끝까지 청청하듯,

---

4 『금강경』의 경문「所言法相者 如來說非法相 是名法相」을 야보 도천이 송한 것을 인용하였다. "千尺絲綸直下垂 一波纔動萬波隨 夜靜水寒魚不食 滿船空載月明歸"

세간의 법성이 분명히 드러나면 여의보왕如意寶王이 여시하게 비를 내려 일체 중생에게 이익을 주어 뜻대로 되지 않음이 없게 된다. 이에 사부대중 역시 근기에 따라 이익을 얻게 된다.

(2) 득이익得利益

雨寶益生滿虛空	보배론 비가 중생 복되게 허공 가득하고(21행)
衆生隨器得利益	중생의 근기에 따라 이익을 얻는다네(22행)

주해 :

설잠이 설하기를 '해인삼매는 "십불보현대인경十佛普賢大人境"에서 증득됨이 아니라 일체 중생들 역시 십불 대인 경계인 해인삼매를 가져서 나서부터 죽기까지, 아침부터 저녁까지 성내든가 기뻐하든가 말하든가 침묵하든가 하나하나마다 각각 해인이 있다. 하나하나 해인삼매가 하나하나마다 중생이 지낸 번뇌의 바다를 흘러 내보내고 그 하나하나의 번뇌의 바다가 각각의 진여법성해眞如法性海를 갖추어 두 가지가 없기 때문에 허공에 가득 찬 이익을 숨김없이 열어보여서 알게 된다.' 그리고 이어 22행을 '중생이 근기에 따라 이익을 얻는다고 했으니, 그것은 중생의 근기가 크고 작고, 모나고 둥글고, 물들고 깨끗함이 다를 뿐이니 그 얻는 바의 이익이 다른 것은 아니다. 있는 대로 그 있음을 중히 여기고 그대로 받음이 중요하다'고 했다.

강설 :

'보배로운 비가 아니 햇살이 허공에 가득한데 중생의 근기에 따라 이익을 얻는다'함은, 이 가운데 우리가 유의해야 할 것은 '중생의 근기'다. 자칫하면 중생이 가지고 있는 그릇이 크고 작고, 무식하고 유식하고, 우둔하고 영리하고와 관계가 있지 않을까? 하는 생각을 가지기 일쑤다. 그러나 실제로 이것이 문제되는 건 아니다. 세간에서 가름하는 이분법적인 삶과 앎이 아니라 단지 큰 것은 큰 것이요, 모난 것은 모난 것 그대로요, 긴 것은 긴 것일 뿐이다. 다시 말하면 큰 것을 깎아 작게 만듦이 아니고, 모난 것을 다듬어 둥글게 만듦이 아니요, 긴 것을 커트해서 짧게 맞춤이 아니다.

사실 얻는 바의 이익이 다른 것은 아니다. 있는 대로 그 있음을 중히 여기고 그대로 받음이 중요하다. 이것은 중생이 근기에 따라 이익을 얻는다고 하신 원래의 의미다.

설잠이 착어하기를 '산이 비었음에 바람이 돌에 떨어지고 누각이 고요하매 달빛이 문에 들어온다山虛風落石 樓靜月侵門'고 했다. 그 지극함이 책상 위에 쏟아진다.

3) 변수행자방편급득이익辨修行者方便及得利益(23~30)

(1) 변수행방편辨修行方便

是故行者還本際	그러므로 행자는 법성으로 돌아가네(23행)
叵息妄想必不得	망상을 쉴 수 없다면 필히 되지 못하리라(24행)
無緣善巧捉如意	연 없는 정당한 기술을 뜻대로 잡아(25행)
歸家隨分得資糧	분에 따라 귀가하여 재물과 양식을 얻네(26행)

주해 :

설잠은 23행, "시고행자환본제是故行者還本際"에서 본제를 알고자 하는가? 하며 반문하고 다음과 같이 자문자답한다. "선禪을 물으면 선은 바로 망妄이요 이理를 구하

면 이는 멀어진 것이니 설사 깊이 알았다 해도 눈 가운데 티끌인 것이다."⁵ 24행에 와
서는 설잠을 망상을 완전히 깨우쳐 주기 위해 많은 말을 한다. '삼세의 부처들이랬자
별 수 없이 주검이나 지켜보는 보잘것없는 귀신이요 역대의 선사들이랬자 형편없는
밑바닥의 범부다. 설사 부처가 설하고 보살이 설하며 공간적으로 국토가 설하고 시
간적으로 과거, 미래, 현재가 일시에 설한다 하더라도 끓은 주전자의 김 새는 소리와
다르지 않다. 어차피 진리를 향한 향상의 하나 되는 것과는 아무 실제의 관계가 없다'
고 하며 착어했다. '편의상 만든 개념과 문자로써 중생을 인도할 따름이다.' 그리고
25행 "무연선교착여의無緣善巧捉如意"에 이르러서는 '모든 상황에 이르러 그때마다의
작용이 아닌 자체에 내재한 본질적인 일어남으로, 즉 저절로 응용되어야 훌륭한 솜
씨다. 이 훌륭한 솜씨는 사량분별로 미치는 바가 아니다' 하며 '강물 위가 저녁 무렵
그림과 같은데 어부가 한 벌 도롱이만 걸친 채 돌아오는 모습'이라 착어 했다.

그리고 "귀가수분득자량歸家隨分得資糧"에 와서는 본가로 돌아온 생활이 본래 별다
른 것이 아니다. 단지 '본지풍광으로써 본래의 땅덩어리를 경작하는 것이니 그 집의
생활 그대로 만족한 것이다. 이 행의 자량이란 시장함에 밥 먹고 목마름에 장마시며
추우면 불 쬐고 더우면 바람 쏘인다. 여기에 무슨 소식이 따로 있는가? 그렇다 하더라
도 외를 심어 외를 얻고 과일을 심어 과일을 얻는 뿐이니 이미 종자가 심어진 이상 무
슨 현담거리가 없겠느냐?' 하고는 이어 '언제나 돌아온 입장에서는 지난날을 회상하기
마련 아닌가'라 하였다.

---

5 본문 "是故行者還本際"에 대해 주해하기를 "要識本際麼 問禪禪是妄 求理理非親 直饒玄會得 也是眼
中塵"라 하였다. 여기서 선禪과 이理는 존재론적으로 가까운 것이나 존재적으로는 먼 것으로서 대
상화할 수 없음을 표현한 것이다.

강설 :

4행은 수행의 방편을 말한다. 곧 법성인 본제本際6로 돌아온다는 것은 제1행 "법성원융무이상法性圓融無二相"의 바로 그 자리로 돌아옴을 이른다. 이 본제가 안으로 증득된 해인삼매다. 그러나 이 해인을 호지하는 것은 무아일 때 가능하다. 24행에서 읊듯이 망상을 쉬지 않고는 불가능한 때문이다. 그런데 24행 "회식망상필불득叵息妄想必不得"에서 유의할 것은 문맥상 '회식망상필불득환본제叵息妄想必不得還本際'로 해석해야 마땅하다. 시중에 보이는 「법성게」의 이 행을 '망상을 끊고 다시는 얻음이 없으니'라 번역한 책들이 있는데, 이 번역은 잘못되었다고 저자는 생각한다. 의역하면 '관념의 조작을 그치지 못하면 틀림없이 근원에 회귀하지 못한다'가 된다. 오직 망상을 쉴 때만 25행에서 말하는 인연에 얽매이지 않고 저절로 상태인 무위법의 절대법 가운데 차별을 하여 무공용無功用의 공용을 한다. 따라서 각각 분수에 알맞은 재물과 양식을 얻어 귀가함을 노래한다. 이런 것은 무아無我가 무연無緣의 머무름이 되고 이 무연의 불주不住가 무주無住이며 이 무주는 결국 26행에 이르듯 무소득無所得의 소득이 근본되어 "귀가수분득자량歸家隨分得資糧"의 행이 성립된다. 그러나 이 자량은 깨달음을 이루는 양식이지 깨달음 자체가 아니므로 여기까지를 수행자의 방편이라 구분했다.

(2) 변득이익辨得利益

利他羅尼無盡寶   다라니의 다함이 없는 보배로(27행)

莊嚴法界實寶殿   법계의 진실한 보배로운 전각을 장엄하여(28행)

---

6   본제는 실제實際. 모든 현상의 근거로서의 본원 『원각경』에 '平等本際圓滿十方'이란 경구가 있다.

窮坐實除中道床　　마침내 실제의 중도 자리에 앉으니(29행)

舊來不動名爲佛　　예부터 움직이지 않아 부처라 이름하네(30행)

주해 :

27행 '다라니他羅尼'에 대해 설잠은 다음과 같이 주해하였다. '다라니라는 보배 창고는 일체의 영역에 두루 편재偏在되어 있어 그 하나하나의 영역마다 뚜렷이 원명圓明하여 서로가 서로를 반영하고 있는 포괄자包括者로서 존재세계가 가진 신비한 보배다.' 곧 '다라니라는 무진한 내용의 보배'가 28행에 이르러서는 '화장세계의 인드라망은 영상이 서로 상즉상입하여 거듭 다함이 없으니 이것은 장엄함에 있는 것이 아니고 수증修增함에도 있는 것이 아니다. 본래부터 구족具足해 있는 것이며 완성된 것이기 때문에 '실實답다' 하고 또한 이 실자實字는 건드릴 수 없는 것이니 건드리면 화가 생긴다'[7]고 주해했다. 왜냐하면 실이 바로 참이기 때문이다.

29행 "마침내 실제의 중도 자리에 앉으니窮坐實除中道床"에 이르러서는 설잠이 주해하기를 '화장세계는 물듦을 여의어 청정하거늘 어찌 마침내 실제의 중도 자리에 앉았다'와 같은 사유함이 있겠는가. 만약 이 같은 사유가 있다면 지금 이 자리에까지 이를 수 있겠는가? 그럼 사유가 없다면 우리의 존재세계는 어떻게 출생했을까? 하며 왼손으로 한 번 치고 이르되 '불사문중佛事門中에는 일법一法도 버리지 않는다'[8]하고 이어 오른 손으로 다시 한번 치고는 '일법도 보지 않음이 바로 여래如來다'[9]라고 주해했다.

7　'동착칙화생動着則禍生'은 건드리면 본질로서의 생명을 상실한다는 의미다.
8　불사문중불사일법佛事門中不捨一法은 불문의 방편입장에는 한 법도 버리지 않는다는 것이니, 곧 있는 그대로 현상 자체를 진리의 현현으로 긍정하는 교화의 입장에서는 한 개의 존재도 의미를 가진다는 뜻이다. 사事의 입장.
9　불견일법즉여래不見一法卽如來는 영가 현각의 『증도가』의 한 구다. 곧 한 개의 존재도 독자성을 갖지 않는다는 것이 본질적 입장이라는 뜻. 이理의 입장.

"구래부동명위불舊來不動名爲佛". 이 마지막 행에 이르러 설잠은 『법계도기총수록·상하』를 인용하여 이르되 '한 사람이 침상에서 잠이 들어 꿈속에 30여 역을 돌아다니다가 깨어나니 침상에 있음을 아는 것' 같이 본래의 법성으로부터 위 시의 30행을 거쳐 다시 법성에 이르기까지 단지 하나일 뿐 움직이지 않았음을 비유하기 때문에 '구래부동불舊來不動佛'이라 했지만, 그러나 종합적 교리나 직관적 통찰이니 하여 개념적 설명에 의해 부처를 형상화함은 잘못을 범했음이 당장 드러나 있는 것으로서 '구래부동불'이라 부를 것이 못 된다. 그러나 누구든 경론의 설명이나 조사의 말씀에 의지함이 없이 막 바로 조사가 제시한 이 문제를 풀 사람은 없는가? 잠자코 있은 후, 평창했다.

'산에 뜬구름 바다에 잠긴 달의 정취를 남김없이 설했거늘 여전히 알아듣지 못한 채 부질없이 시무룩하고 있구나.'[10]

강설 :

27행에서 30행까지는 수행자가 얻는 이익을 노래했다. 다라니의 다함이 없는 보배로 법성의 본래자리인 보보전寶寶殿을 장엄하게 하며 더 나아갈 수 없는 실제인 법성이라는 중도에 앉으니 이것을 예부터 부처라 이름한다. 곧 29행 "궁좌실재중도상窮坐實際中道床"은 모두 첫 행인 "법성원융무이상法性圓融無二相"과 의미가 관통한다. 그리고 2행의 "제법부동본래적諸法不動本來寂"은 마지막 30행의 "구래부동명위불舊來不動名爲佛"과 상통시키며 결론짓고 있다. 법계도 도형에서 법과 불이 마주 대하며 수

미首尾를 이루는 것이나 첫 행의 '법성'으로 시작하여 끝 행인 '부동명위불'과 연결하여 생각해 보면 '법성이나 불佛이나 모두 제자리에 움직이지 않고 그대로 있다'가 되니 우리나 법성이나 불이나 모두 한 치도 '움직이지 않고' 있음을 나타내기 위한 의상의 의도가 읽힌다. 이런 이치를 의상은 법계도를 도인으로 표시하여 굴곡의 그림과 시가 조화를 이루게 하였다. 의상 스스로 반시라고 밝힌 반시槃詩의 특징이라 할 수 있다.

반시의 반은 빙빙 돈다. 쟁반, 소반, 같다는 뜻이니 오늘날의 형태시에 속한다.

2. 결론

7언 30구의 장시 「법성게」는 아직까지 우리나라 시문학에 편성되어 논의되지 않은 채 제외되고 있어 안타까운 마음이 든다. 저자 의상 자신이 스스로 반시槃詩라 하여 시로 표현하였으며, 이 반시는 우리나라에 나타나는 최초의 형태시의 한 모양을 제시했다. 더욱이 작가 자신이 반시라 한 이유를 반회굴곡槃廻屈曲한다 하여 54각의 도형에 붙여 작시하였다. 그리고 한 편의 시구가 첫 행에서 마지막 행까지 한 주제가 수미일관하여 연결되고 귀결되며 수사상으로는 점층적으로 연쇄될 뿐 아니라, 처음과 끝이 맞물리며 회오리식으로 회전한다. 법성이 "초기종지시일처初起終至是一處"라는 『대화엄경』 요지를 이탈하지 않고 점층적으로 의미를 확충하는 동시에 법성이 부동함을 자획상 서로 관계하고 의미상 상통함을 보여주고 있다. 이것은 형식과 내용이 같은 초점을 보여준다는 것 자체가 작가적 정신이 투철하고 의도적이며 대해와 같은『대화엄경』의 대요를 한 편의 시에 완벽하게 담을 수 있다는 것은 작가의 박학강기한 정신과 학덕의 소산이라 평가할 수 있다.

　오늘날에 와서 시의 형태 및 내용이, 시의 영역이 다각적으로 확대되고 있다. 작가가 명백한「법성게」는 우리 문학의 장시, 형태시의 한 유형으로 받아들이는 것이 바로 우리나라 상고문학의 넓이와 깊이를 확충하는 의미가 있다고 본다.

제52화

성철의 산은 산 물은 물

山是山 水是水

퇴옹 성철退翁性徹(1912~1993)의 속명은 영주英柱이고 법명은 성철이요 법호는 퇴옹이며 동산 혜일의 법을 잇다. 그는 임자년 4월 10일에 경상남도 산청군 단성면 묵곡리에서 꼿꼿한 선비로 알려진 합천 이씨, 상언 씨와 어머니 강상봉 씨 슬하에 일곱 남매의 장남으로 태어났다.

"내가 남에게서 배운 것이라고는 소학교 6년과 서당에서 배운『자치통감自治通鑑』이 전부여. 그것 말고는 다 혼자 공부해서 알았지."

영주는 모든 것을 오로지 독학으로 배우고 깨달았다. 스님이 스무 살이던 때에 적은 그의「서적기」에는 그때까지 읽은, 팔십여 권의 책 목록이 수록되어 있다. 이를테면『행복론』,『순수이성비판』,『실천이성비판』,『역사철학』,『남화경』,『소학』,『대학』,『하이네 시집』, 기독교의『신·구약성서』,『자본론』,『유물론』,『중용』따위로 동서고금의 철학에 관한 책이 주이다. 바른 길을 찾으려는 스님의 정신적인 방황은 한동안 계속되었다. 그 시절에 스님이 보시던 책에는 '영원에서 영원으로' 같은 근원적인 문제에 관한 낙서가 눈에 많이 띄고 영원의 문제는 스님의 짐이었다.

우연히 어떤 스님에게서 영가대사의 「증도가」를 읽게 된다. 그 책을 읽는 순간 "아, 이런 공부가 있구나" 하고 영주는 그 길로 바로 대원사로 갔고, 대원사 주지 스님의 배려로 작은 방 하나를 얻어 스스로 영원의 문제를 풀기 위한 수선 행자의 길로 접어든다.

성철스님이 생전에 주석하셨던 해인사 백련암 게시판 한쪽에는 성철스님의 일생을 요약한 약력이 붙어 있다. 출가는 헌헌장부의 모습으로 25세에 하고, 성철이란 법명을 받아 치열한 참선 정진 끝에 마침내 29세에 깨달음의 노래를 부른다.

이후 8년 동안 단 한순간도 눕지 않고 앉아서 수행하는 인간 정신의 극점을 보여주는 장좌불와 수행을 하였다. 스님은 평생 동안 누더기 장삼을 입고 "자기를 바로 봅시다. 자기는 원래 구원되어 있습니다"라고 법문하며, 한편으로는 새벽마다 법당으로 올라가 세상 사람들의 죄업을 대신 참회하는 삶을 살다가 열반의 노래 한 수 남기고 이승의 옷을 벗으셨다.

이때가 1993년 11월 4일 아침 일곱 시였다. 세상 나이 82세, 스님이 되신 지 59년째의 아침이었다.

스님의 법맥

석가모니─마하가섭(1대)─보리달마(28대)···육조혜능(33대)···임제의현(38대)···양기방회(45대)···급암종신(55대)─석옥청공─태고보우(57대)···청허휴정(63대)─편양언기─풍담의심─월담설제─환성지안(67대)─용성진종(68대)─동산혜일─퇴옹성철(70대)

生平欺誑男女群　　　일생동안 남녀의 무리를 속여서

彌天罪業過須彌　　　하늘 넘치는 죄업 수미산을 지나친다

活焰阿鼻限萬端　　　산채 아비에 떨어지니 한이 만 갈래로다

一輪吐紅掛碧山　　　일륜이 붉음을 토하며 푸른 산에 걸렸구나

— 열반게(涅槃偈)

인터넷에 뜬 성철선사의 열반송에 대하여 많은 말들을 넣어놓았다. 저자의 견해를 밝힌다.

첫 행 "일생 동안 남녀의 무리를 속여서"를 직역하면 성철은 '머리 깎고 입산하여 모든 중생들을 속였다'로 된다. 그러나 게송 즉 선시는 역설逆說과 반어反語, 그리고 청자를 적기賊機하여 스스로 지혜를 열어주기 위해 적기법문함을 우리를 읽어야 한다. 여기서 첫 행의 뜻은 '본래 그대로가 하나도 가릴 것이 없는 원융무애하고 저절로 법계인데, 군이 이러쿵저러쿵 더 붙여서 본래를 헝클게 한 죄'가 2행에서 말하듯 '하늘에 넘치고 수미산보다 더 높다'고 토로한다. 곧 머리 위해 머리를 더 달고, 양미간에 눈을 더 붙이는 것 같은 사족蛇足을 다는 것 자체와 같음을 진술한다. 3연은 "산채 아비에 떨어지니 한이 만 갈래로다". 암, 그렇다. 보살로서 그대로 함이 없는 그곳을 합일시키지 못한 죄, 그대로 말끔한 '그'를 그가 되게 못한 한恨과, 또 '그'를 덧씌운 한, 스스로가 한 많은 법문 또한 한이 되니 역시 웅혼한 도인의 풍모를 읽게 한다. "일륜이 붉음을 토하며 푸른 산에 걸렸구나一輪吐紅掛碧山" 그대로 보라. 보고자 하지 말라. '붉은 해 바퀴가 푸른 산에 걸림을 본다'는 곧 '푸른 산을 넘어갈 것이다'로 읽히지만 이것은 실상實相과 연기緣起를 같이 보는 절대현재를 봄이니 임제가 이른 무위진인無位眞人의 실상을 이른 것이다.

1. 게송

彌天大業紅爐雪	하늘에 넘치는 큰일은 홍로에 눈송이요
跨海雄基赫日露	바다를 덮는 큰 기틀은 햇볕에 이슬이라
誰人甘死片時夢	누가 조각 꿈꾸다 달게 여기다 죽어가나
超然獨步萬古眞	만고의 진리를 향해 초연히 독보하노라

— 출가시(出家詩)

여기 길이 있다. 아무도 그 비결을 말해 주지 않는다. 스스로 그 문을 열고 들어 가기까지는, 그 길에는 문이 없다. 그리고 마침내 길 자체도 없다.

결제 날 동산스님의 위의 법문을 들은 청년 영주는 드디어 1937년 3월 동 산선사를 은사로 사미계를 받는다. 이 시는 사문 성철의 출가 시이다. 착어 는 저자의 소견이다.

> **착어** 하늘에 넘치는 큰일은 / 불타는 아궁이 속에 떨어지는 눈 / 송이 눈송이,
> / 남문시장 앞 난전에 앉아 / 생선 파는 노파 / 찡긋 눈송이를 터네.

黃河西流崑崙頂	황하는 역류하여 곤륜산 정상을 흐리니
日月無光大地沈	해와 달은 빛을 잃고 대지는 잠기네
遽然一笑回首立	갑자기 웃으며 고개 돌리고 서니
靑山依舊白雲中	청산은 옛날대로 흰 구름 속에 있네

팔공산 동화사 금당선원에 이르러 걸망을 풀고 하안거에 들어가 있던 중, 출가 전 대원사 시절부터 계속해서 지녀온 무無자 화두를 들고 선정을 닦던 스님은 삼매 중에 문득 깨달음을 얻는다.

그동안 참선 정진하는 틈틈이 여러 조사 어록을 섭렵하면서도, 오매일여로 잠시도 화두를 놓지 않던 스님은 마침내 칠통 같은 어둠을 깨뜨리고 자신의 마음속에서 자기의 본래 성품을 본다. 1940년 여름, 스님 나이 29세 때이다. 26세에 출가하여 불과 삼 년 만에 깨달음을 얻어 눈부신 법열의 세계로 들어간 스님은 오도송을 읊게 된다.

山是山兮 水是水兮	산은 산이요 물은 물이니
日月星辰 一時黑	해와 달과 별이 일시에 암흑이구나
欲識箇中 深玄意	만약 이 가운데 깊은 뜻을 알고자 하면
火裏木馬 步步行	불 속에 나무 말이 걸음걸음 가도다

— 산시산수시수(山是山水是水 – 산은산 물은물)

1) '산은 산이요 물은 물이요' 화두에 관한 초록

'산은 산 물은 물이요' 화두를 처음 사용한 분은 중국의 황벽선사(?~850)이다.

황벽선사 말씀이

그저 다른 견해만 내지 않으면 산은 산 물은 물이요. 중은 중 속인은 속인일 뿐이다.

황벽선사 이후 백 년 뒤 운문종을 개창한 운문선사(864~949)가 말했다.

　화상들이여 망상을 부리지 마라.
　하늘은 하늘이고 땅은 땅이고 산은 산이고 물은 물이고
　중은 중이고 속인은 속인이다.

그 후 2백 년 뒤에 청원스님(1117)이 말씀했다.

　이 노승 30년 전 아직 참선하기 전에는
　산을 보면 산이고 물을 보면 물이었다.
　그 후 어진 스님을 만나 선법을 깨치고 나니
　산은 산이 아니고 물은 물이 아니었다.
　더욱 전진해 불법도리를 확철대오하고 난 지금은
　또한 산은 산이고 물은 물이었다.

그 후 864년이 흐른 뒤 1981년 1월 가야산 해인사에서 성철스님이 설하였다.

　"보이는 만물은 관음이요 들이는 소리는 묘음이라."
　보고 듣는 것 밖에 진리가 따로 없으니

사회 대중들은 알겠느냐.

"산은산이요 물은 물이로다."

2. 상당법문(1981년 1월)

1) 산은산 물은물

원각圓覺이 보조普照하니

적寂과 멸滅이 둘이 아니라

보이는 만물은 관음觀音이요

들리는 소리는 묘음妙音이라

보고 듣는 이 밖의 진리眞理가

따로 없으니

아아 시회대중時會大衆은

알겠는가…….

산은 산이요

물은 물이로다.

뚜렷이 깨달음이 널리 비치니

고요함과 없어짐이 둘 아니로다.

보이는 만물은 관음이요

들리는 소리마다 묘한 이치로다

보고 듣는 이것 밖에 진리가 따로 없으니, 아아 여기 모인 대중은 알겠는가?

산은 그대로 산이요

물은 그대로 물이로다.

2) 사탄이여 ! 어서오십시요.

다음은 1987년 부처님오신날 법어이다.

물속에서 물을 찾는다. 사탄이여! 어서오십시오.

나는 당신을 존경하며 예배합니다. 당신은 본래로 거룩한 부처님입니다.

사탄과 부처란 허망한 거짓 이름일 뿐 본모습은 추호도 다름이 없습니다.

사람들은 당신을 미워하고 싫어하지만은 그것은 당신을 모르기 때문입니다.

당신을 부처인줄 알 때에 착한 생각 악한 생각, 미운 마음, 고운 마음 모두 사라

지고 거룩한 부처의 모습만 뚜렷이 보게 됩니다. 그리하여 악마와 성인을 다 같이

부처로 스승으로 부처로 부모로 섬기게 됩니다. 여기에서는 모든 대립과 갈등은

다 없어지고 이 세계는 본래로 가장 안락하고 행복한 세계임을 알게 됩니다.

일체의 불행과 불안은 본래 없으니 오로지 우리의 생각에 있을 뿐입니다.

우리가 나아갈 가장 근본적인 길은 거룩한 부처인 당신의 본 모습을 바로 보는

것입니다. 당신을 부처로 바로 볼 때에 온 세계는 본래 부처로 충만해 있음을 알게

됩니다. 더러운 뻘밭 속에서 아름다운 연꽃이 가득피어 있으니 참으로 장관입니

다. 아! 이 얼마나 거룩한 진리입니까. 이 진리를 두고 어디에서 따로 진리를 구하겠습니까. 이 밖에서 진리를 찾으면 물속에서 불을 찾는 것과 같습니다. 당신을 부처로 바로 볼 때 인생의 모든 문제는 근본적으로 해결됩니다. 선과 악으로 모든 것을 상대할 때 거기에서 지옥이 불타게 됩니다. 선·악의 대립이 사라지고 선·악이 융화상통할 때에 시방세계에 가득히 피어있는 연꽃을 바라보게 됩니다.

연꽃마다 부처요 극락세계 아님이 없으니 이는 사탄의 거룩한 본 모습을 바로 볼 때입니다.

3. 참선하는 법

1)

불교에서는 '모든 것이 마음이다一切唯心'라고 말합니다. 마음 밖에는 아무것도 없다는 말입니다. 또한 즉심즉불卽心卽佛이라고도 합니다. 내 마음이 바로 부처님이라는 말입니다.

부처님의 가르침이 팔만대장경에 담겨 있는 만치 불교를 알려면 팔만대장경을 다 봐야 할 터인데 누가 그 많은 팔만대장경을 다 보겠습니까, 그렇다면 결국 불교는 모르고 마는 것인가?

팔만대장경이 그토록 많지만 사실 알고 보면 마음 '심心'자 한 자에 있습니다. 팔만대장경 전체를 똘똘 뭉치면 心자 한 자 위에 서 있어서 이 한 자의 문제만 옳게 해결하면 일체의 불교 문제를 해결하는 동시에 일체 만법을 다 통찰할 수 있고 삼세제불三世諸佛을 한눈에 다 볼 수 있는 것입니다. 자초지종自初至終이 마음에서 시작해서 마음에서 끝납니다. 그래서 내가 항상 마음의 눈을 뜨자고 하는 것입니다. 마음의 눈을 뜨면 자기의 본성, 즉 자성自性을 보는데 그것을 견성見性이라고 합니다.

요즘은 어찌된 일인지 불교에 관심이 있고 참선 좀 한다는 사람은 참선 시작한 지 한 사나흘도 안 되어 모두 견성했다고 합니다. 아마 그곳에도 견성했다고 생각하는 사람이 많이 있을 것입니다. 그러나 그것은 사실 견성이 무엇인지 몰라서 그렇습니다. 『대승기신론大乘起信論』에 보면,

보살지가 다하여 멀리 미세망상을 떠나면 마음의 성품을 볼 수 있으니 이것을 구경각이라 한다菩薩地盡 遠離微細 得見心性 名究竟覺.

보살이 수행을 하여서 마침내 십지十地와 등각等覺을 넘어서서 가장 미세한 망상인 제8 아뢰야식阿賴耶識의 근본무명根本無明까지 완전히 다 떨어져버리면 진여가 나타나지 않으려야 않을 수 없는데 그것이 견성이고 구경각이라는 말입니다. 이것을 묘각妙覺이라고도 합니다.

또 『열반경』에서는 이렇게 말합니다.

무상정각을 이루면 부처님 성품을 볼 수 있고, 부처님 성품을 보면 무상정각을 이룬다成無上正覺 得見佛性 得見佛性 成無上正覺.

위없는 바른 깨달음, 즉 성불이 바로 부처님의 성품인 불성을 보는 것이고, 불

성을 보는 견성이 바로 바른 깨달음인 성불이라는 말입니다. 바로 기신론에서 말씀하신 '구경각이 견성'이라는 것과 내용이 꼭 같은 것입니다.

이것을 열반경에서는 더 자세하게 말씀하셨습니다.

보살의 지위가 십지가 되어도 불성은 아직 명료하게 알지 못한다菩薩地盡十地 尚未明了知見佛性.

결국 보살의 수행단계가 십지가 되어도 견성 못했다는 말입니다. 그러니 성불해야만 견성이지 성불하기 전에는 견성이 아니라는 말입니다.

또 『유가사지론喩伽師地論』에서는 이렇게 말합니다.

구경지보살은 어두운 데에서 물건을 보는 것과 같다究竟地菩薩 如微闇中見物.

어두운 곳에서는 물건의 바른 모습을 볼 수 없듯이 십지나 등각 위의 구경지보살이 불성을 보는 것이 그렇다는 말입니다.

결국 일체만법의 본 모습인 자성을 보려면, 어두운 데에서 물건을 보듯 하는 수행단계를 지나서 밝은 햇빛 속으로 쑥 나서야 되는 것입니다. 즉 구경각을 성취해서 성불하는 것이 바로 견성인 것입니다.

그럼 선종에서는 어떻게 말했는가? 선종의 스님들 중에서도 운문종의 종조宗祖인 운문雲門스님께서 항상 하신 말씀이 있습니다.

십지보살이 설법은 구름일고 비 오듯 하여도 견성은 비단으로 눈을 가린 것과 같다十地菩薩 說法如雲如雨 見性如隔羅縠.

십지보살은 법운지法雲地보살이라 하여 법문을 할 때는 온 천지에 구름이 덮이고 비가 쏟아지듯 그렇게 법문을 잘한다는 것입니다. 그렇지만, 견성 즉 자성을 보는 것은 비단으로 눈을 가린 것 같다는 말이니, 비단으로 눈을 가렸는데 어떻게 물체를 바로 볼 수 있겠습니까.

이렇듯이 대승불교의 총론이라고 할 수 있는『대승기신론』에서는 보살지가 다 끝난 구경각을 견성이라 했고, 부처님 최후의 법문인 열반경에서는 견성 즉 성불이고 성불이 즉 견성인데 십지보살도 견성 못했다고 하였고, 유식종의 소의경전인 불성은 아직 명료하게 알지 못한다.『유가사지론』에서는 불성을 보는 것은 구경지보살도 어두운 가운데서 물건을 보는 것과 같다하였고, 종문의 조사인 운문스님은 십지보살도 견성 못했다고 하였습니다. 이처럼 선과 교를 통해서 어느 점에서 보든지 간에 견성이 바로 성불이며, 그것은 보살수행의 십지와 등각을 넘어서 구경각을 얻어야 하는 것이라고 말하고 있습니다.

그런데, 십지는 고사하고 삼현三賢도 아닌 단계, 비유하자면 층층대의 맨 꼭대기가 견성인데 그 첫째 계단에도 올라가지 못하고서 견성했다고, 도통했다고 합니다. 그렇게 견성해서 다시 성불한다고 하니 대체 그 견성은 어떤 것인지 이것이 요새 불교 믿는 사람의 큰 병통입니다.

그렇다면 이 병은 어디서 온 것인가 하면 보조스님이 지은『수심결』에서 비롯됩니다. 거기에 돈오점수라 하여 자성을 깨치는 것을 돈오라 하고, 돈오한 후에 오래 익힌 습기를 없애는 점수를 닦아야 한다고 하였고, 그 돈오한 위치가 보살의 수행 차제의 십신 초에 들어간다고 하였습니다.

보조스님은 중국의 규봉스님의 사상을 이어받아서 돈오 점수를 주장했습니다만, 규봉스님은 십신초인 보살지를 돈오 즉 견성이라고 말하지 않았고, 또 그가 주장한 깨침이란 것은 단지 교학상의 이론을 아는 해오解悟를 말한 것에 불과한 것입니다. 그런데 보조스님은 한 걸음 더 나아가서 돈오를 견성이라 하면서 그 지위가 십신초라고『절요』에서 말하고 있습니다.

많은 사람들은 '고려시대의 큰스님인 보조스님께서 말씀하셨는데 잘못되었겠느냐고 말할 것입니다. 그러나 불교의 모든 경이나 논에서는 분명히 삼현 십지를 넘어선 구경각을 성취하는 것을 견성이라 하고 있으니, 결국 보조스님의『수심결』이『기신론』보다 낫고,『열반경』보다 낫고『유가사지론』보다 낫다는 말인가? 또 종문의 대표적 스님인 운문스님보다 낫다는 말인가? 그렇지 않습니다. 결국, 보조스님이『수심결』에서 말씀하신 것, 십지초에서의 돈오가 견성이라는 그 사상은 근본적으로 시정되어야 하는 것입니다.

그렇다면, 십지보살이나 구경각이니 하는 그 깨달음의 경지는 어떻게 알 수 있는가? 무엇을 표준해서 그렇게 말하고 있는가 하는 데 대해서 궁금증이 있을 것입니다. 이것도 종문에 분명한 표준이 있습니다.

2)

『화엄경』「십지품」에 보면

보살지가 7지地가 되면 꿈속에서도 장애를 받지 않고 공부가 여여하다.

참선 공부를 하다가 잠이 들어 꿈을 꾸고 있을 때에도 아무 장애를 받지 않고 공부가 한결같으면 7지 보살이라고 인정한다는 말입니다. 그러나 7지의 보살이 설사 꿈에는 공부가 일여一如하드라 해도 깊은 잠에 들면 캄캄합니다. 그런데 아무리 잠이 깊이 들어도 일여한 경계가 분명히 있습니다.

밖에서 볼 때는 잠을 자는 것 같지만 실지는 잠을 자지 않는다外似現睡 實無睡也.

아무리 깊은 잠에 빠져 있어도 정신 상태는 항상 밝아 있어 조금도 변함이 없다는 말입니다. 항상 밝아 있는 정신 상태가 올 것 같으면 8지 보살 이상 즉 자재위自在位라 합니다. 그런데 자재위에는 두 종류가 있어서 깊은 잠 즉, 숙면에서 일여하여도 아리야식의 미세한 망상이 그대로 남아 있으면 8지 이상의 자재 보살이고, 그 미세망상까지 완전히 다 끊어져 없어져 버리면 그 때에는 진여가 드러나고 그것이 견성이고 부처님입니다. 그때는 여래위如來位라 합니다.

불교에서 수행하여 공부하는 단계를 보면, 첫째 동정일여動靜一如 즉 일상생활에서 가고 오고 할 때나 가만히 있을 때나 말을 하거나 안 하거나 변함없이 공부가 되어야 합니다. 여여불변如如不變하여야 합니다.

동정일여가 되어도 잠이 들어 꿈을 꾸면 공부는 없어지고 꿈속에서 딴짓하며 놀고 있는데, 꿈에서도 일여한 것을 몽중일여夢中一如라 합니다.

몽중일여가 되어도 앞에서 말했듯이 잠이 깊이 들면 아무것도 없습니다. 잠이 꽉 들었을 때에도 여여한 것을 숙면일여熟眠一如라 합니다.

숙면일여가 되어도 거기에 머물지 않고 더욱 나아가야 합니다. 백천간두百千竿頭에서 한 걸음 더 나아가야 된다 말입니다. 그리하여 깨쳐야만 그것이 실제 견성입니다.

그런데 참선 공부하는 사람들을 보면 숙면일여는 고사하고, 몽중일여도 고사하고 더구나 동정일여도 안 되는 것을 가지고 견성했다, 깨쳤다고 인정해 달라고 나한테 온 사람만도 수백 명은 보았습니다. 이것도 병입니다. 공부를 하다 보면 무엇인가가 정신을 확 덮어버립니다. 그 때에는 자기가 깨친 것 같고 자기가 부처님보다 나은 것 같고, 조사스님보다 나은 것 같은 생각이 드는 그런 병이 있습니다. 이 병에 들어놓으면 누구 말도 귀에 안 들어옵니다. 그래도 여러 가지로 설명해 주면 어떤 사람은 잘못된 줄 알고 다시 공부하고, 또 어떤 사람은 이 병을 한동안 앓는 경우도 있습니다.

어느 젊은 스님 한 사람이 불교를 믿고 참선을 한다는 처사處士들 모임에 갔더라고 합니다. 약 백여 명 모인 처사들 중에서 90명은 견성했더라는 것입니다.

"이럴 것이 아니라 해인사 큰스님께 가서 한번 물어보시오."

"뭐, 큰스님이니 작은 스님이니 물어볼 것 있습니까?"

큰스님, 작은 스님이 소용없다니, 그렇게 되면 부처님도 소용없습니다. 이리되면 곤란합니다. 좀 오래 전의 일입니다. 70세 남짓 된 노인이 한 사람 찾아왔습니다. 그 때에도 3천배 절하고서 내 방에 들어왔습니다. 어떻게 왔느냐고 물었더니 자기는 안 오려 했는데 옆의 사람들이 하도 가보라고 해서 왔다는 것입니다.

"나이가 70이나 되면서 옆의 사람이 가보라 한다고 쫓아와, 이 늙은이야, 자기 오기 싫으면 안 오면 그만이지. 대체 무슨 일로 옆에서는 그렇게 권했오?"

"내가 40여 년을 참선을 하는데 벌써 20년 전에 확철히 깨쳤습니다. 그 후 여러 스님들을 찾아다니면서 물어 봐도 별 수 없어 이젠 찾아다니지도 않는데, 그런데 '성철스님께 가보라'고 하도 이야기해서 할 수 없이 찾아 왔습니다."

"그래 어쨌든 잘 왔오. 들어보니 노인은 참 좋은 보물을 갖고 있소. 잠깐 앉아 있는데 모든 망상이 다 떨어지고, 몇 시간도 금방 지나가 버리니 그런 좋은 보물이 또 어디 있겠소. 내가 한 가지 물어 보겠는데 딱 양심대로 말하시오. 거짓말하면 죽습니다. 그 보물이 꿈에도 있습니까?"

"(눈이 둥그래지며) 꿈에는 없습니다."

"뭐, 꿈에는 없다고? 이 늙은 놈아! 꿈에도 안 되는 그걸 가지고 공부라고 선지식이 있니 없니 하고 있어? 이런 놈은 죽어야 돼. 하루에 만 명을 때려 죽여도 괜찮아, 인과도 없어."

그리고는 실제 주장자로 두들겨 패주었습니다. 가만히 앉아서 맞고 있더만요. 그래서 이제 어떻게 할 것인가를 물었더니 자기 공부가 틀린 줄 알고서 다시 새로 공부를 배우겠다는 것입니다. 지금도 그 영감이 살아 있습니다. 80세가 넘었는데도.

이런 병폐가 실제 많이 있습니다. 꿈에도 안 되는 이것을 가지고 자기가 천하제일인 듯이 하고 다닙니다. 여기 이 대중 가운데에도 나한테 직접 덤빈 사람도 몇 사람 있습니다. 요새도 보면 그 병을 못 버리고 무슨 큰 보물단지나 되는 것처럼 걸머쥔 사람도 있습니다. 이상으로 견성이라고 하는 그 내용이 무엇인지에 대해서 좀 알 수 있을 것입니다. 그럼 어떤 방법에 의하면 견성을 할 수 있는가?

3)

불교에서는 성불하는 방법이 여러 가지 있습니다. 관법灌法, 비파사나毗婆舍那를 한다, 주력을 한다, 경을 읽는다, 다라니를 외우는 등등, 온갖 것이 다 있습니다. 그런 여러 가지 방법 가운데서 가장 확실하고 빠른 방법이 참선입니다. 견성성불하는 데에는 참선이 가장 수승한 방법입니다.

참선하는 것은 자기 마음을 밝히는 것이기 때문에 불교신도나 스님네들만 하는 것이 아니고, 신부나 수녀도 백련암에 와서 3천배 절하고 화두 배워갑니다. 나한테서 화두 배우려면 누구든지 3천배 절 안하면 안 가르쳐 주니까.

며칠 전에도 예수교 믿는 사람들 셋이 와서 3천배 절하고 갔습니다. 이 사람들한테 내가 항상 말합니다.

"절을 하는데 무슨 조건으로 하느냐 하면 하나님 반대하고 예수 가장 많이 욕하는 사람이 제일 먼저 천당에 가라고 축원하고 절해라."

이렇게 말하면 그들도 참 좋아합니다. 이런 것이 종교인의 자세 아닙니까.

우리 종교 믿는 사람은 전부 다 좋은 곳으로 가고, 우리 종교 안 믿는 사람은 모두 다 나쁜 곳으로 가라고 말한다면 그는 점잖은 사람이 아닙니다. 어찌 그렇게 말할 수 있습니까.

나를 욕하고 나를 해치려 하면 할수록 그 사람을 더 존경하고 그 사람을 더 도우고 그 사람을 더 좋은 자리에 앉게 하라고 부처님께서는 항상 말씀하셨습니다.

마음을 닦아야 된다는 것, 여기에 대해서는 예수교나 다른 종교인들도 관심을 많이 가지고 있습니다. 우리나라의 가톨릭 수도원 중에서 가장 큰 것이 왜관에 있는데 그 수도원의 독일인 원장이 나한테서 화두를 배운 지 10여 년이 지났습니다. 그동안에도 종종 왔는데 화두 공부는 해볼수록 좋다는 것입니다. 그가 처음 와서 화두를 배운다고 할 때의 이야기입니다.

"당신네들 천주교에서는 바이블 이외에는 무엇으로써 교리의 의지로 삼습니까?"

"토마스 아퀴나스T. Aquinas의 『신학대전』입니다."

"그렇지요. 그런데 아퀴나스는 그 책이 거의 완성되었을 때 자기 마음 가운데 큰 변동이 일어나서 그 책에서 완전히 손을 떼어버렸는데, 처음에는 금덩어리인 줄 알았는데 나중에 썩은 지푸라기인줄 알고 차버린 그 책에 매달리지 말고, 그토록 심경 변화된 그 마음자리, 그것을 한번 알아보는 것이 좋지 않겠습니까. 화두를 부지런히 부지런히 익히면 그것을 알 수 있습니다."

이처럼 불교를 믿지 않는 다른 종교인들도 화두를 배워서 실제로 참선하는 사람이 많이 있습니다. 우리가 불교를 믿는다고 하면 마음 닦는 근본 공부인 선禪이란 것을 알아서 실천해야 합니다.

그런데 화두를 말하자면 또 문제가 따릅니다. 화두를 가르쳐 주면서 물어봅니다. 어떤 사람은 화두가 뭣인지도 모르고 옆에서 배우라고 해서 배운다는 사람도 있지만, 오히려 그런 사람은 괜찮습니다. 어떤 사람은 이런 것은 누구든지 알 수 있는 것 아닙니까, 하고는 뭐라고 뭐라고 아는 체를 합니다. 이것은 큰 문제입니다.

화두 즉 공안公案이라 하는 것은 마음의 눈을 떠서 확철히 깨쳐야 알지 그 전에는 모르는 것입니다. 공부를 하여 비록 몽중일여가 되어도 모르는 것이고 또 숙면일여가 되어도 모르는 것인데, 그런데 망상이 죽 끓듯이 끓고 있는 데에서 어떻게 화두를 안다고 하는지, 이것이 조금 전에 말했듯이 큰 병입니다.

그럼, 어째서 화두를 안다고 하는가? 껍데기만 보고 아는 체하는 것입니다. 그러나 겉만 보고는 모르는 것입니다. 말밖에 뜻이 있습니다. 이런 것을 예전 종문의 스님네들은 암호밀령暗號密令이라고 하였습니다. 암호라는 것이 본래 말하는 것과는 전혀 뜻이 다릅니다. 하늘 '天' 할 때 '天' 한다고 그냥 '하늘'인 줄 알다가는 그 암호 뜻은 영원히 모르고 마는 것과 마찬가지로, 공안은 모두 다 암호밀령입니다. 겉으로 말하는 그것이 속 내용이 아닙니다. 속 내용은 따로 암호로 되어 있어서 숙면일여에서 확철히 깨쳐야만 알 수 있는 것이지 그 전에는 모르는 것입니다. 여기에 대해서 가장 큰 병통을 가진 이는 일본 사람들입니다.

일본 구택대학에서 『선학대사전』이라는 책을 약 30여 년 걸려서 만들었다고 하기에 구해 보았습니다. 그런데 보니 중요한 공안은 전부 해설해 놓았습니다. 그 책을 보면 참선할 필요 없습니다. 공안이 전부 해설 다 되어 있으니까 내가 여러 번 말했습니다.

'일본에 불교가 전래된 이후로 가장 나쁜 책이 무엇이냐 하면 이 선학대사전이야. 화두를 해설하는 법이 어디 있어.'

그런데 구택대학은 조동종 계통인데 조동종의 종조 되는 동산양개洞山良价화상이 항상 하신 말씀이 있습니다.

우리 스님의 불법과 도덕을 중하게 여기는 것이 아니고, 다만 나를 위해 설파해 주지 않았음을 귀히 여긴다不重先師佛法道德 只貴不爲我說破.

화두의 생명이란 설명하지 않는 데 있습니다. 또 설명될 수도 없고, 설명하면 하는 사람이 나 듣는 사람이나 다 죽어버립니다. 봉사에게 아무리 단청 이야기한들 무슨 소용 있습니까. 아무 소용없습니다. 자기가 눈을 떠서 실제로 보게 해 줄 따름입니다.

이처럼 조동종의 개조되는 동산양개화상은 화두란 설명하면 다 죽는다고, 설명은 절대 안 한다고 평생 그렇게 말했는데, 후세에 그 종파의 승려들은 떼를 지어서 수십 년을 연구하여 화두를 설명한 책을 내놓았으니, 이것은 자기네 조동종이나 선종만 망치는 것이 아니라 조동종 양개화상에 대해서도 반역입니다. 이렇게 되면 조동종은 종명을 바꾸어야 될 것입니다. 반역종反逆宗이라고.

일본에 이런 사람이 또 있습니다. 일본 불교학자로 세계적 권위자인 중촌원中村元이라는 학자가 있는데, 언젠가 해인사에도 왔더라고 전해만 들었습니다. 그의 저서로 『동양인의 사유방법』이라는 책이 있는데 유명한 책입니다. 우리나라에도 번역되었습니다. 그 책 속에 보면 선종의 화두인 '삼서근麻三斤'에 대해 이렇게 말하고 있습니다.

무엇이 부처님이냐고 물었는데 대해서 어째서 '삼서근'이라고 대답했느냐 하면 자연현상은 모든 것이 절대이어서 부처님도 절대이고, 삼서근도 절대이다. 그래서 부처님을 물었는 데 대해 '삼서근'이라 했다는 것입니다.

이렇게 딱 잘라서 단안을 해버렸습니다. 큰일 아닙니까. 혼자만 망하든지 말든지 하지 온 불교를 망치려고 하니.

그러나 그의 스승인 우정백수宇井伯壽는 그렇지 않습니다. '나는 선에 대해서는 문외한이다' 이렇게 아주 선언을 해버렸습니다. 이것이 학자적인 양심입니다. 자기는 안 깨쳤으니까, 자기는 문자승이니까 선에 대해서 역사적 사실만 기록했지 선 법문, 선리에 대해서는 절대로 말도 하지 않고 평도 하지 않았습니다. 이것이 학자의 참 양심입니다. 그런데 중촌원은 화두에 대해 딱 단안을 내리고 있으니 이렇게 되면 어떻게 되겠습니까? 이런 식으로 화두를 설명하려고 하면 불교는 영원히 망해버리고 맙니다.

여기에 덧붙여서 화두의 하나인 '뜰앞의 잣나무庭前栢樹子'에 대해 이야기 좀 하겠습니다.

선종에서 유명한 책인 『벽암록』에 송頌을 붙인 운문종의 설두스님이 공부하러 다닐 때 어느 절 에서 한 도반道伴과 정전백수자 화두에 대해 이야기하고 있었습니다. 한참 이야기하다가 문득 보니 심부름하는 행자行者가 빙긋이 웃고 있었습니다. 손님이 간 후에 불렀습니다.

"이놈아, 스님네들 법담하는데 왜 웃어?"
"허허, 눈멀었습니다. 정전백수자는 그런 것이 아니니, 내 말을 들어 보십시오."

白兎橫身當古路　　　흰 토끼가 몸을 비켜 옛길을 가니

蒼鷹一見便生擒	눈 푸른 매가 언듯 보고 토끼를 낚아가네
後來獵犬無靈性	뒤쫓아 온 사냥개는 이것을 모르고
空向古椿下處尋	공연히 나무만 안고 빙빙 도는구나

뜰 앞의 '잣나무'라 할 때 그 뜻은 비유하자면 '토끼'에 있지 잣나무에 있는 것이 아닙니다. 그래서 마음 눈 뜬 매는 토끼를 잡아가 버리고 멍텅구리 개는 '잣나무'라고 하니 나무만 안고 빙빙 돌고 있다는 것입니다.

정전백수자라 할 때 그 뜻은 비유하자면 토끼에 있는 것이니 나무 밑에 가서 천년만년 돌아 봐야 그 뜻은 모르는 것입니다. 이것이 바로 조금 전에 말했듯이 '화두는 암호다' 하는 것입니다. 그러므로 함부로 생각나는 대로 이리저리 해석할 수 없는 것임을 능히 짐작할 수 있을 것입니다.

화두에 대해 또 좋은 법문이 있습니다. 오조법연의 제자 불감 혜근佛鑑慧懃선사라는 스님의 법문입니다.

彩雲影裏神仙現	오색비단 구름 위에 신선이 나타나서
手把紅羅扇遮面	손에 든 빨간 부채로 얼굴을 가리었다
急須著眼看仙人	누구나 빨리 신선의 얼굴을 볼 것이요
莫看仙人手中扇	신선의 손에 든 부채는 보지 말아라

생각해 보십시오. 신선이 나타나기는 나타났는데 빨간 부채로 낯을 가리었습니다. 신선을 보기는 봐야겠는데, 낯 가리는 부채를 봤다고 신선 봤다고 말할 수 있습니까.

화두에 있어서는 모든 법문이 다 이렇습니다. '정전백수자'니 '삼서근'이니 '조주무자趙州無字'니 하는 것은 다 손에 든 부채입니다. 부채! 눈에 드러난 것은 부채일 뿐입니다. 부채 본 사람은 신선 본 사람이 아닙니다. 빨간 부채를 보고서 신선 보았다고 하면 그 말 믿어서 되겠습니까?

거듭 말하지만, 화두는 암호인데 이 암호 내용은 어떻게 해야 풀 수 있느냐 하면 잠이 꽉 깊이 들어서도 일여한 데에서 깨쳐야만 풀 수 있는 것이지 그 전에는 못 푼다는 것, 이 근본 자세가 딱 서야 합니다. 그리하여 마음의 눈을 확실히 뜨면 이것이 견성인 것입니다. 동시에 '뜰 앞의 잣나무'라는 뜻도 알 수 있는 것입니다. 그렇다면 옛날 스님들은 어떤 식으로 공부했는가?

4)

임제종 중흥조로서, 오조 법연五祖法演, 원오 극근圜悟克勤, 대혜 종고大慧宗杲 이렇게 세 분이 삼대에서 임제종을 크게 진흥시켜 임제종이 천하에 널리 퍼지게 하였습니다. 이 중에서 대혜스님이 공부한 것은 좋은 참고가 됩니다.

대혜스님이 공부하다가 스무 살 남짓 됐을 때 깨쳤습니다. '한 소식' 해 놓고 보니 석가보다 낫고, 달마보다도 나아 천하에 자기가 제일인 것 같았습니다. '어디 한번 나서 보자. 어디 누가 있는가' 하고 큰스님들을 찾아가 보니 모두 별것 아닙니다. 자기가 보기에 아무것도 아닙니다. 누가 뭐라고 하든 자기가 제일이라고 쫓아다니는 판입니다. 당시 임제종 황룡파黃龍派에 담당 무준湛堂無準선사가 계셨습니다. 대혜스님이 그 분을 찾아갔습니다.

그리고는 병의 물을 쏟듯, 폭포수가 쏟아지듯 아는 체하는 말을 막 쏟아 부었습니다. 담당스님이 가만히 듣고 있다가 '자네 좋은 것 얻었네. 그런데 그 좋은 보물

잠들어서도 있던가?' 하고 물어왔습니다.

자신만만하여 횡행천하橫行天下하여 석가보다도, 달마보다도 낫다 하던 그 공부가 잠들어서는 없는 것입니다.

"스님, 다른 것은 전부 다 자신 있습니다. 그런데 잠들어서는 그만 아무것도 없습니다. 어쩔 수가 없습니다."

"잠들어서는 아무것도 없으면서 석가, 달마가 아무것도 아니라고? 그것은 병이야 병, 고쳐야 돼."

이렇게 자기 병통을 꽉 찌르니 항복 안 할 수가 없습니다. 그리하여 죽자고 공부하다가 나중에 무준 선사가 병이 들어 죽은 후에는 그 유언을 따라 원오 극근선사를 찾아 갔습니다. 찾아가서 무슨 말을 걸어 보려고 하니 무슨 절벽 같고 자기 공부는 거미줄 정도도 안 되는 것입니다. 만약 원오 극근선사가 자기의 공부를 조금이라도 인정하는 기색이면 그를 땅속에 파묻어 버리리라는 굳은 결심으로 찾아갔는데 어떻게 해 볼 도리가 없었습니다.

'아하, 내가 천하가 넓고 큰 사람 있는 줄 몰랐구나.'

크게 참회하고

"스님, 제가 공연히 병을 가지고 공부인 줄 잘못 알고 우쭐했는데, 담당 무준 선사의 법문을 듣고 공부를 하는데 아무리 해도 잠들면 공부가 안 되니 어찌해야 됩니까?"

"이놈아, 쓸데없는 망상 하지 말고 공부 부지런히 해. 그 많은 망상 전체가 다 사라지고 난 뒤에, 그때 비로소 공부에 가까이 갈지 몰라."

이렇게 꾸중 듣고 다시 열심히 공부를 하였습니다. 그러다가 한번은 원오스님 법문 도중에 확철히 깨달았습니다. 기록에 보면 '신오神悟'라 하였습니다. 신비롭게 깨쳤다는 말입니다. 그때 보니 오매일여입니다. 비로소 꿈에도 경계가 일여하게 되었습니다. 이리하여 원오스님에게 갔습니다. 원오스님은 말조차 들어보지 않고 쫓아냅니다. 말을 하려고 하면 '아니야, 아니야不是不是' 말을 하기 전에 불시불시不是不是라고만 계속합니다. 그러다가 화두를 묻습니다.

"유구와 무구가 등칡이 나무를 의지함과 같다有句無句 如藤倚樹"는 화두를 묻는 것입니다. 자기가 생각할 때는 환하게 알 것 같아 대답을 했습니다.
"이놈아, 아니야. 네가 생각하는 그것 아니야. 공부 더 부지런히 해!"

대혜스님이 그 말을 믿고 불차신명不借身命, 생명을 다 바쳐 더욱 부지런히 공부했습니다. 그리하여 결국 참으로 확철히 깨쳤습니다.
이렇듯 대혜스님은 원오스님에게 와서야 잠들어도 공부가 되는 데까지 성취했습니다. 그래서 거기에서 확철히 깨쳤습니다.
잠이 깊이 들어서도 일여한 경계에서 원오스님은

애석하다. 죽기는 죽었는데 살아나지 못했구나可惜死了不得活.

일체망상이 다 끊어지고 잠이 들어서도 공부가 여여한 그 때는 완전히 죽은 때입니다. 죽기는 죽었는데 거기서 살아나야 합니다. 그러면 어떻게 해야 살아나느냐?

화두를 참구 안 하는 이것이 큰 병이다不疑言句 是爲大病.

공부란 것이 잠이 깊이 들어서 일여한 거기에서도 모르는 것이고, 견성이 아니고 눈을 바로 뜬 것이 아닙니다. 거기에서 참으로 크게 살아나야만 그것이 바로 깨친 것이고, 화두를 바로 안 것이며 동시에 그것이 마음의 눈을 바로 뜬 것입니다.

지금까지 중국의 스님 이야기를 했는데 우리나라 선문 중에 고려 말에 태고太古普愚스님이 계십니다.

태고스님이 공부를 하여 20여 년 만인 40여 세에 오매일여가 되고 그 후 확철히 깨쳤습니다. 깨치고 보니 당시 고려의 큰스님네들이 자기 마음에 들지 않았습니다. 자기를 인가해 줄 스님도 없고, 자기 공부를 알 스님도 없었습니다. 그래서 중국으로 갔습니다. 그곳에서 임제정맥을 바로 이어 가지고 돌아온 스님입니다. 태고 스님 같은 분, 이 동쪽 변방에 나신 스님이지만 그 분은 바로 깨치고, 바로 알고, 바로 가르치는 것입니다.

그 스님은 항시 하시는 말씀이

점점 오매일여한 때에 이르렀어도 다만 화두하는 마음을 여의지 않음이 중요하다漸到寤寐一如時 只要話頭心不離.

이 한마디에 스님의 공부가 들어있습니다. 공부를 하여 오매일여한 경계, 잠이 아무리 들어도 일여하며 8지 이상 보살경계, 거기에서도 화두는 모르는 것입니다.

그런데 앞에서도 말했듯이 몽중일여도 안 된 거기에서 화두 다 알았다고 하고 내말 한번 들어보라 하는데 이것이 가장 큰 병입니다.

다 죽어가는 사람보고 아무리 좋은 약을 가지고 와서 '이 약만 먹으면 산다' 하며 아무리 먹어라 해도 안 먹고 죽는 것은 어떻게 합니까, 먹여서 살려낼 재주 없습니다.

배가 고파 다 죽어가는 사람 보고 만반진수滿盤珍羞를 차려 와서 '이것만 잡수시면 삽니다' 해도 안 먹고 죽으니 부처님도 해 볼 재주 없습니다. 아난이 30여 년을 부처님 모셨지만 아난이 자기 공부 안 하는 것은 부처님도 어쩌지 못합니다.

오늘 법문을 요약하면, 불교란 것은 팔만대장경이 그토록 많지만 마음 심心자 한 자에 있습니다. 아주 간단합니다. 마음의 눈만 뜨면 일체 만법을 다 알 수 있는 것이고, 삼세제불을 다 볼 수 있는 것이고, 일체 법을 다 성취하는 것입니다. 마음의 눈을 뜨는 것이 바로 자성을 보는 것이고 견성이란 말입니다. 그러니 우리가 어떻게든지 노력해서 마음의 눈을 바로 떠야 되는데 그 가장 빠른 길이 화두입니다.

이 화두란 것은 잠이 깊이 들어서 일여한 경계에서도 모르는 것이고 거기에서 크게 깨쳐야 하는 것입니다. 공부를 하다가 무슨 경계가 나서 크게 깨친 것 같아도 실제 동정에 일여하지 못하고 몽중에 일여하지 못하고 숙면에 일여하지 못하면 화두를 바로 안 것도 아니고 견성도 아니고 마음의 눈을 뜬 것도 아닙니다.

그러면 그 근본표준이 어디 있느냐 하면 잠들어서도 일여一如하느냐 않느냐, 여기에 있습니다. 그러니 부지런히 부지런히 화두를 하여 잠이 꽉 들어서도 크게 살아나고 크게 깨쳐서 화두를 바로 아는 사람, 마음의 눈을 바로 뜬 사람이 있기를 바랍니다. 그래서 오늘 이야기를 가만히 생각해서 하나라도 좋고 반쪽이라도 좋으니 실지로 마음의 눈을 바로 뜬 사람이 생겨서 부처님 혜명慧命을 바로 잇도록 노력합시다.

제53화

성철의 「백일법문」과 선화로 읽는 행장

百日法門與 禪話行狀

1. 백일법문(해인사 대적광전의 대중법어 / 1981년 1월 6일)

1) 불교란 무엇인가? ─ 모든 중생에게 불성佛性이 있다

우리가 하루 빨리 깨쳐야 된다고 하였는데 그러면 우리의 인간에게 어떤 능력이 잠재되어 있기에 자성自性을 깨치라 하는가 하는 것이 의문이 아닐 수 없습니다. 우리에게 일체 만법의 근본을 깨칠 수 있는 능력이 있느냐 없느냐 하는 것이 문제가 되겠습니다.

부처님이 보리수나무 아래에서 처음 정각正覺을 이루시고 일체 만유를 다 둘러 보시고 감탄하시며 이르시기를 "기이하고 기이하구나! 일체 중생이 모두 여래와 같은 지혜덕상이 있건마는 분별망상으로 깨닫지 못하는구나"라고 하셨습니다.

菩提樹下 初成正覺 歎曰 奇哉奇哉 一切衆生 皆有如來智慧德相 以分別妄想而 不能證得

　부처님의 이 말씀이 우리 불교의 근본 시작이면서 끝인데 부처님께서 인류에게 주신 이 한 말씀은 인류사상 최대의 공헌이라고 할 수 있습니다.

　부처님이 이 말씀을 하시기 전에는 사람이 꼭 절대자가 될 수 있나 없나 하는데 대해서 많이들 논의해 왔지만 부처님 같이 명백하게 인간이면 누구든지 절대적인 무한한 능력을 가지고 있다고 공공연히 선포한 사람은 별로 없었습니다. 인도에서 범아일여凡我一如 같은 사상이 있기는 하지만 불교와는 틀립니다. 이 말씀을 정리해 보면 부처님이 스스로 바로 깨쳐서 우주 만법의 근본을 바로 알고 보니 모든 중생이 모두 부처님과 똑같은 무한하고 절대적인 능력을 가지고 있다는 것을 확실히 알았다는 것입니다. 그러므로 그러한 능력만 발휘하면 스스로가 절대자이고 부처이지 절대자가 따로 있고 부처가 따로 있는 것이 아닌 것을, 인간 속에 무한한 근본 능력이 있음을 부처님이 처음으로 소개한 것입니다.

　그러면 어째서 중생들이 무한하고 절대한 능력을 발휘하지 못하고 늘 중생 노릇만 하고 있느냐 하는 것이 문제가 되겠습니다.

　그것은 우리에게 있는 무한하고 절대적인 능력이 있음에도 불구하고 분별 망상에 가려서 깨치지 못하기 때문이라고 부처님은 말씀하십니다.

　여기서 비로소 우리가 성불할 수 있는 길이 열린 것입니다.

　우리가 깨칠 능력을 가지고 있지 못하면 아무리 노력해도 소용이 없는 것입니다.

　한번 생각해 봅시다.

이 땅 밑에 금이 많이 있는 줄 알고 땅을 파면 금이 나오지만 금이 없다면 아무리 땅 밑을 파도 금이 나오지 않는 것이니 금이 있는지 없는지 모르고서 어느 누가 금을 찾겠다고 땅을 파는 헛일을 하겠습니까?

그와 마찬가지로 우리 중생에게 부처님과 똑같은 그런 능력이 없다면 아무리 깨치는 공부를 해보아도 헛일입니다.

광맥이 없는 곳을 파는 헛일을 하듯이 말입니다. 그러나 부처님 말씀에는 우리 중생에게는 무진장의 대광맥이 사람사람 가슴속에 다 있다 했으니 이 것을 개발하고 이것을 소개한 것이 불교의 생명선인 것입니다.

세계의 학자들도 부처님이 인간성에 대한 절대적인 능력을 인정한 것은 인류 역사상 대발견이라고 인정하고 칭송하는 바입니다.

그래서 나도 내 개인적인 얘기를 좀 할까 합니다.

나는 어릴 때부터 좀 엉뚱한 생각을 많이 가지고 있었는데 너무 이상주의 자였다고 할까요.

사람이 걸어 다니지 말고 하늘로 훨훨 날아다니면 좋겠다는 생각을 하거나, 사람이 죽는데 죽지 않고 영원토록 살 수 없을까 하는 생각들이 조그마할 때부터 머릿속을 왔다 갔다 했습니다. 이런 생각들만 하고 사니 남이 볼 때는 정신 나간 사람처럼 우습게 보이기도 했던 모양입니다. 이런 책 저런 책 여러 가지 철학책 등을 꽤나 광범위하게 보았지만 내가 볼 때는 영원하고 자유한 길을 제시한 책은 하나도 없었습니다.

그런데 어느 날 『채근담강의』라는 책이 있어 그것을 펼쳐 보다가 한 군데 눈이 딱 멈추었습니다.

나에게 한 권의 책이 있으니 종이와 먹으로 만든 것이 아니다. 펼쳐 여니 한자

글자는 없으나 항상 큰 광명을 비친다我有一卷經 不因紙墨成 展開無一字 常放大光明.

이 글귀를 읽으니 참 호기심이 많이 났습니다.

"아마 그럴 것이다. 종이에다 먹으로 언어 문자로 설명해 놓은 것 가지고 안 될 것이다. 종이와 먹을 떠난 참 내 마음 가운데 항상 큰 광명을 비치는 경이 있을 것이다. 그러면 어떻게 해야 이 글자 한 자도 없는 이 경을 읽을 수 있을까?" 하는 생각이 들었습니다.

그 후 이런 길을 많이 모색해 보았지만 다른 방법은 없고 참선을 좀 익혀 보았습니다.

그 뒤로 대광명을 비치는 문자 없는 경이 있는 것 같아서 그것을 좀 찾아 본다고 중이 된 지 벌써 삼십 년이 지났습니다만 그래 세월만 허송하고 말았습니다.

"부처님과 똑같은 지혜덕상을 가졌다"는 이 글자 없는 경經, 말하자면 자아경自我經, 자기 마음 가운데 있는 경을 분명히 읽을 줄 알아야 하는데 언어 문자란 무엇인가에 대해서 말할까 합니다.

장자莊子에 있는 얘기를 들어 보겠습니다. 어떤 사람이 왕궁에 가서 일을 하는데 임금이 늘 책을 보고 있어서 그 사람이 임금에게 물었습니다.

"임금이시여, 무슨 책을 보십니까?"
"옛날 현인들이 말씀한 좋은 책이니라"
"그럼 지금 현인과 철인들이 살아 있습니까?"
"아니 죽고 없느니라."
"죽고 없으면 그 책은 무엇하는 것입니까?"

"그 현인들이 말해놓은 것을 기록한 것이니라"

"그럼 그 책이 말 그대로는 아니겠지요?"

"그야 기록만 한 것이지"

"임금이시여, 사람이 술을 마시려면 술을 먹어야지 술 찌꺼기는 소용없습니다. 현인은 죽고 없는 데 기록해 둔 말은 술 찌꺼기에 불과한 것입니다"

임금이 그 말을 듣고 문득 깨달은 바 있어 마음을 돌려 문자라는 것이 옛 사람의 찌꺼기이지 진리의 묘를 전하지 못한다는 것을 알았다는 우화입니다.

보통 기술도 그렇습니다.

장자에 많이 나오는 얘기지만 아무리 재주가 좋고 글이 좋다고 하여도 목수의 기술, 용접의 기술, 수레바퀴 만드는 기술 등 그 모든 기술의 묘리妙理는 절대로 말이나 글로써 전하지 못한다는 것입니다.

오직 오래오래 하여 마음으로 터득해야지 말로써나 문자로써는 전하지 못한다는 것입니다.

우리 불교에서만 문자를 가지고 말하는 것이 아니라 다른 종교에서도 깊이 생각해 보는 사람은 다 언어 문자의 피해를 생각해서 경책하는 것입니다.

널리 배우고 지혜가 많으면 자성이 도리어 어두워지느니라廣字多智 神識轉暗.

달마스님의 말씀입니다.

도를 위해서는 날마다 덜고, 배움을 위해서는 날마다 더하느니라爲道日損 爲學日益 損之又損.

덜고 또 덜어서 무위에 이르니 무위로써 못 할 것이 없느니라以至於無爲 無爲而無不爲.

이것은 노자老子의 말씀인데 실지로 도에 깊이 들어온 분이기 때문에 이렇게 말씀하실 수 있는 것입니다.

자기 마음속의 번뇌망상을 쉬는 것이 더는 것이니 도를 이루려면 분별망상을 쉬어 버려야 하고 학문을 배우려면 문자를 하나라도 기억하여 더 보태야 하는 것입니다.

2) 불교의 바른 믿음과 삿된 믿음

불교에는 바른 믿음正信과 삿된 믿음邪信이 있습니다.

팔만대장경이 부처님 설법인데 다 바른 믿음이지 삿된 믿음이 있을 수 있겠느냐고 생각할는지 모르지만 방편가설方便假說과 실담實談이 있는 줄 분명히 알아야 합니다.

옛 조사스님들도 '마음이 즉 부처卽心卽佛'라는 말 이외에는 모두 바른 믿음이 아니고 삿된 믿음이라고 했습니다.

그러므로 마음이 즉 부처라고 아는 이것이 바른 믿음이며 부처님의 바른 법正法인 줄 바로 알아서 자기 마음을 깨쳐서 부처를 이루어야 하는 것입니다.

누구든지 도를 깨쳐서 부처를 이루었지 깨치지 않고 부처를 이룬 사람이 없고 조사된 사람이 없으니 이것이 우리 불교의 철칙鐵則입니다.

유교에 양명학파가 있는데 불교와 관련이 많습니다. 그 왕양명王陽明(1368~1661)의 말을 인용해 보겠습니다.

사람 사람마다 지남指南이 있어 만 가지 변화의 근원이 본래 마음에 있구나, 앞서의 잘못된 소견을 웃노니 가지마다 잎마다 밖으로 찾았네……소리도 없고 냄새도 없는 것을 홀로 알 때 이것이 하늘과 땅 만유의 근본 기틀이로다. 자기 집의 무진장의 보화를 버리고 집집마다 밥그릇 들고 거지노릇 하는구나.

人人 有箇定盤針 萬化根源 本在心 却笑從前顚倒見 技技葉葉外頭尋 無聲無臭?

知時 此是乾坤萬 有基? 却自家無盡藏 沿門持針效負兒

여기서도 공연히 언어문자에 끄달려 딴 곳을 더듬고 있었음을 경책하니 가지마다 일마다 밖을 찾았다고 반성한 것입니다. 그러므로 누구든지 하루 바삐 마음을 돌이켜서 방편가설과 삿된 믿음에 얽매이지 말고 내 마음이 오직 부처인줄 알아서 내 마음속의 무진장의 보물 창고의 문을 열자는 것입니다. 왜 남의 집에 밥 벌어먹으러 다니며 거지 노릇을 합니까?

3) 불생불멸과 중도

一切法不生	일체만법이 나지도 않고
一切法不滅	일체만법이 없어지지도 않나니
若能如是解	만약 이렇게 알 것 같으면
諸佛常現前	모든 부처님이 항상 나타나도다.

이것은 『화엄경』에 있는 말씀인데 불교의 골수입니다.

결국 팔만대장경이 그렇게 많고 많지만 한마디로 축소하면 '불생불멸不生

不滅'이라고도 할 수 있습니다.

불생불멸이 불교의 근본 원리이고, 부처님은 뭘 깨쳤느냐 하면 불생불멸을 깨친 것입니다. 그래서 이것을 자세하게 설명하면 팔만대장경이 다 펼쳐지게 되는 것입니다. 그런데 보통 상식적으로 생각해 보면 세상 만물 전체가 생자필멸生者必滅입니다. 난 자는 반드시 없어진다는 말입니다. 생자는 필멸인데 어째서 모든 것이 나지도 않고 멸하지도 않는다 하셨는가? 그것은 빨간 거짓말이 아닌가? 당연히 그런 질문도 할 수 있는 것입니다.

세상에서 생자필멸 아닌 것이 무엇이 있습니까? 무엇이든지 났다고 하면 다 죽는 판입니다. 그런데 왜 부처님은 모든 것이 다 불생불멸이라고 하신 것인지, 이것을 분명히 제시해야 안 되느냐 말입니다. 그것도 당연합니다.

이것을 참으로 바로 알려면 도를 확철히 깨쳐서 일체가 나지도 않고 일체가 멸滅하지도 않는 이 도리를 바로 알면 그때는 아무 관계없습니다. 그렇게 되기 전에는 누구든지 의심 안 할래야 안 할 수 없습니다.

모든 것이, 일체 만법이 불생불멸이라면 이 우주는 어떻게 되는가? 그것은 상주불멸常住不滅입니다. 그래서 불생불멸인 이 우주를 불교에서는 상주법계常住法界라고 합니다. 항상 머물러 있는 법의 세계라는 말입니다. 그리고 법화경에서는 이렇게 말씀하셨습니다.

> 법이 법의 자리에 머무나니是法住法位
>
> 세간상 이대로가 상주불멸이니라世間相常住.

'이 법'이란 불생불멸의 법을 말합니다. 천삼라天森羅 지만상地萬象 전체가 다 불생불멸의 위치에 있어서 세간의 모습 이대로가 상주불멸입니다.

세간의 모습은 언제나 시시각각으로 생멸하는 것이지만 그것은 겉보기일 뿐이고 실지 내용에 있어서는 우주 전체가 불멸입니다. 이것은 모든 만법의 참모습으로 불교에서는 제법諸法의 실상實相이라고 합니다.

또 화엄경에서는 그것을 무진연기無盡緣起라고 합니다. 한없이 한없이 연기할 뿐 그 본모습은 모두 다 불생불멸이며 동시에 이 전체가 다 융화하여 온 우주를 구성하고 아무리 천변만화한다 해도 상주불멸 그대로라는 말입니다. 그래서 이것을 바로 알면 불교를 바로 아는 동시에 모든 불교 문제가 다 해결되는데, 이것을 바로 모를 것 같으면 불교는 영영 모르고 마는 것입니다. 그렇다면 누구든지 모두 다 산중에 들어와서 눈감고 앉아 참선을 하든지 도를 닦아 결국에는 깨쳐야지 안 깨치고는 모를 형편이니 이것도 또 문제 아니냐, 그것도 당연한 질문입니다. 그런데 설사 도를 깨치기 전에는 불생불멸하는 이 도리를 확연히 알지 못하더라도 요새는 과학만능시대이니 이것을 과학적으로 좀 근사하게 풀이를 할 수 있다 이 말입니다. 그렇다면 불생불멸하고, 과학적으로 무슨 관계가 있는가?

자고로 여러 가지 철학도, 종교도 많지만 불생불멸에 대해서 불교와 같이 이토록 분명하게 주장한 철학도 없고, 종교도 없습니다. 그래서 이 불생불멸이라는 것은 불교의 전용이요, 특권으로 되어 있었습니다. 그런데 과학이 자꾸 발달되어서 요새는 불교의 불생불멸에 대한 특권을 과학에게 빼앗기게 되었습니다.

어째서 빼앗기게 되었는가?

과학 중에서도 가장 첨단과학인 원자물리학에서 자연계는 불생불멸의 원칙 위에 구성되어 있음을 실험적으로 증명하는 데 성공해 버린 것입니다. 말이 좀 어렵게 되는 것인지 모르겠는데, 이론을 처음으로 제시한 사람이 누구냐 하면 아인슈타인$^{A.\ Einstein}$입니다. 아인슈타인이 상대성이론에서 등가원리等價原理라는 것을 제시했습니다.

이 자연계는 에너지와 질량 두 가지로 구성되어 있는데, 고전물리학에서는 에너지와 질량을 두 가지로 각각 분리해 놓고 보았습니다. 그러나 등가원리에서는 결국 에너지가 곧 질량이고, 질량이 곧 에너지이다, 서로 같다는 것입니다. 그래서 그 전에는 에너지는 에너지 보존법칙, 질량은 질량불변의 법칙을 가지고 자연현상의 모든 것을 설명하는데, 요새는 에너지와 질량을 분리하지 않고 에너지 보존법칙 하나만 가지고 설명을 하며 또 하나밖에 없습니다. 즉 질량이란 것은 유형의 물질로서 깊이 들어가면 물질인 소립자素粒子이고, 에너지는 무형인 운동하는 힘입니다. 유형인 질량과 무형인 에너지가 어떻게 서로 전환할 수 있는가? 그것은 상상도 못해 보았던 일입니다.

50여 년 전 아인슈타인이 등가원리에서 에너지와 질량 두 가지가 별개가 아니고 같은 것이라는 이론을 제시하였을 때 세계의 학자들은 모두 다 그를 몽상가니 미친 사람이니 하였습니다. 즉, 에너지와 질량이 어떻게 같을 수 있느냐는 것입니다. 그래도 아인슈타인이라는 사람이 미친 사람이 아니고 함부로 말하는 사람이 아닌 만큼, 학자들이 수십 년 동안 연구하고 실험에 실험을 거듭한 결과 마침내 질량을 에너지로 전환하는 데 성공했습니다. 그 성공의 첫 응용단계가 원자탄, 수소탄입니다. 질량을 전환시키는 것을 핵분열이라고 하는데 핵을 분열시켜 보면 거기에는 막대한 에너지가 발생한다고 합니다. 그때 발생되는 에너지, 그것이 천하가 다 아는 원자탄인 것입니다. 이것은 핵이 분열하는 경우이고, 핵이 융합하는 경우에도 그렇습니다. 수소를 융합시키면 헬륨이 되면서 거기에서 막대한 에너지가 나온다고 합니다. 이것이 수소탄이 되는 것입니다.

이렇든 저렇든 그전에는 에너지와 질량을 완전히 분리하여 별개의 것으로 보았던 것입니다만 과학적으로 실험한 결과 질량이 에너지로 완전히 전환하는 것입니다. 그리하여 원자탄이 되고 수소탄이 된다는 말입니다. 그런 실험에 처음으로 성공한 사람은 미국의 유명한 물리학자인 앤더슨C. D. Anderson이라는 사람으로, 그는 에너지를 질량으로 또 질량을 에너지로 전환하는 실험에 성공하였습니다. 그러나 그 실험은 광범위하지 못하였습니다.

그 후 세그레Emilio Segre라는, 이탈리아의 학자로서 무솔리니에 쫓겨서 미국에 가서 산, 유명한 학자가 있었습니다. 그 사람은 여러 방법으로 실험한 결과 여러 형태의 각종 에너지가 전체적으로 질량으로 전환되고, 또 각종 질량이 전체적으로 에너지로 전환되는 것을 입증했습니다. 이것이 물과 얼음에 비유하면 아주 알기 쉽습니다.

물은 에너지에 비유하고 얼음은 질량에 비유합니다. 물이 얼어서 얼음이 되면 물이 없어졌습니까? 물이 얼어서 얼음으로 나타났을 뿐 물은 없어지지 않았습니다. 얼음이 녹아서 물이 되면 얼음이 없어졌습니까? 얼음이 물로 나타났을 뿐 얼음이 없어지지 않았습니다. 결국 물이 얼음으로 나타났다 얼음이 물로 나타났다 할 뿐이고, 그 내용을 보면 얼음이 즉 물이고, 물이 즉 얼음입니다.

에너지 질량 관계도 이와 꼭 같습니다. 에너지가 질량으로 나타나고 질량이 에너지로 나타날 뿐, 질량과 에너지가 따로 없습니다. 이것은 처음에는 상대성이론에서 제창되었지만 양자론에도 여전히 적용됩니다.

물과 얼음이 서로서로 다르게 나타날 때에 물이 없어지고, 얼음이 새로 생긴 것이 아닙니다. 물 그대로 전체가 얼음으로 나타난 것입니다. 물이 없어진 것 아니고, 얼음이 새로 생긴 것이 아닙니다, 모양만이 바뀌어서 물이 얼음으로 되었을 뿐입니다. 그러니 언제나 불생불멸不生不滅 그대로입니다. 이와 꼭 같습니다. 질량 전체가 에너지로 나타나고 에너지 전체가 질량으로 나타납니다. 이런 전환의 전후를 비교해 보면 전체가 서로 전환되어서 조금도 증감이 없습니다. 즉 부증불감不增不滅입니다. 불생불멸이니 의당 부증불감 아니겠습니까.

동양사상을 잘 아는 일본의 물리학자들은 에너지 질량 관계가 불생불멸이요, 부증불감 그대로라고 아주 공공연히 말합니다. 그러나 서양 사람들은 불교 용어를 잘 모르니까 이런 표현을 그대로는 못해도 그 내용에서는 꼭 같이 에너지 질량 관계가 보존된다고 합니다. 보존된다는 것은 없어지지 않는다는 말입니다.

불생불멸, 부증불감의 세계를 불교에서는 법의 세계, 즉 법계라고 합니다. 항상 주住해 있어서 없어지지 않는 세계, 상주법계常住法界라는 말입니다. 이처럼 에너지 질량의 등가원리에서 보면 우주는 영원토록 이대로 상주불멸常住不滅입니다. 상주법계란 말입니다.

그래서 자연계를 구성하고 있는 근본요소인 에너지와 질량이 불생불멸이며, 부증불감不增不滅이라는 것입니다.

이렇게 되면 자연계는 어떻게 되는가, 자연계 즉 우주법계라는 것은 근본적으로 봐서 에너지와 질량 두 가지로 구성되어 있는 만큼 에너지가 질량이고, 질량이 에너지여서 아무리 전환을 하여도 증감이 없으며 불생불멸 그대로입니다. 이렇게 하여 우주는 이대로가 불교에서 말하는 상주불멸이 안 되려야 안 될 수 없습니다.

그러면 아인슈타인의 등가원리가 없었으면 불생불멸이라는 것은 거짓말인가? 그것은 아닙니다. 부처님께서는 삼천 년 전에 진리를 깨쳐서 이루 말할 수 없는 혜안慧眼으로 우주 자체를 환히 들여다본 그런 어른입니다. 그래서 일체 만법 전체가 그대로 불생불멸이라는 것을 선언하였습니다.

그러나 보통 사람들은 그런 정신력을 갖지 못했기 때문에 3,000여 년 동안을 이리 연구하고 저리 연구하고 연구와 실험을 거듭한 결과, 이 자연계를 구성하고 있는 근본요소인 에너지와 질량이 둘이 아니고, 질량이 에너지이고, 에너지가 질량인 동시에 서로 전환하면서 증감이 없으므로, 부처님이 말씀하신 불생불멸이라는 그 원리가 과학적으로 입증되어버렸다 이것입니다. 그러니 원자물리학이 설사 없었다고 하더라도 그것은 사람들이 이해를 못해서 그런 것이지 부처님이 본시 거짓말할 그런 어른이 아니다 이 말입니다. 요새 그냥 불교 원리를 이야기하면 '너무 어려워서 알 수 없다'는 말을 많이 하기 때문에, 내가 한 가지 예로써 불교의 근본 원리인 불생불멸의 원리를 상대성이론, 등가원리에서 입증하여 설명해 주고 있는 것입니다. 그러니 불교라는 것은 허황한 것이 아니고, 거짓말이 아니고 과학적으로도 우리가 이해할 수 있는 것이 아니냐 하는 것입니다.

흔히 또 이렇게도 말합니다. 불교란 것이 어떤 것인지 알 수 없지만 말을 들어보자면 너무 높고, 너무 깊고, 너무 넓다고 합니다. 그리하여 현실적으로는 거짓말 같고 허황하여 꼭 무슨 번갯불에 콩 구워 먹는 식으로 접근하기가 어렵다고 합니다.

그렇지만 지금 내가 설명한 바와 같이 불교의 근본 원리인 불생불멸, 이것이 상대성이론에서 출발하여 현대 원자물리학에서 과학적으로 완전히 증명이 되어 버린 것입니다. 그런데도 이 불교 원리가 현실에 적용되지 않는다고 해서는 곤란한 것입니다. 이처럼 과학이 발달함에 따라 불교 이론을 모두 증명해 준다고 하기에는 이르지만 불교 원리를 설명하는 데 많은 도움을 주고 있고 또 현대물리학이 불교에 자꾸 접근해 오고 있는 것만은 사실입니다.

『반야심경』에 이런 구절이 있습니다.

색불이공 공불이색 색즉시공 공즉시색色不異空 空不異色 色卽是空 空卽是色

색이란 유형을 말하고 공이란 것은 무형을 말합니다. 유형이 즉 무형이고 무형이 즉 유형이라고 하는데 어떻게 유형과 무형이 서로 통하겠습니까?

어떻게 허공이 바위가 되고 바위가 허공이 된다는 말인가 하고 반문할 것입니다. 그것도 당연한 질문입니다. 그러나 알고 보면 바위가 허공이고, 허공이 바위입니다.

어떤 물체, 예를 들어 바위가 하나 있습니다. 이것을 자꾸 나누어가 보면 분자들이 모여서 생긴 것입니다. 분자는 또 원자들이 모여 생긴 것이고, 원자는 또 소립자들이 모여서 생긴 것입니다. 바위가 커다랗게 나타나지만 그 내용을 보면 분자─원자─입자─소립자, 결국 소립자 뭉치입니다. 그럼 소립자는 어떤 것인가?

이것은 원자핵 속에 앉아서 시시각각으로 '색즉시공 공즉시색' 하고 있습니다. 자기가 스스로 충돌해서 문득 입자가 없어졌다가 문득 나타났다가 합니다. 인공으로도 충돌 현상을 일으킬 수 있지만 입자의 세계에서 자연적으로 자꾸 자가충돌을 하고 있습니다. 입자가 안 나타날 때는 색이고, 입자가 소멸할 때는 공입니다. 이리하여 입자가 유형에서 무형으로, 무형에서 유형으로 되풀이하고 있습니다. 그래서 공연히 말로만 '색즉시공 공즉시색'이 아닙니다. 실제로 부처님 말씀 저 깊이 들어갈 것 같으면 조금도 거짓말이 없는 것이 확실히 증명되는 것입니다.

또 요즘 혼히 '4차원 세계'가 어떻고 하는 이야기를 많이 하는데 이 4차원 세계라는 것도 상대성이론에서 전개된 것으로 이것을 수학적으로 완전히 공식화한 사람은 민코프스키H. Minkopski라는 사람입니다. 그 사람이 4차원 공식을 완성해 놓고 첫 강연에서 이렇게 선언했습니다.

모든 존재는 시간과 공간을 떠났다. 시간과 공간은 그림자 속에 숨어 버리고 시간과 공간이 융합 하는 시대가 온다.

모든 것은 시간과 공간 속에 존재하는 것 아닙니까. 예를 들어 '오늘, 해인사에서……' 할 때에 '오늘'이라는 시간과 '해인사'라는 공간 속에서 이렇게 법문도 하는 것입니다. 그러나 3차원의 공간과 시간은 각각 분리되어 있는 것이 우리의 일상생활인데, 그런 분리와 대립이 소멸하고 서로 융합하는 세계가 있다고 하였습니다.

시간과 공간이 완전히 융합하는 세계, 그것을 4차원 세계라고 하는 것입니다. 그렇게 되면 결국은 어떻게 되는가?

『화엄경』에 보면 '무애법계無碍法界'라는 말이 있습니다. 무애법계라는 것은 양변을 떠나서 양변이 서로서로 거리낌 없이 통해버리는 것을 말합니다. 즉 시간과 공간이 서로 통해 버리는 세계입니다. 이것은 앞에서 말한 4차원의 세계, 즉 시공 융합의 세계로서 민코프스키의 수학공식이 어느 정도 그것을 설명해 주고 있습니다.

지금까지 이야기한 '색즉시공 공즉시색'이라든지 '불생불멸'이라든지 '무애법계'니 하는 이런 이론을 불교에서는 중도법문이라고 합니다.

부처님께서 성불하신 후 녹야원에서 수행하던 다섯 비구를 찾아가서 무슨 말씀을 맨 처음에 하셨는가 하면 '내가 중도를 바로 깨쳤다' 이렇게 말씀하셨던 것입니다.

'중도', 이것이 불교의 근본입니다. 중도라는 것은 모순이 융합되는 것을 말합니다. 모순이 융합된 세계를 중도의 세계라고 합니다.

보통 보면 선과 악이 서로 대립되어 있는데 불교의 중도법에 의하면 선악을 떠납니다. 선악을 떠나면 무엇이 되는가? 선도 아니고 악도 아닌 그 중간이란 말인가? 그것이 아닙니다. 선과 악이 서로 통해 버리는 것입니다. 선이 즉 악이고, 악이 즉 선으로 모든 것이 서로 통합니다. 서로 통한다는 것은 아까 말한 유형이 즉 무형이고, 무형이 즉 유형이라는 식으로 통한다는 말입니다. 그래서 중도법문이라는 것은 일체만물, 일체만법이 서로서로 융화하는 것을 말합니다. 모든 모순과 대립을 완전히 초월하여 전부 융화해 버리는 것, 즉 대립적인 존재로 보았던 질량과 에너지가 융화되어 한덩어리가 되어버리는 것입니다.

그런데 흔히 '중도'라 하면 '중도는 중간이다' 하는데 그것은 불교를 꿈에도 모르고 하는 말입니다. 중도는 중간이 아닙니다. 중도라 하는 것은, 모순 대립된 양변인 생멸을 초월하여 생멸이 서로 융화하여 생이 즉 멸이고, 멸이 즉 생이 되어버리는 것을 말합니다. 에너지가 질량으로 전환될 때 에너지는 멸하고 질량이 생기지 않습니까? 그러니까 생이 즉 멸인 것입니다. '질량이 생겼다生'는 것은 '에너지가 멸했다滅'는 것이고, 에너지가 멸했다는 것은 질량이 생겼다는 것입니다. 그러니 생멸이 완전히 서로 통해 버린 것입니다. 이렇게 되면 불교에서 말하는 중도라는 것을 조금은 이해할 수 있을 것입니다.

내가 지금 이야기한 것을 종합해 본다면 불교의 근본은 불생불멸에 있는데 그것이 중도입니다.

그런데 불생불멸이라는 것은 관념론인가? 관념론은커녕 실증적으로, 객관적으로 완전히 입증되는 것입니다. 즉 아인슈타인의 상대성이론에서 '등가원리'가 그것을 분명히 입증했던 것입니다. 그래서 불교는 참으로, 과학적이라고 한다면 이보다 더 과학적일 수는 없다는 말입니다.

중도란 모든 대립을 떠나서 대립이 융화되어 서로 합하는 것인데 부처님께서는 그것을 어떻게 말씀하셨는가? 대립 중에서도 철학적으로 볼 것 같으면 유무有無가 제일 큰 대립입니다.

'있다', '없다' 하는 것, 중도라고 하는 것은 있음도 아니고 없음도 아니다非有非無. 있는 것과 없는 것을 떠나버렸습니다. 그리고 거기에서 다시 유와 무가 살아난다는 식입니다亦有亦無. 그 말이 무슨 뜻인가 하면, 3차원의 상대적 유무는 완전히 없어지고 4차원에 가서 통합하는 유무가 새로 생기는 것입니다. 그리하여 유무가 서로 합해져 버립니다. 그래서 부처님께서 '유무가 합하는 까닭에 중도라 이름한다有無合故名爲中道'고 말씀하신 것입니다. 불생불멸이라는 그 원리에서 보면 모든 것이 서로서로 생멸이 없고 모든 것이 서로서로 융합 안 하려야 안 할 수 없고, 모든 것이 무애자재 안 하려야 안 할 수 없습니다. 그래서 '있는 것이 곧 없는 것이고, 없는 것이 곧 있는 것有卽是無無卽是有'이라고 말씀하신 것입니다. 그런데 이것이 워낙 어려운 것 같아서 사람들이 모두 이것을 저 멀리로만 보았던 것입니다. 저 하늘의 구름같이 보았단 말입니다. 그러나 이제는 원자물리학에서 실지로 생이 즉 멸이고, 멸이 즉 생인 불생불멸의 원리가 실험적으로 성공한 것입니다. 그러니 저 하늘에 떠다니는 구름이 아니고 우리가 언제든지 손에 잡을 수 있고 만져볼 수 있는 그런 원리다, 이 말입니다. 이런 좋은 법이지만 아는 사람도 드물고, 알아보려고 하는 사람도 드문 것이 현실입니다.

흔히 중도를 변증법과 같이 말하는데, 헤겔F. Hegel의 변증법에서는 모순의 대립이 시간적 간격을 두고서 발전해 가는 과정을 말하지만 불교에서는 모순의 대립이 직접 상통합니다. 즉 모든 것이 상대를 떠나서 융합됩니다. 그래서 있는 것이 즉 없는 것, 없는 것이 즉 있는 것, 시是가 즉 비非, 비가 즉 시가 되어 모든 시비, 모든 투쟁, 모든 상대가 완전히 사라지고 모든 모순과 대립을 떠날 것 같으면 싸움하려야 싸움할 것이 하나도 없습니다. 그렇게 되면 이것이 극락이고, 천당이고 절대세계다 그 말입니다. 그래서 '이 법이 법의 자리에 머물러서 세간상 이대로가 상주불멸이다是法住法位 世間相常住' 이 말입니다. 보통 피상적으로 볼 때 이 세간이라는 것은 전부가 자꾸 났다가 없어지고, 났다가 없어지고 하는 것이지만 그 실상 즉 참모습은 상주불멸, 불생불멸인 것입니다.

그렇다면 불생불멸의 원리는 어디서 꾸어온 것인가? 그것이 아닙니다. 이 우주 전체 이대로가 본래로 불생불멸입니다. 일체만법이 불생불멸인 것을. 확실히 알고 이것을 바로 깨치고 이대로만 알아서 나갈 것 같으면 천당도 극락도 필요 없고, 앉은 자리 선 자리 이대로가 절대의 세계입니다.

불교에서는 근본적으로 현실이 절대라는 것을 주장합니다. 눈만 뜨고 보면 사바세계 그대로가 극락세계가 되는 것입니다. 그러니 절대의 세계를 딴데 가서 찾으려 하지 말고 자기 마음의 눈을 뜨도록 노력해야 합니다. 눈만 뜨고 보면 태양이 온 우주를 비추고 있습니다. 이렇게 좋고 참다운 절대의 세계를 놔두고 '염불하여 극락 간다', '예수 믿어 천당 간다' 그런 소리 할 필요가 있습니까? 바로 알고 보면 우리 앉은 자리 선 자리 이대로가 절대의 세계입니다. 그러면 경계선은 어디 있느냐 하면 눈을 뜨면 불생불멸 절대의 세계이고, 눈을 뜨지 못하면 생멸의 세계, 상대의 세계이어서 캄캄한 밤중이다 이 말입니다.

오늘 내가 말하는 것은 어떻게 해서든지 우리가 서로 노력해서 마음의 눈을 완전히 뜨자 이것입니다.

'우리 다 같이 마음의 눈을 뜹시다.'

2. 『선문정로』와 『본지풍광』

"성철스님의 새로운 전통해석은 절대적 자신감에서"

"성철스님은 전통을 해석하는 데 있어 비타협적인 극단적 모습을 보여주셨습니다. 몇몇 학자들은 이를 두고 근본주의니, 시대정신을 놓쳤느니 비난하지만 이는 당신의 해석에 절대적인 자신감이 있었기에 가능했던 것입니다."

우리 불교사에 큰 획을 긋고 가신 성철스님의 열반 12주기를 맞아 스님의 사상과 생애를 새롭게 조명하는 학술대회가 열렸다. 조계종 백련불교문화재단(이사장 원택스님)은 12일 부산 중구 고심정사에서 '근·현대 한국 불교의 전통 인식과 성철스님의 선사상'이라는 주제로 학술대회를 개최했다. 고심정사는 성철스님을 마지막까지 모셨던 상좌(제자) 원택스님이 스님의 가르침을 이어가자는 뜻에서 지난 4월 개원한 도심 포교당이다.

특히 이 날 회의의 발표자 중 한명인 서명원 교수는 예수회 소속 신부

Bernard Senecal(프랑스인)이면서 「성철스님의 생애와 전서」라는 주제로 프랑스 파리 제7대학에서 박사학위를 딴 성철스님 전문가다.

서교수는 이날 『본지풍광本地風光』과 함께 성철스님 스스로 최고의 저작이라고 말했던 『선문정로禪門正路』에 대해 발표했다. 성철스님은 이 책을 통해 선禪 수행의 바른 길을 보여주려 했고 그것은 바로 간화선 수행을 통한 돈오돈수頓悟頓修(깨달음은 그 자체로 궁극적 경지여서 다시 더 닦을 이유가 없다)라는 점을 설파하고 있다. 특히 성철스님은 돈오돈수론을 주장하기 위해 우리 불교계의 기존 중심사상이었던 지눌스님의 돈오점수頓悟漸修(깨닫고 나서도 계속 수행해 깨달음의 세계를 이뤄야 한다)론을 혹독하게 비판했고 이 때문에 불교계에 뜨거운 논쟁을 불러일으킨 바 있다.

서교수는 "성철스님은 돈오돈수론을 주장하기 위해 옛 큰스님들의 사상을 주관적으로 인용했고 이에 대해 인용방법에 문제가 있다는 학자들의 지적도 많았다"며 "그러나 스님은 옛 큰스님들에게 충실하면서도 그들을 인용할 때, 기가 막힌 자유를 보여주시며 불교의 가장 핵심적 개념인 깨달음, 무명, 수행에 대해 새로운 해석을 제공해주셨다"고 평가했다.

서교수는 1984년 예수회 한국지구에 파견된 뒤 우연히 들른 송광사에서 풍경소리와 향내에 이끌려 한국말을 배우고 불교에 빠져 '예수의 제자이자 성철스님의 제자'가 된 신부다. 1,350쪽에 달하는 박사학위 논문을 쓰기 위해 그 어렵다는 성철스님의 저서 『선문정로』는 물론 『육조단경 주해』, 『백일법문』 등을 암송할 정도로 읽었다고 한다.

― 김준기 기자, jkkim@kyunghyang.com

3. 선화로 본 행장

1) 원택 술회述懷 1

(1) 26세, 해인사 동산스님에게로 출가하다

한 속인이 이렇듯 훌륭하게 정진하고 있다는 소문은 곧 대원사 본사인 해인사로 전해졌다. 그리하여 1936년 초겨울에 영주는 김법린, 최범술 같은 해인사 큰스님들의 권유로 해인사에 갔다. 그 무렵 해인사에는 당대의 선지식인 동산스님이 백련암에 머물고 있었다. 청년 영주를 본 동산스님은 곧 큰 그릇임을 알아차리고, 퇴설당에 자리를 마련해 주며 출가를 권하였다. 영주는 처음에는 참선만 잘 하면 그뿐이지 승려가 될 생각이 없었다. 도를 이루는 것이 중요하지 형식이 무슨 소용이겠느냐 하는 생각. 그런데 결제 날 동산스님의 법문은 청년 영주의 마음자리에 운명의 싹을 틔어 놓게 된다.

여기 길이 있다. 아무도 그 비결을 말해 주지 않는다.
그대 스스로 그 문을 열고 들어가기까지는, 그러나 그 길에는
문이 없다. 그리고 마침내 길 자체도 없다.

성철스님은 마침내 출가를 결심하여 1937년 정축년 3월에 동산스님을 은사로 사미계를 받다. '이영주'라는 속인의 옷을 벗고 '성철'이라는 법명으로 세속의 모든 인연을 끊고 수행의 길에 든다. 이때에 성철은 이런 출가 시를 남겼다.

하늘에 넘치는 큰일은 홍로에 눈송이요

바다를 덮는 큰 기틀은 햇볕에 이슬이라

누가 조각 꿈꾸다 달게 여기다 죽어가나

만고의 진리를 향해 초연히 독보하노라

(2) 눕지 않고 자지 않는 장좌불와 8년

성철스님은 그 수행의 예봉과 다문박식으로 제방 선원에서 명성이 자자해졌다. 특히 지금도 널리 이야기되고 있는 그 유명한 장좌불와長坐不臥 수행은 큰 화제가 되었다. 팔공산 파계사 성전암, 눕지도 자지도 않는 장좌불와 정진은 팔공산 동화사 금당선원에서 견성한 뒤로 여덟 해 동안 줄곧 이어졌다. 스님은 그 여덟 해 동안에 밤중에도 잠은커녕 졸음으로 고개 한 번 떨구어 본 적이 없었다.

어느 때인가 도봉산 망월사에서 하룻밤을 지낼 때입니다. 그날 밤도 여느 때처럼 장좌불와로 밤을 지새우는데, 마침 망월사에 머물고 있던 춘성 노스님이 "저 철수좌가 정말 소문대로 눕지도 않고 졸지도 않으면서 좌복 위에 꼿꼿이 앉아 지새는가?" 하여 문에 구멍을 뚫고 날이 새도록 지켜보았다고 합니다. 과연 소문대로 좌복 위에서 꼼짝도 않고 정진하는 모습을 보고는 크게 감탄하여, 그 때부터 춘성 노스님도 환갑이 다 된 나이에 장좌불와 수행을 열심히 하였다고 합니다.

금강산 마하연사에서 정진하던 이야기. 마치 큰 바위 같이 아무런 움직임도 흔들림도 없이 참선에 몰두하던 스님에게 하루는 어머니가 그 춥고 먼 곳을 찾아왔다.

스님이 "볼 필요 없다" 하며 어머니를 만나 주지도 않고 그냥 돌려보내려 하자, 선방의 대중들이 들고 일어나 "아무리 우리가 세상과 인연을 끊은 수행승이지만 철 수좌는 인정이 너무 없다"면서 어머니를 맞이하지 않으려면 그곳을 떠나라고 하였다. 도반들에게 떠밀린 스님은 하는 수 없어 어머님을 등에 업고 이레 동안 금강산을 구경시켜 드렸다고 한다.

(3) 부처님 법대로 살자

일제로부터 나라가 해방되었다. 해방은 스님들에게 한국 불교의 본래면목을 되찾을 수 있는 좋은 기회였다. 성철스님과 청담스님은 많은 이야기를 나누었고, 결국 한국 불교를 살리려면 총림 체제를 갖추어야 한다는 데 의견을 모았다. 그 때 마침 효봉 큰스님이 해인사에 '가야 총림'을 열었으나 청담스님만 참여하고 성철스님은 참여하지 않았다. 그러다 뒤에 두 스님은 다시 논의하여 문경의 희양산 봉암사로 함께 거처를 옮겼다. 성철스님은 "이 좋은 도량에서 함께 열심히 정진하자"며 울산에 머물고 있던 향곡스님도 봉암사로 불러들였다. 불법을 바로 세우려는 스님들의 청정한 의지가 바로 이 희양산 산자락에서 처음 태동되었다. "부처님 법대로 살자"는 기치를 내걸고 시작한 '봉암사 결사'가 그것이다. 성철스님이 이끈 봉암사 결사는 선종 본디의 종풍을 살리고 옛 총림의 법도를 이 땅에 되살리자는 것이었다. 이에 뜻을 같이하는 젊은 수좌들이 전국에서 모여드니 청담스님과 향곡스님을 비롯하여 자운, 월산, 우봉, 보문, 성수, 도우, 혜암, 법전스님 등 모두가 뒷날 한국 불교를 이끌어 나간 굳건한 동량들이었다. 그들 가운데서 뒤에 종정 3명과 총무원장 3명이 나왔을 뿐 아니라 여러 선방의 조실로 종단의

지도자가 되지 않은 스님이 없었다.

당시 성철스님은 이때에 '공주규약共住規約'이라 하여 대중이 함께 생활하는 데 필요한 규칙을 직접 만들었다. 이는 바로 부처님 법대로 살려는 참으로 엄격한 실천궁행이었다.

① 삼엄한 부처님 계율과 숭고한 조사의 유훈을 부지런히 닦고 힘써 실행하여 구경의 큰 결과를 원만히 빨리 이룰 것을 기약한다.

② 어떠한 사상과 제도를 막론하고 부처님과 조사의 가르침 이외의 각자의 사견은 절대 배척한다.

③ 일상생활에 필요한 물품의 공급은 자주자치自主自治의 표지 아래에서 물 기르고, 땔나무 하고, 밭에 씨 뿌리며 또 탁발하는 등 어떠한 어려운 일도 사양하지 않는다.

④ 소작인의 세조와 신도들의 특별한 보시에 의한 생활은 이를 단연히 청산한다.

⑤ 부처님께 공양을 올림은 열두시를 지나지 않으며 아침은 죽으로 한다.

⑥ 앉는 차례는 비구계 받은 순서로 한다.

⑦ 방 안에서는 늘 면벽 좌선하고 서로 잡담을 엄금한다.

오늘날 우리 불교가 지니고 있는 질서와 형식이 거의 모두 봉암사 결사에 뿌리를 두고 있느니 만큼 불교사에서도 획기적인 사건이었다.

(4) 삼천배의 소식

6·25전쟁 뒤에 성철스님은 월내의 묘관음사에 이어 통영 은봉암에 얼마

동안 머문다. 그러다가 안정사 앞 골짜기에 초가 세 채로 된 토굴을 짓고 천제굴이라고 이름하여 그곳에 주석한다.

그때에 근처의 많은 신남신녀들이 스님의 명성을 듣고 찾아왔고, 스님의 법문을 듣고는 발심하여 출가하는 일이 잇달았다. 그러다 보니 "성철스님 믿다가는 집안 망한다"는 소문이 나돌 정도였다. 그만큼 스님의 법문은 유한한 인생에서 일시적인 행복을 버리고 영원한 행복을 찾아 나서지 않을 수 없는 높고 깊은 설득력을 지녔던 것이다.

스님은 이곳에서 처음으로 신도들에게 그 유명한 3,000배를 시키기 시작했다. 스님을 만나려면 젊은이든 노인이든 재벌이든 장관이든 누구 할 것 없이 먼저 부처님 앞에서 3,000배를 해야 했다. 절은 그 행위 자체가 참회요 공덕인 것이다.

3,000배는 그것을 삼천 번씩 되풀이하며 스스로를 낮추고 마음의 때를 닦아 없애 나가는 과정이다. 스님이 신도들에게 예외 없이 3,000배를 시킨 까닭은, 아마도 쉼 없이 무릎과 허리를 폈다 구부렸다 하며 3,000번 절하는 동안에 느끼는 육체적인 고통 속에서 스스로 마음의 먼지를 닦아 없애서 자기를 바로 보게 하려는 방편에서였을 터. 스님은 또 3,000배 기도 말고도 신도들을 위한 수행 방법의 하나로서 아비라 기도라는 독특한 예불 의식을 만들어 전해 주었다. 이 아비라 기도는 3,000배의 예배 절차와 함께 그 뒤로도 줄곧 이어져 큰스님 살아생전에는 말할 것도 없고, 지금까지도 해인사 백련암에서 이어지고 있다.

(5) "곰새끼" "밥 도둑놈"

"야이 곰새끼야."

"밥도둑놈, 밥값 내놔라."

성철스님은 화가 나면 벼락같은 목소리로 '새끼'니 '놈'이니 하는 말을 예사로 했다. 물론 모두가 수행이 부족한 스님들을 일깨우는 사자후獅子喉다. 그렇지만 출가 후 20년간 스님을 모신 상좌생활은 하루도 마음 편할 날이 없었다.

나는 스님이 입적하시기 직전, 20년 만에 처음이자 마지막으로 칭찬을 받았다. 1993년 9월 21일. 성철스님의 사상을 총정리하는 『성철스님 법어집』 11권과 『선림고경총서』 37권 출판작업이 10년 만에 마무리돼 서울서 출판기념회를 열었다. 이어 10월 8, 9일 이틀간 해인사에서 '선종사禪宗史에 있어서 돈오돈수頓悟頓修 사상의 위상과 의미'라는 주제의 국제학술대회도 무사히 마쳤다.

돈오돈수란 참선을 통한 깨달음을 강조하는 성철스님의 가르침을 말한다. 평생 나서기를 꺼리던 스님이 강연을 하겠다고 결심했을 정도로 애정을 둔 행사였다. 그러나 건강이 워낙 좋지 않아 스님은 참석하지 못했다. 행사를 마치고 스님께 그간의 사정을 보고했다. 난생 처음 들어본 칭찬은 간단했다.

"수고 많았데이."

나는 이 한마디에 스님의 열반을 예감했다. 호랑이 같던 스님이 칭찬을 다하다니…….

그로부터 보름 만에 그렇게 무서운 스님이 떠났다. 스님을 보낸 심경은 은산철벽銀山鐵壁(캄캄하고 뛰어넘을 수 없는 높은 벽)을 마주한 느낌이었다. "성철스님 문하에서 깨달음을 얻으려고 출가했는데, 아직 깨달음을 얻지도 못했는데 스님이 떠나고 말았다"는 생각에 나 자신의 모습을 되돌아보니 전율이 느껴졌다. 성철스님 생전에 깨달음을 얻겠다는 급한 마음에 물은 적이 있다.

> "화두 공부하여 도를 깨우치기가 그렇게 어려운데, 지름길로 단번에 깨칠 길은 없습니까."
> "그런 거 가르쳐 주는 거는, 미친놈한테 칼 쥐어주는 거나 같은 기라. 내가 우째 그래 하겠노. 답답해도 혼자 공부를 마쳐야 하는 거다!"

당시 공부에 진전이 없는 우리들을 보고 성철스님은 얼마나 속 터져 하셨을까. 스님을 떠나보내고 나 스스로를 돌아보며 비로소 스님의 마음을 미루어 짐작해 본다.

성철스님은 내가 처음 출가하였을 때만 해도 깨달음에 대해 물으러 오는 스님들을 참 반갑게 맞이해 자세히 일러주곤 했다. 그러나 세월이 흐르면서 "내 말 듣는 놈이 아무도 없어"라며 가르침을 청하는 스님들을 잘 만나주지 않았다. 그러나 눈 푸른 납자는 오지 않았고, 성철스님은 깨달음의 큰 보따리를 아무에게도 전해주지 않고 떠난 셈이다.

見之不見	보아도 보지 못하고
逢之不逢	만나도 만나지 못하니
古之今之	옛날이나 지금이나
悔之恨之	한탄스럽고 한탄스럽다

양무제가 달마대사를 추모한 비문이 어찌 이리도 내 마음과 같을까. 나는 어쩌면 성철스님을 보지 못하고, 만나지 못한 것이 아닐까. 20여 년 전 해인사로 성철스님을 찾아온 건 분명히 나였건만.

2) 원택 술회 2

(1) 산은 산 물은 물

한국 선불교 전통에 한 획을 그었던 성철스님이 입적한 지 8년이 지났다. 불교계 최고지도자인 종정의 자리에 올라서도 '산은 산, 물은 물'이란 법어만 던져놓고 세속에 드러나길 꺼려했던 큰스님. 그를 가장 가까이에서 모셨던 상좌 원택圓澤스님이 『중앙일보』에 연재되었던 성철 큰스님의 일대기를 추린 글이다.

가야산 단풍의 절정은 10월 18~25일경이다.
1993년 그해 가을도 그렇게 빨갛게 타올라가던 무렵 나의 스승 성철 큰스님은 팔순을 넘긴 나이에도 불구하고 가야산 깊은 계곡 암자에서 건강하게 한철을 넘기고 있었다.

　나는 별다른 걱정 없이 스님 봉양을 시자에게 맡기고 해인사 본찰에서 바쁜 나날을 보내고 있었다. 나무들이 잎을 모두 떨구고 새벽 찬바람이 겨울 한기를 느끼게 하던 11월 3일, 그날도 나는 해인사 장경각에 있던 경판을 옮기고 있었다.

　스님이 급히 찾는다는 전갈이 왔다. 그전에 날마다 뵈올 때 "이제는 건강이 좀 좋아진 듯하니, 자주 찾아오지 말고 내가 부르면 오너라"고 한 스승이다. 그 성품에 갑자기 찾는다는 소리에 불길한 마음이 언뜻 스치고 갔다.

　그래도 "설마" 하는 생각, "시자들이 스님 마음을 편치 않게 했나보다"는 짐작을 하고 스님이 계신 암자로 올라갔다. 문안을 올리고 고개를 들자 청천벽력 같은 말씀.

　"내 인제 갈란다. 너거 너무 괴롭히는 거 같애."

　가슴이 덜컹했다. 선승들은 스스로 열반의 순간을 택한다고 한다. 스님의 말씀에 예전에 없던 결연함이 배어 있다. 황망한 마음에 매달렸다.

　"시자들이 또 스님의 마음을 거슬렀나 봅니다. 부디 고정하시고 노여움을 푸시지요."

　마음을 돌이킬 스님이 아니다. 낮은 목소리는 단호했다.

　"아이다. 인제는 내가 갈 때가 다 됐다. 내가 너무 오래 있었다."

　불과 사흘 전 나보다 선배인 상좌 원융(현 해인총림선원 유나) 스님이 큰스님을 찾았다 들려준 얘기가 생각났다. 스승이 잠든 것을 보고 원융스님이 "스님 이러한 때 스님의 경계는 어떠하십니까" 하며 물으니, 깊이 잠든 것 같던 스님이 벌떡 일어나 난데없이 뺨을 힘껏 한 대 치시더라는 것이다. 그 말을 듣고 "오래오래 계시려나 보다"고 한숨을 돌렸는데. 날벼락 같은 말씀을 들으니 갑자기 맥이 탁 풀리는 느낌이었다. 다시 한번 엎드렸다.

　"불교를 위해서나 해인사를 위해서나 좀 더 계셔야 되지 않습니까."

부질없는 짓이었다. 스님의 목소리는 더 느리고, 더 단호해졌다.

"아이다. 인제는 가야지. 내 할 일은 다 했다……."

큰스님이 말을 마치자 스르르 눈을 감았다. 80평생을 걸치고 다니던 육신을 털기로 마음먹은 스님. 말릴 수도, 돌이킬 수도 없는 순간을 기다리는 무기력함. 기나긴 침묵의 밤을 바스락거리는 낙엽소리로 지샜다. 동녘에 여명黎明이 밝아올 즈음 스님이 입을 열었다.

"내 좀 일어나게 해봐라."

거구의 몸이 깃털처럼 가볍다. 일으켜도 자꾸 옆으로 넘어지려 해 내가 옆에 붙어 어깨에 스님을 기대게 했다. 얼마나 시간이 흘렀을까. 창밖에 빛이 환해질 무렵.

"참선 잘 하그래이."

그리곤 아무 말이 없었다. 스르르 고개가 숙여지면서 숨소리도 가늘어졌다. 갑자기 세상이 '큰 침묵' 속으로 빠져들었다.

(2) 장좌불와

장좌불와長坐不臥를 오래 한 탓인가.

성철스님은 편안히 누워 입적하지 않고 앉아서 숨을 거두는 좌탈坐脫을 택했다. 보통 사람들 누워 있는 것보다 훨씬 편안해 보였다.

아침 7시 마주 댄 어깨 사이로 아주 조금씩 온기가 사라지는 느낌에 비로소 큰스님을 자리에 눕혔다. 부처님이 그랬듯이 머리는 북쪽으로, 얼굴은 서쪽으로 향하도록 했다. 밤새 마음으로 준비한 열반인지라 가슴속에 솟구치는 감정의 응어리는 없었다.

선사들이 죽음을 맞이하는 방식은 여러 가지이지만 남은 문도(제자)들이 그 주검을 거두는 과정은 한 가지다. 절집에선 '다비茶毘'라는 이름으로 화장을 한다. 다비란 말 자체가 태운다는 뜻의 범어. 윤회를 믿기에 죽음이란 단지 육신이라는 옷을 바꿔 입는 데 불과하다. 또 육신이 그렇게 공空한 것이기에 깨끗하게 태워 없애는 게 맞다. 의미가 그러하니 형식도 단출해야 맞다. 다비식은 산중의 스님들끼리 조용히 치르는 것이 관례다. 내가 1972년 해인사로 출가한 뒤 얼마 지나지 않아 목격한 다비식도 그런 식이었다.

그러나 처음 다비식을 본 느낌은 솔직히 "절집에서는 아직도 이렇게 원시적으로 장례를 지내나"는 의문이었다.

평상보다 작은 쇠틀을 짜놓고 그 위에 관棺을 얹은 뒤 나무를 쌓고 태우는 방식이다. 보기에 민망한 것은 관을 놓고 나무를 쌓는 과정에서 인부들이 관을 밟는 모습이다. 그 광경을 손님들이 1시간 넘게 지켜봐야 하는 것도 곤혹스러운 일이다.

간혹 쌓아놓은 나무가 쓰러지거나 무너지는 불상사도 있다. 잘 타게 하기 위해 바닥에 숯을 채우고 참나무 장작에는 기름을 뿌리는데, 바람에 불길이 날려 한쪽이 덜 타 애를 먹이기도 한다.

성철스님의 상좌로 어차피 다비식을 준비해야 할 처지인 탓에 나는 일찍부터 이런 문제를 고민했다. 그래서 어디서 큰스님의 다비식이 있다면 달려가 아이디어를 얻곤 했다. 그 결과 얻은 노하우가 거푸집을 만드는 방식이다. 관이 들어갈 만한 공간을 미리 만들어 놓은 뒤 장작을 쌓고, 다시 광목으로 바깥을 싸 연꽃 모양을 만드는 것이다. 아이디어는 대성공이었다. 92년 2월 해인사 총무를 맡아보던 나는 성철스님의 도반道伴인 자운스님의 다비식에서 이 방식을 시험했다. 우리나라 최초의 연화대蓮花臺(연꽃 모양 다비대)가 탄생했다. 한겨울 큰 연꽃 속에 스님의 주검을 순식간에 감추고 불을 댕기

자 문상 온 손님들이 "장엄하다", "여법如法하다"며 감탄했다.

　그런데 정작 성철스님한테선 꾸중을 들어야 했다. 당시 성철스님은 관절염이 심해 요양차 산중을 떠나 부산의 한 신도가 마련해준 토굴(임시 거처)에 머물고 있었다. 스님을 문안한 자리에서 불호령이 떨어졌다.

　　"이놈아, 어째 그래 하노…… 내도 얼마 안 있어 갈낀데, 그때는 그래 시끄럽게
　　하면 안 된다."

　물론 일부에서 화려하다는 지적이 없지 않았다. 그래서 다비식은 "잘 해도 욕먹고, 못 해도 욕먹는 일"이라고 한다.

　많은 스님들이 "다비식을 초라하게 하면 그 문도들한테 평생 한맺힌 원망을 듣기 때문에, 차라리 화려하다고 욕먹는 게 더 낫다"며 나를 위로했다. 그러던 차에 큰스님의 불호령을 들으니 정신이 번쩍 들 수밖에.

　그런데 정작 성철스님이 돌아가신 마당에 마음이 흔들렸다. 가르침에 따라야 한다는 생각이 앞섰지만, 내심 걱정이 앞섰다.

　사실 나는 해인사가 워낙 산골이라 조문객이 얼마 오지 않을까 내심 걱정하고 있던 터였다. 82년 양산 통도사에서 경봉스님이 입적했을 때 추모인파가 인산인해를 이뤘는데, 당시 "스님의 법력이 대단하다"는 소리가 자자했기 때문이다.

　내가 장례식을 잘 못해 스승 성철스님이 법력이나 덕이 없다는 소리를 들을까 무엇보다 걱정이었다.

　기우杞憂였다. 아침 7시 30분쯤 조계종 총무원에 종정의 열반을 알렸는데, 8시쯤부터 방송에 속보로 보도되기 시작했다. 스님의 열반을 확인하려는

전화가 몰려오기 시작한 것도 그 무렵부터다.

(3) 열반게 "내 말에 속지 마라"―1993년 11월 4일 처음 출가한 그 방 퇴설당에서 열반에 들다

그러나 큰스님은 삼십 년 남짓 한결같이 다니던 가야산 포행 길을 언제부
터인지 힘겨워하기 시작하였습니다.

가야산 호랑이도 한 자락 가사 밑에 어느덧 80대의 노구를 이끌고 있었습
니다.

"스님, 한 말씀만 여쭙겠습니다."

"뭐를?"

"일천삼백만 불자가 있는데 그 불자들에게 한 말씀만."

"한 말씀만?"

"내말에 속지 마라."

"자신의 말에 속지 마라."

"내 말…?"

"내 말, 말이여. 내 말한테 속지 말어. 나는 늘 거짓말만 하니까."

"무슨 말씀인지 잘 알겠습니다."

"내 말에 속지 마라, 그 말이여."

1993년 9월에 당신의 저서인 『성철스님 법어집』 11권과 선종의 종지를
담은 『선림고경총서』 37권이 완간되는 것을 보고 나서 두 달 만인 그 해 11
월 4일 아침에 성철 큰스님은 열반하였습니다. "내말에 속지마라"는 말을

던져주고는 영영 우리 곁을 떠난 것입니다. 그날 새벽, 해인사 퇴설당에서 제자들은 두근거리는 가슴을 억누르고 큰스님을 지켜보고 있었습니다. "참선 잘하라!" 그 한 말씀이 마지막이었습니다. 그러고는 제자 어깨에 몸을 기대었습니다. 처음 출가한 그 방에서 마지막 열반에 드니, 행운유수行雲遊水의 사문의 길에서 보기 드문 일이 아닐 수 없습니다. 법랍 59년, 세수 82세로 큰스님은 열반 게송을 남기고 그렇게 우리 곁을 떠났습니다.

> 일생 동안 남녀의 무리를 속여서
> 하늘 넘치는 죄업 수미산을 지나친다
> 산채 아비에 떨어지니 한이 만 갈래로다
> 일륜이 붉음을 토하며 푸른 산에 걸렸구나

마침내 생사를 벗어나 적멸에든 큰스님은 입적한 지 이레째 날 평생을 주석한 해인사 퇴설당을 떠나서 일주문 밖에 마련된 연화대로 향하였습니다. 그날, 퇴설당 위로는 일시에 새떼가 날고, 다비장에서는 때 늦은 낙엽들이 쏟아져 내렸습니다. 스님 떠나던 그날도 그러더니, 백련암 뒷산 하늘에서는 마치 불꽃이 타오르는 듯한 환한 빛이 피어올랐습니다. 이는 드물게 보는 방광이었습니다. 그리고 서른 시간이 넘게 걸린 다비는 일백여 과에 이르는 영롱한 사리를 남겼습니다. 다비식에서 사십구재에 이르는 동안 큰스님의 떠남을 진심으로 아쉬워하는 뭇 대중의 발길은 해인사 앞뜰을 가득 메우며 끊일 줄 몰랐습니다.

제54화

서옹, 참사람 무간지옥에 들다

1912년 10월 10일 충남 논산군 연산면 송정리 495번지에서, 부 이범제李範濟, 모 김지정金地貞 사이 외아들로 출생하다. 이름은 상순商純. 당호 서옹西翁 법명 상순尚純이다. 7세에 부친을 여의고 17세. 모친과 조부님의 상을 당하고 숙부님의 도움으로 21세(1932)에 양정고등보통학교졸업하다. 도서관에서 불서를 탐독하다 불교에 관심을 가짐. 각황사(현 조계사)의 포교사 김대은스님의 소개로 만암 종헌스님을 친견하다. 중앙불교전문학교(동국대 전신) 입학하고 전남 백양사 송만암을 은사로 백양사에서 득도 수계하였다.

25세(1937)에 오대산 상원사 한암스님 문하에서 참선 정진하다. 28세에 일본 경도 임제대학교에 입학하고 당시 선철학의 권위자인 히사마쯔 신이치久松眞一와 선적 교분을 돈독히 하다. 임제대 졸업. 졸업논문 「진실자기眞實自己」를 통해 일본불교학자 니시타 기타로와 다나까 하지메의 선학설을 비판, 일본 불교계의 화제가 되다. 이 논문은 일본 각 대학에 교재로 채택되다. 30세(1941). 일본 임제종 총본산 묘심사妙心寺 선원에서 수선 3년간 안거를 성만

하고 51세에 귀국하여 동국대학교 대학선원장 겸 조실 취임하다.

1964년 53세에 도봉산 천축사 무문관 초대 조실. 동화사, 백양사, 봉암사, 대흥사 선원 등 제방 선원의 조실을 역임하다. 56세에 백양사 쌍계루 돌다리를 건너다가 돌다리 사이로 흐른 물살을 보고 몰록 확철대오하다. 오도송 「상왕빈신사자후象王嚬伸獅子吼」를 남기다.

63세(1974) 때 조계종 제5대 종정에 추대되다. 임제선사의 어록인 『임제록』을 풀어 『임제록연의』를 펴내다.

85세(1996)에 고불총림 백양사 방장에 추대되었고, 87세 때 임제선맥 중흥을 위해 수좌들에게 종문제일서 『벽암록』을 제창하시며 '참사람 결사'를 시작하고, 백양사에서 '제1회 무차선회개최'와 『서옹선사법어집』 1, 2집을 발간하다. 89세(2000)에 백양사에서 제2회 무차선회를 개최하다.

91세 때 친필 임종게 「임제일갈실정안臨濟一喝失正眼」을 남기다.

2003년 12월 12일 열반송 「운문일영무인지雲門日永無人至」를 남기고, 12월 13일 오후 10시 10분경 백양사에서 세수 92세, 법랍 72세로 좌탈입망하다. 2004년 열반 서옹대종사 1주기 추모 기념집 『참사람의 향기』를 백양사에서 출간하다.

象王嚬伸獅子吼	상왕은 위엄을 떨치며 소리치고 사자는 울부짖으니
閃電光中辨邪正	번쩍이는 번갯불 가운데 사와 정을 분별하도다
清風凜凜拂乾坤	맑은 바람이 늠름하여 하늘과 땅을 치는데
倒騎白岳出重關	백악산을 거꾸로 타고 겹겹의 관문을 벗어나도

— 오도송

서옹, 56세 때 백양사 쌍계루 밑에 흐르는 냇물을 보고 깨친 후 읊은 오도송. 첫 행 상왕象王은 자성본원自性本源의 형상화다. 이것 자체가 실상實相이다. 곧 자성의 대용, 사자가 울부짖으니, 여기서 사자 역시 나타나는 형상과 이 치이니 자성본원의 실상이다. 2행 본래면목本來面目의 자발광의 자리에는 사 邪/정正이 무너지니, 곧 무너질 것이 없는 것이 무너지고 분별할 것이 없는 것이 저절로 가리어짐을 노래했고 3행의 "청풍늠름불건곤淸風凜凜拂乾坤"은 본래면목이 본래 그리하여 '하늘과 땅을 치켜 올리는 청풍이라' 할 수밖에 없다. 이 가운데 백악산을 뚫고 솟는 참사람, 이 모든 것이 둘이 아님을 알면 그뿐이다.

맵고 기걸찬 속에 미묘함이 깃든 도인의 풍모와 대용大用이 읽힌다.

우리기 보아온 게송과 같은 곧 선시의 적기수사법이 전개된다. 일반적으로 4행 중 1행과 2행은 '본질本質/현상現狀', '막음遮/되비침照', '두두頭頭/물물物物'의 배치配置가 같음[1]을 볼 수 있다. 위의 오도송의 1행과 2행의 본질의 세계 역시 3행, 4행의 존재[법]의 세계를 벗어나지 않는, 우리를 적기賊機하는 선시의 적기수사법賊機修辭法을 구사하고 있다. 반상합도反常合道의 빼어난 세계, 시공時空의 없는 세계를 이르고 있다.

---

1 예컨대 효봉의 오도송 "해저연소록포란海底燕巢鹿抱卵(바다 밑 제비집에 사슴이 알을 품고) / 화중주 실어전다火中蛛室魚煎茶(불 속 거미집에 물고기가 차를 달이네) / 차가소식수능식此家消息誰能識(이 집안 소식을 뉘라서 알리오) / 백운서비월동주白雲西飛月東走(구름은 서쪽으로 달은 동쪽으로 달리 네)" 등에서 보이는 1행과 2행이 본질의 세계, 공의 세계를 표현하고, 3행에서는 사실적인 의도의 자문자답을 묻고 있음을 본다. 다음 4행에서는 현상의 세계, 되비침의 세계를 보여주고 있다. 두두 시도頭頭是道 물물전진物物全眞이라는 선구禪句에서 두두는 본질적 표현, 정신적 표현, 즉 도道이고, 물물은 있는 그대로의 사물인 진眞을 말한다. 혹, 진을 진리로 번역함을 보는데, 진리라기보다는 '참', 실상, 존재法로 보는 것이 타당하다고 본다.

본문의 서옹의 오도송 역시 1행과 2행은 정신적 측면인 본질의 세계를 읊고 3행과 4행은 현상의 세계, 물물의 존재 자체가 본질 세계의 형상화, 전진全眞 그대로 참의 세계를 노래하고 있다. 1행, 2행은 3행, 4행 혹은 4행과 반상합도反常合道된 공空의 세계, 무無의 세계, 실상實相 그대로를 보여주고 있다. 이것이 선시에 주로 나타나는 적기수사법賊機修辭法이다.

1. 게송

般若劍兮殺佛祖	반야칼이여 부처와 조사를 쳐 죽이고
吹毛用了急須磨	시퍼런 칼은 쓰고는 급히 갈아라
木鵲飛翔徹天外	나무까치는 날아서 하늘 밖을 사모치니
直透千峯萬嶽去	바로 천봉오리 만 산악을 통과해 가도다

— 반야송

서옹이 속가제자 월조의 『반야심경강론』에 부친 서문. 1991년 2월 임제선원 조실에 써준 게송. 반야는 존재 자체의 자발광自發光으로 본질에서 솟아나는 근원적인 예지이니 무분별지無分別智다. 산스크리트어로 prajñá의 음역이다. 여기서 석녀石女나 목작木鵲은 모두 진여자성眞如自性의 형상화한 실상이다. 선장들은 초두명명백백草頭明明白白이라 노래했다.

寒巖老古錐	한암노고추여
毘尼嚴淸淨	계행이 엄하고 청정하도다
白於寒白雪	희기는 찬 눈이요
重於須彌山	무겁기는 수미산이로다
那伽定不動	나가대정에 들어 동하지 않으니
智慧太明白	지혜가 매우 명백하도다
落草大慈悲	중생을 위하여 대자비를 베풀어
橫竪談說禪	종횡으로 선을 설하도다

向上別傳旨	향상의 특별한 의지를 전하니
本分是宗師	본분 대종사로다
落在什麼處	낙처가 어디인가
冰河熱火起	빙하에 열화가 일어나고
鐵樹花爛漫	쇠나무에 꽃이 무르익게 되도다
脫殼烏龜子	껍질 벗은 검은 거북이를
那教天馬追	천마인들 어찌 쫓겠는가

— 찬 한암

1995년에 초판 『한암일발록』에 서문으로 실린 게송.

서옹이 한암을 찬탄한 게송으로 1행 노고추는 늙고 노회한 오래된 송곳을 말한다. 아무리 감추어도 송곳은 뾰족이 드러난다는 의미, 곧 한암의 고준한 정신세계를 말한다. 5행의 나가대정那伽大定은 움직이지 않는 바른 선정禪定. 8행까지는 한암의 계행과 선정, 지혜, 자비, 밀지의 깨침 어느 것 하나 본분종사로써 벗어남이 없음을 평이하고 담담하게 읊고 있다. 9행 이후는 진리당처의 소식을 밀지한다. 곧 본원자성 자리는 '빙하가 일어나고 / 철수에 꽃이 무르익게 되도다 / 껍질 벗은 검은 거북이 / 하늘 말이라 해도 쫓을 수 없다'이니 본원자성에서 자발광하는 대기의 대용은 전 시간 전 공간에 동영상으로 펼쳐지니 이 대용大用을 어떻게 한단 말인가? 그러할 뿐이다.

尨尾緇衲一癡僧	삽살개 눈썹에 검은 누더기 한 어리석은 중이
倚杖隨溪步自能	지팡이에 의지해 시내 따라 걷는 걸음 능숙하구나
看到雲煙醒又醉	연기 같은 구름을 보니 깨어나고 또 취하고

翫弄神變錯還增	신변을 마음대로 놀리니 어긋남이 도리어 더하도다
金風暗換楓初紫	가을바람이 단풍을 살짝 처음처럼 붉게 물들이고
秋月方明水愈澄	가을달이 밝아지니 물이 차츰 맑아가도다
凡聖都忘閑吹笛	범부와 성인을 모두 잊고 한가히 젓대를 불며
倒騎須彌任運登	거꾸로 수미산을 타고 자유자재하게 오르리라

— 임운등등

1998년 간행한 『서옹선사 법어집』과 도서출판 고요아침에서 간행한 대중법문집 『사람』에 실린 게송.

한가한 도인의 풍모. 전편에 흐르는 느낌은 운수의 자유자재한 불이不二의 마음이 읽힌다. 특히 1행과 2행의 '삽살개 눈썹을 한 미치광이 같은 중이 / 지팡이를 둘러메고 시내를 따라 스스럼없이 걸음 걷는 신통묘용' 뜻대로 멋대로 하고 싶은 대로 걸어가는 이 신통神通. 이것이 무엇일까?

3행 역시 "연기 같은 구름을 쳐다보고 냇물을 들여다보니 세상만사 취하고 깨는 일 밖에 또 무엇이 있겠는가". 4행에 "완롱신변착환증翫弄神變錯還增"에 신변은 사람의 지혜로 측량할 수 없는 신비로운 변화니, 이 신비로운 변화를 마음대로 가지고 노니 어긋남이 도리어 더한 것은 당연함이다. 5행과 6행은 천지변화는 바로 자성본원의 대용이니, 이 활용은 "가을바람이 단풍을 살짝 마음처럼 붉게 물들이고 / 가을달이 밝아지니 물이 차츰 맑아가도다"로 형상화되었고, 이 자성본원의 활용. 대기대용大機大用의 한 소식을 알고자 하는가? 바로 "범부와 성인을 모두 잊고 한가히 젓대를 불려 / 거꾸로 수미 산을 타고 자유자재하게 오르다"임을 알라.

示	마음을 열어 보이다
宋越祖居士	송월조 거사에게
超佛越祖是眞人	부처와 조사를 초월하니 이 사람이 진인이다
密移一步見飛龍	면밀한 데서 일보 이동하니 날으는 용을 보도다
摘破香囊熏大國	진리의 향주머니를 깨드리니 온 나라가 훈훈하고
撥開天窺吼淸風	하늘 틈을 버선목 뒤집듯 여니 청풍이 울부짖도다

— 임신년 8월15일 서옹

서옹이 1992년 8월 15일 임제선원 조실에서 속가제자 취현에게 내린 진리의 노래 「시송월조거사示宋越祖居士」. 월조는 서옹이 취현에게 내린 당호이다.

臨濟一喝失正眼	임제의 한 할에 정안을 잃어버리고
德山一棒別傳斷	덕산의 한 방은 별전지가 끊어지도다
恁麽來恁麽去	이렇게 와서 이렇게 가니
白鶴高峰月輪滿	백학의 고봉에 달바퀴가 가득하도다

— 임종게(臨終偈)

입적 1년 전인 2002년에 남긴 친필 게송.

1행과 2행은 모두 절대 진리인 자성본원이 드러나므로 관념이고 계념의 약속된 언어인 정안正眼과 별전別傳의 밀지密旨가 빛을 잃고 사라져버린다는 의미다. 덕산의 봉棒, 임제의 할喝은 모두 진리의 대용大用이고 진리의 음성적 파동태波動態인 진언眞言인 까닭에 진리의 다른 언어인 정안과 교외별전敎外別傳이라고 하는 별전의 밀지가 사라짐을 말한다. 그럼 임제의 할이나 덕산의 방의 소식은? "백학고봉월륜만白鶴高峰月輪滿"이니 살필 일이다.

雲門日永無人至	운문에 해는 긴데 이르는 사람 없고
猶有殘春半落花	아직 남은 봄에 꽃은 반쯤 떨어졌네
一飛白鶴千年寂	한 번 백학이 날으니 천년 동안 고요하고
細細松風送紫霞	솔솔 부는 솔바람 붉은 노을을 보내네

— 열반송

입적 하루 전인 2003년 12월 12일에 남기신 서옹의 열반송.

1행과 2행은 자성본원의 자발광에 의한 구체화된 물질적 현상을 드러낸 것이다. '운문암의 해는 길어도 도달하는 사람 없고 / 백암산 꼭대기에 눈이 휘날리는, 저절로 운용되는 풍광'에서 스님께서는 다시 이승/저승이 해체된 풍광을 고즈녁이 바라본다. 조사의 풍모가 그림같다. 아! '한 번 날으니 천년이 적요하고 / 잔솔 바람에 날리는 노을' 이렇게 연緣따라 흐르고 스님의 독거獨居하는 고적함이 느껴진다. 3, 4행은 만고장공萬古長空에 일조풍월一朝風月로 떠오른다.

2. 대담

『고경古鏡』 불면석佛面石 1997년 가을호[2]

대담 : 원영 · 서옹(고불총림 방장)

매미 울음소리가 단단히 여문 옥수수밭 사이로 사라집니다. 그 사이를 비집고 가을 풀벌레가 소리를 내어 보지만 등줄기를 타고 흐르는 땀을 씻어 주기에는 아직 이른 듯합니다. 여름 해제를 하고 잠시 서울 백운암에 머무는 틈을 타 고불총림 백양사 서옹 방장 큰스님을 찾아뵙고 흐뭇한 시간을 보냈습니다. 더운 날씨에도 불구하고 많은 시간을 내어 주신 큰스님께 두 손 모아 합장 삼배 드립니다.

스님께서는 성철스님의 돈오돈수가 한국 선 수행에 어떤 영향을 미쳤다고 생각하십니까?

서옹 : 중요한 것은 돈오돈수頓悟頓修도 수행과정이지 구경究竟은 아닙니다. 절대 필요한 수행과정입니다. 돈오돈수라야 견성할 수 있습니다. 돈오점수로는 옳게 견성할 수 없습니다. 그렇지만 돈오돈수의 돈오와 돈오점수頓悟漸修의 돈오에는 차이가 있습니다. 돈오점수의 돈오는 '진여자성을 지해知解(알음알이로써 아는 것)'입니다. 말하자면, 조사선을 본래면목 그 자리로 완전히 전환하는 것인데, 지해 차원에서 그 자리를 향해서 수행해 간다는 것은 도저히 불가능한 일입니다. 이것은 아주 차원이 다른 이야기로서, 지해 차원과 의식 차원과 본래면목 차원은 전혀 다릅니다. 본래면목 차원은 연속되는 차원이 아닌데, 자꾸 연속해서 간다고 하면 잘못된 게지요. 그러므로 이런 상황에서 돈오돈수를 주창하신 것은 조사선을 그대로 살려내신 겁니다.

---

2   이 글은 '성철스님문도회'에서 발간하는, 『고경古鏡』「불면석」에 실린 대담이다. 대담자 원영은 스승 성철선사를 중심으로 묻고 있다. 그중에도 서옹스님의 사상이나 정신이 잘 나타나는 대화를 편집부에서 임의로 가려 다시 실었다.

성철스님께서 주창하시는 돈오돈수 중에 '오매일여寤寐一如' 경지에 대해서는 어떻게 생각하시는지요?

서옹 : 성철스님께서는 화두를 가지고 교류문답식으로만 해서는 안 되고 실제 경지를 봐서 오매일여가 되어서 뒤집어져야 한다고 분명히 말씀했습니다. 옛날 선사들도 경지를 인정하지 않은 것은 아닙니다. 일거일동이 참말로 그 자리에서 활발발活發發 자유자재하게 살아 있느냐 그렇지 아니하냐의 경지를 보고 문답을 했지 그냥 문답만 한 것은 아닙니다. 오매일여도 과정이지 구경은 아니지만 그래도 그 자리가 되어야 자유자재해집니다. 옛날 조사스님은 이 부분에 대해서 많이 말씀을 하셨는데, 근래에는 성철스님만이 그 자리를 역설하신 것입니다. 그 때 당시에도 일부에서는 선기가 번득이는 법거량들이 즉석에서 오갔는데, 성철스님은 후학들에게 "동정에 화두 되나? 꿈에도 화두 되나? 오래일여가 되나?" 하고 물어서 안 된다고 하면 "그게 안 되면 법담할 필요 없다" 하고 물리치니 수자들의 불평이 많았던 것 같습니다. 그냥 그 자리에서 법거량을 하면 되었지 성철스님께서는 수자들을 잘못 지도하신 게 아니냐 또는 확실한 견처가 없으셨던 게 아니었나 하는 시각들도 있습니다.

서옹 : 옛날 조사스님들이 모두 오매일여를 주장하지는 않았습니다. 문답으로 경지를 보고 서로 탁마하며 실제 구경의 경지로 나가기도 했는데, 지해知解로 해서는 누구도 용서하지 않았습니다. 말만 안 했다 뿐이지 문답을 하고 실제 경지가 올바로 탁마되었다는 것은 바로 오매일여의 경지를 말하는 겁니다. 그런데 근래에는 경지를 따라가지 않고 지해로 화두를 천착하면서

말만 따라가니까 그 병폐를 구제하기 위해 특별히 오매일여를 주창하셨다고 생각합니다. 분명히 알아야 할 것은, 옛사람들은 참 진지하게 문답을 해서 오매일여의 경지를 투과해 버렸지 말끝에서 문답을 한 게 아닙니다.

스님께서 말씀하시는 오매일여를 투과해 버린 자리는 돈오돈수의 견성과는 다릅니까?

서옹 : 참선을 해서 견성했다고 하지만 그것이 조사선의 구경의 자리는 아닙니다. 돈오돈수해서 견성을 했다고 해도 조사선의 구경의 자리에까지 가야 합니다. 조사의 대표격인 임제선사도 견성은 했지만 인가를 못 받았다가 여름안거 도중에 들어왔다 나가면서 황벽선사께 후려 맞고, 이 일을 희심하고 다시 들어와 여름안거를 마치고 나가면서 인가를 받았습니다. 이것을 파하破夏 인연이라고 합니다. 백장선사도 마조선사께 들오리 문답에서 견성을 했지만 마조스님의 할에 3일간 귀가 먹었다가 거기서 참으로 깨닫게 되어 인가를 받게 됩니다. 그러므로 처음에 견성을 했다고 다 된 것이 아니라 미진한 부분이 있습니다. 그래서 마조스님 문하에도 80여 선지식이 있지만 최후까지 가서 정안종사가 된 사람은 한두 사람뿐이라고 했습니다. 그 경지가 분명하므로 견성한 것입니다. 돈오돈수했다고 해서 다 된 것이 아닙니다. 돈오돈수한 뒤에도 그 깊이에 실제 차이가 있다고 봅니다만 아주 구경究竟에 가서 해결이 된 사람은 차별이 없다고 봐도 됩니다. 바로 그 자리에 가면 차별이 없어져서 중생이나 부처가 하나이므로 심천深淺이 없다고 할 수 있습니다.

스님께서는 일본엔 가서 정진도 하시고 임제선엔 대한 연구도 많이 하셨는데, 당시 제방 선원의 수준은 어떠했습니까?

서옹 : 일본에서도 문답할 때는 조금의 지해도 용납하지 않습니다. 참으로 경지를 중요하게 여기도 문답을 하는데, 문답에도 깊고 얕음이 많습니다. 말하자면 동정일여動靜一如한 경지도 있고, 몽중일여夢中一如한 경지도 있고, 오매일여寤寐一如한 경지를 투과해서 자유자재한 경지도 있고, 그러한 자유자재한 것도 투과해 버린, 더 참 자유자재한 경지도 있습니다. 제가 본 바로는 일본선은 동정일여의 경지에서 서로 거량을 한다고 생각합니다. 그래도 동정일여가 되면 아뢰야식을 타파하지는 못했지만 지해는 떨어진 수수한 의식이라고 볼 수 있습니다. 그런데 한국에서는 웬만하면 동정일여가 되겠지만 그런 경지는 통 불문하고 문답에만 빠져 있었다고 봅니다. 실제 경지는 그렇게 보느냐 서로 천착하고 말에만 이끌리고 있던 것이 당시의 현실입니다.

평소 성철스님께서는 내 법을 누구한테 받아서 누구한테 전했다라는 말은 하지 말고 "내 법을 알려거든 『본지풍광』, 『선문정로』 두 권을 보라"고 하셨습니다. 이 말씀을 어떻게 이해하면 좋을런지요?

서옹 : 사실 조선의 불교 탄압과 일제의 민족말살정책에 의해 법맥이 희미해졌다고 할 수 있습니다. 그것을 경허스님, 용성스님께서 새로 일으켜 세우려고 많을 노력을 하셨지만 당시의 역사적 사회적 여건이나 승려들의 수준이 그 노력에 미치지 못했습니다. 또한 법맥은 사람과 사람이 전하는 게 아니라 활발발한 그 자리에서 이어지는 겁니다. 옛날 조사스님은 자기 법사를 쳐

부셨지요. 만약 법사의 법을 이었다고 하면 죽은 게 됩니다. 그러니까 퇴옹(성철스님의 법호) 큰스님의 법을 이은 자손이 나온다면 실제 『본지풍광』과 『선문정로』를 태워버리는 자유자재한 경지에까지 가야 하리라고 봅니다.

지면을 통해 요즈음 수좌들에게 가르침을 한 말씀 주십시오.

서옹 : 요즈음 수좌들 보면 공부를 참 열심히 합니다. 그런데 중요한 것은 구경의 자리에 이르도록 지속을 해야 하는 것입니다. 지속을 안 하면 해결이 안 됩니다. 참선은 보통 수행하는 것과는 전혀 다릅니다. 화두를 해결하면 생사를 초월하여 영원히 사는 것이고, 해결하지 못하면 살아도 산 것이 아니고 죽은 거나 다름없습니다. 깨달은 경지에서 자주자재해지기 위해 뒤집어엎으려면 죽느냐 사느냐 하는 마음으로, 대용맹심으로 달려들어야만 합니다. 수좌들이 산중에서 고요히 앉아 있으니까 겉으로 보면 신선같이 보일는지 모르지만 공부하는 사람은 마치 전쟁터에서 생명을 걸고 싸우는 이상의 용맹심으로 하는 것입니다. 이 용맹심이 쉽게 나는 것도 아니고 일단 일어나면 순일純一하게 지속되어야만 합니다.

고불총림 백양사를 중심으로 이루어지고 있는 '참사람 운동'에 대해서 간략하게 말씀해 주십시오.

서옹 : '참사람'이라는 뜻은 인간은 첫째 감각이 있고, 감각을 지배하는 이성이 잇고 이성보다 더 깊은 자리에 영성이 있습니다. 그러므로 요즘 강조되는 휴머니즘 인간주의, 즉 이성을 지배하는 영성자리에 살자는 것이 참사

람 운동입니다. 서구 유럽은 르네상스 이후 신 중심에서 인간 중심으로 모든 것이 전환되었고, 게다가 과학의 급속한 발전으로 인간의 삶은 유례없는 풍요를 누리게 되었습니다. 그러나 요즘 현대 사회는 어떻습니까. 오히려 과학문명의 노예가 되어 '내'가 누구인지 모르고 살아가고 있지 않습니까. 그러므로 참사람으로 살고자 하는 이들은 끊임없이 '내가 누구인가?' '어떠한 인생을 살아야 하는가?' 하는 자기반성을 통해 항상 자기를 돌아봐야 합니다.

3. 법거량

조계종 기초선원장 영진스님의 사회로 법회에 참석했던 사부대중과 서옹스님 간의 선문답이 이어졌다.

한 비구 수좌가 연단에 올라 서옹스님이 위산스님의 법어를 인용해 법문한 점을 지적하며 "위산선사가 법어를 하지 않았다면 스님께서는 어떻게 사자의 기상을 보이실 것입니까?"라며 가르침을 청하자, 서옹스님은 주장자를 세 번 내리친 뒤 "아 악" 하며 일 할喝을 한 뒤 "그 따위 소리 하지 마라"고 호통쳤다. 이에 수좌가 이르기를 "오직 깨친 안목으로라야만 무차법회가 아니겠습니까?" 하니, 서옹스님은 "그 망상 피우지 말라" 하자, 비구스님은 "알겠습니다" 하고 물러났다.

이어 한 비구니가 등단해 "거꾸로 흐르는 바닷물을 다 삼켰으면 스님은 어떻게 하겠습니까?"라고 청하자, 큰스님은 "거꾸로 흐르는 것을 보느냐"고 반문했고, 비구니가 다시 "스님은 대도적이십니다. 도적 중에 도적이시니 이 작은 도적도 알아봐 달라"고 하자 서옹스님은 "넌 목소리는 크지만 아직 멀었다. 그것으로는 안 된다"고 답해 장내에는 폭소가 터져 나왔다.

마지막으로 한 거사가 나와 "중생을 위해 자비의 한 말씀을 내려달라"고 하자, 서옹스님은 "여덟 문안의 맷돌이 허공을 달린다"고 했으며, 다시 "제 큰아들이 불쌍합니다" 하니, 스님은 "불쌍한 그대로 다 제도되었느니라" 했다. 거사가 재차 "보리와 번뇌가 서로 방해하니 어떻게 하면 좋겠습니까?" 하니, 스님은 "망상 피우지 말라" 했다.

4. 선禪의 현장을 찾아서

1) 고불총림古佛叢林 백양사

근세불교의 중시조로 추앙받는 경허스님의 법맥 대신 400년간 면면히 내려온 독자 법맥을 가진 고불총림古佛叢林 백양사白羊寺의 근세 중시조는 만암曼庵宗憲(1875~1956)스님이라고 해야 할 것이다. 특히 백양사의 모든 스님들은 공식적으로 방장스님의 법제자가 되는 가풍 때문에 어른에 대한 효와 예의는 그 어느 절집보다 지극하다. 만암스님이 1955년 정화의 혼란기에 비구 측이 종조를 태고太古普愚(1301~1382)에서 보조普照知訥(1158~1210)로 바꾸려 하자 "환부역조換父易祖는 있을 수 없는 일"이라고 대로하며 종정 자리를 버리고 백양사로 내려온 것도 이 때문이다. 일찍이 학교와 회사를 세우며 교육과 사찰 자립에 열의를 보여 온 만암스님의 정신은 '선교禪敎'를 함께 중시하고 호화불사를 자제하는 근검절약의 가풍과 일맥상통한다. 총림이면서도 방장스님의 거처인 염화실이 단독별채가 아닌 곳은 백양사 밖에 없을 정도다. 이러한 가풍은 만암스님이 가장 사랑했던 제자이자 현 방장인 서옹西翁尚純(1912~2003)스님에게 그대로 전수되었다.

2) 고교 때 간디 책 읽다가 출가 결심

(1) 서옹석호西翁石虎(1912~2003)스님의 출가와 일본유학

고고한 백학을 연상시키는 단아한 서옹스님은 충남 논산에서 대대로 벼슬을 하던 유학자 집안의 외아들로 태어났다. 속명은 이상순李商純이다. 7세에 아버지를 여의고 할아버지 밑에서 홀어머니와 지낸 서옹스님은 어려서부터 매우 총명했다고 한다. 14세에 서울로 이사와 이듬해 월반해 양정고등보통학교에 입학했으나 입학과 동시에 홀어머니가 세상을 뜨고 할아버지마저 뒤를 따르자 큰 충격을 받는다. 서옹스님은 "한꺼번에 몰아닥친 비운으로 어린 나는 하늘과 땅도 보이지 않고 막막할 지경이었다"고 회고했다. 다행히 스님의 숙부가 집안을 돌보았기 때문에 학업이나 생활에는 지장이 없었다.

당시 양정고등보통학교에는 무교회주의 기독교인으로 유명했던 김교신金

敎臣 선생과 위암 장지연張志淵 선생이 있었다. 서옹스님은 김교신 선생으로 부터 간디에 대한 이야기를 듣고 관련 서적을 탐독하던 중 불교와 만나게 된다. "철학 책이 그렇게 좋을 수가 없었다"는 서옹스님은 "간디의 책을 읽다가 불교의 참맛을 알게 되었고, 결국 머리를 깎기로 결심했다"고 말했다. 매년 우등상을 받을 정도로 뛰어난 성적이었던 스님은 중앙불교전문학교 입학을 결심하지만 경성제대 예과에 진학할 것을 권유하던 선생님과 숙부의 심한 반대에 부딪힌다. 그럼에도 서옹스님은 각황사(현 조계사)에서 대은스님에게 머리를 깎을 결심을 밝힌다. 대은스님은 "훌륭한 스님을 소개하겠다"면서 만암스님의 제자가 될 것을 권했다. 숙부는 스님의 출가를 결사적으로 반대했으나 만암스님을 뵙고는 "조카를 잘 부탁한다"며 물러섰다고 한다.

백양사에서 2년간 외전강사(영어 및 일반 사회 학문을 가르치는 사람)를 하다가 오대산 방한암 스님 밑에서 다시 2년간 용맹정진한 스님은 1939년 일본 교토 임제대학으로 유학을 떠난다. 스님이 임제대학 졸업논문으로 쓴 「진실 자기眞實自己」는 일본 불교학자 니시타 기타로와 다나카 하지메의 선禪학설의 오류를 지적해 큰 화제를 일으키기도 했다. 일본의 대학자로 추앙받았던 히사마츠 신이치 박사(경도대 화엄학, 작고)는 서옹스님에게 일본에 남을 것을 간곡히 부탁했지만 귀국한다. 훗날 한국전쟁 소식을 들은 히사마츠 박사는 "다른 사람은 몰라도 서옹스님만 살아 준다면 다행스러운 일"이라고 했다고 전한다.

3) 속이 빈 사람이 겉을 치장 하는 법

(1) 수행과 깨달음

일본 임제종 총본산인 교토 묘심사妙心寺에서 3년간 수행정진하다가 1944년 귀국한 서옹스님은 백양사와 목포 정혜원에서 잠시 주석하다 부산 선암사 선방에서 수행정진을 계속한다. 이때 서옹스님은 통영 안정사 천제굴에서 정진하던 성철스님과 처음으로 만나 평생 도반이 된다. 서옹스님은 "동갑이었던 성철스님이 간 지 벌써 10년이 되었다"며 뜻이 통하던 성철스님을 그리워했다. 이후 1963년 동국대 대학선원 원장으로 취임하기까지 20년간은 제방선원을 떠돌며 수행을 했다고 한다. 1965년 서울 천축사 무문관無門關(6년간 밖에 나오지 않고 참선만 함) 초대조실이 되었고, 68년 묘심사를 다녀온 후부터 석호石虎라는 법명 대신 현재의 법호인 서옹西翁을 쓰기 시작한다.

1967년 백양사 쌍계루 돌다리를 건너다가 돌다리 사이로 흐른 물살을 보고 몰록 확철대오하다. 이때가 스님의 나이 56세였다. 오도송 「상왕빈신사자후象王嚬伸獅子吼」를 남기다.

> 상왕象王은 위엄을 떨치며 소리치고 사자는 울부짖으니
> 번쩍이는 번갯불 가운데서 사邪와 정正을 분별하도다
> 맑은 바람이 늠름하여 하늘과 땅을 떨치는데
> 백악산을 거꾸로 타고 겹겹의 관문을 벗어나도다

스님은 이후 백양사 운문선원, 봉암사 희양선원 조실로 잇달아 주석했고

1974년 고암스님 후임으로 5대 종정으로 추대되기도 했다.

서웅스님은 제자들을 가르침에 있어서도 결코 화를 내거나 큰소리를 내지 않는다. 서웅스님의 상좌인 정도스님은 "서웅스님은 결코 남을 나쁘게 이야기하는 적이 없는데, 가장 심한 말이 '저 사람은 왜 저래' 정도일 것"이라고 기억했다. 다만 시간을 지키지 않는 데 대해서는 따끔하게 이르는 편이다. 13년째 서웅스님을 시봉하고 있는 시자 호산스님은 "운문선원에서 시봉할 때, 한번은 새벽 3시 예불시간에 늦잠을 잤더니 정확히 3시 5분에 문 앞에서 주장자로 댓돌을 쿵쿵 두드리시며 큰소리로 '호산! 호산!' 하고 부르셔서 깜짝 놀라 기겁한 적이 있다"고 말했다. 이후부터 호산스님은 저녁에 잠들 때마다 물을 큰 대접으로 마시고 자는 버릇을 들여야 했다. 그래야 화장실에 가고 싶어서라도 제시간에 일어날 수 있기 때문이었다.

또한 스님은 근검한 가풍에 따라 절대 치장하는 일에는 뜻을 두지 않는다. 다른 총림과 달리 방장실을 독채로 짓지 않으며, 주지실 바로 옆방을 그대로 쓴다. 서울에 볼일이 있을 때마다 머무는 상도동 백운암도 70년대의 낡은 2층 양옥이다. 오히려 주변에서 '누추하니 좀 수리를 하시라'고 권하면 "속이 빈 사람이 겉을 치장하는 법"이라며 물리친다. 대신 백양사의 손님방은 어느 절의 것보다 깨끗하고 정갈하게 지어놓았다.

4) 참사람 운동 시작 무차선대회도

(1) 참사람 운동과 무차선 대회

1996년 정식으로 고불총림 인준을 받은 스님은 본격적으로 '참사람 운동'을 시작한다. 참사람 결사의 세 가지 서원은 다음과 같다. '첫째, 무상무주無相無住의 참나를 깨달아 자비생활을 합시다. 둘째, 어디에도 걸림 없이 자유자재하여 세계인류가 평등하고 평화스럽게 사는 역사를 창조합시다. 셋째, 자기와 인류가 생물과 우주가 영원의 유일 생명체이면서 각각 별개이므로 서로 존중하고 서로 도와서 집착함이 없이 진실하게 알고 바르게 행하며 아름다움을 사랑하는 세계를 건설합시다.'

1998년 백양사에서 86년 만에 처음으로 무차선대회(지위고하나 재가·출가에 관계없이 평등하게 법을 물음)가 열렸다. 한국선을 정립하고 국내외 학자들에게 조사선의 종지를 정확하게 알리는 자리였다. 이 무차선회는 2년 뒤에 다시 백양사에서 열렸고, 지난해에는 부산 해운정사에서 '한·중·일 국제무차선 대회'로 이어졌다. 92세의 나이에도 정정한 서옹스님은 제자들을 볼 때마다 "한번 법을 일러 보라"며 부쩍 다그친다. 시간은 별로 많지 않은데 눈 밝은 수좌를 하나라도 더 찾아내야 한다는 사명감 때문이다.[3]

---

3 경향신문사가 우리나라 조계종 5대 총림을 찾아서 선의 진경을 그린 글이다. '고불총림 백양사'를 상과 하로 나누어 다루었는데, 상은 만암스님, 하는 서옹스님 위주로 쓰여졌다. 이무경 기자, 『경향신문』, 2003.3.17.

5. 서옹스님, 설화雪花 속으로 돌아가다

1) 다비식 참관기

서옹스님의 입적을 처음 전해 받은 것은『중앙일보』문화부 정명진 차장으로부터였다. 일요일 아침이었는데 작은아이와 뒷산에 산책을 하는 중이었다. 급히 기사를 송고해야 하는데 서옹스님의 행장을 부탁한다는 말이었다. 나는 얼마 전, 서옹스님의 책을 펴내었기 때문에 행장을 가지고 있었다. 입적 소식을 듣자, "아아 이 땅의 가장 위대한 큰스님이 가셨구나 지난해만 해도 건강하게 좌정하시고 불자들을 맞으셨던 큰스님이었는데 이렇게 열반을 하셨구나……." 세수 92세 법랍 72세였다. 나는 한동안 깊은 생각에 빠졌다. 집으로 돌아와 백양사에 전화를 내어 시자 호산스님과 통화를 했다. 다비식이 12월 19일에 있을 예정이라고 했다. 통도사의 월하스님, 서암스님, 덕암스님 이렇게 큰스님들이 차례로 열반을 하셨다는 것은 큰 충격이었는데 그나마 서옹스님마저 열반하시다니 올해는 불교계의 큰 환란이 온 걸 같은 느낌이 들었다. 나와 서옹스님의 첫 만남은 1997년 4월이었다. 당시 나는 암자기행서인『암자로 가는 길』을 만들고 있을 때였다. 그 때 첫 만남은 아주 키가 작고 소년 같은 미소를 가지신 분이었다. 그 후 2003년 4월 초파일 봄,『중앙일보』의 정명진 차장과 함께 서옹스님 특별 법문을 받기 위해 고불총림 백양사를 찾았다. 그 때 찾아온 해인사의 동자승 일곱 명과 함께 친견을 했었다. 그때 서옹스님은 시자를 시켜 내게 대중 법문집을 내고 싶다고 말씀하셨는데, 서옹스님의 온화한 미소를 보는 동안 나는 알 수 없는 떨림 같은 것을 느꼈다. 큰스님을 친견했다는 가벼운 흥분 때문이 아니었을까? 당시 서옹스님은 찾아온 노환으로 약간 야윈 모습이었지만 무척 건강하셨다. 그러나 세월은 서옹스님마저 그대로 두지 않았다. 숱한 출판사에서 책을 내고 싶어 했지만 거절을 하셨던 서옹스님이셨다. 서옹스님은 사부대중들에게 법문을 들려 줄 때는 원고가 없이 즉석에서 하셨다. 그래서 시자가 평소에 그것들을 녹음해 두었던 것이다. 한마디로 놀라운 일이었다. 그 어려운 법어와 착어들을 술술 대중들에게 들려주셨던 것은 그 분만이 가능한 일이었다. 그 책이 바로 서옹스님의 유일한 대중법문집인 『사람』이다. 원고지로 따지면 3,000매가 넘는 광대한 분량이었다. 나는 이것을 정리하면서 백양사를 무려 열 번도 더 왔다갔다 했으며 열 번이나 교정교열을 보아야 했다. "책에 오자가 있으면 쓰레기통에 버려야 할 거야." 시자 호산스님의 말씀이셨다. 서옹스님은 누구보다도 오류를 싫어하셨다. 법문집은 곧 서옹 큰스님의 얼굴과 다름 아니기 때문일 것이다. 어려운 법문은 읽을 때마다 내게 새롭게 다가왔다. 그 의미와 깊이는 대단한 것이었다. 왜 서옹스님이 동양 최고의 선지식인가를 새삼 알 수 있었던 기회였다. 그러나 큰스님은 한 줄기 바람과 함께 본래자리로 돌아가셨다. 가여운 중생들만 남겨 두신 채로 백암산의 적요한 고불총림의 적멸에 드셨던 것이다. 큰스님 가시는 날, 눈은 천지를 고요하게 덮었다. 나무마다 설화雪花가 피고 천지를 순백으로 물들였다. 다비식을 보기 위해 찾아온 수많은 대중들과 불자들은 폭설에도 아랑곳없이 고불총림으로 모여들었다. 사람의 행렬로 이루어진 '사람 길'은 눈 속에서도 하염없이 끊이지 않고 더욱 이어졌다. 백양사 역에서 고불총림으로 가는 도로 위에는 '서옹대종사 원적圓寂'을 애도하는 글과 착어들이 걸린 플래카드가 끝없이 펼쳐져 있었다. 흰 광목에 쓰인 검은 글귀들이 마음에 새겨졌다. 한결 같은 적멸의 문구들이었다.

| 珊瑚沈上兩行淚 | 산호로 만든 베개 위에 흐르는 두 줄기 눈물이여 |
| 半是思君半恨君 | 반은 그대를 사모하고 반은 그대를 원망하도다 |

나는 서옹스님이 생전에 남겼던 착어着語를 떠올렸다. 이 절묘한 연시는 장수 수님과 낭야스님의 일화에 대한 서옹스님의 착어였다. 옛날에 한 농부가 논에서 논을 매고 있었는데 그의 아내는 남편을 위해 십 리 길을 걸어 밥상을 이고 왔다가 오히려 자신이 배가 고파 그 밥을 다 먹었다. 남편은 그것을 보고 하도 배가 고파 '반은 그대를 사모하고 반은 그대를 원망했다'고 한다. 정말 아름다운 한 구절의 연시다. 어쩌면 인간사의 모든 사랑이 이와 같으리라.

폭설에 뒤덮인 길 뒤에서 차들은 뒤엉켜 오도 가도 못한 신세가 되었다. 나도 예외는 아니었다. 아직 백양사로 들어가려면 2킬로미터는 더 가야 했다. 옷은 젖어 무거웠고, 추위는 매워 코끝이 얼얼했다.

인적 고요한 그림 같은 누각에 달 밝은 밤

좋은 술 취한 노래에 예쁜 꽃잎 날리도다

스님의 착어처럼 이 '눈'은 '꽃잎'이 되어 영하의 추위 속에 얼어붙어 몸에서 떨어질 줄 몰랐다. 인파는 오만여 명은 족히 되고도 남을 것 같았다. 아이들의 손을 잡고 찾아온 불자들, 구두를 신고 산길을 걷는 아가씨들, 먼 곳에서 만장을 가슴에 달고 찾아온 스님들, 아아! 다비식을 찍기 위해 찾아온 수

많은 사진작가들……. 그들은 폭설에도 아랑곳없이 다비식을 기다리고 있었다.

한국의 다비식은 그래서 겸허하고, 그래서 아름답고 성스럽다고 하지 않는가. 하나의 장관을 이룰 것이 틀림없었다. 설화가 빚어내는 풍경과, 연화가 타는 오색찬란한 불꽃이 하늘을 향해 피어오를 것이 틀림없었다. 영결식은 오래 진행되었다. 눈은 도무지 그치질 않았다. 그래도 참석한 사람은 그 자리에서 꼼짝도 하지 않았다. 영결식장에 들어가지 못한 사람들은 입구에 마련해둔 멀티비전으로 영결식을 보고 있었다. 행장을 떠나는 마지막 춤사위인 승무가 아름답게 펼쳐지고 있었다.

영결식이 시작되었다. 영결식은 개식사, 영결법요, 서옹대종사의 행장 소개, 서옹스님의 육성법문인 추도입정, 법장스님의 영결사, 법전예하 법어, 원로의장 도원스님의 추도사, 대통령 조문, 가계조사 순으로 진행되었다.

큰스님의 법구는 고불선원, 운문암선원, 성륜사선원, 불갑사선원 5개의 수좌 24명의 의호에 의해 특설 연화장으로 이운돼 연꽃으로 수놓은 연화대에 놓여졌다. 높이 3미터는 족히 될 연꽃으로 화려하게 장식된 연화대었다.

평소 좌정한 채로 참선 정진하던 모습 그대로 열반에 든 법구는 정사각형 관에 놓여져 있었다. 멀티비전으로 비친 서옹스님의 좌탈입망은 놀라울 정도로 내게 큰 충격을 주었다. 그것은 하나의 '신선한 아름다움'이었다. 금비단 저고리를 입고 고개를 약간 뒤로 쳐진 채로 열반한 모습이었는데 그것만으로도 큰스님의 위엄은 상당한 것이었다.

서옹스님의 좌탈坐脫은 만암스님 이후 현대불교의 첫 좌탈이었다. 열반에 든 시각은 정확하게 2003년 12월 13일 저녁 10시 10분이었다.

3일 전부터 "이제 열반에 들어야겠다"며 입적을 예고한 서옹스님은 앉은상

태고 열반송을 남겼다. 좌탈한 서옹스님의 모습은 마치 석가모니 부처님의 고행상과 같아 오히려 환희심이 일었다. 스승인 만암스님과 제자가 좌탈에 든 것은 유래가 없는 것으로 큰스님의 높은 수행력을 보여주는 것이었다.

> 운문에 해는 긴데 이르는 사람 없고
> 아직 남은 봄에 꽃은 반쯤 떨어졌네
> 한 번 백학이 날으니 천년 동안 고요하고
> 솔솔 부는 솔바람 붉은 노을을 보내네
>
> ―「열반송」

열반송이 읊어지자 어디선가 흐느끼는 소리가 고요 소리를 깨고 들리기 시작했다. 불자들의 울음소리였다.

무릇 금불은 용광로를 지날 수 없고 목불은 아궁이를 피할 수 없으며, 토불은 물을 지날 수 없다고 했다. 그러나 서옹 큰스님은 마치 전광석화와 같고 질풍노도와 같아서 생사의 그물에 걸리지 않는다.

총무원장 법장스님의 서옹대종사 영결사가 시작되자 불자들의 울음소리가 들려왔다. 그 울음소리는 고요 속의 적멸을 깨고 백암산을 흔들었다. 고요 속에 터져 나온 적막이었다.

20세에 산문에 들어 입적에 이를 때까지 백납百納의 운수雲水로 선문禪門을 빛냈고 임제사상을 진작하여 부처를 구하면 부처를 잃고, 도를 구하면 도를 잃고, 조사를 구하면 조사를 잃는다는 무위진인의 자유를 깨우쳐 주었던 서옹대종사였다.

서옹스님의 조부는 정3품 벼슬을 한 이창진 옹으로부터 한문을 배웠다.

그 후 양정고등보통학교를 졸업하며 일제치하의 굴욕과 울분에 처해 있었던 서옹은 심각하게 사회 문제를 생각하게 되었다. 이것은 한국인이라면 누구나 느끼던 시대적인 민족 감정이기도 했다. 왜 일본은 우리를 괴롭혔으며, 도대체 인생은 무엇이며 진리는 무엇인가? 과연 인생은 무상無常한 것인가? 깊은 명상에 잠기기 시작했던 것이다. 그는 어느 날, 총독부도서관에서 불교 서적을 통해 그 해답을 찾았다. 그리고 그는 집안의 장손인데도 불구하고 만암스님에게 출가를 했다. 아들을 하나 낳고 출가를 하라는 집안어른의 간곡한 부탁을 거절했던 것이다. 그 때가 1932년이었다.

눈은 그치지 않았다. 어린 동자승의 법복에도 하얀 눈이 내렸다. 줄지어선 어린 동자승의 얼굴과 서옹스님의 법안法眼이 자꾸 겹쳐졌다. 정正과 사邪가 없는 티없이 맑은 동자승의 얼굴, 그 얼굴이 바로 서옹대종사의 얼굴이었다. 살아 있는 여불如佛이 바로 서옹스님이 아니었던가. 천진스럽고 아이처럼 작아 보이고 조그만 우스갯말에도 곧잘 웃으시고 하잘것없는 일에도 흥미로워하시던 서옹스님이 바로 동자승의 얼굴이었던 것이다. 살았습니까. 죽었습니까. 살았다면 그림자 없는 나무를 불 가운데 심는 일이요, 죽었다면 살아 움직이는 영봉보검이 드러나 있습니다. 이렇게 분명하고 역력한 무위진인無位眞人(참사람)은 태어나도 생生을 따르지 않고 죽어도 사死를 따르지 않습니다.

법장스님의 법어가 끝나자 어디선가 후두둑 겨울새가 나무 속에서 날아갔다. 까만, 작은 새였다. 나는 시선을 돌려 그 새가 뿌리고 간 설화雪花에 내몸이 덮쳐지는 것을 느꼈다. 필연 저 새가 서옹 큰스님이 아닐까.

"보살님은 어디서 왔나요?"

"서울에서 왔어요."

나는 초등학교 5, 6학년쯤으로 보이는 아이의 손을 잡고 연화장에 서있는 젊은 보살에게 말을 건넸다.

"아저씨는 어디서 왔나요?"

"서울……."

나는 아이의 털모자를 벗어 툭툭 털고는 다시 그 아이의 머리에 씌워 주었다. 또다시 그 얼굴과 서옹 큰스님의 얼굴이 겹쳐졌다. 그랬다. 서옹 큰스님은 생을 떠난 것이 아니라 우리들의 몸에서 다시 환생을 하고 있는지도 모른다는 생각을 했다.

"서옹대종사의 입적에 온 국민과 함께 깊은 애도의 마음을 드립니다."

노무현 대통령의 조사를 청와대 조윤제 경제보좌관이 대독을 마쳤다.

연화대에 불이 붙여졌다. 금강경 독송소리가 백양사 도량을 거쳐 백암산을 가득 채웠다. 울음소리는 독송소리가 섞여 설화를 떨구어내고 있었다. 오색의 불길, 퍼붓는 눈발, 독경소리, 흐느끼는 인간의 소리가 맞물려 순백의 일세계一世界가 펼쳐졌다.

몸을 뒤쳐 움직일 때마다 흰 물결이 하늘에 닿고 산하가 진동하며 달과 해가 빛을 잃게 하는 노사老師의 '할喝 소리'를 듣는 듯했다.

한국에서 승속僧俗을 막론하고 가장 청청한 종교인 중의 한 분이었던 서옹대종사. 그는 중이 해야 할 일은 '자나 깨나, 가나 오나, 화두 일념으로 살아갈 일'을 강조했다. 화두 찬 수행자는 그 어떤 정正과 사邪에도 마음의 흔들림이 없다고 했다. 스님의 일화가 있다.

서옹대종사가 30세 되던 해에 일본 임제종 묘심사에서 정진할 때의 일이다. 당시 임제종 선원 입방식 과정은 3일 동안 대기하면서 온갖 방해를 극복

해야 했다. 임제종 선원은 이러한 특이한 입방식 절차를 가졌는데, 오고 가는 사람들이 일부러 발을 차고 시비를 걸어 '분심'을 돋구어 근기를 시험하는 방식이었던 것이다. 그러나 대부분의 사람들은 그 모멸감을 참지 못하고 화를 내거나 돌아가기 일쑤였는데 반대로 서옹대종사는 오가는 사람들이 발로 차고 욕설을 하며 시비를 해도 그저 빙그레 웃으면서 편안한 모습을 보여 2일 만에 임제종선원의 시험을 통과했다고 한다. 그 후 참선수행의 모범을 보였던 일본 임제종에서는 서옹대종사를 부처님으로 대접하여 '여불'이라는 호칭을 얻었다고 한다. 여기에서의 공부를 토대로 서옹 큰스님은 『임제록 연의』를 통해 동양 최고의 선지식으로 남게 되었다.

한국에서도 유명한 베트남의 틱낫한 스님도 서옹 큰스님에 대해 "서옹스님이 활발발活潑潑한 참사람과 제가 현재 세계에 펼치고 있는 운동인 '깨어있는 마음'의 본질은 같은 것이다. 지금 있는 이 자리와 현재가 바로 정토이요 극락이며 현재에 대한 절대적인 행복과 깨달음이 바로 참사람인 것이다. 오래 전부터 서옹스님의 무위진인 즉 '차별 없는 참사람'에 대해 잘 알고 있는 것도 그 탓이다. 미국 녹야원에서 임제록을 강의할 예정인데 그때 서옹스님의 무위진인 참사람 운동에 대해 설파할 생각이다"라고 전했다.

서옹스님이 살아 있는 동안 설파하고 강조했던 참사람은 미래나 과거도 아닌 절대적 주체로서의 현재형이다. 그리고 그것은 자비라는 또 다른 보살행으로 그 이념성을 뒷받침하고 있다. 현재의 자기만족 더 나아가서 우주의 행복을 위한 방편으로서 참사람이 존재하는 것이다.

"참 나란 절대적 이율배반을 탈피한 자기를 말하는 것이다. 이것은 궁극적으로 진실자기인 참나, 진실제인眞實才人의 인간이 되는 것으로, 이것을 차별 없는 참사람이라고 한다. 임제스님이 말한 무위진인인 것이다. 이 참사람은 본래고 각覺한 참사람이다. 이는 바로 새롭게 깨달은 것이 아니라 본래의 참사람이라는 말과 같다. 이 참사람은 생사도 없고 남녀노소의 차별도 없고 선악, 미추, 중생과 부처의 차별도 없고, 계급, 민족, 인종, 국가 심지어 생물과 우주, 시간과 공간의 차별도 없다. 즉 모든 한정을 절絶해서 독탈무의獨脫無依하여 일체 계박繫縛을 탈각脫却하여 무애자재하다."

"오늘날 이 나라가 흉흉한 것은 참사람이 없기 때문이다. 망상과 집착에 사로잡혀, 거울 같이 청정하고 생사고락과 선악분별의 일체를 초월하여 자유자재한 지혜를 증득하지 못했기 때문이다"

상왕은 위엄을 떨치며 소리치고 사자는 울부짖으니

번쩍이는 번갯불 가운데 사와 정을 분별하도다

맑은 바람이 늠름하여 하늘과 땅을 치는데

백암산을 거꾸로 타고 겹겹의 관문을 벗어나도다

—「오도송」

서옹 큰스님은 1967년 백양사 쌍계루 아래 돌다리를 건너다 돌다리 사이로 흐르는 물살을 보고 문득 확철대오해 부처님의 큰 뜻을 깨치고 오도송을 얻었다. 출가하신 지 36년 만이었다.

일제강점기에 한국 현대불교는 인재 양성을 위해 많은 스님들을 유학길에 오르게 했지만 대개의 스님들은 환속을 하고 말았다. 그러나 끝까지 수행자의 길을 걸은 것은 서옹, 서암, 취봉스님 등 손가락으로 헤아릴 정도에 불과했다. 세상의 '달콤한 유혹'을 뿌리치고 흔들리지 않는 바위처럼 구도행을 계속했던 서옹스님의 불법佛法에 대한 신심은 금강석처럼 견고했다. 현대 한국불교 중흥조인 만암스님 법맥을 이은 서옹스님은 만암스님에게 전법게를 받고 법맥을 이었던 것이다.

白巖山上一猛虎	백암산 위의 한 사나운 범이
深夜橫行咬殺人	한밤중에 돌아다니며 사람을 다 물어 죽인다
颯颯淸風飛哮吼	쏴쏴 맑은 바람 일으키며 날아 울부짖으니
秋天皎月冷霜輪	가을 하늘에 밝은 달빛은 서릿발처럼 차가웁도다

— 만암스님의 전법게

이젠 서옹 큰스님은 세상에 없다. 그러나 생과 사가 없으니 아직 한국불교에 남아 그 선맥을 잇고 있는 것이다. 서옹스님의 착어를 옮긴다.

밥 먹음에 입 벌리고 잠자매 눈 감음이오
얼굴 씻을 적에 콧구멍 만지고
신 신을 때에 발뒤꿈치 만지도다
비록 마땅하고 또 심히 마땅하나
두 노인이 아직 깨닫지 못하도다
어찌하여 그러한고?

흰 구름 다한 곳이 바로 청산인데
나그네는 다시 청산 밖에 있도다
할![4]

— 정성욱 (시인)

2) 나의 스승 서옹스님[5]

내가 스님을 처음 뵌 것은 1986년 더위가 한창 기승을 부리는 8월 15일 광복절 오전 9시경이고, 장소는 서울 장승배기 백운암 조실이었다. 그러나 사실 전혀 감정이 실리지 않은 이 한 줄의 글을 쓰고 나니 더욱 창망하여 말문이 막힌다. 생각이 아득해지고 머리에 무엇이 가득 찬 듯도 하고 텅 빈 것 같기도 하다. 무엇이 나를 허물어뜨리는가. 나를 아무것도 아닌 것으로 만드는가. 알고 보면 우리가 과거를 회상한다는 것 자체, 그 과거가 원래 있지 않으며 있지 않은 과거란 말일 뿐, 없어지지 않은 기억의 한 파편일 뿐. 우리의 만남은 한 번의 만남이라도 천만년의 만남이고, 우리의 헤어짐은 천만년의 헤어짐이 분명하다. 그리고 이 이별은 우리 서로서로가 만나지 않을 수 없는 이별이 아닌가.

1월 13일 오후 10시경, 이 시각 나는 무엇을 하고 있었던가. 돌아보니 아무런 일도 하지 않았었다. 또 돌아보니 스님께서도 아무런 일도 하지 않았다. 그러나 다시 한번 꽃은 지고 구름은 흩어지고 물은 흐르고 지나가는 눈발은 과거 또 과거에도 날았고, 미래 미래가 다하도록 하늘거릴 것이고, 오직 이 자리를 벗어나지 않고 하늘거리고.

스님과 나의 인연은 내가 40에 들던 1986년부터 시작된다. 아니 나와 스님과의 인연은 그보다 훨씬 이전으로 거슬러 올라간다. 아마 1974년쯤 되었으리라. 대구 반월당 작은 불교서점에 들러서 젖어드는 허무랄까 무상이랄까

---

4 「서옹스님, 설화雪花 속으로 돌아가다」는 정성욱 시인이 서옹스님 다비식을 참관하고 계간『시와세계』(2004년 봄호)가 특집을 한 「다비식 참관기」다.
5 여기에 소개되는 글은 1986년 서옹선사께서 92세를 일기로 열반에 들었을 때, 『시와세계』에 발표된 스님에 대한 저자의 추도문 「참사람, 무간지옥無間地獄에 들다」의 일부이다.

이걸 메우기 위해 한 벽 가득히 찬 선서를 훑고 있었다. 눈안에 깊숙이 자리 잡는 책 한 권. 서옹연의『임제록』이었다. 나는 그 때 서옹스님이 어떤 분인지 알지 못했다. 그저 서옹이란 이름이 마음에 들었고, 임제선사의 고함소리가 좋았고, 잠시 서가 귀퉁이에서 들여다본 서옹스님의 착어가 무조건 좋아 보였다. 그 착어의 선구禪句들, 내가 도저히 알지 못한, 그 알송달송함이 마음에 들었다.

8월 15일 부운수좌와 함께 임제 선원 조실에 시봉스님의 안내를 받고 들어간다. 아랫목에 앉아계시는 큰스님은 차라리 단아한 한 마리 청학이었다. 형형한 안광眼光, 입가에 깃든 미미소微微笑, 몸에 우러나오는 간단명료함, 심신에서 우러나오는 고적함, 바로 노고추老古錐[6]였다. 나는 그때 '바로 이분이구나' 하는 탄성이 마음에서 저절로 우러났다.

(1) 서옹선사의 계보

서옹선사의 선맥을 더듬어보니 석가세존으로부터 76대에 이른다. 우리나라 선의 법계는 신라 9산선문 가운데 사조도신의 법을 이은 법랑이 처음 선을 전하나, 이 법계가 단일 선맥이 아니며, 법랑의 제자 신행이 입당하여 북종 신수의 제자 보적의 인가를 받았고, 신행에서 준범, 혜원 다음 대인 지선도헌에 이르러, 지선이 입당하여 마조도일의 법계인 쌍계진감의 법을 잇는다. 그러나 후손들이 번창하지 못하고 끊어져버린다.

---

6 노고추는 오랜 옛 송곳이니, 송곳은 뾰족하여 아무리 감추어도 자연 드러난다. 이와 같이 덕 높고 법력이 높은 조사스님들도 아무리 감추려 해도 자연 드러나니 옛 송곳과 같다는 의미다.

• 세존…육조혜능(33대)…마조도일(35대) ┬ ─► 백장회해 ──────┐
　　　　　　　　　　　　　　　　├ 서당지장 – 도의…보각일연…**태고보우**
　　　　　　　　　　　　　　　　└► 염관제안 – 범일…보조지눌…나옹혜근

• 세존…보리달마(28대)…육조혜능(33대) – 남악회양(34대) – 마조도일(35대) – 임제의현(38대) – 양기방회(45대)…
　석옥청공(56대) – **태고보우**(57대) – 청허휴정(63대)-편양언기(64대) – 풍담의심(65대) – 월담설재(66대) – 환성지안(67대)
　– 호암체정(68대) – 연담유일(69대) – 양악계선(70대) – 침송성순(71대) – 덕운천훈(72대) – 한양용주(73대) –
　취운도진(74대) – 만암종헌(75대) – 서옹상순(76대)

위의 법계에서 살펴본 것 같이 오늘날까지 문헌상 뚜렷하게 이어지는 우리나라 선맥은 9산선문 중 가지산문과 임제종 양기파의 법을 아울러 잇는 태고 보우(57대)와 그의 법손 청허 휴정(63대)에 의해 전등된다. 서옹의 법계는 그의 법사인 만암 종헌(75대)의 법을 이으며, 만암은 환성(67대) 호암(68대) 연담(69대)을 잇는 법계이다.

(2) 선적 체험

다시 내 나이 마흔, 1986년 나는 들뜬 마음으로 장승배기 백운암 임제 선원으로 서옹스님을 친견하러 가는 인연이 익는다.

마흔이 들던 전후에 떨칠 수 없는 화두로 나는 거의 짓이겨지고 있었다. 잠자리에서마저 화두가 성성히 들리고 있었다. 잠 속에서 공부에 도움되지 않는 꿈이 꾸어질 때는 다시 한 생각이 나와 '그래 공부하는 내가 이런 잡 꿈이나 꾸어서 되겠나' 하며 나를 추스르며 다시 화두를 들곤 했는데, 새벽녘 아내가 일어나라고 깨울 때도 화두가 이어지고 깨어나도 계속 화두가 들리곤 할 때였다. 나의 온몸이 공부를 받아들이고 나의 6식六識 전체가 서로 상통되고, 해체되곤 하던 때이다. 나는 몰두되어 눈을 감으나 눈을 뜨나 이 일 이외는 관심조차 없던 때. 나는 고향의 조상님이나 부모님한테로 갈 그런 생각조차 못하고, 내가 사는 강릉에서 가까운 정선 처가에 가서 명절을 지내게 된다. 심신이 가라앉을 대로 가라앉은 나는 처가 골방에서 한 대의 담배와 『전등록』을 즐기고 있었다. 사랑방에서는 설날 차례상을 차리는데, 심심하여 다시 『전등록』을 펼치는데, 문득 어디선가 병과 병이 부딪치는 소리가 나더니, 향엄선사의 "어떤 것이 아버지와 어머니가 처음 만나기 전 너의 본래 얼굴인가如何是 父母未生前 眞面目麼?" 공안이 보이는가 싶더니, 한 줄기 마음의 길이 열리고 세계의 이면이 올연히 드러났다. 내가 아는 '시심마是甚麼', '마삼근麻三斤', '일귀하처一歸何處' 공안들이 갑자기 발가벗은 채 달려 나왔다. 아득한 낭떠러지 끝에 올라선 것과 같은 상태, 한 달 정도 이어지던 울울함이 갑자기 둘려 빠져버린다.

나의 살림살이는 긴 터널을 내닫는 열차와 같이 외길로 치닫고 있었다. 향상일로向上一路는 진공과 같은 한 길이고 틈도 없는 무간지옥無間地獄을 돌고 돌다 천길 낭떠러지 끄트머리에 발가벗고 서 있다가 한 발을 내딛었다는 생각. 이 생각이 옳은 것이냐 그렇지 않은 것이냐, 이것이 그 당시 나에게는 가장 큰일이었다. 18살의 초발심 후, 이 일은 장부일대사丈夫一大事였고, 가장 큰 문제였고, 생명을 건, 늘 내려가지 않는 체증으로 남는 내 가슴에 맴도는 문제였다. 이 일대사가 40 전후에 무너져 내리는 실제 체험을 얻고, 나는 이 일이 사실인가를 확증받기 위해 제방 선지식님네를 찾아 나섰다. 그때의 수도일지인 「자정일지子正日誌」 한 도막을 옮긴다.

1986년 2월 9일.

생일이었지.

음 정월 정일.

나는 졸업을 하고 쌓여도 쌓여도 더 쌓일 것 없는

그런 생일이었지.

부모미생전父母未生前의 나

그런 건 개한테나 주어, 참학인參學人의 속이나 편하게 하라.

그러나 말 마라, 먹어도 먹어도 먹지 않는 내 나이.

날마다 나는 생일, 나는 생일.

이날 나는 무시이래無始以來 고향에서 생일을 맞다.

소쩍새 소쩍다 소쩍다 소쩍새

옛 하늘 속에 소쩍다는 소리

옛 물결에 물결 이어서 일고

옛 사람 오늘도

소쩍다 소쩍새 소쩍새 소쩍다

나는 위산潙山선사가 그의 제자 향엄香嚴에게 '자네의 총명과 재주가 대단함을 나는 짐작하네. 그러나 우리에게 생사 문제가 가장 근본적이라는 걸 자네는 인정할 걸세. 자, 그럼 나에게 자네가 부모에게서 태어나기 이전에 어떤 상태에 있었는지 이야기해 주게'라고 한 부분 읽다가 문득 어디선가 병과 병이 마주치는 소리를 듣다가, 홀연히 심안心眼이 빛을 따라감을 보다가, 부모미생전父母未生前의 나가 '나'임을, 도저히 알 수 없음을 알았다. 나는 웃었다. 콸콸콸 물 빠지듯 꼭 하루 하고도 하루 낮을 웃었다. 끝내는 우스워 웃었다. — 고불古佛의 공부도 별로 기특할 것이 없었군. — 1700공안 모두 한데 묶어 화장실 벽에 꽂아두라. 다시 한 수 적다.

옛 사람 홀연히 안광이 길을 찾는단 그 말 속지 말자

눈 감아도 감아도 안광의 길은 암흑만큼의 깊이에서 빠져나고

온 우주에 올연히 솟아 오른 병 부딪는 소리

이 사람아 조주趙州 그 영감 차 말고 내 한잔 주지

휘파람으로

달빛이 연못을 뚫어도 흔적 없다 누가 말하던가

오직 연못을 뚫고 있을 뿐일세

이 「자정일지」는 나의 40세 무렵의 파편이다. 그리고 1985년 12월 21일은 마흔 들던 1월 1일 원단元旦이었다. 이때에 찾아드는 내 정신의 변화는 다음 기회에 소상히 밝히기로 한다.

(3) 수련기 — 서옹스님과의 첫 문답

1986년 8월 15일 부운수좌와 함께 임제 선원 조실에 시봉스님의 안내를 받고 들어갔다. 나는 스님에게 삼배의 예를 올리고 꿇어앉았다. 당시 도반 부운 수좌가 미리 전화를 드려서 참문하러 가는 수선행자修禪行者임을 연통한 까닭에선지 스님은 전신에 온화한 기운을 보이신다. "공부하는 학자라

고?" 하시는데 조실이 온기로 가득 차 넘실거린다.

나는 아무런 말도 하지 못한다. 시자가 따라주는 작설차를 입안에 머금으며 내 공부를 여기서 마감해야 하고, 내 공부를 마땅히 조사스님한테 인가를 받음으로써 이 한계상황에서 자유롭게 훨훨 날아야 한다는 결심이 앞선다.

"그래, 묻고 싶은 게⋯⋯."

(이 멍충이 놈아 뭘 묻고 싶은 거냐?)

나는 부끄러운 새악시 마냥 겨우겨우 말씀을 올린다.

"스님, 제가 알고 싶은 게, 8식 이전의 소식입니다. 이 소식을 한 말씀해 주십시오."(8식 이전의 소식은 부모미생전 본래면목父母未生前 本來面目을 나에게 내보여주시란 말입니다.)

스님께서는 어눌한 내 말을 제대로 듣지 못하셨는지, 6근과 6경의 12처, 6식을 합친 18계. 7식. 제8식인 아뢰야식에 이르는 유식철학과 프로이트 정신분석학에 배대하여 한 20여 분에 달하도록 친절한 가르침을 주셨다. 스님의 잔잔한, 동서를 회통하는 말씀. 너무나 오랜 세월이 흐른 듯한 진공상태인 것 같은 스님의 말씀 끝에 나는 허기지고 지쳐 있었다.

"스님 저는 생사 문제가 무너진 자리, 이 소식을 묻고 있습니다."(전 그 말씀을 물은 것이 아닙니다. 전 생사 문제가 허물어졌습니다.)

"수선납자인가?"

부운 선화가 곁에서 '열심히 참선하는 선객입니다'라고 보충하는 말이 들렸다. 그리고 요즘 소식이 있어 점검 받고자 하여 같이 오게 됨을 대략 말한다. 실눈을 뜨시고 미미소를 머금은 채, 어눌한 나의 말을 들으신 스님은 가느다란 솔바람 같은 소리로 나에게 물었다.

"거 참 좋은 거 알았군, 그럼 내 다시 묻겠네."

삼복이라서 더운지 하여튼 나는 꿇어 앉아 얼굴에 땀을 훔치고 있었다.

나는 심신을 다시 가다듬고 말씀을 기다렸다.

"움직일 때나 움직이지 않을 때나 너는 너를 잘 보고 있느냐?"

나는 망설이지 않고 언하에

"예, 그러합니다."

"그래 그렇군. 그럼 깊은 잠에서도 너는 너 자신을 잘 지키고 있느냐?"

"예, 그렇습니다." 냉큼 대답을 올렸다.

"그래 그렇다. 너는 너를 참 잘 알고 있구나. 그러면 꿈 가운데도 너는 너를 마음대로 쓸 수 있느냐?"

"예, 그렇습니다. 그렇지 않고서야 어디 우리가 이 자리에 앉아 있을 수가 있겠습니까?"

나는 몹시 냉정을 잃고 흥분을 즐기고 있었다. 고요가 깨어지고 있었다.

"거 참 대단하군, 그래 꿈도 없고 잠도 없고 낮도 밤도 아니다. 그럴 때 너는 너를 잘 알 수 있느냐? 그러할 때 너는 어디에 있더냐?"

나의 의식은 아득해지고, 몽롱해지고, 바래지고 있었다. 황망하여 갈피를 잡지 못하고 있었다.

나는 나도 모르게 "꿈속에 있습니다." 모기소리를 내었을 뿐이었다.

"봐라, 그건 모르는 거여, 하나를 몰라도 다 모르는 거여."

말씀이 들리자 '넌 가짜야 가짜' 나는 나 자신에 대한 자책감과 자괴감으로 온 몸이 무너져 내려앉았다. 깊은 수렁으로 빠져들고 있었다. 나는 긴 세월이 흐르는 착각의 침묵속에 꼼짝 못하고 꿇어 앉아 있었다. 얼마가 지났는지 부운선화가 나의 겨드랑이를 부축이며 큰스님이 피곤하시니 물러가자고 하였다. 일어서는 순간 나는 나의 몸을 가눌 수 없이 지쳐있음을 알았다.

무너져 내리고 있었다. 캄캄하였다. 스님이 일어나시어 문밖까지 나오셔서 '요즘 수좌치고 그만큼 공부하는 사람도 없다. 기특하다. 내년 이 때 다시 오라.' 대략 이런 말씀을 하시며 어깨를 두드려 주셨다.

(4) 7년간 일곱 차례 서래밀지를 묻다

1986년 서옹스님과의 첫 만남은 이렇게 끝났다. 그 후 나는 1년간 서옹스님을 가슴에 안고, 공부가 순일하지 않을 때는 스님의 미미소를, 형형한 안광을, 스님의 가늘고 긴 목소리를 떠올리며, 오직 이 문제를 끌어안고 1987년 8월을 맞이한다. 1년을 여삼추餘三秋와 같이 보낸 나는 백양사와 운문암, 서울 백운암으로 전화를 하면서 스님이 계시는 곳을 확인하였다. 다음 일요일에 무학재 넘어 수국사에서 대중법문을 한다는 것을 알게 된다. 한걸음에 강릉에서 달려간 나는 수국사에 들어서자마자 스님을 찾았다. 마침 스님께서 대웅전 옆 작은 방에서 법문할 준비를 하고 계셨다. 급히 스님께 삼배의 예를 올렸다.

"너 왔구나."

하시며 얼굴에 환한 표정을 지으셨다. 그때 시자가 와서 '스님 법문을 할 시간입니다' 하는 전갈을 받았는데도 아무런 내색 없이 나를 물끄러미 건너보시더니 말씀을 하셨다.

"그래, 그때 어디까지 했지?"

"예, 스님 '오매중일여寤寐中一如하냐? 그렇다면 일여할 때 너는 어디에 있더냐? 속히 일러보아라'까지 지난해에 했습니다." 나는 기다렸다는 듯이 소프라노로 읊었다.

"응, 그렇군. 그럼 그럴 때 너는 어디에 있더냐?"

나는 일어섰다 앉으며 단숨에 여쭈었다.

"바로 여기입니다."

그러자 스님은 말이 떨어지자마자 이르셨다.

"거긴 그 자리라 해도 맞지 않는 거여. 이럴 때는 무어라 대답할 것인고?"
하시며 대중법문이나 들어라 하시는데 또 앞이 아득해졌다. 막 내 앞을 지
나시는데, 장삼 깃을 당기며 나는 외쳤다.

"이 자리입니다."

하니 잡은 나의 손을 홱 뿌리치시며 법상으로 올라가셨다.

다시 1년. 또 다시 1년. 8월 어느 날, 백운암 방장에서 스님과 마주 앉게
되었다. 다짜고짜로 스님은 인사도 여쭙기 전에 물었다.

"왜, 억울하냐? 억울한 건 너가 아니고 나다. 그럼 너라고 부르는 취현(나
의 법명)은 뭐냐?"

"스님, 이 자리입니다."

"그곳은 이 자리라 해도 맞는 것이 아니다. 다시 일러 봐라."

스님은 사정없이 정신을 차리지 못하게 나를 몰고 갔다. 나는 막다른 절
벽에서 뛰어내리지도 못하고 돌아설 수도 없는 곳에서 1년 또 1년을 보내고
다시 1년 같은 하루를 진공 속에서 맞이하고 있었다.

"그래, 그래도 억울하냐? 그럼 다시 한번 해보자. 나에게 보배로운 지팡이
가 하나 있는데, 네가 가졌다면 나는 이것을 너에게 줄 것이고, 너에게 이 지
팡이가 없다면 너의 지팡이를 빼앗아 가겠노라 하는 법문이 있는데, 너의 견
해를 한번 일러 봐라."

잠시 후 나는 말씀을 올렸다.

"스님, 스님과 저, 모두 같은 지팡이 안에 있는데, 무얼 주고받는단 말씀입니까?"

한참 침묵하시던 스님께서 나를 넌지시 건너보시다 하시는 말씀.

"아니야, 아니야. 탕기에 때가 묻어. 때가 묻어나. 다시 참구해라. 왜, 국민학생이 100미터 달리기를 하는데 얼마나 열심히 달리는지 옆에 누가 뛰는지 누가 뒤따라 오는지 모르고 달리지, 그렇게 참구하라. 마치 철봉대에서 마지막 턱걸이 하듯 말이야."

이렇게 다시 1년의 세월은 지푸라기 같이 구겨지고 혹은 날 선 작두와 같이 시퍼런 상태에서 나를 추스르며, 실참실수實參實修하길 어느덧 7년이 흘렀다. 돌이켜볼 수 없는 시간 속에 나는 아무것도 남아 있지 않았다. 당시 나는 강릉 포교당에서 『반야심경』을 강講하게 된다. 그리고 틈틈이 『반야심경』 주소를 나름대로 사기私記하고 이해한 부분을 새로운 체계로 적어 내려가 한 권 분량의 책이 되어서 출판을 하게 된다. 이 책을 쓰게 된 것 역시 스님을 처음 참문할 때부터 시작한 것이니, 한 7년 열심히 참구한 도리를 『반야심경』의 말씀과 같이 적은 것이니, 곧 나의 살림살이 전부이고, 또 스님에게 보여줄 나의 전부인 셈이다.

이렇게 쓰인 육필원고를 들고 다시 백운암에 들렀다. 당시 스님께서 심장이 좋지 않아 건강에 문제가 있다 하시며 일본에 병원을 하는 신도가 있는데, 한번 다녀와야겠다고 말씀하셨다. 마침 그 당시 도반인 성철스님께서 입적한 때였다.

"거, 보따리에 든 것이 무어냐?"

"예, 제가 스님을 처음 찾아뵐 때부터 수선일지 삼아 쓴 『반야심경』 육필원고입니다. 스님께 서문을 받고자 합니다."

"허허, 선승이 뭐 글이 있나."

하시며 한사코 사양하신다. 그러나 나도 물러설 수 없는 외길이라 계속 졸랐다.

"스님, 바로 그것이지요. 선승이 글이 없다고 한 자 적어주시면 서문으로 싣겠습니다."

"그럼 『심경』을 오래 탐구하였으니, 물어보자. 어떤 이는 반야바라밀般若波羅蜜을 요체라 하고, 어떤 이는 마음 심자를 요체라 하고, 또 어떤 이는 색즉시공 공즉시색色卽是空 空卽是色을 요체라 하는데, 너는 무엇을 '반야'의 요체要諦라 할 거냐?"

"예, 저는 모든 이들이 보는 바를 부정하지는 않습니다. 그렇지만 스님께서 하문하시니 군이 말씀을 드린다면, 마하는 반야般若요 반야는 바라밀波羅蜜이고 바라밀은 다多이고 다는 심心이며 심은 경經입니다. 또 관은 자재自在이고 자재는 보살菩薩이며 보살은 행行이요 행은 심心이고 심은 반야이며 반야 역시 바라밀이며 다이고 시며 조견이고 오온五蘊이며 개공皆空입니다. 저는 이 도리가 이러하다고 생각합니다."

그리고 『반야심경』 270자를 이어 암송하려 하는데,

"그래 그래, 그만 됐어. 그럼 어디 무지역무득無智亦無得을 펼쳐보게. 그 곳을 읽어 봐."

나는 무지역무득의 장을 펼쳐 열심히 읽는다. 2쪽 가량 읽는데,

"그만 되었다. 그것 두고 가거라."

한 달포 후 스님한테서 기별이 와서 달려갔더니 다음과 같은 게송을 서문으로 주셨다.

般若劍兮殺佛祖	반야의 칼이여 부처와 조사를 쳐죽이고
吹毛用了急須磨	시퍼런 칼을 쓰고는 급히 갈어라
木鵲飛翔徹天外	나무 까치는 날러서 하늘 밖에 사모치니
直透千峯萬山嶽	바로 천 봉오리 만 산악을 통과해 가도다

佛紀 2535년 辛未年 4월 3일 西翁

(5) 인가

『반야심경』게송을 받던 날, 나는 카메라 필름 한 통에 스님의 사진을 담았다. 웬일인지 스님과 혹시 마지막일지도 모른다는 생각이 들었기 때문이다. 나는 내내 마음으로 울곤 했다. 그리고 다시 1년의 세월이 흘렀다. 되돌아보면, 이 당시 심신이 지칠 대로 지쳐 70kg의 몸무게가 57kg 정도로 바싹 말라 갔고, 공부의 무게는 모두 발산되어 1g도 안될 정도였을 터이니. 나는 죽음도 무방하다는 생각이 자연스럽게 들곤 하였다. 가을 백운암으로 스님을 뵈러가고 있었다. 봄에 찍었던 스님의 진영을 확대하여 가지고 조실을 찾았다.

"오, 너 왔구나. 가지고 온 것은 뭐냐?"

"예, 스님의 진영입니다. 제 마음에 썩 들어서 한 장 크게 뽑았습니다."
하며 20호 크기의 스님의 진영을 내놓자 '거 참 천진하게 되었구나' 하시며 기뻐하셨다. 갑자기 스님께 나도 모르게 물었다.

"스님, 제가 만약 마지막 참문제자로 너의 스승 서옹의 진면목眞面目이 어떠하더냐고 묻는 사람이 있다면 저는 어떻게 대답해야 되겠습니까?"

말이 떨어지자마자 스님은 벌떡 일어서시며 나를 의미심장히 보며 외쳤다.

"너, 반야 있잖냐? 반야 말이야. 나는 반야다 반야야."

움추린 스프링이 튀듯이 지금도 잔음殘音이 남도록 고유한 가늘고 긴 소리, 나를 꼼짝할 수 없도록 몰아갔다. 나는 이제는 속지 않는다 하는 마음으로 조용히 일어서서 스님을 부축하며 말씀을 드렸다.

"선지식이 중생들에게 그렇게 어렵게 법문을 하시면 누가 알아듣겠습니까? 스님 진중하십시오."

"그래, 그럼 너는 어떻게 말할 거냐?"

언하言下에 전광벽력電光霹靂과 같이 외쳤다.

"나도 반야다. 나도 반야야."

스님은 나를 한참 보시더니 크게 웃으시며 말씀하셨다.

"넌, 역시 반야를 잘 숙지하고 있구나. 그러할 뿐이다."

대략 더듬어보니 스님께 참문한 지 7년이란 세월이 갔고, 조사 앞에 머리 숙여 서래밀지西來密旨를 물은 지 꼭 일곱 번이 될 때였다. 서옹당 상순 대종사님의 간절 노파심은 이와 같았다.

다시 한 해가 가고 여름 어느 날 새벽 4시경 혼곤한 잠속에서 스님의 전화를 받는다. "취현이여, 나 아마 5일 정도에는 일본에 가야 할 것 같아. 가슴이 영 좋지 않아. 아마 수술을 할지도 모르지." 힘이 없는 목소리. 피곤하게 느끼는 목소리가 전화를 타고 들려왔다. 이날 나는 새벽 6시 버스를 강릉에서 타고 곧바로 스님에게로 달려갔다. 한여름이 막바지인 8월 말일인 듯싶다. 10시쯤 백운암 조실에 드니 제주도에서 올라온 법화원에 계시는 시몽스님이 앉아 있고, 당시 스님의 시자가 있은 듯하다. 스님은 반가워하시며 나에게 몇 가지 물건을 주시며 징표로 삼으라고 하셨다.

고방선사의『벽암록』과 스님 직접 친필로 현토하신『신심명』, 수처작주隨
處作主라고 쓴 스님의 대필 글씨, 스님이 직접 수결 낙관한 스님의 저서 서옹
연의『임제록』, 그리고 백양사 법맥을 인쇄한 계보첩, 그리고「시 송월조 거
사示宋越祖居士」라고 쓴 진리의 노래를 주셨다. 그 게송은 아래와 같다.

　　　송월조 거사에게
　　　마음을 열어 보이다

　　　부처와 조사를 초월하니 이 사람이 진인이다
　　　면밀한 데서 일보 이동하니 날으는 용을 보도다
　　　진리의 향주머니를 따서 깨드리니 온 나라가 훈훈하고
　　　하늘 틈을 버선목 뒤집듯 열으니 맑은 바람이 울부짖도다

　　　　　　　　　　　　　　　　　　　　　　임신년 8월15일 서옹

게송을 주시며 말씀하셨다.
"내가 네 이름을 하나 지었지. 월조越祖야, 월조."
옆에 잠자코 있던 시봉스님이 '월조는 달 월月자 비출 조照자입니까?' 하고
물으니 스님께서 '아니야 뛰어넘을 월자에 할아비 조자야' 하시었다.

(6) 참회

아! 돌이켜보면 조사께서 나투신 간절 노파심이 이토록 지극하셨는데, 스
님의 뜻을 전혀 받들지 못한 나는 오늘도 이렇게 허무맹랑虛無孟浪하게 살고

있지 않는가. 스님이 이르신 직절直截의 말씀, 끝내 가르쳐주지 않은 그 직절의 말씀. 부처와 조사, 천하의 선지식도 말씀하지 않은 그 말씀을, 오늘 전 매스컴을 통해 세간에 또 한번 열반의 소식을 전하니 눈 있는 자 듣고 귀 있는 자 볼 뿐입니다. 이제 비로소 소생 월조越祖 다시 참회합니다.

『금강경』에 이르기를,

> 만약 모습으로 나를 보려 하거나
> 음성으로 나를 구하려 하면
> 이 사람은 삿된 도를 행함이니
> 여래를 보지 못하리라.

— 법신비상분(法身非相分) 213

하신 것과 같이 스님의 가르침은 무릇 이와 같았습니다.

참사람, 무간지옥無間地獄에 들다―선법사 서옹대화상 찬

> 극락에서 무간지옥으로 들었다 해도,
> 무간지옥에서 극락으로 가셨다 해도,
> 무간지옥에서 무간지옥으로 옮기지 안했다 해도
> 부족합니다.
> 실눈을 잘게 뜨신 참사람이
> 걸음도 당당하게 무간지옥에 들고
> 가없는 광명의 하늘 틈이 펼쳐집니다.

무간지옥이 된 눈먼 당나귀

몰록,

일할一喝을 바칩니다.

6. 시자들의 회상

다음은 조계종 총무원에서 공식 발표한 지난 15일(2003.12.15) 좌탈입망한 조계종 5대종정 서옹스님의 수행 일화 모음집인 『서옹당 상순대종사 수행 일화』 전문이다.

1) '항상 화두 참구하라'고 당부한 엄격한 스승

백양사문도 대표이며 상좌인 원로의원 지종스님이 전한 스님은 엄격한 수행을 당부한 스승으로 기억에 남는다.

지종스님은 서옹대종사에 대해 "한국에서 승속을 막론하고 가장 청정한 종교인 중의 한 분"이라며 추도의 마음을 전했다.

지종스님은 "언제나 마음을 비우고 자나깨나, 가나오나, 화두일념으로 살아갈 것을 당부했다"며 "화두를 타파해 생사를 초탈하라는 철두철미한 가르침을 엄격하게 가르친 스승이셨다"고 말했다.

2) 마음 따뜻한 서옹대종사

법상좌인 원로의원 천운스님은 "서옹대종사의 따뜻한 마음이 가신 뒤에도 온기가 피어나고 있다"며 대종사와의 인연을 밝혔다.

서옹대종사는 일본을 자주 드나들면서 천운스님이 좋아하는 향을 자주 사 가지고 와서 선물로 내놓았다.

또 어떤 때는 과자나 빵을 손수 사 와서 내놓아 "뭣 하러 이런 것을 사 가지고 오시냐"고 저어하면, "어른도 이런 선물 사다 주는 것이여"라며 따뜻한 마음을 내보이셨다 한다.

서옹대종사는 천운스님에게 "사람에겐 항상 베푸는 마음을 가져야 한다"며 만인에게 자비심을 가질 것을 자주 당부했다고 한다.

그 뜻을 받들어 천운스님은 지금까지 불교 복지사업에 앞장서오고 있다.

3) 원로의원 성수스님과 치열한 구도행

조계종 원로의원인 성수스님은 지난 15일 문상을 마친 후에 "스님과 나는 함께 지내며 치열한 구도행을 펼쳤다"고 회고했다.

성수스님은 "기억은 잘 나지 않지만 봉암사와 서울 백운암에서도 몇 철을 같이 나며 철저한 구도행을 펼쳤는데 특히 서울 백운암에서는 몇 개월을 수행정진 하시다가 공부를 더 하기 위해 백운암 위의 처소로 자리를 옮겨가면서 수행에 전념하시는 철저함을 보이셨다"고 말했다.

4) "승려는 행동이 품도에서 벗어나선 안돼"

상좌인 지선스님은 은사인 서옹대종사의 꼿꼿한 모습을 항상 존경했는데, 한 치의 흐트러짐이 없는 모습을 견지한 스님의 모습을 보고 그 연유를 물었는데 대답은 조부님의 영향이 컸다고 한다.

대종사는 일찍이 부친을 여의고 정3품 벼슬을 했던 조부인 이창진옹으로부터 한문을 배우는 등 영향을 받아 유교와 불교에 능통한 어른이었다고 한다.

대종사는 항상 "조부님을 성인으로 알고 배웠다"고 말하기도 했다고 한다.

그러면서 "승려는 언제나 성체聖體가 품도를 벗어나서는 안 된다"면서 부처님의 제자 가운데 품행이 바른 마승 비구(녹야원에서 아라한과를 증득한 5비구 중 한 분. 부처님 10대 중 사리불과 목건련 존자를 부처님께 인도한 분)를 예로 들며 수행자의 올곧은 자세를 견지했다고 한다.

5) 일본 임제종 묘심사에서 3년간 철저한 수행 유명

스님의 상좌인 두백스님은 서옹대종사가 30세 되던 해에 일본 임제종 묘심사에서 정진할 때의 이야기를 들려주었다.

참선수행의 모범을 보였던 일본 임제종에서 서옹대종사는 부처님 같은 대접을 받았다. 당시 임제종 선원 입방식 과정은 3일 동안 대기하면서 온갖 방해를 극복해야 했다.

오가는 사람들이 발로 차고 시비하기도 해 대부분 수행자들은 그 화를 못 참고 돌아가기 일쑤였단다.

그런데 서옹대종사는 오가는 사람들이 발로 차고 시비를 해도 빙그레 웃으면서 편안한 모습을 보여 2일 만에 통과했다고 한다.

"화장실 청소 등 일상생활도 대중들의 모범이 됐다"고 두백스님은 설명했다.

6) '선필의 대가'로 이름 높아

서옹대종사의 선필은 유명한 서예가를 감복시키기도 했다.

대흥사 주지 몽산스님이 전한 바에 따르면 남도지방 유명한 서예가가 서옹대종사를 찾아와 "좋은 글을 써 주겠다"며 붓을 꺼내 들었다고 한다. 이에 서옹대종사 잠시 만류하고 큰 붓을 꺼내 두 손으로 '수처작주隨處作主'를 쓰자 더 이상 글씨를 쓸 엄두를 못 냈다고 한다.

당시 유명한 그 서예가는 서옹대종사의 수행에서 우러나오는 선필에 큰 감화를 받아 높이 받들게 됐다고 한다.

7) 사람 보는 예지력도 지녀

상좌 두백스님의 회고에 따르면 철저한 수행으로 무위진인無位眞人의 경지를 보였던 서옹대종사는 사람을 보는 예지력도 가졌다.

대종사가 1979년 대흥사 주석하고 있을 때의 일. 당시 대흥사에는 광주교육사령관인 윤모씨가 찾아와 대종사를 친견했다고 한다.

그때 대종사는 "자네, 별이 몇 개인가" 묻자 "예, 세 개입니다" 했다고. 그리고 대종사는 대뜸 그 사람을 향해 "자네 얼굴 보니 장관하겠네"라고 답했다. 나중에 윤모씨는 서옹대종사의 예언대로 체신부 장관을 했다는 후일담이다.

8) 몸에 밴 근검 절약정신

서옹대종사는 원적에 들기 3일 전까지 근검·절약정신을 몸에 지녔다고 시자인 호산스님이 전했다.

"큰스님은 남의 이야기를 절대 하지 않는 시비가 끊어진 무위진인이었다"고 말한 호산스님은 "화장실에서도 휴지 3칸을 절단해 꼬깃꼬깃 접어 사용할 정도로 근검절약 정신이 뛰어난 분이셨다"며 "세수하실 때에도 한 바가지를 낭비하지 않으셨다"고 말했다.

이유에 대해 물으면 대종사는 "수행자는 물 한 방울, 휴지 한 장 아껴야 수행자 자격이 있다"고 말했다고 한다.

9) 자신을 '등불' '부처'로 비유

서옹대종사가 입적하시기 전 시자인 호산스님이 "큰스님 92평생을 살아온 인생을 한마디의 선지로 말하면 무엇입니까"라고 물었다.

이에 대종사는 "등불, 등불"이라고 답했다.

이유를 물은 즉 "등불은 잠시 밝았다가 꺼져버리잖아" 했다며 자신을 비유했다고. 또 며칠 후에 같은 질문을 던지자 이번에는 "부처, 부처"라고 대답했다고 한다.

이유는 "모든 사람들이 부처마음 갖고 있고, 모든 이들이 부처되길 노력하니 나도 부처지"라고 대답을 했다고.

10) 부처님 예경 목숨처럼 여겨

1990년대 말 참사람 결사운동 사무처장을 맡았던 손상좌 금강스님이 백양사에 머물며 서옹대종사를 가까이서 뵌 이야기다.

당시 서옹대종사는 노령임에도 불구하고 부처님께 예경을 게을리하지 않았단다.

대종사는 혹여 저녁 예불 때 밤길이 어두워질 때면 항상 방문을 활짝 열어놓고 환기를 한 후 예불을 모셨고, 이어 '능엄주'를 외웠다고 한다.[7]

---

7   출처 : http://www.bulgyofocus.net/news/read.php?idxno=27410

에필로그

1. 「설악, 귀엣말하다」 시편

1) 설악, 귀엣말하다 1

어떤 사람이 나를 만나서 부처님 말씀을 듣고 깨달음을 얻고 싶다고 전화를 했다. 나는 참 잘난 놈이라고 속으로 웃고는 큰소리로 "나는 지금 여행 중이다" 했더니 그 사람이 "언제 돌아오십니까" 하고 묻기에 "그건 나도 몰라 어쩜 영원히 돌아오지 않을지도" 하고 전화를 끊어버렸다.

사실 나는 영원히 돌아오지 않을 길을 평생 나로부터 떠나고 있다.

— 설악 무산, 「여행」

설악 큰스님의 시를 읽다가 나는 문득 서산스님의 「삼몽사三夢詞」가 떠올랐다.

主人夢說客	주인은 손님에게 제 꿈 이야기 하고
客夢說主人	손님은 주인에게 제 꿈 이야기 하네
今說二夢客	이 꿈 이야기 하는 두 나그네
亦是夢中人	역시 모두 꿈속 사람이리라

　꿈과 지금이 이어지지 않을 때는 환각이나 이것이 현실일 때는 진실로 꿈이다. 그렇다. 이것이 지금일 때는 함이 없는 진인眞人의 삶이 아닌가. 역시 설악선사의 시, 평이平易하듯 하나 그대로 여시如是하여서 평자가 무얼 더 보태고 무얼 더 깎을 일이 아니다. 「여행」에서는 '깨달음을 얻기 위해 참문 하겠다는 사람', 여행 중인 노승, 어디선가 들려오는 '언제 돌아오십니까?' 하는 소리, 노선사는 '돌아오지 않으므로 돌아왔기에 영원히 떠나지 않을 거'다. 그럼 여행 중인 사람은 누구인가? 평생 나에게서 떠나고 또 떠나고 하는 이 놈은 누군가. 서산스님의 꿈이 꿈으로만 존재하는 것이 아니라 현실로 존재하듯이, 설악 큰스님의 여행이란 여행만을 말하는 것이 아니라 늘 여행 중인, 절대현재의 이 찰나를 보라 한다.

2) 설악, 귀엣말하다 2

　진작 찾아야 할 부처는 보이지 않고
　허공에 떨어지는 저 살인도 저 활인검

한 사람 살아가는데 만 사람이 죽었구나

— 설악 무산, 「만인고칙 · 1 : 조주대사」

조주의 대사저인大死底人은 『벽암록』 41칙에 나타나는 공안이다. 우리는 사실 본칙인 공안의 기록보다 우리를 더 창망한 선의 세계로 몰고 가는 것은 이 고칙을 있게 하는 선화禪話다. 그럼 고칙을 읽어보자.

여기 참구할 말머리話頭가 있다. 조주화상이 투자화상에게 물었다. "아주 철저히 죽은 자가 갑자기 살아난다면 어떻게 하겠소?"擧 趙州問投子 大死底人 却活時 是如何

투자가 대답했다. "밤에 쏘다니면 안 되지요. 내일 아침에 다시 오십시오." 投子云 不許夜行投明須到

이 뒤죽박죽인 화두, 고칙은 우리를 천길 낭떠러지로 떨어지는 느낌을 주고 있다. 우리의 오랜 관습과 지식의 바탕을 철저히 빼앗아 간다. 속지 말라. 이것이 선장禪丈들이 우리에게 들이대는 적기법문賊機法門이다. 그러나 천길 만길 빠져들면 들수록 점점 뒤풀이가 푸짐함을 알게 된다. 투자가 말하듯이 깨달은 사람은 '밤에 쏘다니면 안 된단다. 그럼 평시에 해 뜨는 아침에 평상심으로 오라不許夜行投明須到' 한다. 그렇다. 선의 요체 역시 평상의 일상사를 빼고는 아무런 말도 할 수 없다.

이 선화에 나오는 인물은 조주趙州從諗(778~897)선사와 투자投子大同(819~914)선사다. 조주는 마조의 제자인 남전보원의 법제자며, 그의 행장에 의하면 120년 살다간 선장 중에 대종장이다. 특히 그의 세 치의 혀로 학인을 꼼짝 못하게 적기해버리는 조주趙州의 구순피선口脣皮禪을, 선문에서는 덕산의 방, 임제의 할과 더불어 오늘날까지 존중되어 온다. 당시 제방에서는 조주를 고불古佛이라 불렀다 한다. 투자는 단하 천연의 법제자인 취미 무학의 사법제자다. 이 고칙을 좀 더 가까이 가자면 『전등록』 실린, 고칙 앞에 있는 문장을 읽어보는 것이 좋다.

어느 날 조주가 투자산에 가까이 갔을 때, 노중路中에서 만났다. 서로 일면식이 없지만 조주는 이내 투자란 것을 짐작하고 묻는다. "혹 당신이 대동스님이 아니시오?" 투자는 대답 대신 "나는 저자에 장 보러 가는데 돈이 있으면 보시 좀 하시오." 얼마 동안 조주는 홀로 투자를 기다렸다. 이윽고 투자가 기름 단지를 들고 돌아왔다. 조주가 불쑥 말했다. "투자, 투자 하더니 하찮은 기름장수 중이군 그려." "그래요, 스님은 기름 단지에 정신이 팔려 나를 못 보는 군요." 투자가 응수했다. 이어 "그럼 투자의 본색을 보여 보시오." 조주가 말하자, 바로 기름 단지를 불쑥 내밀며, "기름 사시오, 기름, 기름 안 사겠소?" 투자는 당시 기름을 짜서 생활을 하고 있었다. 기름장수로 즉시 돌변한다.

— 「서주투자산대동선사」, 『전등록』, 15권

그리고 두 선장이 진검승부로 펼쳐 보이는 『벽암록』 본칙으로 이어진다.
살인도殺人刀와 활인검活人劍에 목숨을 잃은 대사저인의 참모습을 보라고 귀엣말하는 설악 노인의 자태 좀 보소.
설악의 시 1행은 그곳에 이르러도 찾을 것이 없고 그 자리에 그대로 있어도 그 자리조차 없으니 부처 어디 있느냐? 되묻는다. 그래 우린 원래 부처다. 오직 칼은 칼일 따름인데, 굳이 마음 내어 살인도니 활인도니 분별치 말라 한다. 그대로가 일체가 반야의 현현顯現이라고 귀엣말한다.
2행 "허공에 떨어지는 저 살인도 저 활인검"에서 우린 단박에 살인도와 활인검을 잉태한 허공이, 바로 허공이 아닐진대, 살인도라 활인검이라 하지 말고 그냥 허공으로 막든지 끌어안든지 해야 당연하다. 허공이라는 당체를 무엇으로 사량할 것인가. 악噁!

3행에서 우리가 보아야 할 것은, 거적 덮은 만 사람이 진짜로 죽은 발가숭이 사람에게 딸려가고 있다고 보는 안목이다. 안목을 가진 대사저인을 보라고 그 옆에는 귀엣말하는 설악 노인도 있다.

살짝 조주의 얘기를 하나 곁들이면 산사의 한 날은 이런 일도 있었다.

조주 문하의 한 스님이 입적을 하자, 조주고불이 장례 행렬에 참가하여 말한다.

"수많은 죽은 사람이 단 하나의 산 사람을 쫓아가는군!"許多死漢 送一個活漢

반어反語하여 보아도 마찬가지다.

수많은 산 사람들이 죽은 사람 하나 쫓아가는군. 보라, 찬 서리 어린 지혜란 놈이 눈을 살며시 깔고 있다.

아니, 불같은 금모사왕의 한 백 년 굶주린, 포효하는 설악의 고함을 들어보자. 암, 필히, 귀랑 귀는 꼭 막아야 되지.

놈이라고 다 중놈이냐
중놈 소리 들을라면

취모검 날 끝에서
그 몇 번은 죽어야

그 물론 손발톱 눈썹도

짓물러 다 빠져야

— 설악, 「일색변·6」

• 거擧 : 선문 제1서라 할 수 있는 『벽암록』엔 선사상, 선문학을 여법하게 기록하는 선문禪文 의 5대강목이 있다. 즉 수시垂示, 본칙本則, 평창評唱, 착어着語, 게송偈頌이다. 앞의 수시는 본칙에 들기 전 전언前言과 같이 미리 자리를 펴는 것이고, 거擧는 공안을 들어 보이는 것을 말한다. 단지 공안을 거기擧記 하여 기재할 때만 쓴다. 좌상에서 공안을 창唱할 때는 기득記得이라 한다.

• 고칙古則 : 화두, 공안, 본칙에 해당하며, 선사상사 대표적인 선덕先德과 선사들의 선리禪理와 실화實話를 말한다.

• 대사저인大死底人 : 일체의 알음알이를 잠재운 사람. 즉 육근六根(안眼 · 이耳 · 비鼻 · 설舌 · 신身 · 의意)이 육경六境(색色 · 성聲 · 향香 · 미味 · 촉觸 · 법法)을 만나서 자유자재로우나, 대긍정인 깨달음에는 이르지 못한 사람을 말한다.

＊ 각활却活 : 반드시 대사저인이 되어야 각활한다. 대사각활大死却活은 크게 한 번 죽어야만 곧 활발발活潑潑한 경지에 이른다. 이것은 입전수수入塵垂手의 경지다.

＊ 투명投明 : 날이 새는 것을 기다려서.

3) 설악, 귀엣말하다 3

강물도 없는 강물 흘러가게 해놓고
강물도 없는 강물 범람하게 해놓고

강물도 없는 강물에 떠내려가는 뗏목다리

— 설악 무산, 「무자화(無字話)」

사사무애事事無碍의 세계가 활동사진 필름처럼 흘러가고 나는 있는 듯 흐
르고 흐르면서 여기엔 없는 듯하다. 이와 같은 도리를 단 3행의 시로 보여줄
수 있다는 것은 선관이 체득되었기 때문일 것이다.

이 시에 대한 평설이 있기 전에 우리는 일찍이 우리 곁에 왔던 대선사이이
며 시승이었던 경허의 게송을 만나게 된다. 아래 시와 설악 노인의 「무자
화」와 아울러 읽기로 하자.

斜陽空寺裡	해질녘 빈 절 안에
抱膝打閒眠	무릎 껴앉고 오는 한가로운 졸음, 꺼덕꺼덕
蕭蕭驚覺了	쓸쓸하여 놀라 깨어보니
霜葉滿階前	서리 잎이 섬돌에 가득하여라

— 경허 성우, 「우음(偶吟)」

선의 삼조 승찬대사의 『신심명信心銘』 모두의 글에 '지도무난 유혐간택至道
無難 唯嫌揀擇'이란 말이 있다. 곧 '지극한 도에 이르는 것은 어려운 것이 아니
다 오직 간택심을 꺼릴 뿐이다'이니, 이 간택심인 분별하는 버릇의 마음만
벗어나면 바로 그 자리가 도라는 것이다.

이 지도至道를 비유하여 옛사람들은 한결같이 '천지가 넓대도 지도에 비하
면 옹색하고 일월이 아무리 밝대도 이 지도에 견주면 칠흑 어둠이며, 아무리
미사여구의 문장과 간결 명징한 선설禪說을 한다 해도 이곳에 가까이 갈 수

없다'고들 말했다. 또 고함을 지르고 몽둥이질을 한다 해도 그곳을 표현하기 어려움도 없다고 이구동성으로 우리들을 후려쳤다. 그렇지만 굳이 문장으로 표현 못할 바가 아니고 행동으로 표현 못할 바가 아니다 하고 우리를 꼬드기고 있다. 그럼 대체 이것이 무엇이란 말인가?

여기에 저자는 두 선사의 시구를 드러내어 지도를 다시 한번, 당처를 꼬드겨 일어서게 하고자 한다.

설악의 「무자화」는 지도에 대한 동태적인 표현이니, 요지부동搖之不動인 지도를 흔들어 흐르게 하고 있고, 경허의 「우음」 게송은 지도를 더욱 고요로 들게 적조적멸寂照寂滅시키고 있다. 참 지극한 귀엣말이다.

"강물도 없는 강물 흘러가게 해놓고" 하는 고놈은?

"강물도 없는 강물 범람하게 해놓고" 하는 고놈은?

그렇다. 그건 바로 "강물도 없는 강물에 떠내려가는 뗏목다리".

선문에선 우리를 깨달음으로 들게 하는 지극한 간절 노파심의 법문이 있다. 귀엣말이 있다. 이 상당법문을 적기법문이라 한다. 이것을 저자는 선시의 적기수사법賊機修辭法이라고 명명한 적이 있다.[1] 곧 『금강경』 전문에서 주 수사법으로 쓰이는 "불설반야바라밀 즉비반야바라밀 시명반야바라밀佛說般若波羅蜜 卽非般若波羅蜜 是名般若波羅蜜(「여법수지분」, 『금강경』 제13)"이란 법구가 있다. 이 경문은 우리말로 표현하면 '부처가 말한 반야지혜는 곧 반야지혜가 아니고 그 이름이 반야 지혜다'가 된다. 그곳에다 반야 대신 책, 책상, 연필,

---

1   송준영, 『禪, 언어로 읽다』, 소명출판, 27~58쪽.

뗏목다리 등을 넣어도 똑같다. 바로 모든 두두물물의 실상의 겉과 속, 불이
不二의 표현이 된다.

부처가 말한 'A는 곧 A가 아니고 그 이름이 A다'로 읽을 수 있다. 이것을
도식으로 나타내면 A=Ā가 된다. 곧 A는 A 아니므로 A이니, 위의 시 '뗏목
다리'도 늘 우리가 고정적으로 생각하고 있는 뗏목다리가 아니라 그 이름이
뗏목다리인 것이다. 뗏목다리는 우리의 편리만 주는 통나무 다리가 아니라,
아이들이 놀다가 굴러 떨어지거나, 깔리어 압사하게 하는, 시간과 공간의
상황에 따라 전변하는 뗏목다리로 존재하는 것이다. 우리는 늘 이렇게 고정
된 시점으로 대상을 보고 있는 오류를 범하고 있다. 결국 뗏목다리 A는 위험
에 처하게 하는 Ā와 동시에 보는, A=Ā의 세계인 진리에 계합시키고 있다.
설악은 강과 강물과 뗏목다리의 동태적인 문장을 통하여 선문의 상당법문
인 적기수사법을 써서 우리를 진리의 세계로 몰아넣고 있다. 제발, 깨닫기
나 하라 한다. 그럼 경허의 시 「우음」을 살펴보자. 앞 설악의 시는 문장의 흐
름이 동태에 있음에 반하여, 고요를 더욱 더 고요 속으로 밀어 넣고 있다.

1행에 '해질 즈음의 빈 절'은 해가 사라져가는 빈 절인 동시에 텅 빈 우주
삼라만상인 지도至道 아니할 수 없는 요란스러운 빈 절 안이니, A=Ā의 진경
이다. 2행에서는 동중정動中靜을 "무릎 껴안고 고개를 꾸벅꾸벅 찧는 한가로
운 졸음"은 졸음이 아니라, 3행에 이어지는 "놀라 깨어 본다"는 시행 역시 2
행에서 이어지는 천지보다 더 넓고, 해와 달이 비쳐주는 더할 수 없는 밝음
보다도 밝은 지도에 계합이니, 이 소식은 4행에서 여지없이 지도의 실상을
드러낸다. "서리 잎이 가득한 저 섬돌 앞" 역시 섬돌 앞에 무엇이 있는가를
잘 들여다보는 것이 서로 친하게 되는 것이다.

선장禪丈 두 분 시의 기표는 서로 머리와 꼬리를 물고 물리고 있으나, 살펴

보면 꼬리가 머리를 치고 머리는 꼬리를 두르고 상호 회감회통回感會通하여 같은 자리에 있음을 읽게 된다. 간절노파심절에 점두點頭함.

이 어찌 즐겁지 아니한가.

4) 설악, 귀엣말하다 4

내 나이 일흔둘에 반은 빈 집뿐인 산마을을 지날 때

늙은 중님, 하고 부르는 소리에 걸음을 멈추었더니 예닐곱 아이가 감자 한 알 쥐어 주고 꾸벅, 절을 하고 돌아갔다. 나는 할 말을 잃어버렸다.

그 산마을 벗어나서 내가 왜 이렇게 오래 사나 했더니 그 아이에게 감자 한 알 받을 일이 남아서였다.

오늘도 그 생각 속으로 무작정 걷고 있다.

— 설악 무산, 「나는 길을 잃어 버렸다」

선시에 두두물물의 드러남을 살펴보며 그 존재가 그대로 여시如是하니, 바로 무의無意이고, 무색無色, 무성無聲, 무향無香이며, 무미無味, 무촉無觸이지만, 굳이 우리들의 6식識과 18계界로 따져볼 땐 단순 청량 명징 무사로 드러남을 읽을 수 있다. 그들은 있는 온통 그대로 여시할 뿐이어서 설악 큰스님이 내는 기러기 고함 같은 일성의 파열음도 역시 여시할 뿐인 것이다.

여기서 여시란 긍정과 부정을 아우르는 말이니, 우리는 긍정과 부정으로 이원화된 언어를 그냥 긍정이라 말하지만, 더 확실한 말은 '이와 같다'는 여시가 제격이라 보아진다.

위의 선시에는 표현상 예닐곱 살 되는 초동과 일흔둘 잡순 설악 노장, 그 외에 이 텅 빈 공간이 있다. 그리고 산하대지도 초목삼림도 없는 하얀 백지의 무대가 있을 뿐이다. 단지 우리들을 선문에 들기 기대하는 설악 큰스님의 간절노파심절인 바람으로 공간을 메우고 있다.

이러함은 위의 시 「나는 길을 잃어 버렸다」가 우리에게 주는 단순무사單純無事함과 청량명징清凉明澄은 존재의 여시함에서 옴을 자연 느끼게 한다.

시 속으로 사라진 텅 빈 무대와 생각 밖의 먹먹함이 저쪽 세계와 맞닿는다. 그리고 아주 잦아들고 깃드는 귀엣말, "내가 왜 이렇게 오래 사나 했더니 그 아이에게 감자 한 알 받을 일이 남아서였다"이고, 일흔둘에 산골 초동에게 받아먹은 감자 한 알이 눈 속 깊이깊이 티눈 같이, 노장의 심장 깊숙이 박혀 있음이, 우리들을 망망한 곳으로 인도한다. 몸도 마음도 모두 태운 설악 노장은 오직 그 아이에게 받은 감자 한 알 돌려줌이 아니라, 다시 받을 일이 있기 때문이다. 이것을 다시 되돌아 갈마하기 위해 살고 있다고 한다. 3연에서 "오늘도 그 생각 속으로 무작정 걷고 있다", 아!

무작정 걷고 있는 나, 생각도 없는 생각 속으로 영원히 걷고 있는 나. 아무리 귀엣말하시더라도 솔깃하지 말라. 에라, 나 역시 모른다 몰라我亦不知.

이 부지不知를 노래한 근래의 대 선지식인 효봉 학눌曉峰學訥(1888~1966)선사의 오도송을 같이 읽어보자.

海底燕巢鹿抱卵   바다 밑 제비집에 사슴이 알을 품고
火中蛛室魚煎茶   타는 불 속 거미집에 고기가 차 달이네

此家消息誰能識　　이 집안 소식을 뉘라서 알랴

白雲西飛月東走　　흰 구름은 서쪽으로 달은 동쪽으로 닫네

　　　　　　　　　　　　　　　　— 효봉 학눌, 「오도송」

　1931년 여름 금강산 법기암. 1년 6개월 간 두문불출, 오직 정진에 매진하던 효봉스님이 토굴 문을 박차고 나왔다. 그때 깨달음을 읊은 오도송이다.

　1행과 2행은 분명 우리의 안이비설신의眼耳鼻舌身意를 통하여 즉 여섯 가지 기관(육근六根으로 느껴지는 색성향미촉법色聲香味觸法)의 여섯 가지 경계六境의 해체이다. 곧 본래면목에서 옮겨 앉은 알음알이의 해체이며 앞생각, 뒷생각의 절단이다. 다시 말해 자성自性이 무자성無自性임을 형상화하고 있다. 관념을 형상화하여 두두물물의 본질에 도달하여 자기 회귀를 하고 있다. 이럴 때는 관념이 실재니, '언어의 길이 끊기고 마음이 가는 곳이 사라짐言語道斷 心行處滅'의 글귀다. 아는가? 이 소식을 알고 싶은가? 4행에 와서는 바로 천연덕스럽게 소식을 현장감 있게 그리고 있다. 그래, "백운서비월동주"야, "흰 구름은 서쪽으로 달은 동쪽으로 달리지". 그 밖에 무엇이 있단 말인가.

　앞의 설악 큰스님의 「나는 길을 잃어 버렸다」나 효봉선사의 「오도송」은 모두 『금강경』 주된 표현인 부처님이 설한 "불법은 곧 불법이 아니라 그 이름이 불법이다"라는 즉 'A는 곧 A가 아니고 그 이름이 A다'로 읽히며, A＝Ā로 회통되니, 곧 삶이란 A와 죽음이라 불리는 Ā로 회통된다. A는 A가 아니므로 A이어서, 위의 시 '뗏목다리'도 늘 우리가 고정적으로 생각하고 있는 뗏목다리가 아니라 그 이름이 뗏목다리이듯이, 효봉의 오도송 1행의 "바다 밑 제비집"은 우리의 정상화定相化된 '처마 밑 제비집'이나, '은행나무 위 제비집'만이 아니라 보이지 않는 곧 Ā의 '바다 밑 제비집'이며, 우리가 늘 보고 알

고 있는 '처마 밑 제비집'은 일상적인 육식六識으로 만나는 A의 제비집인 동시에 "바다 밑 제비집"인 Ā의 제비집이다. 그렇지만 우리가 의식하고 있는 제비집은 선적 사유에 의하면 보이지 않는 제비집일 수 있으며 보이지 않는 제비집은 곧 보이는 제비집이라고 볼 수 있음을 살펴보았다. 이어지는 "사슴이 알을 품고"나 2행의 "불 속 거미집"이나 "차 달이는 물고기"를 보자. 역시 "불 속 거미집"은 '헛간에 친 거미집'이고, "차 달이는 물고기"는 '회를 치기 위해 도마 위에 오른 물고기'가 된다. 이러함은 A는 A인 동시에 Ā로 있다는 것은, 분명 우리의 삶에 낮과 밤이 있듯이 생과 사가 동시에 존재해 있다고 보는 트인 견해다. 『금강경』 사구게四句偈에는

凡所有相	무릇 있는 바의 상은
皆是虛妄	모두 허망한 것
若見諸相非相	만약 모든 상이 상 아님을 봄은
卽見如來	곧 여래를 보는 것이다

제상諸相(A)과 비상非相(Ā)이 회감 회통하는 봄, 곧 여래를 봄(A=Ā)이라.

이것을 설악은 "길을 잃어버"림이 곧 "길을 잃어 버"리지 않음이어서 "오늘도 그 생각 속으로 무작정 걷고 있다" 하고, 효봉은 "흰 구름은 서쪽으로 달은 동쪽으로" 달리고 있다고 절대현재 이 순간을 드러내고 있다.

5) 설악, 귀엣말하다 5

하늘에는 손바닥 하나 손가락은 다 문드러지고

이목구비도 없는 얼굴을 가리고서

흘리는 웃음기마저 걷어지르고 있는 거다

— 설악 무산, 「무자화(無字話)·5」

조주의 무는 무고 무이고 무우다. 설악의 무는 손바닥하늘이고 문드러진 손가락이다. 이목구비는 애시당초 없다. 하늘은 얼굴을 가리지 않고 말간 귀엣말까지도 보여줘 버린다.

보이는가 보는가.

여기, 여기로 와 보라.

하늘이란 낯짝 한번 내놓아 봐라. 내 그 두꺼운 낯가죽 속속대로 베껴진 문둥이 시퍼런 속살 한 절음 떼어 주려니. 미당의 한랭한 얼음 하늘아, 이것을 이렇게도 노래했단다. 둘러보면 어줍게 턱 포개어지나니 잘 살펴보는 그 뒤에 내가 있음이여!

내가

돌이 되면

돌은

연꽃이 되고

연꽃은

호수가 되고

내가

호수가 되면

호수는

연꽃이 되면

연꽃은

돌이 되고

— 서정주, 「내가 돌이 되면」

　무위진인이라고 했다. 절대현재 이 찰나라 하면 벌써 틀려먹었단다. 미래가 다가온다는 하늘 있나 찾아보라. 과거에서 건너온 하늘은 두꺼워 낱이 없음이여. 현재란 놈은 현법재판소를 그렇게 부르는 이즘 세상, 사실 과거 미래 현재라는 시간은, 과거는 있던 과거이고 미래는 생각의 미래일 뿐이다. 현재 역시 현재라고 말하는 그 이름이 현재일 뿐이다. 지금 그럼 이 시간을 무엇이라 할 것인가. 설악의 하늘엔 찰나나 찰나라 할 말 없음이여!

6) 설악, 귀엣말하다 6

이승훈의 시를 읽으면 눈에 보이는 사람은 사람이 아니다. 이승훈의 시를 읽으면 귀에 들리는 소리는 소리가 아니다. 이승훈의 시를 읽으면 코가 맡는 냄새는 냄새 아니다. 이승훈의 시를 읽으면 혀에 닿는 맛은 맛 아니다. 이승훈의 시를 읽으면 몸이 우는 울음은 울음 아니다. 이승훈의 시를 읽을 때 그 어떤 생각 그 어떤 느낌이 있다면 그 어떤 생각 그 어떤 느낌이 아니다. 이승훈 시를 다 읽고 나면 흰 종이뿐이다.

   이승훈의 시를 읽지 않으면 시가 없다 이승훈 시를 읽지 않으면 이승훈은 없다
이승훈 시를 읽지 않으면 시인이 된다.

                                                  — 설악무산, 「이승훈 시인의 시」

(1) 이승훈의 『선과 아방가르드』를 보고

1993년 한여름 어느 날 서옹 스승님께서 내게 『반야심경』을 통째로 물으셨다.

"자넨 7년간이나 『반야심경』을 공부하였다니, 내 오늘 묻겠네. 그래 어떤 이는 '색즉시공 공즉시색'이라 하고 어떤 이는 '도 일체고액'이라 하고 '마하반야바라밀'이라 하는데, 자네는 반야심경의 요체를 어디 남김없이 한 번 일러봐." 8월 어느 날 임제선원 방장실로 찾아 뵌 서옹스님의 말씀이었다. 나는 잠자코 앉아있었는데, 한참 멀끔히 들여다 보시던 스님께서는 "허어 그렇게 앉아만 있어도 되는 것이 아니야, 어서 한번 일러 볼거여." 스님의 길고

가느다란 음색으로 다시 묻고 계셨다.

한참 앉아 있던 나는 말씀을 올렸다. 넓디넓은 그물을 올렸다.

"예, 스님 모든 이의 말들을 부정도 긍정도 하지 않겠습니다. 그저 저의 소견을 올리겠습니다.

혹자는 반야가 심경의 요체라 말하고 혹자는 마음 심자가 요체라 하고 혹자는 말씀을 심경의 요체라 하고 혹자는 마하를 혹자는 바라밀다를 혹자는 심을 혹자는 경을 혹자 관을 혹자는 자재를 혹자는 보살을 이렇게들 말하겠지만,

저는 마하는 반야요 반야는 바라밀다이요 바라밀다는 심이요 심은 경입니다. 관은 자재요 자재는 보살이요 보살은 행심이요 행심은 반야요 반야는 바라밀다요 바라밀다는 조견이요 조견은 오온이요 오온은 개공이요 개공은 도요 도는 일체고액이요 일체고액은……."

"그래, 그래, 그만 됐다, 그만해라."

삼배를 올렸다.

"그렇게 어려운 법문하시면 누가 있어 알아듣습니까? 스님께 누가 그렇게 물으면 어떻게 하시렵니까?"

숨 쉴 틈도 없이 순식간에 용수철 같이 팔딱 뛰어 오르며 "나는 반야다 반야". 이렇게 반야를 보여주시며, "넌 어떻게 할래?"

"저도 모릅니다, 반야입니다. 반야."

"넌 역시 반야를 잘 숙지하고 있구나." 가벼우나 깊숙이 말씀을 내려 놓으셨다. 그리고 20여 년이 지난 가을 설악스님께서 요러콤 『반야심경』을 반듯하게 내놓으셨다.

2. 「설악, 귀엣말하다」 집중 조명

출처 : 『서정시학』 2012년 겨울호

대담자 : 맹문재(시인, 안양대 교수)

송준영(시인, 『시와세계』 주간)

맹문재 : 선생님, 오랜만에 인사드립니다. 제가 초창기에 박인환문학상 운영위원으로 활동을 한 적이 있었는데, 그때 선생님을 처음 뵌 것으로 기억이 되네요. 요즘 선생님께서 선시에 관한 글을 잡지들에 열심히 발표하는 것이 눈에 띄는데, 근황은 어떠하신지요?

송준영 : 날마다 쪼들리고 힘들고 지친 그런 날일수록 좋은 날입니다. 절대로 편치 않은 그런 날의 연속이기도 하지요.

맹문재 : 이번 『서정시학』에 발표하는 「설악, 귀엣말하다」 연작시를 보면서 이러저러한 생각이 들었는데, 우선 실험적인 시 형식이 궁금하지 않을 수 없었네요. 이와 같은 시를 어떻게 명명하는 것이 좋을까요? 그렇게 시도하는 의도가 궁금합니다.

송준영 : 군이 이 시편들에 이름을 붙이자면 '평설시評說詩'라고 말하고 싶어요. 이를테면 설악의 현대선시와 경허의 고전선시는 상호 텍스트적이면서도 서로 상승작용을 일으키지요. 곧 반상합도反常合道됨으로 새로운 수승殊勝한 세계를 보이게 되며, 이 결과물이 바로 「설악, 귀엣말하다」의 시편들입니다. 다시 말해 두 선사의 선시를 인용하여 병치시켜 다른 한 통일된 작품

인 「설악, 귀엣말하다」가 만들어진 것입니다. 서양식으로 말하면 혼성모방인 패스티시 시라고 말할 수 있지 않을까요?

이런 의도는 「설악, 귀엣말하다—4」에서 보듯이 한편으로 보면 해독하기 극히 어려운 효봉선사의 오도송과 단순單純하고 명징明澄하며 무사無事한 설악스님의 시를 같이 보여주므로 상호작용이 되어 회감회통回感回通되는 낙처落處가 더 잘 보이지 않을까? 하는 생각이 들었기 때문입니다.

맹문재 : 설악 무산의 시를 대상으로 삼는 이유도 궁금합니다. 이번 기회에 독자들에게 설악 무산 시의 의의 내지는 주목해야 될 점을 말씀해주시지요.

송준영 : 제가 이즘 설악스님의 8순 기념문집을 편저하고 있습니다. 제방에 흩어진 설악스님에 대한 글들을 모으다 보니 1,000쪽이나 되었습니다. 교정을 보고 윤문을 하며 색인을 찾다가 보니 나도 모르게 스님의 글에 침잠하게 되고 매료되었습니다. 그리고 이런 글들은 모두 제가 소시적부터 오늘에 이르기까지 찾아보고 익혀왔던 글들이라 고개를 끄덕이며 점두點頭하기도 하고 소리 내어 줄줄이 읽기도 하며 환희용약하기도 하였습니다. 스님의 「무산심우도」나 「달마십면목」은 시절인연을 맞은 수자修者들에게는 단도직입單刀直入적이며, 또한 돈오頓悟적인 계기를 만나면 일초직입여래지—超直入如來地로 성큼 뛰어들어가는 무서운 힘을 지니고 있는 시편들이라 생각합니다.

그리고 「만인고칙萬人古則」의 연작들은 『벽암록』이나 옛 선화禪話에서 스님 특유의 선안禪眼으로 발췌한 공안에다 뜻을 열어주기 위해 게송을 붙인 것이기에 선장들이 아니고는 감히 어리대지 못하는 통증通證된 글이라는 느낌을 갖게 되었지요. 이런 연유로 해서 설악스님은 한글로 쓰인 현대선시의 비조인 한용운의 맥을 이어가는 분이라고 감히 말할 수 있겠다는 확신을 갖게 되었습니다.

저는 설악스님의 시, 특히 한글로 쓴 현대선시에서 오는 에너지가 한글이 상용화되기 전, 옛 조사들이 한문으로 쓴 심오한 고전선시의 에너지와 같음을 느꼈습니다. 그래서 오래전부터 한문으로 된 어려운 고전선시를 더 쉽게 이해하고 더 널리 읽힐 수 있는 방안은 없을까? 한글로 작시된 현대선시도 더 쉽게 더 널리 보급되고 대중화되는 방안은 없을까? 고민해 오면서 다양한 방안을 시도해 보았습니다. 이런 시도 속에서 한문으로 쓴 고전선시와 한글로 쓴 현대선시를 대비, 병치시켜 상호작용을 하게 하므로 선장들의 낙초자비 심절落草慈悲心切을 읽도록 해야 하겠다는 생각이, 새로운 반상합도反常合道된 평설시로 나타나기에 이르렀습니다. 굳이 명명하자면 포스트모더니즘 글쓰기의 한 형태로 나타나는 혼성모방인 패스티시 시를 쓰게 된 것이지요.

맹문재 : 「설악, 귀엣말하다─2」의 평설에는 『벽암록』이 소개되고 있습니다. 저도 이 책을 읽어보았고 가끔씩 뒤적이고 있는데, 선생님께서는 시를 쓰거나 선시를 공부하는 데 어떠한 영향을 받았는지 궁금합니다.

송준영 : 사실 이 중요한 문제, 선문禪門에서는 '대장부의 가장 큰 일大丈夫一大事'의 인연이라 불리는데, 저는 이 문제를 풀기 위해 오직 한 길을 곧게 갔습니다. 대학교 입시생이었던 젊은 제가, 어느 겨울 밤 산사의 골방에서 책을 보던 제가, 강하고 선연한 느낌에 몸을 떨다가 보니, 책상 위에 켜 놓은 촛불이 자기 자신을 태우며 세상을 밝게 하고 있다는, 초등학생도 아는 이 사실을 체험하고, 세상에 이런 일들도 있구나, 하며 눈물을 흘리고 있는 저를 발견하게 되었습니다. 우리가 알지 못하던 세상에 대한 강한 체험에서 비롯되는 심신의 변화의 강한 힘을 다시 한번 만나겠다는 생각이 쌓여, 일념이 된 저는 그에 몰두하게 되었습니다. 목숨과 바꾸겠다는 이 맛이 저를 돌

려볼 수 없는 막바지에 헤매게 했습니다.

그 후 제가 즐겨보는 책을 들라 하면 『벽암록』과 『선문염송』이라 하겠습니다. 잘 알다시피 이 두 선서는 말로는 다한 깨달음의 내용이 글로 적혀 있습니다. 『벽암록』 가운데 『송고백칙』의 저자는 설두 중현雪竇重顯(990~1052) 선사이며 설두선사는 운문종의 4대손에 해당됩니다. 이 고칙과 게송에다가 수시와 착어와 평창을 붙여 『벽암록』을 편찬한 사람이 원오 극근圜悟克勤(1063~1135)입니다. 원오선사는 임제종 양기파의 적손입니다. 곧 『벽암록』은 설두선사가 『전등록』이나 그 외 선서에서 선화禪話 100편을 뽑아 고칙에다 게송을 부친 『송고백칙』으로 선 문학의 빼어난 고전으로 평가받고 있습니다. 송고頌古란 말은 게송과 고칙을 말합니다. 선화는 고칙이라 불리는 화두, 공안이 만들어지는 에피소드를 말합니다. 칙則은 모범模範, 귀감龜鑑, 전형典型을 말합니다.

『벽암록』을 공부하면서 진리를 추구함에 있어 동서양의 글쓰기가 전혀 다르다는 것을 느꼈습니다. 아마 그것은 서구의 물심이원론物心二元論에 기초를 둔 논설문과 불이사유不二思惟에 뿌리를 둔 선어록이나 법문이 서로 극명하게 다르기 때문일 것입니다. 서구의 분석과 논증에 의해 연역演繹하여 얻어지는 논설문의 글쓰기는 결국 그 결론은 '나' 밖으로 추구하여 얻어지는 지식과 자기 자신을 들여다보아 얻어지는 체달體達의 지혜와는 서로 전혀 다른 결과를 가져온다고 보아집니다. 따라서 논설문으로는 선을 담을 수가 없다는 것을 알게 되었습니다.

『벽암록』에서 보다시피 선화인 염拈 본칙本則에다 본칙을 드러내기 위해 게송偈頌을 붙이고, 또 전문前文에 해당하는 수시垂示를 더하고, 이어 할주割註라 할 수 있는 착어着語를 붙이고, 총평인 평창評唱을 붙여 학인으로 하여금 스스로 체달하도록 북돋아주고 있습니다. 곧 실사구시實事求是의 지혜를 체득시키고 있음을 알 수 있습니다. 사실 천변만화하는 시간과 공간 속에 진리란 똥막대기에 불과한 것이 아닐까요? 그리고 덧붙이고 싶은 말은『벽암록』을 찬술한 원오선사의 수제자인 대혜 종고大慧宗杲에 의해서『벽암록』이 불태워졌다는 것입니다. 그것은『벽암록』을 암송할 정도로 익힌 참학도가 꼭 깨달은 것 같은 언사로 농롱弄하는 것을 보고, 제일의第一義의 화두 간화선看話禪이 구두선口頭禪으로 떨어질 것을 우려하여 태웠다는 기록(구판『벽암록』, 경산 휘능의 후서)이 있는 것을 보아, 임제선의 실참실수實參實修를 위해 편저자 원오의 수제자 대혜에 의해서 소각되었음을 알 수 있습니다.

저는『벽암록』을 지금도 재미있게 읽고 있습니다. 하지만 제가 정말로 지극한 영향을 받은 것은 선문 존숙尊宿들의 일거수일투족, 선행禪行에 의한 것입니다. 제가 석가세존을 스승으로 모시는 것도『아함경』에 나타나는 문구 하나에 있습니다. '80세의 노걸사가 제자에게 어깨가 아프니 주물러 달라'는 말씀을 읽고 그를 진짜 스승으로 존경하게 되었고, 선문에 든 후, 제가 참문한 동암, 탄허, 고송, 성철, 서옹, 설악 등의 선장들과 많은 수행납자들이 그대로 저의 스승이었습니다. 또 부처님의 마음을 사자상승師資相承한 조사祖師들에게 신심을 내는 까닭이기도 합니다.

맹문재 :「설악, 귀엣말하다―3」의 평설에서는 '적기법문賊機法門'이라는 용어가 나옵니다. 선생님께서 간행하신『선, 언어로 읽다』(2010, 소명출판)에서는 선시의 수사법을 '적기수사법賊機修辭法'이라고 명명하고 있지요. 설명을 부탁드려 볼까요?

송준영 : 선은, 선사들은 고달픔에 갇혀 허덕이는 중생을 미망迷妄에서 벗

어나게 하려는 선 고유의 본분本分이 있습니다. 그래서 그들은 상당上堂하여 설법을 할 때, 가장 상승 법문上乘法門인 적기법문을 합니다.

적기賊機란 우리를 한순간 깨달음의 세계로 돈입시키는 선문에서 쓰는 최상승법문입니다. 이미 선이 중국화되기 이전 석가세존이 그의 제자들에게 수시한 삼처전심三處傳心 선화에서 근원을 찾을 수 있습니다. 삼처전심이란 세존이 세 곳에서 대중들에게 수시한 밀지密旨인데, 우리에게 알려진 '염화시중의 미소'가 그 중 하나입니다. 영축산에서 법을 설하던 세존이 언어가 없는 곳에 이르러 갑자기 연꽃을 들었고, 일체 대중들이 적기되어 어리둥절하였는데, 오직 가섭만이 세존의 비밀한 뜻을 알고 빙그레 웃었습니다. 이에 세존은 가섭에게 밀지를 이심전심以心傳心했다는 데서 유래를 찾을 수 있습니다. 그리고 달마가 서래西來하여 중국선의 초조가 되어 이조 혜가二祖慧可(?~665)를 깨닫게 하는 선화가 있는데, 이 역시 적기에 의해 깨달음으로 인도됩니다. 그 후 선불교는 가풍에 따라 5가 7종五家七宗으로 황금기를 맞았고, 적기 어법에 의한 법문 역시 번창하게 됩니다. 오늘날 1,700 공안이라 부르는 화두가 바로 적기법문, 적기어법을 쓰고 있습니다.(앞의 책, 『선, 언어로 읽다』, 15쪽, 116~121쪽, 참조)

다시 말하면 적기란 정상적이라고 생각하는 바탕을 빼앗아 감으로 오는 정신적 공황을 말합니다. 우리는 선문답이라든가, 선화를 접하면 얼떨떨해합니다. 이런 내용을 처음 접한 분들은 한동안 어쩔 수 없이 캄캄해짐을 느낄 수밖에 없습니다. 그 내용에 있어 진기한 일화, 정상을 뒤집는 언설, 엉뚱한 사건들, 여러 가지 모순당착, 신비하고 은밀한 발언들, 어긋남에 오는 위트와 유머의 사태, 비논리적인 횡설수설, 알고도 시침을 떼는 것 같은 천연덕스러움 등은 서구적인 논리에 길들여진 우리로서는 어리둥절할 수밖에 없지요. 분명히, 확연한 이해에 닿지 못하게 하는, 다른 하나의 암호로 나타나게 되지요. 바로 이것은 선이 우리에게 전하고자 하는 밀의적인 목적이 있기 때문입니다. 이 선의 목적에 가장 가까이 다가갈 수 있게 하려는 선장들의 언술과 행위와 상황은 우리에게 보이고자 하는 본질을 그대로 우리 스스로 체득하게 하려는 간절노파심절懇切老婆心切이 있게 때문입니다. 그리고 우리는 그들의 마음에 영회領會하면 그로써 선은 얼굴을 환히 드러내는 것입니다.

선은 인위적인 생각이나 논리적인 이해 차원을 넘어서서 있습니다. 그렇습니다. 생각이나 이해, 분석이나 논증 밖에 덤덤히 자존自存해 있기 때문입니다. 또 선은 우리가 이해하고 만들어진 어떤 철학적 종교적 범주에 맞추어도 적합하지 않습니다. 그러기에 선의 알맹이를 드러내기 위한 선적 글쓰기가 오랜 세월을 통하여 다듬어져 내려왔습니다. 선가에서는 그 뜻을 체득體得시키기 위해 선문 특유의 글쓰기인 어록이나 법문집을 통해 기록되어 왔습니다. 특히 선의 진수요, 선문학의 제1호라 불리는 『벽암록』과 선시의 백과사전이라 불리는 『선문염송』을 보아도 알 수 있습니다. 『벽암록』에 대해서는 앞 질문에서 말씀드렸고, 우리나라 고려 중기에 보조국사 제자인 진각혜심선사에 의해 찬술된 『선문염송』에는 약 1,463가지의 공안(칙, 화두)이 기록되어 있습니다. 이 공안들은 하나같이 지식적인 차원으로 답을 낼 수 없는 풀리지 않는 명제로 이루어진 것들이고, 이 문제를 해결하기 위해 끊임없이 자기를 되돌아보아야 하는 수행이 전제되어야 합니다. 또한, 이 문제를 푼 명확한 답도 다시 의문을 일으키게 됩니다. 이런 까닭으로 깨달음에 이르고자 하는 선의 특성이, 선적인 글쓰기 방법에도 많은 영향을 미쳤고, 학인 스스로를 체달시키려고 수시垂示, 염拈, 게송偈頌, 착어着語, 평창評唱 등을 써서, 선장들은 학인을 깨달음에 이르게 합니다. 『선문염송』은 본칙(공안)에 대한 염이나 게송으로 학인을 북돋고자 하지요. 게송은 오늘날 우리가 일컫는 운문시이고 염은 산문시에 해당한다고 볼 수 있습니다.

선시의 수사법에 대해 말씀드리겠습니다. 선시를 읽다 보면 아방가르드 시에서 많이 나타나는 환유, 병치은유, 유추, 아이러니, 패러디, 패스티시 등의 수사법으로 풀리지 않는 근접할 수 없는 선게禪偈들이 있습니다. 이처럼 극도로 발전된 문화의 산물인 아방가르드의 주수사법으로도 읽을 수 없는 선시들이 1,500년 전부터 줄곧 이어오고 있지만, 이 시들이 깨끗하게 풀리지 않는 것은 아직 그들의 생각이 그 경지에 이르지 못하기 때문이고, 현금의 수사법이 가볼 수 없는 곳에 있기 때문이라는 생각을 떨칠 수가 없습니다. 우리가 보지 않고 사유하지 않았던 사회나 세계에 대해서는 언어가 없고 그 수사법도 없다는, 곧 한 생각이 한 수사법을 만들고 있다는 생각 말입니다.

제가 그동안 1,000여 수의 고전선시들을 번역하고 읽어본 결과 이 모든 공안이나 공안을 드러내기 위해 덧붙인 각종 글들은 결국 선이 목적으로 하는 우리를 절대자 유인, 자아의 본래면목으로 환지본처還至本處하기 위해 장치한 기관임을 알 수 있었고, 또 이곳은 선장들이 자유롭게 쓰고 있는 적기에 의해서만 깨달음에 이르게 된다는 것을 확신하게 되었습니다.

선장들이 우리를 깨달음으로 들게 하는 말씀이 적기방편법문賊機方便法門이고, 그 법문에는 적기어법이 쓰였고, 또 운문시인 게송이나 산문시라 할 수 있는 염, 공안인 본칙은 모두 적기수사법으로 씌어졌음을 알게 되었습니다. 불교의 대승경전인 『반야심경』이나 『금강경』, 도처에 주수사법으로 등장할 뿐만 아니라, 선시의 백과사전 『선문염송』의 주수사법입니다. (앞의 책, 『선, 언어로 읽다』, 27~41쪽 참조)

선시의 적기수사법에서 나타나는 그 하위 단위의 비유법으로는 선시의 반상합도反常合道, 선시의 초월은유超越隱喩, 선시의 무한실상無限實相을 도출할 수 있었습니다. 사실 선시의 계승과 대중화를 위해 노력해 오면서 서양시론에 편제되지 않는 '선시론'의 연구는 너무 힘든 일이었습니다. 선을 정의하고 선시를 아방가르드 시와 비교한 논문들을 본 적이 있지만, 선의 알맹이 선시를 해독할 수 있는 수사법의 연구자는 거의 없었습니다. 적기법문인 적기어법에 의한 깨달음, 그것을 언어로 기술한 글들은 당연히 '적기수사법'에 의한 문장들입니다. 이것을 제가 선시의 적기수사법이라 명명하였습니다. 최근 이 분야에 관심을 갖는 분들이 있어서 매우 고무적인 일이라 여겨집니다.

맹문재 : 「설악, 귀엣말하다ㅡ4」의 평설에는 '두두물물頭頭物物'이란 용어를 쓰고 있습니다. 다른 글들에서도 많이 쓰고 있습니다. 강조하는 바가 있는지요?

송준영 : 두두물물은 '두두시도頭頭是道 물물전진物物全眞'이라는 선게禪偈에서 나온 말입니다. '두두시도'에서 두두란 정신적인 측면, 도道적인 면을 이릅니다.

절대현재 이 찰나에 보는 그대로가 도란 말입니다. 그러나 우리가 처음 어떤 사물을 볼 때 미리 눈眼, 귀耳, 코鼻, 혀舌, 몸身이라는 기관들에 의해 전달되어 6식인 의식으로 가고, 이것은 제7식인 말나식인 잠재의식을 거쳐 일체를 갈무리하는 8식인 무의식, 즉 아뢰야식舍藏識으로 전달됩니다. 불멸의 식인 함장식(아뢰야식)에는 우리가 생명을 갖게 된, 무시이래無始以來 온갖 정보가 갈무리되어 있다고 『유식론』에서 말합니다. 우리가 어떤 사물을 보는 그대로가 함장식(8식·아뢰야식)의 정보와 관계없이 있는, 여시如是하게 보는 것, 이것이 도라는 뜻입니다. 그 정보가 함장식에서 갈무리하고 있던 정보와 부딪힘으로 판별하는 정신작용은 두두가 아닙니다. 이렇게 여시하게 알고 받아들이는 실재의 물물들 전체가 참眞이라는 것입니다. 곧 물물 그대로가 모두 진여眞如이며 존재이고 화엄경에서는 법을 이릅니다. 두두 물물은 천하에 존재하는 유정무정의 일체를 가리키고 있습니다. 그런데 미리 갈무리해 있던, 8식 함장식에는 각 개인에 따라 서로 다른 정보를 가지고 있기 마련입니다. 따라서 이런 관계로 순수 그대로 사물을 보지 못하고 정상화定相化된 정보가 각 개인의 상황에 따라 기쁘고, 성내고 슬프고, 즐겁고, 사랑하고, 미워하고 하고자 희노애락애오욕喜怒哀樂愛惡欲하는, 우리의 심신에 나 자신도 모르게 감싸이게 됩니다. 이것은 두두물물이 아닙니다. 오랜 관습이나 정보를 지니고 있는 8식 작용에 의해 여시하게 보지 못한 까닭으로 생긴 것입니다.

맹문재: 이번 『서정시학』에 발표하신 작품들에 대한 말씀은 이 정도로 듣고 좀 더 영역을 넓혀 보기로 하겠습니다. 선생님께서는 우리 시단에서 알려져 있듯이 선시에 대한 연구를 강구하셔서 여러 권의 저서를 간행했고, 지금도 논문들을 발표하고 있습니다. 선시란 어떤 것이고, 왜 연구를 하시는지요?

송준영: 선시란 내용상으로는 선사상을 시적으로 표현한 언어양식을 말하겠지요. 곧 선 수행자들의 선적 체험, 선 수행으로 체득된 오도의 경지를 표현한 시입니다. 우선 선은 불교의 삼학三學인 계戒·정定·혜慧 가운데 정에 해당합니다. 정은 산스크리트 어 Dhyāna가 선나禪那로 음역되어 줄여서 선이라 불리게 된 것입니다. 정려靜慮, 사유수思惟修, 정정定으로 의역되기도 하

였습니다. 의역에서 보다시피 '생각을 고요에 들게 한다', '생각을 닦는다'라고 말할 수 있지요. 이러한 선禪자에 시詩가 합쳐져 선시가 된 것입니다. 곧 고요에 든, 생각을 닦는 또는 닦은 이런 노래가 게송, 선시입니다. 오늘날 선시, 아니 선의 뿌리는 인도의 불교에서 잉태되어졌지만, 인도에는 오늘날과 같은 선은 없다고 학자들은 말합니다. 물론 내용상 말입니다. 현금 선은 깨달음을 닦는 데 적극 동참하여 견성見性을 목적으로 하고 있는 수레이며, 체와 같은 역할을 하고 있지요.

선종은 불교가 중국에 뿌린 종자가 발아하여 중국, 우리나라, 일본을 포함한 동북아에 전래되고 전세계로 퍼진 것입니다. 이런 의미에서 보면 지구상에 가장 오래되었지만, 오늘날 새로운 사상으로 정신세계를 강타하고 있는 선은 우리민족 고유의 정신세계의 한 부분입니다. 따라서 선은 우리가 세계에 내놓을 수 있는 분명한 소식이며 큰 물건입니다.

맹문재 : 선시와 불교시의 유사점과 차이점을 들려주실 수 있는지요? 『현대 언어로 읽는 선시의 세계』에 밝히시기는 했는데, 중요하다고 여겨 다시 질문을 드려봅니다.

송준영 : 선시禪詩를 불교시라는 범주에 두고 볼 때, 교시敎詩와 선시로 크게 나눌 수 있습니다. 교시는 불교의 현상적 교리를 노래하고 교리를 전도하기 위해 작시된 시라고 말할 수 있겠지요. 그러나 이 교시는 다른 종교의 종교시와 마찬가지로 그다지 현금 시단에 논의 대상이 미미한 것은 다 잘 알고 있는 사실입니다. 이것은 선시가 생명 그 자체를 움직이는 그대로 포착하려고 하는 데 비해, 교시는 움직임의 흔적을 지적으로 추상화하여 일반화하려고 하기 때문이라는 생각이 듭니다. 곧 선시는 생명의 최고를 구체적인

것, 실제적인 것 가운데 구현하려 하고, 교시는 그 움직임으로부터 벗어나 상대적으로 대상화하여 눈앞에 세계를 고착화하고자 애쓰기 때문일 것입니다. 이것이 일반적인 집단화된 종교의 정신세계와 선사상과의 차이에도 해당하는 내용입니다.

　　맹문재 : 선생님께서는 많은 글에서 선시를 서구의 아방가르드 시와 같고도 다르다는 주장을 피력하고 있습니다. 어떤 면에서 그렇다는 것인지요?

　　송준영 : 선시와 서구의 아방가르드 시는 상호 시에서 표현되어지는 수사가 식별되지 않을 정도로 거의 같다는 느낌을 받을 수 있으나, 사실 그 속내를 파헤쳐보면 전혀 다릅니다. 선과 다다이즘이나 쉬르리얼리즘과 같은 점은 표현 형태상 기존의 모든 것을 일단 부정한다는 것에는 같다고 볼 수 있으나, 깊이 들어가면 이런 행위, 글쓰기 후에 우리가 느낄 수 있는 느낌, 그리고 그 영향이 다를 뿐만 아니라, 그 행위자의 근본 마음자세 역시 판이하다는 데 있습니다.

　　다다이즘은 모든 현실적인 것을 부정하고 있고, 쉬르리얼리즘은 정상적 합리에서 오는 모든 관습과 지성들은 부정했지만, 꿈이나 무의식 세계는 부정하지 않았습니다. 그러나 선은 무의식 세계를 혼침昏沈, 무기無記라 하여 선의 스승들은 학인들에게 극도로 경계해야 하는 8마계魔界라 하였습니다. 무의식에서 진일보한 툭 터진 것, 이를테면 초의식의 세계라고 규정지을 수 없는 초의식마저 깨뜨린 것을 깨침의 세계라고 말할 수 있습니다. 이것을 『무문관』에서는'백척의 낭떠러지에서 한 발 내디뎌라 그러면 시방세계의 전신이 바로 현재다百尺竿頭進一步 十方世界 現全身'라고 말합니다. 그러니까 초현실주의자들은 꿈과 무의식을 통하여 인간의 정신적 정점頂點에 도달하고자 한 것입니다. 초현실자들이 추구한 꿈, 무의식과 상상력은 명징한 본래의 자아에다 덧붙인 옥상옥屋上屋과 같을 뿐입니다. 선에서 현실도 무의식도 초의식도 일체 비움으로 본래의 자아로 돌아가고자 하는 것과는 근본적으로 다르다고 할 수 있습니다. 결론적으로 선은 원래 있던 곳, 본지本地로 환처還處하는 것이지 새로운 집을, 고향을 마련하는 것이 아닙니다. 이와 같은 것을 시에다 대입하여도 마찬가지입니다.

일례를 들면 서구의 다다이즘 시나 쉬르리얼리즘 시들은 거의 무의식 상태에서 자동기술법에 의해 작시하고 있습니다. 그러나 아방가르드와 선과의 관계를 살펴볼 때 속내를 잘 모르는 일반적인 시각으로 볼 것 같으면 거의 같은 행위나 표현이라 할 수 있습니다. 또한 선시를 짓는 선장들은 깨달음에 들어 확연하고 명징함 속에서 깨달음의 세계, 혹은 미혹한 사람들을 깨달음으로 이르게 하려고 작시합니다. 그들의 글을 간절노파심절懇切老婆心切, 낙초자비落草慈悲라고 하는 까닭이 여기에 있습니다.

제가 제시하는 적기수사법의 주 어법은 초기 선의 소의경인『능가경』이나 돈오의 남종선의 소의경이라 할 수 있는『금강경』과 기본경전이라 할 수 있는『반야심경』, 그리고 세존의 마지막 가르침인『열반경』등 여러 경전에 무수히 나타나는 법문입니다. 그중『금강경』의 한 경구를 뽑아 사상적 근거로 제시하고자 합니다.

결정된 내용이 없음을 여래께서 말씀하셨습니다. 왜냐? 여래가 말씀하신 진리는 취할 수도 없고 말할 수도 없고, 진리도 아니고, 진리 아닌 것도 아니기 때문입니다. 왜냐? 모든 깨달은 현인과 성인은 상대의 세계를 빼어난 함이 없는 절대법 가운데 차별이 있기 때문입니다.

無有定法 如來可說 何以故 如來所說法 皆不可取 不可說 非法 非非法 所 以者何
一切賢聖과 皆以無爲 法 而有差別

—『금강경』「무득무설분」 제7

불설 반야바라밀은 곧 반야바라밀이 아니라 그 이름이 반야바라밀이다.

佛說般若波羅蜜 卽非般若波羅蜜 是名般若波羅蜜……

—『금강경』「여법수지분」 제13

이른바 불법이란 곧 불법이 아니다.

所謂佛法者 卽非佛法

—『금강경』「의법출생분」 제8

위의 예문 중『금강경』제7분의 예문은 일체의 현상의 자성이 무자성임을 설파합니다.

일체의 두두물물은 스스로의 고유한 성품이 없다고 하는 것은 우리가 보고 있는 모든 것은 현재의 이름으로 가유假有해 있지 실제로는 진공묘유眞空妙有로 있다는 것입니다. 이것을 선적 어법으로 제8분, 제13분과 같이 'A는 곧 A가 아니다 그 이름이 A이다' 하는 A=Ā의 세계며, 적기에 의한 본래의 근원지에 돈입頓入하기 위한 가르침이 됩니다. 그리고 본래의 실상자리로 합일됨은 적기에 의해서만 가능한 것입니다. 오랜 관습에 의해 누적된 우리들의 정상성定相性을 해체시키려는 방편 법문이 적기법문이며 적기어법입니다. 적기의 세계인 공空은 우리가 떠나온 본래의 세계임을 천명하고 있습니다.

제가 「설악, 귀엣말하다─4」에서 상호 병치하여 설악선사의 현대선시와 효봉선사曉峰學訥(1888~1966)의 오도송을 위의 적기수사법에 의해 풀어서 보인 결과, 두 선장의 시가 서로 반상합도되어 빼어난 경지를 보여주는 한 편의 '평설시'로 보여준 것입니다.

맹문재 : 선생님께서는 선시에 관한 연구에 비해서는 창작한 작품이 많지는 않습니다. 지금까지 간행한 시집이 『눈 속에 핀 하늘을 보았니』, 『습득』, 『조실』 등 세 권입니다. 약력을 살펴보니 1995년부터 작품 활동을 한 데서 볼 수 있듯이 뒤늦은 나이에 창작 활동을 시작했기 때문이라고 여겨지네요. 『습득』에 실린 '연보'에 선생님의 삶이 재미있게 정리되어 있는데, 본격적으로 작품 활동을 하기 이전의 삶과 왜 시를 쓰시기 시작했는지 궁금해집니다.

송준영 : 예, 저는 18세 청년기에 선禪에 관한 강한 의문을 품고 처음 발심을 하게 되었습니다. 그리고 꾸준히 '이게 무엇인가?' 하는 떨칠 수 없는 의심을 하게 되었고, 결국은 이것을 푸는 것이 저의 전 생애의 제일 명제가 되었습니다. 그리고 마흔이 되는 해에야 비로소 희미하게나마 저 밑에서 올라오는 덩어리를 풀게 되었습니다. 그리고 오랜 기간 동안 선의 스승들을 찾아 참문을 하며 보림保任 기간을 거쳤고 마침내 47세가 되는 해에 서옹 상순西翁尙純(1912~2003)선사로부터 전법게傳法偈를 받게 되었습니다.

이후 강원도 영동지역에서 시민선방을 열고 강원도 각 사찰을 다니며 선에 대한 법회를 개최하였고 강릉포교당에서 10여 년간 선에 관한 설법도 하였지만, 삭발치의削髮緇衣를 하지 않는 법사로서 많은 문제에 부딪치게 되었습니다. 이런 와중에서 끝내는 저가 심신을 기울여 맛을 보게 된 선이 우리에게 주는 자유自由, 안심安心, 무애无碍에 대한 염원을 보여주기 위한 직접 설법을 거두게 되었지요. 그런 후, 젊은 날에 한때 침잠했던 시 공부를 하게 되었습니다. 이때 친구였던 이외수, 최돈선을 자주 만나 문학토론을 하며 시詩로서 선禪을 대중에게 알려야겠다는 결심을 하게 되었습니다.

원래 저는 대학 재학시절에 박동규, 이승훈 선생님을 만나게 되어, 시를 습작하게 되었지만 선에서 추구하는 깨달음이라는 것에 대한 강한 의구심 때문에 시는 그저 심드렁한 것이었습니다. 사실 우리나라 고전문학을 말하려 하면 더듬어 볼 만한 민족의 혼이 비상된 글이 극히 적습니다. 이것은 그것을 읽어 내야 하는 문자가 없기 때문일 것입니다. 향찰로 된 몇몇 향가, 속요 등 극히 제한되어 있습니다. 결국 우리 민족의 정서나 사상적 깊이는 어쩔 수 없이 한자를 빌려 씌어질 수밖에 없었기 때문입니다.

특히 우리민족에 지대한 영향을 끼쳤던 선불교의 선은, 선시禪詩는 오늘날 우리 민족의 정서와 혼을 더할 수 없이 보여준 지혜의 보고입니다. 빈약한 향가나 속요와 비교할 때, 고려 중엽 송광사 16국사로 이어지는 선승들의 어록은 참으로 놀라운 것입니다. 제1대인 보조국사 지눌普照知訥(1158~1210)의 직전 제자인 진각국사 혜심眞覺慧諶(1178~1234)이 출현하여 당시 세상에 다시 없는 선시 사전인『선문염송』을 편찬하였고, 또 혜심의 선시집인『무의자시집』에는 그의 자작 선시 200수와『진각국사어록』에 205여 수, 무려 400여 수가 남아 오늘날 전해지고 있습니다. 그리고 고려 말엽에 돌출한 태고 보우, 나옹 혜근, 백운 경한선사와 초선 초기 청한 설잠(김시습), 조선 중기 서산대사나 그의 제자 소요 태능의 선시, 한말의 경허선사의 선시는 당시 세계에서 가장 문화국이고 강국이며 선의 황금시대였던 당唐과 송宋, 원元의 선사들의 선시와 어깨를 나란히하는 고준한 정신의 수정체라 할 수 있습니다. 그럼 이렇게 심원한 정신세계의 노작을, 그것도 한자로 쓰인 선시들을 오늘날 누가 어떻게 풀어내고 그 향을 만끽하고 즐길 수 있을까. 이것은 개인의 문제가 아니라 우리 민족 전체의 문제라는 생각을 갖게 되었습니다. 위의 「설악, 귀엣말하다」 연작에 제가 많은 말을 한 그 답이라 할 수 있습니다.

근자에 이 풀어야 할 문제를 저의 대代에서 꼭 해결해야 한다는 발원, 아니 조그마한 소로小路라도 열어야 하겠다는 발원으로 이 무모한 짓을 하는 것인지도 모릅니다. 이 문제를 풀기 위해 오늘날 서양편제에 의한 글쓰기를 한 10여 년 매진하게 되었습니다. 그것은 '만해시인학교'가 열리고 있는 정확하게 2000년 여름 설악산 백담산장에서 오랜만에 대학 은사인 이승훈 선생님을 만나게 되었고, 선禪에 관한 이야기와 현대 서양의 이론에 관해 밤늦도록 얘기를 나누었으며, 그 후 매주 목요일 저는 서울로 올라갔고, 빠짐없이 이승훈 선생님을 만나 깊은 밤까지 선과 선시, 서양의 포스트모더니즘과 시적 사상을 듣고 배우고 선을 말하기를 10년이 되었습니다.

이로 인해 「설악, 귀엣말하다」의 연작시가 만들어지는 계기가 되었습니다.

맹문재 :『습득』,『조실』을 비롯해 선생님의 여러 글에 서옹선사가 등장하는데, 그 만큼 큰 영향을 받은 것이겠지요. 독자들에게 서옹선사를 소개해 주실 수 있는지요?

송준영 : 눈물이 앞을 가립니다. 스님에게 받은 은혜는 백골이 난망難忘하여도 갚을 길이 없습니다. 저를 낳아준 분이 어버이라면 저를 바른 자리에 앉게 한 분이 서옹스님입니다. 삶에 찌들린 저를, 저의 일천한 살림살이를 7년 동안 일곱 번이나 점검해 주셔서, 오늘날 무탈하게 삶의 맛을 보게 한 은혜에 감읍합니다.

서옹西翁尚純(1912~2003)스님의 법명은 상순이며 석가모니 부촉, 76대 법손인 근래의 대선장입니다. 제5대 조계종 종정을 역임하였으며, 무문관 조실,

만년엔 백양사 방장으로 선법을 일으키기 위해 무차법회를 개최하기도 하였습니다. 저서로는 『임제록 연의』가 있으며, 2003년 12월 92세 일기로 백양사에서 좌탈입망하였습니다. 서옹 선법사께서는 만암선사의 법계를 이으니 청허의 13대 법손이 됩니다.

맹문재 : 앞으로의 연구 계획이나 창작 계획을 들을 수 있는지요? 혹시 선시의 대중화를 위한 계획도 가지고 계신지요?

송준영 : 저가 주간하고 있는 계간『시와세계』이 지령62호이고 꼭 15년이 넘었습니다. 그간 선시와 아방가르드 시를 병치하고 반상합도하는 새로운 문학운동을 전개하고자 고심하여 왔습니다. 선이나 선시라는 글과 서구의 아방가르드 시와 상호 격의格義하므로 보다 발전된 새로운 글을 보이고자 애써 왔습니다. 이제 겨우 바탕이 서고 있다는 생각이 듭니다. 다음으로 이어질 새로운 10년은 선시의 활성화와 대중화에 노력하겠습니다. 그 일환으로 선과 선시를 알겠다는 동호인을 맞이하여 동인지『현대선시』를 7권째 간행하고 있습니다.

공사다망하신 중에도 한동안 애써 주셔서 감사합니다.

맹문재 : 여러 가지로 귀한 말씀 잘 들었습니다. 내내 건강하시고 좋은 선시와 선시 연구가 나오길 응원합니다.

선종의 선맥보와 선맥도

1. 선종의 선맥보[1]

1) 초기 선맥보

(1) 선의 시원

선은 멀리는 석가세존으로부터 연원되어 마하가섭을 1대로 하여 28대 보리달마로 비롯된다. 선의 근원을 이야기할 때 선문에서 흔히 삼처전심三處傳心을 말한다. 삼처전심이라 함은 세존께서 가섭에게 세 곳에서 마음을 전함

---

[1] 이 선맥보는 조선 영조 40년(1764) 사암채영獅巖采永이 편찬한 『서역중화해동불조원류西域中華海東佛祖源流』를 참조하였고, 그리고 1983년에 경운형준畊雲炯埈이 불서보급사에서 간행한 『해동불조원류』를 살펴보았다. 그 이후에 고승들의 사자상승은 여러 어록과 발품을 판 결과다. 선을 참하는 선객들에겐 뼈대를 분명히 하는 일이라 느껴 감히 도표를 그렸다.

을 이른다. 세존께서 기사굴산에서 대중들에게 법을 베풀었다. 한참 무아경으로 말씀을 잇다가 말문을 닫았다. 잠시 후 연꽃을 집어 들고 대중에게 보이셨다. 그러나 대중들은 세존께서 무엇을 의미하는지 아무도 몰랐고 어리둥절할 뿐이었다. 그때에 가섭만이 엷은 미소를 띠었다.

> 나는 정법안장正法眼藏과 열반의 미묘한 통찰력을 가지고 있습니다. 이 열반은 무형의 모양과 실제의 모양을 다 같이 갖춘 것이며, 문자로써 알 수 있는 건 더욱 아니며, 모든 경전 밖에 따로 전달되는 것입니다. 이제 나는 이 비전을 마하가섭에게 부촉합니다.[2]
> 吾有正法眼藏 涅槃妙心 實相無相 微妙法門 不立文字 教外別傳 付囑摩訶迦葉

이와 같이 선의 기원은 모호한 전설 속에 가려져 있다. 따라서 선의 근원을 말할 때 자연 석가모니로 올라간다. 인류의 정신 유산 중 가장 미묘한 선은 한 송이의 연꽃과 한 번의 미소에서 탄생되었다. 삼처전심 중 오직 염화시중 미소만이 출처가 분명하지 못하나, 얼마나 낭만이 있고 멋있고 아름다운가는 이야기를 접해 본 사람이 바로 직감하게 된다. 선의 멋은 선화가 정말이냐 거짓이냐에 있는 것이 아니다. 염화시중의 미소가, 선 이야기가 우

---

2 이지관,『사집사기』「선요」, 해인총림, 1986, 232~234쪽 참조: 정성본,『중국선종의 성립사 연구』「보림전의 성립과 정법안장」, 민족사, 1991, 756~779쪽 참조.『보림전』,『持月錄』,『무문관』,『오등회원』,『연등회요』등에 기록되었다. 역시 문헌상 최초의 기록은『보림전』권1「도중부법장열반품」제3에 있는 기록(801년작)이다. 여기서 좀 더 고찰하여야 할 문제는 다자탑전 분반좌는『아함경』「중본기경」과 쌍림수하 곽시쌍부雙林樹下槨示雙趺에 출전되었음이 밝혀지나 염화시중 미소는 경전 출처가 분명하지 않다. 흔히들『대법천왕문불결의경』권3「염화품」제2에 기록되어 있으나, 근자에 와서 학자들의 연구 결과 이 경이 위경으로 밝혀졌다. 그러나 이런 내용은『법화경』에 '영산설법靈山說法 천우사화天雨四花'나『열반경』에 '오유정법안장吾有正法眼藏 부촉가엽付囑迦葉'과 같은 경문이 있는 것으로 보아 염화시중과 같은 구체적인 이야기로 발전된 것으로 보인다.

리에게 전수되어지면서 만들어졌다 해도 이것은 아주 정확하게 선의 정곡을 찌른 이야기다. 어쨌든 선은 미소 짓는 한 송이 꽃이 피어나는 미소를 자아낸다고 보는 이 이야기야말로 선의 핵심이 아닌가.

곧 삼처전심은 염화시중 미소, 다자탑전 분반좌, 곽시쌍부를 일컫는다. 다자탑전 분반좌는 '세존이 다자탑 앞에서 설법을 하는데 가섭이 늦게 도착했다. 그와 자리를 나누어 앉히자 대중이 모두 어리둥절하였다는 내용이고, 곽시쌍부는 세존이 사리쌍수 사이에서 열반에 들자 가섭이 7일이나 늦게 도착하여 관을 세 바퀴 돌면서 "생사의 무상을 초월하셨다 말씀하시더니 어찌하여 이렇게 빨리 돌아가셨습니까?" 하니 세존께서 관 밖으로 두 발을 내어 보였다는 선화다. 염화시중의 미소와 함께 세존이 3곳에서 마음을 전했다' 하여 선가에서는 선의 근원으로 삼는다. 따라서 선의 원조遠祖는 석가세존이고 종조宗祖는 보리달마이다. 1대 가섭으로부터 면면이 곧게 전하여 28대 보리달마에 이르러 인도로부터 중국 남북조 시대에 양무제 때 광동으로 달마가 들어와서 양무제와 선문답은 『벽암록』 제1칙 「확연무성」으로 나타난다.

(2) 선맥의 정립기

선은 본래 불교 이전 인도 고대 각종의 고행자인 구도자들에 의해 명상을 내용으로 하던 것이 중국으로 전파되면서 선 수련자들에 의하여 본체에 대한 돈오나 자성에 대한 직관적 자각 즉 증득을 본질로 한다. 선사들은 하나같이 제자들에게 명상과 사유로 선의 본질에 들 수 없음을 강조해 왔다.

육조 혜능. 석가모니의 선의 등불을 이은 마하 가섭摩訶迦葉을 1대로 하여 28대에 이르러 달마達摩가 중국으로 건너와 중국 선종의 씨앗을 뿌린다. 다시 달마를 초조로 하여 이조 혜가二祖慧可, 삼조 승찬三祖僧深, 사조 도신四祖道信, 오조 홍인五祖弘忍을 잇는 선의 여섯 번째 조사 혜능이란 뜻이다.

육조 이전에 분파된 선종은 사조 도신의 제자인 우두 법융牛頭法融에 의해서 우두종이 성립된다. 이 우두종은 다음 초기선맥도에서 보듯이 법융으로부터 6대 경산 도흠徑山道欽, 7대 작소 도림鵲巢道林에 이르러 선종사에서 사라진다. 우리나라 최초의 선을 전한 법랑法郎도 사조 도신의 전법제자다.

오조 홍인 대에 이르러 자주 지선資州智詵, 숭산 법여崇山法如, 옥천 신수玉泉神修, 육조 혜능六祖慧能 등이 있으며, 옥천 신수와 육조 혜능에 의해 점오사상인 신수는 북종으로, 돈오사상인 혜능은 남종으로 종파가 분파된다. 북종 신수는 그의 제자 대조 보적大照普寂이 있고 정주 석장定州石藏에 이르러 선종사에서 자취가 사라지고 남종 혜능에게는 많은 용상들이 배출되니 남악 회양南嶽懷讓, 청원 행사靑原行思, 남양 혜충南陽慧忠, 영가 현각永嘉玄覺, 하택 신회荷澤神會 등이다.

오조 홍인의 제자인 지선智詵은 사천불교의 지주로 처적處寂을 낳고 처적은 정중 무상淨衆無相을 무상은 보당 무주保塘無住, 정중 신회淨衆神會를 낳는다. 이어 성수 남인聖修南忍 대를 거쳐 의만義俛에 이르러 선종사에 자취를 감추니 이를 정중종이라 한다. 특히 정중 무상은 신라 성덕왕의 3자이며 티베트에 선을 전파한 조사이다. 그의 인성염불引聲念佛과 삼구법문은 오늘날까지 이어져 많은 영향을 주고 있다.

육조 혜능의 많은 제자 중, 남악 회양과 청원 행사의 후손들이 선의 황금시대를 펼치니 이를 일컬어 선문의 오가칠종五家七宗이라 일컫는다. 남악은 마조 도일馬祖道一(709~788)을 낳고 청원은 석두 희천石頭希遷을 두니 천하는 강서의 마조와 호남의 석두의 천하가 되니 이것이 강호라는 말의 어원이 된다. 특히 마조의 일문이 번창하니 선의 각 종파가 난립될 때, 이를 홍주종洪州宗이라 불렀다. 마조는 원래 정중 무상의 제자라는 설이 있다.

다음 하택 신회가 이룬 종파를 하택종이라 한다. 하택 신회 – 자주 법여磁州法如 – 형남 유충荊南惟忠 – 대덕 도원大德道圓 – 규봉 종밀圭峰宗密과 자주 법여를 잇는 오대 무명五臺無明과 그의 제자 화엄 징관華嚴澄觀은 모두 하택종의 선장들이다. 그리고 마조의 홍주종은 초기불교의 한 지파였지만, 후대에 오가 칠종이 형성됨에 따라 선문의 주파로 떠오른다.

초기의 여러 종파 곧 우두종, 하택종, 정중종, 보당종, 북종, 남종, 홍주종이란 여러 선문들의 이름은 정립기에 들어서면서 차츰 사라지고 육조 혜능의 남종 계열만이 홍성하였고, 오늘날까지 임제종과 조동종이 면면이 선맥을 잇고 있다.

2) 오가칠종의 선맥보

5가 7종 중 가장 먼저 종파를 이룬 것은 위앙종이다. 남악은 마조를 낳고 마조는 『전등록』에 의하면 135명의 용상을 배출한다. 서당 지장西堂智藏, 백장 회해百丈懷海, 남전 보원南泉普願, 석공 혜장石鞏慧藏, 대주 혜해大珠慧海, 염관 제안鹽官齊安, 창주 신감滄州神鑑, 마곡 보철麻谷普徹, 불광 여만佛光如滿, 장경 회휘章敬懷暉, 대매 법상大梅法常, 방온거사龐蘊居士 등이 그들이다.

마조는 위산 영우潙山靈祐와 황벽 희운黃檗希運을 낳고 위산은 앙산 혜적仰山慧寂과 향엄 지한香嚴智閑, 영운 지근靈雲志勤 같은 용상을 두었다. 위산과 앙산에 의해 이루어진 위앙종이 탄생하니 오가 중 가장 먼저 성립된 종파이다.

그리고 황벽의 상족 백장 회해百丈懷海에게 선문의 영웅이 출생하니 이가 임제 의현臨濟義玄이다. 의현이 임제종의 개창조이며, 임제 하에는 삼성 혜연三聖慧然, 위부 대각魏府大覺, 흥화 존장興化存獎이 있고 흥화에겐 남원 혜옹南院慧顒이 있고 남원 하엔 수산 성념首山省念이 있고 수산 하에는 분양 선소汾陽善昭가 출현하고 분양은 석상 초원石霜楚圓을 낳는다. 석상의 양 고족 황룡 혜남黃龍慧南과 양기 방회楊岐方會가 탄생(북송시대)하니 이가 바로 황룡파와 양기파의 시조가 된다. 황룡 아래엔 동림 상총東林常總, 융경 경한隆慶慶閑, 회당 조심晦堂祖心이 있고 그 아래에는 원통 가선圓通家儇이 있고 원통에겐 부산 법진浮山法眞이 있다. 양기의 상족에는 백운 수단白雲守端이 있고 백운은 오조 법연五祖法演을 낳고 오조는 장수 원정長隨遠靜과 원오 극근圜悟克勤을 두었다. 장수는 확암 지원廓庵志遠을 출생하고 원오는 호구 소륭虎丘紹隆을 낳는다. 호구는 응암 담화應庵曇華를 낳고 응암은 밀암 함걸密庵咸傑을 낳고 밀암은 파암 종신破庵祖先을 낳고 파암은 무준 사범無準師範을 낳고 무준은 운암 조흠雲庵祖欽을 낳고 운암은 급암 종신及庵宗信을 낳았다. 급암의 두 상족이 있으니 석옥 청공石屋淸珙과 평산 처림平山處林이다. 석옥에게 고려의 태고 보우太古普愚와 백운 경한白雲景閑을 두고 평산은 나옹 혜근懶翁慧勤에게 전법을 하였다. 태고 보우는 구산 선문의 가지산문 후손이며 동시에 임제종 양기파의 법손이 된다. 때문에 우리나라 조계종은 양기파와 구산선문을 법계를 잇고 있다. 그리고 청원에겐 석두를 거쳐 상족들이 출생하니 천황 도오天皇道吾, 약산 유엄藥山惟嚴, 단하 천연丹霞天然, 대전 보통大顚寶通 등이 있다. 약산에게 도오 종지道吾宗知, 선자 덕성船子德誠, 운암 담성雲嚴曇晟이 있고, 운암에게 동산 양개洞山良价를 낳으니 이분이 조동종의 종조이다. 동산은 운거 도응雲居道膺, 용아 거둔龍兒居遁, 조산 본적曹山本寂, 흠산 문료欽山文遼 등의 상족이 있다. 일반적으로 조동종의 이름이 동산과 그의 제자 조산의 이름을 합쳐진 이름이라 한다. 하지만 제자의 이름 첫자가 스승의 이름 위에 있을 수 없으니 조계 혜능의 조曹라 하기도 한다. 조산의 문중은 선종사에는 금봉 종지金峰從志 이외는 뚜렷한 이름이 보이지 않고, 운거 하에 동안 도비同安道丕 동안 상찰同安常察 등의 이름이 나타난다. 동안을 잇는 양산 연관梁山緣觀, 그 아래 대양 경현大陽警玄은 투자 의청投子義靑을 낳고 투자는 부용 도해芙蓉道楷를 낳고 부용은 단하 자순丹霞子淳을 두니, 단하 아래에 천동 정각天童正覺이 출현하여 조동종이 크게 용틀임한다. 이무렵 천동사 천동 여정天童如淨(1163~1228)에게 법을 얻은 일본 승 도원道元(1200~1229)에 의해 일본으로 전파되니(1227) 지금도 일본의 조동종이 제1종파로 성황을 하고 있다. 천동 정각과 여정은 거의 동시대에 묵조선을 대표하는 거장이다.

  석두의 법자 천황은 용담 숭신龍潭崇信을 낳고 용담은 덕산 선감德山宣鑑을 낳으니 덕산에겐 설봉 의존雪峰義存, 암두 전활巖頭全豁 등의 용상이 출현한다. 이어 설봉에겐 운문 문언雲門文偃, 현사 사비玄沙師備 등 고족들을 두니 바로 운문은 운문종의 개조다. 그 아래에 향림 징원香林澄遠을 거쳐 지문 광조智門光祚가 출현하고 지문 하에 설두 중현雪竇重顯이 나타나 선문을 크게 중흥시킨다. 현사는 나한 계침羅漢桂琛을 거처 법안 문익法眼文益이 출현하니 이 분이 법안종의 시조가 되며 2대 천태 덕소天台德韶와 3대 영명 연수永明延壽 이후에 법계가 희미해진다.

3) 우리나라 선맥보

앞 초기 선맥보에서 보듯이 우리나라에 선종을 처음 가지고 들어 온 선사는 사조 도신에게 법을 받은 법랑法郞이나 멀리 이어지지 못하고 곧 사라진다.

(1) 9산선문의 선맥보

우리나라에 오늘날까지 지속되는 남종선은 서당지장과 백장회해에게 인가를 받은 도의 원적道義元寂이 귀국하니 우리나라 남종선의 초조가 된다. 제자 염거廉居를 거쳐 법손 체징普照體澄 때에 가지산문을 열게 된다. 서당에게 인가를 받은 홍척洪陟은 우리나라 최초의 산문인 실상산문을 개산하고, 또한 서당에게서 전법한 혜철惠徹에 의해 동리산문이 형성된다. 염관 제안에게서 사굴산문 범일梵日이 출생하고, 남전보원에서 사자산문 도윤道允, 마곡 보철과 불광 여만으로부터 성주산문 무염無染이 출생하고, 장경 회운에게 봉림산문의 현욱玄昱, 창주 신감의 진감으로부터 희양산문 도헌道憲이 탄생되니 우리나라 구산선문 중 여덟 산문이 출생한다. 그리고 청원과 석두를 조상으로 하는 동산 양개洞山良价(조동종)의 제자 운거 도응雲居道膺으로 전법한 이엄利嚴이 수미산문을 개산하니 구산선문 중 가장 늦다. 다른 산문은 신라 때 개산되고 수미산문만이 조동종 개열이며 고려태조 때가 된다.

다음 9산선문 법계도에서 보듯이 신라 8산산문과 고려의 수미산문을 통합하여 9산선문이 형성된다. 모두 남종선의 법맥을 이었는데 희양산문은 사조 도신의 법을 이은 법랑이 귀국하여 신행에게 법을 전하고, 또 신행은 입당하여 보지공에게 인가를 받기도 한다. 신행은 준범에게 준범은 혜은에게 혜은은 지선 도헌에게 법을 전하니 이분이 회양산문(879, 헌강왕 5년)을 개창한다. 그리고 마조의 법자 창주 신감으로부터 인가를 받은 쌍계 혜소에게 거듭 전법을 받으니 지선이 개창한 경북 문경에 주찰인 봉암사 회양산문은 법랑의 법손인 동시에 마조계의 법을 동시에 잇게 된다.

때문에 9산선문 모두가 크게 보아 혜능의 남종선의 법손들로 가득 찬다. 또 세분화하여 보면 가장 나중인 고려 태조 15(932)년에 개창한 수미산문은 청원계인 석두의 법맥을 잇는 조동종의 종조 동산 양개의 전법제자인 운거 도응으로부터 법을 이은 이엄에 의해서 개산되니 남종선인 동시에 조동종의 법맥이 흐른다.

이 두 산문을 제외한 7산산문은 모두 남악계인 마조의 직전제자들에게 법을 잇게 된다. 우리나라 초조 도의는 서당 지장과 백장 회해에게 제일 먼저 법을 받고 821년, 헌덕왕 13년 귀국하였으나 법손인 보조 체증에 의해 가지산문이 개창된다(839, 문성왕 1년). 가지산문은 고려 중엽 보각 일연普覺一然을 배출하였고 고려 말 태고 보우太古普愚를 낳았다. 그의 법계는 오늘날까지 전승되고 있다.

같은 서당에게 법을 받은 홍척은 9산산문 중 남원 실상사를 주찰로 하여 제일 먼저 개산(828, 홍덕왕 3년)하니 실상산문이다. 이어 서당에게 법을 받고 귀국한 혜철에 의해 전남 곡성의 태안사에서 동리산문(839, 문성왕 1년)이 개산되며, 문손으로는 풍수지리의 원조인 도선을 배출하였다.

다음은 마조의 법자 염관 제안에게 사법한 범일이 강릉 굴산사를 주찰로 개산한 사굴산문(850)을 개창하였다. 개청과 행적 등의 제자를 두었으며, 고려 중엽 보조 지눌普照知訥을 잇는 15국사와 나옹 혜근懶翁慧勤과 무학, 함허는 사굴산문의 문손들이다.

다섯 번째로 개산한 성주산문은 무염이 입당하여 불광 여만과 마곡 보철에게 인가를 받고 문선왕 7년(845)에 귀국하여 공주 성주사에서 개산을 한다.

여섯 번째로 개산을 한 사자산문은 헌덕왕 17년(825) 때 입당하여 마조의 제자 남전 보원에게 인가를 받고 847년에 귀국한 도윤은 오랫동안 전남 무순 쌍봉사에서 선풍을 진작하다가 입적함에 상족 징효 절중이 영월 사자산 흥녕사를 확장하여 스승 도윤의 선풍을 천양한다. 사자산문의 뿌리는 도윤에게 있고 실제로 사자산문을 개창한 분은 절중이다.

일곱 번째로 산문을 개창한 희양산문에 대해 위에서 기록하였고, 여덟 번째로 개창한 산문은 봉림산문이다. 개산조 현욱이 헌덕왕 16년에 입당하여 마조의 고족인 장경 회휘에게 사법하고 837년에 귀국하여 여주 혜목산 고달사를 창건하고 선법을 폈으며, 그의 제자 심희가 현 경남 창원읍 봉림리에 봉림사를 창건하여 혜목 현욱을 개산조로 하였다.

아홉 번째로 이엄은 진성여왕 10년(870)에 입당하여 조동종 운거 도응에게 사법한 후, 효공왕 15년에 귀국하였다. 왕건과 인연이 있어 설법하였으며, 고려 태조가 된 후 932년 교칙을 내려 황해도 해주 수미산에 광조사를 개창하니 수미산파이다.

흔히 우리나라는 신라 때 구산선문이 통칭하여 선종 혹은 조계종으로 불리어 왔다. 상고하여 보면 신라시대 교종인 5교와 대칭하여 구산선문을 선종이라 범칭하여 불리다가 고려 숙종 때 대각 의천에 의해 천태종이 성립되매, 조계 보림사 혜능을 종조로 하는 구산선문을 총칭하여 조계종으로 부르게 된다. 그리고 조선 세종 때에 화엄, 자은, 중신, 시흥 등 4종을 합해 교종으로 삼고 조계, 천태, 총남 등 3종을 합해 선종으로 불렀지만 고려 이후 300여 년 불려오던 조계종이란 말로 상전되고 있었다. 선조 때 교종인 오교와 선종인 천태종 총남종이 사라지자 오직 우리나라는 조계종만이 일체 종을 통합하는 조계선종을 우선하는 통불교가 된다.

(2) 태고·나옹의 선맥보

구산선문 중 가지산문은 우리나라 남종선의 초조 도의 원적은 입당하여 마조의 상수제자 서당 지장과 백장 회해에게 사법하고 귀국해 염거에게 전법한다. 염거의 제자 보조 체징은 도의를 종조로 삼아 실상사에서 가지산문을 개창한다. 고려 중엽에 『삼국유사』를 저술한 보각 일연普覺一然이 있다. 일반적으로 구산선문 이래 고려 말엽에 이르러 여태 득도사得度師를 정사승正師僧으로 하던 것을 태고 보우에 대에 이르러는 차츰 수법사受法師를 정사승으로 보게 된다. 예건데 환암 혼수는 사굴산문에서 출신하여 태고에게 사법하였으며, 전 예로 보아 사굴산문 아래 혼수로 두어야 하던 것이 태고 문손들에 의해 태고의 정맥을 이은 이로 간주되어진다. 도의가 입당하여 서당과 백장에게 전법하여 내려온 법맥이 태고에 이르러 중국으로 들어가 임제종 양기파 11대 석옹 청공에게 사법하니 태고는 가지산문과 양기파의 법맥을 아우르게 된다. 곧 태고는 석가세존 이후 57대가 된다.

구산선문의 사굴산문은 범일通曉梵日이 중국에 들어가 마조의 법자 염관제안에게 사법하고 귀국하여 강릉 학산에 굴산사를 주찰로 산문을 개산한다. 범일은 상족인 개청과 행적을 두었으며, 예종 때는 혜소국사가 굴산문중을 번성케 하였으며, 그의 제자로는 광지, 탄연, 영보, 이자현 등이 있다. 곧 이어 범일의 후손인 종휘宗暉에게 고족인 보조普照知訥가 출생하니 수선사(순천 송광사)에서 정혜결사를 하여 혼란한 불교를 바로 잡은 이분이 불일 보조선사이다. 12세기는 고려는 무신의 정변을 맞아 100여 년간 타락하고 피폄하였다. 보조는 동학 10여 인이 정혜결사로 청정한 선문의 가풍을 진작하였으며 보조 이후 구산선문을 조계종이라 통칭하게 되는데, 이것은 의천大覺義天이 부르짖은 천태종에 반하여 구산선문을 조계종이라 통칭하게 된다. 보조의 상족 혜심眞覺慧諶은 바로『선문염송』과『무의자시집』에 선시 400여 수를 남긴다. 이분이 우리나라 선시의 초조가 된다. 사굴산문에서 송광사의 16국사와 나옹懶翁慧勤이 출현한다. 나옹이 중국에서 임제종 양기파 11대 평산 처림에게 사법하니 나옹은 9산선문의 사굴산문과 양기파의 법통을 같이 잇고 있다. 나옹은 무학無學自超을 두고 무학의 제자 함허涵虛가 출현하여 오늘날 조계종의 한 뿌리가 된다.

(3) 조선시대와 근대의 선맥보

신라시대의 오교양종은 조선조에 들어와서 모든 법맥이 단절되고 그 종풍을 후세에 전하지 못하나 신라 헌강왕 이래 현금까지 이어져 조선 천하가 조계종 일색이 된다. 큰 흐름으로 보았을 때, 신라불교를 통칭하는 오교구산 중 교종인 오교에 상대하여 선종의 구산선문이라 호칭하고 다시 이것을 합하여 오늘날 조계종의 뿌리가 되는 것이다. 고려말엽 태고와 백운이 양기파의 석옥의 법맥을 받아왔고 나옹은 석옥의 사형제 되는 평산에게 양기파의 법맥을 받아오므로 지금까지 사자상승된다. 환암 혼수幻庵混脩(1320~1392)와 무학 자초無學自超(1327~1403)는 굴산선문의 나옹의 제자이다. 그러나 나옹과 태고, 즉 두 분의 제자로 비문에 나온다. 또 구곡 각운龜谷覺雲은 보조 지눌의 제6세 법손으로 환암 혼수의 제자가 아니라 졸암의 제자이고 졸암은

보조의 법맥이기 때문에 오는 혼돈이다.[3]

　그리고 구곡에게 멀리 원사한 벽계 정심碧溪正心이 벽송 지엄碧松智嚴(1454~1534)에게 사법한다. 벽계 정심은 성종 때 사태沙汰로 황악산에 숨어서 머리를 기르고 처자를 거느리며 일생을 마친 거사이다(김영수, 「조계선종에 대하여」, 불교사학회 편, 『한국 조계선종의 성립사 연구』, 1981, 141~149쪽 참조).[4] 고려 말이나 초선 초에 법계가 학자들의 이론이 분분[5]하나 저자는 여기서 이미 청허 휴

3　조계의 법맥은 여기에 와서 학자들 간에 이설異說이 많다. 그중 대표적인 것을 몇 가지 예를 들고자 한다. 이설이 있는 서산대사의 법계는 그의 오대조 되는 환암 혼수를 살펴야 한다. 나옹파는 환암을 나옹의 사법제자라고 나옹의 행장이나 비명碑銘(고려 우왕3년(1377) 이색이 선찬한 「여주신륵사보제선사사리석종비후음기驪州神勒寺普濟禪師舍利石鐘碑後陰記」)에 "門生 前住持 松廣廣通無碍圓妙大智普濟大禪師 幻庵混修"라 실렸고, 또 우왕10년(1384)에 이색이 찬한 「평양도연산부 묘향산안심사 나옹사리석종비후음기平壤道延山府 妙香山安心寺 懶翁舍利石鐘碑後陰記」에 "門生 名目 比丘國師大曹溪宗師 禪教都摠攝 …… 幻庵混修"라 기재되어 있다. 그리고 태고파에도 환암 혼수를 태고의 사법제자라고 한 기록이 있다. 즉 태고의 비명과 행장이 전하고 있다. 고려 우왕11년(1385)에 이색이 찬한 「태고보우 원증국사탑비명후음기太古普愚 圓證國師塔碑銘後陰記」에 "門徒 國師智雄尊者混修"라 실려 있고 또 그의 제자 유창이 쓴 『원증국사행상기圓證國師行狀記』는 우왕9년(1383)에 찬하는데, "其推爲上首輩者 曰幻菴和尙 今爲國師正辯智雄尊者"라 실려 있다. 그러나 사자상승된 기록은 없다. 연대는 나옹의 기록들이 모두 태고의 기록보다 앞서 있음을 볼 수 있다. 정황진, 「조선불교의 사법계통」, 『불교』 신집 제5호 참고.

4　『조선선교사』 259항에 『동문선』 51, 131항의 구곡 각운의 기사에 각운은 호남 용성인이다. 공민왕과 각운이 『전등록』을 법담하기에 공민왕이 그 그릇을 알고 숭상하여 〈달마절노도강도〉, 〈보현육아백상도〉에 구곡각운 넉 자를 친필로 써주어 각운에게 하사하고, '대조계종사선교도총섭숭신진승근수지도대선사'란 법호를 내렸다는 기록을 보아 고려 말과 조선 초 스님으로 추론된다. 또 각운의 법계는 보우, 환암, 구곡 각운(송광사 개창비)에 이어지는 비문이 있고, 또 평남 평원군 법흥산 법흥사 전등법맥엔 '제일조 태고 보우, 제이조 환암 혼수, 제삼조 구곡 각운, 제사조 벽계 정심, 제오조 벽송 지엄, 제육조 부용 영관, 제칠조 청허 휴정'이란 기록이 있다(장원규, 「조계종의 성립과 발전에 대한 고찰」, 불교사학회 편, 『한국조계선종의 성립사 연구』, 1981, 214~215쪽 참조). 그런데 이 역시 많은 문제점이 발견된다. 환암, 각운은 고려 말 승려였고 모두 사굴산문의 득도한 제자이며 각운 역시 송광사 법계인 졸암의 법제자(『동문선』 기록)로 기록되어 있고, 또 각운은 환암의 대선배인 까닭에 어딘가 짜맞추어진 느낌을 지울 수 없다.

5　수법의 중요성이 대두되면서, 태고와 나옹시대에서 시작되는 정사승正師僧이 득도사得度師니 수법사受法師니 하는 문제는 구산선문이 조계종으로 통칭되어온 시대를 살펴보면 그 시대에 보각 일연이나 혹은 중국으로 유학하여 심법을 받은 승려들이 법을 이은 분의 법계를 따른 것이 아니고 모두 귀국하여, 가지산문이면 조계종 가지산, 조계종 실상사 대종사로 본래 득도한 산문을 그대로 썼음을 그 비문들이 증명하고 있다. 한 예로 가지산문에 득도한 『삼국유사』의 저자 일연은 나라에서 보각존자로 사호를 받는 한 시대의 큰 스승이었지만, 그가 염향拈香할 때 목우자 보조 지눌에게 법을 잇는다는 발표를 한다. 그렇지만 그의 비석명에는 「조계종인각사가지산하보각국존曹溪宗麟角寺迦

정청허휴정淸虛休靜(1520~1604) 사후에 그의 법자들에 의해 정립되어 오늘날까지 이어지는 법계를 존중하여 그대로 기재한다. 곧 비문에 의하면 나옹이나 태고의 상수제자이며 사법제자인 환암 혼수에 의해 구곡 각운에게 사법되고 구곡을 원사遠嗣한 벽계 정심, 곧 환속한 거사 정심에 의해 조계종맥이 이어지게 된다. 구곡원사龜谷遠嗣라는 청허의 전언을 그대로 존숭하여 벽송 지엄, 부용 영관芙蓉靈觀, 청허 휴정으로 잇게 됨을 살필 수가 있다. 나옹의 법계는 무학 자초와 환암 혼수에게 전법하였고, 무학은 함허 득통得通己化(1376~1433), 함허 이후는[6] 선종사에 나타나지 않고, 성종의 불교 사태를 맞아 법맥이 희미

---

6 혜각존자慧覺尊者 신미信眉(1403~1480) : 세종으로부터 선교도총섭 밀전정법 비지쌍운 우국이세 원융무애 혜각존자禪敎都摠攝 密傳正法 悲智雙運 祐國利世 圓融無碍 慧覺尊者란 사호를 받은 수암당 신미는 훈민정음 창제에도 일등공신이었다. 그는 당대에 유일한 산스크리트어, 팔리어, 티베트어, 몽고어, 일본어와 한문에도 능통한 대학자였다. 세종실록에는 신미의 훈민정음에 대한 기록을 찾아볼 수 없으나, 『복천보감』, 『수암실기』, 『영산김씨대동보』, 『허균문집』, 『김수온문집』에는 신미의 훈민정음 창제에 관한 자료를 찾을 수 있다. 그리고 동시대의 학자 성현(1439~1504)의 『용재총화』나 『지봉유설』에는 훈민정음이 범어나 티베트어에서 나왔다고 실려 있고 그때 산스크리트어(범어)에 능통한 사람은 신미가 있을 뿐이다. 『영산김씨대동보』에는 김수생(신미)은 "집현전 학사였고 세종의 총애를 받았다集賢院學士 得寵於世宗"고 기록하고 있다. 세종실록에 집현전 학자들의 상소문을 통하여 볼 수 있는 것은 모두 사대주의와 숭유억불이 조선의 정책이며 그들의 정신이었고 불교는 단지 말살해야 할 반대편의 요설로 간주된다. 당시 조선 건국초기는 신권臣權이 강하던 시대, 사대주의와 숭유억불 정책의 정사인 실록에 기록될 수 없었다.

실록뿐만 아니라 말살의 증거가 되는 것은 언해한 초간본에 있던 신미의 이름이 복간본에는 삭제된 고서들을 볼 수 있다. 그러나 세종은 신미를 왕사격으로 공경하고 역마를 타고 궁궐 내 정음청을 드나들게 하였다. 더욱 확증적인 증거는 용암화상龍巖和尙이 찬술한『실담장해의총론悉曇章解義總論』에 있는 범자오십자모실담장梵字五十字母悉曇章을 주석한 내용은 훈민정음 자모인 칠음七音(아牙, 설舌, 순脣, 치齒, 후喉, 반설半舌, 반치半齒)과 또한 삼재三才(ㆍ, ㅣ, ㅡ)의 근원임을 확인할 수 있다. 따라서 실담장 오십자문이 훈민정음 창제의 근거인 사성과 칠음원리의 자료가 되기에 충분하다고 확인된다. 또 훈민정음의 표기법과 언해자료, 자음병서의 이치를 실담어(범어ㆍ산스크리트)와 비교, 분석함으로써 훈민정음의 기초를 세운다.

신미대사는 산스크리트어와 티베트어, 몽고어, 일본어 등에 통달하였고 학문을 겸비한 최고의 석학이었다. 계해 정통 11년(1446년) 9월 상한 세종대왕께서 훈민정음 28자를 공표하셨다. 정음 창제는 정음지작무소조술正音之作無所祖述, 즉 어떤 조사祖師도 창제할 수 없다는 결정적인 고백을 집현전 학자들이 하게 된다. 산스크리트어 음운법칙과 자음합용병서字音合用竝書는 산스크리트어와 훈민정음의 어원이 일치한다. 때문에 훈민정음 창제의 주역이 신미라 보는 학설이 한층 근거를 두게 된다 하겠다.

해져 버린다.

부용芙蓉靈觀(1485~1571)은 청허 휴정과 부휴 선수浮休善修(1543~1615)를 얻으니 우리나라 모든 조계종 문도는 이 두 분의 제자들이 된다. 특히 청허에겐 많은 제자가 있지만 4대문파가 뚜렷하다. 우리나라 계맥은 대부분 이분의 계맥을 계승한다.

청허의 사대문파라 함은 송운유정파松雲惟政派, 편양언기파鞭羊彦機派, 정관일선파靜觀一禪派, 소요태능파逍遙太能派를 가리킨다.

세종이 병환으로 붕어할 때 문종에게 우국이세 원융무애 혜각존자祐國利世 圓融無碍 慧覺尊者란 시호를 내리라는 유언을 하였다. '우국이세' 곧 '나라를 돕고 세상을 이롭게 하다'란 말은 훈민정음의 기초를 닦아 백성들에게 이롭게 하였음을 알 수 있다. 그 후, 세조가 신미를 찾아 법주사 복천암을 찾았다는 기록이나, 또 당시 상원사 주지였던 신미를 찾아 오대산 상원사에 간 기록과 유물이 남아 있다(국보 292호, '상원사중창권선문'이 월정사 박물관에 보관). 지금 상원사에 있는 국보 221호 문수동자상이나 그 복장 속에 나온 세조의 속옷이나 권선문의 기록과 많은 불경의 언해와 불사를 한 기록 등이 입증된다.
그리고 하나는 나옹의 법맥을 상기하여 볼 것 같으면 나옹의 법자 무학 자초와 함허 득통으로 이어지고, 함허 이후는 무후無後로 나타난다. 이것은 나옹의 법자 무학은 태조의 왕사였고 그의 제자 함허 득통은 유교와 불교에 능통한 당대의 대석학이며 조선 초 불교를 대표하는 인물이었다. 그의 저술『금강경오가해설의』가 신미와 학조 학열 등에 의해 언해되었다. 또 당시 훈민정음을 널리 알리기 위한 언해한 서책의 대부분은 집현전 학자에 의한 유교의 전적이 아니라 80퍼센트가 모두 불경이었고 세종의 직계인 문종, 수양대군, 안평대군, 정의공주, 신미 등에 의해 비밀리 훈민정음이 만들어졌고 언해된다. 이것은 훈민정음해례를 지은 정인지의 서문에도 잘 나타난다. 이와 같은 정황을 볼 때 신미가 훈민정음의 주역이라 봄이 타당할 것이다.
이능화의 『조선불교통사』에 의할 것 같으면 함허를 잇는 법계가 신미, 다음 학열, 학조로 이어짐을 상기할 수 있다. 이들은 모두 당시에 드러난 학자이며 선사였다. 세종실록이나 문종, 세조실록에 의하면 신미와 훈민정음에 의한 기록 등의 흔적을 찾을 수 없고 신미나 그의 제자 학열, 학조는 요승, 간승으로 나타난다. 이것은 세종과 문종, 세조를 잇는 명실상부한 왕사 신미와 그의 후예인 학열, 학조 등을 역사에서 지우고 있음을 간파할 수 있다. 곧 함허-신미-학열·학조의 선맥이 훈민정음 창제나 불경의 언해, 또 학문적인 능력과 당시 세종, 문종, 세조의 총애 등 유학자들과 맞서 있던 관계로 불교를 옹호하던 시대가 지남에 따라 극도의 핍박을 받는다. 더욱이 성종 2년에 간경도감이 폐지되고 적극적인 억불의 사태를 맞게 되며, 점차 승려들은 8천의 하나로 사라진다. 그 후 유학자들의 핍박을 받던 함허 이후의 선맥은 말살된다. 임진왜란 당시 진충보국한 서산, 사명당, 영규, 처영, 각암 등의 승병들의 활약으로 불교가 힘을 얻자 희미해진 법계를 정립하게 되며, 법계를 정립한 파들은 자연 서산의 후기 제자인 해관과 언기 등에 의해 문중합의에 의해 이루어진다. 태고 보우와 환암 혼수를 잇는 선맥과 성종 때 불교 사태沙汰에 의해 환속한 벽계정심의 법계가 서산(청허 휴정淸虛休靜)의 법손들에 의해 성립된다. 태고 보우-환암 혼수-구곡 각운-벽계 정심-벽송 지엄-부용 영관-청허 휴정·부휴 선수로 정리되었음을 추론할 수 있다.

먼저 송운은 송월 응상을 낳고 송월은 허백 명조, 춘파 의언, 금봉 천오를 둔다. 또 허백은 송파 의흠, 청맥 학흠, 취월 송헌 등이 있고, 금봉은 백화 망수 등이 있다.

다음 편양 언기의 법은 풍담 의심, 청엄 석민 등에 부촉하여 문파가 7파로 나누어진다. 그중 풍담파가 가장 융성하였다. 풍담의 고족에 월저 도안, 월담 설제 등으로 14파로 나누어진다. 풍담의 14파 중 가장 융성한 파는 월저 도안이니 그의 입실제자로 설암 추붕과 추곡 처호 등 10인이 있고, 월담파에는 환성 지안喚醒志安(1664~1729)이 출생하여 호암 체정虎岩體淨, 설송 연초雪松蓮初, 함월 해원涵月海源과 용성 진종龍城震鐘이 원사하니 그의 선맥이 오늘날까지 흥성하고 있다. 그리고 부용 영관의 법자 부휴 선수는 벽암 각성과 환적 인문, 고한 휘언을 낳고 벽암 각성은 취미 수초와 백곡 처능을 낳았고, 취미는 백암 성총을 두었다. 이 문파는 소수이지만 선종사에 나타난다. 호암에게 청봉 거안靑奉居岸, 설파 상언雪坡尙彦, 연담 유일蓮潭有一, 풍악 보인楓嶽普印 등이 있고 청봉에서 5대에 이르러 만화 보선이 경허 성우鏡虛惺牛(1849~1912)를 낳으니 이분이 우리나라의 달마라 불린다. 경허는 수월 음관水月音觀, 혜월 혜명慧月慧明, 한암 중원漢岩重遠, 만공 월면滿空月面 등의 당대 거선을 출현시킨다. 혜월은 운봉성수를 운봉은 향곡을 향곡은 현 조계종정인 진제를 낳는다. 그리고 한암漢岩重遠(1876~1951)은 대강백 탄허 택성呑虛宅成(1913~1983)과 보문 현로를 낳는다. 다음 설파에게는 설봉 회정을 설봉은 백파 긍선을 낳고 백파로부터 6대에 이르러 설유 처명이 출현하고 그의 제자에 당대의 대강백인 영호 정호映湖鼎鎬(1870~1948)와 금화 수성이 있고 영호는 청담靑潭淳浩(1902~1971)을, 금화는 학명 계종을 두었다. 그리고 호암의 한 고족인 연담으로부터 6대에 이르러 만암 종헌曼庵宗憲(1876~1957)인 조계종 종정이 탄생되고 그의 법자로 조계종 5대 종정인 서옹 상순西翁尚純(1912~2003)과 벽산 금타碧山金陀(1898~1948)가 있다. 이어 서옹은 제산 종성濟山宗成(1930~2004)을, 금타는 무주 청화를 낳는다.

또 호암에게 풍악보인이 있으니 풍악으로부터 9대에 이르러 불세출의 정신 용운 봉완龍雲奉琓(1879~1944)이 출생하니 이분이 만해다.

환성 지안의 한 파인 설송 연초에서 8대에 이르러 성해 남거가 경봉鏡峰靖錫(1892~1982)과 구하 천보를 두니 근래의 선지식들이다. 다음 환성의 법자인 함월 해원으로부터 9대에 이르러 석두 보택이 출생하니 석두는 조계종정을 지닌 효봉 학눌曉峰學訥(1888~1966)을 낳고, 그의 제자로 구산 수련과 길상 법정이 있다. 그리고 근래의 대선지식인 용성 진종龍城震鐘(1864~1940)은 200여 년을 뛰어넘어 환성 지안에게 원사했다. 많은 경전을 한글로 번역했으며 3·1독립운동에 불교 대표로 참가하였다. 그의 문하에 기라성 같은 선지식이 출현하니 동산 혜일東山慧日(1862~1937), 동헌 완규東軒完奎, 고암 상언古庵祥彦(1899~1988 3, 4, 6대 조계종정), 동암 성수東庵性洙, 인곡 창수麟谷暢洙, 자운 성우慈雲盛祐 등 많은 영납을 배출하였다. 특히 동산은 퇴옹 성철退翁性徹(1912~1993 조계종 7,8대 종정)을 낳고 퇴옹은 도림 법전道琳法田(11, 12대 종정)을 낳고, 인곡은 10대 종정을 지닌 혜암慧菴性觀(1885~1985)을 두었고, 고암은 성준 성각을 성준은 설악 무산雪嶽霧山을 낳으니 이분이 현대선시의 시맥을 잇고, 만해축전과 만해대상을 출현시킨 오현이다. 자운은 근래의 대강백인 가산 지관伽山智冠(1932~2011)을 배출하였다.

2. 선종의 선맥도

1) 초기 선맥도

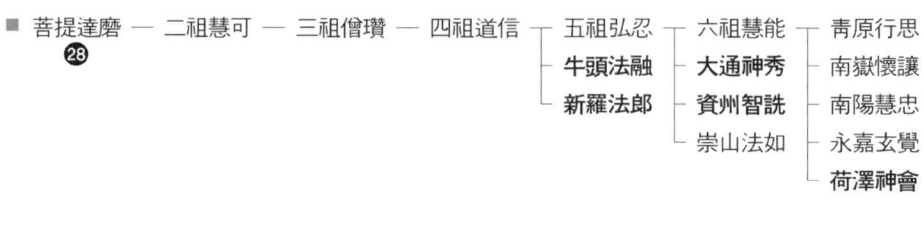

■ 菩提達磨 — 二祖慧可 — 三祖僧瓚 — 四祖道信 ┬ 五祖弘忍 ┬ 六祖慧能 ┬ 靑原行思
　❷❽　　　　　　　　　　　　　　　　├ **牛頭法融**　├ **大通神秀**　├ 南嶽懷讓
　　　　　　　　　　　　　　　　　└ **新羅法郞**　├ **資州智詵**　├ 南陽慧忠
　　　　　　　　　　　　　　　　　　　　　　　　└ 崇山法如　├ 永嘉玄覺
　　　　　　　　　　　　　　　　　　　　　　　　　　　　　└ **荷澤神會**

■ **牛頭法融** — 知嚴 — 慧方 — 法持 — 智威 ┬ 玄素慧忠 ┬ 淸凉澄觀
　❸❷　　　　　　　　　　　　　　　　　　　　├ 五臺無着
　(우두종)　　　　　　　　　　　　　　　　　　└ 佛窟唯則
　　　　　　　　　　　　　　　　　　└ 鶴林玄素 — 徑山道欽 — 鵲窠道林

大通神修 ──┐
　　　　　　　↓
　　　　　志空
　　　　　　　↓
■ **新羅法郞** — 海東信行 — 遵範 — 惠隱 — **智詵道憲** — 伯岩楊孚 — 靜眞
　　　　　　　　　　　　　　　　　　　↗ (희양산문)

南嶽懷讓 — 馬祖道一 — 滄州神鑑 — 雙溪慧昭(眞鑑)

■ **資州智詵** — 資州處寂 — **靜衆無相** ┬ 淨衆神會 — 聖壽南印 — 義俤
　　　　　　　　　　　　　　(정중종)　└ 保塘無住

■ **大通神秀** ┬ 大照普寂 — 定州石藏 — 義晩
　(북종)　　├ 志空　　— 海東信行
　　　　　　└ 敬愛法玩 — 少林淨業

■ 荷澤神會 — 磁州法如 — 惟忠 — 遂州道圓 — 圭峰宗密
　(하택종)

2) 5가 7종 선맥도

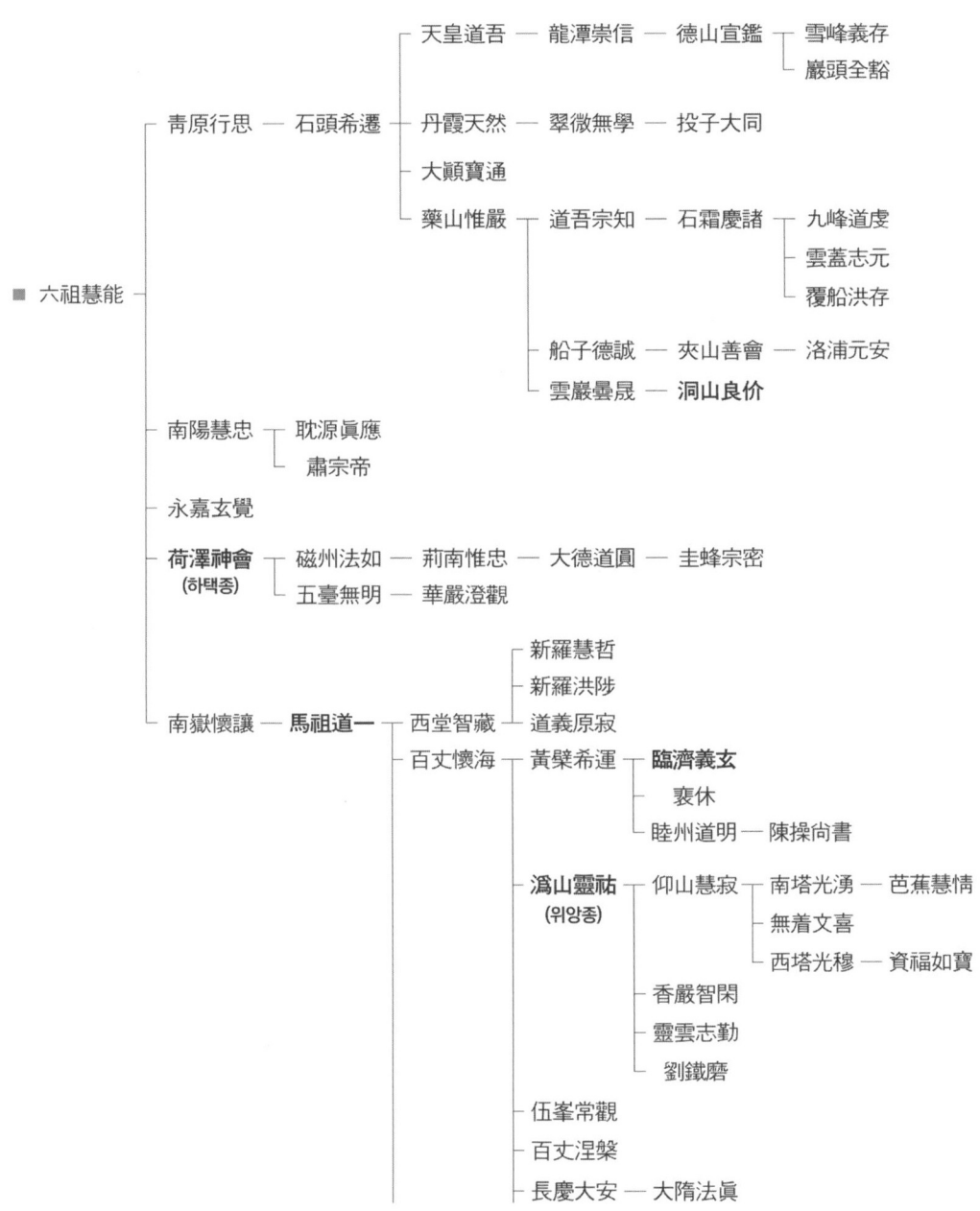

六祖慧能
- 靑原行思 — 石頭希遷
  - 天皇道吾 — 龍潭崇信 — 德山宣鑑 — 雪峰義存
    - 巖頭全豁
  - 丹霞天然 — 翠微無學 — 投子大同
  - 大顚寶通
  - 藥山惟嚴
    - 道吾宗知 — 石霜慶諸 — 九峰道虔
      - 雲蓋志元
      - 覆船洪存
    - 船子德誠 — 夾山善會 — 洛浦元安
    - 雲巖曇晟 — 洞山良价
- 南陽慧忠
  - 耽源眞應
  - 肅宗帝
- 永嘉玄覺
- 荷澤神會 (하택종)
  - 磁州法如 — 荊南惟忠 — 大德道圓 — 圭峰宗密
  - 五臺無明 — 華嚴澄觀
- 南嶽懷讓 — 馬祖道一 — 西堂智藏
  - 新羅慧哲
  - 新羅洪陟
  - 道義原寂
  - 百丈懷海 — 黃檗希運 — 臨濟義玄
    - 裵休
    - 睦州道明 — 陳操尙書
  - 潙山靈祐 (위앙종) — 仰山慧寂
    - 南塔光湧 — 芭蕉慧情
    - 無着文喜
    - 西塔光穆 — 資福如寶
  - 香嚴智閑
  - 靈雲志勤
  - 劉鐵磨
  - 伍峯常觀
  - 百丈涅槃
  - 長慶大安 — 大隋法眞

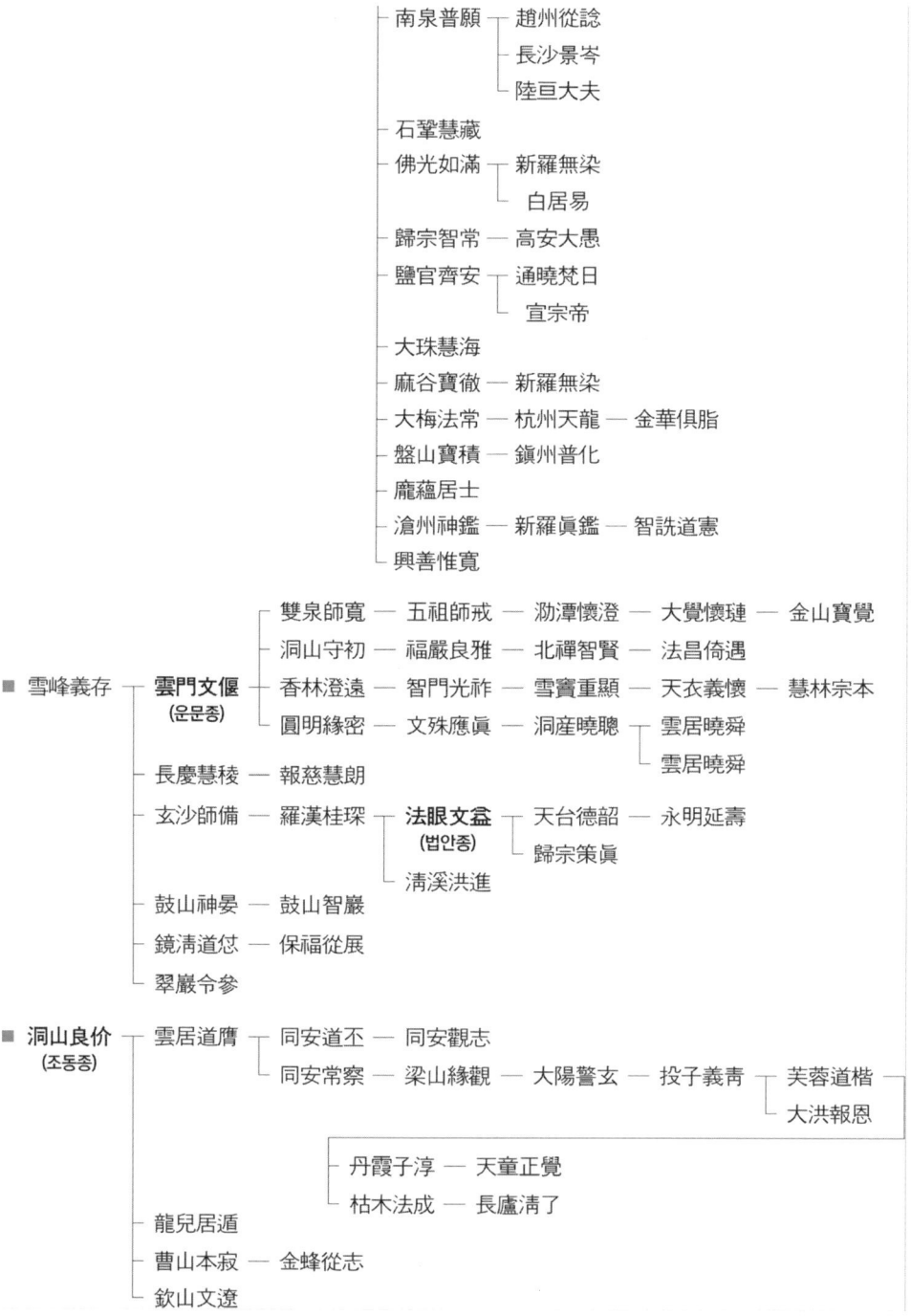

南泉普願 ┬ 趙州從諗
　　　　├ 長沙景岑
　　　　└ 陸亘大夫

石鞏慧藏
佛光如滿 ┬ 新羅無染
　　　　└ 白居易
歸宗智常 ─ 高安大愚
鹽官齊安 ┬ 通曉梵日
　　　　└ 宣宗帝
大珠慧海
麻谷寶徹 ─ 新羅無染
大梅法常 ─ 杭州天龍 ─ 金華俱胝
盤山寶積 ─ 鎭州普化
龐蘊居士
滄州神鑑 ─ 新羅眞鑑 ─ 智詵道憲
興善惟寬

■ 雪峰義存　　雲門文偃
　　　　　　（운문종）

　雙泉師寬 ─ 五祖師戒 ─ 泐潭懷澄 ─ 大覺懷璉 ─ 金山寶覺
　洞山守初 ─ 福嚴良雅 ─ 北禪智賢 ─ 法昌倚遇
　香林澄遠 ─ 智門光祚 ─ 雪竇重顯 ─ 天衣義懷 ─ 慧林宗本
　圓明緣密 ─ 文殊應眞 ─ 洞産曉聰 ┬ 雲居曉舜
　　　　　　　　　　　　　　　　└ 雲居曉舜

長慶慧稜 ─ 報慈慧朗
玄沙師備 ─ 羅漢桂琛 ┬ 法眼文益 ┬ 天台德韶 ─ 永明延壽
　　　　　　　　　　（법안종）└ 歸宗策眞
　　　　　　　　　　└ 淸溪洪進

鼓山神晏 ─ 鼓山智巖
鏡淸道怤 ─ 保福從展
翠巖令參

■ 洞山良价　　雲居道膺 ┬ 同安道丕 ─ 同安觀志
　　（조동종）　　　　 └ 同安常察 ─ 梁山緣觀 ─ 大陽警玄 ─ 投子義靑 ┬ 芙蓉道楷 ┐
　　　　　　　　　　　　　　　　　　　　　　　　　　　　　　　　└ 大洪報恩 ┘

　　　　　　　　　┌ 丹霞子淳 ─ 天童正覺
　　　　　　　　　└ 枯木法成 ─ 長廬淸了

龍兒居遁
曹山本寂 ─ 金蜂從志
欽山文邃

■ **臨濟義玄** **(임제종)**

- 三聖慧然
- 興化存奬 — 南院慧顒 — 風穴延沼 — 首山省念
  - 汾陽善昭 — 石霜楚院
    - **楊岐**
    - **黃龍**
    - **翠巖**
  - 葉縣歸省 — 浮山法遠
  - 興敎守芝 — 雲峰文悅
- 寶壽 沼 — 二世寶壽
- 灌溪志閑

■ **楊岐方會** **(양기파)** — 白雲守端 — 五祖法演

- 圜悟克勤
  - **大慧宗杲**
  - 虎邱紹隆 — 應庵曇華 — **密庵**
  - 長隨元靜 — 廓庵志遠
  - 佛眼淸遠
    - 雪堂道行
    - 竹庵士珪
- 佛鑑慧懃
- 開福道寧 — 月庵善果 — 老衲祖燈 — 月林師觀 — 無門慧開

▸ **大慧宗杲**

- 白雲守端 — 五祖法演 — 圜悟克勤 — 虎邱紹隆 — 應庵曇華 — 應庵曇華
- 無用淨全 — 笑翁妙堪 — 無文道燦
- 懶庵鼎需 — 木庵安永 — 晦翁悟明 — 苦口良益 — 筏渡普慈 — 相國道顯

▸ 密庵咸傑

- 松源崇嶽 — 運庵普巖 — 虛堂智愚 — 寶葉妙源
- 破庵祖先 — 無準師範 — 雪庵祖欽
  - 及庵宗信
    - 石屋淸珙
      - **太古普愚**
      - 白雲景閑
    - 平山處林 — **懶翁惠勤**
  - 高峰原妙

■ **黃龍慧南** **(황룡파)**

- 東林常總
  - 蘇東坡
  - 圓通可僊 — 浮山法眞
- 隆慶慶閑
  - 黃山谷
  - 靈源惟淸 — 長靈守卓 — 無示介諶 — 心聞曇賁
- 晦堂祖心
- 眞淨克文
  - 死心悟新
  - 兜率宗悅 — 張商英
  - 覺範慧洪

■ 翠巖可眞 — 眞如慕喆 — 普融道平 — 淨因繼成 — 冶父道川

3) 우리나라 선맥도

(1) 9산선문 선맥도

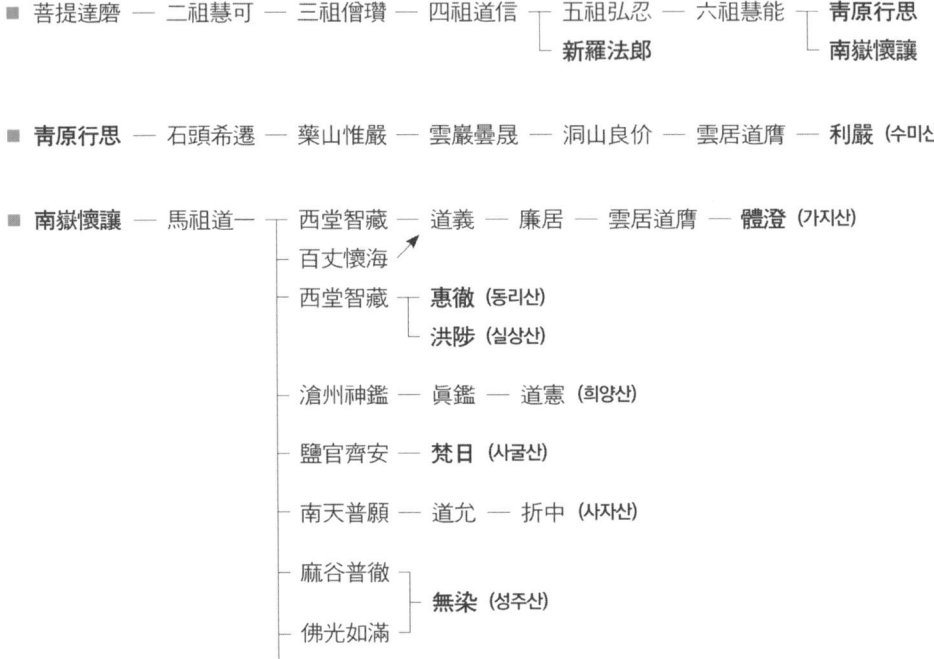

■ 菩提達磨 ─ 二祖慧可 ─ 三祖僧璨 ─ 四祖道信 ┬ 五祖弘忍 ─ 六祖慧能 ┬ **靑原行思**
　　　　　　　　　　　　　　　　　　　　　　　└ **新羅法郎**　　　　　　　　　└ **南嶽懷讓**

■ **靑原行思** ─ 石頭希遷 ─ 藥山惟嚴 ─ 雲巖曇晟 ─ 洞山良价 ─ 雲居道膺 ─ **利嚴** (수미산)

■ **南嶽懷讓** ─ 馬祖道一 ┬ 西堂智藏 ─ 道義 ─ 廉居 ─ 雲居道膺 ─ **體澄** (가지산)
　　　　　　　　　　　　├ 百丈懷海 ↗
　　　　　　　　　　　　├ 西堂智藏 ┬ **惠徹** (동리산)
　　　　　　　　　　　　│　　　　　└ **洪陟** (실상산)
　　　　　　　　　　　　├ 滄州神鑑 ─ 眞鑑 ─ 道憲 (희양산)
　　　　　　　　　　　　├ 鹽官齊安 ─ **梵日** (사굴산)
　　　　　　　　　　　　├ 南天普願 ─ 道允 ─ 折中 (사자산)
　　　　　　　　　　　　├ 麻谷普徹 ┬ **無染** (성주산)
　　　　　　　　　　　　├ 佛光如滿 ┘
　　　　　　　　　　　　└ 章敬懷暉 ─ **玄昱** (봉림산)

大通神修 ───┐
　　　　　　　　↓
　　　　　　　志空
　　　　　　　　↓
■ **新羅法郎** ─ 海東信行 ─ 遵範 ─ 惠隱 ─ **智詵道憲** ─ 伯岩楊孚 ─ 靜眞
　　　　　　　　　　　　　　　　　↗ (회양산문)
南嶽懷讓 ─ 馬祖道一 ─ 滄州神鑑 ─ 雙溪慧昭 (眞鑑)

(2) 임제종 양기파와 태고와 나옹의 선맥도

■ 菩提達磨 …… 六祖慧能 ― 南嶽懷讓 ― 馬祖道一 ― 百丈懷海 ┬ **潙山靈祐**
  ㉘   (위앙종)
                                                          └ 黃檗希運 ― **臨濟義玄**
                                                                        (임제종)
  └ 興化存獎 ― 南院慧顒 ― 風穴延沼 ― 首山省念 ― 汾陽善昭 ― 石霜楚圓 ┬ **陽岐方會**
                                                                    └ **黃龍慧南**

                                          大慧宗杲
■ **陽岐方會** ― 白雲守端 ― 五祖法演 ― 圜悟克勤 ┬ 虎丘紹隆 ― 應庵曇華 ― 密庵咸傑 ┐
  (양기파)
  └ 破庵祖先 ― 無準師範 ― 雪庵祖欽 ┬ 及庵宗信 ┬ 石屋淸珙 ┬ **太古普愚**
                                                        └ 白雲景閑
                                  └ 平山處林 ― **懶翁慧勤**
                      └ 高峰原妙

(3) 조선시대와 근대의 선맥도

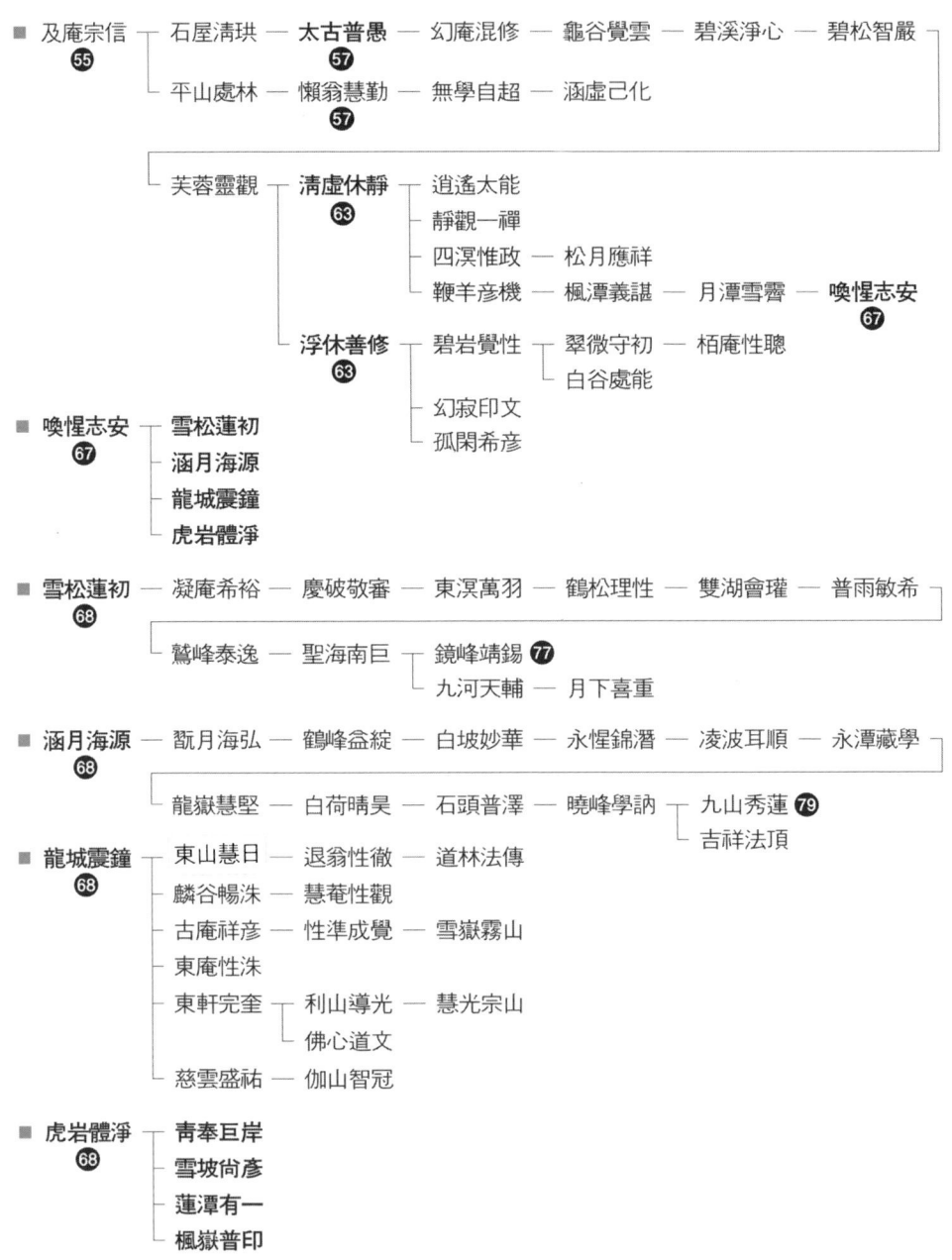

及庵宗信 ❺❺
├─ 石屋淸珙 ─ **太古普愚** ❺❼ ─ 幻庵混修 ─ 龜谷覺雲 ─ 碧溪淨心 ─ 碧松智嚴
└─ 平山處林 ─ 懶翁慧勤 ❺❼ ─ 無學自超 ─ 涵虛己和

└─ 芙蓉靈觀
　├─ **淸虛休靜** ❻❸
　│　├─ 逍遙太能
　│　├─ 靜觀一禪
　│　├─ 四溟惟政 ─ 松月應祥
　│　└─ 鞭羊彦機 ─ 楓潭義諶 ─ 月潭雪霽 ─ **喚惺志安** ❻❼
　└─ **浮休善修** ❻❸
　　├─ 碧岩覺性
　　│　├─ 翠微守初 ─ 栢庵性聰
　　│　└─ 白谷處能
　　├─ 幻寂印文
　　└─ 孤閑希彦

喚惺志安 ❻❼
├─ **雪松蓮初**
├─ **涵月海源**
├─ **龍城震鐘**
└─ **虎岩體淨**

雪松蓮初 ❻❽
├─ 凝庵希裕 ─ 慶破敬審 ─ 東溟萬羽 ─ 鶴松理性 ─ 雙湖會璀 ─ 普雨敏希
└─ 鷲峰泰逸 ─ 聖海南巨 ─
　├─ 鏡峰靖錫 ❼❼
　└─ 九河天輔 ─ 月下喜重

涵月海源 ❻❽
├─ 翫月海弘 ─ 鶴峰益綻 ─ 白坡妙華 ─ 永惺錦潭 ─ 凌波耳順 ─ 永潭藏學
└─ 龍嶽慧堅 ─ 白荷晴昊 ─ 石頭普澤 ─ 曉峰學訥 ─
　├─ 九山秀蓮 ❼❾
　└─ 吉祥法頂

龍城震鐘 ❻❽
├─ 東山慧日 ─ 退翁性徹 ─ 道林法傳
├─ 麟谷暢洙 ─ 慧菴性觀
├─ 古庵祥彦 ─ 性準成覺 ─ 雪嶽霧山
├─ 東庵性洙
├─ 東軒完奎
│　├─ 利山導光 ─ 慧光宗山
│　└─ 佛心道文
└─ 慈雲盛祐 ─ 伽山智冠

虎岩體淨 ❻❽
├─ **靑奉巨岸**
├─ **雪坡尙彦**
├─ **蓮潭有一**
└─ **楓嶽普印**

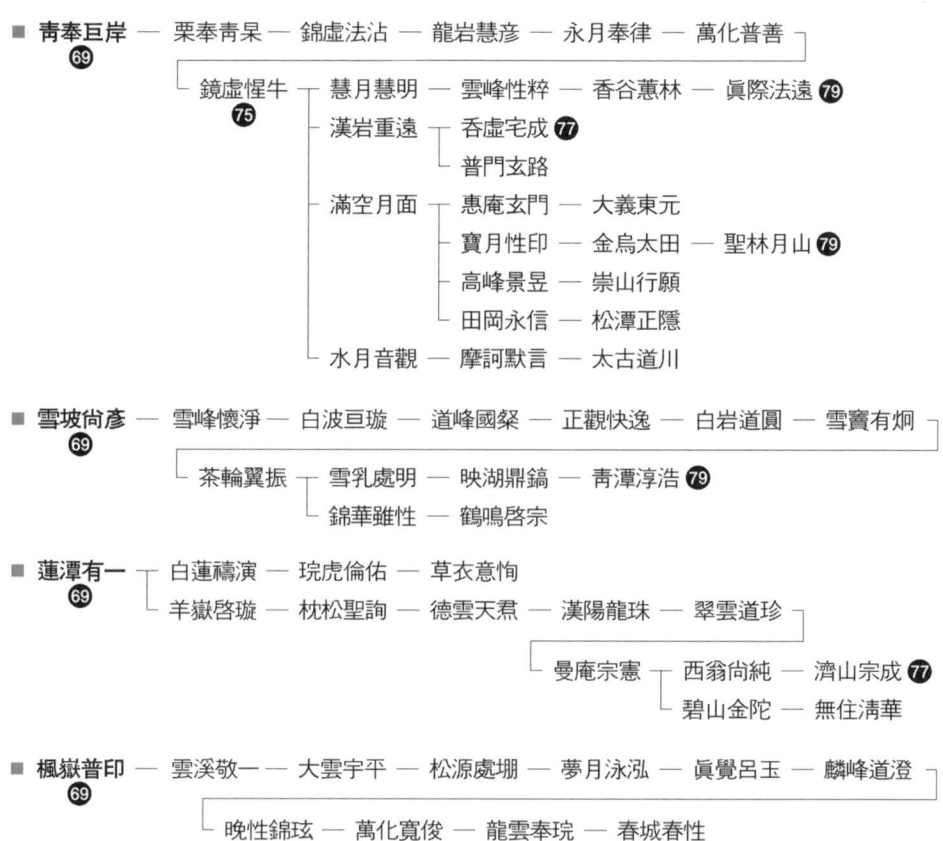

■ **靑奉巨岸** — 栗奉靑杲 — 錦虛法沾 — 龍岩慧彦 — 永月奉律 — 萬化普善
　69
　└ 鏡虛惺牛 ┬ 慧月慧明 — 雲峰性粹 — 香谷蕙林 — 眞際法遠 **79**
　　75　├ 漢岩重遠 ┬ 呑虛宅成 **77**
　　　　　　└ 普門玄路
　　　　　├ 滿空月面 ┬ 惠庵玄門 — 大義東元
　　　　　│　　　　　├ 寶月性印 — 金烏太田 — 聖林月山 **79**
　　　　　│　　　　　├ 高峰景昱 — 崇山行願
　　　　　│　　　　　└ 田岡永信 — 松潭正隱
　　　　　└ 水月音觀 — 摩訶默言 — 太古道川

■ **雪坡尙彦** — 雪峰懷淨 — 白波亘璇 — 道峰國粲 — 正觀快逸 — 白岩道圓 — 雪竇有炯
　69
　└ 茶輪翼振 ┬ 雪乳處明 — 映湖鼎鎬 — 靑潭淳浩 **79**
　　　　　　└ 錦華雖性 — 鶴鳴啓宗

■ **蓮潭有一** ┬ 白蓮禱演 — 琓虎倫佑 — 草衣意恂
　69　└ 羊嶽啓璇 — 枕松聖詢 — 德雲天昊 — 漢陽龍珠 — 翠雲道珍
　　　　　　　　　　　　　　　　　└ 曼庵宗憲 ┬ 西翁尙純 — 濟山宗成 **77**
　　　　　　　　　　　　　　　　　　　　　　└ 碧山金陀 — 無住淸華

■ **楓嶽普印** — 雲溪敬一 — 大雲宇平 — 松源處坍 — 夢月泳泓 — 眞覺呂玉 — 麟峰道澄
　69
　└ 晩性錦玹 — 萬化寬俊 — 龍雲奉琓 — 春城春性
　　　　　　　　　　　78

참고문헌

1. 기본 자료

『선문염송』
『경덕전등록』, 보련각, 1971 · 1982.
『전등록』, 동국역경원, 1970.
『조당집』, 동국역경원, 1981 · 1986.

『마조록』, 장경각, 1988
『백장록』, 장경각, 1988.
『법안록』, 장경각, 1989.
『벽암록』, 운문선원, 1991.
『벽암록』, 현암사, 1978.
『본지풍광』, 해인총림, 1984.
『양기록』, 장경각, 1988.
『오가정종찬』 하, 장경각, 1988.
『운문록』 상, 장경각, 1990,
『조동록』, 장경각, 1987
『조주록』, 경서원, 1986,
『현사록』 상, 백련선서간행회, 1988.
『신회어록』(호적교돈황본 사본), 대북, 1968.

2. 단행본과 논문

경허 성우, 『선문촬요』, 보련각, 1982.
경허, 『경허어록』.
고암 상언, 『자비보살의 길』, 불교영상회보사, 1991.
김달진, 『한국선시』, 열화당, 1985.
_____ 외, 『당시전서』, 「두보」, 민음사, 1990.
金映遂, 「조계선종에 대하여」, 『한국조계선종의 성립사연구』, 불교사학회 편, 1981.
김준오, 『詩論』, 삼지원, 2000
김지견, 『대화엄일승법계도주병서』, 보련각, 1982.

두송백, 박완식·손대각 역,『선과 시』, 민족사, 2000,

서옹 상순,『서옹선사어록』상·하.

서옹,『사람』, 고요아침, 2003.

서옹 연의,『임제록』, 임제선원, 1992.

석지현,『선시감상사전』, 민족사, 1997

송준영, 「서옹선사」,『시와세계』권5, 2004년 봄호.

_____,『이승훈의 문학탐색』, 푸른사상, 2002.

_____,『선으로 읽는 반야심경』, 북인, 2010.

_____,『禪, 초기불교와 포스트모더니즘 너머』, 소명출판, 2017.

_____,『禪, 언어로 읽다』, 소명출판, 2010.

_____,『禪, 빈거울의 언어』, 푸른사상, 2016.

송취현,『반야심경강론』, 경서원, 1993.

오경웅, 서돈각·이남영 역,『선학의 황금시대』, 삼일당, 1978.

운허 용하,『불교사전』, 동국역경원, 1986.

유전 성산, 양기봉 역,『조기선종사』II, 김영사, 1990

이기영,『원효사상』, 원음각, 1967.

이종찬,『한국불가시문학사론』, 불광출판부, 1993

이지관,『사집사기』, 해인총림, 1986.

_____,『한국금석문총람』.

_____,『조계종 교의전서』.

이형기, 「현대시와 선시」,『현대문학과선시』, 불지사, 1992.

정성본,『중국선종의 성립사 연구』, 민족사, 1991.

주커프, 김영덕 역,『춤추는 物理』, 범양사, 1979.

진각 혜심, 설봉 학몽 현토,『선문염송』, 불서보급사, 1979.

_____,『선문염송』, 동국역경원, 1981.

청허 휴정, 용담 역,『선가구감』, 인물연구소, 1982.

탄허 택성,『육조단경』, 영은사, 1959.

_____,『보조전서』.

_____,『사집』.

토마스 머튼,『장자의 길』, 고려원미디어, 1991.

퇴옹 성철,『돈황본단경』, 장경각, 1988.

_____,『선문정로』, 장경각, 1987.

_____,『본지풍광』, 장경각, 1987.

함허 득통, 김운학 역주,『금강경오가해』, 현암사, 1980.

F. 카프라, 이성범·김유정 역,『현대물리학과 동양사상』(원제 *The Tao of Physics*), 범양사, 1979.

忽滑谷快天,『조선선교사』, 大東佛教研究院, 1970.

찾아보기

인명

용어